大專用書

(增訂三版)

行政法

張家洋　著

三民書局　印行

國家圖書館出版品預行編目資料

行政法／張家洋著. －－增訂三版一刷. －－臺北市；
三民，民91
面；　公分

ISBN 957-14-3556-2　(平裝)

1. 行政法

588　　91001176

網路書店位址　http://www.sanmin.com.tw

著作人　張家洋
發行人　劉振強
著作財產權人　三民書局股份有限公司
臺北市復興北路三八六號
發行所　三民書局股份有限公司
地址／臺北市復興北路三八六號
電話／二五〇〇六六〇〇
郵撥／〇〇〇九九九八──五號
印刷所　三民書局股份有限公司
門市部　復北店／臺北市復興北路三八六號
重南店／臺北市重慶南路一段六十一號
初版一刷　中華民國七十五年九月
初版七刷　中華民國八十四年八月
修訂二版一刷　中華民國八十五年八月
修訂二版二刷　中華民國八十七年八月
增訂三版一刷　中華民國九十一年二月
編　號　S 58307
基本定價　拾柒元貳角
行政院新聞局登記證局版臺業字第〇二〇〇號

ISBN　957-14-3556-2　(平裝)

增訂三版序

世界各國近百年來業已逐漸邁入積極國家與福利國家的時代，政府職能普遍呈現不斷擴張的趨勢，此種現象尤以在行政部門最為顯著，因政府所增加的業務與職能實以行政權作用為主體，如此遂使行政機關對人民的關係較往昔更為直接而密切。自十九世紀以來，民主國家因受法治主義思想的影響，在施政方面自均以法治政治為圭臬，在此種觀念的支配下，凡屬行政機關的組織、職權、與業務的執行，莫不講求依法行政，藉以樹立法治模式，避免濫權舞弊，從而確保政府的廉能與人民的自由權利。基於此種要求，則行政法制的廣泛建立與有效實施自屬必要；而有關理論與法規的研究，當然也隨之受到重視，此為促成近代西方國家行政法學日漸發達的主因。目前在一般先進民主國家中，行政法學理論的研究早已斐然有成，行政法制的體系已日臻完備，且有關的知識亦已相當普及，社會崇法守法的傳統精神更已蔚為風氣；因而其法治政治的理想乃能實現，民主政治得以在法治的基礎上發揚光大。不僅如此，且在社會思潮與客觀環境轉變的影響下，西方國家有關行政法理的思想觀念亦能相應配合作適度的調整，此即由過去的機械法治原則進化為現代的機動法治原則，並對自由人權與人格尊嚴益趨尊重，使行政法制的內容及運用，能夠肆應積極國家時代服務與效率的要求，並接受社會政策目的與公平正義原則的指導，成為政府施政及行政權運作方面的現代化規範。

就國內情形而言，我國往昔缺乏民主法治的傳統，而現代行政法制體系的建立起步較遲，故在此一方面的成就，自無法與西方國家相提並論。我國現代行政法制的奠基，主要在民國二十年代期間，經過數十年來國內學術界與實務界長期共同的努力，至今行政法制體系的發展雖已頗具規模，但距完備健全的境地相去尚遠。且更有甚者，一方面法規的制定與內容常落後於社會客觀情勢的變遷；另一方面社會上崇法守法的觀念猶未確立，政府機關對於法令的執行固常乏明快果決的作風與客觀的態度，而一般民眾中亦多有以違法玩法脫法為得計者。如此，則公權力的行使經常面臨挑戰，自然不足為奇；而民主政治之易受金錢與暴力污染，實即由法治不張所致。鑑於此種客觀情勢及需要，可知社會各有關方面對促進國內行政法制的健全發展與法治觀念的闡揚，均應繼續努力，期能在現有的基礎上，不斷革新進步，以求將法制與觀念提昇至現代化的境界。

關於國內行政法學的研究，據筆者觀察，以往長期以來主要係以引介大陸法系國家的理論與法制為重心，惟自民國七十年代以後，因從事行政法學研究的學者日漸增多，無論在對外國不同法系行政法理論與制度的闡揚介紹，及對國內法制實務問題的探討評述方面均能不斷提供相當具體的貢獻，遂使行政法學的發展獲得極為可觀的成就。至於今後為推動行政法學的進步，仍應著重於擴大研究範圍並與現實相結合，一方面加強拓展比較法學的基礎，另一方面應配合民主法治的基本精神及社會變遷的客觀需要，不斷充實本國行政法學的理論體系。此外，鑑於行政學與行政法學構成行政科學的兩大支柱，而且二者在內容方面彼此相互關聯之處頗多，因而對於行政法學的研究，亟宜配合行政學及其他相關學科理論的發展，俾能發揮科際整合的作用，以收相輔相成之效。上述內容乃是筆者多年來對於研究行政法學的基本觀點與構想。

拙著《行政法》一書初版於民國七十五年問世，嗣後至八十五年為止曾先後修訂三次。近數年來因國內行政法制體系變動甚大，相繼有多種重要新法制定與舊法的大幅修正，遂使本書內容須作全面更新和調整，以求增補新的理論與現行法制相銜接，期使內容更為充實且能兼顧實用。筆者雖曾先後在政大公共行政系所及空專空大講授行政法課程逾三十載，並曾出版大專教材多種，惟深感行政法學內涵廣博繁複，自忖資愚學淺，實不敢奢言得窺堂奧。

此次於退休後再度應三民書局囑託，對本書作全面修訂，旨在吸收新知、推廣行政法學、並為鼓吹法治行政，略盡綿薄。本書經此次修訂後，內容雖較舊版已見充實，而遺漏謬誤恐仍在所難免，尚祈學術與實務界先進不吝賜正是幸。

著者謹識

中華民國九十年歲暮於臺北

序言

二十世紀業已邁入積極國家與服務國家的時代，政府職能的不斷擴張乃屬各國普遍的趨勢，此種現象尤以在行政部門最為顯著，因政府所增加的業務與職能實以行政權作用為主體，如此遂使行政機關對人民的關係較往昔更為直接而密切。自十八世紀以來，民主國家在施政方面既均以法治政治為圭臬，則在此種觀念的支配下，凡屬行政機關的組織、職權、與業務的執行，莫不講求依法行事；藉以形成法治模式，避免濫權舞弊，從而確保政治的廉能與人民的自由權利。基於此種要求，則行政法制的廣泛建立與有效實施自屬必要；而有關法規與理論的研究，當然也隨之受到重視，此為促成近代西方國家行政法學發達的主因。目前，在一般先進民主國家中，行政法學的研究早已斐然有成，行政法制的體系已臻於完備，有關的知識亦已相當普及，朝野崇法守法的傳統精神更已蔚為風氣；因而其法治政治的理想乃能實現，民主政治得以在法治的基礎上發揚光大。不僅如此，且在社會客觀環境轉變的影響下，西方國家有關行政法理的思想觀念業已逐漸改弦易轍，此即由過去的機械法治原則進化為現代的機動法治原則，使行政法制的內容及運用，能夠肆應積極國家時代服務與效率的要求，並具有明確的政策目的，成為政府施政方面的現代化規範與工具。

就國內的情形而言，我國往昔缺乏民主法治的傳統，而現代化行政法制的建立起步較遲，故在此一方面的成就，自無法與西方國家相提並論。現行行政法制的奠基，主要在國府成立後至抗戰前的黃金十年期間，自抗戰與至行憲後的現階段，在非常時期法制、地方自治、經濟、社會福利、及教育法規等方面的發展雖均已頗具規模，但距完備健全的境地相去尚遠。且更有甚者，一方面行政法制的制定與內容常落後於社會客觀情勢的變遷；另一方面社會上崇法守法的觀念猶未確立，政府機關對於法令的執行固常乏明快果決的作風，而社會民眾中亦多有以違法玩法脫法為得計者。如此，則公權力之經常面臨挑戰，自然不足為奇；而民主政治之易受金錢暴力污染，實即由法治不張的影響所致。鑑於此種客觀情勢及需要，可知朝野各有關方面對促進國內行政法制的健全發展與法治觀念的闡揚，均應加倍努力，期能在現有的基礎上，繼續革新充實，以求將法治與觀念提昇至現代化的境界。

關於國內行政法學的研究，據筆者觀察，近三十餘年來，行政法學雖有相當成就，惟在此一方面從事高深研究的學者較少，因而進步似嫌緩慢。且在大陸法系傳統的影響下，有關之重要著作，在理論方面蘊含幅度尚欠廣泛。所以，今後為推動行政法學的進步，自應著重於求新求變，一方面重視擴大比較法學的基礎，另一方面應配合立國主義與精神以及當前社會蛻變的趨勢，建立本國行政法學的理論體系。此外，鑑於行政學與行政法學構成行政科學的兩大支柱，而且兩者在內容方面彼此相互呼應，因而對於行政法學的研究，亟宜配合行政學及其他相關科學理論的發展，俾便發揮科際整合的作用，以收相輔相成之效。

上述內容，乃是筆者多年來對於研究行政法學的基本觀點與構想，此次應邀為三民書局編寫「行政法」一書，大致即係本諸此種認識配合篇幅與內容的要求，以國內行政法學總論的傳統範圍為主體，輔以各論部分內容的精要，參考各種重要著作與資料，注入自身研究心得，並引用各項重要法規、解釋、及判例撰成。筆者雖在政治大學講授「行政法」課程已二十載，近年來並擔任華視空中教學主講，先後亦曾出版「行政法概要」及「空專行政法教材」兩書；惟深感行政法學內涵廣博繁複，而自忖資愚學淺，實不敢奢言得窺堂奧，遑論著書立說。此次應三民之諸重新再作嘗試，旨在藉機吸收新知，並為鼓吹法治行政，略盡綿薄。本書內容雖較前二者已見充實，而遺漏謬誤恐所難免，尚祈學術及實務界諸先進不吝惠予賜正是幸。

著者　謹識

中華民國七十五年六月於臺北

行政法 目次

第六章　行政法關係的當事人

第七章　行政法關係內容的分析

第二編　行政組織

第三章 行政機關……二六三

第四編　行政救濟……六〇五

參考書目錄

第一編

行政法的基本法理

第一章　行政法的概念

第一節　行政法意義的比較分析

對於行政法學的研究，應從認識「行政法」（Administrative Law）一詞的正確涵義開始。因其意義關係到行政法的範圍、內容、與性質，所以是讀者初習行政法時必須具備的基本概念，亦為對行政法學研究對象輪廓的描述。雖然行政法學的演進，已有相當長久的歷史，惟由於法學系統的不同與各國法制的差異，故一般學者對於行政法的意義缺乏一致的解說，茲選擇其中具有代表性的意見分別介紹如下：

㈠大陸法系學者所述行政法的定義：

⑴法國學者歐克（Aucoc）謂：「行政法即規律行政及行政權對於人民關係之法規的總稱」❶。

⑵德國學者波特（Port）謂：「行政法乃關於行政權之組織及其作用之法」❷。

⑶日本學者美濃部達吉謂：「行政法為國內公法之一部，乃規定行政權之組織，暨行政權主體之國家及公共團體與其所屬人民間關係之法」❸。

⑷日本學者田中二郎謂：「行政法乃關於行政權之組織與作用的國內公法之總稱」❹。

㈡英美法系學者所述行政法的定義：

---

❶ 涂懷瑩著，行政法原理（上冊），臺北，五南圖書公司，六十七年版，第三頁。

❷ 管歐著，中國行政法總論，臺北，七十二年版，第三七頁。

❸ 同❷。

❹ 田中二郎著，行政法總論，東京，有斐閣，昭和五十年版，第八八頁。

(1)英國學者堅寧斯(Jennings)謂：「行政法為關係行政的法律，規定行政機關的組織、權力及義務」❺。

(2)美國學者古德諾(Goodnow)謂：「行政法乃公法之一部分，所以規範國家行政機關之組織及權限，並指示人民於權益遭受侵害時的救濟方法」❻。

(3)美國學者戴維斯(K. C. Davis)謂：「行政法乃關於行政機關權力與程序之法，並包含對行政措施作司法審查的法律在內」❼。

(4)美國學者史華茲(B. Schwartz)謂：「行政法乃國家法律的一個支系，用以管制政府的行政業務、規範行政機關權力、設定行政權力行使的原則，並對人民提供行政救濟的途徑」❽。

(三)我國學者所述行政法的定義：

(1)史尚寬氏謂：「行政法者，規律國家及自治團體之行政組織及其作用之法也」❾。

(2)林紀東氏謂：「行政法者，關於行政權之組織及其作用之國內公法之總稱也」❿。

(3)管歐氏謂：「行政法者，乃國內公法，規定行政組織及其職權與作用之法規之總稱也」⓫。

(4)董保城氏謂：「行政法乃為成文與不成文的行政法規(Rechtssaetz)之總稱。該法規係特別適用於行政活動、行政程序及行政組織。但是這並不表示，行政法祇作為行政機關組織與其活動之準據法。其實行政法也規定了人民與行政機關之間的關係，並因此創設了人民之權利與義務」⓬。

---

❺ 同❶，第四頁。

❻ F. J. Goodnow, *Comparative Administrative Law* (Vol. I), New York, Burt Franklin, 1970 (Reprinted), pp. 8–9.

❼ K. C. Davis, *Administrative Law and Government*, st. Paul, Minn., West Publishing Co., 1960, p. 11.

❽ Bernard Schwartz, *Administrative Law*, Boston, Little, Brown and Co., 1976, p. 1.

❾ 史尚寬著，行政法論，臺北，四十三年版，第一頁。

❿ 林紀東著，行政法原論（上冊），臺北，正中書局，六十八年版，第二五頁。

⓫ 同❷，第二三頁。

(5)陳敏氏謂：「行政法者（Verwaltungsrecht），乃特別適用於公行政之各種成文及不成文法律規定之總稱。易言之，行政法為行政特有之法。行政法在形式上雖在於規範行政組織、行政作用及行政程序等事項，其實大部分之行政法，正是在人民與行政之關聯上，設定人民之權利及義務，規定人民與行政之法律關係」⑬。

就上述各國學者對行政法定義的說明觀之，可知因所屬法系、國家法制、及個人見解的不同，固然均足以使定義的內涵發生差異；惟由於現代國際間法學思想交流、法制互相援引的結果，彼等的觀念大體上似已有逐漸接近的趨勢。茲融合各種不同意見，提出一項適合我國法制的定義解釋如下：

「行政法乃國內公法性質，以國家行政權（亦即行政機關）為對象，規範行政組織、職權、作用、業務、爭訟等法制及人民在行政權下之權利義務的各種有關法規之總稱」。

此項定義的內涵相當複雜，須分為下列數點詳加剖析：

(一)行政法為國內法：法律有國際法與國內法之分，國際法為國際社會中處理國際關係事務的規範。行政法自然不屬於此種類別，而具有國內法的性質。所謂國內法即由本國政府以國家主權所制定，適用於國內事務，其效力以國家領域為範圍的法規。惟詳細推敲，國內法與國際事務並非毫無關聯，在此方面應注意下列三點事項：

(1)本國政府對派駐國外的各種機構與旅外僑民，以及就有關行政業務的處理，仍係適用本國之行政法規。

(2)本國政府對在本國領域內的外國僑民，雖有權適用本國行政法規加以管轄，但須受國際法及條約的限制。

(3)國內行政法規吸收外國法或國際法原理原則與規定的情形日益普遍，由此形成行政法國際化的趨勢⑭。

(二)行政法為公法：前已言之，在國內法的範圍內，有公法與私法兩大系統。私法包含民法與商法兩類，此外凡規範政府機關行使職權辦理業務以及組織事項的法規，均屬公法性質。準此，則行政法自屬公法範疇，具有公法的

---

⑫ 董保城著，行政法講義，自刊，八十三年版，第一五頁。

⑬ 陳敏著，行政法總論，自刊，八十七年版，第二七頁。

⑭ 同⑩，第二七頁。

特徵與效力⑮（參閱下節內容）。

㈢行政法乃是以國家行政權為規範對象的法規：行政法固為國內法與公法，惟國內公法不以行政法為限。依據前述國家統治權及國內法系統劃分的情形，則凡屬規範國家政權、元首權、及各種治權的法規莫不屬於公法性質，而行政法僅為公法中的一個類別，故前述各家定義中，不乏就此點有所說明者。由此可知，在公法之中以行政權（亦即行政機關）為規範對象者始為行政法，其他部分的公法，均不屬於行政法的範疇。此項說明，乃是從「形式上的行政」及法制觀點，對行政法的意義所作闡釋。但若從「實質上行政」的觀點立論，則可謂凡規範行政事項的法規均為行政法，如此將使行政法的範圍大為擴充。

㈣行政法乃是規範行政組織、職權、作用、業務、及爭訟事項的法規：行政法既係以國家行政權（亦即行政機關）為規範的對象，則凡屬行政權的事項莫不構成行政法規的內容。此等行政權事項大體上約可分為五種，即行政組織、職權、作用、業務、及爭訟是；自廣義而言，彼等均可視為行政機關的職權範圍。經由各種法令分別就此等事項加以規定之後，即可建立完整的行政法制系統，其中所包含的法令，自均屬行政法規⑯。

㈤行政法為規範人民在行政權下權利義務的法規：現代各國民主政治思想發達的結果，使絕對主權主義趨於沒落。因此，就國家與人民的關係而言，在實質上乃是一種權利義務關係，此種理論亦同樣適用於行政法關係方面。質言之，人民既為行政法關係的主要當事人之一，故行政法的內容對人民自具有重大的意義。此即各種專業行政法規所規範者，多涉及人民在行政法上的權利義務，自反面而言亦為國家的對待權利義務。此等權利義務均構成各種實體行政法規與行政法關係的內容，而此種法規乃是行政法系統中的主體。

㈥行政法乃是有關行政權事項法規的總稱：根據前五項的分析，可知所謂「行政法」乃是對所有行政法規提出的一項概括性觀念的說明，其內涵可將所有有關行政權事項的各種法規（甚至不成文法）包括在內，而「行政法」

---

⑮ 成田賴明等著，現代行政法，東京，有斐閣，一九六八年版，第一六頁。

⑯ 同⑮，第一七頁。

一詞即代表各種行政法規的整體，故為各種行政法規的總稱。且在事實上，到目前為止，「行政法」仍僅為一項學理上的名詞，因國家迄未制定一項行政權整體事項的基本法，稱為「行政法」者。

第二節　公法學說與行政法的性質

根據前述國內法的系統及對行政法意義的解釋，可知行政法規均屬公法性質，而與私法系統的民法商法具有本質上的差異。行政法的公法屬性，因與行政法的特徵及效力、行政法關係的內容、及行政作用等部分具有密切的關係，所以對此項問題，似有作進一步探討的必要，並可藉此加強對公法理論的介紹。

第一項　公法與私法區分的學說及必要

從法理及實用方面，將法律區分為公法與私法，在世界法學演進的過程中，具有悠久的歷史源流。具體言之，此為自古羅馬時代以來，即已成立的傳統性法律基本分類，現代許多大陸法系國家仍以此種區分作為其法律秩序的基礎，而有關的理論即為法律二元論學說。惟在近代法學思想方面，有打破此種傳統學說的反對理論出現，即法律一元論與法律三元論兩說，茲分述之：

㈠法律一元論：主張此說者，以奧國純粹法學派學者克爾生氏（Hans Kelsen）為代表，他認為國家對人民的支配關係只是一種事實，不應從法律觀點作特殊的解釋。且區分公法與私法的傳統學說乃是專制時代的產物，而現代民主國家中，在法治的原則下，已使國家與人民間的法律關係，從本質上發生轉變。具體言之，其內容亦為權利義務關係，而非權力服從關係，與私法的性質無異，故公法與私法實無區分的必要，國家之內應認為只有一個單一的法域。另外，英國以奧斯丁（Austin）為代表的分析法學派亦持相似的論點⑰。此種學說又稱為否定論或取消論。

㈡法律三元論：此派理論乃鑑於二十世紀以來，各國法律普遍受到社會政策的影響，社會立法的重要性日益顯

---

⑰ 美濃部達吉著，馮明譯，公法與私法，臺北，商務印書館，六十三年版，第七、一七頁。

著，因而認為在國家法律類別的區分方面，不僅存在有公法與私法兩大系統，而且另有新的系統形成，是為社會法系，其範圍主要為社會福利立法、經濟立法、與勞工立法的結合。此種新的法系在內容方面不以公法性質的成分為限，涉及原由私法規範的事項，遂發展成為公法與私法的混合領域。由於其政策性顯著，內容新穎富積極性，具有社會改革作用，故其重要性不容忽視。因有此種發展，致使傳統的二分法不能適應此種新的法律現象，而應將法律分類的學說擴充為三元論，俾可兼顧社會立法崛起的趨勢⑱。又因三元論並未根本否定二分法，僅在強調社會立法發展的事實，故對二分法而言，又可稱為修正論。

由上述兩種學說，可知道近世以來，由於各國思想與社會背景不斷轉變，法律理論自然深受影響。在此種情形之下，公法與私法區分的傳統學說自不免受到評議與檢討，進而對其理論價值提出質疑。惟自客觀立場而言，法律一元論雖有助於說明現代民主國家與人民間實質法律關係的部分事實，因其忽視國家的統治權作用及公法關係所具之特徵，故尚不足以對此種法律關係作周全的解釋，自屬具有缺失。至於法律三元論，雖能說明社會立法發展的趨勢及公法與私法混合領域的現象；惟在事實上社會政策對法律的影響極為普遍，社會法系的獨立地位及其範圍尚未獲確切認定，實不足以取代傳統的法律二元論。

第二項　公法與私法區分的效果

公法與私法的區分，不僅為重要的法律學說，具有理論上的價值，而且經各國長期採行之後，在法律關係及政府機關業務方面，亦足以產生具體的影響和效果。茲分析言之⑲：

㈠政府機關在制定及適用法律時，基於對特定法律性質的認定，將使此項法律於施行後產生應有的不同效果。

㈡對於各種違法行為，將因所違反法律性質的不同，使違法者負擔不同的法律責任。在私法方面係以民事損害

⑱　刁榮華著，法學緒論要義，臺北，漢林出版社，六十五年版，第九八頁。

⑲　同⑩，第三七頁。同❶，第一三頁。

賠償責任為主體;在公法方面,則可能涉及行政、懲戒、刑事、及國家賠償責任等在內。

㈢在採行司法二元制的國家,公法(行政法)與私法關係的爭訟案件,分別由不同的機關管轄。私法爭訟係由普通法院管轄,行政爭訟則係由行政機關及行政法院管轄。

㈣維持此種區分,將能充分表現行政法的特徵,承認國家在公法關係上的優越地位,對行政權力的運用較為便利。

總之,公法與私法的區分,自羅馬法以來,即長期為歐洲大陸法系國家所援用,在此等國家的法制方面業已樹立悠久的傳統,構成制定及適用法律的前提。維持此種區分的結果,將導致在法律關係的內容及效果上發生重大的差異。因之,不應予以忽視。

第三項　公法與私法區分的標準

公法與私法的區分,不僅在法理上具有重大價值,且在法制實務方面足以發生具體的效果與影響。惟二者區分的標準如何?學者意見不一,長期以來,為一般法學論著所常提及者主要有三種學說:

㈠利益說:在各種有關的學說中,此說的起源最早,相傳為古羅馬時代法學家烏爾庇納斯(Domituis Ulpianus)所創,他認為「公法是關於羅馬的國家制度的法,私法是關於個人利益的法」,這兩句話可謂蘊含了利益說的中心思想。進一步分析,利益說對公法與私法區分的標準,在於法律目的的差異。公法的目的主要為維護國家利益,私法則係以維護私人的權益為目的。此種區分學說,在理論上雖可成立,惟在現代國家中,國家社會與人民在各方面多具有共同的利益與目的,公共利益與私人利益常相混淆牽連。如此,公益與私益既難作截然劃分,則採用利益說為標準,自難以明確判斷法律的性質[20]。

㈡意思說:此說為德國學者拉班德(Laband)所主張,認為公法與私法區分的標準,大致仍在於兩種法律關係性

[20] 美濃部達吉著,前揭書,第二七頁。杉村敏正編,行政法概說(總論),東京,有斐閣,昭和五十四年版,第五七頁。

質的差異。若作進一步分析，此說又可細分為三說如下：

⑴權力關係說：認為公法關係具有不平等的性質，亦即為權力與服從關係，國家可運用其統治權力強制人民服從其意思，不容人民有選擇的餘地，規範此種關係的法律為公法；私法關係則為雙方當事人間的對等關係，因而對於法律關係內容的決定，雙方當事人在原則上可以自由意志定其取捨，規範此種關係的法律為私法。

⑵統治關係說：認為由國家統治權的運用所形成的法律關係為公法關係，亦稱統治權發動關係，規範此種關係的法律為公法；反之，規範非統治權發動關係之法律為私法。

⑶生活關係說：認為人民法律上的生活關係可區分為兩種，一種為以國民身分參與的「國民生活關係」，另一為以社會一分子的立場參與的「社會生活關係」；前者如服公職、納稅、服兵役、受國民教育、及犯罪服刑等法律關係均是，規範此種關係者為公法；後者如民事方面的買賣、租賃、借貸、僱傭、婚姻、與繼承等法律關係均是，規範此種關係者為私法。此說在日本法學界較為盛行。

上述意思說的三個支系中，前兩者內容較為接近，其特點即在強調公法關係上雙方當事人所處地位的不平等，國家以統治權主體的優越地位，支配人民使其服從國家的意思，而人民不得拒絕。惟此二說的內容無法充分說明現代民主國家與人民間的全盤法律關係，此即因國家職能多元化的結果，其與人民間的公法關係並非僅限於權力與服從關係；且因絕對主權主義已趨沒落，國家在公法關係上亦非經常處於絕對優越的地位。質言之，國家與人民間的公法關係，亦為一種權利義務關係，國家並不一定衹是運用統治權力對人民命令強制，同時亦可能站在對人民提供利益和負擔義務的地位。總之，意思說僅能說明公法關係中傳統性內容的一面，而未能涵蓋其新的轉變，故仍非一種妥善的區分標準。意思說亦稱「性質說」或「實質法律關係說」[21]。

㈢主體說：此說認為公法與私法的區分標準，在於法律關係當事人的差異。其代表學者德國的傑林納克（G. Jellinek）曾謂：「公法，係規範擁有統治權的團體，與其對等地位團體，或其所屬人民關係之法」。準此，如雙方當

---

[21] 美濃部達吉著，前揭書，第二六頁。鄭玉波著，民法總則，臺北，三民書局，六十二年版，第三頁。

事人均為私人或私人團體，則法律關係為私法關係。反之，如當事人之一方為國家或公共團體時，則法律關係應為公法關係。此外，學者荷朗德（T. E. Holland）曾就公法的定義及其與私法的區別作更為具體的解釋稱：「公法所規定的權利，涉及一個公共性質的主體；直接間接地以國家為當事人之一」。又說：「誠然，在私法裏，國家也是存在著的；但是，它祇是作為其人民間權利義務的仲裁者，而出現於私法裏。在公法裏，國家不僅是仲裁者，而且是當事人之一。它所處理的權利與義務，一方面涉及它自己，另一方面涉及其人民」㉒。

主體說的內容大致已見上述，可知此種學說的涵義簡明具體，易於瞭解及適用。惟僅以主體說的簡單原則，尚不足以對現代國家與人民間複雜的法律關係提供充分周全的解釋，亦即主體說仍不免具有缺失，而需要對法律關係上的兩種例外情形作補充說明：

⑴現代國家政府職能擴充的結果，常有經營公營企業從事經濟活動的情形；或者在機關管理及業務執行方面亦常有與私人間發生民事及商務關係的行為。此時國家立於與人民平等的地位，同受私法的拘束，而不涉及統治權力的運用，學者有稱此種情形為「準於私人地位之國家」者。

⑵即政府行政機關為便利特定業務的執行，基於客觀需要在必要時得對私人或私法人依法授予公法上的權力，使其代替行政機關執行此種特定職務，取得與國家同等的優越地位和權力，亦即視同授權的行政機關，學者有稱此種情形為「準於國家地位之私人」者。

上述兩種例外情形的形成，乃是由於社會客觀情勢演變的結果。具體言之，近世以來，絕對主權與個人主義思想漸趨沒落，使國家與個人對立的觀念沖淡，政府在必要時，得對私人或私法人授與公法權力，使其代替行政機關執行特定職務；其次，由於政府經濟職能的擴充及平時業務上的需要，行政機關在從事經濟行為時，基於法律關係性質的不同，須以私法關係當事人的平等地位，處理屬於私法關係的業務。為適應此種客觀情勢的需要，遂使國家與人民在法律關係上所處的地位，在主體說的原則之下，具有互相融通的可能。亦即對主體說所作權宜的變通，因

㉒ Hans Kelsen 原著，雷崧生譯，法律與國家，臺北，正中書局，五十九年版，第二五〇頁。

而形成此兩種例外情形㉓。

上述三種公法與私法區分的標準，均為主要學說。除此以外，尚有數種屬次要性質者可供參考，茲簡介如下㉔：

㈠目的說：此說與前述利益說相近，即以「目的」代替「利益」。其內容認為如法律的目的，係以國家為主體，而將個人結合於統治權力之下者，是為公法。反之，如法律之目的，在滿足個人需要，而以國家為手段者，為私法。此說內容似嫌籠統不夠具體，未能提供公法與私法區分的明確標準。

㈡應用說：此說係以法律所規範的權利是否准許當事人自由拋棄，作為區分公法與私法的標準，亦即與法律的強行性有關。其內容認為凡對各種法定權利，不允許私人自由拋棄者，為公法。反之，允許私人自由拋棄者，為私法。惟就事實觀之，公法並非必然為強行法，私法亦非全屬任意法；因之，公法上的權利，有允許自由拋棄或不行使者，如刑法對告訴乃論罪之規定，即允許被害人放棄告訴權；現行選舉法規，並無強制選舉人行使投票權或對不投票者加以制裁的規定。而私法上的法定權利，法律亦有規定不得拋棄者，如我國民法第十六及十七條規定權利能力、行為能力、及自由均不得拋棄是。既有此等例外情形存在，可知應用說的內容亦欠周全。

㈢資格說：此說認為法律關係的各種當事人均具有「雙重資格」，即「公權主體」與「私權主體」的資格是。其規定以公權主體資格所形成的法律關係者，無論其性質為權力關係（如國家對人民之統治關係）或對等關係（國際關係），均為公法。其規定以私權主體資格所形成的平等法律關係者（如民法上的債權關係或契約關係），無論所包括的當事人為國家、公法人、或私人，均為私法。此說對於「公權主體」與「私權主體」的涵義缺乏具體的解釋，故尚不如主體說簡明而便於適用。此說又稱「形式的法律關係說」。

㈣生活說：此說乃我國行政法學者范揚氏所創，其理論認為「以公法為公生活之法，私法為私生活之法……。

㉓ 美濃部達吉著，前揭書，第四〇—五三頁。雷崧生譯，前揭書，第二五二頁。

㉔ 涂懷瑩著，法學緒論，臺北，五南圖書公司，六十六年版，第一六八—一七一頁。范揚著，行政法總論，臺北，商務印書館，四十二年版，第一二頁。

所謂公法，即規律國家、自治團體、及其構成分子生活之法；私法即規律個人或私人團體生活之法也」。此說以「公生活」與「私生活」表示法律關係的內容及其規範的對象，故頗具有特色，唯大體上仍與主體說頗為接近。

㈤權力說：此說認為公法與私法的區分，應以公權力的行使為標準，凡法律關係的一方當事人擁有公權力行使者，此種法律關係為公法關係，所適用者為公法。反之，雙方當事人立於平等地位的法律關係，為私法關係，所適用者為私法。此說之內容與前述之主體說及資格說均頗相近㉕。

上述兩部分已將有關公法與私法區分標準的各種學說逐一加以介紹，經就此等學說內容比較的結果，大體上似仍認為以主體說最為明確而便於適用。且在事實上大陸法系國家長久以來即採此說作為公法與私法區分的準據。惟所應注意者，即公法與私法具有相同的淵源，因之兩者在性質與原理方面，有其共通之點而無絕對的差異；同時，在現代國家法制的演進方面，因有公法與私法混合領域的形成，使許多法律關係的內容趨於複雜，不易單純認定屬公法抑私法性質。對於此種情勢的發展，可從三方面分析說明如下：

㈠在現代民主國家中，在法治政治的前提下，國家與人民的關係，既須受法律的規範，故在實質上乃是法定的權利義務關係，並非單純的權力服從關係；其性質與私人間的法律關係已轉為接近。

㈡由於早期具有相同的淵源，所以公法與私法在原理原則方面，固然各有其專屬部分，足以顯示其特性；但亦有共通部分，為兩者所共同採用。而專屬部分，對兩者的區分始具有實質上意義。

㈢在社會立法逐漸擴張的趨勢下，國家對於原由私法規範的事項，基於維護及促進公共利益的需要，採取政策性的干預措施，已陸續由公法加以規範，形成公法與私法的混合領域（亦稱公私法混合適用之區域或公私法之中間區域，參閱本編第二章第二節內容）。

因有上述三種情形的發生，遂使國家與私人在法律關係上的地位，有互相融通的可能；而且，在社會立法擴張的趨勢下，發展出國家對人民法律關係的新領域。同時，也使吾人瞭解到，不僅應重視公法與私法的區別，亦應對

㉕ 南博方等編，行政法⑴，東京，有斐閣，一九七六年版，第二七頁。

兩者間的關聯及其發展演進的共同基礎有所認識。

此外，有關公法與私法混合領域（亦稱公私法之中間區域）的發展不僅在法律關係上具有特殊意義，而且也能引起法律關係性質認定的問題。對於混合領域中特定法律關係性質的認定，我國學者范揚氏曾提出五項原則作為標準㉖：

㈠以私經濟作用為內容之法律關係，原則上為私法關係：國家或公共團體站在與私人平等的地位，所從事的各種經濟活動，此等事務須受私法拘束，其爭議應依民事訴訟解決之。

㈡純屬經濟性質之事務，但法律特別規定，應按公法關係處理者，自應視為公法關係：此即事務在本質上純屬經濟性質，惟國家對此等事務基於政策需要，以行政法規作特別規定，即應依據專業行政法規處理，並視為公法關係。如就所生爭議，依法得為聲明異議，或提起訴願、行政訴訟者，則所具公法關係的性質，即更為明顯。例如有關土地、專利、商標、漁業、礦業等事務均屬之。

㈢直接供公眾使用之土地物件，通常不得為私法上交易之標的：此種土地物件如道路、橋樑、河川、海濱、公園、體育場、停車場等，係屬政府設置之公共設施，具有公用物（或稱公物）性質，故在民法上為不融通物，不得作為私權行為的標的，因如此將妨害其作為公共用途之目的。從而對其使用所得徵收之費用（各種使用費），亦不具有私法性質。

㈣在私人間的關係中，經授與國家公權的私人，亦為公法關係的主體，非屬純然經濟性質之場合，不得以私法關係處理之：此種情形有僅為私經濟作用之關係，一般即視為私法關係，如受公企業特許人之業務，其業務上之法律關係，實與普通私人之營業無異，但如非私經濟作用之關係，而為其他性質之關係，則不能依私法關係處理，例如私立大學（財團法人）依法對學生授予學位或採取獎懲措施，即為代表教育行政機關行使職權是。

㈤公共合作與社員間之關係，其法律上之性質，與私法人對其社員之關係相似，除法律有明定外，一般均屬私

㉖ 范揚著，前揭書，第四二—四四頁。涂懷瑩著，行政法原理（上冊），第一四九—一五〇頁。

法關係：所謂公共合作，亦稱公共組合，係指地方自治團體以外，具有公法人資格的公共團體或機構而言，例如工商團體、合作社、基金會、互助會、及社區機構等屬之。此等團體或機構均為依公法所設立，各有其目的事業。其經授予的公法上特權，亦不若地方自治團體之顯著。且此等團體或機構與其所屬社員或會員間的關係，與私法人團體對其社員之關係相類似；除各種行政法規有特殊規定外，可適用私法的規定㉗。

總之，因有公法與私法混合領域的形成，自然增加了公法與私法區分的複雜性。惟對於此種領域法律關係性質的認定，首先即應依法律的規定加以區別；在法律無規定的場合，應視其有無基於公益上的必要須與私人間關係作不同處理的情形來辨別。此外，在處理此種混合領域的法律關係時，如有專業行政法規制定，即優先依據行政法規處理，在無行政法規或法規就有關事項無規定的情形，始能適用私法處理。

第三節　行政法的實質與形式特徵

由前述行政法定義及性質的說明中，可知行政法乃是以規範國家行政權為主體的法規，具有公法的屬性，因而在內容方面最能表現公法的特徵。反之，其所具各種特徵，對於行政法規的內容及效力，亦具有直接的重大影響。所謂行政法的特徵，主要係指行政法規在內容方面所呈現的一般性特點與重要趨勢而言，亦可謂行政權作用所呈現與其他治權不同的特點及重要趨勢，此等特徵與行政的特性相互呼應。同時，若將行政法關係劃分為統治關係（權力關係）與管理關係（非權力關係或私經濟行政）㉘，則行政法特徵主要表現在統治關係方面，而管理關係由於性質的不同適用私法關係處理，故與此等行政法特徵所具關聯極少。此外，因此等特徵可分別從實質與形式兩方面觀察，故可分為實質與形式的特徵兩部分加以說明。

㉗ 杉村敏正編，前揭書，第七三頁。南博方等編，前揭書，第四四—四五頁。

㉘ 南博方等編，前揭書，第二五—二六頁。

第一項　行政法的實質特徵

行政法在實質（即內容）方面所呈現的特徵，亦即一般行政法規中所普遍存在的特徵與趨勢。不過，行政法規的內容互不相同，因之個別法規中並非必然具備行政法的各種實質特徵。茲就此等實質特徵，分別簡略介紹如下：

㈠行政法上的命令權：行政權為國家統治權的一部分，在基本上具有對行政客體的支配作用。此即行政機關行使職權時在行政法關係上以優越的地位可代表國家作成單方面意思表示（即指無須徵得相對人同意）的決定，直接對相對客體的人民依法課予作為或不作為的義務，而人民須受國家意思的拘束，服從並遵循指示以實現其內容。行政機關代表國家作成此種意思表示，係以發布行政命令的方式為之，故此種權力稱為命令權或下令權。命令權為國家統治權行使的有效工具，且能配合行政組織層層節制的特性達成行政效率的要求，故此種權力的運用極為普遍。命令權行使的對象，不以一般人民為限，凡可作為行政客體者均屬之。命令權可適用於一般統治關係及特別權力關係的行政業務及機關內部作業方面，其形式包括單純命令及法規命令兩大類別。總之，命令權足以顯示在行政法關係上行政主體的優越性與支配權的承認㉙（參閱第三編第四章行政命令與規章）。

㈡行政法上的形成權：人民在公法關係上的權利義務，固然均係由憲法及法律所授與，而非行政機關能夠直接決定。不過，國家法律既由行政機關負責執行，則行政機關在其職權範圍內，依據法律或基於法律授權，自可代表國家以單方面的意思表示作成決定，為相對客體設定、變更或撤廢行政法上的權利義務，形成、變更、或消滅特定法律關係，此種意思表示具有創設性，在行政法學上通常稱為形成權，國家之此種行政權力與前述行政主體的優越性及後述之公定力均有關聯㉚。

㈢行政法的公定力：所謂公定力亦稱先定力，係指國家在行政法關係上所作意思表示（亦即行政機關在業務上

㉙ 田中二郎著，行政法總論，東京，有斐閣，一九六七年版，第一〇二—一〇三頁。

㉚ 成田賴明等著，前揭書，第二六頁。

所作行政處分），其內容在原則上應受合法的推定，認為具有決定的效力，多不容許相對當事人直接提出異議或拒絕服從。此種情形乃因公法關係與私法關係不同，國家在公法關係上既處於優越地位，且為維持行政上法律秩序與政府威信，並基於行政效率上的要求，故須使其意思表示具有此種法律效力。如其意思表示確有違法不當的瑕疵，則必須由具有正當監督權限的機關予以撤銷或認定其無效，或由人民事後以行政爭訟途徑尋求救濟[31]。

㈣行政法的強制力：國家統治權在本質上即具有強制性，行政機關為貫澈法律的執行，實現國家意思表示的內容，經法律授權得直接運用強制權力，使行政客體履行其義務，或以其他強制執行措施，實現義務的內容，而課予義務人適當的負擔或制裁，故此種權力稱為「自力強制權」或「自力執行」，不必假手司法權即可直接實現行政措施的內容，有關措施見於各種行政上的強制執行及行政罰的規定[32]。

㈤行政法上權利義務的一體性：在往昔行政法發展的初期，政治思想方面強調個人自由及權利的絕對性質，法律除保障其不受非法的侵害及干預外，並容認權利人行使與否及如何行使的自由。惟現代民主國家在思想觀念方面已有所改變，基於國家社會政策的要求，與促進公共利益的目的，依據國家法律所授與的權利，權利人應正當並充分行使，以符合國家授與權利的目的，此種情形即並非將權利視為一種單純的個人利益，而認為係權利人對社會所負擔的一種職能，故猶如權利中隱含義務的性質；反之，義務中亦含有權利的性質。此即行政法上權利義務的相對性。就實例而言，如國民一方面有接受義務教育的權利，另一方面又有強迫入學的規定（見國民教育法第二條）；此種措施實為權利義務相對性的明證。行政法上的權利義務，因具有此種一體性（亦稱相對性），與公共利益密切關聯，以致形成與私法關係不同的兩點特徵：其一，為行政法上的權利，在原則上不得任意拋棄；其二，行政法上的權利義務，原則上不能自由移轉[33]。

---

[31] 林紀東著，行政法原論（上冊），第四四—四五頁。

[32] 田中二郎著，前揭書，第二〇四頁。我國法律方面的有關規定主要見於行政執行法及各種行政法規的罰則部分。

[33] 林紀東著，行政法原論（上冊），第四七頁。我國憲法第二十一條規定「人民有受國民教育之權利與義務」。此條涵義最能說

㈥行政法上公私利益的相關性：往昔在絕對主權主義盛行的時期，認為國家與人民處於對立的地位，如此則雙方利害自屬相反。惟在現代民主國家中，強調主權在民，立法與施政均以民意為依歸，則國家社會的公益自然與人民的私益相結合，其發展目標亦與人民的願望互相一致。此種情形反映在行政法方面，亦即國家與人民在法律關係上並非處於利害相反的對立地位，形式上雖有主體客體之分，但在實質上則利害相關，具有利害的共同性一致性㉞，此種情形在稅法關係及國家財政收支方面表現得最為明顯。

㈦行政法上公益的優先性：在現代法治國家中，人民個人合法的權益固然應受保障，但國家統治權作用，基於團體主義思想的要求，必須以維護及促進公共利益為優先。是故，人民個人的自由權利，在公益優先的前提下，不僅應受法律的限制；且在必要時，為維護公益，遂不得不犧牲私益。行政法規的內容，既充分具有政策性目的，而國家各種政策莫不以促進公益為優先，則行政法規之具有公益優先性，乃屬理所當然。就實際情形而言，我國憲法第二十二及二十三兩條有關人民自由權利的保障及限制的規定，均係以「不妨害社會秩序公共利益者……」及「增進公共利益所必要者」為前提條件，由此足證在現代國家中，公共利益實重於個人私益，而各種行政法規既均為憲法的延伸，其內容具有公益優先性實為順理成章的事㉟。

㈧行政法的技術性：如前所言，行政具有專業技術性的特徵，行政法既為推行各種行政措施的工具，作為執行各種行政業務的規範和依據，則其內容自然同樣具有技術性的特徵。此種特徵今後將隨行政業務科技性與專業性的增長而不斷加強，並構成行政機關獲得行政立法與行政司法授權的重要原因之一㊱。

明權利義務的一體性。

㉞ 張載宇著，行政法要論，臺北，法律評論社，五十九年版，第二三頁。

㉟ 田中二郎著，前揭書，第一〇五頁。我國憲法第二十二條規定「凡人民之其他自由及權利，不妨害社會秩序公共利益者，均受憲法之保障」。第二十三條規定「以上各條列舉之自由權利，除為防止妨礙他人自由，避免緊急危難，維持社會秩序，或增進公共利益所必要者外，不得以法律限制之」。

㊱ J. F. Garner, *Administrative Law*, London, Butterworths, 1970, pp. 52,107.

㈨行政法上爭訟方法的特殊性：採行司法二元制國家，對於行政法關係的爭議，認為與普通民刑訴訟不同其性質，故規定特殊的解決途徑，而不交由普通法院依民刑訴訟程序審理。具體言之，行政法上的爭議，首先應提起訴願在行政機關系統中迅速尋求妥善解決，經訴願之後，尚可提起行政訴訟由行政法院審理判決。此外，對因行政機關或公共設施管理機構違法不當措施受到損害者，並可依國家賠償法向各該機關要求賠償（參閱第四編行政救濟部分）。

以上九項係就一般行政法規內容方面所作分析，歸納出行政法在實質方面所具之各種特徵，此等特徵大體上與行政的特徵相互呼應，足以充分表現現代國家公法關係的屬性，尤其顯示出公法關係與私法關係在效力方面的差異，且此等特徵對於行政法制的整個內容均具有普遍深入的影響，並有助於增進對公法與私法區分理論及實效的瞭解。

第二項　行政法的形式特徵

行政法的特徵以實質方面者為主體，具有較大的重要性與影響。惟除此以外尚可從行政法在外觀方面的表現，分析其形式上的特徵，約可提出四點說明。

㈠行政法無綜合性統一法典的制定：前已言之，「行政法」一詞，乃屬學理上的名稱，我國目前尚未能就各種行政法規的整體內容歸納起來，提出其共通法理原則及一般性重要事項，制定為一項「行政基本法」（或稱行政法典），此種情形與民法及刑法的成就顯有不同，其原因乃是由於行政法規種類繁多、內容廣泛複雜、目的與作用互不相同、變遷與修改頻仍、且理論體系尚欠完整之故。此等原因雖均屬事實，惟僅使統一法典的制定增加困難，並非絕無可能。同時，法典的制定也具有實際的需要與作用。分析言之，可提出下列四點說明：

⑴有助於各種法規內容的標準化與統一化。

⑵有助於對行政法各項基本原則的認定。

⑶有助於確定行政法規或類別行政法規的範圍。

(4)有助於法規的系統化與彼此間內容的協調配合。

既有此等實際需要與作用，所以，就事實觀之，近數十年來，已有部分重要國家曾先後制定有關行政程序的法典，或擬定其草案者，此種發展似已形成一種行政法典的立法運動或趨勢㊲。上述各國近數十年來所制定的法令，雖不一定真正可稱之謂綜合性的行政法典，但有了此等具體成就，顯示法典的立法運動正不斷有所進展。至於我國方面，行政法典立法運動的發展較為遲緩，關於綜合性行政法典立法工作的推動，在私人研究方面，早年有俞叔平氏所著之「行政法典芻議」，內容即為俞氏所研擬的行政程序法草案；在政府方面，民國六十年代末期即已開始推動「行政程序法」草案的研擬工作，至八十四年春季行政院已通過法務部所擬之該法草案，並提出於立法院，此項法案業經該院完成立法程序，由總統於八十八年二月三日公布，定於民國九十年開始施行。至此我國至少在行政程序方面已具備一項可媲美西方民主國家的行政法典㊳。

(二)類別行政法規體系龐大：行政業務分門別類，均須以類別專業行政法規為依據，因而所制定的類別行政法規為數可觀，且各類行政法規按其效力順位、制定機關等級、及母法子法關係構成完整的系統，其體系頗為龐大，為其他治權法規所不及，是為行政法在形式上的另一特徵。

(三)行政法規富於變動性：所謂行政法富於變動性，即指其制定、修正、及廢止極為頻繁而言。究其原因乃是由於行政法規必須配合客觀情勢與施政的需要而變動，俾不致與現實脫節。同時，此種情形與行政法規的政策性和機動性亦有密切關聯。其次，行政法規的制定、修正及廢止，除法律方面其立法權屬立法機關外，各種行政規章的制定、修正、及廢止，一般行政機關均可經由委任立法或本於職權行之㊴。如此，有立法權的機關既多，而所受程序

㊲ 翁岳生著，法治國家之行政手續，臺北，幼獅文化事業公司，五十九年版，第八—二〇頁。

㊳ 俞叔平著，行政法典芻議，臺北，中國法學編譯社，五十九年版，第一—八七頁。

㊴ 中央法規標準法第七條規定「各機關依其法定職權或基於法律授權訂定之命令……」。此項規定即包括委任立法與職權立法兩種情形。

限制較少，則行政法規的制定、修正、及廢止等情事自然頻繁。行政法規雖富於變動性，惟僅作必要的變動，故其能不斷進步發展，而同時保持適度的穩定性，故法規的變動性實即新陳代謝作用，亦可視為法規的積極性。

(四)行政法規成分的多元性：行政法規的範圍甚廣，若就效力方面分析，可謂包含有各種不同位階的法規。同時，自形式的觀點而言，亦可謂包含有各種不同的成分，此等成分主要分為成文法與不成文法兩部分；在成文法方面包括憲法、法律、法規命令、單純命令、緊急命令、地方自治法規、條約等。此等成文法成分，在形式上不盡相同；至於不成文法成分，則包括法理、習慣、判例、釋例、先例等，其與成文法成分在形式上的區別至為明顯。此種成分的多元性亦有稱為多樣性者[40]。

行政法形式上特徵的重要性雖次於實質特徵，惟此等特徵對行政法規的內容仍足以產生具體的影響。例如無綜合性統一法典的制定，將妨礙到行政法規名詞法例的標準化及對於共通性法理原則的認定；而類別行政法規體系的形成，將有助於專業法規內容的協調一致；至於具有適度的變動性，則將能發揮促進法制革新與行政現代化的作用。

第一章　重點問題

一、行政法的意義如何？試分析言之。

二、公法與私法有無區分的必要？其區分的效果如何？

三、試述公法與私法區分標準的各種主要學說。

四、行政法所具形式上的特徵如何？

---

[40] 田中二郎著，前揭書，第九五頁。

五、行政法所具實質上的特徵如何？

六、行政法典的制定在實際上的需要與作用如何？

第二章　行政法與行政法學的發展

第一節　行政法演進的階段

一國的文化發展達到相當的程度之後，自然會有各種典章制度創立，故行政法制乃是國家文化進步的產物，並隨客觀環境的變遷及社會發展而不斷演進。現代法學理論方面多認為「各種法規內容與社會生活的性質，其間存有因果關係」❶；因之，在不同時代及客觀環境下，就可能有不同的行政法制。而行政法制實與各時代的社會背景相互關聯，並在內容方面直接反映其當代的社會背景與思潮。本節所討論的行政法演進問題，僅限於近代以來各國現代化行政法制發展的情形而言。近代行政法的演進，大致與國家演進過程以及國家目的的發展相互關聯，自宜配合近代國家演進的階段，從思想與社會背景方面加以分析說明。茲將各階段的情形略述如下：

㈠警察國家時代：此一時期約當十六至十八世紀，歐洲各國在經濟上有商業革命完成，貨幣經濟發達，重商主義盛行，商人支持打破地方割據的局面。在政治上封建制度解體，統一的民族國家陸續建立。當時國家發展的重心，在求對內統一對外擴張，故須加強君主權位，實施開明專制統治（Enlightened Monarchy），干涉人民生活與社會經濟活動，國家權力大為擴張，並設置具有規模的軍隊與官僚制度作為統治工具，以刑罰與稅斂鞏固政權。國家雖有典章制度，且有官房學派（Cameralism，亦稱宮廷財臣派）興起，研習宮廷財政、預算制度、及行政管理（稱為官房學 Cameralistic Science），惟行政方面僅有君主與官吏的職務命令，而無現代法治意義的正規行政法制存在。總之，在此時期中，各國對現代行政法制尚乏重大建樹，僅能視為行政法制的胚胎時期或草創階段❷。

❶ 曹競輝著，法理學，臺北，五南圖書公司，七十二年版，第七一頁。

❷ 張金鑑著，動態政治學，第四七〇—四七一頁。林紀東著，行政法，臺北，三民書局，六十六年版，第三四頁。

㈡法治國家時代：此一時期約當十八、九世紀階段，工業革命的前後，歐洲各國社會經濟情勢較警察國家時代已有所轉變，由農業社會開始邁向工商業社會。在思想方面個人主義、自由主義、與功利主義盛行，崇尚「天賦人權」、「社會契約」的理論。引發歐陸普遍的民主政治運動與革命，導致共和政體與憲政制度的逐步建立。各國在民主政治發展的初期，基於對往昔君主專制的反動，及對人民自由權利的珍惜，故莫不極力提倡法治（Rule of law）；但以消極國家的機械法治觀念為圭臬，且認為國家與人民處於對立的地位，「國家為必要罪惡」（necessary evil），有權者必濫權。故主張採行分權制度，以避免集權專制，並使立法控制行政，形成代議政治下立法優越（Legislative Supremacy）的趨勢；同時，為減少人民生活社會經濟活動所受的干涉妨害，乃鼓吹自由放任政策與絕對權利觀念，限制國家目的與政府職能，要求政府僅扮演「守夜警察」（Night Watchman）的角色。在嚴格法治行政原則的指導下，各種行政法規的制定，自然逐漸增加，以作為政府機關執行職務的依據，如此可防止政府濫權，而有助於確保人民的權益。具體言之，此種法治行政所表現的特徵，乃是成文法主義至上，狹義的法律至上，行政機關既無立法權，在業務上也甚少自由裁量的餘地。此外，為使人民獲得對行政機關提起行政爭訟的權利，並使司法不致干涉行政，歐陸國家在十九世紀後期，乃發展出司法二元制度，設置獨立的特別司法機關（行政法院）審理行政訴訟案件，以促進法治與責任政治理想的實現❸。

㈢福利國家時代：如前所言，法治國家時代，消極國家的觀念盛行，國家採取自由放任政策的結果，使傳統資本主義制度大行其道，歐洲各國在自由經濟的環境中，工商業日益繁榮發達，社會財富大量增加，國際市場及殖民地不斷拓展。惟在另一方面，由於自由放任政策與傳統資本主義制度本身的缺失，以致在國內與國際上均呈現許多流弊。就國內而言，分配不均，造成貧富懸殊勞資對立，衍生出多方面的社會問題，在國際上，形成持殖民擴張政策的帝國主義，使國際衝突日益激烈。鑑於此等流弊的發生，國際與國內的各種問題亟待尋求合理的解決，法治國家時代的消極思想與政策，終於在各種客觀因素的影響下，逐漸改弦易轍。除在國際社會方面開始重視和平秩序外，

❸ 林紀東著，行政法，第三五—四〇頁。薩孟武著，政治學，臺北，三民書局，七十三年版，第一三四頁。

在國內問題方面則醞釀出新的思想與政策❹。具體言之，二十世紀已邁入福利國家時代（亦有稱為經濟國家時代者），在此階段中各先進民主國家的社會形態，由農村社會轉變為工業化及都市化社會後，有各種社會經濟問題發生，遂漸需要由政府承擔處理；另外在政治方面，民主法治傳統日漸穩固之後，各種法制已上軌道，足以防止政府濫權並有效保障人民權益；而社會對政府的要求，著重於積極功能的發揮，國家目的與政府職能亦隨之而擴張；遂使消極國家轉變為積極國家與服務國家。就行政法的發展方面而言，此一時期由於各國社會背景及思想觀念的轉變，對行政法的發展具有重大的影響，有下列數種現象值得注意❺：

(1)由於社會發生重大變遷，基於各方面的客觀需要，行政業務大量增加，因而行政法規亦隨之大量增加，作為行政機關職權的依據與業務規範。

(2)現代國家既已放棄消極的機械法治原則，則在行政法規的內容方面，不僅注重保障人民的自由權利；而且，更進一步強調促進公共利益與社會均衡發展。故在民主法治的基礎上，一方面基於政策的目的採取適度的干涉主義管制措施，另一方面也重視發揮服務的功能。

(3)現代國家為建立有能的政府及提高行政的效率，故採取機動法治原則與治權協調的理論，使行政法規在內容方面，增加許多彈性及授權的規定，使行政權力得以靈活運用，減少不必要的牽制，並能兼顧法治與效率。

(4)為推動社會改革以求解決社會問題，各國普遍採行社會政策措施，遂有許多社會立法性質的行政法規制定，其範圍可包括各種社會福利與經濟管制的法規在內，形成行政法的新領域。

(5)由於行政業務日趨分工專業化，具有高度技術性的內涵，故行政法規方面亦呈現同樣的趨勢，並以科學知識為基礎，在此種趨勢下，不僅有各種類別專業行政法規產生，而且此等專業法規在內容方面融合了政策目的的主觀性與科技的客觀性，使其所追求的公平正義，更具有理性化的標準。

❹ 雲五社會科學大辭典，第三冊，政治學，臺北，商務印書館，第三五九頁。

❺ 張金鑑著，動態政治學，第四七三頁。林紀東著，行政法原論（上冊），第八〇—九四頁。

根據上述五項發展情形的分析，可知福利國家時代的行政法制，在內容方面頗能表現思想與政策的特色，即以團體主義、社會連帶責任、干涉主義、及機動法治等理論構成其指導原則；並且反映了政治與行政發展方面社會化、科學化、與專業化的特質。

第二節　行政法規的現代發展趨勢

目前世界各民主國家，均處於福利國家時代，根據前述行政法制發展的情形，可知此一階段的行政法制實有其時代特徵與意義，在實質與形式方面分別呈現各種顯著的趨勢，茲分析言之：

第一項　形式上的趨勢

所謂形式上的趨勢，即自現代國家行政法制的結構、系統、及文字等方面觀察其發展的情形而言，約可歸納出下列數點事項：

㈠行政法典的立法運動：行政法典的制定既具有實用價值，故近數十年來各國政府機關或學術機構均不斷嘗試克服各種困難致力於草擬甚至制定完整的或局部的綜合性統一行政法典，並重視各種類別行政法規彙編的編纂工作。

㈡行政法規立法技術的進步：在講求法治行政的原則下，政府各機關均極重視行政法規的立法工作，且事實上由於長期經驗的累積，法學理論與教育的發達，法制專業人才的不斷培植，且政府各機關多有專業法制單位或職位的設置，此等因素均有助於立法技術日益進步，使各種法規在內容及程序方面盡量減少缺失，增加執行的順利❻。

㈢法規結構與體系益趨完整：法規在形式上不僅應具備相當數量的條文，且各項條文在其相互關係上應作符合邏輯順序的安排，如此乃能使法規在結構上臻於健全完整，而現代國家的行政法規對於結構的安排均頗為講求❼。

---

❻ 羅成典著，立法技術論，臺北，文笙書局，七十二年版，第一—二頁。各機關所設之法制單位如法規委員會及法制室等，專業職位如參事其職掌即為法規撰擬事宜。

此外，由於各種專業行政業務範圍極廣內容複雜，故須制定眾多的類別行政法規以肆應實際業務的需要，此等類別法規彼此在內容及效力層級方面相互關聯，形成完整的體系。

㈣法規條文增多規定詳細：現代國家的行政業務較前大為複雜，技術性日益增加，專業分工愈益細密，行政法規為配合此種行政業務發展的需要，各種法規的條文自然增多。並且除各種基本法律以及法規中應保留適度彈性的部分外，一般法規多對行政業務內容作詳細規定，俾可作為實際業務執行的規範，而防止行政機關流於專擅及對行政裁量權力的濫用❽。

㈤法規文字用語的通俗化：在民主政治之下，法規不僅為人民公意的表現，及政府對人民施政的依據；亦且為社會生活的規範。所以，法規的制定與實施，均須由人民參與，更須使一般人民普遍瞭解始便於遵循。準此，則儘管一般國家的法律用語及名詞具有其特性，但用語文字的日益通俗化，以適應民主政治的需要，發揮政治溝通的功能❾。

㈥法規釋例的重要性增加：如前所述，由於行政業務內容複雜，技術性增加，而社會現象又變動不居。所以，在適用時常有疑難問題發生，須採用解釋方式尋求解決，而立法、行政、及司法機關對法規均有解釋權，其中行政機關因處於法規執行機關的地位，故解釋法令的機會最多，所作法規的釋例數量極為可觀，對業務的執行具有頗大的重要性。

㈦行政法制以成文法為主體：由於行政業務範圍擴大內容複雜，且在法治行政原則的要求下，各種行政法規不斷大量制定，其內容並將以往不成文法部分分別予以吸收，使其變為成文法。同時，實際上在行政業務方面所適用者，亦係以成文法為主體，而不成文法固然構成行政法規的部分法源，且對行政法規的內容具有頗大的影響；但自

❼ 我國中央法規標準法對法規結構事項有明文規定，見於該法的第八、九兩條，有關事項參閱本書「行政立法」部分。

❽ 馬君碩著，中國行政法總論，第二六頁。

❾ 張金鑑著，動態政治學，第二七五頁。

實用觀點而言，則僅具有輔助性質與次要地位，我國民法第一條規定：

「民事，法律所未規定者，依習慣。無習慣者，依法理。」

此項條文即足以說明成文法與不成文法在適用方面的相互關係，從而亦可瞭解到國家法制實即以成文法為主體。

(八)行政法制作業標準化：行政法規的內容廣泛複雜，以致使行政法典的制定發生困難。但若僅就法規制定的形式方面而言，則欲使行政法制標準化，不僅有客觀的需要，而且在實際上困難較少，易於實現。就我國目前的情形觀之，「中央法規標準法」早經政府制定，作為國家法律及行政規章制定的基本規範，其內容對法規的名稱、結構、條文編排等形式方面的事項均有規定。此外，尚有「法律統一用字表」及「法律統一用語表」（經立法院認可），對法規條文中重要的用字用語作統一的規定。且在行政機關方面，另有依據「中央法規標準法」所制頒的法制作業規章，例如由行政院頒布的「行政機關法制作業應注意事項」以及國防部與省政府等機關分別頒布的類似法規均屬之。因有此等規範性法令的制定及適用，故已產生使行政法制作業日趨標準化的效果。

由上述八項形式上趨勢的分析，足以顯示出現代國家行政法制外在發展的情形，其中主要為法規數量的擴充、結構與體系的完整、立法技術的進步，及法制作業標準化等項均是。此等趨勢的形成，對於行政法的發展，自然有其重大的貢獻；同時，對行政法規的適用及效果方面，也具有實際的影響。

第二項　實質上的趨勢

現代國家行政法發展的實質上趨勢，乃是就福利國家時代行政法規內容方面觀察的結果，所歸納出的共同原則、觀念、與屬性。故此等實質上的趨勢，與行政法的實質特徵具有相互關聯。茲分析說明如下：

(一)積極國家與服務國家觀念的影響：福利國家同時也是積極國家與服務國家，故有關的思想觀念在現階段頗為盛行，其對行政法規的內容自然具有普遍深入的影響，使行政法規能夠配合此等理想的要求，促進行政機關積極、服務、與便民功能的發揮。由此可知行政法規內容所呈現的此種趨勢，實係由於國家職能轉向與行政性質改變所致⑩。

㈡民意、法治、與責任政治觀念的影響：民意、法治、與責任政治觀念，具有三位一體的關聯，形成現代一般民主國家共同的政治理想，亦為國家施政方面的最高指導原則，故行政法規的內容無可避免受到此等思想觀念的薰染。具體言之，在民意政治觀念的影響下，行政法的內容務求反映人民的公意，重視人民自由權利的保障，構成民主政府運作的規範，在法治政治觀念的影響下，強調政府與人民同須守法，行政機關應恪遵依法行政的原則。在責任政治觀念的影響下，行政法規對政府機關與公務人員的法律及行政責任作明確規定，並提供人民行政救濟的途徑。總之，民主、法治、與責任政治彼此相互關聯，具有整體性的效果，將有助於行政法制配合民主國家政治發展的客觀需要獲得全面的改進。

㈢政府機關分工合作觀念的影響：現代民主國家的政府機關組織，不僅採分權制度，而且在行政組織系統中，普遍實施專業分工，以求在業務上獲致精確迅速的效果。但政府本身應構成一完整的有機體，機關職權與業務的劃分，其目的原在於防止流弊與增進效率，且在積極國家思想的指導下，應促使各機關在職權方面發揮相輔相成的作用，在業務方面講求協調配合的功效，如此才能實現分權分工的真正目的。此種強調政府機關的整體性與協調合作的觀念，使有關法規的制定與適用方面，能夠注重政府機關間團隊精神的發揚。

㈣強調機動法治原則：在積極國家時代，法治行政的觀念已有所轉變，即摒棄機械法治的要求，而崇尚機動法治原則，在使行政機關於合法範圍內，能夠機動運用其職權，俾可以積極主動的態度，因事因時因地制宜，充分發揮行政效率。此項原則在行政法規方面的表現，除擴大行政機關的職權範圍外，並作各種授權的規定，如行政立法、行政司法、行政裁量、與緊急命令權的授與等均是⓫。

㈤法規內容專業技術性增加：由於行政業務的日趨專業技術化，直接導致行政法規內容專業技術性的增加，尤其許多有關科技業務的行政法規，其內容更具有高度的技術性，必須以精深的科技知識為基礎。

---

❿ 同❾，第四七三、四七八頁。

⓫ 林紀東著，行政法，第四八－四九頁。

㈥社會政策影響的深入普及：現代民主國家莫不以福利國家為發展的理想目標，為矯正資本主義的流弊，解決各種社會經濟問題，多採行有關的社會政策措施，而以各種行政法規作為實現此等政策的工具，故所制定具有社會立法意義的法規日益增多；且使法規在內容方面除追求法治原則下一般性的公平與正義外，更從社會政策的立場，重視「分配的正義」⓬。

㈦公法吸收私法的趨勢：在現代國家法制方面，有許多原屬私法關係由私法規定的事項，由於國家政策的轉變與社會立法運動的發展，逐漸被公法所吸收，而以行政法規分別加以規定。此種趨勢主要係國家基於社會政策與公共利益的要求，以行政法規對原有私法的內容，作強化、變通、及補充的規定，此種規定對私法具有特別法效力，學者亦有稱此種趨勢為「私法之公法化」者⓭。

㈧行政法規新領域的擴展：近數十年來，行政權範圍不斷擴張，而擴張的方向，主要是福利國家時代最受重視的經濟與福利行政方面，此等業務的內容，遂構成行政法規的新領域。此一部分法規乃是廣義的社會立法，形成專業行政法規的龐大體系，範圍亦頗具完整性；且在性質與作用方面與一般統治關係的法規不盡相同⓮。

㈨行政法規內容的國際化：在現代化國際社會中，各國間的國際關係日益密切，此等關係所涉及國家各種行政業務的範圍極為廣泛，因而在許多行政法規內容中均可能有關於國際事務的規定。此種情形主要是由於行政法規中吸收了國際法的原理原則，或者國家在簽訂國際公約或多邊與雙邊條約之後，為履行條約義務，乃依據此等條約制定各種行政法規付諸實施，遂使行政法規的內容呈現國際化的趨勢。此外，就國家對外所簽訂的各種條約而言，此等條約一方面屬國際法性質，同時因其發生國內法的效力（戰後部分國家憲法，甚至承認國際法及條約具有高於國內法的效力），構成有關行政業務的準據，故可視為具有行政法的性質，學者有稱之為「國際行政法」者⓯。

⓬ 田中二郎等編，行政法講座——行政法序論，東京，有斐閣，一九六四年版，第二〇五—二一二頁。
⓭ 張載宇著，行政法要論，第二一頁。
⓮ 同⓬。

㈩對人民權益保障的重視：現代民主國家雖有行政權擴張的趨勢，但擴張的目的在於建立大有為的政府，以增進人民福祉，且政府對人民權益的保障亦隨之而加強，陸續建立起各種制度對人民自由權利作事前事後的保障，並將此等制度明定於憲法之中，以發生直接保障的效果，故學者有將「人權保障之加強」，視為係二次大戰後各國憲法的新趨勢者⑯。所謂「保障」並不限於消極意義的措施，尚應包含積極性措施在內。具體言之，有關措施在傳統上主要為請願、訴願、訴訟、及國家賠償制度，但在廣義方面應包括增進人民福祉的各種行政措施在內。為實現此等措施的內涵，自須制定各種行政法規及相關法規付諸實施。

㈩㈠對各種行政程序的改進：在行政法制方面，程序規定雖僅屬次要性質，但此等規定對於人民權益及行政效率同樣具有實質上的影響。就實際情形而言，在行政程序方面，除基於便民及效率的觀點力求簡化外，對於各種行政措施的決定及執行，均定有法定的步驟與條件，以防止行政權力的濫用，維持職權行使的合法化。尤其在行政爭訟制度方面，著重於仿傚司法程序，以求符合「行政司法」(或稱準司法 Quasi-Judicial) 作用的本質，俾使所作裁決能夠公正客觀。總之，對行政程序的重視，已形成行政法制發展的重要趨勢⑰。

上述十一項行政法實質上發展的趨勢，蘊含有現代行政法學廣泛的法理，對於行政法規的內容、性質，與精神產生普遍深入的影響，使一般行政法規的政策性大為加強，並足以反映出福利國家時代行政法規所具時代背景的特徵與意義。

⑮ 林紀東著，行政法原論（上冊），第二七頁。涂懷瑩著，行政法原理（上冊），第一七頁。

⑯ 林紀東著，比較憲法，臺北，五南圖書公司，六十九年版，第六〇—六六頁。

⑰ 林紀東等著，各國行政程序法比較研究，臺北，行政院研究發展考核委員會編印，六十八年版，第八頁。

第三節　行政法學的起源與發達

第一項　行政法學的演進

在第一節所述行政法演進的情形中，業已提及警察國家時代，可視為行政法學的胚胎時期。當時行政法學雖尚未形成，但在歐陸方面已有官房學派興起，其所研習的官房學（亦稱警察學）中包含政府的治術與制度在內，為一般法政科學的淵源，而行政法學自亦係由此學術衍生而來。至法治國家階段，正當民主政治發展的初期，因受反專制爭自由的社會背景影響，在思想方面消極國家的觀念盛行，由性惡論及不信任政府的觀點出發，鼓吹消極的法治理論，推動對國家公法及政府事務的研究，逐步奠定行政法學的基礎。而自十九世紀後期以來，歐陸方面有關行政法學的著作陸續問世，惟此種初期的著作，在內容方面不僅理論體系尚欠完整，且往往與政治學、行政學、或一般法律學相混淆，故其所具行政法學的特性尚欠顯著，不足以使行政法學取得完全獨立的地位。在此階段中，已陸續有部分重要著作問世，可知在德國統一後的十九世紀末期，歐洲行政法學發展已加快腳步並有具體成就可觀[18]。在邁入二十世紀以後，由於社會客觀環境已有重大轉變，因而無論在國家目的、政府職能、及法學理論方面均配合新的需要產生新的取向，形成新的行政法學，具備積極國家的精神與政策內涵，以肆應福利國家時代行政法發展的需要。且自二十世紀以後，行政法學的獨立地位已日漸明確，理論體系較前大為完備，實為行政法學發揚光大的重要階段。在行政法學的研究方面，此一時期的法學思想有兩大學派與行政法學的發展具有密切關聯值得重視，茲分別介紹如下：

㈠純粹法學派：此派學者係持「在法言法」的觀點，以國家現行法令（稱實定法）為對象，從事法學的研究，其代表人物為奧國的克爾生（Hans Kelsen）。故彼等研究行政法學的方法，係將社會、經濟、政治、道德、心理等因

---

[18] 林紀東著，行政法原（上冊），第二〇八—二〇九頁。范揚著，前揭書，第二三頁。

素，及實在的現象均排斥於法律學識之外，亦即不對法律採取主觀的價值判斷；而專門著眼於對法律作形式的與理論的分析，僅從法律規範的結構、條款文句本身認識法律，探討歸納其法理原則，是為純學術性的研究，其具體貢獻為提出「法律位階說」（亦稱「法的階段構造說」）及說明法律的強制性，兩者皆係闡述法律效力的理論。惟此派所具之根本缺點，即其所作學術研究未能與社會現實相結合，而趨於閉關自守，無從使法律發揮其社會功能，故被稱為法律的閉關主義及形式主義⑲。

㈡社會法學派：此派從事法學研究的方法，可謂與純粹法學派背道而馳，亦即採用社會學方法研究行政法學。具體言之，即以社會現實為基礎，對法律的研究，注重分析其背景、目的、精神、功能、及意義，並觀察其實施的效果，從而探求何者為適合於現實社會生活的優良法律。此派的研究因係採法律實用主義的觀點，重視法律的可行性與實效性，可謂是「法律的實用論」或「法律的功能論」。其所作研究及闡揚的法理，常能適應社會的需要，有助於解決現實問題，因而對國家社會頗有具體貢獻，並在一般國家中廣泛流傳。此派之代表人物為美國法學家龐德（R. Pound），他認為法律的任務，在對於個人私益與國家公益的平衡調節，具有此種社會機能（Social Engineering）才能不斷進步，成為活的法律⑳。

各國行政法學的發展原以歐陸國家為先驅，此等國家屬大陸法系，其行政法學在內容方面具有傳統的特性，即深受羅馬法的影響，對公法與私法採明確區分、成文法主義盛行、採司法二元制、及重視國家公權力的行使。自十九世紀末期以來，行政法學的發展不限於歐陸方面，亞洲國家中屬大陸法系者，大致均受德法兩國的影響，日本首先輸入行政法學的知識，由美濃部達吉氏發揚光大。戰前日本行政法學界原有官僚學派與民權學派之分，前者主張行政法制的發展，在求實現國家統一及富國強兵的目的，國家以軍職及文職官僚為基幹，故應加強官僚的地位與權力，後者認為行政法制的發展應符合憲政法治的要求，保障國民的自由權利。而美濃部達吉氏即為後者的代表，氏

⑲ 涂懷瑩著，法學緒論，第二六〇頁。林紀東著，法學緒論，第二三五—二三七頁。

⑳ 韓忠謨著，法學緒論，臺北，五十一年版，第二三七—二四〇頁。

著有「憲法講話」、「行政法撮要」、及「獨逸行政法」等書，堪稱日本公法學界之泰斗。二次大戰後，日本受英美法系國家的影響，其行政法學的內容已充分具有民主主義及福利國家的思想與精神，重視基本人權與地方自治權的保障，並傾向於司法一元制。其當代的代表人物以田中二郎為主，氏著有「行政法總論」、及「行政法講座」等書，具有崇高的學術地位㉑。我國行政法學發展較晚，因在傳統上屬大陸法系，故在此一方面主要吸收德日的理論與法制，不過近數十年來，亦逐漸具有英美法系的色彩。

至於英美法系國家，其法制本身亦具有傳統的特性，即早期以判例法為主體、對公法與私法的區分不明確、採司法一元主義、重視民權保障限制政府行政權力等均是。因有此等特性存在，致使行政法制普遍未受注意。英國近代憲法學家戴雪（Dicey）早年即曾認為英國無行政法。其實英美絕非無行政法制存在，僅祇對行政法的研究起步較遲而已。英美國家行政法學的發展，大致開始於十九世紀末年，約在一八九三年時，美國學者古德諾氏（F. J. Goodnow）所著「比較行政法」一書問世，一九〇五年又出版其「美國行政法原理」。至一九一一年傅儒德氏（Ernest Freund）編著成「行政法例案」一書，為個案研究之著作。惟初期行政法學的發展並未受到應有的重視。嗣後，美國律師公會主席路德（Elihu Root），鑑於社會客觀形勢變遷的需要，乃於一九一六年對行政法的重要性提出呼籲，認為：「行政法的發揚光大，殆不可免，禁止立法授權的原則已經動搖；在新社會和新的環境之下，對私權的保障，古老簡陋的立法與司法機關已無能為力，代之而起的為強有力的行政機構」。

其所作呼籲在當時雖然曲高和寡，但自一九三〇年代羅斯福新政時期開始後的近數十年來英美兩國社會及政府發展的趨勢已極為明顯。行政權範圍不斷擴張，行政機關逐漸獲得準立法與準司法授權。行政委員會在政府中具有重要地位、訴願制度的採行日廣、美國並於一九四六年制定其行政程序法。凡此種種均足以說明「行政國家」（Administrative State）時代的來臨，行政法的重要性已從各種客觀事實中獲得普遍的認定。而英美國家有關行政法學的

㉑ 城仲模著，行政法之基礎理論，臺北，三民書局，六十九年版，第二〇、二九、五〇頁。田中二郎等著，行政法講座——行政法序論，第五四頁。

研究也隨之而日趨蓬勃，近年來屢有重要著作問世，例如衛德與菲利浦斯（Wade and Philips）合著的「憲法與行政法」、戴維斯（K. C. Davis）的「行政法與政府」、格瑞菲斯與史特瑞（Griffith and Street）合著的「行政法原理」等均是。且在二次大戰後，德日兩國因受英美法系的影響，使其傳統行政法制發生相當程度的轉變㉒。惟所應注意者，即英美法系國家在重視判例法及司法一元制的傳統下，對行政法學的研究範圍及重心，與大陸法系國家不盡相同而已。

第二項　行政法學的意義及範圍

在本篇第一章中，已就行政法的意義提出分析說明，而所謂行政法學即以行政法的理論及其一般性重要制度為研究對象的科學。此種科學在傳統上係歸類於公法學的系列，但因其內容既然是以「行政」為主體，則將其視為行政科學的範圍，亦具有道理。行政法學因研究重心與方法的不同，若作詳細區分，約可列出四個支系，即一般行政法學（研究一般行政法理）、個別行政法學（研究特定國家或特定類別的行政法規）、行政法史（研究行政法演進發展的史實）、及比較行政法學（比較研究各國行政法的異同得失）。在此四者之中，後二者雖亦具有頗大的重要性，但仍以前二者較為發達普遍，而當前研究行政法學者大體上均係以此兩部分作為研究的對象。至於對此兩部分的整體內容劃分的方法，則未盡一致，約有三種方式㉓：

㈠將行政法學分為一般行政法學與特殊行政法學。

㈡將行政法學分為行政主體法、行政行為法、及行政爭訟法三部分。

㈢將行政法學分為總論及各論兩部分。

㉒ Davis 原著，馬君碩譯，美國行政法，臺北，中華文化出版事業社，五十年版，第一—六頁。杉村敏正編，行政法概說，第二〇—二四頁。

㉓ 林紀東著，行政法原論（上冊），第二〇六—二〇七頁。

以上三種劃分方式，就大陸法系各國法學界而言，多採第三種區分。因按此方式劃分，標準簡單明確，且能保持行政法學理論體系的完整，故有其優點，而為多數學者樂於接受。就總論的範圍而言，其內容主要在分析探討各種行政法規的一般性共同性原理原則及國家的各種重要行政法制，為初學者奠定行政法學知識的基礎。總論包括的範圍可謂甚廣，但在傳統上一般均將總論的內容劃分為四個或五個部門，即包括行政法的基本理論、行政組織法、行政作用法（亦有稱行政行為法者）、及行政爭訟法（亦有稱行政救濟者），在上述四大部門外，有專就「行政職權」部分為列一篇者，即構成五大部門㉔。至於在總論之外，以各種專業行政法規為研究對象的部分，屬行政法學各論的範圍，惟亦有將其中重要項目的內容列入總論者。各論部分的內容相當龐雜且無限制，以往有將各種專業行政的內容一併納入者，惟近年來對各種專業行政法制的研究有各自獨立的趨勢，俾使著作內容能夠深入精闢。從事各種專業法規的研究，具有重大實用價值；惟除須具備總論部分的基礎外，尚須具備各種專業知識，始能有所成就；且須以行政法學的觀點立論，否則即失去行政法學研究的意義。

第三項　行政法學的科際整合

前已言之，行政法學在其演進過程中，與一般社會科學大體上具有共同的淵源，且目前行政法學內容的範圍極為廣泛，從事此種學科的研究必須注重科際整合，故與其相互關聯的學科種類甚多。茲僅就總論的部分，選擇數種重要學科，將其與行政法的關係略述如下：

㈠法學緒論：法學緒論（亦稱法律學）構成各種法律學科的基石，其內容在探討一般法律的理論與制度，涉及公法與私法兩方面，與行政法學有關的部分甚多。故法學緒論的內容，實已為研究行政法學，奠定了所需的基本法學知識基礎。

㉔ 管歐著，中國行政法總論，第三七九—四二三頁。管氏在總論中將「行政職權」單獨列為一篇，內容包括行政權、行政責任、行政裁量、及行政監督各章，此等項目在一般行政法學內容中，分別屬於行政組織法及行政作用法兩部分。

㈡憲法學：憲法為國家的基本公法、憲法學在各種公法科學中自應居於首要的地位，行政法學在內容方面毫無疑問必需援引憲法學的各種理論，並受此等理論的指導。因之，行政法學與憲法學內容相互關聯之處不勝枚舉。其次，若就行政法規與憲法的關係而言，行政法學可以視為憲法學的延續，僅其內容較憲法學更為詳細具體而已。

㈢民法學與刑法學：在法學體系中，民法與刑法學的發展較早，行政法學最為晚出。且如前所言，早期行政法學的內容，常有仿傚民法學的情形。而民法學與刑法學的內容方面，更含有屬於一般法理的事項；因之，研究行政法學自須吸收援引部分民刑法學的理論。同時，就實際情形而言，行政法規的適用，所需援用民刑法之規定者甚多，而行政法中屬於公法與私法混合領域的部分，更與民法內容具有密切的關聯。是故，研究行政法學，必須對民刑法學有充分的認識。

㈣政治學：行政法學既以政府行政權或行政機關為其研究的主體，則追溯其緣起，自然與政治學具有共同的源流。即就當代政治學的內容而言，其中與行政法學有關的部分頗多，例如關於國家目的、統治權作用、民主法治理論、政治體制、人民權利義務、技術統治、乃至政治發展與政治現代化等，莫不與行政法學的內容相關，可知行政法學本身即具有政治性質，其與政治學的關係自可謂根深蒂固。

㈤行政學：行政學為政治學的一個支脈，故其與行政法學亦具有共同的淵源，且早期行政法學的研究與行政學實不易區分。目前二者雖各自獨立，但因研究對象在基本上相同，所以二者在內容方面相互關聯之處甚多，其中尤以在行政組織方面為二者雙向溝通的主要關鍵；其次，即就研究的目的而言，二者亦有部分相同。故行政法學一方面屬於公法學的系列，而同時仍可視為行政科學的一大門類。除上述二者相同及相關的部分外，學者亦有就行政學與行政法學從各方面加以區別者，其所述二者不同之點，約可分為下列四項言之㉕：

㈠所屬系統不同：由於內容重心的分歧，遂使行政學歸屬於政治學系統，而行政法學則歸屬於法律學系統。

㈡性質不同：認為行政學內容具有積極性；反之，行政法學則屬消極性。惟此種觀念顯然過於陳舊不合時宜。

㉕ 范揚著，前揭書，第二五頁。管歐著，中國行政法總論，第三六頁。

且現代民主國家既均為積極國家，則其行政法制大部分均應具有積極性，以求適應時代的需要。

㈢範圍不同：行政法學的研究既然是以行政法制為主要對象，亦即以靜態的行政事項為範圍；而行政學的研究對象主要是法制以外的現象與行為，亦即以動態的行政事項為範圍。

㈣目的不同：一般而論，研究行政學的直接目的，在於改善管理方法增進行政效率；而研究行政法學的直接目的，則在於實現法治行政原則，維持行政措施的合法性並發揮其效力。

由上述就行政學與行政法學的關係及區別所作分析，可知兩種學科係自不同觀點對「行政」從事研究，因而在重心與範圍等方面呈現不同取向的發展。但無可否認二者的最終目標殊途同歸，均在謀求從各方面提升行政的品質。既然如此，則吾人一方面固不應忽視二者的區別，而另一方面則更應注重二者相關性與共通性，將其視為行政科學的兩大支柱，促成其間相輔相成作用的發揮。此種情形目前已受到國際學者的重視，當前日本方面的行政法學著作中，對有關問題提出詳細探討者不乏其例，而國內方面有關的理論尚屬罕見㉖。

以上乃是就行政法學總論部分的內容，概略解說其與各種重要相關科學的關係。大體言之，在各種相關學科中，行政法學以與憲法學及行政學的內容與性質較為相近，故三者間的關係亦最為密切；其次則為法學緒論與政治學。準此，則行政法學的內容可謂是此等相關科學的綜合體，不過行政法學本身經過長期的演進，自亦有其獨特的理論部分。至於在行政法學的各論方面，因研究對象均係各種專業行政法規，即須以特定的專門學科為基礎，所以各論的研究自較總論為困難。總之，基於學術發展上科際整合的需要，研究行政法學自須對此等相關科學有所瞭解。

第四節　行政法學的研究方法

行政法學為社會科學的一種，故從事此種科學的研究，對於一般社會科學的研究方法，自均有適用的可能。惟行政法學既具有法學的特性，則在研究方法的適用方面，即應配合其特性加以選擇，以求獲致良好的效果。國內一

㉖ 田中二郎等著，行政法講座——行政法序論，第六九—七九頁。

般學者對於行政法學研究方法的論述較少，且見解未盡一致。茲綜合各方意見，就有關研究方法的注意事項分述如左：

㈠基本態度：行政法學所研究的具體對象為人類政治文化的產物及社會活動的規範，此種行政法制具有高度實用價值，而非玄奧抽象的哲理。因之，從事行政法學的研究，應採用法儒狄驥（Léon Duguit）所倡導的實證方法，以客觀的態度，直接觀察事實現象，用演繹歸納方法，分析法令的意義、內容、與效果，求得結論，發現其原理原則，作為指導法制運作與進步的圭臬㉗。

㈡前提認識：研究行政法學，在方法上應先具備各項前提認識，此即我國法學家林紀東氏所稱之「基本觀點」，共有下列四項㉘：

⑴方法重於內容：因注意其研究方法，可以執簡馭繁，舉一反三，收效於無窮。

⑵理論重於法規：因法規係由理論而來，理論可產生指導及駕馭法規。

⑶思想重於現實：因法律文化為思想的結晶，而行政法為具有顯著政策性的法規，其內容及演進發展深受社會、政治、與經濟思想的影響，故研究行政法規應體認思想的重要性。

⑷理念重於概念：因概念認識僅係從法律的構造及文字方面，瞭解其規定的內容，而理念認識則可透視法律產生的根本原因，及其所蘊含的基本法理，故理念認識顯較概念認識具有更大的價值。

㈢綜合運用：前已言之，從事行政法學的研究，可採用一般社會科學的研究方法。此等方法種類甚多，例如哲學、歷史、比較、社會、分析、演繹、及歸納等方法均屬之。其次，對於適用於法學研究方面的各種方法，包括詮釋、法條、及判例法等，自更應予以重視。且近數十年來，由於行為科學的發展，使社會科學及法學的研究方法均受到影響，從以往注重靜態制度的研究，逐漸趨向於動態的研究，採用問題、政策、及功能研究法（Problem, Policy

㉗ 馬君碩著，中國行政總論，第二九頁。

㉘ 林紀東著，行政法研究，臺北，商務印書館，六十二年版，第五章行政法之研究方法。

and Function Approaches)。不過，上述各種方法的性質與重點未盡相同，如此各有所偏，優劣互見，則僅採任何一種可能不足以肆應研究上的需要。因此，有學者主張應採綜合研究法，亦即同時採用數種方法進行㉙。至於就特定事項作專題研究，則應視專題性質的不同，選擇較能配合其需要的研究方法。此外，為避免研究工作與現實脫節，自當重視動態方法的適用，從事於問題、政策、及功能的研究，以求對解決實際問題、貫徹政策目的、及推動行政法制的革新進步有所貢獻。

㈣具體步驟：行政法學既有總論與各論之分，而二者內容的範圍與重心不同；則對此兩大部門的研究方法自應有不同的規劃。茲就具體步驟方面分別言之：

⑴總論研究的具體步驟：注重一般性綜合性的研究。

①法學知識基礎的奠定：研究行政法學必須具備基本的法學知識，至於如能具備其他相關科學的廣泛知識，對於行政法學的研究自然更有助益。

②基本觀念與法理的認識：研究行政法學首先應對行政法本身的基本觀念與法理有所認識，其範圍可將各種名詞、定義、原則、主要學說、法令的政策與思想背景闡釋、以及對法制評析的論據等均包括在內。其中凡屬一般性共通性者，均在行政法學的基本理論部分中講述。至於特殊性的觀念與法理，則分別歸屬於總論中本論的各部分；惟序論與本論各部分的觀念與法理仍屬相互關聯，共同構成行政法學理論的體系。

③法制的分析評述：行政法學既係以行政法規為研究的具體對象，則在研究步驟方面，即應對行政法規的體系與個別重要法規從事分析評述，俾可使理論與事實相結合。

④特殊問題的擴大探討：從事學術研究，欲求更進一步，提升其研究層次，即須選擇特殊問題作擴大深入探討，對行政法學的研究亦應如此，無論在理論或法制方面發現有價值的課題，即應進行專題研究，以便得窺堂奧。

㉙張劍寒著，行政法之研究方法及趨勢，載於胡佛等著，憲法與行政法，臺北，商務印書館，五十八年版，第一九一—二二〇頁。曹競輝著，法理學，第一一一—一一七頁。

(2)各論或專業法規研究的具體步驟：著重於特殊性與專業性方面，似可兼採立法論與解釋論的具體方法㉚。

①類別系統與特定法規的認識：從事各論或專業法規的研究，應先行對各類法規的系統有所瞭解，包括其範圍及共同特性等事項；然後就其中個別法規逐一詳加探討，包括對法規的文理、論理、及法理方面的認識在內。

②立法背景的綜合分析：即就各類或個別法規制定的社會、思想、及政策等方面背景進行分析，如此將有助於瞭解其立法目的與精神，足以加強對法規執行與解釋的便利及依據。

③回顧演進過程比較制度優劣：各種法規均有其發展演進的源流，回顧其演進過程，不僅可瞭解其過去，而且可推測其發展趨勢。至於比較制度優劣，可從時空兩方面著手，即包括對新舊與中外法制作比較研究，自易發現其優劣良窳，用為矯正與改進的憑藉。

④法規地位與關係的瞭解：個別行政法規在國家整體法制及行政法制體系中均有其確定的地位，由此地位決定其對各種相關法規的關係，以及其所具之效力。具體言之，在此方面的主要關鍵共有四點，即母法與子法關係、特別法與普通法關係、上下級機關法規間的關係、以及個別法規與其他相關法規內容與效力的關係是。

⑤注意解釋與判例：法規在制定後的施行期間，常須由各有權機關就其規定事項加以解釋，藉以彌補條文的遺漏或文義不明等缺失。因之，各種法規均有相當數量的釋例陸續形成，並具有一定的拘束力，對法規的內容及執行均具有重大影響。至於判例，其作用與解釋相似，有助於闡揚法理，亦可產生認定法規無效及撤銷行政處分課予行政機關責任的結果，故不僅行政爭訟案件受其影響，即對行政業務的處理亦可能發生直接間接的影響力。

⑥觀察實施效果及問題：法規的制定，一旦付諸實施之後，經過相當期間實際的考驗，其效果與問題均將顯現無遺。因之，研究行政法學應對法規的實施效果與問題作深入觀察，乃能對法制的得失利弊提出客觀的評價。

上述有關行政法學研究方法的內容，可謂相當廣泛複雜；惟研究方法與步驟的確立，對研究工作的進行至關重要，足以左右研究結果的正確與品質，故為從事行政法學研究者必須密切注意並慎重考慮的事項。

㉚ 同㉘。

第二章　重點問題

一、警察國家與法治國家時代，行政法發展的情形如何？

二、福利國家時代在行政法發展方面有那些現象值得注意？此等現象形成的原因背景如何？

三、現代國家行政法的發展在形式上有那些趨勢？

四、福利國家時代行政法的發展在實質上有那些趨勢？

五、近代以來行政法學演進的情形如何？

六、試說明行政法學的意義及範圍。

七、試說明行政法學與相關科學的關係。

八、研究行政法學可採用那些重要方法？試略論之。

第三章　行政法的法源與制定

第一節　行政法法源的意義與分類

第一項　行政法法源的意義

無論就國家法制的整體或個別法律而言，均具有其發展演進的淵源，此種淵源一般而言，即謂「法源」(Sources of Law)。至於法源的意義如何？因學者間缺乏一致的意見，各人常從不同的觀點提出解釋，故不易確認一個共同的定義。茲先就各種重要的解釋分別介紹如下：

㈠法源為構成法律的法則：認為在國家法律制定以前，無論政府公務或私人事務的處理，原已有各種法則或規範存在，然後由此等法則與規範演進成為法律，此即從歷史淵源觀點，對「法源」所作解釋❶。

㈡法源為產生法律的原動力：法律的制定必有其主觀與客觀的需要，基於此種需要，遂有促使制定法律的動機與意旨，亦即其制定的原動力，例如往昔專制國家的君命與現代民主國家的民意，此外如古代的神意或自然理性等均是❷。此種原動力從政治觀點而言乃是法律所代表的政治權力，惟從法律觀點而言，即為法源。

㈢法源為法律制定的機關：此即從法律制定權的歸屬方面解釋法源，認為法源乃是指擁有立法權的機關而言，其範圍可將立法、行政、司法機關以及地方自治團體與公民團體包括在內。此種解釋所說明者，可謂是法律形式上

❶ 管歐著，中國行政法總論，第三九頁。Wade and Phillips, *Constitutional and Administrative Law*, London, Longman Group LTD., 1977, pp. 9–17. 認為法源除包括 legal rules 外尚有 non-legal rules，均屬法則性質。

❷ 涂懷瑩著，行政法原理（上冊），第五九頁。

的淵源❸。

㈣法源是法律產生的原因：此即認為法律的產生，均有其原因存在，通常係指法律乃根據國家的傳統文化、民族精神、社會思想觀念、典章制度、以及風俗習慣等所制定。此等事項，亦可謂法律在內涵方面所包含的各種實質因素，從法律演進的觀點，可以視為法源❹。

㈤法源為具有法律效力的資料：法律的內涵乃由各種資料構成，自法律效力的觀點而言，此等資料有直接具有法律效力者，例如各種成文法，是為直接淵源。亦有不具有直接效力，須由國家加以承認後，始具有法律效力者，是為間接淵源，如習慣、判例、及法理等是。無論直接或間接淵源，均屬法源的範圍❺。

㈥法源為法律構成的因素或成分：各種法律均係由不同的因素或成分結合而成，此等因素或成分即構成法律的法源❻。

㈦法源為法律存在的形式：就法律演進的情形，或就其是否具備外觀的形體而言，法律的存在表現為不同的形式，其具備法條形式者為成文法，反之為習慣法或判例法，兩種不同的形式均可視為法源❼。

㈧法源為法律制定的依據：法律為國家的意思表示，亦為統治權力的實質內涵，故其制定須有權源上的依據，以保證其合法性與有效性，此等依據常為較高位階之法規或法理原則等，如憲法、法理、及習慣等屬之。

以上所述八種法源的涵義，係自不同觀點對法源所作解釋。大體言之，似以最後三項的內容較為切合實際。茲綜合上述各項解釋，歸納其共通性，以最後三項的內容為基礎，擬具「法源」的定義如下：

❸管歐著，前揭書，第四〇頁。

❹同❸。

❺張鏡影著，行政法論，臺北，三民書局，四十八年版，第六頁。

❻林紀東著，行政法原論，上冊，第一一四頁。陳鑑波著，行政法學，臺北，三民書局，六十六年版，第三一頁。

❼馬君碩著，中國行政法總論，第一三頁。

「法源為法規形成過程中所涵蓋，就其內容方面各種發生影響的因素、組合成分、與制定依據在內的不同形態的淵源」。

對於此項定義，可就其內涵，提出數點分析說明：

㈠在法規制定及發展過程中，其內容方面可能受到各種因素有形無形的影響，如國家的歷史、文化、思想、政策等因素均是，凡屬此等因素均為其法源。

㈡在法規制定及發展過程中，其內容方面可能吸收各種不同的成分，如習慣、判例、法理、乃至成文法的規定均是，由此等不同成分組合為一項法規，則此等成分自均構成其法源。

㈢在法規制定及發展過程中，常須具備直接間接的依據，此等依據不僅足以顯示其立法權、內容、與效力的淵源，並確定其在法制系統中的位階與關係；且對法規本身的存在、合法性、甚至整體內容均具有重大的影響。故此種依據無論就形式、內容、與效力的觀點衡量，均應構成法規的重要法源。

第二項　法源的分類

法源涵義的解釋已見前述，根據此等解釋可知法源實具有多元性，其所包含的項目頗為廣泛。而且，各種法源所具性質、形態、及效力不盡相同，為便於分析解說起見，自可按各種標準加以分類。惟一般學者通常所採分類標準主要有兩種，茲分述如下：

㈠以所具形式為標準：以法源是否具備法條形式為標準，可區分為成文法（又稱制定法 Written Law or Enacted Law or Statute）法源與不成文法（非制定法 Unwritten Law or Unenacted Law）法源兩種，前者為「形式意義的法律」，後者為「實質意義的法律」❽。

㈡以所具效力為標準：即以法源本身是否直接發生效力為標準，可區分為直接法源與間接法源兩種。惟採取此

❽ 涂懷瑩著，法學緒論，第一〇〇頁。

種分類時，所應注意者，即直接法源如前所言乃是各種成文法，亦即法律的各種形式；而間接法源中，如法理、習慣、解釋、及判例等，亦有可視為法律構成的形式者。故採取此種區分標準，在觀念上易引起混淆，不如單純以形式為標準較為明確，可避免發生疑義。且學者有主張應廢棄「法源」，直接改稱「法律構成的形式」者[9]。

由上述情形，可知「以所具效力為標準」的分類不盡妥善，而一般學者多採「形式」標準對法源分類，亦即區分為「成文法」與「不成文法」法源兩部分。茲就兩部分法源中的各個項目分別析述之。

(一)成文法法源部分：約包含下列五項：

⑴憲法：憲法在國家法制上居於根本大法的地位，其內容就國家各方面的重要事項均有原則性規定，涉及範圍甚廣，故國家各種法規的制定，均直接間接以憲法為依據，遂使憲法成為成文法法源中最重要的一種。就實際情形而言，凡憲法中有關行政權事項的規定，均將構成行政法規的直接法源。而且，就廣義言之，所謂憲法法源並不以憲法本身為限，凡屬憲法的相關資料如憲法草案、重要文獻、或實施憲政的程序法等，均可包含在憲法法源範圍之內[10]。

⑵法律：法律為國家憲法下的基本典章制度，亦為民意法制化的具體表現，由國會代表民意所制定，作為行政機關設立、組織、職權授與、及專業行政等事項的依據，故為行政法方面的主要法源之一，通常構成各種行政事項的基本法，形成其子法的法源。而且，構成行政法規法源者不以行政法律為限，其他方面的法律亦可能構成其法源[11]。

⑶命令：命令為行政機關在職務上代表國家所作的意思表示，包括單純命令與法規命令在內，二者均可成為行政規章的法源。同時，在例外情形下，命令亦有成為法律法源的可能，此即以命令內容為基準視同法理，據以制定法律或規章，其主要作用在使原由命令所規定的事項法制化，如此可擴大其施行範圍並加強其效力。且作為法源之

---

[9] 涂懷瑩著，行政法原理（上冊），第六〇頁。
[10] 田中二郎著，行政法總論，第一二〇—一二七頁。
[11] 廣岡　隆等編，前揭書，第三六頁。

命令，不限於一般普通行政命令，緊急命令、緊急處分令與憲法授權命令等亦均常構成非常時期法制中的法源。

(4)自治法規：係指由地方自治團體所制定之法規，自治法規在基本上僅能構成其他自治法規的法源，惟在例外情形，亦可能成為中央法規的法源，其情形與前項命令同。

(5)條約：係指國際間所簽定的雙邊或多邊條約而言，因條約內容相當廣泛，常涉及國家各種行政業務；且國家為履行條約，常須制定相關之行政法規，故條約遂形成為行政法規制定的依據，亦即法源。以往在學理上對於條約是否可構成國內法的法源，曾有爭議存在，惟晚近各國基於事實需要，既紛紛承認條約具有超越國內法的效力，或直接視其為國家法律，遂不排斥其為成文法法源之一⓬。

㈡不成文法法源部分：係指不具備法條形式之法源，包含下列十三項：

(1)主義：每個國家基於其傳統文化與政治背景，均可能有其建國理想，遂形成為立國主義，在實質內容方面包含立國精神與基本國策在內，對於國家各種法規的制定，均將發生有形無形的重大影響，故構成重要法源之一。同時，如將立國主義在憲法中作明確規定者，則立國主義既為憲法內容，即應視為成文法法源⓭。

(2)習慣：行政機關對業務的處理，在國家未制定有關法規之前，常有以習慣為規範者，而於制定法規時，即將此等習慣予以吸收，納入法規的內容，因而構成行政法規的法源。所謂習慣，屬國內法範圍者，包括憲政慣例、民間習慣、及行政先例在內，而構成行政法規法源者，乃以後兩者較多。惟對於習慣可否作為法源，以往大陸法系國家因受制定法主義的影響，曾有理論上的爭議存在。晚近學者因認為法律與習慣同為社會生活規範，且習慣對法律具有補充作用；而行政又須因地因事制宜，習慣較制定法更能具備此種彈性。習慣既具有此等作用與優點，則長期遵循經確認符合法之要件的習慣，自可作為法規的法源⓮。

⓬ 林紀東著，行政法，第七八頁。Huszar and Stevenson, *Political Science*, Paterson, N. J., Littlefield, Adams & Co., 1959, p. 39.

⓭ 我國憲法對立國主義作明確規定，其第一條稱「中華民國基於三民主義，為民有、民治、民享之民主共和國」。

⓮ 按習慣所具「法之要件」大致係指經長期反覆遵行確認具有法律價值與效力而言。見成田賴明等著，前揭書，第三六頁。

(3)道德：道德為基於人類良知與理性所產生的倫理性行為法則，屬自然法性質，在古代與法律無嚴格的區分，同為社會生活規範。近代以來，由於社會生活日趨複雜，成文法主義盛行，道德的規範作用減弱，與法律有較為明顯的區分。但即在現代國家的法律之中，仍不乏採用道德規範的明確規定者，例如對公序良俗的維護與誠實信用原則的倡導均是。由此可以斷言，倫理規範與道德觀念，與法律的內容具有密切關聯，構成法律制定的部分理論基礎⓯。

(4)教義：宗教教義或教條，在宗教勢力較大，尤其定有國教的國家，因對其國內社會人心具有普遍深入的影響，構成社會生活規範，亦為法規內容的重要指導原則，自可視為法源之一。

(5)法理：法理為法律的理論基礎，包括法學思想、觀念、詮釋、推理、原則等項在內，亦稱「理法」或「條理」。關於法理是否可成為法源，往昔在成文法至上的觀念下，曾有否定說盛行。惟到了積極國家時代，在機動法治的思想下，法理的重要性日增，不僅可補充法律的不足，且可賦予法律適用的彈性，構成法律內容的指導原則，因而學者有認為法理為現代國家法律的主要法源者⓰。

(6)判例：判例係指普通法院與行政法院審理民刑訴訟及行政訴訟時所作之判決，其內容常對法律涵義加以闡釋、確立適用的原則，或提出創新的思想觀念。此等判例的內容，如為法規所採摘，即構成為法源。在英美法系國家中，判例即構成普通法（Common Law，即習慣法）之重要部分，故學者有將判例歸類於習慣者。在大陸法系國家，早期因受權力分立論及成文法主義的影響，曾有否認判例為行政法法源的論調。惟在現代法治思想的影響下，司法機關的重要性提高，其意見頗受尊重，故一般學者對判例均極重視，不僅因其可補充成文法的不足，而且認為法律為假定，判例為實驗，遂對此種「法官所造之法」（judge-made law）承認其權威性，視為重要法源。我國學者對判例構成法源亦採肯定說，認為判例因對類似案件反覆援用的結果，由事實上的拘束力，而獲有法律上的效力，故可成為法源⓱。

⓯ 林紀東著，法學緒論，第一七九－一八〇頁。

⓰ 林紀東著，行政法原論（上冊），第一二七頁。

(7)解釋：係指各有關機關在制定、適用、或解決法規疑義時，對法規的真義或遺漏之處，依據文義或法理，所作闡釋及補充說明，此等解釋如在制定法規時加以採摘，即構成其法源[18]。

(8)學說：係指學者就行政法學及相關科學方面所發表的思想見解，其範圍極為廣泛，不限於行政法的法理。學說對於行政法學的進步發展極為重要，尤以涉及行政機關組織職權及業務者關係更為密切，此等學說如為法規內容所吸收，自均構成為法源。

(9)專業知識：在行政法規內容專技性不斷增加的趨勢下，各種專業法規的制定，莫不須要具備專業知識的基礎，故專業知識，自應構成為法源，且其重要性日益顯著。

(10)外國法制：由於國際間學術思想的交流極為頻繁，法學的比較研究日趨發達，國家在制定法規的過程中常須參考外國相關法制，以收截長補短之效。在此種情形下，對外國法制亦可以類似法理的性質，在我國法規中加以採摘，而構成法源。

(11)政策及施政計畫：政策與計畫的實施，必須透過法制的途徑。因此，凡屬憲法上基本國策的規定、執政黨政綱、政府的年度施政方針與計畫等，在實施過程中，常須蛻變為國家法制，納入法規的內容，然後付諸實施，故政策與計畫，亦為重要的法源。

(12)民意：民主政治既具有民意政治的本質，則國家法規的制定應為人民公意的具體表現，而民意及輿論亦為法規制定的原動力，法規應能符合民意、反映民意，故民意自當構成法源[19]。

(13)國際法：國際法包含不同的成分，其中除條約列為成文法法源外，其他如國際法之學說、法理原則、國際法庭判例、及慣例等均屬不成文法源的範圍。

---

[17] 王昌華著，前揭書，第二六—二七頁。

[18] 田中二郎著，行政法總論，第一六二、一七六頁。

[19] W. Friedman, *Law in a Changing Society*, Berkeley, Univ. California Press, 1959, p. 6.

前項內容已就法源的分類情形加以說明，所列舉之成文法與不成文法法源種類甚多。惟如僅作概括分類，則可將各種法源歸納為三大類別，即制定法（成文法）、習慣法（包括判例）、與法理是。此三種主要法源，在國家法制演進過程中，因受時代思潮與客觀需要的影響，所具重要性在各階段有所不同，形成為顯著的轉變趨勢。

第三項　各種法源重要性的演進

第一階段為十八世紀以前的君主專制時代，當時雖屬重商主義時代，但各國仍為農業社會，經濟尚未發達，社會環境單純，思想觀念保守，政府事務有限，且無立法機關設置，故無制定大量法律的客觀需要與能力。而事實上，一般歐洲國家無論在社會生活與政府事務處理方面，以習慣法作為規範的情形甚為普遍。且在君主專制之下，法治觀念不彰，政府以君主與官吏的職務命令治事，缺乏與民眾共守的法規⑳。因而，在國家法制上可謂係以習慣法為主要法源的時代。

第二階段為十八世紀以後至二十世紀以前的時期，此一階段中歐洲各國在政治方面逐漸進入法治國家時代，民主政治運動日益蓬勃，崇尚法治與民權保障，提倡分權與限制政府權力，要求嚴格依法行政與司法獨立。且在代議政治之下，設有立法機關負責代表民意制定法律並監督政府，而政府機關業務亦較往昔大為增加。在社會經濟方面，工業革命後各國工商業漸趨發達，社會生活與法律關係日益複雜。在思想方面，由於知識進步科技發達，民眾逐漸摒棄守舊觀念重視改革創新，遂不願受傳統習慣的拘束，支持採行新的法制㉑。在此種客觀情勢之下，成文法主義盛行，而專業立法機關的設立，更使法律得以大量制定，並將部分習慣法予以吸收，因而制定法乃成為國家法制的主體，故此一階段實為以制定法為主要法源的時代。

第三階段為二十世紀以後的期間，已步入福利國家時代，歐美各國社會經濟突飛猛進，資本主義制度的發展已

---

⑳ 曹競輝著，法理學，臺北，五南圖書公司，七十二年版，第七六頁。王昌華著，前揭書，第二〇頁。

㉑ 林紀東著，行政法原論（上冊），第一一五頁。

屆至轉捩點。客觀環境既已蛻變，思想觀念亦隨之轉移，由過去消極法治思想轉而強調積極發揮政府職能，鼓吹機動法治，擴大行政授權，以適應社會發展的需要。且在社會政策與機動法治原則的影響下，法理的領域擴張，對行政法規的制定、適用、及解釋具有指導及補充作用，其重要性較法治國家成文法主義盛行的時代大為提高。故在此階段應認為法理與成文法共同構成行政法規的主要法源。

第二節　行政法的制定

根據上述法源重要性演變的情形，可知法理在現階段中具有極為重要的地位。不過，就法律的適用方面而論，現代各國的法制仍係以制定法為主體，以制定法為實際施行的規範。而制定法的產生，必須有權機關經由法定程序加以制定，完成此種法定程序，法規始具有完備的形體與內容，並發生合法的效力。行政法規的制定程序，亦即其立法制度，國家的立法制度原則上應具備其整體性與統一性㉒，但行政法規包含三種成分，即國家法律、中央行政規章、及自治法規，有關三者的制定機關、程序、內容、及效力等事項均不盡相同，故在立法制度的介紹方面，應就各種成分的有關事項分別予以說明。

第一項　行政法規的制定機關

行政法規的立法權，按照其不同成分應分別歸屬於不同機關，故三種成分法規的制定機關各不相同。茲就各種制定機關從法制的觀點分別說明如下：

㈠行政法律：行政法律為國家法律的一部分，各國法律的制定權均在國會，我國亦由立法院掌理，憲法不僅對此有明文規定，並對「法律」一詞採嚴格解釋。國民大會目前依法雖擁有創制中央法律立法原則之權，但實際上尚

㉒ 我國有中央法規標準法的制定，其第一條稱「中央法規之制定、施行、適用、修正、及廢止，除憲法規定外，依本法之規定」。可知其對法規的制定事項有統一規範的作用。

未行使，故對立法院的立法權並無影響㉓。

㈡中央行政規章：中央行政機關基於行政立法授權（包括委任立法與職權立法兩部分），得就授權範圍或機關職權範圍內的事項，制定各種行政規章，以補充法律內容的不足，輔助法律的執行㉔。

㈢自治法規：地方自治團體之自治權包括自治立法權在內，其權限乃由憲法、法律、及中央行政規章所授予，分別由地方自治團體內的各種機關行使，以制定自治法規。其制定機關可分為四種：

⑴地方公民團體：我國憲法授予人民的創制複決兩權，主要係由地方公民就地方自治事項直接行使，故地方公民團體有權創制自治法規，惟目前尚無法令就有關事項作具體規定㉕。

⑵省縣民代表大會：我國憲法第一百十二條規定「省得召集省民代表大會，依省縣自治通則，制定省自治法，但不得與憲法牴觸」。第一百二十二條規定「縣得召集縣民代表大會，依省縣自治通則，制定縣自治法，但不得與憲法及省自治法牴觸」。可知省縣民代表大會均擁有自治立法權，為地方自治法規的立法機關之一（依據憲法增修條文第九條規定上開兩項憲法條文已暫停適用）。

⑶各級地方民意機關：無論依據憲法或現行地方制度法令規定，各級地方政府的民意機關，包括直轄市、縣市議會及鄉鎮縣轄市民代表會在內，既均為地方自治的正規立法機關，自然擁有制定地方自治法規之權，而此等民意機關所制定的法規，實為地方自治法規的主體㉖。

㉓ 我國憲法第六十二條規定「立法院為國家最高立法機關，由人民選舉之立法委員組織之，代表人民行使立法權」。第一百七十條規定「本憲法所稱之法律，謂經立法院通過，總統公布之法律」。第二十七條規定國民大會有創制複決兩權。民國五十五年二月臨時條款修正後，國民大會依據其第七款授權制定「國民大會創制複決兩權行使辦法」，規定該會有權創制國家法律的立法原則。

㉔ 中央法規標準法第七條規定「各機關依其法定職權或基於法律授權訂定之命令……」。所稱兩種命令前者謂「職權立法」，後者為「委任立法」（有關理論參考第三篇中行政規章部分）。

㉕ 我國憲法第一百二十三條規定「縣民關於縣自治事項，依法律行使創制複決之權……」。

(4)各級地方行政機關：各級地方行政機關，如省縣市政府及鄉鎮縣轄市公所等，均得以行政立法權，制頒地方自治法規，其情形與中央行政機關者概略相同。

上述內容已就行政法規的各種制定機關分別加以說明。此外，尚有須注意者，即行政法規的立法權與制定權若作嚴格區分，其範圍應有所不同，制定權僅為制定法規之權，範圍較為狹窄；而立法權則並不以制定權為限，尚包括修正權與廢止權在內，故立法權具有整體性。其次，如前所述，立法機關與行政機關雖均擁有行政法規的制定權，但其權力的性質不盡相同，立法機關的制定權純屬立法職能性質，而行政機關的制定權（行政立法權），則常屬經立法授權的行政命令性質，為廣義的行政權作用。

第二項　行政法規的制定程序

關於行政法規的制定程序，亦因各種成分的不同而有所區別，故應予分別說明。

(一)行政法律：國家法律均應由立法機關依正規立法程序制定之，而一般國家議會的立法程序大致相同，我國立法院所採行者亦不例外，約可分為下列幾個步驟：

(1)提案：一般國家的法律提案權，多分屬於政府與國會議員，在行政法律方面，因其內容與行政機關的組織職權及業務直接相關，故法律草案多由政府提出，是為「政府法案」(Government Bill)，不過議員亦得以連署方式提出之，是為「私人法案」(Private Members Bill)。在我國行政法律草案幾全屬政府法案，由行政院提出於立法院，惟立法委員亦有連署提案權㉗。

(2)審議及表決：法案提出於議會後，進行三讀會程序(Three Readings)，先行交付各有關委員會進行初審。初審完竣後，將草案及審查報告提出於院會討論，於完成三讀後，將全案付諸表決，一旦獲得通過即完成立法程序，我

㉖有關規定見於憲法第一百十三及一百二十四條，另有現行各級地方議會及代表會組織規程等法令。

㉗羅志淵著，立法程序論，臺北，正中書局，六十三年版，第八八頁。

國立法院的立法程序亦屬如此㉘。

(3)公布：法案經立法機關通過後，一般國家均規定尚須經由國家元首公布，始能正式生效，元首所擁有的公布權主要僅具形式上的意義，因就一般國家的憲政慣例而言，並無拒絕公布之權（否決權）或僅享有中止之否決權力而已㉙。我國的情形亦與此類似，依憲法第七十二條規定「立法院法律案通過後，移送總統及行政院，總統應於收到後十日內公布之，但總統得依照本憲法第五十七條之規定辦理（核可行政院提請退回覆議案）」（現依據憲法增修條文第三條第二項規定內容大致相同）。總統公布法律之命令，稱為「公布令」。

㈡中央行政規章：關於行政規章的制定，大體上雖應經過準備、草擬、討論、核定、及發布等步驟，惟我國現行有關法令（如行政程序法及「行政機關法制作業應注意事項」）就此等程序方面的規定尚欠完備。且行政機關制頒行政規章，尚有須經所屬上級機關或業務主管機關核可或向其報備者；同時，立法機關對行政機關所制頒與法律有關規章依法擁有其監督權，依據中央法規標準法第七條規定「各機關依其法定職權或基於法律授權訂定之命令，應視其性質分別下達或發布，並即送立法院」。立法院職權行使法第六十條規定「各機關依其法定職權或基於法律授權訂定之命令送達立法院後，應提報立法院會議。出席委員對於前項命令，認為有違反、變更或牴觸法律者，或應以法律規定事項而以命令定之者，如有三十人以上連署或附議，即交付有關委員會審查」。第六十二條規定「行政命令經審查後，發現有違反、變更或牴觸法律者，或應以法律規定事項而以命令定之者，應提報院會，經議決後，通知原訂頒之機關更正或廢止之」。可知立法監督乃是以行政規章的違法情形為主體。

㈢自治法規：前述依憲法所定有關省、縣自治法的制定及公民創制複決權的行使，僅在憲法上有原則性的提示，目前尚無具體法令制定，作為實施的依據。因而關於自治法規的制定程序方面，僅能就現行地方民意機關與行政機關兩部分說明如下（參閱地方制度法第三章第三節有關自治法規之規定）：

㉘ 羅成典著，前揭書，第八二頁。

㉙ 曾繁康著，前揭書，第二九二頁。

⑴各級地方民意機關：各級地方民意機關之性質及職權與中央立法機關大致相同，故在立法程序方面亦多仿傚中央制度。惟自治法規制定後，均須經由地方政府呈報上級地方政府或中央主管機關備案。同時，自治法規制定後，應由地方政府首長公布，首長亦有退回覆議權㉚。

⑵各級地方行政機關：地方行政機關與中央行政機關同屬行政系統，在法制作業方面均受相同法令的拘束，故其制定自治法規的程序與中央機關所適用者無甚差異。自治法規制定後，亦須呈報上級地方政府或中央主管機關備案，有時尚須送請同級民意機關審議或備查㉛。

第三項　行政法規制定的形式

現代國家政府的行政業務廣泛而複雜，在依法行政的要求下，不僅需制定大量行政法規，而且法規內容為適應行政業務的需要，必須作許多繁瑣、細節、與技術性的規定。因此，行政法規的制定，除應採取條文形式外，更應注意於法規的名稱及整體結構的編排組合，俾可有助於以系統化的方式表現其內容，而便於適用。就我國的情形而言，因有「中央法規標準法」及「行政機關法制作業應注意事項」兩項法規的制頒，故關於一般法規的名稱與形式，大致已呈現日益標準化的趨勢。茲就有關事項分別說明如下：

㈠行政法規的名稱：關於行政法規的名稱，依法規的性質而有所不同。依中央法規標準法第二條規定「法律得定名為法、律、條例或通則」。第三條規定「各機關發布之命令，得依其性質，稱規程、規則、細則、辦法、綱要、標準或準則」。前條所稱之「命令」實即指行政規章而言，可知法律與行政規章各有不同的法定名稱，以資區別，行政規章不得使用法律的名稱，而地方自治法規在原則上亦僅得準用行政規章的名稱，但依據地方制度法第二十五條

㉚ 有關規定見於「臺灣省議會議事規則」、「臺北市議會議事規則」、「臺灣省各縣市議會議事規則」、及「臺灣省各縣鄉鎮縣轄市民代表會議規則」。

㉛ 管歐著，地方自治新論，臺北，五南圖書公司，六十五年版，第三一七頁。陳鑑波著，前揭書，第三八頁。

規定「經地方立法機關通過，並由各該行政機關公布者，稱自治條例」，是為例外情形。至於各種名稱適用的情形及涵義，依法令解釋概略如下㉜：

⑴法律的名稱：

①法：屬於全國性、一般性或長期性事項之規定者稱之。例如「中央法規標準法」、「行政院組織法」、及「土地法」、「專利法」等均是。

②律：屬於戰時軍事機關之特殊事項之規定者稱之。例如「戰時軍律」。

③條例：屬於地區性、專門性、特殊性或臨時性事項之規定者稱之。例如「實施耕者有其田條例」、「行政院新聞局組織條例」、「海關緝私條例」等均是。

④通則：屬於同一類事項共通適用之原則或組織之規定者稱之。例如「省縣自治通則」（尚未制定）。

⑵命令（行政規章）的名稱：將於第三編中行政規章部分解釋說明之。

由以上對於各種法規名稱的解釋，大致可以瞭解不同的名稱係適用於不同性質與用途的法規。其中法律的名稱區別較為顯著，而行政規章的部分名稱，在性質與用途方面似有不易嚴加區分的情形存在。同時，如前所言，法規的名稱主要在顯示法規的性質及用途，而在同為法律或同為行政規章的各種名稱彼此間並不足以表明效力等級的差別。此外，上述各種法規的法定名稱，僅係各種法規的通稱，而特定個別法規的名稱則在通稱上尚須冠以表明此項法規制定目的與主要內容的文字，例如「中央法規標準法」或「行政院組織法」等均是。

㈡行政法規的用字用語：行政法規與一般文章或公文書的體例不同，係採用條文形式，因而在文字用語方面亦有所不同。法規條文的文句除應力求簡潔並常使用專業行政的名詞外，另在用字用語方面亦應盡量統一，我國立法院在第六十一會期第五次會議時曾通過「法律統一用字表」及「法律統一用語表」兩項文件，茲就兩表內容摘要介紹如下：

㉜ 見「行政機關法制作業應注意事項」草擬作業第㈤項內容。

⑴法律統一用字：例如「公布、分布、頒布」應用「布」而非「佈」字；「徵兵、徵稅、稽徵」應用「徵」而非「征」字；「部分、身分」應用「分」而非「份」字等均是。

⑵法律統一用語：例如組織法規條文中對機關人員的規定，應稱「設」機關、「置」人員；條文編號應寫為「第九十八條」、「第一百條」、「第一百十八條」；施行日期應寫為「自公布日施行」；法律的創制，用「制定」；行政命令之制作，用「訂定」等均是。

㈢行政法規的結構組合：一般法規均具有相當多的條文，在立法時對於全部條文應作整體性的合理編組，按條文內容的先後順序排列，並冠以固定號碼。如條文眾多，則應配合各部分內容，劃分為編、章、節、款、目，以形成完整的體系。同時，在法規修正時若廢止少數條文，得保留所廢條文之條次，並於其下加括弧，註明「刪除」二字；若增加少數條文時，得將增加之條文，列在適當條文之後，冠以前條「之一」、「之二」等條次。廢止或增加編、章、節、款、目時，亦得準用上述方式㉝。

第四項　行政法規制定的內容

關於行政法規制定的內容，因行政權本身範圍極廣，業務龐雜；同時，立法機關的立法權所受限制極少，除不得違憲外，可制定任何事項的法律。準此，則就行政法規的整體內容而言可謂包羅萬象，凡屬各級政府行政機關職權範圍內的事項，如機關的組織、權限、業務、程序、及對人民的關係等，均可作為規範的標的。惟如前所言，行政法規包含不同的成分，此等不同成分的法規因制定權的歸屬有別，以致影響到法規制定的內容，應就法規的不同成分分別說明之。

㈠行政法律：前已言之，國家立法機關的立法權所受限制極少，故關於行政法律的內容，可謂凡屬行政權的事項均可包括在內。如此，則行政法律的內容既然極為廣泛，自不易從積極方面予以說明。不過，所應注意者，即中

㉝ 中央法規標準法第八至十條。

央法規標準法對部分事項明文規定應制定為法律，依據該法第五條規定「左列事項應以法律定之：一、憲法或法律有明文規定，應以法律定之者。二、關於人民之權利義務者。三、關於國家各機關之組織者。四、其他重要事項之應以法律定之者」。上述四種事項稱為「法律的保留」，在基本上應為法律的內容。故該法第六條作進一步規定稱「應以法律規定之事項，不得以命令定之」。

㈡中央行政規章：行政規章係由中央行政機關所制頒，故其內容所規範者，自應屬國家行政機關職權範圍內的事項，此等事項的範圍在原則上應與前述行政法律者相似。惟行政規章的效力既低於憲法及法律，則其內容即不得違憲違法，且依據前項「法律保留」的規定，行政規章若無法律上的依據或授權，亦不得逕行規定屬於「法律保留」的事項（參閱行政程序法第一百五十條第二項及第一百五十八條之規定）㉞。另有須注意者，即中央行政機關多屬國家專業行政的最高主管機關，其所訂定的行政規章屬業務法規者，多係就各種專業行政的基本法律作補充延伸規定的直接子法。此外，行政機關組織上層層節制的體系，在行政立法方面的反映，即下級機關所訂定的法規，在效力上既次於上級機關法規，故在內容方面亦須受上級法規的拘束。

㈢自治法規：地方自治團體的自治權限，包括自治立法權在內，惟其所制定的法規，僅能就其自治權限範圍內的事項加以規定，故其內容受到限制。其次，地方自治團體執行上級委辦事項時，於不牴觸國家及上級政府法令的範圍內，得訂定執行業務所需的單行規章。前項所述有關「法律保留」事項的限制，亦適用於地方自治法規；惟地方自治法規若有法律依據或授權，亦得就國家機關組織以外的事項，作補充延伸的規定（參閱地方制度法第三章第三節有關自治法規之各條規定）。此外，地方自治法規應具有因地制宜的特性，故除須符合國家統一標準要求的事項外，在內容方面應允許其作適度差異彈性的規定。而且，有關地方自治的部分事項，地方自治法規可能構成唯一的法令依據。

㉞「法律保留」事項雖僅列有四項，但涉及範圍頗廣，行政規章內容得就此等事項依據法律或在授權範圍內，作補充延伸之規定。

第五項　行政法規制定的原則

前已言之，行政法規的內容極為廣泛，為推動行政權運作的工具和規範，於其制定施行後，不僅國家機關與人民均須受其拘束，且對國家社會及人民權益可能發生重大的影響。因此，各有權機關對於行政法規的制定，無論在積極與消極方面，均應從各種觀點作審慎妥善的考慮，並應注意各種有關事項的限制。歸納起來，此等所須考慮與所受限制的事項，即構成行政法規制定所應遵循的原則。各國學者在此方面所提示的原則甚多，大致可區分為實質與形式兩部分，茲分別言之：

㈠實質的原則：即有關行政法規內容方面的原則。

⑴配合行政業務發展需要：行政法規的制定，為行政業務發展方面實際需要的反映，如此則所制定的法規始具有實際意義與可行性。反之，不能配合業務需要的法規，即無制定的必要。

⑵符合國家政策要求：推行國家政策，為行政法規制定的原動力。故在法規內容方面須能符合政策的要求，俾可有助於實現政策目的。

⑶恪遵憲法規定並與各種相關法規互相協調：此即所制定的法規，內容不能與憲法及位階較高的法規發生牴觸，且應與其他相關法規互相協調。發生違憲違法爭議時，司法機關擁有最高的審查及解釋權，以發揮司法監督作用㉟。

⑷吸收進步法理及最新專技知識：行政法規在內容方面，應吸收時代思潮，採摘進步法理與最新專業技術知識，俾可推動行政業務的革新發展。

⑸一法一事主題單一：法規內容應僅以一事為主題，以求能夠把握重心，避免內容分歧龐雜。且各項條文的規定，亦須協調一致，能夠表現整體的立法精神。如此乃能單純表達法案的意願 (the pure expression of will)，而不牽涉任何拉雜無關的問題㊱。

㉟ 我國憲法第七十八條規定「司法院解釋憲法，並有統一解釋法律及命令之權」。

(6)保留適度彈性：法規內容應注意保持適度彈性，以適應客觀情勢變遷與業務個案的差異性。且應對執行機關授予必要的委任立法權及自由裁量權，俾可便利法規與業務的執行，減少法規修正的需要。

(7)協調各方意見：法規在制定過程中，除應邀請學者專家參與草擬工作外，並應徵詢各有關方面的意見，尤其與法案內容具有直接利害關係的利益團體的意見[37]。如此，當能集思廣益，建立法規的專業權威性，符合民意輿論的要求，並有助於行政業務的順利推行。

(8)不作「溯及既往」規定：禁止「溯及既往」(expost facto)雖僅為法律適用的原則，對於立法機關方面無絕對的拘束力。但如作溯及既往的規定，勢將影響當事人的既得權益與法律關係的穩定，故非有政策上的必要，不宜作溯及既往的規定，即使立法機關對於此項原則亦應有所尊重，部分國家憲法有對此項原則作明文規定者[38]。

(9)罰則以由法律規定為原則：行政法上的制裁措施，常可能對人民的自由權利造成損害，故法規中有關制裁的部分，以由法律規定為原則，行政規章若無法律依據，不得自定罰則。尤其刑事制裁的規定，在罪刑法定主義之下，更須以法律定之[39]。

(10)內容不得逾越授權範圍或超出執行法律的必要：法律既不得違憲，則法律內容自不應逾越憲法就有關事項所作授權或所定原則。委任立法權的授予既有確定的範圍，職權立法亦有機關職權的範圍，則行政機關依據此兩方面的權源制定行政規章，即不應逾越授權或本身職權的範圍，更不應作超過執行法律必要的規定[40]，否則對法規的效

---

[36] 曾繁康著，前揭書，第二八〇頁。

[37] C. T. Carr, *Concerning English Administrative Law*, London, Oxford Univ. Press, 1941, p. 53.

[38] 美國聯邦憲法第一條第九項第三款禁止國會，第十項第一款禁止各邦制定溯及法。日本新憲法第三十九條規定「任何人，如其行為在實行時為合法，不得追究其刑事責任」。菲律賓憲法第三條第一項第十一款規定「不得制定溯及既往之法律」。

[39] J. Hart, *An Introduction to Administrative Law*, New York, Appleton-Century-Crofts, Inc., 1940, p. 317. 日本新憲法第七十三條規定「內閣為實施本憲法及法律之規定，得制定政令（即行政規章）。但政令除法律有特別委任者外，不得訂定罰則」。

[40] 張劍寒著，行政立法之研究，臺北，六十一年版，第四八頁。

力將發生不利的影響。

⑾內容確定並合理適當：法規的內容就其所規定的事項，如主題、當事人、權利義務、施行期限及地區等均應明晰確定。同時，按一般常情判斷應屬合理適當，與現實不相脫節，且應符合憲法或母法的立法精神與目的。此外，作一般規定時，應對例外情形有所考慮[41]。

⑿緊急立法或偶發事件之立法應規定實施條件與期限：此種情形主要係指非常時期法制的立法而言，因此種性質的行政法規常對行政機關作廣泛授權並可能對人民權益具有重大影響，故應限定實施條件及期間，以避免緊急權力被濫用的流弊，而有助於保障民權[42]。

㈡形式的原則：涉及制定機關及法規結構文字等事項。

⑴制定主體應為有權機關：國家法律的制定權屬立法機關，行政機關不得制定法律。行政立法的制定權，其授予對象雖甚普遍，但在原則上應限於具有獨立地位與職權範圍的行政機關，而非機關的附屬機構或內部單位[43]，故行政規章制定後如需對外公布，均係以機關的名義制頒。且委任立法的授權，非有法律依據不應再轉為授權。

⑵擬定適當名稱：法律與行政規章的法定通稱各有不同，故在制定法規時，應視其為法律或規章並按其性質，選定適當的通稱。然後，再依據法規的內容或主題、執行機關、施行期間與地區、以及與母法的關係等事項，妥為擬定其全名。故自反面觀之，法規的名稱，在基本上足以顯示其內容與性質，同時也足以顯示出法規的其他有關事項。

⑶明示制定依據及立法目的：行政法規如係直接依據憲法制定或屬委任立法性質者，應明示其制定之依據；屬

[41] 按例外規定可包括「除外與但書」兩種方式的規定在內。見羅成典著，立法技術論，臺北，文笙書局，七十二年版，第一四頁。

[42] Wade and Phillips, op. cit., pp. 514–515.

[43] Hart, op. cit., p. 318.

職權立法性質者，應標明其立法目的，藉以證明其合法性，並顯示其法源、所屬法制系統、及在此系統中之位階。

(4)應採用法律條文形式：法律與一般官方文書或政策宣言不同，應具備條文形式，此種形式亦為其所具之特徵。行政規章的形式與法律相同，故為法規命令，而非單純命令。且就實際情形而言，法規採條文形式，適宜規範複雜內容的事項，並就其內容作合理排列，而便於適用。

(5)用語明確簡潔：法規條文在詞句方面應力求明確簡潔，以免語意含混發生疑義，或形成冗長累贅的現象；且文字應注意通俗，使民眾易於瞭解遵循，更進而提出批評與建議，俾可有助於法規的順利實施及改進。

(6)注意內部結構與條文排列：為使法規體系完整，便於適用查考，必須使其結構健全能夠包含各種必要的部分，而且條文應按照相互關係及重要性作合乎邏輯順序的編排。如此不僅便於適用查考，而且即使制定後條文因修正有所增刪，亦不致影響其整體內容。

(7)遵循法定程序：法律的制定及公布均有法定程序，如法定程序不完備，即足以影響其合法的效力。行政規章的制定大致亦有其法定程序，凡有有關規定者，自須完成其每一法定步驟，以保證法規具有合法的效力，且此種法定程序亦包含公布在內，通常應刊登於政府（機關）公報。如為執行法律的行政規章，因其內容直接與法律相關，尚須送立法機關備查㊹，受其監督審核，以免發生違法情事。

以上所述實質與形式兩部分的原則，大致已將行政法規制定方面所應注意的各種事項包含在內。若能就此等事項在立法過程中作周詳的考慮，則政府機關所制定的法規，無論在內容、形式、及效力方面均能符合適法適當的要求，使法規的可行性與實效性提高，行政法規立法制度的功能也因而得以充分發揮。

㊹ 中央法規標準法第四條規定「法律應經立法院通過，總統公布」。同法第七條規定「各機關依其法定職權或基於法律授權訂定之命令，應視其性質分別下達或發布，並即送立法院」。

第三章　重點問題

一、何謂法源?試從各種不同觀點解釋其意義。

二、法源的分類標準如何?採用何種標準分類者較多?其原因何在?

三、行政法規的成文法法源共有幾種?試略述之。

四、行政法規的不成文法法源共有幾種?試略述之。

五、各種法源所具重要性的演進情形如何?

六、我國的各種行政法規分別由那些機關制定?試分析言之。

七、我國行政法律及中央行政規章的制定程序如何?試說明之。

八、行政法規在制定的形式方面所應遵循的原則如何?試說明之。

九、制定行政法規在實質方面所應遵循的原則如何?試說明之。

十、行政法律與規章的制定機關、程序、及效力各有何不同?試比較言之。(52高檢)

十一、何種行政事項應以法律定之?試就中央法規標準法之規定予以說明。(53高檢)

十二、試述行政法之法源。(44普，52普，54普)

第四章　行政法的類別與體系

第一節　行政法的分類

現代國家行政權的範圍既日益擴充，則為適應各種行政業務的需要，自須分別制定大量行政法規付諸實施。故各國的行政法規不僅數量眾多，而且內容包羅萬象極為龐雜。欲對此等行政法規獲致整體性的瞭解與系統化的認識，即應先行就彼等加以分類，始能顯示其彼此間的關係與類別的特性，而便於介紹各類法規的概況以及作進一步的研討。茲分別採用各種標準將行政法規的類別說明如下：

㈠以行政權主體為標準：國家為行政權之主體，故此種分類亦即以行政法規是否由國家制定為標準。凡由國家中央立法及行政機關制定者，無論為國家法律或中央行政規章，均屬國家行政法或稱中央法規❶；反之，凡由地方政府（自治團體）立法及行政機關制定者，是為自治行政法或稱地方自治法規。中央法規與地方法規一般在權力來源、制定機關、規定內容、法律效力、及名稱等方面均有所不同。

㈡以行政權作用的性質為標準：所謂行政權作用的性質，即指積極性與消極性而言。以此為標準區分，可分為積極行政法與消極行政法。前者的作用在於積極改變現況，謀求進步發展，例如經濟、社會福利、教育、及交通法規等屬之；後者的作用在於維持現況，安定社會，保障人民的自由權利，例如警察、法務及軍政法規等屬之。積極與消極行政法，因彼此的性質不同，故在目的、精神、及內容方面亦未盡一致。

㈢以行政權作用的對象為標準：所謂行政權作用的對象，亦即指其客體而言，以此為標準，可區分為外部（對

---

❶ 由「中央法規標準法」之名稱，即可瞭解「中央法規」應包括國家法律與命令性質的規章在內，就行政法方面而言，即指行政法律與規章。

外）行政法與內部（對內）行政法兩類。前者係指行政機關對外施行的規範各種業務的法規，主要係以一般國民為對象，故亦稱為「對國民之行政法」，在性質上屬「行政作用法」。例如戶籍法、違警罰法、行政執行法、訴願法、及其他各種專業法規多屬之。後者為規範行政機關對內關係上組織管理業務的法規，在性質上屬行政組織法的範疇，例如機關組織法規、處務規程、及各種公務人員法規均是❷。

㈣以法規規範事項內容為標準：可分為一般行政法與類別行政法，前者係規範各機關一般性共通事項的法規，例如行政程序法、行政執行法、訴願法、及行政訴訟法等均是，此等法規在原則上均由各種行政機關一體適用。後者內容係規範各種專業行政事項，常具有高度專業技術性，由各種專業行政系統的各級業務機關分別適用，前述之經濟、教育、交通、社會福利、衛生等行政法規均屬之。

㈤以法規內容是否係規範權利義務的實質關係為標準：可區分為實體行政法與程序行政法，前者係規範行政法上當事人權利義務的實質關係，足以發生使當事人權利義務得喪變更的效力，一般行政業務上的各種基本法規多屬此種實體法的性質，例如兵役法、所得稅法、國民教育法、土地法、以及國籍法等是。後者係規範行政業務處理程序的法規，而非以權利義務的實質關係為內容，主要包括行政業務程序及爭訟程序的法規在內，以及其他法律的施行細則與施行辦法等均是。此外，尚有應注意者，即部分法規的內容係就實體法與程序法合而為一，即以實體法為主要內容，然後再就程序事項一併加以規定，例如專利法、商標法等均是❸，如此在適用上有其便利。

㈥以法規適用範圍及效力為標準：在此種標準下，可區分為普通行政法與特別行政法。所謂適用範圍，係就人、時、地、事四方面加以觀察，凡就此四方面的事項作一般性基本規定的法規為普通行政法；反之，就此四方面的事項作特殊規定的法規為特別行政法。例如土地法為有關土地行政事項的普通法，而實施耕者有其田條例及三七五減租條例係專就農地改革事項加以規定的特別法；又如稅捐稽徵法為有關稅務行政的普通法，而所得稅法、營業稅法、

❷ 涂懷瑩著，行政法原理（上冊），第五一頁。

❸ 同❷，第五〇頁。

關稅法等均為專就特定租稅事項加以規定的特別法。特別法不僅係就普通法的內容，作特殊變通的規定；且在效力方面，特別法應優先於普通法適用，亦即具有較高的效力❹。

(七)以法規適用時期為標準：所謂適用時期，實即指適用時的情況而言，亦可謂係適用的客觀情勢或條件，以此為標準可區分為平時行政法與非常時期行政法（包含戰時行政法）。前者為在國家處於正常時期或一般情況下所制定及適用的法規，其內容在規範正常情形的施政，著重於保障人民權益及維持法律關係的穩定與秩序。後者為國家處於緊急危難時期特殊情況下所制定及適用的法規，其內容係針對各種危機情勢，著重於維護國家的生存獨立、政治安定、經濟繁榮、與社會秩序，而授權政府運用國家緊急權力，以處理重大緊急事變，故可作超越平時法制的特殊規定，以肆應客觀情勢需要，積極發揮機動權變的功效（參閱本篇非常時期法制部分內容）。

(八)以法規制定機關為標準：前已言之，行政法規包含不同的成分，以制定機關為標準區分，即可分為行政法律（國家法律的一部分）、中央行政規章，及地方自治法規三大類別。不同的類別，除制定機關外，在內容及效力方面亦屬互異（參閱前章制定機關部分）。

(九)以行政法學內容為標準：就一般行政法學總論的內容而言，除緒論或基本法理部分外，大致可區分為三大部分，即行政組織法（內容涉及機關組織、職權、人員、公物等事項）、行政作用法（內容涉及機關職權行使的作用效力、各種行政行為與法律關係的分析、制裁及程序等事項）、及行政爭訟法（涉及行政業務方面爭議處理的制度與程序事項）（參閱本編第一章行政法的意義部分）。

(十)以行政法關係為標準：行政法上的法律關係因內容、客體、及效力的不同，主要可區分為一般權利義務關係及特別權利義務關係，適用於此兩種關係的法規分別即為一般權利義務關係法規與特別權力關係法規（參閱本編第六章行政法關係的內容部分）。此外，因公法與私法混合領域的形成，另有公私法混合適用的特定關係的法規，即在公法性質的行政法規中採納部分私法規定，以適應實際需要。

---

❹ 陳鑑波著，前揭書，第四七頁。

㈡以行政法各論內容為標準：亦有稱為依行政權作用之內容為標準者，主要列有六種行政法規系統，即⑴行政組織法（內容見前述）。⑵警察行政法，為規範警政制度及警察權作用的法規。⑶保育行政法，就作用的觀點又可區分為給付行政法與服務行政法；就內容方面區分，則可分為經濟、教育、交通、社會、衛生等行政法規。⑷外務行政法即外交行政法，內容涉及外交機構的組織、設置、人員，以及外交行政業務等事項，原則上可將僑務行政包含在內。⑸軍事行政法，內容涉及軍事機構組織、人員、及軍政權力運用事項，可將兵役法、防空法、戒嚴法、軍事徵用法等包含在內。⑹財務行政法，內容涉及稅制與租稅權力、以及其他財務制度等事項，可將稅捐稽徵法、各種稅法、財政收支劃分法、及其他財務管理法規包含在內。上述六種系統法規均屬行政法各論範圍❺，惟此種區分實即類別行政法的分類，以各種專業行政法規系統為單位。

以上所列十二種分類，大致係採用一般法律的分類為基礎，但並未將一般法律分類的項目全部採用，因其部分項目如原則法與例外法、強行法與任意法、國際法與國內法等與行政法的分類雖然不無關聯，但似無單獨列舉的必要。而在另一方面為顯示行政法分類的特性，故應重視對行政法內容與作用具有代表性的分類項目，此等項目則又為一般法律分類中所無。此外，從事此種分類說明不僅有助於增進對行政法規類別與系統的認識，而且對於法規的編纂整理，以及行政法學的研究發展，均可發揮有形無形的效益。

第二節　行政法的體系與位階

在認識行政法規的分類之後，即不難瞭解行政法規雖然數量眾多，類別繁雜，但各種行政法規既經制度化，則此等法規並非處於雜亂無章的狀態，而是具有相當完整的體系。對於行政法規體系的觀察，可著眼於兩方面，其一、即從國家法制的整體方面觀察行政法規所處的地位；其二、即觀察行政法規本身所構成的系統。茲就此兩種不同觀

❺　按行政法各論的範圍並無確定的限制，可將各種不同行政作用或類別法規包含在內，通常即以各種重要類別的法規為主體。如警察、軍事、財政、經濟（統制）、社會、自治行政法規系統等均是。

點分別說明之。

第一項　行政法規在國家法制體系中的地位

國家的全部典章制度構成其法制體系，在此體系中以憲法為國家的根本大法，在憲法之下分別為中央政權、元首權、與各種治權法規、以及各級地方政府法規系統，而行政法規系統僅為國家法制體系中的一部分。對於行政法規在國家整體法制系統中所處的地位，可從兩方面觀察以窺其梗概：

㈠政府組織系統：國家法制體系的架構，概略與政府組織體系相當，故行政法規在國家法制體系中所處地位，自可從行政機關在政府組織體系中所處地位觀察得知。

㈡法律效力位階：國家法制體系在法律效力位階方面具有嚴格的層級劃分，其順序依次為憲法、法律、中央行政規章、及地方自治法規。除憲法外，行政法規的範疇既包含後三種成分，故行政法規整體的效力，自均次於憲法；其中行政法律與國家有關政權、元首權、及其他治權的法律，在效力上應處於平等地位；至於中央行政規章的效力，則次於國家一切法律，而與其他治權機關的規章同其效力；地方自治法規的效力，不僅應次於憲法、法律、及中央行政規章，且亦次於上級地方政府的法規。法律效力位階所產生的實際效果，即位階較高法規對低階法規具有優越的效力，使低階法規受其拘束不得牴觸違反，準此則法律不得違憲，命令（行政規章）不得違法，地方自治法規不得違反憲法、中央法規及上級地方政府法規❻，故在效力位階方面亦可謂具有層層節制的關係（參閱本編第五章行政法的效力部分）。

❻ 我國憲法第一百七十一條規定「法律與憲法牴觸者無效」。第一百七十二條規定「命令與憲法或法律牴觸者無效」。中央法規標準法第十一條規定「法律不得牴觸憲法，命令不得牴觸憲法或法律，下級機關訂定之命令不得牴觸上級機關之命令」。

第二項　行政法規本身的系統

行政法規雖僅為國家法制體系中的一部分，但如前所言，各種行政法規並非雜亂無章，其本身亦具有相當完整的體系。因就行政權作用的整體性觀點而言，各種行政法規自均應歸屬於完整的行政法制系統。目前我國政府雖尚未能在行政法制方面制定一項綜合性的統一行政法典，但行政院組織法可暫時居於此一地位，所有各級行政機關在組織與業務方面的法規，均可謂直接間接淵源於該法❼，形成層級分明的行政法制系統。至於在行政程序方面，現已有行政程序法居於基本法的地位，對一般行政機關為行政行為時，原則上均應適用。在類別行政法方面，更有明顯的趨勢顯示各種專業行政基本法制定工作已有相當大的進展，例如土地法、銀行法、稅捐稽徵法、國家總動員法、農業發展條例、及勞動基準法等均已先後制定實施。此外，一般性共通適用的行政法規，亦已有多種存在。

大體而言，當前在行政法規系統中，就實務方面觀察，除行政程序法及一般性共通適用的行政法規外，似以類別行政法規最具重要性，因其為各種專業行政方面實際適用的業務規範。此等法規常在基本法之下衍生出不同層次的子法，均能自成系統，並經各主管機關彙編為法典。另在地方自治法規方面，亦已形成體系，其中包括中央行政規章（廣義地方自治法規）及自治法規兩種成分在內，目前已有地方制度法制定，該法取代憲法上的省縣自治通則，構成地方制度事項的基本法律依據❽。上述各種類別行政法規，雖然系統分立，但在行政權作用整體性的凝聚下，各種類別法規系統之間，在內容方面仍具有相當密切的關聯。其中就行政組織法規而言，各級行政機關的組織法規之間主要存在有縱的關係，以配合行政組織層層節制的特性；就類別行政業務法規而言，除母法與子法間具有縱的關係外，尚有不同系統法規間內容方面橫的關係，表現不同系統行政機關間業務與職權的相關性。另自法規效力及內容方面觀察，則在同一系統的類別法規間又可能具有特別法與普通法的關係。總之，行政權作用既具有其整體性，

❼ 因行政院為國家最高行政機關，其職權涵蓋整個行政權的範圍。

❽ 依據我國憲法第一百零八條規定，中央應制定「省縣自治通則」，作為地方自治的基準法。

則規範行政權的法規自亦應具有完整的系統，如此乃能避免法制系統內部的牴觸分歧，增進其協調配合，對於行政權的有效運作必將有所裨益。

第三節　行政法與憲法的關係及區別

第一項　行政法與憲法的關係

在國家整體的法制系統中，憲法以國家根本大法的性質，實居於首要的地位；以此種地位對國家法制系統中的各種法規發生直接間接的關係與影響。就憲法與行政法的關係而言，約可分析為下列四項：

㈠憲法構成行政法規的法源和依據：憲法既為國家根本大法，其內容自然極為廣泛，構成國家各種法規制定的法源和依據，行政法規亦不例外，係以憲法為其主要法源，凡屬憲法上有關行政權事項的規定，均構成各種行政法規制定的依據❾。

㈡行政法規不能違憲：行政法規的效力既次於憲法，則在內容方面自不得有違憲的規定，否則即應歸於無效。

㈢行政法規為憲法的延伸：憲法既構成各種行政法規制定的依據，則行政法規的內容亦可謂係憲法的延伸。若作進一步分析，更不難瞭解行政法規對憲法具有擴大、補充、及解釋的作用，居於憲法子法的地位，故兩者間的關係至為密切。

㈣行政法規為實施憲法的工具：憲法內容的範圍雖廣，但基於其簡潔性，僅能規定國家政治制度與措施方面的重要原則與事項，此等簡略規定自不便於直接據以執行。若欲將憲法內容付諸實施，即須依據憲法制定各種法規作

---

❾ 憲法構成行政法律制定依據的情形約有三種，其一、即憲法明定某種事項應制定為法律者；其二、憲法雖未作此種明確規定，但依據中央法規標準法規定屬「法律保留」事項者；其三、憲法及中央法規標準法均未作明確規定，但有制定法律加以規範之必要者。至於行政規章多僅係間接依據憲法制定。

為執行的工具。故基於執行的觀點，學者有認為憲法屬靜態性質，行政法規屬動態性質（參閱本節第二項說明）。

第二項　行政法與憲法的區別

行政法規與憲法之間雖具有極為密切的關係，但兩者分別屬於國家法制系統中的不同成分，因而在各方面均有其不同之點，茲就各種有關事項比較說明如下：

㈠地位不同：前已言之，在國家法制系統中，憲法以國家根本大法的性質，居於首要的地位，而行政法規乃屬憲法之下，治權法規的一個系列。

㈡效力不同：按照法律位階的順序，憲法在國家法制中具有最高的效力；而行政法規的效力均次於憲法，且依其不同的成分賦予不同的效力等級。

㈢制定機關及程序不同：我國憲法係由制憲國民大會依據制憲程序所制定⑩；而行政法規則按其不同成分，分別由不同機關依據不同程序所制定（參閱本編第三章行政法的制定部分）。

㈣規定事項範圍不同：憲法既為國家根本大法，自應就國家政治制度及施政等各方面的重要事項有所規定，故其涉及範圍甚廣，不以行政權事項為限；而行政法規的範圍僅能就行政權的事項加以規定。

㈤內容詳略不同：前已言之，憲法規定事項範圍雖廣，但一般僅作原則性的簡略規定，而行政法規內容既為憲法的延伸，且為肆應行政機關業務上的實際需要，故須就憲法上有關行政權的事項作擴大、補充、及解釋的規定，如此則其內容必然較憲法為詳細，且具有專業技術性。

㈥適用機關不同：憲法的內容既涉及國家政治制度及各方面施政的事項，而不以關於行政權的部分為限，則除

⑩ 我國負責制定憲法之「制憲國民大會」，於民國三十五年十一月十五日在南京召開，制定憲法之程序係先就憲法草案由代表開會廣泛討論。然後經憲法草案審查會分八組審查，再經綜合審查委員會總匯核議，最後進行三讀，於同年十二月廿五日經大會通過，制定為「中華民國憲法」。見耿雲卿著，中華民國憲法論，臺北，華欣文化事業中心，七十一年版，第三七—三八頁。

行政機關外，政府其他機關自均有適用憲法規定的需要；行政法規的內容既僅限於行政權的事項，則適用此等法規者即係以行政機關為主體。

(七)規定性質不同：憲法與行政法規的內容雖均屬涉及政府機關組織與職權的事項，但憲法僅作原則性的規定，並不一定能夠作為有關事項直接執行的依據，故被視為屬靜態性質；而行政法規就行政機關組織職權所作規定，不僅為憲法內容的延伸，且均構成有關事項直接執行的依據，故被視為屬動態性質⑪。

(八)中心觀念不同：憲法為國家根本大法，故其內容係以國家基本組織與作用為重心，此即其中心觀念所在；行政法規既僅係就行政機關的組織職權等事項加以規定，則其中心觀念乃集中於行政權作用方面⑫。

上述各項有關二者的區別純係從比較觀點立論，並非在根本上有所差異。因憲法與行政法規均屬公法性質，內容主要均在規範政府組織職權及其與人民的關係，且行政法規係就憲法內容作延伸規定，構成憲法的子法；如此則憲法的立法精神與目的及其法理與政策基礎，必然為行政法規所援襲。基於此種認識，及前述兩者間的密切關係，可知憲法與行政法規實具有不可分性；而當代學者更有將二者合併研究的趨勢，此種發展不僅有實際需要，且將使行政法學的理論獲得充實⑬。

第四節 行政法與民刑法及訴訟法的關係及區別

第一項 行政法與民刑法及訴訟法的關係

(一)行政法與民刑法的關係：從國家法制演進的過程觀察，行政法與民刑法在國家初期的法制中，既無明確的區

⑪ Garner, op. cit., p. 1.

⑫ 張載宇著，前揭書，第二八頁。

⑬ 田中二郎等著，行政法講座——行政法序論，第六三頁。

分，自可認為具有共同的淵源。且民刑法的發展較早，其內容分別含有一般法制共通的法理及適用的成分，故行政法規自不免吸收兩者的內容，受到兩者的影響。上述情形乃是就三者的關係所作的概括的說明，惟若作進一步的分析，則尚可就此項問題，提出三點具體事項加以解釋。

⑴行政法規沿用民刑法的法理及規定：如前所言，行政法的發展較晚，內容方面頗受民刑法的影響。且至目前為止，一般國家就行政法規本身多尚無綜合性統一法典的制定，因而對法規中缺乏規定的事項，常須沿用民刑法方面的法例、用語、及原理原則以資補充（例如民法中有關成年人、法人、權利能力、行為能力、住所居所、代理、動產不動產、及損害賠償等涵義；刑法中有關刑事責任、以上以下以內之計算方法、主刑從刑等涵義均是）；或逕行在法規中明定就特定事項準用民刑法之規定。上述兩種情形，在各種行政法規中已相當普遍。

⑵行政法規內容頗多涉及民事刑事性質的混合規定：如前所言，行政法方面具有以公法吸收私法的趨勢。在此種趨勢下，許多原屬私法關係由私法規範的事項，逐漸納入由行政法規範的領域，或以行政法規全面加以管制，或以行政法規就民法方面的規定予以補充、變通、和加強，使其符合國家社會經濟政策的要求，以增進公共利益。而同時在適度的限制下，可能有允許私人意思自由的任意法規定。凡屬此等情形，均形成為公法與私法的混合領域⑭。例如著作權法、專利法中關於權利受讓繼承之規定；礦業法中關於權利移轉、抵押之規定，均為行政法規中兼採民法性質的規定。至於行政法規中採用刑事制裁的規定，則更為普遍，因刑法與行政法規同屬公法性質，行政措施與刑事制裁又同為公權力作用，故行政法律中無論是否單獨定有罰則部分，均可列入刑罰規定，稱為「行政刑罰」，藉以強化行政法規的執行力⑮。

⑶行政法規常對民刑法的有關規定構成特別法：如前所言，行政法規常對原屬民法規範的事項作補充、變通、

⑭ 管歐著，中國行政法總論，第二九頁。

⑮ 張劍寒等著，行政制裁制度，臺北，行政院研考會，六十八年版，序言說明「行政刑罰」屬廣義行政制裁範圍，亦為特別刑法性質。

和強化的規定，同時也常在行政法規中採用刑事制裁性質的罰則規定，此等情形均在配合國家政策的需要作成與民刑法原有內容不同的規定。如此，則行政法規方面的有關事項既均屬特殊規定，其對民刑法中的原有規定，自應居於特別法的地位，具有優越的效力，足以排斥民刑法原有規定的適用。不過，關於行政法規排斥民刑法規定適用的情形，尚須注意下列三種事項⑯：

①僅在行政法律就有關事項有特別規定時，始發生排斥民刑法規定適用的效力；若無特別規定，則仍應分別適用民刑法中之原有規定。

②僅限於行政法律始具有排斥民刑法規定的效力，緊急命令或緊急處分令亦同。至於一般行政規章（法規命令），則不具有此種效力。

③在罪刑法定主義之下，行政刑罰應以法律定之，行政規章不得規定此種制裁。

上述三項有關行政法與民刑法關係的說明，涉及積極與消極兩方面的事項，惟學者亦有將此等事項視為行政法的特徵者，對於此種論點自應予以注意。

㈡行政法與訴訟法的關係：訴訟法包括民事、刑事、與行政訴訟法三種，在性質上均屬公法及程序法的規定。就與行政法的關係而言，自以行政訴訟法與行政法的關係最為密切，其次為民事訴訟法，而以刑事訴訟法與行政法的關係最少。茲就有關事項說明如下：

⑴行政訴訟法為行政爭訟制度的依據：我國正規的法定行政爭訟制度，包括訴願與行政訴訟兩個階段，而行政訴訟法為行政訴訟的法令依據，該法在體系上雖屬司法法的範圍，但所解決者為行政上的爭訟，須適用行政法規審理，故在行政法學中歸屬於總論的行政救濟（爭訟）部分⑰，其與行政法關係的密切不言可喻。

⑵行政法關係上適用民事訴訟法的規定：民事訴訟法所規範者雖屬民事訴訟的程序事項，但在行政法關係上有

⑯ 同⑭，第三〇頁。

⑰ 同⑫，第三二頁。

兩種適用的情形，其一、即補充行政訴訟法規定的不足，故在舊行政訴訟法第三十三條明定「本法未規定者，準用民事訴訟法」(新法將準用規定分別列入各章)。其二、即在依據國家賠償法或其他法令，就當事人間的爭議提起民事訴訟時，自須適用該法⑱。

⑶行政法上刑事制裁的規定適用刑事訴訟法：前已言之，刑事訴訟法與行政法的關係最少，但行政法上採用刑事制裁時，自須由司法機關依據刑事訴訟法所定程序處理有關案件。

⑷訴訟法對行政程序司法化具有重大影響：現代國家的行政業務案件與行政糾紛日趨複雜，為針對此種情勢的發展，政府一方面須制定精密化的實體法規以規範行政機關與人民間的權利義務關係；他方面則授予行政機關準司法權(Quasi-Judicial)，俾便裁決業務案件及爭訟關係，就此種準司法權的行使，在一般行政程序及行政救濟程序方面，即須參照訴訟法的內容，作司法化的規定，以求維持裁決的客觀公正，保障人民自由權利，符合法治主義的要求。在實例方面不勝枚舉，可見行政法規所受訴訟法的影響極為明顯⑲。

根據上述四項說明，可知訴訟法雖為程序法，但其與行政法的關係仍然頗為密切，此種情形實不容輕易忽視。

第二項　行政法與民刑法及訴訟法的區別

㈠行政法與民法的區別：行政法與民法因基本性質的不同，分別歸屬於公法與私法的範疇，故在各方面具有較大的差異。茲分述如下：

⑴性質與效果不同：行政法為公法，其內容著重於發揮公權力作用，國家對於此種法規所定事項，分別由各主

---

⑱ 國家賠償法第十一條規定「賠償義務機關拒絕賠償，或自提出請求之日起逾三十日不開始協議，或自開始協議之日起逾六十日協議不成立時，請求權人得提起損害賠償之訴……」。第十二條規定「損害賠償之訴，除依本法規定外，適用民事訴訟法之規定」。

⑲ 馬君碩著，中國行政法總論，臺北，商務印書館，七十三年版，第三二—三三頁。

管機關基於職權付諸實施，亦即採職權干涉主義，必要時得以強制措施實現其目的，故行政法的內容一般多屬強行法的規定。民法為私法，其內容在於規範私人間以自由意志所形成的民事法律關係，國家對此種私法關係，基於保障私生活自由的原則，大體上採不干涉主義，故民法內容一般多屬任意法的規定，而與行政法不同。但所須注意者，即在例外情形下，行政法中可能有任意法之規定，而民法中亦可能偶有強行法之規定[20]。

(2)內容政策性的程度不同：民法的內容雖亦不免受國家政策的影響，惟其所具政策性的色彩並非十分顯著。反之，行政法可謂純屬政策性的法規，其內容直接反映濃厚的國家政策色彩，個別法規均具有明確的政策目的。

(3)爭訟管轄機關及程序不同：在採行司法二元制的國家，民事訴訟由普通法院管轄，依據民事訴訟程序審理。行政爭訟則分別由行政機關及行政法院管轄，依據訴願法及行政訴訟法所定程序裁決[21]。

(4)制裁方法不同：民事爭訟屬私法關係，對於違反私法上義務侵害私權者，科以民事責任，其制裁方法，包括損害賠償回復權利、宣告無效及撤銷、解除契約、強制執行等，但在一般情形常以損害賠償為主要制裁手段。行政法上對違反公法義務的制裁方法，種類頗多，主要為行政罰與行政上的強制執行，但因客體的不同而有別。其中以公務員為對象的制裁，主要包括懲戒處分及行政處分（考績制裁）兩種以人民為對象的制裁方法，主要包括警察罰、秩序罰、懲戒罰（專門職業人員）、及強制罰等[22]。

(5)所屬治權系統不同：民法雖為私法性質，但因司法機關管轄民事訴訟的審判，故可附屬於司法法的範疇；而行政法則為行政權作用的法規，故兩者分屬不同治權系統。

㈡行政法與刑法的區別：行政法與刑法同屬公法性質，均具有公法特徵，著重於發揮公權力作用，實現政策目

[20] 按強行法與任意法存在於法律制度以內各項法律規定之中，故有原則，亦有例外，如民法有關法人登記之規定即為強行法。見韓忠謨著，前揭書，第四〇頁。

[21] 行政爭訟制度包括訴願與行政訴訟，由訴願法及行政訴訟法加以規定。

[22] 韓忠謨著，前揭書，第七〇頁。

的。但二者在各種重要事項方面仍有顯著的區別，茲分述如下：

⑴所屬治權系統不同：刑事訴訟由司法機關管轄，刑法的適用亦以司法機關為主體，故刑法為司法權作用的法律；而行政法則為行政權作用的法規，故二者所屬治權系統有別。

⑵內容及作用不同：刑法的內容主要係以罪刑法定主義為基礎，就犯罪行為及科處之刑罰加以規定，故內容較為單純；至於刑法的作用，雖不能謂無事先預防與嚇阻的效果，但主要仍在於事後制裁與矯正㉓。行政法規則內容廣泛複雜，包括行政權範圍內各種性質業務與機關組織的事項在內，其作用主要在於推動行政權的運作及實現行政的目的，而制裁措施僅為法規內容的次要部分，為行政權作用的手段而非目的。

⑶管轄機關及程序不同：刑事案件除依據軍法及戒嚴法屬軍法機關管轄的部分外，一般概由普通法院管轄，依據刑事訴訟法所定程序審理㉔。至於行政法規所規範的各種行政業務乃是由各級主管行政機關管轄；行政爭訟案件中，訴願部分亦由行政機關管轄，僅行政訴訟管轄權屬行政法院而已。

⑷制裁方法不同：刑法因有總則制定，故對制裁方法有明確統一規定，包括主刑與從刑兩部分，主刑有死刑、無期徒刑、有期徒刑、拘役、及罰金五種，從刑有褫奪公權及沒收兩種㉕。行政法規方面的制裁方法，大致已見前述；因無實質性行政法典或行政罰法制定，故無統一規定，現行各種法規對制裁方法的採行主要取決於業務性質及對象，其種類頗為繁雜。

㈢行政法與訴訟法的區別：訴訟法亦屬公法性質，其與行政法的區別，約可分為下列三點說明：

⑴所屬治權系統不同：訴訟法為規範司法機關職權行使的法律，屬司法法性質；行政法則為行政權之法規。

㉓ 同㉒，第七五—七六頁。

㉔ 我國憲法第九條規定「人民除現役軍人外，不受軍事審判」。軍事審判法第一條第二項規定「非現役軍人不受軍事審判，但戒嚴法有特別規定者從其規定」。非現役軍人受軍事審判機關管轄之範圍，見於戒嚴法第八條之規定。

㉕ 見刑法總則部分第三三—三四條之規定。

⑵內容及性質不同：訴訟法之內容係在規範民事、刑事、及行政訴訟的程序，故屬程序法性質；行政法規的內容多在規範機關組織及業務方面的實體事項，故多屬實體法性質，其中純屬程序法者為數甚少。

⑶適用機關不同：訴訟法既均係規範訴訟程序事項，則主要係由法院適用，一般政府機關適用的機會較少；而行政法規內容廣泛複雜，一般行政機關均須適用此等法規，即政府其他機關亦均有適用的機會。

第五節　行政法上民法規定的適用

第一項　行政法上民法規定適用的法理

在前述行政法與民法的關係部分，業已說明二者的關係極為密切，行政法中經常沿用民法的規定，可知就事實而言民法規定早在行政法中有所適用，且其情形相當普遍。惟由於二者性質不同，關於民法可否在行政法上適用的問題，以往在理論上曾有爭議，茲將各方意見分述如下：

㈠否定說：此說持反對意見，主要認為行政法與民法分屬公法與私法性質，構成兩個不同的法制系統，具有不同的理論基礎、特徵、及效力，彼此間缺乏共通性，因而民法規定不能在行政法上適用。具體言之，公法關係在基本上即著重於公權力的運用，其權利主體的雙方當事人係處於不平等地位，此種情形與私法關係顯然有別，故即使公法本身就有關事項欠缺規定，亦應由公法理論方面尋求解決，而不應類推適用民法之規定，持此說之學者可以德儒奧托梅耶（Otto Mayer）為代表㉖。

㈡肯定說：此說的見解大致與否定說相反，即認為公法與私法的淵源相同，彼此間有共通的法理存在，僅規範的重心（公法重公益，私法重私益）不同而已。且私法在內容方面包含頗多一般性法理，此種規定自可直接適用於公法關係，至於私法方面的其他規定，凡能符合公法內容與目的者，自亦可在公法上適用。是故，私法規定應以可

㉖林紀東著，行政法，第三二頁。

適用於公法為原則。此說之代表人物為德儒佛萊德瑞（Friedrich）、格希（Gehe）及戈茲（Goez）等人㉗。

㈢折衷說：此說見解折衷於前二者之間，但接近於肯定說，即認為基於公法與私法的區分，則二者必然各具有特殊性，但就其共同淵源而言，則要難否認二者亦具有共通性（或類似性）的法理。凡民法方面屬於特殊性的規定，因與公法特性不合，在行政法上自不能任意援用此種規定；反之，屬於共通性的規定，則對行政法自可一體適用，不能因其先存在於私法，而逕予排斥㉘。

根據上述三種學說的分析，大致已可瞭解有關問題理論爭議的梗概與發展。綜合言之，公法與私法分別具有其特殊性與共通性乃屬不爭之論，私法方面屬於一般法理的規定，不僅可適用於行政法關係方面，而且有適用的實際需要。就理論觀點而言，自民主政治盛行後，主權在民的觀念業已確立，國家與個人對立的思想逐漸沖淡，公法與私法的關係已較前接近。在此種情形下，不僅出現公法與私法的混合領域，而且公法關係本身復有權力關係與非權力關係（統治關係與管理關係）之分，非權力關係與私法關係大體相同，私法適用於此種關係乃屬順理成章之事；即就權力關係而言，私法方面屬一般法理的規定，固可適用於此種公法關係，至於私法方面其他部分的規定，凡為公法本身所無並不妨礙公法特性者，亦均可適用於行政法關係方面；此種觀點，大致已為學者所公認，對於解決理論爭議與實際問題均有裨益㉙。不過，在司法二元制國家，公法與私法的區分在法律關係上及政府業務方面既具有實際效果，則在將民法規定適用於行政法上權力關係時，應考慮其是否符合此種行政法關係的內容與目的。

第二項　行政法關係上所適用的民法規定

前項所述乃是從理論方面探討民法規定在行政法上適用的問題，所獲結論即確認在原則上可以適用，但並非毫

㉗ 同前註，第三二—三三頁。

㉘ 田中二郎著，行政法總論，第二三〇頁。

㉙ 南博方等著，行政法(1)——行政法總論，第三七頁。

無限制。至於通常在實際上可適用於行政法上的民法規定其範圍如何，大致可分為兩大部分加以說明。

㈠關於公法上的財產關係：財產方面的法律關係，著重於經濟價值的權利義務，此等事項在公法關係上亦有其存在，故除行政法規有明確規定者外，可類推適用民法的有關規定，約包括下列各種事項㉚：

⑴公法上財產權的移轉：公法上私人享有的財產權以允許移轉為原則，惟繫屬於權利主體身分者除外（如公務員俸給與退休金請求權是）。而有關財產權移轉的事項大致上可適用民法的規定。至於公法上屬於國家的財產權，因與公益有關，故不能任意移轉，但非公用財產限制較少。

⑵公法上金錢債權的效力：公法上屬於以金錢給付的債權，其各種有關事項如連帶債務（二人以上共同負擔之債務）、擔保權（由保證契約形成之擔保債權與擔保物權）、及遲延利息（徵收權）等，均可適用民法的規定。

⑶公法上金錢債權之消滅原因：有關代位清償（即由他人代為履行）及請求權消滅時效（包括公法關係各種當事人所享有者）等事項，可適用民法規定。惟行政法上有關消滅時效之規定，其所定時效年限長短及需否當事人援用等事項，可能與民法規定未盡一致，在此種情形則仍應適用行政法規本身之規定。

⑷無因管理及不當得利原則：無因管理及不當得利情事在公法關係上均可能發生，其情形與私法關係者相似，故在原則上均可適用民法上之有關規定。茲分述如下：

①所謂「無因管理」，即民法第一百七十二條規定「未受委任，並無義務，而為他人管理事務者……」之謂，在公法方面所發生之此種情事，例如國家（以主管機關為代表）對在其特別監督下之事業，所採強制管理措施，或國家對行旅病人所採保護管理措施等均是，在此等情形下國家的措施雖因其地位特殊而與民法上的「無因管理」未盡一致，但在基本上則仍屬同類情事，故除行政法規上另有規定或因其法律關係的性質所不許者外，一般應可準用民法規定處理。

㉚ 林紀東著，行政法原論（上冊），第五一—六二頁。美濃部達吉著，前揭書，第六九—七三、二〇四—二二〇頁，關於「公法與私法的共通性」及「私法規律對於公法之適用」。

②所謂「不當得利」，即民法第一百七十九條規定「無法律上之原因而受利益，致他人受損害者，應返還其利益……」之謂，在公法方面所發生之此種情事，常係由於行政機關基於公法上的原因，自人民方面獲得給付，事後如因原行政處分被撤銷或宣告無效，致使所獲給付成為不當得利。例如稅務機關違法向人民徵收租稅，因人民提起行政爭訟，使此項違法的原賦課處分被撤銷，則稅務機關所收稅款即為「不當得利」，納稅人依民法規定即享有返還請求權，並得為此提起民事訴訟。

⑸侵權行為：侵權行為在公法與私法關係上均可能發生，其基本規定見於民法第一百八十四條「因故意或過失，不法侵害他人之權利者，負損害賠償責任」。公法上具有財產價值的私人權利，如受損害發生損失，自得依法請求賠償。如侵權者為政府機關，則受害人可依國家賠償法求償。如侵權者為其他私人，則應依民事訴訟程序尋求救濟，例如對商標專用權及著作權之侵害等是。

㈡關於一般公法關係：此一部分的有關事項，即除前述公法上的財產關係外，凡屬非以財產價值為內容的公法關係重要事項大致均包括在內。就此一部分事項而言，因在公法與私法關係間具有共通性質，且行政法本身又無綜合性統一法典加以規範，故可適用民法規定以資補充。茲分述如下：

⑴人及法人：公法與私法關係，均須有權利義務的主體，惟行政法規對此等基本事項缺乏明確統一的規定，且此等事項亦對雙方具有共通性，故民法總則部分的有關規定，應可適用於行政法方面。按法律關係上的人格者，依民法規定有自然人與法人兩種。凡民法上有關自然人之身分、年齡、住所、死亡宣告、未成年人、禁治產人、無能力人等項規定；以及在私法人方面，有關以法人為權利義務主體、董事及職員、法人之設立、登記、住所、主管機關、解散、及清算等事項之規定，均可適用於行政法關係方面。按行政程序法制定後，其第二十至三十一條對當事人的有關事項雖已有所規定，但關於人與法人的各種基本事項仍須以民法規定加以補充。

⑵物：公物與私物在管理、處分、及物上權利等方面，雖具有頗大的差異，致使私法上關於物的規定，多不能適用於公物；但就關於物的基本事項而言，凡屬民法總則部分，有關動產不動產、主物從物、天然與法定孳息等一

般性的規定，應為公法與私法所共通，自均可在行政法上適用。

⑶法律行為：公法與私法的法律行為，在性質上並不相同，故民法上有關法律行為的規定，並不能無條件的全部適用於行政法方面，其可以適用的範圍，係以民法總則部分有關法律行為之無效、意思表示、行為能力、代理關係、期限與條件等一般原則性之基本規定為限，因此等規定適用於行政法方面，對其所具公法關係的特性並無妨礙。行政程序法制定後，其內容對行政上法律行為如行政處分、法規命令、及行政契約等雖有明確規定，但關於法律行為的基本事項仍須沿用民法的有關規定。

⑷期日及期間：期日及期間對於法律關係上權利義務的得喪變更具有重大的影響，惟行政法規本身對此等事項並無特別規定，故民法上有關期日與期間計算方法之規定，如關於日、星期、月、年、年齡、及一定期間之計算等事項，均可在行政法上適用。行政程序法上有關期日與期間的規定，在基本上仍係以民法的有關規定為準據。

⑸時效：公法上有關金錢債權適用民法上消滅時效之規定，已見前述。此外，行政法上並不採用民法有關取得時效之規定，因公法上的權利，不能因時效而取得。

上述兩部分有關民法規定適用於行政法關係的情形，乃是就行政法上權力關係（支配或統治關係）而言。至於管理關係（非權力關係）方面，因其與私法關係並無本質上的差異，是以民法的規定及法理，在一般情形下適用於此種行政法關係中，應無問題。此外，尚有須注意者，即民法規定在行政法上的適用，其作用主要在於補充行政法規定的不足，若行政法規就特定事項已有規定時，則即使此種事項在原則上可以適用民法規定，亦將因行政法規定具有特別法效力，而發生排斥民法規定適用的效果。

第四章　重點問題

一、行政法的分類可採用那幾種標準？試略述之。
二、行政法規在國家法制系統中的地位如何？
三、行政法規本身所構成的系統如何？
四、行政法與憲法的關係如何？二者有那些不同之點？
五、行政法與民法及刑法的關係如何？試分析言之。
六、行政法與民法有何區別？試列述之。（55高檢）
七、行政法與刑法有何區別？試列述之。（55高檢）
八、行政法與訴訟法的關係及區別如何？試分別言之。
九、民法規定是否可在行政法上適用？試就各種學說分析言之。
十、那些民法規定可在行政法關係上適用？試略述之。

第五章　行政法的效力

第一節　行政法效力的意義與要件

國家法制的價值，在於其能夠付諸實施；而欲將法律付諸實施，必以法律具有合法效力為先決條件，此種情形對行政法規自無例外。關於此項問題應先從法律「效力」的涵義方面加以解釋，所謂行政法的效力，係指行政法規制定後在其施行期間及地區中對其規範的對象及事物，所產生的有效拘束力而言，亦可謂各種行政法規所具有的有效執行力，或「行政法施行時的效力」。而法律效力的發生，必須其自身具有合法性，如此則法律的效力，亦可謂合法效力。行政法規欲發生合法的效力，在基本上應具備兩方面的要件：

㈠程序要件：即法規應由有正當權限的機關制定，並完成法定的立法程序（制定及公布）。

㈡實質要件：行政法規內容所規定的事項，應屬行政機關法定職權範圍（或行政權範圍），且內容不得違憲並不得違反效力位階較高的有關法規。

行政法規在具備前述兩項要件之後，即可發生合法的效力，對其所規範的客體及事物有效的加以拘束，並課予各有關主管機關負責執行的義務，俾可獲致實際的法律效果，實現立法的目的。關於法規的效力，學者有從「有效性」與「實效性」兩種不同觀點分析其涵義者。所謂「有效性」，是指形式上的效力，常係以制裁為後盾而發生；亦即不問法規內容是否妥善，既經制定即可以統治權力貫徹實施。所謂「實效性」，是指法規不僅具有形式上的效力，且其內容具有實質上的可行性，而能夠為人民所接受並遵循。一般法規須具備此兩種因素，其效力始臻於完整❶；惟比較言之，「實效性」無疑具有較高的價值。此外，亦有學者認為行政法規的效力，包含一般效力與特別效力兩方

❶ 韓忠謨著，前揭書，第五八頁。

面：一般效力實際上係指一般法理原則對行政法規的適用而言，例如關於法律效力位階、新法優於舊法、法律不溯既往，及特別法優於普通法等均是；至於特別效力是指個別行政法規就其本身內容的範圍所產生的特殊效力❷。不過，就事實上觀察，無論一般效力與特別效力所發揮的實際作用與形成的法律效果，莫不涉及人、時、地、事四方面，因而對於行政法規效力的探討，自應分別從此四方面加以剖析。

第二節　行政法關於人的效力

法律上所謂「人」，廣義包括自然人與法人二者，狹義則主要係指自然人而言。所謂行政法關於人的效力，實即指法規以人為對象所發生的拘束力。就一般法理方面觀之，法律對於人的效力，其內涵主要分為三項基本原則，茲分述如下：

㈠屬人主義原則：此項原則的理論，係以國民為基礎說明國內法的效力，認為法律對於本國人民，無論其在國內或國外，均具有合法的拘束力。從國際法的觀點而言，亦即國家所享有的屬人管轄權的效力❸。堅持此項原則者為「絕對屬人主義」。惟就實際情形而言，本國法律對國外僑民的施行，因與居留地國的主權相衝突，極易引起困擾，故其內容實難切合實際。

㈡屬地主義原則：此項原則的理論係以領域為基礎說明國內法的效力，認為法律的效力，應以國家領域為範圍，凡在本國領域內者，無論其為本國人或外國人，均應受本國法律的拘束。從國際法的觀點而言，亦即國家所享有的屬地管轄權的效力❹。堅持此種原則者，是為「絕對屬地主義」。惟在此項原則下，本國國民一旦離開國境則本國法

---

❷ 張載宇著，前揭書，第五八頁。

❸ 雷崧生著，國際法原理（上冊），臺北，商務印書館，四十九年版，第二〇二頁。

❹ 蘇義雄著，平時國際法，臺北，三民書局，七十年十月版，第一六九頁。按屬地管轄權亦稱領域管轄權（Territorial Jurisdiction），屬人管轄權亦稱對人管轄權（Jurisdiction over Persons）。

律將對其失去支配作用；反之，居留本國境內的外僑，因受其所屬國家及國際法與條約的保護，則本國法律亦將無法全面對其實施，以致發生困難。故採行此項原則，同樣具有缺失。

㈢折衷主義原則：既然採行前兩項原則，均可能發生問題，引起對人管轄的爭議，則為彌補前兩項原則的缺失，遂有折衷主義原則提出，其內容介於前二者之間，既非絕對屬人主義，亦非絕對屬地主義，有基本原則，亦有變通補充的規定，俾使國家對人管轄權亦即法律對人效力的問題，獲得適當的安排。故大體言之，折衷主義乃是一般國家普遍採行的原則，我國法制亦不例外，茲將行政法規對此項原則適用的情形分析如下：

⑴以屬人主義為基本原則，惟亦有例外情形，可分為兩點說明：

①本國法規對居留國內的國民原應一體適用，惟部分國民基於特定原因享有豁免權，可不受特定法規的拘束。例如依法免繳租稅或免服兵役者是❺。

②本國法規對居留國外本國僑民的適用，受到極大限制。因基於屬地主義原則，旅外的一般僑民常須受外國法的支配，本國法律可以追及適用者，主要為有關憲法上的權利義務（以兵役義務為主）及刑法上特定罪刑之規定❻。

⑵以屬地主義作補充：即居留本國境內的外僑在原則上應受本國法規的拘束，惟亦有兩種例外的情形：

①本國法規中部分法規或條文明定僅適用於本國國民，而不適用於外國人，或對外國人的適用受有限制。此種情形主要涉及依法所得享受的權利問題，因一般國家對外國人在國內法上的地位，並非採取完全平等待遇原則，而是採取互惠主義原則，故外國人在國內法上所得享有的權利自然受到限制，例如土地所有權、商標權、專利權，及訴訟權等，須視該國與本國有無外交關係、是否締結互惠條約、有無國際公約及慣例可循等情形而定❼。至於部

---

❺ 兵役法第四條規定「凡身心障礙、或有痼疾達不堪服役標準者，免服兵役，稱為免役」。所得稅法第四條規定「左列各種所得，免納所得稅……」。

❻ 同❹，第一八三頁。

❼ R. N. Swift, *International Law*, New York, John Wiley & Sons, Inc., 1969, p. 340.

分公法上的權利，須以國民或公民資格享有者，即使歸化人亦不得享有或受有限制，外國人當然更不得享有。

②本國法規對享有治外法權（外交上優例與豁免權 Privileges and Immunity）的外國人不適用，例如外國元首及外交官等是。此為依據國際慣例所形成的傳統，以示對外國的尊重及便利外交官職務的執行❽。

上述內容乃是從理論方面就行政法關於人的效力所作概略的說明，可知其實質內容即為國家的屬人與屬地管轄權問題，此項問題與國際法具有密切的關聯，故須參酌國際法學的理論加以解釋。至於就實際情形而言，因行政權的客體極為廣泛，行政法規關於人的效力大體上亦極為普及，部分法規甚至以全國人民（甚至居留本國境內的外國人）為拘束的對象，例如國籍法與戶籍法及各種有關基本人權的法律等均是。且作為法規規範對象者，不以自然人為限，亦可能包括法人及機關團體在內，例如自治團體、工會、農會、各級政府行政機關、公民營企業及民間機構等均是。惟個別行政法規既各有其特殊內容，因而受其拘束的對象亦往往各有不同的範圍；換言之，其所規範的對象可能有資格條件的限制，並非以全體國民為範圍，例如兵役法的對象為役齡男子、公務員法規的對象為公務人員，以及工會法的對象為工會組織及其會員等均是。總之，行政法規關於人的效力，其適用的範圍如何須視法規的內容而定。

第三節　行政法關於時的效力

法律的生效實施頗受時間因素的影響，其所受影響的情形表現為「法律關於時的效力」。具體言之，所謂行政法關於時的效力，即指行政法規的效力與時間的關係，亦即自時間方面觀察所發生的效力開始、終止、中斷，及其有關重要原則適用的情形而言。此等情形亦可謂即是法律於開始生效後至歸於消滅或失效的整個過程，此項過程不僅涉及三項重要法理原則，而且與法律的施行、適用、修正，及廢止等事項有關。故欲瞭解「行政法關於時的效力」的內涵，應著重於對此等原則與事項的分析說明。

❽ Georg Schwarzenberger, *A Manual of International Law*, Oxon, Professional Books Ltd., 1976, pp. 78–79.

第一項　法規施行日期原則

法規的施行對行政法關係各當事人或一般人民的權益，均將發生其影響，故依據中央法規標準法的規定，一般法規均應規定施行日期或授權以命令規定施行日期（第十二條），此為基本原則。就一般情形而言，法規自公布時起即應發生其效力，但在過去若國家領土遼闊，法律於制定公布後，對不同的行政區並非可能同時到達，因而通常另行設定施行的期限，俾使人民有時間瞭解新的法律，然後開始遵循，故對此種規定，有稱為「法律到達時間原則」者。此外，亦有為使執行機關有充分時間完成實施準備，而另定施行日期者。各國對此種施行期限的規定，所採方式不一，主要分為四種❾：

⑴自公布之日起，須經過一定期限後，始通行全國。

⑵以立法機關所在地為起點，依距離之遠近，各地定有不同的施行日期。

⑶法律於公布後，另以命令定其施行日期。

⑷法律公布時不另定施行日期，而於法律的最後條文明定「本法自公布之日起施行」。

上述有關法規施行日期的規定方式，在過去確有實際需要；惟現代國家因交通電訊及大眾傳播媒體發達，且法律在制定過程中可能已廣為宣傳，至制定時民眾多已周知，故其所具重要性已大為減少。而有關法規施行日期的規定方式，也已簡化。我國中央法規標準法所採方式主要有兩種：

⑴「法規明定自公布或發布日施行者，自公布或發布之日起算至第三日起發生效力」（中央法規標準法第十三條）。此項規定可謂是一般正常程序。法規如作此種規定時，則其施行期日的計算，在實務上即不再適用民法第一百二十二條所定「其末日為星期日、紀念日或其他休息日時，以其休息日之次日代之」的規定，故係實扣三日計算。但學者亦有持相反意見者❿。

❾ 曹競輝著，法理學，第三九頁。

⑵「法規特定有施行日期，或以命令特定施行日期者，自該特定日起發生效力」（第十四條）。對施行日期有特別規定者，其法律效力的開始，可分為下列三種情形⓫：

①法律定期施行者：在此種情形，法律多於其末條規定：「本法定於某年某月某日施行」，或「本法施行日期另定之」（此係授權以命令規定方式）。有此種規定者，則其法效自應從特定日期發生。

②法律規定不同的施行日期與區域者：在此種情形，即法律對施行日期及區域作有特殊規定。例如其條文稱「本法之施行區域另定之」，或「本法之施行日期及施行區域，由某機關以命令定之」。如有此等規定，則該項法律即係就各個區域或特定區域定有施行日期，自該日起開始生效。

③法律另定有施行法或施行細則者：施行法或施行細則均屬法律有關施行事項的輔助性法規，既有此種法規制定，則該法的實際生效日期，實係自其施行法規公布施行時開始。至於其日期的計算，則適用前兩項所述情形。

關於法規施行日期的各種情形已見前述，由以上的說明可知法規的公布日與施行日並不相同，公布日僅表示法規完成立法程序具備有效性（或謂以公布為先決條件），但未至施行之日，則法規尚不能實際發生其效力，而施行日亦即實際發生效力的時限⓬。此外，法規的效力自施行日開始發生後，直到被廢止之日，其效力乃歸於終止。而在生效後廢止前的施行期間內，可能因受到各種因素的影響有被宣告暫時停止適用的情形，此時法規的效力即發生中斷，至嗣後宣告恢復適用時再繼續生效。此種情形學者有稱為「行政法之暫停法效」者⓭，中央法規標準法第十九條對此有明確規定，該條稱「法規因國家遭遇非常事故，一時不能適用者，得暫停適用其一部或全部。法規停止或恢復適用之程序，準用本法有關法規廢止或制定之規定」。就上項規定的內容觀之，可知法規暫停適用的情形，常係

⓾ 涂懷瑩著，行政法原理（上冊），第一八一頁。林紀東著，行政法，第一一五—一一六頁。

⓫ 涂懷瑩著，行政法原理（上冊），第一八一頁。

⓬ 林紀東著，法學緒論，第六四頁。

⓭ 涂懷瑩著，行政法原理（上冊），第一八三頁。

發生於非常時期法制施行的期間，此時既須實施具有特別法效力的非常時期法制，則平時法制中就有關事項規定的法規即應停止適用，至非常時期終了後再行恢復實施，繼續發生效力。

第二項　法律不溯既往原則

「法律不溯既往」乃是法理上關於時的效力方面一項重要原則，對於法律適用方面具有普遍的拘束力。所謂「不溯既往」，即法規僅對自其生效以後所發生的事件具有合法的拘束力，而對於前此所發生的事件不得予以適用。此項原則形成的淵源甚為久遠，可以追溯至羅馬時期。到了近代，自法國與普魯士兩國民刑法採用此項原則後，其有效性即告確立，逐漸成為各國行政與司法機關普遍遵循的法理原則⑭；且各國將其規定於民刑法條文中者不勝枚舉，我國亦不例外，例如刑法第一條規定「行為之處罰，以行為時之法律有明文規定者為限」。民法總則施行法第一條規定「民事在民法總則施行前發生者，除本施行法有特別規定外，不適用民法總則之規定」。至於行政法的適用方面，依據行政程序法第四條規定「行政行為應受法律及一般法律原則之拘束」。其所謂一般法律原則自應包含不溯既往原則在內，如此則對於此項原則的採行，雖無統一的明文規定，但在法理上已視為當然，行政機關於適用法規時，除有特殊規定外，自應加以遵循。且大法官會議對此已有明確解釋，其釋字第五十四號釋例稱：「現行遺產稅法既無明文規定溯及既往，則該法第八條但書，對於繼承開始在該法公布以前之案件，自不適用。」由此不難瞭解，此項原則在行政法適用方面所具之拘束力。

「不溯既往」原則在法理方面之所以具有如此的重要性，自然是由於其本身的客觀價值及在法制上採行的實際需要。分析言之，採行此項原則的原因或作用主要約有三項：

㈠維持法律關係的穩定：無論公法與私法關係均應維持其穩定性，若法律的適用可以溯及既往，亦即允許其推

---

⑭ 自羅馬「十二表法」、「羅馬法典」，以至「拿破崙法典」及「雁特烈法律」均採之。見耿雲卿著，憲法與法理學論叢（下冊），臺北，華欣文化事業中心，七十三年版，第二五七頁。

翻或改變現存的法律關係，則對當事人權利義務將不免發生得喪變更的影響，可能使其權益遭受不利。

㈡保障既得權益：人民的既得權益，既是過去依法取得，自應受到法律的保障，不應輕易制定溯及既往的法律，加以剝奪或否定，如此即可能與民主國家保障人民自由權利的傳統背道而馳。

㈢維持法律尊嚴與政府威信：法律貴在具有穩定性，政府措施必須具有公信力，是故均不應有朝令夕改的情形發生；如果過去為合法之事，於新法施行後頓成違法，遭受取締或被撤銷，則不啻出爾反爾，食言背信，如此將使法律的尊嚴難以維持，政府的威信為之掃地。

基於此等重要原因，所以「不溯既往」原則能夠形成世界性的法理傳統，為各國普遍採行。對於此項原則的內涵，若作進一步的分析，在其實際運用方面，尚有幾點重要事項值得注意。茲分別言之：

㈠「不溯既往」主要是法律適用方面的原則：如前所言，行政與司法機關在業務上適用法規時應遵循此項原則，或將之作為法理上解釋的標準。至於立法機關在制定法律方面，此項原則對其並無絕對的拘束力。固然，有少數國家將其採用為立法原則，例如美國憲法第一條第九項規定「溯及既往的法律（expost facto law）不得制定」。菲律賓憲法及挪威憲法亦均有類似的規定⓯；但大多數國家均未對立法機關作此種限制，亦即認為立法機關得制定溯及既往的法律。就我國的情形而言，除民法方面有溯及既往的特殊規定外（見民法總則施行法第三條及債編施行法第四條等），行政法方面的實例更多。例如：

團體協約法第三十條規定「團體協約在本法施行前訂立者，自本法施行之日起適用本法」。

耕地三七五減租條例原第十四條規定「出租人不得預收地租及收取押租。在本條例施行前收取之押租，應分期歸還承租人，或由承租人於應繳地租內分期扣除……」。

公務員懲戒法原第二十六條規定「應受懲戒之行為，雖在本法施行前者，亦得依本法懲戒之」。

凡屬此等規定，均為推行各種政策所制定的「溯及既往」立法。行政法規既普遍具有政策性的濃厚色彩，則有

⓯ 劉慶瑞著，比較憲法，第八〇頁。

關「溯及既往」的規定自較民法為多。同時在立法方面允許「溯及既往」，也是著重於使法律內容具有革新進步的作用。

㈡「溯及既往」立法應考慮對人民「既得權利」的保障：前已言之，「不溯既往」原則形成的主要目的，乃在於維持社會生活與法律關係的穩定，從而使人民的合法既得權利受到保障。所以，立法機關基於國家政策或實際上的需要，雖得制定「溯及既往」的法律，但仍以不侵害人民的既得權利為原則。所謂「既得權利」，乃是特定人依據舊法所合法取得的確定權利。若屬尚未確定的權利、各種人身權，及反射利益等，則均不視為既得權利⑯。而且，既得權利並非絕對受到保障，例如我國憲法第二十三條有關人民自由權利保障的規定稱：

「以上各條列舉之自由權利，除為防止妨礙他人自由、避免緊急危難、維持社會秩序，或增進公共利益所必要者外，不得以法律限制之。」

在此項條文中，對於既得權利的保障，並無特別規定。故立法機關於制定「溯及既往」法律時，固然應考慮到對既得權利的保障，但在各種必要的情形下，亦得予以取銷、變更或限制。就我國的實例而言，國家基於政策上或公共利益的理由，在「溯及既往」的立法方面，常有變更既得權利的規定，其情形約有下列三種：

⑴對既得權利不予承認：例如前述三七五減租條例有關預收土地押租之規定。

⑵限定既得權利的有效期間：在此期間內尚可繼續享有，期滿後依新法變更之。例如漁業法原第四十八條規定「在本法施行前，取得漁業之權利者，應於本法施行後一年內，依法呈請登記」。此即表示一年後應受新法之管制。

⑶作有條件的承認：此即在使既得權利能夠配合新法的要求。例如國營事業管理法第三十二條規定「在本法施行前國營事業現有人員應予甄審……」。

以上所述三種情形，均為國家政策性立法中取銷、變更，或限制既得權利的規定。其立法精神多具有團體主義的色彩，即以公益重於私益，在必要時犧牲私益（既得利益）以維護公益，因而構成對既得權利保障的例外。不過，

⑯ 田中二郎著，行政法總論，第一六四—一六五頁。涂懷瑩著，法學緒論，第二二三頁。

一般而論，既得權利之受到保障者，至少應以其內容不背於公共秩序善良風俗者為限。此外，凡屬繼續事實及程序事項亦均不具有既得權利性質，而應適用新法處理為原則。中央法規標準法第十八條規定「各機關受理人民聲請許可案件，適用法規時，除依其性質應適用行為時之法規外，如在處理程序終結前，據以准許之法規有變更者，適用新法規；但舊法規有利於當事人，而新法規未廢除或禁止所聲請之事項者，適用舊法規」。按此項規定係採「程序從新，實體從舊」之原則，亦即在實體方面適用有利於當事人的舊法，以維護其既得權利，至於程序事項既不視為既得權利，自以適用新法為宜。

㈢行政法上有關行政罰的規定應嚴守「不溯既往」原則：為保障人民權益，行政制裁的採行，自應以行為時有明文規定者為限，尤其行政刑罰的採行，更應嚴守「不溯既往」原則，因行政刑罰乃是行政法律中所採用的刑事制裁規定。既屬刑事制裁，自應適用刑法的法理，故須受前述刑法第一條規定「行為之處罰，以行為時之法律有明文規定者為限」之拘束，該條的內容，即兼具「不溯既往」原則與「罪刑法定主義」的涵義⑰。

第三項　新法優於舊法原則

「新法優於舊法」亦稱「後法優於前法」或「新法改廢舊法」原則，從字義解釋似係因制定的先後決定效力的優越，而實具有「改廢」作用。具體言之，此項原則的涵義即就同一事項，同時有兩種法規作不同規定時，應適用新制定的法規。究其原因乃是由於國家法制具備有形無形的新陳代謝作用，新法既是基於新的政策與客觀需要而制定，則於其施行後，即使舊法尚未廢止，仍應優先適用新法，不應繼續適用舊法，否則新法的制定將失去意義⑱。詳言之，採用此項原則的原因或作用主要約有四點：

㈠適應情勢變遷：法規的內容必須以社會的客觀環境為基礎，配合社會的實際需要而制定。若社會客觀情勢發

---

⑰ 耿雲卿著，憲法與法理學論叢（下冊），第二五六頁。

⑱ 張載宇著，前揭書，第六四頁。

生變遷，則法規內容亦應隨之而變遷，否則即與社會脫節，而失其存在的價值。至於適應社會變遷的方式，包括制定新法與修正舊法，而所制定的新法，既能反映社會新的情勢與需要，自應優於舊法而先行適用，舊法亦將因有新法取代而被淘汰。

㈡避免修正或廢止法律手續：如前項所言，國家法制適應社會變遷的方式，包括制定新法與修正舊法兩種，採取其中之一即可達到目的，而以制定新法較為澈底。新法制定施行後，既可取代舊法，則即不必再行修正舊法；舊法既因不獲繼續適用，而遭受淘汰，亦即等於無形中歸於廢止。

㈢促進法律進步：在制定新法取代舊法時，必將參考舊法內容，改正其缺失，並吸收新的法理思想與政策指示，使新法具備較舊法更為妥善完備的內容，在實質上優於舊法。故採取此項原則，實有助於法制的革新進步。

㈣解決舊法實施所生問題：舊法在實施過程中，所呈現的各種缺失與問題，既將在新法內容中獲得彌補、矯正與改善，則以新法取代舊法，實不失為解決舊法實施所生問題的有效方式。

由上述四點說明，可知「新法優於舊法」原則實具有重大的作用與價值，其所蘊含的意義，並非僅限於法規的適用方面而已。惟在適用此項原則時，必須注意兩點規範事項[19]：

㈠新法與舊法必須居於同一順位，所謂「同一順位」即指「位階」而言，亦即同為法律或同為行政規章。因行政規章的效力既次於法律，其內容不得與法律相牴觸，自不能優於法律而適用，否則即等於以命令變更法律。在例外情形，緊急命令自應優於法律適用，不過此種情形並不一定涉及「新法優於舊法」的問題。

㈡在此項原則與「特別法優於普通法」原則相競合時，所謂「競合」係指就同一事件可同時適用此兩項原則的情形而言。在此種情形下，如新法即為特別法，則自然優於舊普通法而適用。反之，如新法僅為普通法，則必須在新法中明文規定廢止舊特別法或排斥舊特別法的適用時，新普通法始能優於舊特別法。

此外，尚有須補充說明者，即「新法優於舊法」以及前述「法律不溯既往」原則，就行政規章的彼此關係上同

[19] 涂懷瑩著，行政法原理（上冊），第一八五頁。

樣具有規範的作用，而應予遵循。但行政規章間的關係因受制定機關地位的影響，其效力位階及關係較為複雜，故在適用此兩原則時，除應遵循前述的基本規範事項外，尚應注意下列四點⑳：

㈠就同一機關所訂定的行政規章而言，兩項原則均可同樣適用。

㈡上級機關所訂定的規章，對於下級機關的規章，可不受「不溯既往」的限制，亦即上級機關規章具有改廢下級機關規章的效力，但在此情形仍應極其慎重，注意不發生違法情事，並妥善維護人民既得權利。

㈢下級機關規章對上級機關規章，不能適用「新法優於舊法」原則，因非同一順位，下級機關規章位階較低。

㈣同級機關分別頒訂的規章，除經共同上級機關核准或另有法律上的依據外，亦不能適用「新法優於舊法」原則；因雙方雖具有同等地位，但無隸屬關係，基於應互相尊重對方職權的要求，故若非另有憑藉，即不能逕行適用「新法優於舊法」原則，以免引發職權上的爭議。

第四項　行政法規的修正與廢止

行政法規的新陳代謝作用，表現為新法規的制定與舊法規的修正及廢止，此等事項均與行政法關於時的效力有關。行政法規的制定、施行與適用的情形已見前述，本項內容主要說明修正與廢止的有關事項。

㈠行政法規的修正：行政法規於制定施行後，經過相當期間，其本身的缺失即可能被發現，且因客觀情勢變遷的結果，即應考慮就其內容作適度修正，惟法規修正的原因尚不止於此。依據中央法規標準法第二十條規定「法規有左列情形之一者，修正之：

①基於政策或事實之需要，有增減內容之必要者。

②因有關法規之修正或廢止而應配合修正者。

③規定之主管機關或執行機關已裁併或變更者。

⑳管歐著，中國行政法總論，第七〇頁。

④同一事項規定於二以上之法規，無分別存在之必要者。」

基於上列各種原因，法規經修正後，必然有新的條文增加，舊的條文被刪除或更改。就時的效力觀點而言，即為新的條文開始生效施行，舊的條文於被刪除或更改後，即開始喪失其效力。

㈡行政法規的廢止：所謂行政法規的「廢止」，係指法規因各種原因，被有權機關宣告終止實施之謂，亦可視為法規存在期間的終止。廢止後不僅法規失去效力，而且其本身亦將失其存在。由此可知，法規的廢止與時的效力具有密切關聯。中央法規標準法對法規廢止的原因有具體的規定，其第二十一條稱：「法規有左列情形之一者，廢止之：

①機關裁併，有關法規無保留之必要者。

②法規規定之事項已執行完畢，或因情勢變遷，無繼續施行之必要者。

③法規因有關法規之廢止或修正致失其依據，而無單獨施行之必要者。

④同一事項已訂有新法規，並公布或發布施行者。」

此等原因均係根據實際情形所作規定，惟自學理觀點而言，尚可就法規廢止的原因分析為兩部分說明：

⑴內因廢止：此即基於法規本身內在的原因，致使其被廢止失效的情形而言，其情形約有兩種：

①定期廢止：此即因法規本身定有施行期限，於期限屆滿時即當然廢止，且不須採行正規廢止的法定程序，僅須由主管機關公告即可（中央法規標準法第二十三條）。此種定有施行期限的法規，主管機關認為需要延長者，如係法律應於期限屆滿一個月前送立法院審議。但其期限在立法院休會期內屆滿者，應於立法院休會一個月前送立法院。如係命令定有施行期限，主管機關認為需要延長者，則應於期限屆滿一個月前，由原發布機關發布之（同法第二十四條）。法規經過延長施行期限後，即可繼續有效施行。

②定因廢止：此即法規基於各種法定原因，於原因成就時由有權機關宣告廢止，或當然失效。此等廢止的原因，除前述中央法規標準法第二十一條所列四種情形外，另須補充者即過渡法，於新法完全施行後，應當然歸於失

效，此種情形似亦可用「規定之事項已執行完畢」來解釋。

(2)外因廢止：此即基於外在的客觀原因，亦即非存在於法規本身的各種原因，由有權機關以有形或無形的方式將現存的法律加以廢止的情形。前述中央法規標準法第二十一條所列舉的各項原因，大致均屬此等外在原因，至於所採廢止的方式可區分為下列兩種：

①明示廢止：此即由有權機關明確的意思表示依法定程序，將現行的特定法規予以廢止之謂。中央法規標準法第二十二條規定「法律之廢止，應經立法院通過，總統公布。命令之廢止，由原發布機關為之。依前二項程序廢止之法規，得僅公布或發布其名稱及施行日期；並自公布或發布之日起，算至第三日起失效」。此項條文的規定，即屬我國明示廢止的情形。

②默示廢止：此即不採前述明示廢止方式，但在實施上就原由舊法規定的同一事項，另行制定新法取代舊法，亦即適用「新法改廢舊法」的原則，使舊法無形中被廢止，中央法規標準法第二十一條第四項規定「同一事項已定有新法規，並公布或發布施行者」構成法規被廢止的原因。另有一種情形即法規所定之事項或其施行區域完全消滅，致該法規失其施行之對象，則當然廢止之㉑。在此兩種情形即使不採形式上的廢止程序，亦可發生同樣的實質效果。

關於法規的廢止，另有須注意的事項，即就中央法規標準法所定法規廢止的原因觀之，主要均屬客觀的因素，而非由於法規本身的瑕疵，亦即被廢止的法規在廢止前原均具有合法的效力。既然如此，則依據此等法規所獲得的權益，自屬合法權益；即使在法規被廢止後，此種既得權益仍應受到法律的保障。

第四節　行政法關於地的效力

行政法關於地的效力，係指法規就其施行的地域範圍，所發生的合法拘束力而言。在此地域範圍內，法規對其所規範的客體當事人及事物，得有效的加以拘束，逾此範圍則不能適用。故法規關於地的效力，在根本上實係基於

㉑ 羅成典著，前揭書，第一七九頁。

國家的屬地管轄權而來。一般而論，國內法均係以國家領域為其施行範圍，發生其關於地的效力㉒。惟詳細分析，可就有關事項提出下列數點說明：

㈠國家機關制定的法規，以適用於全國為原則。所謂國家機關係指中央政府的立法、行政，及其他機關而言，由於中央政府的職權即包括各種全國性的事項，故其各種機關所制定的法規，在原則上均以全國領域為其適用範圍。

㈡國內「特別法域」，僅適用專為此特定地區所制定的法規。所謂「特別法域」，係指國內的某一地區，因其在政治、經濟、社會等各方面具有特殊情況，故與一般地區有別，不宜勉強適用全國性的一般法規，而須專為該地區另行制定法規實施，例如我國過去的外蒙及西藏地區均屬之㉓。

㈢專為國內一般地區中的特定行政區所制定的法規，僅適用於該地區。惟該地區並非特別法域，故其他一般地區所適用之法規仍可對此一地區適用。例如以往專為臺灣省所制定的法規均是。

㈣對全國性法規，而授權以命令指定其施行地區者，其適用範圍暫時受到限制，僅得在指定地區有效施行。例如耕地三七五減租條例、實施耕者有其田條例，及平均地權條例等均是。

㈤有確定轄區的行政機關及地方自治團體，其所訂頒的法規，均以其自身轄區為適用的地域範圍。例如加工出口區管理處所訂頒的法規僅適用於各加工出口區；地方自治法規僅適用於地方單位均是。

㈥法規對適用地區定有法定條件者，則僅對具備法定條件情形的地區適用，例如戒嚴法及空氣污染防制法均是。

由上述六項說明，可知行政法關於地的效力既係以地域管轄權為基礎，則其與「關於人的效力」自然具有密切關聯。同時，法規因適用地區的不同，可能在其內容規範事項方面有所差別，則其與「關於事的效力」亦具有聯帶關係。

㉒ Schwarzenberger, op. cit., p. 74.

㉓ 張載宇著，前揭書，第六二頁。

第五節　行政法關於事的效力

行政法規的內容，均係以「事」為主體。而所謂關於事的效力，即指行政法規對其規範的事項所發生的合法拘束力而言。亦即就此等事項所形成的法律關係須受有關法規內容的支配，在實質及程序方面均應符合法規所定標準與條件，然後發生其相關權利義務得喪變更的效果。分析言之，就關於事的效力的內涵，可提出數點重要事項加以說明：

㈠各種法規的內容均係以「事」為主體。所謂「事」，就實體法而言，即指法規所規範的法律關係的內涵，亦即當事人間的權利義務關係，或各種行政業務的事項；就程序法而言，即指行政業務處理過程中的各種步驟程序事項。各種法規均須具備作為其內容主體的「事」的規定，否則即缺乏實質的內容，亦即無制定的必要。法規對其所規範的「事」，通常均明確顯示於其名稱之中，例如「專利法」或「強迫入學條例」，故從此等法規的名稱中即可瞭解其所規範的事項。

㈡一般法規以其所規定事項為範圍發生合法的拘束力，對於不屬於其內容的事項，自不發生拘束力。

㈢行政法規對於事項的規定部分採概括方式，其採列舉方式者也多作保留規定，以增加法規內容的彈性，擴大法規適用的範圍，亦即擴大其關於事的效力。

㈣法規就各種事項的規定，應注意法律效力的位階。故行政規章及自治法規內容不得牴觸效力較高的法律，非有法律依據不得就「法律保留」的事項加以規定，否則將影響法規的合法效力。

㈤法規就特定事項作一般性規定者為普通法，作特殊規定者為特別法，特別法具有較高效力，應優先於普通法適用。故中央法規標準法第十六條規定「法規對其他法規所規定之同一事項而為特別之規定者，應優先適用之。其他法規修正後，仍應優先適用」。

㈥行政法規採用刑事制裁者，應遵循「罪刑法定主義」原則，以行政法律作明文規定，始能發生合法的效力。

除我國刑法第一條對此有明確規定外，日本新憲法第七十三條規定「內閣為實施本憲法及法律之規定，得制定政令(即行政命令)。但政令除法律有特別委任者外，不得訂定罰則」[24]。

㈦由於行政事項內容變動不居，故行政法規範事項的範圍亦常有變動，此種變動將對法規的適用範圍及效力發生連帶的影響。

㈧因行政權所涉及的事務範圍極廣，內容複雜，行政法規常無法作周全的規定，且又無行政法典的制定；為彌補行政法規本身規定的不足，除採取保持彈性方式外，有時尚規定可「適用」或「準用」其他法律的有關條款，遂使他種法律（如民法、刑法、訴訟法等）在行政法關係上發生其拘束力。故中央法規標準法第十七條規定「法規對某一事項規定適用或準用其他法規之規定者，其他法規修正後，適用或準用修正後之法規」。

㈨在行政法規方面，有私法公法化的趨勢發生，在此種情形下所制定的行政法規，對於相關的私法規定，既居於特別法的地位，則其有關規定，自具有優先適用的效力。

㈩非常時期法制的內容，常係就平時法制所規範的事項作變通性的特殊規定，甚至相反的規定；因其對平時法制既具有特別法的效力，自應優先適用。

上述十項乃是就「行政法關於事的效力」的重要原則所作分析，由此等原則的內容觀之，可知「事的效力」與法規在其他方面的效力相互關聯。不過，各種法規的規定既係以「事」為主體，則「事的效力」自然具有根本上的重要性。對於此種事實，不容予以忽視。

第六節　行政法效力的綜合觀察

前四節的內容，係分別就行政法規在人、時、地、事四方面的效力所作分析說明。惟自實際情形觀察，任何法規在開始施行後，其效力均係同時對此四方面發生，而非單獨在某一方面具有拘束力。因之，對於法規效力的認識，

[24] 同[15]。

亟宜具備整體性的觀念，瞭解其綜合性質。例如民國五十九年行政院所訂定的「動員戡亂時期臺灣地區國有非公用不動產承租人轉讓過戶處理辦法」，即為可以從人、時、地、事四方面觀察其效力的代表性實例。

關於法規效力的整體性，在傳統法理學上早有相關的學說存在，即「法律的三度論」，此種學說認為每一個別特定法律，均具有「三度」，其具體的內容如下㉕：

㈠時間度：所有法律均存續於一定時間中，都具有時間的屬性。……具體存在的法律，亦不能免為時間所吞食。

㈡空間度：所有的法律，均在一定的領域，或對一定的人民，發生效力，沒有一種法律其效力是普天下的；它的管轄權是毫無限制的。

㈢事實度：所有法律均與事實有關，……每一法律均統制一定的事件，或一類的情事。不論它是真實的，或是擬制假定的事實，均構成法律的一面。

可見，每一法律均有三度，無時間，無效力範圍，和無事實爭點的法律是不存在的。問題常是：『什麼是此時此地或彼時彼地，關於此一案情或彼一案情的法律？』。」

根據上述三度論的內容，可知此種學說係自時、地、事三方面分析法律的效力，並具有整體性的觀念，與前述綜合觀察的理論比較，除欠缺「關於人的效力」的說明外，實無重大區別。

此外，尚有須補充說明者，即法規的效力與行政法的特徵所具的相關性。具體言之，因行政法規為公法，多屬強行法性質，無論其內容為強制規定或禁止規定，均足以發揮公定力、拘束力，與執行力的強大效果。對違反行政法上義務者，即可能採取嚴厲制裁，行政機關並得對違法的客體當事人與有關標的直接採行強制執行措施，藉以實現法規之目的。

㉕ 吳經熊等著，中國法學論著選集，臺北，漢林出版社，六十五年版，第一一二頁。

第五章　重點問題

一、行政法規欲發生合法效力所應具備的要件如何？

二、行政法關於人的效力有何不同的學說（原則）？

三、就行政法關於人的效力方面，我國法制採取何種原則？試分述之。

四、試略述行政法關於時的效力方面所適用的各項重要原則。

五、關於時效（時的效力），行政法上適用的原則有幾？試析言之。（54普）

六、試述「法規施行日期原則」的意義及實際規定的方式。

七、何謂「法律不溯既往原則」？其形成的原因作用及適用情形如何？

八、何謂「新法優於舊法原則」？其形成的原因作用及適用情形如何？

九、法規修正及廢止的原因如何？二者與法規關於時的效力有何關聯？

十、試分析說明行政法關於地的效力。

十一、試分析說明行政法關於事的效力。

十二、何謂行政法效力的整體性？並說明「法律三度論」的意義。

第六章　行政法關係的當事人

第一節　當事人的概念

一般言之，法律關係的形成，均應具備各種必須的要素。此等要素主要包括法律關係的當事人、實質內容與合法要件三者，其中以當事人居於首要地位，因法律關係在基本上乃是以人為主體，行政法關係的情形亦不例外，所以其形成的要素必然不可缺少當事人。法律關係的當事人地位既然重要，因而其對法律關係的內容及效力均足以發生決定性的影響，故對關於當事人的各種事項，有作進一步分析說明的必要。

(一)當事人的意義：構成法律關係的主體者，即為當事人。在行政法關係方面，其當事人亦即行政法關係的主體。就一般情形而言，法律關係既由當事人所形成，則當事人常為法律關係內容的決定者，並負責實現其內容。無論公法與私法關係，均應有當事人存在，而此種當事人，狹義係指自然人（Natural Person），廣義則包括法人（Legal Person）或稱法人團體在內，因而從法理方面對當事人的解釋，即一概視為法律上的人格者❶，亦即法律關係中權利義務所歸屬的主體，具有享權利盡義務的地位和資格，藉以促成法律關係內容的實現。

(二)法規對當事人規定的方式：當事人既為法律關係形成的必備要素，則在一般法規中即應對當事人有所規定，通常所採規定方式大致不外兩種❷：

(1)僅作原則性的概括規定，說明具備何種條件者為當事人，例如民事訴訟法第四十條規定「有權利能力者，有當事人能力」。

❶ G. W. Paton, *Jurisprudence*, London, Oxford Univ. Press, 1951, pp. 315–316.

❷ 張載宇著，前揭書，第七〇頁。

(2)就當事人作明確列舉式規定，例如刑事訴訟法第三條規定「本法稱當事人者，謂檢察官、自訴人及被告」。行政訴訟法第七條規定「行政訴訟之當事人，謂原告、被告及參加人」。

就行政法方面而言，在行政程序法制定後，其第二十條對當事人之範圍作列舉式的規定稱：「本法所稱之當事人如下：一、申請人及申請之相對人。二、行政機關所為行政處分之相對人。三、與行政機關締結行政契約之相對人。四、行政機關實施行政指導之相對人。五、對行政機關陳情之人。六、其他依本法規定參加行政程序之人」。其次，依同法第二十一條規定，當事人因所具性質不同，可區分為五種類別，即「一、自然人。二、法人。三、非法人之團體設有代表人或管理人者。四、行政機關。五、其他依法律規定得為權利義務之主體者。」以上兩項條文有關當事人的規定，係就一般行政法關係上各種當事人所作概括性的規定。至於個別行政法規中，若對各該種行政法關係的當事人未作具體明確規定時，除應依據行政程序法的有關規定加以分析比對外，更應從各有關法規的內容中加以認定。

(三)當事人的主體與客體：一般法律關係在原則上均係由雙方當事人所形成，亦即常係由於當事人彼此意思表示合致的結果。而所謂雙方當事人，即指兩人或兩人以上處於相對地位的當事人而言。對於此等當事人，雖可統稱為法律關係的主體或稱權利主體，惟若作嚴格的辨別，尚可就彼等在法律關係上地位的不同而區分為主體與客體。例如在民事及刑事法律關係方面，雙方當事人常係處於相對（或對立）的地位，為形成法律關係協調意見，或作法律上權益的主張和抗辯。民事法律關係的買方與賣方，債權與債務人，刑事法律關係的原告與被告，均為此種相對當事人的實例。行政法關係的當事人，亦可就彼等在法律關係上所處的地位，區分為主體與客體雙方。其中在法律關係上處於主動地位，依法有權支配相對當事人或促使其有所作為者，為行政法關係的主體，亦稱能動主體。反之，處於被動地位，受對方支配或應其要求而有所行動者，是為行政法關係的客體，亦稱受動主體。惟當事人在法律關係上所處主體與客體的地位並非完全固定，實際上常係隨各種法律關係內容的不同而發生轉變❸，在一種法律關係

❸ 管歐著，中國行政法總論，第七九－八〇頁。

中處於主體地位者，在另一種法律關係中即可能處於客體地位。

㈣相關名詞觀念的解釋區別：與行政法關係主體及客體有關者，尚有三種名詞在觀念上應予解釋辨別，茲分述之。

⑴行政法關係主體與行政權主體：如前所言，行政法關係的主體，乃是在法律關係上處於主動地位的當事人一方，任何當事人均可能有處在主體地位的機會，故行政法關係的主體並不限於國家。至於行政權的主體，乃是指行政權的歸屬者，行政權既為國家統治權的一部分，則行政權的主體即專指國家而言❹。

⑵行政法關係的客體與標的：行政法關係的客體，乃是指處於被動地位的當事人而言；至於行政法關係的標的（有稱「權利客體」者），係指行政法關係所欲實現的內容，或主體當事人權利行使所得支配的對象，包括客體當事人的作為或不作為，以及特定之物在內❺。

⑶行政法關係客體與行政權客體：行政法關係客體的意義已見前述，且客體與主體的地位並非完全固定，而具有互易的可能，故國家亦可處於客體的地位。至於行政權的客體，乃是指行政權支配的對象而言，包括為自然人的一般國民及公私法人團體在內❻。但如前所言，國家既為行政權主體，即不能成為行政權客體，因行政權係專屬於國家，故國家獨占行政權主體的地位，則一般行政權的客體自不可能成為行政權的主體。

上述四個部分，均屬對行政法關係當事人概念的說明。除此以外，尚須就有關事項提出三點補充解釋：

㈠前述「行政法關係主體與客體」以及「行政權主體與客體」，兩種觀念的論據不同。前者係從法律關係的動態觀點立論，常能表現法律關係的運作情形與實際內容；後者主要係從法制觀點立論，說明在統治關係中國家所處之傳統性、優越地位及其對一般國民的關係。此外，有值得注意者，即在一般行政法學論著中，對行政法關係的主體

❹ 陳鑑波著，前揭書，第六二頁。

❺ 學者有未將法律關係的「客體」與「標的」加以區分者，見韓忠謨著，法學緒論，第一七三頁。

❻ 同❹。

與客體，乃至客體與標的多有未加區分者。

㈡關於對行政法關係當事人的規定，就實際情形觀察，在各種行政法規中對當事人的規定，極少直接採用「當事人」此項名詞，而常係採用各種法律關係或行政業務上的名詞。例如在一般行政法關係中，對國家或公共團體作為當事人的一方，常稱為「政府」、「行政機關」、「主管機關」或「縣市政府」等；對相對的當事人，在商標法方面為「商標權人」，所得稅法為「納稅義務人」，兵役法為「常備軍官」、「預備軍官」及「補充兵」等，凡屬此等專業名詞，均為各該行政法關係上當事人的名稱。

㈢行政法關係的當事人主體與客體，地位固然可以互易；惟行政法關係具有公法關係的特徵，其內容主要由各種行政法規加以規定，而各種當事人的法定權利義務並不相同，在原則上大部分均不能處於平等地位。國家與公共團體因在統治關係上擁有公法權力，故常居於法律上的優越地位，其各種公法上的權利亦多係由統治權衍生而來，此等權利即使人民處在行政法關係主體地位時亦不得享有。由此可知，行政法關係上主體與客體地位的互易，並不足以使各種當事人的基本身分有所改變。

第二節　當事人的類別

前已言之，一般法律關係的當事人，大致均為自然人及法人兩大類別，行政法關係的當事人亦屬如此。不過，若依據前述行政程序法的規定作進一步分析，則可將此兩大類別的當事人分析為下列七種，茲分別言之。

㈠國家：行政法關係在本質上屬公法關係，依據公法與私法區分標準的學說，公法關係即係以國家為主體，而國家又為統治權的歸屬者，並具有公法人資格，基於此等條件，自然使國家成為行政法關係的當然當事人。此外，國家為行政權的主體，行政法規均係由國家機關制定，行政業務亦係由此等機關執行，故國家在行政法關係上實扮演不可或缺的角色，可謂是基本的當事人。國家不僅為行政法關係中最重要的當事人，且常在此種公法關係上居於優越的地位，構成統治關係或支配關係的主體。就實際情形而言，國家的行政權乃由其行政機關行使，其在行政法關係上當事人的地位，自然以行政機關為代表。行政機關不僅在對其他當事人的法律關係上代表國家，即在與行政系統內外政府機關的相關業務方面，亦各自代表國家互為行政法關係的當事人，形成所謂「相對代表關係」。此外，尚有學者認為在國際事務方面（亦即外交行政），自本國立場或適用本國行政法的觀點而言，亦有行政法關係存在，而是以外國國家（政府）為相對當事人❼。但此種說法似欠妥善，因作為相對當事人的外國並不適用本國的行政法規。

㈡地方自治團體：地方自治團體主要係指地方政府單位而言，其為公共團體的一種，屬地域團體的性質，多具有公法人資格❽。地方自治團體在性質上雖與官治機關不同，但其自治權亦係由國家統治權授權而來，故其自治行政機關亦擁有公法權力，在行政上的職權關係方面與官治機關大致相同。因此，地方自治團體在自治事務或委辦業務的行政法關係上，乃是主要的當事人。

㈢職業團體：職業團體為公共團體的另一種型態（或視為中間團體），係由從事同種類職業的人民為職業上的共同利益與目的互相結合組成的團體。現代國家由於工商業發達，就業人口眾多，故對此種團體極為重視，以法律對其授予自治權及公法人資格❾，遂使此種團體在法律關係上取得與地方自治團體相似的地位，構成行政法關係上的當事人之一。

㈣授予國家公權的準行政主體：以往在絕對主權思想之下，認為國家與人民處於對立地位，國家的統治權力不能授予人民行使。當絕對主權主義沒落之後，現代民主國家因受「主權在民」思想的影響，對於國家與人民的關係

❼ 涂懷瑩著，行政法原理（上冊），第一一三頁。

❽ 有關地方自治團體具有公法人資格的規定，見於地方制度法第二條第一項第一款之解釋條文。在歐美各國地方政府尤其市政府多具有法人資格。見劉瓊著，市政府與市行政，臺北，幼獅文化事業有限公司，六十一年版，第三五—三六頁。

❾ 例如農會法第二條規定「農會為法人」，工會法第二條規定「工會為法人」。學者有認為職業團體為公法人，但亦有認為非公法人亦非私法人，而為「中間法人」或「社會法上之法人」者。見松坂佐一著，民法提要（I總則），東京，有斐閣，昭和五十一年版，第一一八頁。柚木馨著，判例民法總則，東京，有斐閣，昭和四十一年版，第二九四頁。

在觀念上已發生轉變，認為國家在特殊情形下，為達行政上的目的，便利行政業務的推行，得對私人或私法人授予公法上的權力，使其在授權範圍內代替行政機關執行特定業務，形成授予國家公權的準行政主體。此種準行政主體在授權範圍內就業務事項與其他相對當事人間發生行政法關係，在此種法律關係上居於與行政機關相同的地位，亦即「準於國家地位的私人」，故可成為行政法關係的當事人之一[10]。

㈤人民：人民在私法上以自然人的資格具有其確定的地位，在公法方面則分別以國民、公民、住民或居民的資格具有其確定的地位[11]。具體言之，在公法方面人民可依據憲法及行政法規成為權利義務的主體，與國家及其他當事人間發生行政法關係，故人民亦為行政法關係的當事人之一。且在傳統上人民為國家統治權行使的主要客體，亦即行政機關施政的主要對象，準此則人民在行政法關係上與國家同為最基本的當事人。此外，外國人在法律允許的範圍內，亦得成為行政法關係的當事人（參閱行政程序法第二十二條第三項之規定）。

㈥私法人團體：此種團體係指依據私法所設立具有法人資格的團體機構而言，包括在民法上所規定的一般社團法人與財團法人，及公益法人與營利法人在內[12]。此等團體機構均為私法上的人格者，得以團體名義成為權利義務的主體，其在公法與私法關係上均具有確定的地位，故可成為行政法關係的當事人。私法人團體在法律上的地位大體上雖與自然人相當，惟因與自然人性質不同，以致凡專屬於自然人的權利義務，私法人即無法享有或負擔，則私法人自不能成為此種法律關係的當事人，例如國民教育權利與兵役義務的法律關係均為顯著的實例。至於在我國境內的外國私人團體，其是否得以成為行政法關係的當事人，常須由我國法律參照國際條約、法理與慣例加以規範[13]。

㈦其他私人團體：私人團體中除前述私法人團體外，尚有部分由私人依法組合從事社會或事業活動的實質社團，

[10] 美濃部達吉著，前揭書，第五九頁。
[11] 管歐著，地方自治新論，臺北，五南圖書公司，六十七年版，第二二〇—二三二頁。
[12] 孫致中著，法學緒論，臺北，三民書局，七十三年版，第六二頁。
[13] 涂懷瑩著，法學緒論，第一四一頁。涂懷瑩著，行政法原理，臺北，五南圖書公司，七十九年版，第一一九頁。

此等團體因未具備法人資格，故非私法人團體，而為「無權利能力之社團」(unincorporated association) 或「無權利能力之財團」，例如同鄉會、校友會、俱樂部、未完成財團法人登記之私校、限定繼承人之遺產及破產財團等均是。此等團體因無法人資格，故與私法人團體有別，不能以團體名義成為權利義務的主體，故在一般法律關係上須以其管理人或代表人為當事人，在行政法關係上亦同[14]（行政程序法第二十一條對有關事項已作明文規定）。

上述七種行政法關係的當事人，大體上可謂分別具有不同的性質。至於若就彼等在行政法關係上的地位區分，則似可概略作兩部分歸類，一類即屬於行政權主體的一方或政府機關方面，包括國家本身及地方自治團體與準行政主體；另一類即屬於行政權客體的一方或民間方面，包括職業團體、人民、私法人及非法人團體。七種當事人既有性質與地位的不同，則彼等在行政法上的權利義務即不免有所差異。此外，尚有須作補充說明者，即前述具有「行政權主體」地位之當事人，行政法學上亦有逕稱為「行政主體」者。在各種行政主體中，因行政權在基本上歸屬於國家，故國家被認為係「母行政主體」，由國家所設立的其他「行政主體」，則為「子行政主體」，其類別可分為兩大類，即㈠「公法人」類別，包括公法社團（地方自治團體及職業團體）、公共機構（各種公共營造物）、及公法財團（為依據公法提供一定財產所成立的財團法人）；㈡「私人」類別，包括人民與私法人在內。「子行政主體」於成立時，如被授予獨立的自治事權範圍，則「母行政主體」對此授權範圍內的事項，不得任意干預，僅保有「法律監督」權，屬自治監督性質。惟國家與「子行政主體」之間，亦得形成「委任」（委辦或交辦）及「委託」關係，前者亦屬授權性質；後者則係依據法律規定，或行政主體所作意思表示、或以行政契約方式形成「委託行政」關係，由接受委託之「受託人」代替委託機關執行行政業務。但如私人受託參與執行行政業務，僅係充當行政主體之執行「工具」，而未具備獨立行使公權力職權之地位時，則此種私人僅能被視為「行政協助者」，尚不能構成「準行政主體」。

此外，尚有值得注意者，即行政法關係的當事人除上述七種類別外，就行政程序方面而言，另有參加人、選定或指定當事人，茲引用行政程序法的有關規定說明之：

⑭ 陳銶雄著，民法總則新論，臺北，三民書局，七十一年版，第二一七—二二〇頁。

1.參加人：該法第二十三條規定「因程序之進行將影響第三人之權利或法律上利益者，行政機關得依職權或依申請，通知其參加為當事人」。

2.選定或指定當事人：該法第二十七條規定「多數有共同利益之當事人，未共同委任代理人者，得選定其中一人至五人為全體為行政程序行為。未選定當事人，而行政機關認為有礙程序之正常進行者，得定相當期限命其選定；逾期未選定者，得依職權指定之」。

上引兩項條文，雖均屬涉及行政程序之規定，並非當事人的基本類別，但既與當事人有關，自宜提供說明。

第三節　當事人的權利能力與行為能力

一般法律關係既均有其成立的目的，則為實現其目的，即應具備以權利義務為基礎的實質內容；且法律關係的形成以當事人的有效意思表示為要件，故法律關係的成立及其目的與內容的實現，與當事人有無權利能力及行為能力具有密切的關聯。質言之，無論在公法與私法方面，欲形成有效的法律關係，均應以當事人具備此兩種能力為前提。而國家法律對權利能力與行為能力的規定，實兼具在消極與積極方面保障與促進公私權益的雙重作用。若再作進一步的解釋，似可謂私法方面的有關規定，乃是對私人在法律上所具資格與地位的確認，從而具有保障及促進私法關係當事人權益的效果；行政法方面的有關規定，乃具有政策及行政上的目的，故可發揮維護及促進公共利益的效果。權利能力與行為能力在法律關係上既具有如此的重要性，足以對當事人權益發生直接的影響，且具有廣泛的社會作用；所以，依據一般法理原則，此兩種能力均不得拋棄，我國民法第十六條明文規定「權利能力及行為能力不得拋棄」。行政法方面雖無此種規定，但自法理觀點亦應視為當然⑮。茲就此兩種能力的內涵分別說明如下：

㈠當事人的權利能力：所謂權利能力，係指自然人及法人在法律關係上享權利負義務的能力或資格條件而言；基於權利本位的觀念，稱之謂「權利能力」，但實際上兼具「義務能力」的涵義。當事人若不具有此種能力，即不能

⑮ 管歐著，中國行政法總論，第七四頁。

成為權利義務的主體。我國民法方面，對權利能力的有關事項作有統一的規定，除其第六條規定「人之權利能力，始於出生，終於死亡」、第十六條規定「權利能力……不得拋棄」外，凡屬胎兒利益之保護及死亡宣告等事項之規定，亦均與權利能力相關。在行政法方面，於行政程序法制定前，對有關事項原無概括性之統一規定，行政程序法制定後，該法第二十一條所稱之「當事人能力」，應係指權利能力而言，其條文規定「有行政程序之當事人能力者如下：一、自然人。二、法人。三、非法人之團體設有代表人或管理人者。四、行政機關。五、其他依法律規定得為權利義務之主體者」。此項條文可謂是關於行政法上當事人權利能力的一般性規定；至於在各種不同內容的行政法關係方面，其對有關事項若有特別規定者，即分別由各種法規配合各種行政業務的需要與目的，作個別特殊規定，且多未直接採用「權利能力」一詞，因而其規定有欠明確，僅能從分析法規內容方面獲得瞭解。總之，行政法上的有關規定，大體上似可劃分為一般事項的權利能力或稱一般權利能力（例如行政程序法、國籍法與戶籍法的相關規定是）與特殊事項的權利能力或稱特別權利能力（例如公務人員法規與專利法的相關規定是）[16]。前者為一般人民均可具有，並無特殊限制，故與民法的規定頗為接近；後者的權利能力乃是為特定事項的法律關係而設，故有特殊資格條件的限制，以求符合特定法律關係內容的需要。此外，法律上「權利能力」與「權利」兩項名詞的涵義相近，但二者在觀念上應加區別。如前所言，權利能力乃是法律上的一種地位與資格；而權利則為法律關係的實體，亦即可藉權利能力實現的法律關係的內容及目的；二者之間雖具有相關性但並無絕對的關聯[17]，此即具有權利能力的當事人，在實際上未必真正享有特定的權利或行使其權利。

(二)當事人的行為能力：前已言之，當事人的有效意思表示構成法律關係的成立要件，而作成此種有效意思表示的能力即為行為能力。由此可知「行為能力」一詞的涵義著重於其法律效果方面，並非僅指單純事實的行為活動而言。或可謂「行為能力」與「權利能力」相同，均為個人在法律上的一種地位與資格，亦即當事人作成具有法律效

[16] 陳鑑波著，前揭書，第五八頁。

[17] 同[15]。

果行為的資格條件。就一般情形而言，若當事人欠缺此種能力，則其行為（意思表示）即不足以在法律關係上發生合法的效力；就行政法方面而言，亦屬如此。我國民法及刑法方面對於人的行為能力均有明確的統一規定，民法的規定在原則上係以成年（二十歲）為具備行為能力的標準，並將行為能力分為三個等級，即完全行為能力、限制行為能力與無行為能力，其所生法律效果亦各不相同。至於民法以成年作為認定行為能力的標準，乃是因為就一般情形而言，成年人智慮已屆成熟階段，能夠為個人行為負責，故有能力作成有效的法律行為。

在刑法方面，行為能力係指刑事責任能力而言，對於此種能力也是以自然人的年齡（十八歲）為標準，並將一般人的刑事責任能力劃分為三個不同等級，即年滿十八歲者負完全刑事責任，未滿十四歲人之行為不罰，十四歲以上未滿十八歲人之行為得減輕其刑，其用意與民法相同⑱。

行政法方面，在行政程序法制定後，對於當事人的行為能力已有明確的統一規定，依據該法第二十二條規定「有行政程序之行為能力者如下：一、依民法規定，有行為能力之自然人。二、法人。三、非法人之團體由其代表人或管理人為行政程序行為者。四、行政機關由首長或其代理人、授權之人為行政程序行為者。五、依其他法律規定者。無行政程序行為能力者，應由其法定代理人代為行政程序行為。外國人依其本國法律無行政程序之行為能力，而依中華民國法律有行政程序之行為能力者，視為有行政程序之行為能力」。此項條文乃是以對當事人列舉方式，就行政法上之行為能力所作一般性規定。至於在不同內容的行政法關係方面，其對有關事項須作特殊規定者，均係由個別行政法規配合業務上的需要分別定之，且並不直接採用「行為能力」此項名詞，主要仍係以當事人的年齡為標準，決定其在各種法律關係（亦即行政業務）上的行為能力。換言之，行政法規對於當事人行為能力條件的決定，大致也是以其心智體力是否達到完成特定（或一般）法律行為的需要為標準，例如兵役法規及選舉法規中有關各該種法律關係上行為能力之規定是（實即指服役年齡及其他相關條件，與選舉年齡及其他相關條件而言）。同時，在行政法規中採用刑事制裁時，就刑事責任能力方面則應適用刑法中的有關規定。至於民法方面關於限制行為能力及無行為

⑱ 趙琛著，刑法總論，臺北，四十三年版，第八三頁。

能力的事項，行政法規方面已在行政程序法第二十二條中作明確規定，且在事實上行政法規在原則上亦均認可無行為能力或限制行為能力人的代理關係[19]，例如訴願法第二十條第一項規定「無訴願能力人應由其法定代理人代為訴願行為」。此外，在行政法方面，除採用法定代理外，亦在原則上採用委任代理制度，其有關規定見於行政程序法第二十四至二十六條，其制度與民法上之規定大致相同。

此外，行為與行為能力二者涵義相近，但在觀念上仍應加以區別。前者係指當事人的行動或意思表示，有僅為單純的事實亦有足以發生法律效果者；至於行為能力則係指當事人在法律關係上作成有效意思表示的地位或資格。行為與行為能力雖具有相關性，但無絕對的關聯[20]；此即有行為能力之人，在實際上未必真正作成某種法律關係的行為，此種情形和「權利與權利能力」的關係並無二致。

㈢權利能力與行為能力的區別及關係：二者的意義已見前述，簡言之，前者為享權利盡義務的能力，後者為作成有效法律行為的能力。就一般情形而言，有行為能力者，因具有作成有效意思表示的能力，足以使法律關係產生效果，故應具有權利能力，成為權利主體，但因各種權利的性質不同，其所要求的權利主體的資格條件亦不相同；所以，對於財產權與受益權而言，無完全行為能力者亦可具備權利能力成為權利主體，例如依據民法規定無行為能力人及限制行為能力人乃至胎兒均可具有權利能力是。此外，對於部分權利，若以具備特別權利能力為資格要件者，則即不能僅憑一般行為能力而享有；反之，即使為限制行為能力人，若符合特別權利能力之資格條件者，亦得享有[21]。

根據以上說明，可就權利能力與行為能力之相關性分析為下列四點言之：

⑴同時具有行為能力與權利能力，而成為權利主體者，例如選舉權之取得是。

⑵無行為能力，僅有權利能力，即可成為權利主體者，例如前述未成年人及胎兒得享有財產權及受益權或負擔

---

⑲ 史尚寬著，行政法論，臺北，四十三年版，第一五頁。

⑳ 管歐著，中國行政法總論，第七五頁。

㉑ 同⑯，第六〇—六一頁。

納稅義務是。

(3)無一般完全行為能力，而有特別權利能力，既可成為權利主體者，則在此特定行政法關係上視為有行為能力，例如未成年人如取得任用資格，即可充任公務人員是。

(4)有一般行為能力人，因不具備特別權利能力，而不能成為權利義務主體者，例如成年人未具備任用資格者，即不能享有服公職權；又如成年人被褫奪公權者，即不能享有選舉權是。

根據以上的分析，可知行為能力與權力能力彼此具有相關性，但並無絕對的關聯。二者在一般情形下，應同時並存；但在特殊情形下，權利能力可獨立存在，不必伴隨或依附於行為能力。

第六章　重點問題

一、試說明行政法關係當事人的意義，及其主體與客體的區別。
二、試分別說明行政法關係主體與行政權主體的區別，及行政法關係客體與標的的區別。
三、行政法關係的當事人共有幾種？試略述之。
四、國家與人民何以均為行政法關係的當事人？二者在行政法關係上所處地位如何？
五、何謂行政法關係當事人的權利能力？
六、何謂行政法關係當事人的行為能力？
七、當事人的權利能力與權利，及行為能力與行為有何不同？試說明之。
八、當事人權利能力與行為能力的相互關係如何？民法上有關二者的規定，有無在行政法上適用的可能？
九、行政法上的權利能力與民、刑法上的有關規定有無不同？行政法上所授予的兩種能力可否拋棄？

第七章　行政法關係內容的分析

第一節　行政法關係內容的概念

法律關係的形成，必須具備各項要素，而實質的內容乃是此等要素之一。否則即缺乏其形成的要件，亦即無成立的目的與必要。所謂「實質的內容」，係指由當事人間權利義務的結合，所形成的法律關係而言。故當事人間的權利義務在靜態方面締造出法律關係的基本架構，在動態方面則表現為法律關係的運作活力。行政法關係的情形亦不例外，必須具備此種實質的內容。由於行政權的範圍十分廣泛，所以行政法關係的內容也極為複雜。一方面在基本上固然仍是以當事人間的權利義務為主體，惟因其為公法關係以行政權的運作為樞紐，故常係透過行政機關公權力運用與行為的效果，促使行政法關係內容的實現，達成其建立的目的。

以上所述乃是行政法關係內容的概念，若欲對其內容獲致進一步的瞭解，尚須提出定義的說明並加以剖析。茲擬就其定義如下：

「行政法關係乃是各當事人間依據行政法規所形成，以權利義務為內容的實質法律關係。」茲分析言之❶：

㈠行政法關係乃是由各項要素所形成：前已言之，法律關係的形成，必須具備各項要素，包括當事人、實質內容，與發生合法效力的要件三者，此等要素亦即法律關係成立的基本條件，缺一不可，否則即無法形成有效的行政法關係。

㈡行政法關係的種類，可以主體為標準加以區分：此即在原則上各種當事人間均可成立行政法關係，即在各行政機關相互間亦可在業務上形成相對代表關係。

---

❶ 管歐著，中國行政法總論，第八二—八三頁。

㈢行政法關係的實體內容，係以當事人間的權利義務所構成：一般法律關係均係以當事人間的權利義務構成其實體內容，故法律關係亦可視為權利義務關係。就性質及適用範圍方面區分，主要可區分為一般權利義務關係及特別權利義務（特別權力）關係，二者因所包含的權利義務不同，故對法律關係的內容發生不同的影響。

㈣行政法關係具有公法關係的特徵：行政法關係屬公法關係，故在一般情形具有公法的特徵，此等特徵表現在公權力的運用及法律效果方面，涵蓋行政法關係的整體內容，顯示其與私法關係的區別。

㈤行政法關係具有各種動態發展的原因：法律關係的建立，並非僅具有靜態形式的架構，而同時具有動態發展的一面。此種動態發展乃是由各種原因所促成，導致法律關係的發生、變動、及消滅，亦即在實質上引起當事人間權利義務得喪變更的結果。就行政法關係的整體而言，此種動態發展足以對其內容、效力及存在發生直接的影響。

第二節 行政法上權利的類別

第一項 行政法上權利的意義

前已言之，權利義務構成法律關係的實體內容，若自權利本位的觀點而言，則權利在法律關係中實居於主導的地位。所謂權利係指當事人在法律關係上所得合法主張的利益，亦即對當事人的一方所賦予行使支配或請求權的法律上之力。根據上述權利的定義，可就其內涵提出兩點解釋如下：

㈠權利為法律上之力：法理上對於「權利」一詞的解釋，主要有三種不同的學說，其一、為意思說（will），即認為權利的本質乃意思之自由或意思之支配；換言之，權利即為個人意思所能自由活動或個人意思所能任意支配的範圍。其二、為利益說（Interest），即認為權利的本質乃是法律上所保護的利益。其三、為法律上之力說（簡稱法力說），認為權利的本質乃是可使人享受特定利益的法律上之力。以上三說，以法力說較為切合實際，能夠從法律效果方面，解釋權利的涵義，故為最有力的學說。不過，所謂「法律上之力」，並非指實力而言，乃是指法律對權利人授予支配權與請求權，使其得以對他人進行支配或提出請求，而同時對相對當事人則課予作為或不作為的對待義務，俾使權利主體之權利得以實現❷。

㈡權利為當事人所得享受的特定客觀利益：此種利益具有客觀性，乃為個人生活及公共生活方面所必需者，亦即為促進個人私益及社會公益所必需者。故應由法律予以承認及保障，使當事人得以合法享有，依法支配客體當事人及標的物，亦可對抗他人，因而視為法律上之力❸。

上述內容係自一般法理觀點解釋「權利」的涵義，至於行政法上的權利，根據上述定義延伸，即為當事人在行政法關係上所得主張的利益，由行政法規授予其享受行使。因行政法規為公法，其所規範的權利即為公法上的權利，簡稱公權。行政法關係的各種當事人，在原則上均得成為此種公權利的主體，惟因各種當事人的性質與地位有別，故其所得享有公權的種類與所生法律效果亦不盡相同。有關各種當事人的公權，將在以下各項中分別介紹。

第二項　相關名詞解釋

前項內容已就權利的意義提出說明，此外尚有須注意者，即各種相關名詞與「權利」在觀念上的區別，茲逐項解釋如下❹：

㈠權利與法律關係：前已言之，權利構成法律關係的實體內容，但法律關係具有整體性，其內容不僅限於當事人一方的權利，尚有他方當事人的義務包含在內，故權利並非即為法律關係的全部。此外，權利乃由法律關係所產生，則法律關係構成權利產生的原因，但非即為權利的本體。

㈡權利與法律上的資格或地位：前已言之，當事人的權利能力與行為能力，均為法律上的一種資格與地位，由

---

❷ 鄭玉波著，法學緒論，第一一三—一一五頁。Paton and Derham, *Jurisprudence*, London, Oxford Univ. Press, 1972, pp. 284–290.

❸ 涂懷瑩著，法學緒論，第一四七—一四八頁。

❹ 韓忠謨著，法學緒論，第一五八—一五九頁。

此種資格地位形成法律關係，使當事人成為權利義務的主體，從而合法的享權利負義務。故法律上的資格與地位構成享權利盡義務的前提條件，或當事人適格的要件，但不應與權利混為一談。

㈢權利與權力及權限：權利與權力及權限三者相互關聯，實不易區分，且就後二者使用場合與情形的不同，足以決定二者與權利的涵義是否具有顯著差異。首先就「權力」(Power)而言，其與「權利」的意義十分接近，甚至有重複的可能，尤其在將權利視為「法律上之力」時，則「權力」在具有合法性的情形下，既亦為「法律上之力」，則其與「權利」即可謂涵義相同，例如國家對行政客體有命令權，此種「權利」即為一種「權力」。不過，「權力」與「權利」重複的情形，主要發生在公法關係方面，因公法關係的當事人間通常居於不平等地位（統治關係或特別權力關係），則國家或公共團體在公法關係上所享有的權利，多具有公權力作用，則其屬於「權力」的性質自無疑問。至於「權限」與「權力」的涵義，即不盡相同。「權限」常具有當事人所得作成意思表示或法律行為的範圍的意義，亦可解釋為法律上的資格與地位。例如行政機關或特定職位公務員所擁有的權限，此種權限乃由國家所授予，具有特定的範圍，權限行使結果所生法律效果（利益），則歸屬於國家。又如私法上代理人的代理權，係使代理人得以本人名義作成意思表示，直接對本人發生效力，但仍應在一定範圍內行使。又如公私法人團體之分子，在召開團體大會時，擁有表決權，得就法定範圍內的事項進行表決，形成團體公意，而其法律效果則歸屬於團體。由上述情形，似可認為「權限」常係指被授予權限者，在法定範圍內，得為他人（授權人）作成有效意思表示或法律行為或在法律上發生特定作用，惟所生效果則歸屬授權人。可知「權限」與「權利」的涵義似不相同，而與「權力」則較為接近。

第三項　公權與私權的區分

公法權利與私法權利亦可簡稱為「公權」與「私權」，其區分主要是由公法與私法的區分而來；惟若詳細分析，則可提出五種區分標準的學說，茲分述如下❺：

㈠權利主體說：此說係以法律關係作為區分標準，認為公權是國家與人民間法律關係上的權利，私權為人民互相間法律關係上的權利。但在實際上，國家與人民之間亦有私權關係存在，例如買賣與租賃關係是；而人民互相間亦有公權關係存在，例如選舉權是。

㈡權利性質說：此說實係以所涉及利益的性質為區分標準，認為公權是涉及公益的權利，私權為涉及私益的權利。但在現代社會公益與私益常相混淆，彼此關聯，故以此說為標準似難作明確區分。

㈢權利歸屬說：此說係以權利歸屬者的身分或國籍為區分標準，認為公權為屬於國民的權利，私權則不限於國民所享有，外國人在原則上亦得享有。但在實例方面，各國亦有允許聘用外國人為公務員者，可見此說仍欠妥善。

㈣法律根據說：此說係以規範權利法令的性質為區分標準，認為公權係由公法所規範或授予的權利，私權為由私法所規範或授予的權利。此說因標準較為明確，辨別容易，故一般採用較廣。但仍不無缺失存在，因公法與私法的區分，目前在法理上即有爭議存在，此種情形足以動搖法律根據說的基礎。

㈤生活性質說：此說係以人民在國家中各方面不同生活的性質作為區分的標準，認為人民在公共生活（亦即國家生活或政治生活）方面所必需的客觀利益或所需擁有的權利，謂之公權利；反之，在個人生活（亦即社會生活或經濟生活）方面所必需的客觀利益或所需擁有的權利，謂之私權利。此說對公權與私權的區分，注重實質方面，故較能切合實際，具有採行的價值。

在上述各種學說中，以後二者較為妥善，因法律根據說具體明確，生活性質說切合實際。若能分別自此兩方面觀察，則對於公權與私權的認定，將可獲致正確的結果。同時，公權與私權的區分，並非僅屬理論上的探討，而主要乃是著重於法律效果方面，因公權無論在主體、內容與效力等方面大致均與私權有別，公權的行使所受限制雖多，但所生效果及影響均將超越私法權利，此為公權的基本特性使然，是故吾人研究行政法關係的內容，對於各種當事人在公法上的權利均應格外重視。

❺ 同❸，第一四八—一四九頁。

第四項　國家的公權

國家為行政法關係的基本當事人，其在公法上的權利，多係由其統治權力延伸而來，是以範圍極為廣泛，凡一切公法所規定者均屬之，故可將國家各種職能方面的權利包括在內。其中由行政法規所規範，屬於行政權性質者，即為國家在行政法關係上的公權。茲將此方面的公權按兩種標準區分逐項說明如下：

㈠依行政權作用分類：此即按行政權所生各種職能與效果方面區分，共可分下列六種：

⑴命令權：國家在行政法上的行為，必須作成意思表示，其在內容方面屬於支配權作用的意思表示，主要即為命令性質，亦即表現為發布命令之權，此種權利又稱下命權或下令權。具體言之，命令權乃是國家以意思表示支配其相對當事人客體（所屬公共團體、人民、及私法人團體等），使其有所作為或不作為的權利。命令權的種類甚多，廣義可包含單純命令、法規命令、委任命令、執行命令及緊急命令等，狹義則以單純命令為主體。若就內容區分，則可包括警察命令、財政命令、軍政命令等在內。故命令權行使的實例甚多，通常如命令人民服兵役及納稅，或以命令指揮交通及維持社會秩序等均是。命令權為行政權的一種，為國家在統治關係方面所擁有的重要權力，其在本質上具有強制作用，故國家對命令權的行使，在作成其意思表示時，無須徵求客體受命人的同意，僅須由國家單方面作成決定，即可課予相對人服從的義務，此種情形乃是命令權所具之顯著特徵，亦為其延伸國家統治權作用的具體表現❻。

⑵形成權：所謂形成權乃是國家依法以意思表示創設、變更或消滅法律關係之權（亦稱能為權或變更權）。就其所生法律效果而言，可謂是形成法律上之力，或參與形成法律上之力；就其對相對客體的作用而言，可謂是為行政客體設定行政法上的權利義務（包括能力及身分），或撤銷變更其權利義務，故其作用具體顯著。就其所採手段而言，包括一般執行法律、作成行政處分及發布命令的行為在內，在性質上可分別屬於命令、許可、特許及撤銷權的行使❼。

---

❻林紀東著，行政法原論（上冊），第一五〇頁。

在實例方面如准許或撤銷人民的商標註冊、商業登記、發明專利；又如任命官吏、核准人民團體或學校的設立等均是。

(3)制裁權：所謂制裁權即國家基於公權力的行使，對違反行政法上義務的客體，加諸強制實力或課予不利處分的權利。故廣義的制裁權包括強制權與處罰權兩部分。強制權即由國家直接間接以強制力量加諸於相對客體的身體或財產，藉以實現客體所負義務的內容，達到行政的目的，通常如行政機關採取的逮捕、拘禁、強制防疫注射及拆除違章建築等措施均屬之。至於處罰權（或稱狹義的制裁權）乃是國家對違反行政法上義務之客體，針對其違法行為直接課予不利懲處的權利。就行政法關係而言，處罰權原應指行政法上的制裁，包括各種行政罰在內，惟廣義的行政罰即已包括行政刑罰。如客體之違法行為如涉及民刑事問題時，即可能同時引起民事上損害賠償責任及刑事制裁。制裁權的特徵，一方面為國家強制權力的運用，而另一方面即使客體相對人負有容忍的義務，如其抗拒制裁即可能進一步導致更為嚴厲的行政制裁或構成刑法上妨害公務的罪行❽。

(4)公法上債權：民法上的債權債務關係，在公法上亦有類似情形的存在。就國家在公法上享有的債權而言，即指國家依法享有要求人民（或其他行政客體）為金錢或其他財產價值給付的權利。此種權利主要是國家財政權作用所發生的效果（亦即人民財政上的負擔），例如國家因對人民徵收租稅、規費及工程受益費所取得的債權，或行政機關採取代執行措施後向義務人收取所需費用而成立的債權，或政府出售國民住宅後，對承購人提供貸款所取得的債權均屬之。公法與私法上的債權，在性質上雖均屬債務關係，但二者仍有區別，其一、就債的發生而言，公法上債權係以公法為依據；其二、就效果方面而言，公法上債權在債務人不履行債務時，國家常不必循民事訴訟程序求償，而可依據有關公法之規定，採取強制徵收或其他必要措施。此外，尚有須注意者，即公法上債權亦適用消滅時效之

❼ 林紀東著，行政法，第一〇四頁。林氏對形成權之解釋著重於抽象說明，謂形成權在於形成「法律上之力」。馬君碩著，中國行政法總論（四十五年版），第六九頁。馬氏對形成權的解釋係著重於形成法律關係。

❽ 史尚寬著，前揭書，第八－九頁。史氏將處罰權與強制權分別列入不同之分類，前者屬依目的分類，後者屬依作用分類。

規定，即凡屬人民應向政府繳納之款項，於五年內未經政府令其完納者，即可免納❾。

(5)公法上物權：國家公權中與私法上物權相當者，為公法上物權，係指國家依公法規定所享有公產的權利，以及對私人財產加以使用或限制的權利，故公法上物權亦具有多方面作用，不以所有權為限，而可包括各種法律意義之「物」及相關的權利在內。就行政法關係而言，亦即由行政法規所規定之物權（實際上應包括憲法上有關國家領域的規定在內）❿，在分類方面約可採用兩種標準：

①以融通性為標準區分：主要著重於所有權的歸屬方面，可區分為兩類：

1.國家專有物權：凡特定之物其所有權專屬於國家不得為私人所有者即為國家專有物權，例如國家對領域內的湖、海、河、川基於主權作用獨占其所有、使用及處分的權利。另就行政法的觀點而言，屬於國家專有物權者，包括四種公物在內：其一、為行政財產，係供公共目的使用者，例如政府機關之建築物、營房、軍艦、監獄等是。其二、為收益財產，係供經濟目的使用之物，例如公有山林、礦產等是。以上三類均為公有物。其三、為公用物，係供公眾使用之物，例如道路、河川、公園等是（惟須注意公用物中其所有權亦有屬於私人者）。其四、為禁止物，即法令禁止交易或私人持有之物，例如武器、名勝古蹟等是⓫。以上四類主要是屬於不融通物的性質，不得作為交易之標的，不能由國家移轉於私人。

2.普通物權：此即在性質上並非專屬於國家或禁止人民擁有的物權。在民法上即為融通物，亦即可以由人民與國家以同等的地位所享有的私法上的一般物權。在前述國家專有物權範圍內，亦有部分物權在本質上具有融通物的性質，但因基於法令限制，成為不融通物，例如國有財產法上的公用財產是。此種公用財產經核定變更為非公用

❾ 管歐著，行政法總論，第八五頁。另參考決算法第七條及行政法院判例五十六年判字第一四五號。

❿ 我國規定公法上物權的行政法規，以國有財產法為主體，此外尚涉及各種土地、財政、經濟及軍政法規在內，範圍極廣。

⓫ 陳鈨雄著，前揭書，第三五八頁。另參考土地法第十四及十五條、礦業法第一條、森林法第三條、水利法第二條有關各種屬於國家所有資產之規定。

財產後，即成為融通物。此外，關於公有的普通物權，除包括不動產及動產外，尚應包括有價證券（股份、股票及債券）及權利（地上權、地役權、典權、抵押權、礦業權、漁業權、專利權、著作權、商標權及其他財產上的權利）在內⑫。

②以物權的作用為標準區分：約可分為下列四種：

1.公物所有權：所有權具有其整體性作用，故公物所有權即包括國家對一切公有物（動產、不動產、有價證券及權利）的所有、使用、處分及收益的權利。

2.公法上的限制物權：此種權利在性質上屬私法上地上權的一種，亦即消極地役權。即國家為促進公共利益或基於行政上的需要，而限制私人所有權行使的權利；具體言之，即將私人財產依法令賦予公物的性質，遂產生限制所有權人任意使用或處分的效果。例如國家將私人土地劃為要塞堡壘或軍事基地地帶，不許所有權人任意變更其原狀或禁止通行；又如將私人林地編入保安林；又如對航空站四周之建築物、燈光及其他障礙物有關機關得依照飛行安全標準加以限制或限期拆遷等均是⑬。

3.公法上的使用物權：此種權利在性質上亦屬私法上地上權的一種，亦即積極地役權。即國家為促進公共利益或基於行政上的需要，而依法使用人民財產的權利。例如國家在私人土地上修築道路、設置電桿，或為肆應軍事上的需要而徵用民間物資及交通工具等均是。在此種情形下，私人財產的所有權並未移轉，僅供國家使用而已⑭。

4.公法上的擔保物權：私法上的擔保物權包括抵押權、質權及留置權三種，公法上亦可採用同類的制度，惟似以抵押權較為普遍。具體言之，所謂公法上的擔保物權即國家以人民的財產作為對公法上債務的擔保物，以保證債務清償的權利。例如人民承購國民住宅，向公營金融機構貸款，以住宅抵押作為清償貸款之擔保是⑮。

---

⑫ 見國有財產法第三條、第四條、第三十三至三十五條有關公用財產之規定。

⑬ 見要塞堡壘地帶法第四、五、六條，森林法第二十二、二十三條，及民用航空法第三十一、三十二、三十二條之一等條文。

⑭ 見電業法第五十一條，國家總動員法第二十四、二十五及二十六條，軍事徵用法第四及七條等條文。

(6)公法上的經營權：近代以來，由於國家經濟職能的擴張，政府投資創辦公營事業的情形在各國已極為普遍，國家從事此種活動的行為，亦可視為其在公法上的權利。故所謂公法上的經營權即指國家基於各種政策上的目的，從事各種公營事業經營的權利。就我國的情形而言，公營事業種類頗多，如各種交通事業、各種金融事業、經濟生產事業、軍需生產事業、專賣事業、能源事業、各種公用事業。其中屬中央政府者為國營事業，有國營事業管理法加以規範；此外屬各級地方政府經營之公營事業。國家運用經營權經營公營事業，其與人民之間所生法律關係屬管理關係而非一般統治關係，不涉及權力手段的運用，而與人民站在平等地位，原則上適用私法的規範，僅在必要情形下，公營事業因係以公共利益為目的，故在法律上常可享有公法上的特權，因而在此種法律關係上具有部分公法的特色而已⓰。

㈡依國家職能或行政內容分類：約可分為六種：

(1)警察權：所謂警察權，即國家為維護社會公共秩序與安寧，而運用統治權力，以限制人民自由並採取命令強制措施的作用。其特色表現為公權力的行使，作用屬消極性，且以維持社會安寧秩序的必要程度為限。國家為行使警察權，而建立警察及相關制度，制定警察及相關法規為依據，人民在警察權之下，主要即負擔守法的義務⓱。

(2)軍事權：此即國家為維護自身的獨立主權、內部安寧及捍衛疆域而建立及運用國家軍事組織及軍事力量的權利。亦可就其內涵區分為軍令權及軍政權兩部分，就對人民的關係而言，有稱之謂「設定軍事負擔權」者，因國家在發動軍事權作用時，為達到兵力編制、運用及養成等目的，均須課予人民義務負擔，包括人的負擔（兵役）及物的負擔（軍事徵用），為使人民履行負擔，在必要時即須運用國家公權力⓲。

⓯ 國有財產法第三條所列舉之國有財產，即包括抵押權一項在內。

⓰ 林紀東著，行政法各論，臺北，大中國圖書公司，五十年版，第一六九—一七〇頁。

⓱ 史尚寬著，前揭書，第八頁。按我國現行警察法係四十二年公布實施，為有關警察制度的基本法，另舊違警罰法原為警察行使職權之主要依據，該法現已由社會秩序維護法所取代。

(3)保育權：所謂保育權，乃以保育行政為範圍，即國家為推動社會、經濟、文化的發展，及增進國民生活素質、健康與福利，而從事於社會經濟建設及教育、文化、衛生與福利等措施的權利。由於保育行政的內容複雜，故其所涉及的法律關係在性質上亦不盡相同。就一般情形而言，屬於統治關係的部分較少，而多半是以人民受益權為基礎所發生的對等關係（或稱要求關係）；但又不盡然，亦有屬於運用公權力的措施，例如強迫學童入學、強制防疫注射、道路交通管制、空氣污染取締及各種統制經濟措施等均是；另有涉及公企業經營方面則屬於管理關係[19]。國家在此等不同法律關係上處於不同的地位，扮演不同的角色，但就保育權的整體而言，國家主要是各種福利的提供者。

(4)財政權：此即國家為處理公共收支、經營金融事業、運用公有財產，以實現財政政策目的的權利。分析言之，財政權的內涵約包括三部分，即財政管理的權能、對人民課予財政負擔的權力及金融事業經營權。除後者外，前兩部分均涉及公權力的運用，尤以課予財政負擔最具特色[20]。至於經營權所涉及的政策目的，不以單純的財政政策為限，常兼具經濟及社會政策的意義。

(5)行政處罰權：國家既為行政權主體，在公法上居於優越的地位，則在一般統治關係及特別權力關係方面，對於違反法定義務的客體，即應有權加以制裁，藉以維護國法的尊嚴，實現行政的目的，此種狹義的制裁權即為處罰權，人民對於國家的處罰負有容忍的義務（參閱前述制裁權部分說明）。

(6)行政裁決權：國家行政權的基本作用在於執行，但現代國家行政權擴張的結果，不僅行政權的範圍增大，而且在內涵方面加入了不同性質與作用的權力，即行政立法權與行政司法權是。其中行政司法權因屬於行政業務處理過程的一部分，對人民權益的影響堪稱直接具體，故其重要性較為顯著。此種行政司法權（亦稱準司法權，Quasi-judicial or adjudicatory power）即為裁決權，其行使係就專門業務案件（如申請專利或商標專用權），依職權予以裁決，

---

⑱ 同前註。軍事權的有關法令，就與人民關係較為密切者，包括兵役法、防空法及戒嚴法等。

⑲ 涂懷瑩著，行政法原理（上冊），第一四三頁。林紀東著，行政法各論，第八六、一六九頁。

⑳ 史尚寬著，前揭書，第八頁。朱仲西著，中國行政法各論，臺北，四十二年版，第一三一頁。

而發生法律效果的行為，在性質上為一種行政處分。此外，行政機關就人民的請願、聲明異議及訴願等案件，依法予以裁決，亦屬行政裁決權的行使㉑。

上述兩部分係依據不同標準對國家在行政法上的公權所作分類說明，此等公權均為行政權的內涵，且大部分具有統治權作用的性質，故一方面可視為權利，另一方面亦即公法上的權力。因此，國家的各種公權，多具有行政法的特徵，足以顯示出國家在行政法關係上的優越地位。且在行使時對行政客體發生有效的拘束力與強制力，而行使的結果在實質上常對人民的權利義務發生重大的影響；從而吾人對此等公權的認識，不應僅注意其分類與涵義，更應對其所具作用及效果予以重視。

第五項　公共團體的公權

在行政法關係上當事人的分類部分業已述及，公共團體主要包括地方自治團體與職業團體兩種，此等團體乃立於國家之下由其所屬分子組合而成，故其在行政法關係上處於中間階層，具有雙重地位。具體言之，二者一方面受國家統治權的支配，他方面在國家法令授權範圍內對其所屬分子擁有支配權。因有此種特殊情形存在，所以對公共團體的公權應分為兩方面加以說明。不過，就公共團體公權的權源而言，則兩種團體並無二致，均係來自國家的授權，並非團體自身所固有，故學者有稱其權利為「國家授予的公權」或「傳來的公權」者㉒。

㈠對於國家的公權：公共團體均係依國家法令所設立，立於國家統治權下，直接間接受國家的監督及支配，故其對國家的關係頗有類似於人民的情形，處於此種地位其對國家所得主張的權利在類別方面亦與人民所享有者極為接近，大致約可區分為下列數種：

⑴自治權：國家法律對公共團體均授予自治權，包括自治立法權與自治行政權（含自治組織權在內）兩部分在

㉑ Schwartz, op. cit., p. 7.

㉒ 涂懷瑩著，行政法原理（上冊），第一三三頁。

內，前者是由公共團體以其自身意思制定法規之權，後者為公共團體有依法執行自治事項並自行選任人員設置內部機關之權。此種自治權為公共團體本身的存在及活動所必要，無自治權即不成其為公共團體。就公共團體對國家的關係而言，有學者認為此種自治權相當於人民的自由權㉓，但實際上自治權更具有積極性。

(2)請求權：公共團體為立於國家之下的自治體，就其所處地位自不能對國家加以支配以滿足其需求，但在實際上公共團體的存立及活動不僅需要國家授予自治權，且須由國家在各方面予以協助，故公共團體為處理其自治事務，得請求國家在技術、財力，及物力方面予以支援，是為其對國家的請求權，類似於人民的受益權㉔。

(3)參政權：公共團體為國家內部的組織體，其分子為國家的國民，因此在民主政治之下無論以團體或個人的資格，均應享有參與國家政治的權利。就以公法人團體的地位而言，公共團體在地域及職業代表制下，均得依法選派代表參與中央政府政權與治權的行使㉕，代表其團體就國家各種事務發表意見，是為公共團體的參政權（按我國目前僅採地域代表制）。

(4)行政救濟權：公共團體為維護其自身的權益及解決其與行政機關或其他行政法關係當事人間的爭議，即需擁有向國家機關依法提出請願、訴願，及行政訴訟的權利。惟地方自治團體因屬地方政府性質，故僅得就財產權的爭議，向中央機關提起訴願及行政訴訟㉖。此種權利，屬行政受益權性質，與人民所享有者並無不同。

㉓ 管歐氏對地方自治職權的解釋稱「……依據法令，本於自由意思，以辦理屬於其職務範圍內公共事務之權責」。故在法定範圍內對自治事務有自由決定權，乃是自治權基本精神之所在，如此則自治權與個人自由權在理論上自然相通。見管歐著，地方自治新論，第二五四頁。關於地方自治團體之自治事項（權）可參閱地方制度法第二條之解釋。

㉔ 公共團體對國家請求權的行使，就地方自治團體方面而言，常表現為上級政府對下級政府的業務關係。國家對職業團體的協助，多係由主管機關透過指導監督或經費補助措施執行之。

㉕ 在選舉制度方面，以地域單位為選舉區者為地域代表制，以職業團體為選舉區者為職業代表制。見我國現行公職人員選舉罷免法第三十九及四十條之規定。

㉖ 司法院解字第二九九〇號解釋稱「……鄉鎮係與一般人民同一地位而受處分，不能以其公法人，遂剝奪其提起訴願之權利；

㈡對於所屬人民的公權：公共團體基於國家的授權，對其所屬分子依法擁有管轄權，是即其對所屬分子（人民）的公權。就地方自治團體而言，因其實即地方政府，故其自治權乃是國家統治權的延伸，在其自治轄區內對於地方居民均可有效行使。至於其自治權管轄事項的範圍自應以授權法及自治法規為依據；大體言之除專屬國家行政的事項外，地方自治團體的管轄權範圍甚廣，具有綜合性質。準此，則其對所屬人民的公權，種類與國家擁有者概略相同[27]。在職業團體方面，其對所屬分子（會員）於國家法令授權範圍內，亦得行使特定的公權。分析言之，其中以經費徵收權、公物權、會員管理權、業務經營（執行）權、人事選任權、及委辦業務執行權等最為重要[28]。此外，凡專屬於國家的公權，職業團體自亦不得擁有。同時，職業團體與地方自治團體的性質不同，其並非政府層級亦非行政機關，故其對所屬分子的權利，不具有公權力的強制作用，其對會員的制裁多僅限於「除名」、「停權」，或「罰款」處分，其他強制及制裁措施，均須透過政府機關採行之。

第六項　人民的公權

人民（個別自然人）為行政法關係的基本當事人之一，各種行政法關係多與人民有關，且其在行政法關係上可以分別處於主體與客體地位，因而人民在此種法律關係上的重要性自然不言可喻。當此福利國家時代，一般民主國家為增進人民的福祉，保障人民的法益，乃在公法方面賦予人民各種權利，俾使人民在各種行政法關係上得以不同的地位充分行使，藉以肆應其在公共生活及個人生活方面的需要。分析言之，人民基於公法上主動的地位享有參政權，基於消極的地位享有自由權與平等權，基於積極的地位享有受益權[29]。茲將人民的各種公權分述如下：

例如省政府為核准徵收鄉鎮公有土地之違法處分時，鄉鎮如有不服，自得提起訴願」。地方自治團體既得提起訴願，自亦得就有關事項提起行政訴訟。參閱訴願法及行政訴訟法有關當事人之規定。

[27] 所謂專屬於國家的行政事項，主要係指我國憲法第一百零七條所規定「由中央立法並執行之」的事項而言。

[28] 職業團體對其會員的權利，均與此等團體設立的目的及法定任務有關。參閱工會法、農會法、工業團體法及商業團體法等。

㈠參政權：民主國家莫不崇尚「主權在民」的思想，並以民意政治作為施政的基礎，因而賦予人民對國家政治表示意見並參與統治權行使的權利，是為參政權，包括人民政權及服公職權在內。此種公權因須由人民以主動地位行使，故又稱主動公權。就國家公益的觀點而言，參政權亦可視為兼具人民義務的性質，尤其在人民政權方面確屬如此，因而以往曾有國家採行強制投票者㉚。茲將參政權的兩部分說明如下：

⑴人民的政權：政權為狹義的人民參政權，由一般人民以公民資格享有，故亦稱公民權。在現代民主國家中原則上包括選舉、罷免、創制，及複決四種權利，在效果方面分別產生對政府公職及立法的控制作用。我國目前人民的選舉罷免兩權已實際普遍行使，並有統一法令規範；而創制複決兩權，僅在憲法及有關法令中作原則性的規定，因格於客觀情勢尚未付諸實施㉛。

⑵人民的服公職權：廣義的「公職」包括政府各種職位在內，不以民選產生者為限。人民若服公職即可就其職位所有權限依法行使，亦即參與行使國家統治權力，故對於服公職之資格條件自應嚴格限制；具體言之，人民須經由選舉或考試途徑，取得法定資格，始能實際享有，其資格條件遠較公民權為嚴格，藉以保證公職人員的素質，並有助於提高行政業務的合法性及效率㉜。

㉙ 劉慶瑞著，比較憲法，臺北，大中國圖書公司，六十五年版，第五九頁，引述德儒 G. Jellinek 有關人民在國法上地位的學說。

㉚ 近代政治學說中對選舉權性質的解釋有認為係職務或義務者，因而各國採行強制投票者不乏先例，對不投票者予以制裁。見董翔飛著，中國憲法與政府，臺北，七十一年版，第一三二頁。

㉛ 選舉罷免權的統一法令依據，為民國六十九年制定之「動員戡亂時期公職人員選舉罷免法」。關於創制複決兩權在憲法第二十七條第二項、第一百二十三條，及第一百三十六條有原則性規定外，另由國民大會依據臨時條款授權，於五十五年制定「國民大會創制複決兩權行使辦法」，惟尚未實施。

㉜ 四十三年十一月十七日司法院大法官會議之釋字第四十二號解釋稱「憲法第十八條所稱之公職，涵義甚廣，凡各級民意代表，中央與地方機關之公務員，及其他依法令從事於公務者，皆屬之」。至於充任公職的資格條件，乃分別由選舉罷免法及公務人員任用法等加以規定。

㈡自由權：自由權屬消極公權的性質，亦為基本人權中的重要部分，係指人民依法享有自由意思表示、作為與不作為，而不受國家或他人非法干涉的權利。現代國家憲法所規範的自由權，大致均包含人身、居住遷徙、言論講學、著作出版、秘密通訊、宗教信仰，及集會結社自由等項，其中以人身自由居於最重要的地位㉝。目前各民主國家對人民的自由權均極為重視，採憲法直接保障主義者相當普遍，惟自由權仍應有法定範圍，受國家法令的限制，行政機關的措施常對人民各種自由權發生影響，故自由權的保障乃是行政法關係上的重要課題。

㈢平等權：平等權亦屬消極公權性質，係指基於「法律之前人人平等」的原則，人民得以同樣條件，在法律上享受同等權利負擔同等義務，而排除任何標準的差別待遇之謂。平等權乃屬法理上的一般原則，為推行法治行政的必要前提條件。且現代國家因受社會政策思想的影響，倡導採行機會均等、社會均富，及保障弱者等措施㉞，遂使平等權的內涵具有積極的意義，並與受益權及參政權等相互配合，發揮社會改革的功效。

㈣受益權：受益權原具有請求權的性質，但積極國家時代，政府須主動發揮其服務功能，增進人民的福祉，故各種受益權並不一定須由人民提出請求始能獲得。大體而言，人民的受益權約可區分為五種，除司法受益權外，其餘均屬行政權作用的範圍，茲分別說明之：

⑴行政受益權：此種權利表現為人民對國家的請求權，亦可謂是人民向國家申訴並尋求救濟的權利，其中包括請願、訴願，及行政訴訟權在內。因有此種權利的授予，遂使人民獲得向國家陳訴願望，及對違法不當行政處分所致損害尋求事後救濟的機會㉟，對人民合法權益的保障自能發揮具體的功效。

㉝ 田畑忍著，憲法學原論（下卷），東京，有斐閣，昭和三十一年版，第四一三—四一六頁。

㉞ Wade and Phillips, op. cit., pp. 530–534. 積極性平等權措施涉及經濟上平等主義與財產權的限制等事項，我國憲法中基本國策一章有關國民經濟與社會安全兩節內容均屬此種政策性的規定。

㉟ 我國現有請願法、訴願法，及行政訴訟法制定，後二者為正規行政爭訟制度，前者亦為廣義的訴願。故三者均可謂是人民提起申訴及尋求救濟的制度。

(2)教育受益權：國民教育對人民個人私益及國家公共利益均有密切的關聯，故國家為促進人民個人人格的發展與國家的富強，並賦予人民立足點的平等，即應推廣國民教育。因之，在福利國家時代，教育機會的平等普及，一方面為國家的職責，另一方面亦為國民的基本權利，我國目前即有九年國民教育的實施。除正規學校教育外，舉辦職業訓練與成人勞工補習教育，亦具有同樣的意義。此外，因國民教育的貫徹實施涉及國家的整體利益，則個人即不應任意拋棄此種權利，亦可謂此種權利同時兼具義務性質。基於此種認識，我國憲法遂稱之為「國民教育之權利與義務」，既可視為義務，自得強制人民享受此種權利㊱。

(3)經濟受益權：由於國家經濟職能的加強，故對人民經濟生活與國內企業的發展均極重視，人民乃可經由國家的各種措施，享有經濟方面的受益權，其範圍包含生存權、工作權、財產權，及企業經營權在內㊲。人民就此等權利，無論以消極或積極的地位，均可受到國家的輔助與保障，我國憲法及有關法規對此等事項，均有具體的規定，其各種措施除具有經濟政策的意義外，並顯示民生主義社會政策的精神與目的。

(4)福利受益權：當前既為福利國家時代，則國家對於增進人民生活福祉的事務自極關懷，因而一般國家中對各種社會福利及衛生保健措施的推行甚為普及，例如社會保險、公共救助、就業輔導、社會福利服務、公共衛生保健、國民住宅，及社區發展等均是㊳。此等措施的推行，不僅在於增進人民的福祉，且具有平均社會財富、穩定經濟，及維護人力資源等方面的重大意義。

上述四種受益權，在現代國家中均具有極大的重要性，其範圍甚廣，政府與人民之間所發生的各種受益權上行

㊱ 我國憲法第二十一條明定「人民有受國民教育之權利與義務」。另有國民教育法及強迫入學條例的制定，作為貫徹實施的依據。

㊲ 我國憲法第十五條規定「人民之生存權、工作權、及財產權，應予保障」。另在第一百四十五條及第一百五十三條規定有關企業與勞工農民的保障事項。

㊳ 社會安全制度乃是綜合性的社會福利措施，初期的發展係以社會保險、社會福利服務，及社會救助為基本業務項目，但至今其範圍已大為擴張，包羅各種新業務項目在內。見 E. E. Witte, *Social Security Perspectives*, Madison, The Univ. of Wisconsin Press, 1962, p. 3.

政法關係相當普遍與複雜，具有各種不同的性質，且為行政法發展的新領域。除上述各種重要受益權外，學者有認為尚有下列五種行政法關係上次要的受益權，茲分別言之㊴：

㈠公共設施使用權：政府在各種行政業務方面，為肆應業務上的需要，達成行政上的目的，常須興建並維持各種公共營造物，以供公眾使用。人民在此方面所享有的權利，即為公共設施使用權，亦稱公共營造物利用權，例如公立醫院、學校、公園、橋樑等均是。

㈡公法上給付請求權：前已言之，國家與人民間基於各種法定原因，常發生公法上的債務關係，國家為債權人時，即對人民享有公法上的債權；反之，國家對人民負擔法定給付義務時，人民對國家即享有公法上給付請求權。例如公務人員退休金請求權、勞保被保險人保險給付請求權，及人民對國家的損害賠償或損失補償請求權等均是。

㈢公法上的榮譽權：榮譽權為國家對人民精神上獎賞的措施，此即由國家對在各方面有傑出成就與貢獻的國民，所頒給的獎勵，以資表揚或確認其所具特殊地位，例如國家對有功勳者的褒揚、頒發勳章獎章；對學者授予榮譽學位；對優良產品頒發獎狀及「正」字標記；對優秀運動選手頒發獎金等均是。

㈣特種權利請求權：凡非一般國民所得享有的權利，具有特定資格條件人民，得依法請求國家授予其行使，以從事特定行為或業務活動，是為特種權利請求權。例如人民向國家申請專利權、商標權、礦業權、漁業權，或戒嚴地區通行權等均屬之。

㈤權利和資格證明請求權：人民所擁有的權利和資格與其自身的權益具有密切關聯，故常須請求國家予以確認，以發生公法上的合法效力，人民為此而請求政府機關出具書面證明者，即為權利和資格證明請求權，例如人民向地政機關申請土地所有權狀，向考試機關請領考試及格證書，向交通行政機關請領汽車駕照等均是。國家應人民的請求，而發給證明文件，此種行政行為雖屬準法律行為，但足以發生法律上的公信力與證據力。

以上五種次要的權利，似仍屬受益權的性質，故可視其內容，分別歸屬於各種受益權中，或可謂係各主要受益

㊴林紀東著，行政法原論（上冊），第一五四頁。

權的附屬性權利。

第七項　私人團體的公權

前已言之，私人團體包括私法人團體與非法人團體兩種，二者在公法關係上所處地位大致與人民相同，故彼等所享有的公權亦與人民所享有者相似。惟人民的公權中有專屬於自然人者，則此種公權即不能為私人團體所享有，因在性質上既不適宜，在事實上亦無法實現㊵。此外，私法人團體與非法人團體，因所具法律地位不同，故二者所享公權亦不盡相同。茲分述如下：

㈠私法人團體的公權：私法人團體具有法人資格、內部組織、設立目的及業務活動，其所享公權均與此等因素相關，亦為其團體存立及活動所必要者，茲分述如下：

⑴組織權：法人為組織體，故私法人團體的組織權至為必要，其內涵包括設立團體、選任重要職員、編組內部各單位等措施㊶。

⑵議決權：法人團體就其自身各種事務的管理，大體上採民主方式，即就重要事項以議決作成決定，形成為團體的意思，有議決權之機關，在社團即為總會，總會之決議以出席社員過半數決之㊷。

⑶經營權：私法人團體均有其設立目的，在設立後必然為實現此種目的而從事有關的業務活動或經營特定的事業，故法人團體應享有經營權，經營其業務應受主管機關之監督，其業務活動不得違法亦不得違反設立許可的條件㊸。

㊵ 我國民法第二十六條規定「法人於法令限制內，有享受權利，負擔義務的能力。但專屬於自然人之權利義務，不在此限」。

㊶ 我國民法第二十七及二十八條規定法人均應有董事及職員。第五十條規定社團法人應設「總會為最高機關」。第六十二條規定財團法人之組織，「由捐助人以捐助章程定之」。

㊷ 我國民法第五十及五十二條就社團總會之議決事項及表決方式有明確規定。

㊸ 我國民法第三十二條規定「受設立許可之法人，其業務屬於主管機關監督，主管機關得檢查其財務狀況，及其有無違反許可條件，與其他法律之規定」。

(4)財產權：法人團體的設立既有其目的與事業，自須擁有各種必要的財產，以從事業務活動，且因其具有法人資格，遂得以團體名義置產，故私法人團體應享有財產權。我國民法就法人團體設立的登記事項中均列有「財產總額」一項，另在其他方面涉及法人財產的規定尚多，由此可見財產權對私法人團體所具之重要性[44]。

(5)受益權：國家為促進私法人團體的健全發展及業務的正常經營，常須對此等團體予以輔導協助，從而使私法人團體得以享有受益權。概括言之，除教育及福利受益權外，私法人團體的受益權大致與自然人相同，尤以經濟受益權最具重要性，例如私立學校接受國家的獎勵及補助，私人企業由國家協助徵收土地設廠及向國家申請資金貸款等均是[45]。

(6)參政權：國家政策及法令既對私法人團體具有重大的影響，則私法人團體即應有對國家政務表示意見的機會，故國家及地方民意機關如兼採職業代表制者，則私法人團體即可經由其所屬公會選舉代表參與中央及地方政權或立法權的行使[46]。

(7)平等權：人民的平等權受到憲法的保障，私法人團體在法律上既然與自然人的地位相同，自亦應享有平等權。

(二)非法人團體的公權：此種私人團體因不具法人資格，其在法律上的地位自不能與私法人團體相提並論，且此等團體既為無權利能力社團或財團，則其在法律上即難以像私法人團體一般以團體名義成為權利主體，尤其在對外關係上更是如此，故除特別法有規定外，在原則上不能享有私法人團體的各種公權，有關社團法人的規定亦不能完全類推適用於此種團體。但其社員則仍得以個人身分（國民、公民、居民）享有人民的各種公權。不過，設有代表人或管理人的團體，得為訴訟當事人，在民事及行政訴訟法上均有明確規定[47]。

---

[44] 我國民法第四十八及六十一條有關於法人登記事項的規定。另第三十二、三十七、六十三等條亦均有涉及法人財產的規定。

[45] 我國憲法第一百四十五條第三項規定「國民生產事業及對外貿易，應受國家之獎勵、指導及保護」。第一百六十七條規定國家對於「國內私人經營之教育事業成績優良者」予以獎勵或補助。

[46] 我國憲法第二十六條及第六十四條分別規定職業團體選出之代表，參與組成國民大會及立法院（現停止適用）。

第三節　人民公法權利理論的探討

第一項　人民公權的保障

一般民主國家在公法關係上既授予人民各種公權，而此等公權不僅屬於個人權益，且對公共利益具有密切的關聯與影響，則國家在授予此等權利之後，即應對人民提供確切的合法保障，達到授予各種公權的目的。至於保障的措施，主要是透過憲法及各種法規的規定及效力，維護人民的合法權益，或在人民權益受侵害後，使其在事後獲得申訴及尋求救濟的途徑。茲就保障方法說明如下：

㈠事前保障：為使人民法定權利不受侵害，應以事前保障最為有效。所謂事前保障亦即預防措施，具體言之，即由國家預先以法律明定，在何種情形下始得依法限制人民的權利，若無法定情事發生，政府即不得任意干涉人民權利的行使，如此即可使人民權利獲得法律的保障。我國憲法即採此種直接保障主義原則。其第二十三條明定「以上各條列舉之自由權利，除為防止妨礙他人自由，避免緊急危難，維持社會秩序，或增進公共利益所必要者外，不得以法律限制之」。在此項條文的規範下，政府欲干涉人民的自由權利，首須符合四種法定事由之一，亦即在實際上須有採取限制措施的客觀需要，同時尚應制定法律作為限制的合法依據㊽。因此，憲法第二十三條的規定，實即為保障民權設定雙重限制，故其保障作用可謂相當周全。但該條的規定，祇是基本原則，欲使其發揮實效，尚須制定各種法律作進一步的具體規定，並有賴於行政機關本諸法治行政原則切實遵循法令，防止違法失職的情事發生。此

㊼ 陳鈺雄著，前揭書，第二一八頁。另民事訴訟法第四十條規定「非法人之團體，設有代表人或管理人者，有當事人能力」。行政訴訟法則準用此項規定。

㊽ 我國憲法第二十二至二十四條對人民權利保障的事項，作具體明確的規定，故學者認為係採直接保障主義。見劉慶瑞著，中華民國憲法要義，臺北，三民書局，六十七年版，第一一七－一一八頁。

外，尚須補充說明者，即事前保障措施並非僅以行政機關的違法不當處分為防範的對象，即第三人的不法侵害亦應包括在內。

㈡事後保障：對於人民權利的保障，雖有事前的防範措施，但在事實上行政機關以違法不當處分侵害人民權益的情形恐難完全避免，故國家應建立事後補救的制度，然後其保障始能周全。而所謂事後保障，即指在人民自由權利受到行政機關不法侵害之後，得依法提出申訴並請求國家採取各種措施予以事後救濟，以恢復其權利的原狀或給予損害的彌補。就行政法的觀點而言，主要即經由行政爭訟及損害救濟制度，以發揮事後救濟的功效㊾。我國憲法第十六條就人民請願、訴願及訴訟權所作規定，實即為對人民權利的事後保障而設，故尋求事後保障可謂是人民的法定權利。但就政府方面而言，則在使行政機關為其違法不當措施於損害發生後負起責任，故憲法第二十四條規定「凡公務員違法侵害人民之自由或權利者，除依法律受懲戒外，應負刑事及民事責任。被害人民就其所受損害，並得依法律向國家請求賠償」。可知事後保障，實為責任政治的具體表現。此外，若人民自由權利的侵害係由第三人所造成者，則侵權行為人在事後自應依法負起損害賠償責任，並可能受到行政及刑事制裁。

第二項　權利觀念的轉變

民主政治發展的初期，為法治國家時代——亦即消極國家時代，當時歐美各國因經過長期艱苦的民權革命運動，民主共和政體甫告成立，人民對過去專制政治的餘悸猶存，為確保人民得來不易的自由權利，故在政治思想方面，傾向於限制國家統治權力的擴張，並強調民權的確切保障；因而，不僅有消極國家與機械法治的觀念，同時極度重視人民的自由權利，認為係來自天賦，神聖不可侵犯，是為絕對權利思想。此種思想觀念經由國際知名的思想家大力鼓吹，遂在各國的憲政文獻方面屢有具體表現，例如一七七六年美國「獨立宣言」(The Declaration of Independence)

㊾ 除憲法第二十四條對國家及公務員責任作原則性規定外，人民在行政上所受損害，可經由請願、訴願、行政訴訟及國家賠償法所定行政救濟途徑獲得事後保障。

及一七八九年法國革命時發布之「人權宣言」(Déclaration des droits de l'homme et du citoyen) 兩種文獻的內容，均足以顯示出當時政治思想方面，所盛行的自然法、社會契約、自由主義、個人主義思想的色彩。在此等思想及社會因素的影響下，遂有絕對權利觀念的產生，認為人民的自由權利乃是先於國家政府而存在，而國家的組成與政府的建立，即在於保障人民權利之不受侵害[50]。故政府對人民的權利自不得加以干涉，而人民對於其各種權利，無論行使與否或如何行使應有充分的自由，是為絕對權利觀念。

但就事實方面觀察，近代以來各國社會均趨向於快速發展，團體生活日益發達，人民相互間及其與國家間的法律關係極為複雜而頻繁，在此種情勢之下，個人權利的任意自由行使，往往與社會公益或他人權利相衝突，以致違反公平正義的精神。於是，乃有團體主義與社會政策思想興起，倡導限制個人權利的學說，主張在消極方面禁止權利的濫用，在積極方面基於促進公益的立場，應對人民的各種公權利賦予相對的職責與義務，甚至認為部分權利在根本上即兼具義務的性質。換言之，個人的合法權利，固然應予以承認及保障，但其權利的行使與否，不僅不得妨礙他人的權利及社會公益，且更應注意如何善用其權利以促進公共利益，此乃權利主體所應負的職責和義務[51]。綜合言之，現代國家業已摒棄絕對權利的觀念，認為人民權利乃是國家法律所授予，而非來自天賦；因而權利的內容與範圍應受法律的限制；同時國家對人民授予各種公權，乃是具有各方面政策的目的，基於實現此等目的的必要，不僅使權利主體負擔相關的義務，甚至使權利在根本上兼具義務的性質，從而產生權利義務相對性的觀念。尤其在行政法上的各種公權利方面，所具此種轉變的趨勢至為明顯。

第三項　人民公法權利發展的趨勢

前項內容係從理論方面探討權利觀念轉變的情形。大體言之，現代國家基於社會政策與團體主義的要求，對舊

[50] 林紀東著，比較憲法，第一六二頁。劉慶瑞著，比較憲法，第三一頁。

[51] 美濃部達吉著，新憲法概論，東京，有斐閣，昭和三十一年版，第一二二—一二三頁。

有的絕對權利思想，作了大幅度的修正，而認為權利兼具職責與義務的性質。因有此種思想觀念上的轉變，遂對權利的發展產生實際上的影響。茲就一般性發展趨勢分為五點說明如下：

㈠對人民權利依法限制：權利既不具有絕對性，則國家基於公益或政策上的需要，自得加以限制。惟在法治行政的原則下，所採限制措施應以法律定之。就我國而言，除憲法第二十三條對限制人民權利定有基本原則外（參閱事前保障部分內容），另在中央法規標準法第五條規定，關於人民權利義務的事項應以法律定之。根據此等規定解釋，自由權利在原則上固應受尊重和保障，但國家如基於各種必要，自可制定法律作適度的限制，亦即權利應有其行使的適度範圍，藉以避免濫用，有悖於授權的目的。如此則人民的各種權利，均僅具有相對性。

㈡督促人民權利的正當充分行使：國家授予人民各種權利，既均具有公益與政策的目的，故在積極方面國家為促進公共利益與人民福祉，亦應督促輔導人民就其各種權利正當充分地享受行使，俾可實現國家授予權利的目的。此種情形在中外憲法及其他法令中作明確規定者不乏實例。例如日本憲法第十二條就人民權利行使的原則規定稱「國民應負為公共福祉而利用之責任，不得濫用」。我國憲法第一百五十二條關於工作權的規定；土地法中有關私有空地及荒地，得劃定區域，規定期限，強制依法使用的規定；專利法中有關專利權期間的限制及實施的規定；關於企業經營權，專門有「獎勵投資條例」制定，由政府以各種方式予以協助及獎勵，使人民創辦的事業得以充分發展。

㈢將權利視為職責與義務：在此種觀念下，因有理論上的依據，從而可能採取強制實施的規定，如此亦足以發揮督促人民適當並充分行使其權利的作用。此種情形在中外憲法及法令中的有關規定不乏實例。例如前已言之，在二次大戰前各國對人民選舉權的行使，採取強制投票者一度有漸次增加的趨勢，此種趨勢的形成，即係將選舉權視為「社會職務」或「權利兼職務」的結果[52]。在財產權方面，各國憲法亦有相同意義的規定，例如德國威瑪憲法第一百五十三條稱「所有權包括義務，應為公共利益而行使」。戰後西德基本法第十四條，義大利憲法第四十二條，日本新憲法第二十九條亦均有類似的規定。此外，在國民教育及社會保險方面，亦可依據此種觀念，作強制性之規定，

[52] 劉慶瑞著，比較憲法，第一四〇、一五二頁。

例如我國憲法第二十一條明定「人民有受國民教育之權利與義務」。然後據以制定「強迫入學條例」，以便採取強制義務教育的措施。又如我國憲法第一百五十五條所規定的「實施社會保險」，在各種相關法律中所作強制投保規定，其目的在促使各有關當事人均能享受保險權利。

(四)人民公法權利項目的增加：在民主政治發展的初期，亦即法治國家時代，人民所享有的法定權利，大致僅限於自由權、選舉權、財產權與訴訟權等。嗣後，基於社會發展的客觀需要，與積極國家思想社會政策理論的鼓吹，遂使公法權利的範圍逐漸擴張，增加了生存權與工作權；參政權中除選舉權外，包括了罷免權、創制權、複決權及服公職權；受益權中除司法訴訟權外，包括了行政、教育、經濟及社會福利等方面的受益權。而且，各種權利的內涵，也不斷充實擴大，使其效果更為加強。

(五)人民享受公權的資格條件放寬：此種情形乃是由於民主政治發達及福利國家思想影響的結果。例如在參政權方面，各種資格條件的限制不斷減少，各國以往所定的性別、財產及種族等限制，大致上均已逐漸廢止，因此等限制條件，實為一種差別待遇，而目前各國均實施「普及選舉」(Universal Suffrage)，所定資格條件僅有國籍、年齡、居住及公民權等項，此等限制均為必要基本條件[53]，如此將有利於全民政治與直接民主的實現。又如社會福利受益權，早期的實施對象主要限於貧苦無依的人民，目前在福利國家理想目標的指導下，已將社會安全制度擴及於全體國民。可知資格條件的放寬，即在使權利主體的範圍擴大，權利的享受普及化。

上述五項有關人民權利發展的一般趨勢，與行政法的發展具有相互關聯。因人民的權利義務既構成行政法規的實體內容，則權利的發展趨勢，自將反映在行政法規的內容方面，從而形成行政法規發展的新領域，也衍生出行政法關係的新型態。

---

[53] 涂懷瑩著，中華民國憲法與人權保障，臺北，六十九年版，第二六二頁。

第四項　公法權利與反射利益

在有關權利的理論方面，常言及「反射利益」一詞，此項名詞的涵義與「權利」相近，但若嚴格分析，二者實有不同。茲分別就二者的涵義及區別說明如下：

所謂「公法權利」係指依公法規定在行政法關係上當事人得以主動行使或應受保障的利益，亦即在公法上所取得可以主張此等權利的法律地位。就權利所生效果觀察，自可將其視為法律上之力。依據上述說明，可知公法權利的內容實包含有三項要件：

㈠公法權利在基本上須經公法承認或授予，通常即具有憲法或行政法上的依據，從而受此等法令的保障。

㈡須為當事人所應享有的合法利益，通常即指當事人具備一定的資格條件，對此種利益得提出主張。

㈢須當事人以意思表示主張此種利益，無論其意思表示係明示或默示均包括在內。

至於所謂「反射利益」，一般認為係人民因政府機關採取各種行政措施的結果，從而享受到各種相關的利益，或因法律規定間接產生的利益。此種利益既非直接由法律所授予，故非人民依法享有可得提出主張的法定權利，而是由於公法反射作用的結果，所以稱為「反射利益」或「反射權」。若以前述權利所具三項要件衡量，則此種利益在法律未明確規定歸屬於「權利主體」之前，個人既無從依法提出主張，自仍與法定權利有別[54]。例如政府興建公路橋樑等公共設施，使人民可以利用；或法院舉行公開審判，使人民可以旁聽；或政府放寬出入境限制，使人民享受出國旅遊便利等均是。不過，若就各種反射利益的實質內容進行分析，似可認為此等利益具有受益權性質。

至於堅持「反射利益」並非「權利」的學者，對於二者的區分，亦有具體的意見。茲就二者不同之點逐項比較說明之[55]：

---

[54] 鄭玉波著，前揭書，第二三〇頁。

[55] 張載宇著，前揭書，第八一頁。

㈠意思方面：認為公法權利乃是當事人基於法律規定，就特定事項或標的得以主張其利益的意思力量，在權利人提出其意思主張時，相對當事人即負有作為或不作為的義務，俾使權利人能夠享受其利益，實現其目的，而法律對於權利人的利益應予以確切保障。

反射利益係指行政機關依法推行業務的結果，使人民得以享受到的實際單純利益。

㈡法律效果方面：公法權利既為法律授予人民的利益，則人民即可依法主張；國家對於人民行使權利的主張或請求，應負責予以實現及保障。

反射利益既非人民基於法律規定所享有，則人民無權提出主張；而國家對於人民的有關請求，並無法定責任必須予以實現及保障。

㈢利益性質：公法權利係基於法律規定，由人民提出意思主張，所直接產生的利益，故具有利益與意思兩種因素。

反射利益則係相對人基於法律規定而有所作為（在行政法上係指行政機關執行法定行政業務而言），所間接產生的利益。亦即出於法律規定的反射作用，而不具有人民的意思因素。

㈣利益歸屬方面：公法權利係由法律所授予，故其利益歸屬於特定的權利人（個人或多數人）。此種情形係因國家公益與個人私益相一致，國家乃承認個人的權利。

反射利益既非法律授予的權利，則其利益可由不特定的個人或多數人所享受。此種情形乃是國家僅為公益目的採取行動的結果。

㈤資格限制方面：公法權利的授予，除消極性權利外，對於權利人可能設有資格條件的限制。

反射利益既非依法授予，則對享受利益者較少設有資格限制，或不作積極條件的限制。

第四節　行政法上義務的類別與趨勢

第一項　行政法上義務的概念

如前所言，法律關係的實質內容包含權利與義務兩方面，則權利與義務均為構成法律關係內容的重要部分。所謂行政法上的義務，乃是在公法關係上為保障權利人的權益，而對相對人課予一定作為或不作為的拘束力。此種作為或不作為的拘束力，即為法律上的義務，負擔義務者是為義務人，通常多為行政客體。義務既具有法律上的拘束力，則義務人即應依法履行，若未能履行，則主管機關即可依法強制執行或予以制裁56。根據上述定義的說明，尚可就其內涵提出四點分析：

㈠義務為法律關係的必要部分：行政法關係既須具備權利與義務兩方面的內容，則義務即為法律關係中不可或缺的部分，其與權利處於相對待的地位，彼此有互相契合的關聯。

㈡義務以一定的作為或不作為為內容：行政法關係對義務內容所作規定，即係命義務人為特定行為或禁止其為特定行為，如此乃能實現權利主體所應享的利益。

㈢義務具有法定拘束力的效果：法律關係是基於法規或公法契約的規定，對權利人賦予法律上之力，使其得以有效主張其權利，而作為相對當事人的義務人，即須受此法律上之力的拘束，據以履行其義務，惟此種拘束力應以法律關係的內容為其法定的範圍。

㈣義務應有確定的客體：所謂客體係指在法律關係上處於被動地位的義務人而言，法律關係在基本上即係由雙方當事人所形成，有權利人自亦須有義務人，且義務人的人數不論多少，但對象必須確定，亦即法律必須將其所定

---

56 行政法關係上對於違反義務的制裁，種類不一，視所違反的法規而有所不同，除直接強制執行外，大致可包括行政罰、執行罰、懲戒罰及民事與刑事制裁在內。

義務課予具體的對象[57]。

最後，尚有須補充說明者，即行政法上的義務，因受公法關係特徵的影響，在原則上義務人不僅不能自行移轉（以經濟價值為內容者限制放寬），更不能任意違反。行政法上對違反義務的制裁，一般均較私法方面嚴厲，並具有較大的強制效力。至於行政法上義務的種類，自仍應配合前述權利的分類，以當事人為標準區分，在下列各項分別說明。

第二項　國家的義務

國家為行政法關係上的基本當事人，因其同時為統治權的主體，故在行政法關係上亦經常處於主體的地位，享有各種公權。但如前所言，在現代民主國家中行政法關係當事人主體與客體的地位既可互易，則國家亦有處於客體地位之時，作為人民請求權或債權、爭訟權等行使的對象，因而國家自須在行政法上負擔各種義務。關於國家的義務，可依兩種標準作分類說明。

㈠依法律關係的範圍分類：約可作下列三種區分[58]：

⑴概括的義務：所謂概括的義務，係指國家以其統治權主體的地位，對一般行政法關係當事人所負擔的義務。就此種義務的內涵而言，可以包括國家與政府職能的全部，亦即國家應促使政府發揮此等職能，負起增進國家安定繁榮及人民福祉的責任。

⑵對待的義務：此種義務乃與國家的公權相對應，即因國家對行政法關係的其他當事人享有特定的權利，從而應對此當事人負擔相關的義務。例如國家依法徵召人民服役，從而對服兵役者負擔兵役法上的對待義務；又如國家

---

[57] 兵役法第一章總則部分對兵役義務人有明確的原則上規定。所得稅法第二條規定「凡有中華民國來源所得之個人，應就其中華民國來源之所得，依本法規定，課徵綜合所得稅」。此項規定中的納稅義務人亦甚明確具體。

[58] 管歐著，中國行政法總論，第九四—九五頁。

對參加勞保的人民收繳保費，從而負擔保險給付的義務是。

⑶特定的義務：此即指國家就特定事件或特定當事人所負擔的義務。例如對提起訴願的訴願人或行政訴訟的原告，負擔受理該項案件並予裁決的義務；又如對申請專利權的人民，負擔審查並核定專利權的義務是。

㈡依義務的內容分類：約可區分為六種，此等義務實即顯示國家的各種基本職能。茲分述之：

⑴執法及守法的義務：在法治行政的原則下，國家的各種行政機關不僅應負責執行法規，且國家本身亦應守法，如此始能維護國家法律尊嚴及政府威信，有助於法治政治及責任政治目標的實現。

⑵設備的義務：人民各種公權內容的實現，常有賴於國家興建公共設施或提供設備始能行使或享受，而此項公共設施及設備亦為國家行政業務的內容及目的，故國家負有興建設施及提供設備的義務，俾使人民得以實際享受其公權。

⑶給付的義務：國家在各種行政法關係中，常有對其他當事人負擔金錢給付債務，或依法應提供經費及物資者；國家在此種情形下，自然負有給付的義務，並應依法履行。

⑷受理的義務：國家機關執行職務，無論處於主動或被動的地位，對於人民依法提出的請求及申訴等事項，均應予以受理，此為政府機關在職務方面所應盡的義務。

⑸保護的義務：國家傳統上的基本職能在於保境安民，所以政府應負起捍衛疆土、維持社會安寧及公共秩序的職責，亦即對一般人民的生命、身體及財產負有保障其自由與安全的義務。

⑹平等待遇的義務：國家機關處理業務應恪守法治行政原則，對於人民或各種公私團體機構授予權利或課予義務，在法定條件下應作平等待遇的處置，以求符合憲法有關人民平等權的規定，且應更進一步促成社會生活各方面積極性平等理想的實現。

上述六項均為國家在公法上所負一般性的義務，此等義務大體上與行政法關係上其他當事人的權利相對應，也反映出現代國家與政府所具有的各項基本職能59。現代民主國家本身既須守法負責，則其對於所負義務，自不應任意違反，以免破壞政府的威信與形象。若國家機關或公務人員未能善盡職責而致違反此等義務時，即須依法負擔各方面的責任，受害人民亦可依法獲得適當的救濟。

第三項　公共團體的義務

公共團體均係依據國家法令所成立，其職權與任務亦係由國家所賦予。基於此等職權與任務，公共團體分別對國家、人民，及與其他團體互相間負有各種義務，此等義務均係以國家法令及自治法規為依據。同時，如前所言，公共團體在行政法關係上處於中間階層的地位，其對國家、人民，及彼此相互間所負義務各有不同，茲分述之。

(一)公共團體對國家所負義務：此等義務大致與人民對國家所負者相似，惟專屬於自然人的義務，公共團體即無法負擔。其義務約有下列五項：

(1)守法的義務：各種公共團體既均係依法設立，其組織與業務均有法令加以規範；則其所作各種活動即不得逾越法定範圍，若團體自治機關及人員有違法行為發生，自應受到制裁負擔各種責任[60]。公共團體不僅應遵守國家及上級政府的法令，即對其自身所制定的自治法規亦應遵守並不得任意改變。

(2)忠誠的義務：公共團體雖為組織體而非自然人，但其所作意思表示（團體公意的形成）及活動方面，應消極與積極地維護及增進國家的利益，不能違反國家政策與法令，是為公共團體對國家所負的忠誠義務。公共團體如違反此種義務，自應受到制裁，除可適用前項違法的制裁，亦有法令就有關情形作特殊處置的規定者[61]。

---

[59] 張金鑑著，現代政治學，臺北，中華文化出版事業委員會，四十二年版，第三六—五八頁。

[60] 依據原臺灣省各縣市實施地方自治綱要第四十七條規定「縣市長、鄉鎮縣轄市長、村里長違法失職，各該自治監督機關應依法處理……」。職業團體違法行為之制裁，例如工會法第九章所定工會解散的情形，及第十二章罰則部分所定對工會本身及其職員、會員與理事等之制裁，包括刑罰及罰鍰兩種。

[61] 例如原臺灣省各縣市實施地方自治綱要第五十二條規定「縣市議會及鄉鎮縣轄市民代表會之決議，如有違背基本國策情事，經令撤銷後仍不遵辦者，縣市議會由省政府報請行政院核准予以解散重選……」。

(3)供應財力的義務：公共團體雖非自然人，但亦為國家內部組織的一部分，自應為維護國家利益及促進國家發展而效力。因而在財政方面，國家為肆應其政務的需要，自可向公共團體獲取財源。就地方自治團體而言，應容忍國家在其自治區域內徵稅；就職業團體而言，除在其經費的收支運用方面應接受政府監督，以減少政府的補助支出外；在非常時期，並應在經濟金融業務方面，接受政府的管制、徵用、徵購及他種緊急措施，以發揮財力支援的效果[62]。

(4)供應人力的義務：基於前項所述理由，公共團體為肆應國家在人力方面的需要，應負擔供應人力的義務。就地方團體而言，應容忍並協助國家在其自治轄區內徵兵；就職業團體而言，應容忍國家就其團體或會員單位的技術人力加以管制運用[63]。

(5)執行委辦及委託事項的義務：國家設立各種公共團體，均有其政策性之目的，為實現此目的，除賦予此等團體職權及任務外，並將國家機關的部分業務交由地方或職業團體代為執行，此等團體自均應依法令負起執行委辦及委託事項的義務[64]。

㈡公共團體對所屬人民所負的義務：公共團體中就地方自治團體而言，其在對人民的行政法關係方面處於大致與國家相同的地位，故其對所屬人民所負的義務亦與國家所負者雷同，惟在實質上可能較國家所負義務的範圍為小。至於職業團體，因其不具有政府的性質，且其本身職權與任務有限，多限於特定專業的範圍，故其對所屬會員的義務主要限於與其法定任務有關的事項；概略言之，約包括執行業務的義務（任務的執行）、代表及維護會員權益的義

---

[62] 見財政收支劃分法第八條有關國稅之規定，及第三十三條有關協助金之規定。工會法、農會法、漁會法有關「經費」的規定，及舊國家總動員法第九、十八、二十五、二十六等條有關「人民及其他團體」支援總動員業務之規定。

[63] 兵役法第三十一條規定「直轄市、縣（市）政府，為直轄市、縣（市）徵兵機關，應設兵役業務專責機關或單位，受國防部及內政部之指揮監督，辦理各該轄區兵役行政及其有關事務」。另見[62]國家總動員法各條之有關規定。

[64] 關於公共團體執行委辦事項的規定，例如憲法第一百二十七條「縣長辦理縣自治，並執行中央及省委辦事項」。地方制度法第二及十四條。另見農會法及漁會法等有關各該團體任務部分之規定，均列有委託事項。

務、健全組織的義務、依法集會的義務、妥善經管財務的義務及傳達政令溝通意見的義務等均是[65]。

㈢公共團體相互間的義務：公共團體中就地方自治團體而言，其彼此間在原則上具有相同法律地位，惟如屬不同等級的地方團體，則其地位自有差別。地方自治團體均具有法人資格，構成行政法關係的當事人，其互相間基於業務上的需要，亦應負擔一般性的法律義務。概略言之，約可分為下列數種：

⑴互相尊重職權及轄區範圍：地方自治團體既經國家依法授予其自治權並劃定其轄區，則其彼此間即應互相尊重對方法定職權及轄區範圍，不應不予承認或任意侵越。

⑵互相承認法規及行為效力：地方自治團體在各自職權範圍內，所制定之法規及所作成之法律行為，彼此應互相承認其合法效力。因彼此間若無隸屬關係，即無權監督審查對方的法規與行為。如有爭議發生，應由共同上級團體或政府主管機關裁決。

⑶相關業務的互助合作：地方自治團體之間，就共同利害事項及相關業務，應彼此互助合作協力推動，以維護區域性、同類團體系統乃至國家社會的整體利益。

⑷對非所屬居民的平等待遇：地方自治團體對非居住於其轄區內的國民，應承認並保障其所享有的各種法定權益；除設有居住條件限制的權利外，應對一般國民予以平等待遇。

地方自治團體彼此間的義務，亦即地方自治機關間的相互關係，此等事項無論是否有法令明文規定，自法理觀點而言，對此等義務的存在應無庸置疑。至於職業團體方面，同類團體互相間所負的義務，與地方自治團體間者大體相似；不同類團體間因業務關係較少，其彼此間所存在的義務關係似已不甚明顯。

上述公共團體在各方面所負擔的義務，均係由其職責與任務衍生而來，且大致上均具有法令的依據。故公共團體若違反其義務，自將受到各級政府主管機關的制裁，一方面其負責執行業務的人員應負行政上與法律上的責任，公共團體本身可能負擔連帶賠償責任外；他方面國家亦可直接對該團體採行適合其性質的制裁措施，例如由主管機

[65] 參閱工會法、農會法及漁會法等有關此等團體任務、組織、經費及會員保護等事項之規定。

關下令取締、改組、解散、停止經費補助、暫停其職員一部或全部職權的行使，或以其他法定方式予以制裁。若公共團體間就彼此所負義務發生爭議時，則有關問題在行政法關係上主要應由共同上級團體或政府主管機關予以裁決處理。

第四項　人民的義務

國家係由人民所組成，且在「主權在民」的觀念下，就國家統治權的行使而言，人民實具有支配主體與支配客體的同一性，其在行政法關係上，不僅為主要當事人之一，亦兼具主體與客體的地位[66]。準此，則人民在行政法關係上一方面享受權利，他方面亦應負擔義務，而所負的義務除具有法律性質外，尚具有倫理的色彩。人民在行政法關係上所負擔的義務，以對國家的義務為主體。就理論方面而言，國家與國民既然利害互相關聯，則對國家所盡義務的效果，必將反饋於義務人本身。茲將國民的義務以兩種標準區分如下：

㈠以法律關係的範圍分類：約可分為三種：

⑴概括的義務：此即指人民以國民的地位對國家所負的一般性義務，無論從法律或倫理的觀點而言，均為國民對國家當然應盡的義務和責任，學者亦有認為在範圍上應包括所有國民的基本義務在內[67]。例如國民對國家效忠、守法、納稅、服兵役、服勞役，及受國民教育等義務均是。

⑵對待的義務：此即與人民所享公權互相對應的義務，亦可謂由權利所產生或附隨於權利的義務。例如人民有參加勞工保險的權利，從而負擔繳納保費的義務；又如人民有利用公共設施的權利，從而有繳納管理維護費的義務均是。

[66] H. Kelsen 氏稱「民主制的意義乃在於領導者與被領導者的同一性，支配主體與支配客體的同一性，亦即人民對人民的支配」。見劉慶瑞著，比較憲法，第四四頁。

[67] 田畑忍著，前揭書，第四六二頁。

⑶特定的義務：係指人民在特定事件的行政法關係上就該事件的內容對國家所負的義務，亦可謂國家對特定當事人就個別事件所課予的作為或不作為義務。例如經核定礦業權者，應就其礦業權負擔各項法定義務（如礦稅、礦場安全等）；又如經核定為候選人者，應就該次選舉，負擔依法從事選舉活動的義務均是。

㈡以義務的內容分類：主要項目約可分為五種：

⑴效忠的義務：人民對國家的忠誠，乃是古今中外的共同道德傳統，亦為附隨於國民身分而當然存在的基本義務。而所謂「效忠」或「忠誠」的涵義，若作具體解釋，即人民在消極方面不作叛國或危害國家利益的事，在積極方面則應盡力從事促進國家利益的事。國民對國家效忠的義務可視為當然存在，對於一般國民法令已無必要再作明確規定，僅於特殊情形下始強調此種義務的存在（如歸化、入營服役、就任公職時之宣誓），或於違反此種義務時受到國法嚴厲制裁[68]。

⑵守法的義務：在民主國家中，法律代表國家之意思表示與公共利益，且係經由民主政治的過程以多數決方式所制定，故人民作為國家的一分子，均應負擔守法的義務，在消極方面不應作違法的行為，在積極方面應擁護並遵行國家的法令，俾使民主國家同時成為法治的社會。

⑶貢獻財力的義務：為維持國家的生存及活動，國家必須掌握充足的財源與物資，其來源自古以來均係以向人民徵課為主體，故人民在傳統上即對國家負有貢獻財力的義務。在現代國家中，納稅仍為國民的基本義務之一；此外，政府尚可就特定行政事務收取規費，並於必要時徵購或徵用人民的財產[69]。而人民對政府的有關措施，負有服

---

[68] 按依我國法令規定，歸化入中華民國國籍者應經過宣誓效忠手續。另依兵役法第四十五條規定，凡入營服役者應宣誓效忠中華民國。公務人員則依據宣誓條例於就職時應行宣誓效忠國家。刑法所定內亂、外患，及瀆職罪等均係有關違反效忠義務的規定。

[69] 我國憲法第十九條明定「人民有依法律納稅之義務」。其他有關事項見各種稅法。有關收取規費之規定，見行政院核定之規費標準法令。有關徵購、徵用，及徵收人民財產之規定，見國家總動員法、軍事徵用法，及土地法、專利法等。

從與容忍的義務，因國家與人民並非處於對立的地位，政府取之於民用之於民，其有關措施均具有增進公共利益的政策性目的，並具有合法的依據。

(4)貢獻勞力的義務：國家政務的推行，雖然是以文職與軍職公務人員為主體，但僅憑此等人員仍無法肆應重大政務與非常時期的大量人力需要，因而國家常需徵用人民的勞力，在傳統上使人民負擔服兵役及勞動的義務。一般國家就兵役義務大致均有制度化的規定，至於「義務勞動」的規定則不普遍，我國雖有有關法令的制定，但近年來似未見實施，而將「義務勞動」以社會運動的方式推行(70)。

(5)受國民教育的義務：國民教育程度的高低，決定一國人力資源的素質，而人力資源的素質與國家的進步繁榮息息相關，故自十九世紀以後各國憲法中規定實施義務教育者，已日漸增多，二次大戰後各國的新憲法中將國民教育視為義務的規定，更形成為普遍的趨勢(71)。我國憲法亦受此種趨勢的影響，乃於第二十一條明定「人民有受國民教育之權利與義務」。為貫徹國民教育義務的履行，乃另行制定「強迫入學條例」實施。

上述人民對國家所負的各項重要義務，大致均係由憲法及法律所課予，若違反此等義務自屬違法行為，理應受到國家的制裁。其制裁方法主要係針對所違反義務的性質與內容，採取適當的規定。惟此等制裁方法並不以行政處罰為限，而可能同時使義務人負擔民事損害賠償及刑事責任。

人民除對國家負有行政法上的義務外，對於其所屬公共團體亦將以不同身分（居民、公民，或會員）負擔各種法定的義務。就種類而言，與對國家所負的義務大致相同；惟公共團體的地位次於國家，其自治權限亦較國家統治權為小，故人民對公共團體所負義務亦較對國家所負義務的範圍為小。且一旦人民對國家的義務與對公共團體的義

---

(70) 一般國家憲法上所規定之「勞動權」或「勞動義務」，實屬工作權之涵義。見涂懷瑩著，中華民國憲法與人權保障，第二二三頁。我國有關「義務勞動」的法令，現有「國民義務勞動法」制定於民國三十二年，規定男子十八歲至五十歲，服義務勞動。

(71) 林紀東著，比較憲法，第三二五頁。按我國在行憲前，已開始實施國民義務教育，並於民國三十三年七月制定「強迫入學條例」。

務發生衝突時，自應以對國家的義務優先履行。此外，人民違反對公共團體的義務時，公共團體對人民制裁的方法及效力受到限制，凡屬涉及民刑事責任的案件，必須移送國家司法機關處理；即就行政制裁而言，地方自治團體固然擁有行政機關強制性的公權力，而職業團體則缺乏此種權力，須經由主管機關監督權的行使，始能發生公法上的強制效力。

其次，再就私人團體而言，其在行政法上的地位大致與人民相同，此等團體對國家及公共團體所負擔的公法義務，亦與人民所負擔者大致相似，惟凡專屬於自然人的義務（如兵役、國民教育），私人團體因與自然人的性質不同，故無負擔的可能。至於私人團體因違反義務所受的制裁，在種類方面亦與自然人者不盡相同，即應採行適合於以此等團體為對象的制裁方式，大致應以行政制裁為主體，亦可能涉及民事責任，惟刑事制裁在原則上不能適用於私人團體，如在特別法中有規定者自為例外；同時，私人團體的代表人、管理人、董事及職員等如有犯罪行為，因彼等均為自然人，則適用刑事制裁自無問題[72]。

第五項　人民公法義務發展的趨勢

有關人民公法上權利的發展趨勢已在上節中論及，在人民的公法上義務方面，也有重要的發展趨勢值得注意。茲就其一般情形分為三點事項說明如下：

㈠義務項目增加：由於現代國家中，社會生活與經濟事務複雜，以及政府職能擴張的結果，基於政策與行政業務上的需要，人民公法上義務的項目亦隨之而有所增加。例如納稅分門別類；在正規兵役義務之外，尚有民防及特殊勤務的義務；甚至所享權利也有兼具義務性質者（如選舉權及國民教育權是）；至於附麗於特定權利的相關義務更是不勝枚舉（例如參加勞工保險權附帶應盡繳費義務是）。

㈡義務的公平性：人民的各種義務，均應有法律依據，且係依法公平負擔，排除差別待遇。非有法定依據，不

---

[72] 張劍寒等著，行政制裁制度，第五一一五頁。趙琛著，前揭書，第八〇頁。

得使特定人民負擔特殊義務，或對特定人民減免其一般人所負擔之義務，以消除特權階級。

㈢義務按不同能力或情況負擔：義務的賦課在基本上固然應具有公平性，但基於社會政策的要求或實際業務上的需要，國家對人民義務的課予，常採相對平等原則，亦即使人民按不同能力或情況負擔。故在法令規定方面，不僅要求人民符合法定條件者始負擔特定義務（例如男子達法定年齡始負擔兵役義務、所得達起徵點以上始負擔納稅義務），且可能將義務劃分為不同等級，分別由不同能力或情況的人民負擔（例如所得稅採不同等級的累進稅率；兵役分為常備兵役、補充兵役及國民兵役，在徵集方面又按不同情況作緩徵、緩召、除役及免役等之規定是）。此等情形因均有法定標準，對一般義務人一體適用，故為合理的相對平等措施，而不能視為不平等的差別待遇。

關於人民公法上權利義務的發展趨勢，在本章中均已先後說明。綜合言之，此等趨勢的形成，實具有下列四點重要意義：

㈠人民權利義務範圍與項目的增加，顯示其與國家的關係日益密切。

㈡人民權利義務的發展，與政府職能及業務的擴充，具有相互關聯。

㈢人民權利義務的發展（無論在種類與內涵方面）深受社會客觀環境、時代思潮、民權運動與政府政策的影響。

㈣行政法上有關人民權利義務的規定與實施，均係以法治行政原則為準據。

根據上述四點意義的分析，可知權利義務發展趨勢的形成，乃是由於社會客觀情勢變遷與政策思想因素的影響所致。而此等顯著趨勢莫不反映在行政法制的具體規定方面，構成行政法制發展的一部分。

第五節　行政法關係的類別與內涵

第一項　行政法關係的類別

由於行政權的範圍極廣，行政法規範的事項頗為龐雜，因而行政法上的法律關係可謂包羅萬象種類繁多。欲求對各種行政法關係有所瞭解，自應以分類方式作為深入探討的前提，至於分類的標準，大致可以依據法律關係當事人、內容、性質、範圍與效力等方面的不同加以區分。此等分類標準，與適用於一般法律關係者概略相同。採取各種標準所作的分類，足以顯示出各種行政法關係所具有的不同意義與特性。茲將各種行政法關係的分類情形略述如下：

㈠以行政法關係的範圍為標準：可區分為兩種如下[73]：

⑴概括關係：此即依據行政法關係建立的特定目的，在實現此目的的必要範圍內，所形成的綜合性、整體性行政法關係。具體言之，概括關係的實質內容，即使雙方當事人在此目的範圍內，就其各自所處之一定地位，一方享有各種有關的權利，他方負擔各種有關的相對義務。故雙方的權利義務具有概括的籠統的範圍，不必詳細列舉大致即可認定，所以此種關係又稱「包括的關係」。例如國家與公務員及軍人之間的行政法關係，即屬此種類別。

⑵個別關係：此即於當事人間僅就特定個別事件所形成的行政法關係，雙方的權利義務僅以此特定個別事件的內容為範圍，所涉及的事項較為具體單純。例如公務員對國家之退休金請求權關係，及訴願人對訴願管轄機關的案件繫屬關係等均是。

㈡以行政法關係的性質為標準：約可區分為兩種如下[74]：

⑴權力關係：公法關係的形成，乃是以國家統治權力的行使為基礎，國家就統治權或行政權的行使，所作意思表示通常採用命令方式，可對客體行使命令強制的權力，而客體則負有服從與容忍的義務，故此種關係亦稱為「命令關係」或「命令服從關係」。此種關係主要存在於國家對人民的關係方面，是為一般統治關係；也存在於各級行政

---

[73] 范揚著，前揭書，第四五頁。

[74] 馬君碩著，中國行政法總論（七十三年版），第七四－七六頁。關於政府與人民間私經濟關係爭議的處理，適用民事訴訟程序由普通法院受理的實例，見行政法院二十六年度判字第一六號「湖田爭執事件」判例，及五十五年度裁字第五〇號「變更電話收費事件」判例。

機關對所屬下級機關的關係方面，是為行政組織的隸屬關係。此等關係的共同特徵，即雙方當事人法律地位的不平等，以及公權力的運用。

(2)對等關係：此即由雙方當事人處於對等地位所形成的法律關係，其在內容方面不具有命令強制的因素，不涉及公權力的運用，故與前述權力關係有別。在此種關係之下，一方當事人可以其自身的意思，向對方有所要求，而他方當事人對其要求有所反應，遂使此種關係得以完成。對等關係的形成，與現代國家絕對主權主義的沒落、政府經濟職能的擴張、及人民受益權的發達等因素具有密切的關聯。在此等因素的影響下，使行政法關係中除權力關係之外，尚有採取對等關係處理行政事務的客觀需要，因而形成各方面的對等關係。就實際情形而言，例如人民因行使受益權與國家間所形成之關係，可稱為「要求關係」；又如國家處在準於私人的地位，與人民之間所形成的私經濟行為法律關係，可稱之為「管理關係」，凡屬政府與人民間的契約、買賣、租賃、貸借關係、公營事業與人民間的營業關係，及各級政府在公有財產管理處分方面與人民間的關係等均屬管理關係。再如同等級行政機關間的業務關係，亦可視為是對等關係的另一型態。在上述的各種對等關係中，雖然大部分仍須適用公法處理，但「管理關係」既屬私經濟性質，自應受私法的規範，如行政機關與人民間就此種關係發生爭議，即須由普通法院受理，不適用訴願及行政訴訟程序，行政機關更不得依職權逕行處斷。

㈢以行政法關係的參與者及其立場為標準：約可區分為三種如下[75]：

(1)雙方關係：一般行政法關係多係由處於相對地位的雙方當事人所形成，亦即具有主體與客體或權利人與義務人雙方，是為雙方關係。惟兩方面當事人並非僅限於一人，且雙方關係乃是一般法律關係普遍的型態。

(2)三方關係：一般行政法關係以有雙方當事人為原則，但在特定法律關係中，尚有允許第三人參加者，且其參加並不一定在於輔佐一方當事人，而可能係為其自身利益提出獨立要求。如此則參加人即具有獨立地位與權能，成為法律關係的當事人之一。在實例方面行政訴訟及民事訴訟均有關於參加人的規定，使此一第三人成為訴訟關係的

[75] 涂懷瑩著，行政法原理（上冊），第一四四頁。

當事人，得為一切訴訟行為，與原告被告的地位相同。

⑶集合關係：係指多數當事人為達共同目的，由個別當事人作成一致意思表示互相結合所形成的法律關係，主要均為行政法上集合行為的各種行政協定。

㈣以行政法關係的內容、根據或效果為標準：可區分為下列兩種[76]：

⑴一般統治關係：前已言之，國家對人民的公法關係，乃是以統治權的運用為基礎所形成，而非以特殊的法律原因為根據，其內容屬一般性而不具有特殊性，且係以全體國民為對象，法律效果普及廣被。故此種關係是為一般統治關係，亦稱一般權利義務關係或對世關係。

⑵特別權力關係：此即國家就特定事項，以特定範圍的客體為對象，依據特殊行政法規所形成，具有特殊內容的行政法關係。因而在內容與效果方面，均與一般統治關係不同。基於此種關係的特殊內容，一方面使國家具有特別權力，得對他方為無定量的命令強制；而客體負擔特別義務，亦即較一般人民對國家負擔的服從義務加重。故就國家方面而言，為一種特別權力關係；就客體方面而言，為特別服從關係；就法律關係的實質內容而言，為雙方的特別權利義務關係，亦稱對人關係。如前述國家對公務員及軍人的關係均為其中的典型。

㈤以行政法關係當事人的種類為標準：此種區分較為單純，即以雙方當事人的組合為標準，可區分為國家與人民的關係、國家與公共團體的關係、公共團體互相間的關係、公共團體與人民的關係等均是。至於私人互相間是否有行政法關係的存在，除準行政主體與其他私人的關係外，一般私人互相間的行政法關係似應以行政法規有明確規定時，始能有效成立[77]。

上述各項乃是行政法關係的一般分類情形，各種分類均有其特殊的意義。不過，其中最主要的區分即一般統治關係與特別權力關係，因這兩種類別的法律關係在行政法上最為普遍，故亦為一般學者採用最多的分類。

---

[76] 范揚著，前揭書，第四六頁。

[77] 同前註，第四五頁。

第二項　一般統治關係

所謂一般統治關係，係指國家或公共團體與一般人民間的行政法關係，因此種關係的形成係以國家統治權的運用為基礎，故亦稱為一般權利義務關係或一般權力關係，以顯示其特性。但若就其實質內容分析，則仍係由國家或公共團體與人民間的公法權利義務所構成。一般統治關係的內容極為廣泛，涉及行政權的一般作用及行政業務的各方面。就其所包含之法律關係的性質而言，固然係以權力關係為主體，但亦有部分屬於對等關係。故對於一般統治關係的內涵，除可就雙方當事人的權利義務方面觀察外，關於其範圍與事項，因過於龐雜，僅能作概括的說明。

此外，一般學者認為國家在此種行政法關係中，其統治權的行使範圍誠然極廣，但在現代民主國家中並非毫無限制，其有關學說約有下列三種[78]：

㈠法治行政說：認為現代民主國家，既崇尚法治行政原則，則國家統治權的行使，自應受各種行政法令的限制。換言之，統治權的行使，應有其法定範圍，不得逾越法令限制，侵害人民權益，如此始符合民主國家保障民權之旨。

㈡團體自治說：此說認為國內人民均按其職業利益組成職業團體，依法設立的各種職業團體對其自身事務的管理擁有自治權。其自治權既係經國家所授予，則國家即應加以尊重，不可任意干涉，以免妨礙此等團體的活動與發展。而國家統治權行使的範圍，僅應以與全國有利害關係的事項為限，不應對職業團體採取非必要的干預措施。

㈢社會聯立關係說：此種學說基於社會連帶思想，認為社會生活發達之後，人與人間具有極為密切的連帶關係（包括求同的聯立關係與分工的聯立關係），因而社會亦具有其整體的公共利益。國家為全國人民的組合，其職能一方面在於保障個人的自由權利，另一方面亦在維護社會整體的公共利益。準此，則國家統治權的行使，應以符合社會聯立關係的目的，亦即以維護社會公益的必要為限，而不應對社會活動任意干涉，以免危害個人自由權利。

就上述三種學說的內容而言，後兩種學說雖亦具有理論上的依據，但實際重要性較小。而法治行政說內容具體

[78] 張鏡影著，前揭書，第二一頁。

明確，頗能切合實際，故其影響普及，能為多數學者所認許。至於在實際影響方面，法治行政說可謂是行政法適用的基本原則，其他的有關原則均係由此演繹而來，可知其重要性絕非徒托空言。

第三項　特別權力關係

所謂特別權力關係，乃是國家基於行政上的特定目的，依據特種法令規定，在一般統治關係之上，以特定範圍的客體為對象，所形成具有特別權利義務內容的行政法關係。特別權力關係與一般統治關係有別，在內容方面具有其特性，故採用與後者相對稱的名稱。而其特性即在運用較多的命令強制權力，故此種關係亦稱特別權利義務關係或特別服從關係或特別法律關係。茲將此種關係的內涵自各方面分析說明如下：

㈠特別權力關係定義的闡釋：此種關係的定義已見前述，茲將其涵義分為五點詳加解釋[79]：

⑴特別權力關係以一般統治關係為基礎，所建立的進一步法律關係。客體當事人以國民身分所具有的一般權利義務在此種關係建立後將受到必要的限制，但凡與特別權力關係不相衝突者，仍可繼續維持。

⑵特別權力關係的建立，在於實現特定目的。此種關係具有各種不同類別，而目的亦各有不同。

⑶特別權力關係乃以特殊法令加以規定，此等法令實即各種專業行政法規，係專為建立及規範此種關係所制定。

⑷特別權力關係乃是以特定範圍的客體為對象，其客體具有資格條件的限制，故與一般統治關係以一般國民為客體的情形不同。

⑸特別權力關係具有特殊的權利義務內容，此即雙方當事人互有特殊的權利義務，與國家對一般國民的權利義務有所不同，涉及特別權力的運用與特別服從義務的負擔，使客體受到較大的拘束力。

㈡特別權力關係的特徵：此種關係與一般統治關係在各方面具有重大的區別，其中以客體範圍與內容的不同最為重要。就內容而言，特別權力關係呈現出各項特徵，亦可視為其所具有的特殊效力。茲分別言之[80]：

[79] 南博方等著，行政法⑴——行政法總論，第三〇頁。

(1)雙方當事人地位的不平等：國家在一般統治關係上已然對受其支配的客體處於優越的地位，在特別權力關係上其優越地位更為加強，對客體擁有更大的支配權力；反之，客體的義務則更為加重，雙方地位的不平等極為顯著。

(2)義務範圍的概括性：因此種關係的內容即具有概括性，故國家在此種關係的目的範圍內，得採取各種必要的措施，或對客體課予無定量的勤務，或享有概括的支配權，而客體所負義務的範圍自亦具有概括性。

(3)國家得制定特別法規：特別權力關係大致均屬專業行政方面的行政法關係，因其具備特別權利義務的內容，故國家需要在此種關係的目的範圍內，制定所需的特別法規，以拘束客體當事人。

(4)特殊制裁措施的適用：此種關係既為特別權利義務關係，且具有特殊的內容，而客體的服從義務加重，國家對客體擁有紀律權，則國家的制裁權力自亦加強，得依法對客體採行特別制裁措施，此等措施常為國家對一般國民的制裁方面所無者。

(5)救濟手段的限制：客體對國家就此種關係的內容方面所作行政處分不服時，因客體對國家負有特別服從義務或受國家的特別監督，故其採用一般行政爭訟手段尋求救濟的權利即可能受到限制，惟仍得適用其他法定途徑提出申訴。惟此種限制已有逐漸放寬的趨勢。

㈢特別權力關係的類別：學者對此種法律關係的分類意見未盡一致，故有多種類別的區分。不過若就此種法律關係以性質與內容為標準區分，似可歸納為三種主要類別，茲分述如下[81]：

(1)公法上的特別勤務關係：學者亦有稱此種關係為服務關係者，係指以對國家或公共團體提供概括性無定量勤務為目的，所成立的特別權力關係，其特性著重於由客體負擔倫理性忠誠服務，故與一般僅重經濟價值利益的僱傭關係有所不同，例如公務員或軍人與國家間所建立的勤務關係是，但亦有將地方議會與議員間的關係視為此種類別者。

---

[80] 成田賴明等著，前揭書，第五〇頁。

[81] 田中二郎著，行政法總論，第二二六頁。

(2)公法上營造物利用關係：此即國家或公共團體為對特定個人實施教育、訓練、治療、監護，或制裁為目的，所形成的特別權力關係。在此種關係之下，國家或公共團體在為實現特定目的的範圍內，對客體擁有適當程度的支配與管束權力，客體負有服從與容忍的義務。此種關係的內涵，可將一般公共營造物利用關係及特別監視關係一併包括在內。

(3)公法上的特別監督關係：此即國家為實現特定目的，對客體當事人授予特定權益，並將其置於監督權下，藉以促成目的的實現所形成的特別權力關係。詳細區分，屬於此種關係的類別約有數種，其中包括國家對公共團體的特別監督關係、對特許企業者的特別監督關係、對接受事務委託者的特別監督關係、對接受補助者的特別監督關係，以及對重要民營事業的特別保護關係等均屬之。

除以上三種主要類別外，尚有學者提出第四種類別，此即：

(4)社團關係：係將公共團體對其組成分子社員或會員的關係，視為特別權力關係，在實質上亦即指其團體內部的管理關係。

㈣特別權力關係成立的原因：約可自三方面分析言之[82]：

(1)由於法律的規定：部分特別權力關係的成立，係直接依據特定法律規定的結果，例如兵役關係及國營事業管理關係均是。

(2)由於當事人意志的實現：此即無論是由於雙方當事人意思的合致或一方當事人的決定，但均係基於當事人自由意志的選擇(同意)，然後適用特定法令的規定，形成特別權力關係。其情形約有下列三種：

①由於雙方當事人的合意：即以雙方同意為基礎，所建立的特別權力關係，於此種關係成立後，即依據有關的法規規範雙方的權利義務。例如公務員任用關係及學生與學校的關係均是。

②由於人民的公意：即由多數當事人共同作成一致的決定，所形成的特別權力關係，亦即由於行政客體互相

[82] 同[81]，第二二六—二二七頁。管歐著，中國行政法總論，第九八頁。

間之合同行為所形成的此種法律關係。例如由選舉所產生的公職人員關係是。在此種情形亦有認為係由於「附義務之同意」者。

③由於國家的單方意思：即由於國家單方意思的決定，適用有關法令規定，形成此種關係。例如國家設立地方自治團體，但亦有認為係直接依據法律規定者。

⑶由於特定事實的發生：即由於客觀事實的發生，使特定個別當事人或特定範圍的當事人，符合特定法規所定條件，因而形成此種關係。例如因傳染病發生使疫區人民受到管制，或因個別當事人罹患精神病須接受管束及治療措施，或對酗酒者採取人身管束措施均是。

第四項　特別權力關係法理問題的探討

特別權力關係乃是行政法上的重要法律關係，具有相當廣泛的法理基礎，且有關的理論亦不免受時代思潮與社會客觀環境因素的影響而有所轉變。就當前的發展而言，主要有三項問題值得重視。茲分述如下：

㈠特別權力關係與一般統治關係的區別：如前所述，特別權力關係具有各方面的特徵，此等特徵亦即其與一般統治關係不同之點。惟二者的不同，究係相對抑絕對的區別？學者意見並不一致，茲就雙方見解略述之[83]：

⑴相對說：持此種意見者認為兩種法律關係之間，並無絕對的不同。特別權力關係所呈現的特色，僅在雙方當事人的支配權力與服從義務的加強，亦可謂是一方面在特定目的的必要範圍內，對主體當事人作概括性支配權的授予；另一方面對客體當事人在一般義務之上，課以特別義務。但此種情形，就兩種法律關係的內容而言，仍僅屬程度上的不同，並無本質上的差別。就特別勤務關係而言，對客體當事人以國民身分所享權利與所負義務的承認，以及所受限制逐步放寬的情形觀之，則採取相對說似較適於解釋事實，符合現代發展趨勢。

⑵絕對說：此說認為兩種法律關係的內容，並非僅屬程度上的不同，而是具有實質基礎上的差異，亦即二者在

[83] 林紀東著，行政法原論（上冊），第一六八頁。

法律上的性質大不相同。其性質不同的關鍵在於客體的地位方面，因特別權力關係下，服從義務人之地位，與一般統治關係下人民所處的地位，迥然有異。特別權力關係強調支配權與懲戒權（紀律權）的行使，注重客體義務的履行，對客體所享有之一般性權利義務可予以根本否定或限制；既然如此，則將特別權力關係與一般統治關係視為兩種本質上不同的法律關係，自傳統觀點而言，可謂具有理論與事實上的根據。

㈡特別權力關係支配權的界限：所謂支配權的界限，實即此種關係對法治行政原則的適用問題。因在特別權力關係之下，國家或公共團體以主體的地位，對客體當事人擁有概括的支配權與懲戒權，而客體則須負擔加強的服從義務，雙方地位不平等的情形極為顯著。主體當事人既具有廣泛的特別權力，然則就此種權力的行使是否仍應受法治行政原則限制的問題，在學者之間意見頗為分歧。一般言之，約可區分為下列四種論點[84]：

⑴認為法治行政，為行政法之基本原則，對任何行政法關係均應一體適用，並無例外。特別權力關係，雖強調雙方當事人的特別權力與服從義務，但在根本上絕對應受法治行政原則的支配，否則將有悖於法治的理想。

⑵認為特別權力關係與一般統治關係具有本質上的不同，國家在此種關係上具有特殊的權力。若國家對特別權力的行使，仍須受依法行政原則的限制，即不足以顯示特別權力關係的特徵，亦無法充分發揮其作用。

⑶認為國家在特別權力關係之下，既依法擁有概括的支配權，即不宜再受法治行政原則的嚴格限制。但特別權力的行使，仍應對客體所享基本人權予以適度的尊重，以維護民主法治的精神，符合現代國家保障民權的潮流。

⑷認為特別權力關係既為法律關係的一種，則此種關係的成立，自應有法律上的原因和依據，俾使其具備合法的效力。但在其成立後，既經法律對主體當事人授予概括的支配權，則在授權範圍內，自應許其自定規則，採取各種必要的措施；亦即就其內容方面，不應再受法治行政原則的限制，否則即可能妨害此種關係的本質與成立的目的。

根據上述四種論點的說明，可知一般法理上的趨勢，均認為特別權力關係在基本上應遵循法治行政原則，以符合民主法治理想的要求。惟特別權力關係既具有其特徵與目的，則為維持此種關係的本質，發揮其預期的功效，對

---

[84] 同[83]，第一六八—一六九頁。杉村敏正著，前揭書，第六六—六八頁。

於主體當事人概括性特別權力的行使，即不應多加限制。而在另一方面，對於負有特別義務的客體當事人所應享有的各種基本人權，必須予以適當的保障；即使在此種關係之下，亦不應作不必要的限制和干預。總之，特別權力關係仍應以法治行政原則為基礎，惟此種關係既具有概括性授權的內容，則對於主體特別權力的運用，在目的範圍內，即應賦予充分的彈性，俾使採行各種有關的措施。反之，自客體的立場而言，其基本人權若與特別權力關係的特徵與目的不相衝突者，亦應受到尊重，僅在此種關係的目的範圍內，始得設定必要的合理限制。

㈢特別權力關係下行政爭訟手段的限制：前已言之，行政客體採用行政爭訟手段的限制，為特別權力關係的特徵之一。設定此種限制的原因，乃是受到傳統行政法理論影響的結果，其理由即認為此種關係與一般統治關係的本質不同，在此種關係下行政機關所採取的各種「行政指令」措施並非即為「行政處分」；客體依法負有較一般國民義務為重的特別義務；且部分客體具有特殊身分並非一般「人民」；同時部分國家以往對得以提起行政訴訟的事由採取列舉主義。基於上述各項原因，遂使客體的行政爭訟權利受到限制，如對所受處置或待遇表示不服時，常須循特殊途徑提出申訴，而不能提起訴願及行政訴訟請求行政法院予以審理。至二次大戰前為止，近代各國多尊崇此種傳統理論，尤以大陸法系國家其著重於鞏固國權與發揮行政權能的觀念極為顯著，故對特別權力關係下客體的行政爭訟權多採否定的態度。但至二次大戰後，對基本人權保障的強調，形成民主法治思想的主流，行政法學理論自不免受到影響，因而發生相當程度的轉變，大陸法系的主要國家不僅將有關行政訴訟提起理由的規定由列舉主義改為概括主義，且在行政訴訟制度的修正方面，趨向於使權利受到公權力侵害的人民，儘可能享有訴請司法機關審查並予以救濟的機會，而對於特別權力關係下客體行政爭訟權的限制規定，自亦有放寬的趨勢[85]。

就各國的實際情形方面觀察，例如西德在戰後所制定的聯邦基本法，其第十九條第四項即明定人民的權利受到公權力之侵害者，皆得向法院請求救濟。且其行政法院法第四十條第一項規定對行政訴訟提起的理由採行概括條款。此兩項重要條文規定的成立，係以戰後新的行政法理為依據，此種理論認為「基於法治國家之要求，有關個人法律

---

[85] 翁岳生著，行政法與現代法治國家，臺北，臺灣大學法學叢書編輯委員會，一九七九年版，第一四七—一四九、一五六頁。

地位的一切基本關係的問題（涉及特別權力關係發生、變更，或終止等效果的事項），似皆應給予訴請法院保護之機會」。此種法理觀念對各種特別權力關係的法制均產生具體的影響。在公務員關係方面，依據聯邦公務員法第一百七十二條規定，凡關於公務員之任命、免職、命令退休、轉任、派遣、禁止處理職務等皆屬於基本關係，公務員如有不服，得對有關的行政處分提起行政訴訟。在兵役關係方面，一九五六年頒布的軍人法第五十九條第一項規定，「除法律規定應由其他法院管轄者外，軍人由於兵役勤務關係發生的所有訴訟，皆由行政法院審理之」。在學生與學校關係方面，凡屬學校當局之入學許可、學校的分配、參加高中畢業考試之許可、博士學位授與、學生退學或開除、留級等事項，均屬基本關係的範疇，亦可作為提起行政訴訟的標的。不過，亦有例外情形，就公務員關係而言，聯邦基本法第三十三條第五項有要求保障「傳統官吏制度」之規定，其涵義係指上級對公務員所作職務上工作的指派或發布指示業務執行之命令，在性質上並不屬於基本關係的範圍，似不應視為一般行政處分，故可不受行政法院的審查，公務員不得就此等事項提起行政訴訟[86]。

在日本方面，戰後的行政法理論亦發生相當程度的轉變。就對特別權力關係的觀念而言，一方面繼續承認此種關係，認為其係基於特別的法律原因所成立，在達成公法上特定目的的必要範圍內，國家對客體擁有概括的支配權，就此種權力的行使，可以排除公法原則的適用，不受依法行政原則的限制。但另一方面，在戰後新憲法的體系上，則特別注重人權保障與司法權的運用，遂使傳統理論受到修正，並將特別權力關係內的行為，依據社會的一般觀念，區分為內部與外部行為兩大類，而對後者予以權利保障的機會。就實際情形而言，在公務員關係方面，依據日本國家公務員法之規定，公務員對長官之懲戒及其他不利處分不服時，得先向人事院請求審查或聲明異議，如對人事院的裁決或決定仍然不服，則尚得依行政事件訴訟法第三條第二項之規定，向法院提起撤銷之訴，可知此種規定顯然將特別權力關係之下的有關行為視為行政處分，而對公務員授予尋求行政救濟的機會。至於其他方面的特別權力關係，判例僅在關於議員的除名處分、學生的退學處分、公立醫院的病人退院處分等事件上，就有關足以使客體當事

[86] 同[85]，第一四一、一四四、一四五、一四七頁。

人喪失特定身分或被排除其利用公共設施的不利處分，亦認許其有權訴請法院救濟，對於其他特別權力關係內的行為，則拒絕予當事人向法院訴請保護權利的機會，亦即法院認為不應干預此等特別權力關係的內部行為。其司法界的見解有將此種內部行為視為屬於行政裁量的問題，但學者多持反對意見，認為不應將行政裁量與特別權力關係相混淆[87]。

就我國的情形而言，國內行政法學理論的發展較為遲緩，在過去數十年間，對特別權力關係一向採用傳統理論加以解釋規範，認為法治行政原則不適用於特別權力關係，亦即主張對有關爭議在原則上不得適用一般行政爭訟手段尋求救濟。因有此種傳統理論存在，遂使各種特別權力關係普遍受到影響。在公務員關係方面，判例一貫認為公務人員與人民具有不同身分，故行政機關對公務員所作有關其身分或職務上行政處分，均純屬人事行政範圍，僅得向該管監督機關提出申訴呈請糾正，不得援用行政爭訟程序尋求救濟，即使在當事人喪失公務員身分後，仍不得提起訴願或行政訴訟。行政法院以往所作持此種論點的判例不勝枚舉，其在五十九年三月十七日所作之判決，內容頗具代表性，該判決稱：「按主管機關對於所屬人員所為任免、留職停薪，或拒絕復職之處分，與官署對於人民之處分有別。而為因公務員之特別身分所發生之事項，無論公務員已未離職，均不得就之提起行政訴訟。」另在司法院就有關問題的解釋中，亦採取同樣的原則，認為官吏身分受上級之處分，與一般人民之身分受官署的處分不同，不得援引訴願法提起訴願，更無從提起行政訴訟。在學生與學校關係方面，行政法院近年來的判例大致認為在學學生與學校間具有公法上營造物利用的特別權力關係，學生在學期間學校或師長或主管教育官署對學生所為之處分，屬於特別權力關係範疇，不得提起行政爭訟；但在未入學前，有關入學資格爭議或入學後學籍受損害的情形，視為屬於一般行政法關係之處分，認許其提起訴願及行政訴訟。就此種情形觀之，似較對公務員關係的限制略為放寬。在監獄與受刑人關係方面，我國在實務的慣例上，除法律已有明文規定的事項外，大致認許監督管理人員就實現獄政目的範圍內，得限制受刑人的基本自由權利；且在以往受刑人就其在監所受處分，並無提起訴願及行政訴訟的可能

[87] 田中二郎著，行政法總論，第二二五－二二八頁。翁岳生著，前揭書，第一五一－一五二頁。

性，故在此種關係下，客體當事人採用行政爭訟手段所受限制，顯然更為嚴格[88]。

由上述德日及我國有關行政法上特別權力關係發展的情形，大致已可認定自二次大戰以後，關於此種關係的法理業已進入一個轉變的階段，由於各國的國情不同，所以轉變的程度並不一致。不過，就一般的情形而論，特別權力關係既有存在的客觀需要，復具有其特徵與本質，而理論的轉變並不足以從根本否定此種關係，亦不足以改變其本質，僅能就其內容作適度的修正而已。所作修正主要在順應保障基本人權的時代思潮，放寬不必要的限制，並對客體當事人授予提起行政爭訟的權利。德日兩國在此方面已有較大的具體進展，而我國的情形似嫌落後，不過國內學者對於特別權力關係的發展趨勢已經開始注意，鼓吹倡導進步理論者不乏其人，例如行政法學者林紀東氏，在其所著「中華民國憲法逐條釋義」一書中，曾為客體當事人的行政爭訟權利提出呼籲稱：「不能僅以特別權力關係為理由，否認其請求裁判救濟之權利。本憲法對於因國家之行為，而使個人之權利自由受侵害者，原則上均許其請求裁判上之救濟，對於具有特別權力關係之人，亦應認許之」[89]。翁岳生氏亦曾謂「蓋人民在特別權力關係內享有之權利與利益的重要性，並不亞於一般權力關係之支配下所有者。……但後者非經慎重之法律程序，不得加以剝奪，而前者則得依行政機關單方之意思予以廢止，且人民（指特別權力關係之客體）毫無法律救濟之保障。此種理論之不合理、不合時宜與不合憲法之精神，亟待改進，至為顯然……」（見[88]翁書第一五七頁）。近年來，國內亦不乏其他人士提起同樣建議者。可知放寬不必要限制與加強保障客體當事人的基本權益，業已逐漸受到普遍的重視，若能早日改變傳統觀念修正各種有關法令，則對我國民主法治的進步，定將大有裨益。

因受社會客觀環境與時代思潮轉變的影響，國內實務界對特別權力關係的傳統理念與措施亦隨之有改弦更張的趨勢，使特別權力關係客體以往所受的限制呈現較為放寬的彈性空間，具體事實表現在近年來大法官會議針對公務

---

[88] 見司法院十九年所作院字第三一一、三三二、三三九及三四七號等解釋，及行政法院二十五年裁字第一一三號、四十三年裁字第一八號、五十二年判字第一〇一號及五十九年判字第七六號等判例。翁岳生著，前揭書，第一五三—一五五頁。

[89] 林紀東著，中華民國憲法逐條釋義，第一冊，臺北，三民書局，五十九年版，第六〇—六三頁。

員行政爭訟權所作的各項相關解釋方面，茲引述兩項重要解釋文如下：

大法官會議釋字第一八七號解釋稱：「公務人員依法辦理退休請領退休金，乃行使法律基於憲法規定所賦予之權利，應受保障。其向原服務機關請求核發服務年資或未領退休金之證明，未獲發給者，在程序上非不得依法提起訴願或行政訴訟。」（七十三年五月十八日）

大法官會議釋字第二四三號解釋稱：「中央或地方機關依公務人員考績法或相關法規之規定，對公務員所為之免職處分，直接影響其憲法所保障之服公職權利，受處分之公務員自得行使憲法第十六條訴願及訴訟之權。該公務員已依法向該管機關申請復審及向銓敘機關申請再復審或以類此之程序謀求救濟，相當於業經訴願、再訴願程序，如仍有不服，應許其提起行政訴訟，方符有權利即有救濟之法理。行政法院五十一年判字第三九八號、五十三年判字第二二九號、五十四年裁字第十九號、五十七年判字第四一四號判例，與上開意旨不符部分，應不再援用。至公務人員考績法之記大過處分，並未改變公務員之身分關係，不直接影響人民服公職之權利，上開各判例不許其以訴訟請求救濟，與憲法尚無牴觸。

行政法院四十年判字第十九號判例，係對公務員服務法第二條及第二十四條之適用，所為之詮釋，此項由上級機關就其監督範圍內所發布之職務命令，並非影響公務員身分關係之不利益處分，公務員自不得訴請救濟，此一判例，並未牴觸憲法。」（七十八年七月十九日）

上述兩項解釋，在時間及內容方面雖有所不同，惟彼此相互關聯，就所具意義與影響而言有其一致性，茲將兩者的涵義作綜合分析如下：

㈠在基本上強調公務員與一般人民同樣享有憲法所賦予之行政爭訟權利。

㈡公務員在對國家的公法關係上，行使法律基於憲法規定所賦予之權利，應受保障；於受到政府機關所作影響此等相關權利之不利處分時，應許其提起行政爭訟。

㈢將人事行政系統之申訴管道，視同行政爭訟管道，使公務員得以經由此種管道，最後亦能受到司法機關對其權益的保障。

㈣特別權力關係下，對公務員行政爭訟權的限制，應僅限於上級機關針對公務員職務方面行使指揮監督權的事項為範圍。至於在其他方面的不利處分，公務員無論在任職期間或離職後，均得對之提起行政爭訟。

就上述四點分析觀察，可知兩項解釋的內容，均已受到德日兩國戰後對特別權力關係理論與措施轉變的影響；尤其在行政爭訟權的限制方面，援用德日兩國方式將特別權力關係的內涵劃分為兩部分，予以分別處理的情形，更與兩國的有關措施大致相同。在第二四三號解釋的前後，尚有多項關於開放公務人員行政爭訟限制的解釋，所涉及的爭議事項不同，但主旨仍屬一致。此外，尚有涉及在學學生行政爭訟權的解釋，同樣採取放寬限制的觀點。總之，二次大戰後，各國社會客觀環境與法政思潮的轉變，所導致特別權力關係理論與措施的調適，乃屬必然的趨勢；此種情形雖尚未使特別權力關係的理論全面遭受淘汰，但對其內涵合理化的發展自然具有極大的助益。

第六節　行政法上權利義務的得喪變更

行政法關係的實質內容係由當事人間的權利義務所構成，故行政法關係為此等權利義務的整體，而權利義務則為法律關係的內涵成分。行政法上的法律關係種類眾多，且此等關係並非僅屬靜態的架構，而是經常保持動態的發展；亦即一方面不斷有新的關係形成，同時一般法律關係在形成之後並不具有永久性，其內容也不一定具有固定性。因之，就通常的情形觀察，法律關係可能由於各種原因發生變更或消滅的現象。此等現象表現在法律關係的內涵方面，即為行政法上權利義務的得喪變更，而權利義務的得喪變更，在法律關係內容方面所產生的效果，即足以影響行政法關係的調整或根本上的存廢。此種情形，亦可謂是法律關係的動態表現。茲分別就行政法上權利義務變動的原因及效果分析言之。

第一項　行政法上權利義務的發生

行政法上的權利義務，因當事人間法律關係的形成而發生，亦即在法律關係成立後，當事人與所屬的權利義務互相結合的情形。至於權利義務發生的原因（亦即法律原因或法律要件），主要包括自然事實與法律行為兩部分，茲分別言之[90]：

㈠自然事實：亦稱「自然發生」，即因客觀自然事實的發生，遂使當事人符合行政法規所定條件，納入特定行政法關係，就該法律關係的內容，分別以不同的當事人地位，開始享有特定權利負擔特定義務，亦可謂係直接依據法律的規定而發生其權利義務。例如自然人出生後，即開始以國民身分逐步具有國民的各種權利義務。

㈡人的行為：亦稱「人為發生」，此即並非基於客觀事實直接依據法律規定即可發生權利義務，而必須是由當事人作成法律行為，形成行政法關係，發生當事人間的權利義務。其情形有三：

⑴因國家或公共團體的行政行為而發生：國家或公共團體依法行使命令權及形成權，所生法律效果，即可對客體當事人授予權利課予義務。例如國家對特定人民授予礦業權並使其負擔繳納礦稅及維護礦場安全的義務；又如國家對人民核定專利權，或對工廠負責人課予防制空氣污染的義務等是。

⑵因選舉結果而發生：選民經由選舉的合同行為，使候選人當選，並同意就任公職，而開始具有公職人員的權利義務。

⑶因締結公法上契約而發生：此即由雙方當事人就特定事項達成協議，締結行政契約，依據其內容發生當事人彼此間的權利義務。例如無兵役義務之女性國民，志願服軍事勤務或男性國民志願留營繼續服役，均係基於公法上契約，發生軍人與國家間的權利義務；又如公共團體接受政府機關的委託，負擔代辦特定業務的義務等是。

上述兩種分類，係以是否單純基於客觀事實或有無當事人行為參與為標準所作區分。此外，另有學者從法律關

[90] 涂懷瑩著，行政法原理（上冊），第一五二頁。

係的基礎方面分析，將權利義務發生的原因作兩種不同的區分[91]：

㈠原始發生：此即當事人完全基於創設性的新法律關係開始享權利負義務，亦即其權利義務自始係獨立發生，並非以先期存在的法律關係或他人的權利義務為基礎而發生，故為原始發生亦稱絕對發生。

㈡繼受發生：此即當事人的權利義務並非由新的法律關係所創設，而是以先期存在的法律關係或他人的權利義務為基礎所衍生，亦可謂係由相關法律關係或他人的權利義務沿襲而來，故為繼受發生亦稱相對發生。此種情形實即後述權利義務的變更。

第二項　行政法上權利義務的變更

行政法關係形成之後，基於各種原因，常使其內容發生變動，就權利義務的觀點而言，亦即權利義務的變更，其情形可區分為三種[92]：

㈠主體變更：此即由於法律關係當事人主體（權利人），發生增減、移轉或改變，以致影響及於當事人原所享有的權利，使其權利隨之而發生變動。且此種權利義務的變動，就主體當事人自身的立場觀察，可謂是「主觀的變更」，但在實際效果方面，又與前述「繼受發生」及後述「相對喪失」的事實相同。於茲須特別注意者，即公法上的權利義務因涉及公共利益，在原則上具有不得任意拋棄或移轉的特性，例如選舉權及兵役義務均足以表現此種特性。惟在例外情形，對著重於經濟價值或具有代替性的權利義務，依其性質亦有得允許移轉者，例如公營事業主體的移轉、納稅義務的移轉與義務勞動的代替等均是。

㈡客體變更：此即法律關係的客體當事人方面，所發生的增減、移轉或改變的情形，與主體變更大致相同。

㈢內容變更：係指法律關係的實質內容方面所發生的各種變動，亦即其中的權利義務數量有所增減或性質改變

[91] 范揚著，前揭書，第六一頁。

[92] 陳鑑波著，前揭書，第一〇九－一一〇頁。

的情形，與「主觀的變更」相對應，稱為「客觀的變更」。例如納稅義務的減免、國民教育權利期間的延長，或違章建築拆除義務改變為代執行後的費用徵收等是。

第三項 行政法上權利義務的喪失

所謂權利義務的喪失，就其法律上的意義而言，可區分為主觀與客觀的喪失兩種情形，但無論在何種情形，均將導致權利義務與主體的分離，故在原則上可謂主體對權利義務的喪失。權利義務既構成法律關係的實質內容，則權利義務的喪失，亦將使行政法關係隨之而消滅。茲就兩種不同情形分析言之[93]：

㈠相對喪失：此即指主觀喪失而言，亦稱相對消滅或主觀消滅。即如前述權利義務與其原主體分離，而移轉於新主體的情形，就原主體的主觀立場而言，固然已喪失其原有權利義務，但就權利義務本身而言，則並未根本消滅。故在實質上僅係主體變更，亦即行政法關係的變更。

㈡絕對喪失：此即非僅主體喪失其原有權利義務，且權利義務本身在客觀事實上已失其存在，亦即權利義務歸於消滅，從而導致行政法關係的消滅。絕對喪失亦稱客觀喪失或絕對消滅或客觀消滅。其原因包含三種類別：

⑴自然事實：此即由於自然事實的發生，造成行政法上權利義務根本消滅的結果。詳細分析約有四種情形：

①因法律關係主體的自然人死亡或法人團體解散，致使原屬於此等主體的權利義務歸於消滅。例如自然人所享公民權，因當事人死亡而消滅；或法人團體所負各項任務，因團體解散而消滅均是。

②因權利義務標的物的消失而消滅。標的物的消失將使權利義務失其依據，其內容亦無從實現，故為權利義務絕對喪失的原因。例如農田被洪水流失，或房屋被拆除，均將使所有人納稅的義務歸於消滅。

③因法定期間屆滿而消滅。權利義務定有法定期限者，其有效行使或負擔均應以此期間為限，亦即在此法定期間內得繼續行使或應繼續負擔，逾此期限則權利義務既不具有合法效力，自然歸於消滅。例如專利權因法定期限

---

[93] 管歐著，中國行政法總論，第九九—一〇〇頁。梅仲協著，民法要義，臺北，四十三年版，第一一四頁。

屆滿而消滅。

④因除斥期間屆滿而消滅。所謂除斥期間，係指法律對某種權利（非以請求權為標的）所預定的存續期間，亦可謂當事人的權利可以有效開始行使的法定期間，故稱「預定期間」，其期間經過所生效果，即在法律上當然使當事人應於期間內行使而未行使的權利歸於消滅。例如退休金請領權因五年內未行使而消滅；又如人民經過訴願的法定期間而未提起訴願者，其訴願權即歸於消滅是。

⑵人的行為：即由當事人作成法律行為，其所生效果，致使權利義務歸於消滅。其中主要係以國家或公共團體為主體，約可區分為四種情形：

①因設權處分被撤銷而消滅。即行政機關原為當事人所設定的權利，嗣後因發現具有重大瑕疵或其他違法情事，乃依法予以撤銷。例如商標專用權因違法行使而被撤銷。

②因剝權處分而消滅。即當事人以特定身分或資格所享有的權利，因有法定原因，而被剝奪，遂歸於消滅。例如議員因有違法情事被解除職務，而喪失其權利；又如人民因觸犯刑法而被褫奪公權等均是。

③因公法上契約而消滅。即由當事人間簽訂公法上契約的結果，致使當事人一方或雙方原有的權利義務歸於消滅。例如人民與國家間簽訂公法上契約，規定人民自願將古物捐贈國家供展覽之用，遂使人民喪失對該古物的所有權；又如行政機關聘用之專技人員，於其職務上之發明，其專利權屬於行政機關（國家），受聘人之權利乃歸於消滅等是。

④因義務的免除而消滅。此即一般人民所負擔的義務，特定當事人依法獲得豁免。例如丁等體位之役齡男子可免除兵役義務；又如國民中小學教師依法免繳所得稅等是。

⑶法律規定：凡行政法規中對權利義務的消滅原因、條件、或期限有明確規定者，則嗣後如有此等法定情事發生、或條件成就、或期限屆至時，當事人的權利義務即直接依據法律的規定而消滅。例如逾越訴願之法定期間，人民之訴願權即歸於消滅；又如人民所得未達起徵點者，其繳納所得稅之義務即可免除等是。由上述情形，可知「法

律規定」的原因可能與其他方面的原因互相重複，但自不同的觀點分析則仍可列為其他原因的範疇。

第七章　重點問題

一、試分析說明行政法關係的意義。

二、依行政權作用分類，國家在行政法上享有那些公權？

三、何謂國家公權？國家公權的範圍如何？行政法上規定國家行政機關之公權，最主要者共有幾種？試分別言之。（47特退甲）

四、依國家職能或行政內容，國家在行政法上享有那些公權？

五、公共團體在行政法上所處地位如何？其對國家享有那些公權？

六、人民在行政法上享有那些公權？試略述之。

七、私法人團體在行政法上享有那些公權？

八、試述國家對於人民公法權利的保障方法。

九、近代以來有關權利的理論觀念有何轉變？試申論之。

十、近代以來人民在公法上權利發展的趨勢如何？

十一、何謂公法權利與反射利益？二者的區別如何？

十二、試分析說明公法上義務的涵義。

十三、依法律關係的範圍分類，國家在行政法上的義務有那幾種？試分析言之。

十四、依義務的內容分類，國家在行政法上的義務有那幾種？其違反義務的責任如何？

十五、公共團體在行政法上對國家所負的義務有那幾種？其違反義務的責任如何？

十六、以義務的內容分類，人民在行政法上對國家負有那些義務？其違反義務的責任如何？

十七、何謂一般權利義務關係？在此種關係方面有關國家統治權行使的限制有那些學說？

十八、試分析說明特別權利義務關係的涵義。

十九、試分析說明特別權利義務關係的特徵（即其與一般權利義務關係的區別）。

二十、試分析說明特別權利義務關係的類別及其成立的原因。

二十一、特別權利義務關係是否應受法治行政原則的限制？試申論之。

二十二、二次大戰後特別權利義務關係在德日及我國發展的趨勢如何？

二十三、近代以來人民公法上義務發展的趨勢如何？

二十四、行政法上權利義務發生的原因如何？試分析言之。

二十五、行政法上權利義務變更的情形如何？試分析言之。

二十六、行政法上權利義務喪失（消滅）的情形及原因如何？試分析言之。

第八章 法治行政與行政法的適用

現代民主國莫不講求法治，欲實現法治的理想，即須有客觀公正妥善周詳的典章制度建立，此等制度就法的觀點而言，即為國家的法制，屬於行政權範圍者亦即為行政法規。各種行政法規的制定，其目的即在直接付諸實施，藉以發揮國家的各種職能，達成政策目標，維護社會的公平正義與秩序，及增進人民福利。將各種行政法規付諸實施，乃是各級行政機關的職責，各級機關在將法規付諸實施時，應該具備各種主觀客觀的條件。就法規本身方面而言，行政法規均具有其理論基礎，由此而衍生出其制定及適用時的各項原則，執行法規處理業務，自應遵循有關法規適用的各項原理原則，在遭遇疑難問題時更應立即尋求適當途徑予以解決。如此，乃能使法規的適用符合法治理想的要求，並促成此種理想的實現。

第一節 法治行政的意義與影響

第一項 法治行政的概念

就現代國家的政治發展觀察，民主與法治實為一體的兩面，故法治政治乃是現代民主國家施政的理想與圭臬。所以自民主政治發展初期的法治國家時代以來，一般民主國家莫不崇尚法治，在行政方面強調嚴格依法行政原則，亦即法治行政原則，其與行政法的發展具有密切的關聯與影響。質言之，即要求行政機關執行業務必須以法律為依據，一切行政措施均須受法律的拘束，並不得逾越法律授權的範圍，否則即為違法，應負起法律責任。根據上述「法治行政」意義的說明，不難發現就行政機關與人民的關係而言，法治行政原則的內涵在基本上應包括三項要點❶：

❶ 馬君碩著，前揭書，第四七頁，馬氏認為「依法平等」與「依法限制」為法治行政的兩項前提原則。

㈠依法平等：公平為法律的本質，執行法律自應堅持平等原則，且如前所述國家對人民負有平等待遇的義務，行政機關執行業務對一般人民在同樣條件之下，均應適用同樣的法規處理，不應有差別待遇雙重標準，避免造成特權階級。

㈡依法限制：法治行政原則對人民及政府機關兩方面具有相關的意義。對人民方面而言，其自由權利受憲法及法律的保障，如欲干涉限制須有法律依據。對行政機關方面而言，其本身職權有法定範圍，不得違法逾越；其對涉及人民自由權利案件，應依法處理，不得任意侵害。故所謂依法限制，其實際作用乃在保障人民自由權利。

㈢依法負責：行政機關或公務人員如有違法不當行政行為，侵害人民自由權利者，自應就其行為負擔各方面的法律責任。藉以顯示國家與人民共同守法，同時更有助於貫徹法治行政原則的實施。

上述三項要點，均為法治行政的實質內涵，三者之間互相關聯，具有整體性的意義與作用。此外，尚有須加說明者，即法治主義思想，在十八、九世紀與現階段，其涵義已發生轉變。早期所主張者為嚴格依法行政，或謂機械的法治；而現代講求法治，則提倡機動的積極的法治原則。可知法治的基本原則並未改變，僅在實際運作方面對依法行政原則，賦予適度的彈性而已。

第二項　法治行政的要件

講求法治，重在實行。欲實現法治的理想，不能徒托空言，必須具備各種主觀客觀的要件，始能奠定良好的基礎，故此等要件亦可謂是法治行政的保證。所謂主觀與客觀的要件，亦即當事人與法制兩方面所應具備的要件，茲分別言之：

㈠主觀的要件：即指行政法關係當事人方面所應具備的要件，在行政法關係各當事人中，實即以國家與人民二者為主體，故主觀的要件實即指國家與人民雙方所應具備的要件而言，約包含下列三項：

⑴行政機關組織健全權責明確：行政機關為國家的器官或代表，其在行政法關係上處於國家的地位，代替國家

行使統治權發揮各種職能。故行政機關自身必須有健全的組織，其職權與責任有明確的劃分，始能有效推動業務貫徹執行法律。

(2)公務人員守法盡職：行政機關為一組織體，而以公務人員構成其組織的分子，實際業務的處理，須由個別公務人員負責進行。故在公務人員方面，必須具備適當的素質、守法盡職的精神，以及對民主法治的認識，然後始能符合現代民主國家公務人力的需要，而有助於法治行政理想的實現。

(3)人民守法守分重視公益：人民生活於國家之中，為尊重群體的紀律，即應守法並重視國家社會的公共利益，不僅不能違法或祇顧個人私益，而且應切實遵照法令善盡國民的義務，並在必要時能夠犧牲私益以增進公益。

(二)客觀的要件：如前所言，係指國家在法制方面所應具備的條件，亦可謂狹義的法治行政要件，此一方面要件的具備，主要應由國家負起責任。茲分下列五項言之：

(1)完備的憲法：憲法乃國家的根本大法，其內容中與法治行政最具有密切關係者，即憲法可對人民自由權利提供直接保障，對行政機關權限及與其他治權機關的關係作原則性的規範❷。憲法內容就各種重要事項如能作完備妥適的規定，則行政法規即有所準據，而行政機關的各種措施亦不致發生違法濫權的情事，是故完備的憲法構成法治行政的基石。

(2)周詳的行政法規：行政法規係就憲法內容有關行政權的事項，作切合實際的延伸規定，此等法規在內容方面除就部分事項應作保持適度彈性的規定外，為肆應一般行政業務上的實際需要，自應要求其必須周詳、明確，而具體。如此，即可使法規在執行時不致發生各種疑難問題，並減少執法機關及人員玩法濫權、曲解妄斷的機會，使法規得以正確適用並充分發揮其效力。

(3)立法權獨立行使：在各國政制方面，立法權均歸屬於議會，由其代表民意行使，以制定各種法律拘束行政機

---

❷ 我國憲法對人民自由權利採直接保障主義，在其第二十二至二十四條均屬有關的規定。至於有關行政機關與其他治權機關間關係的規定，則散見於憲法第五至九章各項條文。

關。因其所制定的法律須符合民意，且其職權在傳統上對行政機關具有監督作用，故自近代以來，各種分權學說在基本上均主張立法權須由獨立機關行使，避免受行政機關控制，以致喪失其立場與作用。且立法權的範圍極廣，各種重要行政事項，均應以法律作基本規定，並應就行政機關行政立法權的行使保持其立法監督作用❸。

⑷確定行政機關權責：行政法規應對行政機關的權責作明確規定，使行政機關就職權的行使受到法定的限制，同時配合其職權課予其就違法不當行為所應負擔的責任。

⑸建立行政救濟制度：現代民主國家均已陸續建立行政救濟制度，使人民在遭受行政上違法不當處分，致其權益受到損害時，得以提出申訴並尋求事後的救濟。有關制度包括請願、訴願、聲明異議，及行政訴訟等措施，使行政機關對其系統內機關的行為有複查的機會，也使司法機關以其超然立場得以對行政機關措施審查其合法效力，發揮司法監督的作用❹。經由此等制度的實施，不僅能夠矯正行政上的各種不法行為，而且由於國家參與負擔事後的損害賠償責任，使人民權益足以獲得確切的保障，有助於增進法治行政的功效。

第三項　法治行政對行政法的影響

法治行政思想為現代民主國家行政法發展的原動力，也構成行政法理論的基礎，因而對於行政法規的內容具有普遍深入的影響。具體言之，法治行政原則乃是各種行政法規內容的基本規範，所以在行政法規的各方面均能體察到法治行政原則的具體表現。茲分別就各種事項方面言之：

㈠關於行政機關組織方面：行政機關的設置不僅應具有法律依據，且其內部組織編制亦應有法律加以規範，故

---

❸ 有關各種分權學說的內容，主要係指三權學說與五權學說而言。另我國中央法規標準法第五條規定「法律保留」的事項，第七及十一條規定對行政立法採取立法監督的事項。

❹ 行政機關所受司法監督包括對人對事兩方面，在對人方面即司法機關透過各種違法案件的審理，追究公務人員因違法行為所應負擔的懲戒、民事及刑事責任；在對事方面即審查行政機關各種措施的合法性，而決定是否宣告無效或予以撤銷改變等是。

每個行政機關在原則上於其設立之前，即應先行制定其組織法規及編制表，使其設置及組織合法化，並藉以限制行政機關組織不當的擴張❺。

㈡關於人民權利義務方面：人民在公法上的各種權利義務，在憲法中大致均有基本原則性的規定，且其內容大部分均與行政權作用具有密切的關聯，故須制定各種行政法律依據憲法所定原則作延伸補充的規定，而行政機關若無法律依據不得逕以行政規章加以規定❻。如此則人民的自由權利即可獲得憲法及法律的雙重保障。

㈢關於行政委員會體制的採行方面：行政機關的組織在基本上應採獨任制，但獨任制不免具有其缺點及流弊，而行政委員會體制能夠集思廣益，羅致各方代表及專才，保持客觀超然立場，從事審慎考慮，足以防止獨任制下首長的專橫獨斷、違法濫權等流弊。行政委員會基於此等特性與優點，所以適宜於行政立法、行政司法、研究發展，與計畫決策等職權的行使❼；更具有促進法治行政實施的意義。

㈣關於行政職權與作用方面：一般行政法規就行政機關的職權責任、隸屬關係、業務規範、行政程序，及行政行為的無效與撤銷等事項所作規定，其所具意義，即在使行政機關能夠盡職負責、尊重組織系統、注意行政措施內容及程序的合法性。此等規定均在使行政機關系統的內部關係及業務運作方面加強其法治精神，亦可謂法治行政的具體表現。

㈤關於行政爭訟制度方面：欲厲行法治，即須在行政法關係上維持公平正義。就對國家與人民雙方當事人而言，一方面應使人民對違法不當行政處分，擁有申訴的權利與尋求事後救濟的機會；但在另一方面亦應使行政機關有就

---

❺ 中央法規標準法第五條規定國家機關之組織事項應以法律定之。地方政府機關組織憲法或法律有特別規定者，自亦應以法律定之，無規定者得以上級行政法規或地方自治法規定之。

❻ 中央法規標準法第五條規定，關於人民自由權利的事項亦屬「法律保留」的範圍。

❼ 我國行政機關方面，凡屬法制、訴願審議、研究發展及計畫決策等業務單位，多採行政委員會體制，例如行政院所屬法規委員會、訴願審議委員會、研究發展考核委員會及經濟建設委員會等均是。

其所作行政處分的合法性獲得澄清的機會，進而能夠維護政府威信，貫徹法令的實施。行政爭訟制度的建立，具有此雙方面的作用，並分為兩個階段進行，初步階段即予行政機關對行政處分加以覆審的權力，俾能兼顧合法與效率的要求；而後一階段即歸司法機關審理，以求對雙方的法律爭議作公正客觀的裁斷。總之，行政爭訟制度的建立，主要的目的在於保障人民的合法權益，使政府對違法不當處分負責，採取矯正補救措施；但同時也具有行政監督作用，有助於增進政府行政措施的合法性與公信力❽。

上述五項乃是就法治行政原則對行政法各方面所生具體影響的分析。此外，尚有須注意者，即法治思想隨時代背景的不同而有所轉變，此種轉變趨向亦將反映在行政法的內容與發展方面。故法治國家時代與福利國家時代的行政法規，必然呈現不同的內涵、精神與特質。

第二節　行政法適用的基本原則

在前節內容中業已分別提及，法治行政的內涵具有三項基本要點，即依法平等、依法限制，與依法負責。惟此等要點的涵義亦甚廣泛，均屬綜合概括性質。若對此等要點作詳細分析，則可從其涵義內容演繹出行政法適用方面各項具體原則，而此等原則實即為法治行政的理論基礎，亦為實現法治理想的正確規範與途徑。構成國內行政法典的行政程序法已於八十八年二月三日制定公布，該法第一章總則第一節法例的內容，對行政行為所應遵循的各項法理原則列有多項扼要的提示規定，其有關條文如下：

第一條規定「為使行政行為遵循公正、公開與民主之程序，確保依法行政之原則，以保障人民權益，提高行政效能，增進人民對行政之信賴，特制定本法」。（立法目的）

第四條規定「行政行為應受法律及一般法律原則之拘束」。（法律及法理依據）

---

❽ 學者有謂行政救濟制度具有「行政統制作用」者，就其涵義而言，實即行政監督作用，包括廣義的「行政監督」在內。見古登美著，行政救濟制度，臺北，文馨出版社，六十六年版，第四頁。

第五條規定「行政行為之內容應明確」。（內容明確原則）

第六條規定「行政行為非有正當理由，不得為差別待遇」。（平等原則）

第七條規定「行政行為應依下列原則為之：

一、採取之方法應有助於目的之達成。

二、有多種同樣能達成目的之方法時，應選擇對人民權益損害最少者。

三、採取之方法所造成之損害不得與欲達成目的之利益顯失均衡」。（比例原則）

第八條規定「行政行為，應以誠實信用之方法為之，並應保護人民正當合理之信賴」。（誠實信用及信賴保護原則）

第九條規定「行政機關就該管行政程序，應於當事人有利及不利之情形，一律注意」。（考量周延原則）

第十條規定「行政機關行使裁量權，不得逾越法定之裁量範圍，並應符合法規授權之目的」。（裁量適法適當原則）

由以上所引行政程序法各項相關條文的內容觀之，可知行政行為（亦即行政機關行使職權）所應遵循的法理原則相當廣泛，而各項原則的涵義所涉及的事項及範圍各有不同，其規範作用的效力亦不一致，故為便於遵循及適用起見，自須對此等原則的內涵加以深入的探討與闡釋，茲就各項重要原則分別解說如後：

㈠依法行政原則：「依法行政」為行政法適用的最基本原則，因法治行政即為依法行政，各種行政行為必須符合法令規定，而不得與法規相牴觸。若行政機關無視於法律的存在，而不遵守法律的拘束，實已違背其代表國家所負擔的守法義務。故欲求法治行政的理想實現，首先即須由行政機關切實奉行法令（包括憲法、法律、條約、命令、與不成文法），不得有違法的措施。即使為本機關所頒布的命令（行政規則），「除以同一形式變更者外，亦不得以行政作用，為與其相牴觸之行為」❾。基於此種理論，故在行政程序法第四章「法規命令及行政規則」部分即列有相

❾ 林紀東著，行政法，第七一頁。

關規定，特別值得注意者，即在其第一百六十一條規定稱「有效下達之行政規則，具有拘束訂定機關、其下級機關及屬官之效力」。此即說明即使為本機關訂定的內規對本機關亦具有有效的拘束力，不得任意以行政行為加以變更或違反其規定。

以上所述乃是就依法行政原則所作概括性的說明，若作進一步分析，則學者除強調依法行政原則的內涵中具有法律的規範創造力外，一般多認為係以「法律優越原則」與「法律保留原則」形成其理論架構的兩大主軸。茲再就此兩項原則的內容析述如後：

⑴法律優越原則：所謂「法律優越」，亦稱「法律優先」，此項原則主要係以「國民主權」及「法律位階」理論為其依據。其涵義即謂立法機關代表民意所制定的法律，具有其崇高性，效力僅次於憲法，對行政及司法機關均具有拘束力，故行政機關行使職權或發布行政命令均應受法律拘束，不得牴觸或違反法律。此項原則的確立，使行政機關負擔守法的義務，亦稱「消極的行政合法性」(Die negative Gesetzmässigkeit der Verwaltung)。近代德國行政法學家奧托・梅耶 (Otto Mayer) 對此項原則的精義曾作有闡釋稱「法律為國家意思中法律效力最強者」，「以法律形式表現之國家意思，優先於任何其他國家意思表示」；此種見解與法律位階理論相呼應，在傳統上已為各國所普遍接受，故我國憲法第一百七十二條規定「命令與憲法或法律牴觸者無效」。行政程序法第四條規定「行政行為應受法律及一般法律原則之拘束」。同法第一百五十二條第二項規定「法規命令之內容應明列其法律授權之依據，並不得逾越法律授權之範圍與立法精神」。上引各項條文，均明確顯示具有法律優越的涵義。此外，基於法律優越原則不僅課予行政機關消極的守法義務，而且更衍生出行政機關在行使職權時對相關法律必須「強制適用原則」(Anwendungsgebot)，並要求應正確適用不得曲解妄斷的「禁止偏離原則」(Abweichungs-verbot)⑩；為求符合此兩項原則的規範，則行政機關行使職權適用法律即應注意下列事項：

---

⑩ 林騰鷂著，行政法總論，三民書局，八十八年版，第七二頁。陳敏著，行政法總論，自刊，八十七年版，第一二八—一二九頁。

①行政機關處理業務應主動適用法規：因行政法規構成各種行政業務的規範，而執行法律乃是行政機關的職責。故行政機關處理業務，均應無待人民請求本於職責主動適用法規。

②行政機關適用法規應遵從上級指示：行政組織具有層層節制的體系，上級對下級擁有指揮監督權。故行政機關在適用法規時，應遵從上級及主管機關的指示及其所頒布的有關法規命令與釋例。若下級遇有疑難問題亦得向上級請示。

③行政機關適用法規應恪守法律效力的原理原則：有關法律效力的各項原理原則，構成法律適用的重要規範，對行政行為的效力與合法性具有密切的關聯，行政機關在適用法律時應予以重視，有關事項在前引行政程序法第四條中已有明文規定。

④行政機關適用法律應貫徹法律的目的並妥善運用公權力：行政機關既負有執行法律的職責，則在適用法律時，自應力求貫徹法律的立法目的，發揮預期的功效；在需要運用公權力時，應依法妥善行使，以求適度伸張公權力的作用，俾可有效實施法令推行政策；否則將造成行政機關無力感的形象，難以展布大有為政府的理想。

(2)法律保留原則：所謂「法律保留」，其直接解釋係指凡屬應以法律規定的事項，若無法律依據或授權，均不得逕以命令代替法律加以規定；否則即係違反依法行政原則，破壞法律位階秩序，構成牴觸法律的行為。但若作詳細分析，法律保留原則具有相當廣泛的理論內涵，茲扼要引述如下：

①法律保留的理論依據：法律保留原則的理論大致形成於十九世紀，三權分立制度建立之後，基於當時的政治思潮及民主法治的發展，衍生出三種相關的理論依據，即⑪：

1.法治國思想：其核心理論即主張藉由法律支配（Rule of Law）以保障人權。

2.議會民主思想：其核心理論即主張藉由國會的立法權優越以控制行政權的運作。

3.人權保障思想：其核心理論即主張藉由憲法對基本人權的保障規定，作為法律保留的依據。

---

⑪ 林騰鷂著，前揭書，第七四頁。

上述三種思想乃是「法律保留原則」形成的法理淵源，亦有學者將此三種淵源視為法律保留的基礎原則者，此等原則即為⑫：

1. 民主原則：係指在民主國家中，法律是由代表民意的國會所制定，故凡屬涉及國家要務與人民權益的事項，自均應由國會制定法律加以規定，始能符合國家與人民的利益；而在此民主原則下的法律保留，是為「國會保留」，亦為對法律尊重的表現。

2. 法治國家原則：法治國家崇尚法治行政，使行政法關係受到法律的規範，經由法律的「可預見性」與「可測量性」(Die vorseihbarkeit des Rechts, Die Messbarkeit des Rechts)，從而使人民得以預知其權利義務的內容與範圍，以及其自身行為在行政法上的後果，進而有助於維持法律秩序的安定，此種情形足以實現「法確定性原則」(Die Rechtssicherheit) 的理想。

3. 維護基本人權原則：現代民主國家均重視基本人權的維護，經由代表民意的立法機關在法制上建立各種有關制度，對行政權力的行使加以規範，俾可避免對基本人權的侵犯，使人民權益獲得確切的保障。

以上三項原則，實構成法律保留原則的基礎，更使法律保留原則的內涵得以充實。

②法律保留原則的各種學說：關於法律保留的理論依據與基礎原則已見前述，但若作進一步的探討，可以發現法律保留理論具有多種學說分別作不盡相同的闡釋，茲略述如下⑬：

1. 侵害保留說：此說認為法律保留原則僅適用於干涉行政方面，此即在實際上要求行政權的行使如涉及對人民自由權利的侵害或課賦義務的事項時，始須具備法律依據，受法律的限制。至於所作其他行政行為基於民主國家行政權本身所具的正當性，祇要有憲法依據並不牴觸法律的情況下，則行政權應可被賦予運作的空間。

2. 全部保留說：此說認為法律保留原則應適用於所有行政行為，無論干涉行政或給付行政均應包括在內；因

⑫ 陳新民著，行政法學總論，自刊，八十四年版，第五四－五五頁。

⑬ 林騰鷂著，前揭書，第七五－七七頁。林錫堯著，行政法要義，自刊，八十七年版，第一八－二〇頁。

此等各種行政行為均應受代表民意的立法權意思的支配和規範。如此，乃能在干涉行政方面確保人民自由權利不受行政權力的任意侵犯；另在給付行政方面使國家資源在法律的規範下，能夠有效運用作合理適當的分配，俾有助於實現憲法上法治國與社會國的理想。

3.折衷說：此說首先對全部保留說有所批判，認為不應過分強調議會的優越地位，忽視行政權的民主正當性；且若欲貫徹全部保留，在立法上即須大量採用概括授權規定，以免產生執行上的困難；另在責任分際上，亦可能導致行政與立法雙方的混淆。針對上述的缺失，德國行政法學者遂有倡導「擴張的傳統保留」(erweiterter Klassischer Vorbehalt) 理論者，即主張對干涉行政應採法律保留，對給付行政則應予開放空間，俾使行政權得以發揮其積極主動特性。另有學者主張「限縮的全面保留」(eingeschränkter Totalvorbehalt) 理論，認為「全面保留」的原則仍應維持，但應限於「必要」與「可能」的範圍。此外，尚有學者認為法律保留原則對給付行政的適用，應僅限於常態、長期、及受益人廣泛的情形，如係在突發的緊急狀態之下，因涉及緊急權的行使，則法律保留原則即難以適用。

4.重要事項說：此說係根據德國聯邦憲法法院自一九七〇年代以來長期判例內容的累積所形成的理論，其主張即認為干涉行政固應受法律保留原則的限制；至於給付行政方面，若屬涉及人民基本權利或公共利益的事項，亦均應受國會立法的拘束，因此等事項均為行政上的「重要基本決定」，故須具備法律依據。除此等重要事項之外，其他次要事項，則可不受法律保留原則的限制。

5.國會保留說：此說認為民主國家的國會，受人民的付託代表民意行使立法權，並監督行政機關，對涉及人民自由權利或其他國家重要事項應直接制定法律加以規範，俾能確保人民權益防制違法濫權行為發生，故「法律保留」亦稱「國會保留」。但國會保留仍須具有適度彈性，始能切合實際，因而法律保留的內涵與範圍應有層次劃分，即所謂「階層關係」(Stufenverhältnis)，亦有提出「重要性階層理論」(Stufen theorle) 者，此乃就應屬法律保留的事項依其對基本人權與公共事務的重要性關係，區分為三個層次，其原則性的標準即為：

A.不重要事項：此即屬於行政權的固有事項，不必經由法律授權，行政機關即可以命令自行決定者。

B.重要事項：此即並非屬於行政權固有事項，但在法律授權的前提下，得由行政機關以行政命令決定者。

C.最重要事項：此即專屬於國會立法權範圍，不得移轉於行政權決定，應由立法機關直接制定法律加以規定者；亦即法律保留中禁止授權的部分。

上述三種原則性標準似仍欠具體，為解決適用上的疑問，學者遂有以消極衡量標準，列舉出可以不適用國會保留的事項範圍，其項目如下⓮：

「1.憲法上不屬於國會權限範圍事務，例如憲法第七十條預算案之提議。

2.須作彈性反應事務，如關於金錢給付數額，若遇激烈通貨膨脹，則可隨物價指數彈性反應調整。

3.發展、變遷中的事務，如涉及科學、技術仍在發展變遷中的事務。

4.依事務本質具固有自主規律性者，如生活教育的輔導、成績考核的辦理，須由教育專業的觀點出發，立法者不宜介入。

5.試驗性事務。

6.有因地制宜需要的事務。

7.施行或細節性事務。

8.憲法上自治保留事務，如地方自治、大學自治等是。」

以上所述已就法律保留原則的相關理論提供廣泛的介紹，可知此項原則實構成依法行政原則的兩大支柱之一，其法理學說與適用情形隨不同的時代思潮及社會背景而有所變動，俾能因應客觀環境的需要；故在積極國家時代，為針對當前服務行為與給付行政特性的要求，促使法律保留原則具備適度的彈性。換言之，法律保留原則的基本理念不變，但其適用範圍與規範作用則具有不同層次的伸縮空間。就我國行政法實務方面而言，其基本依據見於憲法第二十三條及中央法規標準法第五條的規定，但在適用上仍可藉由法律授權、解釋、判例及慣例賦予行政機關執行

⓮ 林騰鷂著，前揭書，第七七頁。

法規時的適度彈性，以求妥善達成法律的目的，增進福利國家的施政功效。

③法律保留的涵義分析：法律保留原則的涵義，可分別從憲法及行政法兩方面加以解釋，在此兩方面的涵義實有所不同，茲分別言之⑮：

1.憲法意義的法律保留：此種意義的法律保留，與英美法方面的「法治」觀念（Rule of Law）相近，係指自國家法律秩序的觀點而言，對某些重大事項應專屬立法權規範的領域，其他國家機關（以行政機關為主）不得代替立法機關加以規範。此等事項例如關於人民基本權利的限制、或其他由憲法授權立法機關制定法律規定的事項等均是；前者如我國憲法第二十三條的規定，後者如憲法第二十四條有關國家賠償制度及第四十三條有關緊急命令制度等規定均屬之。此種憲法意義的法律保留，即前述的「國會保留」，亦稱「立法保留」。

2.行政法意義的法律保留：此種意義的法律保留，即認為所有行政行為均須具備法律的授權基礎；除非經由法律授權取得其合法性，否則行政機關並無任意採取行政措施的權力。可知此種法律授權的前提，形成一種對行政機關行動的積極要求和控制的手段。就依法行政原則的整體內涵而言，固然是以法律保留原則作為監控行政權力的機制，但在積極意義方面，行政機關經由法律的授權，即可充分發揮職權運作的功效，故學者有在法理上將此項原則稱為「積極的行政合法性」（Die positive Gesetzmässigkeit der Verwaltung）者。

④法律保留原則的適用情形：對於法律保留原則的適用，應注意行政措施所具的性質；因性質的差異，遂有干涉行政與服務行政方面法律保留的區分，茲略述如下⑯：

1.干涉行政對法律保留的適用：基於十九世紀消極國家的法治理念，為防制行政權力的濫用，對人民自由權利提供確切的保障；則政府權力不僅應受法律的限制，且倡導干涉最少的政府即為最好的政府；而法律保留原則的採行既能產生防制權力濫用的效果，則正符合當時消極法治觀念的要求，亦可謂是針對干涉行政所創設的機制。在

⑮ 陳新民著，前揭書，第五四—五五頁。

⑯ 同前註，第五六—五八頁。

此種意義之下，法律保留可稱之謂「干涉保留」或「侵犯保留」(Der Eingriffsvorbehalt)。同時，在嚴格依法行政的要求下，法律保留所強調者為「全面保留原則」，所以「無法律即無行政」，藉以維持行政行為的合法性，並將行政權力界定為執行法律意志的工具。到了積極國家時代，政府功能在於強調服務行政的發揮，保障人民權利的基本原則不變，但並非僅限於消極的防止侵害，而更注重於積極性權利的擴充，從而國家即須賦予人民各種參與權、請求權、生存權、以及機會均等權利。準此，則在積極國家與服務行政的理念下，消極的民權保障已難符合現代社會的需要，而消極的法律保留制度業已顯示出其功能的不足。

2. 服務行政對法律保留的適用：如前所言，在積極國家時代強調服務行政功能的情況下，傳統的消極性法律保留觀念既難配合行政進步的趨勢，因而必須針對服務與給付行政的性質及客觀需要，就法律保留原則的內涵與精神加以調整變通；其問題關鍵之所在，即法律保留原則對服務行政的適用，是否可賦予適度的彈性或開放空間，使行政機關在執行服務行政時，不受嚴格的依法行政限制，可作權宜性的處置。因服務行政的性質與干涉行政不同，不宜嚴格以法律限制，甚至即使在無法律明確授權的情形下，行政機關亦得採取必要的措施。如此，則在積極國家時代，為推行服務行政，法治行政原則在基本上雖仍須維持，但此項原則的內涵已非嚴格的機械法治，而應調整為機動的法治；且在給付行政的各種措施方面(例如津貼或扶助措施的提供等)，可透過預算制度而非嚴格的法律規範來拘束行政行為，同時對涉及平等權的問題，亦可採彈性處理的方式，以收因事制宜之效。

總之，為因應服務行政的需求，行政措施既不宜受嚴格依法行政的拘束，自以採機動法治為上策。換言之，在此種時代背景之下，在「法治行政原則」的涵義及適用方面，遂有「依法律行政」與「依法行政」的不同；前者可謂是機械的法治，使行政行為須受狹義法律的嚴格拘束，無法律即無行政；但在此種情形，若法律規範並不完備，則行政措施是否可獲「空白授權」，自有疑問；否則若不能賦予彈性運用的空間，則又將使「法治行政」淪為形式主義，不切實際。反之，在服務行政的要求下，為符合其特性，發揮福利國家的施政效果，即須對行政機關授予彈性運用的權力；對「法治」的解釋，採「依法行政原則」，即不必受狹義法律的限制，不以嚴格的「法律保留」為要件，如此始可矯正「依法律行政」的缺失，使行政機能得以充分發揮，俾有助於達成福利國家的時代使命。

㈡平等原則：所謂平等原則，實即指人民的平等權而言，其法理淵源來自「天賦人權」的思想，在一七七六年的美國獨立宣言及一七八九年的法國大革命人權宣言中均曾強調「人生而平等」的觀念，故平等權實為一般民主國家憲法上基本人權的一環，例如我國憲法第七條明文規定「中華民國人民，無分男女、宗教、種族、階級、黨派，在法律上一律平等」。此外，憲法第五條（民族）、第一百二十九條（選舉）、第一百五十九條（教育機會）、及增修條文第十條第五項（性別平等）均為涉及平等權的規定。關於平等原則的涵義，若作進一步分析，實即指對於相同的事實或在同樣條件下，應予相同的處理，非有正當理由，不應有差別待遇，有關規定已見於行政程序法第六條。而且，平等原則既具有憲法上的依據，則無論對立法、行政、及司法機關均具有拘束力，行政行為若違反平等原則，即構成違法情事。平等原則對人民法律上的權利義務足以產生直接的影響；因此，基於此項原則，行政機關非依法律不得為特定人免除一般性的法定義務或設定特殊權利，此即說明人民既在法律上具有平等地位；則任何人不應享有積極或消極的特權，因此等措施本身即屬違法，且有悖於憲法所定平等權的精神。

至於平等原則的內涵，並非僅要求做到機械式的或形式意義的平等，而是應從實質觀點，以立足點的平等為基礎，在行政措施方面亦可賦予法定範圍內的彈性。具體言之，在福利國家時代，平等原則已被注入積極的社會政策的意涵，對一般人民在權利義務方面，雖仍以立足點的平等為基礎，但對於弱勢族群則可本於社會公平正義的理念，在使其享有最低限度的保障之外，更著重於使其獲得均等的發展機會，並可提供必要的扶助；相對的在義務方面，亦可對弱勢族群按照其負擔能力作適度的賦課。對於此種情形，以往司法院大法官會議曾作成釋字第二一一號解釋稱「憲法第七條所定之平等權，係為保障人民在法律上地位之實質平等，並不限制法律授權主管機關，斟酌具體案件事實上之差異及立法之目的，而為合理之不同處置」。此項解釋的內容，誠有助於說明，福利國家時代平等原則精神的真諦所在。

平等原則的實現，首先應由立法作明確的規定，俾可規範行政措施使其符合平等原則的要求，並使此項原則在行政實務上有具體化的表現。從理論觀點而言，平等原則對一般行政行為均具有拘束力，此即不僅對行政機關所作公權力行為有拘束力（例如行政裁量、營造物之公法上使用關係等均不得違反平等原則），而且對於私經濟行為中的行政私法行為亦應受平等原則的規範。

其次，行政法學界多有學者認為，從平等原則可衍生出禁止恣意原則與行政自我拘束原則，因此兩項原則在內涵與作用方面均與平等原則具有密切的關聯。茲就兩項原則分述如下⑰：

⑴禁止恣意原則：此項原則係公法上的原則，對立法、行政、及司法機關均具有拘束力。就行政方面而言，此項原則的涵義在要求行政機關僅得基於實質觀點作成行政決定與行為，且行政機關的任何措施與其所處理業務案件的事實狀態之間，必須具有合理而適度的關聯。換言之，在此項原則的要求下，不僅禁止行政機關出於故意的恣意行為，且亦禁止任何客觀上違反憲法基本精神及事物本質的行為。準此，則所謂「禁止恣意」實即與「欠缺合理的、充分的實質上理由」具有相同的涵義。例如，行政機關在作裁量決定時若故意或因疏忽而未斟酌重要觀點者；或在行政程序中，對因不知法律而將遭受重大不利的當事人，依法律有防止或減少不利的可能，而未予教示者；又如，舉辦考試機關主持考試人員對應考人若有明顯偏見，而仍任其主持考試；凡屬此等情事均可視為恣意的行為。此外，恣意的行政命令與自治法規均應無效。恣意的行政處分原則上違法得予撤銷，其違法情節嚴重者（係指絕對的或顯然的恣意情形），則應歸於無效。

⑵行政自我拘束原則：此項原則係指行政機關於作成行政行為時，如無正當理由，即應受其相關行政慣例的拘束而言；否則即視為違反平等原則。在一般情形，適用此項原則，應具備下列三項條件：

①已有相關的行政慣例存在。

②行政慣例本身必須合法。

③行政機關必須就有關事件享有決定的餘地，即在職權上享有包括行政裁量、不確定法律概念的判斷餘地、

⑰ 林錫堯著，前揭書，第四六－四八頁。

及自由行政等權限；至於羈束行政事項，如不屬於行政機關對不確定法律概念的判斷餘地範圍，則行政機關即應受法律的嚴格羈束，而無行政自由的空間，自亦無行政自我拘束原則適用的機會。

㈢誠實信用原則：此項原則原為私法上的重要法理原則，其淵源來自自然法上當事人間的善意與衡平觀念，我國民法第一百四十八條第二項對此項原則作明確的規定稱「行使權利，履行義務，應依誠實信用方法」。即為採行此項原則的明確宣示。就私法實務方面而言，在契約及債務關係對此項均經常適用。此項原則的內涵，從正面解釋即為前述民法的規定，從反面解釋即不應濫用其權利或規避其義務，致有害於法律生活的公平狀態，故亦稱「禁止濫用權利原則」。此項原則在一般法律關係上均有其價值，就行政法方面而言，早期對此項原則在行政法上適用的問題曾有理論上的爭議，但近代以來，公法學界對此項原則已普遍持肯定與接受的態度，故在行政法關係上同樣應予以適用和遵循。我國行政法院曾在五十二年判字第三四五號判例中宣稱「公法與私法雖各具特殊性質，但二者亦有其共通之原理，私法規定之表現一般法理者，應亦可適用於公法關係，依本院最近之見解，私法中誠信公平之原則，在公法上應有其類推之適用」。由此可知誠實信用原則在行政法上的適用實具有明確的理論依據。嗣後，歷年來尚不斷有相關的判例出現。此外，大法官會議於八十三年所作釋字第三四八號解釋稱「行政機關基於其法定職權，為達特定之行政上目的，於不違反法律規定前提下，自得與人民約定提供某種給付，並使接受給付者負合理之負擔或其他公法上對待給付之義務，而成立行政契約關係。……經學校與公費學生訂立契約後，即成為契約之內容，雙方當事人自應本誠信原則履行契約上之義務……」。此項解釋亦為誠信原則適用於行政法關係的明證。至於此項原則在行政法上適用的範圍，可謂相當廣泛，包括有關私人公法行為、行政上自由裁量、瑕疵行政處分的撤銷與廢止（情況裁決）及治療與轉換、行政指導、行政契約、教示制度、稅務行政、及土地行政等方面均有適用誠信原則的機會⑱。

在行政法令規定方面，例如消費者保護法第十二條第一項規定「定型化契約中之條款違反誠信原則，對消費者

⑱ 梅仲協著，民法要義，第一五六頁。謝孟瑤著，「行政法學上之誠實信用原則」，城仲模主編，行政法之一般法律原則㈡，三民書局，八十六年版，第二〇四－二二四頁。

顯失公平者無效」。電腦處理個人資料保護法第六條規定「個人資料之蒐集或利用，應尊重當事人之權益，依誠實及信用方法為之，不得逾越特定目的之必要範圍」。另如貿易法第二十六條及建築師法第二十條亦均有適用此項原則的規定。

㈣比例原則：所謂比例原則，亦稱「禁止過分原則」，其主要意旨即在要求行政機關適用法規處理業務時，應就行政上所欲達成之「目的」與所使用的「手段」之間，考量其所應具有之適當比例關係。自另一方面而言，亦即在要求行政機關於執行職務（尤其在行使公權力）時，應就所採行之有關措施對公益與私益雙方所生得失的影響，盡量維持均衡，不可濫用行政權力，形成過當的處置，使人民權益遭受不必要的損害，故亦稱「最小侵害原則」。此項原則自二十世紀初期以來，頗受行政法學界的重視，將其奉為「帝王條款」，尤以佛萊納（F. Fleiner）氏所謂「不可以大砲打小鳥」的比喻，最能凸顯此項原則的精神與涵義。就理論方面分析，比例原則的內容實涵攝三個子原則在內，茲分述如下⑲：

⑴合適性原則（Prinzip der Geeignetheit）：此項原則學者亦有譯為「適宜性」或「妥當性」原則者，其內容即認為行政上所採取的手段（行政處分），必須經過考量是可以達成所欲實現之目的者；換言之，即應考慮手段確具有可行性。

⑵必要性原則：亦稱「侵害最小原則」（Grundsatz der Erforderlichkeit oder des geringsten Eingriffes），其內容即認為為達成一項行政目的，若所可採行的手段有多種時，應從必要性觀點考量，就其中選擇最為適當、侵害最小或最緩和的方法為之，以免採行手段過當，造成當事人不必要的損失。

⑶狹義比例原則：亦稱相當性原則或合宜性原則（Verhältnismä Bigkeit im engeren Sinne），其內容即認為行政機關所採行政措施，不僅應符合必要性原則，且應就達成行政目的所獲公益上的效果與對人民私益所造成的損害之間加以比較；若人民所受損害的價值大於所獲公益的效果時，則應放棄此項措施。換言之，即在強調對於所採措施的

⑲ 李震山著，行政法導論，三民書局，八十六年版，第八〇－八二頁。林錫堯著，前揭書，第四九－五〇頁。

原因、目的及程度，應就相關利益加以衡量，必須認為雙方足以維持合理且相當的比例，然後決定採行。

上述三項子原則不僅內容相互關聯，且具有層次性，頗能符合推理的邏輯。就此項原則的內涵而言，在基本上與我國憲法第二十三條對人民自由權利限制的規定具有相關性，且在行政法律方面各國早已在實際上加以確認並採用，我國的情形亦屬如此，例如行政程序法第七條規定「行政行為，應依下列原則為之：一、採取之方法應有助於目的之達成。二、有多種同樣能達成目的之方法時，應選擇對人民權益損害最少者。三、採取之方法所造成之損害不得與欲達成目的之利益顯失均衡」。此項條文乃是行政法規方面有關比例原則的基本規定，且與前述三項子原則的理論相互呼應。此外，在警察法規方面對此項原則採用較為普遍，例如警械使用條例中第四至八條有關警械使用情形的各項規定；又如社會秩序維護法第十九條第二項更明確規定「勒令歇業或停止營業之裁處，應符合比例原則」。再如集會遊行法第二十六條規定「集會遊行之不予許可、限制或命令解散，應公平合理考量人民集會、遊行權利與其他法益間之均衡維護，以適當之方法為之，不得逾越所欲達成目的之必要限度」等均是。

㈤信賴保護原則：此項原則亦稱「保護相信原則」，與前述誠實信用原則具有相關性，其涵義即謂由於政府已完成或一貫所採行的政策、法制或措施，使人民對其作為產生信賴觀念，認為不致輕易改弦更張，遂就有關自身權益的法律關係事項，依據此種信賴觀念的判斷加以處理時，則嗣後政府若無正當理由，即不應對有關事項採取與人民所持信賴觀念相牴觸的措施；俾使人民既得權益有所保障，並避免行政機關對現行政令或決定輕率變更，致使其威信受到損害。一般學者認為信賴保護原則的內涵在理論上應具備三項要素（要件），即「信賴基礎」、「信賴表現」與「信賴值得保護」，茲就此等要素略述如下[20]：

⑴信賴基礎：構成信賴基礎者，係指國家作成一項為人民所信賴的特定行為而言，此一行為須為國家所作成的一項有效意思表示，具有「法的外觀」(Rechtsschein)，足以形成人民信賴的依據。

⑵信賴表現：係指人民因信賴國家的行為，從而採取具體行動，顯示其對國家行為的信賴，例如就其財產作成

[20] 林錫堯著，前揭書，第五三—五四頁。董保城著，行政法講義，自刊，八十三年版，第一五三—一五四頁。

實際的處理，或作成某種法律行為導致法律關係變動的效果等均是。惟信賴行為與信賴基礎之間，須有因果關係存在，且人民的信賴行為須具有合理性與正當性。

(3)信賴值得保護：當事人的信賴，若無不值得保護的情事，即應適用信賴保護原則予以保護，對因行政機關所採撤銷或廢止處分，使當事人所遭受不可預見的損失，應給予合理的補償。所謂不值得保護的情事，包括對於行政處分所具「事實上瑕疵」與「法律上瑕疵」在內，當事人對此等瑕疵若因過失而不認識，但依常理可推定其已認識者，即構成不值得保護的原因，遂不能適用信賴保護原則。至於無不值得保護的事由，而應適用依賴保護原則時，則所採保護措施包括「存續保護」與「財產保護」兩種；後者即提供損失補償；前者即在不違反公益的原則下，不採取對違法原處分的撤銷或廢止，而允許其繼續有效存在，藉以維護當事人的既得權益。

信賴保護原則在行政實務上的適用，多半涉及授益處分的撤銷或廢止情形，或政策、法令發生不可預見的變動情形，行政程序法中對有關事項已有多項明確的規定，其有關條文如下：

第一百十七條規定「違法行政處分於法定救濟期間經過後，原處分機關得依職權為全部或一部之撤銷；其上級機關，亦得為之。但有下列情形之一者，不得撤銷：

一、撤銷對公益有重大危害者。

二、受益人無第一百十九條所列信賴不值得保護之情形，而信賴授予利益之行政處分，其信賴利益顯然大於撤銷所欲維護之公益者」。

第一百十九條規定「受益人有下列各款情形之一者，其信賴不值得保護：

一、以詐欺、脅迫或賄賂方法，使行政機關作成行政處分者。

二、對重要事項提供不正確資料或為不完全陳述，致使行政機關依該資料或陳述而作成行政處分者。

三、明知行政處分違法或因重大過失而不知者」。

第一百二十條規定「授予利益之違法行政處分經撤銷後，如受益人無前條所列信賴不值得保護之情形，其因信賴該處分致遭受財產上之損失者，為撤銷之機關應給予合理之補償。前項補償額度不得超過受益人因該處分存續可得之利益」。

第一百二十六條規定「原處分機關依第一百二十三條第四款、第五款規定，廢止授予利益之合法行政處分者，對受益人因信賴該處分致遭受財產上之損失，應給予合理之補償」。

根據上引各項條文的內容分析，大致可以瞭解，信賴保護原則在行政法關係上的適用，主要是針對授益行政處分事後的撤銷或廢止情形，藉以保護善意的受益人，而以信賴利益的存在並大於所欲維護的公益為前提要件，一旦原處分被撤銷或廢止後，為彌補原受益當事人的損失，應採適當的補償措施。

㈥裁量適法適當原則：自由裁量為法律對行政機關所作彈性授權，惟其權力的行使並非不受任何限制。具體言之，行政機關在行使裁量權時，除不應逾越授權範圍及不得違背授權法律的立法精神與目的外，即就所作裁量決定的內容而言，亦應求其不妨害公共利益，且就常情判斷認為適當合理㉑。行政程序法第十條規定「行政機關行使裁量權，不得逾越法定之裁量範圍，並應符合法規授權之目的」。此項條文的內容，即與前述行政裁量的理論相互呼應。其次，若再就行政裁量權的行使，作進一步的分析，則可引用裁量瑕疵的理論，說明違反裁量適法適當原則的情形。所謂裁量瑕疵，約包括四種情事，茲略述如下㉒：

(1)裁量逾越：係指裁量權的行使超出法定授權範圍而言。

(2)裁量怠惰：係指行政機關依法享有裁量權，若因故意過失或出於錯誤，而消極的未行使其裁量權時，即構成裁量怠惰情形。

(3)裁量濫用：係指行政機關對裁量權的行使，不符合授權法律的立法目的、或未能就公私利益及相關因素作周延的考量、或裁量結果係出於不法動機或個人情緒與主觀好惡時，則即構成裁量權濫用情形。

㉑ 田中二郎著，行政法總論，第二八六－二八八頁。

㉒ 翁岳生主編，行政法，上冊，自刊，一九九八年版，第二〇一－二〇三頁。

(4)違背基本權利及行政法一般法理原則：係指裁量權的行使若違背憲法上有關各種基本人權的規定或違反行政法的各種法理原則時，即顯然構成裁量的瑕疵。

總之，行政裁量既為行政機關職權的行使，自須受行政法規及法理原則的拘束，否則若發生各種瑕疵，即與適法適當的原則不合，對其法律效果將造成不利的影響。

(七)便宜原則：行政法上的便宜原則，亦稱機宜原則或權變原則或隨機應變原則，此項原則的內涵涉及機關裁量權的行使與行政執行措施的變通性，其淵源來自刑事訴訟法上對強制追訴原則(或起訴法定原則)例外裁量的理念，亦即基於微罪不舉或對執行無實益的考量，可以對追訴與否享有裁量的餘地。此項原則嗣後逐漸適用於行政法領域，在警察法、違反秩序罰法、行政程序法、及行政執行法等方面均有其適用，茲分述如後㉓：

首先就警察法方面而言，德國早期在一九三一年普魯士邦警察行政法中即有規定，其第十四條第一項稱「為了防止可能損及公共安全與秩序之一般或個別之危害發生，警察機關於適用之法律範圍內依合義務之裁量採取必要之措施」。此即指警察機關於執行防止對公共安全與秩序的危害任務時，得基於行政目的與公益的考量，採取必要的行政措施。在我國的相關法令方面，例如集會遊行法第十五條規定「室外集會遊行經許可後，因天然災變或重大事故，主管機關為維護社會秩序、公共利益、或集會遊行安全之緊急必要，得撤銷許可或變更原許可之時間、處所、路線或限制事項……」。消防法第二十至二十三條有關火災搶救及各種限制與管制措施的裁量授權規定等均是。

另就違反秩序罰法方面而言，德國一九五二年的違反秩序罰法第四十七條第一項規定「追緝或制裁機關，對於違反秩序之行為享有合義務之裁量權，對於懸而未決之程序亦可停止之」。同法第五十六條規定行政機關對輕微案件之當事人易以訓誡，並得課以五至五十馬克之訓誡金。我國社會秩序維護法第四十四條規定「警察機關對情節輕微而事實明確之違反本法案件，得不經通知、訊問逕行處分。但其處罰以新臺幣一千五百元以下罰鍰或申誡為限」。另在行政秩序罰法草案中第四十七條規定「行政不法行為情節顯屬輕微者，對於行為人之裁處得易以訓誡。……」。此

㉓ 林騰鷂著，前揭書，第八六頁。羅名威著，論行政法上之便宜原則，載於行政法之一般法律原則(二)，第四七〇—四八三頁。

等規定的內容，均與前述德國有關法令的規定頗為相近。

其次，就行政程序法方面而言，德國行政程序法第二十二條第一項規定「行政機關依合義務裁量決定，是否及何時實行行政程序。但若法律另有規定時則不適用之」。我國行政程序法也有類似的規定，其第三十四條稱「行政程序之開始，由行政機關依職權定之。但依本法或其他法規之規定有開始行政程序之義務，或當事人已依法規之規定提出申請者，不在此限」。同法第五十九條有關聽證公開原則及例外的規定，亦具有同樣的意義。

此外，再就行政執行法方面而言，德國行政執行法上雖無具體的規定，但在我國有關法令方面則不乏實例，例如行政執行法第九條第三項規定「行政執行，除法律另有規定外，不因聲明異議而停止執行。但執行機關因必要情形，得依職權或申請停止之」。同法第三十二條規定「經間接強制不能達成執行目的，或因情況急迫，如不及時執行，顯難達成執行目的時，執行機關得依直接強制方法執行之」。又如道路交通管理處罰條例第五十六條第二項規定「前項情形（違規停車），交通勤務警察或依法令執行交通稽查任務人員，應責令汽車駕駛人將車移置適當處所；如汽車駕駛人不予移置或不在車內時，得由該交通勤務警察或依法令執行交通稽查任務人員為之，或得於舉發其違規後，使用民間拖吊車拖離之，並收取移置費」。

根據以上所引四方面的中外法令規定觀察，可知此等條文的內容，其共同之點即在授予行政機關適度的裁量權，使其在執行有關法令時，就例外情形或緊急事故或輕微案件，得在授權範圍內作適度的彈性處置，便於採行權宜措施。惟就適用便宜原則的情事而言，則多半屬於干涉人民自由權利的秩序行政方面。

至於便宜原則的法理依據，大體言之，約可提出下列三點理由作綜合性的扼要說明㉔：

(1)行政資源的有限性：鑑於行政上人力、物力及設備的限制，行政機關似不可能也無必要對所有業務案件一律採取完全的執行措施，因此就部分案件自得因事制宜，採取變通的方法處理。

(2)程序經濟的考量與行政目的的達成：行政措施的採行，首要在行政目的的達成；但在行政程序方面亦應考量符合

㉔ 同前註，羅名威文，第四七九－四八四頁。

經濟原則；若授權執行機關彈性處理，能夠兼顧目的達成與程序經濟時，自應允許適用變通方法。

(3)行政目的與私益的衡量：行政執行固應以行政目的的達成為前提，但在所採方法方面亦應對私益所可能遭受的損害有所考量；基於比例原則的要求，執行方法僅得採行必要的措施或作適度的變通，以免私益遭受過當的侵害。

以上三項理由均構成便宜原則的法理基礎，亦足以說明便宜原則在行政業務上的必要性。

(八)便民與效能原則：現代民主國家均以福利國家與服務行政為號召，在行政業務方面講求便民服務與提升行政效能。故行政機關在政策目標與手段的選定、適用法律處理業務或訂頒法律或規範行政程序時，應注意符合便民與效能的要求，俾使行政法制簡化合理，程序經濟、重視行政成本概念，具有服務精神，以適應民主社會的客觀環境，實現積極與服務國家的理想。首先就便民原則而言，在行政程序法上凡屬資訊公開與行政指導、以及逾法定期間得申請回復原狀等規定均具有便民的意義。其次，有關行政處分方式的彈性規定、允許當事人以言詞代替陳述書的規定、無管轄權機關應將案件主動移轉有管轄權機關的規定、行政機關權限委託與委任的規定，以及行政爭訟法制方面各種有關程序經濟措施的規定，均可謂同時符合便民與效能原則的設計[25]。

(九)公益原則：在公法關係上，國家代表公共利益常居於優越的地位，且在行政的施政與法制方面均奉行公益(優先)原則，對行政業務的處理常須首先作公益的考量，優先重視公益的維護；若行政措施有悖於公共利益，則將失去其正當性與合法性。所謂「公共利益」，其內涵涉及的範圍甚廣，可謂是一項「典型的不確定法律概念」，其不僅在『利益內容』上具有不確定性及多面性，而且在『受益對象』方面也具有不確定性」[26]。但在公法關係上公益優先原則，則具有憲法上的依據，我國憲法第二十二條規定「凡人民之其他自由及權利，不妨害社會秩序公共利益者，均受憲法之保障」。第二十三條規定「以上各條列舉之自由權利，除為防止妨礙他人自由、避免緊急危難、維持社會秩序或增進公共利益所必要者外，不得以法律限制之」。根據此兩項條文的內容作反面解釋，即可認定人民的自由權

[25] 翁岳生主編，行政法，第一二九頁。林騰鷂著，前揭書，第八三頁。

[26] 翁岳生主編，前揭書，第一三〇頁。

利，若妨害社會秩序公共利益，均不受憲法保障；且為維護社會秩序及公共利益的必要，得制定法律加以限制。準此，則憲法規定對公益優先的考量已至為彰明。在一般行政法律方面，對公益優先原則雖尚乏明確的統一規定，但不少行政法律在立法目的方面均強調維護公共利益，例如社會秩序維護法第一條規定「為維護公共秩序，確保社會安寧，特制定本法」。公平交易法第一條規定「為維護交易秩序與消費者利益，確保公平競爭，促進經濟之安定與繁榮，特制定本法。……」。另有在法律內容中，對涉及限制措施的事項，採取符合前述憲法條文之規定者，例如集會遊行法第十一條有關申請室外集會遊行不予許可的情事，其第二款即為「有事實足認為有危害國家安全、社會秩序或公共利益之虞者」。另有廣播電視法第二十一條規定「廣播電視節目內容，不得有左列情形之一：一、損害國家利益或民族尊嚴。……五、妨害公共秩序或善良風俗」。凡屬以上所引各種法令規定，均具有維護或優先考量公共利益的涵義，同時也足以證明公益原則在行政法上適用的廣泛。

此外，司法機關在解釋及判例方面，亦不乏強調應重視及維護公共利益的見解者，例如行政法院七十六年五月份庭長評事聯席會議曾有一項決議稱「經稅捐稽徵機關調查核定之案件，納稅義務人於法定期間內未申請復查，其原查定處分，固具有形式上之確定力，惟稅捐稽徵機關如因發現新事實或新課稅資料，認確有短徵情形，為維持課稅公平之原則，基於公益上之理由，要非不可自行變更原查定處分，而補徵其應納而未納之稅款」。又該院於六十二年判字第五八八號判例中稱「電動玩具具有機會性而可供賭博者，縱因未明瞭其作用及性質，准許進口設置，但既經發現其賭博性，足以妨害公序良俗，為維護公共利益起見，主管機關予以禁止，自非法所不許」。此等判例所持見解，均顯示對公益的重視，而肯定主管機關為維護公益所採取的公權力措施；但尚有值得注意者，即行政機關在維護公益的同時，對案件所涉及相對的合法私益亦應予以適當的照顧，不可使其遭受不必要的損失，尤其對應適用信賴保護原則的案件，必須給予受害人民適當的補償，以彌補其為公益所承受的特別犧牲㉗。

㉗ 參閱行政法院五十八年判字第三一號判例及司法院院字第一四六一、一六二九號解釋、行政法院八十三年判字第一八八一號判決、同年第五六〇號判決。

(十)明確原則：行政程序法第五條規定「行政行為之內容應明確」。此即所謂明確原則，亦稱明確性原則。此項原則的淵源來自刑法上的罪刑法定主義理念，嗣後基於法治行政的要求，遂將此種理念逐漸適用於行政法方面。至二次大戰後，德國聯邦基本法第八十條第一項就有關政府發布命令的事項規定稱「聯邦政府、聯邦閣員或邦政府，得依據法律，發布命令。此項授權的內容、目的及範圍，應以法律規定。所發命令，應引證法律根據。……」。此項條文的涵義即在強調法規方面的明確原則。不過，明確原則適用的範圍甚廣，包括行政法制、行政行為及行政程序等方面的事項在內，均應受此項原則的規範。故若作詳細分析，此項原則的意涵，約可分為下列三項說明㉘：

(1)法規方面：係指要求關於法規的制定，在程序上須經由公開審議，然後公布周知；在內容方面須就規範事項的構成要件及法律效果作明確規定，使行政機關與行政客體雙方均能瞭解法規所保障的價值，及其所欲加以強制禁止的事項。

(2)授權行為方面：係指要求法律在授權行政機關訂頒行政命令時，應就授權的內容、目的及範圍等事項作明確規定。

(3)行政行為方面：係指要求行政機關所作行政行為，其方式及內容均應具體明確，俾便於執行，並具有預見可能性(Vorhersehbar)、可測性(Meßbar)、衡量可能性(Wägbar)及審查可能性(Kontrollierbar)。

由以上三項說明，可知所謂明確原則，不僅注重法規及行為內容的明確具體，而且其做成的方式及程序亦應公開周延。此外，由明確原則尚可衍生出可預測性原則，要求行政機關的法令及措施須具有可預測性，而不致朝令夕改，以免使人民遭受難以預測的損害。

我國司法機關對於明確原則，以往所作解釋不勝枚舉，例如大法官會議第四〇二號解釋稱「法律雖得授權以命令為補充規定，惟授權之目的、範圍及內容必須具體明確」。第四三二號解釋稱「專門職業人員違背其職業上應遵守之義務，而依法應受懲戒處分者，必須使其能預見其何種作為與不作為構成義務之違反及所應受之懲戒為何，方符

㉘林騰鷂著，前揭書，第八四—八五頁。翁岳生主編，前揭書，第一三二頁。

法律明確性原則。……法律明確性之要求，非僅指法律文義具體詳盡之體例而言，立法者於立法定制時，仍得衡酌法律所規範生活事實之複雜性及適用於個案之妥當性，從立法上適當運用不確定法律概念或概括條款而為相應之規定」。又第四四五號解釋稱「以法律限制集會、遊行之權利，必須符合明確性原則」。此等解釋所表達的意見，大致均與前述明確原則的理論兩相符合，且明確原則的適用應同時賦予可預測性的作用，亦不排斥法規內容可保留適度的彈性空間。

除前述大法官所作各項解釋外，行政程序法中涉及明確原則涵義的規定甚多，前述第五條乃是一般原則性的規定，另在有關資訊公開、聽證程序、行政處分、及法規命令等方面尚有多項條文均能顯示明確原則的涵義與精神。

㈩禁止不當結合原則：此項原則亦稱「禁止不當聯結原則」，其涵義係指行政機關所作行政行為與人民的相對給付之間，必須具有實質上的內在關聯，始能相互結合；否則，即視為不當結合應予禁止。換言之，亦可謂對行政行為禁止「與事件無關之考慮」。行政法學界通常認為此項原則的淵源係出自法治國原則、依法行政原則、禁止恣意原則與比例原則等方面的理論，並具有憲法上的位階，其在憲法上的依據，即為憲法第二十三條的規定，因依據該條解釋，對人民自由權利的限制，除須基於「防止妨礙他人自由、避免緊急危難、維持社會秩序或增進公共利益」等理由外，尚須考慮有無限制的必要，始得以法律限制之。凡屬上述四種理由與必要性的考量，均足以顯示政府的有關法制及措施與人民自由權利所受限制的關聯性；自反面觀之，即可發現憲法第二十三條的涵義，實可構成禁止不當結合原則在憲法上的依據。因為此項原則具有憲法原則的位階，故不僅行政機關應受其拘束，即立法機關的立法行為亦應受其規範，可知其適用範圍及效力甚廣㉙。

至於禁止不當結合原則的內涵，約可包括四點重要事項，茲略述如下㉚：

㉙ 翁岳生主編，行政法（上），第二二八頁。趙義德著，「析論不當聯結禁止原則」，城仲模主編，行政法之一般法律原則，第二二八—二二九頁。

㉚ 同前註，趙義德文，第二三〇—二三二頁。

(1)目的與手段的合理聯結：係指行政機關欲達一定行政目的，在手段的選擇上應注意與目的之間須有合理的聯結；換言之，目的與手段的合理聯結，在實際上與比例原則的內涵有關。

(2)對待給付實質上關聯：係指行政機關與人民間締結公法契約時，關於雙方所負對待給付義務應形成一種均衡關係，避免人民在行政機關的優勢壓力下，承諾負擔無關聯性或不相當的給付義務，以致遭受顯失公平的不利益；因而，要求人民與行政機關雙方的對待給付之間須有實質上的聯結，期能一方面杜絕行政機關藉行政契約的締結「出售公權力」，而另一方面可藉以保障人民權益。

(3)不相關因素考慮的禁止：行政機關在作成行政決定時，固然須考慮諸多因素，但此等因素必須具有相關性；若所考慮的因素與所作決定之間毫無關聯，則所作決定即有失正當合理性，違背禁止不當結合原則，足以導致所作決定的違法無效。

(4)公益範圍的聯結：係指行政機關為實現公益的目的，在必要情形下，固然得限制或侵害人民的私益，但採取此等措施時，必須考慮其措施與實現公益目的有無實質上的關聯，絕不可藉公益之名濫用行政手段侵害人民權益。換言之，行政機關的行政目的與所造成人民權益損害之間，不僅應有合理的關聯存在，且應屬於公益性範圍內的關聯，始能符合禁止不當結合原則的要求。

以上所述四點乃是關於禁止不當結合原則的理論內涵，至於此項原則在實務上所涉及的事項，約可分為五方面說明如下㉛：

(1)關於行政處分附款方面：行政處分的附款，係指附隨於主行政處分所設定的條件或負擔，其作用在於補充、形成或限制主行政處分的內容或效果。附款構成主行政處分內容的一部分，係由同一行政機關所作成。行政機關對行政處分設定附款，須不違反法令的規定，並須具有裁量授權，始得作成附款的決定。而更重要的是附款與主行政處分之間，須具有目的與內容上的關聯，始能有效成立。反之，若二者間不具有上述的關聯，或行政機關僅係以附

㉛同前註，趙義德文，第二三三—二三八頁。

款為手段，藉以取得不合理的利益，則顯屬有悖於禁止不當結合原則。

(2)關於行政契約方面：係指行政機關雖然得以行政契約方式達成行政目的或以之代替行政處分，但在締結與人民間的行政契約時，不得藉人民的承諾非法擴張其職權或使其違法行為正當化；即使為行政上的雙務契約，也不得要求人民提供不合理的對待給付，如此始克防止行政機關濫用行政契約方式「出售公權力」，或憑藉其優越法律地位對人民課予不利益的負擔。基於上述的考量，則行政契約的內容不得任由行政機關決定，而雙務契約方面人民負擔的給付必須與行政機關的對待給付之間具有正當合理的關聯，行政機關不得要求人民負擔不必要不相關的義務，並應在契約中明定人民給付的使用目的，俾可避免違反禁止不當結合原則的情事發生。

(3)關於行政上強制執行方面：行政機關於人民不履行法定義務時，固得採取行政上強制執行措施，但對所採措施應就手段與目的作妥善的考量，俾可作適當的選擇。目前在行政執行法中即有相關條文規定，行政上強制執行措施一方面固然應考慮比例原則的適用，同時也須兼顧禁止不當結合原則的適用；亦即就所採執行手段，應考量其採行的必要性及手段與目的的關聯性，期能避免人民權益因不當的強制執行，遭受不必要或不合理的損害。

(4)關於行政罰方面：所謂行政罰係指行政機關對違反法定義務的人民，所採取的行政制裁而言。行政罰的採行，將對人民權益造成不利的影響，故處罰不僅應有法律依據，且須有正當的理由，亦即要求制裁手段與人民違反義務行為之間應具有合理的關聯；否則，處罰措施即違反禁止不當結合原則，其本身即構成違法不當的行為。

(5)其他行政作用方面：禁止不當結合原則，在前述四種行政行為方面適用的機會較多，故分別加以列舉說明。但除上述四種事項之外，此項原則在其他行政作用方面（尤其指干涉行政方面）亦皆有其適用的機會。一般而言，即指行政機關在追求一定的行政目的時，對所採取的手段均應考量其妥當性，及其與行政目的之間是否具有合理的關聯，亦即應從禁止不當結合原則的觀點加以檢討；由此可知禁止不當結合原則已然成為行政法上的一般法理原則，即使在立法行為方面對此項原則亦有加以遵循的必要。

上述五方面的內容，乃在說明禁止不當結合原則在行政法各種領域適用的情形。其次，再就實定法的規定而言，各種法規有關規定的實例甚多，首先在行政程序法中即有明確規定，其第九十四條稱「前條（行政處分）之附款不得違背行政處分之目的，並應與該處分之目的具有正當合理之關聯」。同法第一百三十七條規定「行政機關與人民締結行政契約，互負給付義務者，應符合下列各款之規定：一、契約中應約定人民給付之特定用途。二、人民之給付有助於行政機關執行其職務。三、人民之給付與行政機關之給付應相當，並具有正當合理之關聯。……」。其次，行政執行法中亦有相關的規定，其第三條稱「行政執行，應依公平合理之原則，兼顧公共利益與人民權益之維護，以適當之方法為之，不得逾達成執行目的之必要限度」。同法第三十二條規定「經間接強制不能達成執行目的，或因情況急迫，如不及時執行，顯難達成執行目的時，執行機關得依直接強制方法執行之」。此外，集會遊行法第十四條規定有關核准室外集會遊行的行政處分所設定的附款限制，其內容必須與核准處分間具有合理的關聯。同法第二十六條規定有關集會遊行不予許可、限制或命令解散，必須考慮相關因素作成決定，並不得超越所欲達成目的的必要限度。另漁業法第九條規定有關核准漁業經營行政處分時，雖得加以限制或附以條件，但均須為開發或保育水產資源，或為公共利益所必要者；亦即以此等目的來限制附款的內容，使其不致違反禁止不當結合原則的精神。除上述各種法令規定外，司法機關方面所作解釋與判例中，亦不乏具有此項原則的涵義者，例如司法院大法官會議釋字第二二四號解釋認為原稅捐稽徵法第三十五至三十八條第一項規定，人民對課稅處分申請復查須繳納一定比例之稅款或提供相當擔保為條件；不服復查決定者經提起行政救濟程序後，始得享有停止強制執行之利益；凡屬此等規定既有欠公平並且違憲。按此項解釋的涵義，係在指責上開條文對人民申請復查與請求停止強制執行，設定不必要的限制，並與課予先行繳納一定比例稅款或提供相當擔保的義務，作成不正當合理的聯結，因而構成違反禁止不當結合原則甚至違憲的情形。另如行政法院五十七年判字第一九八號判決內容認為行政機關核准磚廠許可設立的決定，所附「如有損害附近農作物而不負賠償責任者，任由政府處分」之切結，實構成許可處分之附款，惟其內容不夠確定，且所稱「任由政府處分」，涉及的裁量範圍太廣，而與許可處分所欲達成目的之間，不能視為具有正當合理的關聯，顯然違反禁止不當結合原則的精神。

以上所述係就行政法適用方面的各種法理原則，選擇其中較重要的十一項原則加以分析探討，所涉及的範圍似仍欠周全，不免尚有部分原則未能論及，例如情事變更原則、法安定性原則、禁止更不利變更原則、以及有關法律效力的各項原則等均是；不過，此等原則將分別在本書中各有關部分再作介紹。

由於行政機關在行政法關係上，經常係代表國家或公共團體處於主體的地位，且其負有執行法規的職責；因而上述各項行政法適用的原則，主要係就行政機關的觀點立論。惟人民既亦為行政法關係上的基本當事人之一，且行政法規的適用通常與其權利義務具有密切的關聯和影響，所以人民對於此等原則的適用亦應予以注意，藉以維護其權益；並應透過各種途徑促使行政機關確實遵循此等原則，以善盡其執行法規的職責，發揮法規的功效，期使法治行政的理想早日實現。

此外，就上述各項原則的性質與作用分析，固然大部分偏重於消極性質，其作用在於防止行政機關違法濫權，侵害人民自由權利。惟內中亦有部分屬於積極性的原則，具有促使行政機關發揮職能的作用，故若將此等原則稱為「行政權的限制」，似僅能說明其消極性的意義，而不足以充分顯示其整體的性質與作用，自不如採用「行政法適用的基本原則」或「規範」為宜。

第三節　解決法規適用疑難問題的途徑

現代民主國家在立法技術方面雖已相當進步，但一項法規的制定，過程頗為複雜，可能受到各種因素的影響，且參與制定及執行工作的人員意見眾多素質不一，因而常使法規在立法技術及內容方面難以臻於理想，一旦付諸實施即可能發現各種問題。此等問題主要存在於立法技術方面，例如規定未臻完備、或語意有欠明確、或情勢變遷、或與相關法規內容牴觸等是；惟亦有屬於執行方面者，例如子法不夠周詳、未能具備充足人力及設備條件、相關機關間意見未能協調、權責歸屬不明、執行人員對法規的瞭解有欠深入嫻熟，及受到外來的批評與牽制等均是。若有此等情事發生，自應迅速設法尋求解決，俾使法規得以順利執行，業務能夠有效推動，不致受到阻礙。至於對此等疑難問題的解決途徑，自應針對問題的性質加以選擇，一般言之，約有下列十餘種：

㈠自由裁量權的運用：所發生的問題，如屬於行政機關自由裁量的範圍者，自應由行政機關妥善運用自由裁量權加以解決，是為較單純的解決方式。

㈡援引行政先例：如以往曾有同類問題發生，業經本機關或其他機關妥善處理者，則嗣後即可援引此一案例，解決同類問題㉜。

㈢有權機關的意見提示：在行政組織系統上，上級機關對下級的監督權包含為下級解決業務難題的責任在內；而業務主管機關就所掌專業行政事項，擁有最後決定權及對執行機關的監督權。故遇有業務上的困難發生，適用法規機關可請求其所屬上級機關、非上級主管機關，或非行政系統主管機關等㉝，就有關問題提示意見，作為解決疑難的依據。此等意見並非僅供參考，而是對於執行機關具有法律上的拘束力。

㈣解釋法規：如所發生的疑難問題，在性質上適宜於以解釋方式解決者，即可採取此種方式解決之（詳情見下節）。

㈤修訂法規：所發生的疑難問題，若無法以上述各種方式解決時，即顯示法規內容具有重大瑕疵，必須進行法規的全部或部分條文的修訂，始能補正其缺失，使疑難問題根本消失。惟修訂法規程序繁瑣，且可能牽連甚廣，故非有必要不宜輕易採行。但行政機關站在執法機關的立場，對所適用的法規，最能瞭解其利弊得失，一旦發現重大瑕疵或不合時宜時，自負有建議修訂的職責，亦可定期檢討法規內容，提議修訂事項㉞。

㉜ 行政先例乃是行政上之慣例，經長期反覆採行，認定其具有法的拘束力者。見島田信威著，法令の読解法，東京，株式會社きようせい，昭和五十八年版，第一四五頁。

㉝ 非上級主管機關係指行政系統內專業行政之主管機關；非行政系統主管機關係指其他治權系統之業務主管機關，例如考試院之銓敘部或監察院之審計部均是。

㉞ 中央法規標準法第二十條對法規修正情形有明確規定。另依據「行政機關法制作業應注意事項」關於法規案件草擬準備作業部分第㈣項規定「得修正現行法規予以規定者，應修正有關現行法規」，是即以修正法規為解決疑難問題的方式之一。

㈥適用法理：法理的範圍極廣，內容富有彈性，不僅構成法規制定的理論基礎，而且可以作為法規解釋及自由裁量權運用的指導原則，甚至付諸實用以補充法規內容的遺漏與缺失。我國民法第一條規定「民事，法律所未規定者依習慣，無習慣者，依法理」。根據此項規定，自可在私法關係上引用法理以補充法律規定的不足；至於在行政法方面，雖無同類的規定，但就理論的觀點而言，自應視為當然，遇有實際需要時，亦可採用同樣方式解決疑難問題。

㈦諮詢學者專家意見：在行政專業化與科技化的趨勢下，無論法律或業務上的問題，常須以學理或科技知識為基礎尋求解決。故一旦疑難問題發生，在政府機關本身無法藉前述各種方法解決時，自可諮詢學者專家意見作為解決的依據。在諮詢方式上無論開會或個別發表意見均屬可行。

㈧加強研究發展考核工作：研究發展考核工作，為促進行政業務革新進步的原動力，亦為解決法規或業務上疑難問題的有效途徑，尤其以專題研究方式進行，最能發揮良好的效果。故一旦發現問題的存在或預見其發生，而認為有從事專題研究的必要時，即可採行㉟。

㈨注重業務人員的教育訓練：法規適用上疑難問題的發生，並不一定是由於法規本身具有瑕疵或缺失，而可能是因為業務人員素質不佳，對法規不夠瞭解或嫻熟所致。故在法規施行前的講習與施行後的檢討十分必要，如此可加強業務人員對法規的認識，有助於消弭或解決法規適用的問題。

㈩鼓勵業務人員建議：業務人員常為直接執法人員，彼等經由親身體驗，對於法規的瑕疵缺失常有實地的瞭解。故行政機關在平時或新法開始施行後，應密切注意並鼓勵業務人員所提各種反映意見及改進建議，如此將有助於解決各種疑難問題。

⑾各有關方面會商解決：法規適用的疑難問題，有涉及不同機關或當事人者，例如關於兩個機關職權爭議、對法規見解不一，或相關業務的細節問題等均是。遇有此種情事發生，自應由相關當事人會商解決，或透過常設性的

㉟ 依據行政院頒布各級行政機關研究發展實施辦法第十三條對各機關人員從事研究發展工作獎勵事項第五項為「對於機關組織或法令規章研提調整修正意見實施後能收精簡效果者」。

會報協調溝通，或在共同上級機關主持下商討解決，或由上級機關作成裁斷，此等方式均為通常所採用者㊱。

㈢法規的整理編纂：行政法規數量眾多，種類繁雜，為適用便利起見，各機關應就所適用的法規及相關釋例、判例等加以編纂整理，同時應根據整理結果，提出制定、修正及廢止法規的建議。如此則行政法規經常置於各業務主管機關管制之下，將有助於消弭疑難問題的發生及尋求適當的解決途徑。

㈣以行政爭訟途徑解決：法規適用的疑難問題，若已形成行政爭訟，則行政爭訟最終裁決的結果，即可作為疑難問題解決的依據。因無論上級機關對訴願所作的裁定或行政法院對行政訴訟案件的判決，對相關行政機關均具有拘束力與執行力㊲。

上述各種行政法適用疑難問題的解決途徑，分別具有不同的性質與作用，故對此等解決方式的選擇應針對各種疑難問題的本質作成適當決定。若選擇正確，則疑難問題自將迎刃而解；反之，若選擇錯誤，則事倍功半，甚至可能引起其他不必要的困擾，因而對解決的途徑應作慎重選擇。

第四節　行政法規的解釋

第一項　行政法規解釋的需要

行政法規在適用方面，常須運用解釋方式，以解決行政機關在業務上所遭遇到的疑難問題。因之，法規的解釋乃是解決此種疑難問題的重要途徑之一。茲先就法規解釋的原因或需要分析說明如下：

㈠涵義不明：法規的條文其詞句用語若有涵義不明的情形，即須以解釋確定其真意，而便於適用。

㊱ 例如我國憲法第四十四條規定「總統對於院與院間之爭執，除本憲法有規定者外，得召集有關各院院長會商解決之」。至於其他機關間以各種會商方式解決業務問題者極為普遍。

㊲ 訴願法第二十四條規定「訴願之決定確定後，就其事件，有拘束各關係機關之效力」。

㈡內容遺漏：由於法規在制定時，考慮不夠周詳，以致內容有應規定的事項而未規定者，或在法規制定施行後，有新的事物發生為在立法時所未預見者，為使法規內容完整起見，均需運用解釋方式加以補充。

㈢發生爭議：各有關機關在適用法規時，若對法規內容的涵義持不同意見，勢將影響政令與處分的統一，此時應由有權機關藉法規解釋的方式，裁決爭議。

㈣內容陳舊：法規在制定後，經過長期實施，客觀情勢若有顯著變遷，則法規內容即可能與現實脫節，發生難以適應的情形，對於此種問題，亦需要以解釋方式加以解決。

㈤澄清牴觸：如法規內容發生是否與憲法或位階較高法規牴觸的疑義時，亦可藉解釋方式予以澄清。

就以上五種原因分析，可知法規解釋的需要，主要是由於立法技術上的瑕疵與客觀情勢變遷兩種情形所引起。

第二項　行政法規解釋的功效

法規需要解釋的原因已見前述，至於解釋的功效自然是針對此等原因而發生。不過，詳細分析，約可列舉下列九點：

㈠確定法規的涵義：此即針對法規詞句涵義不明或發生牴觸疑義時所產生的功效，亦即透過解釋探求法規條文用語的真義，或經由審查的結果確認其有無違憲或牴觸上級法規的情形（參閱次項有關解釋機關部分）。

㈡補充法規內容遺漏：凡制定時應列入而未列入，或制定後因業務發展等原因，需要增列的事項，均可經由擴大解釋予以補充，使法規內容臻於完整。

㈢適應情勢變遷需要：法規若於制定施行後，因情勢變遷而致與現實脫節，不能適應實際需要，則宜利用其條文彈性，作符合客觀情勢的解釋，使其能夠切合實際㊳。

㊳已故政治學家鄒文海氏將「憲法的解釋」列為「憲法的成長」途徑之一，認為「憲法文字會隨時代而發生適應作用，其實這種適應作用多數要經過人為的解釋的」。見鄒文海著，比較憲法，臺北，三民書局，六十六年版，第一三三頁。

㈣解決有關爭議：若各有關機關或當事人間，對法律條文的涵義有不同意見，以致引起爭議時，則可運用解釋方式確定其涵義，使爭議獲得解決。

㈤調整適用範圍：依據法律條文的文字解釋，如發生適用範圍過大或過小的情形，不能切合實際需要時，亦可運用解釋方式，予以縮小或擴大，使其適用範圍能作適當的調整㊴。

㈥增加運用彈性：法規在制定時，即應注意對其內容賦予適度的彈性，在施行時始能配合業務執行的需要。若法規本身所具彈性不足，尚可藉解釋予以擴充，使行政機關的職權得以靈活運用。

㈦延長法規效力：法規若屬永久性或長期性者，則在制定施行後將會繼續成長，而解釋即為幫助其成長的方式之一，亦即藉解釋方式使其能夠肆應情勢變遷的需要，對其內容加以補充變通，促進其成長，而有助於延長其施行效力。

㈧減少法規的修訂：法規制定施行後，在必要時雖可加以修訂，俾便補正其缺失，惟修訂程序較為繁瑣，未便輕易採行。若對法規所具缺失，藉解釋方式即可消除者，自以採解釋方式為宜。因解釋有時具有無形修正的功能，故可減少法規的修訂。

㈨便利業務的執行：就上述幾種功效觀之，可知解釋的運用，足以排除法規適用方面的問題與阻礙，能夠增加業務執行的便利。

法規的解釋既具有多方面的功效，故在實際業務上有其客觀需要，而且隨行政法規適用量的增加，各種法規的釋例亦大量增加，此等釋例形同補充法規，對法規的適用與業務的執行具有不可忽視的重要性。

㊴ 例如我國憲法第四條有關「中華民國領土」之規定，應擴大解釋包含領海與領空。又第二十條有關「人民有依法律服兵役之義務」之規定，應縮小解釋僅指「人民」中之男性國民。

第三項　行政法規的解釋機關

行政法規的解釋機關，亦即行政法規解釋權的歸屬。此種權力在一般國家均以由司法與行政機關或特設機關行使為主體，但亦不能否認立法機關對法律擁有「立法解釋」權。故行政法規的解釋機關大體上仍為立法、司法，及行政機關三者，茲就三種機關的解釋權分別言之。

㈠立法解釋：立法機關對法律的解釋權，主要屬事前解釋性質，即於制定法律時，對法律的內容所作解釋。立法機關在原則上不採取事後解釋的方式，主要在避免與司法機關的解釋權發生衝突。其所採「立法解釋」的方式約有下列三種[40]：

⑴在本法中以法律條文對相關條文的涵義及名詞用語等加以解釋。

⑵在制定基本法後，另行制定其子法（施行法或施行條例），對基本法內容加以解釋。

⑶於制定法律時或制定施行後，附帶以決議案就法律內容加以解釋。

㈡司法解釋：一般民主國家在傳統上多將法律的解釋權歸屬於司法機關，此種情形與判例法及司法審查權（Judicial Review）的發展有關。司法機關的解釋權在性質上屬事後解釋，其方式主要有兩種：

⑴判例解釋：即普通法院與行政法院審理案件適用法規時，對法規涵義所作解釋。就效力而言，在一般情形可優先於習慣適用。此種解釋以對訴訟當事人發生拘束力為原則，惟上級法院之判決，對其下級法院在原則上具有拘束力，行政法院之判決對行政機關具有拘束力[41]。

---

[40] 我國在訓政時期，立法院曾有對工會法疑義解釋的實例，行憲後則尚無此種實例發生。惟該院於四十一年四月二十二日在院會中對審計部電請解釋四十年度中央總預算施行條例條文疑義一案，經討論後作成決議稱：「關於請求說明立法原義之案件，交有關委員會擬具說明，提出院會報告後，由秘書處函復」。此種方式似屬折衷辦法，但不無解釋的意義。

[41] 涂懷瑩著，行政法原理（上冊），第八九—九〇頁。民國二十二年最高法院上字第一〇二三號判例認為判例之內容如為解釋法

⑵獨立解釋：此即在判例解釋以外，由司法機關之法院或特設機構就法規所生疑義及違憲違法問題等所作解釋[42]，在我國制度方面即由司法院大法官會議行使其解釋憲法及統一解釋法律與命令之權所作解釋（憲法第七十八條），其職權之行使採下列兩種方式：

①自動解釋：依據我國憲法第一百十四條及司法院大法官審理案件法第六條之規定，大法官會議就「省自治法」的審查解釋，不適用聲請解釋之程序，亦即可以自動解釋。

②被動解釋：此即由中央或地方機關（廣義似可包括各級政府各種機關在內，但另有限制）、人民、法人、政黨、及立法委員現有總額三分之一以上等各種聲請人或機關，依據聲請解釋之程序，提請大法官會議解釋。司法院大法官審理案件法對聲請解釋有各項相關條文規定如下：

第五條規定：「有左列情形之一者，得聲請解釋憲法：

一、中央或地方機關，於其行使職權，適用憲法發生疑義，或因行使職權與其他機關之職權，發生適用憲法之爭議，或適用法律與命令發生有牴觸憲法之疑義者。

二、人民、法人或政黨於其憲法上所保障之權利，遭受不法侵害，經依法定程序提起訴訟，對於確定終局裁判所適用之法律或命令發生有牴觸憲法之疑義者。

三、依立法委員現有總額三分之一以上之聲請，就其行使職權，適用憲法發生疑義，或適用法律發生有牴觸憲法之疑義者。

最高法院或行政法院就其受理之案件，對所適用之法律或命令，確信有牴觸憲法之疑義時，得以裁定停止訴訟

規，則可優先習慣適用，否則為條理，其適用在習慣之後。

[42] 所謂特設機構，即在普通司法機關以外，特別設立的機關，執行解釋憲法審查法規及其他相關業務，例如第一次大戰後的奧地利憲法法院、捷克憲法法院、西班牙憲法保障法院，及二次大戰的西德聯邦憲法法院、義大利憲法法院等均是。見劉慶瑞著，比較憲法，第三七九頁。

程序，聲請大法官解釋。

聲請解釋憲法不合前二項規定者，應不受理。」

第六條規定：「本法第四條第一項第三款之解釋案件，除憲法第一百十四條規定者外，準用本法第五條之規定。」

第七條規定：「有左列情形之一者，得聲請統一解釋：

一、中央或地方機關，就其職權上適用法律或命令所持見解，與本機關或他機關適用同一法律或命令時，所已表示之見解有異者。但該機關依法應受本機關或他機關見解之拘束，或得變更其見解者，不在此限。

二、人民、法人或政黨於其權利遭受不法侵害，認確定終局裁判適用法律或命令所表示之見解，與其他審判機關之確定終局裁判，適用同一法律或命令時所已表示之見解有異者。但得依法定程序聲明不服，或後裁判已變更前裁判之見解者，不在此限。

前項第二款之聲請，應於裁判確定後三個月內為之。

聲請統一解釋不合前二項規定者，應不受理。」

第九條規定：「聲請解釋機關有上級機關者，其聲請應經由上級機關層轉，上級機關對於不合規定者，不得為之轉請，其應依職權予以解決者，亦同。」

由以上引述四項條文的規定，可知聲請解釋的案件，涉及「牴觸憲法疑義」及「統一解釋法律及命令」兩類。

自八十二年二月十六日大法官會議法經修訂為司法院大法官審理案件法並付諸施行後，依據新法規定，得提出聲請解釋案件的聲請人範圍較舊法擴大，茲分兩項說明如下：

(1)聲請解釋憲法：除原定的中央或地方機關、及人民外，法人、政黨、立法委員現有總額三分之一以上，最高法院或行政法院均得提出聲請。

(2)聲請統一解釋法令：除原定的中央或地方機關外，依現行規定，人民、法人及政黨均得提出聲請。

鑑於解釋憲法與統一解釋法令二者所具重要性不同，所以前者的聲請人包括立法及司法機關在內，因彼等行使職權經常涉及憲法規定，遇有發生疑義或牴觸問題時，自有聲請解釋的必要，俾可便利職權的行使或解決與其他機關間的爭議。至於前引新法第九條的規定，在舊法中即已存在，依據此項規定，行政機關欲提出聲請解釋時，既須由所屬上級機關層轉，故在實際上即應由最高行政機關的行政院提出聲請，行政院以下各級行政機關均不得直接聲請。其次，此兩類解釋就內容及影響而言，自均具有極大的重要性；但若就與行政機關的關係而言，則似以「統一解釋法令」與行政機關的業務具有較為密切的關係；同時與行政客體的權益亦可能具有較為直接密切的關係。惟統一解釋法令，在聲請方面設有較為嚴格的限制，依據前引司法院大法官審理案件法第七及第九兩條規定分析，其限制約有下列四項：

(1)中央或地方機關聲請統一解釋法令的原因，須係就職權上適用法令所持見解，與其他機關「所已表示之見解有異者」。

(2)須提出聲請的機關，依法不受「本機關或他機關見解之拘束，或得變更其見解者」。在此種情形下，則提出聲請之機關與表示不同見解之機關間，彼此應無隸屬關係或專業兼管關係存在。

(3)聲請統一解釋法令之機關，如有上級機關者，仍應層轉其上級機關提出。在行政機關方面，即應由最高行政機關決定應否提出，並以其名義提出之。

(4)由人民、法人或政黨聲請統一解釋法令時，須以其權利遭受不法侵害為理由，並認確定終局裁判適用法律或命令所表示之見解，與其他審判機關之確定終局裁判，適用同一法律或命令時所已表示之見解有異者。但得依法定程序聲明不服，或後裁判已變更前裁判之見解者，即不得再行聲請解釋。且聲請解釋，應於裁判確定後三個月內為之。

就上述有關「統一解釋法令」的規定分析，可知因擴大聲請人範圍的結果，其所具作用與「解釋憲法」者已大致相近，即均具有維持法律效力秩序、解決疑義與牴觸問題、保障當事人權益、及便利機關行使職權推動業務等多方面的作用，有助於增進聲請解釋制度之功效。至於大法官會議所作獨立解釋的效力，因憲法第七十八條明定「司法院解釋憲法，並有統一解釋法律及命令之權」。故其所作解釋在國內法上具有最高的效力，政府各機關自均應受其拘束。若僅就「違憲解釋」的效果而言，我國憲法既明定違憲違法之法令無效，則對此種解釋的效力自應認為係採「撤銷制」而非「否認制」㊸。但對違憲違法之法令喪失效力的時間，多賦予緩衝的階段，以便有新的規定銜接適用。

㈢行政解釋：此即指行政機關在制定及適用法規時所作解釋。行政機關擁有行政立法權，於其制定行政規章及地方自治法規時，均可就法規內容作事前解釋。此外，行政機關對其主管業務職權範圍內所適用的法律及規章，亦有解釋權。惟其所作解釋之內容，不得違憲違法，亦不得與司法機關之統一解釋或其上級機關及專業主管機關之解釋相牴觸。至於行政機關擁有法規解釋權的原因或理由，約可分為四點言之：

⑴便利業務執行：前已言之，解釋的功效，足以便利業務的執行。尤其行政機關自身擁有解釋權，效果當然更佳。

⑵利用專業知識：現代行政業務既有高度專業技術化的趨勢，遂使行政機關擁有行政立法與行政司法權，則為利用行政機關的專業知識，自宜使其擁有法規解釋權。

⑶配合自由裁量：在機動法治原則下，行政機關在業務上常被授予自由裁量權，為配合此種裁量權的運用，行政機關亦應有權對其主管業務所適用的法規加以解釋。

⑷加強領導監督權力：在行政機關中，上級對下級有監督權，但亦有責任協助下級機關解決業務上的疑難問題，基於此種權責，故行政機關應有法規解釋權。同時，上級機關的解釋權有助於使政令與業務標準統一，及控制下級機關的業務品質。總之，法規解釋權的行使，足以加強行政機關的領導監督權力。

根據上述四項原因的分析，可知行政機關的解釋權確有實際需要，在性質上亦可視為係行政立法與行政司法權

㊸ 鄭玉波著，法學緒論，第五八頁。所謂「否認制」即指法令經審查結果，如認定違憲時，僅發生以該案為限，不適用此項法令的效力。而「撤銷制」，即法令被宣告違憲時，其效力足以使此項法令歸於無效。

的延伸。此外，尚有應注意者，即有學者認為「行政解釋」自廣義觀點而言，並不限行政機關對行政法規的解釋，而可將「司法解釋」與「立法解釋」以外，其他治權機關就其主管業務法規的解釋一併包含在內㊹。

第四項　行政法規解釋的方法與原則

解釋行政法規所採方法與解釋一般法律的方法大體上並無二致。惟行政法規本身具有各方面的特性，例如範圍廣泛、對象複雜、變遷頻繁、有關學理尚欠完整、缺乏統一法典、多屬強行法、專業技術性、顯著政策背景、涉及公權力運用，與公共利益導向等均屬之。因有此等特性存在，故對行政法規的解釋即須注意部分特殊的原則，俾能適應客觀的需要㊺。茲就解釋的方法與原則分為兩部分言之。

㈠文理解釋：此即以法規條文的文字為基礎，就其文義加以闡釋，藉以探求法規條文的真義所在，故亦稱「文字解釋」。作文理解釋時，所應注意的原則約有下列八項㊻：

⑴通常性原則：就一般法規條文的文理解釋而言，在基本上應以其通常平易的涵義為主，依一般社會觀念加以解釋，使所作解釋平民化通俗化。因行政法規為一般國民公共生活的規範，必須使大眾瞭解，然後才能有效實施。

⑵專門性原則：一般法律的名詞用語已具有專門性，而行政法規既呈現專業技術化的趨勢，則其名詞用語的專門性自更為明顯。故解釋行政法規，對於名詞用語，除須注意一般法律上的特殊意義外，並應根據各種專業行政的內容，作專業技術性的解釋。

⑶固定性原則：行政法規既為一般國民公共生活的規範，即應具有其固定性（或穩定性），不應朝令夕改，以免使國民無所適從並影響政府的威信。

㊹同㊷，第一二五頁。

㊺林紀東著，行政法原論（上），第一三八頁。

㊻同㊷，第一二六頁。同㊸，第六〇—六一頁。

(4)實際性原則：行政法規既為一般國民公共生活的規範，亦為行政機關業務的標準，故其內容必須切合實際，足以肆應客觀需要，然後始具有可行性與實效性。

(5)原意性原則：行政法規的內容，主要均取決於法案草擬者與立法者的原意。故於制定施行後，對於法規的解釋即應以草擬及立法時的資料為重要依據，藉以探求法規條文的原意，貫徹其立法目的。

(6)進化性原則：法規的解釋，固然應注重其固定性、實際性，與原意性，但法規既須發揮新陳代謝的作用，隨客觀環境的變遷而不斷演進，則所作解釋自亦應配合此種演進的趨勢。

(7)聯貫性原則：法規的整體乃是由多數條文組合而成，且其所有條文係按邏輯順序排列，前後相互關聯，故法規內容具有其聯貫性，解釋法規自應注意條文之間的關係，不應斷章取義。同時，相關法規之間亦具有相互關聯，解釋法規亦應注意與相關法規間建立協調配合的關係。

(8)整體性原則：各種法規的制定，均具有其整體性的立法目的、精神、政策背景，及法理基礎，此等因素對法規的全部條文發生普遍的影響，故解釋法規自應注意此等因素。

(二)論理解釋：此即依據法規的理論基礎，以推理的方式闡釋法規的真實涵義。文理解釋的基礎較為狹窄，而論理解釋的基礎則遠較前者為廣泛，故後者具有較大的彈性，足以擴大解釋的效果。惟二者之間仍具有相關性，並非截然不同或處於對立地位，因文理解釋有時亦須採用推理方式並須引用法理。至於若以此兩種方法所作解釋結果不同時，則學者認為不宜拘泥文義，應依論理解釋的結果認定法規的真義。此外，關於論理解釋所依據的理論基礎包括的範圍甚廣，其中重要的項目，例如法規的立法資料、立法目的與精神、制定及施行時的社會背景、政策背景、法理學說，及公平合理的妥當性等均屬之，故論理解釋構成學理解釋的主體[47]。茲將論理解釋所採各種方法分別說明如下[48]：

[47] 島田信威著，前揭書，第二九八—三〇〇頁。

[48] 同[42]，第一二八—一二九頁。同[43]，第六二—六五頁。

(1)擴張解釋：此即法規條文所用文字原意過於狹窄，與實際適用範圍不相符合者，應以解釋擴大其涵義範圍，以肆應客觀需要，例如我國憲法第四條有關「中華民國領土」之規定，應擴張解釋包括領海及領空在內，而不限於領陸。同時，法規條文就特定事項如僅作積極性正面規定，而消極性行為亦可發生同樣結果者，則可藉擴張解釋將此消極行為視同積極作為。惟若就行政刑罰事項作擴張解釋時，應注意不得違反罪刑法定主義之原則。

(2)限制解釋：亦稱縮小解釋，其情形恰與擴張解釋相反，即如果法規條文文義過於寬泛，而實際適用範圍較小者，即應以解釋縮小其涵義的範圍，俾與事實相符。例如我國憲法第二十條規定「人民有依法律服兵役之義務」，既實際上負擔兵役義務僅限於男性，自應就該條所稱「人民」一詞作限制解釋。

(3)當然解釋：此即法規條文就特定事項雖未作明確規定，但此種事項依社會傳統觀念、道德，或法理甚至習慣的觀點，均可視為無待法令規定業已形成當然之事理者，即可藉當然解釋將其視同法定事項。例如人民對國家負有忠誠的義務，在我國憲法中並無明文規定，但無論古今中外已將此種義務的存在視為當然。

(4)反對解釋：此即依據法規條文就特定事項所作正面的規定，以推論其反面所應有之規定，故亦稱為反面解釋。例如我國憲法第二十二條規定「凡人民之其他自由及權利，不妨害社會秩序公共利益者均受憲法之保障」。根據此項條文作反對解釋，則此等自由權利，若有妨害社會秩序公共利益者均不受憲法之保障。

(5)補正解釋：此即若因立法時的疏忽，致使法規條文有遺漏或錯誤等情形發生，則可藉解釋方式統觀法規全文予以補充修正，使法規內容臻於完備。惟此種解釋既具有增補修正法規的作用，則形同新的立法，故對此種解釋方式的採用應持極為慎重的態度。在實例方面例如我國憲法僅規定行政院與考試院有向立法院提出法律案之權（第五十八及八十七條），對監察院之提案權並無規定，行憲後經大法官會議以釋字第三號解釋認定監察院亦有提案權，此項解釋即為補正解釋。

(6)歷史解釋：此即依據法規制定經過之歷史資料及法規發展的沿革，以闡釋法規條文的真義，故又稱沿革解釋。惟就實際情形而言，現代國家法規解釋所採方法的趨勢，著重於立國主義及政策背景的觀點，並求發揮法律的社會功能，而對於立法者的原意及制定經過的歷史資料，所投注的心力漸趨減少，故有關資料及方法在法規解釋方面的重要性今非昔比，僅具有參考價值而已。

(7)類推解釋：此即法規對某種事項雖無明文規定，但對與其類似之事項已有規定者，則可經由解釋適用其類似事項之規定加以處理，是為類推解釋，我國固有法制上所稱之「援引比附」，即屬此種情形。學者有認為此種方式並非解釋，僅屬類推適用者，例如德國民法第一草案第一條稱「凡法律未規定之關係，可應用與之類似規定之法律」，即為類推適用的規定。惟就二者的作用而言，在實際上並無不同，故「類推適用」自可視為「類推解釋」。採用類推解釋應持慎重態度，凡關於人民權利義務得喪變更的事項，因須具有法律依據，故應避免採用類推解釋；尤其涉及刑罰的規定，基於罪刑法定主義的要求，更不應採用。至於行政法規方面，在原則上並不排斥類推解釋，惟其與法規條文中有關「準用」之規定不盡相同。「準用」為類推適用的一種，其涵義係指法規就特定事項無規定時，得就其他法規的有關規定「依事項之性質而為變通之適用」，故非就其他法規的有關規定完全適用，而單純的「適用」則為直接完全的適用；且「準用」均有明確規定，而類推適用則法規未必有明確規定。

(8)變更解釋：此即對於法規條文字句不按通常意義而作特殊意義的解釋，例如民法上所用「善意第三人」一詞，實即指「不知情」之第三人而言。又如法規制定時所規定之事項，於施行後已發生變更者，應依據變更後之事實加以解釋，例如專利法第十條規定「關於專利事項，於經濟部設立專利局掌理之」，但實際上有關專利的主管機關現為中央標準局，故在專利法就該條修正前，關於專利業務的主管機關的規定，自應作變更解釋認定為中央標準局㊾。

上述八項已將各種解釋的方法分別加以介紹，此等方法各具不同的作用，可適用於各種不同的情事，便利法規的施行。此外，尚須就「法定解釋」與「學理解釋」兩項名詞作簡略的說明。所謂「法定解釋」，亦稱「有權解釋」或「強制解釋」，係指以法令明文規定解釋法規之方法，亦即指法規的各種解釋機關，包括立法解釋，行政解釋，與司法解釋三種。至於學理解釋，係指以學理解釋法規的方法，實即根據學理見解解釋法令之謂。學理解釋所包含的

㊾林紀東著，法學緒論，第九三頁。島田信威著，前揭書，第三〇五頁。

範圍甚廣，凡文理解釋與論理解釋的各種方法均屬之。根據上述對「法定解釋」與「學理解釋」兩項名詞的說明，可知二者的意義與觀點不同，前者著重於解釋權的歸屬，後者著重於解釋的方法與技術。

在學理解釋中，論理解釋較文理解釋具有更大的重要性，因其引用較多的法理，較能適應機動法治時代的需要。惟二者之間具有密切的關聯與相輔相成的作用，且在解釋方法的運用方面，二者亦具有共同適用的準則，茲分述如下[50]：

(1)法規解釋在順序上應以文理解釋為先，而後採行論理解釋。因文字是法規條文真義的直接表現，故應先就文理解釋；在文理解釋方面發生疑難問題時，始進一步採行論理解釋。

(2)若文理解釋與論理解釋的結果發生牴觸時，應以論理解釋為準。因法規條文固然為適用的直接準據，在解釋法規時對條文的文義在基本上應予重視；但論理解釋具有廣泛的法理內涵，足以闡釋法規的立法目的、精神與政策背景，能夠肆應法規彈性運用的需要，故在目前機動法治時代，其實質的重要性超過文理解釋，應採用作為文理解釋的補正途徑。

(3)對法規條文的抽象文字，應從廣義解釋。因法諺有云「法律無所區別者，不可加以區別」。例如法規條文使用「人」一詞時，應解釋為包括自然人與法人，而自然人的部分又可包括不同性別、年齡與種族的人民在內。

(4)法令規定在通則外有變則時，如係賦予人民以特權或加以懲罰或課予義務等規定，均應採狹義解釋，亦即嚴格解釋。因此種變則規定，乃是為適應特殊情況所作之例外規定；對於此種變通辦法既非一般常規，則僅於必要時始能夠適用，故應以嚴格解釋加以限制，以免違反平等原則。

以上四項乃是文理與論理解釋的共同準則，至於論理解釋所應注意的原則範圍甚廣，在基本上凡屬行政法規的立法原則與適用原則在解釋時均須予以注意。此外，尚應特別注意下列各項重要原則[51]：

---

[50] 鄭玉波著，法學緒論，第六六頁。林紀東著，法學緒論，第九四頁。

[51] 林紀東著，行政法原論（上），第一三八—一四四頁。田中二郎著，行政法總論，第一七六—一八三頁。

⑴因行政法規具有多元性，解釋行政法規應注意各種法規的不同性格與立法目的，不宜勉強適用同一標準或過於重視法條文義，以免妨害法規功效的發揮。

⑵解釋行政法規應就個別法規間重複矛盾的現象，針對政治社會情況，以縝密周詳的考慮，作妥善解決。並對概括條款及不確定概念所引起的疑難問題，作適當的解釋及運用，使其能夠符合社會需要、立法精神，及法治行政原則的要求，而不致於造成違法濫權的結果。

⑶因行政法規具有敏感性與機動性，對於政治、社會、經濟情況與政府政策的變遷，反應極為迅速，故解釋行政法規應注意其所具此種特性，而不應拘泥於文字或囿於立法原意。

⑷因行政法學理論尚欠完整，且行政法規尚無統一的實質法典制定，而公法與私法在理論上具有共通性，私法規定在行政法上的適用向為一般學者所認許。故解釋行政法規，對於與公法特性不相衝突的民法規定與理論，自可加以援用，俾便吸收民法的優點，補正行政法規的缺失。至於其他公法方面的規定與理論，援用於行政法規的解釋方面，自然更無問題，且實際上亦甚普遍。

⑸解釋行政法規應重視其制定的目的，此為目的法學理論所要求，因制定目的對法規內容具有全面性的深入影響，任何條文均應符合其制定之目的。反之，若持概念法學的觀點，僅知注意法條表面的文字，即可能形成捨本逐末、見樹不見林的流弊。

⑹解釋行政法規應配合國家當前需要。因行政法規既為肆應實際需要而制定，且具有敏感性與機動性，故解釋行政法規不僅應瞭解其制定的背景，而更應配合客觀情勢的變遷，針對當前的需要，作合情合理的解釋，如此乃能有助於法規的成長，擴大論理解釋的功效。

⑺由於社會不斷進步，各個時代均具有不同的客觀環境，無論在思想與現實各方面均呈現出其當代的特殊趨勢，例如目前為福利國家與積極國家時代，其在各方面均與法治國家及消極國家時代有所不同，解釋行政法規自應注意此種時代趨勢，以求符合時代潮流，作成具有時代意義的解釋。

由上述各項的內容，可知解釋行政法規所應遵循的原則頗為廣泛，且解釋各種專業法規尚須注意各種專業行政的理論與技術發展。總之，法規的解釋權所受限制甚多，應以妥善慎重的態度作有效的運用，始克發揮解釋的功效，達成解決法規適用上疑難問題的目的。

第八章　重點問題

一、何謂法治行政？試申述其意義。（33普、38普、54高檢、57高檢）
二、實現法治行政所應具備的要件如何？
三、法治行政所表現於行政法者何在？（即法治行政對行政法所生之實際影響如何？）（57高檢）
四、行政法規的適用應遵循那些基本原則？試分析言之。（試述行政法之基本法則。36普、45高檢、47特退乙、54特、56高檢）（行政權行使之限制如何？43普）（法治行政之標準法則為何？）
五、對於行政法適用的疑難問題可採何種途徑予以解決？試分述之。（行政機關適用行政法規有疑義或困難時，對其解決之方法如何？試抒所見以對。52高檢）
六、試分析說明行政法規需要解釋的原因。
七、解釋行政法規的功效與作用如何？
八、行政法規的解釋機關如何？（或解釋權的歸屬如何？）
九、我國解釋憲法及統一解釋法律與命令的制度如何？試略述之。
十、何謂聲請解釋？其所受限制如何？試就我國制度言之。
十一、何謂法規的文理解釋？其所應注意的原則如何？

十二、何謂法規的論理解釋？其所採的方法如何？
十三、對法規作論理解釋，應遵循那些原則？試分別言之。
十四、何謂法定解釋與學理解釋？試述二者的概念。

第二編

行政組織

第一章　行政組織法的概念

第一節　行政組織的意義

第一項　行政組織的定義

在社會科學中，無論政治學、行政學、與行政法學，均討論到行政組織。在政治學的理論方面，常採用有機體說，將國家視為一有機體，具備各種器官，以發揮不同的功能，執行政府業務，實現國家各方面的目的❶。具體言之，所謂國家的各種器官，亦即政府的各種機關，彼等均為集合多數單位與人員所形成的組織體。若將此整體性組織按照治權劃分，則其中屬於行政權的機關即為行政組織。至於行政學方面，對於行政組織的解說則更為複雜，學者分別從結構、功能、生態、與精神的觀點詮釋行政組織的意義，因而大體上可謂偏重於動態的說明❷，例如美國學者費納（J. M. Pfiffner）、懷特（L. D. White）及我國學者張潤書在行政學上對行政組織所下定義，多係結合「心」與「物」兩方面的要素，從功能、效率、心態、與目標等角度，探討行政組織的涵義❸。惟行政法學的立場與此不同，乃是著重於從靜態、結構、或法制的觀點，說明行政組織的概念。故行政法學方面對行政組織所提出的定義，實際上多係行政組織法的定義，單純就「行政組織」加以解釋者極為少見，茲舉例如下：

❶ 鄒文海著，政治學，第三三三頁。

❷ 張金鑑著，行政學典範，第一七六頁。

❸ J. M. Pfiffner, *Public Administration*, N.Y., The Ronald Press Co., 1953, p. 45. L. D. White, *Introduction to the Study of Public Administration*, N. Y., Macmillan, 1947, pp. 37–38. 張潤書著，行政學，第一〇九頁。

(一)我國學者管歐認為「行政組織乃為行使國家行政職權之機關之組織」❹。

(二)日本學者成田賴明認為行政組織實即行政主體「所設置的各種行政機關，此等機關分別掌管一定範圍的行政業務，其上下之間有層級節制的秩序，平行機關間具有業務上的連繫。全體行政機關在行政主體意思的統一支配下，形成完整的體系」❺。

由以上所引兩種學科對行政組織定義的解釋，可知彼此間所涉及定義的內涵頗有不同；此種歧異的存在乃是由於兩種學科的本質使然，而不應認為行政法學所持觀點陳舊落伍。質言之，行政法學對行政組織所作定義的說明，應著重於配合行政法學內容的需要，始能認為妥善完備。茲參考各方的有關意見，試擬「行政組織」的定義如下：「所謂行政組織，即行政主體為發揮行政權作用，執行各種行政業務，以行政職位與人員為基礎，結合而成的層級節制行政機構系統」。

對於此項定義的內涵，約可分析為下列五點解釋說明：

(一)行政組織為行政權的組織：按照國家統治權的架構區分，各種治權均有其自身的組織，其中行政權的組織是為行政組織，此即從法制的觀點說明其範圍，以求配合行政法學的內容。

(二)行政組織係由行政主體所建立：行政主體主要係指國家而言，但除國家外尚可包括各種公共團體在內，惟若就政府而言，則應係指各級地方自治團體，此等自治團體與國家相同，為行使公權力推動其業務，均須建立各種行政組織。

(三)行政組織係以發揮行政權作用執行行政業務為目的：行政組織的建立，具有實際的目的，即在作為國家的代表與施政的工具，以發揮行政權作用執行行政業務。

(四)行政組織乃是以行政職位與人員為基礎所構成：行政職位與人員形同行政組織的細胞，組織的整體即由眾多

---

❹ 管歐著，中國行政法總論，第二二三頁。

❺ 成田賴明等著，前揭書，第六一頁。

細胞分子所構成。此種細胞在編制上為各種不同的職位，就動態觀點而言，乃是各級人員，故職位與人員實為行政組織構成的基本要素。

㈤行政組織乃是行政機構的體系：行政組織具有其整體性，其細胞分子並非個別獨立，而是互相作有秩序有層次的結合，由若干細胞組成單位，由若干單位組成機構，由若干機構組成體系；亦即具有上下與平行間的關係。

第二項　有關名詞釋義

根據上述對行政組織定義的說明，可知行政組織一詞可作廣義與狹義解釋；且行政法上的行政組織既係由行政主體所建立，以發揮行政權作用為目的，則其與政府的涵義自極接近，易生混淆。因之，為求對行政組織獲致明確的概念，自有對各項有關名詞作進一步闡釋的必要。

㈠廣義行政組織：就廣義的觀點而言，行政組織的範圍可將一切屬於行政權的機關包括在內，亦即由不同等級和類別的行政機關互相結合成為龐大完整的組織體系。在此體系中有縱的隸屬系統，也有平行機關間橫的聯繫。而且不僅包括國家行政機關，也包括地方自治行政機關在內，構成全國性的系統。關於廣義行政組織的涵義，可藉下列兩項實例說明之❻：

⑴我國憲法第五十三條規定「行政院為國家最高行政機關」。所謂「國家最高行政機關」，即係就全國行政組織體系而言，該院具有最高的地位。

⑵日本國家行政組織法第二條規定「國家行政組織在內閣之管轄下，應明確規定全體行政機關之執掌事務及權限，以構成體系；國家行政機關在內閣管轄下，行政機關間應相互聯繫，以期成為一體發揮行政機能」。此項規定的涵義實係將內閣視為國家最高行政機關，而與其所屬各級行政機關構成層層節制的整體，足以證明行政組織系統的存在。

❻ 管歐著，中國行政法總論，第一二三—一二四頁。行政院法規整理委員會編印，日本行政法規選譯，臺北，第一頁。

㈡狹義行政組織：所謂狹義行政組織，乃是指前述廣義行政組織系統中，個別行政機關本身的構成而言。因各個行政機關均為具有獨立地位的組織體，其內部組織包含機關單位與員額的編制以及職權事項，此種組織結構即為狹義行政組織。

㈢政府與行政組織的區別：根據前述對廣義行政組織涵義的說明，可知行政組織乃是行政權的組織，亦即國家統治權組織系統的一部分。而所謂「政府」，就組織的觀點而言，其涵義較廣，學者有謂「凡一個政治組織，具有制定法律及執行法律之權力者，謂之政府」❼。準此，則所謂政府不僅是指國家統治權的機構，且係指統治權組織系統的全部。而行政組織與政府兩種觀念固然極為接近，惟政府的涵義範圍較大，可將國家政權、元首權、及各種治權機關組織包括在內，行政組織僅為其中的一部分❽。此外，尚有須注意者，即在行政法學的內容方面，對於「政府」一詞的使用，其涵義並非十分確定，有時係指各級政府的整體，有時係指特定層級的政府，有時則係指業務主管機關而言；至於行政法學內容方面，對「行政組織」一詞的使用，其涵義亦非十分確定，除可分別作廣狹二義的解釋外，亦可能係指行政組織法內容的全部。故關於此三項名詞的涵義，應視其使用的情形，加以妥當的認定。

第二節 行政組織設立的法律依據

行政組織既為國家統治權的組織，實即指政府行政機關而言。則在法治行政的原則下，欲設置行政組織，自應具備合法的依據，此種依據即為其在法律上的淵源與合法授權。分析言之，行政組織設置的法律依據，大體上來自五方面，玆略述如下：

㈠憲法的依據：憲法為國家根本大法，其對國家行政權的重要事項必然具有各種原則性的規定，其中有關行政事項（亦即行政機關）的規定，均可構成行政組織設置的依據。就我國憲法的內容而言，例如憲法第六十一條規定

❼ 雲五社會科學大辭典，第三冊－政治學，第一八九頁。
❽ 張載宇著，前揭書，第一〇六－一〇七頁。

「行政院之組織，以法律定之」。第一百三十七條第二項規定「國防之組織，以法律定之」。但實際上除該等條文外，凡屬第五章「行政」、第十章「中央與地方權限」、第十一章「地方制度」等部分之規定；另如憲法增修條文第九條有關「行政院得設人事行政局」及制定其組織法律之規定、第十四條有關考試院職掌之規定、第十七條有關「省、縣地方制度」之規定等，均可作為中央及地方行政組織設置的依據。此外，憲法增修條文中有關中央或地方行政機關組織職權事項的規定，亦應視為憲法的依據。

㈡以法律為依據：行政組織以法律作為設立依據，亦即依據法律的授權而設立或以法律規範其組織事項之謂。其情形可概略區分為兩種：

⑴以特定法律為依據：所謂特定法律，主要包括下列三種：

①上級機關之組織法：在上級機關的組織法中，常有授權設置其所屬下級機關之規定，則下級機關的設置即由此種明示或默示的授權規定，獲得合法的依據。例如行政院組織法第三條規定「行政院設左列各部及各委員會：……」。

②有關機關主管業務之法律：因各種行政業務均應有其主管機關，故在業務法律中即可就其主管機關的設立作授權規定。例如民用航空法第三條規定「交通部為管理及輔導民用航空事業，設交通部民用航空局；其組織另以法律定之」。

③本機關之組織法：在法治行政的原則下，各行政機關均應有其組織法規，其屬於國家機關者，依中央法規標準法之規定，應制定其組織法律，作為各該機關設立及組織的直接依據（亦即狹義的依據）。

⑵以中央法規標準法為依據：因該法第五條將「國家機關組織」的事項列為應以法律規定的事項，故政府如欲設置中央機關而未具有前述特定法律的依據時，既須依據該法規定制定其組織法，則在解釋上似亦可將該法視為設立的依據；惟嚴格言之，此種情形實際上僅為行政機關組織法律制定的依據，而非該機關設立的依據。

㈢以行政命令為依據：此所謂行政命令包括行政規章及行政裁量權兩項，茲分別言之：

⑴以行政規章為依據：此種情形與前項所述以特定法律為依據者大致相同。惟「國家機關」的組織既須以法律定之，則較少有此種情形發生，惟臨時性機關之組織或過渡時期的組織或地方機關的組織仍有以行政規章為依據的可能。

⑵以行政裁量權為依據：行政裁量權屬命令性質，其涵義係指行政機關就其職權範圍內的事項，以其自身判斷作成決定的權力。以此種權力的行使設置所屬行政機關的情形約有兩種：

①基於法律授權：此即依據特定法令授權其上級機關，得視情形需要設置所屬下級機關者，則該上級機關即可據此設置有關機關。例如行政院組織法第十四條規定「行政院為處理特定事務，得於院內設各種委員會」。此項條文即為對行政院的授權規定，該院即可據以裁量設置所需之委員會，甚至以行政規章定其組織規程。又地方制度法第十三條規定「省政府組織規程及省諮議會組織規程，均由行政院定之」。因精省後省政府成為行政院的派出機關，故由行政院頒訂其組織規程。

②本於職權裁量：此即行政機關在無特定法律依據或明確授權的情形下，如有實際需要，亦得基於其本身職權決定設置所屬下級機關。但在此種情形下設置行政機關自仍應遵循法定程序，制定組織法規，取得合法依據。

㈣以自治法規為依據：地方自治團體享有自治組織權，自得設置地方行政機關。無論是否由地方自治立法機關通過或由自治行政機關頒布其組織規程，祗須有合法依據並遵循法定程序，均可有效成立。現依據地方制度法第十八及第十九條規定有關「直轄市組織之設立及管理」及「縣（市）組織之設立及管理」均已列為地方自治事項。同法第六十二條規定「直轄市政府之組織，由內政部擬訂準則，報行政院核定；各直轄市政府應依準則擬訂組織自治條例，經直轄市議會同意後，報行政院備查；直轄市政府所屬機關及學校之組織規程，由直轄市政府定之」。至於縣（市）政府及鄉（鎮、市）公所之組織，均應由內政部擬訂準則，報經行政院核定；然後由各該級地方政府據以擬訂組織自治條例，再經同級議會同意後，報上級政府備查；至於各級地方政府所屬機關及學校之組織規程，則均授權各該級地方政府自行訂定。

㈤以非常時期法制授權為依據：一般國家常在非常時期設置臨時性特殊行政機關以肆應客觀情勢需要，此種情形已在「非常時期法制」部分論及。就我國以往動員戡亂時期的情形而言，依據臨時條款第四條規定「動員戡亂時期，本憲政體制，授權總統得設置動員戡亂機構，決定動員戡亂有關大政方針，並處理戰地政務」。第五條規定「總統為適應動員戡亂需要，得調整中央政府之行政機構、人事機構……」。根據此等授權規定，總統即可設置動員戡亂機構及特殊行政機構，而當時行政院人事行政局的設置，即係由前述第五條的授權而來。

第三節　行政組織法的意義、性質與作用

第一項　行政組織法的意義

根據前節內容的說明，足以顯示合法依據乃是行政組織設置的前提條件。因而，欲設置行政機關，使其合法成立有效行使職權，即應具備其組織法規，以規定其組織編制，作為機關組成的直接依據。組織法規既具有如此的重要性，而且為「行政組織法」部分研究的主體，自應先就其意義加以探討，茲引述中外學者的意見如下：

㈠日本行政法學者對「行政組織法」意義的解釋，多係配合廣義與狹義「行政組織」的範圍所作說明。例如：

⑴杉村章三郎認為「廣義的行政組織法包括規範國家行政機關組織的各種有關法規（行政機關組織法）、有關地方公共團體及其他公共團體之法規（自治團體法）、及有關國家公務員與其他關於人事制度之法規（公務員法）的全部在內」。至於狹義的行政組織法，則主要係指前述之「行政機關組織法」而言❾。

⑵佐藤功認為廣義之行政組織法包括國家行政組織法、自治行政組織法、公務員法、公物法、及營造物法等部分在內。狹義的行政組織法係指有關國家與地方公共團體及其他公共團體組織事項之法規而言❿。

❾ 杉村章三郎著，行政法要義（上卷），東京，有斐閣，昭和五十五年版，第七三頁。

❿ 佐藤功著，行政組織法，東京，有斐閣，昭和四十九年，第三頁。

(3)田中二郎認為「行政組織法乃關於國家、地方公共團體、及其他公共團體等各種行政主體組織的一切法規之總稱」。此等法規的內容，多涉及國家或地方行政機關的設置、廢止、名稱、構成、與權限等事項⓫。

㈡我國行政法學者對「行政組織法」意義的解釋，除在說明行政法學內容所包含之各部門時採廣義觀點外，多採狹義之觀點，例如：

(1)林紀東氏認為「行政組織法者，規定行政機關之地位、權限、編制及其構成分子之法規也」⓬。

(2)涂懷瑩氏認為「行政組織法為規範行政權主體之法」⓭。

另有值得注意者，即我國學者頗多係以「行政組織」一詞代替「行政組織法」，因而對於「行政組織法」的意義未作任何說明。惟行政法學既係自法制觀點研究行政事項，則儘管「行政組織」與「行政組織法」在實質上並無不同，似仍有就後者的意義提出解說的必要，以求符合行政法學法制本位的基本立場。茲綜合各方意見，參照行政組織法的實際內容，擬定其定義如下：

「行政組織法為行政主體就規範行政機關的設立、地位、體制、編制、職權及人員等事項所制頒的法規」。

此項定義係採狹義觀點所擬定，亦即以行政機關為主體，說明其組織法規的內容。茲分為幾點作進一步的解釋：

①行政組織法係由行政主體為其行政機關所制頒的法規：所謂行政主體可將國家及地方自治團體包括在內，二者均須設置行政機關，亦均須制頒有關的法規。

②行政組織法為關於行政機關組織事項的法規：行政組織法乃是以行政機關的組織事項為其實質內容，專門就此等事項加以規定，在性質上屬於內部行政法，較少涉及對外業務關係的規定，故具有其特徵。

③行政組織法為行政機關設立的直接依據：在法治行政原則下，行政機關的設立均應具有合法的依據，其種

⓫ 同❿，第三頁。

⓬ 林紀東著，行政法，第一四一頁。

⓭ 涂懷瑩著，行政法原理，第一九四頁。

類不一，而以個別機關本身的組織法規為其直接依據，各該機關即依據其組織法規組合而成。

④行政組織法為關於行政機關地位的法規：就廣義行政組織的觀點而言，個別行政機關均為行政組織體系中的構成分子，而行政組織法的內容，通常均就行政機關的隸屬與平行關係或等級作明示或默示的規定，從而確定個別機關在行政組織體系中的地位。

⑤行政組織法為關於行政機關體制的法規：行政機關在組織方面應各按其本身的性質或業務，決定所採行的體制。所謂體制亦即機關的組織型態（例如首長、合議及混合制是）。此等事項均在組織法規中有所規定，主要表現在核心機構的組織方面。

⑥行政組織法為關於行政機關編制的法規：行政機關就其本身職權的行使，採取專業分工的原則，故在其組織方面即須配合此種需要，對所有員額作合理的編組，以形成分部化與層級化的各級單位，然後按照各單位業務的性質與業務量的多少，分配其所有職位與員額。此等事項是為機關的組織編制，乃行政組織法重要內容的一部分。

⑦行政組織法為關於行政機關職權的法規：行政機關的設立均有其特定目的，為實現此種目的即須賦予其職權，以便推行業務，故行政組織法的內容，均須就機關的職權加以規定，包括職權的性質、範圍、事項種類、對內劃分、及對內與對外關係等項目在內。

⑧行政組織法為關於行政機關人員的法規：行政機關的組織在編制上乃是以職位為基本單位，但職位必須以人員充實，故行政組織法亦應對人員有所規定，將有關人員的選任、調派、權利義務關係、及在機關中的權責等事項包括在內。且有關人員的規定形成獨立的法規系統，即公務人員法規。

第二項　行政組織法的作用與性質

行政機關組織法規的制定，在基本上乃是為求符合法治行政原則的要求，因在此項原則之下，有關行政權的事項既均須具有法律依據，則組織事項自不能例外，亦應有法規加以規定。惟若作詳細分析，組織法規的制定實具有多方面綜合性的作用，茲分別言之：

㈠組織法規乃是行政機關設立的合法依據，足以使行政機關取得合法的地位，成為法定機關。

㈡組織法規構成行政機關內部組織編制的直接依據與標準。

㈢組織法規對行政機關授與法定的職權範圍，使其得以合法行使職權，並有助於釐定機關內部各單位與職位間的權責分際關係。

㈣組織法規對行政機關賦予合法地位，使其成為預算單位，獲得法定預算經費；並使其人員得以享有法定權益⑭。

㈤行政機關有無組織法規，對其自身的地位與存立期間均將發生影響（參閱本編第二章第四節有關法定單位的說明）。

㈥組織法規的制定，對於機關數目、規模、與編制員額具有限制作用。

由上述各項說明，可知組織法規的制定，具有多方面的作用，主要即有助於促進行政機關組織的法制化、標準化、與效率化，故其重要性未可忽視。至於行政組織法規的屬性，因其內容所規範者，乃是行政機關或行政體系內部的事項，故在原則上應視為內部行政法性質，惟其中有關機關職權的規定，因屬機關業務事項，自不免涉及對其他機關或人民的關係⑮。

第三項　行政組織法發展的趨勢

行政組織法為國家整體行政法制的一部分，其內容又為行政事務的一環，故其發展情形自然受到國家行政法制

⑭ 機關預算中人事費用的編列，應以其編制員額為依據。見盛漢恢著，財務行政論，臺北，五十四年版，第六六頁。公務人員的權益，常受其機關法定地位的影響。例如公務人員保險法第二條所定投保資格，即以其所屬機關為法定機關為條件。

⑮ 杉村章三郎著，前揭書，第七四頁。

與行政事務發展的影響，而與二者具有密切的關聯。具體言之，在目前一般國家中，由於行政權的擴張，社會的進步發展，遂使行政組織法無論在形式與實質方面均受到頗大的影響，而形成各種明顯的趨勢，茲略述如下：

㈠首長制盛行：基於行政組織的特性與行政效率的要求，一般行政機關在組織型態方面多採首長制的體制，期使權責集中，指揮靈便，而收業務處理的速效。

㈡專技單位與職位增加：為適應行政業務專業技術化發展趨勢的需要，許多機關均設置專業技術單位與職位，以執行各種有關的職務。

㈢行政機關獨立性加強：在積極國家時代，強調政府職能的發揮，故須擴大行政權力並加強行政機關的獨立地位，減少不必要的消極牽制，謀求諸權協調配合，俾可形成有效能的政府。

㈣行政委員會的普及：行政機關的組織體制雖以獨任制為主體，惟部分行政業務的執行，按照其性質若以由委員會型態機構負責較適宜者，亦可設置各種不同的委員會，如法規委員會及訴願審議委員會等均是（詳情見行政機關部分說明）⑯。

㈤組織法規標準化：行政機關雖有不同種類與等級之別，但同類同級機關或單位的設置，宜具有共同的標準，因而行政組織法的發展有標準化的趨勢。如前所言，部分國家已有制定行政組織或行政程序法典者，我國原有行政院所頒布的「行政院所屬各級行政機關制定組織法規作業辦法」作為各級行政機關擬定組織法規的規範，日本在戰後有「國家行政組織法」的制定，構成其中央行政機關組織的準則，我國目前亦有推動制定有關法律的計畫。

上述各部分內容，已就有關行政組織法的各種事項提出概略介紹。此外，尚有須作補充說明者，即關於行政組織或行政組織法決定權的歸屬。惟所謂組織法規的決定權，實即其制定權，根據前述行政法規制定情形的說明，可知組織法規的制定權，亦分別歸屬於各級政府的立法與行政機關。若從法律制定過程方面分析，因行政機關實際上

⑯ 所謂行政委員會在基本上係指美國聯邦政府所設各種直屬獨立之委員會（regulatory commission）型態而言。見 Nigro and Nigro, *Modern Public Administration*, New York, Harper & Row, Publishers, 1980, pp. 93–95.

多負責擬訂、提案、及解說工作（出席立法機關），而立法機關則負責審議及完成立法程序；故一般組織法律的決定權，在實質上可謂係由立法與行政機關共同掌握，僅在形式上其最後決定權屬於立法機關而已。至於行政規章中組織規程的決定權，自係屬於行政機關。地方自治法規中組織法規的決定權，亦應視其是否須經地方議會通過，而分別認定其歸屬的機關。（參閱第一編第三章行政法的制定部分說明）。

第一章　重點問題

一、試分析說明行政組織的定義。
二、何謂廣義行政組織與狹義行政組織？
三、試分別說明行政組織與政府兩項名詞的涵義。
四、試分析說明行政組織的要素。
五、行政組織設立的依據共有幾種？試析述之。
六、試述行政組織法產生之依據何在？（55高檢）
七、試分析說明行政組織法的意義。
八、試述行政組織法規應規定之基本事項。（57高檢）
九、行政組織法的作用及性質如何？試分析言之。
十、現代一般國家行政組織法的發展約有那些共同趨勢？

第二章 行政組織法的原理

第一節 行政組織職權的授予及分配

第一項 職權的意義

國家或地方自治團體設置行政組織，均係基於推行政務的實際需要。為達此項目的，則國家或地方自治團體的行政組織即須自公法方面獲得適度範圍的授權；如此則行政組織乃能合法代表國家或地方自治團體行使公法權力，貫徹政務的實施。因此，遂使「職權」構成行政組織的要素，亦為組織法規必須規定的事項。且自另一方面言之，各級政府所設行政機關數目眾多，而各機關均有其職權，則為避免事權重疊，職責混淆起見，組織法規更須就專屬於特定機關的職權範圍作明確的規定，構成其行使權力執行業務的合法依據。上述內容已就「職權」的涵義提供概括的說明，茲再提出其定義介紹如下：

日本田中二郎教授認為職權係「行政機關就其所掌事務能夠有效決定並表示國家意思於外部之權限。……亦可謂就其所掌事務之範圍擁有之管轄權」❶。

著者認為「職權乃是依據組織或業務法規所授予，專屬於特定機關就確定範圍內的行政事項得有效管轄處理的權限」。

對於此項定義的內涵，可分析為下列四點解釋：

(一)職權須為依法授予：授權法規通常以機關組織法規為主體，但尚可將業務法規包括在內。有了合法授權，行

---

❶ 佐藤 功著，行政組織法，東京，有斐閣，一九五八年版，第一一四頁。

政機關乃能有效行使。

㈡職權的授予乃以特定機關為對象：行政機關的職權，就其整體而言，即為行政權。但實際上須將此龐大權限分配予各級機關，以符合專業分工的要求，故職權的授予應以特定機關為對象。

㈢職權應具有確定範圍：行政權的整體既須分配予眾多機關行使，則個別機關職權均有其確定範圍，以求事權專一，避免重複混淆，始不致引發爭議。此種確定範圍的規定，具有保障及限制兩方面的作用。

㈣職權乃有效管轄處理行政事項的權力：職權的作用在使特定機關就確定範圍內的事項可以有效管轄並加以處理的權力，處理之後發生行政法上的效果。

至於行政職權如何對行政機關授予，大致取決於三種標準❷：

㈠事務種類：在行政專業化的趨勢下，各機關管轄的業務多僅限於一類或一系列相關業務，如此則對特定機關職權的授予，自以按事務種類區分較為適宜，如經濟、教育、交通等行政，甚至更進一步細分為工業、農業、國民教育、職業教育、航空、鐵路等業務是。

㈡管轄區域：國家機關的分支機構或地方行政機關均有其管轄區域，則對此等機關職權的授予，即須以管轄區域為標準。

㈢行政客體：行政機關職權的行使，均有其對象，亦即行政客體；故對行政機關職權的授予，自可採用客體的標準。例如兵役機關以役男為對象、教育機關以教師及學生為對象、農業機關以農民為對象等均是。以此種標準所授予的職權，即為行政機關對行政客體的管轄權。

對行政機關職權的授予，雖可採用上述三項標準；但實際上組織法規方面有關機關職權的規定，大致仍係以事務種類為主體。至於所採用語，目前頗不一致，通常稱為「職權」、「職掌」、「掌理事務」、「主管事務」、「管理事項」、

❷ 按行政機關職權的授予，亦可視為管轄對象的劃分，美國學者古立克 (L. Gulick) 認為有三種標準，即「事」、「人」、「地」三者。見張金鑑著，前揭書，第二一四頁。

或「任務」等❸。此外，就規定內容而言，可能包括職權的種類、性質、事項、範圍、轄區、行使方式或程序等項。在實例方面，涉及職權種類、性質、事項、範圍等之規定者，例如：交通部組織法第一條規定「交通部規劃建設管理經營全國國有鐵路、公路、電信、郵政、航政；並監督公有及民營交通事業」。

關於涉及管轄區域之規定者，例如：

行政院主計處組織法第一條規定「主計處掌理全國歲計、會計、統計事宜」。

舊省政府組織法第一條規定「省設省政府綜理全省行政事務，並監督地方自治」。

關於涉及職權行使方式或程序之規定者，例如：

行政院組織法第六條規定「行政院經行政院會議及立法院之決議，得增設裁併各部各委員會或其他所屬機關」。

舊省政府組織法第五條規定「左列事項，應經省政府委員會之議決……」。

舊臺灣省各縣（市）政府組織規程準則第十七條第二項規定「前項依法任用之人員……調免時應敘述理由報請省政府核辦外，認為其情節重大有先予停職之必要者，並得呈准先行停職」。

以上係就機關組織法對職權事項的規定所作分析。前已言之，機關職權的法令依據，不以組織法規為限，尚應包括業務法規在內，惟兩者規定的性質不盡相同，組織法規的規定主要著重於授權作用；而業務法規的規定，除具有授權的意義外，常係就整個法律關係加以規定，並涉及主管機關推動業務時的各種應行注意事項。例如原中央標準局主管商標及專利業務，則商標法與專利法即為關於其職權業務的法規；民用航空局主管民航業務，則民用航空法即為關於其職權業務的法規是。此外，法規對機關職權所作規定，不限於機關整體的職權，而對於其內部各單位及重要職位的職權亦常有明確規定，構成機關職權對內劃分的依據，有關事項將在次項中說明。

❸ 張載宇著，行政法要論，臺北，法律評論社，五十九年版，第一一三頁。

第二項　組織法規對職權規定的方式

組織法規有關機關職權的規定，所採方式不盡相同，主要係按照機關的地位高低與職權範圍大小加以選擇，通常採取的方式約有下列三種：

㈠概括方式：此即就機關整體職權事項，僅作籠統規定。採用此種方式主要係適用於事權廣泛、地位較高機關的職權範圍，或地方綜合業務機關的職權範圍，或準則性組織法規方面，其優點即涵蓋範圍較廣所具彈性較大❹。其實例如：

行政院組織法第二條規定「行政院行使憲法所賦予之職權」。

舊省政府組織法第一條規定「省設省政府綜理全省行政事務，並監督地方自治」。

舊市組織法第八條規定「市設市政府，其職權如左：一、辦理市自治事項；二、執行上級委辦事項。」

㈡列舉方式：此即就特定機關職權範圍內的事項一一作明確具體的規定，其優點即規定較為詳細，適宜於多樣性職權的機關，保障作用較強。但在另一方面亦具有限制職權範圍的作用，故組織法規在採用此種方式時，多在列舉事項之後，增列「關於其他事項」的補充規定，以求保留適度彈性，便於嗣後彌補遺漏或作擴張解釋。在實例方面，如經濟部工業局組織法第二條就該局職掌作詳細列舉式規定，共列有十餘項之多，而第三條有關其內部各組室職掌之規定反較簡略，國際貿易局組織法的情形亦屬如此❺。

㈢折衷式規定：此即兼採前述兩種方式，一方面就機關整體職權範圍及類別作概括規定，然後就內部各單位的職掌作列舉式詳細規定。我國行政機關組織法規採用此種方式者較為普遍，尤以中央各部組織法最具代表性，例如內政部組織法第一條規定「內政部掌理全國內務行政事務」，復於第七至十五條就其部內各司處之職掌作列舉式之

---

❹　管歐著，中國行政法總論，第一三五－一三六頁。

❺　見「經濟部工業局組織條例」第二條及「經濟部國際貿易局組織條例」第二條之規定。

規定❻。

上述三種方式，均係就組織法規有關機關整體職權及內部各單位職權規定的情形所作介紹。此外，在組織法規中，通常尚有就機關重要職位的職權作明確規定，包括機關首長及高級職位的職權在內。就此等重要職位職權的規定多採概括方式，惟亦有採列舉式者，其實例如：

行政院組織法第七條規定「行政院院長綜理院務，並監督所屬機關」。

同法第九條規定「行政院置秘書長一人，特任，副秘書長一人，簡任。秘書長承院長之命，處理本院事務，並指揮監督所屬職員。副秘書長承院長之命，襄助秘書長處理本院事務」。

同法第十二條規定「行政院置參事八人至十二人，簡任，其職掌如左：一、關於撰擬法案命令事項。二、關於審核行政法規事項。三、關於審核所屬機關行政計畫及工作報告事項。……」。

其次，就各機關的職權性質與範圍而言，除國家最高行政機關及各級地方政府的職權屬綜合性者外，一般行政機關的職權在行政權專業分工的趨勢下，均屬專業性範圍；因而在各種專業系統的機關之間，其職權性質自然互不相同，惟事務性的業務則為一般機關所共有。不過，所應注意者，即由於行政權的整體性，其分工後的各種職能具有相互關聯，則各種行政機關的職權凡屬相關系統者，亦具有相互關聯，不易作完全明確的劃分，例如兵役業務與內政及國防兩部職掌有關，國際貿易業務與經濟及外交兩部職掌有關，而勞工行政業務與內政及經濟甚至教育等部職掌有關。既有此種情形存在，則各有關機關在執行此等業務時，自應彼此協調配合，或採取會同辦理的方式，藉以維護行政權作用的整體性，發揮團隊精神，殊可避免權限爭議或引起政令衝突。

❻ 見內政部組織法第一條、第七至一五條之規定，另教育部組織法第一條、第七至一七條之規定，其方式大致相同。

第二節　行政組織結構的特性與隸屬關係

第一項　組織結構特性與隸屬關係

前已言之，廣義的行政組織係指由個別行政機關結合形成的行政系統而言，產生此種結合作用的因素即為彼此間的隸屬關係，故隸屬關係與行政組織結構特性實為一體之兩面。具體言之，行政機關經由隸屬關係結合為一完整體系，並在組織結構方面呈現出層層節制的特性，而個別機關在行政系統中的地位固須依據隸屬關係加以認定，且機關職權的行使亦頗受隸屬關係的影響。因之，隸屬關係在行政組織方面的重要性，自然不容忽視。在行政組織的原則方面，所述系統明確原則與指揮單一原則均足以顯示隸屬關係實為組織設計上必須考慮的重要因素之一。

根據上述內容，可知隸屬關係與個別機關在行政系統中的地位有關，為機關地位認定的準據。一旦其地位決定之後，由此地位遂產生其對上、對下、及與平行機關間的職權關係。在行政系統中，除最高與最低層級的行政機關外，一般機關均有完整的職權關係，其中乃以隸屬關係為主體。如前所言，隸屬關係既為職權關係的主體，對機關職權的行使具有實質的影響。此種情形係因隸屬關係乃是行政機關間不平等的層層節制關係，亦即在同一行政系統中上下級行政機關間的命令服從與指揮監督關係。前者表現為行政系統靜態的組織結構，後者表現為機關職權的動態運用。就一般情形而言，隸屬關係的作用在於銜接行政組織的不同層級，但亦受層級關係的影響。因存在於直屬上下級機關間者為直接隸屬關係，存在於間接上下級機關間者為間接隸屬關係，而上級對下級行使指揮監督權，在原則上應以直接隸屬關係為基礎，形成一條鞭式的連鎖反應，即前述所謂「單線式指揮鏈」，以免因間接上級越級指揮，而致影響直屬上級督導其所屬下級的權責，產生指揮系統上的困擾❼。狹義的隸屬關係應係指上下級個別機關的關係而言，至於從行政組織的整體觀察，則由全部或類別行政機關所構成的行政組織體系，亦可稱之為隸屬系統，

❼ 郭俊次著，前揭書，第六七－六九頁。

是為廣義的隸屬關係。

第二項　隸屬關係的內涵與影響

隸屬關係在行政組織方面所具靜態的銜接作用，以及在動態方面表現為指揮監督權行使的情形已見前述。可知此種關係對行政組織具有實質上的重大作用與影響，並在隸屬系統的個別機關之間普遍存在。因之，對於此種關係的內涵與作用，自有作進一步分析的必要。茲分為下列六點言之❽：

㈠隸屬關係為維持行政組織層層節制體系的關鍵。

㈡隸屬關係構成行政組織系統職權行使的管道。

㈢在有隸屬關係的機關間，應有指揮監督關係的存在，二者可視為一體之兩面。

㈣有直接隸屬關係的機關間，有直接指揮監督關係；有間接隸屬關係的機關間，以有間接隸屬關係為原則；惟在必要情形下，間接隸屬上級，亦可能對間接隸屬下級，直接行使指揮監督權。此種情形既屬例外，通常應予避免，以示尊重直屬上級的職權，俾不致形成指揮監督系統上的困擾。

㈤無隸屬關係的兼管上級機關，就其主管之專門業務範圍，依法令授權，對於執行此種業務的所屬下級機關，亦具有指揮監督權，是為無隸屬關係而有指揮監督關係的例外情形。在此種情形下，遇有直屬上級機關與兼管上級機關間發生意見衝突時，則下級機關仍應服從直屬上級之命令。而上級間的爭議，應由上級尋求解決。

㈥隸屬關係亦構成上下級間連帶責任的關鍵，因上級基於指揮監督權的行使，應對下級執行的行為負連帶責任。

根據上述六項分析說明，可知隸屬關係實與行政機關的職權行使具有密切關聯。就上級機關而言，隸屬關係同時即為指揮監督關係；就下級機關而言，因隸屬關係即為其對上級的命令服從關係，則上級指揮監督權的運用，對下級職權的行使，自將發生重大的影響。亦即下級機關在行使職權時，須受上級的指揮監督。惟對於下級執行職務

❽ 管歐著，中國行政法總論，第一三三—一三四頁。

所生違法不當情事，上級亦將因監督不周，應負連帶責任。此外，隸屬關係尚可能對機關的裁撤具有其影響，此即當上級機關被裁撤時，其所屬下級機關亦可能隨同被裁撤；惟下級機關如有繼續存在的必要時，亦可能不被隨同裁撤，而僅將其改隸於其他機關或原間接上級機關，遂致發生隸屬關係改變的問題❾。

隸屬關係既然對行政機關的地位與職權方面均具有重大影響，則此等事項自應在組織法規中有所規定，從而構成行政組織的要素。惟一般組織法規中對有關事項的規定其所採方式並不一致，主要可歸納為下列三種情形：

㈠在機關名稱中顯示隸屬關係者：例如「行政院國軍退除役官兵輔導委員會」、及「經濟部工業局」等是。

㈡在上級機關組織法規中規定其所得設置之隸屬機關：例如行政院組織法第三條規定「行政院設左列各部及各委員會……」。

㈢在下級機關的組織法規中規定其隸屬於何機關或受何機關之指揮監督：例如行政院國軍退除役官兵輔導委員會組織法第一條明定該會「直隸於行政院」是。

組織法規以上述三種方式表明機關的隸屬關係時，則其隸屬關係自易明確認定。惟除此以外，若在組織法規中表明其組織法規係以特定上級機關之組織法規為制定依據時，則亦足以顯示其與該特定上級機關間具有隸屬關係。

第三節　行政組織的編制組合

在前述各節中業已說明，行政組織的形成，乃是由於將應納入機關內部的各種單位與職位互相組合的結果。依據有機體說的理論，則此等單位與職位構成行政組織的各種器官與細胞，以發揮各別與整體的功能，維持機關的存立與活動。故行政組織內部不僅有具備各種單位與職位的必要，且對此等單位與職位的設置，應作適當的編組安排，俾可符合行政組織的特性並能增進組織的功效。而對於機關內部單位與職位的編組安排，即為行政組織的編制，亦

❾ 在我國因所屬上級機關裁撤，使所屬下級機關改隸的情形，不乏實例。如原屬經濟部之資源委員會被裁撤後，其所屬機關單位有仍繼續存在，而直接改隸於經濟部者。又如原社會部被裁撤後，其所屬機關單位，多仍繼續存在，而改隸於內政部。

即指組織法規有關機關內部單位與員額的規定而言，此等事項均可視為行政組織或組織法規的基本事項或要素。茲分別就單位與員額兩部分的事項言之。

第一項　行政組織的內部單位

關於行政組織內部單位的事項，可自下列四方面分別進行探論。

㈠單位的意義：如前所言，「單位」乃是指機關內部分設的各部門而言。換言之，單位的設置，係由於機關內部分工後部門化或部門分劃的結果 (Departmentalization)，各部門分別執行機關整體職權中的一部分業務；如此則無論自組織或職權方面觀察，分之即為各單位，合之則為機關整體。學者就此種部門分劃的情形提出的定義說明甚多，例如：

⑴ Koontz and O'Donnell 認為「部門分劃係指如何將行政組織依據各層級的業務與權責劃分為各個部門」❿。

⑵ G. R. Terry 更進一步解釋稱「部門分劃乃是行政機關就同一層級中各主管人員權責的劃分，在整個組織結構中，自最高首長以下的各層級均採部門分劃，依次推移每一較低層級則有更多的分化」⓫。

此等解釋大概均能符合行政法學的觀點，足以表明單位形成的情形。總之，就行政法學的觀點而言，「單位」係指行政機關內部職權關係方面職務上的分組，亦即在機關內部編制上分別設置的較小組織，構成行政機關的不同功能器官，負責執行機關職權範圍內的各部分業務。在行政學的理論上，即為組織結構分化結果所形成的各部門，在基本上屬於水平分化 (Horizontal Differentiation) 的現象。

㈡單位的種類、層級與數額：行政組織內部設置的單位，大體上可區分為三種類別，即業務單位、幕僚單位、與事務單位是，此等單位的性質將在本編第三章中行政機關的種類部分加以說明。在此三大類別中，自以業務單位

---

❿ H. Koontz & C. O'Donnell, *Principles of Management: An Analysis of Managerial Functions*, N. Y., McGraw-Hill, 1968, p. 301.

⓫ G. R. Terry, *Principles of Management*, Homewood, Ill., Richard D. Irwin, Inc., 1972, p. 382.

為主體，而業務單位本身的部門分劃有各種不同的標準，例如「功能」(function)、「服務」(service)、「地區」(place)、「對象」(clientele)、「過程」(process)、「物品」(material or product)、「設備」(equip-ment)、「時間」(time)、「字母或數字」(alpha-numberial) 等均是[12]。此等標準亦即部門分劃的基礎或方式，若以我國行政機關而言，其所採部門分劃的標準，大致有下列各種型態[13]：

(1)功能型 (Function or purpose model)：例如內政部下設民政司、戶政司、役政司、社會司、……等單位。教育部下設高教司、中教司、國教司、社教司、技職司……等單位。又如地方政府內部單位的分劃亦多採此種型態，故此種型態具有最大的重要性。

(2)數目型 (Numberial Model)：例如原省政府財政廳下設第一至第五科。臺北市政府社會局下設第一至第六科均是。此種分劃實即按號碼順序排列。

(3)服務對象型 (Clientele Model)：例如外交部所設禮賓司、教育部所設學生軍訓處、中信局所設公保處等均是。

(4)地域型 (Place geographical Model)：例如外交部所設亞東太平洋司、亞西司、非洲司、歐洲司、北美司等單位。國有財產局下設北區辦事處、中區辦事處、南區辦事處等均是。

(5)物品型 (Material Model)：例如原省政府所設物資局、糧食局、菸酒公賣局等機關。及一般機關中所設總務科、事務科、或庶務科等均是。

惟所應注意者，即各機關所設之內部單位，並不一定僅採一種型態，而常有兼採兩種型態者，例如功能——數目型(如臺北市民政局所設第一科「區里行政」、第二科「自治選舉」、第三科「宗教禮俗」等是)，或功能——地域型(如外交部所設北美司、歐洲司、條約司、情報司、國際組織司等是)。由上述舉例說明，可知有關分劃型態的選

---

[12] H. H. Albers, *Principles of Management*, N. Y., John Wiley and Sons, Inc., 1969, pp. 121–152. H. L. Sisk, *Principles of Management*, Ohio, S-W Publishing Co., 1969, pp. 265–267.

[13] 郭俊次著，前揭書，第三八—三九頁。

擇主要須視各單位的業務性質而定。在不同型態的分劃下，機關內部單位的種類自然更為增多。

以上有關單位種類的說明，主要是就行政組織分部化的情形所作分析。而行政組織結構分化的作用，除分部化外，尚有層級化亦即垂直分化（Vertical Differentiation），係將機關組織劃分為層級節制體系或階梯體系（hierarchy or scalar level）的狀態。具體言之，機關內部單位的設置，並不一定僅有一個層級，其分設兩個以上層級者，即為層級化的現象。行政機關內部設置單位與層級的多寡，法規方面並無統一規定，主要取決於業務內容的繁簡及業務量的多少兩方面的因素⑭。此外，自亦應參考行政學上「控制幅度」的理論。一般而論，每一層級主要單位數目以不超過五個，層級劃分以不超過三級者較為普遍。

㈢單位的名稱：機關內部既須設置各種不同業務與層級的單位，則為顯示各個單位業務性質，所屬層級與地位起見，自應就彼等分別命名，以資辨別。以往在「行政院所屬各級行政機關制定組織法規作業辦法」第四條中對單位的名稱有原則性的規定，即「機關內部單位之名稱，以能表示其業務性質為原則，業務項目複雜者，得以數字次序訂列之」。此項規定僅係針對機關單位所使用的基本名稱而言，且其規定並不具體，故尚不足以發揮統一標準化的作用。而國內各機關所慣用者，大致已形成傳統，一般對內部單位及附屬機關所使用者如委員會、局、署、司、廳、處、科、組、室、股、課等均是。至於何種基本名稱究應適用於何種單位，則因缺乏統一規定，故尚非十分確定，以致難免呈現出稍嫌紊亂的情形。茲就在現制下有關單位基本名稱使用的事項分析說明如下⑮：

⑴各機關對內部單位的命名，多在基本名稱上冠以職務名詞，或僅按號碼順序排列。符合功能及數目型分類。

⑵因單位名稱無統一規定，基本名稱使用的紊亂，乃屬司空見慣。以致基本名稱相同的單位，其地位等級可能不同，如行政院衛生署與財政部關務署是；而名稱不同的單位，其地位等級又可能相同，如行政院新聞局與該院主

---

⑭ 按行政院所屬各級行政機關制定組織法規作業辦法（六十二年制頒）第三條僅規定組織法規應明定「內部單位及附屬機關」，惟並無其他詳細規定。

⑮ 張載宇著，前揭書，第一一五頁。張潤書著，前揭書，第三〇九頁。

計處的地位等級可謂概略相同。

⑶部分單位基本名稱，為某種等級機關所慣用者，如司為部之單位，廳為原省府之單位（司法院下現亦設廳）；反之，亦有部分單位基本名稱，為各機關普遍採用者，如處、科、室等是。

⑷各機關之派出單位或分支機構多具有專用名稱，如辦事處、派出所、分局、事務所等均是。

⑸各機關之附屬機關與內部單位有別，常採用委員會、署、局、處等名稱。

⑹公營事業機構有採用局之名稱者，如交通部招商局、財政部中央信託局、原省政府菸酒公賣局是；亦有採用民間企業機構名稱者，如中國石油公司、臺灣糖業公司、臺灣銀行等是。

⑺特殊業務機關之單位，常有專用之單位名稱，如外交部所屬各駐外大使館、領事館等；又如軍事機關所屬單位之軍、師、團、營、連、及司令部等是。

由上述七項內容，可知在現制下單位名稱的複雜情形。若能對各種機關的單位基本名稱作統一標準化的規定，則可藉單位的名稱顯示其所隸屬機關、地位等級、業務性質、及組織型態等事項，且將有助於行政組織邁入更高的制度化境界。

㈣法定單位與非法定單位：行政組織的內部單位，在原則上均應有組織法規上的依據，但在事實上亦有並無此種依據者。前者為法定單位，後者為非法定單位。法定單位乃是機關正規編制上的單位；而非法定單位，則為基於行政上的便利以行政裁量權所設置的單位。採取此種區分不僅顯示單位在法規依據上的差異，而且在組織法上所生實際效果亦不相同，茲比較分析如下⑯：

⑴法定單位在組織法上具有法定地位，在原則上非依修法程序不得加以裁撤變更；非法定單位因無法規依據，不具有法定地位，故其裁撤變更不受此種限制。

⑵法定單位在組織法上具有法定的職位、員額、與職權；而非法定單位不具有此等法定事項。

⑯ 管歐著，中國行政法總論，第一三七—一三八頁。

(3)法定單位的主管人員均為編制內的人員，具有法定職稱，其任命應經法定程序；非法定單位主管人員，因無正規編制，在實際上多係以具有本職位之人員兼任，例如以資深參事兼參事室主管，稱為首席參事是。

(4)法定單位如獲組織法規授權，即可在法定範圍內以其本單位名義對外行文；而非法定單位則不得對外行文。

總之，非法定單位乃屬權宜性的臨時組合，因在基本上不具有法律地位，故在各方面均不能與法定單位相提並論。

第二項　行政組織的員額

(一)員額的意義：行政組織的構成分子乃是其所擁有的各種職位，組織的整體在基本上即係由眾多職位結合而成。而職位必須由行政人員予以充實，此等人員的數目即為行政組織的員額，故所謂員額乃是指機關在組織編制上所擁有的職位而言。就職權觀點分析，職位是組織內部單位中人員分工的結果；自編制觀點分析，則職位即代表組織的員額，職位的數目即為員額的數目。至於行政組織法規方面所稱「員額編制」，其涵義實包括員額的多寡、職稱、與配置等事項在內。

(二)員額的職稱：每一行政組織中，均須設置相當數目的各種職位，每一種職位在組織法上有僅只一個員額編制者，亦有數個員額編制者，惟基於一人一職的原則，故每一員額除法令別有規定外應以充任一個職位為限。為使每一員額的職位均能顯示其職務與階級（職等），即對各種職位賦予不同的職稱，故「職稱」即為特定職位的名稱，且職稱須在組織法規或編制表中加以規定，是為法定職稱，一般行政機關所使用的職稱，種類甚多，其中較常見者如部長、司長、處長、科長、參事、專門委員、專員、科員、辦事員等是。依據原行政院所屬各級行政機關制定組織法規作業辦法第六條規定「簡薦委制機關人員之職稱及職等，應依公務人員職務等級表，或聘派人員職務俸給表之規定辦理」。根據此項規定，可知職稱的涵義與作用，主要在顯示其職務，惟亦可能同時表明其地位與等級。至於職位的等級，大致應與其職務相當，此外並受其所屬機關與單位地位高低的影響，因機關與單位地位的高低決定其所擁有的職位編制。而行政組織內部整體的編制，可以視為係由多數不同職務與等級的職位所構成的系統。為使組織法規發揮各種預期的作用，及促進機關組織合法合理的發展起見，每一機關所擁有的全部編制員額與職稱職等，均應在其組織法規中作明確規定⓱。

其次，關於職稱方面，除一般常用的職稱已見前述外，另在各種專業行政機關多有採用特殊職稱者，例如外交機關之大使、公使、領事等；警察機關之警監、警正、警佐、警員等；技術機關之技監、技正、技士、技佐等職稱均是⓲。此等職稱不僅顯示其職務，且有地位等級的涵義。

㈢員額的多寡與配置：員額為構成行政組織的基本分子，機關的組織編制即係由員額或職位的結合所形成。故每一機關必須擁有相當數目的編制員額，數目的多寡代表其推行業務所需要的公務人力。同時自分工和專業化的觀點而言，每一機關應具備其業務上所需要的各種不同職位，以發揮機關的專業與綜合功能。至於每一行政組織所應擁有員額數目的多寡，主要應取決於其業務性質與業務量的大小，而與機關本身等級的高低並無絕對的關聯。前已言之，機關的編制員額應以組織法規作明確規定，俾使其所屬人員具有正規編制上的法定地位，同時可收限制員額任意膨脹之效。惟對於各種職位員額的數目宜保持必要的彈性，以便適應未來業務發展的需要。而且，機關的組織編制，經過實施相當期間以後，亦應考慮作適度的調整，以維持適當數目與種類的員額職位。

其次，就行政組織結合的情形觀察，個別的職位員額既是構成行政組織的基本分子，由相當數目的職位組合為單位，由相當數目的單位組合為一機關。則機關就其所擁有的員額總數，經過部門化與層級化的作用，自應分配於內部各級單位，是為員額的配置。至於員額配置的情形，固應以組織法規及編制表為依據，惟實際所應考慮的因素甚多，例如各單位的業務性質、業務量、編制大小、職位等級高低、以及職位專長條件等事項均屬之。總之，適當的員額配置，應能使各單位人員勞逸平均、專長與業務配合、職位等級相當，如此乃能使機關公務人力發揮最大功

⓱ 同㉔，該辦法第三條規定組織法規應明定「編制之職稱、職等、及員額」。

⓲ 見駐外使領館組織條例第二至四條，及警察法第十一、十二兩條。

效，而人員亦能各安其位，適才適所。

第四節 行政組織的體制型態

行政組織的體制，係指行政組織結構完成後所呈現的型態，此種型態的表現其關鍵常在於核心組織或最高階層的結構；惟因分類標準的不同，部分體制的類別有係指行政組織結構的綜合形體、或內部單位分工情形、甚至於國家整體政治制度者。故對行政組織體制分類範圍的認定，似可作廣義與狹義的兩種不同解釋。茲就各種體制的類別分述如下：

㈠國家行政組織制與自治行政組織制：國家行政組織制係指中央政府的行政組織制度而言，又稱普通行政組織制，以示有別於自治行政組織而為一般性之行政組織；或官治制，以示其所屬人員均係國家所任用之官吏。自治行政組織制係指地方自治團體（主要即實施自治之地方政府）的地方性或專業性行政組織而言，又稱特別行政組織制，以示與國家之普通行政組織制有別；或自治制，因其為自治團體之行政組織，人員有由選舉產生者。此兩種體制係以國家行政系統的觀點觀察所作區分，二者的區別在於權力來源、人員選任方式、及職權範圍與性質等方面的不同；二者優劣互見，惟足以分別適應國家直接行政及地方自治行政的需要[19]。

㈡中央集權、地方分權、與均權制：中央集權制即將國家行政權力集中於中央政府的行政組織體制；在此制之下，中央行政機關大權在握，能夠統籌全局，控制全國各種行政業務，以直接行政為主體，組織系統龐大。其優點即權力集中，政令統一，足以增強行政效率，協助地方均衡發展；缺點則為中央機關業務負荷沈重，分支機構眾多，所需人力經費激增，而施政無法因地制宜，形成頭重腳輕之弊。

地方分權制即將行政權力分散於地方政府行使的行政組織體制，一般以聯邦國的制度最具代表性；在此制之下，中央行政機關的權力有限，而地方政府無論實施自治與否，其行政機關均擁有龐大的實權，並得獨立行使，所受中

[19] 管歐著，中國行政法總論，第一四三頁。陳鑑波著，前揭書，第五頁。

央政府的監督控制較少。此制之優點，即具有因地制宜特性，有助於奠定地方民主政治基礎，提高地方行政業務水準及效率，及防止中央集權專橫；缺點則為可能形成地方各自為政，缺乏整體規劃，地方單位間利害衝突在所難免，無法謀求均衡發展；中央若無力控制全局，則在行政上必致尾大不掉，政令難以貫徹，易使國家趨向分裂。

至於均權制，乃是折衷於中央集權與地方分權兩者之間的體制，不偏於任何一方，其就中央與地方事權的劃分係採均權原則，即以業務性質為標準，凡具有全國一致之性質者屬於中央，有全省一致之性質者屬於省，有一縣之性質者屬於縣。如此乃能對各級政府的事權作合理的劃分，對地方授予適當的自治權力，以收因地制宜之利；並維持中央與地方間的協調配合關係，俾使國家政令貫徹，發揮行政的整體功效⑳。

㈢獨任制、合議制、與混合制：此三種體制實為行政組織體制分類的主要部分，具有最大的意義與重要性，亦可係謂狹義行政組織體制的類別，茲分述如下：

⑴獨任制亦稱首長制，係行政組織採用最為普遍的體制。在此制之下，行政機關設首長一人，居於首腦的地位，總攬全權，綜理機關業務，指揮監督所屬單位及人員。此制之優點，即權責集中，指揮靈便，決策迅速，足以增進行政效率，適應行政權的特性。缺點則為首長可能流於專斷，囿於主觀成見，或把持業務違法舞弊；若首長能力不足，則將因領導無方，致使機關陷於業務紊亂，權柄旁落，紀律廢弛，績效不彰的境地。

⑵合議制亦稱委員制，即行政組織中的決策或統率機構係由同一方式產生地位平等的多數委員所組成，並以討論表決的方式形成機關意見，對外共同負責的體制。此制不設首長或僅設名義上的首長，委員會開會時由首長或召集人或由常務委員若干人輪流主持會議。委員會本身為立法機關但委員分別兼任各部門行政主管，負執行業務之責。此制的優點，即能夠集思廣益，意見超然客觀，羅致各方代表，委員彼此監督，不易發生流弊，立法行政結合，政令能夠貫徹。缺點方面，即權責不能集中，行動緩慢，委員之間可能發生互相牽制，爭功諉過等情事；且委員若非

---

⑳ 見我國憲法第十章「中央與地方權限」之各條規定。管歐著，地方自治新論，臺北，五南圖書出版公司，六十五年版，第二五六—二六三頁。

專才，或缺乏行政經驗與能力，由其掌理各行政部門，即可能無法勝任。

⑶混合制亦稱委員首長制或首長委員並立制，係折衷於前兩制之間的體制，在基本上設有合議制的委員會為決策機構，但又設有首長，其職稱通常為委員長、主任委員、或主席等。惟其首長無法與獨任制者相提並論，因不能獨攬機關大權，重要事項均係由委員會議決，首長的職權限於主持會議、執行委員會決議、綜理機關日常事務、及指揮監督所屬單位及人員等事項。學者有謂混合制具有四種不同型態，即㉑：

①由委員會負責議決政策及重要事項，而後交由機關首長執行。此種型態與前述混合制體制相同。

②設置合議制的計畫或顧問機構，對業務事項經研究討論後決定初步方案，提供機關首長採行。此種型態之機構乃屬幕僚單位。

③分設地位平等的行政首長與委員會，彼此獨立制衡。此種體制實與美國之總統制或市政府之市長議會制相同。

④設委員會負責議決各種重要事項，委員分別兼任各行政部門首長，負責實際業務的執行，此為瑞士委員制或美國市委員制的型態，屬合議制性質機構。

根據就上述四種所謂混合制型態的分析，可知僅第一種型態屬真正的混合制，其他三種則似是而非，故應予慎重區別。

㈣集約制與擴散制：就地區性綜合業務機關內部事權劃分的觀點觀察，可將此行政組織體制作兩種區分，茲分述之㉒：

⑴集約制：凡特定地區內的各種行政業務，全部均由一個行政機關統籌綜理者，為集約制又稱權力統一制。在此制之下，並無部門化的分工組織，故一般行政機關極少採用此種型態，僅在臨時性的軍政府（戰地政務）機構可

㉑ 張潤書著，前揭書，第二〇〇頁。

㉒ 管歐著，中國行政法總論，第一四五頁。王昌華著，前揭書，第六九頁。

能有此種情形存在。

⑵擴散制：凡將特定地區內的各種行政業務，按其性質不同予以分工後，分別由平行的各專業行政機關負責掌管者，為擴散制，又稱權力均衡制。在此制下，具有部門化的分工組織，形成各種地位與職權平等的各種專業機關，分別對統率機關負責，此種體制符合行政組織與職權劃分的原理，乃是一般行政組織普遍採行的體制。

惟所應注意者，即權力統一制及權力均衡制的涵義與集約制及擴散制未盡相同，因前二者係著眼於行政機關權力的觀點區分，而後二者則係自地區業務的觀點立論。

㈤階級專政行政制與民主行政制：一般共產國家均係以無產階級專政為藉口，實施共黨統治，其行政組織在實質上均採中央集權的專制體制，且建立與政府機關系統平行的黨務機構系統，以黨務機構監督控制行政機關，實現其以黨統政的目的。所謂民主行政制，即指一般民主國家的行政組織體制，其共同的特徵，乃為重視分權與制衡原則的運用，行政機關須對立法機關或直接對選民負責，並均受立法與司法機關的監督牽制[23]。

㈥內閣行政制與總統行政制：所謂內閣行政制係指內閣制國家最高行政機關所採之組織體制而言，其所具典型特徵即立法與行政結合，由議會多數黨領袖組閣，議員兼任閣員，但行政機關須對議會負責，受議會控制，內閣亦可提議解散國會，故二者互相結合彼此牽制。總統行政制係指總統制國家最高行政機關所採之組織體制，其所具典型特徵即總統不僅為國家元首，且其本身即為最高行政首長，總統掌握行政實權，統率內閣及中央行政機關。惟總統由民選產生，直接對選民負責。閣員由總統任命，不得兼任議員，行政與立法機關各自分立平等，行政不對立法負責，兩者互相制衡，是為較嚴格的三權分立制度[24]。

㈦市委員會制與市經理制：此兩種體制，均係就英美兩國市政府組織中具有特色者所作介紹。玆分述之[25]：

---

[23] 張鏡影著，前揭書，第四九頁。F. Heady, *Public Administration, A Comparative Perspective*, Second Edition, Albuquerque, New Mexico, 1979, pp. 230–235.

[24] 同前註，張書。林紀東著，比較憲法，臺北，五南圖書公司，六十九年版，第七九—八四、一〇七—一一〇頁。

⑴市委員會制亦稱名譽市長制，在此制下，市府僅設名譽市長或即由市議會議長代表市府，而市的決策與立法機關均為市議會或委員會，並由市議會常務委員或委員會委員，分別擔任市府各行政部門主管，負執行市政業務之責。此制之特徵即立法與行政結合，屬於瑞士委員會制之類型，亦具有前述委員制之缺失，且主管各行政部門之委員常非市政專才，故市政績效不佳。

⑵市經理制（Council–Manager System）為美國新興的市府組織體制，此制在設計上主要係針對前述委員制的缺失提出矯正規劃，故可視為委員制的變體。在此制之下，市議會或委員會仍為市的決策及立法機關，掌握實權，但市政業務的執行，由議會另聘屬於市政專才的市經理一人負責，市經理在業務執行方面被授予實權，並有人事及財政權力，就其職務對議會負責，受議會監督控制。此制之特徵即具有權能劃分的精神，類似企業經理制，將決策與立法權保留於議會，而市經理負執行全責發揮專家才能，如此足以兼顧民主與效率，行政權責集中，並符合專家行政要求，故可產生優良績效。

㈧層級制與機能制：此種分類係分別從機關整體與內部單位組織結構及地位的觀點觀察所作區分，茲分述如下㉖：

⑴層級制（Hierachical Organization）：又稱系統制（Line Organization）、或軍事組織制（Military Organization）、或分級制。此制的特點即著重於自機關整體的組織觀察，將每一機關視為一個體。在此制下，不僅所有機關單位形成層層節制的嚴密體系，且每一層級的機關在組織結構與性質方面大致相同。其體制均為首長制，首長之下機關內部分設部門化的各幕僚單位輔佐辦事。就職權方面而言，各級機關均具有大致相同的綜合性職權，其業務項目頗為完整，足以肆應機關設立目的的需要。此制之優點，在於系統分明，事權集中，指揮靈便，節制嚴明；且各機關業務

㉕ 姚榮齡著，都市事務概論，臺北，永大書局，六十七年版，第一一〇—一一一頁。劉瓊著，市政學（上），臺北，華視文化公司，七十一年版，第一四五—一五八頁。

㉖ 張金鑑著，前揭書，第一三七頁。Pfiffner and Sherwood, op. cit., pp. 181–184.

及其首長職責大致相同，首長職位升補時，駕輕就熟，並有助於機關或系統永續性的保持。至於缺點方面，因機關業務無所不包，首長職責即不免龐雜，且首長掌握全權，層級節制嚴密，則首長對業務決定易流於專斷草率，而部屬在紀律管制下常缺乏積極主動精神。此外，層級制強調對上的隸屬關係，而各機關事權完整獨立，同一層級機關間在基本上並無橫的業務連繫，故易導致本位主義，較難建立密切的協調合作關係。

(2)機能制（Functional Organization）：又稱參贊制、或幕僚制（Staff Organization）、或分職制，為一般行政機關通常採用的體制，其特點即著重於自機關內部結構方面觀察。在此制下，注重內部的部門化分工組織，即將每一機關的全部事權，依專業分工原則，分設地位平等的各專業單位辦理。每一單位的事權，固均為機關整體職權的一部分，但就其所管轄的專業範圍而言，則其事權具有完整性。各單位彼此間雖然互不統屬，但在業務上仍須協調配合，且均須對機關首長負責。此制之優劣點，大致與層級制相反。

(九)完整制與分離制：此種分類係從指揮監督系統的觀點觀察所作區分，其內容和前述集約制與擴散制，以及層級制與機能制均極為接近，惟因基本觀點有別，故所作說明遂不盡相同。茲分述如下㉗：

(1)完整制（Integrated Type of Organization）：又稱一元統屬制（Unitary Overhead Direction and Control），乃是指在同一層級的各平行機關或一個機關內部分設的各業務單位，全部歸由一個首長或上級機關直接集中指揮監督的體制，亦即上述各平行機關或業務單位僅具有單一指揮監督系統之謂。此種體制實為一般機關普遍採行的組織系統，符合分工合作原則的要求，使在同一系統的各機關單位能夠互相結合成為一完整的有機體。其所具優點，指揮統一，事權集中，易於統籌全局，各機關或單位間因有良好分工，不致發生業務重複及職權爭議，而能促進協調配合；並可集中人才與設備，減少獨立單位的設置，達成經濟效率的目標。

(2)分離制（Uncorrelated Type of Organization）：又稱獨立制（Independent Type of Organization）、或多元統屬制（Multiple Overhead Direction and Control）。此即在同一層級的各平行機關或一個機關內部的各業務單位，分別受兩個

㉗ 張金鑑著，前揭書，第一四五頁。Simon and Others, op. cit., p. 268.

以上平行或雙重的首長或上級機關指揮監督，而非全部統屬於一個首長或上級機關的體制。此制設計的重點乃在於強調制衡作用，遂使各機關或單位彼此平行獨立不相關聯，所屬指揮監督系統並不統一。此制之優劣點大致與完整制相反，在實例方面與美國三權分立制度頗為相似，惟美國制度並非純粹行政組織之體制。就我國而言，在原省政府實施合署辦公制度之前，各廳在業務上直接受中央各部會之直接指揮監督，對下則能直接控制縣政府各局，因而形成指揮監督系統的分歧，各廳在業務上各自為政，省主席則無實權予以統籌控制，故當時省府組織具有分離制的特色。至民國二十五年各省府實施合署辦公制後前此所呈現的缺失始獲改正，而省府體制在實質上亦發生重大轉變。

上述九種行政組織體制的分類，分別具有不同的觀點與意義。惟其中乃以獨任、合議、與混合制三種類別為主體，尤以獨任制與混合制為我國行政機關普遍採行的體制。至於就行政機關的內部組織結構而言，則集約制與擴散制不及層級制與機能制具有實質上的重要性。此外，其他的分類多非一般行政組織所採體制，對於行政組織方面似無重大意義可言。

第二章　重點問題

一、何謂行政組織的職權(行政職權)?試說明其意義。

二、組織法規對職權的規定有那幾種方式?其優劣各如何?

三、何謂行政組織的隸屬關係?試說明其意義。

四、隸屬關係所具之作用及影響如何?

五、試說明行政組織單位的意義、種類、層級、與數額。

六、試綜合說明行政組織編制的涵義。

七、行政組織的單位所採用名稱的情形如何？試分析言之。
八、何謂法定單位與非法定單位？試比較說明兩者在組織法上所生之效果。
九、試說明行政組織員額的意義與職稱。
十、行政組織各種基本事項（要素）的內容如何？試概略言之。
十一、試述行政組織法規應規定之基本事項。（57高檢）
十二、何謂行政組織的體制？其種類如何？試略述之。
十三、行政組織員額的多寡與配置情形如何？
十四、行政組織的體制約可分為幾種？試分述之。（20普、53高檢、57特）
十五、試分析說明獨任制、合議制、與混合制的意義及優劣。
十六、試分析說明層級制與機能制的涵義及優劣。

第三章　行政機關

第一節　行政機關的概念

第一項　行政機關的意義

行政機關與行政組織的意義相通，因如前所言，廣義的行政組織係指由多數行政機關所形成的體系，而狹義的行政組織即指個別行政機關及其內部的結構編制。由此可知行政組織的意義具有伸縮的彈性，足以涵蓋行政機關的整體系統與個體分子，惟本章所稱之行政機關乃是從狹義行政組織的觀點所作說明，在對行政組織的一般理論加以探討之後，進一步對有關行政機關的各種具體事項提出分析解釋。首先應就「行政機關」一詞，確定其意義。中外學者所擬定義甚多，茲擇其重要者介紹如下：

㈠林紀東氏認為「所謂行政機關，係指國家構成之一部，藉以表現國家行政行為之機關而言」❶。

㈡管歐氏認為「行政機關乃行使國家行政職權之機關」❷。

㈢日本學者南博方認為「行政機關乃是以行政主體的地位，為實現行政目的，從事具體行政活動，作為行政事務的擔當者；就組織法的觀點而言，乃是在分工原則下一定事務分配的單位；就作用法的觀點而言，乃是一定處分權限的歸屬者」❸。

---

❶ 林紀東著，行政法，第一四六頁。

❷ 管歐著，中國行政法總論，第一四七頁。

❸ 南博方等著，行政法總論，第七〇—七一頁。

上述三項定義，詳略與意義互有不同，均具參考價值。茲再斟酌前述行政組織的涵義，擬定一項適合行政法學需要的「行政機關」定義如下：

「行政機關」(Administrative Organ) 乃是在政府行政組織系統中，代表國家行使行政職權，具有獨立法定地位的個別組織體」。

此項定義係根據前述行政組織的理念所擬定，大致尚能把握行政機關涵義的要點。首先可引述行政程序法中有關行政機關的定義與之相比較，該法第二條第二項規定稱：「本法所稱行政機關，係指代表國家、地方自治團體或其他行政主體表示意思，從事公共事務，具有單獨法定地位之組織」。同條第三項規定「受託行使公權力之個人或團體，於委託範圍內，視為行政機關」。可知著者所下定義與行政程序法的規定，在實質上大同小異，僅後者解說略為詳細而已。其次，再將著者所下定義的內涵分析為下列數點解釋：

㈠行政機關為政府行政組織系統中的個別組織體：前已言之，廣義行政組織乃是由個別行政機關結合而成的層層節制體系，其中的個別單位即為行政機關，其與行政組織系統之間，具有整體與分子的關係。

㈡行政機關為代表國家行使行政職權的機關：所有政府機關均係代表國家（行政主體）行使統治權力，其中行政機關乃是代表國家行使行政職權的機關。每一行政機關均屬於行政權系統，其職權均為行政權整體的一部分，具有確定的範圍，在此法定範圍內得以代表國家合法有效行使（即作成有效意思表示），所生效果則最後歸屬於國家承受。

㈢行政機關包括中央及地方行政機關：政府的行政組織系統具有其整體性，應將自中央政府最高行政機關至地方政府最基層單位均包括在內，並非僅指狹義的國家行政機關部分，地方政府即使在成為自治團體（亦為行政主體）後，其自治行政機關仍應納入國家整體行政系統。

㈣行政機關乃是具有必要編制員額的組織體：行政機關的設立，應具備必要的組織要素，自組織法的觀點而言，即應有法定的單位與員額，使其成為健全的組織實體，如此始足以發揮行政功能。

㈤行政機關乃具有獨立法定地位的個別機關：行政機關與內部單位的區別，主要即在前者具有獨立的法定地位，亦即其本身在行政組織系統中具有確定的地位、等級、單獨的組織法規、構成訴願管轄層級與預算單位，能夠獨立行使其職權並以自身名義對外行文。凡屬此等事項，可以視為行政機關所應具備的條件。

由上述各項分析說明，可知行政機關乃是在國家行政系統中，具有獨立法定地位與職權範圍的個別組織體。惟所謂獨立法定地位僅係指其在行政組織系統中的獨立性而言，並非指本身具有法人資格。關於行政機關在法律上是否具有獨立的人格，在學理上有不同的意見，但一般學者既多持國家有機體說解釋行政機關的性質與地位，則在此說之下行政機關僅為國家的器官、代表，甚至工具，且此所謂「代表」與私法上的「代理」關係（雙方當事人均為人格者）的情形不同，再者若認為機關具有獨立人格又與國家統治權的完整性與統一性觀念相背馳。準此，則關於行政機關的性質與地位，似應採「機關人格否定說」為宜❹。至於學者中有認為地方自治機關及國營事業機構均具有法人資格者，惟此種見解似有商榷的餘地，因地方自治團體之公法人資格，乃屬於團體整體（如縣、市、鄉鎮），而非屬於機關；而國營事業機構一般多採公司組織，則其法人資格乃屬依公司法規定所取得之私法人資格，國營事業管理法對此有原則性的規定❺。

第二項　行政機關與其構成人員的區別

行政組織以行政人員為其構成要素之一，就組織法的觀點而言，此等人員即為行政機關所需具備的員額編制。具體言之，所謂行政人員係指行政機關所屬的公務人員，亦即充實機關各種編制職位的自然人，藉以提供機關業務上所需的公務人力。行政人員雖為行政組織的基本分子，構成行政機關在組織及運作方面不可或缺的要素，但機關本身與其所屬行政人員畢竟有所不同，二者可自各方面加以區別，茲分述如下❻：

❹ 同❶、❷。杉村章三郎著，行政法要義（上冊），東京，有斐閣，一九七〇年版，第七四頁。

❺ 國營事業管理法第六條規定「國營事業除依法律有特別規定者外，應與同類民營事業有同等之權利與義務」。

㈠性質不同：根據前述對狹義行政組織的說明，可知行政機關乃為一個別組織體，不具有人格；而公務人員則為自然人，不僅在私法上具有獨立的人格，即在公法上以國民或公民的地位亦具有獨立的人格。

㈡存續期間不同：行政機關除臨時性者外，一般機關於設立後，雖然在事實上可能因裁撤、合併、或改組等情形而發生變動，但此等情形既不能預見亦非必然發生，故在理論上均可假定其將永久存續（持續性）；至於公務人員則常因調職、轉任、免職、撤職、辭職、退休、資遣、或死亡等原因（其中部分原因必然發生），而離開其原任職機關，或喪失公務人員身分，甚至根本消失，故個別公務人員不可能在其所屬機關中永久存續，且此種人員異動情形對機關存續並無影響。

㈢法律關係不同：自有機體說的觀點而言，行政機關既為國家行政組織器官的一部分，即不啻為國家本身；此等機關均係根據國家法令所設立，其與國家之間不必再形成其他法律關係。而公務人員個人均為自然人，其取得公務員身分，乃是基於其與國家間所成立的特別權力關係，並在此種法律關係中以個人的地位與國家互為相對當事人。

㈣行為效果歸屬不同：公務員在職務上所作各種行政行為，所生法律效果直接歸屬於其所屬行政機關；而行政機關既可視為國家本身的一部分，則就其以機關名義所作行政行為，實際上即由其代表國家承受一切法律效果。

㈤所負責任不同：就理論上而言，行政機關雖僅將其所屬公務員職務上之適法適當行政行為視為具有國家行為的效力，但實際上機關仍須為公務員所作一切行政行為負責，故人民對行政爭訟的提起及損害賠償的請求，均係以行政機關為客體（被告或賠償義務人）。而公務人員自身，則須為其所作違法不當行政行為負擔行政及法律上的責任，並在損害賠償方面有條件的作為國家行使求償權的對象❼。

---

❻ 林紀東著，行政法原論（上冊），第二三三頁。王昌華著，中國行政法新論，第七三—七四頁。

❼ 訴願法第一條規定「人民對於中央或地方機關之行政處分……得依本法提起訴願」。行政訴訟法第一條規定「人民對於中央或地方機關之違法行政處分……得向行政法院提起行政訴訟」。國家賠償法第二條第二項規定「公務員於執行職務行使公權力時，因故意或過失不法侵害人民自由或權利者，國家應負損害賠償責任」。第三項規定「前項情形，公務員有故意或重大過失時，

㈥行為範圍不同：行政機關既為組織體而非自然人，故僅有職務上的行為；而公務人員則均為自然人，除在行使職權時代表機關作成職務上的行為外，其在日常生活上以私人資格所作個人行為，則與公務無關，屬於其私人之行為。

第二節　行政官署的涵義

「行政官署」一詞，以往無論在行政法學理論上及現實法制方面使用相當廣泛，其涵義通常係指「行政機關」而言。關於此項名詞的有關事項可分為兩部分說明如下：

㈠行政官署的意義：可自文義與理論兩方面加以分析。

⑴就文義方面而言，「官署」一詞，與「官府」、「官廳」及「官衙」的涵義相通，具有政府機關或官吏辦公處所之意。日文行政法學著作中，亦有稱為「官廳」或「行政廳」者。故就其文義而言，可用以指行政機關❽。

⑵就理論方面而言，行政法學方面對「行政官署」一詞的解釋約可分為廣狹二義，廣義係指行政機關，狹義則指機關首長或機關中央決策機構（單位）。茲引述學者之意見說明之：

①史尚寬氏解釋行政官署的定義稱「行政官署，謂對於一定之行政事務，有對外（對行政客體）決定並表示行政主體之意思之權限之機關」。除上述定義外，史氏又將行政官署列為行政機關的種類之一，其他種類包括輔助機關、諮詢機關、參與機關、執行機關及公業機關等。並謂「法規中官署一語，僅指為意思決定及表示之長官而言。例如各部部長、舊省政府委員會及主席等。長官以下之輔佐官，並不包含在內。然通常每以機關與官署混用，如稱某廳為「官署」。

賠償義務機關對之有求償權」。

❽見教育部重編國語辭典編輯委員會編，國語辭典第二冊，臺北，商務印書館，七十年版，第一九三三—一九三八頁。佐藤功著，前揭書，第七八頁。

同時，史氏復對行政官署加以分類，認為包括獨任制官署與會議制官署、中央官署與地方官署、普通官署與特別官署（專業行政機關）等。

由以上引述史氏對行政官署的說明，可知其所謂之「行政官署」實具有廣狹二義，得以彈性適用於不同情形❾。

②范揚氏對行政官署的解釋稱「行政官署（Administrative Authorities）者，乃屬於行政首長之下，就一定行政事務，有決定並表示國家意思於外部之權限之機關也」。在提出定義說明之後，復作進一步的分析認為「從嚴格解釋，官署一語，係指法律上有國家意思之決定權者而言。如獨裁制官署，僅指長官個人，而不及於其他。然實際上有時用於廣義，以之包括長官及其輔佐官全部而言，如稱某院、某部或某廳為一官署是。如此稱謂，於理自屬未妥。惟官署所屬事務，其長官有統轄之責。廣義官署名義所為行為，解釋上亦得視為長官行為而有效耳」❿。可知范氏的意見大致與史氏者雷同。

③林紀東氏對行政官署的解釋稱「行政官署，是隸屬於行政首長之下，就一定之行政事務，有決定和表示國家意思於外部的權限之機關」。此項定義與前項范氏之定義無甚差別，林氏復對此項定義提出三點分析說明如下：

1.「行政官署，是隸屬於行政首長下的國家機關」。此種機關無獨立人格，行為效果歸屬於國家。基於隸屬關係，行為受首長之指揮監督，不能完全以自由意思為之，故與立法及司法機關不同。

2.「行政官署，就一定的行政事務，具有權限」。在國家行政權下，基於分工授權，使行政官署各具確定職權範圍，是為其權限。

3.「行政官署，有決定國家意思，並把它表示於外部的權限」。此為行政官署與其他種類行政機關不同之點，祇有行政官署兼具決定國家意思並將之表示於外部的兩種權力，故學者認為行政官署，為最主要的行政機關。

除對「行政官署」提出定義及分析說明，林氏並列舉行政官署的實例，認為如行政院長、各部會首長，省主席

❾ 史尚寬著，前揭書，第六六－六七頁。
❿ 范揚著，行政法總論，第七六－七八頁。

(舊制)、省府各廳處長，及直轄市長等均屬之[11]。

至於日本行政法學者對行政官署（行政廳）意義與種類的解釋說明，與前述我國學者的意見並無二致[12]。

總之，就理論方面而言，行政官署一詞可作廣狹二義的不同解釋，若採廣義解釋似可認為行政官署係指在行政組織體系中具有獨立地位與職權的個別行政機關；若採狹義解釋，則可用以指行政機關中的統率機關（決策機構或機關首長）。不過，無論作廣義或狹義解釋，行政官署所具之特徵即其具有代表國家決定意思並表示於外部（對客體）的權限，基於此種特徵，故行政官署不同於其他種類的行政機關。此外，廣義與狹義的解釋，在內容及範圍方面，雖未盡相同，但大體上仍屬相通。因行政機關的首長即屬統率機關的性質，擁有統籌綜理機關業務的全權，對外代表機關，故無論將行政機關或首長視為行政官署，均具有相同的實質意義。

㈡「行政官署」在現實法制上的適用：就目前的情形而言，「行政官署」一詞，主要適用於學理方面，尤其就涉及行政處分的事項方面最常使用，但在現實法制上使用的實例已屬罕見。推其原因，約可分為下列數點言之：

⑴在訓政時期，各種法規中使用「行政官署」或「主管官署」名詞者相當普遍。但如前所言，「官署」既與「官府」、「官廳」、「官衙」等名詞的涵義相通，自然具有濃厚的「官治制」色彩，僅適宜用於官治制下的行政機關。故在抗戰期間，實施地方自治後，原有地方政府行政機關均改變為自治行政機關，此種機關既不宜稱為「官署」，則人民對其所作行政處分可否提起訴願，曾經發生疑義，嗣後經解釋結果，疑義雖獲澄清，惟「官署」一詞之不合時宜，已屬顯而易見[13]。

⑵我國憲法崇尚民主自由，具有進步的法理基礎，故在憲法條文中對名詞文字的使用，力求符合憲法整體的民

[11] 雲五社會科學大辭典，第七冊行政學，第二六五—二六六頁。林紀東著，行政法原論（上冊），第二三四、二三七頁。

[12] 南博方等著，前揭書，第七二—七三頁。

[13] 林紀東著，訴願及行政訴訟，臺北，正中書局，六十五年版，第三二頁。我國民國十九年所制定之訴願法第一條原規定「人民因中央或地方官署之違法不當處分，致損害其權利或利益者，得提起訴願」。

主自由精神，「官署」一詞既含有「官府」、「官衙」之意，自在摒棄之列，而以「機關」代替。且「機關」一詞適用範圍較廣，而「官署」的名稱僅可適用於行政、司法，及考試三院，對立法、監察兩院及國民大會等民意機關即不能適用。此外，根據前述學者對「官署」涵義的說明，可知「機關」的涵義較廣，可將「官署」包括在內。準此，則憲法上以「機關」取代「官署」，實屬允當⓮。

(3)「官署」一詞在學理上既有廣狹二義，可作不同解釋，則在實際使用時，其涵義究係指「機關」抑或「首長」，涵義似較不夠明確。

基於上述三項理由，自行憲後，我國現行法制上使用「官署」一詞的情形已日漸減少。行憲前制定的法律，使用此項名詞者，均經陸續修正改稱「機關」，例如訴願法（五十九年修正）及行政訴訟法（六十四年修正）均是。按八十八年制定的行政程序法中並無「官署」一詞，行政執行法於八十七年修正後已將條文中原所使用「官署」一詞改為「機關」⓯，足證此項名詞在法制上已遭受淘汰，但在學理上仍有學者繼續使用。

第三節　行政機關的種類

第一項　行政機關的分類

行政機關為行政組織系統中的個別組織體，而行政組織系統乃是由眾多個別行政機關所構成，此等行政機關因

⓮ 管歐著，中國行政法總論，第一五〇頁。按我國憲法條文中並未使用「官署」一詞，而其第五十三、六十二、七十七、八十三及九十等條對行政、立法、司法、考試、監察五院，均分別稱為「國家最高△△機關」。

⓯ 按以往使用「行政官署」或「主管官署」名詞者，多屬行憲前制定的舊法規。如舊工廠檢查法（民國二十年制定）第二條規定「本法所稱主管官署……」（該法已於八十二年二月二日修正名稱為「勞動檢查法」並修正全文）。又如舊行政執行法（民國二十一年制定）第一條「行政官署於必要時……」。該法於八十七年修正後，已將行政官署一詞改為行政機關。

所具職權、業務、地位等級、轄區、及組織型態等方面的不同，故可依據各種標準加以分類，茲分述如下：

㈠以職權大小、所具作用、或地位高低為標準，可區分為下列數種：

⑴統率機關：統率機關亦即領導機關，或稱行政官署，係指就一般綜合性行政職務或特定範圍內的專業行政職務，具有決策、統籌、綜理、及指揮監督權的行政機關。此種機關依據組織法的規定，具有獨立的地位與權限，就其職權範圍內的事項所作決定，發生最後的確定效力，構成國家意思表示，並得以獨立行文方式，代表國家對外作意思表示，同時對機關本身的組織、財務，與業務事項有管理的全權並負擔概括的責任。統率機關可作廣義解釋，即指各層級行政組織系統的首腦，如行政院、舊省政府及縣政府等是；亦可作狹義解釋，即指個別行政機關的首腦，如行政院長、各部部長、省主席等是⑯。

⑵輔助機關：輔助機關即為幕僚機關（Staff Unit），其職掌與作用係在輔佐統率機關行使職權推動業務，負責擬訂政策、計畫、法令，從事研究發展考核、及備顧問諮詢等均是。一般言之，此種機關包括各機關中之副首長、幕僚長，各種幕僚參謀單位或職位，甚至附屬之幕僚業務機關在內。在行政學方面，有就此種幕僚機關作詳細區分，列為四種⑰：

①一般幕僚（General Staff）：負責輔佐首長，擬定政策、計畫、法令、從事研究發展考核、及備顧問諮詢等事項。

②技術幕僚（Technical Staff）：負責執行各種技術業務。

③協調幕僚（Coordinating Staff）：負責執行組織、人事、財務、管理計畫及其他管制性業務。

④輔助幕僚（Auxiliary Staff）：負責辦理機關內部總務事宜。

⑶參與機關：此種機關既非行政官署亦非諮詢機關，而是介於兩者之間，參與決策過程的機關。具體言之，此

⑯ 張金鑑著，行政學典範，第一五五—一五八頁。

⑰ Pfiffner and Sherwood, op. cit., pp. 179–181.

種機關「既非單獨決定並表示意思，亦非僅輔助行政官署而備其諮詢，乃為行政官署之意思決定之一要件而為決議，以參與其意思決定為任務之機關」[18]。可知此種機關的職權具有特性，即機關整體職權中的重要事項須由其參與決定，始能發生合法效力，故其雖無決定機關意思的權力，但由其參與決定乃屬法定程序要件。例如行政院會議、市政會議、縣政會議、以及其他在行政機關中具有決定審議權限的機構均是。

(4)執行機關：執行機關即為實作機關或業務機關（Line or Operating Unit），乃是依據業務法規及上級命令或指示，負責直接辦理各種行政業務的機關，此種機關多屬各種業務的基層單位，如基層地方單位、警察局、稅捐處、及衛生院所等均是。惟執行機關並不限於地方機關，即在中央機關中亦有屬於此種性質者，如國稅局、檢疫所、及海關等均是[19]。

(二)以管轄地區及政府層級為標準，約可區分為下列三種：

(1)中央行政機關：此即中央政府所屬的行政機關，因係由國家直接設置，故為國家行政機關，負責執行國家的直接行政（亦即憲法所定「由中央立法並執行之」的行政事項）。依據中央法規標準法的規定，其組織應以法律定之。中央行政機關既為國家機關執行國家直接行政，則其轄區自應以全國領域為原則，其所設置於地方的分支機構，仍為中央行政機關，隸屬於中央政府。

(2)地方行政機關：此即地方政府的行政機關，在性質上有官治與自治之別；在政府層級上有省（市）級、縣（市）級、及鄉鎮（縣轄市）級之分。惟無論其屬於何種性質或政府層級，要均係以國內某一地方行政區為其轄區。地方行政機關在其轄區內，負責執行兩方面的業務，即其本身的行政業務（多為自治業務性質）與上級政府的委辦事項，後者是為國家的間接行政[20]。

---

[18] 史尚寬著，前揭書，第六六頁。

[19] Simon and Others, op. cit., p. 281.

[20] 例如市組織法第八條規定「市設市政府，其職權如左：一、辦理市自治事項。二、執行上級政府委辦事項」。臺灣省各縣市實

⑶駐外行政機關：此即由中央政府之外交、經濟、僑務、及新聞機關派駐國外執行有關業務的派出機關，以國外特定地區為其執行業務的地域。此等機關仍屬中央機關系統，地方政府並無駐外機構的設置㉑。

㈢以業務性質為標準，約可區分為三種：

⑴一般行政機關：一般行政機關亦稱普通行政機關，係指具有綜合性業務範圍的行政機關而言，實際上即為各級政府的最高行政機關，如行政院、省政府、縣政府、市政府等均是，此種機關業務範圍甚廣，故為一般行政機關；其職掌不限於一種特定專業行政，故亦為普通行政機關。

⑵特別行政機關：特別行政機關亦稱專業行政機關，其與一般行政機關相反，乃是以特定專門性業務為職掌範圍的行政機關，如各部會、各廳處，另如工業局、標準局、國貿局、及勞保局等均是。且此等專業行政機關多隸屬於一般行政機關，並為專門業務的主管機關。

⑶事務行政機關：所謂事務行政機關，乃是辦理以維持行政機關的存立及活動為目的的業務機關。具體言之，即以對各機關提供必要的人力、物力、財力、及服務為其職責。此種事務機關在實際上多為各獨立機關的內部單位，如人事、總務、文書、會計等單位是，但亦有設置為獨立機關者，如行政院人事行政局及主計處等是。

㈣以組織體制（型態）為標準，可區分為三種：

⑴獨任制行政機關：有關事項可參閱前述行政組織體制部分內容，並將在本節第二項中詳細說明。

⑵合議制行政機關：所謂合議制行政機關，乃是在於強調其所具合議制功能，而實際上常係混合制型態，有關

施地方自治綱要第二十七條規定「縣市長之職權如左：一、辦理縣市自治事項。二、執行上級政府委辦事項。三、指導監督鄉鎮縣轄市自治事項」。

㉑ 除外交部在國外設置使領館外，其他行政機關經法律授權亦得設置駐外機構。例如經濟部組織法第六條規定「經濟部為促進對外經濟關係，得呈准行政院設置駐外經濟或商務機構」。又如新聞局組織條例第十三條規定「新聞局應事實需要，得於國內外適當地點設置辦事機構」。

事項可參閱行政組織體制部分說明。此外，關於行政委員會的情形，特別在此作較為詳細的介紹，茲分述如下：

①行政委員會的意義：此種體制機構的設置，其基本目的乃在仿傚美國聯邦政府所設置的獨立性管制委員會(Independent Regulatory Commission)。因美國的此種機構頗具特性，其地位獨立，直隸總統，能在各部以外，負責處理特殊的重要業務，並經法律授予委任立法與行政司法權㉒。此制經其他國家採行後，與美國制度雖未必完全相同，但大體上仍能保持其特性。故一般言之，所謂行政委員會乃是在行政首長以下，以合議（或混合）組織體制所設置，掌理委任立法、行政司法、或其他專門技術業務的機構。

②行政委員會的功能：此種體制機構的設置，乃是以二十世紀行政權的擴充為背景，行政機關業務不僅範圍增加，而且專業技術性加強。因而，除須負責專業行政的執行外，並被授予準立法與準司法的職權。此種性質的職權，若不宜由一般獨任制機關負責處理者，即可設置行政委員會為主管機關，俾可利用此種體制機構所具優點與功能，肆應特殊行政業務的需要。具體言之，其所具優點與功能如下㉓：

1.此種機構的職權具有獨立性，其處理業務能夠客觀合理，較少受上級機關或政黨的影響。

2.可羅致學者專家組成，以處理專門技術性業務。

3.其處理業務能夠採用較完備的程序與審慎的方式，故能妥善行使準立法權，而在行使裁決權時具有行政司法化的特性。

4.除能羅致學者專家外，並可由政府及民間代表共同組成，有助於意見溝通，保持超然地位，並促進行政民主化。

5.若將行政委員會作為行政首長的幕僚單位，則形成一種「特殊的幕僚方式」(Special Form of Staff)，亦即大型機關中的「群體幕僚」(Group Staff)，可發揮「群體判斷」(Group Judgement)，協調意見，及輔佐首長作成決策與

㉒ 佐藤　功著，前揭書，第一八〇—一八九頁。Corson and Harris, op. cit., pp. 138–141.

㉓ 林紀東著，行政法，第一四四—一四五頁。郭俊次著，前揭書，第一一四—一一五頁。

提出建議等功能。

③行政委員會的評價：此種機構既具有前述的各種優點與功能，故能受到重視，遂致日漸推廣設置增多，我國現有的實例如行政院所屬法規委員會，研究發展考核委員會，及訴願審議委員會等均是，而最具代表性者則為近年所設置之中央選舉委員會。但在另一方面，行政委員會亦不免受到批評，即認為此種機構為「權力分立論之例外，亦為行政組織之變態」，可能使行政組織流於支離散漫，形成政府組織中的第四部門。另有學者認為，我國政府組織中，對委員會體制機構的設置有過於浮濫的情形，頗多委員會的業務純屬執行性質，如此已失去採行此種體制的意義㉔。

⑶混合制行政機關：參閱前述行政組織體制部分說明。

㈤以設置時間久暫為標準，可區分為兩種：

⑴永久行政機關：政府在平時所設置的一般行政機關，既未預定其設置的期間，則在理論上即可假定其將永久存續，是為永久性機關，此種機關在原則上均為依正規程序所設置的法定機關。

⑵臨時行政機關：凡行政機關於設立時已預定其存在的期間；或雖未明定其存立期間，但其設立目的係為處理特殊事件或臨時性業務者，均屬臨時行政機關。臨時行政機關的設置亦應制頒組織法規，且在原則上應明定其存立期限。以其與永久行政機關比較不僅存立期間的長短不同，並在法制的規定與效果方面亦有所區別，茲分述之㉕：

①印信形式不同：永久機關用正方形印；臨時機關用長方形印，稱為關防。

②人員任用方式不同：永久機關所屬人員多具有正規編制，須經正式銓敘任用程序；臨時機關人員則僅得派用，或自他機關暫行借調。

㉔ 林紀東著，行政法，第一四五頁。張潤書著，行政學，第三一一頁。

㉕ 管歐著，中國行政法總論，第一五四頁。行政院所屬各級行政機關制定組織法規作業辦法第三條及第七條分別規定臨時機關應明定存在期限，及其人員適用派用職等。

③組織法規不同：永久機關如為國家機關，應以制定組織法律為原則；臨時機關則多僅為頒布組織規程。

㈥以設置期間或所屬法制性質為標準，可區分為兩種：

⑴平時行政機關：此即國家在正常時期所設置，執行各種平時經常性行政業務的機關，其在組織及業務方面所適用的法規均屬平時法制性質。政府一般的行政機關均屬平時行政機關，亦多為永久機關。

⑵非常時期行政機關：國家處於非常時期的各種危機情勢下，為肆應各種特殊行政業務需要，所設置的機關均為非常時期行政機關。此種機關在組織及業務方面所適用的法規，多屬非常時期法制性質，具有緊急授權。且此種機關多屬臨時機關，於非常時期終止後即可能被撤銷。例如行政院人事行政局，係依據動員戡亂時期臨時條款第五項的授權所設置之非常時期行政機關；又如金門、馬祖兩地目前均為戰地政務實驗區，分設戰地政務委員會，下設縣政府及縣政諮詢會議，並有民防組織，故與臺省的地方政府不同，均屬地方性的非常時期行政機關㉖。

㈦以組合成分為標準，可區分為兩種：

⑴單一行政機關：此種行政機關在設立時，其本身即為組織健全的完整個體，內部編制完全係由其本機關的所屬單位及人員結合而成，一般行政機關多屬此種單一行政機關。

⑵組合行政機關：此即兩個以上的行政機關，為共同執行相關業務，加強協調配合及便民服務起見，遂各將本機關之有關單位及人員撥出一部分，組成一聯合業務機構，是為組合行政機關。例如經濟部所屬華僑及外人投資審議委員會是。此種行政機關雖亦可稱為合成行政機關，惟後者若作廣義解釋，可用以泛指由兩個以上人員（指決策機構之成員）組成之機關，故為避免觀念混淆起見，自以稱為組合行政機關為宜㉗。

㉖ 動員戡亂時期臨時條款第五項規定「總統為適應動員戡亂需要，得調整中央政府之行政機構、人事機構及其組織」。金馬地區戰地政務機構之法令依據，有行政院頒布之金門戰地政務委員會組織規程、馬祖戰地政務委員會組織規程、金馬戰地政務實驗區縣各級組織大綱、福建省金門縣政府暫行組織規程，及福建省連江縣政府暫行組織規程等。

㉗ 華僑及外人投資審議委員會為一混合制機關，其首長為主任委員（由經濟部次長兼任），核心組織為審議會（主要由各有關部

以上所述乃屬行政機關的分類情形，其中部分分類大致可適用於行政官署（統率或決策機關）方面，茲列舉如下[28]：

㈠依組織體制區分：可分為獨裁制與合議制兩種，獨裁制亦即單獨制官署，係以一人構成擁有決定機關意思之權，並負全部責任。合議制官署通常係指由三人以上構成，機關意思之決定，須經全體合議議決，並由全體分擔責任。

㈡依轄區範圍區分：可分為中央官署（central authorities）與地方官署。中央官署之權限乃以全國為管轄範圍，原則上並無地域限制；惟在例外情形，亦有僅限於特定地區者，仍為中央官署。地方官署之轄區，均係以特定地區為限，復可劃分為在內地方官署與在外地方官署，前者為國內一般地方官署，後者則係指駐外行政機關（實質上應為中央官署）而言。

㈢依職權廣狹區分：可分為普通官署（General authorities）與特別官署（Special authorities）。前者係就其轄區內一般行政業務，有統籌綜理之全權；並就業務上之疑義，以全面性觀點作成解釋。後者係就轄區內之特種業務，有專業管轄權；並就業務上之疑義，以專業性觀點作成解釋。前者係指地方政府之行政首長，如省府主席（及省府委員）及縣長等是；後者係指專業行政機關之首長，如稅捐處長、電信局長及公路局長等是。

㈣依設立性質區分：可分為本質官署與例外官署，前者係指為辦理國家直接行政業務所設立的國家官署，其自始即為行政官署。後者係指地方官署而言，不具有國家機關之地位，僅係在執行國家委辦事項時，偶有國家行政官署之性質，例外具有行政官署之地位，如各級地方單位的首長是。

會之副首長組成），下設四個業務單位，包括稅務組、外匯組、工商行政組及投資考核組，分別由各有關機關派員組成，採合署辦公方式，亦即由各機關人員駐在該會集中辦公。范揚著，前揭書，第七三頁。

㉘ 范揚著，前揭書，第七八－七九頁。

第二項　獨任制機關組織的分析

行政機關在組織體制方面，以採獨任制（或稱首長制）者最為普遍。因此種體制所具之各種優點，均能符合行政權及行政組織特性的要求。獨任制機關的實例不勝枚舉，茲就此種機關組織方面的重要事項分析說明如下：

㈠獨任制的特色：此種機關在組織法上最足以表現其特色之處，即有關首長的設置及其職權的規定。例如：憲法第五十四條規定「行政院設院長副院長各一人，……」㉙。行政院組織法第七條規定「行政院院長綜理院務，並監督所屬機關」。此項條文乃是就獨任制機關首長職權之概括規定方式。教育部組織法第十八條規定「教育部部長，特任；綜理部務，指揮監督所屬職員及機關」。此項條文將關於首長設置及其職權事項合併規定，可謂獨任制機關組織法上有關事項規定之典範。其他各部組織法上大致均有類似的規定。

㈡首長職權分析：獨任制機關首長的職權極為廣泛，若就其實質內涵分析，可列舉為下列各項。此等職權項目，有在組織法規中直接規定者，亦有在其他各種行政法規中規定者，或依據行政法理推論認定者。茲分別說明之：

⑴統籌綜理權：首長既為個別機關的首腦中樞與最高長官，則自應對機關的整體業務擁有統籌綜理之權，有關規定見於上列行政院及教育部組織法中的條文。根據此等規定，亦可謂機關的職權即為首長的職權。首長因具有此種職權，故應對機關各種行政措施直接間接負概括的責任。

⑵指揮監督權：行政機關組織具有層層節制的特性，每個職位因職權與階級的不同，而有隸屬關係存在，其所生實際作用即為指揮監督權的行使。因此，首長既居於機關組織上的最高職位，則在機關組織系統中，所有的內部

㉙ 按因憲法對行政院之組織有多項具體規定，故行政院組織法就憲法已有規定之事項不再重複規定，有關院長之設置，即直接見於憲法條文。

單位、人員及附屬機關，均應受其指揮監督，有關規定見前述行政院及教育部組織法。

(3)業務決定權：機關內部各種業務事項，無論決策、計畫、法規、人事、財務、重大業務案件處理，以及各單位或人員間之爭議事項等，在原則上應呈請首長核定，其所作決定為最高亦為最終之決定；即使在實施分層負責制度之下，首長亦可推翻或修正下級單位及人員之決定。此種權力乃是基於前兩項職權行使的當然結果。

(4)對外代表權：首長既為機關之最高長官，對機關業務擁有統籌綜理權並負擔概括責任，則機關在對外關係方面（包括對其他機關或對人民之關係），自應以首長為代表。首長以此地位，可代表機關對外作意思表示及接受意思表示，以完成發布或承受命令、辦理交涉洽商業務、受理及決定各種業務案件，甚至為行政爭訟之當事人。因之，機關對外關係之公文，在原則上不僅應由首長核閱，且應由首長署名。此種情形見於各種有關法規之規定，例如：公文程式條例第三條規定「機關公文視其性質，分別依照左列各款，蓋用印信或簽署：一、蓋用機關印信，並由機關首長署名，蓋職章或簽字章。二、不蓋用機關印信，僅由機關首長署名，蓋職章或簽字章。……」。教育部處務規程第七條規定「凡以本部名義對外行文，除經部長授權各單位主管代行者外，均須送請部、次長核閱」。

(5)強制權：行政機關在組織上重視層層節制的體系與上下級間命令服從的關係。公務人員在特別權利義務關係之下，應履行服從上級指揮命令的義務，如有違抗命令的情事發生，上級可強制其服從，而強制效力的發生，主要有賴於以各種制裁方法為後盾。故此種強制權的作用，屬間接性質。其法令依據主要為公務人員服務法，其第二條規定「長官就其監督範圍以內所發命令，屬官有服從之義務。……」。

(6)獎懲權：機關首長為能發揮其有效的領導作用，必須以獎懲權為工具，以求獲致激勵與督促的效果，使所屬人員士氣提高並防止違法失職情事的發生。就事而言，獎懲的對象以執行業務的表現為主體，且應依據合理的具體標準及客觀事實行之，以符合公平原則。其有關法令規定係以公務人員考績法與懲戒法為基本，此外尚有其他各種相關法令實施（參閱本編第六章公務人員法制部分內容）。

上述六項均為獨任制機關首長的主要職權，其中以統籌綜理及指揮監督權為基本，其他各項均係由此兩項的內涵延伸擴充而來。此外，機關首長就財務及人事事項，在有關單位輔佐下，亦可依法行使其決定及控制權，惟此等職權大致已包括在兩項基本職權之中。

㈢機關會議：獨任制機關內部，可能有機關會議的設置，以便商討、審查，及決定機關重要業務事項。例如行政院即有院會的設置，其法令依據如下：

行政院會議議事規則第二條規定「行政院會議依憲法第五十八條第一項之規定，由行政院院長、副院長、各部會首長及不管部會之政務委員組織之。以院長為主席，院長因事不能出席時，由副院長代理之。……」。第三條規定「行政院會議以前條過半數之出席為法定人數」。第四條規定「左列事項提出行政院會議議決之：一、依法須提出行政院會議議決事項。二、依法須提出立法院事項。三、涉及各部會共同關係之事項。四、其他重要事項」。第五條第一項規定「行政院會議議案以出席人過半數之同意議決之」。由上述各項規定，可知行政院會議頗具重要性，為我國的內閣會議，並具有實質的功能。就法制觀點而言，此項會議可視為行政院行使職權的一種方式及程序㉚，行政院的多種重要職權（部分與總統的職權行使有關），除由院長單獨行使者外，在原則上均應通過院會才能完成法定程序有效行使。且會議既採多數決方式議決各種案件，則院會的設置，是否將影響行政院組織的獨任體制？自不免發生疑問。關於此項問題的答案，在行政院會議議事規則第五條第二項有關鍵性的規定，即「前項議決如院長或主管部會首長有異議時，由院長決定之」。根據此項規定的涵義解釋，不難瞭解院會的議決對院長並無絕對的拘束力，亦即院長如不贊同時，有酌予取捨並另作決定之權。既然，院會的議決並不足以限制院長以首長的地位所擁有的業務最後決定權，且所有院會出席人員均為院長的部屬；可知院會的作用雖然在法制與實質上具有其重要性，但究其本質仍係以輔佐院長行使行政院的職權為主體。由此可獲一項結論，即院會的設置，並不影響行政院組織的獨任制體制。除行政院外，其他獨任制機關亦可能有機關會議的設置，如縣（市）政府之縣（市）務會議，即與行政院院會的情

㉚ 管歐著，中國行政法總論，第一九九頁。

形大致相似。

第四節 行政機關的相互關係

第一項 一般行政機關間的共同關係

國家的整個行政體系，乃是結合多數個別行政機關所形成；在此體系之中，個別行政機關均具有其確定的地位。基於此種地位，遂發生個別機關對其他機關間的關係。國家對行政機關的設置，均有其目的；一般言之，即在使各行政機關代表國家推行政務發揮職能，而個別機關相互間的關係，除隸屬機關間的關係以組織系統為基礎外，一般機關間的關係，則主要與彼此職權的行使有關。具體言之，在行政組織系統中的個別行政機關，均經國家授予其職權，亦即行政權整體的一部分，各機關行使其職權，常表現為彼此間的相互關係。此種相互關係的形成，一方面是由於個別行政機關在分工原則之下，各有其職權範圍；而另一方面基於行政權作用的整體性，則在職權分工之後，彼此仍應講求協調配合。其次，在行政組織系統與個別機關之間，更存在有整體與分子的關聯。總之，根據上述說明，可知自不同觀點觀察一般行政機關相互間實具有多方面的關係，茲分述如下❸❶：

㈠相互認同關係：行政組織與職權既均具有其整體性，而個別行政機關無論就組織與職權方面而言，均為行政體系中的單位或部分則其彼此間基於體系相同，自均應產生對體系的歸屬與相互認同的觀念。而此種觀念的形成，實有助於加強行政組織的凝聚力，並足以增進個別機關間的各種業務關係。

㈡相對代表關係：個別行政機關本身不具有法人資格，而為國家的代表或工具，彼等均經國家授予職權並代表國家行使。故在彼等行使職權時，彼此均係代表國家，形成行政法上的職務關係，由此所生法律效果，最後則歸屬於國家。

---

❸❶ 同❸⓪，第一五五頁。

㈢職權分工關係：行政組織系統的整體負責掌握國家的行政權，雖然有最高行政機關統籌綜理全部行政業務，但就實際業務執行方面，仍須透過分層授權制度在分工的原則下，交由各種專業機關分別處理。具體言之，行政系統中的個別機關均有其法定職權範圍，此種職權範圍的劃分，在各機關之間互不相同，俾使各自權責確定避免發生爭議。至於各機關法定職權範圍的認定，應以機關組織法規及業務法規為依據，行政程序法對有關事項（管轄）有多項條文分別作原則性及列舉式的規定（見該法第十一至十八條）。經法令規定後，彼此對各自的職權範圍應互相尊重。

㈣協調合作關係：各行政機關之間在職權方面雖應明定其範圍，但分權的目的，在於促進行政專業化及確定各機關的權責，故對個別行政機關職權的劃分，不容破壞行政權的整體性。反之，各機關在職權劃分之後，仍應在業務上保持協調合作關係，藉以發揮整體的功能。就此種協調合作關係的實質內涵加以分析，認為似應包含三種事項，即政策與計畫的一致性、相互承認對方法規與行政行為的效力，及在業務執行方面的相互支援配合等是。就後者的範圍而言，自可將「行政機關間的協力」包括在內，所謂「協力」主要可細分為兩種情形（見黃異，行政法總論，第二十五、二十六頁）：①「行政參與」，係指一行政機關依法參與他機關行政行為的完成而言，亦可謂與他機關共同形成行政行為；至於參與的方式，在基本上應依法令規定，但自亦須依行為的性質而有所不同，例如會辦業務案件、共同頒布規章或提出法案計畫、核准下級機關的行為、對他機關提供相關業務的意見等均是。②「行政協助」，係指一行政機關請求他機關在業務上予以支援，行政程序法第十九條規定「行政機關為發揮共同一體之行政機能，應於其權限範圍內互相協助」。惟此種「協助」僅限於基於「請求」而發生者，並不包括他機關基於其本身職責或法定義務，所必須提供的援助，故此所謂「協助」涵義較為狹窄，而性質上類似「委託」。此外，廣義的業務執行上支援配合，依理應將「委任」與「委託」關係納入其範圍。

第二項　隸屬機關間的關係

隸屬關係為行政組織結合的主要因素，經由此種關係使個別行政機關組成一完整的體系，其中每一機關，均按等級地位排列，依次隸屬於其上級機關，呈現出行政組織層層節制的特性。惟前已言之，此種隸屬關係不僅對行政機關的組織結構具有影響，且對機關職權的行使亦可發生實際的作用，而隸屬機關間的相互關係，即以彼此職權的行使情形構成其實質的內涵，茲分析為下列四項言之㉜：

㈠行文關係：我國政府在簡化公文程式以前，依公文程式條例之規定，上級機關對下級機關的公文用「令」，下級對上級的公文用「呈」，故從公文程式方面即可顯示其隸屬關係。惟公文程式簡化後，各機關間的公文均通用「函」的程式，故僅從公文程式方面，已無法明確顯示其隸屬關係。

㈡指揮監督關係：前已言之，隸屬關係在實質上即為指揮監督關係，上級機關在隸屬系統中對所屬下級機關擁有指揮監督權，下級對上級負有服從命令的義務，故此種關係亦可稱為命令與服從關係。惟所應注意者，即指揮監督關係與隸屬關係並無絕對的關聯，若有法令授權，無隸屬關係的兼管上級機關（專業行政系統）對執行有關業務的下級機關，亦可行使指揮監督權，對於此種情形，應與隸屬關係有所區別。同時，如主管上級（隸屬關係）與兼管上級發生意見衝突時，下級應以隸屬系統為優先，服從其直屬上級機關的命令。

㈢業務支援關係：隸屬系統中的上下級機關間，在業務上具有多方面的密切關係，對於業務的執行應互相支援。分析言之，此種業務支援關係包含的項目甚多，例如上級對下級的財務補助、技術及物資援助、委辦業務的經費負

㉜ 張載宇著，前揭書，第一三〇頁。按公文程式條例第二條（六十二年修正）規定「公文程式之類別如左：四、函：各機關公文往復，或人民與機關間之申請與答覆時用之」。同法（四十一年修正）原第二條「公文程式之類別如左：一、令：公布法令、任免官吏，及上級機關對於所屬下級機關有所訓飭或指示時用之。六、呈：下級機關對於上級機關有所呈請或報告時用之」。

擔，以及下級對上級的財政協款與業務上的配合等均是。有學者鑑於上述財務補助在業務支援關係中頗具重要性，因而將此種關係稱為財政關係者，惟在實際上財務補助並不能涵蓋此種關係的整體。

㈣政令拘束關係：隸屬關係既可稱為命令與服從關係，則上級機關訂定的政策、計畫與法規，在原則上均具有命令性質。對所屬下級機關自然產生其拘束力，下級機關負有遵循、執行與配合的義務。此種關係與上級指揮監督權的行使相輔相成，具有維持行政組織系統整體性的作用。

第三項　不相隸屬機關間的關係

行政機關凡屬不同業務系統或不同地方政府系統者，無論其彼此地位是否平行，均無隸屬關係可言，故為不相隸屬機關。惟此等機關間仍有業務關係存在，其有關事項約可分析為下列三點言之㉝：

㈠行文關係：不相隸屬機關間的公文往返，在程式上無論過去與現在，通常均以用「函」為原則，亦可適用簡化程式的「電」或「代電」。惟在行文的程序上尚有應注意的事項，即對方若為無對外行文權限的單位時，應經由其上級機關轉達；至於在一般情形，對無隸屬關係的下級機關行文，是否應經由其上級轉行，除法令有規定者外，可視實際需要以裁量決定；或以正本交受文機關，以副本交其上級機關，亦不失為可行辦法。

㈡權限分際關係：參閱一般行政機關共同關係中，職權分工關係部分說明。

㈢業務合作關係：不相隸屬機關間，彼此權限雖各有分際，但基於行政權的整體性，則在此等機關間就相關業務的執行處理，亦應講求互相協調，合作支援，或採聯合作業方式，亦可成立委託關係代為執行特定業務（與委辦事項有別）（參閱前述行政協助事項說明）。

㉝　管歐著，中國行政法總論，第一五八頁。公文程式條例（六十二年修正）第二條規定「公文程式之類別如左：四、函：各機關間公文往復，或人民與機關間之申請與答覆時用之。……前項各款之公文，除第五款外（公告）必要時得以電報或代電行之」。

第五節　行政上的指揮與監督權

第一項　行政指揮權

㈠行政指揮權的涵義：行政權的作用重在積極主動，期使行政業務得以有效推動，達成預定目標，實現施政計畫的目的。基於此種需要，故在行政組織系統中，上級機關必須對所屬下級機關或專業行政系統的下級主管機關擁有指揮權，俾使此等下級機關能夠遵照上級的意旨，切實負責執行業務，發揮高度的功效。根據上述說明，對指揮權所具的重要性，自然不難理解。不過，為使指揮權具備明確的觀念，茲再就指揮權的定義擬定如下：「所謂指揮權，係指上級行政機關為使下級機關遵照其意旨執行業務，而以發布命令方式提示與督促下級行為的權力」。

有關此項定義的內涵，約可分析為下列四點言之：

⑴指揮權為行政權力的一種：指揮權屬行政權性質，亦即具有行政權的作用；至於立法、監察、與司法機關均不宜行使，因其與此等治權的本質不相符合。

⑵指揮權係由上級對下級行使：因指揮權具有命令權的性質，而行政機關具有層層節制的組織體系，基於此種特性，則指揮權只應由上級機關對下級行使。

⑶指揮權的行使係以發布命令方式對下級提示上級的意旨：亦即指揮權的行使，必須上級有發布命令的積極行為，以命令的內容向下級表示上級的意思。

⑷指揮權行使的作用在使下級遵循並據以行動：此即在上級作成意思表示之後，下級須服從上級的命令，並為實現命令的內容而有所作為，使指揮權的行使產生實際效果。

經由上述分析說明，已使指揮權涵義甚為彰著。而實際上在行政機關方面，對此種權力的行使極為普遍頻繁，且常與監督權具有密切的關聯，甚至互相結合，故學者有將其包含於廣義監督權之內者㉞。惟大體言之，指揮權具有絕對的積極性，須由上級機關主動行使，而與監督權不盡相同。

㈡指揮權的範圍與作用：指揮權乃屬上級機關及人員的職權，此種職權具有命令與指示的性質和作用（Command and directing）。若作進一步的分析，亦可謂指揮權足以發揮領導與督策的功能。在行政學方面對行政領導的方式講求溝通與激勵的今日，指揮權的行使在理論上似已不被重視，但在實際業務上不僅不可缺少，而且運用甚為廣泛，尤其在實作業務單位方面更為普遍，至於指揮權所應包含的事項，主要是在機關內部關係方面，關於工作的分派與指示（work allocation and directing），採行的方式常係以命令、要求、與訓示等措施行之。為使指揮權能夠發生預期的效果，又須使其與監督權相銜接，在工作分派與指示之後，繼之以工作控制與考核，甚至於獎勵與制裁㉟。不過，就行政法的觀點而言，指揮權既屬命令性質，自應具有強制的效力，被指揮的客體亦負有服從義務，如此乃能使指揮權有效行使；關於指揮權行使的時機，則在事前及作業過程進行中均為適宜。

第二項　行政監督權

第一款　行政監督的涵義

行政組織乃是以層層節制的關係所形成的體系，在其組織系統之中，上級對下級基於隸屬位階具有控制的權力，以維持與下級之間的命令服從關係。此種控制作用乃是指揮監督權的整體功能，惟自消極觀點而言，則為行政監督。關於「行政監督」一詞的涵義，若作擴大解釋，可區分為廣狹二義，狹義的行政監督僅係指行政機關系統內部的監

㉞無論在行政法學及行政學方面，學者均常將指揮權包含於監督權範圍之內，視為係監督權行使的方式之一，而極少單獨討論指揮權的內涵。例如管歐著，中國行政法總論，第四一七頁，及張潤書著，行政學，第五四一頁。

㉟張潤書著，前揭書，第五三七—五四二頁。

督而言，廣義的行政監督，其涵義的範圍除前述狹義部分外，尚包括行政機關所受其他治權機關的監督，以及行政機關對行政客體的監督在內。惟基於一般觀念，此處對行政監督所作定義的說明，仍係以狹義的範圍擬定如下：

「行政監督係指在行政組織系統中，基於隸屬關係或職權關係，由正當權限機關依法對相關下級行政機關及人員，所作具有控制作用職權的行使」。

對於此項定義的內涵，可分析為下列六點詳述之：

㈠行政監督在狹義觀點，乃是行政權作用的一種。

㈡行政監督乃是行政組織系統中的內部監督而言。

㈢行政監督在基本上乃是由隸屬關係所產生；惟在例外情形，專業行政機關對無隸屬關係的相關下級行政機關，就有關業務的執行亦擁有監督權，是為職權關係（兼管機關）的行政監督㊱。

㈣行政監督的職權係由正當權限機關依法行使，此等機關包括隸屬系統的直屬上級機關（主管上級）及專業行政主管機關（兼管上級或專業監督機關）在內。

㈤行政監督係以行政機關或單位及人員為對象，主要係針對其業務兼及人員行為實施。

㈥行政監督的行使，對客體具有廣泛的控制作用（包括指導、考核、糾察、矯正、及督策等各種作用），故此種職權雖以消極性質為主體，惟亦可同時發揮積極的功效。

第二款　行政監督的作用與目的

行政監督措施的採行，在制度的設計上必然有其預定的目的。各種不同的行政監督措施所具的目的亦不相同，就隸屬關係的行政監督而言，其範圍所涉及的事項是全面性的，其目的亦具有綜合性，可謂是在求下級機關組織與業務的健全發展；至於專業行政的監督，則僅在求特定行政業務正確有效的執行。此外，行政監督的目的，亦可分

㊱　職權關係（兼管機關）的行政監督，例如內政部對省（直轄市）政府及其所屬各廳（局）處執行該部各項主管業務的監督是。

別從消極與積極兩方面加以說明；簡言之，消極目的在於防弊，積極目的則在於增進行政效率與行政的合法性。行政監督既具有各方面的目的，則為實現其目的，即須採取各種有關措施，以發揮適當有效的作用。前已言之，行政監督權的行使，足以發揮對監督客體的控制作用，亦即具有指導、考核、糾察、矯正、與督策等方面的效果，可藉以達成多方面的目的，由此可知監督措施在行政上實具有重大價值。若作進一步的分析，尚可就行政監督的作用與目的，加以具體詳細地列舉如下：

㈠促使行政機關的組織健全及合法化。
㈡預防行政機關及人員發生違法不當及失職情事。
㈢督導行政業務正確有效的執行，有助於提高業務效率與水準。
㈣矯正業務上的錯誤，改進缺失，解決爭議，加強協調合作。
㈤瞭解實際情形，獲取客觀資料，作為考績獎懲的依據。
㈥加強機關首長與單位主管的對內控制權力與領導地位。
㈦有效管制業務計畫的執行及預算經費的運用，以求貫徹國家施政目標。
㈧促進行政的法治化，並有助於追究違法失職責任。
㈨裁決爭訟，判斷是非，有助於保障人民權益，維護政府威信。

以上九項乃是就行政監督的作用與目的，所作綜合性的分析說明。由此可知因其具有多元化的目的與作用，所以行政監督措施可作廣泛的運用。

第三款　行政監督與相關觀念的區別

由於「行政監督」一詞的內涵頗為廣泛，故在行政組織法部分有數種與其相關或相近的名詞，宜從觀念上加以區別，以求避免混淆而增進對行政監督涵義的瞭解。下列各項即為就行政監督與此等名詞的不同之點，自內容、性質、及範圍等方面所作比較說明：

㈠監督權與指揮權的區別：如前所言，行政監督權與指揮權共同構成隸屬關係的實質內容，不僅在運用上相互關聯，且具有相輔相成的效果。惟若詳加比較，則不難發現二者性質不同，且行使情形亦有區別，茲比較說明如下[37]：

⑴指揮權具有積極性的動態作用，監督權則多為消極性的靜態作用，因後者有時不必有所表示或積極行動即可發生效果。

⑵指揮權常須監督權配合行使，始能貫徹其功效；而監督權則常可單獨行使，無須指揮權的輔助。

⑶指揮權在原則上係基於隸屬關係所產生；而監督權則並非必然存在於隸屬關係中，即使無隸屬關係的機關間，亦可能有監督關係存在。

⑷指揮權僅能由上級對下級行使；監督權則並不限於上級對下級行使，同級間亦可行使。

⑸學者有認為監督權的行使，僅限於被監督者職權範圍內的事項；而指揮權的行使，並非以被指揮者職權範圍內的事項為限。惟此種見解似有商榷的餘地，因執行委辦事項的下級機關，亦須受上級的監督。

㈡監督權與懲戒權的區別：懲戒為事後制裁的措施，其具有監督作用自無疑問；且懲戒措施與監督權的行使相互關聯，故可包含在廣義行政監督的範圍之內。惟兩者在各方面仍有多種相異之點，茲就懲戒法下的懲戒權與監督權比較說明如下[38]：

⑴原因與目的不同：前已言之，行政監督權的行使，具有多元化的綜合性目的，實施監督的原因，亦不限於事後制裁；而懲戒權的行使，則係直接針對公務人員的違法失職行為，採取制裁措施，使其接受不利處分。

⑵性質不同：狹義的行政監督屬行政性質，係行政組織內部關係的控制作用；而懲戒權則屬於廣義的行政監督，涉及行政組織系統以外監察機關與司法機關職權的行使。

---

[37] 管歐著，中國行政法總論，第四一四頁。

[38] 陳鑑波著，前揭書，第三六二頁；及公務員懲戒法之各項規定。

⑶法令依據不同：行政監督具有各種行政法規方面的依據，包括組織法規與業務法規在內；懲戒權則係以公務員懲戒法為依據。

⑷程序不同：行政監督權的行使程序並無統一規定；懲戒權行使的程序則在懲戒法中有統一規定。

⑸措施種類不同：行政監督的措施種類繁多，並無確定的範圍；懲戒處分則在懲戒法有明確規定，僅以此種法定範圍為限。

⑹權力機關不同：行政監督權係由各種具有法定權限的機關行使；懲戒權則主要係由公務員懲戒委員會行使，行政機關首長基於法令授權僅得擁有對九職等以下公務員之記過與申誡權力。

⑺作用及效果不同：監督權兼具事前預防、事中指導矯正以及事後制裁的作用，且包含消極與積極兩方面的作用，惟監督措施種類繁多，效果不一；而懲戒權則主要具有事後制裁作用，且各種懲戒處分均有統一的法定效果。

㈢監督權與監察權的區別：監察權歸屬於行政組織系統以外的監察機關行使，為廣義行政監督的範圍。依據我國憲法規定，監察權涉及行政監督的事項，包含糾正、糾舉、彈劾、及審計等權限在內。其與行政監督不同之點，可列為以下六點言之[39]：

⑴性質不同：前已言之，行政監督屬行政性質；而監察權則為行政組織系統以外其他治權機關的監督措施。

⑵法令依據不同：行政監督的法令依據已見前述；而監察權則係依據憲法、監察法、及審計法行使。

⑶程序不同：行政監督的程序已見前述；而監察權的行使，其程序則係依監察法及審計法之規定。

⑷權力機關不同：行政監督的權力機關已見前述；而監察權則係由監察及審計機關行使。

⑸措施種類不同：行政監督的措施已見前述；監察權的措施則僅限於監察法及審計法所定糾正、糾舉、彈劾、及審計四種。

⑹效果不同：行政監督的效果已見前述；而監察權的行使，其各種措施所生效果，在監察法及審計法中均有明

---

[39] 同[38]，第三六一頁；及憲法、監察法、審計法等之各項規定。

確規定，主要為事後監督作用。

第四款　行政監督的類別

行政監督權的範圍既廣，所包含的各種措施亦頗繁雜，故可採取不同的標準及觀點加以區分（例如所具目的、作用、性質、方式、及範圍等均是）。惟基本的分類，仍應從行政監督的意義或範圍方面開始，首先區分為廣義與狹義兩大部分，然後再行劃分為各種具體的項目。

㈠廣義行政監督的類別：根據前述行政監督的涵義，廣義行政監督係指其他治權機關對行政機關的監督而言，就此種範圍區分，主要包含下列四種：

⑴立法監督：立法權對行政機關所發生的監督作用，即為立法監督。因立法機關係代表民意監督行政，故此種監督屬政治性的監督作用。就立法機關職權的內涵分析，其對行政機關的監督作用主要包含四種權力，即各種法案及預算案的審議、文件調閱、質詢施政、及行政法規的審查是。綜合言之，此等權力的行使，足以發揮事前及事後的監督作用，涉及行政業務的範圍極廣，使行政機關在各方面均可能受到立法機關的影響與控制。惟若僅就立法機關向行政機關所作各種建議（或通過之決議）而言，其在法律上所生之拘束力，則無法與制定的法律相提並論（有關事項參閱前述行政與立法機關關係部分說明）。

⑵司法監督：此即以司法權對行政機關所發生的監督作用，司法機關的職權，係以對各種違法案件的審判為主體，故其作用乃著重於事後與消極監督。此外，司法機關對憲法及法規的解釋權，則為對行政機關執行法令措施、解釋法令意見及行政規章內容違憲違法情事的審查，其作用可謂兼具事前監督的性質（有關事項參閱前述行政與司法機關關係部分說明）。

⑶考試監督：此即由考試權對行政機關所發生的監督作用；就其實質內容而言，考試監督係指考試機關對行政機關內部人事制度的實施，擁有直接考選、決策、法制、資格銓敘與其他業務事項的審核權、公務人員保障案件的

審議。此等權力的行使，兼具事前與事後、消極與積極的監督作用（有關事項參閱前述行政與考試機關關係部分說明）。

(4)監察監督：此即由監察權對行政機關所發生的監督作用；就其所涉及的事項範圍而言，包括對行政機關人員、業務、及財務的監督在內。監察機關職權的行使，雖非直接對行政機關及人員採取懲處制裁，且主要為事後監督作用，但就糾正權而言，也不無積極性的作用。同時，此種治權係與立法權分別獨立行使，足以加強其專業性，並因有調查權的輔佐配合，有助於發揮其效果（有關事項參閱前述行政與監察機關關係部分說明）。

㈡狹義行政監督的類別：如前所言，狹義的行政監督，係指行政組織系統或行政機關內部的監督措施，此等措施的種類頗為繁多，若以其所具作用及性質為標準，約可區分為下列各種，茲以對比方式說明之[40]：

(1)一般監督與特別監督：一般監督係指上級機關基於隸屬關係對下級機關所作全面監督，其內容涵蓋下級職權的各方面，故具有綜合性質。特別監督則為無隸屬關係的監督，係由專業行政主管機關或單位，對相關機關或單位就特定專門業務範圍內所作業務監督，故具有專業性質。

(2)權限監督與品質監督：權限監督係由監督機關針對被監督機關的行為是否逾越職權範圍所作的監督，故其目的主要在維護被監督機關行為的適法性。而品質監督則係以使被監督者行為的內容適法適當為目的所作的監督，故其涉及的範圍較廣。

(3)事前監督與事後監督：以監督權行使的時機為標準，可作此兩種區分。事前監督即為使被監督者行為適法適當，在事先採取控制審查的措施，以防止弊端的發生，故亦稱預防監督。而事後監督則係於違法不當的情事發生後，對被監督者及其行為的結果採取矯正、補救、改進、及制裁的措施，以求減少損失、亡羊補牢、及彌補行政客體所受侵害，並對違法機關或人員予以懲處，故亦稱鎮壓監督。

(4)實質監督與程序監督：前者係就被監督者行為的實體內容（適法適當）所作的監督，故即為品質監督。後者

---

[40] 張載宇著，前揭書，第三一二頁。

僅係就被監督者行為是否遵循合法程序所作的監督，而不涉及實質問題。

(5)主管監督與非主管監督：前者即為隸屬關係下的一般監督。後者亦即專業行政系統下的特別監督，亦稱兼管監督。

(6)法規監督與非法規監督：法規監督即由上級機關制頒法規，以其拘束力控制下級機關，所生的監督作用。此外，以其他方式所作的監督，均屬非法規監督。

第五款　行政監督的方式

狹義行政監督的類別已見前述，在上級機關或有權機關行使各種監督權時，可採取具有不同作用與效果的各種方式，此等方式亦可視為係以行政行為為標準對監督權所作進一步的分類，茲分述如下[41]：

㈠指揮：此即在隸屬關係之下，上級機關為使下級有所作為或不作為，而對下級以命令或訓示的方式作成意思表示，使下級據以行動，藉以實現其意思表示內容的行為。雖然，就嚴格的觀點而言，指揮權與監督權有別，惟指揮權的行使，既可發揮監督的作用，則將其視為監督的方式，自亦無可厚非。至於所稱訓示，則包括處分訓示與規則訓示在內。

㈡指示：按指示可解釋為指揮權行使的一種方式，但學者有認為若作嚴格區分，則指示與指揮不盡相同；此即在無隸屬關係的情形下，上級或有權機關就其主管業務範圍，在下級機關執行此種業務時，作成意思表示，以發生監督作用的行為。其與指揮的區別，在於強制效力的有無。學者亦有稱之謂指導者。

㈢認可：凡下級機關執行業務或作成行政處分，應先經上級同意或承認，始能取得合法效力者，上級所採此種監督方式即為認可，亦稱核准。

㈣備案或備查：凡下級機關於制定行政規章或作成業務處理後，應向上級提出報告，俾使上級知悉瞭解，並保

[41] 管歐著，中國行政法總論，第四一七—四一九頁。陳鑑波著，前揭書，第三五四—三五六頁。

留事後審查權力者，此種監督方式即為備案或備查，亦稱報備。

㈤視察：凡由上級機關派員就下級業務情況或特定案件，作實地調查者，即為視察。此種監督方式可以定期或不定期行之，上級對視察結果，可以作為考績與獎懲的依據；且因視察後可能對下級業務予以糾正或輔導，故亦稱為視導。

㈥審核：凡上級機關對下級所呈送的各種報表等，查核其內容有無違誤情事，而分別予以准駁，或據以衡量其業務績效，是為審核。此外，上級就下級初步決定的業務案件，經審查其內容，而作成最後決定者；或下級向上級有所請求的案件，經上級查核其實際情形，而決定是否准予所請者，均可謂之審核。

㈦撤銷：上級機關對下級所作違法行政處分，認為不具備有效要件。根本不應使其存立，而應回復處分前之原狀者，得發布命令表示駁斥並加以撤銷，使其溯及既往失效。

㈧變更：上級機關對下級所作行政處分，若認為其中部分內容有違法不當情形，而應予以糾正，使其瑕疵歸於消除，成為完全適法適當的處分者，是為變更。

㈨廢止：上級機關對下級機關所制定的規章、發布的命令、或採取的措施，若認為內容不當或不合時宜，而以命令宣布停止實施並終止其效力者，是為廢止。

㈩停止：上級機關對下級機關所制定的規章、發布的命令、或採行的措施，若認為一時難以繼續執行或不能適應客觀需要，宜暫時停止實施者，得以命令宣告暫停其實施，至適當時機再行恢復。故停止與廢止有別，因後者已無恢復的可能。

⑪強制處理：下級機關若對負有法定義務的事項而不履行，或就職權範圍內的業務當為而不為，則上級機關得採取必要的措施，以強制其履行義務或執行職務者，是為強制處理。此外，自反面言之，上級強制禁止下級作違法不當的行為，亦屬強制處理。

⑫代為處理：下級機關就職權範圍內的業務，負有行為的義務而不履行時，如此種業務在性質上係可由上級監

督機關或其他機關（第三者）代為處理者，則監督機關即可採取代為處理的措施，以實現監督的目的。此種情形與行政執行法上的「代執行」同其性質，至於對違反行為義務的被監督機關，自亦得予以制裁並令其負擔執行的經費。

㈢獎懲：各種監督措施的採行，為使其產生良好的效果，應以獎懲制度作為輔助工具。此即由上級監督機關根據視察或考核的結果、或下級的業績表現，對被監督機關或人員予以獎賞或處罰，藉收激勵或儆戒之效，是為間接的監督方式。惟獎懲制度的採行，應有客觀標準及明確的法令依據，以求公允，並發揚法治精神。

㈣爭議解決：下級機關之間所生權限與意見的爭議，上級機關應負責予以調處裁決，使其彼此間能夠維持協調合作關係，而不致於妨礙相關業務的推行。此種調處裁決權力的行使，亦為監督方式之一。

㈤管制考核：此即由上級或專業主管機關，就各種行政業務計畫的執行，對下級或業務執行機關在計畫執行過程中，就執行情形所作觀察、控制、及考評的監督方式。管制考核的事項，包括進度、數量、品質、成本等方面；所採方式即定出標準與評估績效，然後針對缺失謀求改進[42]。

㈥法規制頒及解釋：上級機關或業務主管機關所制頒的法規以及所作解釋，對下級機關及執行有關業務的機關具有拘束力。故此種行政立法方面的權力，亦足以產生監督作用，可以視為監督的方式。

㈦審理訴願：按照訴願審級制度的規定，有隸屬關係的上級機關及專業主管機關均有訴願管轄權，有權受理針對下級機關或業務執行機關所作違法不當處分的訴願案件。而訴願審理的結果，對違法不當處分，可以作成撤銷或變更的裁定，以矯正及補救原處分機關的違誤，故審理訴願案件，既能發揮監督作用，自可視為監督方式之一。

以上所列各種行政監督的方式，均屬監督機關職權的行使。就此等監督方式採行的目的而言，雖然主要著重於防止及矯正違法不當情事的目的，惟同時也兼具積極性的作用，有助於端正政風、健全制度發展、及促進行政效率。就形態而言，包含有動態與靜態的監督措施。就採行的時機而言，包含有事前、事中、與事後的監督措施。就性質

[42] 傅肅良著，行政管理學，臺北，三民書局，七十二年版，第二八二—二八八頁。G. R. Terry, *Principles of Management*, 臺北，美亞出版社，1974, pp. 535–536.

而言，包含有積極與消極性措施。總之，在行政組織系統內部，可以運用的監督方式甚多，屬於傳統行政權作用的方式固然可以普遍採行，即行政立法與行政司法權的行使，亦可作為監督方式。此外，各種監督措施在行政法上各具有不同的法律效果，對被監督機關足以發生有效的拘束力。

第六款　行政監督的原則

行政監督權為監督機關本身職權的一種，此種職權的行使，除須遵循行政法適用的基本原則外；由於行政監督權具有其特性，故尚須格外注意與其特性有關的各項原則，茲就此等原則分述如下：

㈠監督機關應依據法令授權及其與被監督機關的關係，行使其監督權（亦即確定其監督權行使的範圍）。

㈡監督機關對監督權的行使，不僅應適法且應適當，亦即應避免過分干涉被監督機關自身職權合法的行使，俾不致妨害被監督機關對業務執行的積極性與主動性。

㈢監督機關對監督權的行使，應訂定妥善的程序，建立完備的制度，俾使監督權不致濫用。

㈣監督機關對監督權的行使，應注意被監督機關的反應；在監督過程中，應維持與被監督機關間的溝通，俾使下情上達，使監督措施有所改進，並協助被監督機關解決業務問題。

㈤監督機關應視各種情事的需要，選擇適當的監督方式，以求發揮適當的功效。擁有一般監督權的機關，自宜採用多元化方式，以求相輔相成，使其作用周延。

㈥監督機關對監督權的行使，在採用審查、評估、及考核等方式時，宜設定客觀具體的標準，避免受主觀成見的影響，以求獲致公允的結果。

㈦監督機關的監督權既為其本身的職責，自應注意經常有效的行使，如怠於行使，以致被監督機關發生違誤情事時，則監督機關應負監督不周的連帶責任。

㈧監督機關行使監督權，不應僅著重於消極性防弊的目的，而應同時適當運用其權力及方式，產生興利的積極效果。

㈨監督機關行使監督權，應注意維護層層節制系統及分層負責制度的功能，非有必要，不宜越級行使。

㈩被監督機關對監督機關，應尊重其監督權合法的行使，接受其監督措施的拘束，不得任意違抗，但如有意見，自得陳訴。

第六節　行政機關系統內外的權限爭議

第一項　權限爭議的意義與類別

現代國家就政府機關的設置，莫不以分工合作為其基本原則，國家統治權經對各種系統政府機關劃分之後，其彼此間職權範圍皆有法令規定，各機關若能遵守權限分際，則權限爭議似無發生的可能。惟就實際情形言之，法令規定既難周全，各機關對法令涵義亦常有不同認定，而憲政制度與客觀環境又在不斷變遷之中，凡屬此等因素均足以導致各機關間的權限爭議。如有此種爭議發生，則其影響所及不僅將破壞行政機關系統內部及其與他種治權機關間的協調合作關係，妨礙行政業務的推行，減損行政效率，更進而可能引起違憲違法問題，形成政治上的僵局，故對其所具之嚴重性自不應等閒視之。

為求對「權限爭議」有所瞭解，首先應界定其涵義。所謂權限爭議，係指行政機關彼此間及其與政府其他機關間，所發生有關各自職權範圍認定的爭執而言。此項定義，僅在說明權限爭議的概略情形，若作進一步分析，則可就爭議所涉及之範圍與所具性質為標準，作三種不同的分類，茲簡述如下：

㈠廣義與狹義的權限爭議：權限爭議就所涉及的範圍（或機關系統）區分，有廣義與狹義之別。狹義的權限爭議，係指不同治權系統政府機關間所生職權範圍認定的爭議；就行政機關而言，亦可謂即行政機關與他種治權機關間所生之爭議。而廣義的權限爭議，則除狹義部分外，尚包括同一治權系統機關彼此間的業務管轄權爭議（亦稱主管爭議）在內。就實際情形觀察，行政機關系統中，各機關間既具有層級節制的組織體系，上級與下級機關間在原則上應無權限爭議發生的可能；而同級機關間的爭議，因有共同上級機關的存在，該上級機關負有為所屬機關間裁決疏解爭議之責，此亦為其對下級監督權作用的一部分。準此，則行政機關系統內部的爭議，自易獲得解決，不致形成嚴重問題。惟不同治權系統機關間的爭議一旦發生，因其彼此間並無隸屬關係存在，則欲尋求解決顯然較為困難，甚至可能形成憲政制度上的重大問題㊸。

㈡消極與積極的權限爭議：權限爭議就所具性質（或實質內容）區分，則無論為廣義或狹義的爭議，均可分為消極與積極兩種。前者係指各有關機關雙方，對特定事項的管轄權互相推諉，亦即彼此均主張非屬自身管轄範圍。反之，後者的情形，即各有關機關雙方，對特定事項均主張應屬其自身職權範圍，而排斥對方的管轄權。此兩種爭議雖然性質相反，惟爭執的結果最後若能獲得合理解決，則仍將使繫爭的事權歸於確定㊹。

㈢形式上與實質上的權限爭議：政府各機關間權限爭議若已實際發生，則此種爭議即已構成形式上的爭議。反之，若雙方對特定事項的管轄權有不同意見，但其爭議尚未表面化；或一方雖已依法取得其管轄權，但他方仍有不同意見時，則此種權限爭議在實質上繼續存在，故可視為實質上的爭議。實質上的爭議既尚未表面化，亦即在事實上並未發生，是為理論上的權限爭議。

第二項　權限爭議一般性成因的分析

政府機關間權限爭議的發生，必然均有其原因背景。此等成因有屬於一般性者，亦有僅限於特定機關間相互關係上所發生者。茲先就權限爭議的一般性成因提出簡略分析說明，所謂一般性成因，係指在政府各機關間通常可能

㊸管歐著，中國行政法總論，第三八九頁。按上下級行政機關之間，在原則上應無權限爭議發生之可能，惟中央與地方政府機關間，則可能有事權爭議發生，故我國憲法第一一〇條特就此種爭議規定由立法院解決之。

㊹陳鑑波著，前揭書，第三四一—三四二頁。

引起權限爭議的原因而言，大致可分為數點列舉如下：

1.法令對特定事項管轄權的歸屬，全無規定或規定有欠明確。

2.因雙方就法令解釋持不同意見，從而導致權限爭議。

3.新興業務發生後，若法令事先對其管轄權未加規定，即可能引起爭議。

4.一方職權擴張的結果，若侵越他方職權範圍，自將發生爭議。

5.對兼具雙方職權性質（或涉及雙方職權範圍）的事項，就管轄權的認定，易引發爭議。

6.雙方就特定事項的管轄，互相推卸責任時，自將形成爭議。

7.因特定業務經費負擔問題，連帶引起職權爭議。

8.因機關改組或歸併的結果，就職權劃分問題引起爭議。

9.因機關組織或業務法規修正的結果，導致職權範圍變動，從而發生爭議。

就上述各項成因觀察，大致似可認為權限爭議的發生，主要與法規的內容有關；若於制定及解釋法規時，能夠對有關機關的職權範圍或特定事項管轄權的歸屬作明確的認定，則爭議發生的可能性必將大為減少。至於因其他方面原因，引起的爭議，自應依其性質尋求適當途徑解決之。

第三項　權限爭議的解決途徑

行政機關系統內外的各種權限爭議，既無法避免其發生，而一旦發生之後或僅在醞釀階段，均可能對行政機關的業務、及其對內對外的職權關係，以及一般人民的權益，形成不利的影響。因此，行政機關對於權限爭議的發生，最好能夠事先採取預防及消弭的措施；否則，在爭議發生後，即應迅速尋求適當的方法予以解決，俾可減少其不利影響所生後果，使其不致妨害行政機關業務的正常運作。至於所應選擇的解決方法，乃因爭議的性質與情況而有所不同，其中有為法定途徑，亦有得由有關機關判斷決定者。茲將解決爭議的各種可循途徑分述如下：

(一)國民大會修正憲法：如前所言，政府各機關間權限爭議的發生，其成因常與憲法的規定有關，例如由於憲法規定的遺漏、疑義、或不能適應情勢變遷的需要所引起者均是。在此種情形下，自以由國民大會修正憲法，為使爭議獲得澈底解決的途徑㊺（按八十九年四月二十四日通過之憲法增修條文規定國民大會關於修正憲法的職權僅係複決立法院所提之憲法修正案）。惟採取此種解決方式，其最後結果將受國民大會對修正憲法意見的影響，且在過程上須受修憲程序的限制。

(二)由立法院制定或修正法律：權限爭議的成因，亦多與法律有關，即因法律規定的遺漏、疑義、或不能適應客觀情勢的變遷所引起者；如屬此種情形，則由立法院制定新法或修正舊法，以消除法制上的缺失，將可使爭議問題直接獲得解決。

(三)由大法官會議解釋憲法或統一解釋法令：如權限爭議的發生，係由於憲法或法律規定的遺漏、疑義、或不合時宜所引起者，則亦可由司法院大法官會議以解釋憲法及統一解釋法令的方式，使爭議獲得合理的解決㊻。此種方式可取代制定及修改憲法及法令的程序，惟其採行亦受有限制，凡不適於採取此種方式解決的爭議，即仍須另選其他途徑解決。

(四)由總統召集各院院長會商解決：我國憲法第四十四條規定「總統對於院與院間之爭執，除本憲法有規定者外，得召集有關各院院長會商解決之」。採取此種方式，主要係就政治性爭議，由總統運用其元首權（調節權），設法協調解決㊼。

㊺ 我國憲法第一七四條規定「憲法之修改，應依左列程序之一為之：一、由國民大會代表總額五分之一之提議，三分之二之出席，及出席代表四分之三之決議，得修改之。二、由立法院立法委員四分之一之提議，四分之三之出席，及出席委員四分之三之決議，擬定憲法修正案，提請國民大會複決。此項憲法修正案，應於國民大會開會前半年公告之」。

㊻ 司法院大法官審理案件法第二條規定「司法院大法官，以會議方式，合議審理司法院解釋憲法與統一解釋法律及命令之案件……」。第四、五及七條有關聲請解釋憲法及統一解釋法令之規定，顯示需要解釋的理由，多與權限或見解之爭議有關。

㊼ 薩孟武著，前揭書，第二〇三頁。

㈤由立法院解決中央與地方政府間的事權爭議：我國憲法第一百十一條規定有關中央與地方事權的劃分，除憲法各有關條文採列舉式規定外，遇有未列舉事項發生時，應依均權制度原則定其歸屬，「遇有爭議時，由立法院解決之」。

㈥由各有關機關協調解決：政府各機關間的權限爭議，除院際爭議依憲法規定可由總統召集各院院長會商解決外，其他機關間的爭議，亦可採直接協調方式解決。此種方式包括正式與非正式的會商在內。遇有爭執雙方無法達成協議時，尚可由雙方的上級機關再行協調解決。

㈦由爭議雙方的共同上級機關裁決：爭議機關雙方如均屬行政機關，在無隸屬關係的情形下，無論雙方是否為同等級的機關，均可尋求其在行政系統上的共同上級機關以裁決方式作成決定。上級機關的裁決權力，乃是基於其對所屬下級機關監督權行使的結果。

㈧由行政機關制定或修正行政規章：權限爭議的發生，如係由於行政規章內容的遺漏、疑義、或不能適應客觀情勢變遷的需要所引起者，即可由行政機關自行以制定或修正行政規章的方式解決之。惟如採用前述㈠、㈡兩項方式解決時，亦可能需要連帶制定或修正作為子法的有關行政規章。

㈨由行政機關解釋行政法規：行政機關對其主管業務範圍內的法規擁有解釋權，故如權限爭議的發生，需要以解釋有關法規的方式解決時，則主管機關亦可自行解釋法規尋求解決。僅在爭執雙方意見不同時，再行聲請大法官會議作統一解釋㊽。

㈩由行政機關援用行政先例：關於發生爭議的事項，如就其解決途徑，已有行政先例可循者，自可由有關機關援用此種先例加以處理解決。

㊽ 司法院大法官審理案件法第七條規定得聲請統一解釋之情形「中央或地方機關，就其職權上適用法律或命令所持見解，與本機關或他機關適用同一法律或命令時，所已表示的見解有異者。但該機關依法應受本機關或他機關見解之拘束，或得變更其見解者，不在此限」。

(十二)藉改組機關或調整事權途徑解決：如權限爭議的發生，涉及機關組織系統的問題，則可藉改組機關、變更隸屬關係，或調整事權等方式設法解決。

(十三)循民事訴訟途徑解決：如政府機關間的權限爭議係由財產權的歸屬或其他私法關係所引起者，則除可在同一組織系統內部尋求解決外，亦可提起民事訴訟，由普通法院予以裁判解決㊾。

以上所述乃將權限爭議的各種解決途徑，分別作簡略說明。此等途徑的性質與作用不盡相同，除屬法定途徑者外，大致可依據權限爭議的性質與情況，選擇最適當者採行，期使各種爭議獲得迅速有效與合理的解決，更進而改善政府機關間的職權關係，以求發揮協調合作的團隊精神。

第四項　行政程序法及地方制度法的有關規定

行政程序法及地方制度法均先後於八十八年制定，兩種法律的內容均與中央及地方行政機關職權的行使具有密切的關聯，尤其行政程序法對行政機關管轄權的確定及爭議解決事項有較為完整具體的規定，茲將兩種法律中的有關條文分別引述如下：

(一)行政機關管轄權的依據：行政程序法第十一條第一項規定「行政機關之管轄權，依其組織法規或其他行政法規定之」。所謂「管轄權」即指機關的職權範圍而言，職權的授予自應以組織及業務法規為依據。法規依據具有確定及保障管轄權的作用。

(二)管轄權的變更：行政程序法第十一條第二項至第五項規定「行政機關之組織法規變更管轄權之規定，而相關行政法規所定管轄機關尚未一併修正時，原管轄機關得會同組織法規變更後之管轄機關公告或逕由其共同上級機關公告變更管轄之事項。

行政機關經裁併者，前項公告得僅由組織法規變更後之管轄機關為之。

㊾　國家在私法關係或行政法方面管理關係上立於「準於私人的地位」。見林紀東著，行政法原論(上)，第四二二頁。

前二項公告事項，自公告之日起算至第三日起發生移轉管轄權之效力。但公告特定有生效日期者，依其規定。

管轄權非依法規不得設定或變更」。

上開各項規定，在於說明基於依法行政的要求，對管轄權的設定（授予）或變更均應以法規為依據，亦即須以制定新法或修正舊法的方式為之，並應將變更情形依法定程序公告周知。

㈢管轄權的補充規定：行政程序法第十二條規定「不能依前條第一項定土地管轄權者，依下列各款順序定之：

一、關於不動產之事件，依不動產之所在地。

二、關於企業之經營或其他繼續性事業之事件，依經營企業或從事事業之處所，或應經營或應從事之處所。

三、其他事件，關於自然人者，依其住所地，無住所或住所不明者，依其居所地，無居所或居所不明者，依其最後所在地。關於法人或團體者，依其主事務所或會址所在地。

四、不能依前三款之規定定其管轄權或有急迫情形者，依事件發生之原因定之」。

本條所作補充規定，在於彌補前條第一項原則性規定之不足，遇有對管轄權的認定發生疑難問題時，可依本條規定按事件或當事人的性質，分別認定其管轄權的歸屬。

㈣管轄權競合之解決方法：行政程序法第十三條規定「同一事件，數行政機關依前二條之規定均有管轄權者，由受理在先之機關管轄，不能分別受理之先後者，由各該機關協議定之，不能協議或有統一管轄之必要時，由其共同上級機關指定管轄。無共同上級機關時，由各該上級機關協議定之。

前項機關於必要之情形時，應為必要之職務行為，並即通知其他機關」。

本條的規定，係在設法解決由前兩條規定所衍生的問題，分別以受理先後、各機關協議、或共同上級指定等方式，就管轄權競合問題，確定管轄權的歸屬。至於所謂「無共同上級機關」的情形，應係指管轄權競合的雙方，屬於不同治權系統的機關而言。另所謂「於必要情形時」，應係指須即時先行處理的情況而言。有本條的規定，將有助於對管轄權競合的問題作合理的解決。

㈤管轄權爭議的解決方法：行政程序法第十四條規定「數行政機關於管轄權有爭議時，由其共同上級機關決定之，無共同上級機關時，由各該上級機關協議定之。

前項情形，人民就其依法規申請之事件，得向共同上級機關申請指定管轄，無共同上級機關者，得向各該上級機關之一為之。受理申請之機關應自請求到達之日起十日內決定之。

在前二項情形未經決定前，如有導致國家或人民難以回復之重大損害之虞時，該管轄權爭議之一方，應依當事人申請或依職權為緊急之臨時處置，並應層報共同上級機關及通知他方。

人民對行政機關依本條所為指定管轄之決定，不得聲明不服」。

本條內容與前條略有重複，但主要在規範對人民申請案件的處理情形及如何採取緊急臨時處置措施。

㈥對管轄權有無的處置：行政程序法第十七條規定「行政機關對事件管轄權之有無，應依職權調查；其認無管轄權者，應即移送有管轄權之機關，並通知當事人。

人民於法定期間內提出申請，依前項規定移送有管轄權之機關者，視同已在法定期間內向有管轄權之機關提出申請」。

本條規定係課予行政機關自行調查有無管轄權的職責，以免拖延或推諉的情事發生；若確定無管轄權時，即應主動移送案件，並通知當事人。且人民於法定期間內提出申請者，移送後仍視同在法定期間內提出。

㈦管轄權變更的處理：行政程序法第十八條規定「行政機關因法規或事實之變更而喪失管轄權時，應將案件移送有管轄權之機關，並通知當事人。但經當事人及有管轄權機關之同意，亦得由原管轄機關繼續處理該案件」。

本條係規定因法規或事實變更，原管轄機關應移送所受理案件或得繼續處理的例外情形，為與前條有關的補充規定。

㈧地方制度法對權限爭議的規定：該法第七十七條規定「中央與直轄市、縣（市）間，權限遇有爭議時，由立法院院會議決之；縣與鄉（鎮、市）間，自治事項遇有爭議時，由內政部會同中央各該主管機關解決之。

直轄市間、直轄市與縣（市）間，事權發生爭議時，由行政院解決之；縣（市）間，事權發生爭議時，由內政部解決之；鄉（鎮、市）間，事權發生爭議時，由縣政府解決之」。

以上八項已就行政程序法及地方制度法中，有關權限爭議事項的規定提供概略的介紹。就行政程序法的規定而言，該法首重對機關管轄權的確認，認定的依據即組織法規與業務法規，另定有認定的補充原則，因如此即可從根本上避免爭議的發生。若不同機關之間確有實質的爭議存在或爭議業已發生，則主要是以協議方式或循行政組織層層節制的系統由共同上級機關裁決或指定；無共同上級機關者，則由權限競合或爭議雙方的各該上級機關協議解決，並對無管轄權的受理機關規定案件移送程序。至於地方制度法的有關規定，則係分別對中央與地方政府間、同等級地位平行的地方政府間或無隸屬關係的不同等級地方政府間所發生的事權爭議，規定其解決途徑；大致上均係採用由上級政府機關及上級業務主管機關解決的方式。按兩法所定解決權限爭議的途徑，不僅能夠符合行政組織法理論的要求，且與本節第三項所列舉的部分解決途徑亦屬相同。

第三章　重點問題

一、何謂行政機關？試分析說明其涵義及性質。

二、行政機關之性質如何？所謂機關人格說是否正確？試申論之。（52普）

三、行政機關與其構成人員有何區別？試比較言之。

四、行政機關與其構成員在學理上有何區別之必要，試述明之。（54普）

五、何謂行政官署？試釋述其涵義。

六、試述行政機關與行政官署的區別。（44高檢）

七、試述行政官署之意義。(46高檢、46高)

八、行政機關的分類,約有那些標準?區分的類別如何?試概略言之。

九、以職權大小、所具作用、或地位高低為標準,行政機關可分為幾種?

十、說明行政機關依權能之分類有幾種?(53普)

十一、以管轄地區為標準,行政機關可分為幾種?

十二、以業務性質為標準,行政機關可分為幾種?

十三、何謂永久行政機關與臨時行政機關?二者區別之點如何?

十四、何謂行政委員會?其所具功能如何?

十五、試述行政委員會的定義、組織與職權、及其產生之原因。(64高)

十六、一般行政機關間的共同關係如何?試分析言之。

十七、何謂隸屬關係?此種關係所具實質內容如何?試列述之。

十八、行政機關在行政系統上,因其是否隸屬關係,其相互間之關係遂有區別,試說明之。(53高檢、53高)

十九、不相隸屬機關間的關係如何?試分析言之。

二十、行政機關與政權機關的關係及區別如何?

二十一、行政機關與立法機關的關係及區別如何?

二十二、行政機關與立法機關相較,有何區別?有何關係?試述以對。(54高檢)

二十三、行政機關與司法機關的關係及區別如何?

二十四、行政機關與監察機關的關係及區別如何?

二十五、行政機關與考試機關的關係及區別如何?

二十六、行政機關與國家元首(總統)的關係及區別如何?

二十七、試分析說明行政監督的意義。
二十八、試述行政監督的作用與目的。
二十九、行政監督權與指揮權的區別如何？
三十、行政監督權與懲戒權的區別如何？
三十一、行政監督權與監察權的區別如何？
三十二、試述廣義行政監督的類別及內容。
三十三、試述狹義行政監督的類別及內容。
三十四、行政監督所採方式如何？試說明之。
三十五、試述行政監督的實際方法之種類。（43高、56高）
三十六、何謂權限爭議？其類別如何？
三十七、試分析說明權限爭議的一般成因。
三十八、解決權限爭議可循那些途徑？試分述之。

第四章 各級政府關係與地方自治法規

第一節 各級政府間的業務關係

各級政府之間，除具備有關一般權限及財政收支劃分的關係外，就行政機關方面而言，因其彼此間在組織職權上具有密切的關聯，故尚有行政業務關係存在。此種關係的範圍甚廣，且對地方政府的活動發生重大的影響，因此應予重視。大體言之，各級政府間的業務關係約可就以下幾個部分說明。

㈠授權關係：各級政府的權限劃分，除在憲法中有明文規定外，尚須以行政法規作具體詳細的規定，作為憲法內容延伸，此種規定亦構成地方政府職權的淵源，形成補充的授權關係。如中央將來應行制定的省縣自治通則、現行的地方制度法及在一般施政方面所制定的各種專業行政法律，以及由行政院所頒布的各種現行臺灣地區各地方單位的自治法規及機關組織法規等均是❶。

㈡指揮監督關係：就行政組織系統而言，各級政府間具有隸屬關係，故地方政府為中央政府的隸屬機關，例如舊省政府組織法第四條規定省政府主席及委員均係由行政院會議議決，提請總統任命（原文為國民政府）；第十六條規定省府各廳處間發生之權限爭議，應由省府呈請行政院裁決。此等規定均足以顯示以往省府係直接隸屬於行政院，受該院的指揮監督。直轄市政府的地位與省府相當，以往其情形與省府相同，故在舊市組織法第三條就直轄市設置的規定中稱：

「凡人民聚居地方，具有左列情形之一者，設市，受行政院之指揮監督……」。

此項條文更明確顯示出直轄市政府隸屬於行政院，故直轄市又稱院轄市。至於省政府所屬的各縣（市）（局）政

❶ 管歐著，前揭書，第二一三頁。

府以及鄉鎮縣轄市公所，除分別直接隸屬於各該上級地方政府外，在整體行政組織系統上，則係間接隸屬於行政院。在此種隸屬關係之下，中央對地方政府具有指揮監督權，而地方政府負有服從的義務。此外，就行政院所屬各部會而言，彼等以最高專業行政主管機關的地位，對地方政府擁有指示監督權，以內政部組織法為例：其第二條規定「內政部對於各地方最高級行政長官，執行本部主管事務，有指示監督之責」。第三條規定「內政部就主管事務，對於各地方最高級行政長官之命令或處分，認為有違背法令或逾越權限者，得提經行政院會議議決後，停止或撤銷之」。在其他各部會之組織法中，亦均有類似的規定。此種「指示監督」是職責也是權力，可在事前與事後運用，對地方政府所執行之專門業務發生指導及矯正作用。就對行政院的指揮監督權而言，此種專業主管機關的「指示監督」權，實具有重大的輔助作用，常構成中央對地方監督的實體內容。惟至八十八年一月地方制度法（八十三年七月曾制定省縣自治法及直轄市自治法，該兩法在地方制度法制定後已經停止適用）制定施行後，中央對地方的指揮監督關係已有所改變，指揮命令權（以委辦事項為主體）受到較大限制，監督權則著重於法律監督與事後監督的作用方面。

㈢委辦業務關係：上級政府行政機關所主管之業務，有時需交由下級政府機關辦理者，即構成「委辦事項」亦有稱「交辦事項」者。學者有謂：「由中央行政機關，或上級地方自治團體交付下級地方自治團體辦理的事務，可由其執行機關直接辦理，而不須經過其議事機關的議決，且無需地方負擔經費者為委辦事務」❷。

臺灣省政府於六十二年八月訂頒一項「臺灣省縣市自治事項細目與委辦事項劃分原則」（現已廢止），依據此項原則的認定，委辦事項如下❸：

---

❷ 鍾泰德著，地方自治之理論與制度，臺北，正中書局，六十七年版，第二四四頁。

❸ 臺灣省政府六十二年八月「六十二、八、二十四府民一字第八六九〇號函」訂頒「臺灣省縣市自治事項細目與委辦事項劃分

⑴自治事項細目依據「臺灣省各縣市實施地方自治綱要」（現已廢止）列舉之，凡未列舉事項原則上為委辦事項。

⑵左列兩種事項為委辦事項：

①由省立法交由縣市執行，其經費未依法由縣市負擔之事項。

②縣市奉上級命令辦理之國家行政，其經費悉由上級負擔並對上級負責之事項。

現行地方制度法第二條第三項對委辦事項規定稱「委辦事項：指地方自治團體依法律、上級法規或規章規定，在上級政府指揮監督下，執行上級政府交付辦理之非屬該團體事務，而負其行政執行責任之事項」。

上述理論與實際兩方面對委辦事項認定的標準，大體上可謂雷同。此外，有應注意者，即「委辦事項」並不限於中央對省之交辦事項，即省對縣之交辦事項亦屬之。因此，在縣市級地方政府可能須執行中央及省之交辦事項。但祇有國家事務可交由地方自治團體辦理，而從未有地方自治團體之事務交由中央代為辦理的情形。有委辦事項制度的存在，將增加地方的業務負荷及複雜性，對地方行政區劃、自治監督、及經費問題均可能發生影響❹。不過，無論如何，地方執行此種委辦事項，而與中央建立委辦業務的關係，則屬事實，且屬相當普遍的現象。

㈣技術、財務、與物資援助關係：地方政府在所辦理的行政業務方面，常需要中央或上級在技術、財務、及物資方面的支援，而上級政府亦常主動或被動對下級採行各種援助措施，此等援助尤其對下級地方單位業務或財務問題的解決具有重要性。

㈤意見溝通協調：各級政府對相關業務的執行，如能使彼此意見溝通關係協調，則對業務的進行自屬有利。為達此項目的，各級政府機關間所經常採取的措施，包括舉行會議、從事業務洽商、或以法令所允許的其他方式謀求意見溝通一致，此等情形亦構成彼此業務關係的一部分。其中尤以會議方式較為制度化，且普遍採行，有定期或不定期會議，兩機關間或多數機關間，甚至特定政府層級所屬機關的整體性會議（如全國行政會議，或全省行政會議），

原則」。

❹ 阮毅成著，地方自治與新縣制，臺北，聯經出版公司，六十七年版，第四三—四四頁。

亦有專為特定主題或業務所召開之會議。由此可見會議對溝通意見解決問題頗具成效，但如濫用此種方式，則將流於形式化而失去意義。

㈥人事任免關係：地方政府之公務人員，除地方自治單位首長依法選舉罷免外，依據現行地方制度法第五十五至五十八條規定，地方自治團體之各級地方政府副首長、一級單位主管均由地方政府首長依公務人員任用法任免，主計、人事、警察、政風、稅捐單位主管則依專屬人事管理法律任免。但簡薦委各職等人員的任命，最後均須由中央審查決定，完成其法定程序❺。

上述各級政府在各方面的關係極為複雜，除權限劃分的部分外，在其他方面固然多具有監督作用，但亦不乏具有積極性作用者，例如技術、財務、與物資援助關係即屬如此。

第二節　地方自治法規

第一項　地方自治法規的概念

實施地方自治，亦須遵循法治原則，故地方自治法規乃是地方自治不可或缺的要素之一。地方自治團體除應受中央政府所制頒法規的拘束外，其本身亦擁有自治立法權，可就法定自治權的範圍內，制定各種自治法規，以規範其自治組織及業務。要之，地方自治的實施，在本質上既為民主政治在地方的推行，則在法治行政原則之下，一切措施均應具有合法的依據，則地方自治法規的制定，即為促成地方自治法治化的必要條件。

㈠地方自治法規的定義：所謂「地方自治法規」，乃是由地方自治團體所制定，規範地方自治團體機關組織及各

❺ 王德馨著，現代人事管理，臺北，三民書局，六十五年版，第一一七頁。公務人員任用法第二十五條規定「各機關初任簡任各職等職務公務人員、初任薦任公務人員，經銓敘機關審查合格後，呈請總統任命。初任委任公務人員，經銓敘機關審查合格後，由各主管機關任命之」。

種自治業務的法規」。茲就此項定義的內涵分析說明如下：

(1)地方自治法規乃是地方自治團體的法規：國家的整體法令系統中，有屬於中央政府的法規，亦有屬於地方自治團體的法規，後者即為地方自治法規。

(2)地方自治法規乃由地方自治團體所制定的法規：國家的立法權所得規範的事項，並無具體的限制，因而中央政府法規固然可就地方自治事項加以規定，惟此種法規仍為中央法規。必須由地方自治團體機關自行制定者，始為地方自治法規。

(3)地方自治法規乃是規定地方自治機關組織及自治業務的法規：此即就地方自治法規的內容而言，其所規定者均屬有關自治機關組織及自治業務事項，亦即屬於地方自治團體職權範圍內的事項，逾越此種範圍的事項，地方自治團體既無權規定，自亦不得制定有關的法規。

㈡地方自治法規與中央法規的區別：由前述地方自治法規定義的說明，可知地方自治法規與中央法規必然有所不同。比較言之，二者區別之點如下❻：

(1)制定機關及程序不同：中央法規中所包含的兩種成分，法律須由立法院依法定程序通過，並經總統公布；行政規章則分別由中央各種行政機關制頒。地方自治法規分別由自治立法機關及自治行政機關制定，並由地方政府首長公布。

(2)規定事項不同：中央與地方權限既有明確劃分，則中央與地方法規所得規定的內容，即應各以中央政府及地方自治團體的權限為範圍，故二者規定的事項自有不同。惟中央的事權較廣，地方的事權較小，因而地方法規的內容所受限制較大。

(3)施行區域不同：中央法規在原則上以全國領域為施行區域，而地方自治法規的施行區域僅以其自治團體轄區為限。

❻ 管歐著，地方自治新論，第三一二—三一〇頁。

⑷所具效力不同：國家法制系統中，各種法規的效力隨政府層級不同而有別，上級政府法規效力，均逐級高於下級政府法規的效力，故中央法規效力高於地方自治法規，此種法效位階所生之實際效果，即後者內容不能與前者相牴觸。

㈢相關觀念的區別：地方自治法規常被簡稱為自治法規或地方法規，惟若從嚴格觀點分析，地方自治法規在觀念上應與後二者加以區別。茲分述之：

⑴地方自治法規與自治法規：就廣義而言，自治法規可包括地方自治法規及規定地方自治事項的中央法規在內。故地方自治法規固然為自治法規，而自治法規並非即為地方自治法規。持此種觀點認定，則由立法院制定的地方制度法及由行政院頒布的現行適用於臺灣地區各地方單位的有關法規，均為自治法規而非狹義的地方自治法規。

⑵地方自治法規與地方法規：地方單位有實施自治者，即地方自治團體；亦有未實施自治者，即官治之地方政府。地方自治團體所制定的法規，為地方法規亦為地方自治法規；官治地方政府所制定者，雖為地方法規，但非地方自治法規。至於官治地方政府在尚未完全實施地方自治的過渡時期，所頒行有關地方自治事項的法規，因其內容確在規範自治事項，且係在推行地方自治的過程中所頒布，自亦可視為地方自治法規。

第二項　地方自治法規的制定

本書第一編「行政法的制定」部分及前項內容雖均已涉及地方自治法規的制定事項，惟關於此等事項，尚有作進一步的詳細說明的必要，茲分述如下：

㈠地方自治法規的制定機關：地方自治法規制定權的歸屬，共有四種主體，亦即地方自治法規的制定機關共有四種。茲分別言之：

⑴省縣民代表大會：依我國憲法規定省、縣得分別召集省、縣民代表大會，制定省、縣自治法，故省、縣民代表大會乃是省、縣自治基本法的制定機關。

(2)省縣市議會：依我國憲法規定及現行地方制度，省縣市均設有議會分別代表民意行使自治立法權，為地方自治立法機關，制定省縣市的自治法規（按精省後省已無省議會，所設省諮議會並無立法權）。

(3)省縣市政府：依據委任立法理論及現行地方制度，地方行政機關經立法機關授權或本於職權，自得制定自治規章，以補充議會立法之不足。

(4)公民團體：我國憲法第一百二十三條規定「縣民關於縣自治事項，依法律行使創制複決之權……」。依據此項規定，可知公民在縣級地方自治團體行使政權，亦可創制地方自治法規，而成為地方自治法規的制定機關之一。

㈡地方自治法規的制定程序：關於地方自治法規的制定程序，可就各種制定機關分別言之：

(1)省、縣民代表大會：省、縣民代表大會制定省、縣自治法的程序，目前尚無法令作具體規定。

(2)省縣市議會：省縣市議會均為正規地方自治立法機關，在現行制度下，其立法程序均已法制化，與中央立法機關所適用者概略相同。具體言之，關於此等機關的立法程序，分別由其組織規程及議事規則加以規定，其中包括提案、審查及討論、表決、公布及呈送上級政府備案等事項（省諮議會無立法權）。

(3)省縣市政府：地方行政機關行使行政立法權制定自治行政規章，在程序方面較為簡便，且乏統一規定。大致包括擬定草案、溝通意見、開會討論及議決、公布、及送請同級議會審核備案或上級政府核定備案等步驟。

(4)公民團體：目前尚無有關法令對地方公民行使創制複決權的程序作具體規定，其中以創制權行使的部分具有較大之重要性。

有關地方自治法規制定程序的事項，在本書第一編「行政法的制定」部分亦曾述及，可參閱該部分內容。

㈢地方自治法規的名稱：地方自治法規雖亦為法規的一種，但並非國家法律，因我國憲法第一百七十條明定「本憲法所稱之法律，謂經立法院通過，總統公布之法律」。且中央法規標準法第二條所定法律之名稱，僅供國家法律專用，地方自治法規自亦不能採用。而現行法制，對地方自治法規名稱並未有法令作明確規定之前，故僅可比照中央行政規章的名稱加以援用。但「省自治法」與「縣自治法」因在憲法上有明文規定，是為例外。依據憲法增修條文規定，有關制定「省自治法」及「縣自治法」的憲法條文已暫停適用，因而關於此兩法的名稱問題目前已不致發生。

至八十八年一月地方制度法制定後，其第二十五條規定「直轄市、縣（市）、鄉（鎮、市）得就其自治事項或依法律及上級法規之授權，制定自治法規。自治法規經地方立法機關通過，並由各該行政機關公布者，稱自治條例；自治法規由地方行政機關訂定，並發布或下達者，稱自治規則」。依據此項規定，則「條例」亦可適用於地方自治法規。

第三項 地方自治法規的效力

㈠地方自治法規的有效要件：地方自治法規的制定，其目的在於有效付諸實施，但欲發生合法的效力，則必須符合各方面的要求，亦即須具備各種有效要件。分析言之，此等要件約有下列三項：

⑴規定事項須屬自治權範圍：地方自治團體所擁有的自治權具有法定範圍的限制，即僅得在國家賦予自治權的範圍內，設立機關並舉辦自治業務，故其所制定之法規，亦僅得就該團體自治權範圍內的事項加以規定，不得逾越此一範圍，否則即屬無效。

⑵內容須不牴觸憲法及上級政府法規：依據法律效力位階的原則，及憲法的有關規定，地方自治法規的效力既低於憲法及上級政府所制頒的法規，則其內容既不能違反憲法及國家法律，亦不能與上級政府的法規相牴觸，否則即屬無效。

⑶須完成法定程序：地方自治法規的制定，雖因制定機關的不同，各有其法定程序，但在基本上其制定過程，均應遵循此等法定程序，始能生效；若未完成此等程序，即不具有合法效力。

㈡地方自治法規規範人民自由權利的效力：雖然我國憲法對人民自由權利在原則上採直接保障主義，其第二十三條規定「……自由權利，除為防止妨礙他人自由，避免緊急危難，維持社會秩序，或增進公共利益所必要者外，不得以法律限制之」。中央法規標準法亦規定，涉及人民自由權利的事項應以法律定之。惟就實際情形觀之，地方自治業務莫不直接間接與人民自由權利有關，即就憲法所授予地方政府權限事項的內容而言，亦屬如此。因此，地方自治法規的內容自無法不對人民的自由權利加以規定。據司法院大法官會議釋字第三十八號解釋之後半段稱：「至縣議會行使縣立法之職權時，若無憲法或其他法律之根據，不得限制人民之自由權利」。由此可知，前述憲法及中央法規標準法有關規定的實質涵義，乃在強調對人民自由權利的限制，必須有憲法或法律依據，不得逕以地方自治法規加以規定；反之，若有憲法或法律的授權，則地方自治法規對人民自由權利的規定，自然具有合法的效力，故現行地方制度法第二十八條規定經地方立法機關通過，並由各該行政機關公布的「自治條例」可用以規定「創設、剝奪或限制地方自治團體居民之權利義務」事項，另各級地方議會組織規程中，就議會職權所作規定，無不列有「議決有關人民權利義務之單行法規」的事項❼。

㈢地方自治法規在司法審判上的效力：我國之司法權屬於中央，故各級司法機關均為國家機關，地方自治團體本身並無司法機關的設置。國家司法機關執行審判業務，自應以適用國家法律為原則，至於地方自治法規是否可在司法審判上合法適用，在理論上具有爭議。茲就雙方意見略述如下❽：

⑴否定說：此說認為地方自治法規，在司法審判上不應加以適用，其理由有三：㈠憲法第八十條規定「法官須……依據法律獨立審判……」。則法官在審判上自僅應以國家法律為依據，㈡地方自治法規在內容方面，可能缺乏統一規定，適用在審判上對相同案件形將導致判決不同的結果，㈢地方自治法規既無拘束國家機關的效力，則司法機關自不必適用地方自治法規。

⑵肯定說：此說認為地方自治法規，應構成法官審判上的依據，其理由約有五點：①憲法第八十條所稱「法律」

❼ 按我國憲法第一百零九及一百十條有關省與縣權限之規定事項中，不乏涉及人民自由權利者，省與縣依據此等授權規定，自得制定限制人民自由權利之單行規章。而舊臺灣省議會組織規程第三條有關議會職權之規定，即列有「議決有關人民權利義務之單行法規」一項。及地方制度法第二十五條規定「直轄市、縣（市）、鄉（鎮、市）得就其自治事項或依法律及上級法規之授權，制定自治法規」。而自治法規的內容多有涉及人民權利義務的事項。

❽ 管歐著，中國行政法總論，第二六四頁。

應從廣義解釋，包括國家法律、中央行政規章、及地方自治法規在內，大法官會議釋字第三八號解釋即持此種論點，其前半段稱：「憲法第八十條之規定旨在保障法官獨立審判不受任何干涉，所謂依法律者，係以法律為審判之主要依據，並非除法律以外與憲法或法律不相牴觸之有效規章均行排斥而不用」，②地方自治法規既有憲法及法律授權的依據，即具有合法的效力，法官在審判上自應加以適用，③有關地方自治事項，地方自治法規可能為唯一的法令依據，法官就有關案件的審判，自當引用此等法規，④法官審判案件，對習慣及法理尚可適用，則對地方自治法規豈可不予適用，⑤就外國制度觀之，地方自治法規應可在審判中作為依據。

就上述雙方意見衡量，自以肯定說具有充分理由，並能切合實際；而否定說的論點殊欠正確，且與事實不相符合，不足採信。

㈣地方自治法規在行政上的效力：就行政法的觀點而言，一般依法制定的行政法規，均具有合法的效力，此種效力在行政法關係上即表現為拘束力、強制力與確定力。地方自治法規主要屬於行政法規的一部分，其在行政法關係上自亦具有拘束力、強制力與確定力。分析言之，自治法規經依法制定施行後，既發生合法效力，則各有關機關及行政客體均應受其拘束遵守其規定；在此等法規施行中，行政客體如違反其規定，則自治行政機關為貫徹法規的實施，亦得對客體採取強制措施。此外，自治法規制定施行後，如內容既無違憲違法情事，則在未經有權機關加以修正或廢止前，自可繼續有效施行；且有權機關非有必要，不應輕易加以修正或廢止，以示尊重地方自治團體的自治權並維持法律關係的穩定，故在原則上可將其視為永久性法制，此種情形足以說明自治法規所具之確定性或確定力❾。

❾ 陳鑑波著，前揭書，第二一六頁。

第四章　重點問題

一、試略述中央與地方分權制度的概況。

二、我國憲法規定中央與地方分權的制度如何？

三、均權制度所具特性與優點如何？試分析言之。

四、中央與地方政府的業務關係如何？

五、試述地方自治法規的意義及其與中央法規的不同之點。

六、地方自治法規的有效要件如何？

七、地方自治法規在各方面的效力如何？試分析言之。

第五章　公務人員法制

第一節　公務人員的概念

第一項　公務人員的意義

政府公務既然主要靠人來推行，而行政組織又以人員為其基本要素，所以國家各種機關及地方自治機關，皆須以自然人為其構成分子，以充實其職位並行使其職權，此等構成分子，在過去甚至我國憲法上有稱為「官員」或「官吏」者，但為求符合民主國家與服務國家的思想觀念起見，我國現行法令方面，一般通稱為「公務人員」❶。至於在法制方面，對於「公務人員」一詞的涵義，究應如何解釋，則現行法令尚乏統一規定。綜合各種現行有關法令，關於公務人員的意義，約可分為最廣義、廣義、及狹義三種：

㈠最廣義的公務人員：刑法第十條第二項規定「稱公務員者，謂依法令從事於公務之人員」。依據此項規定，凡依法令從事於公務的人員，不問其為文職或武職、政務官或事務官、自治機關人員或國家機關人員、公營事業機構人員或民意機關代表，亦不問係由選舉產生或任用、派用、聘用、僱用，更不論有無俸給，祇須是依法令從事於公務者，均包括在內（按國家賠償法亦採此種定義）。

㈡廣義的公務人員：依公務員服務法第二十四條規定「本法於受有俸給之文武職公務員及其他公營事業機關服務人員，均適用之」。此項條文所認定之公務人員，係以有給職為條件，而將文職武職及各種機關單位的人員均包括

❶ 按我國憲法第四十一條規定「總統依法任用文武官員」，第七十五條規定「立法委員不得兼任官吏」，但現行各種人事法規中多已採用「公務人員」一詞。

在內，故其範圍亦甚廣，是為廣義的公務人員。

㈢狹義的公務人員：依公務人員任用法第五條之規定「公務人員依官等及職等任用之。官等分委任、薦任、簡任。職等分第一至第十四職等……」。此項條文所稱之公務人員，僅以文職人員中經銓敘任用之簡任、薦任、委任各等級事務官為限，自較刑法及公務人員服務法上公務人員的涵義為狹，故為狹義的公務人員。

以上三項，乃是依據各種有關法令的規定，說明「公務人員」一詞的涵義。此三種法令的規定固然具有代表性，但其對「公務人員」一詞的解釋，均在分別配合各該種法令適用上的實際需要，故對「公務人員」一般性的意義而言，所具適當性與周延性的程度並不一致，學者有稱此三種不同規定，為關於「公務人員」一詞形式上之意義者❷。既然法制方面對公務人員的意義，在「公務人員法」（或基準法）未能制定前缺乏統一的規定，且各種現行有關法令的條文亦未能作圓滿的解釋。則在學理上自應就「公務人員」一詞作成定義，俾可對此項名詞提供明確的觀念界說。在嘗試擬定一項定義之前，似應參考各有關學者的意見，茲分別介紹如下：

㈠認為「公務員，是由於國家的特別選任，為國家服務，且負有忠實義務的人」❸。

㈡認為「公務員者，國家依法令特別選用，從事公務，對國家負有忠誠且無定量勤務之義務者之謂也」❹。

㈢認為「公務員是政府依據法令所特別選任，從事於公務，而對國家負有忠誠、服無定量勤務的義務之人員」❺。

由以上所引三項定義說明，可知從行政及法律觀點，對「公務人員」一詞的解釋，國內學者的意見大致相近。綜合此等意見，就傳統理論上言之，「所謂公務人員，係指國家依法令特別選用，基於特別權利義務關係，從事於公務，對國家負有忠誠及無定量勤務義務的人員」。茲就此項定義依據行政法理分析說明如下❻：

---

❷ 李華民著，中國考銓制度，臺北，五南圖書公司，七十四年版，第一三—一四頁。
❸ 林紀東著，現行公務員法概論，臺北，政大公企中心，五十四年版，第二頁。
❹ 管歐著，中國行政法總論，第二七八頁。
❺ 同❷，第一五頁。

㈠公務人員係由國家依法令特別選用：此即由國家依據考選及任用等人事法令的規定所特別選用，此等人員須符合法定的資格條件，任何人均不能因其他權利或義務的結果，而成為公務人員。

㈡公務人員與國家之間具有特別權利義務關係：此即公務人員身分的取得，以與國家建立特別權利義務關係（特別權力關係）為前提條件。具有此種身分之後，即須受此種法律關係的拘束，一方面享有特殊權利，但應負起為國家執行各種職務的義務。

㈢公務人員係依法令從事於公務：此即指公務人員係依據與其職權有關之各種法令，為政府辦理業務而言，而從事法定公務的執行，乃是公務人員最基本的義務。故公務人員與私人或私人團體機構的雇員有明確的區分，即一方面身分不同，另一方面公務人員所執行的業務屬政府公務性質，且在執行公務時得行使公權力。

㈣公務人員對國家負有忠誠的義務：此種義務，並非指一般人民的愛國心，而是指公務人員在處理公務時，除應消極的服從國家之意志遵守法令外，更應積極的考慮國家利益，所謂竭智盡忠，為國家犧牲奉獻，故為具有倫理性質的義務，而與私法上的僱傭關係著重經濟價值義務的履行者，自屬不盡相同。

㈤公務人員負有執行無定量勤務的義務：此即凡屬在特別權利義務關係建立目的範圍內的事務，國家均可命公務人員繼續不斷執行，而不必明確指定其業務量。具體言之，公務人員既具有永業性，而國家公務亦屬經常發生，並需要一貫推行，故在職權範圍內，公務人員即負有執行無定量勤務之義務。就此種情形觀之，則公務人員與民法上僱傭關係之受僱人及基於委任關係經由選任以處理特定事務之各種委員或破產管理人等均有所不同。

以上所述係根據傳統行政法理論，對公務人員的定義所作分析說明。此種傳統理論的定義，雖然大體上仍可採用，但須注意下列三項解說，以彌補傳統定義的不足。

㈠公務人員基準法草案的定義：依據八十四年十一月二十一日考試院全院審查會所通過的該法草案第二條規定

---

❻ 林紀東著，行政法，臺北，三民書局，六十六年版，第二三七—二三八頁。鵜飼信成著，公務員法，東京，有斐閣，一九五八年版，第一—二頁。

「本法所稱公務人員，指於各級政府機關、公立學校、公營事業機構（以下簡稱機關）擔任組織法規所定編制內職務支領俸給之人員。前項規定不包括軍職人員及各級民意代表」。關於此項條文的涵義，在考試院全院審查會審查報告（八十四年十二月七日提出）中有兩點說明可供參考（見八十五年銓敘部編印，公務人員基準法專輯，第六一七—六一九頁）：

(1)關於本草案之名稱問題：「本法係人事法制之基準及根本大法，因目前各界對『公務員』、『公務人員』之涵義及範圍常感混淆，且憲法對於『公務人員』之涵義與範圍，有『公職』、『公務員』、『官吏』、『文武官員』、『公務人員』、『文官』等不同用語，形成人事法制及管理上之一大困擾。審查會爰決定對現行草案名稱及『公務人員』二詞之涵義再作深入之探討，期能予以釐清，以正本清源。由於學界通說『公務員』之定義與範圍較『公務人員』為廣，惟依現行人事法律和『公務人員任用法』第三十二條、第三十三條規定觀之，『公務人員』又顯非一般所認知之狹義公務員。同仁等以行憲前所制定之法律，除『公務員服務法』、『公務員懲戒法』、『刑法』等法律中之『公務員』相沿未改外，其他以『公務員』冠名之人事法規，行憲後均相繼於修正時改冠『公務人員』四字，又憲法增修條文第五條規定本院職掌，亦以『公務人員』為範圍，為確定本法名稱，審查會第三十四次會議特就『公務員基準法』或『公務人員基準法』兩名稱進行表決計在場出席人員十四位，贊成採『公務人員基準法』者九位，贊成採『公務員基準法』者四位，爰依多數意見決定修正本草案名稱為『公務人員基準法』草案」。

(2)關於「公務人員」之定義及分類問題：「『公務人員』之定義及分類，不僅涉及本法之適用範圍，且涉及整體公務人員法規體系之立法政策，乃制定本法前提性之重要問題。由於我國現行法規中，公務員用語極不一致，稱謂亦多，往往僅一字之差，甚或使用同一名詞，其解釋範圍之廣狹，卻相去甚遠，引據使用時常生疑義而導致紛爭。為期有效解決此一困擾，部擬草案除界定『公務員』之定義外，並配合適用上之需要，透過有系統之分類，確立稱謂，區分為政務人員、公務人員、司法審檢人員、教育人員、公營事業人員等五大類，期能易於分辨，俾利因應各類公務員之特性而分別作合理之規範；又為因應各類人員之特性需要，本法並授權得作例外的規定。審查會同仁經再三研討，為免『公務員』、『公務人員』二詞於草案中同時出現滋生混淆，決定跳脫傳統觀念之拘限，自本法作突破性之規範，即配合草案名稱之修正，將『公務員』及『公務人員』概念予以統合，以『公務人員』一詞涵蓋二者範圍，並將原分五類人員中之『公務人員』用語改以『常務人員』代替，俾於建立人事基準法制之同時以創新用語消除現行『公務員』、『公務人員』並用所衍生之問題，並與政務人員及其他三類人員明確劃分。……」。

就以上所引述的報告內容觀察，可知草案對於「公務人員」定義的擬定，大體上已能兼顧理論與實務兩方面的要求，且係以適當的範圍為基礎所作成，因此可謂相當允當。而定義中對公務人員界定的兩項要件，即「編制內職務」與「支領俸給」，故與公務員服務法第二十四條的規定似屬相當接近。日後此項基準法草案若能制定施行，則「公務人員」名詞將可獲得統一，且對人事法制的整合亦當有重大裨益。

㈡行政法學上對「公務人員」定義的新趨勢：近數年來國內新出版的行政法學著作，較少直接對「公務人員」一詞的定義提出說明，但對其涵義加以探討的意見，則不勝枚舉；從此等意見中，大致可以發現具有一些共同趨勢，此等趨勢的形成，主要是受到兩種因素的影響，其一、即特別權力關係理論的轉變；其二、即由公務人員基準法草案內容所引發的共識。在此兩種因素影響之下，所衍生出的「公務人員」定義，雖與傳統理論的定義並無絕然的不同，但對傳統理論的定義顯然已作成三項修正，其要點如下：

⑴就選用公務人員的主體而言，新的定義或見解常係以「行政主體」代替「國家及地方自治團體」。

⑵就公務人員與行政主體間所形成的法律關係而言，新的定義或見解不再稱為「特別權力關係」，而代之以「公法上職務關係」，顯示此種新的法律關係實具有新的內涵。

⑶就公務人員所服勤務而言，傳統理論常強調係「無定量勤務」，而新的定義或見解則捨棄「無定量」一詞，僅稱公務人員係為行政主體服勤務。

就上述三項修正之點觀察，即不難發現新的定義或見解所呈現的共同趨勢，顯然主要係受到傳統特別權力關係理論轉變影響的結果，而公務人員基準法草案的立法精神與內容，也同樣是以修正後的特別權力關係（公法上職務關係）為其建構的理論基礎。

㈢關於「公職人員」的涵義與範圍：欲瞭解「公職人員」的涵義，宜先就「公職」一詞加以探討。在我國憲法上有不同的條文使用「公職」一詞，例如第十八條稱「人民有應考試、服公職之權」。第一百零三條稱「監察委員不得兼任其他公職或執行業務」。就此兩項條文的涵義分析，其所謂「公職」範圍甚廣，幾與最廣義的「公務員」涵義無甚差別，但並不足以具體說明「公職人員」的涵義。因此，對於「公職人員」的涵義與範圍，必須分別從司法解釋與法令規定、及理論兩方面進行推敲分析，茲分述如下：

⑴就司法解釋及法令規定方面而言：首先引用司法院大法官會議所作的有關解釋作為參考，其中最具代表性的解釋為「釋字第四十二號」，其解釋文稱「憲法第十八條所稱之公職，涵義甚廣，凡各級民意代表、中央與地方機關之公務員，及其他依法令從事公務者皆屬之」（四十三年十一月十七日）。就此項解釋的內容觀之，可知大法官會議對「公職」的解釋，仍然是以憲法的相關條文為基礎，故所作解釋的結果並未脫離或超越憲法條文涵義的範圍，大體仍係認為「公職」一詞的涵義與最廣義的「公務員」並無二致。

其次，再就法令規定方面探討，在現行法律中有兩種法律對「公職人員」有明確的規定：其一、為「公職人員選舉罷免法」，其第二條規定「本法所稱公職人員，指左列人員：一、中央公職人員：國民大會代表、立法院立法委員。二、地方公職人員：省（市）議會議員、縣（市）議會議員、鄉（鎮、市）民代表會代表、省（市）長、縣（市）長、鄉（鎮、市）長、村（里）長」。其二、為「公職人員財產申報法」，該法第二條規定「左列公職人員應依本法申報財產：一、總統、副總統。二、行政、立法、司法、考試、監察各院院長、副院長。三、政務官。四、有給職之總統府資政、國策顧問及戰略顧問。五、簡任第十職等或相當職等以上各級政府機關首長、公營事業機構相當簡任第十職等以上首長及一級主管。六、公立各級學校校長。七、少將編階以上軍事單位首長。八、依法選舉產生之鄉（鎮、市）級以上政府機關首長。九、縣（市）級以上各級民意機關民意代表。十、法官、檢察官。十一、警政、司法、調查、稅務、關務、地政、主計、營建、都計、證管、採購之縣（市）級以上政府主管人員，及其他職務性質特殊經主管院會同考試院核定有申報財產必要之人員。縣（市）級以上公職候選人準用本法之規定，應於選舉登記時申報」。就以上所引兩種法律條文的內容觀之，大致可以瞭解二者有關「公職人員」的規定，均係基於各自立法目的就其適用範圍所作規定。兩法的立法目的與適用對象不同，故所規定的公職人員範圍亦不一致，且二者均未對「公職人員」的涵義直接加以界定。若就兩法所定「公職人員」的範圍相互比較，則可發現「選罷法」所定範圍較小，但具有整體性、一致性，其「公職人員」具有兩項共同特徵，即「民選產生」與「法定任期」，是為一般所稱「民選公職人員」或「選舉產生的公務員」，其範圍較為固定，可謂是狹義的「公職人員」。至於「財產申報法」所定「公職人員」的範圍，則包羅較為龐雜，含有各種類別的公務人員，大部分與公務員服務法的公務人員範圍相重疊，就所含類別而論似接近於最廣義的公務人員，但一般事務官則並未全部包括在內。

(2)就理論方面而言：一般法學著作中，對「公職人員」一詞提供定義說明者並不多見，茲引述三位國內學者的意見如下：

①黃異認為：「所謂公職人員是指，佔有職位，向行政主體提供職業性與持續性服務之人員。基於此項意義，則榮譽職人員、義務役軍人及受託人等皆非公職人員，而法官、職業軍人及……『公務員』皆為公職人員。又，公營事業中人員，則亦非公職人員」❼。

②許南雄認為：「公職人員即任職服務於政府機關或參與公法上契約之服務人員，此與最廣義或廣義公務員之涵義相同。如憲法規定之『公職』人員（第十八、一百零三條）、『公職人員財產申報法』（第二條）、『公職人員選舉罷免法』（第二條）等是」❽。

③管歐認為：「……公職人員之範圍，包括公務人員在內，為公務人員者固屬擔任公職，但擔任公職者未必即為公務人員，例如……司法院釋字第三〇八號解釋，有關公立學校聘任之教師不屬於公務員部分，惟不得謂非公

❼ 見黃異著，行政法總論，三民書局，八十五年版，第二一五頁。

❽ 見許南雄著，考銓制度概論，商鼎文化出版社，一九九六年版，第三八頁。

職人員，亦即一部分公職人員包括於公務人員範圍之內」❾。

按上述前兩種意見，大致相同，均認為「公職人員」等同於「公務人員」，而且其範圍相當於最廣義的「公務人員」。至於第三種意見，則較具彈性，即認為「公職人員」與「公務人員」的範圍大部分互相重疊，但並非完全相同，常因適用法律的不同，而導致不同範圍的解釋。

基於以上從兩方面所作分析，可以發現對「公職人員」一詞，在實務與理論上因依據與觀點的不同，可作不同的解釋，歸納起來主要可區分為三種不同見解，茲分別說明其涵義如下：

⑴廣義的解釋：即認為「公職人員為依法令從事於公務的人員」，此種解釋即可將「公職人員」視同最廣義的「公務人員」，乃是以憲法條文及司法解釋為依據對「公職人員」加以界定的結果。

⑵狹義的解釋：即認為「公職人員為由民選產生，具有法定任期，在中央及地方民意機關或行政機關中，佔有法定職位，從事立法或行政職務的人員」。此即依據公職人員選罷法所作解釋，範圍最為狹窄；但若以「民選產生」與「法定任期」兩項要件而言，則總統、副總統實際上亦可包括在內。

⑶彈性的解釋：即認為「公職人員在基本上為依法令從事於公務的人員；但在適用不同法律時，依據各該法律的規定或解釋，對其涵義及範圍可作不同的認定」。例如分別依據憲法、公職人員選舉罷免法、或公職人員財產申報法解釋，即可能產生不同的結果。

總之，關於「公職人員」一詞，其涵義與範圍，目前既無法律作統一規定，則解釋意見的分歧自屬難免。故對此項名詞的使用，似宜配合其法律依據針對特定情事採彈性解釋較能切合實際。準此，則就一般情形而言，不宜直接以「公職人員」代替「公務人員」，俾可避免引發觀念上的困擾。

❾見管歐著，行政法精義，五南圖書公司，八十二年版，第二五六頁。

第二項　公務人員的範圍

我國現行法制上對於公務人員的定義及範圍，目前尚無統一的規定；而各種有關法令的規定又不盡一致。但就行政法學的觀點而言，對於「公務人員」一詞不僅應有一般性定義的解釋，而且應有一般性範圍的認定，始能配合公務人員法制理論發展的需要。就實際情形觀察，並參酌理論上的定義，大致認為公務人員通常所應包含的範圍，在公務人員基準法制定前，似以公務人員服務法的規定較為適當。具體言之，公務人員的範圍，通常應包括中央政府機關及地方自治機關人員、公營事業機構職員、公立學校職員、及民選地方首長在內。就選用方式區分，包括經銓敘任用、派用、聘用、雇用、及民選人員在內。就性質而言，包括政務官與事務官在內。此種範圍乃屬廣義的公務人員，因採用廣義範圍的解釋，始能適應行政法學內容上的需要。不過，在傳統觀念上，公立學校教員及民意代表，不包括在公務人員的範圍之內。從法制的觀點而言，此種廣義範圍的公務人員大致均可適用現行公務人員法制系統中各類人員共同適用的各種法規，故為一般觀念上的公務人員。在行政法學方面，採用此種廣義範圍，對有關公務人員法制理論的解釋較為適當。惟尚有值得注意者，即公務人員基準法草案所規定的公務人員範圍係將軍職人員與民意代表排除在外，而將公立學校教師包括在內。

第二節　公務人員的種類

公務人員的範圍既廣，其中常因身分、職務、階級、專長、任職方式、及待遇等方面的不同，而可作不同的區分，所包括的類別甚多，且分類的標準不一。茲就通常所作與現行法制相關的各種分類說明如下：

㈠文職人員與武職人員：此即按照職務內容與所具身分的標準加以分類，簡稱文官與武官（亦稱軍職人員或軍官）。武職人員係從事於各種國防行政業務，納入戰鬥序列，並具有現役軍人身分的人員。如前所言，此種公務人員另有其特殊人事法制系統，在一般情形不適用普通公務人員法規（但亦有例外情形，如公務人員服務法及全國軍公教人員待遇辦法），在武職人員範圍以外的公務人員，均屬文職人員，亦即一般公務人員。二者的區別，除所任職務性質、有無軍人身分，及適用法制不同外，另文職人員採官職合一制，任官即為任職；而武職人員則否，採官職分離制。且武職人員因任務特殊，其彼此隸屬系統與職位等級上所具層層節制及命令服從的關係，較文職人員要求為嚴格，在與國家法律關係中的權利義務亦與文官不盡相同。行政法學內容方面所述公務人員法制，主要係以文職人員部分為限❿。

㈡行政人員與司法人員：在文職人員中，主要可分為行政人員（行政官）與司法人員（司法官）兩大類。此處所稱司法人員狹義係指各級法院掌理民刑訴訟的推事而言（惟現經解釋包括公務員懲戒委員會委員及行政法院評事在內。見大法官會議第一六二號解釋）。此等人員依據法律獨立審判不受干涉，並為終身職。至於行政人員，則為各級行政機關辦理行政業務的人員，其執行職務須受上級的指揮監督，並享有一般身分保障權，但非終身職。且司法人員的所屬機關系統及任用資格條件方面亦均與行政人員不同⓫。

㈢政務人員與事務人員：通常稱為政務官與事務官，前者係參與國家政策或行政方針之決定者；後者係依既定政策或方針而執行業務之人員。進一步分析，二者區別之要點如下⓬：

⑴政務官不須銓敘，無資格限制，因公務人員任用法對政務官既不適用（第三十八條）；而事務官則有法定資格條件之限制，須經銓敘合格。

⑵政務官隨政策成敗而進退，無身分保障；事務官著重於永業性，有身分保障權。

⑶政務官的職等常為特任及簡任；事務官則涵蓋簡任、薦任、與委任。

---

❿ 林紀東著，行政法原論（上），第三二三頁。

⓫ 我國憲法第八十及八十一條對法官行使職權方式及身分保障有明確規定。另司法院組織法公務員懲戒法、行政法院組織法、及法院組織法對法官所屬機關及任職資格條件等亦有規定。

⓬ 李廣訓著，各國人事制度，臺北，五南圖書公司，七十一年版，第九六－九七頁。

(4)政務官無升等；事務官則得依法升等。

(5)政務官依個別法規任命；事務官則係依公務人員任用法等任用。

(6)政務官僅適用公務人員服務法及撫卹法；事務官則適用公務人員任用、俸給、考績、退休、及撫卹等各種法規。

(7)政務官之懲戒僅適用撤職及申誡兩種處分；事務官則適用公務員懲戒法所定各種懲戒處分。

在我國現行法令中，僅有「政務官退職酬勞金給與條例」，對政務官的範圍作有明確規定，可謂是政務官的「法定範圍」，其中包括六種類別人員，即「一、依憲法規定由總統提名，經國民大會或立法院同意任命之人員。二、依憲法規定由行政院院長提請總統任命之人員。三、特任、特派之人員。四、各部政務次長。五、特命全權大使及特命全權公使。六、其他依法律規定之中央或省(市)政府比照簡任第十三職等以上職務之人員。……除前項人員外，包括副總統、臺灣省省長（此項職位現已廢除）、及直轄市市長」。(第二條)。惟此種範圍的規定，旨在適應建立政務官退職酬勞金制度的需要，故自理論點衡量，其所定範圍並非完全適當，即就特任官而言，其職位仍有非政務官性質者。此外，學者有認為政務官與事務官，僅為中央官之分類，地方自治團體之公務人員並非官吏，故無政務官與事務官之分，惟此說似有問題。

㈣主管人員與輔佐人員：前者為機關首長或單位主管，擁有指揮監督權之人員；後者為各機關之幕僚人員。主管人員不僅職位較高權力較大，且在待遇方面領有主管職務加給。

㈤試用人員與實授人員：凡初任之公務人員尚在試用期間者為試用人員；其經試用期滿合格依法正式銓敘任用者始為實授人員。依公務人員任用法第二十條規定其試用期間為一年，在試用前，依其職務有學習必要時，得予以學習，此種人員稱學習人員。

㈥任用人員與聘派人員：前者為依據公務人員任用法或他種法規正式銓敘任用之人員，此種人員構成公務人員之主體，均為各機關正式編制職位之人員；後者則為依據聘用人員聘用條例及派用人員派用條例所聘用派用之人員，其所享權利不及正式任用人員。具體言之，派用人員依派用人員派用條例第二條規定，其設置以臨時機關或有期限之臨時專任職務為限，因其所具職務性質，使其部分權益無形中受到不利影響。至於聘用人員，依聘用人員聘用條例第三條規定均為以契約定期聘用之專業或技術人員，此等人員不適用俸給法、退休法、撫卹法之規定，不適用簡任薦任職稱，不得兼任有職等之職務，不得充任法定主管職位（該法第六及七條）。

(七)常任人員與臨時人員：常任人員係無任期之永業性公務人員；後者則為有任期之人員或短期雇用之人員，無身分保障權。

(八)有給人員與無給人員：前者係指受有俸給之人員，此等人員均須受公務人員服務法之拘束；後者為無俸給之人員，亦即名譽職，此種人員多無實際職務，故不受公務人員服務法之拘束（該法第二十四條）。

(九)高等人員與普通人員：前者係指由總統任命之薦任職以上之人員（亦指高考及格以薦任職任用者）；後者係指委任職以下之人員。惟此種區分並無法令依據，與英國對文官等級範圍有明確區分的情形有所不同，按英國之高級文官以往係指行政級（Administrative Class）人員，一九六八年改制後，大致係指高級行政職組的人員⓭。

上述公務人員的分類，在行政法上所具意義，即公務人員類別的不同，對其與國家之間特別權利義務關係的實質內容，可能發生不同的影響。

關於公務人員的分類，尚有須作補充說明者，即公務人員基準法草案對公務人員的類別作有明確區分，其第三條規定「公務人員分為政務人員、常務人員、司法檢審人員、教育人員、及公營事業人員」。此外，其第四條至第八條分別對各類人員的涵義及範圍作解釋性的規定，俟該法制定後，我國公務人員的類別將有法律上的依據；不過，該草案的立法原則允許針對各類公務人員的專業特性需要，在人事管理制度方面保持適度彈性，俾可作必要的特別規定。

⓭ 王昌華著，中國行政法新論，第一七一—一七四頁。考試院主編，中華民國銓敘制度（上），第二一五—二一八頁。

第三節　公務人員關係的發生

第一項　公務人員任用行為的法律性質

就一般情形而言，公務人員關係乃由任用（廣義）而發生，而政府對公務人員的任用行為，為國家在人事行政方面所作之公法行為，由此種行為導致公務人員關係的成立，故此種行為對於人事行政的推動及公務人員的權利義務具有關鍵性的影響。惟關於此種行為所具性質如何？學者意見未盡一致，在理論上約有四種主要學說，茲分述之⑭：

㈠單方行為說：此說在基本上將擔任公務人員，視為國民對國家之義務，與兵役義務相似。因而認為國家任用公務人員，乃是政府代表國家所作的單方行政行為，祇須由國家作成片面決定即可發生效果，不須事先徵得被任命人之同意。此說之特點乃在強調國家的統治權力與在公法關係上之優越地位，惟其與實際情形不相符合，因人民並不負有擔任公務人員的義務，國家不能以單方意思加以強制。否則，即使國家發布人事命令，而被任命人若拒不就職，則任用行為即無從發生實際效果。

㈡公法上的契約說：此說在基本上欲以民法契約關係的模式解釋公務人員任用行為，主張在民主國家，人民與國家在法律上立於對等的地位，人民既無擔任公務人員之義務，則國家欲使其服公務，須獲人民之同意為必要。因

⑭ 關於公務人員之任用須具備本國國籍之條件，依據國籍法施行條例第十條規定「國籍法施行前及施行後，中國人已取得外國國籍仍任中華民國公職者，由該管長官查明撤銷其公職」。就此條作反面解釋即國籍之條件。關於公務人員任用之最低年齡限制，依公務人員考試法第十七條規定「凡國民年滿十八歲者，得應公務人員初等考試」。可知此種應考人雖尚未成年，但及格後獲得任用資格，即可充任公務人員。至於最高任用年齡之限制，在求符合退休制度之規定，見於公務人員任用法第二十七條。

而認為公務人員的任用，係基於國家與當事人間意思之合致，所形成的公法上契約關係，故須以當事人之同意為有效要件。惟公務人員的任用行為在性質上與契約關係不盡相同，且國家與當事人間係處於不平等的地位，因而契約說不足以解釋此種關係。有應注意者，即此說雖不能用以說明一般公務人員任用行為的性質，但對聘用雇用人員而言，則其與政府間之法律關係，仍可藉公法上契約解釋，是為例外情形。

㈢雙方行為說：此說認為公務人員的任用，雖非契約行為；惟大體上乃是基於國家與當事人雙方就有關任用事項之意思表示達成協議，所成立的公法關係，故不能以國家的單方行為解釋。具體言之，「國家雖欲任用人民為公務人員，而未獲其同意；或人民欲受任為公務人員，而於法令不合，未經國家准許任用，則公務人員關係均無由成立。必須國家准予任用，人民同意任用，始得成立其公務人員關係」。此種解釋固較前兩說為妥，但仍不足以說明公務人員關係於成立後，可由國家單方意思加以變更及消滅的情形，是為其缺失。

㈣折衷說：亦稱「以受任人同意為條件之單方行為說」，此說係對單方行為說加以修正，認為公務人員的任用乃是出於國家的單方意思表示，惟此種行為係以受任人之同意為有效要件。人民固無要求任用的權利，亦不負有服公職之義務，故當事人如不同意，國家的意思表示即無法產生效果。至於任用以後，國家對於公務人員關係則有權加以變更或消滅。此說於法理及事實均能符合，故較以上三說均為妥善。此說亦有稱為「基於承諾之單方行為說」者。

此外，尚有以私法契約（僱傭契約或勞動契約）解釋公務人員任用行為者，認為公務人員關係上，國家基於職務命令權與懲戒權所形成之支配服從關係，在勞動契約上亦有類似的情形，故公務人員關係與私法契約無殊。惟若就法律依據的性質而言，公務人員關係既完全適用公法，自非私法契約關係。且就公務人員對國家所負倫理性忠誠義務而言，亦非私法關係所能解釋。

第二項　公務人員的任用要件

國家任用公務人員，既在使其執行政府公務，則此等人員自應具備適合於執行公務的資格與能力，亦即須具備任用的要件，係指國家對公務人員的任用所必須考慮的條件，亦即受任人所必須具備或必不可有的條件，包括能力要件與資格要件兩方面，茲分述之：

㈠能力要件：係指受任人所應具備的權利能力與行為能力，其中包括積極性與消極性的條件：

⑴積極能力條件：此即指受任人所必須具備的條件。在權利能力方面，依法理解釋，須具有中華民國之國籍。因公務人員對國家負有忠誠的義務，而負擔此項義務者自須以具有國籍為前提，且必須為本國國民，始能享有憲法所定「應考試服公職」之權利；在另一方面對以歸化方式取得國籍之國民，在就任特定職位方面設有限制。至於在行為能力方面，公務人員須具有最適於執行公務之意識能力，亦即在原則上應為完全行為能力人，惟有關法令對於初任公務人員者之最低年齡並無明確限制，似在以考試制度認定其有無適當之行為能力，但在任用之最高年齡方面，設有法定限制，即「已屆限齡退休人員，各機關不得進用」（公務人員任用法第二十七條）。

⑵消極能力條件：即不得具有之條件，或能力條件方面之瑕疵。如犯內亂外患罪、曾服公職而有貪污行為、停職休職未期滿、被褫奪公權、受禁治產宣告、或有精神病者等（公務人員任用法第二十八條），均不得充任公務人員。因有上述各種情形，均與前項積極能力條件之精神不相符合。

㈡資格要件：所謂資格要件，主要係著重於形式上的資格要求方面。就一般情形而言，公務人員之任用資格，以經各種考試及格、依法考績升等，或依法銓敘合格者為限。至於欲充任特定職位者，更須具備適任此項職位之特定條件。茲就上述三種資格條件的情形分別言之⑮：

⑴考試及格：依據我國憲法第八十五條規定「公務人員之選拔應實行公開競爭之考試制度，非經考試及格者，不得任用」。可知各種考試及格乃為公務人員任用之主要法定途徑，至於銓敘合格及考績升等則為考試制度的變通及延伸。現由考試院舉辦或由該院授權其他機關舉辦之公務人員考試主要包括高等、普通及初等考試，另有五種等級特考及其他等級相當之特考，各種考試及格者，可取得不同等級及類別之公務人員任用資格。

⑮ 趙其文著，中國現行人事制度，臺北，五南圖書公司，七十一年版，第二三九—二四四頁。

⑵銓敘合格：所謂銓敘合格實即指就公務人員所具學歷經歷等方面之條件加以審查，從而認定其任用資格之謂（公務人員任用法第九條第一項第二款）。其情形頗為複雜，例如「依公務員各種任用法規及各機關組織法所定任用資格審查合格者」、「依現任公務員甄別審查條例及公務員審查條例審查合格領有銓敘部證書者」、及「依聘用派用人員管理條例實施辦法審定准予登記而未經考成人員，於公務人員任用法施行後繼續任職滿一年，經考核成績優良者」等情形均是。

⑶升等任用：包括升等考試及格及考績升等兩種情形，前者即雇員、委任職及薦任職人員參加升等考試及格者，取得高一職等之升等任用資格。後者即依現行考績法年終考績乙等以上均可晉本俸一級；另各機關參加考績人員，任本職等考績，連續二年列甲等，或連續三年中一年列甲等二年列乙等者，取得同官等高一職等之任用資格。薦任第九職等人員，敘薦任第九職等本俸最高俸級後，任職滿三年連續三年考績，一年列甲等，二年列乙等以上，除依法須經升官等考試及格者外，其合於公務人員任用法第十七條第二項規定者（高考及格或大學畢業等），取得簡任職升官等任用資格，給予簡任存記（公務人員考績法第十一條）。亦即取得簡任職升等任用資格，不必經升等考試。

此等資格條件對一般經銓敘任用之公務人員均應適用，但亦有例外情形，即依公務人員任用法第十一條規定「各機關辦理機要人員，得不受第九條任用資格之限制。前項人員須與機關長官同進退，並得隨時免職」。以上係從形式觀點說明各種資格條件規定的情形。至於實質上的資格條件，則見於任用法第四條之規定，該條稱：「各機關任用公務人員時，應注意其品行及對國家之忠誠，其學識、才能、經驗、體格，應與擬任職務之種類職責相當。如係主管職務，並應注意其領導能力」。此等實質條件，對公務人員的素質具有極大的重要性，部分屬無形的條件與前述能力要件相互關聯。總之，設定任用的資格要件，在於維護人事制度的健全發展，以達為事擇人，提高公務人員素質的目的。

此外，廣義的任用條件，可包括公務人員任用的限制在內，約有下列六種情形⑯：

---

⑯ 同⑮，第二四六—二四九頁。陳庚金著，我國現行公務人員任用制度之研究，臺北，嘉新文化基金會，六十一年版，第一二

⑴甄審：依公務人員任用法第十九條規定「各機關辦理現職人員升任時，得設立甄審委員會，就具有任用資格之人員甄審；其辦法由考試院定之」。惟有關甄審辦法尚未頒布，故各機關極少辦理此種措施。

⑵考試分發：依據公務人員任用法第十條規定「各機關初任各職等人員，除法律別有規定外，應由分發機關就公務人員各該等級考試正額錄取，經訓練期滿成績及格人員分發任用。如可資分發之正額錄取人員已分發完畢，用人機關於報經分發機關同意後，得就列入候用名冊之增額錄取人員自行遴用，經訓練期滿成績及格後予以任用。……」。

⑶試用與學習：公務人員考試法第二十條規定「公務人員各等級考試正額錄取者，按錄取類、科，接受訓練，訓練期滿成績及格者，發給證書，分發任用」。公務人員任用法第二十條規定「初任各官等人員，未具與擬任職務職責相當之經驗一年以上者，得先予試用一年，試用期滿成績及格，予以實授。成績不及格者，由任用機關分別情節，報請銓敘機關延長試用期間，但不得超過六個月。延長後仍不及格者，停止其試用。試用成績特優者，得縮短試用期間，惟不得少於六個月。前項試用人員，除才能特殊優異者外，不得充任各級主管職務……」。試用與學習屬職前及在職訓練性質，具有進一步考驗的作用，有助於提高人員素質。

⑷迴避任用：依據公務人員任用法第二十六條規定「各機關長官對於配偶及三親等以內血親、姻親，不得在本機關任用，或任用為直接隸屬機關之長官。對於本機關各級主管長官之配偶及三親等以內血親、姻親，在其主管單位中應迴避任用。應迴避人員，在各該長官接任以前任用者，不受前項之限制」。此種規定在於防止機關首長及單位主管濫用私人。

⑸指名商調：依據公務人員任用法第二十二條規定「各機關不得任用其他機關現職人員，如有特殊需要時，得指名商調之」。此種限制在使各機關互相尊重人事權，避免人員調動發生紊亂情形。

⑹兼任及代理：公務人員任用法第二十四條規定「各機關擬任公務人員，經依職權規定先派代理，限於實際代

○—一三三頁。

理之日起三個月內送請銓敘部銓敘審定。……經銓敘審定不合格者，應即停止其代理」。第二十一條規定「除法律另有規定外，各機關不得指派未具備第九條資格之人員代理或兼任應具同條資格之職務」。此項限制在於貫徹依法用人之制度，防止無法定資格者濫竽充數，破壞人事體制。

第三項　公務人員的任用程序

公務人員的任用既為國家之公法上行為，自應依法定程序為之。所謂法定程序，即分別依據憲法、公務人員任用法及其他有關法令辦理，且依所任人員等級之不同，而有不同之程序。茲分為兩部分言之。

(一)特任級公務人員：其任用程序可分為三種，其中有須經有關機關同意者，例如依憲法第五十五條規定「行政院院長由總統提名，經立法院同意任命之」；有須經提請任命者，例如憲法第五十六條規定「行政院副院長、各部會首長及不管部會之政務委員，由行政院院長提請總統任命之」；有由總統逕行任命者，例如總統府秘書長是。惟此等人員之任用程序，乃屬特殊程序，而非適用於一般公務人員之程序。

(二)簡任職以下之公務人員：此為一般公務人員之任命程序，除政務官及機要人員外，其任用程序包含下列各步驟⑰：

(1)先行派代：此種程序已見前述，即由任用機關以命令派擬任用之人員，暫行代理其所欲就任之職務。

(2)送請銓審：依據公務人員任用法第二十四條規定「各機關擬任公務人員，經依職權規定先派代理，限於實際代理之日起三個月內送請銓敘部銓敘審定。……經銓敘審定不合格者，應即停止代理」。此項程序即在確定擬任人員是否具備合法資格。

(3)正式任命：依據公務人員任用法第二十五條規定「各機關初任簡任各職等職務公務人員、初任薦任公務人員，經銓敘機關審查合格後，呈請總統任命。初任委任公務人員，經銓敘機關審查合格後，由各主管機關任命之」。故憲

---

⑰ 李華民著，中國現行人事行政制度，第一七七－一七八頁。陳庚金著，前揭書，第一九二頁。

法第四十一條規定「總統依法任免文武官員」，此項權力的行使就對一般公務人員而言，有其法定範圍，且屬被動行使，亦即並無實質上的任命權，主要在完成法定程序，並對被任命者賦予一種榮譽。

第四節　公務人員的權利

公務人員關係以國家與公務人員雙方的特別權利義務為其實質內容，故稱為特別權利義務關係，公務人員在此種關係上享有各種法定的權利。所謂公務人員的權利，係指依據各種有關法令規定，公務人員基於特別權利義務關係，所得主張享有其利益的意思力而言。具體言之，亦即公務人員職業方面的待遇條件，大別為經濟上的權利（財產請求權），與身分上的權利兩部分。茲分述如下：

㈠俸給權：公務人員乃是在政府機關就業的自然人，為維持其本人與家屬的經濟生活，即必須有薪資收入，而俸給權即國家為維持公務人員經濟生活，所給予的報酬，亦為其生活費用，依職位等級為主要標準定其數額。俸給權為公務人員最基本的經濟權利，其有關事項乃由公務人員俸給法、俸給表、及其他特種法規所規定，其項目包含本俸、年功俸及加給。關於薪俸標準的釐定，固然係以生活費用的需要為主要考慮的因素，但亦應具有人事政策上的作用，故現行俸給制度有採功績制的趨勢。

㈡退休金權：乃由退休制度的實施，使公務人員所享有的權利。我國退休制度依公務人員退休法之規定，採自願退休及命令退休兩種方式，凡符合法定退休條件的公務人員，經核定退休後，均可享有退休金權。關於法定退休條件，在自願退休為「一、任職五年以上年滿六十歲者。二、任職二十五年者」；在命令退休為「一、年滿六十五歲。二、心神喪失或身體殘廢不堪勝任職務者」。兩種退休年齡，對於擔任具有危險及勞力等特殊性質職務者，得由銓敘部酌予減低至五十五歲，至於特別法方面，則另有規定。此種權利係國家為酬謝公務人員在職期間服務之辛勞及保障其退休後之經濟生活安全，所提供之金錢給付，亦為國家對退休人員所負擔的公法上金錢債務。退休金可一次支領總額，惟服務滿十五年以上之公務人員可擇領月退休金或兼領法定比率的月退休金。一次給付之最高額可達五十三個基數（以最後在職時之月俸額計算）。按退休金制度現已改為年金制度，由公務人員參與繳費，以建立基金，俾形成穩定的財源。關於退休金權利，在退休法上定有喪失及停止權利的條件。其中喪失條件為「一、死亡。二、褫奪公權終身。三、犯內亂罪、外患罪經判決確定者。四、喪失中華民國國籍者」。停止條件為「一、褫奪公權尚未復權者。二、領受月退休金後，再任有給之公職者」（公務人員退休法第十一、十二條）⑱。

㈢撫卹金權：此即國家為酬謝公務人員生前在職期間服務之辛勞及保障遺族經濟生活安定，於公務人員在職期內因公或普通傷病或意外事故死亡時，對其遺族所提供的金錢給付。我國制度撫卹金分年撫卹金及一次撫卹金兩種，凡因公死亡或在職十五年以上病故者，可兼領二者。撫卹金權的資格條件並無在職最低年資的限制，但給付標準則按在職年資長短決定其數額（或基數）。受領之對象，以配偶及未成年子女為主體。年撫卹金給付之年限為「一、病故或意外死亡者，給與十年。二、因公死亡者，給與十五年。三、冒險犯難或戰地殉職者，給與二十年。前項第二款、第三款之遺族，如為獨子（女）之父母或無子（女）之寡妻，得給與終身」（撫卹法第九條）。至於喪失領受權的情形有三，「一、褫奪公權終身者。二、犯內亂罪、外患罪經判決確定者。三、喪失中華民國國籍者」（同法第十條）。另遺族經褫奪公權尚未復權者，停止其領受權，至其原因消滅時恢復（同法第十一條）⑲。撫卹制度未來發展的趨勢，亦將改採年金制，並與退休制度合併。

㈣參加考績權：考績制度為對公務人員平日工作及表現的評鑑措施，亦具有監督作用，為實施功績制人事制度不可或缺的要素。就我國制度而言，公務人員任職滿一定期間（一年），由所屬機關予以考核成績，作為獎懲晉升之依據因其對公務人員的晉升等級及俸級均有直接影響，故得要求參加考績。我國公務人員考績法規定，公務人員之年終考績共分為四等，其獎懲情形為：1.甲等晉俸一級並給予一個月俸額獎金；2.乙等晉俸一級，並給與半個月俸給總額之一次獎金；3.丙等留原俸級；4.丁等（即不及格）免職。除年終考績外，尚有平時成績考核，其獎勵分嘉

⑱ 考試院考銓叢書指導委員會主編，中華民國公務人員退休撫卹制度，臺北，七十三年版，第七四、九一－九二頁。
⑲ 同⑱，第四三五－四四三頁。

獎、記功、記大功；懲處分申誡、記過、記大過，凡記大過兩次或累積達兩次未能以記大功兩次抵銷者，應予免職。關於平時考績的項目訂為工作、學識、操行、才能四個項目，另有專案考績，於有重大功過時行之，其獎懲有兩種情形，即一次記二大功者，晉本俸一級，並給與一個月俸額之獎金；一次記二大過者免職；且專案考績不得與平時考核功過相抵銷。而年終考績則應以平時考核為依據，公務人員不服本機關核定者，得依據公務人員保障法向上級機關提起復審，不服復審決定者，得向公務人員保障暨培訓委員會提起再復審。公務人員考績業務，如發現不公或徇私舞弊情事時，銓敘機關得通知其上級長官予以懲處，並應對受考績人重行考核，期使考績制度能夠符合綜覈名實，信賞必罰之旨⑳。

㈤參加保險權：公務人員於任職後，如其所任職位係法定機關編制內之有給職，即有參加公務人員保險之權利，其由所屬機關代辦投保，每月繳納保險費，由機關與本人雙方分擔。投保期間如發生殘廢、退休、死亡、及眷屬喪葬等事故，可請領各種現金給付；至於免費醫療給付及眷屬疾病保險現已併入全民健保。保險制度為公務人員的主要福利措施，一般國家均極為重視，因其與退休撫卹相互關聯，提供經濟安全保障㉑。即公務人員退休後亦得繼續享有參加保險權利，屬退休人員保險項目。

㈥職務上使用公物公款權：公務人員因執行職務之需要，得依法使用各種公物並支用公款，如辦公用具及旅費等是。

㈦權益保障權：公務人員既為經政府特別選任的人員，具有適於執行公務的資格條件，而現代一般國家的人事制度，就事務官方面均有建立永業制的共同趨勢，使一般公務人員能夠長久任職，以求熟悉業務提高效率。既然如此，則自反面言之，公務人員若本身並無過失，其職位即應受到保障，而不應遭受各種不利處分。此種制度是為公

⑳ 李華民著，中國考銓制度，第四〇一—四〇二頁。

㉑ D. G. Stahl, *Public Personnel Administration*, New York, Harper & Row, 1976, pp. 251–252, 407–412. 考試院考銓叢書指導委員會主編，中華民國公務人員保險制度（上冊），臺北，正中書局，七十二年版，第五—六頁。

務人員的職位保障權亦稱身分保障權。具體言之，係指公務人員任職後，在有關職位的變動及公務人員關係終止等事項方面，依法應受到保障。惟各種公務人員因職務及任用情形不同，其所受保障亦不相同。其中司法官所受保障最為完備，依據憲法第八十一條規定「法官為終身職，非受刑事或懲戒處分、或禁治產之宣告，不得免職，非依法律，不得停職、轉任或減俸」。一般公務人員所受保障程度不及司法官，惟大體上依據法理及就各種有關法令的規定分析或從反面解釋，亦可認定應受到非依法律不得撤職、免職、降調及懲戒處分之保障。至於政務官則不享有此種權利。此外，身分保障權與退休制度亦有關聯，即一般公務人員所受身分保障之程度不及法官，故須受命令退休制度的拘束，而法官則不適用命令退休制度。總之，身分保障制度，其基本精神在求政府對公務人員所採不利措施，應符合法治與公正原則，必須基於法定原因依法定程序行之，如此才能使公務人員的職位受到法律的確切保障㉒。

此外，尚有值得注意者，即立法院在八十五年一月五日通過「公務人員保障暨培訓委員會組織法」，依據該法規定將在考試院下設置此一委員會，其設立目的乃在加強對公務人員的職位（或身分）保障，因而該法所定委員會的職掌包含「有關公務人員再復審、再申訴案件……之審議決定事項」，並規定「本會委員於審議、決定有關公務人員再復審及再申訴案件時，應超出黨派，依據法律獨立行使職權」。在該委員會中另設有幕僚單位「保障處」，負責協助推動保障業務。此一委員會的設立，對公務人員保障制度的落實，將能發揮積極的作用。在該會成立後，「公務人員保障法」亦於同年十月十六日隨之而制定施行，使公務人員的權益保障具有整體性的明確規定。茲將公務人員保障制度的內容扼要說明如下：

(1)法律依據：憲法第十六條規定「人民有請願、訴願及訴訟之權」，第十八條規定「人民有應考試、服公職之權」，及公務人員保障法。

(2)立法目的：公務人員保障法（以下簡稱保障法或該法）第一條規定「為保障公務人員之權益，特制定本法」。

(3)保障事項：該法第二條規定「公務人員身分、工作條件、官職等級、俸給等有關權益之保障，適用本法之規

㉒ 歐育誠著，日本公務員制度，臺北，七十三年版，第三四—三六頁。

定」（詳細規定見該法第七至十七條）。

⑷保障對象：該法第三條規定「本法所稱公務人員，係指法定機關依法任用、派用之有給專任人員及公立學校編制內依法任用之職員。前項人員不包括政務官及民選公職人員」。

⑸保障方式或程序：該法第四條規定「公務人員權益之保障，依本法所定復審、再復審、申訴、再申訴之程序行之」。

⑹復審、再復審案件的標的、管轄及程序：該法第十八條規定「公務人員對於服務機關或人事主管機關（以下簡稱原處分機關）所為之行政處分，認為違法或不當，致損害其權利或利益者，得依本法提起復審」。同法第十九條規定「公務人員不服復審機關所為之復審決定，得於受收復審決定書之次日起三十日內，向公務人員保障暨培訓委員會（以下簡稱保訓會）提起再復審。不服國民大會、總統府及中央各院所為之復審決定者，仍適用前項之規定」。同法第二十二條規定「復審、再復審之程序，除本法另有規定外，準用訴願法之規定」（即復審案之受理機關為原處分機關之上級機關，再復審案件則由保訓會受理）。

⑺申訴、再申訴案件的標的、管轄及程序：該法第二十三條規定「公務人員對於服務機關所提供之工作條件及所為之管理認為不當者，得依本法提出申訴、再申訴。前項申訴向服務機關提出，不服函復者，得於函復送達之次日起三十日內，向公務人員保障暨培訓委員會提出再申訴」。

⑻保訓會對保障案件決定之拘束力：該法第三十條規定「公務人員保障暨培訓委員會所為保障案件（再復審及再申訴）之決定確定後，有拘束各關係機關之效力。原處分機關應於復審、再復審決定確定之次日起二個月內，將處理情形回復復審機關及公務人員保障暨培訓委員會。但必要時得延長一個月。再申訴案件經決定後，服務機關除有正當理由報經公務人員保障暨培訓委員會同意延長期限者外，應於收受再申訴決定書之次日起二個月內將處理情形回復公務人員保障暨培訓委員會」。同法第三十一條規定「原處分機關於前條規定期限內未處理者，公務人員保障暨培訓委員會應檢具證據將違失人員移送監察院審查。但違失人員為薦任九職等以下人員由公務人員保障暨培訓委

員會通知原處分機關之上級機關依法處理。前項違失人員如為民意機關首長，由公務人員保障暨培訓委員會處新臺幣二萬元以上十萬元以下罰鍰，並公布違失事實。依第二項所處之罰鍰，經通知限期繳納，逾期不繳納者，移送法院強制執行」。

(9)法律適用之規定：該法第一條後段規定「本法未規定者，適用其他有關法律之規定」。同法第三十四條規定「本法公布施行後對於原依各有關法律所為之復審、再復審或訴願、再訴願審理中之案件不生影響。本法公布施行後，依本法所定程序提起復審、再復審者，不得復依其他法律提起訴願、再訴願或其他類此程序」。

上述各項已就公務人員保障法制的主要內容提供扼要的介紹。此項制度的形成，大致係由兩種因素所促成；其一、即鑑於原有法制的不完備與不統一；其二、仍係由於特別權力關係理論的轉變，及行政管理新觀念的影響所致。現行制度雖然仍有缺失，但其建立與實施乃是公務人員法制上的一大進步。

(八)職業團體組織權：人民的結社權在我國憲法第十四條有明文規定，人民團體法第七章對「職業團體」的組成更有一般性的規定。但公務人員因所從事的職業與社會秩序及公共利益具有密切的關聯，因而對於公務人員是否能與其他行業人民同樣享有組織職業團體的權利（尤其指「工會」），在理論上遂有不同的意見，故此種權利被視為爭議性權利。至於就各國實例而言，如英、美、法、德等主要民主國家，均已確認公務人員的職業團體結社權，其組成之職業團體甚至即採用「工會」的名稱，惟亦有對特種性質的公務人員（如軍人、警察等）採取限制措施者，另如日本一九六五年修正的國家公務員法允許公務員組成「職員團體」，該法第一百零八條之二規定：

「本法所稱『職員團體』，係指職員以維持及改善其服務條件為目的而組織之團體或聯合體。……職員得組成或不組成，加入或不加入職員團體。……警察人員及服務於海上保安廳或監獄之職員，不得組成或加入以維持及改善服務條件為目的，並與當局交涉之團體」。

此種規定似屬折衷性質的制度，自較允許直接組成工會者為緩和。惟即使在允許組織工會的情形，對於罷工及締結團體協約的權利亦可能加以限制。就我國的情形而言，鑑於公務人員職業的特殊性，及因受特別權力關係理論的影響，政府對公務員的結社權採取限制措施，不允許組織職業團體，故工會法第四條明文規定：

「各級政府行政及教育事業、軍火工業之員工，不得組織工會」。

惟近年以來，由於社會不斷開放進步，及特別權力關係傳統觀念的動搖，已使此種對公務員結社權的嚴格限制，顯得不合時宜。而公務人員為爭取自身服務條件與福利的改善，經常提出結社權的要求；至於政府方面，為順應世界潮流及社會輿論，亦有放寬限制之意。因而，就有關事項已列入「公務人員基準法」草案中，其第五十八條規定：

「公務人員為維護其權益、改善工作條件、增進工作效率及促進聯誼合作，得組織公務員協會」。

惟此種「協會」的性質，似定位於「公務性社團法人」的角色，而與「工會」的地位、權利與功能均有相當程度的不同。可知我國政府對公務員的結社權，將予以有限度的承認，但係採折衷制度。

㈨休假權：國家為慰勉公務員終年服務的辛勞，鼓勵其在政府機關長久任職，並調劑其工作壓力與倦怠感，進而促使其發揮更大的效率起見，乃有休假制度的建立。依據公務員請假規則第八條規定：

「公務人員在同一機關，繼續服務滿一年者，第二年起，每年應准休假七日；服務滿三年者，第四年起，每年應准休假十四日；滿六年者，第七年起，每年應准休假二十一日；滿九年者，第十年起，每年應准休假二十八日」。

第九條規定：

「……其休假年資得前後併計」。

第十一條規定：

「休假人員每次休假，應至少半日；確因公務需要不能休假時，酌予獎勵」。

依據此等規定，可知公務人員於任職滿一年後，若無考績列丙等、受懲戒處分、記大過、或因故未辦年終考績等情事者，均可享有休假權利。休假期間可暫時離開職務，但照常支領薪給，故休假制度乃屬福利措施性質。

第五節　公務人員的義務

公務人員關係在實質上既以特別權利義務為內容，公務人員於任職後，一方面享受各種法定權利，另一方面則須負擔各種法定義務。且就此種特別權利義務關係的本質而言，其對義務的履行格外重視。大體言之，公務人員的義務隨任職報到而當然發生㉓，依據公務人員服務法及其他有關法令的規定，其主要義務約有下列數種。茲分述之：

㈠執行職務的義務：國家任用各種公務人員的基本目的，在於治事，故公務人員的首要義務，即為執行職務。且其執行職務應注意下列各種事項：⑴忠實執行，即指「公務員應遵守誓言，忠心努力，依法律命令所定，執行其職務」。又「公務員執行職務，應力求切實，不得畏難規避，互相推諉或無故稽延」。⑵遵守時間，即指「公務員接奉任狀後，除程期外，應於一個月內就職」。「公務員奉派出差，至遲應於一星期內出發，不得藉故遲延，或私自回籍，或往其他地方逗留」。又「公務員辦公，應依法定時間，不得遲到早退，其有特別職務，經長官許可者，不在此限」。⑶躬親執行，因公務員就任特定職位，均須具備特定資格條件，且每個職位均有法定職權，非現任該職位之人員不得行使此種職權，否則其行為應屬無效。⑷不得擅離職守，即指「公務員未奉長官核准，不得擅離職守，其出差者亦同」。「公務員除因婚、喪、疾病、分娩或其他正當事由外，不得請假」。⑸不得兼營他業，因公務人員職務以專任為原則，且為避免利用職權營私圖利，故禁止兼營他業（見公務員服務法第一、七至十三條之規定）。

㈡服從命令的義務：行政組織具有層層節制的體系，內部形成命令服從的關係，故在公務人員中，除司法官因其職務所具之特性，應依據法律獨立審判，不受任何干涉外；一般公務人員執行職務，在隸屬關係之下，須接受上

㉓ 按人事行政局解釋，新進或退（離）職公務人員薪津之支給，應自任免發布後，到（離）職之日起按日計算。見行政院（57）人政貳字第三一一七號令，收錄於人事行政局編印，人事行政法規釋例彙編（上），七十一年七月版，第一五〇六頁。另依公務員懲戒委員會判例解釋，「未報到，即不發生曠職問題」。見該會鑑字第二七二四號議決書，總統府公報第一三一一號。

級之指揮監督，負擔服從命令的義務。惟公務人員服從命令，是否應以有效之職務命令為限？如命令的內容違反法規，則有無服從之義務？對公務人員於面臨此種問題時，所應持之態度，學者意見不一，約有四種學說如下㉔：

(1)絕對服從說：此說認為行政上層層節制體系的建立，其作用在於貫徹指揮監督權之行使，長官發布的命令，既屬於其職權範圍，則所屬人員即有絕對服從之義務，而無審查其內容是否適法之權。否則，勢必影響指揮監督的作用，破壞行政系統，紊亂行政秩序，妨礙政務的推行。

(2)絕對不服從說：此說認為法治國家應重視法律效力與法治精神，公務人員僅負有依法執行職務的義務，若長官之命令，違反法律，即已逾越其指揮監督權所應行使的範圍，則國家重於長官，法律重於命令，屬官自無服從的義務。如此，不僅足以維護國家法律的尊嚴，且適合公務人員奉公守法的主旨。且忠實義務重於服從義務，若屬官服從違法之命令，即違反忠實之義務。

(3)相對服從說：此說認為長官的命令，所屬人員在原則上雖無實質的審查權，惟若命令內容之違法，係顯而易見者，則無服從之義務，此於維持行政上層層節制體系之中，仍寓有維護國家法律尊嚴及法治行政原則之意義。

(4)意見陳述說：此說認為屬官對於長官就其監督範圍以內所發命令，關於內容違法與否，在原則上並無審查之權，即當然負有服從之義務。惟屬官若有意見，自得隨時陳述，且長官命令之違法，未必係出於故意，可能係由誤會或疏忽所致，若經屬官陳述意見後，能夠採納而立即改正，自可將違法情形予以消弭。反之，若長官不採納其意見，則仍應負服從命令之義務。

以上四說，各具理由，惟以相對服從說較為妥適，但亦不無缺失，因所謂違法情形「顯而易見」，常缺乏客觀認定標準。至於我國現行公務員服務法第二條規定「長官就其監督範圍以內所發命令，屬官有服從之義務；但屬官對長官所發命令，如有意見，得隨時陳述」。此項規定，係採意見陳述說，頗與相對服從說之意旨相似，惟其結果仍有可能與絕對服從說一致。但刑法第二十一條第二項規定「依所屬上級公務員命令之職務上行為，不罰；但明知命令

㉔ 管歐著，中國行政法總論，第三二三—三二四頁。林紀東著，現行公務員法概論，第三〇—三一頁。

違法者，不在此限」。依據此項規定，則對違法命令服從的結果，自須負其刑責；究其立法旨意，實係採取相對服從說之理論，與公務人員服務法的規定，尚不一致，惟就實際影響而言，公務人員自不能忽視刑法的規定。關於此項問題，司法院曾經發表意見稱「長官之命令應在其監督範圍以內，如非監督範圍之命令，屬官即無服從之必要，此其分際，應由長官與屬官互為信守，勿使逾越。如係長官監督範圍以內所發布命令，屬官服從之，致有違失情事，長官與屬官同負其責。於此，屬官如已陳述意見，不為長官採納，則長官之責任重於屬官，屬官或且有免責之可能；如非長官監督範圍內之命令，屬官無服從之義務，但屬官不予服從，仍宜陳述意見。又陳述其意見，應以誠懇態度正常方式出之，如或出於攻訐侮慢等舉止乖張情事，則咎由自取，有違同寅協和恭謹之道」㉕。由上述內容可知服務法與刑法的有關規定，所生之實際影響，而公務人員就此種問題發生時，應知如何自處之道。

此外，關於服從命令的義務與隸屬系統的關係，在服務法中亦有明確的規定，其第三條稱「公務員對於兩級長官同時所發命令，以上級長官之命令為準，主管長官與兼管長官同時所發命令，以主管長官命令為準」。

㈢嚴守秘密的義務：政府機關所辦理之各種業務，常涉及國家利益，或在決策及執行過程中不宜對外公開，以免發生不良影響與後果，因而有關公務的處理及資料的蒐集保管方面，在法令有設定機密等級的劃分並對參與人員及其他相關人員有保守機密的要求，是為公務人員嚴守秘密的義務。具體言之，即對於機關業務上的機密事件，無論是否屬於自身主管事務，均不得對外洩露，退職後亦同。且未得長官許可，不得以私人或代表機關名義，任意發表有關職務之談話（見服務法第四條）。

㈣保持品格的義務：公務人員既代表國家執行公務，其形象足以影響政府威信，故在個人品格方面，應保持誠實清廉、謹慎勤勉、不得有驕恣貪惰、奢侈放蕩、及冶遊賭博、吸食煙毒等足以損害名譽有玷官箴影響政府威信的行為（見服務法第五條）。

㈤不為一定行為的義務：公務人員擁有政府職位及公權力，為避免其利用職權，發生違法舞弊情事；或從事有

㉕ 司法院史實紀要編輯委員會編，司法院史實紀要（第二冊），第一五八九頁。

悖於公務人員關係特性的活動，公務員服務法及其他有關法令尚規定公務人員於在職期間，不得為下列各種行為：（見服務法第六、十一、十三至二十一條之各種禁止規定，按此等條文部分為該法於八十五年及八十九年兩次修正後所增列）。

⑴不得經營商業或投機事業。但投資於非屬其服務機關監督之農、工、礦、交通或新聞出版事業，為股份有限公司股東，兩合公司之有限公司股東，或非執行業務之有限公司股東，而其所有股份總額未超過其所投資公司股本總額百分之十者，不在此限。違反此項規定者，應先予撤職（應係免職）。

⑵非依法不得兼公營事業機關或公司代表官股之董事或監察人。違反此項規定者，應先予撤職（免職）。

⑶不得利用權力、公款或公務上之秘密消息圖利。其離職者，亦同。違反此項規定者，應先予撤職（免職），並依刑法處斷。

⑷除法令所規定外，不得兼任他項公職或業務。其依法令兼職者，不得兼薪及兼領公費。依法令或經指派兼職者，於離去本職時，其兼職亦同時免兼。

⑸於離職三年內，不得擔任與其離職前五年內之職務直接相關之營利事業董事、監察人、經理、執行業務之股東或顧問。違反此項規定者，處二年以下有期徒刑，得併科新臺幣一百萬元以下罰金。所得之利益沒收之。

⑹非經服務機關或上級主管機關許可，不得兼任教學或研究工作或非以營利為目的之事業或團體之職務。

⑺非經服務機關或上級主管機關許可，不得兼任非以營利為目的之事業或團體受有報酬之職務。

⑻不得向屬官推薦人員，或徇情關說及請託。

⑼不得與有隸屬關係者贈受財物；於所辦事件，不得收受任何餽贈。

⑽不得與職務有關係者，私相借貸，訂立互利契約，或享受其他不正利益。

⑾不得利用視察或調查等機會，接受地方官民之招待或餽贈。

⑿執行職務時，遇有涉及其本身或其家族之利害事件，應行迴避（亦即不得處理）。

⒀不得罷工、怠工、及組織工會（見工會法第四條）。

因公務人員關係屬特別權利義務關係，此種法律關係的特徵之一，即作為主體當事人的國家可以在特別權利義務關係建立的特定目的範圍內，制定特別法規對客體當事人加以拘束，故公務人員所負義務的範圍具有擴張的彈性，而不為一定行為的義務亦可能有所增加。就實際情形而言，政府機關以往亦經常以行政命令或法規擴充或變更此種不作為義務的事項，其中最重要者，即為蔣故總統經國於六十一年在行政院長任內對各級行政機關所頒布之「對各級行政人員十項革新要求」，其內容要點包括「一、為節省國家財力，各級政府應停止建築辦公房舍。二、公共工程開工完工，不舉行典禮儀式。三、派員出國考察開會應避免浮濫。四、各機關不應作不必要之視察。五、各部會首長及全體行政人員非有必要不得宴客，並應謝絕應酬。六、婚喪喜慶不得濫發喜帖訃告。七、各級行政人員不得出入不正當娛樂場所。八、各級首長主管應謝絕各界剪綵、揭幕之邀請。九、預算內之加班費及出差費不得移作他用，各機關首長應妥善辦理公教人員福利。十、處理公務應切實負責，不開不必要之會議；不辦不必要公文；辦事應求澈底；向上級提意見為屬員之權利，聽取屬下意見為長官之義務」。可知「十大革新」對改善政治風氣確屬十分必要，其中部分項目已納入考績制度之中。但有值得注意者，即公務人員基準法草案的立法精神，有使公務人員所負義務的範圍歸於確定不得任意擴張的傾向，故該草案第四十二條稱「公務人員除依法規規定及長官監督範圍內之指示執行職務外，不負其他義務」。

㈥忠誠的義務：前述有關公務人員的定義方面，即已說明公務人員對國家負有倫理性的忠誠義務，應超越一般國民的愛國心，積極為國家利益作周全的考慮，在對國家關係的各方面均應表現其忠誠。故公務人員就職時應宣誓效忠國家；就職前及在職期間須接受忠誠調查，其結果可作為考績及職位變動與其他人事措施的依據；違反忠誠義務時須接受較一般國民所受更嚴厲的制裁，凡屬此等規定，均在強調忠誠義務的必然性與重要性。忠誠義務亦可解釋為忠實義務，尤以自行政觀點而言，確屬如此。此種義務與公務人員的其他義務均具有直接間接有形無形的相互關聯，亦可謂構成其他義務的基礎，故為公務人員對國家所負最重要的義務[26]。

㈦保持「行政中立」的義務：所謂「行政中立」亦稱「政治中立」或「文官中立」，其主要涵義即指在民主國家中，社會多元化發展的趨勢下，在政府中擔任各種公職的人員，就與其職務有關的事項，無論在決策與執行方面，應本諸依法行政及平等原則，以公正客觀的態度加以處理；反之，亦不得予以歧視或不利的差別待遇，且此等人員更不能利用職權或地位參與政黨活動，藉以維護社會生活中的公平正義，此為一般民主國家的通例。惟須負擔此種「中立」義務者，原不以行政人員為限，武職人員、或各種治權機關的文職人員亦同。我國憲法第八十條規定：

「法官須超出黨派以外，依據法律獨立審判，不受任何干涉」。

第八十八條規定：

「考試委員須超出黨派以外，依據法律獨立行使職權」。

第一百三十八條規定：

「全國陸海空軍，須超出個人、地域及黨派關係以外，效忠國家，愛護人民」。

憲法增修條文第十五條第五項規定：

「監察委員須超出黨派以外，依據法律獨立行使職權」。

凡屬此等條文均在規定除民意代表及政務官無法避免受政黨政治的支配外，其他各種公職人員均須負擔「政治中立」的義務。我國現行公務人員法制尚欠完備，對有關事項缺乏明確的規定，但無論就各民主國家的實例及人事行政的理論而言，則行政人員自亦須負擔此種義務。為使此種義務明確化法制化，故在政府目前擬定的「公務人員基準法」草案中的第三十一條對此已有明白的宣示，該條稱：

「公務人員應遵守行政中立，不得利用職權從事政黨或其他政治團體之活動或勸募政治捐助。有關行政中立事項，另以法律定之」。

此項草案的規定雖尚待審查、修訂及補充，並可能更改為「政治中立法」，但其文義已能表現「中立」義務之主

㉖ 見宣誓條例、公務人員忠誠調查實施辦法、及刑法有關內亂、外患、及瀆職罪等之有關規定。

要精神所在；至於在此種義務方面對政務官與事務官所應受的限制如何區分，自亦有待作進一步的考量。

㈧申報財產的義務：政府為促進廉能政治目的的實現、端正政風防治貪污、消除政商勾結謀取不法利益等情事的發生，乃於民國八十二年七月制定公布「公職人員財產申報法」（即「陽光法案」），規定法定範圍內的公職人員（包括自總統以下各級政府機關首長、政務官、部分特定業務單位主管、縣市以上民意代表與公職候選人、及法官、檢察官等），應於到職三個月內，對其本人及配偶與未成年子女名下法定範圍內之財產項目（包括不動產、汽車、船舶、航空器、存款、債權債務、及投資等），分別向監察院或政風單位提出申報；嗣後並應每年定期申報一次。此項法律對公職人員申報財產，採用三項強制規定，即：

⑴強制申報：使公職人員負擔須申報財產之法定義務，對違反義務者將依法制裁。

⑵強制信託：申報人應將財產委託信託公司管理處分。

⑶強制公開：申報後由受理機關彙整列冊供人查閱，並將中央各級首長及民意代表申報資料刊登政府公報。

此種立法例在各國相關法制方面，要求最為嚴格，如此可對公職人員產生警惕與嚇阻作用，因若有謀取不法利益行為，則在強制申報財產制度之下，將難以遁形；而有監督權的機關甚至人民，可對政府官員及民意代表，透過此制的實施發揮有效的監督作用。

第六節　公務人員的責任

第一項　公務人員責任的概念

公務人員在職務上既具有法定範圍的權力，且對於國家在特別權力關係上負有各種義務，略如前述；若違反此等應盡的義務，在法律效果上即發生責任問題，而受到法令所定的制裁。茲將有關公務人員責任事項分述如下：

㈠公務人員責任與行政責任的區別：所謂公務人員責任，其涵義頗具彈性，大致有廣狹二義。廣義的公務人員責任包括法律責任與行政責任在內。狹義的公務人員責任，即僅指法律責任而言；具體言之，係指公務人員於在職期間發生違法失職情事，違反其在特別權力關係上應盡之法定義務，依法所應負擔的責任。至於所謂行政責任，亦有廣狹二義，前者的涵義甚為廣泛，係指公務人員執行職務的責任而言，亦可謂一般公務人員的共同職責；此種責任固由公務人員所負之義務而發生，惟與違法失職情事並無必然關聯，自不一定引起法律制裁的後果。可知公務人員責任與一般性之廣義行政責任，在觀念上顯然不盡相同。而狹義的行政責任，即指制裁性的行政處分而言，其中以依考績法所採取之考績處分為主體，並涉及其他對公務人員不利之人事行政措施，可包含於廣義的公務人員責任範圍之內㉗。總之，關於公務人員的責任，常因解釋的觀點與範圍不同，以致學者對其涵義與類別的解說未盡相同，故對此項課題的內涵，宜經審慎思考，然後再作認定。

㈡公務人員責任的種類與要件：公務人員所負的法律責任，依我國憲法第二十四條規定「凡公務員違法侵害人民之自由或權利者，除依法律受懲戒外，應負民事及刑事責任，被害人民就其所受損害，並得依法律向國家請求賠償」。由此項規定，可知公務人員因違法失職行為所負責任，主要即為懲戒責任、民事責任、及刑事責任三種，此等責任大致均屬法律責任的性質，茲分別言之：

⑴懲戒責任：係指公務人員因違反行政上之義務，發生違法、廢弛職務、或其他失職行為，應負國家不利處分的責任，經由公務員懲戒機關，予以懲戒處分制裁。此種責任的構成要件，並不以侵害人民之自由權利為必要，即屬單純的違法失職行為，未至觸犯刑法的程度，如違反公務員服務法所定之各種義務或程序法之規定，而與人民之自由權利無關者，亦可能構成懲戒之原因，使其負擔懲戒責任。因懲戒處分的採行，具有維持公務人員紀律，促進行政法治化與工作效率的目的㉘。此外，尚有值得注意者，即關於懲戒責任的性質，一般行政法學著作中，均將之

㉗ 由民國七十四年所爆發之「十信」違法貸款案，財政機關各級人員因監督不周，被追究「行政責任」的情形觀察，可知「行政責任」具體表現為考績處分的制裁措施。

㉘ 林紀東著，公務員懲戒法之研究，臺北，政大公企中心，五十四年版，第四─五、一一二頁。

視為行政責任，惟實務界似有持不同的意見者。另關於懲戒罰的範圍，在學理上從行政責任的觀點而言，廣義的懲戒罰可包含司法懲戒（依懲戒法）、行政懲戒（依懲戒法授權行政長官為之）、與行政懲處（依考績法）三種，狹義的懲戒罰則僅指司法懲戒而言。

⑵民事責任：係指公務人員於執行職務時，因故意或過失，發生違反職務侵害他人法益之行為，致使國家之利益、或第三人的權利，受有損害時，應負民事上損害賠償的責任。此種責任的形成，以因其行為引起財產上的損害為要件，無論受損害者為國家或人民，公務人員在原則上均須負責。惟依民法第一百八十六條第一項規定，公務人員的民事責任，「其因過失者，以被害人不能依他項方法受賠償時為限，負其責任」。第二項規定「前項情形，如被害人得依法律上之救濟方法，除去損害，而因故意或過失不為之者，公務人員不負賠償責任」。以上兩項條文，乃是關於公務人員民事責任的限制及免除的規定。目前所應注意者，即自國家賠償法制定施行後，有關行政上的損害賠償，即以該法為主要依據（參閱第四編第四章損害救濟部分）。但若就公務人員所負民事損害賠償責任作進一步的分析，則可發現公務人員賠償責任並不能因國家賠償法的實施而完全免除或移轉。事實上在該法實施後，公務人員就下列各種情形仍須負賠償責任：

①公務人員因故意損害第三人權益，所負賠償責任與國家賠償責任並存時，受害人若未自行政主體獲得賠償，則仍得選擇向公務人員求償。

②公務人員執行職務，若違反對行政主體所負義務，致使行政主體受到損害時，則應對行政主體負擔賠償責任。

③公務人員執行職務行使公權力，若因故意或重大過失造成國家賠償案件，則行政主體對公務人員得行使求償權。

④公務人員因私人行為，致損害行政主體權益時，應對行政主體負擔賠償責任。

由上述對各種情形的分析，可知在國家賠償法實施後，公務人員仍有負擔民事損害賠償責任的可能[29]。

(3)刑事責任：係指公務人員觸犯刑法所定與職務有關之罪行時，依據瀆職罪之規定，所課予之刑罰責任，亦即應受刑事制裁之謂。刑事責任的發生，依據罪刑法定主義原則，應以行為時法律對此種罪行有明文規定為前提，惟此種罪行並不以侵害人民之自由權利為限，即侵害國家或社會之公益者，亦須負擔責任。其次，引起刑事責任的罪行，在性質上有所不同，若係專屬於公務人員身分的行為，可稱為「職務犯」或「身分犯」；若係一般人民均可構成的罪行，而對具有公務人員身分者採取加重刑罰者，則稱為「準職務犯」或「加重犯」[30]。前者主要屬於刑法分則有關瀆職罪部分之規定，包括各種放棄或濫用職權行為及賄賂行為兩種情形；後者則係依據刑法分則第一百三十四條規定「公務員假借職務上之權力、機會或方法，以故意犯本章（瀆職罪）以外各罪者，加重其刑至二分之一。但因公務員之身分已特別規定其刑者，不在此限」。至於公務人員以私人身分所犯與職務無關之罪行，應由其以私人資格負擔刑責，不包括在此所謂之公務人員刑事責任範圍內。凡屬前述「職務犯」及「準職務犯」的各種犯罪行為，均係因違反公務人員所負忠誠、執行職務、保守機密、及不為一定行為義務所致，而刑法對公務人員採取一般加重制裁之目的，在於澄清吏治維護法紀。

㈢懲戒處分與刑事處分的異同及關係：茲將兩者的異同，自各方面比較說明如下[31]：

首先就二者相同之點而言，可分兩項說明：

(1)二者均為基於國家公權力作用的制裁措施。

(2)就所生影響及效果而言，二者均為對於行為人所為之不利處分。

再就二者不同之點而言，約有下列五項：

(1)原因不同：前者不限於公務人員之犯罪行為，即僅係違法、廢弛職務、或失職行為，均足以發生懲戒責任；

---

[29] 黃異著，行政法總論，臺北，三民書局，八十五年版，第二三五頁。

[30] 見刑法分則瀆職罪部分第一二〇—一三四條，及其他特別刑法之規定，如戡亂時期貪污治罪條例、及妨害軍機治罪條例等是。

[31] 管歐著，中國行政法總論，第三四一—三四二頁。張載宇著，行政法要論，第二九〇頁。

亦即懲戒處分，並非以具有惡性之行為為要件。後者則必以犯罪行為為限，亦即其行為必須具有惡性。

(2)對象不同：前者之對象，僅以公務人員為限；後者之對象，為一般刑事犯，並不限於公務人員。

(3)行使處罰權的機關不同：前者為公務員懲戒機關，後者為普通法院。

(4)處罰的種類不同：前者依公務員懲戒法之規定分為撤職、休職、降級、減俸、記過、及申誡六種處分；在性質上包括淘汰懲戒與矯正懲戒。後者依刑法之規定，分為主刑及從刑，主刑包括死刑、無期徒刑、有期徒刑、拘役、罰金五種，從刑分為褫奪公權及沒收二種，在性質上分別屬於生命刑、自由刑、財產刑、與權利刑。

(5)處分的程序不同：前者原無上訴之規定，一經懲戒機關議決，即照案執行，無上訴之救濟，且無大赦及減免處分之適用；但該法於七十四年修正通過後，增列「再審議」制度，等於對被移付懲戒人賦予一次上訴機會。後者則得按審級上訴（三級三審），且可適用大赦、特赦、減刑、及復權等規定。

至於二者間的關係，依據七十四年修正前公務員懲戒法之規定，約可分四點言之（主要即為「刑事先理」原則的適用）：

(1)懲戒機關對於懲戒事件，認為有刑事嫌疑者，應即分別移送該管法院或軍法機關審理（第二十二條）。

(2)同一行為已在刑事偵查或審判中者，不得開始懲戒程序（第二十三條）。

(3)同一行為在懲戒程序中開始刑事訴訟程序時，於刑事確定裁判前，停止其懲戒程序（第二十四條）。

(4)就同一行為已為不起訴處分或免訴或無罪之宣告時，仍得為懲戒處分，其受免刑或受刑之宣告而未褫奪公權者亦同（第二十五條）。

以上所列前三項的內容，即為「刑事先理原則」，其規定係指公務人員所作違法失職行為，同時有犯罪嫌疑時，應先就其刑事部分加以審理，然後再進行懲戒程序。採行此項原則的理由，乃因犯罪行為部分，常較單純違法失職部分為嚴重，若刑事部分經審理結果，有為刑之宣告，並褫奪公權者，則將使被告喪失公務人員資格與身分，即無再為懲戒處分的必要，自可省去懲戒程序的進行。其次，刑事案件審理過程相當嚴謹慎重，故就有關案件審判確定後，可作為審查懲戒處分問題的參考和依據。惟刑事訴訟程序常甚緩慢，若須等候審判確定後，再進行懲戒程序，即可能延誤懲戒處分的時效，減低其所生制裁作用與意義。再者前述第二十五條之規定，乃是認為由於懲戒處分與刑事處分的原因與性質不盡相同，故兩種處分對同一事件，不適用「一事不再理」原則，此即在客體當事人經過刑事審理後，雖未被科處刑罰，但其行為在懲戒法上，未必即應不受懲戒；又即使已受刑之宣告，而未褫奪公權者，則其擔任公務員的資格並未喪失，自仍得予以懲戒處分[32]。此為懲戒法修正前的情形（修正後的情形參閱本節第二項內容）。

(四)懲戒處分與行政處分的區別：所稱行政處分，係指制裁性之行政處分（即行政制裁）而言，其與懲戒處分的區別，約有下列數點[33]：

(1)原因不同：懲戒處分（前者）以公務人員之違法、廢弛、職務或失職行為為限；而行政處分（後者）則原因更廣，就公務人員而言，即使未完成其任務或不適於其職務，而予以調職或免職處分，亦屬行政處分（亦稱行政懲處）；就人民而言，凡屬違法或義務懈怠之行為，均可能受到行政制裁。

(2)對象不同：前者之對象為公務人員；後者得以人民為對象，甚至以物為對象，如違章建築的取締及違禁品的沒入等是。

(3)行使處分權的機關不同：前者限懲戒機關，後者凡公務人員所屬機關、各主管行政機關及業務執行機關均得為之。

(4)處分的依據不同：前者以公務員懲戒法為依據，後者則係依據各種有關行政法規及公務人員考績法的規定。

(5)處分的種類及程序不同：前者悉依公務員懲戒法之規定；後者散見於各別行政法規及公務人員考績法的規定，種類及程序不一。

---

[32] 林紀東著，公務員懲戒法之研究，第一六—一七頁。

[33] 陳鑑波著，前揭書，第三〇七—三〇八頁。

⑹處分的效力不同：前者各種懲戒處分依法具有確定的效力，並發生在一定期間停止任用或不得在其他機關任職的效力；後者各種行政處分的效力較不確定，且除法律另有規定外，不發生停止任用的效力。

㈤懲戒的原因：依據公務員懲戒法的規定，採取懲戒處分有其各種法定的原因或事由，可分兩類說明之（見懲戒法第二條）：

⑴違法：此即公務人員的行為，違反法律及行政規章者，均構成懲戒的原因，包含的範圍甚廣，但違法的情事較為具體確定。

⑵廢弛職務或其他失職行為：此等情事須依據法令規定及事實認定，故較不確定，缺乏具體一致標準。但若就公務人員對國家所負義務的觀點而言，則凡屬違反公務員服務法的行為，均可構成懲戒的原因，惟就「廢弛職務」與「失職」兩項名詞的涵義解釋，其行為的範圍似仍應以與職務有關者為限。若僅屬與職務無關之行為，則可改採行政制裁措施。至於學者的意見方面，亦有認為即使「公私行為失檢」均應予以懲戒者。此外，民國三年北京政府所頒文官懲戒委員會編制令所定懲戒事由即列有三項，分別為「一、違背職守義務，二、玷污官吏身分，三、喪失官吏信用」，此種規定，即屬廣義的解釋，可供探討懲戒原因的參考㉞。

㈥懲戒處分的種類：懲戒處分的種類，在公務員懲戒法中有明確規定，除此以外，別無懲戒處分。茲將其種類與效果分述如下（見懲戒法原第三至八條及修正後第九至十七條）：

⑴撤職：除撤其現職外，並於一定期間停止任用，其期間至少為一年，故可謂具有延續的效果。

⑵休職：除休其現職外，停發薪給，並不得在其他機關任職，其期間至少為六個月，休職期滿，許其復職。自復職之日起，二年內不得晉敘、升職或調任主管職務。

⑶降級：依其現職之俸給降一級或二級改敘，自改敘之日起，二年內不得晉敘、升職或調任主管職務。受降級處分而無級可降者，按每級差額減其月俸，其期間為二年。

㉞劉俊三著，中國公務員懲戒制度之研究，臺北，嘉新文化基金會，五十八年版，第六、二九頁。

(4)減俸：依其現職之月俸減百分之十或百分之二十支給，其期間為一月以上一年以下。自減俸之日起，一年內不得晉敘、升職或調任主管職務。

(5)記過：自記過之日起一年內不得晉敘、升職或調任主管職務。一年內記過三次者，依其現職之俸級降一級改敘，無級可降者，按每級差額減其月俸，其期間為二年。

(6)申誡：以書面或言詞為之。

以上所列第三至五項之處分，對政務官不適用。另九職等或相當於九職等以下（薦任職）公務員之記過與申誡，得逕由主管長官行之。

第二項　公務員懲戒法的修正

(一)公務員懲戒法再度修正的原因：我國之公務員懲戒法制定於民國二十年六月，在其施行之後，曾分別於二十二年六月、同年十二月、及三十七年四月三度修正。即使如此，仍未能就其內容予以全面革新，在施行過程中所呈現的缺失不一而足，以致對懲戒制度實施的效果大為減損。經過三十餘年來的醞釀，遂於七十四年再作第四次幅度較大的修正。為分析說明此次修正的背景起見，爰就該法遭受批評較多的缺失陳述如下[35]：

(1)對於適用公務員懲戒法的公務員範圍未能作適當的界定。關於此項缺失所涉及的問題，主要為武職人員（軍官）應否適用懲戒法。此項問題在理論上雖有爭議，但大致應以否定說較能切合實際，因我國向例對武職人員的懲戒與文職人員分別適用不同制度，且公務員懲戒制度既然效果不彰，若對武職人員一併適用，則不免迂緩延宕，無法提振軍紀；且武職人員之犯罪行為，適用陸海空軍刑法，是為普通刑法之特別法，而在懲戒方面亦另有陸海空軍懲罰法，構成公務員懲戒法之特別法，既有特別法適用，自無適用普通法之必要，故公務員懲戒法應定對文職人員適用，而將有關武職人員的條文刪除，以確定其妥當的適用範圍。

---

[35] 林紀東著，公務員懲戒法之研究，第三一—三四頁。劉俊三著，前揭書，第九八—一〇七頁。

⑵在文職人員中，政務官與事務官的地位、性質、及權責均有所不同；而司法官及審計官行使職權的方式亦與一般行政官有別。但公務員懲戒法對全體文職人員在懲戒原因、機關、及程序、甚至處分，大體上採一致規定，似未盡合理，而缺乏彈性。

⑶懲戒機關僅在中央設公務員懲戒委員會，該會在地方並無分支機構，則將來是否能負荷全國各地區之懲戒案件業務，似不無疑問。

⑷對機關主管長官所授予的懲戒權力過小，勢將影響行政統率及公務員紀律的維持。是故對行政機關首長懲戒處分的適度加強，似有其必要。

⑸公務員懲戒法對懲戒制度的規定雖已具有司法色彩，但因採取書面審理方式及一審終結程序，故未能充分符合審慎妥善的要求，懲戒機關不易蒐集直接證據瞭解案情作更為客觀的審理，若審議失當，受懲戒人即無申訴的機會。

⑹公務員懲戒法就懲戒原因及各種懲戒處分所作規定，似嫌籠統，未能就懲戒原因的各種情事與所應受之處分，作配合的規定。如此遂使有關案件的議定，是否應受懲戒？及所應受之處分如何？難有客觀公正的標準。此外，對公務員違法失職行為何者應移送懲戒？何者可逕採行政處分？亦缺乏明確劃分，致使公務員所屬機關有任意選擇移付懲戒與否的餘地，對嚴重違失行為常有僅採行政處分，而規避懲戒者。

⑺「刑先懲後」原則的採行，雖然並非毫無理由，但權衡利弊得失，並考量刑事與懲戒處分之不同性質，似仍以改採「刑懲分立」原則較為合理。

⑻公務員懲戒程序雖不因公務員本人離職而停止，且對未屆命令退休年齡之離職人員，所議定之懲戒處分，尚可於其再任公務員時，予以執行發生效果。但撤職、降級、及減俸三種處分，將對公務員之退休資格及退休金額計算直接發生不利影響，因此以往常有公務員在懲戒程序中趕辦退休，以規避懲戒處分，從而在退休方面獲得不法利益者。如此，則懲戒處分的效果既為之減低，而政府公庫亦遭受損失，此種情形之不合理及有欠公允，實屬顯而易

見，自應在制度上有所改進，以求杜絕流弊。

根據以上所述八項之內容，可知公務員懲戒法前此雖曾三度修正，但仍未能使其制度健全，而所具各種缺失，並非僅屬微末細節，足致影響制度實施之功效，故有再作第四次修正的必要。

(二)公務員懲戒法第四次修正要點：此次修正於七十四年五月完成，茲將修正要點列述如後：

(1)對曾因案被停止職務之公務員，未受懲戒或刑之執行者，應許復職，並補給其停職期間之俸給。前項公務員死亡者，應補給之俸給，由依法得領受撫卹金之人具領之（第六條）。

(2)公務員因案在公務員懲戒委員會審議中者，不得資遣或申請退休。其經監察院提出彈劾案者，亦同。前項情形，由其主管長官或監察院通知銓敘機關（第七條）。

(3)同一違法失職案件，涉及之公務員有數人，其隸屬同一移送機關者，移送監察院審查或公務員懲戒委員會審議時，應全部移送（第八條）。

(4)九職等或相當於九職等以下公務員之記過與申誡，得逕由主管長官行之（第九條第二項，原規定為「薦任職以下」）。

(5)辦理懲戒案件，應審酌一切情狀，尤應注意有關被付懲戒人所作行為之各種因素，為處分輕重之標準（第十條）。

(6)關於休職、降級、減俸、記過等懲戒處分，規定其所生效果為在法定期間內，「不得晉敘、升職或調任主管職務」（第十二至十五條）。

(7)申誡，僅得以書面為之，刪除「言詞」方式（第十六條）。

(8)受降級或減俸處分而在處分執行前或執行完畢前離職者，於其再任職時，依其再任職之級俸執行或繼續執行之（第十七條）。

(9)規定機關長官對九職等或相當於九職等以下之公務員（原規定為薦任職以下），得逕送公務員懲戒委員會審議，移送時應提出移送書（第十九條）。

⑽被付懲戒人得聲請閱覽及抄錄卷證（第二十條）。

⑾其他機關受公務員懲戒委員會囑託調查案件時，應將調查情形以書面答覆，並應附具有關資料或調查筆錄（第二十一條）。

⑿公務員懲戒委員會審議案件，必要時得向有關機關調閱卷宗，並得請其為必要之說明（第二十二條）。

⒀被付懲戒人有違法、廢弛職務或其他失職行為情事之一者，應為懲戒處分之議決。其證據不足或無此等情事者，應為不受懲戒處分之議決（第二十四條）。

⒁列舉懲戒案件應為免議或不受理之各種情事（第二十五、二十六條）。

⒂公務員懲戒委員會審議案件，應以委員依法任用總額過半數之出席及出席委員過半數之同意議決之（第二十七條第一項增加「依法任用總額」之規定）。

⒃懲戒案件之議決，應作成議決書，由出席委員全體簽名，於七日內將議決書正本送達移送機關、被付懲戒人及其主管長官，並函司法院及通知銓敘部。前項議決書，主管長官應送登公報。主管長官收受懲戒處分之議決書後，應即為執行（第二十八條，本條修正後，與現行政府組織符合）。

⒄審議程序關於迴避、送達、期日、期間、人證、通譯、鑑定及勘驗，準用刑事訴訟法之規定（第二十九條，本條列舉事項較前詳細）。

⒅關於懲戒處分與刑事裁判之關係，修正後規定「同一行為，在刑事偵查或審判中者，不停止懲戒程序。但懲戒處分應以犯罪是否成立為斷，公務員懲戒委員會認有必要時，得議決於刑事裁判確定前，停止審議程序（第三十一條第一項，本條規定即在廢棄「刑先懲後」原則，但仍保留採行之彈性）」。

⒆為建立「再審議」制度，該法修正後規定懲戒案件之議決，有各種法定情事者，原移送機關或受懲戒處分人，得移請或聲請再審議。此種「再審議」制度係對原移送機關及受懲戒處分人雙方授予發動再審議之權，但以符合法

定情事者為限。此外，對提出再審議要求之法定期間、方式、程序、效果、及撤回等有關事項均有明確規定（第三十三至四十條）。

由上述各項內容，可知此次修正幅度甚廣。修正後該法全部條文由原有之二十七條增至四十一條，維持原狀之條文不及原有者四分之一，而新增條文為數不少。就修正內容而言，主要在針對該法原有之缺失加以匡正，雖未能將缺失全部消除，但其中重要事項均經重新規定，較原有制度作更合理妥善的安排，故此次修正在實質上具有重大的意義。

公務人員懲戒制度經過七十四年修法之後，雖然已有頗為重大的改進，但制度的缺失並未完全獲得匡正和彌補，故仍有再行配合新的思想觀念及客觀環境的需要，對現行法令和制度作進一步革新的必要。大法官會議近年來所作多項解釋，均與懲戒制度的改進有關，除關於解除公務人員行政爭訟權限制的解釋已見前述外，另有三項解釋值得注意，玆分別引述如下：

(1)關於懲戒法對軍職人員適用問題，見於大法官會議釋字第二六二號解釋，其內容要點如下：「監察院對軍人提出彈劾案時，應移送公務員懲戒委員會審議。至軍人之過犯，除上述彈劾案外，其懲罰仍依陸海空軍懲罰法行之」。在此項解釋的理由部分說明陸海空軍現役軍人之過犯，不涉及刑事範圍者，除彈劾案成立者外，為維護軍事指揮權與賞罰權之合一，確保統帥權及軍令之貫徹執行，其懲罰仍應依陸海空軍懲罰法行之。

(2)關於懲戒案件聲請再審議是否以一次為限的問題，見於大法官會議釋字第三九五號解釋，其內容要點如下：「公務員懲戒法第三十三條第一項所謂懲戒案件之議決，包括再審議之議決在內，被付懲戒人不服懲戒聲請再審議後，如對再審議的議決不服，可對此『再審議議決』聲請再審議救濟，公務員懲戒委員會再審字第三三五號案例及其他類此案例，逾越公務員訴訟權利部分，自三九五號解釋公布之日起，不再援用」。（八十五年二月二日公布）

(3)關於懲戒制度的改進問題，見於大法官會議釋字第三九六號解釋，其內容要點如下：「懲戒處分影響憲法上人民服公職的權利，懲戒機關之成員既屬憲法上之法官，依據憲法第八十二條及司法院釋字第一六二號解釋意旨，公懲會應採法院體制，且懲戒案件之審議，應本正當法律程序原則，對被付懲戒人予充分之程序保障，有關機關應就公務員懲戒機關之組織、名稱、與懲戒程序，併予檢討修正」。（八十五年二月二日公布）

以上三項解釋的內容，涉及懲戒法的適用問題及懲戒制度的全面改進，為貫徹各項解釋的目的，勢將促成懲戒法的再度修正。

第七節　公務人員關係的變更及消滅

政府人事行政業務，乃屬經常性業務，且具有動態性質；而作為其主要業務對象的自然人（公務人員），亦常因個人或外在因素變動不居。在人事行政業務活動與自然人的異動交互影響之下，公務人員關係自然直接受到波及，形成異動變遷頻繁的狀態，而致發生變更與消滅的現象。茲就其變動與消滅的原因，分別言之：

㈠公務人員關係的變更：所謂公務人員關係的變更，係指公務人員於在職期間，其原有職位發生變動的情形，而其公務人員身分仍然存在。具體分析，職位變動的情形主要有兩種類別如下：

⑴轉任：係指公務人員由原任職位轉調於其他不同職位而言，亦稱調任、遷調、或轉官；轉調的情形各有不同，除升調因對公務人員本人有利，不須徵其本人同意外；調任同級或較低職位，若機關長官或單位主管並無人事上的決定權或裁量權時，應以有法定原因及依法定程序始得為之。尤其調任較低職位，實係對公務人員的不利處分，通常為受到懲處的結果，故應受嚴格限制，以保障公務人員的權益。

⑵停職：係指停止公務人員職務的執行，此種措施雖非懲戒處分的一種，但常為懲戒或刑訴程序進行中的一種處置，其採行的情形可區分為「當然停止」及「先行停止」兩種方式，在公務員懲戒法中均有明文規定：

①當然停止：依據公務員懲戒法第三條規定「公務員有左列各款情形之一者，其職務當然停止：一、依刑事訴訟程序被通緝或羈押者。二、依刑事確定判決，受褫奪公權之宣告者。三、依刑事確定判決，受徒刑之宣告，在執行中者」。

②先行停止：依據公務員懲戒法第四條規定「公務員懲戒委員會對於受移送之懲戒案件，認為情節重大，有先行停止職務之必要者，得通知該管主管長官，先行停止被付懲戒人之職務。主管長官對於所屬公務員，依第十九條之規定送請監察院審查或公務員懲戒委員會審議而認為情節重大者，亦得依職權先行停止其職務」。採行停止職務之措施，乃因公務人員既有違法失職的重大嫌疑，自不宜使其繼續執行職務；且懲戒程序既已開始進行，則為避免被付懲戒人有湮滅、偽造、變造違法或失職之證據，或利用其地位，勾結證人，以及利用職權掩飾其違法失職情事，因而自以使其先行離開原任職位為宜㊱。此外，停職尚有另一種情形，實即指「留職停薪」而言，例如公務人員因考察、留學、長期患病，或另有職務等情形，不能執行職務者，亦得停止其職務；其中若係由政府選送出國考察進修者，則享有「留職留薪」之權利，有關規定見於「公務人員請假規則」及「公務員進修及考察選送條例」等法令。

㈡公務人員關係的消滅：政府對一般公務人員的任用，雖採永業制，且公務人員享有身分保障權，於其在職期間所任職位應受保障。但在事實上，無論基於公務人員個人或制度的因素，均足以造成公務人員關係的終止或消滅的情事。茲分為法定原因及事實原因說明之：

⑴法定原因：此即因法定事由的發生，致使公務人員關係歸於消滅的各種情形，包括：

①辭職：此即因公務人員自願辭去其現職，經機關核准後，致使公務人員關係發生終止的效果。

②撤職：此即因公務人員受懲戒上的撤職處分，致使公務人員關係終止的情形。

③免職：公務人員因受考績法上的免職處分，或純屬行政性質的免職處分，均將使公務人員關係歸於消滅㊲。

④停職：公務人員因犯罪案件受刑事羈押，或依刑事確定判決，受褫奪公權之宣告或徒刑之宣告者，其停職處分既為撤職或免職前之處置，則停職後若無復職可能，自停職日起事實上形同離職，故停職處分亦可視為公務人員

㊱ 李華民著，中國考銓制度，第五三六頁。

㊲ 依據公務人員考績法第七條規定考績列丁等者免職。同法第十二條規定記大過兩次或累積達兩次未能依照規定抵銷者，應予免職。

員關係消滅的原因。

⑤資遣：依公務人員任用法第二十九條規定「各機關公務人員具有左列情形之一者，得由機關長官考核，報經上級主管機關核准，予以資遣：一、因機關裁撤，組織變更，或業務緊縮而須裁減人員者。二、現職工作不適任或現職已無工作又無其他適當工作可以調任者。三、經公立醫院證明身體衰弱不能勝任工作者。」公務人員一旦被資遣，即須辦理離職，終止其公務人員關係。

⑥退休：公務人員退休者，即自其原任職位上離職，公務人員關係自應歸於消滅。其中自願退休者，若未達公務人員任用法上限制任用之年齡（命令退休），雖可再任公職，惟並非原有職位之延續；至於命令退休者，則根本無再被任用之可能，故退休後即終止其公務人員關係。

⑦任期屆滿：有法定任期之公務人員，於任期屆滿時如不能連任，自應離職（或被免職），遂使其公務人員關係終止。

⑧罷免：民選之公務人員，若經原選區之選民提出罷免案獲得通過，即被罷免，導致公務人員關係的消滅。

⑨解除職務：依據地方制度法第七十九條規定，各級地方民意代表及地方民選首長如有各種犯罪行為經法院判決確定、或受保安處分或感訓處分之裁判確定、或戶籍遷出各該行政區域六個月以上、或被褫奪公權尚未復權、或受禁治產宣告、或罹患重病致不能執行職務繼續一年以上者，應由各該自治監督機關解除其職務。

⑵一定事實：此即因一定客觀事實的發生，足以使公務人員關係消滅的情形。例如公務人員於在職期間死亡，此種情形即為國家在公務人員關係上的相對當事人已告消失，則公務人員關係自亦無法維持。又如公務人員於在職期間喪失國籍，致使其不具備法定任用條件，主管長官應撤銷其職務（國籍法施行條例第十條），則公務人員關係當然終止。

第八節　公務人員的交代

公務人員經任用後，就其職位所擁有的職權範圍，對機關的業務與財務應負起執行與管理的責任。一旦公務人員發生職位調動或離職的情事時，即應對其本職內主管或經辦的業務與財務，作一清楚的移交。而繼任該項職位之公務人員亦應就原任所主管或經管的所有事項妥為接受，俾使機關業務得以延續，不致因人事異動而停頓。交代行為本身亦為一種公務上的法律關係，此種法律關係具有雙方當事人，即移交人與接交人，前者為離職之卸任人員，後者為新就職之接任人員。辦理交代不僅為一種法定程序，且具有實質上的作用與意義，可分析為三點言之㊳：

㈠使接任者明瞭前任對該職位職權範圍內有關業務執行的詳情。特別就機關首長而言，更應使接任之新首長對本機關之組織、人員、業務與財務有全面的認識；同時使接任者瞭解前任對本機關業務的發展計畫，俾使前任的理想得以實現或長期計畫得以繼續推行。

㈡使上級機關首長或主管人員明瞭卸任人員在職時的工作績效，藉作考核的客觀依據。

㈢對機關首長或經管財物之人員，辦理交代，可藉以清了其在經費收支與財物管理方面的責任，以表示自身的清白。

由於此制對公務員責任及機關業務方面具有重要作用與意義，故政府早經制定法律加以規範，其基本法規即「公務人員交代條例」，茲引述該法內容要點如下：

㈠應行交代之人員：包含下列三種（見交代條例第二條之規定）：

⑴機關首長：機關首長係指具有獨立經費、任用權，並得對外行文之機關之首長而言。中央如五院院長、各部部長，地方如省政府主席、縣市長、鄉鎮區長等均是㊴。

㊳ 趙其文著，中國現行人事制度，第三六八頁。

㊴ 同前註，第五二四頁。

⑵主管人員：主管人員謂本機關內主管各級單位之人員，如部內之司長、處長、科長等是（見該條例第三條）。

⑶經管人員：經管人員謂本機關內直接經管某種財物或某種事務之人員（見該條例第三條）。惟既然每一公務人員就其職權範圍均有其經管之事務或財物；故此所謂經管人員實即指機關首長及主管人員以外之一般公務人員而言。

㈡應行交代的事項：此等事項因移交人之職權責任範圍與承辦業務性質而可能有所不同。交代條例分別規定如下：

⑴機關首長應行交代之事項：㈠印信。㈡人員名冊。㈢交代月份截至交代日止與月報相同之會計報告及其存款。㈣未辦或未了之重要案件。㈤當年度施政計畫或工作計畫，及截至交代時之實施情形報告。㈥各直屬主管人員主管之財物事務總目錄，但該總目錄如有錯誤時，各直屬主管人員應負其責任（見該條例第四條）。

⑵主管人員應行交代之事項：㈠單位章戳。㈡未辦或未了案件。㈢所屬次一級主管人員或經管人員主管或經管之財物事務總目錄，但該總目錄如有錯誤時，所屬次一級主管或經管人員應負其責任（見該條例第五條）。

⑶經管人員應行交代之事項：按其所經管之財物或事務，分別造具清冊，其種類名稱，由各機關依各經管人員職掌範圍及其經管情形分別規定之（見該條例第六條）。

㈢交代的限制：依據交代條例的規定，辦理交代應受下列各項限制，主要涉及交代程序與期限方面：

⑴派員監交：機關首長交代時，應由該管上級機關派員監交。主管人員交代時，應由本機關首長派員監交。經管人員交代時，應由本機關首長派員會同該管主管人員監交。公務人員接交時，如發生爭執，應由移交人或接收人會同監交人，擬具處理意見，呈報其上級主管機關或本機關首長核定辦理（見該條例第七、八兩條）。

⑵親自辦理：各級人員移交，均須親自辦理，其因職務調動，必須先行離開任地，或有其他特別原因者，經該管上級機關或其機關首長核准得指定負責人代為辦理交代，所有一切責任，仍由原移交人負擔。應辦交代之人員，如遇死亡或失蹤，其交代由該管上級機關或其機關首長指定負責人代為辦理；但失蹤人嗣後發現時，仍應由其負責

（見該條例第十六條）。

⑶法定期限：各級人員辦理交代，均應在法定期限內完成，俾使機關業務得以迅速恢復正常，而不致發生阻礙；並可使移交人員迅速清了責任，若就其主辦業務或經管財物，有違法失職情事存在，亦可在短期內發現，以便處置並追究責任。有關之規定如下：

①機關首長移交時，由後任會同監交人於前任移交後五日內，接收完畢，與前任會銜呈報該管上級機關。上級機關應於十日內予以核定，分別行知（見該條例第十三條）。

②主管人員移交時，由後任會同監交人於前任移交後三日內，接收完畢，與前任會銜呈報機關首長。機關首長應於十日內予以核定，分別行知（見該條例第十四條）。

③經管人員移交時，由後任會同監交人及該管主管人員，於前任移交後十日內，接收完畢，檢齊移交清冊，與前任會銜呈報機關首長。機關首長應於十日內予以核定，分別行知（見該條例第十五條）。

⑷駐外人員之交代：與國內公務人員適用同樣的規定辦理。其卸任之機關首長，除另有奉派之國外任務者外，應於交代清楚後三個月內回國，向其主管機關報告交代情形（見該條例第十九條）。

㈣追究交代責任：各級人員逾期不移交或移交不清者，其上級機關或本機關首長，應以至多不過一個月之限期，責令交代清楚。如再度逾限，應即移送懲戒。其卸任後已任他職者，懲戒機關得通知其現職之主管長官，先行停止其職務。財物移交不清者，除依前條規定處理外，對因此而造成公庫之損失，應負賠償責任，並得移送該管法院，就其財產強制執行（見該條例第十七、十八兩條，另在審計法及會計法中亦有有關規定）。至於移交不清，而發現有涉及瀆職之刑事責任者，自可能受到刑事制裁[40]。

此外，尚有值得注意者，即交代一方面為公務人員離職的必要手續，若其於原職位離職後不再轉任其他公職，則辦理交代具有使公務人員關係消滅的決定性效果。反之，若其於原職位離職後，將直接轉任他職者，則離職時是

---

[40] 管歐著，中國行政法總論，第三四七—三四八頁。

否完成交代手續，將構成其調任新職的消極限制條件之一。因此，就「交代」所具之實際作用而言，亦可謂係公務人員離職時的一項法定義務。

第五章　重點問題

一、公務人員之意義如何？試從形式上（法令規定）與實質上（學理）分別說明之。（41高檢、45高檢、51普、54普）

二、公務人員的類別有幾種？試就其主要的分類說明之。

三、政務官與事務官，就法律上地位而言，有何不同之點？試分述之。（53特）

四、公務人員任用的要件如何？試分析言之。

五、公務人員任用的程序如何？

六、公務人員之權利有幾？試加說明之。（40高檢）

七、公務人員的主要義務如何？試就公務人員服務法之規定，加以說明之。（24普、53特、54特）

八、公務人員對於上級長官之違法命令，有無服從之義務？試就各學者主張，及我國現行法規定，分別說明之。（42高檢、42高、46高、47特、66高）

九、何謂公務人員之責任？試就其與行政責任之不同，加以說明之。（54特）

十、試說明公務人員責任之種類為何？（31普、53特）

十一、懲戒處分與刑事處分之區別何在？（54高檢）

十二、懲戒處分與行政處分之區別何在？（54高檢）

十三、試依現行公務員懲戒法之規定，說明懲戒原因及懲戒處分之種類。（56高）

十四、公務人員關係變更之原因為何？試說明之。（51普）
十五、公務人員關係消滅之原因有那幾種？試分述之。
十六、喪失領受退休金之原因及停止領受退休金之原因各如何？（66普）
十七、公務人員辦理交代所受限制如何？交代不清者應負何種責任？

第六章　公營事業、公共團體、及公物

第一節　公營事業

第一項　公營事業的意義

公營事業亦稱公企業或公共事業，係由國家或地方政府基於各種政策目的及公共利益發揮經濟職能所經營不以權力為要素之事業。負責經營此種事業之機關，稱為公營事業機構；因公營事業之經營權屬行政權範圍，故此等事業機構乃隸屬於行政組織系統，為各該主管機關的附屬機構，而與正規行政機關在性質及業務方面均有所不同。惟既屬行政組織系統，則在行政法學行政組織一編中仍有論述之必要，茲將公營事業之意義析述如下：

㈠公營事業乃是以國家或地方政府為經營主體之事業。

公營事業係由中央或地方政府自行經營，為經營主體。其中由中央政府經營者，為國營事業；由省、縣(市)政府經營者，則為地方公營事業。惟無論為國營或地方經營，就經營主體或經營權而言，則均為公營事業。

公營事業之範圍，約包含下列四種類別❶：

(1)政府獨資經營之事業；

(2)各級政府合營之事業；

(3)依事業組織特別法之規定，由政府與人民合資經營之事業；

(4)依公司法之規定，由政府與人民合資經營，而政府資本超過百分之五十以上之事業。

---

❶見國營事業管理法第三條及公營事業移轉民營條例第三條。

由上述公營事業的類別，可知對公營事業的認定，主要係以經營主體或經營權之歸屬為標準。故若非直接由政府經營之事業，而是由私人或委託私人經營者，則為民營事業或私人企業或民間企業；若民營事業與政府訂立契約，以由政府機關補助經費為條件，而為政府執行特定業務者，則係契約行為，仍不得視為公營事業。

㈡公營事業係由國家或地方政府基於各種政策的目的及公共利益所經營之事業。

公營事業之經營，政府在事業類別的選擇，常係基於各種政策目的或為維護及促進公共利益所必要者為範圍，因在民主國家自由經濟制度下，社會經濟活動仍應以民間私經濟為主，政府對公營事業的經營具有選擇性及必要範圍的限制。例如我國憲法第一百四十四條規定「公用事業及其他有獨占性之企業，以公營為原則，其經法律許可者，得由國民經營之」。第一百五十條規定「國家應普設平民金融機構，以救濟失業」。國營事業管理法第二條規定「國營事業以發展國家資本，促進經濟建設，便利人民生活為目的」。凡屬此等規定，均足以說明，我國政府對公營事業的選擇，主要係以民生主義的政策目的為準據❷。就各種類別的公營事業的經營而言，例如政府基於財政與經濟政策目的，經營金融、信託、保險、工業、礦業、及專賣等營利或生產事業；基於國防政策目的，設置軍需工業；基於公共利益及民生便利之政策目的，經營交通、郵電、自來水、及瓦斯供應等公用或公益事業等均是。且此等事業的經營亦有具備多元政策目的者，因有政策目的的背景，故公營事業的經營與民營企業不同，即並不重視是否獲得盈餘。

㈢公營事業乃是國家或地方政府為發揮經濟職能所經營之事業。

現代國家政府均具有廣泛的經濟職能，在經濟事務方面扮演各種角色，發揮各種作用，例如管制、促進、輔導及穩定等各種職能均是。而直接經營各種公營事業亦為其經濟職能之一，各級政府機關多被授予此項職權，故國營事業管理法第七條規定「國營事業之主管機關，依行政院各部會署組織法之規定」。可知中央政府部分行政機關均分別主管有各種公營事業。地方制度法第十八至二十條有關各級地方政府的自治事項規定中，均列有「關於事業之經

❷ 高輝著，經濟建設，臺北，正中書局，七十三年版，第五頁。

營及管理事項」，是則各級地方政府亦擁有公營事業的經營權。總之，現代國家政府既具有廣泛的經濟職能，而公營事業的經營為發揮此種職能的途徑之一，則各級政府自均得行使其經營權，設置必要的公營事業機構。

㈣公營事業乃是國家或地方政府所經營非以權力為要素之事業。

現代民主國家與人民間的法律關係，並非全屬統治關係的性質，其中國家基於傳統性職能與目的，與人民間所形成的法律關係，如兵役、警察、及稅務關係等固屬統治關係，有賴於權力的運用；但國家在經營公營事業方面，與人民間所形成的法律關係，則一般多屬於管理關係，其與私經濟的法律關係無殊，國家係立於「準於私人的地位」，與人民同受私法的拘束❸。故此種關係的內涵不以權力為要素，尤以公營事業為公司型態組織者更能顯示此種關係的特色。惟在公營事業中，屬於非權力為要素者主要包含兩大類別，即⑴屬於以營利為目的之私經濟關係者，⑵屬於保育行政作用，為社會公共利益所經營之事業，此種事業除需維持其自身之存在與發展外，間亦附隨有經濟上營利之目的，故亦為非以權力為要素之事業。凡不屬於以上兩大類別者，則可能具有以權力為其經營之要素，例如國防軍需工業即屬此種特殊性質者❹。

第二項　公營事業與營造物的區別

前項所述乃是就公營事業定義的內涵所作分析說明。此外，尚有值得注意者，即在行政法學著作方面，對「營造物」一詞的使用，常與公營事業相關聯，致易滋生觀念上的困擾，似有加以澄清的必要。首先就「營造物」的涵義言之，行政法學上一般所謂「營造物」係指行政主體為供一定目的的用途，結合人與物所形成之繼續性設備之總體。若作進一步分析，可就其涵義提出數點說明❺：

❸　杉村敏正編，行政法概說，東京，有斐閣，一九七九年版，第六〇－六五頁。
❹　管歐著，中國行政法總論，第三五七頁。
❺　范揚著，前揭書，第一七九－一八〇頁。

㈠營造物乃是結合人與物所構成之總體，若單獨就供行政上使用之人或物而言，例如一般業務人員、技術人員或道路、河川、或建築物等，均不得稱為營造物。

㈡營造物係為一定目的繼續設置，亦即長期供特定用途使用。若僅預計係供暫時使用之設備，如臨時性之救災中心、展覽會場等，尚不得稱為營造物。

㈢營造物乃是國家或地方政府等行政主體，基於行政上、財政上或公眾利用等特定目的所建立之設施，例如公立學校、要塞堡壘、兵工廠、各種交通郵電設施、文化機構、社會福利機構、及公營事業機構等均屬之。其中若具有法人資格者，稱為營造物法人。

根據以上三項分析，可知營造物所包含之範圍甚廣，舉凡公物、政府機關、公營事業、及其他公共設施等均包括在內，故其與公營事業的涵義不盡相同，茲就二者的區別比較說明如下❻：

㈠觀念不同：政府設置公營事業，目的既在從事業務的經營，故公營事業屬動態觀念；而營造物的構成，則僅在使人與物的結合，故為靜態觀念。

㈡範圍不同：營造物的構成既為人與物結合的總體，則屬於此種性質的設施頗多，故其範圍甚廣。而公營事業固為營造物的一種，但營造物則不限於公營事業。

㈢設置期間不同：營造物均係為特定目的而繼續設置，故若僅係臨時性經營之事業，固為公營事業，但不能稱為營造物。

㈣設置目的不同：公營事業不以使人民利用之為要素，營造物則普通僅指供人民利用之設施而言。

上述四項雖已就公營事業與營造物的涵義加以比較區分，但就營造物的涵義而言，因其僅屬學理上的名詞，缺乏法令上的依據，且其範圍牽涉甚廣，故在觀念上與解釋上不免發生困擾，茲對有關問題分析如下❼：

---

❻ 史尚寬著，前揭書，第一四九—一五〇頁。

❼ 同❹，第三五八頁。

㈠營造物與通常所謂建築物及公共設施在觀念上常相混淆，但實際上營造物係指人與物的結合，並非僅指「物」而言。

㈡營造物雖為人與物的結合，但在理論上似較偏重物的要素，未能重視由人使用營造物所發生的行為作用，以致可能形成本末倒置的觀念，與實際情形不相符合。

㈢營造物的範圍雖甚廣泛，但就其所包括的個別項目而言，可分別就其所具性質，認定其為公物、政府機關、或公營事業機構，採用此等名稱意義既甚為明確，則自較統稱為營造物不易區分為佳。

㈣在各種營造物中，凡屬由行政主體為一定目的所繼續設置而從事經營之事業，自均得認定為公營事業。

根據上述四點分析，可知「營造物」一詞，意義含混，範圍太廣，不如逕就其所包括之各種項目採用意義明確的名稱較能切合實際；且其既非法令上用語，自亦缺乏實用價值。故有關營造物的理論，似以就公物、公共機關、及公營事業三部分分別加以探討為宜，而一般行政法學內容亦已呈現此種趨勢。

第三項　公營事業的種類

政府所舉辦之公營事業，由於現代國家經濟職能的擴張，其經營事業的範圍一般並無明確限制，故各種事業機構為數眾多，可區分為不同類別，茲分述之：

㈠以經營主體為標準，可區分為國營事業與地方公營事業，而此分類，亦可謂係以所屬政府層級或主管機關為標準。

⑴國營事業：此即以國家為經營主體之公營事業，實即由中央政府各主管機關舉辦之公營事業。依國營事業管理法第三條規定，其範圍包括政府獨資經營者、依事業組織特別法之規定由政府與人民合資經營者、依公司法之規定由政府與人民合資經營政府資本超過百分之五十者、及由政府與外人合資經營訂有契約者均屬之。此外，國營事業轉投資於其他事業之資金，應視為政府資本，如其數額超過其他事業資本百分之五十者，該事業亦應視為國營事

業（見司法院釋字第四十一號解釋）。

⑵地方公營事業：此即由各級地方政府所舉辦之公營事業，可按地方政府層級區分，亦即按經營主體區分，包括直轄市營、縣（市）營、及鄉鎮（縣轄市）營事業❽。地方公營事業包括的範圍，與國營事業相似，即有由各級地方政府公庫撥付資金之全部，由地方政府獨資經營之事業，或僅撥付法定之資金數額，而與中央或其他地方政府或人民合資經營之公營事業（政府資本超過百分之五十以上者）（見公營事業移轉民營條例第三條之規定）。

㈡以公營事業之性質為標準，可區分為國防事業、獨占事業、生產事業、公用事業、及民生事業，此等事業機構的設置各具有不同之政策目的，且業務類別亦不相同。

⑴國防事業：此即指國防工業與國防軍需生產有密切關係或直接涉及國防秘密之事業而言，如兵工廠、軍品原料及零件工廠、甚至相關之礦業機構等均屬之❾。其中直接涉及國防秘密之事業，依法曾規定禁止移轉民營（見舊公營事業移轉民營條例第三條）。

⑵獨占事業：凡屬企業之性質易形成壟斷局面，亦即營業愈大，費用愈省，收益愈多，易為私人資本壟斷，演成利益獨占，使一般國民蒙受損失者，以由公營為宜。我國憲法第一百四十四及一百四十五條對此種情形有原則性之規定，即「公用事業及其他獨占性之企業，以公營為原則」。「國家對於私人財富及私營事業，認為有妨害國計民生之平衡發展者，應以法律限制之」。另舊公營事業移轉民營條例第三條規定「專賣或有獨占性之事業」應由政府經營，不得移轉民營，可知我國政府對此種性質事業之重視❿，惟現行法令的規定則較具彈性。關於獨占事業之範圍及認定標準，自法制觀點而言，主要為立法政策的問題，在法律上有就特定事業為獨占（或專賣）事業作明文規定

---

❽　關於直轄市、縣（市）及鄉（鎮、市）各級地方政府公營事業之經營權，見地方制度法第十八、十九及二十條自治事項部分之規定。

❾　按礦業法第八至十條之規定，重要礦產應歸國營為原則，對於礦區得劃定國家保留區，而此等重要礦產多與國防工業有關。

❿　高晴宏著，從民生主義觀點對我國公營事業經營之研究，臺北，正中書局，七十年版，第四七—四九頁。

者（例如郵政簡易人壽保險），亦有雖無明文規定，但可自企業本身認定具有國家的公共性質者，亦得解釋為獨占事業。對於獨占事業的經營，固應以公營為原則，但實際上一般國家經營之形態可分為三種，即①由國家直接經營，不許私營，例如郵政、簡易壽險是；②一部分公營，一部分特許其他公共團體或私人經營者，例如鐵路公路運輸、電信電話、公共汽車等是；③國家不自行經營，而特許私人經營者，例如銀行兌換券之發行是⓫。前述我國公營事業移轉民營條例第三條雖禁止獨占事業移轉民營，但憲法第一百四十四條後半段但書規定「其經法律許可者，得由國民經營之」。是故，若有特別法令依據，獨占性之事業，仍有允許民營之可能。我國現制下之獨占性公營事業包括鑄幣廠、國家銀行、國有鐵路、國道、郵政、電信、專賣及大規模之動力廠等均是。

(3)生產事業：政府基於各種政策目的，亦得經營各種生產事業，其中以工業為主體，亦得將礦業包括在內。此等公營生產事業多具有較大規模，須作大量投資及長期發展，我國現有之公營生產事業為數不少，其中屬經濟部主管之國營事業計有臺灣糖業、臺灣肥料、中國磷業、臺灣機械、臺灣鋁業、臺灣金屬礦業、中國鋼鐵、中國造船、中國石油等股份有限公司。屬於臺灣省營事業者，計有高雄硫酸錏、中興紙業、農工企業、唐榮鐵工廠、及復興紡織等公司，及菸酒公賣局、林務局等機構⓬，所涉及生產事業之類別相當廣泛。

(4)公用事業：此即為公眾提供生活上各種服務及便利的事業，例如自來水、電力、瓦斯、電話、及交通運輸等事業均是。依據我國憲法第一百四十四條規定，大規模之公用事業，應以公營為原則。

(5)民生事業：此即與民生必需品有關之生產及銷售事業，因其業務直接關係人民日常生活，故為保障人民日常生活的安定及物價的平穩，即使法令未限制此種事業必須公營，但政府自得設置經營，藉以實現經濟與福利政策的目的。民生事業的範圍，主要與人民日常生活的食衣供需有關，例如糖、鹽、食油、燃料、及紡織品等事業均屬之。

上述就事業性質所作分類，包含的各種事業範圍甚廣，種類眾多。在此等事業中其經營權的歸屬對各級政府所

⓫ 史尚寬著，前揭書，第一五一頁。

⓬ 同⓾，第五五－五八頁。

作劃分，主要應配合各級政府的事權劃分定之（例如貨幣鑄造、國防工業應屬中央國營）。若並非專屬於特定層級政府者，則在原則上各級政府均可經營，或依特別法令定之。

㈢以公營事業有無營利目的為標準，可區分為營利事業與非營利事業。

公營事業的經營，非以營利為必要，但亦不禁止具有營利目的。是否具有營利目的，須視其設置之政策目的以為定。且即使具有營利目的，其營利亦應有適當程度的限制，不應利用以政府為經營主體的地位，謀取不當的利潤，一般言之，公營事業除為財政目的所舉辦者外，多非專門以營利為目的，但可兼具營利目的，至於非營利事業機構，主要屬社會服務性之業務機構，例如臺閩地區勞工保險局是。

㈣以公營事業之組織體制為標準，可區分為公司組織之事業與非公司組織之事業。

⑴公司組織之事業：公營事業中採用公司組織者甚為普遍，其法令依據主要有兩種，即①依事業組織特別法之規定，採公司體制者；②依公司法之規定，採公司組織及名稱者。具有上述任何一種法令依據，所設立之公司，其政府資本超過百分之五十以上者均為公營事業機構，並依公司法之規定具有法人資格⓭。

⑵非公司組織之事業：公營事業機構不採公司組織者，其組織形態約有兩種，即①採一般行政機關組織者，例如內政部麻醉品經理處、原省政府農林廳林務局及財政廳菸酒公賣局是；②採不同於行政機關之特殊組織者，例如財政部中央信託局、臺閩地區勞工保險局是。此等事業機構除均有其特定的組織法規外，如其營業合於商業登記法第三條所定之商業者，亦應依據該法辦理商業登記⓮。

公營事業既均為政府設置的企業機構，應視同廣義的政府組織的範圍，其設置自應有法令上的依據，如前所述

⓭ 依公司法第一條規定「本法所稱公司，謂以營利為目的，依照本法組織、登記、成立之社團法人」。

⓮ 關於此等事業機構之組織法規，如內政部麻醉藥品經理處組織條例、臺灣省農林廳林務局組織規程、臺灣省菸酒公賣局組織規程、中央信託局條例、臺閩地區勞工保險局組織規程。關於須辦理商業登記的法令依據，除商業登記法第三條外，另見司法院院解字第三二二四號解釋。

各種組織形態的事業機構其設置有不同的法令依據，但無論其採用何種組織體制，均應有其自身之組織法規。就國營事業而言，依國營事業管理法第十條規定「國營事業之組織，應由主管機關呈請行政院核轉立法院審定之」。此即要求有關事業機構組織的決定，應經法定程序，受立法機關的監督，在地方政府方面大致亦屬如此。

此外，公營事業機構採公司組織者，依公司法之規定原應具有私法人資格（營利社團法人性質）。惟公營事業既為廣義的政府組織，其設置、業務、財務、及人事均須受各種公法的拘束，故學者有認為其法人資格應屬公法人性質為宜者，此種見解似亦具有理論上的根據⑮。

第二節　公共團體

第一項　公共團體的意義

公共團體乃是依公法所設立的團體，亦稱自治團體或人民團體。此種團體係由多數人民基於共同利益或志趣，在國家法律範圍內為處理與本身有關之地域性、職業性、或他種性質公共事務所組成的團體。公共團體乃是行政法關係的當事人，多具有公法人資格及自治權，其與國家、其他公共團體、以及團體內構成分子間，在執行團體業務方面均可發生公法上的權利義務關係，成為權利義務的主體。惟廣義的公共團體，亦將不具公法人資格的人民團體包括在內。茲就此項定義分析說明如下：

㈠公共團體係由多數人民依公法所組成之團體：公共團體在本質上乃是多數人民的結合，其在法律依據方面與私法團體不同，係由人民依公法所組成，其法律淵源應為憲法上集會結社自由之規定。惟公共團體應為固定性及永久性的組織，多數人偶發性與臨時性之集會，則不能視為公共團體。至於構成其設立依據的公法，種類不一，如人民團體法、各種地方自治法規、各種職業團體法規等均是，此等法規均屬行政法規性質。

⑮ 管歐著，中國行政法總論，第三六二頁。

㈡公共團體成立的原因乃是基於多數人民的共同利益或志趣：此即多數人民在共同利益或志趣的吸引下，所形成的公共組合，以便藉團結的力量推行團體的活動，達成共同的目的。

㈢公共團體包括地域性、職業性、或其他性質的組織在內：公共團體的組成，一般多係以地域範圍、職業種類、或其他為構成分子認同的事項為基礎所形成的結合體，而此等結合的基礎在實質上多涉及各種構成分子間的共同利益或志趣。

㈣公共團體設立的目的乃是在國家法律範圍內推動其公共事務：所稱公共事務係指團體所從事的各種業務活動而言，此等活動均在實現公共團體成立的目的，但須受國家法令的限制。就法律的觀點而言，公共團體的活動，多屬其法定任務或法律授權事項，而從事此種活動自不能有違法行為或逾越授權範圍。此外，團體公共事務均與團體的整體有關，而與團體分子的個人私事有別；同時，亦非屬於其他團體或政府機關的事務，惟公共團體常有執行由政府機關交辦或其他團體委託的事項，此種情形乃屬例外。

㈤公共團體多具公法人資格及自治權：其公法人資格及自治權乃由公法所授予，從而使公共團體得以構成享權利盡義務的主體，在法律上具有獨立的地位，就其本身事務自行加以處理（惟其法人資格的取得，依人民團體法的規定，須向地方法院辦理法人登記）。對其自治權的行使，若無違法不當情形發生，各有監督權的機關亦應予以尊重及維護。惟所應注意者，即公共團體的範圍，不以具有公法人資格者為限，非法人的公共團體亦應包括在內，但其在法律上的權能自不免受到限制，而與具有公法人資格的團體所擁有者，實難以相提並論。

第二項　公共團體的分類

國家之內有各種不同的公共團體存在，此等團體在設立目的、組成基礎、業務活動、內部組織、及法律性質等各方面均可能有所不同，故可區分為不同類別，惟自法律觀點而言，主要應著重於所具法律性質的區分，亦即以是否具有法人資格為標準，茲分為兩類說明之：

㈠具有公法人資格的公共團體：公共團體通常係依據公法設立，經法律授予公法人資格，成為權利義務的主體。具有此種資格的公共團體，主要可分為地方自治團體、職業團體、社會團體與政治團體等四種。後三者為我國人民團體法上所稱之「人民團體」，此等團體法人資格之取得，須向地方法院辦理法人登記。茲分述之：

⑴地方自治團體：此即由一定地域的居民，為推動地方自治業務，依國家法令授權，所組成之公共團體。其特性即係以地域為基礎，並就地方自治事務，擁有綜合性的自治權，在法律上具有公法人資格，在實質上構成地方政府單位。我國憲法及有關地方制度與自治之法律及命令，對地方自治團體組織、事權、及構成分子權利義務等事項均有所規定。

地方自治團體雖為公共團體的一種，惟其與他種公共團體相較，具有各種不同之點，可自組織方式、產生依據、及職權大小等方面比較如下⑯：

①地方自治團體乃是地方政府，屬於行政組織的範圍；其他公共團體則不具有此種性質。

②地方自治團體以地方政府的地位，構成其他公共團體的主管機關；其他公共團體則係受地方自治團體管轄的客體。

③地方自治團體既為地方政府，則其與轄區內的居民間，發生統治關係；其他公共團體與其所屬構成分子間，則僅依團體設立的法令及團體章程之規定，形成具有特定內容的法律關係。

④地方自治團體既為地方政府，則其所屬業務人員均為公務人員，彼等所執行之業務乃屬政府公務，妨害其業務執行者，即構成妨害公務罪；其他公共團體之所屬業務人員即不具有公務員之身分，所執行者雖可謂公共事務，但非政府公務。

⑤地方自治團體所屬行政機關處理公務之行為，具有行政處分性質，得作為行政爭訟之標的；其他公共團體之行為，不具有行政處分之性質，不得作為行政爭訟的標的。

⑯ 管歐著，中國行政法總論，第三六七頁。

(2)職業團體：此種團體係以協調同業關係，增進共同利益，促進社會經濟建設為目的，由同一行業之單位、團體或同一職業之從業人員組成之團體。其構成分子為團體的會員或社員，團體成立後所推動的業務均屬為促進職業共同利益的各種活動。職業團體經法令授予公法人資格及其職能與任務，是為其自治權的事項，在內部關係上團體與其會員間互相享權利負義務（參閱第一編第七章有關公共團體公權部分說明）⑰。就其法律性質而言，職業團體原屬民法上之公益社團法人，惟關於其組織、立案、及登記等事項，均由公法範疇之人民團體法及各種職業團體的特別法加以規定，故與一般民法上的社團法人所適用的法令不同。由此可知屬於公共團體之人民團體，係指具有公法人資格的人民團體而言，與一般私法上之民間社團法人有別。就屬於職業團體的公共團體而言，其中又可區分為三種類別⑱：

①一般職業團體：例如農會、漁會、工會、水利會、工業會、工業同業公會、商業同業公會、輸出業同業公會等團體均屬之。

②特種職業團體：例如海員工會、郵務工會、鐵路工會、電務工會、民船船員工會等團體均屬之。

③自由職業團體：例如律師公會、會計師公會、醫師公會、工程師學會、教育會、及教育機關立案之私立學校（並應辦理財團法人登記）等團體均屬之。

(3)社會團體：此即以推展文化、學術、醫療、衛生、宗教、慈善、體育、聯誼、社會服務或其他以公益為目的，由個人或團體組成之團體，例如各種學會、婦女會、體育會、獅子會、扶輪社、福利協會、同鄉會等均是。

(4)政治團體：此即以共同民主政治理念，協助形成國民政治意志，促進國民政治參與為目的，由中華民國國民組成之團體。此種政治團體主要即指政黨而言，因政黨的組成及其活動對國內政治及社會生活均足以產生重大的影

---

⑰ 見工會法第二、五、十二、二十一、二十二等條有關工會法人、任務、會員、會議、及經費等事項之規定。農會法第二、四、十二、十三、三十三、及三十八條亦均有類似的規定。

⑱ 同⑫，第三六八頁。

響，故人民團體法中對於政黨特別列有各項重要的規定：

第四十五條（關於政黨的意義）：

「符合左列規定之一者為政黨：

一、全國性政治團體以推薦候選人參加公職人員選舉為目的，依本法規定設立政黨，並報請中央主管機關備案者。

二、已立案之全國性之政治團體，以推薦候選人參加公職人員選舉為目的者」。

第四十六條（關於政黨設立之報備）。

第四十六條之一（關於政黨辦理法人登記）。

第四十七條（政黨之組織區域）：

「政黨以全國行政區域為其組織區域，不得成立區域性政黨。但得設分支機構」。

第四十八條（政黨得推薦候選人）：

「依第四十六條規定設立之政黨，得依法推薦候選人參加公職人員選舉」。

第四十九條（政黨依民主原則之組織與運作）：

「政治團體應依據民主原則組織與運作，其選任職員之職稱、名額、任期、選任、解任、會議及經費等事項，於其章程中另定之」。

第五十條（關於政黨平等權利）：

「政黨依法令有平等使用公共場地及公營大眾傳播媒體之權利」。

第五十一條（禁止收受外國捐助）：

「政治團體不得收受外國團體、法人、個人或主要成員為外國人之團體、法人之捐助」。

第五十二條（政黨審議委員會）：

「內政部設政黨審議委員會審議政黨處分事件。

政黨審議委員會由社會公正人士組成，其具有同一黨籍者，不得超過委員總額二分之一；其組織由內政部定之」。

以上各項條文，均係針對政黨及政治團體所作特殊規定，此等規定自屬尚欠完備，但大致業已奠定有關政黨法制的基本原則。未來就有關事項可能尚須另行制定「政黨法」加以規範，或在各種相關法律中作補充規定，使政黨法制具有詳明妥適的內容。

㈡不具公法人資格的公共團體：此即指在地方自治團體與各種職業團體以外，由一般人民基於共同志趣或政見，為推動特定種類之業務活動所組成的公共團體。鑑於人民的結社自由權，國家在公法上允許此種性質的人民團體設立，惟並未明定直接對其賦予公法人資格，而此等團體亦未依法辦理法人登記，故成為不具公法人資格的公共團體，例如前述的各種社會團體與政治團體均可能發生此種情形，惟亦有將此等團體通稱為社會團體者。

第三項　公共團體的組織與活動

各種公共團體既均係由多數人民結合而成，則均屬組織體。惟有關公共團體的組織事項，涉及範圍甚廣內容亦頗複雜，因各種公共團體的性質不同而未盡一致。同時，各種公共團體的設立，均具有特定目的，為實現其目的須從事各種業務活動，而此等事項則與公共團體的職能及任務有關。關於公共團體的組織與業務事項，其法令上的依據主要因公共團體種類的不同而異，例如工會法、農會法、漁會法等均係特定種類團體的法令依據，屬特別法性質；惟亦有就公共團體的共同事項作一般性規定者，如人民團體法是。茲依據各種有關法令的規定，就公共團體的組織及活動事項作綜合性之分析說明如下：

㈠公共團體的主管機關：我國憲法雖授予人民結社之自由權，惟此種權利仍須受法令的規範與限制，而負責執行有關人民結社法令的機關，就公共團體方面而言，即為其主管行政機關。我國法制上有關人民團體的管理，在基本上屬於社會行政的範疇，故係以社會行政機關為其主管機關。具體言之，在中央為內政部、在省為社會處、未設社會處之省為民政廳、在直轄市為社會局、在縣（市）為縣（市）政府。除此種基本主管行政機關的系統外，因各種公共團體的目的事業，大致均具有專業性，故就其目的事業而言，又須受各種專業行政機關的管轄，是為其目的事業之主管行政機關，例如工會之目的事業屬勞工行政範圍，以勞工委員會為主管機關；農會及漁會之目的事業屬經濟行政範圍，其主管機關原為經濟部，現為農業委員會；教育會之目的事業屬教育行政範圍，其主管機關為教育部；醫師公會之目的事業屬衛生行政範圍，其主管機關為衛生署。此等公共團體的基本主管機關及目的事業主管機關，對於公共團體的組織及業務活動事項，依法擁有監督權⑲。

㈡公共團體的設立程序：公共團體的設立應遵循法定程序，在各種有關法令中，對此種程序所作規定大致相同，約可劃分為下列五個步驟：即⑴應有法定人數的發起人，由發起人向主管機關申請登記，經許可後，主管機關應即派員指導；⑵由發起人推定籌備員組織籌備會，並辦理徵求會員活動；⑶召開成立大會，並選舉職員，通過章程；⑷公共團體於組織完成後，應將籌備經過、章程、會員名冊、職員略歷冊等資料，函送主管機關備案；⑸由主管機關發給登記證書⑳。

㈢公共團體的章程：公共團體在內部組織、團體與會員關係、及業務處理程序等方面，須要講求民主法治，故有關此等事項均應有法令依據，除國家所制定之法令外，尚須訂定「章程」作為其內部的「基本法」。章程須經由成立大會通過，始具有合法性，其內容須記載各種法定事項，一般包括有公共團體的名稱、宗旨、區域、會址、任務或事業、組織、會員出入會及除名、會員之權利義務、職員名額與權限、任期及選任解任、會議、會費經費財產及會計、章程之修改等事項在內㉑。

㈣公共團體的構成分子：公共團體乃是由多數人民結合而成，此等人民均為其構成分子，除地方自治團體外，

---

⑲ 有關公共團體主管機關的規定，一方面見於各有關機關之組織法規，同時在有關各該種團體之法令方面亦分別有所規定。

⑳ 見工會法第二章、漁會法第三章、農會法第三章有關「設立」規定。

㉑ 見漁會法第十四條、工會法第十條、農會法第十一條有關章程內容之規定。

通常稱為會員。各種公共團體因所具性質與目的不同，其對構成分子的資格條件要求亦有所不同。地方自治團體的構成分子，為其轄區內的一般居民，所謂居民自應以在當地設有戶籍者為條件㉒，此外並無他種條件限制。惟職業團體對會員資格的限制，則較為嚴格，其原因乃是由於職業團體的組成，係以從事同類職業者的共同利益為基礎。一般言之，職業團體所規定的會員資格條件限制，概略如下：⑴凡現正實際從事於特定職業之個人，始得加入各該種職業團體為會員；除個人會員外，如該團體在組織系統上有不同等級團體之區分者，則常規定下級團體得加入上級團體為團體會員；⑵個人會員常須年滿法定標準如十六歲或二十歲（成年人），並居住於該團體之組織區域內者，始有資格；⑶在消極資格條件方面，常規定褫奪公權尚未復權者、受破產之宣告尚未復權者、受禁治產宣告尚未撤銷者、曾受除名處分者均不得加入為會員；⑷凡具有兩種以上公共團體之會員資格者，法令並未禁止其取得兩種不同之會員資格；惟亦有規定同一個人不得在兩個地區之同種類團體同時加入為會員，或限制每戶僅能以一人加入為會員者；⑸凡不具備正式會員資格之個人，法令有允許其加入為非正式會員（贊助會員）者，惟所享權利與前者不同㉓。

㈤公共團體的區域限制：公共團體中無論為地域團體或職業團體，均有其業務活動的區域限制，亦可謂其組織的地域基礎，故稱「組織區域」。就地方自治團體而言，即為其轄區。公共團體的「組織區域」，有為其所在地的行政區域，例如農會法第六條規定「農會分鄉、鎮（市）、區農會，縣（市）農會，省（市）農會及全國農會……」。惟亦有按公共團體之性質，其「組織區域」可不受地方行政區域之限制者，例如漁會法第六條第二項規定「區漁會為基層漁會，於漁業集中之漁區設立之」；又如工會法第七條規定「工會之區域以行政區域為其組織區域。但交通、運輸、公用等事業之跨越行政區域者，得由主管機關另行劃定」。公共團體之組織區域經劃定後，對公共團體的設立

㉒　臺灣省各縣市實施地方自治綱要第十一條規定「中華民國人民，現居縣市區域內者，為縣市居民」。

㉓　農會法第十三條有「贊助會員」之規定，第十四條規定「農會會員每戶以一人為限」。漁會法第十五條第一項有將漁民區分為甲乙兩類之規定，不合甲類資格者，可作為乙類會員，第五項規定「漁民不得參加二個以上區漁會為會員」。

具有區域性的限制作用，此即在同一區域內同種類同等級之公共團體以設立一個為原則，工會法第八條及漁會法第七條對此均有明文規定㉔；設定此種限制的用意，在於維持公共團體系統的完整，避免地方派系鬥爭，並使公共團體具有充分的區域代表性，及便於管理監督。

㈥公共團體的職員：公共團體的會員人數眾多，為有效推動業務，除應由全體會員參與重要會務事項的決定外，在一般經常性業務的辦理方面，公共團體仍須有負責人、代表人、及業務執行者，此等人員均為公共團體的職員。公共團體的職員以理、監事及總幹事為主體，理、監事均須具備會員資格，由會員選舉產生，人數有法定限制，任期四年，連選連任，分別組成理事會及監事會。理事會負責處理公共團體一切事務，對外代表各該公共團體；監事或監事會審核公共團體之簿記帳目，稽查各種事業進行狀況。理、監事均為無給職，並不得兼任各該公共團體之聘雇職務。公共團體在理事之外如另設總幹事者，則此一職位由理事會就中央或省（市）主管機關遴選之合格人員中擇一聘任之，負責執行公共團體之會務。除總幹事外，公共團體尚得聘雇各級職員。總幹事及各級聘雇人員均為專任，不得在外兼營工商業或兼任公私團體之任何有給職務或各級民意代表。公共團體之各級職員如有因違背法令、章程、或有其他損害公共團體權益或信譽行為者，得經會員大會決議罷免之，並應負賠償責任㉕。

㈦對公共團體的監督與制裁：公共團體自發起設立，至設立後之組織與業務活動，均在主管機關的監督之下。因國家允許公共團體的設立，均有其政策上之目的，為實現此等目的維持公共團體組織與業務的正常健全發展，避免為少數人操縱利用，故須實施監督。如前所言，主管機關對公共團體的監督措施相當廣泛，惟實際上係以公共團體的整體業務活動及其職員執行職務的情形為主體，視所發生各種違法不當情形採取各種必要之矯正及制裁措施。有關法令就此等事項，一般約有下列各種規定㉖：

㉔ 工會法第八條規定「凡同一區域或同一廠場內之產業工人，或同一區域之職業工人，以設立一個工會為限……」。漁會法第七條規定「同一漁區或同一鄉鎮內，不得組織兩個同級漁會」。

㉕ 見漁會法第五章「職員」，及工會法第四章「職員」之規定。

⑴申請設立之人民團體有違反人民團體法第二條（不得違背憲法或主張共產主義、或主張分裂國土）或其他法令之規定者，不予許可；經許可設立者，撤銷其許可。

⑵人民團體經核准立案後，其章程、選任職員簡歷冊或負責人名冊如有異動，應於三十日內報請主管機關核備。

⑶人民團體經許可設立後逾六個月未成立者，撤銷其許可。但報經主管機關核准者，得延長之，其期間以三個月為限。

⑷人民團體因組織區域之調整或其他原因有合併或分立之必要者，得申請主管機關核定合併或分立。

⑸人民團體成績優良者，主管機關得予獎勵；其獎勵辦法由中央主管機關定之。

⑹人民團體怠忽任務，妨害公益，或逾越其任務範圍時，主管機關得予以警告。

⑺人民團體之決議，有違反法令、妨害公益或逾越其宗旨、任務時，主管機關得再予警告或撤銷其決議。

⑻人民團體違反其宗旨或任務，情節重大者，主管機關得予以解散或撤銷其決議。解散後應辦理重行組織事宜。

⑼人民團體在業務方面如廢弛會務，經營不善，虧損嚴重或有其他重大事故，主管機關認為必要時，得經中央主管機關之核准，停止會員代表、理事、監事之職權，並予整理，經整理後，應即令其改選。

⑽人民團體之理、監事及總幹事如有違反法令、章程，嚴重危害公共團體之情事，主管機關得報經上級主管機關之核准，或逕由上級主管機關予以停止職權或解除職務。

⑾人民團體解散時，應由主管機關指派清算人，清算人有代表公共團體執行清算事務之權。

⑿人民團體章程及重要職員之變更，應函請主管機關備查。

⒀人民團體之章程，有違背法令時，主管機關得函請變更之。

⒁人民團體或其職員、會員之違法行為，主管機關除得予以行政罰之制裁外，如其行為觸犯刑法者，自應按其性質由司法機關予以適當之刑罰制裁。例如違反禁止收受外國之捐助者，依法處二年以下有期徒刑、拘役或二萬元

㉖ 見農會法第九章「監督」，漁會法第九章「監督」，工業團體法第四章「監督」，工會法第七章「監督」等部分各項條文之規定。

以下罰金。其他刑事制裁之規定見「解散」部分。

以上十四項所涉及的監督及制裁措施，分別見於人民團體法及各種職業團體法的規定；尤以前者對於制裁措施，更有整體性的規定，該法第五十八條稱：

「人民團體有違反法令、章程或妨害公益情事者，主管機關得為左列之處分：

一、警告。

二、撤銷其決議。

三、停止其業務之一部或全部。

四、撤免其職員。

五、限期整理。

六、撤銷許可。

七、解散。

前項第一款至第三款之處分，目的事業主管機關亦得為之。但為第二款或第三款之處分時，應會商主管機關後為之。

對於政黨之處分以警告、限期整理及解散為限。政黨之解散，由主管機關檢同相關事證移送司法院大法官審理。

前項移送司法院大法官審理，須經政黨審議委員會出席委員三分之二以上認有違憲情事者為限」。

此項條文雖屬有關對各種團體制裁措施的整體性規定，但內容尚欠完備，例如其中並未包括罰鍰及刑事制裁的規定，亦未將各種有關職業團體法律中所採用的制裁措施一併納入。至於對團體採行解散處置，則尚須另行規定。

(八)對公共團體的解散處置：關於公共團體的解散，主要係對人民團體所採取的處置措施，其對象並不包括地方自治團體在內。且解散措施因採行的原因不同，而具有不同的性質。依據人民團體法第五十九條規定：

「人民團體有左列情事之一者，應予解散：

一、經主管機關撤銷許可者。
二、破產者。
三、合併或分立者。
四、限期整理未如期完成者。
五、會員（會員代表）大會決議解散者。
前項第四款於政黨之解散不適用之」。

由上述規定可知解散的原因不一，故解散並不一定屬制裁性質的措施。惟既經主管機關決定予以解散後，如不遵命在限期內解散者，則將受到進一步的制裁（包括對該團體的罰鍰及對其負責人的刑事制裁等均是）。

上述各項內容，已就有關公共團體的各種事項分別加以說明。此外，關於地方自治團體的事項及公共團體對行政法關係上其他當事人（國家及團體會員、與團體互相間）之間的權利義務關係，可參閱本書前述各有關部分的說明。

第三節 公 物

第一項 公物的意義

在行政法學及行政學的傳統觀念中，「行政公物」均曾被視為行政組織要素之一，可知有關「公物」的事項應屬行政組織法內容的範圍。所謂「公物」，其涵義有廣狹之別。廣義的公物，凡國家與地方自治團體所擁有的一切財產均屬之。具體分析，約包含五類如下[27]：

㈠公有土地及構成其附著物的各種建築設施，如房舍、鐵路、橋樑等均是。

[27] 管歐著，中國行政法總論，第三七二頁。

㈡各種公有動產、物資、與交通工具，如辦公機具、圖書、儀器、車輛等均是。

㈢現金、貨幣及各種有價證券（股票、債券）。

㈣各種營業資金及其孳息收入。

㈤各種為特定目的所設置的基金（指定用途不屬於營業資金者）。

以上各項實已涵蓋政府公有財產的全部範圍；惟就此範圍而言，尚未能充分說明行政法上所謂「公物」的涵義。至於狹義的公物，則係指各級政府基於行政目的，為執行各種業務直接間接提供給各機關或一般人民使用之土地、場所、設施、機具、與物品等而言。狹義的公物主要固均屬前述廣義的範圍，惟尚有廣義範圍以外的項目包含在內，因即使私有財產供政府使用者，亦視為「公物」（即指具有公物之性質），例如將私有土地依法劃定為軍事要塞區域或保安林地，及政府租用私有房舍或交通工具供公務使用等均是。可知狹義的公物觀念，係依其目的而決定（即指行政主體直接供諸行政目的之用之有體物而言），並非以其所有權之主體而決定，故即使所有權不屬於行政主體，而係直接供諸行政目的之用者，亦視為具有公物之性質㉘。狹義的公物，因受行政目的所拘束，其管理、使用、處分及移轉，在原則上均須受公法的支配，具有法律上的特別性質，故與私產的處理不同其途徑，由此使其在行政法學上具有較大的重要性。

第二項　公物的類別

公物不僅範圍甚廣，且類別甚多，茲就各種區分說明如下㉙：

㈠財政公物、行政公物、與共用公物：此為就公物的用途所作區分，茲分別言之：

⑴財政公物：亦稱財政財產或收入財產，係指充作政府經費及其他財政上用途的各種財產而言，其中以公庫所

㉘　范揚著，前揭書，第一九五頁。

㉙　管歐著，前揭書，第三七四－三七六頁。馬君碩著，前揭書，第一九九－二〇〇頁。

有之現金及有價證券為主體，但其他財產物資及收益均屬之。

⑵行政公物：亦稱行政財產、公務用物、或公用物，係指直接供政府機關公務上使用或消費目的的營造物及各種動產物件而言，如要塞、砲臺、房舍、軍用機艦、辦公用具等均是。

⑶共用公物：亦稱共用財產、公眾用物、或共用物，係指直接供一般人民利用之場所、公共設施及其附屬物而言，如道路、橋樑、公園、河川、港口碼頭等均是。

㈡公有公物與私有公物：以公物所有權的歸屬為標準區分，凡所有權屬政府者，為公有公物亦稱自有公物；凡所有權屬於人民，而由政府依法或契約取得使用權者，為私有公物亦稱他有公物。此外，若所有權為政府或私人所共有者，仍具有公物之性質。公有公物又可按政府層級區分為國有公物、省有公物、縣有公物等，實即指公有財產。

㈢融通公物與不融通公物：以公物有無融通性為標準區分，凡公物的所有權得移轉於私人者，為融通公物，亦即此種公物具有一般私有財產之性質。反之，所有權專屬於國家，在性質上不能為私人所擁有者，即為不融通公物，如湖海河川、軍用機艦等均是。

㈣自然公物與人工公物：以公物實體上成立過程為標準區分，凡依其原有自然狀態可供公用之物，為自然公物，如湖海河川均是。凡須經人工製造興建始可供公用之物，是為人工公物，如各種公共設施或公務使用之機具、物品等均是。

㈤專供公用公物與附帶私用公物：以公物在使用方面所受公法之限制為標準區分，凡公物專供政府公務上使用者，為專供公用公物，如要塞堡壘、辦公室、軍用機艦等是；凡公物在供公用之同時，許可附帶兼供私人目的使用者，為附帶私用公物，如在公共設施場所允許私人各種營業活動是。

第三項 公物的法律關係

以上兩項已就公物的意義與分類作了簡略介紹，惟對於公物在法律上所具性質及效果等事項，仍有加以探討的必要。大體言之，公物在法律上的基本性質，即由行政權主體的國家（以各級政府機關為代表）擁有其所有權（或對私有公物之使用權），從而對於公物享有管理、經營、使用、收益、及處分等支配的權利，而此等權利由政府機關依據公法的特別規定（如國有財產法、預算法等）及私法的規定行使之。惟公物的成立具有政策上及行政上的目的，故就公物的法律關係而論，在公法上具有各種特色，此等特色亦可謂其在公法上所生的效果，茲分述如下㉚：

㈠融通性的限制：公物雖可區分為融通公物與不融通公物，惟就一般情形而言，基於公物成立的目的，其融通性即可能受到限制或完全被否定。

㈡強制執行的限制：學者有認為公物的成立因具有其行政上的目的，故公有公物在原則上不能構成強制執行的標的。至於私有公物雖得作為強制執行的標的，惟即使在加以扣押拍賣於所有權發生移轉後，其作為公物的成立目的並未消失，故依然保有其公物的性質，應繼續供行政目的而使用。

㈢「取得時效」適用的限制：在外國法制方面，多採用公物不適用取得時效之規定，因此種情形與公共利益不相符合。我國學者認為政府對私有公物，在經長期占有使用後，可因時效之完成依法取得其所有權；惟私人對公有公物不能因時效取得所有權；至於對私有公物，雖可因時效而取得所有權，但在公物未經廢止前，仍應受供公用之限制。

㈣徵收的限制：在外國法制方面，有認為公物非於公用廢止後，不得徵收者。惟依據我國土地法第二百二十條規定「現供第二〇八條各款事業使用（各種公用目的）之土地，非因舉辦較為重大事業無可避免者，不得徵收之。但徵收祇為現供使用土地之小部分，不妨礙現有事業之繼續進行者，不在此限」。由此可知，在我國法制上公物並非絕對不可作為徵收之標的，惟應就現供使用之目的與新事業之舉辦所具的重要性，加以比較衡量後再作決定。而於徵收發生效力後，其原有之公用關係當然廢止。

㈤租稅的減免：公物的成立既具有行政上的目的，則為促進公共利益，故可作減免租稅的規定。如土地法第一

㉚ 范揚著，前揭書，第一九九—二〇〇頁。史尚寬著，前揭書，第一一一頁。

百九十一、一百九十二條對公有土地、公有建築改良物、及私有土地供公用目的者所作減免土地稅之規定，勞工保險條例第三條對勞保財物免稅之規定等均是。但對一般公營事業並不一定適用減免租稅的規定。

上述五項均為公物依公法之規定及法理，在法律關係上所具之各種特色。惟公物之法律關係除適用公法規定外，在與其成立目的不相牴觸的情形下，亦得在各方面適用民法及民事訴訟法之規定，其有關事項如下❸❶：

㈠就公有財產之所有權發生爭執時，得適用民事訴訟程序解決，並構成強制執行的標的，惟此係就融通公物方面而言。

㈡就公物既存之各種權利，在不妨礙公物成立目的的範圍內，權利人得繼續行使之。

㈢關於公物所有權及其他物權之得喪變更，亦應依土地法之規定辦理登記事宜。

㈣公物除有特別之規定外，就相鄰關係應準用民法之有關規定。

㈤公物所有權人，如因公物在設置或保管上的欠缺，使第三人受到損害時，應依民法之規定負責賠償責任。

㈥公物得移轉於私有者，除法令有特別規定外，適用民法之規定。

第四項　公物的成立及消滅

關於公物的成立及消滅，既涉及公物主體權利義務的得喪變更，故就一般情形大體上可參照行政法上權利義務得喪變更的原因加以說明如下：

㈠法律規定：關於公物的成立及消滅，在法律上並無統一的規定，其有關事項係分別依據各種不同的法律規定而發生，包括公法及私法在內。例如依土地法徵收私有土地供公用之需要，依海關緝私條例沒收走私者之貨物及運輸工具，或依要塞堡壘地帶法劃定要塞堡壘地帶區域等是❸❷。依此等法律規定使公物成立，常須由行政機關以意思

---

❸❶　范揚著，前揭書，第一九八頁。史尚寬著，前揭書，第一一〇—一一二頁。

❸❷　按土地法第二百零八條規定「國家因左列公共事業之需要，得依本法之規定徵收私有土地……」。海關緝私條例第二十三條規

表示作成行政處分（稱公用開始行為），以取得公物之所有權或使用權，將公物置於政府支配之下並受公法之限制。至於公物的消滅，亦可依有關法令的規定，將公物予以廢棄或解除其限制，此種行政行為稱為廢棄處分㉝。

㈡其他法律行為：除前述依法作成的行政處分外，尚可以其他法律行為使公物成立或消滅。具體言之，公物的成立亦可由契約行為完成，包括公法及私法契約在內。如依據國有財產法或其他法令之規定，人民與政府簽訂公用負擔契約，就人民之財產捐贈為公物；或由政府租賃或購買人民之財產，依私法上之契約而成立為公物。反之，就此等公物的成立，亦得因契約的解除、期間的屆滿、或所有權的移轉，而使公物的法律關係歸於消滅。此外，經由公營事業的營運或各種基金的投資運用，所獲取的盈餘孳息，可使公有財產增加，其效果不啻使新的公物成立。

㈢基於事實原因：此即由客觀事實的發生，而使公物形成或消滅的情形。如海埔新生地的形成、政府興建各種公共設施、兵工廠製造各種軍械、或公有農場生產之農產品等均為由事實形成之公物。反之，此等公有財產亦可能由於各種事實原因遭受毀損、消失、或耗費殆盡，而歸於消滅。

在公物成立後，政府既依法擁有其所有權或支配權，則為達成公物成立的行政目的，自應在此範圍內依法行使其權利負擔其義務。具體言之，政府機關應依據各種有關法令的規定，對各種公物加以保管、維持、修繕、使用、提供公眾利用、或限制私人使用範圍、或排除公用上的障礙等，並就此等事項採取各種必要的行政措施。此外，政府機關在處理公務的行為方面，在財務上常涉及公款的收支事宜，此等事項應按財務行政程序依法辦理；在行政方

定「船舶、航空器、車輛或其他運輸工具……，經查明以載運私貨為主要目的者，並沒入該運輸工具」，同法第二十八條規定「船舶、航空器、車輛、或其他運輸工具未到達通商口岸之正當卸貨地點，未經許可而擅行起卸貨物……並得將該貨物及物品沒入之」。要塞堡壘地帶法第二條規定「要塞堡壘地帶之幅員，以要塞堡壘各據點為基點，或連結建築物各突出部之線為基線，自此基點或基線起至其周圍外方所定距離之範圍內均屬之」。

㉝見森林法第二十五條規定「保安林無繼續存置必要時，得經中央主管機關之核准，解除其一部或全部」。要塞堡壘地帶法第十六條規定「本法所禁止及限制事項，國防部得斟酌情形，就某區域內解除，或緩行其全部或一部……」。

面，除須採行有關公物成立及消滅的行政處分外，尚涉及公物的管理權與警察權的運用行使，以發揮公物的效用，維護行政主體的權益及公共使用的秩序。

第六章 重點問題

一、何謂公營事業？試就其意義分析言之。
二、試分析說明營造物一詞的涵義。
三、公營事業與營造物的區別如何？試比較言之。
四、何謂獨占事業及公用事業？二者宜由公營或開放民營？我國法令對其經營主體有何規定？
五、何謂公共團體？試分析說明其涵義。
六、地方自治團體與其他公共團體的區別如何？試比較言之。
七、何謂職業團體？其類別如何？
八、公共團體的主管機關如何？
九、公共團體的設立程序及章程如何？試分析言之。
十、何謂公共團體的構成分子？其資格條件的要求如何？
十一、主管機關對公共團體的監督與制裁措施如何？試分析言之。
十二、何謂廣義的公物？其所包括的範圍如何？
十三、何謂狹義的公物？其性質應如何認定？應受何種法律支配？
十四、何謂行政公物、財政公物、與共用公物？

十五、何謂公有公物與私有公物、融通公物與不融通公物？
十六、公物在公法上所具特色如何？
十七、試述公物在法律關係上適用民法及民事訴訟法的各種情形。
十八、試分析說明公物的成立與消滅的原因。

第三編

行政作用

第一章　行政作用的概念

行政法學總論的內容，通常包含四大部分，除「基本法理」一編屬一般性法理的介紹外，其他三編各有不同的主題，惟若以各編內容作比較，則實以「行政作用」一編居於最重要的地位。具體言之，因「行政組織」一編的內容，在於探討發揮行政作用功能的輔助手段；「行政救濟」一編的內容，乃是對不法行政作用的善後處理；而「行政作用」一篇的內容，則在對行政權的各種實質活動及其法律效果加以分析並提出其應有的規範，且與人民在行政法上權利義務的得喪變更具有直接的關聯，故此一部分實構成行政法總論內容的主體，蘊含了行政法學特有的理論，亦為其內容中堂奧之所在。對於此一部分的研習不僅至為必要，更應格外留意。

第一節　行政作用的意義

欲研習「行政作用」的內容，自應首先瞭解此項名詞的涵義。分析言之，國家設置行政機關的主要目的，即在使其發揮職能推展各種業務。行政機關為執行其業務，絕不能處於靜止狀態，自須從事各方面的活動，而所謂行政作用（Administrative Action）即指行政機關行使職權所為的一切活動而言。此等活動之內容涉及的範圍甚廣，與所謂「行政」的涵義概略相同，惟稱之為「作用」乃是著眼於行政的動態表現及其功能與效果，故行政作用實即指行政機關的各種行政行為或行政活動。茲就此項定義分析說明如下：

㈠行政作用係行政機關的活動：自法制觀點而言，行政作用乃是行政權運作的行為表現，則其主體即為行政機關，包括國家行政機關及地方自治行政機關在內，此等機關所為的活動始能稱為行政作用。至於政府其他機關的活動固非行政作用，而私人、私人機構、或人民團體的活動，若非以準行政主體的地位，基於行政法令授權代表行政機關所為者，亦非行政作用。

㈡行政作用乃是行政機關行使職權的活動：就個別行政機關而言行政作用的實質內容，乃是行政機關行使職權所作的各種活動，亦即其職能的動態表現。具體言之，此等活動均為其行使職權推行業務的行為。惟行政作用的範圍與效果，乃以由行政機關職權正當行使的活動為限，若係違法不當的行為，自理論上而言，固非行政作用，至於機關構成分子的私人行為，因非職務上的行為，自亦不得視為行政作用。

㈢行政作用包括行政機關在職權範圍內所為的一切活動：行政作用包括行政機關行使職權所作的一切活動，亦即行政機關所有有關組織及業務方面的活動均屬行政作用的範圍。就效果的觀點而言，包含單純的事實行為、準法律行為及法律行為在內。就性質方面而言，可包含公法行為與私法行為，亦可包含行政執行、立法、及司法行為在內❶。總之，凡屬行政機關本於職權所作的行為均應視為行政作用，故行政作用實為最廣義的行政行為。

以上所述乃是對行政作用的涵義以概括觀點所作說明。惟學者對其意義與範圍的解釋並不一致，有關學說可分為下列五種❷：

㈠最廣義說：認為行政作用乃行政機關本於職權所為的一切行為。

㈡廣義說：認為行政作用乃行政機關本於職權所為的一切法律行為，包括公法與私法行為在內，而將事實行為除外。

㈢狹義說：認為行政作用乃行政機關本於職權所為的公法行為，包括法律行為與準法律行為，單方雙方與合同行為，但不包括行政立法。

㈣最狹義說：認為行政作用僅係指行政機關本於職權所為公法上的單方行為而言，其他行為均不包括在內。

㈤折衷說：認為行政作用乃行政機關本於職權所為的公法行為，包括法律行為與準法律行為、單方雙方與合同

---

❶ 林紀東著，行政法原論（下冊），第三九〇頁。杉村章三郎著，行政法要義（上卷），東京，有斐閣，一九七〇年版，第三一頁。

❷ 同❶，林紀東書，第三九一頁。張載宇著，前揭書，第三〇一—三〇三頁。

行為以及行政立法與司法行為在內。而將事實行為與私法行為除外。

上述五種學說，在基本上雖為解釋行政作用涵義的學說，惟亦有學者用以解釋行政行為的意義，而認為第一種最廣義的解釋係指行政作用而言，至於其他四種所說明者則均為行政行為的意義❸。

第二節　行政作用的範圍與分類

上節所述行政作用的意義，乃是採取最廣義的說明。根據此種解釋，可知行政作用的範圍極為廣泛，凡行政機關行使職權所為的一切活動均可包括在內。分析言之，行政機關的各種行政行為中，其直接發生法律效果的法律行為固為行政作用，不直接發生法律效果的準法律行為，甚至單純事實行為亦屬行政作用。其在公法關係上所作職權行使的行為固為行政作用，在私法關係上以私權主體資格所作私經濟活動的各種契約行為亦屬行政作用。其在法律關係上以主體地位主動行使公法權力所為之權力或支配作用（如行政立法、行政處分、行政強制、及行政處罰等）固為行政作用，所為之非權力作用（如行政契約、非拘束性行政計畫、行政指導、及行政調查等）仍為行政作用；另以客體地位所作被動的受理行為或履行法定義務的行為亦屬行政作用。因此等行為均屬行政機關職權行使的範圍，此種廣泛的範圍，足以表現行政作用的多樣性❹。惟大體言之，行政作用僅限於行政機關處理各種公務的活動，而大部分屬於機關對外關係方面執行業務的活動。且各種行政作用既均為行政機關職權的行使，則不問其是否直接發生法律上的效果，均受法治行政原則的規範，亦即各機關的行政作用活動，應有法令的依據，受法定職權範圍與程序的限制，始能具有合法的效力。

就行政作用的種類而言，一方面可按照行政的內容分類，區分為組織、內務、保育、財務、外交、國防、法務等行政作用，此等作用均屬專業行政的範圍，各具有特殊的內容與活動，惟在行政法總論方面所重視者，乃是自法

❸　王昌華著，前揭書，第二二一頁。
❹　杉村敏正編，行政法概說，東京，有斐閣，一九七九年版，第八三、八六頁。

律關係觀點所作的分類，亦即重視法律性質與效果方面的區分。茲就此種分類的範圍與體系，列表如下，俾便獲致系統化的概念。

行政作用系統表：

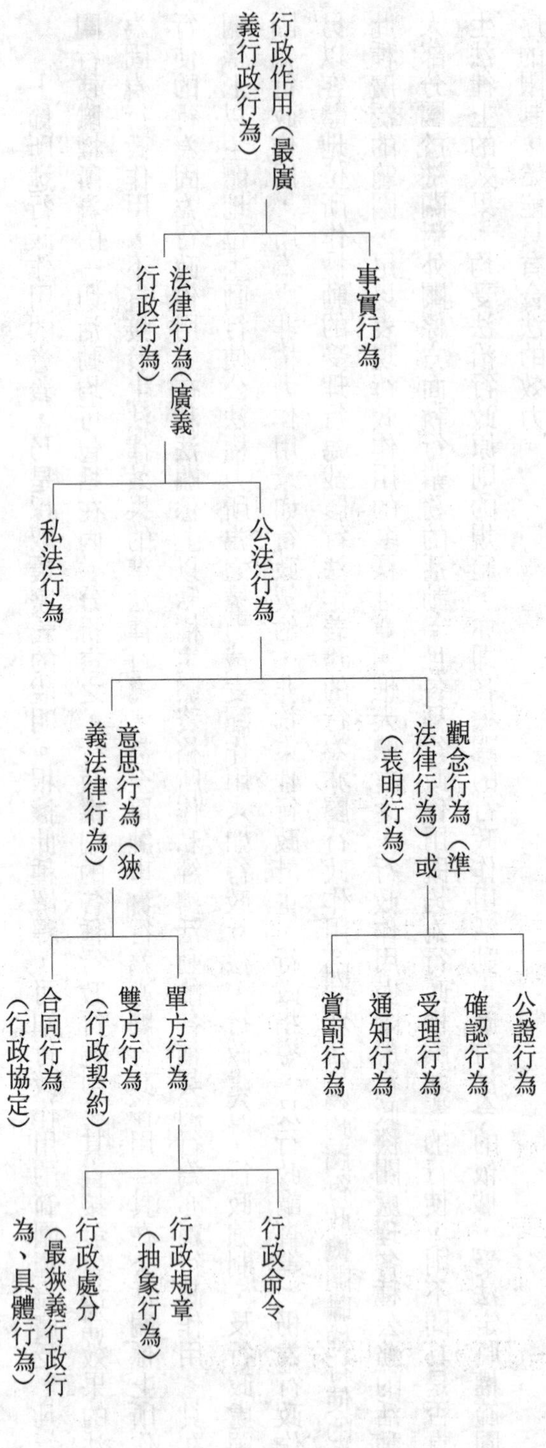

根據上表內容顯示，可知行政作用乃是各種行政行為的總稱，包含各種類別的行政行為在內，故對行政法總論中的行政作用部分，亦有逕稱為行政行為者。行政作用按法律關係的觀點區分，在基本上分為事實行為與法律行為兩大類，其中以法律行為部分為主體，無論在行政法學及行政法關係上均具有較大的重要性。而行政作用一編，主要即以法律行為為內容，就各種法律行為加以說明分析其性質與效果。同時，從上表所提示的行政作用系統觀察，不難瞭解行政作用與行政行為的區分主要在於所包含範圍的不同，並非本質上的差異，而行政作用實代表行政行為的整體。

第一章　重點問題

一、何謂行政作用？試分析說明其涵義。

二、行政作用的範圍如何？主要可採何種分類標準？

三、行政作用的系統如何？試列表以明之。

四、試比較說明行政作用與行政行為及行政活動的意義與關係。

五、試列舉各種有關行政作用的學說，並論何者較能適合行政法學內容的需要？

第二章　行政行為

第一節　行政行為的意義

根據前章所述行政作用的範圍與分類系統，可知「行政行為」一詞的涵義極為廣泛，可謂與「行政作用」一概略相通而具有頗大的彈性。若就其範圍與分類相配合，可分別作最廣義、廣義、狹義與最狹義的解釋。其中最廣義的行政行為，實即行政作用，可將法律行為與事實行為一併包含在內；而廣義的行政行為，則單獨指法律行為而言，將事實行為除外；至於狹義的行政行為，其範圍更為縮小，乃以公法行為為限；而最狹義的行政行為，係僅指公法行為中的行政處分（即單方的具體行為）。本篇各章內容所討論之「行政行為」，除前述第一章係以「行政作用」為範圍就行政行為提示整體性的觀念外，其餘各章內容均為關於公法行為的闡釋。因此，關於「行政行為」定義的界說，自應以狹義行政行為（公法行為）為基準，茲擬定如下：

「所謂行政行為（Administrative Act）係指行政機關就其職權行使所作發生法律效果的意思表示行為。」對於此項定義的內涵，可分析為下列數點作詳細解釋：

㈠行政行為乃是行政機關的行為：自法制觀點而言，行政行為係以行政機關為主體，由此等機關所作之行為，亦可謂係「行政權的行為」。故若非行政機關，而是由其他政府機關或私人、民間企業或團體所作之行為均不能視為行政行為。至於授予國家公權者之準行政主體，在授權範圍內代替行政機關執行職務所作之行為，自應視為行政行為❶。

㈡行政行為乃行政機關行使職權所作之行為：行政行為乃是行政機關就其職權行使所作各種職務上的行為，亦

---

❶ 南博方等編，行政法(1)——行政法總論，第一四〇頁。

即業務活動。此等行為之內容均屬其職權範圍，故在實質上均為涉及其組織與業務方面的事項。且在業務的執行上常表現為公權力的行使，因而可稱為「公權的行為」❷。又即使此等行為係與其他政府機關或私人共同進行，祇須行為的內容與行政機關本身職權有關，則在性質上自仍屬行政行為。

㈢行政行為須以意思表示為要素：行政機關在作成行政行為時，不能僅處於靜止狀態，而必須以意思表示為之。其所作意思表示乃以本身職權之行使為內容，是為公法上的意思表示。如所作係屬私法關係上的意思表示，因所屬法律關係的性質不同，故非此所謂之狹義行政行為。至於所作意思表示是否有特定之相對當事人，則對其所具行政行為的性質並無絕對的影響。

㈣行政行為乃發生法律效果的行為：行政行為既係指公法行為，乃依據公法之規定進行，則所作此種行為，自將形成公法上的法律關係，足以導致當事人間權利義務的得喪變更，亦即發生公法上的作用與效果。而此種效果的發生，可謂係行政行為所欲實現的目的。此外，公法上的行政行為亦常有發生私法上效果的情形，此等情形的成因均係由於國家負有保護監督私法秩序之責，從而使行政機關有介入干預私法關係之權，例如行政機關對私人著作權、專利權、及礦業權等之保護監督均是，而此等事項的法律關係，常為公法與私法的混合領域❸。

第二節　行政行為的分類

在前章所述行政作用的系統中，業已列舉出行政行為的各種主要類別，惟若作詳細區分，行政行為的類別尚非僅止於此。茲就行政行為的分類情形及各種類別行政行為的內容分析言之：

㈠法律行為與準法律行為：

行政行為依是否以意思表示為構成要素的標準分類，可區分為法律行為（狹義法律行為，或稱意思行為、表意

❷ 同❶，第一四二頁。

❸ 林紀東著，行政法原論（下冊），第三九四頁。

行為）及準法律行為（觀念行為，或稱表明行為）兩種。茲分述之：

⑴法律行為：所謂狹義法律行為，係指公法行為中的法律行為而言，亦即行政機關以意思表示為構成要素，從而發生特定法律效果的行政行為，所謂意思表示即為行政機關的意圖或決定。此種行政行為必須具有意思表示的要素，而法律效果即依據意思表示的內容發生，以實現行政行為的目的。其所發生的法律效果，即指具有導致公法關係上權利義務得喪變更的情事而言。在行政機關所作各種行政行為中，屬狹義法律行為性質者甚為普遍，例如稅務機關對納稅義務人稅額的核定，遂使該義務人就核定稅額負擔繳納的義務；又如經濟行政機關對專利權的授予或撤銷；地政機關核定徵收人民之土地；兵役機關決定徵召某年次役男服役等均是❹。惟狹義法律行為又可以參與的當事人為標準區分為單方、雙方、及合同行為三種，將另行分別說明於後。

⑵準法律行為：此種行為雖屬公法行為，但與狹義法律行為有別，因其不具備效果意思表示的要素，而是由行政機關就具體事實所作判斷、認識、或傳達等性質，以觀念表示的精神作用為構成要素，並直接依據法律規定發生效果的行政行為。所謂觀念乃是就具體事實由認識作用形成的意識，將此種意識對外予以宣告，即為觀念表示，此種表示行為於作成後，其效果依各種相關法律之規定而直接發生。具體言之，準法律行為並非行政機關對業務案件所作實質上處理的決定，不具有發生法律效果的意思表示，並不直接導致當事人權利義務的得喪變更。僅係由行政機關對特定事實或法律關係，基於其認識或判斷，作成的一種「觀念表示」或稱「宣告行為」。故並無創設新法律關係的效果意思表示，僅係對事實或權利義務的存在與否或實際情形作成認定或判斷的表示。行政機關於作成此種觀念表示之後，其準法律行為即已完成；當事人嗣後如將此種觀念表示適用於各種法律關係時，則依據有關的法律規定發生法律上的效果❺。就實際情形而言，準法律行為有構成行政處分的預備行為或程序條件者。

⑶法律行為與準法律行為的區別：由上述對兩種行為的說明，可知法律行為與準法律行為二者無論在內容與效

---

❹ 田中二郎著，行政法總論，第二九五頁。

❺ 同❹，第二九六頁。

果方面均有所不同，其區別可分下列四點言之❻：

①法律行為以意思表示為構成要素；準法律行為則以觀念表示為構成要素。

②法律行為係依據意思表示的內容發生法律效果，形成權利義務，創設新法律關係；準法律行為則僅係就原已存在的權利義務予以確認或證明而已。

③法律行為既係依行政機關意思表示的內容發生法律效果，則行政機關亦得以意思表示限制其行為的效果，而形成附條件的行政行為；準法律行為的形成因缺乏意思表示的要素，則其效果的發生，即僅係直接依據法律的規定，自不能以意思表示，形成附條件的行政行為。

④法律行為所生效果，既構成當事人權利義務得喪變更的原因，則權益因此受損害的當事人，自可以此種行政行為為標的，提起訴願及行政訴訟；準法律行為所生效果，既非導致權利義務得喪變更的原因，則此種行為自不構成訴願或行政訴訟的標的。

(4)準法律行為的種類：準法律行為的意義及其與法律行為的區別已見前述；茲再就此種行為的類別概略介紹如下：

①公證行為：係指行政機關對確定存在的事實或法律關係予以證明的行為，故亦稱證明行為。屬於此種性質的行為，又可區分為兩種：

1.獨立的證明行為：此種行為本身具有獨立性，包括兩種方式：A.公簿登錄：即將有關事項登記於官方文件簿冊，如戶籍登記、土地登記、商標註冊，及會議紀錄等均是。B.證件交付：即將行政機關製作之證明文件交付予當事人，如發給畢業證書、考試及格證書、繳稅收據，及房屋所有權狀等均是。

2.附隨的證明行為：為附隨於有關之主行政處分所作成，故為非獨立性的證明行為。例如營業許可執照、律師及醫師開業執照、礦業權及漁業權設定之執照等均是。

❻ 陳鑑波著，前揭書，第三六七—三六八頁。杉村敏正編，行政法概說，第九八頁。

公證行為作成後，在適用於各種相關法律關係時，依據各該種法律的規定，足以發生公法上的證據力，使當事人得以享有或取得法律上之地位與利益❼。

②確認行為：此即行政機關對特定事實或法律關係所作認定與判斷的表示，非屬「形成行為」，而為「宣告行為」。例如候選人當選的決定、考試及格與否的決定，及地政機關對各區地價等位的估定等均是。此種行為與民事及行政訴訟的確認判決性質相似。故就其性質而言，學者有認為此種行為「非以意思表示發生行政法效果為目的，而僅係確認法律規定之效果」，且「為以認定事實為目的之獨立行為，非行政行為中認定事實之先決問題」❽。

此外，尚應注意公證行為與確認行為的區別，主要可分為下列兩項說明：⑴在作用方面，公證行為係對並無爭執或疑義的事項，或業經確認的事項，予以證明；而確認行為則常係就法律關係發生爭執或疑義的問題，予以認定或判斷，使有關事項獲得澄清及確定。⑵在效果方面，公證行為僅具有公法上的證據力，但得以反證推翻；而確認行為則具有實質上的確定力❾。

以上關於確認行為的說明，乃屬傳統行政法理論的見解；但依據近年來行政法學新的理論，對此種行為的性質已傾向於作不同的認定（參閱行政處分類別部分的內容）。

③通知行為：係指行政機關就其意思表示或特定事實，使個別或多數相對當事人知悉的表明行為。通知行為完成後，其所引起的法律效果，依各種有關法規的規定而發生。通知行為的類別主要可分為下列兩種：

1.獨立通知：此種通知其本身為獨立行為，而非他種行為的一部分，共有四種：A.既成事實或行為的通知，例如土地徵用的通知、歸化的告示、保安林編入或解除的通知等均是。B.未來應為或得為一定行為的通知，例如兒童入學通知、選舉投票日期及投票所之通知、納稅通知等均是。C.意見的通知，例如行政機關向其他治權機關提出

---

❼ 今村成和著，行政法入門，第八一—八二頁。

❽ 涂懷瑩著，行政法原理（下冊），第五五八—五五九頁。

❾ 張鏡影著，行政法論，臺北，三民書局，四十八年版，第一八四—一八六頁。

法案、建議案、計畫書等均是。D.判斷的通知，例如勒令工廠停止排放有害廢水之通知、考績通知、違反道路交通管理事件之通知等均是。

2.附隨通知：此種通知行為不具有獨立性，乃是為完成他種行政行為的效力，所採取的一種措施，亦可謂是行政行為有效成立的程序要件。例如法令的公布及行政處分的告知（公文書之交付與送達）等均是。就通知行為之效力而言，此種行為常構成「權利義務發生之要件」或「合法程序之要件」❿。

④受理行為：此即行政機關對相對當事人所作意思表示，認為有效而予以接受，亦即接受相對當事人所提出的各種聲請案件，並表示將予依法處理的行為，但尚未達到作成決定加以處理的階段，故非行政處分。同時，所應注意者，即人民所提出之聲請文件僅到達行政機關時，並非即為受理，必須行政機關認定該項文件為當事人的有效意思表示，具備有關之法定要件，納入處理程序時，始得稱為「受理」。案件經正式受理後，行政機關即負有作成決定的義務。反之，如行政機關接到人民所提之聲請文件後，經過初步審查，認為不具有有效的意思表示要件或欠缺其他法定要件時，亦得拒絕受理。受理的實例極為普遍，如人民向兵役機關申請緩召，由主管機關受理；或人民提起訴願，由管轄機關受理等均是⓫。

⑤賞罰行為：此即行政機關對客體當事人（公務人員或一般人民）的行為表現，經過客觀判斷，依法採取對其有利或不利的處置措施，亦即予以獎賞或制裁之謂。實例甚多，在獎賞方面如人民協助警察捕獲罪犯，由警察機關頒發獎金；又如人民參加國際技能競賽為國爭光，由政府頒給獎章；或公務人員盡忠職守獲得記功嘉獎等均是。在懲罰方面，如人民違反交通規則受到罰款處分；又如學生違反校規受到開除學籍處分；或公務人員因有違反服務法之行為受到記過或免職處分等均是。惟有應注意者，即賞罰行為分別具有不同的性質，就其內容而言，若為「賦予權利或剝奪權利」者，即具有形成行為的性質；如屬「科以過怠金等命以義務」的方式為之，則構成下命行為。

❿ 涂懷瑩著，前揭書，第五六一頁。廣岡 隆等著，行政法學之基礎知識(1)，東京，有斐閣，一九七八年版，第八三頁。

⓫ 田中二郎著，前揭書，第三一三頁。

反之，若僅為「表彰善行譴責惡行」者，則既不具有權利義務的實質內容，即僅屬觀念表示的準法律行為；且此種表彰或譴責行為如非要式行為，則更僅屬單純之事實行為，其以要式行為作成者，始具有準法律行為的性質⑫。

㈡單方、雙方及合同行為：

此即以參與行政行為意思表示的當事人人數為標準，可區分為此三種。茲分別言之：

⑴單方行為：係指由行政機關單方面作成意思表示，即可有效成立並發生法律效果的行政行為。此種行政行為乃以行政處分為主體，但不以行政處分為限，亦有不屬於行政處分性質者，例如由行政機關制定法規、釐定政策，或提出法案等均是。行政機關所作單方行為，通常均有相對當事人，惟此種行政行為的作成，無須徵得相對當事人的同意，即可發生合法的效力。且即使無相對當事人，亦可由行政機關獨自作成有效的單方行為，例如疆界的劃定是⑬。

⑵雙方行為：此即公法上的契約行為，係指由處於對立地位的雙方當事人，為達不同目的，互作合致的意思表示，亦即由彼此達成協議而成立的行政行為。欲完成雙方行為，須具備必要的條件，即不僅應有雙方當事人，且須以雙方意思表示內容的對應契合為必要，故與單方行為的性質顯有不同，而與私法上的契約行為相似。惟因其成立係以行政法規為依據，不免受公法性質的影響，而與私法上契約不盡相同，可稱為公法上契約或行政契約，但行政契約僅為公法上契約的一種，除行政契約外，尚有「司法契約」的存在⑭（有關行政契約的詳情，將在本編第六章「行政契約與協定」一章中補述）。

⑶合同行為：此即由行政法關係中的多數當事人，為達共同目的，所作一致內容意思表示的結合（或稱平行的意思結合），而成立的行政行為。完成此種行為所須具備的要件，不僅應有多數當事人，且各當事人間須非處於對立

---

⑫ 同❸，第四三一頁。

⑬ 管歐著，中國行政法總論，第四二九頁。

⑭ 杉村敏正編，前揭書，第一三一—一三二頁。

地位，而是為達共同目的作成同一內容的意思表示，以形成此種法律關係。惟其當事人不以行政機關為限，即其他治權機關或私人，亦均可為當事人，而與行政機關共同形成此種行為。合同行為雖係由多數當事人所作一致意思表示的結合而形成，惟於形成之後，其意思表示的整體，產生單一的法律效果。此種行為又稱行政協定、公法上的協定、集合行為或共同行為（詳情參閱本編第六章「行政契約與協定」一章內容）⑮。

就實例方面而言，例如多數地方團體之間，或職業團體之間，或性質不同的各公共團體之間，就共同業務關係事項所作成之協定，或設立聯合組織之協定是。又如官民合資經營之企業機構，由官民雙方股東所作決議事項，亦具有此種性質；其次，社團法人由其分子（社員、會員等）議決之章程，或公民團體所作之選舉活動投票行為，亦均屬合同行為。惟對於決議與選舉，學者有持反對意見者。

此外，尚有須注意者，即合同行為與合成行為有別，後者係指採合議制行政機關（行政委員會）以議決方式所作成之決定，因行政機關本身為一整體，亦即行政法上之單一當事人，其所作議決乃屬行使職權之方式，而所作成之議決為一個意思表示；又如兩個機關或團體之間所達成的協議，均非多數當事人各別作成之意思表示，故均非合同行為⑯。

㈢抽象行為與具體行為：行政行為如以作為其對象的事項為標準，可區分為此兩種，茲分述之⑰：

⑴抽象行為：此即行政機關就其職權範圍內的不特定事項、一般性的事項，或各種專業行政事項為對象，於此等事項實際發生前，預先釐定原則予以規範的行政行為。將來於有關事項發生後，即可適用此等抽象規範加以拘束，並作為處理的依據，可知抽象行為實即指制頒行政規章（法規命令）的措施而言。

⑵具體行為：此即行政機關就其職權範圍內的特定個別事項為對象，在實際上所作具體處理的行政行為。行政

⑮ 王昌華著，前揭書，第二七〇頁。
⑯ 管歐著，前揭書，第四三〇頁。
⑰ 范揚著，中國行政法總論，第二二四頁。

機關作成具體行為之後，即可直接發生法律效果。一般的行政行為，大致均屬此種性質，實即對各種業務案件的處理。

㈣第一次行為與第二次行為：行政行為依其是否以原有法律關係或行為作基礎為標準，可區分為此兩種，茲分述之⓲：

⑴第一次行為：行政機關就特定事項的業務案件所作首次獨立性的處理行為，是為第一次行為。因係首次處理，並無任何原有的行政行為或法律關係作基礎，故第一次行為本身即具有獨立性。就其內容而言，係在創設全新的法律關係，故亦稱原始行為或創設行為。一般行政行為多係第一次行為，例如行政機關首次就專利權案件的審定；對市區道路用地範圍內障礙建築物之拆除所作決定等均是。

⑵第二次行為：此即行政機關以第一次行為（原有法律關係）為基礎，所作進一步的相關行為，其作用在對第一次行為的內容予以實現或加強其效力。故與第一次行為所具的獨立性、創設性不同，亦即並非作成全新的法律關係，僅係就第一次形成的法律關係上衍生出另一種相關法律關係而言。第二次行為又稱覆審行為或輔助行為，例如就原行政處分所作的訴願決定；就原對人民課予之義務，於其未履行時，所採強制執行措施等均是。此外，關於對原行政處分加以變更或撤銷之行政行為，學者有認為應視為第一次行為，亦有認為應視為第二次行為者。

㈤羈束行為與自由裁量行為：行政行為若以有無裁量自由或行政行為與法規的關係為標準，可區分為此兩種，茲分述之⓳：

⑴羈束行為：行政機關若不具備自由裁量權，而是在成文法或習慣法拘束下所作執行法規的行為，是為羈束行為。此種行為因係在無自由裁量的情形下作成，完全受法規的拘束，依據法定內容、程序及方式處理，故所具彈性有限，純屬機械的執行行為，故亦稱羈束裁量或法規裁量。此種行政行為主要涉及人民的權利義務，必須對行政機

⓲ 同⓯，第二二五頁。

⓳ 翁岳生著，行政法與現代法治國家，臺北，臺灣大學法學叢書編輯委員會，一九七九年，第三—四九頁。

關的處置加以嚴格限制，以免侵害人民權益。例如稅務機關依據稅法的規定，對人民課予繳納法定數額或比率稅款的義務；又如兵役機關依法核定役男申請緩徵案件等均是。不過，有須注意者，即在二次大戰後，德國學者多反對「羈束裁量」的觀念，認其具有內在的矛盾。

(2)自由裁量行為：此即行政機關在法規授權範圍內，或在法規欠缺明確規定的情形下，依據有關法規的立法精神，以自行判斷就行政上的業務案件所作適法適當處理的行為，是為自由裁量行為。自由裁量雖無法規的嚴格拘束，但仍具備有形無形的標準與原則，此種行為主要是在適應行政權彈性運用的需要，使行政機關在必要程度內獲得便宜行事的權限，以求把握事機，因事制宜，增加行政效率，故自由裁量亦稱便宜裁量。此種措施無論在平時及非常時期均有採行的價值，有關的實例甚多，例如空氣污染防制法第十四條規定「因氣象變異或其他原因，致空氣品質有嚴重惡化之虞時，各級主管機關及公私場所應即採取緊急防制措施；必要時，各級主管機關得發布空氣品質惡化警告，並禁止、限制交通工具之使用或公私場所空氣污染物之排放」。又如戒嚴法第十一條規定「戒嚴地域內，最高司令官有執行左列事項之權……」。此等規定均在對主管機關授予採取必要措施的自由裁量權，至於何時採行、如何採行及採行的程度均可由主管機關自行判斷決定。其次，所謂法規裁量，乃指行政機關在法規所定範圍內，衡量如何對行政事項加以處理始合於法規的真意，並據以作成決定，此種行為在性質上似應視為羈束行為。

(3)自由裁量與羈束行為的區別：根據上述對兩種行為的解釋，可知自由裁量與羈束行為在內容及效果方面均有所不同，二者間的區別約可分為三點比較說明如下[20]：

①自由裁量行為因已獲自行判斷的授權，其所作決定在授權範圍內，大致僅可能有不當情事，而無違法情事發生，故在原則上不能作為提起行政訴訟的標的。而羈束行為既屬依法執行，即不免有違法情事發生，自可作為行政訴訟的標的。

②羈束行為在性質上既為依法執行的行為，缺乏自由裁量的餘地，故除法規本身定有附款外，不得任由行政

---

⑳ 張載宇著，行政法要論，第三三〇頁。

機關列入附款；而自由裁量行為，因有法規授權自由裁量的範圍，則行政機關即可就此種行為附加條件。

③自由裁量行為既係由行政機關自行判斷所作決定，則行政機關亦可將其自行撤銷；羈束行為既僅為依法執行的作用，則行政機關即無權自行將其撤銷。

㈥無附款行為與附款行為：行政行為以意思表示有無設定附款限制為標準，可區分為此兩種，茲分述之㉑：

⑴無附款行為：行政機關所作行政行為，在內容方面未附加任何條件限制者，即為無附款行為。因其未設定附款，故內容較為單純，而且法律效果直接發生，較為完整迅速。一般行政行為，多屬無附款行為。

⑵附款行為：行政機關所作行政行為（意思表示），在內容及效果方面設定限制者，為附款行為。在一般情形，附款應係由行政機關以自由裁量所設定，是為狹義的附款行為。在此種情形下，行政行為自身的內容，為主意思表示，而所設附款則為從意思表示。反之，若係依據法規直接規定所作限制，即不應視為附款。附款設定的目的，在於維護公共利益或相對人的權益，或為符合行政業務上的需要；故對行政行為的效果加以限制，使其於特定情事發生時，始能生效；或使其效果暫時不發生；或於其生效後，遇有一定情事發生時，即使其失效；或以相對人履行特定義務，為發生效果的條件；或於其生效的同時，使相對人開始負擔特定的義務。所設定的附款，有下列數種，茲再就附款的種類分述之：

①附條件的行政行為：所附之條件可分為兩種：1.停止條件，係指使行政行為於條件所定事實成就時，始發生效力者，例如學校規定學生成績達到優異標準時，即可享受獎學金是。2.解除條件，係指使行政行為於條件所定事實成就時，失其效力者，例如政府為協助公共團體發展業務，允許予以經費補助，規定至該團體財力能夠自足時，即予停止是。

②附期限的行政行為：所附之期限有兩種情形：1.附始期者，即於期限到來前，停止其效力的發生，須於期限屆至時，始發生效力的情形，例如行政機關規定，某處橋樑自某月某日起，開始徵收車輛通行費。2.附終期者，

㉑同⑳，第三五一—三五三頁。杉村章三郎著，行政法要義，上冊，東京，有斐閣，一九七〇年版，第四〇頁。

即於期限屆滿時，使其行為的效力歸於消滅（亦即喪失效力）的情形，例如選務機關規定，某項公職候選人登記，至某月某日截止辦理是。惟尚有應注意者，即行政行為可能同時附有始期與終期。

③附負擔的行政行為：係指由行政機關對行政客體當事人課予相關之特別義務的行為，其義務可分為作為與不作為兩種，例如交通行政機關核准民營公車營業，但規定其票價標準並須發售學生月票是。

此外，尚有須注意者，即附負擔的行為與附條件的行為頗為相似，惟二者所具效果未盡相同，茲比較言之㉒：

1.附負擔的行為，其客體當事人所須負之義務，自始即告確定；而附條件的行為，在條件所定事實成就以前，其法律效果尚處於不確定狀態。

2.附負擔的行為，客體當事人所負擔者以特別義務為限；附條件的行為，其所附條件的內容頗廣，不限於義務方面，亦可以使相對人享受權利為條件。

④撤銷權的保留：係指行政行為於生效後，由行政機關保留其撤銷權（亦有稱為「廢止權保留」者），將來於特定情事發生時，得由行政機關行使之，將所作行政行為或設定之權利加以撤銷或廢止。撤銷權的保留，多存在於許可或特許的事項，客體當事人如違反行政機關的有關規定或要求（亦即客體當事人所須負擔的作為或不作為義務），行政機關即可行使撤銷權。例如軍事機關允許記者至軍事基地採訪，但須受軍方約束，如不遵守規定，即撤銷其採訪許可是。

⑤法律效果一部分除外：係指行政機關就其所作意思表示的全部法律效果，限制其一部分的發生；亦即對行政行為效力的一部分，不使其發生之謂，故又稱「行政行為效力一部分除外」。例如准許醫師開業，但限制其開業地區；又如核准機關學校福利社的設立，但限制其不得對外營業等均是。惟有值得注意者，即依據德國新的行政法理論，此種附款已被視為直接構成行政處分的本體，而不再列為附款的類別。（見翁岳生著，法治國家的行政法與司法，月旦出版社，一九九四年版，第二二頁）。

㉒ 陳鑑波著，前揭書，第三七四頁。

㈦依職權行為與須聲請行為：行政行為依是否由行政機關以主動地位作成為標準，可區分為此兩種，茲分述之[23]：

⑴依職權行為：係指由行政機關主動行使職權，所作業務處理的行為。按行政機關就其職權的行使，原應負起積極執行業務的義務，故應無待人民請求，主動行使其職權。準此，則大部分行政行為均屬依職權行為的性質，是為行政積極性的具體表現。

⑵須聲請行為：係指行政機關須俟相對當事人提出請求，始得就特定業務案件加以處理的行為。若無當事人提出請求，則行政機關即無權處理或無處理的必要。故此種行為的作成，乃以相對當事人的聲請為要件，而所提出請求的內容，多係涉及其自身的權利或利益的獲得或義務的減免事項。此種行政行為在行政法關係上甚多，例如人民向行政機關請求社會救助金或申請減免租稅等均是。

㈧要式行為與不要式行為：行政行為依在作成時是否須具備法定程式為標準，可區分為此兩種，茲分述之[24]：

⑴要式行為：係指行政機關所作意思表示應具備法定程式，始能符合形式要件發生法律效果的行為。此種形式要件，在實際上與意思表示的內容並無關聯，規定形式要件的目的與意義，乃因行政行為多涉及當事人間公法上的權義，為使行政機關對有關業務案件慎重處理，並昭示政府信用起見，在原則上均應具備法定程式，以求符合形式要件，取得合法效力。而所謂形式要件，主要表現在公文書製作方面，例如應遵循法定程式、蓋用機關印信、及由首長署名等規定均是。

⑵不要式行為：係指行政機關行使職權所作意思表示，無須具備法定程式，即可發生法律效果的行為。具體言之，此種行為的完成，不須採用公文書的程式，僅以口頭、姿態、形狀、訊號、標幟、或各種非正式文件表明其意思即可。採取不要式行為，主要係著眼於行政上的便利，顧慮客觀環境的限制，及執行業務的性質，惟所作行政行

[23] 杉村敏正著，前揭書，第一〇四頁。

[24] 成田賴明等著，現代行政法，東京，有斐閣，一九六八年版，第一四一—一四二頁。管歐著，中國行政法總論，第四三三頁。

為仍以能明確表示行政機關的真意為必要。

㈨須受領行為與不須受領行為：行政行為以是否須由作為其對象的行政客體受領為標準，可區分為此兩種，茲分述之㉕：

⑴須受領行為：係指行政機關就特定事件所作意思表示，必須由客體當事人受領，始發生法律效果的行政行為。所謂「受領」，即使客體當事人處於可以瞭解其意思表示內容的狀態而言。此種行為乃以客體當事人的受領為發生法律效果的要件，凡以特定當事人為客體，所作之行政行為，均以須受領為原則，否則即影響其效果。至於使其受領的方式，可採口頭通知或文書送達。例如由主管機關人員對當事人當面告知行政機關就有關案件所作決定的內容，使其瞭解。但在要式行為，則須採書面通知的方式，例如訴願管轄機關，就訴願案件的決定，應以訴願決定書送達當事人是。

⑵不須受領行為：係指行政機關所作意思表示，於完成後無須客體當事人受領，即可發生法律效果的行政行為。此種行為的作成，通常並非以特定當事人為客體或使特定客體受領有事實上的困難，故不以受領為發生效力的要件。在實例方面，凡屬行政機關以不特定多數當事人或住所不明之特定當事人為對象所作之行政行為，均屬不須受領即可生效之行為。例如行政機關以某處橋樑年久失修，可能發生危險，乃決定禁止通行並發出通告；又如教育主管機關對民眾子女申請入私立中小學就學者，決定自某月某日起辦理登記抽籤並作通告等均是。

㈩積極行為與消極行為：行政行為在目的與效果方面，以是否變更原有的法律狀態為標準，可區分為此兩種，茲分述之㉖：

⑴積極行為：係指行政機關以意思表示對原有法律關係積極予以變更，所生法律效果將使客體當事人的權利義務直接受到得喪變更影響的行政行為。換言之，此種行為作成後，將會改變原有法律狀態或形成新的法律關係，足

㉕ 廣岡　隆等著，前揭書，第八一頁。

㉖ 田中二郎著，前揭書，第三〇〇頁。

致當事人間原有的權利義務發生異動。因行政權本身具有積極性，故一般行政行為多屬積極行為，例如行政機關核定人民申請礦業權、撤銷人民的商標註冊登記、或決定徵召某年次役男服役等均是。此種行為的特性即其所生效果足以引起法律關係的變動，但並不限於行政機關主動行使職權的行為，即被動的受理行為亦可能具有積極行為的性質。

⑵消極行為：係指行政機關所作意思表示，在求原有法律關係的維持，亦即拒絕加以變更的行政行為。此種行為的目的既在保持原狀，則其意思表示的內容，自不具有積極性的涵義，亦不致發生使原有法律關係變動的效果，故其作用僅屬消極性質，對於當事人的權利義務自無影響可言。例如訴願管轄機關認為訴願案件為無理由，乃決定維持原行政處分；又如人民向社會行政機關申請生活扶助者，經主管機關調查後，認為不符合低收入戶標準，乃不予核准等均是。此外，依據訴願法第二條第二項規定「中央或地方機關對於人民依法聲請之案件，於法定期限內應作為而不作為，致損害人民之權利或利益者，視同行政處分」。此種不作為亦屬消極行為性質。

㈩法律行為與事實行為：行政行為以是否發生法律效果為標準，可區分為此二種，茲分述之㉗：

⑴法律行為：此種行為的涵義已見前述，即行政機關所作意思表示，足以發生法律效果的行為；因其具備效果意思，故亦稱精神行為。就廣義而言，法律行為可包含準法律行為。

⑵事實行為：係指行政機關在執行業務方面，所作不具有意思表示要素，因而不足以發生法律效果的行政行為。此種行為乃屬行政作用的一部分，亦表現為行政機關業務的執行，但並非法律行為。事實行為因所具對象的不同，可區分為二：

①對人的事實行為：此種行政行為的採行，亦係以人為對象，從而發生對人關係，但並無法律上的效果，例如行政機關所作政令宣導；女警協助學童穿越馬路等是。

②對物的事實行為：係指行政機關為實現特定行政目的，對標的物所採取的行為。例如興建各種公共設施建

㉗ 馬君碩著，中國行政法總論，第二三八—二三九頁。

築、清除市區垃圾等均是。

事實行為的性質，雖在於執行單純的行政業務，不具有效果意思，但其與法律行為之間，並非絕對無因果連絡關係存在，僅事實行為本身不足以直接發生法律效果而已。

以上對各種行政行為的分類說明，足以顯示行政機關行政行為的廣泛與複雜性，各種行政行為在目的、作用、內容、與效果等方面各不相同；經分類之後，有助於增加對各種行政行為的特性獲致深入瞭解。

第二章　重點問題

一、行政行為的意義如何？試分析說明之。（試說明行政行為之概念。22普、24普、42高檢、53普）

二、試述行政行為之效力。（44高檢）

三、試分別解釋法律行為（狹義）與準法律行為的意義。

四、試比較說明法律行為與準法律行為不同之點。（法律行為與準法律行為有何區別？54特退乙）

五、準法律行為共有幾種？試分別言之。

六、試分別解釋單方行為、雙方行為、及合同行為的意義。

七、何謂抽象行為與具體行為？試分述之。

八、何謂第一次行為與第二次行為？試分述之。

九、試分析說明羈束行為與自由裁量行為的意義及二者不同之點。

十、試分別解釋無附款行為與附款行為的意義。

十一、附款行為共有幾種？試分別言之。

十二、何謂依職權行為與須聲請行為？試分述之。

十三、試分別解釋要式行為與不要式行為的意義。

十四、何謂須受領行為與不須受領行為？試分述之。

十五、試說明積極行為與消極行為的意義。

第三章　行政職權

第一節　行政職權的概念

第一項　行政職權的涵義

如前所述，行政組織的成立所須具備的各種要素中，行政事項或行政職權乃是其中之一。從組織的觀點而言，行政職權係指國家為推動行政業務，就特定事項範圍以法規賦予個別行政機關的職責與權力。根據此項定義，可將「行政職權」的涵義分析說明如下❶：

㈠行政職權乃是行政機關的職權：行政職權既為行政組織的構成要素，亦為行政機關設置時必不可少的要件，則若無職權，機關即無設置的必要。自廣義言之，行政職權可謂即行政權，或整個行政機關體系的職權，其與國家他種治權彼此處於相互獨立平等的地位，各有其界限；而個別行政機關的職權，則為行政權中的一部分而已。

㈡行政職權係由法律所賦予：因在法治行政原則的要求下，各個行政機關的職權，均應由法律直接間接所賦予，俾使其具有合法的依據，然後其職權始具有合法性，得以有效行使，發生合法的效果。換言之，經由法律授權之後，行政機關乃能在此範圍內，代表國家就行政法上的各種公權作合法的行使。

㈢行政職權具有特定的範圍：就整個行政體系而言，其行政權雖係概括規定，但仍與其他治權之間各有分際，如此行政權乃可謂具有其範圍。至於個別行政機關的職權，因與機關設立的目的相關，法規更定有確定範圍，亦即各有其主管事項，彼此間具有職權分際關係，俾使權責分明，避免發生爭議，故行政職權亦稱為「權限」，即表示其

❶ 管歐著，中國行政法總論，第三七九頁。

具有特定範圍之意。

㈣行政職權乃行政機關的職責與權力：行政職權的內容，自不同觀點，可區分為行政機關的職務、責任，與權力。所謂職務，即各機關所主管的行政事項，此種事項有其法定範圍，即其所具有的權限。且機關就其本身職務，必須依法執行，並對執行後果負其責任，是為行政責任。又為執行職務，須使行政機關獲得依法運用國家行政權的地位，就其主管事項作成各種行政行為加以處理，此等行為在原則上具有公法上的拘束力、強制力與確定力，產生法律效果，故行政職權又表現為行政上的公權力。

第二項　行政職權內容的分析

關於行政職權的意義已見前述，可知行政職權若就其內容分析，實包含不同的成分。亦即自不同觀點加以觀察與解釋，可將此種觀念區分為不同的現象、作用，或效果。概略言之，構成其內涵的因素，約有下列數種❷：

㈠行政職務：即指行政機關負責辦理的業務或主管事項而言，亦稱主管業務，各機關均應有主管業務屬於其權限範圍，否則即無設置的必要。此為對行政職權所作靜態的觀察，行政職務亦可謂主管權限。

㈡行政行為：國家對行政機關賦予其職權，即在使其依法行使，而行政機關為行使職權所作各種活動，即表現為各種行政行為。此為從動態觀點所作觀察，故行政行為可謂機關的職權活動。

㈢行政權力：因有行政職權的賦予，遂使行政機關取得行使國家行政權力的地位，並使其行政行為發生公法上的效力，形成各種行政法關係。此為從行政職權或行政行為的效力方面所作觀察。

㈣行政責任：係指行政機關及人員，就職權的行使，所負擔的義務而言。具體言之，可謂是一般性執行職務的行政責任。此為就行政職權所生義務方面所作觀察。至於公務人員責任，乃是行政人員就職權行使結果，所受的相關影響；亦即由一般性的行政責任，所引起的制裁性責任。前者涵義較廣，著重於行政職務的執行；後者涵義較狹，

❷ 張載宇著，前揭書，第三〇六頁。

且在強調為違法失職的行為負責，惟二者均與行政職權有關，且係以職權的行使為範圍。

㈤行政授權：行政機關或人員就其本身職權應以直接行使為原則，惟有時基於事實需要，在直接行使的原則外，亦有交由所屬下級機關或人員或其他機關代為行使者。此種措施即為行政授權，其在本質上為行政行為，內容屬於職權關係，故為行政職權的內涵。此為就行政職權的相互關係方面所作觀察。

㈥行政裁量：係指行政機關就職權的行使，所作判斷與決定而言，故可視為職權行使的方式，或就行政職權行使方式方面所作觀察。

㈦行政監督：就狹義觀點言之，係指在行政體系或行政機關中，上級機關或人員對下級機關或人員，在職權行使方面所擁有的控制力或發揮的控制作用。就監督者方面而言，係指其指揮監督職權的行使；就被監督者方面而言，則為其職權所受之限制。此亦為就行政機關的職權關係方面所作觀察（參閱第二編第四章中行政監督部分）。

上述各項乃是就行政職權的內涵所作分析，亦可謂廣義行政職權的範圍。各種項目均為行政職權所表現的不同現象、作用，或效果，亦即自不同觀點對行政職權所作的觀察和解釋，而行政職權可謂係此等項目所構成的綜合體；各種項目之間，具有密切的相互關係與連帶影響。至於行政職權與行政行為間的關係，簡言之，可謂行政行為乃是行政職權的動態表現，而行政職權則構成行政行為的範圍和依據。

此外，學者尚有就所謂「行政權」（即行政職權）的界限」加以說明者，包含行政權本身的界限及行政權與其他公權的界限在內❸。惟就其討論的實質內容而言，所謂行政權本身的界限，乃是指行政法適用的基本原則中有關行政職權的各種項目（故亦有逕稱之為「行政職權行使之原則」），以及行政機關相互間職權的劃分而言；至於行政權與國家其他公權的界限，因涉及憲政體制的問題，似已逾越行政法上「行政職權」的範圍，故不擬納入本節探討的內容。

---

❸ 同❶，第三八三—三八八頁。

第二節　行政授權

第一項　行政授權的意義與要件

如前節中所述，行政機關的職權均係直接間接由國家法律所賦予。準此，則就行政機關職權的獲得而言，可謂是廣義的行政授權。惟自狹義觀點而言，行政授權乃構成行政職權內涵的項目之一，而本節所探討的行政授權，即以此狹義範圍為限，說明行政機關系統內部的授權關係。

㈠行政授權的意義：國家為推動行政業務，設置各種行政機關並劃分其職權，任用各種人員並限制其資格條件，其目的均在使機關與人員，各就其法定範圍行使職權，發揮工作效率，負擔執行業務的責任。換言之，公務的執行，無論就機關或公務員個人而言，均應具備適當的條件，故行政職權應以由本機關或本人行使為原則。惟事實上基於簡化程序提高效率的要求或各種客觀原因，本機關或本職位的人員可能不宜事必躬親直接行使其全部職權或有無法直接行使其職權的情事發生，為針對此等原因情事使機關職權對內作適當的分配並維持業務不致停頓，行政機關即有依據法令或本於職權將其職權交由其他機關或人員代為行使的必要，此種制度稱為「行政上的授權」或「行政授權」。

㈡行政授權所應具備的要件：採取行政上授權措施，必須具備各種要件，始能發生合法的效力，此等要件如下❹：

⑴授權者所作授權行為須有法令上的依據。因採取授權措施的結果，等於變更機關內部職權關係與有關雙方職權的行使，為使此舉合法化，故在原則上應具有法令的依據。惟就事實而言，若法令欠缺明確規定，則授權者（機關首長或單位主管）基於業務上的實際需要，亦可以行政裁量，決定採行授權措施，因此種情形乃屬機關內部職權

❹ 陳鑑波著，前揭書，第三四四頁。

調整的措施。

(2)所作授權範圍，應以授權者自身職權範圍內的事項為限，否則若逾越其本身職權範圍，授權者既無權授權，其所作授權行為自不具有合法效力。惟就機關首長而言，因其擁有機關的全部職權，則由其就此範圍內的事權加以調整，自屬合法。

(3)授權行為須符合法定情形，若未具有法定情事或條件，自不得濫用授權措施，且被授權者亦應按照法定情形代行職權並負擔其責任，可知授權行為涉及權責兩方面的事項。

第二項　行政授權的種類

行政授權乃是一種行政法關係的概念，其所採實際措施因所具性質、採行情形、授權對象及發生效果的不同，可區分為代理、委任及委託三種，茲分述如下：

㈠代理：在私法關係方面，對「代理」關係有明確規定，此即為彌補當事人行為能力的缺陷或基於客觀原因當事人無法親自處理法律關係時，法律允許採用「代理」方式以完成法律關係❺。公法方面基於同樣的考慮及行政上的便利與必要，也允許代理關係的存在。不過，有關行政職權的代理，則與一般的代理在性質上不盡相同，而為一種授權關係。具體言之，此種代理關係亦稱代行，係基於各種原因，將屬於本機關或本人的全部或一部分職權，依據法令規定或本於職權裁量，授予其他機關或人員代為行使，而發生與其自身行使，具有相同效果的行政行為。茲以代理關係發生的依據為標準，將此種行政行為區分為法定代理、指定代理，及授權代理三種，分別說明如下❻：

⑴法定代理：所謂法定代理，係指以法令明定發生代理關係的原因情事及代行職權的人選（職位），亦即完全直接依據法令規定所形成的代理關係。一旦法定情事發生，代理關係成立後，被代理人的全部職權，即由代理人依法

❺ 見民法總則第四章第二節及第五節各條有關「代理」之規定。

❻ 王昌華著，前揭書，第八七－八八頁。

行使，並由代理人負擔其全部義務與責任，而被代理人對代理人所作行政行為，不負任何責任。此種代理關係，多見於機關組織法中所定首長出缺或因故不能視事時，由副首長代理的情形。其代理關係於法定原因消滅時，即告終止❼。例如行政院組織法第七條第二項規定「行政院院長，因事故不能視事時，由副院長代理其職務」。

⑵指定代理：所謂指定代理，或稱命令代理，乃是上級機關或本機關首長或單位主管，於所屬人員有出缺或因故不能視事情形發生時，本於職權或基於有關人員之呈請，指定所屬其他機關或人員代行其職權的措施。此種代理關係因法令對代理原因，尤其是代理人選，並無明確規定，故非法定代理；且因多屬臨時性代理關係，故非制度化的授權代理。其特徵主要即由首長或主管決定代理人選，如行政院所屬各部部長出缺或因故不能視事時，由院長指定其政務次長代理；各部司長公出視察，由部長指定該司幫辦代理；及一般公務人員於休假或請假時，經呈准單位主管指定他人代理等均是。例如公務人員請假規則第十五條規定「請假、公假或休假人員，職務得託由同事代理，但須機關長官核准，必要時機關長官得逕行派代」。此種代理關係的權責，與前項法定代理大致相同❽，學者有將指定代理包括在廣義法定代理的範圍內者。

⑶授權代理：所謂授權代理，係指行政機關首長本於職權，就其機關職權範圍內的事項，授權機關內部單位及人員，分別負責代為行使的情形。授權代理通常即為分層負責或分層授權，亦即將機關首長的職權分配於各單位與人員負責行使的情形，此種情形為行政機關內部職權關係上的普遍現象或制度。依據行政院所頒「行政機關分層負責實施要項」的規定，此種制度的要點如左：

「①本要項所稱分層負責，謂機關依其組織法規規定之各級單位，適當劃分處理公務之層次，由首長就本機關職權及單位職掌，將部分公務授權各層主管決定處理，並由被授權者負其決定之責任。

②行政機關實施分層負責，以劃分三層為原則，不得多於四層或少於二層。機關首長為第一層，各級單位為

❼ 南博方等編著，行政法⑴——行政法總論，東京，有斐閣，一九七六年版，第七六頁。

❽ 成田賴明等著，現代行政法，第七八頁。

第二層及其以下之各層。

③行政機關實施分層負責，應審酌各項公務之性質及權責輕重，明白規定授權事項之範圍及授予決定權之層次，凡屬依據法規為一定處理及技術性事務性之事項，應盡量授權處理。

④被授權之各層主管執行授權事項，應在授權範圍內迅為正確適當之處理決定，不得推諉請示或再授權次一層代為決定。其因故意或過失為違法不當之決定者，該主管應依法負其責任。

⑤行政機關首長及各層主管對分層負責之授權事項，應切實監督，如發現不當情事，應隨時糾正。」

根據上述情形，可知授權代理與前述兩種代理關係均有所不同，約具有五項特徵：⑴授權代理係一種經常狀態或制度，授權人並未發生出缺或因故不能視事的情形；⑵代理人代行所授予的職權，仍須受授權人的指揮監督；⑶授權人對代理人依其指示所作行政行為，須負擔行政責任；⑷授權人得隨時撤銷或變更此種代理關係；⑸授權代理因係機關內部的權責關係，故在此種措施下，機關對外法律關係仍以整個機關為主體，其責任亦由機關負擔❾。

㈡委任：所謂委任，係指在隸屬關係下的上級機關或人員，將其職權範圍內的事項，交由所屬下級機關或人員行使的措施，亦稱交辦或委辦事項。就此種措施的性質而言，乃為原有職權的移轉變更，故非有法令依據不得為之，委任關係成立後，被委任之事項，即視為移轉於被委任者的職權範圍，由被委任者以其自身名義行使，並就委辦事項執行結果完全負責，而委任者既已將職權交由他機關行使，則委任者本身僅負有監督責任。由上述情形，可知委任行為與暫時性代行職權或僅授予行使權限的代理關係均有所不同。惟就被委任者所獲委辦事權的權源而言，自亦可謂是一種行政上的授權行為❿。關於委任關係現行行政程序法中已有明文規定，該法第十五條第一項稱「行政機關得依法規將其權限之一部分，委任所屬下級機關執行之」。此項規定是為委任授權的明確依據。

㈢委託：所謂委託，係指行政機關基於客觀需要與行政上的便利，將其職權範圍內的事項，請求無隸屬關係的

---

❾范揚著，行政法總論，第八五頁。

❿同❼，第七八頁。

其他機關或團體與個人代為行使以處理有關業務的措施。關於委託關係在行政程序法中亦有明文規定，該法第十五條第二項稱「行政機關因業務上之需要，得依法規將其權限之一部分，委託不相隸屬之行政機關執行之」。同法第十六條第一項及第三項規定「行政機關得依法規將其權限之一部分，委託民間團體或個人辦理。……第一項委託所需費用，除另有約定外，由行政機關支付之」。此外，第十五條及第十六條均規定，行政機關對委任或委託事項及法規依據應加以公告，並刊登政府公報或新聞紙。委託與委任雖然相似，且廣義的委託可將委任包含在內，而現行法令對二者亦未嚴加區分；惟二者在實質上頗有不盡相同之點，可分四項比較言之：⑴委託為不相隸屬機關間的關係；而委任則為隸屬機關間的關係。⑵受委託者對是否接受委託有自由決定權；而被委任者對委辦事項不得拒絕。⑶委託關係並未發生職權的移轉；委任關係則形成職權移轉的結果。⑷委託關係的對象並不限於同等級的機關，亦不限於政府機關，而可包括公共團體及人民在內；至於委任的對象，則僅限於所屬下級機關或人員⑪。

第三節　行政裁量

第一項　行政裁量的意義

在法治行政的原則下，行政機關行使職權執行業務，原應以法規為依據，未可擅自決定處理。惟現代國家所講求的法治行政原則，在觀念上已有所轉變，即注重機動法治，且就實際情形而言，行政業務內容廣泛複雜，客觀情勢又變動不居；而行政法規數量究屬有限，內容亦未盡完備，對各種不同情事，殊難規範無遺。因之，行政機關執行業務，在適用法規之餘，仍有藉自身合理判斷作成決定的需要。基於此種需要，則國家法令應就各種行政機關職權範圍內，賦予適當程度的裁量權，以補充法規內容的不足，增加法規的適應性，使行政機關得以機動行使職權執行業務，決定輕重緩急，提高行政效率⑫。由以上說明，可知所謂行政裁量乃是國家為便利行政業務的執行，以法

⑪ 同❷，第三〇九頁。

規對行政機關就其職權範圍內的事項，授予藉自身合理判斷作成決定的權力。行政裁量權的授予，固然有客觀的需要，惟為維持法治行政的精神，則行政機關對於行政裁量權的行使，並非毫無限制，即不僅應遵守法定授權範圍，且在實質上應使所作裁量的內容符合授權法規的立法精神與目的，一般法律原則，以及國家公共利益，並且適當合理，俾可藉此種授權發揮行政功能，而避免形成濫權流弊，實現自由裁量權授予之目的⑬。

第二項　行政裁量的種類

行政機關的行政裁量權，在我國實務上的應用方面以所受法規拘束的程度為標準，或在授權範圍內有無法規拘束為標準，可區分為羈束裁量與自由裁量兩種。茲分述之：

㈠羈束裁量：所謂羈束裁量，亦稱羈束行政或羈束行為，係指行政機關執行業務處理案件，必須依據法規規定，在法無明文時，亦須受法理或習慣法及判例拘束行使職權，而無判斷自由的情形而言。故所謂羈束裁量，在實質上乃是決定所應適用的法規及法規所要求者為何，亦即依法行政。因此種行政行為係在法規嚴格拘束下作成，裁量範圍極其有限，甚至無裁量可言，故在實際上是否可視為行政裁量尚有疑問。且此種裁量既為依法行政，則裁量錯誤即構成違法行為，可作為人民提起行政訴訟的標的。羈束裁量大致均為涉及人民權利義務的行政行為，為保障人民自由權利不受行政機關的侵害，故對行政機關的行為以法規加以嚴格拘束，不容有自由判斷擅加處理的餘地⑭。其實例甚多，如稅務機關依法對納稅人課以法定比率的賦稅，使納稅人履行其義務是。至於「法規裁量」，學者有認為即屬羈束裁量者，惟若作詳細區分，則廣義的法規裁量共有兩種情形，其一、為「法律要件的裁量」，此即在法規方面以不確定之概念規定行政機關採取一定行為之「法律要件」，由行政機關依客觀情事認定，有無採取特定行為之必

⑫ 許慶復著，行政裁量監督之研究，臺北，三民書局，六十九年版，第八—九頁。

⑬ 涂懷瑩著，行政法原理（下冊），第五一〇頁。

⑭ 林紀東著，行政法原論（下冊），第四〇一頁。

要，此種「認定」乃屬認識行為，其與裁量行為有別，具有羈束行為之性質，如認定違反經驗法則，即為違法判斷，須由行政法院審查。其二、為「法律效果裁量」，此即由行政機關在法定授權範圍內作成意思決定（「決意裁量」）或就數種法定處理方式加以選擇適用（「選擇裁量」），例如行政機關在「規定稅率範圍內有裁量之權」或在「處罰章程規定範圍內可審核情形斟酌處理」，如此則行政機關即有選擇自由或斟酌裁量的權力，其所作決定行為應屬自由裁量性質，而非羈束行為的法規裁量，此為我國行政法院就二者區分的意見⓯。

㈡自由裁量：所謂自由裁量，亦稱公益裁量或便宜裁量，係指行政機關就職權範圍內的事項，在法規無明文規定，亦無習慣法可循，或法規授權之下，由其以自由判斷作成適當處理的行為。自由裁量既非在法規拘束下而是以自由判斷行之，在性質上為「本於行政權之作用」，則裁量如有錯誤，僅屬不當問題並非違法情事，故不能構成行政訴訟的標的，受害人僅得對之提起訴願而已。惟自由裁量如有顯然違法情形，自可對其提起行政訴訟，發生無效或應予撤銷的結果。自由裁量雖無法規拘束，惟大致均具有法定範圍，所作自由判斷的決定，應以不逾越此一範圍者為限，逾此範圍的事項，行政機關即無權作成自由裁量。又自由裁量雖無法規拘束，惟並非毫無原則與標準；具體言之，所作裁量應不逾越授權範圍、不違反相關法規、符合授權法規的立法精神與目的以及國家公共利益，且須適當合理等均是⓰。根據此等理論，行政程序法遂對行政裁量的界限作成明確規定，該法第十條稱「行政機關行使裁量權，不得逾越法定之裁量範圍，並應符合法規授權之目的」。分析言之，自由裁量所受限制共有三項，即⑴受權限之拘束，⑵受立法目的之拘束，⑶受法律原則之拘束是。如前所言，自由裁量具有其客觀需要與價值，為行政裁量的主體，故在行政法規方面採行相當普遍。法規對自由裁量授權規定的方式，通常係使用具有彈性的詞句（即「得為規定」），或明確對行政機關就特定事項授予自行決定之權等均是。在實際上自由裁量權的行使，多係對人民賦予權利或利益的行為；反之，羈束裁量則多係限制或剝奪人民自由權利，或課予人民不利益的行為。

⓯ 翁岳生著，前揭書，第六六－六七頁。

⓰ 管歐著，中國行政法總論，第四〇七－四〇八頁。同⓯，第六五頁。

關於自由裁量與羈束裁量的區分標準，有各種不同學說，包括「以法條文字為準」、「以立法目的為準」、及「以行政處分對人民有利與否為準」等均是⑰，我國行政法院在判例上仍維持對二者的區分，惟在行政法學理論方面，學者有認為一方面任何行政行為在依法行政原則下，「均須相當受法規之拘束」；而另一方面由行政之本質及社會情勢觀察，則任何行政行為又「均含有行政官署主觀之成分」，故二者的界限已不明顯，區分的理論也隨之而減少其所具之重要意義⑱。

第四節　不確定法律概念

㈠不確定法律概念的涵義

現代國家的法律，乃以成文法為主體，法律條文必須以文字來表達其涵義，但就法律所規範的事物或狀況而言，由於人類文字表達能力的限制，並非全部均可以文字作精確具體的說明，亦即因法律關係內容的精確程度不一，以致造成法條文字及用語含混的困擾；舉例來說，例如有些法律關係的內容如涉及數量、時間或地點等事項者，自然較易作明確規定；反之，如所涉及事物或狀況的內容及範圍較為抽象、空泛、籠統或具有彈性，則其法律條文或用語勢必相對的須採用抽象、空泛、籠統或具有彈性的規定，以求符合事物或狀況的本質，如此即形成為學理上的「不確定法律概念」(unbestimmte Rechtsbegriffe)，學者亦有稱為「模糊的法律概念」(väger Rechtsbegriffe) 或「不特定法律概念」者，此種法律概念的存在，在行政法實務上常涉及法規的解釋、行政裁量、及判斷等職權的行使。惟法律概念的「確定」與「不確定」，並非質的不同，而僅為量的差異，亦即法律條文及用語明確程度的不同而已。在一般法律方面，對不確定法律概念的採用相當普遍，但大致上仍以行政法方面採用者較多，此種現象可能是由於行政法規範對象的範圍廣泛與內容複雜情形所致⑲。

---

⑰ 山田準次郎著，自由裁量論，東京，有斐閣，一九六〇年版，第九九—一〇四頁。

⑱ 同⑭，第四〇八頁。

㈡不確定法律概念採用的原因

如前所言，不確定法律概念在一般法律方面採用既然為數不少，則此種現象的形成，必有其原因存在，茲分析說明如下⓴：

⑴法律關係內容的性質使然：部分法律關係內容所涉及的事物或狀況，在性質上屬於抽象、空泛、籠統、或具有彈性者，則在界定及說明時，自然難以達到明確的程度，遂致留下含混的空間。

⑵人類文字精確性不足：人類使用文字的表達能力，固然隨著文化的進步而不斷提升，但除在涉及數量、時間、地點等事項或科技方面所使用的專業名詞用語具有較高的精確性外，法律方面的文字用語尚難達到完全精確的程度；甚至有學者認為在文明進展的潮流下，對部分事物的文字表達有愈益抽象的趨勢。

⑶概括條款立法的採行：在成文法主義時代，國家法制的進步，必然使法令大量增加。法律的規定愈精密，涉及事項的範圍愈小，即須要制定更多的法律，規範分門別類的事物，以致形成法令系統的過度膨脹，為避免此種現象趨於嚴重，勢必採用概括條款的立法方式以資肆應，俾可減少法規的數量。但採用概括條款的結果，即可能導致不確定法律概念適用的機會。

⑷增加法律的適應性：現代國家的社會形態，呈現變動不居的情勢，未來的發展，常非立法者所能預見；針對此種情形，法律規定的內容，不可能或不宜十分精確固定，而常需採用籠統、廣泛或彈性的文字用語，俾便於嗣後能兼顧立法目的及情勢變遷作成適當的解釋，以解決情勢變動後的法律適用問題。

⑸便於對主管機關作授權規定：如前所言，法律針對變動不居的社會情勢，不可能也不宜作十分精確及固定的規範；尤其在所規範的標的事物涵蓋範圍較廣或具有彈性時，為使適用機關能夠在不同時空背景及價值觀念下，作成適當的具體決定，則採用不確定法律概念應可視為正確的選擇；因採用此種規定可由適用機關針對客觀需要作成

⑲ 陳敏著，行政法總論，自刊，八十七年版，第一六一頁。蔡志方著，行政法三十六講，自刊，八十四年版，第九九頁。

⑳ 同前註，蔡志方，前揭書，第九九－一〇〇頁。

解釋，無疑構成一種授權方式。

由上述五種原因的分析，可知採用不確定法律概念，實有其客觀需要，若能對此種規定作適當的運用，足以增進適用機關業務處理上的便利，並對加強法律規定的適應性有所助益。

㈢不確定法律概念的分類

關於不確定法律概念，根據一般學術界的意見，認為是一種內涵未定的概念，此種概念主要可區分為兩種類別，即「經驗概念」與「規範概念」，茲就此兩種類別的情形分述如下㉑：

⑴「經驗概念」(empirische Begriffe)：所謂「經驗概念」亦稱「描述性概念」(deskriptive Begriffe)，此種概念乃是依據經驗界的事實所產生的概念，在適用方面常須具有相關的特殊經驗，據以掌握、認識或判斷是否屬於法律所規定的狀況或事件。例如所謂「夜間」、「晝晦」(見道路交通安全規則第一百零九條)；「情節重大」、「無正當理由」、「公眾得出入之場所」(見社會秩序維護法第四十七、六十三、七十二條)；「日沒後、日出前」(見海關緝私條例第十三條)；「不可預見之重大事故」(見集會遊行法第九條)等，凡屬此等法律上的文字用語，對其實質涵義或所指的狀況，適用者應針對實際情形，根據單純的認知加以理解，或根據特定的經驗加以推論，俾能作成正確的判斷及認定。

⑵「規範概念」(normative Begriffe)：所謂「規範概念」亦稱「須要價值填補之概念」(wertausfüllung-sbedürftige Begriffe)，或直接稱為「價值概念」，此種不確定法律概念與前述經驗概念的性質不同，經驗概念係針對現實已存在的情形加以認知或判斷；而規範概念則並非依據經驗事實所產生的概念，乃是具有規範性或當為性的概念，要求法律適用者據以採取當為的行為；但其內容僅係作概括的提示，涵義及範圍並非十分明確，欠缺與真實事物的關聯，故須由適用者對其價值予以填補充實或評斷，始能理解其真實涵義，俾使其內容具體明確切合實際便於遵循或執行。

㉑ 同⑲，陳敏書，第一六一－一六二頁。蔡志方書，第一〇一－一〇二頁。黃異著，行政法總論，三民書局，八十五年版，第七一頁。

因此，其與經驗概念不同，並非僅為單純的認識或推論，而具有價值判斷的作用。例如關於「國家安全」（見國家安全法第一、三、五之一條）；「公共安全」（見建築法第八十一條）；「社會秩序」、「公共利益」（見集會遊行法第十一條）；「善良風俗」（見電影法第二十六條）；「放蕩之姿勢、猥褻之言語或舉動」（見社會秩序維護法第八十三條）；「粗俗不雅」（見姓名條例第六條）；「有傷風化」、「誨淫物品」（見關稅法第四十五條）；「培養禮樂風尚」（見社會教育法第二條）；「誠實信用之方法」（見行政程序法第八條）等名詞用語，其涵義既具有規範性，但又非十分明確，在對有關法律適用時，即須依據其立法目的，對法律條文的規定予以價值填補，使其內容較為具體化，俾便於遵循或執行。

(四)不確定法律概念的作用與適用情形

(1)不確定法律概念的作用：法律條文採用不確定法律概念的規定，不僅具有各方面的原因，而且也是由於其所可能發揮的各種作用所致，茲就此種概念所具的重要作用分項略述如下㉒：

①規範法律行為的構成要件：在依法行政的原則下，行政機關採取法律行為不僅有法律依據，且常須符合法定的構成要件，惟對於此等構成要件的規定，可能因其本質不夠明確，難以作具體的規定，遂祇有以不確定法律概念的方式加以規範，例如法律常有針對突發情事、緊急狀況，或預期可能發生的事故，允許或授權行政機關得採行必要處置時，即須以不確定法律概念的方式作成規定，行政機關在適用有關規定時，即可根據此種規定，加以認定或判斷，視特定事件是否符合法定構成要件或授權範圍，而作成必要的處置決定。

②賦予適用的彈性空間：鑑於現代國家社會生活的複雜與變動不居，法令的規定自然難以周全。在此種情形下，法治行政原則不能一成不變，而必須預留彈性，俾可增加法律的適應性；不確定法律概念的採用，即在利用此種概念內容概括籠統的涵義，俾便對法律規定不明確的部分，依據其立法目的經由解釋、認知、或判斷，使其內容得以具體確定而便於遵循和執行。因此，不確定法律概念實具有賦予法律適用彈性空間的作用，頗能符合現代機動

㉒同⑲，蔡志方，前揭書，第一〇〇頁。

法治原則的精神，以適應時空變遷的不同需要。

③放寬行政措施所受司法審查的限制：在現代民主國家中，行政權的行使，常須受司法審查的監督，尤其對涉及人民權益事項的行政處分，因人民享有尋求法律救濟的權利，故接受司法審查的機會更大。但就採用不確定法律概念的情形而言，行政機關在執行法律時，既具有適用的彈性空間，在理論上即獲有「判斷餘地」(Beurteilungspielram)，如此則行政法院對行政機關所作的決定，其所得行使的審查權即可能受到限制，所能審查的各種事項，大致限於以下六種的範圍㉓：

1. 對法律解釋是否正確。
2. 對事實認定有無錯誤。
3. 對委員會作成之決定，其組織是否合法。
4. 是否違反程序規定。
5. 考量觀點是否與該事件無關。
6. 是否違反一般評價標準。

惟此等事項仍均為涉及行政決定合法性的重要事項，司法機關若能夠就此等事項進行審查，則對其審查權的作用大致尚可作重點發揮。

⑵不確定法律概念在實務上適用情形：在我國行政法理論及司法實務方面，對經驗概念常用解釋的方法適用於個案，但遇有須作估測時，即不易獲得一致的結論，例如對建築物或核能電廠安全問題的估測即屬如此。至於規範概念亦須經由解釋始便於適用，但除其「概念核心」(Begriffskern) 較為明確外，其「概念外圍」(Begriffshof) 則呈現廣大模糊的空間，愈接近邊緣，愈不易作可靠的判斷，尤其處於當前多元化的社會中，難以形成共同價值觀念的情形下，對規範概念的內涵自易產生爭議，常須經由對有關規定不斷適用之後始能促使其內涵具體化。再就實務方

㉓ 同⑲，陳敏，前揭書，第一六四－一六五頁。

面而言，對不確定法律概念的適用，常具有「判斷餘地」，對涉及「判斷餘地」的事項，在傳統上被認為屬於「法規裁量」，亦即法律構成要件裁量的問題，如認為行政機關所作行政決定有違反法規情事，或逾越裁量範圍，則行政法院即可予以審查。但在另一方面，不確定法律概念的適用，亦可能被視為係「自由裁量」的行使，如此則行政法院即不得加以審查；另外對具有專業技術性行政業務的決定及考試決定等，亦不予審查；此種觀點及態度大體上可謂與德國行政法學的有關理論已呈現相當接近的趨勢㉔。

㈤不確定法律概念與行政裁量的區別

就法律條文的內容而言，「不確定法律概念」與「行政裁量」均為經常採用的彈性規定方式，使行政機關能夠針對特定情況作成適當的行為。「行政裁量」是行政機關依據相關法律被授予一定範圍的裁量權力，而「不確定法律概念」也是法律就特定事實對適用者給予一個「判斷的餘地」（亦有譯為「判斷的活動範圍」者）；由此可見，二者在觀念及作用方面均有相似之處，但若作進一步比較，則不難發現其彼此間仍具有一些不同之點。首先就法律條文的基本結構方面觀察，通常可以見到法律條文有作「若……，則……。」方式的規定，在類此的條文中，前段「若……，」乃是有關法律事實的規定（Rechtstatbestand），而後段「則……。」乃是有關法律效果或結果的規定（Rechtsfolge）；法律事實所規定者為行政行為之先決條件，法律效果所規定者則為行政機關應為之行為；不確定法律概念主要存在於法律事實部分，而行政裁量則為涉及法律效果部分的規定。不確定法律概念必須由法律適用者依法源解釋方法確定其意義，而行政裁量則是要求行政機關在適用法律規範時，應就法律效果部分所揭示的一種或多種行為，經過考量作成一個適當的決定。根據上述說明，可知不確定法律概念與行政裁量並不相同，但二者之間具有條件與結果的關係㉕。

其次，就法律適用的過程而言，約可區分為下列幾個階段，茲就此等階段及各階段所具作用分析說明如下㉖：

㉔ 陳敏著，前揭書，第一六二—一六三頁。

㉕ 黃異著，前揭書，第七〇—七一頁。

(1)事實之發現與認定。
(2)法律要件之解釋與確定。
(3)涵攝（Subsumtion）作用——事實是否符合法律要件？
(4)賦予法律效果。

以上前三階段的過程，均為「認識作用」，亦即針對事實加以判斷，認定其是否符合法律要件；在此一過程中，行政機關不得以主觀意志加以左右，而應以客觀態度發現實際存在的真正事實，並經由涵攝作用判斷事實與法規範是否相符，若屬相符，即具備法律要件；惟值得注意者，即在法律要件中亦可能係屬於不確定法律概念者，如此則行政機關在適用時，即具有「判斷餘地」。至於第四階段，即在認定事實具備法律要件時，行政機關依法律規定，可能享有行政裁量權，使其得就多種行政行為有所選擇，或在一定行為範圍內，經過適當裁量之後，作成具有法律效果的決定，此種行為乃屬「意志作用」，在法律條文中通常以「得為規定」的方式出現。關於不確定法律概念與行政裁量的區分，與前述二者所具作用的區別有關者，即另有學者從此兩種行政行為性質不同的觀點，提出與前述行為過程理論相近的解釋。即認為依據德國晚近行政法理論，不確定法律概念的性質屬於認識的（Kognitiv）行為，而行政裁量則屬於意志的（Volitiv）行為；對於不確定法律概念，法律適用者必須尋求一個唯一正確的答案；至於行政裁量則為意志行為，法律適用者行使裁量權時，可依其自身的意志作成符合行政目的的裁量決定，祇要不逾越裁量範圍所作決定均屬合法。換言之，行政機關在行使裁量權時，因享有裁量餘地（Handlungs spielraum），故在多種行為或方式中具有選擇的可能性；反之，在適用不確定法律概念時雖具有判斷餘地，但並無選擇的可能性。舉例言之，例如教師對學生考試成績的評定，雖有判斷餘地，但必須遵循客觀公正原則評分，不得依主觀意見任意決定；反之，在對學生的課程安排或不良行為的矯正懲處方面，則教師即可享有裁量的空間。

再就我國行政法學界的見解而論，傳統理論一般均認為自由裁量可不受限制且不構成行政訴訟的標的，惟近年

㉖ 林錫堯著，行政法要義，自刊，八十七年版，第二一五—二一六頁。

來因受德國行政法理論的影響，已傾向於承認行政裁量亦應有其限界。另就實務方面觀察，在傳統上由於對裁量概念的廣義解釋，可將法律構成要件與法律效果方面的行為裁量一併包括在內，故兩方面的裁量（或判斷）似未作嚴格區分；惟就判例使用的文字觀之，對不確定法律概念的適用，多稱為「認定」，其意涵似顯示係屬「認識行為」；而對行政裁量則多稱為「斟酌裁量」，其意涵似即指屬於意思決定亦即「意志行為」㉗。

此外，尚有須作補充說明者，即不確定法律概念與行政裁量之間雖有所區別，但亦有關聯性存在，有關事項表現在下列兩方面，茲分述之㉘：

⑴聯結性法條（Koppelungsvorschrift）：亦即「混合性構成要件」，係指法條中在構成要件的規定方面含有不確定法律概念，並在法律效果的規定方面具有多種選擇的可能性。針對此種情形，行政機關在適用法條時，應先行判斷法律事實，再行斟酌行政裁量的決定；法院亦應先行審查法條適用機關對「不確定法律概念」的解釋是否正確以及其是否具有判斷餘地，若二者均無問題時，再行審查適用機關對裁量權的行使有無逾越或濫用。除上述對二者適用的順序外，尚有須注意者，即法律構成要件與法律效果之間有時可能發生相互影響，其情形約有下列兩種：

①行政裁量被不確定法律概念所吸收：係指在適用「不確定法律概念」的規定時，若所應斟酌的範圍已將行使裁量權所須考量的重點一併包括在內，則裁量部分既無再行斟酌的餘地，即可視為被不確定法律概念所吸收，德國行政法理論有稱此種情形為「裁量萎縮」（Ermessensschwund）者。

②不確定法律概念被裁量所消除：係指法條有關不確定法律概念的規定，並不構成裁量行使的前提要件，而應被視為裁量權行使的基準時，則不確定法律概念的規定，在實際上業已歸入裁量範圍，無形中為裁量所吸收或消除。

⑵不確定法律概念與行政裁量的交換性：此即在某些情形下，立法者的立法目的可分別藉由對構成要件中不確

㉗ 董保城著，行政法講義，自刊，八十三年版，第七〇－七一頁。

㉘ 同前註，董保城書，第七一－七二頁。

定法律概念的規定或對法律結果的裁量規定來達成，此時立法者掌握兩種規範的可能性，所生法律效果相同，故具有可替代性。例如，立法者如欲限制或禁止公務人員兼營副業，可在立法時分別採用兩種方式加以規定：其一、即規定公務人員經營副業不得妨害「公務利益」（不確定法律概念），否則不予核發營業許可；其二、即規定主管機關得基於維護「公務利益」的考量（行政裁量授權），禁止公務人員兼營副業。以上兩種規定方式雖不相同，但所生效果則並無二致，故兩種方式實具有交換性或替代性。

以上所述，雖然主要在探討「不確定法律概念」與「行政裁量」的區別，但所涉及的內容亦有助於增進對二者的瞭解；因而，無論在理論與實務方面均應視為具有不可忽視的重要價值。

第三章　重點問題

一、試說明行政職權的意義。
二、行政職權的內涵如何？試分析說明之。
三、何謂行政上的授權？其意義與要件如何？
四、試概略說明行政授權的種類。
五、行政上代理關係的意義與種類如何？試比較說明之。
六、何謂委任與委託？試比較說明之。
七、試述行政裁量的意義。
八、何謂羈束裁量與自由裁量？試比較說明其涵義。
九、自由裁量所受限制如何？其與羈束裁量區分的情形如何？

第四章　行政命令與規章

第一節　行政命令的概念

第一項　行政命令的意義

自古以來，國家在政治上恆為統治權的主體，其在行政法關係上，對其他當事人居於優越的地位。即使在民主憲政發達的現代仍屬如此，因現代國家行使統治權，其所代表者乃是社會的整體公共利益。在國家統治權的支配下，一般行政法關係均具有其公法特徵，表現為各種公權力的運用，而最足以顯示此種特徵者，即為行政機關命令權的行使。國家運用此種權力，得以單方面的意思表示使相對當事人受其拘束，此種意思表示的具體方式，即發布行政命令。故所謂行政命令，係指行政機關依職權所作意思表示，而對行政客體發生強制拘束力的行政行為。茲將此項定義分析說明如下❶：

㈠行政命令乃是行政機關的行政行為：如前所述，行政機關的行政行為種類甚多，其中以單方行為為主體，在行政法上具有最大的重要性，而單方行為包含行政命令與行政處分兩種，惟後者亦屬行政命令性質。故行政命令即行政機關行政行為的一種，與其他治權機關的行為有別，為行政權的重要表徵。

㈡行政命令為行政機關行使職權的行為：行政機關的各種行政行為，均屬本於行政權的作用，亦即行使職權的行為，行政命令自不例外。故行政命令在內容方面均為有關行政機關組織與職權等事項，涉及對內及對外關係，亦即無論機關內部及對行政客體均可行使。

❶ 管歐著，中國行政法總論，第四三五－四三六頁。

㈢行政命令為行政機關所作意思表示：行政命令為行政機關職權行使的行為，此種行為以意思表示為之，亦即以發布命令作為表達其意思的方式。行政機關作成此種單方意思表示之後，法律效果即依據其意思表示的內容而發生，以實現行政命令之目的。其內容通常為對下級機關及人員或行政客體有所指示或課予作為或不作為的義務。

㈣行政命令具有抽象或具體的內容：行政命令的內容均屬有關行政機關組織與職權的事項，其中有屬抽象規範性規定者，是為行政規章；亦有就個別具體事項表示處理意見者，是為單純行政命令。此種內容方面的區分，亦可謂係行政命令所具之不同形式。

㈤行政命令具有強制效力：行政命令為行政機關的單方行為，所作意思表示無須徵得相對當事人的同意，即可發生效力。行政命令又具有公法關係的特徵，亦即係由行政機關居於法律上的優越地位所作意思表示，以支配相對客體。因此，此種行政行為在法律上所生效果，即對相對當事人具有強制拘束力，使其負擔服從的義務，如違反此種義務，則行政機關可施以制裁，以實現行政命令的內容，貫徹其目的。分析言之，行政命令的效力，即包含拘束力與強制力。可謂最能表現統治權的作用，顯示行政權的特徵。

第二項　行政命令的種類

行政機關無論在一般統治關係或特別權力關係上，對命令權的運用極為廣泛，可就各種事項發布行政命令，對於此等命令因所具形式、內容、及性質有別，可採用不同的標準加以分類。茲分述之：

㈠單純命令與法規命令：行政命令以所具之形式為標準，可區分為兩種，即單純命令與法規命令。茲分別說明如下：

⑴單純命令：所謂單純命令，係指行政機關就個別事件為具體的規定與處理，所作不具法律條文形式的意思表示，如屬於宣告、訓飭、及指示的行政命令均是，其對象包含所屬下級機關及人員與一般人民在內（例外亦有屬抽象原則性內容者）。學者有將此種命令稱為「普通命令」者。依據「公文程式條例」第二條第一項第一款規定「令：

公布法律、任免、獎懲官員、總統、軍事機關部隊發布命令時用之」。惟此種「令」僅係指形式上的命令而言，實際上行政機關在公務處理方面對「命令」的使用相當普遍，其名稱並不一定直接採用「命令」一詞，但在實質上即為行政命令的性質。例如「行政機關處理公務所用的公告，常對一般人民課以義務，其對人民所用的通知，亦常有拘束特定人的效力，自與命令同一性質」❷。至於處理公務所發的命令，若係對個別業務案件作具體規定者，即構成為「行政處分」，可作為行政爭訟的標的。司法院字第八〇八號解釋稱：「下級官署呈經上級官署指駁命令所處理之事項，其實施處分時，既係以下級官署之名義行之，自應認為下級官署之處分，如人民不服此處分提起訴願，仍須按照管轄等級，向其直接上級官署為之。」此項解釋中所稱之命令，既可付諸實施，自與行政處分無異。

(2)法規命令：所謂法規命令，係指行政機關就特定種類行政事項或一般行政事項，以法律條文形式，以抽象規範性的意思表示所作規定。具體言之，法規命令即行政機關基於委任立法授權或本於職權，對未來的一般事項或特定類別事項所作具有法律效力與形式的抽象書面規定。實即所制定的行政規章❸。此種法規命令並不一定有特定的對象，而可就各種有關之行政案件或當事人加以適用。依據中央法規標準法第三條規定「各機關發布之命令……」，及第七條規定「各機關依其法定職權或基於法律授權訂定之命令……」。實際上均係指此種法規命令而言。行政程序法對法規命令有更為明確的界定，該法第一百五十條稱「本法所稱法規命令，係指行政機關基於法律授權，對多數不特定人民就一般事項所作抽象之對外發生法律效果之規定。法規命令之內容應明列其法律授權之依據，並不得逾越法律授權之範圍與立法精神」。其規定之內容與學理上的說明正相符合。

(3)單純命令與法規命令的區別及關係：二者除所具形式不同外，尚具有其他方面的區別。茲分述之❹：

①適用對象不同：單純命令僅就個別具體事件或特定當事人適用；法規命令係就類別事項或一般事項以及某

---

❷ 王昌華著，中國行政法新論，第二三〇—二三一頁。

❸ 行政院法規委員會編，建立法規體制之研究，行政院研考會印行，六十四年版，第三頁。

❹ 陳鑑波著，前揭書，第三八一—三八二頁。

類當事人或一般客體適用。

②是否構成爭訟標的：單純命令如屬行政處分性質，即可作為行政爭訟的標的；法規命令則不得作為行政爭訟的標的。

③適用久暫不同：單純命令僅係就特定事件頒布，於該事件終了後，在原則上即不再繼續適用，亦即僅對該次事件有效；法規命令之性質，既為一般抽象規定，則凡事件符合其所定條件者均可適用，亦即於制定後除被修改或廢止外，可以長期繼續適用，假定其具有永久的效力。

④制頒程序不同：單純命令均由行政機關本於職權頒布，程序簡便或無特定程序；法規命令內容較為複雜，牽涉較廣，具有較大重要性，故制定程序亦較審慎，我國政府機關近年來對法規的制頒多定有法定程序（參閱「國防法規制定管理規則」、「臺北市法規準則」、及「臺灣省法規準則」）。至行政程序法制定後，該法對法規的制定程序有明確規定，其第一百五十一條稱「行政機關訂定法規命令，除關於軍事、外交或其他重大事項而涉及國家機密或安全者外，應依本法所定程序為之。但法律另有規定者，從其規定。法規命令之修正、廢止、停止或恢復適用，準用訂定程序之規定」。此項條文僅屬原則性的規定，除此以外，尚有多項具體的規定，其中最值得注意者，即法規訂定機關「得依職權舉行聽證」（第一百五十五條）。

⑤名稱不同：單純命令的名稱，依據公文程式條例的規定，共有規命令的名稱，依據中央法規標準法的規定訓令、指令、任免令、及公布令等是；法，共有規程、規則、細則、辦法、綱要、標準、或準則等。

⑥效力不同：單純命令多僅對發布命令機關之所屬下級機關及人員，以及特定行政客體具有拘束力；法規命令則具有一般行政規章的效力，就應適用該項法規的各種當事人均具有拘束力。

以上所述，乃是單純命令與法規命令的區別。二者雖具有各種不同之點，惟彼此關係甚為密切。具體言之，因行政機關於執行業務時，常須依據行政規章發布命令，故法規命令常構成單純命令的依據，無論上級機關所頒或本機關所頒之法規均具有此種作用；反之，行政機關亦常有依據單純命令，制定行政規章的情形，此時則單純命令又構成法規命令的淵源或依據，特別是上級機關所頒命令，常構成下級機關制定法規的依據。

㈡委任命令、職權命令、執行命令、獨立命令、與緊急命令：行政命令依其性質為標準，可區分為此五種。茲分述之：

⑴委任命令：所謂委任命令，又稱行政上的委任立法或授權立法（Delegated Legislation），係指行政機關基於法律的授權，就法律的特定部分或事項，自行制頒的規範性命令，亦即法規命令；因其係以法律為法源，且效力次於法律，故又稱「附屬立法」（Subordinate Legislation）❺。具體言之，即行政機關依據立法機關的委任立法授權，所制定的行政規章。此種命令因係基於法律授權，故應視為具有合法的效力。惟此種命令在內容及效力方面受有限制，可分三點說明如下❻：

①委任命令的內容，不得逾越法律的授權範圍，否則其逾越部分應歸無效。

②委任命令的內容，不得違背母法的立法精神，且在原則上應與母法的內容互相協調配合。

③委任命令不得與其他法律相牴觸，惟母法如以特別法的地位排斥其他法律適用者，委任命令亦具有同等效力。

⑵職權命令：此種命令又稱「行政上的職權立法」，此即依據各機關本身組織法規賦予的職權所發布的命令（法規），其與「委任立法」的不同，乃在於委任立法係基於個別法律的委任授權，而職權立法則係基於組織法規的一般委任授權。職權命令既為依組織法規授權所發布，故亦為各該機關依職權當然得發布之命令；惟就內容而言，職權命令僅能就其職權範圍內之主管事項加以規定而已。中央法規標準法第七條規定「各機關依其法定職權……訂定之命令……」。即屬此種職權命令。職權命令與委任命令，除在性質上不盡相同外，亦係以授權的依據為標準所作區分。

---

❺ J. F. Garner, *Administrative Law*, London, Butterworths, 1979, pp. 63–64.

❻ 羅志淵著，立法程序與立法技術，臺北，國民大會秘書處，五十三年版，第二〇三—二〇四頁。張鏡影著，前揭書，第一五〇頁。

此外，國內學者亦有對職權命令作較狹義解釋者，例如認為職權命令為規範特別權力關係的特別命令，或認為即指行政法學上所稱之行政規則❼。

(3)執行命令：此即行政機關為執行憲法法律或上級命令，所發布之命令，亦稱「補充命令」。例如頒布法律的施行細則或上級命令的實施辦法等均屬之。執行命令的內容，僅能就該項法律或上級命令所包含的事項加以詳細規定。行政機關所作規定既不能違法，亦不能任意增添法令所未預期之新法規；同時，行政機關所定之法令解釋及補充規定，對法院不發生拘束力。執行命令與獨立命令，除在性質上有所不同外，亦係以發布目的為標準所作分類；惟就執行命令的依據而言，有屬於職權命令，亦有屬於委任命令者❽。

(4)獨立命令：所謂獨立命令係指為獨立目的所發布的命令，而非為執行法律所發布之命令。至於發布命令是否基於獨立目的，須視該行政機關發布命令的事項而定。例如緊急命令即係獨立命令，因其發布命令的事項，具有獨立目的。惟獨立命令就其所具依據而言，亦包含有職權命令與委任命令兩種類別❾。

(5)緊急命令：所謂緊急命令，即國家於發生非常事變，政府須為緊急處分時，由國家元首依據憲法授權所發布的命令。發布此種命令，係基於國家緊急權的授予，其效力足以代替憲法的部分規定及相關的法律，可暫時變更法律或停止法律的適用，故又稱為代替法律的命令。此種命令係由國家元首發布，行政機關在我國法制上並無此權，惟緊急命令發布的程序，常須行政機關參與，其內容主要與行政業務有關，故其實際執行仍有賴於行政機關。一般國家多有緊急命令的制度，惟其規定未盡一致❿。我國憲法第四十三條亦對總統作此種授權，該條規定「國家遇有天然災害、癘疫或國家財政經濟上有重大變故，須為急速處分時，總統於立法院休會期間，得經行政院會議之決議，

---

❼ 林紀東著，行政法原論（下冊），第四八七頁。范揚著，行政法總論，第二二八頁。董保城著，前揭書，第一七六－一七七頁。

❽ 今村成和著，前揭書，第六一頁。同❼，范書，第二二八頁。

❾ 田中二郎著，行政法總論，第三六六頁。

❿ C. J. Friedrich, *Constutional Government and Democracy*, Waltham, Mass, Blaisdell Publishing Co., 1968, pp. 565–566.

依緊急命令法，發布緊急命令，為必要之處置。但須於發布命令後一個月內，提交立法院追認，如立法院不同意時，該緊急命令立即失效。」由此項規定，可知緊急命令的發布受有四種限制：

①須有憲法所定各種原因，否則即不具備發布緊急命令的法定條件。

②須經行政院會議決議，亦即獲得行政院的支持。

③須於立法院休會期間始能發布，並於事後提交立法院追認。

④須以緊急命令法為依據，在該法制定前即無法發布。

由上述情形，可知緊急命令的發布，所受限制甚多，且須受法律的拘束，恐難發揮機動應變的功效。所以，為適應動員戡亂時期客觀情勢的需要，國民大會遂另行制定「動員戡亂時期臨時條款」，授予總統發布緊急處分令之權，總統發布此種命令，可不受憲法第三十九條（宣布戒嚴）及第四十三條（發布緊急命令）程序的限制。故此種緊急處分令在實質上即具有緊急命令的性質。

㈢各級行政機關命令：若以發布命令的機關為標準，或從形式觀點區分，則可分為總統令、行政院令、部會令、省政府令、直轄市府令、及廳、處局令等，各級行政機關之命令，按機關等級定其效力。總統雖非行政機關，但其與行政機關間具有極為密切的職權關係，故將其命令亦包含在此種分類中。

第二節　行政命令與法律的關係及區別

第一項　行政命令與法律的關係

行政機關行使職權，基於法治行政原則的要求，必須有其依據與憑藉，故法律與行政命令對行政機關職權的行使，實具有不可或缺的重要性。法律與行政命令，同為國家在公法關係上所作意思表示，兩者具有各方面的關聯。茲就二者相互間一般性的關係說明如下⓫：

㈠命令須以法律為依據：在法治行政的原則下，發布行政命令既為行政機關職權的行使，自須有法律的依據，始具備有效要件。故行政機關無論須布單純命令或制定行政規章，均須依法行之。所依據的法律包括機關組織法及特定之業務法律在內。

㈡命令具有補充法律的作用：法律內容如未臻詳盡，可以行政命令加以補充。無論發布單純命令或依據法律制定其子法的行政規章，均可對法律發生補充作用，使其內容臻於完備，而便於施行。執行命令固然稱為補充命令，但自法理觀點言之，一般行政命令對法律多具有補充作用。

㈢命令具有解釋法律的作用：各種行政法律，在內容方面可能有未盡周詳或發生疑義之處，行政機關於適用此等法律時，為便於執行起見。得本於職權以行政命令加以解釋。至於解釋的方式，可分別以制定子法或作成釋例行之。

㈣命令不得與法律相牴觸：依據法律效力位階的原則，命令的效力既次於法律，則命令的內容即不能與法律相牴觸，其發生牴觸者無效。命令不僅不能牴觸行政法律，即其他治權法律亦不能牴觸。至於緊急命令或緊急處分令，因屬非常時期法制，自為例外；如前所言，緊急命令可稱為「代替法律的命令」。

㈤命令適用法律的原理原則：法律與命令同屬國家法制的成分，且命令既須依據法律制定，又不能與法律相牴觸，則法律適用的原理原則，自應為命令所遵守，亦即同樣適用於命令方面。

㈥命令為執行法律的工具：行政機關執行法律，常須制定行政規章或發布單純命令。因之命令即構成執行法律的工具，法律的內容須經由各種命令性質的行政行為始能實現。

㈦命令可能構成法律的淵源：如前所言，在原則上命令係以法律為淵源；惟在例外情形，命令亦可能構成法律的淵源。此即對於命令的內容為擴大實施加強其效力有制定為法律的必要者，自可就其內容擬定法案，完成立法程序。此種情形自法理觀點而言，即以命令構成法律的法源。

⑪ 管歐著，中國行政法總論，第四四〇—四四二頁。

八法律須以命令公布：公布是法律生效施行的必要程序，依據我國憲法規定，法律經立法院制定後，應由總統以命令公布之，為公布法律所發布的命令，是為公布令，此在公文程式條例中有明文規定。

以上八項，乃是就法律與命令的一般關係所作說明。在國家各種法律中，固然以行政法律與命令的關係最為密切，惟即使其他治權法律亦與行政命令具有一般性的關係。關於法律與命令的關係，尚有值得注意者，即學者有藉「法律優越」、「法律保留」、「法律主位」三種事項，說明二者的關係者，本書則將此等事項，列入法律與命令的區別部分闡釋。

第二項　行政命令與法律的區別

如前所言，法律與命令在各方面具有極為密切的關係，不僅同為國家法制的構成部分，且在一般觀念上亦常被視為一體。惟自另一方面觀之，二者在法制上常被分別加以規定，並在法理上常作不同解釋。因之，對於二者的區別問題實有深入探討的必要。

㈠行政命令與法律有無區別的必要：行政命令與法律同為國家就公法關係所作的意思表示，共同構成國家法制的成分，均為實現國家政策的工具，亦均對行政客體具有拘束力與強制力。既有此等相同之點，且廣義的法律通稱法規，已將行政命令包括在內，則行政命令與法律是否仍有區別的必要，在理論上遂有爭議存在。茲就兩派意見分別言之⑫：

⑴否定說：此說認為二者無區分的必要，其理由約有五點：①法律與命令既均為國家在公法上所作意思表示，均具有強制力，故性質相同，無區分的必要。②法律與命令多就同一行政事項加以規定，內容既屬相同，故無區分的必要。③對國家法令的名稱，常採用「法規」一詞，即將法律與命令一併包括在內，視為整體，故無區分的必要。④法律與命令在各方面有密切關聯，二者相輔相成，故無區分的必要。⑤法律可規定一切，命令無存在的必要。

---

⑫同④，第三九一—三九二頁。

⑵肯定說：此說認為應維持二者的區分，其理由可自兩方面加以說明：

①國家的法制包含三種成分，即憲法、法律、與命令是。此三種成分，所具地位與效力有別。憲法為國家的根本大法，係就政權與治權的各種重大事項作原則性的規定；法律為國家各種事務的基本規範，係依據憲法所定原則就國家機關組織、人民權利義務、及其他重要事項作詳細具體的規定；至於行政命令係行政機關為執行法律，而依據法律授權或本於職權裁量，所制定的規章或對行政事務所作具體指示，以補充法律內容的不足，並實現法律的目的。因之，此三種成分，在國家法制上各具有不同的作用與價值，故有互相區分的必要。

②否定說認為法律可以規定一切，命令無存在的必要；惟在實際上，命令有其存在的客觀需要，其理由如左：

1. 法律的內容雖已較憲法詳細具體，惟仍難完全適應實際行政業務需要，必須由命令對其作補充及延伸的規定。

2. 法律的制定及修正程序繁複，故在機動法治的原則下，其內容必須保持彈性，俾便授權行政機關以命令規定細節事項，以適應客觀情勢的變遷，延長法律的生命。

3. 行政權的行使，必須因事因時因地制宜，故法律應對行政機關授予自由裁量權，使其在法定範圍內，自行對行政業務以行政命令加以規範處理。

4. 憲法與法律中，既常就「法律」與「命令」分別加以規定，顯示二者在實際上有互為區別的必要，此種事實不容忽視。

5. 就民主國家而言，法律與命令的區分，在理論與實際上均已形成傳統，此種傳統對國家法制、法律關係及人民自由權利的保障均具有深切的影響，故應繼續維持。

基於上述各項理由，似應認為肯定說較為合理，故在行政法理論與法律關係方面，自應對法律與命令加以區別。且上述各項理由，亦可用以說明委任立法制度建立的原因。

㈡行政命令與法律的區別：前項所述，乃是就命令與法律是否應加區別的問題，自理論方面所作說明。至於二者的區別，在實際上可從形式與實質兩方面觀察比較，茲分別言之：

⑴形式上的區別：係指從法制觀點而言，可就下列各種事項方面加以說明⓭：

①名稱不同：依據中央法規標準法之規定，法律得命名為法、律、條例、及通則；法規命令僅得採用規程、規則、細則、辦法、綱要、標準等名稱，單純命令依公文程式條例則稱為訓令、指令、任免令、及公布令等。

②制定機關不同：法律由立法機關制定（憲法第一百七十條規定）；行政命令及規章係由行政機關制頒。

③制定程序不同：法律的制定須依據憲法及立法所定之程序；自治立法機關對自治法規的制定，亦採與法律概略相同的立法程序。至於國家行政機關及自治行政機關對行政命令的制頒，則所採程序較為簡便，且並非十分確定。

④公布程序不同：法律的公布程序由憲法明定，即須由總統以命令公布，並經行政院院長及有關部會首長副署（憲法第三十七條規定）；自治立法機關制定的自治法規，亦須由地方政府首長署名公布。至於行政規章或命令則不一定須經公布程序。

⑵實質上的區別：即在內容與效力方面，可就下列各種事項加以比較說明⓮：

①規定內容不同：依據中央法規標準法第五條規定，有四種事項應以法律定之（參閱第一編第三章內行政法規制定的內容部分），而不得逕以命令規定，是為「法律保留」。因之，命令若無法律依據，在原則上祇能規定在此範圍以外的事項。惟行政命令與自治法規亦得依據法律授權或本於職權，在不牴觸法律的情形下，就應以法律規定的事項作補充規定。

②所具效力不同：依據法律效力位階的原則，命令的效力次於法律，故命令內容不得違法，否則應屬無效，此種效力等級的關係稱為「法律優越」。惟緊急命令或緊急處分令，因屬非常時期法制，性質與一般行政命令不同，

⓭ 張載宇著，前揭書，第三三二頁。

⓮ 林紀東著，行政法原論（下冊），第四九五－四九六頁。

故具有超越平時法律的效力。

③主從地位不同：在國家法制中，從各方面觀察，均以法律處於主體地位，而命令在原則上無獨立性居於次要與從屬的地位，是為「法律主位」。此種情形可自前述命令對法律所具之各種作用與關係中，獲致清晰的瞭解。具體言之，命令係以法律為淵源，對法律具有補充、延伸、及解釋等作用，為執行法律的工具，由法律賦予其效力，在內容方面須與法律協調一致，符合法律的精神與目的。由此觀之，可謂無法律即無命令，法律與命令間實具有主從關係。在實際法制上，則命令多構成法律的補充、解釋、程序、經過、及例外規定。

如前所言，關於「法律保留」、「法律優越」、及「法律主位」三種事項，可分別從法律與命令的關係及區別兩方面加以解釋。但無論如何，就主從關係方面而言，命令對法律所具有的各種作用，有助於法律的順利貫徹實施，並可藉以解決法律本身所存在的各種問題。茲分別就此等作用闡釋如下⑮：

⑴補充規定：法律如未臻完備，則可就其所未規定的事項，以命令作補充規定；即使依據法律授權，採取必要的行政處分措施，亦具有補充作用。例如水利法第四十七條之一規定「省（市）主管機關為防止某一地區地下水之超抽所引起之海水入侵或地盤沉陷，得劃定地下水管制區，限制或禁止地下水之開發。其管制辦法，由省（市）主管機關報經中央主管機關核准後公告實施。前項地下水管制區內已取得之水權，主管機關得予限制、變更或撤銷」。

⑵解釋規定：此即就法律用語或重要原則性事項，以命令作解釋規定，藉以闡明其範圍及真意。例如勞工保險條例施行細則第四條規定「本條例第五條所稱重要業務係指左列事項：一、勞工保險局依法應訂法規之訂定、修正、廢止及其他勞工保險法規之適用事項。……四、勞工保險基金運用事項。五、其他重要事項」（報請中央主管機關核備）。

⑶程序規定：此即就法律的實施程序，以命令加以規定。例如專利法施行細則第三十條規定「審定書或其他文件無從送達者，應於專利公報公告之。自刊登公報之日起滿三十日，視為已送達。申請人於公告後請求發給審定書

⑮ 涂懷瑩著，行政法原理（下冊），第四八七—四八八頁。

或文件者，應同時繳納費用，申請變更地址」。

(4)經過規定：此即就法律施行前所發生的事項，應如何處理，以命令加以規定，俾使其與各該法施行後的制度相協調的銜接性規定。例如區域計畫法施行細則第九條規定「區域計畫公告實施後，區域內之都市計畫及有關開發或建設事業計畫之內容與建設時序，應與區域計畫密切配合。原已發布實施之都市計畫不能配合者，該都市計畫應即通盤檢討變更。區域內各開發或建設事業計畫，在區域計畫公告實施前已執行而與區域計畫不符者，主管機關應通知執行機關就尚未完成部分限期修正」。

(5)例外規定：此即對法律所作普遍性之原則規定，就人、時、地、事四方面的特殊情形所作之權宜變通性規定。例如實施耕者有其田條例臺灣省施行細則第二十八條「依本條例第九條第一項第四第五兩款免徵之耕地，應在規定期間內向主管事業機關申請。前項申請應由主管事業機關核轉地政局會同教育廳、社會處、建設廳審查後報請省政府核定」。此外，以特別法對普通法而言，亦構成例外規定者，例如「動員戡亂期間勞資糾紛處理辦法」係屬「勞資爭議處理法」之例外規定是。

上述五項已就命令對法律所發生之各種不同作用分別予以說明，此等作用除均對法律的施行有所助益外，其中尤以「補充規定」與「例外規定」具有較大的重要性；前者依據法律作延伸規定，足以充實法律的內涵；後者則係變更法律的原則，而作特殊規定，對法律的基本規定，足以發生特別法的效力。

第三節　行政命令的消滅

一般言之，法律乃屬國家正規法制，在原則上應具有永久性。而行政命令，因係居於輔助地位，且其制頒在程序上所受限制較少，故行政命令經行政機關制頒後，在其施行期間，具有較大的變動性，可能因各種原因失其效力歸於消滅。詳細分析，其消滅的原因約有下列各種情形⑯：

⑯ 范揚著，前揭書，第二三三頁。張鏡影著，前揭書，第一五七頁。

㈠命令的廢止：命令的制頒既係以法律為依據，如法律發生修正或廢止情事，使命令失其依據，則命令將被廢止。在例外情形，如命令有保留的必要，亦即有單獨繼續施行的必要時，則應另行設法建立其合法的依據。其次，行政機關頒布命令，乃是基於實際需要，如情勢發生變遷，命令無法繼續施行或無實施的必要，則命令亦將被廢止。或於發布新命令後，因後令優於前令而廢止。故廢止有直接與間接之分，亦稱明示與默示廢止。另有當然廢止，係指機關撤銷、或情勢變遷無繼續實施必要、或條件成就、或期限屆滿、或目的完成等情形，無待明令廢止自行歸於消滅者而言，惟一般情形多採直接廢止方式，藉以明確宣告廢止的事實。

㈡命令的撤銷：行政機關所制頒的命令，如內容違法不當、或與上級機關的命令相牴觸、或未具備法定的程式，凡有此等情事，均構成行政命令的瑕疵，有權機關基於監督權得將此項命令予以撤銷，或經由行政爭訟程序將命令予以撤銷，使其歸於消滅。

㈢期限屆滿：行政機關所頒布的命令，預定有施行期限者，則自施行期限屆滿時，其效力終止，該項命令即歸於消滅。

㈣目的完成：行政機關所頒布的命令，如係以於特定時期內執行特定任務為目的者，則於此項目的業務辦理完竣後，此項命令既無存在的必要，即自然歸於消滅。

第四節　行政規章

第一項　行政規章的意義及其與單純命令的區別

行政命令就廣義而言，包含行政規章與單純命令在內，所謂行政規章，乃是行政機關依法律授權或本於職權形成公法上的意思表示，而以法律條文形式，就各類行政事項所作抽象規範性的規定，其性質屬於行政命令，亦即法規命令，而與單純命令有下列各種區別[17]：

㈠行政規章係就一般性或各類行政事項所作的抽象原則規定；而單純命令則係就個別事件，為具體或抽象的規定。其為具體規定者，即為一種行政處分，得對之提起訴願或行政訴訟；而行政規章並非行政處分，不得為提起訴願或行政訴訟的標的。

㈡行政規章既係抽象原則的規定，故根據其規定，得發布單純命令，就個別行政事件以為行政處分，如此則行政規章即構成單純命令的依據，亦即行政處分的依據或淵源；反之，根據個別具體事項的單純命令，亦得作成一種抽象規定，即制定為行政規章。

㈢行政規章因係抽象原則的規定，凡行政事件適於該種規定者，隨時均可適用，並不以一次適用即喪失其效力；單純命令既係就個別事件而為規定，恆因該事件之終了，其命令即不再適用。

㈣行政規章因係適用於多數不特定之相對當事人，故其制定、修正、或廢止之程序，較為嚴謹；單純命令則不然，無論其相對當事人為多數之不特定人與否，其制頒、修正、或廢止多可由行政機關本於職權以自由裁量行之，程序較為簡便。

㈤行政規章因有法律條文形式與結構，故採用法規的名稱；單純命令則否，其名稱依公文程式條例之規定。

第二項　行政規章制定的原因

行政機關執行業務原應以法律為依據，惟實際上各機關對於行政事件的處理，有逕行制定行政規章以規定之者，亦有原僅頒布單純命令，嗣後又制定為行政規章者。此種情形一方面顯示行政規章在業務上的重要性，另一方面亦足以說明行政規章的大量制頒，必然有其客觀需要。關於行政規章的制定，分析其原因，約有下列數種⓲：

㈠基於授權或本於職權，就職權範圍內之事項加以規定，因而制定行政規章。在基於授權的情形，如法律或上

⓱ David Foulkes, *Introduction to Administrative Law*, London, Butter worths, 1976, pp. 27–31.

⓲ 管歐著，中國行政法總論，第四四六—四四七頁。

級命令規定應行制頒特定規章時，即必須制定之。

㈡單純命令僅適用於個別具體事件；行政規章則對於特定類別或一般性之行政事項，均可加以規定，故就有關事項制定為規章後，可擴大適用範圍。

㈢單純命令不便於拘束非所屬機關及人員；行政規章則對之便於拘束，且較受上級機關的重視。

㈣單純命令僅適宜於臨時性的行政事件；行政規章則適宜於經常性的行政事項。

㈤單純命令不便於援引適用；行政規章因有章節條文式之規定，便於援引查考。

㈥單純命令內容較為簡單；而行政規章則可規範內容複雜的事項，尤其對技術性程序性的事項，規定較為完備。

以上所述行政規章制定的原因，主要是從規章較單純命令所具優點方面加以分析說明。若進一步擴大解釋，則規章的制定原因實即行政立法制度發展的背景，涉及行政權擴張與立法機關職能與制度的缺失問題，其各種原因自較本項所述者為廣泛。

第三項　行政規章的名稱

我國行政法制係以中央法規標準法為基本規範，依據該法第三條規定「各機關發布之命令，得依其性質，稱規程、規則、細則、辦法、綱要、標準、或準則。」此等名稱均為適用於行政規章者，惟就實際情形而言，各機關制定行政規章所採用的名稱並不以此為限，另有採用簡章、大綱、要點、須知、程序、規範、注意事項、及令等名稱者。茲參照行政院所頒「行政機關法制作業應注意事項」等法令及慣例，就各種重要名稱的涵義說明如下[19]：

㈠規程：「屬於規定機關組織、處務準據者稱之。」凡機關依據法規，制定關於本機關或所屬機關的組織、人員的職責、或處理事務程序等規定者，稱為「規程」。例如「組織規程」、「處務規程」等是。

㈡規則：「屬於規定應行遵守或應行照辦之事項者稱之。」凡各機關依據法規，制定執行法令或處理業務的規

---

⑲參照行政院六十六年二月發布「行政機關法制作業應注意事項」及其他相關法令之規定。涂懷瑩著，法學緒論，第一一四頁。

定者，稱為「規則」。例如「會議規則」、「管理規則」等是。

㈢細則：「屬於規定法規之施行事項或就法規另作補充解釋者稱之。」凡各機關就法規的特別範圍內，為詳細之規定者，稱為「細則」。例如「施行細則」、「辦事細則」等是。

㈣辦法：「屬於規定辦理事務之方法、時限、或權責者稱之。」凡各機關執行法令時，對有關事項所作指示或訂定之方法，稱為「辦法」。例如「實施辦法」、「處理辦法」等是。

㈤綱要：「屬於規定一定原則或要項者稱之。」凡各機關制頒業務與組織事項之大綱者，可採用「綱要」的名稱。例如「動員戡亂完成憲政實施綱要」、及「國家安全會議組織綱要」均是。

㈥標準：「屬於規定一定程度、規格、或條件者稱之。」凡各機關執行業務，就細節上確立尺度、明定準繩者，稱為「標準」。例如「審核標準」、「獎懲標準」均是。

㈦準則：「屬於規定作為之準據、範式或程序者稱之。」凡各機關就同類事項規定其共同原則者，可採「準則」名稱。例如「組織規程準則」、「各級選舉委員會監察人員執行監察職務準則」均是。

上述七種行政規章之名稱，均可謂係中央法規標準法所定之法定名稱，故自該法制定施行後，各有關機關在制定新法規或修正現行法規時，即以此等七種法定名稱為準，使新制定及修正之法規盡量採用法定名稱。但對未採用法定名稱者，仍視其為實質上的行政規章，承認其效力並加以管制審核。且行政法院五十六年判字第一〇五號判例，即曾認定未採法定名稱者，亦為法規命令[20]。惟今後行政機關對行政規章的制頒，自仍應注意使其名稱符合法定化標準化的要求。

---

[20] 行政院法規委員會編印，前揭書，第五－六頁。行政法院五十六年判字第一〇五號判例，即認定臺灣省政府財政廳五十三年三月十三日財稅一字第四六二二四號令頒之「營利事業所得稅結算申報書審查要點」為法規命令，依照原「中央法規制定標準法」（現為中央法規標準法）第七條之反面解釋，應有完全之效力。

第四項　行政規章與行政規則

就國內的傳統而言，行政規章乃是法規命令的通稱，在一般觀念上可包括所有法規命令在內。惟亦有學者就法規命令再作分類，區分為「行政規章」及「行政規則」（亦稱「行政規程」）。此種區別乃是以適用的「對象」為標準所作分類，行政規章乃是以人民為對象，適用於一般統治關係的法規，惟其對行政機關亦具有拘束力，行政機關在作行政處分時，除須受有關法律的限制外，並應以有關行政規章的規定為依據。至於行政規則，乃是以特別權力關係下的行政客體為對象的法規命令，由權力主體於其特別權力的範圍內，當然得制定有關的規則以拘束其行政客體，故其制定不須法律的明確授權，其規定事項屬特別權力關係內規的性質；但於制定後仍能發生一定效果，規範客體的權利義務，因而仍應視之為法規㉑。行政程序法制定後，其第四章「法規命令及行政規則」中，對行政規則的有關事項規定如下：

㈠行政規則的定義與內容：該法第一百五十九條規定「本法所稱行政規則，係指上級機關對下級機關，或長官對屬官，依其權限或職權為規範機關內部秩序及運作，所為非直接對外發生法規範效力之一般、抽象之規定。行政規則包括下列各款之規定：一、關於機關內部之組織、事務之分配、業務處理方式、人事管理等一般性規定。二、為協助下級機關或屬官統一解釋法令、認定事實、及行使裁量權，而訂頒之解釋性規定及裁量基準」。

㈡行政規則的下達及發布：該法第一百六十條規定「行政規則應下達下級機關或屬官。行政機關訂定前條第二項第二款之行政規則，應由其首長簽署，並登載於政府公報發布之」。

㈢行政規則之效力：該法第一百六十一條規定「有效下達之行政規則，具有拘束訂定機關、其下級機關及屬官之效力」。

㈣行政規則之廢止：該法第一百六十二條規定「行政規則得由原發布機關廢止之。行政規則之廢止，適用第一

㉑ 南博方等著，行政法⑴——行政法總論，第一二〇—一二一頁。

百六十條規定」。

其次，行政規則依其性質及內容分類，又可區分為下列三種，茲分述之：

㈠處務規程：屬於行政機關組織法規性質，其內容常係規範機關內部組織編制、事權分配、及業務程序等事項。基於此種內容，故為內部行政法，其與人民之權利義務無直接關係，僅對機關內部發生效力，行政機關或人員違反此種規定者，僅屬職務上義務的違反，在原則上並不構成對人民的違法處分。處務規程的制定，對各種機關均極為普遍，另有採用辦事規則、細則、或通則之名稱者，若其規範事項屬機關內部關係者，則仍應歸屬於此種類別。至於處務規程的制頒，大致有三種情形如下㉒：

⑴法律明定應由所屬上級機關制定者：例如銓敘部組織法第十六條規定「銓敘部處務規程，由考試院定之」。

⑵法律明定由本機關自行規定者：例如教育部組織法第二十六條規定「教育部處務規程，由教育部定之」。惟就此種情形，其所屬上級機關仍保留監督審核之權。

⑶法律明定由本機關擬定後呈請上級機關核定者：例如國立編譯館組織條例第十三條規定「國立編譯館辦事細則，由國立編譯館擬訂，呈請教育部核定之」。

㈡營造物規則：所謂「營造物」，係指由政府設置之公共機構與設施而言。營造物規則乃是規範公共營造物利用關係的法規，就各種營造物的管理及利用等事項加以規定者，例如各級學校的校規、圖書館規則、鐵路運輸通則、汽車乘車規則、高速公路交通管制規則、及臺灣省漁市場管理規則等均是。此等規則的制頒通常須經由上級主管機關核准，然後以通告發布㉓。

㈢公共合作規約：此種規約係就公共合作社員之權利義務所作規範，因公共合作社係屬公法上之社團法人，其與社員之間在設立目的範圍內形成特別權利義務關係，有權制定拘束其社員之規約，就合作社與社員之既成關係加

㉒ 涂懷瑩著，行政法原理（下冊），第四八九頁。

㉓ 范揚著，前揭書，第二三四頁。

以規範，並非創設新法律關係，故與地方團體之自治公約性質有別。此種規約之實例甚多，例如各種公會或合作社

之章程均是，在制定程序上通常須經由主管機關核定始能正式生效㉔。

關於各種行政規則的情形已見前述，此等規則在基本上屬特別權力關係下的內部行政法性質，對有關之行政機關及行政客體均具有拘束力；行政機關不得以行政處分牴觸此等規則，客體當事人亦對之負有服從的義務，若客體違反此等規則，可按照規定予以制裁，但不適用一般權利義務關係上之行政強制執行及處罰。至於行政規則的無效、撤銷及消滅等情形，則與行政規章適用相同的法理處置㉕。此外，尚有值得注意者，即關於行政規章與行政規則的區分，國內曾有學者認為行政規章範圍甚廣，已將規則與規程均行包括在內，故此兩種類別的劃分，「不僅在法令上無依據，而實際慣例上亦無此區別」者㉖。惟至行政程序法制定後，此種見解已歸於消失。

第五項　行政規章的監督

行政命令的頒布，無論其為行政規章或單純命令，均應使其在內容及程序兩方面合法適當，乃能具備有效要件。其中單純命令多為行政處分，一旦發生違法不當情形，可經由行政監督或行政爭訟程序，予以撤銷、變更、或廢止，故引發的問題較小，容易設法解決。就行政規章而言，其在內容與制定程序上亦可能發生違法不當的瑕疵；惟規章與單純命令或行政處分性質不同，其適用範圍較廣、存立期間較長、影響較大，故對瑕疵的預防與矯正應格外慎重，必須在制定及施行過程中採行嚴格的監督控制措施，以保證其品質與效果，尤其應注重事前監督方面。具體言之，行政規章的制定，常因法規性質、內容、及制定機關地位的不同，使其作業過程超越制定機關的控制範圍，而須由議會或上級行政機關作成最後決定者，此種情形可謂是行政法制作業所受的立法與行政監督㉗。茲就有關事項概略

㉔　同㉒，第四八九—四九〇頁。
㉕　同㉓。
㉖　王昌華著，前揭書，第二三一頁。

言之：

㈠立法監督：各級議會均為立法機關，不僅其所制定的法規效力高於行政命令，且行政機關所訂定的規章常須受議會的審查，以決定其有無牴觸議會立法，是否得以發生合法效力。議會的此種監督權，主要來自法制規範及議事法規，例如我國的中央法規標準法第七條即規定：「各機關依其法定職權或基於法律授權訂定之命令，應視其性質分別下達或發布，並即送立法院。」立法院職權行使法第六十條規定「各機關依其法定職權或基於法律授權訂定之命令送達立法院後，應提報立法院會議。出席委員對於前項命令，認為有違反、變更或牴觸法律者，或應以法律規定事項而以命令定之者，如有三十人以上連署或附議，即交付委員會審查」。同法第六十二條規定「行政命令經審查後，發現有違反、變更或牴觸法律者，或應以法律規定事項而以命令定之者，應提報院會，經議決後，通知原訂頒之機關更正或廢止之」。立法院行使此種審查權的實例雖然並不多見，但以往實際上對於考試院及行政院所制頒的法規均曾加以審查，例如：

⑴民國五十七年二月考試院所提出之「現職人員改任為職位分類公務人員辦法」在立法院第四十一會期第二次會議提出報告時，依張金鑑委員等二十五人之提議，交付法制委員會審查。審查結果認為：「該項辦法第二條與法律牴觸」而作成應行修正之決議，並經第四十一會期第十九次院會議決，退回考試院修正㉘。

⑵民國六十四年十二月三日內政部所提出之「中央警官學校學生實習及派遣任用辦法」在立法院院會報告時，經交付法制、內政、教育三委員會共同審查。乃於民國六十五年四月七日第一次聯席會議審查席上被指稱：「該辦法之標題與第十一條條文與法律有所牴觸」，同年六月內政部將之自動撤回修正㉙。

關於對行政立法的監督，既為各級議會共有的職權，故此種職權並不限於中央之立法院行使，地方政府議會亦

㉗ Garner, op. cit., p. 74.

㉘ 洪慶麟著，委任立法要件之比較研究，臺北，三民書局，七十一年版，第一三四頁。

㉙ 同㉘，第一三五頁。

有同樣的職權，有關規定見於地方制度法，該法第二十七條第三項規定「直轄市政府、縣（市）政府及鄉（鎮、市）公所訂定之自治規則，除法律或自治條例另有規定外，應於發布後依下列規定分別函報有關機關備查：一、其屬法律授權訂定者，函報各該法律所定中央主管機關備查。二、其屬依法定職權或自治條例授權訂定者，分別函送上級政府及各該地方立法機關備查或查照」。

㈡上級行政機關監督：上級行政機關對所屬下級行政機關擁有一般監督權，包括對下級行政立法的監督在內㉚，故下級行政機關所訂頒的法規，有一部分應依法呈請上級機關核定，然後始能取得合法效力，發布施行；其有關事項在法制規範中列入發布程序之規定。行政程序法制定後其第一百五十七條對此種程序亦有明確規定稱「法規命令依法應經上級機關核定者，應於核定後始得發布。數機關會同訂定之法規命令，依法應經上級機關或共同上級機關核定者，應於核定後始得會銜發布」。

上述兩部分有關議會及上級行政機關對行政立法的監督，其作用一方面在維護法律位階的體制，審查行政機關所訂定的法規有無與議會制定法規及上級機關法規發生牴觸的情形，而另一方面亦有助於提升下級法規的品質。上級機關此種監督權的行使，亦係由法制單位負實際的責任。

關於行政規章的監督，除前述立法與行政監督外，尚有其他治權機關的監督（亦有稱為「審查」者），包括監察、考試、及司法監督三種在內，茲補充說明如下：

㈠監察監督：我國監察院在對行政機關行使監察權時，無論屬何種案件，其所涉及的違法失職情事，均可能與行政機關所發布的命令與規章有關，故憲法第九十五條規定「監察院為行使監察權，得向行政院及各部會調閱其所發布之命令及各種有關文件」。此時若認為有關命令規章的內容有違法不當情事，自得提出糾正案，促其修正或廢止，行政機關如逾期未採適當措施，該院尚可發動糾彈權力，予有關人員以制裁㉛。

㉚ 管歐著，前揭書，第五二二頁。
㉛ 涂懷瑩著，行政法原理（下冊），第四九二頁。

㈡考試監督：我國考試院為全國最高考試機關，人事考銓業務均屬其職掌範圍，依據考試院會議規則第十一條所定該會議討論事項中，包括「關於院部發布及應由院核准之重要規程、章則、及事例」在內。準此，則考選、銓敘兩部制頒行政規章時固須受其監督；即行政院人事行政局所制頒之規章命令亦應受其監督，因考試院對該局就考銓業務擁有指揮監督權（人事行政局組織條例第一條第二項）。考試院若發現此等所屬及兼管下級機關發布之規章命令有違法不當或牴觸該院所頒之規章命令時，自得令彼等予以修正或廢止。至於其他政府機關人事單位所發布之規章命令，基於考試院在憲法上的職權及「人事管理條例」與「人事管理機構辦事規則」各項有關條文之規定與立法精神推論，似亦應受考試機關的監督審查㉜。此外，尚有值得注意者，即在考試院設置公務人員保障暨培訓委員會後，該會藉審議保障案件，發揮準司法職能，得以審查相關行政法規是否牴觸法律，如此使考試機關對行政法規的監督權有所擴充（參閱八十九年九月六日中國時報刊載最高行政法院判決與「公務員懲戒法」牴觸之「行政院暨所屬機關公務員獎懲處理辦法」無效案內容）。

㈢司法監督：各國司法機關大致均擁有命令違憲違法的審查權，我國的司法機關亦不例外，惟基於司法機關職權的特性，其對行政規章與命令的監督，多屬被動行使。茲就各有關機關監督權行使情形，分為兩部分言之：

⑴大法官會議的監督方式：依據司法院大法官審理案件法第二條規定：

「司法院大法官，以會議方式，合議審理司法院解釋憲法與統一解釋法律及命令之案件；……。」

大法官經由解釋憲法及統一解釋法令的方式，均可發揮審查法令的作用。具體言之，關於解釋憲法的事項，除「關於適用憲法發生疑義之事項」外，即為涉及「關於法律或命令，有無牴觸憲法的事項」及「關於省自治法、縣自治法、省法規及縣規章有無牴觸憲法之事項」（同法第四條第一項第二、三兩款）在內，解釋結果如認為規章命令

㉜ 按憲法第八十三條所定考試院的職權事項列舉相當完整。人事管理條例第十條規定「各機關人事管理機構設置規則及辦事規則，由銓敘部擬訂，呈請考試院核定之」。人事管理機構辦事規則第六條規定「各級人事機構應每三個月繕具工作報告，呈送主管機關查核」。第七條規定「各級人事機構辦事細則，均由各該機構擬訂，呈報主管機關備案」。

確有違憲情事，自得宣布該項命令無效。至於統一解釋法令，依據同法第七條規定：

「有左列情形之一者，得聲請統一解釋：

一、中央或地方機關，就其職權上適用法律或命令所持見解，與本機關或他機關適用同一法律或命令時所已表示之見解有異者。但該機關依法應受本機關或他機關見解之拘束，或得變更其見解者，不在此限。

二、人民、法人或政黨於其權利遭受不法侵害，認確定終局裁判適用法律或命令所表示之見解，與其他審判機關之確定終局裁判，適用同一法律或命令時所已表示之見解有異者。但得依法定程序聲明不服，或後裁判已變更前裁判之見解者，不在此限。」

所謂「已表示之見解有異」，可包括對命令是否違憲違法的認定在內；大法官會議對此等爭議所作之統一解釋，即應視為具有審查法令內容的作用，解釋結果，若認定為違憲違法時，自亦得宣布該項命令無效。大法官會議解釋憲法及統一解釋法令的權力，因並非在適用法規處理案件時作成，故稱「抽象的法規審查」，不僅可審查違法的問題，且可能涉及法令的目的性與妥當性㉝。

⑵司法審判機關的監督方式：除大法官會議外，其他司法機關包括各級普通法院、行政法院，及公務員懲戒委員會在內，此等司法機關均屬審判機關的性質，彼等對行政規章命令的監督，均採「被動的審查」，亦為「具體的法規審查」方式。就普遍法院而言，係在民、刑訴訟審判過程中適用有關的規章命令時加以審查；行政法院係在審理行政訴訟案件時，對行政處分適用的法令加以審查；公務員懲戒委員會係在審議懲戒案件時，就公務員行為所適用的法令加以審查。各審判機關經審查有關法令的結果，如認為違法，在普通法院原則上可拒絕適用違法之命令，因依據司法院三十七年院解字第四〇一二號解釋稱：「與憲法或法律牴觸之命令，法院得逕認為無效，不予適用。」又據大法官會議第一三七號解釋稱：「法官於審判案件時，對於各機關就其職掌所作有關法規解釋之行政命令，固未可逕行排斥而不用，但仍得依據法律，表示其合法適當之見解。」依據後一解釋則法官至少仍可表示其與該項命

㉝ 涂懷瑩著，行政法原理（下冊），第四九五頁。

令不同之見解，此種情形就公務員懲戒委員會審議案件，對違法失職事實的認定方面自亦適用。至於行政法院方面，因此種司法機關所受理之案件多屬違法爭議，且行政訴訟法對其所賦予的職權可藉「判決撤銷或變更原處分或決定」（該法第二百十六條），則該院在作成此種判決時，若認為原處分或決定所依據之規章命令有違法情形，自得拒絕適用並宣告法規無效，進而對原處分或原決定機關作明確指示。

有關司法機關對行政命令的監督審查權力已見前述，就大法官會議與各種司法審判機關對法令審查結果，所作宣告的效力而言，其情形亦有所不同。其中大法官會議為違憲審查及法令解釋的全國最高權力機關，命令經該會議宣告無效後，對全國各級政府機關及人民均具有拘束力，足以使違憲違法之命令溯及既往或向後失效，各有關機關自不應再予適用。至於司法審判機關行使審查權，認為訴訟案件中適用之命令違法時，祇得否認該項命令的效力，並拒絕適用，但無權將其撤銷或廢止；且其審查結果（所作判決），亦僅對該訴訟案件的當事人具有拘束效力，行政機關在該項命令未經有權機關加以撤銷廢止前，仍得繼續適用；其次，在司法機關內部未就有關之法律見解加以統一前（或形成判例），不同的司法審判機關亦可對此種案件持不同的見解。此種情形與英國制度不同，因英國法院對行政法規逾越權限者，得宣告無效㉞。

第四章　重點問題

一、試分析說明行政命令的意義。

二、何謂單純命令與法規命令？二者的區別如何？

三、何謂委任命令與執行命令？二者所受之限制各如何？

㉞ 同㉝，第四九六頁。張劍寒著，行政立法之研究，臺北，六十一年版，第七七頁。

四、試述緊急命令的意義、性質、及其所受之限制。
五、試分析說明行政命令與法律的關係。
六、行政命令與法律有無區別的必要？試就有關理論言之。
七、行政命令與法律的區別如何？試從形式與實質兩方面比較言之。（行政命令與法律有何區別？58特、62特）
八、試分析說明行政命令消滅的各種原因。
九、試分析說明行政規章的意義及其與單純命令的區別。
十、行政規章制定的原因如何？試分析言之。
十一、試述行政規章之名稱，並說明各項主要名稱之涵義。（試述行政規章定名之種類。57高檢）
十二、試述行政規章與行政規則有何不同？行政規則的類別如何？
十三、我國立法機關對行政規章的審查權如何？
十四、我國司法機關對行政規章與命令的審查權如何？

第五章　行政處分

第一節　行政處分的意義

根據前述行政作用與行政行為意義，可知行政處分乃是行政行為的一種。具體言之，行政機關為國家行使統治權的代表與工具，行政機關所發揮的統治權作用，即為行政權作用。此種作用常表現為行政機關的各種行政行為，其中以單方行為為主體，單方行為包含行政命令與行政處分兩大類別，故行政處分為行政行為的一種，乃是最狹義的行政行為，但也是行政行為中的主要類別。茲擬具其定義如下：

「所謂行政處分，乃是行政機關行使職權，以單方面之意思表示，不必徵得相對人同意，就個別具體事件，加以決定及處理，以發生法律效果之行政行為。」茲分析言之❶：

㈠行政處分乃是行政機關的行為：此即指行政系統中，各級行政機關的行為而言；其他治權機關及私人的行為，均不能視為行政處分。惟私人作為準行政主體者，於其授權範圍內所為之行為，亦應視為行政處分。

㈡行政處分係由行政機關就個別具體事件所作處理的行為：此乃針對行政處分與行政命令的區別而言；行政命令中屬於行政規章者，係就將來不特定之事實，為抽象原則性的規定，而非對個別事件所作具體的處理，故行政處分雖具行政命令的本質，但與行政命令不盡相同。

㈢行政處分為行政機關行使職權的行為：此即行政機關就職權範圍內的事項所作處理的行為，亦即對行政業務上案件的處理。就法律關係的性質而言，乃屬公法關係的職務行為，不包含私法關係的行為在內。

㈣行政處分乃行政機關單方面意思表示的行為：係指行政機關單方面所作意思表示；因其在公法關係上代表國

❶ 管歐著，中國行政法總論，第四五〇－四五二頁。

家居於優越的地位，其意思表示具有公定力，故不必徵得相對當事人的同意，即可發生拘束對方的效力，通常也是行政機關行使公權力的行為，而與雙方行為及合同行為所具性質均不相同。

(五)行政處分為行政機關就處理業務案件所作決定而發生法律效果的行為：此即行政機關於執行業務之際，對於個別案件作成具體決定加以處理，使其發生法律效果，實現行政上的目的。且行政處分均係行政機關之法律行為，而非準法律行為，具有效果意思，故其發生法律效果乃屬當然。

由上述行政處分的意義，可知此種單方行為，實即行政機關在職權範圍內所採各種行政決定措施(Ad-ministrative Measure)或所作各種業務案件的處理，其中包括對人對事的措施在內，其對象可包括各種行政客體。行政機關作成此種處分在基本上固須以法令為依據，但同時亦須注意符合公益目的❷。至行政程序法制定後，該法第九十二條對行政處分的定義有明確的規定，即「本法所稱行政處分，係指行政機關就公法上具體事件所為之決定或其他公權力措施而對外直接發生法律效果之單方行政行為」。此項規定的內容大致與前述理論上的定義頗能相互呼應，使「行政處分」一詞的意涵更為確定，並在學術與實務兩方面形成共識。

第二節　行政處分的類別及內容

第一項　行政處分的類別

行政處分既為行政行為的一種，則前述行政行為的分類，自可適用於行政處分方面，惟所應注意者，即行政處分僅屬單方行為，故雙方行為與合同行為均不能包括在內。茲將行政處分依據不同標準概略區分如下（參閱本編第二章行政行為的類別部分）：

(一)依自由判斷權力的有無，或所具裁量程度為標準，可區分為兩種：

❷ 張鏡影著，前揭書，第一五八頁。

⑴羈束處分：係指行政機關，對於個別具體事件的處理，並無自由判斷的決定權，僅係在法規拘束下，依法處理的。

⑵自由裁量處分：行政機關對個別具體案件的處理，依法規授權或本於職權，可以自由判斷作成決定，而並非受法規嚴格拘束的情形（參閱本編第三章行政裁量部分）。

㈡依處分之根據，或行政機關處於主動或被動地位為標準，可區分為兩種：

⑴職權處分：係指行政機關主動行使職權所作之行政處分。

⑵聲請處分：係指行政機關以被動地位，受理人民所提聲請案件，根據其聲請內容所作之處分。

㈢依是否須由相對人受領為標準，可區分為兩種：

⑴須受領處分：即以相對人受領為要件，其意思表示始能發生法律效力的處分。

⑵不須受領處分：係指不以相對人受領為必要，即可獨立發生法律效力的處分。

㈣依有無附款設定為標準，可區分為兩種：

⑴單純處分：亦稱無附款處分，即內容不附有任何限制，於完成後即可發生完整效力的處分。

⑵附款處分：即在內容方面，除有法律規定之限制外，並由處分機關設定其他限制，使其法律效果的發生，取決於將來確定或不確定事實到來的處分；或就其效果的發生設定局部限制或效果喪失條件規定的處分。依據行政程序法第九十三條規定「行政機關作成行政處分有裁量權時，得為附款。無裁量權者，以法律有明文規定或為確保行政處分法定要件之履行而以該要件為附款內容者為限，始得為之。前項所稱之附款如下：一、期限。二、條件。三、負擔。四、保留行政處分之廢止權。五、保留負擔之事後附加或變更」。

㈤依是否須具備法定形式為標準，可區分為兩種：

⑴要式處分：即行政機關所作意思表示，必須採取法定方式始能生效的處分。

⑵不要式處分：即行政機關所作意思表示，無須採取法定之方式，僅須以適當方式明確表示其意思，即可發生

效力的處分。

㈥依所具性質及效果為標準，可區分為兩種：

⑴積極處分：係指行政機關所作意思表示，足以使原有法律關係發生變更的處分。

⑵消極處分：係指行政機關所作意思表示，在於維持原有法律關係現狀的處分。此外，訴願法第二條第二項將行政機關對人民聲請案件的不作為視同行政處分的情形，亦屬消極處分。

㈦依處分所具法律關係的基礎為標準，可區分為兩種：

⑴第一次處分：亦稱原始處分，係指行政機關以意思表示，首次獨立創設新法律關係的處分。

⑵第二次處分：亦稱覆審處分或輔助處分，係指行政機關以意思表示，對原有之行政處分予以承認、變更、或使其失效的處分。

㈧依所具作用為標準，可區分為三種：

⑴下命處分：此即行政機關行使命令權所作行政處分，其內容通常係對相對客體課以義務，要求其有所作為或不作為、容忍行政機關的處置或禁止其為特定行為。既為行使命令權，自然具有強制效力，而客體即負有服從的義務，否則行政機關得對其採取強制執行或制裁措施。至於下命處分所採方式，無論為書面、口頭或其他方式均可，但有法定方式者自應遵循。

⑵形成處分：此即具有形成權作用的行政處分，其所生法律效果足以設定、變更、或消滅當事人在法律關係上的權利義務；所作行政處分的種類甚多，包括授予權利、剝奪權利、課予義務、免除義務、變更權利義務內容、認可、許可、撤銷、設定特定身分等處分在內；在此等處分作成後，隨即發生公法上的效果。

⑶確認處分：此即針對特定法律關係或法律事實是否存在或真實性在當事人間發生爭議或其他問題時，由行政機關作成權威性認定或澄清的宣示，而產生公信力或證明效果的行政處分。此種行政處分又可區分為爭議性與公證性兩種類型，二者在效果方面均與前述形成處分不同，並不具有改變法律狀態的作用，僅係就原已存在的法律關係

或事實加以重新確定而已。

(九)依對當事人權益所生影響為標準，可區分為三種：

(1)授益處分：此即行政機關所作對相對當事人授予（設定）權利或法律上重要利益、或減免其原有負擔的行政處分；此等行政處分作成後，即對相對客體產生授益效果，不僅可使其獲得公權利，亦可享有法律上的各種利益，或有義務或負擔的減免，故對相對人極為重要，一旦成立其所獲權益即應受法律保障，不容再行非法加以剝奪或廢棄；因而授益處分成立後，常使撤銷權受到限制。

(2)侵益處分：此即行政機關所作使相對當事人權益受到侵害或不利影響的行政處分，亦稱「非授益處分」，其法律效果與前述授益處分相反，足以使相對客體的權益遭受剝奪或減損、或被課以義務或負擔（負擔處分）、或所提出的受益請求被駁回等情形均屬之。侵益處分約可分為四種類型，即一、課以作為或不作為義務，即要求相對客體積極從事特定行為或禁止其為特定行為；二、消極性確認，即否定特定法律關係或事實的存在；三、拒絕或駁回相對客體所提出的請求；四、限制性給付處分，即對相對客體所提給付請求僅認可其中的一部分（參閱董保城著，前揭書，第一二七頁）。

(3)混合處分：此即行政機關所作一個行政處分，同時具有授益與負擔兩方面的效果，且其效果同時歸屬於同一客體的情形而言，亦稱混合效力處分（Verwaltungsaktemit Doppel-wirkung）。具體言之，即行政機關作成單一行政處分，其內容對相對客體一方面授予權利，而同時課予相關義務；另如行政機關對客體所提出的授益請求，就其內容部分允許部分拒絕，亦被視為屬於混合處分（參閱林騰鷂著，行政法總論，第三九〇頁）。

(十)依行政處分所具獨立性為標準，可區分為五種：

(1)獨立處分：此即在行政機關作成決定之後，其行為自身即可獨立發生法律效果的行政處分，此種不需相對當事人或其他機關的參與或協力即可由處分機關單獨完成並直接產生其法律效果，故亦稱「片面處分」，通常係指行政機關所作職權處分而言，在程序上不須相對當事人的同意或其他機關的參與或同意即可發生效力，行政機關在其職權範圍內所作一般行政處分多屬此種類別。

⑵補充處分：係指行政機關對受其監督的行政客體所作意思表示，予以補足增益使其得以發生法律效果的行政處分。換言之，客體所作意思表示非經行政機關予以「認可」，尚無法發生合法效力，而行政機關的「認可」，即構成一項補充性質的行政處分，亦為客體意思表示的不可缺少的生效要件。因「認可」具有同意作用，故補充處分又稱「同意處分」（Genehmigung）（參閱董保城著，前揭書，第一三八頁）。

⑶代理處分：此即行政機關在受其監督的客體當事人，對其所涉及的法律關係上問題無法自行解決時，由行政機關以公權力主體的地位，主動行使職權，代替客體當事人處理特定事務所作之行政處分；該項處分完成後，所生法律效果直接歸屬於該客體當事人。此種處分亦稱「公法上代理」，但與公務人員間的職務代理有所不同，而類似於公務上的代為處理。

⑷須當事人協力的處分：係指行政機關在行政程序上須由當事人參與或協助始能完成的行政處分，此類處分又可區分為下列兩種（參閱林騰鷂著，前揭書，第三九二—三九三頁）：

①須當事人申請的處分：此即行政機關處於被動地位，在受理客體當事人提出的申請案件後，加以處理所作成的行政處分。此種處分若當事人事前未能提出口頭或書面申請時，依通說僅被認為程序上有瑕疵（即手續不完備），並不構成因實體上合法要件欠缺而直接歸於無效；對於程序上的瑕疵，可藉補辦申請手續予以補正，惟在未完成補正前，該行政處分的效力係處於不確定狀態（Schwebezustand），經補正後則行政處分的效力即獲得確定（參閱行政程序法第一百十四條）。

②須當事人同意的行政處分：此即以相對當事人之同意為生效要件的行政處分，若未經相對客體同意，而僅由行政機關單方作成時，則將因生效要件的欠缺而歸於無效，故在法律效果方面與前述須經當事人申請的行政處分情形並不相同。

⑸多階段行政處分：此種行政處分與前項須當事人協力的行政處分相似，惟協力的對象並不相同；具體言之，

此種行政處分其業務事項因涉及數個機關（單位）的管轄權，並非其中任何機關所能單獨決定，故須由其他行政機關參與或協力作成；而所謂多階段係指各相關機關或單位參與業務處理過程的劃分而言，此種行政處分在行政程序法及爭訟法上均具有實質的效果和意義，且因所涉及參與機關所屬系統與地位的不同，約可區分為兩種（參閱林騰鷂著，前揭書，第三九四—三九六頁）：

①平行關係多階段行政處分：此即須由居於平等地位（無上下隸屬關係）的各行政機關間共同參與或協力作成的行政處分，惟在業務處理過程上須由各有關機關在不同階段分別完成處理其所管轄的部分事宜，最後由最初受理機關或主要管轄機關（原主管機關）總其成作成決定，而對外發生合法效力。

②垂直關係多階段行政處分：此即由具有上下隸屬關係的各行政機關間共同參與或協力作成的行政處分；因隸屬關係機關之間在業務上涉及指揮監督權的行使，故其參與或協力情形與前述平行關係機關間者自有所不同；具體言之，通常係由下級機關就行政處分的內容先作成初步決定，呈請上級機關核可，然後再由下級機關對外發布（或宣告）生效；惟亦可能先由上級機關作成決定後，指示下級機關據以對客體作成行政處分。因行政機關的組織體系在基本上乃以垂直關係為主體，故垂直關係的多階段行政處分亦極為普遍。

以上所述行政處分的類別及其意義與價值與行政行為的分類相同。惟僅作此種概括性的分類，尚不足以對行政處分有深入的瞭解。因而，似有進一步再就行政處分的內容作分析說明的必要。

第二項　行政處分內容的分析

本項就行政處分內容所作分析說明，係採系統化的方式；而學者對行政處分在內容方面所作系統化的區分，採取兩種不同的途徑，即按照內容所涉及法律關係的情形或包含行政事項的性質予以區分，惟二者並無重大差別❸。茲先就前者言之：

❸ 張載宇著，前揭書，第三三五—三三六頁。

㈠依法律關係區分：亦即以行政處分的內容，是否使原有法律關係發生變動為標準，主要區分為積極處分與消極處分兩類，其系統如下：

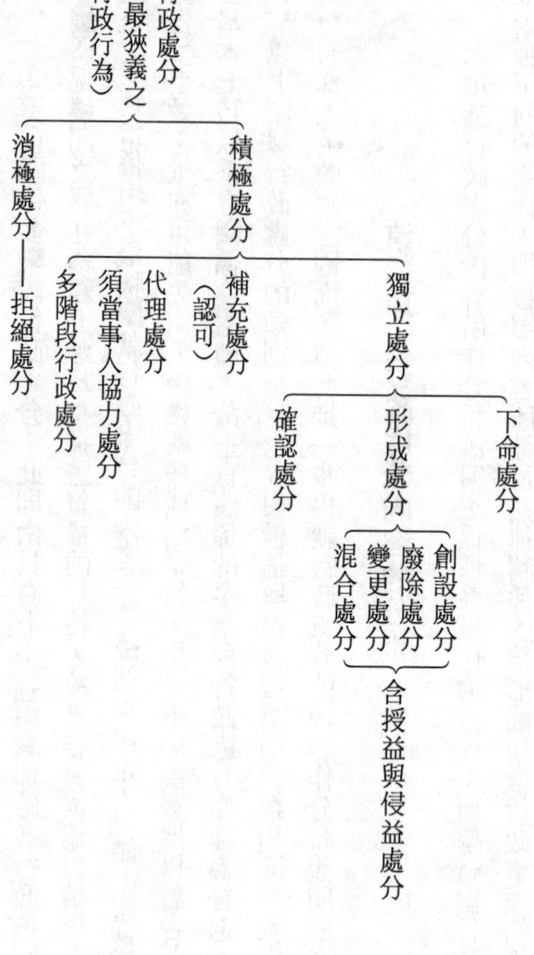

茲依據上述系統，將各種行政處分的內容加以分析說明。

所謂行政處分的內容，係指行政機關就個別行政處分所作意思表示的內容而言，亦可謂行政處分本身所包含的各種事項，此等事項分屬不同的法律關係或性質，足以發生不同的作用與法律效果。就行政處分所生法律上效果的不同，可概略區分為積極處分與消極處分兩大類別：

⑴積極處分：所謂積極處分係指對原有法律狀態，積極予以變更，同時形成新法律關係的行為。行政機關行使職權時，無論在一般統治關係或特別權力關係方面，均常有積極處分性質的行政行為，此種處分足以產生積極的法

律效果，導致原有法律關係的變動，亦即當事人權利義務的得喪變更，而形成新的法律關係。積極處分包含範圍甚廣，就其處分是否係由本身獨立發生法律上的效果為標準，主要又可區分為獨立處分、補充處分、與代理處分三種（另有須當事人協力處分及多階段行政處分已見前述）。

①獨立處分：乃謂本身獨立的即可發生法律效果的行政處分，其中可大別為形成處分（包含下命處分）與確認處分，而以前者為主體。

1.形成處分：此即具有形成權作用的處分，其作用即變更原有法律狀態，產生新法律關係。形成處分又可分為下列四種❹：

A.創設處分：亦稱「設定處分」，即對當事人客體設定權利課予義務，創設新法律關係的行政處分，就其內容區分又可分為下列四種：

(a)設定權利處分：亦稱「設權行為」，包括設定特定權利、權利能力、行為能力、及身分的處分在內。關於設定特定權利者，在公法權利方面，例如礦業權、漁業權、商標專用權、專利權等的設定（即核准授予），又如公物使用權的准許、私立學校的准予設立、及公營事業經營的特許等是，對於此種處分亦有稱為「特許」者。在私法權利方面，例如核准公司商號之設立登記及私人企業經營的註冊等均是。關於設定權利能力、行為能力、及身分者，例如核准公共團體的設立、核定選舉權的行使、任命公務人員、准許外國人歸化、及兵役的編定列管等均是。

(b)設定義務處分：此即行政機關基於一般統治關係或特別權力關係，以意思表示對特定或不特定之相對客體當事人課予義務的措施。因係以發布命令作為意思表示的方式，故亦稱命令處分或下令處分；又因其在性質上有積極與消極之分，而可區分為積極命令與消極命令。積極命令即對相對客體（受令人）課予積極性作為義務的處分，亦即命令人民應為一定行為，故稱作為令，例如課予人民繳納特定賦稅、應徵

❹ 王昌華著，前揭書，第二四一—二四二頁。

服兵役、或命令公共團體改組、或令人民自行拆除違章建築等均是。至於消極命令即對相對客體課予消極性不作為義務的處分，亦即禁止其從事特定行為或限制其不得為一定行為的命令，故稱不作為令或禁令或禁止，例如命令人民集會解散、取締路邊攤販、禁止亂倒垃圾、管制物價、通令公務人員遵守十大行政革新指示、限制電視廣播節目不得有不當內容等均是。對於設定義務的處分，行政客體應負擔服從命令的義務，不得違反；否則，行政機關可依法採取強制措施或予以制裁。

(c)權利義務同時設定處分：即同一處分在內容方面同時設定權利與義務的情形，例如徵召人民服兵役，而同時對其本人及家屬授予享受軍人及軍眷待遇及優待的權利，或對公務人員授予參加公保的權利而同時課予繳納保費的義務是。

(d)對特定物賦予法律性質的處分：即以行政處分決定將特定物（動產或不動產）納入特定行政法規的管制，使其具有特定法律性質，從而基於此特定物發生當事人間的權利義務關係。例如將公有或私有林地編為保安林、將部分物資指定為國家總動員物資、核定要塞堡壘周圍的區域為要塞堡壘地帶等均是。

B.廢除處分：此即與創設處分相反，係將原有法律關係（即有關之權利義務）加以撤銷或以各種方式加以消滅的處分，其中又分為消滅權利的處分與消滅義務的處分兩種：

(a)消滅權利的處分：即將原設定的權利予以消滅的處分，亦稱「廢權行為」或「廢止處分」或「剝奪處分」，包括消滅一般權利的處分及消滅權利能力、行為能力與身分的處分。關於消滅一般權利的處分，例如將已核定的專利權、礦業權、商標專用權、及經營特定企業的特許等加以撤銷的處分均是。關於消滅權利能力、行為能力、及身分的處分，例如命令法人團體解散、將公務人員免職、核准國民喪失國籍、及撤銷候選人登記等均是。

(b)消滅義務的處分：係將依據原有法律關係所課予相對客體的義務或限制加以消滅的處分，亦稱免除行為或解除禁止。若作進一步區分，其對特定人解除一般人所負不作為義務者，謂之「許可」，亦即解除禁止或稱「解除禁令之處分」，例如貨物進口的許可、戒嚴時期宵禁通行的許可、要塞堡壘地帶建築的許可、公務人員兼職兼課的許可、及醫師開業的許可等均是。許可的情形與下令處分相反，係在解除行政客體原所負擔的不作為義務，使其具有特定的行為能力，惟並非為其設定權利，僅為義務的解除而已。就行政機關方面而言，係對特定行為法令禁止一般人為之，但得由行政機關保留許可權，俾對符合法定條件者解除禁止，如行政機關未經授予許可權，自不得作此許可處分。許可處分的實例極為普遍，無論在一般統治關係或特別權力關係之下，均可採行。此外，許可與前述之特許在性質上並不相同，許可為解除一般性之不作為義務或限制，亦可謂解除自由的拘束，並不具有特殊性；特許則為特殊權利的設定處分，使行政客體得以行使某些專屬於國家的權利。至於在消滅義務的處分中，對特定人解除一般人所負作為或容忍義務者，是為免除亦即豁免，例如兵役或納稅義務的免除、公立學校學生學費的免除、對特定被保險人免除公保保費，此外如大赦、特赦及假釋等亦屬於此種處分的性質。若僅係免除義務的一部分，或允許延期履行義務的決定，亦應視為免除處分。惟有須注意者，即無論為設定權利或消滅義務的處分，均須有法律依據，否則既違反平等待遇原則，亦構成違法行為。

C.變更處分：此即對原有法律關係的內容（亦即權利義務）予以變更的處分。具體言之，即將權利義務的性質改變、範圍擴大或縮小、期間延長或縮短、人數或物品金額數量增加或減少等情形是。例如將納稅稅率或金額予以調整、將兵役義務期間延長或縮短、將公務人員提升或降級、將自行拆除違建改為收取代為拆除費用、或專利權的延長或縮短、將公營事業移轉民營、將要塞堡壘地帶範圍縮小、延長國民教育期間、及核定省轄市升格為直轄市等均是。

D.混合處分：此即以行政處分決定在同一法律關係中，一方面設定權利義務，而同時消滅權利義務的情形。此種情形可就當事人處於不同立場所受權利義務得喪變更的影響觀之，例如一方之礦業權經主管機關核准移轉於他方享有；又如政府為需用土地的私人徵收土地時，將使土地所有人喪失土地所有權或使用權，而使需用土地人取得是。

2.確認處分：此即由行政機關就特定的法律事實或法律關係所作確切肯定的認識，以決定當事人權利義務是否存在的行為。例如候選人資格的審定、土地價格的評定、度量衡的檢定、證明文件的鑑定等均是。就行政處分的分類系統而言，僅在依法律關係的分類中始列有確認處分，而在依行政事項性質的分類中並未列入。可知學者對確認處分是否具有法律行為的性質，似有不同意見存在。主張確認處分為觀念表示者，認為此種處分並非作成效果意思表示，乃為判斷表示，其所生之直接效力，即使所確認的法律事實或法律關係，發生公法上的實質確定力，除允許對其聲明異議者外，任何人均有承認其為確定之義務。實例如當選之決定、度量衡之檢定、國家考試及格之決定、證明文件的鑑定、專利權之審定（特許）、及訴願之裁決等均是，惟其性質上屬準法律行為❺。主張其為法律行為者，則認為其並非觀念表示，而為足以發生法律效果的意思表示，可以作為行政爭訟的標的。又因其係對既存法律關係的認定，故能發生溯及既往的效力。

②補充處分：此即由行政機關對受其監督行政客體的意思表示，予以補足增益，使其完成法律效果的行政行為，亦稱認可；因其具有同意的作用，故又稱同意處分。例如主管機關對人民團體章程的認可、對地方政府出售公有財產的認可、對地方自治法規的認可等均是。認可為一種監督方式，對於特定事項為實現政策目的或防止弊端，乃由國家或上級機關保留認可權；受監督客體的行為非經認可，不具有法律效力。就內容區分，認可又分為修正認可及選擇認可，前者即就客體當事人的聲請加以修正始予認可；後者係由客體當事人提出不同方案，經有監督權機關選擇其一予以認可。惟事實上亦可能對客體當事人的行為毫無意見，完全同意者，如此則僅為一種法定程序而已。此外，認可與許可不同，前者為對於法律行為的同意處分，構成客體當事人行為的有效要件；後者則為解除禁止處分，為客體當事人行為的合法要件❻。

❺　田中二郎著，行政法總論，第三一一頁。
❻　廣岡　隆等編著，行政法學の基礎知識(1)，第八三－八六頁。

③代理處分：此即行政機關以公權主體的地位，主動行使職權，代替受其監督的客體當事人處理特定事務，而直接對客體當事人發生法律效果的行為。質言之，其意思表示係由國家決定並作成，僅其效果歸屬於客體當事人。例如上級機關代替受其監督之機關、團體、或特許企業者制定規章或執行特定業務或處理特定事件；又如森林所有人需使用他人土地時，如與土地所有人協商不成，得請求地政機關作成決定等均是。此種處分亦稱「公法上代理」，而與行政機關內部權限的代行不盡相同。此種處分的作成，雖非基於當事人的授權，但因係以法律規定為依據，故在性質上仍屬「法定代理」❼。

⑵消極處分：此即行政機關為維持原有法律狀態不作積極變更的意思表示，亦即對於客體當事人的各種聲請或訴願等，不予同意或准許，拒絕採取任何措施的行為。例如核駁人民免稅的聲請、不批准私立學校立案、或對訴願案件的駁回等均是。消極處分雖有意思表示作成，但對原有法律狀態（即當事人原有權利義務），並無任何具體處置或改變，故為一種「擬制的處分」，又稱拒絕處分或拒絕聲請。消極處分既仍可視為一種行政處分，自亦構成行政爭訟的標的，故民國十九年司法院院字第三七二號解釋稱「官署違法或不當處分，不問其積極或消極處分，祇要其處分足致損害人民之權利或利益者，即得提起訴願」。現行訴願法第二條對「行政處分」一詞的解釋亦包括消極處分在內，此等解釋均符合前述「擬制的處分」之涵義❽。

此外，尚有一項名詞值得注意，即「一般處分」。所謂「一般處分」，依其規律之對象又可區分為對人及對物兩種。在對人之一般處分，其相對人雖非特定，但其相對人之範圍卻可依一般性之特徵而確定或可得確定，如命令某次集會之群眾解散，或某時某分起某一道路實施交通管制等屬之。在對物之一般處分，係以物而非以人作為直接規律之對象，如公物開始供公用（設定）、廢止公用或變更公用內容及公物之一般使用規則屬之（見經建會社經法規工作小組編印，行政程序法之研究，七十九年版，第八九頁）。行政程序法制定後其第九十二條第二項對「一般處分」有

---

❼ 林紀東著，行政法，第三一二頁。

❽ 范揚著，前揭書，第二三八頁。

明確界定稱「前項決定或措施（指行政處分）之相對人雖非特定，而依一般性特徵可得確定其範圍者，為一般處分，適用本法有關行政處分之規定。有關公物之設定、變更、廢止或其一般使用者，亦同」。此項規定與前述理論上解說的內容大體上可謂一致。

以上所述，係以行政處分的內容，是否使原有法律關係發生變動為主要標準，就行政處分系統內各種處分的特徵與效果所作說明。茲再依行政事項的性質為標準，就行政處分的系統介紹於後：

㈡依行政事項性質區分，行政處分內容的系統如左：❾

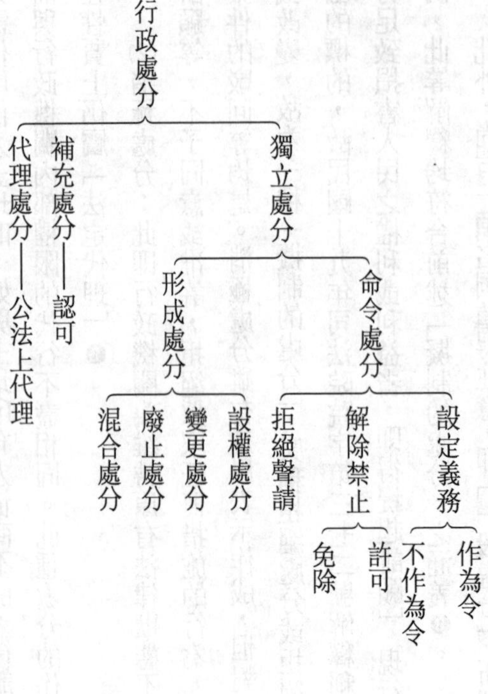

此一系統雖與前述者不盡相同，即以強調命令處分的部分為其特色，惟就各項行政處分的內容而言，除未採確認處分外，則均已包含在前述系統的說明中，故無再作重複解說的必要。

❾ 同❸。

第三節　行政處分的成立要件

行政機關在業務上所作各種行政處分，乃是國家的公法行為，必須具備各種法定要件，始能有效成立；否則即不能有效成立，或因內容的瑕疵，構成宣告無效或撤銷的原因。此等要件即為行政處分的成立要件，亦可謂行政處分的適法性；若作進一步分析，其成立要件又可分為一般要件、特別要件、與生效要件三部分言之。

第一項　行政處分成立的一般要件

所謂行政處分成立的一般要件，係指各種行政處分均應具備的一般性共同要件而言，此等要件多為一般法令所要求，或自法理觀點不容置疑者。又可區分為主觀、客觀與客體要件三方面述之[10]：

㈠主觀的要件：所謂主觀要件，係指作成行政處分的行政主體（機關）本身所應具備的條件，共有兩項如下：

⑴須為依法設置機關：行政處分係由行政機關代表國家，以行政主體的地位所作成，惟作成此行政處分者，須為具有組織法規依據所設置的行政機關，或其本身具有行使法定職權的人員。此種機關即為合法設立的機關，其在行政法上自然具有行政行為的能力，當可作成有效行政處分，是為行政主體的適法。

⑵須屬機關法定職權範圍：行政機關僅能在其法定職權範圍內，代表國家執行業務作成有效行政處分，亦即各該機關所作行政處分必須屬於其職權範圍，始能有效成立。

㈡客觀的要件：亦即行政處分內容的要件，主要係指適法、適當、及確定等標準而言。茲分述之：

⑴內容及目的須適法：即指行政處分的內容與目的，須非法令所禁止的事項。所謂適法應從廣義觀點解釋，包括不違反各種成文法、習慣法、及法理而言。否則，若有違法情形，亦即其內容具有瑕疵，自不能有效成立。

⑵意思表示須無瑕疵：係指行政機關在作成行政處分的意思表示時，並無虛偽、錯誤、受詐欺或脅迫的情形，

---

[10] 陳鑑波著，前揭書，第四〇一—四〇二頁。成田賴明等著，現代行政法，第一四二—一四三頁。

其意思與表示完全一致，所表示者為其真正意圖，如此行政處分始能有效成立。

⑶內容須適當及符合公益：即指行政處分的內容，根據一般客觀的判斷須屬合理，且能符合國家及社會公共利益的要求；如違反公益固為國家所不許，即有不當情事，成立後亦將引起爭議。

⑷內容須確定及可能：行政處分所作意思表示的內容必須明白確定，亦即應具體明確指出其當事人、範圍、主旨、時間、地點等事項。此外，其內容在法律上及事實上，依據客觀判斷應屬可能實現者。否則，雖有行政處分作成，在執行或履行上將有困難，無法達到作成處分的目的。

㈢客體的要件：係指行政處分客體的適格及標的的適宜而言。所謂行政處分客體的「適格」，即指行政處分的作成，必須以適法適當的客體為對象；凡對於不能作為行政客體的對象，而為行政處分，即為行政客體的不適格，如對外國人課予服兵役之義務是。所謂行政處分標的的「適宜」，即指行政處分的作成，必須以適法適當的事物為其處置的標的；對於不能作為行政處分標的的物，而為行政處分，是為行政標的不適宜，如對公有土地加以徵收（在原則上不得徵收）是。此等處分均因其對象不具備適當的要件，而不能有效成立。即使在形式上成立，亦將因其內容具有瑕疵，而無從實現。

第二項　行政處分成立的特別要件

所謂行政處分成立的特別要件，係指各別行政處分，除應具備前述一般成立要件外，另基於特定的法律原因或事實，所應具備的特殊成立要件，亦可視為其在成立要件方面，所受的特別限制。主要可分為三種⑪：

㈠程序要件：行政處分的作成，如有法定程序規定者，須完成此種法定程序，始能有效成立。此種程序亦稱先行程序，例如作成處分前須就一定事項加以公布或告示、須呈請上級機關核准、或須經當事人提出聲請等均是。在行政程序法制定後，對行政程序事項有較為嚴格的明確規定，在行政處分方面，除應適用一般行政行為的程序外，

⑪ 同❶，第四五八—四五九頁。范揚著，前揭書，第二五二頁。

另在該法「行政處分」一章中，有關行政程序的規定，主要涉及下列三個重點：

⑴陳述意見及聽證：此為一般民主國家行政程序的民主化及重視當事人權益的維護。該法第一百零二條規定「行政機關作成限制或剝奪人民自由或權利之行政處分前，除已依第三十九條規定，通知處分相對人陳述意見，或決定舉行聽證者外，應給予該處分相對人陳述意見之機會。但法規另有規定者，從其規定」。至於須舉行聽證的情形，見於該法第一百零七條的規定，該條稱「行政機關遇有下列情形之一者，舉行聽證：一、法規有明文規定應舉行聽證者。二、行政機關認為有舉行聽證之必要者」。

⑵行政處分之送達：該法第一百條規定「書面之行政處分，應送達相對人及已知之利害關係人；書面以外之行政處分，應以其他適當方法通知或使其知悉。一般行政處分之送達，得以公告或刊登政府公報或新聞紙代替之」。

⑶行政救濟之教示規定：有關規定首先見於該法第九十六條第一項第六款，即「表明其為行政處分之意旨及不服行政處分之救濟方法、期間及其受理機關」。另在第一百零九條有關於不服經聽證作成處分之救濟規定稱「不服依前條作成之行政處分者，其行政救濟程序，免除訴願及其先行程序」。

以上各項有關程序要件的規定，行政機關自應遵循，如有違背，即構成行政程序上的瑕疵，須要補正。

㈡形式要件：行政處分的作成，如須具備法定形式者（即要式處分），即應作成法定形式，始能有效成立。此種情形主要限於就行政處分須為明示的場合，其意思表示應以法定形式作成，例如通常在書面主義之下，乃是指公文書的製作而言。在行政程序法制定後，該法對行政處分的形式要件，在原則上採用較具彈性的規定，其第九十五條稱「行政處分除法規另有要式之規定者外，得以書面、言詞或其他方式為之。以書面以外方式為之行政處分，其相對人或利害關係人有正當理由要求作成書面時，處分機關不得拒絕」。而事實上行政處分的內容既常涉及法律關係的權利義務，自仍以採用書面方式較為適當也較為普遍。且該法對書面行政處分的製作內容亦有必要的規範，其第九十六條稱「行政處分以書面為之者，應記載下列事項：一、處分相對人之姓名、出生年月日、性別、身分證統一號碼、住居所或其他足資辨別之特徵；如係法人或其他設有管理人或代表人之團體，其名稱、事務所或營業所、及管理人或代表人之姓名、出生年月日、性別、身分證統一號碼、住居所。二、主旨、事實、理由及其法令依據。三、有附款者，附款之內容。四、處分機關及其首長署名、蓋章，該機關有代理人或受任人者，須同時於其下簽名。但以自動機器作成之大量行政處分，得不經署名，以蓋章為之。五、發文字號及年、月、日。六、表明其為行政處分之意旨及不服行政處分之救濟方法、期間及其受理機關。前項規定於依前條第二項作成之書面，準用之」。書面行政處分之內容如有遺漏或錯誤僅構成形式上的瑕疵，應經由補正或更正予以消除，俾不致影響其合法效力。

㈢附款：行政處分在內容方面設有限制者，須所附條件成就、期限到來、或負擔履行後，始能有效成立，故各種附款的設定，亦構成其特別成立要件。行政程序法對行政處分的附款有兩項條文規定，其第九十三條規定附款的容許性及種類，該條稱「行政機關作成行政處分有裁量權時，得為附款。無裁量權者，以法律有明文規定或為確保行政處分法定要件之履行而以該要件為附款內容者為限，始得為之。前項所稱之附款如下：一、期限。二、條件。三、負擔。四、保留行政處分之廢止權。五、保留負擔之事後附加或變更」。另以第九十四條規定附款之限制，該條稱「前條之附款不得違背行政處分之目的，並應與該處分之目的具有正當合理之關聯」。此項規定乃是以禁止不當結合原則為依據。⑫

第三項　行政處分的生效要件

行政處分的成立要件與生效要件有別，在具備一般要件及特別要件之後，其本身雖能有效成立；惟尚須具備生效要件，始能對外發生效力，間亦有稱此種要件為特別要件者。此種生效要件，主要包括下列兩項⑬：

㈠告知：即須將行政處分的內容，通知相對人使其瞭解而言。因行政處分的內容既常涉及行政客體權利義務的得喪變更，自應使其有所瞭解，始便於實現其內容。至於告知的方式，因係要式處分與不要式處分而有所不同，在

⑫ 張鏡影著，前揭書，第一六七頁—一六八頁。范揚著，前揭書，第二五三頁—二五四頁。

⑬ 同⑫。

要式告知，可採對特定相對人的文書送達，及不特定相對人的文書公告方式。不要式告知，則可採各種適當方法行之。

㈡受領：行政處分係以特定相對人為對象者，須由其受領，始能發生法律效果，是為須受領處分。此種處分如無法直接送達相對人者，以將處分內容置於使其可以獲知的狀態時，即視為已受領。在以口頭告知的場合，即以口頭告知時，視為已由相對人受領。在以文書告知場合，如當面交付，即以交付之時，視為已受領；如係對隔地人為文書送達，則以到達相對人之住所時，視為已受領。但如相對人住所不明或人數過多，無從使其受領時，得採公告或揭示方式，其處分自公告或揭示時起，發生效力。

前述告知與受領具有關聯性，均涉及公文書送達的問題，而行政程序法中對有關送達的事項有相當詳細的規定，其條文共計二十餘條（自第六十七條至第九十一條），就對各種相對人的送達方式均分別加以規定。另在該法第一百條對行政處分的送達尚有特別規定，該條稱「書面之行政處分，應送達相對人及已知之利害關係人；書面以外之行政處分，應以其他適當方法通知或使其知悉。一般處分之送達，得以公告或刊登政府公報或新聞紙代替之」。此外，就行政處分的效力而言，對相對人的送達為行政處分發生效力的起點，故送達對行政處分的生效具有其重要性。

第四節　行政處分的效力

第一項　行政處分效力的意義

所謂行政處分的效力，可解釋為行政處分在法律關係上所產生的效果或對各當事人的影響力。具體言之係指行政處分在具備成立的各種要件，而有效成立後，在公法上所發生的效力而言。行政處分所具之一般效力，可分析為公定力、確定力、拘束力、及執行力四種⑭。茲分述之：

⑭ 管歐著，前揭書，第四五九—四六〇頁。惟亦有學者未將公定力列入行政處分效力範圍者，見范揚著，前揭書，第二五五頁。

㈠公定力：行政機關本於職權所作行政處分，在原則上均應受適法之推定，於未經依法變更或經有權機關加以撤銷或宣告無效外，任何人均不得否定其效力，或謂「有強制他人承認其效力之力」。例如候選人之當選資格，經選務機關認定後，縱然在選務上具有瑕疵，但在選舉訴訟未判決其當選無效前，任何機關及當事人，均應承認其當選資格⓯。

㈡確定力：所謂確定力，係指行政處分的內容一經最後決定，即不得予以變更的效力而言，亦稱「既判力」，可區分為形式與實質上的確定力。具體言之，行政處分經有效成立後，對於人民及行政機關分別具有其確定力。對於人民之確定力，為形式上之確定力，亦稱不可爭力，即經過法定期間，不得再提起行政爭訟；且依限提起爭訟經審定後，處分即歸確定，無再變更之可能。對於行政機關之確定力，為實質上的確定力係指同一案件經處理後，非另有法定原因或其他事由，應遵循一事不再理之原則，不得再為審理，是為不可變更力。惟行政處分是否具有實質上的確定力，學者意見不一，茲將各種學說分述如下⓰：

⑴否定說：認為行政處分與司法判決不同，其目的並非在確定法規的真意，僅在於增進國家及人民的公益，故完全不具有實質上的確定力；若認為其有害於公益對行政不利時，自可予以撤銷或變更。此說較注重法規的進步性。

⑵肯定說：認為行政處分與司法判決相同，應具有實質上的確定力；如可將之撤銷或變更，即影響法律關係的安定與私人權益。此說較注重法規的穩定性。

⑶折衷說：認為行政處分是否具有實質上的確定力，未可一概而論，應視其內容而定。又可分為三說：

①依行政處分是否為行政法院的裁判而定。若然，因在形式上已經確定，即具有實質上的確定力；否則，應視情形而異，如為授予人民利益的行為，應具有實質上的確定力，否則不具有此種效力。

②依其為羈束處分或自由裁量處分而定。若屬前者，不容擅自變更，自具有實質上的確定力；如屬後者，因

⓯ 涂懷瑩著，行政法原理（下冊），第五三三頁。張鏡影著，前揭書，第一七一頁。

⓰ 同⓮，涂書，第五三二—五三四頁。南博方等編著，行政法⑴——行政法總論，第一七七—一七八頁。

具彈性，可予變更，即無實質上的確定力。

③依公益判斷或處分基礎之情事變動而定。此即就無瑕疵之處分而言，如其存續對公益有妨害，或其處分基礎的情事發生變動時，則對處分本身自得依法予以廢止或變更。

以上三項學說均為關於確定力的傳統理論，惟依據德國行政法學新的理論，已將「確定力」改稱「存續力」(Bestandskraft)，德國行政程序法即已採用此項名詞。至於改稱「存續力」的原因，乃因新的理論認為行政處分畢竟與司法判決有所不同，除在少數例外情形行政處分並不能形成類似判決的確定力，而在實質上行政處分常因其自身的瑕疵或其他方面的因素而致被撤銷或廢止，亦即具有「有限制的廢棄可能性」(beschränkte aufhebbarkeit)，故傳統理論上所謂的「確定力」應改稱「存續力」，其意涵即指有效成立行政處分的存續其效力並非絕對確定（參閱翁岳生著，法治國家的行政法與司法，月旦出版社，八十三年版，第二〇頁）。

㈢拘束力：行政處分經有效成立後，一方面作成行政處分之行政機關本身與客體相對人及關係人應受其合法拘束，不得違反，對於因行政處分所引起權利義務的得喪變更，負有容忍的義務；同時，作為行政主體之一切國家機關包括處分機關的上級機關及其他機關在內，在行政處分未經有正當權限機關予以撤銷或廢止前，均應承認其效力，而受其拘束⑰。

㈣執行力：所謂執行力的涵義，可分別就處分機關及行政客體兩方面言之，就行政機關方面而言，行政處分作成後，按其內容有須執行者，亦有不須執行者，凡須執行之處分，於有效成立後，處分機關「得依公權力，而強制使其內容完全實現」，是為執行力。就行政客體方面而言，主要係指行政處分對相對義務人所具之效力。具體言之，行政處分對負有作為義務的相對人，於不履行其義務時，得強制其履行；對負有不作為義務之相對人，於不履行其義務時，得強制其遵守。此種強制力，亦即執行力。學者有稱執行力為行政處分的實效性者⑱。

⑰ 田中二郎著，行政法總論，第三二一頁。

⑱ 王昌華著，前揭書，第二五三頁。

第二項　行政處分效力的發生與限制

前項內容對行政處分效力的內涵，業已提供必要的分析說明。惟尚有須注意者，即所謂行政處分的效力，係指行政處分作成之後，對外發生效力而言，故在行政機關內部作業階段所形成的行政決定，尚不能謂業已發生效力；必須該項決定完成行政程序並將其意思表示對外宣告，確實送達於相對人後，才能開始發生其效力。如前所言，行政處分效力的發生繫於對相對人的送達，即屬此意。行政程序法第一百十條對此種過程有明確的規定，該條稱「書面之行政處分自送達相對人及已知之利害關係人起；書面以外之行政處分自以其他適當方法通知或使其知悉時起，依送達、通知或使知悉之內容對其發生效力。一般處分自公告日或刊登政府公報、新聞紙最後登載日起發生效力。但處分另訂不同日期者，從其規定。行政處分未經撤銷、廢止，或未因其他事由而失效者，其效力繼續存在。無效之行政處分自始不生效力」。此項條文的內容，已就行政處分效力的發生及存續作有完整的解說，有助於澄清行政處分效力發生的起點，俾不致有所誤解。

行政處分於有效成立後，在原則上應具有完整的效力，惟行政處分的內容方面若有設定附款的情形，則處分的效力即受有限制。此等附款與前述行政行為的附款相同，即包括附條件的行政處分、附期限的行政處分、附負擔的行政處分、行政處分廢止權（撤銷權）的保留、及行政處分效果的一部分除外等均是（參閱本編第二章行政行為的類別部分）。故所謂行政處分效力的限制，即指受各種附款限制的情形而言。

第五節　行政處分的無效

第一項　行政處分無效的概念

㈠行政處分無效的意義：所謂行政處分無效，係指行政機關雖已在形式上作成行政處分，惟在實質上因處分的內容具有瑕疵，或未具備必要方式，或欠缺必要的先行程序，未能符合法律要求欠缺有效要件，以致根本無法發生其效力的狀態而言。亦即行政處分僅具有存在的形式，而未能發生法律上的效果，對任何人均不具有合法的拘束力。且係自始即屬完全無效（見行政程序法第一百十條第四項規定），故自效果的觀點而言，幾與未作此種行政處分的情形相同。行政處分欠缺有效成立要件時，行政機關及普通法院，均得以獨立的見解，作無效的判斷[19]。

㈡行政處分無效與不存在的區別：根據前述行政處分無效的意義，可知行政處分的無效，係指行政機關已作成行政處分，此種行政處分具有其外形及意思表示的要素，惟在實質上因欠缺有效成立的要件，或有其他重大瑕疵，故不能發生合法的效力。至於行政處分的不存在，係指行政機關根本並未作成行政處分，故在客觀上與行政處分相當的事實，根本未曾存在。行政處分無效與不存在，二者區別的實益，與行政爭訟制度的適用有關，因行政爭訟的提起，以行政處分的存在為前提[20]。關於「行政處分的不存在」，學者列舉有五種情形，即「非行政機關之行為」、「不完全之行政行為」、「尚未付諸實施之行政行為」、「非以發生行政法效果為目的之行為」、及「已失效之行政處分」等均是[21]。

㈢行政處分無效與失效的區別：行政處分無效的意義已見前述，就效力的觀點而言，此種處分自始完全不發生效力。至於行政處分的失效，係指原已生效的行政處分，嗣後因發現具有重大瑕疵，而致其處分當然喪失效力的情形，故與無效處分自始無效者不同。至於行政處分的失效與處分停止，雖然效力均係向後喪失，但失效乃是因有重大瑕疵，而當然喪失效力，不待國家採取任何行為；而停止，則除具有一定瑕疵外，尚須由行政機關作成停止處分，乃能使原處分向後失效[22]。

---

[19] 范揚著，前揭書，第二五七—二六一頁。
[20] 廣岡　隆等編著，行政法學の基礎知識⑴，第一〇二頁。
[21] 涂懷瑩著，行政法原理（下冊），第五三五頁。
[22] 范揚著，前揭書，第二六三頁。

第二項　行政處分無效的原因

如前所述，行政處分的成立要件，分屬於三方面。行政處分如缺乏此等有效成立要件，均構成行政處分無效的原因，故行政處分無效的原因與其成立要件大致係互相對應，依據傳統理論約可區分為主觀瑕疵、內容瑕疵、及手續瑕疵三方面的原因。茲分別言之㉓：

㈠主觀瑕疵：主要係指作成行政處分機關在行為能力、組織及職權方面所具之各種瑕疵而言。

⑴行政機關行為能力及組織的瑕疵：包含四種情形：

①行政處分係由行政機關不具有合法資格或身分的人員所為者。行政處分既非由適格之特定人所為，自為無效處分。

②行政處分係由不具有正當組織的行政機關所為者。以發生於合議制機關的情事為主體，例如開會或議決不足法定人數、法定人數中有不合格人員參與、未經合法程序召集開會、召開非屬職務上之會議等情形均屬之。

③行政處分係由行政機關（人員）在欠缺意思能力的情形下所為者。例如行政人員在心神喪失狀態下所為之行為，或在不可抗力之強制下所作成之處分均是，因其當時無意思能力，故認為其處分無效。

④無代理權者之行為，應屬無效。但相對人若信其有代理權而具有正當理由者，仍視為有效。

⑵行政機關職權方面的瑕疵：包含兩種情形：

①行政處分的事項係逾越行政機關職權範圍者。機關對於權限外的事務既無管轄權，自不能作成有效行政處分。

②行政處分的成立應先得其他機關或人員同意而未經同意者。此即應經監督機關核准，或其他機關之協議，而未經核准或協議時，應屬無效。

㉓ 王昌華著，前揭書，第二五七－二六〇頁。涂懷瑩著，前揭書，第五四一－五四三頁。

㈡內容瑕疵：主要係指欠缺各種客觀的要件而言，約有三種情形：

⑴行政處分的內容，係與法規相牴觸或違反法規明文禁止之規定者，此即有直接違法的情形，自屬無效。

⑵行政處分的內容，係在事實上或法律上屬不可能者，包含相對人的不能、標的物的不能、及權利義務的不能三種情事。

⑶行政處分的內容，係屬完全不能確定的情形者，因其為不具一定內容之處分，自無法發生合法效力。

㈢手續瑕疵：包含形式及程序上的瑕疵：

⑴行政處分具有形式上的瑕疵，亦即未具備必要的方式者。惟書面的行政處分，如記載錯誤，其錯誤得由外部情形推知者，應依其真意發生效力。

⑵行政處分未完成各種法定程序者。凡屬欠缺當事人之聲請程序、予利害關係人主張權利或聲明異議機會、到場或協議程序、及上級核准程序等均是，此等情形因法定程序不備，遂致形成無效處分。

行政處分的無效，除具有上述各種一般性的原因外，各別行政處分尚可能另有其他與欠缺特別成立要件有關之特別原因。

在行政程序法制定後，該法對行政處分無效的判斷標準作有列舉式的統一規定，而所謂判斷標準實即指無效的原因而言，有關規定見於該法第一百十一條，其規定稱「行政處分有下列各款情形之一者，無效：

一、不能由書面處分中得知處分機關者。

二、應以證書方式作成而未給予證書者。

三、內容對任何人均屬不能實現者。

四、所要求或許可之行為構成犯罪者。

五、內容違背公共秩序、善良風俗者。

六、未經授權而違背法規有關專屬管轄之規定或缺乏事務權限者。

七、其他具有重大明顯之瑕疵者。」

上列前六種情形，可謂是行政處分無效的法定原因，亦被稱為「絕對無效之理由」；至於第七款則為彈性的補充規定，但根據該款規定即可瞭解到構成行政處分無效原因的判斷標準，均應屬「具有重大明顯之瑕疵」；若非如此，則僅為行政處分得撤銷的原因。再就上列七種原因與前述傳統行政法理論上所認定的行政處分各種無效原因（即主觀、內容、與手續瑕疵）相比較，不難發現行政程序法所列舉的原因較為具體而且嚴謹。至於傳統理論所認定的部分無效原因，例如：

「1. 應迴避之公務員參與作成之行政處分。

2. 單純違反土地管轄之行政處分。

3. 依法應參與作成行政處分之行政機關未參與者。

4. 依法應參與之委員會未參與或未合法參與者。」

凡屬此等情形，依據目前新行政法理論的觀點，均已不再認為係屬無效的行政處分，而僅構成行政處分得撤銷的原因（參閱翁岳生著，法治國家之行政法與司法，第二六頁）。

其次，行政處分無效的情形，因所具瑕疵涉及範圍的不同，又可區分為全部無效與一部無效；如僅屬一部無效，則其他部分在原則上仍可繼續有效。對於此種情形，行政程序法第一百十二條即有規定，該條稱「行政處分一部無效者，其他部分仍為有效。但除去該無效部分，行政處分不能成立者，全部無效」。另關於行政處分的無效，行政機關固然有權宣告，但並不限於主動行使職權的情事，即在被動受理人民聲請案件時，更應基於職責進行審查加以確認，行政程序法對行政機關的有關職權作有明確規定，其第一百十三條稱「行政處分之無效，行政機關得依職權確認之。行政處分之相對人或利害關係人有正當理由請求確認行政處分無效時，處分機關應確認其有效或無效」。

第三項　行政處分無效的「效果」

前已言之，行政處分的無效，係指行政處分自始即未能發生合法的效力而言。行政處分既不能發生合法效力，其對各當事人及關係人的權利義務均不足以有所改變，自無法律效果可言。惟此所謂「無效的效果」，實即指無效處分對於法律關係所生之影響，以及客體當事人及有關機關對此種處分所應持之態度與所得採行的措施。約可分為數點言之[24]：

㈠行政處分的無效，在法律效果方面與未為處分相同，因係自始無效，故不待宣告撤銷，即根本不發生拘束力。

㈡以無效的行政處分，對人民課予義務者，人民無服從義務。客體在無過失情形下，予以履行時，得請求賠償。

㈢以無效的行政處分，對人民授予權利者，其權利亦屬無效，不受法律的保障，第三人可否認其權利的存在。

㈣無效的行政處分，不因事後追認，或提起行政爭訟法定期間的經過，而取得合法效力。

㈤對於無效的行政處分，行政機關與普通法院，均得以獨立意思表示，認定其為無效。

㈥行政機關如以無效的行政處分強制人民服從，或人民因無效行政處分的結果，致使其權利受到損害者，得依法提起訴願或行政訴訟，請求撤銷。

以上所述乃是行政處分無效的一般性「效果」。此外，學者尚有認為行政處分的無效另有「特殊效果」者，所謂「特殊效果」亦可解釋為在例外情形下所發生的效果，其情形有二[25]：

㈠在理論上認為無效的行政處分，實際上發生效果，例如經行政訴訟判決為有效；或因人民未提起行政爭訟，始終被誤認為有效處分。

㈡將無效原因視為撤銷原因，以撤銷措施（或撤銷之訴）代替「無效之宣告」。

---

[24] 張載宇著，前揭書，第三五五—三五六頁。

[25] 涂懷瑩著，前揭書，第五四四頁。

第六節　行政處分的撤銷

㈠行政處分撤銷的意義：所謂行政處分的撤銷，係就業已有效成立（亦即一度發生效力）的行政處分，因其具有撤銷的原因，由正當權限機關依聲請或依職權另以行政行為予以撤銷，使其不發生效力，或消滅已發生的效力，而回復未為處分前的狀態，通常亦稱「撤銷處分」。惟我國法律上有時對無效的確認，亦採用撤銷一詞，此即對「自始無效之行政處分，常用撤銷之方式，為無效之宣告」㉖，其實二者性質不同，在理論上應加區分。

㈡撤銷處分的分類：依撤銷方式的不同，可將撤銷處分區分如下㉗：

⑴依聲請與本於職權撤銷：行政機關採取撤銷措施，得依聲請或本於職權行之。所謂依聲請，即指因行政處分的利害關係人提出異議、訴願、或行政訴訟時，分別由有權受理機關審查後作成決定；至於本於職權撤銷，即指不待人民提出聲請，由為行政處分的本機關或其上級機關主動撤銷之。

⑵自由裁量與羈束裁量撤銷：行政機關所作撤銷處分，如係在為人民除去不利益而予以利益者，得以自由裁量撤銷；如係對許可或特許與免除人民義務的處分加以撤銷，因所生效果常使人民既得權益受損，或予以其他的不利益，故僅得以羈束裁量為之。行政法院於二十三年所作判字第三號判例稱：「行政官署以行政處分為人民設定之權利，事後非具有法令上之原因或本於公益上之必要，不得任意撤銷。」是為羈束撤銷之解釋。

⑶授益處分與負擔處分撤銷：此種分類與前項「自由裁量與羈束裁量撤銷」具有密切關聯和重疊性；就實際效果而言，因授益處分的撤銷，將對行政客體的既得權益造成損害，基於法治行政與保障人民權益的觀點，行政機關非有法律依據並經考量信賴保護原則之後，不得任意行使撤銷權，亦即其撤銷權的行使受有嚴格的限制，故在原則上應屬羈束裁量撤銷。反之，對負擔處分（非授益處分）的撤銷，其所生效果在為行政客體除去不利益或減免原有

㉖　馬君碩著，中國行政法總論，第三五二頁。

㉗　王昌華著，前揭書，第二六一頁。

的負擔，在實質上對客體有利，故其撤銷所受限制較少，自得以自由裁量撤銷之。

(4)全部與一部撤銷：此即就撤銷處分的範圍而言，若係涉及違法處分的全部者，為全部撤銷，經撤銷後原行政處分即全部失效。反之，若行政處分僅有部分違法，而針對此一部分行使撤銷權者，為一部撤銷，經撤銷後僅被撤銷部分失效，其他部分仍屬有效；但在此種情形，未被撤銷部分如不能單獨成立（繼續存在）者，則仍應全部失效（參閱行政程序法第一百十二條有關行政處分一部無效之規定）。

㈢行政處分撤銷的原因：行政機關將已成立的行政處分撤銷，其原因不一，在理論上大致係基於無效處分以外的一切瑕疵在內，此等瑕疵較無效的各種原因為不明顯，故有關之行政處分，常於發生效力後，始由行政機關本於職權或依聲請加以撤銷。分析言之，在理論上撤銷的原因為一般學者所認定者主要有四㉘：

(1)行政處分的意思瑕疵：即行政機關在作成此種意思表示時，如有錯誤、或被詐欺、脅迫等情事存在，構成欠缺意思的瑕疵，並非當然無效，僅為得撤銷的原因。

(2)行政處分的違法不當：係指行政機關作成行政處分時，就權限內的事項在解釋或適用業務法規方面有違法不當的情事，致使當事人或關係人的權益受到損害者。此種處分與逾越權限的違法情事不同，是為單純違法，並非當然無效，僅得予以撤銷。

(3)行政處分違反公益：係指行政機關以自由裁量所作行政處分，有違反國家社會公益情事，構成不當處分。有此種公益上不當情形，所作處分仍屬有效，僅得予以撤銷。

(4)行政處分程序不合：行政處分如未經法定應經之程序，即欠缺合法要件，構成撤銷的原因，並非當然無效。

上述四方面的原因，部分似與行政處分無效的原因相近而有所重疊，但一般而言，無效的原因通常為重大明顯的瑕疵，而撤銷的原因在程度上不及無效原因的嚴重，且自行政程序法制定後，其第一百十一條對無效的原因（絕對無效）作有明確規定，有助於與撤銷原因的區隔和辨識，亦可謂除構成行政處分無效的原因外，其他瑕疵大致均

㉘ 范揚著，前揭書，第二六四—二六五頁。

屬得撤銷的原因。

㈣行政處分撤銷的限制：行政處分如具有各種瑕疵，構成撤銷原因，在原則上固然得予撤銷，惟撤銷權的行使，既對當事人的權益及法律關係均將發生重大影響，則仍須受到限制，即應兼顧法規的要求與社會公益。自理論方面分析，其所受限制有四，此等限制均屬羈束撤銷的限制，與前述行政法院判例之內容相脗合，茲列舉如下㉙：

⑴不得違反法規：凡行政處分的撤銷原因，有法規作明文規定者，非依法定原因，不得任意撤銷。

⑵符合社會公益：行政處分雖具有得撤銷的原因，惟將其撤銷，對社會公益並非有利時，應不予撤銷。或處分於作成當時違反公益，而現時於公益上已無撤銷的必要時，自以不撤銷為宜。

⑶設定權利或能力處分須依法撤銷：因此種處分的撤銷，將使人民的自由權利受到不利影響，故須有法規依據，始得撤銷。至於為人民設定義務或限制權利的處分，則衹須符合公益，行政機關即可以自由裁量撤銷之。

⑷須經法院判決確定：行政處分所具瑕疵，若有涉及民刑事法律問題者，則須經法院判決確定後，證明其瑕疵屬實，始得撤銷。

以上所述對違法行政處分撤銷的四種限制，乃是從理論觀點所作說明。在行政程序法制定後，該法第一百十七條雖未依據前述理論對撤銷所受各種限制一一加以列舉，但已從實務觀點對有關事項（依職權撤銷及其限制）作成重點式的規定，該條稱「違法行政處分於法定救濟期間經過後，原處分機關得依職權為全部或一部之撤銷；其上級機關，亦得為之。但有下列各款情形之一者，不得撤銷：一、撤銷對公益有重大危害者。二、受益人無第一百十九條所列信賴不值得保護之情形，而信賴授予利益之行政處分，其信賴利益顯然大於撤銷所欲維護之公益者」。依據此項條文規定的內容，可知撤銷權所受限制主要涉及兩種情形，其一為「情況裁決」，其二為「信賴保護原則」的適用，茲就此兩種事項分別解說如下：

①情況裁決：所謂「情況裁決」亦稱「情況判決」，即指違法行政處分雖應撤銷，但若撤銷的結果將比維持現

㉙ 張鏡影著，前揭書，第一八〇頁。

狀對社會公益造成更大的損害時，則寧可作成不予撤銷的決定。為使社會瞭解作成此種決定的考量，則行政機關仍應對外說明行政處分的違法情形及決定不予撤銷的理由。採取情況裁決的原因，主要在促使行政機關或法院，在作成撤銷的裁量時，應斟酌撤銷對公益的影響，若為維護公益避免其遭受重大危害，則撤銷即應受限制。德國行政程序法第四十八條及日本行政訴訟法第三十一條、行政不服審查法第四十條第六項對此種撤銷限制措施均有明文規定㉚。

②「信賴保護原則」的適用：有關「信賴保護原則」的內涵，在本書第一編中行政法適用的基本原則部分已有詳細解說。此項原則在實務上的適用，與撤銷權的行使具有密切的關聯，故在行政程序法中有多項條文加以規定，其中前引第一百十七條第二款乃是基本規定，係指為受益人所信賴的授益處分，若有違法瑕疵，行政機關雖得加以撤銷，但其信賴利益顯然大於撤銷所欲維護之公益，且受益人並無信賴不值得保護的情形，則行政機關即不得將該處分撤銷，以保障受益人的既得權益。至於所謂「信賴不值得保護」的情形，見於該法第一百十九條的規定，該條稱「受益人有下列各款情形之一者，其信賴不值得保護：一、以詐欺、脅迫或賄賂方法，使行政機關作成行政處分者。二、對重要事項提供不正確資料或為不完全陳述，致使行政機關依該資料或陳述，而作成行政處分者。三、明知行政處分違法或因重大過失而不知者」。若有上列三種情形之一，則受益人的信賴即不值得保護，行政機關即可對其授益處分行使撤銷權而不受限制。此外，若受益人的信賴利益雖無不值得保護情形，但並非顯然大於撤銷所欲維護之公益者，行政機關仍得將該項違法授益處分予以撤銷，僅在撤銷後應對該受益人提供信賴補償，有關規定見於同法第一百二十條，該條稱「授予利益之違法行政處分經撤銷後，如受益人無前條所列信賴不值得保護之情形，其因信賴該處分致遭受財產上之損失者，為撤銷之機關應給予合理之補償。前項補償額度不得超過受益人因該處分存續可得之利益。關於補償之爭議及補償之金額，相對人有不服者，得向行政法院提起給付訴訟」。另有須注意者，即行政機關的撤銷權及受益人的信賴補償請求權其行使均有時間限制，同法第一百二十一條對有關事項規定稱「第一

㉚ 翁岳生著，法治國家的行政法與司法，第二九－三〇頁。

百十七條之撤銷權，應自原處分機關或其上級機關知有撤銷原因時起二年內為之（除斥期間）。前條之補償請求權，自行政機關告知其事由時起，因二年間不行使而消滅；自處分撤銷時起逾五年者，亦同（消滅時效）」。

以上所述「情況裁決」與「信賴保護原則」的適用兩種情形，均為撤銷權限制的有關事項；其次，尚有一種情形與違法處分撤銷的限制相似，但在本質上並不相同者，即對行政處分違反土地管轄的處理，有關規定見於行政程序法第一百十五條，該條稱「行政處分違反土地管轄之規定者，除依第一百十一條第六款規定而無效者外，有管轄權之機關如就該事件仍應為相同之處分時，原處分無須撤銷」。可知此項規定乃是基於程序經濟的考量，允許原處分的存續，而非對撤銷權的限制。

㈤有撤銷權的機關：行政處分的撤銷，其權限應歸屬於對此種處分有無瑕疵，有權加以審查及採取救濟措施的機關。此等機關共分四種㉛：

⑴原處分機關：原處分機關得基於人民聲請、訴願、或其他法定原因、或本於職權，就原處分加以審查，認定具有撤銷原因的瑕疵，而撤銷之。

⑵上級機關：原處分機關的直屬上級機關，基於監督權、人民聲請、訴願、或其他法定原因，得將原處分撤銷，是為行使監督權的撤銷。

⑶其他監督機關：對行政處分內容的事項，有專業管轄權的主管機關，基於監督權、人民訴願、或其他法定原因得撤銷之。例如中央各部會就其主管業務範圍，對地方政府所作行政處分，如認為有違法越權情形，得報請行政院院會議決後，停止或撤銷之。另有認為立法與監察機關雖無直接撤銷權力，但得以議決或糾正權的行使，間接發生撤銷的效果者。

⑷行政法院：受理行政訴訟案件，以判決方式撤銷之。行政訴訟法第二十六條規定「行政法院認起訴為有理由者，應以判決撤銷或變更原處分或決定……」。

㉛ 陳鑑波著，前揭書，第四一三－四一四頁。

上述各種有權機關撤銷行政處分的情形，其由有關機關主動行使職權撤銷者，稱為「職權撤銷」；反之，由人民提起行政爭訟，經審判結果決定撤銷者，稱為「爭訟撤銷」[32]。

㈥行政處分撤銷的效果：上述各有關機關行使撤銷權，將具有違法瑕疵的原處分予以撤銷，使其自始失其效力。撤銷權的行使，其本身即為另一處分，稱「撤銷處分」，所具法律上的效果，在理論上可分為五點言之[33]：

⑴行政處分的撤銷，以發生溯及既往效力為原則，經撤銷後與未為處分的情形相同。

⑵在例外情形下，若溯及既往將對人民權利及社會公益有害時，則為維護社會公益及法律關係的安定，有使撤銷的效力向後發生，即處分向後失效或僅使其一部分向後失效而不溯及既往者，前者稱為行政「處分的停止」，後者稱為「基於瑕疵之處分變更」。

⑶撤銷權是否受時效限制，須視法令規定及處分性質分別認定之。

⑷有瑕疵之處分，於未撤銷前，仍屬繼續有效。

⑸對不當處分的撤銷，不具有溯及效果，僅使其自撤銷日失效。

關於對違法處分撤銷的效力，依據傳統理論在原則上將使原處分溯及既往失其效力；但近年來行政法理論的發展，傾向於使行政機關對違法處分的撤銷擁有較大的裁量權，包括是否撤銷、撤銷的範圍（全部或一部）、及應否溯及既往失效等[34]；我國行政程序法的內容，自不免受到此種理論的影響，就撤銷權的行使賦予較大的彈性，即就撤銷的效力而言，亦採具有彈性的規定，該法第一百十八條稱「違法行政處分經撤銷後，溯及既往失其效力。但為維護公益或為避免受益人財產上之損失，為撤銷之機關得另定失其效力之日期」。其所謂另定日期，似即為認許向後失效之規定。

---

[32] 廣岡　隆等編著，前揭書，第一一二頁。

[33] 范揚著，前揭書，第二六八頁。張載宇著，前揭書，第三六六頁。

[34] 翁岳生著，前揭書，第三一頁。

(七)得撤銷處分與無效處分的異同：行政處分常因法定要件的欠缺而具有瑕疵，又因瑕疵程度的不同，可區分為無效的行政處分與得撤銷的行政處分兩種。茲就二者相同相異之點分別言之㉟：

(1)相同之點：雖然行政處分得撤銷的原因與無效的原因不盡相同；惟大體言之，二者均屬有瑕疵之行政處分。

(2)相異之點：可分三方面言之：

①原因不同：凡行政處分違反強行法之規定者，其內容因具有重大瑕疵，乃構成無效之處分。至於僅係違反行政命令，或係有失職情形所作之處分，則構成得撤銷之處分，故二者的瑕疵在程度上有所不同（參閱前述行政處分絕對無效原因的說明）。

②法律上效力不同：得撤銷之處分，於未撤銷前仍繼續有效；無效之處分，則係自始無效。

③決定機關不同：得撤銷之處分，僅能由有正當權限的機關加以撤銷；無效處分，則一般行政機關及法院均得以獨立見解判斷其為無效。

第七節　違法行政處分的治療

行政機關所作違法行政處分，原不應發生合法效力。惟現代法學理論方面，對於具有瑕疵行政處分的處理，在觀念上已有所轉變。此即認為現代社會生活發達，各方面的法律關係密切而複雜，公共事務與行政處分亦日益增多，而行政處分的有效與否，對社會生活及法律關係，可能產生廣泛而深切的影響。在此種客觀情勢之下，法學方面的瑕疵理論遂為之轉變，對於以往拘泥於形式的觀點與機械的論斷加以修正，而以法律關係的穩定與社會公益的維護為重，並兼顧程序經濟的要求，若認定逕行宣告瑕疵行政處分無效或直接將其撤銷，將對社會整體利益或人民既得權益造成不利影響時，則為維護公共利益及人民既得權益，寧可不輕易使其失效。為達此種目的，所採變通辦法，即視行政處分所具瑕疵程度的輕重分別作適當的處理。具體言之，即一方面縮小無效處分的範圍（限於絕對無效情

㉟ 王昌華著，前揭書，第二五三—二五四頁。田中二郎著，行政法總論，第三三七—三三八頁。

形），擴大撤銷處分的空間，使對瑕疵處分的處置保持彈性，留有斟酌餘地，不輕易使其失效。另一方面針對具有瑕疵的行政處分，提出得以「治療」的主張，使其經由適當的補救措施，由有瑕疵轉變為無瑕疵，以取得合法效力，如此將可使社會生活與法律關係的安定得以維持，且亦能符合國家社會的公益與程序經濟原則，達到法律制定的目的。此種論點乃屬機動的法治理論或機動的瑕疵理論，其所具實際價值應予重視[36]。以上所述乃是有關違法行政處分治療的理論依據，至於實務上所採「治療」的方法，主要可分為兩種，即「補正」與「轉換」，將在下列兩項中分別加以探討。

第一項 違法行政處分的補正

所謂「補正」，係指對僅具有形式上（程序或方式）違法瑕疵，並未構成無效的行政處分，因其瑕疵輕微，不宜令其歸於無效或逕予撤銷，得由行政機關採取適當措施加以彌補，使其瑕疵因而消除，成為合法行政處分的過程或手段而言（惟學者亦有將「補正」直接稱為「治療」者）。如前所述，補正措施符合公益及程序經濟原則，並有助於行政目的的達成及人民權益的保障，故頗具採行價值。違法行政處分經補正後，既已合法化，則相對人或利害關係人即不得再在行政爭訟程序中主張該行政處分違法，而行政機關或法院亦不得再行依職權加以撤銷。由此可知「補正」的作用在於使因違反程序或方式規定具有輕微瑕疵的行政處分恢復其效力，從而排除行政機關再對其行使撤銷權，甚至須另行作成新的行政處分。惟該瑕疵處分在成立後至補正前既仍具有違法性，自不影響其補正前因屬違法處分所引發的國家賠償責任。此外，尚有須注意者，即無效行政處分不得補正。另當事人雖已拋棄行政爭訟權利或逾越行政爭訟提起的法定期限，並不能使違法處分當然發生補正效力，該具有形式上瑕疵的行政處分仍屬違法，僅使當事人不得再對其進行爭訟而已[37]。

---

[36] 成田賴明等著，現代行政法，第一五〇―一五一頁。林紀東著，行政法原論，下冊，第四七五―四七七頁。

[37] 林騰鷂著，行政法總論，第四四八―四四九頁。林錫堯著，行政法要義，第二九九頁。

鑑於補正措施的實用價值及採行的客觀需要，所以，德國行政法制方面對之頗為重視，業已在近年制定的有關法令中加以擴大採用。具體言之，德國一九九六年九月十二日制定的「許可程序促進法」(Genehmigungsverfahrens-beschleunigungsgesetz)，該法內容對聯邦行政程序法中有關「程序與方式瑕疵」治療可能性的規定加以修正擴充，規定得補正的瑕疵共計五種，包括必要之申請、必要說明之理由、必要之聽證、必須參與之委員會決議、及必須參與之其他機關等項在內。至於補正的期限，已延長至行政訴訟程序終結前均可。另在同年十一月一日修正的行政訴訟法中亦有相關的規定㊳。我國如今仿傚德制，對補正措施在行政程序法中作有明確規定，茲就該法規定內容分項說明如下：

㈠得採行補正情形：行政程序法第一百十四條第一項規定「違反程序或方式規定之行政處分，除依第一百十一條規定而無效者外，因下列情形而補正」㊴：

一、「須經申請始得作成之行政處分，當事人已於事後提出者」。

惟當事人事後為補正所提出之申請，仍不得逾法定期限，否則即不生補正效力。又當事人若已向行政機關表示同意所受之許可處分者，亦可生補正效力；但如僅係單純利用許可處分，則並不足以生補正效力。

二、「必須記明之理由已於事後記明者」。

按本款所指係依法應記明理由而完全欠缺或記載不完整而言，惟此等情形均僅構成方式上違法，而與因理由不正確致構成實質上違法的情形不同，後者所涉及者為理由「更補」的問題；得提出理由補正者，僅限於上述方式上違法情形；至於得提出理由補正的機關，除原處分機關外，尚包括受理訴願機關，後者得於訴願決定中提出補正。

三、「應給予當事人陳述意見之機會已於事後給予者」。

此即依法應給予當事人陳述意見之機會，而完全未給予或給予的程序有瑕疵（例如未告知全部事實致當事人未

㊳ 林錫堯著，前揭書，第三〇二頁。

㊴ 同前註，第三〇一—三〇二頁。

能充分表示意見），遂致形成程序上違法情形。針對此種程序違法瑕疵，補正措施在原則上應由原處分機關為之；但如被提起訴願的行政處分係屬羈束處分，或為受理訴願機關得為合法性與合目的性審查的裁量處分時，則該受理機關亦得進行補正。又此項補正與原應採行的行為至少應相同。

四、「應參與行政處分作成之委員會已於事後作成決議者」。

此一規定所涉及的情形約有三種可能性，其中包括依法應召開的委員會未召開；或雖已召開，但未作成必要之決議；或雖已作成決議，但內容違法等情事。惟其違法情形尚未達足致行政處分無效的程度，僅構成得撤銷的原因，故允許該瑕疵處分得於事後採取補正措施，即依法召開委員會並作成合法的必要決議，以完成其程序要件。且此項補正措施亦得於訴願程序中採行，但應符合上述合法性要求。

五、「應參與行政處分作成之其他機關已於事後參與者」。

此所謂「其他機關」，並不限於行政機關，而可包括公法人在內，但其參與應以具有法律依據為必要。

㈡補正期限：行政程序法第一百十四條第二項規定「前項第二款至第五款之補正行為，僅得於訴願程序終結前為之；得不經訴願程序者，僅得於向行政法院起訴前為之」。

本項規定係指除須由當事人提出申請的案件外，其他情形均須於行政機關可得支配的程序中從事補正，而訴願程序終結前即為行政機關可得支配的階段，逾此階段或已提起行政訴訟，則行政機關對程序已無支配權，自不宜由其再作補正。

㈢期間回復原狀：行政程序法第一百十四條第三項規定「當事人因補正行為致未能於法定期間內聲明不服者，其期間之遲誤視為不應歸責於該當事人之事由，其回復原狀期間自該瑕疵補正時起算」。

此即因得補正的違法行政處分，在未補正前，既為得撤銷之瑕疵處分，當事人原可對之聲明不服；惟因原程序或方式有所欠缺，聲明不服之理由可能無法充分掌握；且行政機關若正在採行補正措施，其補正結果猶未可知，當事人自宜於補正後視補正結果再行聲明不服，故在補正過程中即對當事人要求其必須遵行法定救濟期間，顯然並不合理。因此，現行規定認許其期間回復原狀自瑕疵補正時起算堪稱適當。

第二項　違法行政處分的轉換

㈠轉換的意義與要件

所謂違法行政處分的「轉換」(Umdeutung; Konversion)，係指將原有違法的行政處分經由轉變措施使其成為另一合法行政處分而言。支持「轉換」措施的法理依據，即認為經由此種處置足以使原有違法處分中所包含的合法部分，能夠繼續維持其效力，藉以確保相關法律關係的安定，且自程序經濟觀點而言，亦可避免因該處分違法遭受全部撤銷，而行政機關為達原定行政目的必須再行作成另一新行政處分。由此可知，「轉換」措施實兼具確保法安定性與經濟效率兩方面的意義和價值。按法律行為的「轉換」，原在私法方面即被認許，我國民法第一百十二條對無效法律行為的轉換已作明確規定，惟此種私法上的規定，不宜在行政法方面類推適用，故行政法須參照民法規定自行立法規範其行政處分的轉換制度，德國行政手續法即採此種方式，該法第四十七條對轉換的有關事項作有詳細具體的規定[40]，我國行政程序法第一百十六條亦明確規定轉換的容許性及其各項要件，該條稱「行政機關得將違法行政處分轉換為與原處分具有相同實質及程序要件之其他行政處分。但有下列各款情形之一者，不得轉換：一、違法行政處分，依第一百十七條但書規定，不得撤銷者。二、轉換不符作成原行政處分之目的者。三、轉換法律效果對當事人更為不利者。羈束處分不得轉換為裁量處分。行政機關於轉換前應給予當事人陳述意見之機會。但有第一百零三條之事由者不在此限」。

根據上引第一百十六條規定的內容，學者從理論上將轉換的要件區分為積極與消極兩部分，茲將兩方面的要件分析說明如後：

⑴積極要件：約有下列四項[41]：

---

[40] 洪家殷著，論瑕疵行政處分之轉換，憲政時代，第十二卷第二期，第五九頁。

①原違法行政處分的存在：此即認為採行轉換措施須以原有行政處分的存在且屬違法為前提，僅能由此違法行政處分轉換為其他行政處分；若原有行政行為係法規命令或行政契約，則不能轉換為行政處分。而所謂違法處分，在原則上可包含無效與得撤銷處分在內。早期理論認為僅無效處分始得轉換，此種見解現已遭受淘汰，而認為得撤銷處分亦可轉換；但近來學者又對無效處分可否轉換提出質疑，可見行政法理論常隨時代變遷而日新月異。

②原處分包含新處分：行政程序法第一百十六條中所稱「其他行政處分」，係指轉換後的新行政處分，但此一新處分乃是以原違法處分為基礎轉變而來，亦即原存在於舊的違法處分之中，故原處分包含新處分。

③新處分須與原處分具有相同效果與目的：此即新處分所欲達成的法律效果須與原處分在原則上雷同，尤其在於追求同一公益或私益，實現相同的行政目標。但在事實上不以具有同一內容為必要；僅祇要求對行政機關能達成相同效果，並對當事人及利害關係人能產生相同作用，且與原處分不致在法律上有重大差異，即被認許。

④新處分與原處分須具有相同實質與形式要件：此項要求除與前述第③項內容具有關聯性外，主要係指新處分須在實質、程序、與方式上完全合法，且原處分機關並應具有作成新處分的管轄權。

(2)消極要件：約有下列四項，亦即轉換措施尚須不牴觸此等消極要件始為合法㊷。

①原處分須非不得撤銷的行政處分：此即原處分雖具有違法瑕疵，但若有不得撤銷的原因，例如符合信賴保護原則的授益處分，自應繼續維持其效力，亦不應將其轉換為新處分，以免有害於公益或當事人的既得權益（參閱行政程序法第一百十七條之規定）。

②轉換不得與原處分機關可得認識的意圖相違背：依據前引行政程序法第一百十六條第一項第二款規定不得轉換的情形，即「轉換不符作成原行政處分之目的者」，故本項所稱原處分機關的意圖，應係指作成原處分的目的而言，亦即從前述積極條件中第③項作反面解釋，自然形成此項消極要件。

㊶ 翁岳生著，前揭書，第二八頁。林錫堯著，前揭書，第三〇四—三〇五頁。

㊷ 同前註，翁岳生書，第二八—二九頁。蔡志方著，行政法三十六講，第二一九—二二〇頁。

③轉換的法律效果不得對當事人更為不利：此即指轉換後所形成的新處分，其法律效果大致上應與原處分相同，而不應較原處分對當事人更為不利；否則無疑是加重當事人的負擔，使其權益受到更大的損失，顯然有失公允。④羈束處分不得轉換為裁量處分：係指原處分如為羈束處分，行政機關在作成原處分時，乃受法規的嚴格拘束，並不能真正為裁量；轉換後的新處分在法律效果方面既應與原處分相同，自不能轉換為裁量處分。反之，裁量處分轉換為羈束處分則不受限制。

就以上所述轉換的積極與消極要件觀之，可知轉換所受限制甚多，並非可任意採行。如違反此等限制條件，勢將影響轉換的合法性及其效力，而轉換後的新處分仍將為有瑕疵的行政處分。

㈡轉換的方式

關於轉換所採的方式，依據有關理論解釋，主要約可區分為兩種見解，其一即將轉換視為係依法直接把有瑕疵的行政處分逕行轉變成無瑕疵的行政處分；其二即認為必須作成轉換行為，始能產生轉換的法律效果。行政法學界主張第一種見解的學者極少，而以第二種見解為通說。分析其原因，乃是由於第一種見解理論有欠周延存有疑問所致；具體言之，若採取依據法律逕自轉換的見解，則將衍生兩種疑問，首先即原屬違法但有效的行政處分，在依法逕自轉換為另一處分後，原處分是否已不存在？抑或新舊兩個處分同時並存？第二即直接依法逕自轉換，如何判斷轉換要件是否具備？對上開兩項疑問若無法確定澄清，即易引發法律關係的不安定感，而難以符合法治國家對法安定性原則的要求，故第一種見解具有缺失並不可取。反之，第二種見解能夠提出明確的轉換途徑或過程解說，即在具備轉換條件時，必須作成一種具有形成作用表示的轉換行為，然後始能產生轉換的法律效果，從而使轉換後所形成的新行政處分取得溯及既往的合法效力[43]。

㈢轉換的法律性質

如前所言，轉換應作成轉換行為，始能產生法律效果；且轉換行為係由行政機關作成，已成定論。但關於轉換

[43] 林錫堯著，前揭書，第三〇七頁。

行為的法律性質如何認定，則在理論上存在有不同解說。具體言之，一種意見主張轉換行為乃是行政處分；另一種意見則認為僅屬單純的公法上意思表示；對於上述兩種論點，即使在德國法院實務見解方面亦不一致。主張轉換是行政處分性質者所持理由認為，轉換乃是作成無瑕疵且具有相同目的的新處分以溯及既往的效力取代有瑕疵的原處分；因此，在基本上既已具備行政處分的要件，並具有形成處分的性質與效果。至於持單純公法上意思表示的見解者，可能係針對「不發生隸屬關係因而無公權力表示規律性質」的情形（另有學者稱之為「單純之認知表示」者）而言，但在事實上似不致發生此種情形。因轉換係指以原行政處分為基礎加以轉變，自仍應以行政處分方式作成。何況，轉換的結果，在於消除原處分的瑕疵，並基於相同目的作成合法的新處分取而代之；其所生法律效果，即與另行作成行政處分並無不同。同時，自理論觀點而言，轉換的法理依據即為瑕疵理論的規範；如此，則若轉換行為有瑕疵時，仍可適用法安定性與信賴保護原則，藉以維持其效力。反之，若將轉換視為單純的公法上意思表示，則將無法適用上述的瑕疵理論加以處理；如此，則若轉換的意思表示有瑕疵時，類推適用民法規定的結果，既可能構成該意思表示的無效，而原瑕疵處分轉換不成是否依然存在，又將引發疑義，須俟法院判決後，始能歸於確定；此種發展過程恐將使法律關係長期處於不安定的狀態。此外，自關係人的觀點方面而言，行政機關所作意思表示的性質與作用如何，究係轉換？或係撤銷原瑕疵處分並作成新的合法處分？或係另行作成行政處分而發生轉換的法律效果？也將難以確認。根據上述各種情形，均將造成實體法與程序法上的不安定性及理論上的困惑。最後，尚有須要考慮者，即自救濟途徑方面而言，如認為轉換僅為一種單純的意思表示，則當事人若對之不服時，祇能在行政訴訟的確認法律關係不存在之訴中，附帶請求救濟。反之，如認為轉換亦為行政處分，則一旦發生爭訟，不僅可依法提起訴願，且嗣後尚可再提起撤銷之訴，可知二者所獲法律保障亦有所不同㊹。

㈣轉換權限機關

關於擁有轉換權限機關的認定，首先須從有關轉換方式的見解方面探討。具體言之，如將轉換方式視為係依據

㊹ 同前註，林錫堯書，第三〇八頁。陳敏著，行政法總論，自刊，八十七年版，第三七一—三七三頁。

法律逕行轉換，則行政機關與行政法院均可擁有確認轉換的權限；甚至關係人亦得主張轉換後新處分的存在。但如前所言，依據通說既將轉換方式視為具有形成作用的性質，且須作成轉換行為，始能轉變成新處分，則對於轉換權限機關的認定應就兩個關鍵性的要點進行考量；其一、即應瞭解轉換與否的決定係屬行政機關的裁量權；因此，法院不得為轉換行為。其二、須於採行轉換行為時，對轉換所生的新處分有管轄權的行政機關，始擁有轉換權限；因此，原處分機關在原則上應擁有轉換權限，但如該機關本無作成原處分權限，或事後管轄權有變更時，則應歸由作成轉換行為時，對新處分有管轄權的機關管轄（惟符合其他合法要件仍屬必要，例如當事人陳述機會的給予是）。此外，在訴願程序中，該受理機關在原則上有轉換權限，但該機關應明示其所作係轉換行為，並非單純的訴願決定；又監督機關如有介入權者，亦得作成轉換行為。按我國行政程序法第一百十六條第一項規定「行政機關得將違法行政處分轉換為與原處分具有相同實質及程序要件之其他行政處分」。即在確定行政機關為轉換權限機關，而將行政法院排除在外，故與德國的有關制度並不相同[45]。

㈤轉換時機與程序

所謂「轉換時機」係指違法行政處分應在何時轉換始為適當；或自反面言之，亦即轉換有無法定時間限制的問題。關於此項問題，與轉換權限具有密切關聯；如前所言，轉換既屬行政機關的裁量權，則祇須轉換的要件具備時，行政機關在任何時間均得依職權或申請為轉換行為，即使是在行政爭訟程序中亦得作成轉換。

至於轉換的程序與前述轉換的方式有關，且轉換行為既被視為行政處分，則有關行政處分的程序在原則上自可適用於轉換行為方面。具體言之，即須由行政機關作成轉換行為，始能產生轉換的法律效果，在此過程中行政程序法第一百十六條第三項特別明定「行政機關於轉換前應給予當事人陳述意見之機會」。此項規定實構成轉換程序的必要條件。此外，是否尚須適用有關聽證的規定，德國行政程序法第四十七條第四項對此有比照行政處分的規定，我國行政程序法第一百零七條有關舉行聽證的條件中有規定稱「行政機關認為有舉行聽證之必要者」。即在授權行政機

㊺ 同前註，陳敏書，第三七三—三七四頁。林錫堯書，第三〇九頁。

關以裁量決定在行政程序上是否舉行聽證，此項規定似可適用於轉換程序方面㊻。

㈥轉換的效果與救濟途徑

關於轉換的效果，在基本上即可將原瑕疵行政處分轉變為合法的新行政處分，且使新處分可溯及原處分作成時起發生其效力；但在例外情形，若行政機關在作成轉換行為時曾另定其生效日期，或新處分的法定要件係形成於原處分作成之後者，則轉換後新處分的生效日期自當另行決定。行政機關欲限制新處分的溯及效力時，其所依據的標準與撤銷原處分時限制撤銷溯及效力者相同。再就轉換所涉及原處分的範圍而言，可區分為全部轉換與部分轉換，前者即將原處分整體轉換為新處分；後者係就可分的原處分僅將其有瑕疵的部分加以轉換，或將原瑕疵處分中可獨立存在的合法部分使其有效存續形成一新處分。此外，亦可能將瑕疵處分轉換為合法的行政私法或純私法行為（例如將有瑕疵的徵收處分轉換為公法契約或私法買賣契約是）。最後，尚有須注意者，即原瑕疵處分經轉換後，所形成的合法新處分雖與原處分具有相同目的，但轉換行為所產生的效果，已使新舊兩個行政處分在性質上有所變易，而無法保持其同一性㊼。

關於轉換行為的救濟途徑，如前所言，轉換行為既屬行政處分性質，則當事人如對行政機關所作轉換決定不服，即可按對行政處分不服的途徑，尋求行政與法律救濟。惟轉換行為具有其特性，即其為對瑕疵處分在原有基礎上的重組合，既非對該事件所作全新決定，亦非第二次裁決，故當事人針對轉換行為尋求救濟時，僅得主張該轉換行為因欠缺要件構成違法，請求予以撤銷；並不能對已不得爭訟的行政處分再行爭訟。且以原瑕疵處分為標的提起的爭訟，亦不能因轉換而重新開始計算其法定救濟期限。其次，上述救濟途徑係就積極性轉換行為而言，但轉換亦可能發生類似消極處分的爭訟，此即當事人為維護其合法權益，應可請求行政機關作成轉換，行政機關若拒絕其請求，或消極不作為時，當事人亦得提起行政爭訟，即義務訴訟，要求行政機關作成轉換行為。此外，如當事人在轉換行

㊻ 陳敏著，前揭書，第三七三頁。

㊼ 林錫堯著，前揭書，第三一〇頁。蔡志方著，前揭書，第二二一頁。

為之前即已對原有瑕疵處分提起爭訟，而在救濟程序進行中，始有轉換行為作成，則提起爭訟的當事人，即應變更訴願或行政訴訟之請求，將轉換後的行政處分納入救濟程序。否則，原瑕疵處分既已因轉換而消失，自應將原已提起的爭訟撤回，或聲明本案業已結案。但在另一種情形，即若認為轉換僅係附加於原違法而有效的行政處分之上，藉以補強其合法性，而原處分既未被撤銷亦未因轉換而消失，則原已繫屬的爭訟程序自仍可繼續進行㊽。

第八節　合法行政處分的廢止

㈠行政處分廢止的意義：所謂行政處分的廢止，係指就原已成立並生效之無瑕疵行政處分，基於法律上、政策上或事實上的原因，決定將其廢棄，使其自將來喪失效力的行為。對於行政處分的廢止，行政機關通常作成另一處分，明確表示廢棄原處分之意，是為廢止處分。但亦並非必須另行專門採取廢止處分，即由本機關或上級機關作成新行政處分，內容與原處分相衝突時，依據後令優於前令及上級命令優於下級命令的法理，亦可發生當然廢止的作用㊾。廢止處分亦有稱為撤回者，惟另有學者認為，在行政處分未生效前，得由原處分機關主動撤回，其所生效果與廢止已有效成立的處分自有不同㊿。

㈡行政處分廢止的原因：凡有國家政策變更、法令修正、情勢變遷、不合公益等原因，均可使原處分被廢止。而此種行政處分在內容方面並無瑕疵可言。故就原因方面而言，「廢止」與「無效」及「撤銷」均有所不同。

㈢有廢止權的機關：以原處分機關及其直屬上級機關擁有廢止權為原則；至於無隸屬關係之監督機關，僅得於有法令依據時，始可廢止受監督機關之處分。

㈣行政處分廢止的限制：有前述各種原因時，雖得將行政處分廢止，但此種措施仍須受下列三方面的限制[51]：

㊽ 陳敏著，前揭書，第三七四頁。

㊾ 范揚著，前揭書，第二六八－二六九頁。

㊿ 管歐著，中國行政法總論，第四六四頁。

⑴對客體之不利益處分（負擔處分）：亦稱非授益處分，原則上可自由廢止，但具有確定力之處分，如懲戒或免職處分等，則不得廢止。行政程序法第一百二十二條規定「非授予利益之合法行政處分，得由原處分機關依職權為全部或一部之廢止。但廢止後仍應為同一內容之處分或依法不得廢止者，不在此限」。

⑵對客體授予權利或利益之處分（授益處分）：除行政機關依法定情形外，不得任意廢止。若在公益上有廢止必要時，亦僅得在有可歸責於客體的事由或經其同意的情形下，始得廢止，且須對客體酌予補償。行政程序法第一百二十三條對授益處分廢止的情形作有具體明確的規定，該條稱「授予利益之合法行政處分，有下列各款情形之一者，得由原處分機關依職權為全部或一部之廢止。一、法規准許廢止者。二、原處分機關保留行政處分之廢止權者。三、附負擔之行政處分，受益人未履行該負擔者。四、行政處分所依據之法規或事實事後發生變更，致不廢止該處分對公益將有危害者。五、其他為防止或除去對公益之重大危害者」。可知對授益處分的廢止受有嚴格限制，藉以保障受益人的既得權益。關於廢止後的補償事項，同法第一百二十六條規定「原處分機關依第一百二十三條第四款、第五款規定廢止授予利益之合法行政處分者，對受益人因信賴該處分致遭受財產上之損失，應給予合理之補償。第一百二十條第二項、第三項及第一百二十一條第二項之規定，於前項補償準用之」。

⑶授益處分廢止權的除斥期間：依據行政程序法第一百二十四條規定「前條之廢止，應自廢止原因發生後二年內為之」。

㈤行政處分廢止的效果：行政處分的廢止，僅使其自廢止之時開始，向以後失其效力。具體言之，就其對人民權益所生影響方面觀察，其效果主要有兩項[52]：

⑴行政處分的廢止，既係使行政處分自將來失效，則對人民的既得權益自不發生影響。行政程序法第一百二十五條規定「合法行政處分經廢止後，自廢止時或自廢止機關所指定較後之日時起，失其效力。但受益人未履行負擔

---

[51] 涂懷瑩著，行政法原理（下冊），第五四九－五五〇頁。

[52] 管歐著，中國行政法總論，第四六七頁。

致行政處分受廢止者，得溯及既往失其效力」。

⑵行政處分的廢止，既非以行政處分具有瑕疵為原因，則人民已履行之義務，於原處分廢止後，不得認為原處分違法，而向行政機關要求賠償。

㈥行政處分廢止與撤銷的區別：行政處分的廢止與撤銷雖均為使行政處分失效的措施，但就各種事項比較分析，則二者不同之點甚多，可就三方面言之[53]：

⑴原因不同：行政處分的撤銷，係以原處分具有瑕疵為原因；行政處分的廢止，則並非因處分本身具有瑕疵，而是基於其他原因。

⑵效力不同：撤銷在原則上具有溯及既往的效力；廢止則係自將來失效。

⑶有權機關不同：有撤銷權的機關，除原機關與上級機關外，尚有其他機關及行政法院；有廢止權的機關，則以原機關及上級機關為原則。

㈦行政處分廢止與消滅：行政處分廢止的各種事項已見前述，與其相似者，尚有行政處分的消滅。所謂行政處分的消滅，係指原已成立的行政處分，由於外在或內在原因，使其效力終止，進而使行政處分失其存在的情形而言。茲就兩方面的原因分述如下[54]：

⑴內在原因：主要係指構成行政處分內容的具體事實消失，或所定效果終了，致處分歸於消滅的情形而言。其原因約可分為四種，即①作為處分之受益人死亡。②處分所預期之效果完成，例如處分課予客體之義務已履行。③處分之目的已不存在，例如命令強制拆除違建之處分，因違建失火焚燬而隨之消滅。④因處分之附款如法定解除條件之完成，或期間屆滿，使處分歸於消滅等均是。

⑵外在原因：即並非由於處分本身內涵的因素，而是由於外來的原因，致使處分失效而歸於消滅。例如由於行

---

[53] 王昌華著，前揭書，第二六五—二六六頁。

[54] 張鏡影著，前揭書，第一八二—一八三頁。

政機關採取撤銷或廢止處分，致使原處分失效而消滅；或因作為處分成立依據的法令被廢止或新法令制定，致使原處分因而直接喪失效力等均是。

第九節　撤銷與廢止的其他相關規定

行政程序法第一二七至一三四條的各項內容，均為與行政處分撤銷及廢止的其他相關規定，大致可區分為兩部分在本節中加以補充說明。

第一項　撤銷與廢止的其他相關事項

(一)受益人不當得利返還義務：行政程序法第一百二十七條規定「授予利益之行政處分，其內容係提供一次或連續之金錢或可分物之給付者，經撤銷、廢止或條件成就而有溯及既往失效之情形時，受益人應返還因該處分所受領之給付。其行政處分經確認無效者，亦同。前項返還範圍準用民法有關不當得利之規定」。

(二)申請撤銷、廢止或變更處分之情形與期限：行政程序法第一百二十八條規定「行政處分於法定救濟期間經過後，具有下列各款情形之一者，相對人或利害關係人得向行政機關申請撤銷、廢止或變更之。但相對人或利害關係人因重大過失而未能在行政程序或救濟程序中主張其事由者，不在此限：一、具有持續效力之行政處分所依據之事實事後發生有利於相對人或利害關係人之變更者。二、發生新事實或發現新證據者，但以如經斟酌可受較有利益之處分者為限。三、其他具有相當於行政訴訟法所定再審事由且足以影響行政處分者。前項申請，應自法定救濟期間經過後三個月內為之；其事由發生在後或知悉在後者，自發生或知悉時起算。但自法定救濟期間經過後已逾五年者，不得申請」。

(三)對申請撤銷、廢止或變更原處分的處理：行政程序法第一百二十九條規定「行政機關認前條之申請為有理由者，應撤銷、廢止或變更原處分；認申請為有理由或雖有重新開始程序之原因，如認為原處分為正當者，應駁回之」。

㈣證書與物品之返還：行政程序法第一百三十條規定「行政處分經撤銷或廢止確定，或因其他原因失其效力後，而有收回因該處分而發給之證書或物品之必要者，行政機關得命所有人或占有人返還之。前項情形所有人或占有人得請求行政機關將該證書或物品作成註銷之標示後，再予發還。但依物之性質不能作成註銷標示，或註銷標示不能明顯而持續者，不在此限」。

第二項　時效有關事項

㈠請求權時效及其中斷：行政程序法第一百三十一條規定「公法上之請求權，除法律有特別規定外，因五年間不行使而消滅。公法上請求權，因時效完成而當然消滅。前項時效，因行政機關為實現該權利所作成之行政處分而中斷」。但同法第一百三十二條另有規定稱「行政處分因撤銷、廢止或其他事由而溯及既往失效時，自該處分失效時起，已中斷之時效視為不中斷」。

㈡時效之重行起算：行政程序法第一百三十三條規定「因行政處分而中斷之時效，自行政處分不得訴請撤銷或因其他原因失其效力後，重行起算」。同法第一百三十四條規定「因行政處分而中斷時效之請求權，於行政處分不得訴請撤銷後，其原有時效期間不滿五年者，因中斷而重行起算之時效期間為五年」。

第五章　重點問題

一、試說明行政處分之意義。（42高檢、45高檢、58高檢）

二、試略述行政處分的內容。

三、試說明形成處分之種類及其內容。（36普、57高）

四、何謂補充處分及代理處分？試分述其意義。
五、何謂許可行為與認可行為？其區別如何？（61高）
六、試說明行政處分之適應性。（42高檢）
七、行政處分之效力如何？試分別說明之。
八、行政處分有無實質的確定力？試述有關學說以對。（61高、62特）
九、何謂行政處分的成立要件？試分述其一般成立要件。
十、何謂行政處分成立的特別要件及生效要件？試分析說明之。
十一、試說明行政處分無效的意義及其與行政處分的不存在及失效的區別。
十二、行政處分無效的原因如何？試析言之。
十三、行政處分的無效所具之效果如何？
十四、何謂無效行為的轉換？其理論依據如何？試申論之。
十五、行政處分之撤銷及無效之宣告，對於已有法律關係之安定，常有不良影響，故近來學者提出「瑕疵行為之治療」或「無效行為之轉換」等主張。欲匡正其弊害，試申述此等主張之意義及得失。（51高檢）
十六、試說明行政處分撤銷的意義及自由裁量與羈束裁量撤銷運用的情形。
十七、試分析說明行政處分撤銷的原因。
十八、行政處分的撤銷權由何種機關行使？
十九、行政處分之撤銷，須受何種限制？（34普）
二十、行政處分撤銷的效果如何？
二十一、試比較說明得撤銷處分與無效處分的異同。
二十二、何謂行政處分的廢止？試說明其意義及原因。

二十三、行政處分的廢止由何種機關行之？廢止之效果如何？

二十四、試比較說明行政處分廢止與撤銷及消滅的區別。

第六章　行政契約與行政協定

第一節　行政契約

第一項　行政契約的意義與當事人

如前所述，行政行為的類別甚多，性質不同，從而形成的法律關係亦有所區別。在各種行政行為中固然以統治關係的國家單方行為為主體；但亦有由雙方當事人立於對等關係（或非對等關係）所作成的契約行為存在，此種契約乃為行政契約。行政契約亦稱行政法上契約或公法上契約（屬公法契約的一種類別），係法律行為中的雙方行為，即由雙方當事人在行政法關係上，為實現彼此間的相對應目的，互為意思表示，以內容的合致所形成的行政行為。此種行為雖可視為當事人間的契約，惟其性質屬公法關係，故不能完全適用私法上的契約自由原則。因規範公法關係的行政法規，在原則上既屬強行規定，則行政契約即須依據法規而締結，當事人不得以自由意思任意決定其內容，而必須遵循有關法規的規定或與有關法規不相牴觸，始能有效成立❶。我國行政程序法對行政契約的容許性有明文規定，其第一百三十五條稱「公法上法律關係得以契約設定、變更或消滅之。但依其性質或法規規定不得締約者，不在此限」。此項規定與上述理論大致能夠符合。其次，就行政契約的性質而言，根據前述行政契約的定義加以分析，約可提出三點說明：(1)行政契約屬行政行為中的法律行為，此種行為以雙方當事人的意思表示為成立要件。(2)行政契約為雙方行為，因契約的締結須有雙方當事人的存在，且係由雙方當事人意思表示的合致而形成，雙方當事人的法律地位雖不必相同，但其意思表示則具有同等價值，其與行政機關的單方行為自屬不同。(3)行政契約為發生公法

❶ 成田賴明等編著，現代行政法，第一六〇頁。

上效果的行為，因其成立在於達成行政目的，內容屬於行政業務，甚至可能涉及公權力的行使，並非私經濟行政或國庫行政；具體言之，行政契約的締結及履行將形成當事人間公法上法律關係的設定、變更或消滅，亦即公法上權利義務的得喪變更。因其為公法上之雙方行為，故與私法契約、單方行為及合同行為均有所不同，其與三者的區別約可提出三點說明：⑴行政契約係以發生公法上的效力為目的，故與私法契約有別；⑵行政契約係以雙方當事人間意思的合致為要件，故與單方行為的行政命令及處分不同；⑶行政契約係由雙方當事人所作相對方向的意思表示合致所形成，故與合同行為的行政協定亦不相同❷。

行政契約既屬公法關係的性質，固然可以國家與公共團體為當事人而成立，至於此種契約是否可成立於國家或公共團體與一般私人之間，則學者意見頗不一致，可區分為下列兩種論點❸：

㈠否定說：此說認為國家或公共團體與私人間，在公法上的關係乃是權力關係（或統治關係），國家與公共團體係處於優越地位，人民則受國家與公共團體的支配，為行政客體；而與私法上雙方當事人處於平等地位的契約關係性質不同，亦即權力關係與契約關係互不相容，故公法上不能成立契約關係。持此種理論者，以德國學者 Otto Mayer 為代表，反對以公法上契約作為一種行政法制。

㈡肯定說：此說認為在現代民主國家中，國家與人民間的公法關係，固然係以權力關係為主體，惟在權力關係之外，亦有平等關係存在的餘地。即就權力關係而言，在法治行政的原則下，人民僅在法定範圍內，始對國家負有服從義務，故此種權力服從關係並不具有絕對性，亦即在公法關係的特定情形下，人民具有適當程度表現自由意志的機會，在此限度內可藉其自由意思表示，與國家或公共團體形成行政契約關係。

近代以來，基於各國法制實際發展的需要，學者漸多支持肯定說的見解，例如日本學者野村淳治曾謂「國家與人民間的權力服從關係為相對的，在法治國家，人民僅在法律規定範圍內有服從之義務。質言之，人民亦有其限度

❷ 林紀東著，行政法，第三五八頁。
❸ 陳鑑波著，前揭書，第三六九頁。

內之自由意思，基於此限度內自由意思而締結契約，在法律上應屬可能」。又如奧國學者 Max Layer 曾謂：「認為公權利與公義務之創造，唯有經由國家權力之單方行為者，實屬一種擅斷之主張」❹。

以上兩說，自以肯定說符合事實，足以闡明現代民主國家公法關係的內涵，即除國家與人民間的傳統性權力關係外，亦可以契約或當事人雙方意思合致的方式，創設公法上的權利義務關係，故對行政契約的存在在法理上應認為具有充分的依據。且就實際情形而言，行政契約的成立漸趨普遍，如經法律積極認許，固得成立行政契約；即無積極認許，則在不違反法令禁止的情形下，亦可就一般事項成立行政契約，且無論此等事項是否涉及對人民自由的限制，均得成立行政契約❺；惟不得以行政契約免除人民一般性的法定義務，亦不得以行政契約為人民設定特殊的權利，因此種情形顯然有悖法律平等原則。其次，就行政契約的當事人而言，國家與公共團體間、或公共團體互相間，固得成立行政契約；而國家或公共團體與私人間亦得成立行政契約；惟作為行政客體的私人相互間，除經法律認許者外，不得任意成立行政契約。自十九世紀末期以來，行政契約為歐陸各國逐漸採行，至二次大戰前後，此等國家多就有關事項在行政程序法中加以規定。鑑於行政契約逐漸盛行的趨勢，自應進一步瞭解此種趨勢的成因；具體言之，行政契約的發展實因其具有多方面的功能所致，依據國內學者的見解，行政契約在現代行政上的功能約可歸納為下列各項：⑴使行政機關對行政行為的方式，除行政處分外，得以有所選擇，藉以適應行政業務多元化的發展。⑵有助於修正國家與人民在行政法關係上法律地位不平等的傳統觀念，以適應行政民主化的發展，改善人民與國家對立的情緒。⑶緩和行政措施方面命令強制的色彩，使行政機關能夠運用較柔性的變通手段推動行政業務的執行，使人民易於接受。⑷突破傳統觀念上非行政處分即為私法契約的二分法邏輯窠臼，藉以避免實務上將公法行為遁入私法的處理方式，確認行政契約的公法屬性與價值。⑸配合行政程序法的實施，擴大人民參與行政決定的機會，

❹ 張鏡影著，前揭書，第一八六頁。吳庚著，行政契約之基本問題，臺大法學論叢，第七卷，第二期，六十七年六月版，第一一〇頁。

❺ 張載宇著，前揭書，第三八四頁。

加強對人民在行政法關係上權益的保障。(6)在行政業務的執行方面，有助於節省公務人力與設施，符合政府企業化經營的理念。總之，行政契約制度的盛行，乃是基於國家社會客觀情勢發展的實際需要，其所具多方面的功能應予重視❻。

第三項　行政契約的效力

在私法上的法律行為方面，契約關係極為普遍，在此種法律關係上，不問雙方當事人所具身分地位如何，在原則上雙方係處於對等關係的立場，雙方的意思具有對等價值與效力。至於雙方行為的行政契約，其當事人並不限於國家與人民之間，而可能由各種不同的當事人間所作成。由於各種行政契約的雙方當事人不同，而雙方在此種法律關係上所處地位亦可能不同，對於行政契約的效力遂具有不同的影響。具體言之，凡由公共團體互相間，或行政客體的人民互相間所成立的行政契約，因雙方處於對等地位，所作意思表示具有同等效力，為對等關係契約，其情形與私法關係相同。然而，就國家或公共團體與人民間所成立的行政契約而言，因既仍屬公法關係的範疇，即不能認為雙方係處於對等的地位，為隸屬關係契約，而國家或公共團體仍保有法律上相當程度的優越地位，對於行政契約的法律效果足以發生部分影響，詳情依據傳統理論可分四點言之❼：

㈠行政機關得因行政契約在機關本身方面具有法定瑕疵，逕以單方意思予以撤銷；而相對當事人之人民則不得撤銷。惟若相對人之意思完全不存在，則契約因欠缺行政作用的有效要件，應歸無效。若相對人之意思僅具有法定瑕疵，但因有行政機關的意思表示，則此種行政行為仍能完全有效成立，相對人不得要求撤銷。惟近年來依據新的行政法理認為行政契約無所謂「得撤銷」的情形。

㈡行政機關因行政契約具備一定要件，得以單方意思予以解除，而相對當事人之人民在原則上僅得向行政機關

---

❻ 同❹，吳庚文，第三—一三頁。林騰鷂著，行政法總論，第五五五頁。

❼ 王昌華著，前揭書，第二六九—二七〇頁。林紀東著，行政法，第三六一頁。

聲請解除，而不得逕自解除。惟在公益上無拘束其相對人之必要時，亦得允許相對人逕自解除。

㈢行政契約的內容既為公法關係，在原則上自不得成為民事訴訟的標的，人民就所生爭議，應經由行政爭訟途徑尋求救濟，僅得對涉及契約解除後之金錢返還請求權問題，提起民事訴訟。

㈣雙方當事人就契約效力如有爭議時，因行政機關的意思表示具有公定力，則相對人民即應受其意思表示的拘束。至於相對一方如不履行契約內容時，行政機關擁有強制執行或解除契約權，而人民僅得聲請解除契約而已。此種情形顯示雙方當事人所受法律保護的不同（本項所述兩點內容，在新的理論方面均已有所修正，參閱本節第五項有關部分的說明）。

第三項　行政契約關係的特徵

根據前項說明，可知行政契約如雙方當事人間的地位平等，則其情形無異於私法關係。反之，如當事人間的地位不平等，則對其內容與效力即發生不同的影響，而呈現與私法關係不同的特徵。參照前述行政契約的意義與效力，大致可歸納出行政契約關係所具之特徵；惟此等特徵均係呈現於國家或公共團體與人民間的不對等關係行政契約方面者，依據傳統理論約可分為四點言之❽：

㈠契約自由原則的限制：私法上契約自由原則，包括締約自由、選擇對造當事人之自由、契約內容之自由及終止契約之自由四種事項。行政契約在基本上不能完全適用契約自由原則，故前述四種自由事項，在行政契約方面即受到限制，可謂僅具有部分之自由。

㈡雙方撤銷權的不平等：如前所言，行政契約在內容方面如有法定瑕疵，行政機關可逕以單方意思撤銷之，而人民則無此權力。如前所言，新的理論認為行政契約無所謂「得撤銷」的問題。

㈢雙方解除權的不平等：行政機關於解除條件發生時，得片面解約，而人民則僅得提出解約之聲請。

---

❽ 張載宇著，前揭書，第三八五－三八六頁。同❹，吳庚文，第一二〇頁。

㈣爭訟手段不同：爭訟手段與對等關係的私法上契約不同，人民僅能提起行政訴訟。

第四項　行政契約的種類

近代以來，各國民主政治日益發達，國家在對人民的法律關係上，傳統的權威色彩逐漸減少，行政業務的處理在單方行為之外，常有採用公法上契約方式完成者。以公法上契約方式處理，較能適應不同性質業務的需要，規範其複雜內容，並賦予相對當事人表示意見的自由，增加處理的彈性與適當性。尤以地方自治發達後，自治團體的公共事務，亦多有以此種方式處理者❾。故各國的行政契約相當普遍，其因內容與性質不同，可區分為各種類別，就傳統的分類而言，約可分為七類如下：

㈠公用負擔契約：係指國家或公共團體，基於推動公用或公益目的的事業的需要，可對人民課予經濟上的負擔；惟亦可由人民自願提供經濟上負擔，為此而與國家或公共團體簽訂契約，是為公用負擔契約。因此種負擔非由國家以單方行為強制徵課，故亦稱任意的公用負擔，包含下列三種❿：

⑴附負擔贈與契約：人民基於特定公益目的，對國家或公共團體贈與財產，由國家或公共團體就此項財產負擔實現此特定目的之義務是。如國家因事實上的原因，無法履行此項義務時，原則上應將贈與物返還人民，但人民不得以民事訴訟請求之。

⑵財產使用權設定契約：人民就其特定財產保留所有權，而對國家或公共團體提供其使用權，作公益目的之使用是。此種契約與私法上地上權不同之點，即不得有地租之約定。日後，在國家無使用人民財產之必要時，得經主管機關核准，解除其契約之一部或全部。例如對人民私有林地編為保安林的情形是。

⑶公法上承攬契約：人民基於公益或私人便利之目的，經國家或公共團體許可，自籌經費興建特定設施是。

---

❾ 林紀東著，行政法原論（下冊），第五一〇頁。

❿ 張鏡影著，前揭書，第一八九頁。

㈡土地徵收契約：此即國家為公益目的或人民為舉辦經法令許可事業的需要，與土地所有權人間取得協議，而成立的土地徵收契約。此種契約的成立，因有國家公權力介入，故與普通買賣契約不同。土地徵收後，如在規定期間並未使用，在原則上土地所有權人得照原價收回其土地（見土地法第五編有關土地徵收之規定）。

㈢核准使用土地協議契約：此即人民因公益或私益目的，經主管機關核准，由土地使用人與所有權人間，以協議所成立的土地使用契約（見森林法第二十條之規定）。

㈣行政補助契約：此即人民為從事特定事業，請求國家補助經費，經主管機關許可後，與國家間所成立的契約。在此種契約成立後，國家可對相對當事人，課予公法上之各種有關負擔，將其置於國家特別監督之下，以實現契約之目的。此種契約與私法上之贈與有別，關於補助金的請求權，亦不能視為私法上的債權處理，補助金的給付、停止或終止，國家有單方面的決定權⓫。

㈤行政事務委託契約：此即國家或公共團體機關間，為建立業務委託關係所成立的契約，學者亦有稱之為「行政事務之委任契約」者。此種契約須係依雙方之合意而成立，且相對當事人係處於對等地位，故契約內容非由一方單獨決定。如係依法令規定或上級命令指定者，則係為執行法規或基於權力服從義務所作之行為，而非行政契約關係⓬（參閱行政程序法第十五條第二項之規定）。另依據行政程序法第十六條規定「行政機關得依法規將其權限之一部分，委託民間團體或個人辦理」。如此則行政機關與民間亦得形成行政事務委託契約關係。

㈥公法上特別權力關係契約：公法上特別權力關係的形成，有係出於法律的直接規定；有係國家依據法律以單方意思作成；亦有係出於雙方當事人同意者，如設定公法上營造物利用關係，及公務員聘雇關係等均是（參閱上冊特別權利義務關係部分說明）⓭。

⓫ 林紀東著，行政法，第三六三頁。

⓬ 張載宇著，前揭書，第三八九頁。

⓭ 廣岡 隆等編著，行政法學の基礎知識(1)，第一二八頁。

㈦行政上損失補償契約：行政機關依法執行職務，而造成人民財產上的損失者，人民得依法請求損失補償，其與國家間為此所達成的協議，亦為一種公法上的契約。此種契約成立後，則公法上之補償請求權即告確定，國家對相對當事人即負擔公法上之金錢債務。

此外，行政契約的類別，亦可依當事人的地位區分為下列三種⓮：

㈠行政客體間的契約：此即私人間的公法契約。須依據行政法的規定，經法律認許始能形成，私人不得任意為之。

㈡行政主體間的契約：此即國家與公共團體、或公共團體互相間的契約。除法律有限制外，得依公益判斷，任意設定為原則。

以上兩種契約，均為對等關係契約，或稱平等關係契約、或水平契約、或同質契約，此種契約因雙方地位原則上平等，故可適用私法契約之法理，雙方之意思具有對等效力。

㈢行政主體與客體間的契約：即國家或公共團體與人民間的契約，可將前述依內容與性質分類的各種契約包括在內。此種契約稱為不對等關係契約、或隸屬關係契約、或垂直契約、或異質契約。因雙方地位不平等，故具有公法契約之特徵。

第五項　行政契約的新理論與法制

近年來國內學者援引德國行政法理論對行政契約部分的內容加以補充；且在我國行政程序法制定後，其內容對行政契約列有專章，就行政契約的種類及效力事項有相當具體的規定。茲依據上述兩方面的資料，採摘其重要項目說明如下：

㈠行政契約的類別：包括下列各種類別。

⓮ 涂懷瑩著，行政法原理（下冊），第五六七頁。同❹，吳庚文，第二頁。

(1)對等契約：亦稱「同等契約」(Der Koordinationsrechtliche Vertrag)。按行政契約若以雙方當事人在契約法律關係上所處地位是否平等為標準，可區分為對等（平等）契約與不對等（不平等）契約兩種。對等契約在原則上即由處於法律關係上平等地位的雙方當事人所締結的行政契約。因國家與人民雙方在公法上的地位不平等，故不可能締結對等契約；至於行政主體（機關）彼此間在組織系統上地位不一定相等，若雙方地位平等，固然可締結此種契約，即就無隸屬關係的不同等級機關間，亦得締結對等契約[15]。

(2)不對等契約：亦稱「隸屬契約」(Der Subordinationsrechtliche Vertrag)，係指雙方當事人處於法律關係上不平等地位所締結的行政契約，通常由行政主體（機關）與人民間所締結的契約，大致均屬此種類別。但就行政機關方面而言，有隸屬關係的上下級機關間，雙方法律地位固然不平等，因有指揮監督關係存在，自不必以締結不平等契約的方式來處理彼此間的業務問題，故在此種行政系統內部，並無不對等契約存在的餘地。就行政機關與人民間的此種契約而言，因前者為公權力主體，其對行政業務案件的處理，一方面固然可採用行政處分的方式，但在業務性質許可的範圍內，亦可改採締結契約的方式以取代行政處分；且採用行政契約方式，因有人民意思的配合，則更易為人民所接受[16]。

(3)課予義務契約：亦稱「義務性契約」或「負擔契約」(Der Verpflichtungsvertrag)，此種契約一般均屬雙務契約性質，即依據契約內容，雙方當事人互負義務互享權利。無論雙方當事人是否均為行政主體（機關）；或一方為行政主體，另一方為人民，其互負義務的情形並無不同。惟此種行政契約，亦有僅由一方當事人負擔義務者，如此即形成單務契約。義務性契約的有效成立，固然對當事人的權利義務關係會發生影響，但實際法律效果的產生，尚須有當事人履約行為的作成。至於「義務」的內容，可包含給付、作為、或不作為義務在內[17]。

---

[15] 蔡志方著，行政法三十六講，八十四年版，第二六六頁。董保城著，行政法講義，八十三年版，第一八四頁。

[16] 同前註。

[17] 同前註，董保城書，第一八五頁。林騰鷂著，行政法總論，三民書局，八十八年版，第五六〇頁。

(4)處分性契約：亦稱「處分契約」或「處置契約」(Der Verfügungsvertrag)。按行政處分中常有具有形成性效果的處分作成，對於此種行政業務案件，若改以行政契約方式處理，即締結為具有形成性效果的契約，故稱為處分性契約。此種契約可能因履行契約義務、法定義務或其他原因所生之義務而訂立。此種契約於締結後，即直接產生法律效果，發生權利的變動或權利義務的設定，亦可具有物權處分之性質⑱。

(5)和解契約：所謂「和解契約」亦稱「折衷合同」(Der Vergleichungsvertrag, Compromise Contract)，係指行政機關在處理業務案件時，若就特定具體事件的事實狀態或法律關係仍具有不確定性，須藉調查或訴訟程序始能加以澄清者，則為避免遷延時日或不必要的調查與訴訟程序，可由行政機關與對方當事人互相讓步，達成處理協議，以締結契約方式代替行政處分加以解決，此種契約即為和解契約。行政程序法對和解契約作有明文規定，其第一百三十六條稱「行政機關對於行政處分所依據之事實或法律關係，經依職權調查仍不能確定者，為有效達成行政目的，並解決爭執，得與人民和解，締結行政契約，以代替行政處分」。惟在不對等法律關係方面，採用此種方式須承認和解契約的簽訂非有意使之成為行政機關免除、規避闡明或調查義務的工具，至於對等性和解契約則不受此種限制。又此種契約雖具有行政程序與行政訴訟的意義，但仍與專以終止訴訟為目的的民事訴訟上和解契約有所不同⑲。

(6)雙務契約：亦稱「交換契約」(Der Austauschvertrag)，此種契約與私法上雙務契約相同，為行政契約中最重要的一種類別，係指雙方當事人約定互負對待給付義務的契約，亦即雙方所負義務具有交換性質。此種契約可能屬處分契約或負擔契約性質。為保障人民的權益及防止行政機關假此種契約之名出讓國家公權力，因而對締結雙務契約，設定四項要件加以限制，其要件如下⑳：

①人民所為之給付，其目的應有助於行政機關履行其任務，亦即有助於增進公共利益。

---

⑱ 林錫堯著，行政法要義，八十七年版，第三六三頁。陳敏著，行政法總論，八十七年版，第五〇一頁。

⑲ 蔡志方著，前揭書，第二六六頁。董保城著，前揭書，第一八四頁。

⑳ 林騰鷂著，前揭書，第五六一頁。林錫堯著，前揭書，第三六九—三七一頁。

②人民提供的給付，僅能使用於特定行政目的，亦即限於特定用途。

③雙方當事人提供的對待給付應相當。

④人民與行政機關雙方所提供的對待給付應有實質上的關聯（適用「禁止不當結合」原則）。

惟上列四項要件，係專為不對等雙務契約（隸屬關係雙務契約）所設定，至於對等契約則可不受此等限制。行政程序法制定後，其第一百三十七條對雙務契約的意義及要件限制均有明文規定，該條稱「行政機關與人民締結行政契約，互負給付義務者，應符合下列各款之規定：一、契約中應約定人民給付之特定用途。二、人民之給付有助於行政機關執行其職務。三、人民之給付與行政機關之給付應相當，並具有正當合理之關聯。（第二項）行政處分之作成，行政機關無裁量權時，代替該行政處分之行政契約所約定之人民給付，以依第九十三條第一項規定得為附款者為限。（第三項）第一項契約應載明人民給付之特定用途及僅供該特定用途使用之意旨」。上開條文的規定與前述理論上的說明內容大致相互符合。

㈡行政契約的合法要件：包括形式與實質兩方面的要件，茲分述如下：

⑴形式要件：包含方式與程序要件在內，約有下列三項㉑。

①行政契約的締結應以書面為之，雙方當事人均應簽名。但法令另有其他方式規定者，從其規定（見行政程序法第一百三十九條）。

②行政契約內容如涉及第三人權益時，應經其同意始生效力。此外，處分性契約若依法令該種行政處分應經其他機關核准、同意、或會同辦理者，則行政契約亦應完成此種程序始能生效（見行政程序法第一百四十條）。

③依法令規定契約的相對當事人應以甄選或其他競爭方式決定者，則甄選前應先行公告，決定過程應經聽證程序或給予表示意見之機會（見行政程序法第一百三十八條）。

⑵實質要件：約有下列四項㉒。

㉑ 蔡志方著，前揭書，第二七〇—二七二頁。

①行政契約應準用民法上有關契約之各項規定，若依民法規定應屬無效者，則行政契約亦應認定無效。

②行政機關對契約內容所涉及的事項，就事務性質與地域方面均有管轄權。

③行政機關雖可就依法律規定屬羈束行政之事項締結行政契約，但當事人對契約內容的決定應受法律的拘束，僅能就法律已經確定之內容表示同意，而不能違背法律的強制規定，否則應屬無效。

④行政機關僅在依法律規定享有裁量權時，對行政契約的締結始有運用的空間，就契約內容的決定對當事人權益之實現予以較多的考慮，惟仍應遵循裁量權行使的原則。

㈢行政契約的無效原因：行政契約的締結，若能符合前述兩部分的要件，自屬合法有效。否則，若欠缺合法要件或具有其他方面的無效原因，即不能發生任何效力。關於行政契約無效的原因，雖在前述合法要件部分業已涉及，但為對有關事項提出較完整的說明，特在本項中再分為兩部分逐一列舉如下㉓：

⑴行政契約無效的一般性原因：此即參照民法所規定契約無效的原因加以說明，因行政程序法第一百四十一條第一項規定「行政契約準用民法規定之結果為無效者，無效」。所稱準用民法規定主要係指民法總則部分的相關規定而言，包括下列各種情形在內：

①內容違背公共秩序善良風俗：民法第七十二條規定「法律行為，有背於公共秩序或善良風俗者，無效」。

②不依法定方式：民法第七十三條規定「法律行為不依法定方式者，無效。但法律另有規定者，不在此限」。

③當事人行為能力的瑕疵：民法第七十五條規定「無行為能力人之意思表示，無效。雖非無行為能力人，而其意思表示，係在無意識或精神錯亂中所為者，亦同」。另同法第七十八及七十九條規定的內容，大致均認定限制行為能力人未得法定代理人之允許所訂立之契約，不應具有合法效力。

④當事人意思表示的瑕疵：有關事項涉及民法第八十六、八十七、八十八及九十二條的規定，包括真意保留、

㉒ 同前註，第二六九—二七〇頁。林騰鷂著，前揭書，第五六二頁。

㉓ 林騰鷂著，前揭書，第五六三—五六四頁。蔡志方著，前揭書，第二七二—二七三頁。

單獨虛偽意思表示、通謀虛偽意思表示、錯誤意思表示、被詐欺或被脅迫之意思表示等情事在內，在原則上均應屬無效。

⑤無代理權人之行為：民法第一百七十條第一項規定「無代理權人以代理人之名義所為之法律行為，非經本人承認，對於本人，不生效力」。

⑥以不能之給付為標的：民法第二百四十六條第一項規定「以不能之給付為契約標的者，其契約為無效」。

以上所列六項，均係我國民法所規定構成法律行為或契約無效的情形，此等規定均可在行政契約方面準用。且以上列各項規定與德國行政程序法第五十九條第一項所列舉行政契約的違法原因相比較，二者可謂概略相同。

⑵行政契約無效的特定原因：除前項所列舉準用民法規定認定契約無效的各種情事外，行政契約無效的原因，在行政程序法中另有特別規定，茲分述如下：

①準用民法規定無效：行政程序法第一百四十一條第一項規定「行政契約準用民法規定之結果為無效者，無效」。此條規定實即指具有前項一般性無效原因的各種情事而言。

②實質與形式合法要件欠缺：前條第二項規定「行政契約違反第一百三十五條但書或第一百三十八條之規定者，無效」。按同法第一百三十五條規定「公法上法律關係得以契約設定、變更或消滅之。但依其性質或法規規定不得締約者，不在此限」。實際上違反但書規定即構成實質合法要件的欠缺，自應歸於無效。至於同法第一百三十八條之規定，即「行政契約當事人之一方為人民，依法應以甄選或其他競爭方式決定該當事人時，行政機關應事先公告應具之資格及決定之程序。決定前，並應予參與競爭者表示意見之機會」。違反此條規定即構成形式與程序合法要件的欠缺，亦應歸於無效。

③代替行政處分之行政契約無效原因：行政程序法第一百四十二條規定「代替行政處分之行政契約，有下列各款情形之一者，無效：一、與其內容相同之行政處分為無效者。二、與其內容相同之行政處分，有得撤銷之違法原因，並為締約雙方所明知者。三、締結之和解契約，未符合第一百三十六條之規定者（即不符合和解契約之特別

要件）。四、締結之雙務契約，未符合第一百三十七條之規定者（即不符合雙務契約之特別要件）」。④行政契約之一部無效：行政程序法第一百四十三條規定「行政契約之一部無效者，全部無效。但如可認為欠缺該部分，締約雙方亦將締結契約者，其他部分仍為有效」。

以上四項均為行政程序法上所規定行政契約無效的特別原因，此等原因在性質上大多屬於實質合法要件欠缺的情形。此外，關於行政契約無效的法律效果方面，如前所言，其內容若有瑕疵，在原則上應屬全部無效，以有條件的認可一部有效為例外，而且其間並無「得撤銷」、「可治療」、或「可轉換」的空間；另在認定無效後，對已交付之給付即須返還。

㈣行政契約的履行與消滅：契約必須經由當事人履行，始能達成其簽訂的目的，實現其內容及預期的效果，行政契約亦屬如此，故履行的過程對契約的處理具有極大的重要性。但契約在履行之後（或期限屆滿後），除為長期持續性者外，常歸於消滅，二者可謂相互關聯。茲以履行為主體就有關事項分述如下㉔：

⑴行政契約履行的時間：履行契約的時間，可依雙方當事人間的約定，通常係自契約生效之日起開始履行，至契約內容全部實現時終止履行；如有法定期間者，則自期間到來時開始履行，至期間屆滿時終止。

⑵行政契約履行的指導與協助：行政程序法第一百四十四條規定「行政契約當事人之一方為人民者，行政機關得就相對人契約之履行，依書面約定之方式，為必要之指導或協助」。此即因行政契約的內容可能屬於各種行政業務的執行，且常涉及公共利益，故行政機關在必要時，應依約定之方式對人民提供指導或協助，俾使契約得以順利履行，達成行政的目的。

⑶契約外公權力行使之損失補償：行政程序法第一百四十五條規定「行政契約當事人之一方為人民者，其締約後，因締約機關所屬公法人之其他機關於契約關係外，行使公權力，致相對人履行契約義務時，顯增費用或受其他

㉔ 羅傳賢著，行政程序法論，五南圖書公司，八十九年版，第二二一－二二七頁。汪宗仁編著，行政程序法論，康德文化出版社，八十八年版，第二三四－二三五頁。行政程序法立法資料彙編，五南圖書公司印行，八十八年版，第二三四－二三六頁。

不可預期之損失者，相對人得向締約機關請求補償其損失。但公權力之行使與契約之履行無直接必要之關聯者，不在此限。（第二項）締約機關應就前項請求，以書面並敘明理由決定之。（第三項）第一項補償之請求，應自相對人知有損失時起一年內為之。（第四項）關於補償之爭議及補償金額，相對人有不服者，得向行政法院提起給付訴訟」。本條規定提供補償的用意，在於對因其他機關公權力的行使致加重相對人履約的負擔時，彌補相對人所受契約關係外的損失，藉以維持雙方公私法益的平衡，有關理論援引自法國行政契約的法理（參閱㉔，行政程序法立法資料彙編，第二三六頁）。

㈤行政契約的調整與終止：行政契約締結後，於履行過程中，若因客觀情事變動或發生不可預期的重大事故，使契約的繼續履行將失去公平性，或造成對公益的危害或相對人一方不合理的損失，則即應考慮對契約內容的調整或將契約終止。茲引述行政程序法的有關規定如下：

⑴行政機關單方調整或終止契約的權利：行政程序法第一百四十六條規定「行政契約當事人之一方為人民者，行政機關為防止或除去對公益之重大危害，得於必要範圍內調整契約內容或終止契約。（第二項）前項之調整或終止，非補償相對人因此所受財產上損失，不得為之。（第三項）第一項之調整或終止及第二項補償之決定，應以書面敘明理由為之。（第四項）相對人對第一項之調整難為履行者，得以書面敘明理由終止契約。（第五項）相對人對第二項補償金額不同意時，得向行政法院提起給付訴訟」。

⑵情事變更後契約之調整或終止：行政程序法第一百四十七條規定「行政契約締結後，因有情事重大變更，非當時所得預料，而依原約定顯失公平者，當事人之一方得請求他方適當調整契約內容。如不能調整得終止契約。（第二項）前項情形，行政契約當事人之一方為人民時，行政機關為維護公益，得於補償相對人之損失後，命其繼續履行原約定之義務。（第三項）第一項之請求調整或終止與第二項補償之決定，應以書面敘明理由為之。（第四項）相對人對第二項補償不同意時，得向行政法院提起給付訴訟」。

由上述兩條內容觀察，可知行政程序法有關行政契約調整與終止的規定，對雙方當事人的保障已趨於平等，藉以維持公益與私益的平衡；另就補償爭議的解決，則直接採行政訴訟途徑。

㈥行政契約爭議的解決途徑：在行政契約履行的過程中，若因契約內容的瑕疵或因履行事宜引發雙方當事人間的爭議時，自須設有解決途徑以資救濟。如前所言，在傳統理論方面，雖然認為行政契約屬公法關係，其所生爭議在原則上應循行政爭訟途徑解決，但實際上因受行政爭訟法制的限制，此種主張並不具可行性；即使在八十七年行政爭訟法制全面修正後，經由行政爭訟途徑解決行政契約的爭議，仍僅為局部可行。茲就有關事項分述如下㉕：

⑴在訴願制度方面：無論在訴願法修正前或修正後，提起訴願均規定應以「行政處分」為標的，行政契約既非「行政處分」，自不得以之為標的提起訴願。

⑵行政契約的爭議，既不能以訴願解決，則以往在行政機關系統方面對解決有關爭議尚可能採取以下三種方式：

①由訂約機關所屬上級機關依當事人的聲請或法規規定，行使監督職權加以裁決。

②在契約中以特約條款規定設立仲裁機構，對爭議作成裁決。

③利用行政處分的爭訟程序：例如於人民一方不履行義務時，行政機關得以通知、催告或其他方式促使其履行；若有法規依據時，亦可另行作成行政處分，促使相對人履行義務，相對人如有不服，即可針對此一行政處分提起訴願及撤銷訴訟，使爭議獲得解決。反之，人民一方如欲促使行政機關履行義務時，可先向該機關提出申請或催告，如該機關拒絕履行或逾期不予答覆時，人民一方亦可針對其不作為(消極處分)提起行政爭訟以求解決。

上述三種行政系統解決爭議的方式，前兩種適合於平等關係契約採用，後一種則僅適合於隸屬關係契約採用。

⑶以行政訴訟途徑解決行政契約的爭議：如前所言，行政契約爭議既不能以訴願途徑解決，而行政訴訟以往又僅有撤銷之訴，故在行政訴訟法制全面修正前，自亦不能提起行政訴訟；司法機關過去為化解此一癥結，遂採取將行政契約視為私法關係的觀點，以民事訴訟解決行政契約的爭議，此即所謂「遁入私法」的變通辦法。至八十七年

㉕吳庚著，行政法之理論與實用，自刊，八十九年版，第四一七頁。董保城著，前揭書，第一八九頁。林騰鷂著，前揭書，第五八九頁。

行政訴訟法修正後，訴訟種類增加，除撤銷訴訟外，尚設有確認訴訟與一般給付訴訟，有關行政契約的爭議，即可依其性質及內容，循後兩種訴訟程序解決。

(4)適用民事訴訟解決爭議：關於行政契約解除後所生金錢返還請求權的爭議，因其性質屬私法關係，故可循民事訴訟途徑解決。

(七)行政契約的強制執行：與前項所述行政契約爭議的解決途徑相關者，即一方當事人如不履行契約義務時，相對他方得依法請求強制執行的制度，有關事項在行政程序法上作有明確規定，該法第一百四十八條稱「行政契約約定自願接受執行時，債務人不為給付時，債權人得以該契約為強制執行之執行名義。(第二項)前項約定，締約之一方為中央行政機關時，應經主管院、部或同等級機關之認可；締約之一方為地方自治團體之行政機關時，應經該地方自治團體行政首長之認可；契約內容涉及委辦事項者，並應經委辦機關之認可，始生效力。(第三項)第一項強制執行，準用行政訴訟法有關強制執行之規定」。按此條所規定的強制執行程序，係適用於雙方當事人事先有約定的情形；若未經雙方事先作此種約定，則在一方當事人不履行義務時，他方當事人欲實現其契約的權利，即須先依行政訴訟法第八條第一項後段的規定(即因公法上契約發生之給付，符合給付訴訟之要件)，向行政法院提起給付訴訟，以取得執行名義，請求法院為強制執行，此種途徑在程序上自不如前述有約定者為便捷㉖。

第二節　行政協定

第一項　行政協定的意義

行政法關係由多數聯立當事人，各別以平行意思表示的結合所形成者，是為行政協定(Administrative Agreement)。具體言之，行政協定乃是在行政法關係上，因多數當事人為達共同目的，由各別作成相同意思表示的結合，

㉖ 林騰鷂著，前揭書，第五六七頁。

而形成的行政行為。因其係由多數當事人共同作成，故亦稱為行政上的集合行為或公法上的合同行為或共同行為、或公法上之協定。此種行為因有多數當事人，且有意思表示合致的情形，故所生法律效果，與行政機關單方的行政處分有別，而與行政契約相似。惟行政契約係由處於對立地位雙方當事人間意思表示的合致所形成；且雙方意思表示的內容，雖在共同完成一行為，在主觀上則具有互相對應的涵義與目的，故與行政協定係由當事人所作一致意思表示結合而成的情形又有不同。行政協定因包含多數當事人，且對公共利益所具影響較大，並具有準立法之性質，故僅得於法令認許的情形下始得為之。而於其合法成立後，在依正當程序修正前，所有當事人與關係人無論是否直接參與其行為，均應受其拘束，且其效力及於以後之關係人；並不得以參與作成合同行為之各別當事人在意思表示或能力方面的瑕疵，主張無效或撤銷[27]。

學者有謂合同行為與合成行為有別，後者乃是由多數人之意思所構成之單方行為，例如合議制機關之決議、或由兩個以上機關之協議所作成的單一意思表示均是，此等行為均屬合成行為，而非行政協定[28]。另有學者對合同行為提出反對意見，認為合同行為最普遍的實例，乃是議決、選舉及團體設立行為等；但議決僅為國家或公共團體決定其意思之方法，而選舉亦須將結果通知當選人，並得其承諾時，始生法律效果，故二者均僅為意思之決定，並非意思表示，不能視為行政作用。至於團體設立行為，乃是由發起人或加入創立總會者，各個所為之設立行為，此時團體既尚未存在，故非由團體以獨立人格所作意思表示[29]。上述反對理論，雖不無理由，但不足以否定合同行為逐漸增加的事實，由於時代不斷進步，為規範各方面複雜的社會關係，各種行政行為均有其價值與作用，故對行政協定所具之重要性自不容予以忽視。

---

[27] 史尚寬著，行政法論，第二四頁。田中二郎著，行政法總論，第二五三—二五四頁。

[28] 涂懷瑩著，前揭書，第五六九頁。

[29] 林紀東著，行政法原論（下冊），第五一四頁。

第二項　行政協定的類別

行政協定可以參與作成之當事人為標準，區分為三種如下㉚：

㈠行政機關或公共團體相互間的行政協定：此種協定的當事人均為行政主體，彼等為促進共同利益或舉辦相關業務，而成立行政協定。例如鄉鎮間及工會間均得締結行政協定（或稱公約），以辦理共同業務，或成立聯合機構。又如公立學校辦理聯招亦屬同樣性質之措施。

㈡行政機關與人民間的行政協定：政府機關與人民為共同經營特定企業得締結行政協定，設置公營事業機構（官股在百分之五十以上）。此種協定之當事人所具地位及性質不同，故所締結之行政協定，是為行政主體與客體間在公法上的合同行為。

㈢人民互相間的行政協定：人民均為行政客體，其彼此間依據行政法規的規定，為完成公法關係上的共同事項，亦可締結行政協定。其實例如公益社團法人訂立章程的行為及地方自治人員的選舉均是；惟學者有對此兩種情形持反對意見者，有關理論已見前述。

第六章　重點問題

一、試說明行政契約的意義、性質及當事人的種類。

二、國家或公共團體與人民之間可否成立行政契約？試就其有關學說論之。

三、試分析說明行政契約的效力。

㉚王昌華著，前揭書，第二七一頁。

四、行政契約關係的特徵如何？試析言之。
五、試分析說明行政契約的類別。
六、試述行政協定的意義及其與行政契約的區別。
七、行政協定的類別如何？試說明之。

第七章　行政上的強制執行

第一節　行政上強制執行的概念

第一項　行政上強制執行的意義

國家行政權作用，貴在能迅速發揮實效。欲符合此種要求，即須適當利用其公法關係的特徵。具體言之，行政機關代表國家行使行政權，執行行政業務，得直接依法律或本於法律之行政處分，課予人民以法定義務；為貫徹政策目的、維護法律尊嚴、及排除業務上的障礙起見，對於違反行政法上義務或怠於履行義務的當事人客體，得依法採取強制措施，促使當事人履行其義務或直接實現義務的內容。此種強制措施，即為行政上的強制執行 (Administrative Compulsion)，其性質為行政處分的一種❶。行政上的強制執行，亦稱行政執行 (Administrative Execution)，惟行政執行可作廣狹二義的解釋，茲分述之：

㈠廣義的行政執行：係指行政機關本於職權執行法令，實現行政上目的的一般業務活動；在此種行政法關係中，不問行政客體係自動履行其法定義務，或係被動的強制其遵行，均屬行政執行的範圍。行政權的行使，本具有公法上的作用，其客體負有當然服從的義務，無待行政機關採取任何強制措施，人民依常理均應遵照履行，故廣義的行政執行原屬一般行政行為，乃行政上的普遍現象❷。

㈡狹義的行政執行：係指行政機關對不自動履行行政法上之法定義務者，以強制方式使其履行或直接實現與已

---

❶ 范揚著，前揭書，第二七五頁。

❷ 管歐著，中國行政法總論，第四六九頁。

履行有同一狀態的行政行為。本章所述行政上的強制執行，即係指狹義的行政執行而言❸。故其前提必須先有義務存在，始有強制執行的餘地，其義務的發生，約可區分為兩種情形：

⑴直接依據法令規定：在此種場合，無須另以行政處分，課予義務。

⑵依法所作行政處分：在此種場合，即須先以行政處分，課予人民以義務，於其不履行時，採取強制執行措施。

上述兩種義務發生的情形，均包括作為與不作為兩種義務在內。而所採強制執行措施，則包括作為與不作為義務的強制與給付義務的強制，惟在以往二者之法令依據不同，因關於作為與不作為義務的強制在舊行政執行法中即有明文規定，而關於給付義務的強制，則須以特定行政業務法律為依据；至八十七年行政執行法修正後，其內容已增設對金錢給付義務強制的規定。

第二項　行政執行法的基本觀念

行政機關採取強制執行措施，對人民的自由權利直接發生影響，故非有法令依據不得行之。而有關之法令，除各別行政法規另有規定外，主要係以行政執行法為依據。該法係由國民政府於民國二十一年十二月制定公布，至民國三十二年十二月及三十六年十一月兩度修正，嗣後歷經半世紀之久，該法未再修正，致使其內容日益陳舊，與社會客觀環境與行政實務發生嚴重脫節情形，原有立法方面的各種瑕疵亦陸續呈現，幾乎面臨難以適用形同虛設的地步。政府經過長期研討之後，終於在八十七年十一月十一日完成該法的全面修訂工作，將該法原有缺失盡量排除，使該法面目一新，得以恢復其應有的執行功效，維護其作為行政強制執行基本法的首要地位。該法的性質為行政上強制執行措施的一般性法律依據，而與民事方面之「強制執行法」適用的範圍不同。該法既為行政上強制執行之基本法，故對有關行政上強制執行事項，其規定即具有統攝的作用；惟該法內容仍多屬原則性的規定，在實務上需要其他專業行政法律對有關事項作補充規定，以彌補該法內容的不足，且在例外情形該法亦允許其他法律就特定事項

---

❸ 史尚寬著，前揭書，第五〇頁。

作特別規定，並可準用民事強制執行法及刑事訴訟法的相關規定。又該法既為行政上強制執行的基本法，則其施行對行政上強制權力的運用及人民權益的保障均具有重大影響；因之，對於此項重要法律的內涵應予以重視。茲將其基本觀念分述如下❹：

㈠適用行政執行法者，僅限於行政機關，且係由行政系統機關自行依法採取強制執行措施。

㈡行政執行法所定之強制執行方法，包括間接及直接強制執行，二者均屬行政處分性質，可作為訴願及行政訴訟的標的。

㈢行政執行法所定採取強制執行之對象，主要包含一般性作為及不作為義務在內。此外，此種強制措施尚可適用於金錢給付義務與即時強制方面。

關於行政執行法的各項基本觀念已見前述。此外，尚有值得注意者，即該法制定的意義，在於強調「依法行政原則」的重要性。具體言之，行政處分雖具有公法上的各種效力，但行政機關命令權與強制權的行使，仍均須有法律上的依據，我國行政法學者對此多有一致的認定，例如林紀東氏認為：「為保障人民之權利，確保執行之公正起見，行政上之強制執行方法，仍須另有法規上之根據，以免行政機關之濫用強制執行權也」❺。又如管歐氏認為：「強制執行行為之構成，必為新舊兩種義務之先後存在，舊有之行為義務或不行為義務，係依法令或本於法令而發生；新義務則係因強制執行而發生，既係以新義務課予人民，自非有法律之根據不可」❻。且行政法院在判例上亦表示肯定之見解，例如二十二年判字第一號判例稱：「行政機關之處分，除在職權範圍以內，依法律得以自由裁量者外，必須有法規之根據。」另在三十二年判字第二十五號判例中稱：「私有財產，應受國家法律之保護，行政官署無法律上之根據，自不能以強力加以處置」❼。故行政執行法的制定，即在使行政上強制權的行使，符合「法治

❹ 張載宇著，前揭書，第三九四頁。管歐著，前揭書，第四七二頁。

❺ 林紀東著，行政法原論（下冊），第五四八頁。

❻ 管歐著，前揭書，第四七〇－四七一頁。

行政」的要求，而有助於維護人民的權益；戰後西德行政強制執行法與日本行政執行法的制定，亦均具有相同的作用與目的。

第二節　行政執行法的總則規定

行政執行法於八十七年底經全面修正後，內容大幅增加，全文共計四十四條分為五章，較修正前擴充近四倍。茲先就其第一章總則部分的各種一般通則性規定分析說明如後：

㈠適用範圍：行政執行法第一條規定「行政執行，依本法之規定；本法未規定者，適用其他法律之規定」。如前所言，行政執行法既為有關行政上強制執行事項的基本法，因而具有統攝作用，凡屬對有關事項的規範均應以該法為基準，該法未規定者，始得以其他法律的規定補充其不足。但在例外情形，該法亦允許其他法律就特定事項作特別規定，且得準用民事強制執行法及刑事訴訟法的相關規定。至於與行政執行法相關的其他法律為數不少，例如稅捐稽徵法、社會秩序維護法、各種環保、建築、及交通法規等均有涉及行政上強制執行的規定。

㈡行政執行的類別：行政執行法第二條規定「本法所稱行政執行，指公法上金錢給付義務、行為或不行為義務之強制執行及即時強制」。依據此條規定，行政執行措施共分三大類別，即公法上金錢給付義務、行為或不行為義務的強制執行、與即時強制。按修正前舊法所規定的類別，僅係以行為或不行為義務的強制執行一類為主體，將其區分為間接強制與直接強制處分兩種，其中直接強制的規定大部分實屬即時強制性質，而未將即時強制定為行政執行的類別。至於公法上金錢給付義務強制一類，在舊法上亦無明確規定，而是以他種專業行政法律加以規範（例如各種稅法），且在以往依據司法院大法官釋字第十六號解釋稱「強制執行法施行後，強制執行僅得由法院為之。行政官署依法科處之罰鍰，除依法移送法院辦理外，不得逕就抗不繳納者之財產而為強制執行。本院院解字第三三〇八號解釋仍應適用」。嗣後又作成釋字第三十五號解釋宣示相同的意旨稱「對人民財產為強制執行，非有強制執行法第四

❼　城仲模著，行政法之基礎理論，臺北，三民書局，六十九年版，第二〇三頁。

條所列之執行名義，不得為之；行政機關依法科處罰鍰之公文書，如法律定有送由法院強制執行，或得移送法院辦理者，自得認為同法第四條第六款所規定之執行名義，否則不能逕據以為強制執行」❽。因受此等解釋的意旨及各種相關法律的拘束，行政機關嗣後對各種行政法上金錢給付義務（包括罰鍰及規費等）的強制執行事件，均祇能依法移送普通法院辦理，而不能自行採取行政上強制執行措施。至八十七年行政執行法修正後，已明文規定將公法上金錢給付義務的強制執行列為行政執行的一大類別，並將其執行權重新回歸行政機關，實為一項重大改革。

㈢行政執行的原則：行政執行法第三條規定「行政執行，應依公平合理之原則，兼顧公共利益與人民權益之維護，以適當之方法為之，不得逾達成執行目的之必要限度」。此條規定的內容，在於提示行政執行所應遵循的各項法理原則，其中以三項為主體，即公平合理原則、公私利益平衡原則、及比例原則是。此外，若作詳細延伸解釋尚可能涉及其他原則。總之，行政機關在採行有關措施時，對此等法理原則均應慎重考量和遵循，一旦有所違反，即可能構成違法不當問題，引發爭議。

㈣執行機關：行政執行法第四條規定「行政執行，由原處分機關或該管行政機關為之。但公法上金錢給付義務逾期不履行者，移送法務部行政執行署所屬行政執行處執行之。法務部行政執行署及其所屬行政執行處之組織，另以法律定之」。按行政上強制執行措施，原屬行政機關的職權範圍，但個別案件的執行，其執行權應依法令規定及業務管轄權認定，分別歸屬於作成行政處分的機關或業務主管機關；至於對公法上金錢給付義務的強制執行，因涉及人民財產權的保障問題，故應特別慎重；以往依據前述大法官的解釋及各種相關法律規定，多須移送法院辦理，至八十七年行政執行法修正後，依據新的規定，已將公法上金錢給付義務的強制執行權收回行政機關，但為統籌有關業務的辦理，決定在法務部設置專責機關負責執行，並於八十八年二月三日同時制定公布「法務部行政執行署組織條例」及「行政執行處組織通則」，規定行政執行署為公法上金錢給付義務強制執行業務的主管機關，該署得在各直

❽按兩項解釋分別作成於四十二年五月十五日及四十三年六月十四日，對嗣後各種相關法律的規定及行政機關強制執行權的行使均產生重大影響。

轄市及縣市分設行政執行處為有關業務的執行機關，使行政機關在收回此項職權後，能夠有專責機關負責執行，以加強行政執行業務的功效。

㈤行政執行的時間限制：舊法有關行政執行時間的限制，僅規定「有賭博或其他妨害風俗或公安之行為，非侵入不能制止者」的情形下，採取對家宅或其他處所之侵入，「如在日入後日出前時，應告知其居住者。但旅館、酒肆、茶樓、戲園或其他在夜間公眾出入之處所，不在此限」（第十條）。可知舊法對行政執行時間的限制並不嚴格，且係針對家宅或非公眾出入的處所及在特定情況下的侵入所設定。至於行政執行法修正後的規定則與舊法有所不同，其第五條第一項稱「行政執行不得於夜間、星期日或其他休息日為之。但執行機關認為情況急迫或徵得義務人同意者，不在此限。日間已開始執行者，得繼續至夜間」。就此項條文而言，顯見修正後新法的規定較舊法為明確，其對時間限制亦較為嚴格，且較尊重義務人的權益，但所作例外的規定亦可謂相當合理。

㈥執行人員與義務人的識別：因行政執行係由執行人員行使強制性的公權力，其作用直接影響義務人的權益；為避免有人冒充公務人員或執行人員不法行使職權或誤認執行客體起見，故有要求執行人員及義務人提示身分證明的必要。對於有關事項在修正後該法第五條第二項有明文規定稱「執行人員於執行時，應對義務人出示足以證明身分之文件；必要時得命義務人或利害關係人提出國民身分證或其他文件」。此項規定為舊法所無，但有實際需要。

㈦請求其他機關協助：政府機關間，無論是否屬於同一系統或有無隸屬關係，凡彼此職務有關聯者，均應在業務上互相協助支援，藉以發揮團隊合作精神；行政機關間既屬同一系統，則更應如此。故行政程序法第十九條對此有明文規定稱「行政機關為發揮共同一體之行政機能，應於其權限範圍內互相協助。行政機關執行職務時，有下列情形之一者，得向無隸屬關係之其他機關請求協助：……」。行政執行屬行政權作用，行政執行法亦具有程序法的性質，則在該法中列有行政協助的規定，自屬必要。該法第六條稱「執行機關遇有下列情形之一者，得於必要時請求其他機關協助之：一、須在管轄區域外執行者。二、無適當之執行人員者。三、執行時有遭遇抗拒之虞者。四、執行目的有難於實現之虞者。五、執行事項涉及其他機關者。（第二項）被請求協助機關非有正當理由，不得拒絕；其不能協助者，應附理由即時通知請求機關。（第三項）被請求協助機關因協助執行所支出之費用，由請求機關負擔之」。本條所規定得請求協助的情形，頗能符合行政執行的業務性質與客觀需要；而對被請求機關可謂是課予應提供協助的義務，使其不得任意拒絕；至於有關費用負擔的規定，亦甚合理。

㈧執行期間的限制：行政執行法第七條規定「行政執行，自處分、裁定確定之日或其他依法令負有義務經通知限期履行文書所定期間屆滿之日起，五年內未經執行者，不再執行；其於五年期間屆滿前已開始執行者，仍得繼續執行。但自五年期間屆滿之日起已逾五年尚未執行終結者，不得再執行。前項規定，法律有特別規定者，不適用之」。本條規定的內容包括行政執行開始的時間及執行的期間限制在內，其立法用意在避免使行政執行客體當事人所負義務陷於長期不確定的狀態，並促使執行機關就所管轄的案件早日執行終結；而有關五年執行期限的規定，在性質上屬於請求權行使消滅時效的規定，並非除斥期間，此種規定在行政程序法制定後，在該法第一百三十一條已有統一規定❾。

㈨行政執行的終止：行政執行措施在應予終止的各種情形下，即應終止，以免繼續浪費行政資源，並使有關法律關係歸於確定。行政執行法第八條對終止執行作有明確規定，該條稱「行政執行有下列情形之一者，執行機關應依職權或因義務人、利害關係人之申請終止執行：一、義務已全部履行或執行完畢者。二、行政處分或裁定經撤銷或變更確定者。三、義務之履行經證明為不可能者。（第二項）行政處分或裁定經部分撤銷或變更確定者，執行機關應就原處分或裁定經撤銷或變更部分終止執行」。上開各種終止執行的事由，均顯示繼續執行已無必要或不可能，故在此等情形下終止執行自屬合理。

㈩對執行行為聲明異議：行政執行法第九條規定「義務人或利害關係人對執行命令、執行方法、應遵守之程序或其他侵害利益之情事，得於執行程序終結前，向執行機關聲明異議。（第二項）前項聲明異議，執行機關認其有理由者，應即停止執行，並撤銷或更正已為之執行行為；認其無理由者，應於十日內加具意見，送直接上級主管機關

❾ 吳庚著，行政法之理論與實用，自刊，八十九年版，第四六八頁。

於三十日內決定之。(第三項)行政執行除法律另有規定外,不因聲明異議而停止執行。但執行機關因必要情形,得依職權或申請停止之」。本條規定屬廣義行政救濟的範圍,因行政執行措施應講求效率,以能迅速終結為原則,故在執行過程中,義務人或利害關係人如有不同意見,則為保障其權益,理應給予聲明異議的機會。但聲明異議通常被視為訴願或行政訴訟的先行程序,且對於行政執行措施依據學術界的意見有認為屬程序性事實行為者,但亦有認為可構成行政處分者,如此則若當事人對之不服,即不應剝奪其進一步提起訴願或法律救濟的權利。不過,學術界對本條規定所引發的問題,意見似不一致❿。

㈩請求國家賠償:行政執行法第十條規定「行政執行,有國家賠償法所定國家應負賠償責任之情事者,受損害人得依該法請求損害賠償」。本條規定涉及國家賠償法在行政執行方面的適用,因行政執行既屬行政權作用的公權力行使,則一旦發生國家應負賠償責任的法定情事,自應允許受損害人提出損害賠償的請求始為合法合理。

第三節 公法上金錢給付義務的強制執行

㈠公法上金錢給付義務強制執行的意義與要件:行政執行法第十一條規定「義務人依法令或本於法令之行政處分或法院之裁定,負有公法上金錢給付義務,有下列情形之一,逾期不履行,經主管機關移送者,由行政執行處就義務人之財產執行之:一、其處分文書或裁定書定有履行期間或有法定履行期間者。二、其處分文書或裁定書未定履行期間,經以書面限期催告履行者。三、依法令負有義務,經以書面通知限期履行者。(第二項)法院依法律規定就公法上金錢給付義務為假扣押、假處分之裁定經主管機關移送者,亦同」。根據本條規定已可瞭解公法上金錢給付義務強制執行的意義,並可進一步分析說明其所具三項要件如下:

⑴須義務依法令或本於法令之行政處分或法院之裁定負有公法上金錢給付義務(例如應繳納稅款、罰鍰或規費等項)。

---

❿ 林騰鷂著,前揭書,第五四〇頁。

⑵須有逾期不履行情形（所謂逾期，係指履行期間載於公文書、或有法定期間、或經限期催告、或經通知限期履行均包括在內）。

⑶須經主管機關移送由行政執行處執行之。

如前所言，此種就公法上金錢給付義務的強制執行措施，在修正前的舊法上並無明確規定，且在實務上基於保障人民財產權的考量，多採依法移送法院處理的方式，而非由行政機關自行執行，行政院為使此種處理方式制度化，曾於四十三年十月二日頒布一項「財務案件處理辦法」作統一規定（嗣後於四十九年修正兩次，六十一年修正一次），適用該辦法處理的案件包括「依財務法規送由法院裁定科以罰鍰或為沒入處分之案件」以及「送由法院限令繳納稅款並加徵滯納金之案件」均包括在內，此等案件由各地方法院專設財務法庭處理（見該辦法第二及九條）。至八十七年行政執行法修正後，既將有關事權收回行政機關處理，自須在修正後的新法中，對有關事項作詳細具體的規定（見該法第二章第十一至二十六條）。

㈡執行事件的基本規定：行政執行法第十二條規定「公法上金錢給付義務之執行事件，由行政執行處之行政執行官、執行書記官督同執行員辦理之，不受非法或不當之干涉」。此項條文主要在規定有關事件的執行機關與人員，及對此種強制公權力職權行使的保障，藉以貫徹其公權力的行使，達成預期的功效。

㈢執行事件的程序與文件：對於公法上金錢給付義務的強制執行，基於法治行政原則，自應遵循法定程序，有關事項主要應注意兩項規定：

⑴關於案件的移送：行政執行法第十三條規定「移送機關於移送行政執行處執行時，應檢附下列文件：一、移送書。二、處分書、裁定書或義務人依法令負有義務之證明文件。三、義務人之財產目錄。但移送機關不知悉義務人之財產者，免予檢附。四、義務人經限期履行而逾期仍不履行之證明文件。五、其他相關文件。（第二項）前項第一款移送書應載明義務人姓名、年齡、性別、職業、住居所，如係法人或其他設有管理人或代表人之團體，其名稱、事務所或營業所，及管理人或代表人之姓名、性別、年齡、職業、住居所；義務發生之原因及日期；應繳納金額」。

(2)對義務人的通知事項：行政執行法第十四條規定「行政執行處為辦理執行事件，得通知義務人到場或自動清繳應納金額，報告其財產狀況或為其他必要之陳述」。

(四)執行機關的職權：依據前述行政執行法第十一條的規定，執行機關的職權主要即為「就義務人之財產執行之」，但與此項職權相關者，尚有其他在強制執行過程中的權限，茲分別列舉如下：

(1)對義務人遺產強制執行：行政執行法第十五條規定「義務人死亡遺有財產者，行政執行處得逕對其遺產強制執行」。

(2)查封義務人財產：對義務人財產為強制執行時，均可能有先行查封的必要，行政執行法對有關事項雖乏完整的規定，但既得準用民事的強制執行法，自應認為執行機關有此權力⑪。且行政執行法第十六條對再查封設有限制，該條稱「執行人員於查封前，發現義務人之財產業經其他機關查封者，不得再行查封。行政執行處已查封之財產，其他機關不得再行查封」。按此項規定亦可證明行政執行處擁有查封義務人財產的權力。

(3)命義務人提供擔保、限制其住居及拘提管收：行政執行法第十七條規定「義務人有下列情形之一者，得命其提供相當擔保，限期履行，並得限制其住居：一、顯有履行義務之可能，故不履行者。二、顯有逃匿之虞。三、就應供強制執行之財產有隱匿或處分之情事者。四、於調查執行標的物時，對於執行人員拒絕陳述者。五、經命其報告財產狀況，不為報告或為虛偽之報告者。六、經合法通知，無正當理由而不到場者。(第二項)義務人逾前項限期仍不履行，亦不提供擔保者，行政執行處得聲請該管法院裁定拘提管收之」。按關於拘提管收，除依行政執行法的規定辦理外，另準用強制執行法、管收條例、及刑事訴訟法的有關規定。因拘提管收涉及人身自由的限制，故非有法定情事不得採行，而管收期限以三個月為原則，且義務人等若有法定情形者即不得管收；另管收後若法定管收原因消失或已無管收必要時，即應釋放被管收人。此外，行政執行處尚應就管收情形向裁定法院提出報告(見行政執行法第十九至二十四條)。上述有關拘提管收的規定，亦可適用於義務人之法定代理人、商號之經理人或清算人及合夥

---

⑪ 強制執行法對動產及不動產的查封均有規定，見該法第四十五及七十五條。

人、團體之代表人或管理人、公司或法人之負責人、義務人之繼承人等。

⑷逕就擔保人財產執行：行政執行法第十八條規定「擔保人於擔保書狀載明義務人逃亡或不履行義務由其負清償責任者，行政執行處於義務人逾前條第一項之限期仍不履行時，得逕就擔保人之財產執行之」。

⑸徵收必要費用：行政執行法第二十五條規定「有關本章之執行，不徵收執行費。但因強制執行所支出之必要費用，由義務人負擔之」。

以上各項均屬行政執行法第二章「公法上金錢給付義務之強制」規定的內容，全章共計十六條，為修正後該法中條文最多的部分，涉及各種相關事項的範圍亦頗廣泛，可見有關執行業務甚為繁瑣，而且業務案件數量頗大，影響人民財產權亦甚鉅，故須作如此詳細的規範。

第四節　行為或不行為義務的強制執行

所謂「行為或不行為義務」，係指積極或消極義務而言，亦稱作為或不作為義務。此兩種義務雖均為涉及義務人的行為（含消極行為），但因二者性質不同，故所採強制執行方法亦未盡一致。而在基本上有間接強制與直接強制兩類處分，分別適用於不同情形。在行政執行法於八十七年修正前，舊法的內容即以行為或不行為義務的強制為主體，修法後此一部分與前述公法上金錢給付義務的強制部分同為該法的重要部分，但二者的執行方法、程序、及機關多有不同。行政執行法對行為或不行為義務的強制亦列有專章（第三章），全章共計九條（第二十七至三十五條），惟規定內容與舊法頗多不同，亦可謂新法規定主要在矯正舊法的各種缺失，茲就本章各項規定詳述如下：

㈠行為或不行為義務強制的意義與要件：行政執行法第二十七條規定「依法令或本於法令之行政處分，負有行為或不行為義務，經於處分書或另以書面限定相當期間履行，逾期仍不履行者，由執行機關依間接強制或直接強制方法執行之。（第一項）前項文書，應載明不依限履行時將予強制執行之意旨」。本條第一項規定，已對行為或不行為義務強制的意義提供明確的解說，根據其規定內容可將行為或不行為義務強制的共同要件分析如下：

⑴須有依法令或本於法令之行政處分，負有行為或不行為義務。按義務的存在為強制執行的前提要件。

⑵須經於處分書或另以書面限定相當期間履行，而逾期仍不履行。按行為或不行為義務其不履行情形並不相同，行為義務的不履行係指義務人未能以積極作為實現義務的內容；而不行為義務的不履行，因此種義務即不作為義務，屬消極性質，故其不履行係指違反禁止的規定而言。

⑶須由執行機關依間接強制或直接強制方法執行之。按所謂執行機關係指行政執行法第四條所規定的「原處分機關或該管行政機關」而言，並非行政執行處；此等機關為一般行政業務機關，就該管業務範圍負責處理行為或不行為義務強制執行案件；所採執行方法包括間接強制與直接強制在內，此等執行方法與公法上金錢給付義務強制及即時強制所採執行措施均有所不同。

㈡間接強制方法：行政執行法第二十八條第一項規定「前條所稱之間接強制方法如下：一、代履行。二、怠金」。所謂間接強制係指並非由執行機關直接以行政實力加諸於標的物藉以實現義務內容的方法，而是由執行機關委託第三人或指定人員代替義務人履行義務或係對義務人施加壓力促其自行履行義務的方法而言，此種涵義解釋大致可將代履行與怠金兩種方法均包含在內。為進一步瞭解間接強制措施的實際情形，茲再就代履行與怠金的有關規定分析如下：

⑴代履行：在行政執行法八十七年修正前，舊法中對此種措施即有規定，但所採名稱為「代執行」（見舊法第二條），惟「代執行」一詞與此種措施的原意不相符合，因依字意解釋即「代為執行」，係指代替行政機關行使職權，而非代替義務人履行義務，故應改為「代履行」始能切實際。有關「代履行」的規定見於行政執行法第二十九條，該條稱「依法令或本於法令之行政處分，負有行為義務而不為，其行為能由他人代為履行者，執行機關得委託第三人或指定人員代履行之。（第二項）前項代履行之費用，由執行機關估計其數額，命義務人繳納；其繳納數額與實支不一致時，退還其餘額或追繳其差額」。由本條規定可對代履行的要件分析如下：

①須義務人依法令或本於法令之行政處分負有行為義務。

②須義務人對所負行為義務有不履行情形。

③須義務人所負行為義務有由他人代為履行的可行性。

符合上列三項要件，始得由執行機關委託第三人或指定人員代為履行其義務；可知既稱「代履行」，自非由義務人本人履行。執行機關對代履行的費用應命義務人繳納；惟依據前述該法第二十九條第二項規定，所應繳納的數額經估計係以「實支」為準，故僅係以代履行所需費用為限。惟針對此種規定，在修法前學者即曾提出批評，認為類此的規定乃為行政執行法原有的缺失，即「向義務人徵收代為執行（履行）的費用，乃係補償性質，並無強制和懲處的作用，反使義務人坐享代為執行的便利，有鼓勵『負有行為義務而不為』的流弊」⓬。可見修正後的新法對費用徵收的規定雖較舊法更為具體，但仍未能矯正舊法在此方面所具的缺失。

⑵怠金：所謂「怠金」在舊法上原稱「罰鍰」（見舊法第二條），惟「罰鍰」的涵義原係指行政罰中的一種罰則，屬制裁性金錢罰的性質；而行政執行法所規定的「罰鍰」乃將其作為間接強制的手段，具有對違反非代替性行為義務或不行為義務的義務人課以金錢的負擔，迫使其自行履行義務的作用；因此，並非以制裁為目的的一般罰鍰，故應更改其名稱為「怠金」較為適宜⓭。行政執行法第三十及三十一兩條對怠金有明確規定，第三十條稱「依法令或本於法令之行政處分，負有行為義務而不為，其行為不能由他人代為履行者，依其情節輕重處新臺幣五千元以上三十萬元以下怠金。（第一項）依法令或本於法令之行政處分，負有不行為義務而為之者，亦同」。第三十一條規定「經依前條規定處以怠金，仍不履行其義務者，執行機關得連續處以怠金。（第一項）依前項規定，連續處以怠金前，仍應依第二十七條之規定以書面限期履行。但法律另有特別規定者，不在此限」。依據上開兩項條文規定加以分析，對於處以怠金的要件約可提出下列三點說明：

①須義務人負有不可代替的行為義務或不行為義務。因此兩種義務不適合採用代履行措施，而怠金的性質則

⓬ 管歐著，行政法論文選輯，第四六九頁。

⓭ 同前註，第四七一頁。

適合於對違反此兩種義務的情形採行。

②須有逾期不履行義務情形。有關履行義務的期限，在前引該法第二十七條中已有規定。

③須由執行機關依情節輕重處以怠金。以情節輕重作為科處怠金的客觀標準，可謂相當合理。

除以上三項要件外，對於處以怠金的情形，尚須再作兩點補充解說如下：

①依修正前舊法的規定，科處「罰鍰」係以主管機關地位的高低為標準，而與違反義務的情節輕重無關，如此規定甚不合理；而修正後新法為矯正此種缺失，對於怠金的科處乃改以違反義務的情節輕重為標準，且對科處數額規定以新臺幣為單位並設定上下限，凡此均可謂合理進步的規定，足以彌補舊法與社會現實脫節的流弊。

②因怠金係用以促使義務人履行義務的手段，而非制裁性的罰則，不適用「一事不再理」原則，故怠金的科處不以一次為限，而可連續科處，藉以加強其功效。

上述內容已就間接強制的兩種方法分別加以說明。此外，尚有一事須提出解釋者，即舊法有關間接強制的程序，曾規定在採行間接強制前，「非以書面限定期間預為告戒，不得行之」（見舊法第二條第二項）。新法雖無預為告戒的規定，但新法第二十七條中段既已有「經於處分書或另以書面限定相當期間履行」的規定，則此種規定和「預為告戒」所具作用似無差別；且在民智日開的情形下，「預為告戒」的步驟已無保留的必要。

㈢直接強制方法：行政執行法修正前舊法有關直接強制的規定，在性質上多屬「即時強制」措施（見舊法第六條）；因此，在該法修正時，自須對直接強制方法重新加以規定。按在理論上直接強制與即時強制應有所區別，二者不同之點即直接強制係指為直接達成執行目的或實現與履行義務同一狀態的各種合理的必要手段；而即時強制則係因發生緊急危難事件，為避免人身傷害、生命危險、財產損害或對公共安全秩序的不良影響，所採取的對人之管束、物之扣留、及家宅或處所之侵入等措施；二者的區別，在於即時強制事前並無義務人存在（亦即客體當事人並未負擔特定義務），因而亦無逾期不履行義務的情形，且其主管機關通常即為警察機關（故亦稱警察即時強制）[14]。

---

[14] 涂懷瑩著，行政法專題研究，五南圖書公司，八十七年版，第一八八頁。

新法為矯正舊法將即時強制誤認為直接強制的缺失，遂針對直接強制的本質並參照實務上所經常採行的有關措施，乃在新法第二十八條第二項對直接強制措施重新作成列舉式的規定，即「前條所稱之直接強制方法如下：一、扣留、收取交付、解除占有、處置、使用或限制使用動產、不動產。二、進入、封閉、拆除住宅、建築物或其他處所。三、收繳、註銷證照。四、斷絕營業所必須之自來水、電力或其他能源。五、其他以實力直接實現與履行義務同一內容狀態之方法」。另在該法第三十二條就間接強制與直接強制方法適用的情況或順序作明確規定稱「經間接強制不能達成執行目的，或因情況急迫，如不及時執行，顯難達成執行目的時，執行機關得依直接強制方法執行之」。由此條規定亦可瞭解間接強制與直接強制之間，實具有替代性的關聯。

(四)物之交付義務的強制：行政執行法第三十三條規定「關於物之交付義務之強制執行，依本章之規定」。因關於物之交付義務在行政執行法中並無專章加以規定，而此種義務的強制，在性質上與行為義務的強制具有共通性，故可適用有關規定加以規範。

(五)逾期未繳代履行費用或怠金的處置：行政執行法第三十四條規定「代履行費用或怠金，逾期未繳納者，移送行政執行處依第二章之規定執行之」。因代履行費用或怠金的繳納，在性質上均屬公法上金鈔給付義務，其逾期不繳納時，自應適用前述關於公法上金錢給付義務強制的規定加以處理。

第五節　即時強制

(一)即時強制的意義與要件：行政執行法第三十六條第一項規定「行政機關為阻止犯罪、危害之發生或避免急迫危險，而有即時處置之必要時，得為即時強制」。按此項條文本身對即時強制的意義已有具體明確的解說，可知即時強制措施係針對當前緊急的危險事故所採必要的防制或挽救措施，故其要件與前述間接及直接強制均有所不同，約可分析為兩點說明如下：

(1)須有當前緊急危險事故發生：包括犯罪、危害或急迫危險等情事在內，而此等事故的發生，應屬突發事件，並非以當事人對所負特定義務的違反為前提。

⑵須有即時處置的必要：其法理依據乃在賦予行政機關當機立斷緊急處置的權限，有認為係來自警察急狀權者，亦有認為可比照民法及刑法上正當防衛與緊急避難的權利者。總之，行政機關在面臨此等緊急情事時，為維護社會公益、保障人民個人權益，自應即時適當行使公權力，發揮阻止犯罪排除危害的功效，可以視為其應有的職責和權限⑮。

㈡即時強制的方法及其限制：行政執行法第三十六條第二項規定「即時強制方法如下：一、對於人之管束。二、對於物之扣留、使用、處置或限制其使用。三、對於住宅、建築物或其他處所之進入。四、其他依法定職權所為之必要處置」。本條所列舉的即時強制方法的四種類別與行政執行法修正前所規定的直接強制措施大致相同。至於每一種方法的採行，因其作用涉及對人身自由及財產權益的不利影響，故雖屬合法的行政行為仍須設定各種限制，俾對客體當事人的權益提供必要的保障。其各種限制情形如下：

⑴對人管束的限制：行政執行法第三十七條規定「對於人之管束，以合於下列情形之一者為限：一、瘋狂或酗酒泥醉，非管束不能救護其生命、身體之危險，及預防他人生命、身體之危險者。二、意圖自殺，非管束不能救護其生命者。三、暴行或鬥毆，非管束不能預防其傷害者。四、其他認為必須救護或有害公共安全之虞，非管束不能救護或不能預防危害者。（第二項）前項管束，不得逾二十四小時」。由本條規定可知對人管束措施的採行，均係在迫不得已別無選擇的情況下為之；又因管束涉及對人身自由的限制，故須參照人身保護狀制度（亦即依據提審法第七條有關逮捕拘禁限於二十四小時內解交法院的規定），規定其最長的管束時間，以求符合保障人身自由的意旨。

⑵對危險物的扣留及處置：行政執行法第三十八條規定「軍器、凶器及其他危險物，為預防危害之必要，得扣留之。扣留之物，除依法應沒收、沒入、毀棄或應變價發還者外，其扣留期間不得逾三十日。但扣留之原因未消失時，得延長之，延長期間不得逾兩個月。（第二項）扣留之物無繼續扣留必要者，應即發還；於一年內無人領取或無

⑮ 林錫堯著，前揭書，第三三二頁。

法發還者，其所有權歸屬國庫；其應變價發還者，亦同」。本條所規定得扣留的物品以各種危險物為限，且須為預防危害的必要始得予以扣留，並有扣留期間的限制，以免使人民財產權受到不必要的損失。至於與本法規定有關的其他法律，應係指涉及違禁品管制的法律而言，例如槍砲彈藥刀械管制條例及社會秩序維護法等均是。

⑶得使用、處置或限制使用動產及不動產的情形：行政執行法第三十九條規定「遇有天災、事變或交通上、衛生上或公共安全上有危害情形，非使用或處置其土地、住宅、建築物、物品或限制其使用，不能達防護之目的時，得使用、處置或將限制其使用」。本條規定係限定在遇有各種偶發的危機事件足以對公共利益或私人權益造成危害的情形，為達防護之目的，授權行政機關得以公權力使用或處置人民的財產，或限制其使用；設定此等限制條件，在於防止強制權力的濫用，以保障人民的財產權。

⑷對進入各種建物處所的限制：行政執行法第四十條規定「對於住宅、建築物、或其他處所之進入，以人民生命、身體、財產有迫切之危害，非進入不能救護者為限」。本條規定在限定執行人員對人民各種私有建築物或其他處所的進入，須基於人民生命、身體、財產發生迫切的危害，非進入不能救護的情況下，始得進入；且在採取進入行為時，仍應受第三條有關行政執行原則的限制，不得有逾越達成執行目的的過當行為，以求符合保障人民居住自由及財產權的意旨。

㈢即時強制的損失補償：行政執行法對各種強制執行措施雖均有一般性指導原則的規定，但執行人員所採即時強制措施通常係在緊急情況下行使公權力，缺乏充分的時間考量行為的適當性與合理性，故難以保證絕無過當或違誤情事發生；若一旦確有人民因此遭受不必要的損失，自應賦予請求補償的權利。基於此種認識與客觀需要，行政執行法遂增設有關損失補償的規定，其第四十一條稱「人民因執行機關依法實施即時強制，致其生命、身體或財產遭受特別損失時，得請求補償。但因可歸責於該人民之事由者，不在此限。（第一項）前項損失補償，應以金錢為之，並以補償實際所受之特別損失為限。（第二項）對於執行機關所為損失補償之決定不服者，得依法提起訴願及行政訴訟。（第四項）損失補償應於知有損失後，二年內向執行機關請求之。但自損失發生後，經過五年者，不得為之」。

本條規定大致十分允當，尤以對補償決定不服的當事人提供行政爭訟的機會，有助於加強對人民權益的保障。

以上各部分內容，已就八十七年修正後的行政執行法提供扼要的介紹與評述，該法修正後雖未能將原有各方面的缺失全部予以矯正，但大體上可謂較前大有進步，將可使行政上強制執行制度的功效顯著加強，故此次該法的修正，實已構成國內行政法制現代化的一個重要環節。最後，尚有須作補充說明者，即有關該法修正後的適用規定，該法第四十二條稱「法律有公法上金錢給付義務移送法院強制執行之規定者，自本法修正條文施行之日起，不適用之。（第二項）本法修正施行前之行政執行事件，未經執行或尚未執行終結者，自本法修正條文施行之日起，依本法之規定執行之；其為公法上金錢給付義務移送法院強制執行之事件，移送該管行政執行處執行之。（第三項）前項關於第七條規定之執行期間，自本法修正施行日起算」。本條內容係就修正後新法如何銜接舊法適用的情形所作規定，具備此種規定足以消弭新舊法銜接適用所可能發生的疑問與爭議，使新法得以順利施行，而本條所作規定無疑均係以「程序從新」原則為依據。

第七章 重點問題

一、行政執行的意義如何？試就其廣狹二義說明之。

二、試分析說明行政執行法的基本觀念。

三、何謂行政上之強制執行？與行政法上之即時強制，有何區別？（42高）

四、何謂代履行？其要件為何？其程序為何？（43高檢、59普、60特、61特、62特）

五、何謂怠金？其科處之要件為何？其程序又如何？（47退特）

六、代履行與怠金具有何種共同要件？二者之區別如何？

七、試分析說明直接強制執行的意義及一般要件（或限制）。

八、直接強制與間接強制有何不同？試比較言之。

九、直接強制執行的種類如何？試分述之。

十、試述即時強制的意義及其與直接強制在理論上的不同之點。

第八章　行政罰

第一節　行政罰的概念

第一項　行政罰的意義

行政法關係乃屬公法關係，行政機關在此種關係上代表國家行使行政權，其所作行政行為具有拘束力與執行力。為貫徹法令的執行，實現行政上的目的，行政機關得以行政主體的地位，對行政客體行使制裁權。就行政客體方面而言，無論其為一般人民或特別權力關係的相對當事人，在行政法關係上均負有守法及服從命令的義務，若違反義務，則即應受到制裁。由此可知，行政制裁乃為行政法關係的一部分，國家（以行政機關為代表）在此種關係方面擁有制裁權，不僅可對違反義務的行政客體，採取強制措施，並得就其違法行為予以各種處罰。此等在行政法上所規定的處罰，均為行政罰❶。簡言之，所謂行政罰，係指行政機關（或國家）對違反行政法義務者所採制裁措施，故亦可概括稱為「行政制裁」。有廣狹二義：

㈠廣義的行政罰：凡由行政機關對違反行政法義務者所科之處罰，均為行政罰，包括行政法上特別權利義務關係之懲戒罰，及屬於強制執行範圍之執行罰在內❷。

㈡狹義的行政罰：僅指國家基於行政法上一般權利義務關係（統治關係）對違反義務者所作之處罰，如警察罰、財政罰、軍政罰等是；而前述懲戒罰及執行罰，則不包括在內。而一般所稱之「行政罰」，即指此種狹義範圍之行政罰。

❶ 黃守高著，現代行政罰之比較研究，臺北，中國學術著作獎助委員會，五十九年版，第八頁。

❷ 張載宇著，前揭書，第四〇七頁。

罰而言❸。

第二項　行政罰的種類

就狹義的行政罰而言，依分類標準之不同，可區分為兩類：

㈠以制裁性質為標準：可分為行政刑罰與秩序罰❹。

⑴行政刑罰：對於違反行政法義務者，採取刑法上所定刑名之制裁，謂之行政刑罰。此種制裁方法，大致係以直接侵害社會法益之行為為對象。其作用為國家刑罰權之行使，且適用刑法之法理原則。其刑罰包含刑法上之各種主刑與從刑。

⑵秩序罰：對違反行政法義務者，採取刑罰以外行政法規所定之制裁方法者，謂之秩序罰。秩序罰適用之對象，大致僅屬單純義務的懈怠，或間接影響社會秩序之行為。

㈡以行政權作用性質為標準：可分為下列四種❺：

⑴警察罰：係對各種違反社會秩序行為依社會秩序維護法所作處罰。

⑵財政罰：係對違反財政上義務者依各種財稅法規所作處罰（亦稱財稅罰）。

⑶軍政罰：係對違反軍政上義務者（如兵役、及軍事徵用法上之義務），依各種軍政法規所作之處罰。

⑷保育行政罰：係對違反各種保育行政上義務者，依經濟、交通、衛生、及教育法規所作處罰。故可分別稱為「經濟罰」（統制罰）、「交通罰」、「衛生罰」、及「教育罰」等。

以上兩種分類，主要係從理論的觀點區分，若就現行各種法令中所實際採行的行政制裁措施方面分析，則行政

❸ 范揚著，前揭書，第二八三頁。

❹ 史尚寬著，前揭書，第五四頁。藤木英雄著，行政刑法，東京，學陽書房，昭和五十四年，第三、四、九頁。

❺ 張載宇著，前揭書，第四一〇頁。涂懷瑩著，法學緒論，第二〇五—二〇六頁。

處罰的範圍更廣，總計包括九類一六二種之多，茲分述如下❻：

㈠金錢罰：

⑴罰金、罰鍰、罰款。

⑵加徵滯納金、追繳滯納金、加徵滯報費、加徵怠報金、加徵短估金、加收違約金、繳納違約金、加徵荒地稅、加徵空地稅。

⑶責令補償、責令賠償、賠償。

⑷勒令將超收之費用退還用戶。

㈡處置物品之處罰：

⑴沒入、沒收。

⑵沒入銷燬、銷燬、焚毀、報廢。

⑶扣押、扣留、扣留消毒沒入。

⑷飭令封閉、全部封閉、就地封存。

⑸收回物品、徵收改良物、加徵不在地主之土地。

⑹拆除、限期拆除、強制拆除、限期拆遷、勒令拆除。

㈢限制人身自由之處罰：

⑴拘留。

⑵罰役。

⑶拿捕。

㈣撤銷資格、決議、權利及證照等之處罰：

---

❻ 張劍寒等合著，行政制裁制度，臺北，行政院研考會編印，六十八年，第五一八頁。

⑴撤銷資格之處分：撤免理監事、解除職務、註銷會籍、除名、撤銷資格、不承認學籍。

⑵撤銷決議之處分：撤銷決議、撤銷選舉決議、取銷決議、宣告決議案無效、註銷申請案件。

⑶撤銷許可之處分：撤銷領用、撤銷許可、撤銷營業特許、撤銷漁業經營之核准、變更廢止其漁業經營之核准、暫行停止漁業之經營、限制或停止其漁業之經營、撤銷礦業權、撤銷電業權、撤銷專營權、縮減營業區域、撤銷立案、撤銷備案、撤銷登記、註銷登記。

⑷撤銷證照之處分：公告證書執照無效、撤銷許可證營業執照、撤銷有關證照、撤銷證照、撤銷執照、撤銷營業執照、繳銷開業執照、註銷執照、吊銷開業執照、撤銷開業執照、執照作廢、吊銷執照、撤銷許可證、吊銷許可證、撤銷證書、撤銷開業證書、撤銷執業證書、註銷執業證書。

㈤禁止為一定行為之處罰：

禁止出售散布、不得製造販賣輸入輸出或使用、不准銷售或讓與、禁止進口、禁止輸入、禁止發行、禁止飲用、禁演、禁止工作。

㈥停止為一定行為之處罰：

停止工作及使用、停止使用、停工、暫行停止工作、勒令停止工作、勒令停工、不得工作、暫停製造調配加工販賣。

停止供水、暫停供水、停止供電、停止或限制買賣、停止執行簽證、定期停止發行、停止砍伐、局部停止開採、停止搬運。

㈦停權或停業之處罰：

停權、停止職權並予整理令其改選、停止職權、停止權益、勒令停業清理、勒令停止營業、勒令停業、停業、停止營業、暫停營業、停止業務、停止任務、停止執行業務、勒令停止執業、不得營業、限制停止或禁止其執業、停止或禁止一部或全部之業務、歇業處分、停止招生、停職、命其停辦、整理、勒令改組、合併、解散、依法解散、出租或讓與林地之收回、收回承領耕地不還地價。

(八)責令一定作為之處罰：

(1)回復或廢止、恢復原狀、勒令恢復原狀、回復原狀。

(2)改善、限期改善、勸導改善、飭令改善、限期整頓改善、改正、糾正、勒令改正、限期修理、限期改製、修改、修復、改建、刪剪。

(3)改變使用、限期令其變更使用。

(4)道路交通安全講習。

(5)登報公告。

(九)口頭申誡。

申誡、勸告、警告。

以上罰則共計一六二種，可知行政處罰類別極為複雜繁多。此種情形的發生，主要是由於各種專業行政均有其特殊的內容與性質，並各有不同的法令依據，而所適用的罰則，均係按照各種專業行政的內容與性質，所規劃選用的制裁措施。同時，由於我國目前尚無統一的「行政罰法」制定，而各種專業行政法規中，對罰則的規定，不免有重複與分歧之處，今後若能制定「行政罰法」，則將可使行政處罰的類別發生標準化與簡化的作用。

第三項　行政罰的執行機關

行政罰乃是行政權下的制裁作用，故行政罰的執行，原係以行政機關為主體；惟除行政機關外，依據各種行政法規的規定公共團體及法院亦具有執行權力。茲就各種執行機關及得執行之處罰分別言之：

(一)主管行政機關：各種專業行政的主管機關，均擁有行政罰的執行權力，所執行者包括罰鍰、警告、禁止出售及散布、扣押、撤銷資格、撤銷證書、及解散組織等均是❼。

㈡警察機關：執行警察罰或稱社會秩序罰，包括拘留、罰鍰、申誡、沒入、勒令歇業、停止營業等是，其中罰鍰、申誡、及沒入案件可由警察機關裁處，拘留、勒令歇業及停止營業案件，則須由警察機關移送簡易法庭裁定。按前四種為主罰，後三種為從罰。惟警察機關有時尚須協助其他行政機關執行各種行政罰❽。

㈢公共團體：工會、其他工商業團體及專門職業團體對其所屬分子，得採除名、警告、收繳違約金、停業等制裁，由團體決議並經主管機關核准後執行之❾。

㈣法院：普通法院就有關案件判決，對違反法定義務者科處行政法上之徒刑、拘役、罰金、沒收等刑罰。普通法院為處理專業行政案件，得設置專業法庭管轄，如財務法庭管轄財稅案件，交通法庭管轄交通案件均是❿。

第二節 行政罰與執行罰及刑罰的關係

第一項 行政罰與執行罰的異同

㈠相同之點：行政罰與執行罰，均屬在行政法關係上所採對違反義務者之廣義制裁方法，均以行政機關為行使制裁權之主體，以違反行政法上義務者為制裁之客體；就制裁後的救濟方法而言，在原則上均得為提起訴願及行政訴訟的標的。故學者有認為執行罰屬於廣義的行政罰者。

㈡相異之點：就狹義行政罰的觀點而言，二者之區別如下⓫：

---

❼ 管歐著，中國行政法總論，第四八七頁。

❽ 關於社會秩序罰之種類，見社會秩序維護法第十九條之規定。又如營業稅法第五十三條規定關於停止營業之處分，由警察機關協助執行。

❾ 有關規定見工會法施行細則第十一條關於會員除名，及第二十九條關於會員不依法繳納會費之制裁規定。又如醫師法第四十一條有關會員違反章程應由公會決議予以除名之規定。

❿ 廖與人著，中華民國現行司法制度（上），臺北，黎明文化事業公司，七十一年版，第一八九—一九一頁。

(1)依據法規不同：科處執行罰，除法律有特別規定外，主要係以行政執行法為依據；行政罰則係以各種專業行政法規為依據，缺乏統一的規定。

(2)要件不同：科處執行罰，以義務人不履行他人不能代為之作為義務，或違反其不作為義務為其科處要件，其要件乃屬行政執行法上之一般性規定。行政罰則係以各種專業行政法規所定之要件為依據，其所違反之作為義務，不問他人得代為履行與否，以及所違反之不作為義務，必須具備構成要件，始得依法加以處罰，其要件乃屬個別特殊性者。

(3)目的不同：執行罰的採行乃是對違反行政法義務者，以強制其履行義務為目的的一種手段；行政罰則係對違反行政法義務者，加以制裁為目的，不問義務人履行其義務與否，於處罰後，有關此一特定事件的處理即告結束。

(4)程序不同：執行罰除法律有特別規定外，悉依行政執行法所定之間接強制執行程序科處怠金，且須以書面通知期限；科處行政罰，係依各別行政法規的規定，對具備處罰要件者，可逕行處罰，並無預為告戒程序之限制。

(5)罰則不同：依行政執行法之規定，執行罰的罰則，僅有怠金一種，且其法定數額有上下限，其他法令具有較高數額之規定者，其罰則仍僅為怠金一種。行政罰之罰則，因無行政罰法的制定，目前係以各種專業行政法規所定者為依據，其種類無統一規定，且不因執行機關等級之高低而有所不同，如申誡、拘留、罰鍰、罰役、沒入、勒令歇業、停止營業、扣留物品等處分均屬之。

(6)處罰裁量範圍不同：執行罰的科處與否，行政機關得以廣泛的自由裁量權決定之，其情形如下：

①義務人雖有違反義務情事，惟是否應予科處，依自由裁量決定。

②對違反義務，雖已通知科處及期限，若義務內容已因其他原因完成，或因情勢變遷而消滅時，即可不予處罰；因執行罰的目的，乃在強制其義務的履行，若義務履行之標的既已完成或消滅，自無再予處罰的必要。行政罰因其目的即在制裁行政客體的違法行為，故違反義務的情事本身，即已構成其處罰要件，行政機關僅得

⓫ 管歐著，前揭書，第四八二—四八三頁。

就法定的罰則種類或罰鍰的數額內予以裁量，而無權就應否處罰作裁量，其行使裁量權的範圍較小，僅屬羈束裁量性質。

(7)處罰次數不同：執行罰的目的，既僅在強制義務人履行其義務，則於一次科處後，如未實現其目的，自可反覆處罰，至義務履行為止。行政罰因目的僅在對違反義務者予以制裁，一旦處罰後即已達到制裁目的，故適用「一事不再理」原則，不能就同一事件多次處罰，以免重複，有失公允。

第二項　行政罰與執行罰的併科

就行政罰與執行罰的關係而言，主要即關於此兩種不同性質的制裁措施可否併科的問題，在學理上對此有不同的意見，可列為肯定與否定兩種學說，茲分述之⑫：

㈠肯定說：此說認為兩者得予併科，因就一般情形而言，同一行為而違反數種法規時，除另有反對規定外，自可分別加以處罰。例如同一行為同時違反行政法、刑法、及民法，而應分別受行政制裁並負擔民事及刑事責任是，此種情形在實例方面已屢見不鮮。根據此種法理，則行政罰自得與執行罰併科，因二者處罰根據雖不相同，但在性質上並不牴觸，故應可併科，而不能因已採行一種制裁，遂排斥其他不同性質的處罰。且二者併科，乃在發揮不同作用。

㈡否定說：此說認為二者不能併科，其理由如下：

(1)同一行為不得予以雙重處罰，乃是一般制裁措施的基本原則，若各種法規中對違反義務者，已有特別規定的罰則，即應依特別法優於普通法的法理，依各該法規所定罰則加以處罰，不得再依普通法性質的行政執行法，科處執行罰。

(2)各種特別法規對違反義務者所定之罰則，常較行政執行法所定者為重，如此則同一行為，既已科處較重的行

⑫張載宇著，前揭書，第四二三—四二四頁。

政罰，若再科以較輕之執行罰，實已失其科罰的意義與作用；且處罰先重後輕，對初次違反義務之行為，科處較重之罰，對第二次違反義務之行為，反科以較輕之處罰，則在法理上亦難作合理解釋。

上述兩種意見，雖各有其理論依據，惟行政罰與執行罰究竟可否併科，在實務上應視各種有關法規之規定以為斷，此種論點可視為折衷說，具有實用價值⑬。

第三項　行政罰與刑罰的異同

此所謂之行政罰，僅係指秩序罰而言，不包括行政刑罰在內。以之與刑罰比較，可以發現二者互有異同，茲分別言之：

㈠相同之點：可分兩點言之：

⑴行政法規上之行政罰與刑法上之刑罰，均為國家對行政客體的違法行為所採制裁措施。

⑵在法治主義的理論下，均受「無法律無刑罰」原則的拘束，刑罰固然採罪刑法定主義，而行政罰方面亦適用同樣原則。

㈡相異之點：學者有認為採取刑事處罰，係因其客體的行為在本質上具有惡性、反道德性、反倫理性，為侵害社會法益的反社會行為；而行政罰則否。此種區分，其論點殊欠允當，因兩種違法行為的性質常相混淆，即一方面侵害社會法益，而同時又違反行政法上之義務，故在實際上僅能從形式方面加以區分，其不同之點如下⑭：

⑴主體不同：執行刑罰的主體，一般為司法機關或軍法機關；行政罰的執行在原則上則以行政機關為主體。

⑵客體不同：刑罰科處的客體，即為行為人，稱「刑事犯」，且以自然人為限，並就共犯及從犯一併處罰；行政罰的科處，則可以自然人與法人同為客體，稱「行政犯」或「法定犯」，惟在原則上係以法定負責人為對象，除有法

---

⑬ 陳鑑波著，前揭書，第四三六－四三七頁。涂懷瑩著，行政法原理（下冊），第五九三－五九四頁。

⑭ 同❶，第一三一－一八頁。田中二郎著，行政法總論，第四〇五－四〇八頁。

令之特別規定外，行為人不負責任。

⑶罰則不同：刑罰的罰則，依刑法總則之規定，分主刑與從刑兩種，主刑包括死刑、無期徒刑、有期徒刑、拘役、罰金五種；從刑則有褫奪公權及沒收兩種。至於行政罰的罰則，因無統一法典，各種行政法規所定者頗不一致，且其處罰一般亦無主從之分（參閱本章第一節行政罰的種類部分）。

⑷時效有無不同：刑法採消滅時效制度，依該法第十一章「時效」部分之規定，追訴制裁的權力因法定期間經過，即不得行使；至於行政罰方面，除社會秩序維護法外，一般行政法規中多無時效之規定。

⑸救濟方法不同：對於刑事制裁不服，可依刑事訴訟法提起上訴；至於行政罰的救濟方法，在原則上應適用各種行政救濟途徑，因法令規定的不同，可包括聲明異議、訴願、行政訴訟、或申訴等項。

⑹性質不同：行政罰乃是對違反行政法上義務者所課之處罰，不以故意或實質上的犯罪意識為要件，故行政罰亦稱「法定罰」。而刑罰則以故意或過失為要件，乃針對行為人之惡性予以矯正及制裁。此種區分亦可謂係違法行為要件之不同。

第四項　行政罰與刑罰的併科

關於行政罰與刑罰可否併科的問題，學者間亦有不同的意見，其論點大致與前述行政罰與執行罰併科問題相似，可分為肯定、否定、與折衷三說，而實際上應採折衷說，即應分別視法規的規定以為斷（一般傾向於得併科），其情形可藉兩項實例說明如下⑮：

㈠依據道路交通管理處罰條例第十條規定「車輛所有人、駕駛人、行人、道路障礙者，違反道路交通管理，依法應負刑事責任者，除依本條例規定處罰外，分別移送該管地方法院檢察處、地方法院少年法庭或軍事機關處理」。

㈡依據所得稅法第一百十條第一項規定「納稅義務人……對依本法規定應申報課稅之所得額有漏報或短報情事

⑮ 管歐著，中國行政法總論，第四八九頁。

者，處以所漏稅額兩倍以下之罰鍰」。另依稅捐稽徵法第四十一條規定「納稅義務人以詐術或其他不正當方法逃漏稅捐者，處五年以下有期徒刑、拘役或科或併科新臺幣六萬元以下罰金」。如此則兩種處罰即可併科。

行政罰分別得與刑罰及執行罰併科的情形，均已見前述。其次，自法理方面而言，此三種處罰亦得同時併科。例如在行政罰與刑罰併科情形下，若義務人對行政罰之罰鍰不為繳納時，行政機關自得於預為告戒後，對其再科處屬於執行罰性質的罰鍰是，以迫使義務人履行繳納行政罰罰鍰之義務。

第三節　不服行政制裁的救濟方法

行政機關對行政客體的人民行使制裁權，其所生效果，無疑在使人民受到不利行政處分，足致人民的權益發生減損。如人民對此種處分不服時，自應對人民提供申訴的機會。因而在現行各種行政法規方面，多有關於人民提起行政爭訟（救濟）途徑的規定，惟在目前行政罰法欠缺的情形下，各種法規所作有關規定頗不一致，經學者歸納分析結果，對各種法規所作規定，約可列為八種具代表性的救濟途徑分述如下[16]：

㈠訴願：此即法規本身未就救濟方法有所規定，或僅規定「訴願」途徑者。例如戶籍法及工會法均是。在此種情形，自仍應適用各種正規行政救濟方法。

㈡訴願、行政訴訟：亦即採用各種正規行政救濟方法，如銀行法、及工程受益費徵收條例均是。

㈢異議、抗告：對違反道路交通管理之案件，受處分人不服第八條主管機關（公路或警察機關）所為之處罰，得於接到裁決書之翌日起十五日內，向管轄地方法院聲明異議。法院受理前項異議，以裁定為之。不服前項裁定，受處分人或原處分機關得為抗告。但對抗告之裁定不得再抗告（道路交通管理處罰條例第八十七條）。

㈣復查、訴願、行政訴訟：一般稅務案件，納稅義務人對於核定稅捐之處分如有不服，應依規定格式，敘明理由，連同證明文件，依核定稅額通知書所載有應納稅額或應補徵稅額者，應於繳款書送達後，於繳納期間屆滿翌日

[16] 張劍寒等合著，前揭書，第一八—二一頁。

起算三十日內，申請復查。納稅義務人對稅捐稽徵機關之復查決定，如有不服，得依法提起訴願及行政訴訟（稅捐稽徵法第三十五及三十八條）。

㈤十四日內以書面向海關聲明異議，請求復查，海關應於接到異議書十二日內重行審核，如認為無理由時轉呈關務署評定，不服評定得提起訴願，及行政訴訟（關稅法）。

㈥海關緝私案件之受處分人不服海關之處分者，得於收到處分書之日起三十日內，依規定格式，以書面向原處分海關申請復查。海關應於接到復查申請書二個月內為復查決定，並作成復查決定書，通知受處分人。受處分人對海關之復查決定如有不服，得依法提起訴願及行政訴訟（海關緝私條例第四十七及四十八條）。受處分人，受處分人於收到通知書十日內向海關總稅務司署提起訴願，於收到訴願決定書後仍不服者，得於十日內向財政部提起再訴願，於收到再訴願決定書後仍不服者，得於三十日內提起行政訴訟（海關緝私條例）。

㈦不服依藥事法科處之罰鍰案件，得以書面提出異議，申請復核，但以一次為限，處罰機關認為有理由者，應變更或撤銷原處罰；認為無理由者得逕送法院強制執行，受罰人不服前項復核時，得依法提出訴願及行政訴訟（藥事法第九十九條）。

㈧不服警察機關之處分者，於接到處分書後翌日起五日內，向原處分之警察機關聲明異議，警察機關認為聲明異議有理由者，應撤銷或變更其處分；認為不合法定程序或聲明異議權已經喪失或一部或全部無理由者，應於收受聲明異議書狀之翌日起三日內，送交簡易法庭，並得添具意見書。簡易庭認為聲明異議無理由者，應以裁定駁回之。認為有理由者，以裁定將原處分撤銷或變更之。對於簡易庭關於聲明異議所為之裁定不得抗告。但對簡易庭就並非情節輕微之案件所為之裁定不服者，得向同法院普通庭提起抗告，對於普通庭之裁定，不得再抗告（社會秩序維護法第五十五至五十八條）。

以上所列救濟方法共計八種，其中乃是以正規行政爭訟制度為主體，惟亦有在正規行政爭訟途徑之前，設置先行程序者。至於依法移送法院者，則多屬涉及刑事責任案件之性質。

第八章　重點問題

一、何謂行政罰？試述其意義。
二、行政罰的種類如何？試分述之。
三、行政罰的執行機關有幾種？各種機關所執行之處罰如何？
四、試說明執行罰與行政罰之異同。（20普、33普、44普、63特）
五、行政罰與執行罰可否併科？試就學理與現行法制申述之。
六、試述行政罰與刑罰之異同。
七、行政罰與刑罰可否併科？試就學理與現行法制申述之。
八、不服行政制裁的救濟途徑如何？試分析言之。

第九章　行政指導與行政程序

第一節　行政指導

第一項　行政指導發展的原因背景

行政上的各種制度與措施，其發展均有原因背景存在，行政指導的發展亦屬如此。行政指導乃是近數十年來，民主國家中逐漸形成的新行政方法或措施，亦有學者認為其僅為一種單純事實行為或現象者。行政指導的發展，在基本上與行政權擴張的背景有關，但亦受到行政民主化的影響。因行政權不斷擴張，使行政法關係趨於複雜，部分行政法關係在性質上因與統治關係有別，不僅不需要公權力的行使，且應鼓勵人民參與及自動履行，以積極達成行政的目的。另一方面，由於行政業務內容的日趨專技化，人民需要行政機關的協助輔導，始能實現行政政策上的要求或享受行政上的利益。總之，現代國家政府的業務方面，基於達成行政目的的需要，增進政府與人民間的協調配合關係，均有採行行政指導措施的必要。分析言之，行政指導發展的原因，除前述行政權擴張與行政民主化兩項基本的背景之外，尚可列舉出下列三項具體原因❶：

㈠經濟與社會行政的發達：現代國家處於積極國家與福利國家時代，在傳統性的消極行政業務之外，屬於積極行政範圍的經濟與社會行政日益擴充，而此等行政業務在性質上與統治行政不盡相同，一方面固然就部分業務關係上仍須由政府採取適當的統制措施，但另一方面又需要靠民間社會力量的自動發揮及與政府協調配合，始能事半功倍有效達成行政目的。總之，推行此種新形態的行政業務，在自由經濟開放社會的體制之下，已非全部依賴法令的

❶ 林紀東著，行政法，第四三五—四三七頁。

強制拘束所能收效，不僅行政措施應具備機動彈性，而且應發動民間力量配合，乃能圓滿達成政策任務獲致行政功效。故學者有謂「行政指導，為依法行政原理，與國民要求有差距時，所為補偏救弊之措施者」。例如經濟發展、天然災害防治、物價管制、家庭計畫、能源節約，及社會福利等措施的推行，均需要借助行政指導的作用。

㈡增進政府與民間的協力，取代強制執行措施：如前所言，部分行政業務，因性質不同，不宜藉統治權作用以強制措施加以貫徹。若採取強制措施，可能引起政府與人民間的摩擦，反而不易達成行政目的。反之，如能採取較為緩和的行政指導措施，因對人民的名譽及信用不致造成損害，則人民方面較易接受，亦即易取得人民的協力，使行政措施的推行能夠順利。惟就行政機關方面而言，採取行政指導時，仍應注意不得違反依法行政原則或逾越自由裁量的範圍。

㈢為適應科技行政發達的需要：現代國家的行政業務，不僅趨向專業化，而且日益科技化。許多行政業務的內涵，均涉及相當程度的科技知識，而政府機關因在此等行政業務方面具備優越的條件，故能處於領導的地位，對民間從事有關業務的人民、團體、或機構，足以發揮輔導或監督的職能，所採取的方式，部分即屬行政指導的性質，例如涉及工業發展、中小企業輔導、空氣及水源污染的防治、農業推廣、醫藥技術的研究發展、原子能和平用途等均是。為配合科技行政的發展，國家行政法規的內涵也隨之而科技化，不易為一般人民所瞭解，政府為肆應此種客觀情勢的需要，遂不得不重視行政指導的措施。

總之，行政指導乃是現代民主國家的產物，因現代民主國家摒棄絕對主權思想及國家與人民對立的觀念，使國家與人民相互結合，而政府已成為民治的政府。如此則對於政府的施政，人民不僅參與立法及決策，而且也參與執行。是以在行政上應鼓勵人民自動自發的精神，與政府機關協調配合，而政府採取行政指導措施，正能適應此種客觀情勢的需要，故學者有將「行政指導」稱為「行政上的自動執行」者❷。

---

❷ 涂懷瑩著，行政法原理（下冊），第五八六頁。

第二項　行政指導的意義與性質

行政指導乃是近年以來發展形成的新行政現象，故在現行法令上尚無此項名詞採行。但事實上在一般民主國家中既已普遍在施政上運用，而學理上的探討亦日漸廣泛。在美國將行政指導措施用為「經濟統制」的行政手段之一，稱之為「任意協力之要求」（"Appeal for Voluntary Cooperation"，其意應為「自願合作的籲請」），在德國則稱為「非行使統治權之經濟嚮導」❸。由此等名稱，大致已可瞭解其涵義，惟為對此種措施作較為明確具體的界定，茲試擬其定義如下：

「行政指導謂行政機關為推動非統治性的業務，就其職權範圍內的事項，以非強制手段，促使行政客體的同意與協力，以達成行政目的的行為。」

根據上述定義說明，可就行政指導的涵義，提出四項要點❹：

㈠行政指導屬於非統治性措施，行政機關採取此種措施不具有權力作用。

㈡行政指導為行政機關所使用之非強制之手段，亦即此種措施可供行政客體任意的或選擇的遵循。

㈢行政指導的採行，在於促使行政客體自願與行政機關協調配合，或接受行政機關的意見與援助，以實現公私雙方的共同利益。

㈣行政指導的目的，即在於行政政策與計畫的實現。

上述對於行政指導定義的分析說明，乃是自理論觀點所提出的解釋，在行政程序法制定後，該法內容對「行政指導」列有專章，其中第一百六十五條規定「本法所稱行政指導，謂行政機關在其職權或所掌事務範圍內，為實現一定之行政目的，以輔導、協助、勸告、建議或其他不具法律上強制力之方法，促請特定人為一定作為或不作為之

❸ 同❶，第四三四頁。

❹ 杉村敏正著，行政法概說（總論），第一四二頁。同❶，第四三四頁。

行為」。本條規定可謂是「行政指導」在法律上的定義，以之與前述理論上的定義相比較，二者內容誠屬大同小異。

此外，學者亦有依據前述兩方面的定義就行政指導所具「特色」或「性質」提出進一步剖析者，茲分為下列四項言之❺：

㈠行政指導非屬權力作用，其與行政機關發動公權力所從事之行政立法、行政處分、或行政上強制執行不同其性質。行政機關採取行政指導的方式，通常為輔導、希望、勸告、警告、指導、建議、籲請合作等。此等方式僅足以對行政客體產生心理上壓力、影響、或誘導作用，而不具有法律上的拘束力或強制力，故人民即使不予遵從，亦不構成違反法令的行為，不致受到制裁。

㈡行政指導雖可能具有法令上的依據，但非法律行為，僅屬不具法律性質的單純事實行為（或稱事實作用）而已，故其與行政契約或其他法律行為均不相同，因其不直接發生法律效果，不足以導致權利義務的得喪變更。

㈢行政指導雖為事實行為，但其所欲產生的作用，既在促使行政客體的同意與協力，故與機關應人民要求所作服務行為、或發動公權力之事實行為、或公用事業工程之進行等事實行為亦不相同。

㈣作為行政指導對象的行政客體，包括特定之個人、公私法人、或其他團體，彼等均不屬於行政組織系統；故行政指導與行政組織系統中，上級機關對所屬下級機關基於指導監督權所作的訓示，亦不同其性質。可知行政指導，乃是以一般國民為對象的行政措施。

由上述四項特色的分析，不難認識行政指導的本質。此種措施實與一般傳統性的行政行為有別，可謂是行政行為的新形態。自行政法制的觀點而言，亟需就其意義與特性提供正確的詮釋。

第三項　行政指導的類別與方法

行政指導可適用於各種不同類別的行政業務方面，其方式亦因區分的標準不同，而有眾多的種類。前引行政程

❺ 南博方等著，行政法⑴──行政法總論，第二一七─二一八頁。同❶，第四三五頁。

序法中有兩項條文對行政指導的方法有所規定，其中第一百六十五條雖曾對行政指導的方法作列舉式的規定，但實際上其種類或方法殊難作完整的列舉。另在第一百六十七條第二項則係對行政指導所採方式有所規定，亦與其種類有所關聯。根據上述情形，可知關於行政指導的類別與方法，並無明確的範圍，而在法令上似亦無作硬性統一規定的必要。就區分的標準而言，一般學者在理論上所採用者，主要有四種。茲分別依據此等不同標準的分類，對各種方法作簡略介紹。

㈠依有無法律規定作根據為標準，可區分為三種❻：

⑴法律上有明文規定，主管機關得對行政客體採取輔導、協助、勸告、或建議等行為者。

⑵法律僅規定主管機關就有關業務事項得為下命、許可、認可等行為，並有權將此等行為撤銷時，則主管機關亦得以此等權限為背景，採取相關之勸告、希望、建議等行為，即以此等溫和措施作為對人民加以不利處分之先行程序。

⑶法律對有關事項全無規定，遇有緊急狀態發生時，主管機關得依組織法上之一般權限，本於職權決定採行適當的行政指導措施。對於此種情形是否合法，雖有爭議存在，但自理論觀點而言，在緊急狀態下採取溫和的行政指導措施，似不涉及違法問題。

㈡以行政指導的機能為標準，亦可區分為三種類別❼：

⑴規制的（或抑制的）行政指導：行政機關為達成行政上之目的，對於妨害社會秩序或公益的行為，採取預防或抑制的行政指導措施，如對違章建築拆除的勸告、或對物價的管制、納稅的指導、青少年的輔導等均是。

⑵調整的（或協調的）行政指導：對公共團體或企業機構之間，所發生的利害衝突情事，由主管機關居間促成互相調適妥協時，所採的行政指導措施。

---

❻ 廣岡　隆等合著，行政法學之基礎知識⑴，第一一六頁。涂懷瑩著，行政法原理（下冊），第五八八—五八九頁。

❼ 杉村敏正著，前揭書，第一四四頁。

(3)促進的（或輔助的）行政指導：此即由行政機關對民間各種事業機構或個人，為使其生活或工作業務有所改善，所採取的行政指導措施，例如就業輔導、農業推廣指導、國際貿易拓展輔導、中小企業經營輔導，及生活指導等均是。就此種類別而言，行政指導實即各種輔導措施。

㈢依行政指導的對象為標準，可區分為兩種類別❽：

(1)行政主體互相間的行政指導：係指上級行政機關對所屬下級機關在指揮監督權的行使以外，就下級職權範圍內的事項，所提供的意見、勸告及指導而言。

(2)行政機關對於個人、法人，或團體所作行政指導：可包含前述兩種標準分類下，各種行政指導方法的類別。

㈣以行政指導所採方式為標準，主要可區分為兩種類別：

(1)書面方式的行政指導：即由行政機關將行政指導的內容作成公文書，送達於相對客體使其知悉。

(2)言詞方式的行政指導：即由行政機關業務人員將行政指導的內容以言詞（口頭）方式告知相對客體使其知悉。

關於行政指導所採方式，在行政程序法第一百六十七條有明文規定，該條稱「行政機關對相對人為行政指導時，應明示行政指導之目的、內容、及負責指導者等事項。（第一項）前項明示，得以書面、言詞或其他方式為之。如相對人請求交付文書時，除行政上有特別困難外，應以書面為之」。本條兩項規定，不僅構成前述第㈣種分類的依據，且對行政機關從事行政指導行為時，具有一般性的拘束力。

第四項　行政指導的法理問題

所謂行政指導的法理問題，係指就行政指導此種行政上的新現象，是否須受依法行政原則支配的問題。關於此項問題，可區分為行政指導的基本原則、法律保留與法律優先原則三部分言之。

㈠行政指導的基本原則：依據行政程序法第一百六十六條規定「行政機關為行政指導時，應注意有關法規規定

❽同❼，第一四三頁。

之目的，不得濫用。相對人明確拒絕指導時，行政機關應即停止，並不得據此對相對人為不利之處置」。本條規定所提示的行政指導基本原則，即要求行政機關所採有關行為，應注意合目的性與非強制性。

㈡行政指導與法律保留原則：法律保留原則的作用，在於抑制行政機關，使其不致專恣自為，而要求其行為應具有法律上的依據。具體言之，法律保留原則，在要求有關人民權利義務的事項應以法律定之，行政機關若無法律依據，不得逕就此種事項以命令加以處置。然則，行政指導措施是否應具有法律上之依據始得採行？關於此項問題，因行政指導通常並非法律行為，對人民權利義務不發生直接影響，且不具有強制性。如此，則似不必要求其必須具有法律依據；而法律若對行政指導事項設有規定者，其性質亦僅屬於促使行政機關注意之「注意規定」而已❾。

㈢行政指導與法律優先原則：所謂法律優先原則，其涵義即謂行政機關的任何行政行為，均不得違反法律，亦即法律效力優越，命令不能違法之意。然則，行政指導是否應受此項原則的支配？關於此項問題，自應作肯定解釋。詳言之，在此項原則的支配下，行政指導措施應受下列三方面的限制❿：

⑴逾越權限行為的禁止：此即行政指導，「不得逾越行政機關之任務、職掌，與權限範圍」而言。

⑵違反法律行為的禁止：凡「法律對行政指導之基準、手續、形式等，以明文規定時，自應從其規定」。

⑶法理的拘束：一般行政作用，均應受法理的拘束，行政指導雖僅為任意的事實行為，然既為行政作用的一種，自應受法理的拘束，凡屬比例原則、平等原則、誠信原則等，行政指導均應遵循。關於誠信原則，尚有一問題值得注意，即人民若誤信行政機關之錯誤指導，而從事一定行為時，如其指導係由於行政機關有正當權限之人員所作成，人民之信任其指導，又非毫無理由時，應認為行為人缺乏違法性，可不負責任。且信賴其指導，而為一定行為的人民，受到不利益處分時，應由國家設法保護其權益。

---

❾ 林紀東著，行政法，第四三八—四四一頁。

❿ 南博方等著，前揭書，第二二一頁。同❾，林書，第四四二頁。

第二節　行政程序法

第一項　行政程序法的意義與種類

所謂行政程序，亦即指行政程序法而言，二者為一體之兩面，稱之為行政程序，係指行政權行使或行政業務處理的過程與步驟，稱之為行政程序法，則係指規範此等過程與步驟的法令。行政程序及其法規在各國行政制度演進的歷史上早已存在，但其受到廣泛的重視與研究，則為二十世紀以後的事。因行政程序法為行政法學的新領域，故不僅各國完成全面性行政程序法者，並不多見；且在行政法學的理論上亦欠缺對行政程序法涵義的一致解釋。大體言之，學者對「行政程序法」一詞的界定，主要有兩種不同範圍的說明，採廣義說者認為行政程序法為關於行政行為成立過程手續的法規；採狹義說者則謂行政程序法為關於行政爭訟的法規。狹義說不免失之偏頗，而廣義說在理論上亦有欠充實。因此，對「行政程序法」似應提出一具有實質內涵的定義：

「所謂行政程序法，乃是就行政機關行使職權處理業務時，所應遵循的過程與步驟等事項，加以規範的法規。」

茲再就上述定義的內涵分析說明如下⓫：

㈠行政程序法，為規範行政機關業務程序的法規：因其他治權機關亦均有其業務程序上的法規，而行政程序法則專指行政機關的業務程序法規而言，惟在理論上亦可包含考試機關的業務程序法規在內。

㈡行政程序法，為行政機關行使職權處理業務時，所應遵循的法規：行政機關行使職權處理業務，在依法行政的原則下，均須受各種法規的拘束，無論其職權的事項屬於支配關係或管理關係均係如此，其中涉及程序部分的規定，即為行政程序法。

㈢行政程序法，為規範行政機關行使職權處理業務的過程與步驟等事項的法規：所謂過程係指程序的整體，而

⓫ 田中二郎等合著，行政法講座（第三卷），東京，有斐閣，一九六五年，第五二—五六頁。

步驟則為其中的環節，此等事項的規定，對機關職權行使與業務處理上，足以發揮監督與限制的作用，期使其行為活動審慎而合法，以防止違法濫權的情事發生，進而達到維持行政上秩序與保障民權的目的。

㈣行政程序法，為規範行政程序法規的總稱：目前我國已有整體法典性「行政程序法」的制定，故行政程序法自狹義觀點而言，係指該特定法律的名稱；但若自廣義觀點或學理方面而言，似仍可解釋為係指各種有關一般性或特殊性行政程序法規的總稱，其範圍涵蓋此等眾多法規在內。

以上係就行政程序法的意義所作分析說明，至於行政程序法的類別，自廣義觀點而言，可依據各種不同標準區分，茲列舉如下[12]：

㈠依所涉及的業務關係為標準：可區分為內部與外部行政程序法。因一般行政法規均可作如此區分，行政程序法亦不例外。其屬於組織關係者，為內部行政程序法；其屬於對人民或本機關以外其他當事人之關係者，為外部行政程序法。

㈡依其程序係屬於行政行為完成前或後之過程為標準：可區分為事前與事後行政程序法。事前程序法所規定的事項，多屬就行政行為的完成所設定的限制步驟或準備工作或先行程序等，多具有預防及審查作用；事後程序法所規定的事項，多屬就行政行為完成後，所生影響或效果，加以矯正、補充、或善後處理，多具有監督及救濟的作用。

㈢依規定事項的內容或涉及職能的性質為標準：可區分為行政立法程序法、行政處分程序法、行政執行程序法、行政制裁程序法、及行政救濟程序法等均是。

此外，尚有須注意者，即在各種行政法規方面，有就實體與程序事項分別規定者，亦有將二者混合規定者。如屬前者，即為單純程序法規，如屬後者則兼具實體法性質。

---

[12] 林紀東著，前揭書，第四四九—四五〇頁。

第二項　行政程序法的功能

就一般民主國家而言，雖然對於行政程序法典的制定均知加以重視，但實際上有關立法工作的進行相當緩慢，目前已經制定的國家屈指可數，此種情形並非顯示有關法律無制定的必要，而是由於制定的困難及研究與理論基礎的不足所致。此種情形固然構成其制定的阻礙，但並不足以否定行政程序法的功能與價值，故在各國中制定行政程序法者有不斷增加的趨勢。

關於行政程序法所具之各種功能，學者間已有普遍的認知，茲就其中的要點分述如下⑬：

㈠使行政權的運作符合民主化與公正化的要求：因在民主國家中，國家與人民並非處於對立地位，人民全體既為國家主權的歸屬者，而國家施政又須以民意為基準，則行政機關在行使職權執行業務方面，各種程序的進行應使人民有較多機會可以參與和瞭解，且應保證業務處理結果的公正性，因而須就行政程序作妥善的規定。

㈡確保人民權益：如前所言，行政程序具有對行政機關行為的限制、監督，和救濟等作用，可使其行使職權處理業務審慎周密，預防違法濫權情事的發生，若一旦有此種情事發生時，亦可經由善後與救濟程序，加以矯正和彌補。因而若有完備的行政程序法令，自將有助於確保人民的權益，進而實現法治行政的目的。

㈢便民服務增進效率：民主國家政府講求便民服務與增進行政效率，欲實現此方面之目的，首先應注意行政程序的改進措施。若能簡化作業程序，減少不必要的限制與步驟，或鼓勵人民自動自發的參與，以及建立良好的行政秩序，則人民可以享受便利與服務的成效，政府機關亦可減少業務處理所需的經費、人力與時間，使行政業務可以獲致圓滑化與效率化的效益。

㈣有助於機關組織事項的合理化：就內部程序法而言，其性質屬組織法的範疇，在內容方面多涉及機關職權行使方式、權責劃分關係，及指揮監督等事項，故若在行政程序上作周延妥適的規定，自可產生使機關組織事項合理

⑬ 林紀東等合著，各國行政程序法比較研究，臺北，行政院研考會編印，六十八年版，第一四—二四頁。

化的效果。

第三項　我國行政程序法內容介紹

我國政府因對行政程序的法制極為重視，故除就各種現行法令中的程序規定不斷謀求改進外，並積極推動行政程序法典的研擬工作，自民國六十三年起由行政院研考會委託國內行政法學權威林紀東教授主持研究計畫，至六十八年先後完成「各國行政程序法比較研究」及「我國行政程序法之研究」兩項報告，為我國未來行政程序法典的立法奠定良好基礎，且對有關行政程序法理的闡揚亦具有重大貢獻⑭。嗣後，行政院經建會「健全經社法規工作小組」委託臺大翁岳生教授主持一項研究案，於七十九年完成「行政程序法草案」的擬訂，內容共計八章一百四十五條。大約在此同時，另由行政院法務部於七十八年十一月邀集相關學者與各機關代表共十六人組成委員會，從事行政程序法草案的研擬工作，至八十二年底完成該法草案，內容共計七章一百八十條，翌年四月報請行政院審核，經該院修改為四章一百三十五條，是為行政院版草案；此項草案於八十四年三月提出立法院審議，在審議過程中，經先後參考不同版本草案修訂增刪，最後於完成立法程序時，已擴充為八章一百七十五條。該法經立法院通過後，於八十八年二月三日由總統公布並定於九十年一月一日施行（現已施行）。為使讀者對行政程序法獲致整體性的概念，茲參照各種相關資料及行政院版本草案總說明，就該法內容分為四個部分介紹如後：

㈠研究方法概述

二次大戰後，各先進民主國家陸續制定行政程序法，以保障民權，增進行政效率。如前所言，我國政府近年來亦開始推動行政程序法的立法工作，先後由不同機關研擬完成草案版本數種。此等機關在從事研擬工作時，或委託學者主持或網羅各方專業人才組成小組或委員會進行，所研究方法多係以外國法制為借鏡，比較其優劣，摘取其精華，然後根據研究心得，參酌國內實際需要，擬訂出適合國情的草案。彼等選擇作為借鏡的國家甚多，如美、日、

⑭ 林紀東等合著，我國行政程序法之研究，臺北，行政院研考會編印，七十年版，第一—三、三〇頁。

德、奧、義、西等均是，除蒐集各國相關資料外，並曾派員分赴各國實地考察其行政程序法的最新發展及實務運作情形，所撰考察報告均送交研擬單位參考；同時，也曾邀請外國相關學者來臺訪問，舉辦專題演講或座談，聽取其理論及見解。凡此諸多措施，確實對國內行政程序法草案的研擬工作具有極大的助益。

㈡立法目的、方針與原則

任何法律的制定均應有其立法目的，以顯示其內容的主旨及所欲達成的效果；然後依據其立法目的擬訂其內容的基本方針，俾使其草案內容的研擬，具備所應遵循的概略方向；最後，再配合目的與方針，規劃出草案整體內容的重要法理指導原則，藉以展現其立法精神與內容的具體規範。關於我國行政程序法的立法目的與方針，在六十八年所完成的「我國行政程序法之研究」報告中業經提出，嗣後各機關所有不同草案版本的擬訂，因主持及參與研究人員常有部分重疊情形，且較後擬訂的草案版本常有參酌吸收早期版本的內容，故先後提出的版本內容不免呈現部分傳承色彩或共通性，以致對於立法目的與方針一般可謂變動不多差異不大。至於具體的立法原則，則以最後的行政院版本所提示者最能直接反映現行該法的內容。茲將該法立法目的與方針及立法原則分別列述如後：

⑴立法目的：

①確保人民權益，注重參與及陳述機會，以加強行政民主化。

②彈性運用各種行政手段及方式，簡化作業流程，以達成行政效率化。

③明定行政行為原則與要件，確認無效及撤銷情事，以保證行政合法化。

④強調資訊公開，採行聽證制度，以促進行政透明化

⑵立法方針⑮：

①適合我國當前及將來需要。

②順應世界潮流。

⑮行政院研考會編印，我國行政程序法之研究，七十年版，第三〇頁。

③國權及民權並重。

④民主與效能兼顧。

⑤理論與實際配合。

⑥注意各種行政之共通性與特殊性。

(3)立法原則（錄自行政院版「行政程序法草案總說明」）⓰：

①以規範公權力行政為原則：制定行政程序法之目的，即在於對行政機關行使公權力影響人民權利之過程給予必要之規範，使行政行為遵循公正與民主之程序，以保障人民權益，貫澈依法行政，提高行政效能，故其規範範圍，以行政機關行使公權力之行為為限。本草案爰依行政行為之種類，分別就行政處分、行政契約設專章予以規定。

②職權進行主義：行政程序之發動及終結，原則上由行政機關依職權決定之，不受當事人意思之拘束。行政程序與訴訟程序不同，並無所謂不告不理之限制，多數情形均屬由行政機關發動程序，尤其以負擔處分及行政罰之處分為然。但行政機關依法規有開始行政程序之義務，或須當事人申請方得開始行政程序者，是為例外。

③職權調查原則：行政行為之合法性與人民權益之保障，以行政機關能充分掌握正確之事實為前提，除法律特別規定外，應依職權調查事實，不受當事人陳述或提出證據之拘束。基於職權調查之必要，行政機關得採取通知相關人員到場陳述、要求當事人或其他人提出物證、選定適當人為鑑定或實施勘驗等調查方法。當事人亦得自行提出證據或申請調查證據。此外，行政機關對當事人有利或不利之事項，均應注意，盡其調查之能事；於作成行政行為時，應斟酌全部陳述及調查證據之結果，依客觀的論理法則及經驗法則判斷事實之真偽。

④當事人參與之原則：為確保行政程序符合公正、公開與民主之要求，應規定當事人參與之權利與責任。就當事人參與之權利而言，一方面規定當事人陳述意見及參與聽證之原則，另一方面規定當事人閱覽卷宗之權益。詳言之，在不影響行政效能與公益之前提下，應給予當事人以口頭或書面陳述意見之機會，尤其行政機關對人民作成

⓰ 五南圖書公司印行，行政程序法單行本，八十八年版，第三—六頁。

行政處分前，更應踐行。但給予當事人陳述意見之機會，尚屬非正式的聽證程序，對人民權益之保障未臻周延，故有另訂正式的聽證程序之必要，並就行政機關應舉行聽證之情形詳加規定，例如：法規明定應舉行聽證或行政機關作成行政處分前，認為有舉行聽證之必要等。本法之聽證程序原則上採言詞公開之方式，詳細規定其各項程序，並應作成聽證紀錄。再者，為使當事人於行政程序進行中能適時主張其權益，亦應賦予當事人閱覽卷宗之權利，行政機關原則上不得拒絕，以示公平。就當事人參與責任而言，為確保行政行為之合法性與正確性，宜規定當事人參與行政程序之責任，例如：到場陳述、提供物證、接受鑑定或勘驗等責任。但基於期待可能性之合理考量，此項責任，尚非義務，故當事人如違反此項參與責任，在行政程序上尚不能強制執行，必須各個法律基於實際需要特別規定當事人有參與之義務，始得依相關法律規定予以強制執行。惟當事人可能因違反參與之責任，於事實認定或法律判斷上遭受對其不利之結果。

⑤兼顧行政效能之原則：行政程序之目的不僅在於保障人民權利，亦應兼顧行政效能，故各國立法例對於行政程序之規定，均明示或默示應盡量以符合目的、迅速及節省勞費之方式行之（奧國一般行政程序法第三十七條第二項、德國行政程序法第十條）；對於行政程序之方式，採非正式原則，僅限於行政程序法或其他法律有明文規定之事件，行政機關始有義務踐行正式程序或方式。本草案亦從之，於保障人民權益與促進行政效能間，力求平衡，例如：行政處分除法規另有要式之規定外，得以書面、言詞或其他方式為之；有嚴重妨礙正常職務進行者，行政機關得拒絕閱覽卷宗等等。但對於關係人民權益較鉅之事項，仍明定其正式程序或方式，例如上述應舉行聽證之規定；書面處分應記載一定事項等是。

⑥兼顧行政實體法之原則：如將行政法區分為「行政實體法」與「行政程序法」，則所謂「行政程序法」，應僅限於實現行政實體法上權利義務之程序法。但有鑑於行政實體法與行政程序法有密切關連，且行政實體法理論複雜，學說不一，實務見解亦有分歧，目前正在繼續發展中，現階段尚難完成行政實體法總則部分之法典化，故於著手行政程序法之法典化時，並將行政實體法之部分原理納入其中，可使行政程序法更具確保民主、法治之功能，基

於此，本法乃兼設行政實體法之規定，例如：於第二章中詳細規定行政處分之法理，包括附款之容許性、種類與限制、行政處分之無效、撤銷、廢止與信賴保護補償制度、公法上不當得利、時效制度等。又於第三章中詳細規定行政契約之法理，包括行政契約容許締結之原則、特別成立與生效要件、無效原因、情事變更原則、行政機關單方調整與終止權、約定自願接受強制執行、損失補償等。

㈢行政程序法的內容要點

關於行政程序法的內容，在本書各篇的相關部分既已分別引述其有關條文；因此，在本項中似無再作詳細說明的必要。惟為呈現該法整體性的架構及內容，擬仍將其各章節的要點概略參照該法草案總說明及該法實際規定逐項列舉如後：

第一章　總則（第一至九十一條）

第一節　法例（第一至十條）

一、揭示立法目的（第一條）

二、明定行政程序及行政機關之定義（第二條）

三、規定本法之適用範圍（第三條）

四、規定一般法律原則之適用（第四條）

五、規定行政行為之內容應明確（第五條）

六、特別規定行政行為所應遵循之各項重要法理原則（第六至八條）

七、規定在行政程序上應對當事人有利與不利情事一律注意（第九條）

八、規定行政裁量之界限（第十條）

第二節　管轄（第十一至十九條）

一、規定行政機關之法定管轄權及管轄權不得隨意設定或變更（第十一條）

二、規定有關管轄認定之補充基準（第十二條）
三、規定行政機關管轄權競合時之解決方法（第十三條）
四、規定行政機關管轄權爭議之解決方法（第十四條）
五、規定行政機關職權之委託或委任（第十五條）
六、規定行政機關得將權限委託民間團體或個人辦理（第十六條）
七、規定行政機關對管轄權有無之調查及處置（第十七條）
八、規定管轄權變更之處理（第十八條）
九、規定行政機關行使職權時之請求協助與其他機關不為協助時之解決方法（第十九條）

第三節　當事人（第二十至三十一條）

一、規定本法當事人之範圍與類別（第二十至第二十一條）
二、規定行政程序上行為能力之資格（第二十二條）
三、規定第三人經通知參加為當事人之情形（第二十三條）
四、規定行政程序上之委任代理人（第二十四條）
五、規定單獨代理原則及代理權之效力（第二十五至二十六條）
六、規定選定或指定當事人、單獨行使職權原則、更換或增減、及各種情事之生效要件（第二十七至三十條）
七、規定輔佐人之許可及到場陳述等事項（第三十一條）

第四節　迴避（第三十二至三十三條）

一、規定公務員應自動迴避情事（第三十二條）
二、規定當事人申請公務員迴避之理由及相關事項（第三十三條）

第五節　程序之開始（第三十四至三十五條）

一、規定行政程序之開始由行政機關依職權決定為原則（第三十四條）

二、規定當事人向行政機關提出申請之方式（第三十五條）

第六節　調查事實及證據（第三十六至四十三條）

一、規定行政機關應依職權調查證據（第三十六條）

二、規定當事人得自行提出證據及向行政機關申請調查（第三十七條）

三、規定行政機關調查證據得製作書面紀錄、通知相關之人到場陳述、要求當事人及相關人等提供文書資料及物品（第三十八至第四十條）

四、規定行政機關選定鑑定人及實施勘驗事項（第四十一至四十二條）

五、規定行政機關採證之法則（第四十三條）

第七節　資訊公開（第四十四至四十七條）

一、規定行政機關應採資訊公開原則、資訊之定義及種類（第四十四至四十五條）

二、規定當事人或利害關係人申請閱覽卷宗之權利及其範圍之限制（第四十六條）

三、規定禁止公務員與當事人進行行政程序外之接觸（第四十七條）

第八節　期日與期間（第四十八至五十一條）

一、規定期間之計算方法及郵送期間之扣除（第四十八至四十九條）

二、規定人民因法定事由逾越法定期間得申請回復原狀（第五十條）

三、規定行政機關對人民申請案件之處理期間（第五十一條）

第九節　費用（第五十二至五十三條）

一、規定行政程序所生費用由行政機關負擔及例外情形（第五十二條）

二、規定證人或鑑定人得請求給付費用（第五十三條）

第十節　聽證程序（第五十四至六十六條）

一、規定聽證程序適用本節規範（第五十四條）
二、規定聽證之書面通知與公告及其記載事項（第五十五條）
三、規定變更聽證之日期與場所事項（第五十六條）
四、規定聽證之主持人、預備程序、公開原則及例外（第五十七至五十九條）
五、規定聽證程序之開始、當事人之權利、主持人之職權、當事人申明異議、紀錄之作成與內容、及程序終結（第六十至六十五條）
六、規定行政機關於必要時得再為聽證（第六十六條）

第十一節　送達（第六十七至九十一條）

一、規定行政機關對公文書應依職權送達（第六十七條）
二、規定公文書之送達方式及送達人（第六十八條）
三、規定對無行為能力人、外國法人、及代理人之送達（第六十九至七十一條）
四、規定送達之處所、補充送達、留置送達、及寄存送達（第七十二至七十四條）
五、規定對不特定人之送達方式（第七十五條）
六、規定送達證書之製作及附卷（第七十六條）
七、規定對第三人送達之處理方式（第七十七條）
八、規定公示送達之原因、方式、生效日期、及送達證書之附卷（第七十八至八十二條）
九、規定對送達代收人之送達（第八十三條）
十、規定得為送達之時間及不能為送達時之處理方式（第八十四至八十五條）

十一、規定於外國或境外送達之方式（第八十六條）
十二、規定對各種不同身分人之送達方式（第八十七至九十條）
十三、規定對囑託送達結果通知之處理（第九十一條）

第二章 行政處分（第九十二至第一百三十四條）

第一節 行政處分之成立（第九十二至一百零一條）

一、規定行政處分與一般處分之定義（第九十二條）
二、規定行政處分附款之容許性、種類、及限制（第九十三至九十四條）
三、規定行政處分作成之方式（第九十五條）
四、規定書面行政處分應記載事項及得不記明理由之情形（第九十六至九十七條）
五、規定告知救濟期間錯誤、未告知救濟期間與受理聲明不服管轄機關或告知錯誤之處理（第九十八至九十九條）
六、規定行政處分之通知及錯誤之更正（第一百至一百零一條）

第二節 陳述意見及聽證（第一百零二至一百零九條）

一、規定作成非授益行政處分前應給予陳述意見機會及無須給予情形（第一百零二至一百零三條）
二、規定通知相對人陳述意見之方式（第一百零四條）
三、規定陳述書之內容及不提陳述書之效果（第一百零五條）
四、規定相對人或利害關係人得以言詞代替陳述書（第一百零六條）
五、規定應舉行聽證之情事（第一百零七條）
六、規定經聽證作成行政處分應斟酌之事項及不服此種處分之救濟（第一百零八至一百零九條）

第三節 行政處分之效力（第一百十至一百三十四條）

一、規定行政處分效力之發生情形（第一百十條）
二、規定行政處分無效之判斷標準、一部無效之效力範圍、及無效之確認程序（第一百十一至一百十三條）
三、規定瑕疵行政處分之補正情形（第一百十四條）
四、規定行政處分違反土地管轄之效果（第一百十五條）
五、規定違法行政處分之轉換及其限制（第一百十六條）
六、規定違法行政處分之撤銷、撤銷之限制（含情況裁決及信賴保護原則之適用）、及撤銷之效力（第一百十七至一百十八條）
七、規定違法授益處分受益人信賴不值得保護情形（第一百十九條）
八、規定違法授益處分撤銷後之信賴補償（第一百二十條）
九、規定撤銷權之除斥期間及受益人信賴補償請求權之時效（第一百二十一條）
十、規定非授益與授益之合法行政處分廢止情形（第一百二十二至一百二十三條）
十一、規定授益處分廢止權行使之除斥期間（第一百二十四條）
十二、規定行政處分廢止之效力及信賴補償（第一百二十五至一百二十六條）
十三、規定授益處分經撤銷、廢止、溯及失效或確認無效時受益人之不當得利返還義務（第一百二十七條）
十四、規定行政處分於法定救濟期間經過後相對人或利害關係人得向行政機關申請撤銷、廢止或變更之要件與期間及行政機關之處置（第一百二十八至一百二十九條）
十五、規定行政處分經撤銷或廢止後得命相對人將原受領之相關證書或物品繳還（第一百三十條）
十六、規定公法上請求權消滅時效期間、時效中斷與不中斷、及重行起算等情形（第一百三十一至一百三十四條）

第三章　行政契約（第一百三十五至一百四十九條）

一、規定行政契約之容許性（第一百三十五條）
二、規定締結和解契約與雙務契約之特別要件（第一百三十六至一百三十七條）
三、規定締約前之公告與意見表示（第一百三十八條）
四、規定行政契約之締結方式與特別生效要件（第一百三十九至一百四十條）
五、規定行政契約無效之一般原因（第一百四十一條）
六、規定代替行政處分契約之無效原因（第一百四十二條）
七、規定行政契約之一部無效情形（第一百四十三條）
八、規定行政機關對人民履約之指導及協助（第一百四十四條）
九、規定契約外公權力行使之損失補償（第一百四十五條）
十、規定行政機關單方調整或終止契約之權利（第一百四十六條）
十一、規定依情事變更原則對契約之調整或終止（第一百四十七條）
十二、規定行政契約中自願接受強制執行之約定（第一百四十八條）
十三、規定行政契約準用民法之相關規定（第一百四十九條）

第四章　法規命令及行政規則（第一百五十至一百六十二條）

一、規定法規命令之定義及訂定程序事項（第一百五十至一百五十一條）
二、規定法規命令之訂定得由民間提議及行政機關對提議之處理原則（第一百五十二至一百五十三條）
三、規定法規命令訂定之預告程序及舉行聽證事項（第一百五十四至一百五十六條）
四、規定法規命令之發布、無效之事由、及一部無效之處理原則（第一百五十七至一百五十八條）
五、規定行政規則之定義、下達與發布、效力、及其廢止事項（第一百五十九至一百六十二條）

第五章　行政計畫（第一百六十三至一百六十四條）

一、規定行政計畫之定義（第一百六十三條）
二、規定各種行政計畫之確定裁決及其程序之訂定事項（第一百六十四條）

第六章 行政指導（第一百六十五至一百六十七條）
一、規定行政指導之定義與原則（第一百六十五至一百六十六條）
二、規定行政指導應明示之事項與方式（第一百六十七條）

第七章 陳情（第一百六十八至一百七十三條）
一、規定陳情之定義與方式（第一百六十八至一百六十九條）
二、規定陳情案件之處理原則與方式（第一百七十至一百七十一條）
三、規定行政機關對管轄及救濟事項之告知義務（第一百七十二條）
四、規定行政機關對陳情案件得不予處理之情形（第一百七十三條）

第八章 附則（第一百七十四至第一百七十五條）
一、規定不服行政機關行政程序行為之救濟方法（第一百七十四條）
二、規定本法施行前所訂違反法律保留原則之法規命令修訂期限及逾期失效（第一百七十四條之一）
三、明定本法施行日期為九十年一月一日（第一百七十五條）

㈣行政程序法的綜合評析

⑴行政程序法的功能

所謂行政程序法的功能，亦可謂是預期行政程序法所可能產生的效果。有關事項在前述該法的立法目的及立法原則部分均曾論及，惟為使有關事項更為完整起見，茲再就該法在理論上所應具有的功能作扼要補充說明如下：

①形成行政法典：現代民主國家在行政法制的發展方面，均以制定整體性的行政法典為目標；惟鑑於行政實體法分門別類內容廣泛複雜，不易將其共通性事項加以歸納抽離，故制定行政法典的工作一時自然難以實現；因而，

在達成此項目標的過程中，初期的步驟，即可先就程序事項法典化，亦即制定為統一的行政程序法加以規範，期能逐步擴充為結合實體與程序事項的行政法典。而且，我國所制定的行政程序法在內容方面業已將部分屬於實體法的共通性事項包含在內，可知該法所具功能並非僅限於規範行政程序事項而已，在實質上業已接近於行政法典，亦有將其稱為「行政憲法」者。

②維護人性尊嚴：在前述立法目的部分業已提及，該法的制定具有保障人民權益的目的，但與此相關者即為維護人性尊嚴。所謂「人性尊嚴」在基本上係指「每個人本身即為目的，具有其固有之價值」，以此種理念為依據，進而確認每個人在法律上享有自由平等的權利和地位，並在社會生活方面被規範應以文明與和平的手段解決爭端；此等理念實構成一般民主國家憲法上的最高價值與準則，亦為憲法與行政法方面所倡導的民主法治及社會國家等原則的淵源⑰。由以上的分析解釋，可知維護人性尊嚴實可視為保障人民權利的前提要件，而民主國家行政程序法的立法精神莫不以維護人性尊嚴為基石。

③課予行政機關公正作為義務：行政程序法的立法精神及內涵乃是以「正當程序」(Due Process) 的理念為主體，期能實現行政行為符合公平正義的原則；為達此目的遂對行政機關課予公正作為的義務 (duty to act fairly)，此種義務即在要求行政機關在作成行政行為（或決定）時，能夠保持公正客觀的態度；而且，基於此種義務行政機關對於行政決定的作成應就對當事人有利與不利的因素一併考慮，在業務程序上應重視調查事實、實質證據、及實施勘驗；而不應以主觀成見預設立場，或恣意濫用其裁量權；且在遇有公務人員自身與受理案件有利害關係時，應要求其迴避；並應尊重相對人在行政程序上的各種權利，給予其行使的機會；另機關的決策組織應適法；亦不得與當事人或代表其利益之人有程序外的接觸⑱。凡屬此等規範事項，均在使行政行為納入正當程序的正軌，達成使行政處分的作成及內容符合公平正義原則的目的。

---

⑰ 羅傳賢著，行政程序法論，五南圖書公司，八十九年版，第九－一〇頁。

⑱ 湯德宗著，行政程序法論，元照出版公司，八十九年版，第八二、九〇、九六、一〇二－一〇三頁。

④實現開放政府：現代民主國家的政府，除講求法治外，更重視施政及作為能夠符合民意，因而倡導與民間的溝通互動，並避免行政上的黑箱作業，使機關處於封閉狀態。為實現此種理想，所以確認人民應享有行政參與及知的權利，對行政程序及政府資訊應盡可能允許人民參與、對人民公開，而在行政程序法中對有關事項均作有明確規定；尤以對聽證制度的採用及閱覽卷宗權利的賦予最具代表性。自反面觀之，採行行政參與及資訊公開措施，使人民能夠瞭解政府的作為，進而有效監督政府；如此，足以增加政府施政的公正性與可信度，消除機關及公務人員違法濫權的情事；可知一個開放的政府（Open Government），必然有助於實現民治政府的理想[19]。

⑤實踐國民主權促進公法教育：行政程序法雖然是規範行政機關行為的法律，但其中心思想仍是以民主主義為依歸，從而強調行政民主化及人民對行政程序的參與權利；因此，亦可謂其立法精神具有明顯的國民主權色彩，即在行政程序上不僅重視人民權益的保障，更應以人民居於主體的地位，而與以往將人民單純視為被治者的傳統觀念大異其趣；同時，經由行政參與，除可促使行政公開化、透明化外，亦可產生直接民主的效果，使人民的參政權擴張及於行政業務的範疇[20]。自另一方面觀之，由於人民對行政立法及行政決定獲得較多的參與機會，而且政府的資訊能夠對人民公開，自然有助於增進人民對政府公務的瞭解；所以，行政程序法的制定及施行，當能發揮對民眾公法教育方面的功效[21]。

以上所述五點關於行政程序法的功能，其實質涵義乃在於彌補前述該法立法目的與原則的不足，亦在闡釋該法的預期效果，而此等功能與效果均可視為行政程序法所具的價值和優點，從而有助於認識該法制定的必要性。

⑵行政程序法內容的檢討及其施行

行政程序法的制定，乃是經過不同機關多年來投入專業人才精心研擬及長期審議的結晶，自然使該法具有充實

---

[19] 羅傳賢著，前揭書，第一二頁。
[20] 蔡茂寅等合著，行政程序法實用，學林公司，八十九年版，第八頁。
[21] 同[19]，第一四頁。

的內涵與眾多優點，但即使如此仍不免受到客觀的批評，指陳其缺失，其中最重要者約有兩點，茲分述如下㉒：

①「各章篇幅差距甚大，條文配置極不平均」，在此種結構安排下，該法第一章總則部分比重特大，所有條文超過全文之半，形成「頭重腳輕」的形態。不過，此種情形乃是由於該法內容吸收大量實體法中法理及共通性規定所致；若能將第一章再作區分，列為二至三章，則在結構方面的缺失或可有所改善。

②本法立法體例有欠妥當，即因採用「行政行為類型分章設節的立法體例」，致使確立行政上正當程序的立法主旨受到隱蔽，未獲彰顯。

上述兩項缺失，實際上均屬立法體例與立法技術的問題，若就該法整體內容而言，仍可謂瑕不掩瑜。此外，該法的制定，在我國係屬創新措施，對於該法的施行，各有關機關及公務人員均乏實務經驗，故須做好事前的準備工作，其中所應注意的有關事項，約有下列數點：

①所有行政機關及行政業務在原則上均應受該法的規範，故各機關應充分認知在其本機關業務上所應適用該法規定的事項，並切實遵行，以免有所疏漏，發生違法情事，而致影響行政行為的合法效力。

②該法內容廣泛，涉及其他相關法規的事項頗多，故在適用該法時，應注意其與相關法規的關係。此外，該法並未直接由立法機關另行制定輔助性的施行法律；但基於實際業務需要，行政機關可依該法授權或依職權訂定有關法規命令或行政規則，就該法內容作補充性細節規定（例如關於資訊公開、聽證制度、行政計畫、及陳情處理等事項均是），俾可彌補該法內容的不足，而便利該法的適用。

③舉辦公務人員講習：以往政府在新的重要法律實施前，常舉辦公務人員講習，俾使彼等得以熟悉及瞭解新法內容，而便於在業務上適用，避免發生違誤情事。且政府若能依據行政程序法的規定，頒布各機關普遍適用的業務程序規範，使公務人員便於查閱，幫助解決疑難問題，則將更有利於該法的貫徹執行。

④加強對人民的宣傳及指導：因行政程序法的實施，足以增進對人民權益的保障，故在該法施行前後均應對

㉒ 湯德宗著，前揭書，第七—九頁。

民眾進行宣導工作，使彼等得知在行政程序上的權利與義務，俾便於對此等規定的利用和遵守。尤其在人民至行政機關接洽公務時，公務人員應隨時對人民提供行政指導，藉以維護人民的權益，並使有關案件能夠獲得公正合法合理的處置，以實現該法制定的目的。

⑤規劃定期檢討改進：即應事先規劃在該法施行後，應依據實務經驗及民意反映定期進行檢討，俾可消除該法的瑕疵缺失，使其內容得以不斷進步充實，藉以增強其實施功效。

總之，行政程序法的制定及施行，對我國行政法制的發展實具有重大的意義，希望該法實施後，各機關能確實遵行，藉以發揮其預期的功效，帶動我國行政的進步；如此，則該法的制定必將構成我國民主法治演進過程上的重大里程碑。

第九章　重點問題

一、試述行政指導的意義與性質。
二、行政指導發展的原因背景如何？
三、行政指導的類別與方法如何？
四、行政指導與依法行政原則的關係如何？
五、試述行政程序法的意義。
六、行政程序法的類別如何？
七、行政程序法的功能如何？試詳述之。

八、我國行政程序法的立法原則如何？試分析言之。

九、我國行政程序法的內容如何？試扼要述之。

第四編

行政救濟

第一章 行政救濟的概念

第一節 行政救濟的意義

在現代民主法治國家中，國家以行政權主體的資格，在行政法關係上雖然處於優越的地位，但國家既負有守法的義務與保障人民自由權利的職責，則其行政機關行使職權自應注意符合適法適當的標準；而於發生違法不當情事時，即應負擔行政及法律責任，並應對受害人民採取補救措施，此種措施即為行政救濟制度。詳言之行政救濟(Administrative Remedy)，係指一般人民因行政機關的違法不當措施，使其權益直接遭受損害，而向國家申訴請求予以補救的方法或制度。就一般情形而言，在法治行政的原則下，行政機關的行政措施，固須依法行事，或在法規授權範圍內，以行政裁量處理業務。惟因公務人員並非盡屬賢能，其執行業務亦難完全避免違誤；所以，行政措施間或有違法越權、處理失當，及損害公私權益的情事發生，此種現象即構成違法不當的行政，或概括稱為不法行政。此等不法行政如無特定相對人時，可由有權機關予以補救矯正；如有特定客體而其權益確屬因此遭受損害者，國家基於維護法治行政原則及保障人民權益的立場，自不能不設法予以申訴機會，並採行對不法行政的矯正與補救措施，所建立的有關法制，是為行政救濟制度❶。

目前一般民主國家，對於不法行政所採矯正補救措施，不外有兩種制度，即行政監督與行政救濟是。雖然二者均為對不法行政的矯正補救手段，惟在性質與作用方面不盡相同。前者是由上級行政機關或其他監督權力機關予以矯正或補救，其有關措施的範圍甚廣，所具作用亦不限於事後監督方面。至於行政救濟，如前所述，乃是人民依法就侵害其權益的違法不當措施，主動向國家提出申訴的制度。既然係由人民對行政機關的行政措施表示不服提出申

❶ 南博方等編著，行政法(2)，東京，有斐閣，一九七六年版，第三三頁。

訴請求補救，故亦可視為係人民與行政機關間就有關事件所發生的爭議，雙方均構成此種爭訟法律關係的當事人，所以行政救濟又稱為行政爭訟制度❷。

行政救濟雖可視為係行政機關與人民間的爭訟狀態，惟其與一般民刑訴訟在性質上仍有差別。因行政救濟的爭訟當事人，一方面為代表國家的行政機關，居於被告地位，但在行政爭訟制度的初步管轄階段，行政機關本身又係代表國家負責處理有關爭訟案件。此種情形與民刑訴訟案件中，國家機關以第三者之地位，審判雙方當事人爭訟的方式自不相同❸。此乃行政法上關於爭訟方法的特殊規定，也可謂行政救濟制度所呈現之特徵。

在我國現行法制下，人民向國家請求行政救濟的方式共有多種，如申訴、聲明異議、請願、訴願、與行政訴訟等均是。此外，尚可依民事訴訟程序，請求對因不法行政所致損害予以賠償；或因行政機關的適法行為所致損失，請求予以補償。然一般法治國家的行政救濟制度，屬大陸法系傳統者大都以訴願與行政訴訟為主要的方式，兩者結合而為我國正規的行政爭訟制度❹。就我國有關法制的演進情形而言，在民國以前，尚無此種制度的建立，人民在行政上的申訴途徑，大致係向原處分機關或其上級機關陳情，請求予以糾正及補救，惟並無完整的正規制度可循。至民國肇始，元年臨時約法頒布，其第八條規定「人民有陳訴於行政官署之權」。第十條規定「人民對於官吏違法損害其權利之行為，有陳訴於平政院之權」。民國二年，乃根據約法之規定，先行制定「訴願條例」，是為我國有關行政救濟制度最早之法制。至民國三年，北京政府制頒「訴願法」及「行政訴訟法」，並設置平政院，使有關制度漸趨完備。國民政府奠都南京後，於十七年實行五權制度，建立五院組織系統，於司法院組織法中，明定設置行政法院。至十九年國民政府修正訴願法，二十一年又修正行政訴訟法及行政法院組織法，並於二十二年正式設置行政法院，是為現行制度的淵源❺。

---

❷ 朱彝訓著，訴願之理論與實務，臺北，三民書局，五十七年版，第二頁。

❸ 張載宇著，前揭書，第四二九頁。

❹ 林紀東著，訴願與行政訴訟，臺北，正中書局，六十五年版，第二頁。

第二節　行政救濟制度的功效

行政救濟制度為一般國家行政法制中的重要環節，無論大陸法系或英美法系國家，目前均有行政救濟制度的實施。就前述行政救濟的意義觀之，可知此種制度的採行具有重大價值，故其在各國的發展日益普遍。詳言之，此種制度足以發揮下列幾種作用或功能，茲分述如下：

㈠實現法治行政與公共利益目的：在法治行政的原則下，現代民主國家與人民在行政法上的關係，可以視為實質的權利義務關係，行政機關與一般人民共同負有守法的義務，其所作各種行政行為必須適法適當。為防止違法不當行政行為的發生，國家對行政機關職權的行使，建立各種制度加以監督和限制。惟在實際上行政機關或人員仍不免有違法不當的措施發生，使人民受到損害。遇有此種情事發生，使受害人民透過行政救濟制度，獲得直接申訴的機會，足以有效揭發行政機關或人員違法濫權的行為，促使彼等經常保持守法的警惕，對實現法治行政的目的當能發揮重大的助益。此外，行政救濟制度的建立，亦有助於維持行政秩序，促進公共利益目的實現。如此在法治與公益的雙重目標下，足以引發行政機關的自我反省與節制，故有認為此種制度，具有「行政統制作用」者❻。

㈡加強監督與矯正措施：行政救濟制度，對因行政機關違法不當行為受到損害的人民，授予申訴與舉發的權利，然後由有權機關對有關的爭議案件，加以審查與覆審，以確定違法不當的情事，並予以適當的矯正，足以增進行政措施的合法性與合理性，故行政救濟制度實為一種有效的監督措施。

㈢保障人民權益：人民權益於受到行政機關違法不當行為的損害時，可藉行政爭訟制度，使違法不當行政行為被宣告無效、加以撤銷或變更，而人民權益得以回復，損害獲得彌補。可知此種制度對人民權益的保障，具有直接

---

❺ 王潔卿著，行政救濟實用，臺北，正中書局，六十四年版，第五九—六〇頁。展恆舉著，中國近代法制史，臺北，商務印書館，六十二年版，第三三四頁。

❻ 古登美著，行政救濟制度，臺北，文馨出版社，六十六年版，第五頁。

的功效。故有學者認為此種制度具有「國民權利救濟」之基本作用❼。

㈣維護政府威信：行政爭訟制度與普通訴訟制度不同，在此種制度中，國家一方面為當事人，另一方面又是裁判者，因此其立場應公正無私。如行政機關措施確有違法不當情事，國家自不能予以袒護，對於人民權益則應力求保全。反之，如行政機關措施，並無違法不當情事，則應就爭議案件予以澄清，對行政機關措施予以全力支持，並使人民瞭解政府措施的合法性與合理性。如此以公正守法、審慎客觀的態度處理行政爭訟，自有助於政府威信的樹立，並維護行政機關守法負責的良好形象。

㈤促進行政司法化：現代國家在行政權擴張的趨勢下，使行政機關獲得準司法授權，而行政爭訟制度即具有行政司法的性質，其所採程序及處理案件的方法與態度，均與一般行政機關所作單方行為不同，著重於吸收司法制度的精神，使行政爭訟獲得客觀公正合法合理的裁決。故此種制度的實施，有助於促進行政司法化的發展，因而被視為具有「行政司法」(Administrative Justice) 制度的功能與性質❽。

㈥提高行政效率：行政權作用對效率的要求極為重視，因而對行政爭訟的解決，不宜循普通司法訴訟途徑，以免拖延時日，使行政法關係處於不確定狀態，影響業務的處理。而採用行政救濟制度，部分管轄權歸屬行政機關，適用簡易程序審理，如此與行政效率的要求相符合，使爭訟問題迅速獲得解決，對雙方當事人均屬有利❾。

❼ 杉村敏正等著，行政法之基礎知識，第一四三頁。
❽ 雲五社會科學大辭典，第七冊，行政學，第二六四—二六六頁。
❾ 王富茂等合著，法政論叢，第二輯，自刊，六十八年版，第五八頁。

第一章　重點問題

一、試述行政救濟的意義與方法。(20、22、34普、40高檢、44高、57特)

二、行政救濟與行政監督有何不同？

三、行政救濟制度所具的作用如何？試申論之。

四、行政救濟制度為何又稱行政爭訟？其所具特徵如何？

五、我國行政救濟法制發展淵源如何？

第二章 訴願

第一節 訴願的概念

第一項 訴願制度的演進

現代各國所實施的行政救濟制度，自十九世紀以後始逐漸發達。前此因受絕對主權思想的影響，甚少賦予人民為維護其權益，向國家機關就行政業務案件提出申訴或異議的機會。嗣後由於民主法治觀念的普及，個人主義與自由主義思想的盛行，人民權益的保障日益受到重視，政府應對違法不當措施負責的原則亦漸形確立，為貫徹保障民權厲行法治的目的，建立行政救濟制度自有客觀需要。就實際情形而言，各國制度雖因所屬法系不同而不免有所差別，但在步驟與作用方面大體仍屬一致。

一般國家的行政救濟制度，主要分為兩個相關部分，即訴願與行政訴訟。行政訴訟由司法機關管轄，訴願則為由行政機關管轄的行政司法制度，亦稱聲明不服制度。訴願制度自二十世紀以來，已由各國普遍採行，此種發展具有各方面的原因，茲分析為下列六點言之❶：

㈠在基本上，由於行政權擴張，行政業務的種類與範圍大增，爭訟事件發生頻繁，如全由司法機關審理，則將使其業務負荷沉重，故宜授權由行政機關就此等案件先行過濾處理，以疏減訟累。

㈡在行政權擴大的趨勢下，為加強行政機關職能的發揮，行政機關乃獲得各種性質的授權，包括行政司法權在內，以肆應行政業務與行政法關係發展的需要。

❶ 林紀東著，訴願及行政訴訟，第二一一〇頁。

㈢在行政專業化的趨勢下，普通法院法官因缺乏專業行政知識，不宜處理行政爭訟案件，故以授權行政機關處理較為妥適。

㈣行政業務講求效率，行政爭訟如由法院管轄，因訴訟程序繁瑣緩慢，勢將無法符合效率的要求。

㈤行政爭訟事件，因涉及行政機關的職權，如由法院管轄，則不無司法干涉行政之嫌，由行政機關自行處理，可減少外來的牽制。

㈥訴願案件在原則上均係以原處分機關的上級機關為管轄機關，上級機關對所屬下級機關有指揮監督權，由其審查下級機關的行政處分，足以使行政監督權充分發揮，並可使訴願的決定貫澈執行，有效實現訴願制度建立的目的。

訴願制度因有此等優點，故無論大陸法系與英美法系國家，大致均已採行。此種制度的發展，乃以法國為先驅，法國於一七八九年大革命後，鑑於行政機關常受司法的干涉，遂於一七九〇年制定法律使行政與司法機關互相分立，限制司法機關不得干預行政機關職權之行使。凡人民對行政機關業務案件的處理，表示不服者，得就爭訟問題向原處分機關或其上級機關提起訴願。嗣後，法國有行政法院體系建立，將行政訴訟與訴願制度相銜接，採訴願前置主義，以訴願為行政訴訟的先審程序。法國訴願制度分為兩種途徑，一種係由人民向原處分機關提起訴願，稱為「直接訴願」；一種係由人民向原處分機關的上級機關提起訴願，稱為「層級訴願」。經訴願後不服其決定，始得提起行政訴訟，惟行政機關於受理訴願後經四個月不為決定者，即視同駁回訴願決定，亦稱「默示決定」，訴願人此時得逕行提起行政訴訟❷。

德國制度與法制接近，惟在程序上稍有不同，即訴願亦為行政訴訟的先行程序，在原則上雖由原處分機關之上級機關受理，但仍應向原處分機關提出，俾使其獲知訴願之內容，如其認訴願為有理由時，得自行撤銷或變更原處分；反之，如認訴願為無理由時，則應將收受之訴願書，轉呈上級管轄機關受理。如此，在程序上較為簡便❸。

---

❷ Brown and Garner, *French Administrative Law*, London, Butterworths, 1973, pp. 19–20.

英美法系國家，在法治主義與平等原則的影響下，原無獨立行政爭訟制度建立，亦無行政法院的設置，故行政爭訟案件均由普通法院管轄。至近數十年來，英美法系國家因鑑於行政權的擴張，行政爭訟案件日增，故亦逐漸採行行政爭訟制度，除有各種特別法院設置，專門受理類別行政訴訟案件外，並對行政機關授予行政審判權，使其受理訴願案件。例如英國於一九四七年制定國王追訴法（The Crown Proceeding Bill）對行政爭訟制度有較為具體的規定，在各種法院外，對行政機關亦授予管轄權，且在特定情形下，其裁決具有最終之效力。行政機關的行政爭訟管轄權，目前主要適用於五種行政業務範圍，即公共衛生、國民保險、失業保險、國民住宅、及鐵路與運河事務是。就此等業務所生之爭議，行政機關對初審或二審擁有裁決權，其審議機關多為特設之委員會或仲裁裁判所或保險官，如不服行政機關之裁決，多允許上訴至高等法院❹。

行政爭訟制度在美國的發展與英國相近，有關案件原則上均由普通法院管轄。在普通法院之外，另有各種特別法院受理各種類別行政爭訟案件，但均屬司法機關系統。至於在行政機關方面，近數十年來亦逐漸擁有行政審判權，例如聯邦貿易委員會管轄貿易業務案件的爭訟；全國勞工關係委員會管轄勞資糾紛案件；聯邦州際商務委員會管轄進出口商與鐵路間的爭議案件；另如聯邦交通委員會、聯邦準備局、民航局、及聯邦電力委員會等均對各種有關業務案件的爭議有管轄權。此等行政機關多有特設之委員會審理爭訟案件，當事人不服其裁決者，得向聯邦上訴法院提起訴訟❺。

日本在戰前採大陸法系制度，其行政救濟包括訴願與行政訴訟兩部分，與德制相似。人民如因行政機關違法不當處分致其權益受損害者，得經由原處分機關向其上級機關提起訴願；如不服其決定，尚可向訴願管轄機關之上級機關提起再訴願；如不服再訴願決定，得於法定期間內，向行政裁判所提起行政訴訟。戰後日本改採英美法系制度，

---

❸ 鄒忠科著，中德司法制度比較研究，臺北，文笙書局，六十八年版，第一〇六頁。
❹ 王潔卿著，前揭書，第五三—五四頁。
❺ 同❹，第五五—五六頁。

其新憲法第七十二條第二項規定「特別裁判所不得設置，行政機關不得為終審之裁判」。依據此項規定，遂將行政裁判所撤銷。其一九四七年所制定之裁判所法，雖規定裁判所有受理一切法律爭訟事件之權，但在行政爭訟案件方面，仍採訴願前置主義。至一九六二年日本分別制定行政事件訴訟法及行政不服審查法，對行政爭訟制度具有較完備的規定。依據此兩法令規定，人民不服行政機關之處分時，得向原處分機關之上級機關申請審查（提起訴願）；如不服其裁決時，除法律另有規定或原處分係委辦事項，可向原審查機關之上級機關申請再審查外，在原則上得向有管轄權之地方裁判所提起訴訟，進入司法程序後，並有上訴及再上訴之機會❻。

就我國情形而言，在民國以前，人民對於因政府機關的違法不當行為所受損害，由於制度的不完備，尋求救濟較為困難。至民國以後，因受世界民主法治潮流的影響，開始採行正規的行政爭訟制度，首先在元年臨時約法中作明確規定，惟稱為「陳訴」之權。民國三年北京政府依據臨時約法之有關規定制定各種行政爭訟法令，包括訴願法、行政訴訟法、平政院（行政法院）編制令、及平政院裁決執行條例。當時所採行政爭訟制度，即係參照大陸法系的體制建立，與現行制度無大差別。在訴願方面，依據訴願法規定，人民對於中央或地方行政官署之違法不當處分，得向原處分機關之上級機關提起訴願及再訴願，對於違法處分並得向平政院提起行政訴訟。惟民初之訴願制度，在北洋軍閥統治之下，未能發揮其實際功效❼。

至民國十七年國民政府奠都南京後，於十九年頒布訴願法，全文共十四條，就訴願制度作了具體的規定，內容與民初制度相近。該法實施至民國二十六年，曾經首次修正，主要在確定對不當處分以再訴願決定為最終決定，僅對違法處分經再訴願後，始得提起行政訴訟。至民國五十九年又有第二次修正，其修正之要點及所具意義可分六項說明如下❽：

❻ 南博方等著，行政法(2)，第三六—三七頁。
❼ 展恒舉著，前揭書，第三三四—三三八頁。
❽ 翁岳生著，行政法與現代法治國家，臺北，臺大法學院，六十八年版，第三七三—三七四頁。王富茂等著，前揭書，第五七

㈠明確界定訴願的標的，即就行政處分的意義有解釋性的規定，自積極與消極觀點說明何謂行政處分或視同行政處分，以便訴願時認定。

㈡對訴願管轄機關等級，除有列舉規定外，並提出對管轄機關認定的各項補充原則，使有關事項不易發生疑義。

㈢在訴願程序上注意便民的規定，例如允許人民於訴願決定前自動撤回；規定行政機關對管轄不合案件應直接移送有管轄權機關受理；對於訴願書不合法定程式者，應命其補正，不得直接駁回；訴願決定書中應附記得以提起再訴願的法定期間及管轄機關。

㈣注重保障人民權益的規定，例如允許以不可抗力的理由，逾期請求許可；認可將法定期間內所作不服之表示，視同提起訴願；訴願逾法定期限不為決定者，允許訴願人直接提起再訴願。

㈤為配合行政效率的要求，除簡化程序外，並規定原處分機關不提出答辯時，管轄機關得逕為決定；限定訴願決定的法定期間及延長期間；以及原處分機關得自行撤銷或變更原行政處分，以提早結束訴願程序。

㈥為加強訴願的監督作用，實現法治行政的目的，規定即使訴願因逾期被駁回，但原處分機關或管轄機關均得依職權自行撤銷或變更違法不當之行政處分；訴願因無權受理而為受理之決定時，由上級機關依職權或聲請撤銷之；於訴願之最終決定中，追究違法失職公務人員之責任。

經此次修正後，該法內容已更臻完備，有助於法治行政的實現。至民國六十八年訴願法第三次修正，八十四年一月又有第四次修正，惟此兩次修正的幅度均較小，僅對原第二十六條涉及各機關訴願審議委員會之組織編制事項有所增補，修正後的規定為「各機關辦理訴願事件，應設訴願審議委員會，組成人員以熟諳法令者為原則，其中社會公正人士、學者、專家不得少於訴願審議委員會成員三分之一。訴願審議委員會組織規程及審議規則，由主管院定之」。此項條文的修正，在於適應訴願審議機構發展的需要，作為制定統一法令標準的依據，實則行政院早於民國六十一年即訂定發布「行政院暨所屬各級行政機關訴願審議委員會組織規程」，但「行政院暨所屬各級行政機關訴願

一五八頁。

審議委員會審議規則」，則係於六十九年始訂定發布，二者均為訴願法之主要子法。

訴願法雖經歷年來數次修正，但以我國制度與各先進國家制度相較，仍嫌有欠完備。而國內近年來，工商、科技迅速發展，帶動社會結構產生急劇變化，遂致各種經濟、社會、勞工、環保、交通及金融等方面的問題紛至沓來，所引發的爭議甚為複雜，均有賴政府處置解決，社會福利尤須政府積極推動。上述各種行政業務均須立法規範作為依據；因而，國家與人民間的行政法關係乃日趨密切繁複。在行政權不斷擴張的情勢下，行政處分既大量增加，則機關與行政人員的偏差疏失實在所難免，而行政救濟制度的重要性自然相對增加，藉以發揮矯正違法不當行政行為、保障人民權益、及貫澈法治行政原則的效果。在我國行政法制方面，訴願乃是行政救濟制度的兩大主要途徑之一，其實施成效乃國家法治行政與人民權益之所繫，惟訴願法在經過前述四次修正後，全文仍僅有二十八條，內容似嫌簡陋，其規定不僅未盡周延，且亦有不合時宜之處。故為配合社會客觀情勢發展的需要，健全行政救濟制度，加強訴願審議功效，增進對人民權益的維護，訴願法勢須再作全面性的檢討修正。行政院為推動訴願法的修正工作，乃於七十七年五月間組設訴願法研修小組，網羅各機關代表及學者專家共十五人組成，以便博採周諮，廣泛參酌學理、司法解釋與判例、外國法制、及各機關實務經驗與意見，審慎進行修法的研討草擬工作。該小組自七十七年十一月至八十三年二月間，先後共計召開委員會議一百餘次及公聽會二次，最後完成該法修正草案全文共一百一十條，茲將其重要修正原則扼要引述如下（內容參照立法院議案關係文書，八十三年六月四日印發，院總第八三〇號，政府提案第四九二九號，行政院函送訴願法修正草案總說明，及新訴願法條文）：

㈠強化訴願管轄機關之自我省察功能：修正草案除對訴願管轄機關作更為明確的規定外，並增訂委任、委辦事件之訴願管轄機關，以利適用。另為避免民眾不知應向何機關請求救濟之困擾，修正草案特改採提起訴願應經原行政處分機關層轉之程序，如此除可收便民之效，使民眾不致混淆訴願管轄機關外，亦可促使原行政處分機關發揮自我省察之功能。

㈡擴大訴願主體範圍：修正前訴願法原第一條僅規定「人民」為訴願主體，惟依該法第十二條第二項第一款規定，訴願主體除自然人外尚應包括法人及非法人團體在內；另參照司法院院字第六四一號解釋及實務見解，利害關係人、行政處分之相對人及立於與人民同一地位而受行政處分之行政機關（含地方自治團體及其他公法人）均得提起訴願。修正草案就此種擴大範圍的訴願主體一併列入，俾資適用。

㈢增設訴願參加制度：為保障與訴願人具有利害關係者之權益，爰增設訴願參加制度，以應需要。惟並未如行政訴訟法修正草案一樣將利害相反之關係人納入，乃著眼於訴願人權利之保護。即僅限於與訴願人利害關係相同之人始得為參加人。

㈣增訂送達相關規定：送達之目的，旨在使應受送達人知悉所交付訴願文書之內容，以促其為必要之行為，俾免喪失重大利益，特別是提起行政訴訟法定期間之起算，影響訴願人之權益甚鉅，宜明確規範，以杜爭議，爰增訂專節，俾資遵循。

㈤加強訴願程序中訴願人之參與：關於訴願之審理方式，修正草案固仍採書面審理為原則，例外始行言詞辯論，惟為彌補無法一一實施言詞辯論之困難，並加強訴願相關人員之參與，特別賦予訴願人等到達指定處所陳述意見之機會，以濟書面審理之不足。又有時受理訴願機關尚須實施調查證據、檢驗、鑑定、勘驗，而訴願法原有規定尚欠周全，爰予增訂，以利事實之認定。另為使訴願人等對訴願事件之內容有充分之了解，以保護其利益，特賦予彼等請求閱覽、抄錄、影印或攝影訴願卷宗內文書，或預納費用請求付與繕本影本或節本之申請權。

㈥改進訴願審議委員會組織：關於訴願審議委員會的組織，訴願法原僅規定其組成人員以熟諳法令者為原則，並無具體標準或資格條件限制，為彰顯訴願審議之準司法特性，乃將其組成人員修正為以具有法制專長者為原則，以期發揮功效。又為求訴願審議之公平，避免固步因循之疑慮，並兼顧實際運作之可行性，增訂訴願審議委員會之委員須三分之一以上（修正草案通過後改為二分之一以上）應由社會公正人士、學者、專家擔任；更且，規定訴願審議委員會主任委員及委員對於所審議之訴願事件有利害關係時，應即自行迴避。

㈦增設情況決定制度：修正草案規定當訴願決定若應撤銷或變更違法、不當之原行政處分，但如此將對公益發生重大損害時，宜衡量公共利益與私權之保護孰輕孰重，而應避免使公共利益遭受重大損害，故經斟酌訴願人所受損害、賠償程度、防止方法及其他一切情事後，得駁回其訴願；惟應同時宣示原行政處分之違法或不當，並指示原行政處分機關與訴願人進行協議賠償，俾加強行政機關人員之警覺，促進行政權之合法行使，而兼顧公益與私益之保護。

(八)關於採向行政機關提起再訴願或向地區行政法院提起行政訴訟之雙軌制構想：修正草案所擬之構想即將訴願法原採不服訴願決定之行政救濟單軌程序改為雙軌制，即人民不服訴願決定認原行政處分違法或不當者，可提起再訴願；如認為原行政處分違法者，亦得向地區行政法院（行政訴訟法修正後改稱高等行政法院）提起行政訴訟。簡言之，對於違法之行政處分不服者，在提起再訴願與向地區行政法院起訴之間，任由人民擇一行使。同一事件，經向地區行政法院起訴，即不得向再訴願管轄機關提起再訴願，反之亦同；至不服再訴願決定或地區行政法院之裁判者，均得向中央行政法院（行政訴訟法修正後改稱最高行政法院）起訴或上訴，無礙其訴訟權之行使，亦能使行政救濟案件迅速確定，不致因行政訴訟制度改為二級二審而增加訟累，實屬兼籌並顧。但修正草案經立法院審議通過後，並未採行上述之雙軌制，而是廢除再訴願制度，僅規定訴願決定後，訴願人如有法定原因之一者，得向原訴願決定機關申請再審。另訴願人如不服訴願決定，得於二個月內向高等行政法院提起行政訴訟。

由上述情形，可知訴願法第五次修正的幅度甚大，等於是重新立法，其八項修正原則雖未完全照案通過，但絕大部分均被採行，而修正後條文較前增加三倍有餘，全文共分五章總計一百零一條，顯見其內容擴充甚多，制度自然較前更為完備及司法化。此次修正後的訴願法由總統於八十七年十月二十八日明令公布，並由行政院於八十八年七月三十日發布院令定於八十九年七月一日施行；但在施行前，該法又於八十九年六月十四日作第六次修正，此次修正幅度不大，僅涉及三條條文，其中第四條與第九條均係刪除有關以省政府作為訴願管轄機關的規定；第四十一條則為文字修正，即將該條第三項原規定「得撤銷（訴願人偕同輔佐人到場）其許可」修正為「得廢止其許可」，可知第六次修正並無重大影響，經過第六次修正後，該法仍按原定施行日期在同年七月一日開始施行。

第二項　訴願的意義

現代民主國家既普遍實施法治及責任政治，則在法治行政的原則下，人民如因行政機關的違法不當措施，而致權益受到損害，應有提出申訴，謀求補救的機會。所以，一般民主國家均有有關制度的建立，在此種制度的第一階段，即授予行政機關以行政司法權，使其先行就有關爭議加以處理，此種制度即為訴願（Administrative Appeal, or Demand Tribunal）。其性質乃屬行政裁決權的作用，構成行政訴訟的先行程序。由上述說明，可知訴願為行政救濟制度的一種，其涵義可作廣狹二義解釋：

㈠廣義的訴願：所包含的有關措施範圍較廣，係泛指人民對政府的申訴行為，亦稱任意的訴願。即凡屬人民因行政機關違法不當行政處分，致使其權益受到損害，或處於其他不利情勢時，向作成該處分的機關或其上級機關請求設法予以補救的各種行為均包括在內。所謂請求補救，如前所言，係請求有正當權限機關採取審查及矯正措施，將不法行政所造成的損害，予以排除，亦即請求將處分撤銷、變更、或設法彌補而言。如通常由人民所作申訴陳情或聲明異議等，均屬廣義的訴願範圍[9]。

㈡狹義的訴願：亦稱正式的訴願，係指人民因行政機關違法不當措施，使其權益受到損害時，依訴願法向原處分機關或其上級機關請求審查該處分，並決定予以救濟的方法。在廣義的訴願方面，除法令有所特別限制外，為維護人民權益，在法理上應將各種提出申訴的行為，視為屬於人民當然的自由，亦即不待法律有明文規定，當然享有訴願的權利；但在行政機關方面，其對此種申訴是否受理，亦可能有自由裁量權，此即訴願者雖可自由提出，但對受理機關並無法定的拘束力，故無請求其必須受理的權利。正式的訴願，因係人民的法定權利，有法律依據，情形自不相同。在機關方面，依據法律規定，除認為訴願不應受理，應附具理由予以駁回外，即負有必須受理或再審查的法定義務；若經審查後，認為原處分確屬違法不當時，更進一步負有將原處分予以撤銷或變更的義務，以發揮訴

---

[9] 管歐著，中國行政法總論，第四九三頁。

願的實際效果。換言之，自法律觀點而言，受理訴願乃是有關機關的職責，訴願法有關訴願管轄的規定，即具有賦予權力與職責的涵義。在訴願人方面，則依法具有要求機關受理與作適當決定的權利，此種權利應受憲法及法律的保障⑩。故就此種狹義的訴願而言，實為一種確定的法制。由上述說明可知訴願乃是行政司法制度，在實質上係以行政機關作為行政爭訟的初審機關，擁有對行政爭訟案件第一階段的基本審查權，構成行政訴訟的先行程序。此種制度的建立，自行政專業化與效率的觀點而言，均有其客觀需要，實為行政機關發揮準司法職能最具體的表徵。故即在英美國家亦授予行政機關此種權力，或在行政機關以外另設訴願管轄機構掌理，如英國對此種機構通稱為「訴願委員會」(Tribunal)，由數位委員組成，名稱並不一致；大陸法系國家有直接由地方行政法院受理初審者，如法國制度是⑪；亦有採訴願制度者，如戰前之日本是，日本在戰後雖將行政裁判所制度廢止，但依據一九六二年公布之「行政不服審查法」，對訴願制度大體上仍予維持⑫。

㈢再訴願：我國正式訴願的整體制度，原包含兩個部分，即訴願與再訴願。所謂再訴願，即人民於提起訴願經有關機關作成決定，而不服其決定時，向原決定機關之上級機關請求就爭議案件再加審查及決定的救濟方法。我國現行制度，即自八十七年訴願法修正後，已廢除再訴願程序，訴願人對於訴願決定不服時，得直接向高等行政法院提起行政訴訟；另訴願人如有法定原因，亦可對於確定訴願決定向原訴願決定機關申請再審⑬。

⑩ 王潔卿著，前揭書，第一〇九頁。按我國憲法第十六條明定人民有訴願權，另以訴願法對此種權利作詳細具體之規定，故此種權利實兼受憲法及法律之保障。

⑪ David Foulkes, *Introduction to Administrative Law*, London, Butterworths, 1976, pp. 66–67. Brown and Garner, op. cit., pp. 16–17.

⑫ 成田賴明等著，現代行政法，第二九二—二九三頁。

⑬ 按訴願法第九十條規定「訴願決定書應附記，如不服決定，得於決定書送達之次日起二個月內向高等行政法院提起行政訴訟」。第九十七條規定「於有左列情形之一者，訴願人……得對於確定訴願決定，向原訴願決定機關申請再審」。

第三項　訴願的法律依據

訴願既為國家的一種重要法制，在性質上為人民公法權利的一種（行政受益權），故我國對此種制度頗為重視，其有關事項在各種法令方面均有規定，約可自四方面言之：

㈠憲法：我國憲法對訴願制度直接加以明文規定，其第十六條稱「人民有請願、訴願及訴訟之權」，此項規定可謂係就人民訴願權提出直接保障。此外，其第二十四條有關公務員及國家責任之規定，亦與訴願制度互相關聯，因訴願決定後，原行政處分若被撤銷，則可追究公務員之違法失職責任，並依國家賠償法請求損害賠償⓮。

㈡訴願法：訴願法為專門規範訴願制度的法律，其內容就訴願制度的一般重要事項均加以規定，可謂訴願制度的基本法，亦屬普通法。

㈢其他行政法規：各種專業行政法規亦常有關於訴願期限或程序方面事項的特殊規定，其與訴願法之規定不相同者，具有特別法之效力。此外，訴願案件在實質內容方面是否有違法不當情事，悉依各種專業行政法規之規定，作為實體上審查決定之標準。就此種觀點而言，各種專業行政法規可謂係有關訴願的實體法，而訴願法本身則僅屬程序法性質。另在行政程序法制定後，該法有關行政程序之規定對訴願法具有補充作用。

㈣有關子法：訴願法全文共僅二十八條，故其內容僅能就訴願制度的重要事項及原則作概略的規定，其他未盡詳備的細節事項，即須以子法加以補充。其中以行政院所頒布者為主體，包括前述「行政院暨所屬各級行政機關訴願審議委員會組織規程」、「行政院暨所屬各級行政機關訴願審議委員會審議規則」及「訴願扣除在途期間辦法」等

⓮ 按我國憲法第二十四條規定「凡公務員違法侵害人民之自由或權利者，除依法律受懲戒外，應負刑事及民事責任。被害人民就其所受損害，並得依法律向國家請求賠償」。訴願法第二十五條規定「公務人員因違法或不當處分，應負刑事責任或應付懲戒者，由最終決定之機關於決定後，應責由該管機關依法移送主管機關辦理」。此外，情事如符合國家賠償法規定者，自可另案請求損害賠償。

規章，此外尚有其他有訴願業務的各機關（如考試、監察及司法機關）及地方政府所制頒之有關子法等。

如前所言，訴願的意義有廣義與狹義之分，在廣義的範圍中，除訴願外尚包含有其他類似的方式在內；且訴願僅為行政救濟正式制度的一環，除訴願外尚有行政訴訟制度存在，亦與訴願相互關聯。為增加對訴願制度的瞭解，避免觀念混淆起見，亟宜對此等相關名詞加以區別，故本節內容即專就各種相關名詞作比較說明。

第二節　訴願與其他行政救濟方法的異同

第一項　訴願與申請的區別

就一般情形而言，各種行政機關在業務上與人民間的關係至為密切，人民在日常生活的社會經濟活動方面，亦得就各種事項向行政機關提出請求，依據公文程式條例第五條的規定，人民對於機關有所申請或陳述時，採用申請函（或書）的方式，可知申請的適用相當普遍，即人民對行政機關所作行政處分若表示不服時，通常亦可能因對訴願制度的不瞭解，而以申請方式（實即「申訴」、舊稱「呈訴」）請求救濟。惟申請方式尚欠制度化，故非有效的行政救濟手段，其與訴願制度不盡相同，區別之點如下[15]：

㈠次數限制：申請並無確定的次數限制，故就同一事件可提出多次申請；訴願依法有次數限制，即僅得就同一事件提出訴願一次。

㈡管轄等級：申請並無管轄等級的限制，在原則上係向業務主管機關提出；訴願的提起，須受法定管轄等級的限制，即在原則上須經由原處分機關層轉向其上級機關提起。

㈢時限規定：申請的提出不受時間限制；提起訴願則有時間限制，須於法定期限內提出，逾期即不得行使訴願的權利。

[15] 陳鑑波著，前揭書，第四六〇—四六一頁。

㈣拘束效力：申請的提出，對行政機關並無一致性的拘束力，亦即行政機關須視本身的職權及各種業務法規的規定負擔受理的義務；訴願則與此不同，行政機關對人民所提訴願，依訴願法一般性規定均應負有受理並作決定的義務。

第二項 訴願與聲明異議的異同

所謂聲明異議，亦稱「申請複查」或「申請覆核」，係指人民不服行政機關所作侵害其權益的行政處分，而向原處分機關提出不同意見或理由，並請求救濟的方法。此種方法為廣義訴願的一種，其與正式訴願有相同及相異之點，茲分述之⑯：

㈠相同之點：可分兩點說明：

⑴制度性質相同：兩者均為人民因行政措施侵害權益，表示不服，而請求救濟的方法。

⑵效力相同：聲明異議亦係依法行之（如行政執行法、稅捐稽徵法、專利法、商標法、海關緝私條例等），行政機關負有受理審查並作決定的義務，與訴願相同。

㈡相異之點：可分三點言之：

⑴受理機關：聲明異議係向原處分機關提出，亦即以原處分機關為受理機關；此種規定主要因有關業務具有專門技術性，以由原處分機關自行複查，較為便利。

⑵提出時限：聲明異議係依據各別法規的規定，其時限長短不一；而訴願的時限依訴願法的規定，為處分書到達後的三十日內。

⑶提出方式：聲明異議的提出方式，法令並無一定的限制；而訴願則須以法定方式提出之。

⑷實質案情：具有高度專業技術性之行政處分，通常適用訴願制度救濟，如建築、衛生、商品檢驗等之處分是；

---

⑯ 王昌華著，前揭書，第三〇二－三〇三頁。涂懷瑩著，行政法原理（下冊），第六二〇頁。

技術性專門性較低之行政處分，常適用聲明異議救濟，如軍事徵用及海關緝私等處分是。但此種區分並非十分明確。

第三項　訴願與請願的異同

所謂請願，係指人民對國家政策、公共利害、或其權益的維護，得向職權所屬之中央與地方民意機關或主管行政機關等，陳述意見，提出請求的方法，我國請願法第二條對此有明確規定。請願與陳情的涵義大致相當，故陳情可謂是廣義的請願，請願則為法定的陳情⓱。其與訴願制度互有同異之點，茲分述之：

㈠相同之點：可分兩點言之：

⑴憲法依據：請願與訴願均為人民的公法權利，同屬行政受益權性質，在憲法第十六條中有直接明文規定。

⑵方式相同：兩者均應具備書面文件。請願法第五條規定「人民請願應備具請願書，載明左列事項，由請願人或請願團體及其負責人簽章」（按陳情的方式較具彈性）。訴願則須具備訴願書。

㈡相異之點：約可自七方面言之⓲：

⑴當事人不同：一般人民無論何人均可提出請願；訴願則必須因行政機關之行政處分，致權益受損害的人民始得提起（見訴願法第一條）。

⑵標的不同：請願得以國家政策、公共利害、或私人權益的維護等事項為標的，其標的範圍甚廣；而訴願則僅以與當事人有利害關係的具體行政處分為標的，故其標的具體確定。

⑶內容不同：請願的內容係以陳述願望或提出請求為主旨，多於事前為之；訴願則係就過去的行政處分請求救濟為主旨，須於事後行之。

⓱ 黃守高等著，交通部暨所屬機構人民陳情案件之分析與研究，臺北，交通部秘書室，六十九年版，第九頁。行政程序法制定後，該法對行政程序上的陳情雖有明文規定，但性質與請願仍屬相同。

⓲ 張載宇著，行政法要論，第四三六－四三七頁。行政院研考會編印，人民陳情案件之分析研究，臺北，七十年版，第一〇頁。

(4)期限與程序不同：請願無嚴格的程序限制；訴願則有較嚴格的程序規定。

(5)受理機關不同：人民得對任何民意及行政機關就其職權事項範圍提出請願；而訴願的受理機關則僅以屬於法定管轄等級的行政機關為限。

(6)拘束效力不同：請願對有關機關祇能陳述其願望，並無請求受理機關作成一定行政決定的權利，訴願則具有法律拘束力，有關機關負有受理及決定的義務。

(7)事件性質不同：人民對政府機關提出請願，主要在陳述願望，並不足以構成其與政府機關間的一定法律關係；而訴願則可視為人民與行政機關間所發生的行政爭訟法律關係；且請願法第四條明定「人民對於依法應提起訴訟或訴願之事項，不得請願」。可知兩種事件在基本上性質不盡相同。

以上七項主要著重於理論方面的分析比較，但在法令規定方面有兩項規定值得注意：

(1)請願法第八條規定「各機關處理請願案件，應將其結果通知請願人……」，且在「行政機關處理人民陳情案件要點」（行政院八十四年九月頒）中，對處理陳情案件定有法定期間（三十日）。

(2)依前項「要點」第九項規定「人民對違法或不當之行政處分，因逾越訴願之法定期限不能提出訴願，向原處分行政機關或上級機關陳情時，受理機關應依訴願法第十七條第二項：『訴願因逾越法定期限決定駁回時，若原行政處分顯屬違法或不當者，原行政處分機關或其上級機關得依職權變更或撤銷之。』規定，適當處理」。

就以上兩項規定觀察，可知人民向政府機關提出請願後，對受理機關亦具有應加處理的拘束力；且請願與訴願事件的性質雖有不同，但人民仍可藉請願方式作為訴願逾期的補救措施，如此則要難否認請願亦具有行政救濟的作用，可列為廣義行政救濟的範疇。

第四項　訴願與行政訴訟的異同

前已言之，正式的行政救濟制度，可區分為兩個階段，即以訴願與行政訴訟各為其主要環節。所謂行政訴訟，係因行政機關的違法處分，致其權利受到損害的人民，經提起訴願不服其決定，而向行政法院提起訴訟，請求救濟的方法。此種方法與訴願制度互有異同，茲分述之：

㈠相同之點：約可分為五點言之[19]：

⑴憲法依據：訴願與行政訴訟同為人民的公權，具有憲法依據，在其第十六條有明文規定。

⑵目的相同：兩者在目的方面均為針對不法行政處分尋求救濟。

⑶標的相同：不僅均係以違法處分為標的（惟訴願尚包括不當處分），且係以同一處分為標的（作不同層次的審查）。

⑷證據調查方式相同：兩者均採職權調查之原則。

⑸效力相同：兩者在受理機關未作決定前，均以不停止原處分的執行為原則；且審理結果，均可能就原處分加以維持、撤銷或變更。

㈡相異之點：約可分為七點，其中除爭訟原因與作用性質兩項為實質上的區別外，其他各項均為形式上的區別[20]：

⑴受理機關：訴願以由原處分機關的上級機關受理為原則，例外情形則係由原處分機關受理，惟均屬行政機關；行政訴訟則僅能由行政法院受理。

⑵爭訟原因：提起訴願的原因，係以行政機關所作行政處分違法或不當，致使人民權益受到損害；提起行政訴訟，則僅得以行政機關的違法處分，侵害人民權利為原因。

⑶審級多寡：訴願原係採兩級制，分為訴願與再訴願，八十七年修法後已廢除再訴願程序；行政訴訟原以一審為原則，僅在具有法定原因時，始得提起再審之訴。八十七年行政訴訟法修正後，因行政法院分為兩級，故改採二

[19] 朱彝訓著，前揭書，第一一二頁。
[20] 管歐著，中國行政法總論，第五〇〇—五〇一頁。林紀東著，行政法，第四八四頁。

級二審原則。

⑷程序繁簡：行政訴訟因係採用司法程序，故其程序較訴願為繁複，且當事人答辯機會亦較訴願為多。此外，在程序上訴願在前，行政訴訟在後，實為訴願的複審制度。

⑸審理範圍：訴願之審查範圍，主要為行政處分的違法或不當情形，不得請求損害賠償；行政訴訟的審理範圍，主要為行政處分的違法情形，惟得附帶提出損害賠償請求。且行政訴訟可區分為撤銷訴訟、確認訴訟、及給付訴訟；而訴願並無類此的區分。

⑹時間限制：提起訴願，除法令有特別規定外，自行政機關之處分書或決定書到達之次日起，應於三十日內為之；提起行政訴訟則應於訴願決定書到達之次日起，二個月內為之。

⑺作用性質：訴願係行政上的程序，故訴願之決定在性質上屬行政權作用，或行政行為；行政訴訟則由司法機關之行政法院管轄，依司法程序審理，故在性質上屬司法權作用，或司法行為。

訴願與行政訴訟雖有上述各項區別，但二者關係至為密切。具體言之，即行政救濟制度在我國採訴願前置主義，以訴願為行政訴訟的先行程序。在此種情形下，則訴願與行政訴訟所審理者為同一事件，而行政訴訟乃以訴願決定為基礎進行審理，故構成訴願的覆審制度。

第三節　聲明異議制度

我國行政爭訟制度有不同的途徑，至行政訴訟階段制度固然統一，但在由行政機關管轄階段，則常有各種行政法規作特殊規定，就專業行政法關係的爭訟方面，不適用正規訴願程序，而適用其他辦法處理，或以其他辦法作為訴願的先行程序。此等方式即為廣義訴願的範圍，其中以聲明異議制度在各種專業行政法規方面採用較多，例如行政執行法、稅捐稽徵法、關稅法、兵役法施行法、專利法、商標法、及海關緝私條例中均採此制。茲依據各種法律規定，對此制的內涵作綜合分析如下：

㈠聲明異議為一種法定制度：對於聲明異議雖無統一的法令作為依據，但既有各種法令加以規定，則此種措施自為一種法定制度，而與無法令規定的申訴方式自不相同。且因有法令規定，則人民依法享有聲明異議的權利，主管機關亦負有受理的義務，此為法定制度應有的法律效果。

㈡聲明異議構成訴願的先行程序：各種專業行政法規採行聲明異議制度，在原則上並不排斥訴願制度的適用，而是以聲明異議作為提起訴願的先行程序；人民依法提出異議經主管機關就該案進行復查（亦稱再審查），作成決定之後，如仍不服復查的決定，尚可提起訴願。例如稅捐稽徵法第三十五條第五項規定「前項期間（復查決定期間）屆滿後，稅捐稽徵機關仍未作成決定者，納稅義務人得逕行提起訴願」。同法第三十八條第一項規定「納稅義務人對稅捐稽徵機關之復查決定，如有不服，得依法提起訴願及行政訴訟」。以聲明異議作為訴願的先行程序，乃因前者較訴願猶為簡便，可使爭議迅速獲得解決，故有採行的價值㉑。

㈢聲明異議乃以原處分機關為管轄機關：聲明異議係由人民對各種行政業務案件的原處分機關提起，且以一次為限，故無管轄等級的規定，原處分機關即為管轄機關。例如稅捐稽徵法第三十五條第一項規定「納稅義務人對於核定稅捐之處分如有不服，應依規定格式，敘明理由，連同證明文件，依左列規定，申請復查：⋯」。專利法第四十一條規定「公告中之發明，任何人認為有違反本法第四條⋯⋯之規定⋯⋯得自公告之日起三個月內，備具申請書附具證件向專利局（中央標準局）提起異議請求再審查（亦即復查）」。海關緝私條例第四十七條規定「受處分人不服前條處分者，得於收到處分書後十日內，以書面向原處分海關聲明異議」。由上述三種法令規定，可知聲明異議的受理機關均為原處分機關，而非其上級機關。由原處分機關管轄的優點有三，即㈠該機關對有關案件最為瞭解；㈡予原處分機關以自行復查機會，如發現確有違誤，即可直接矯正；㈢對人民而言，無管轄機關的認定問題。至於缺點方面，即復查結果可能受原處分機關主觀意見的影響，不能保證客觀公正；但即使有此種情事發生，人民尚可提起訴願。

㉑ 按舊「海關緝私條例」第三十二條曾有規定不服「聲明異議」之決定者，得不經訴願程序逕行提起行政訴訟，即以之「與訴願平行」，而取代訴願程序，惟現已修正為訴願之先行程序。見涂懷瑩著，行政法原理（下冊），第六二一頁。

願，故聲明異議在實際上具有其可行性，等於賦予人民一次簡易申訴的機會。因「聲明異議」係由原處分機關管轄，而訴願係由原處分機關之上級機關管轄為原則，故在理論上稱前者為「自省救濟制度」，後者為「階段救濟制度」㉒。

㈣聲明異議須以行政處分為標的：人民提出異議的事件，即為行政機關就各種行政業務案件所作之決定，亦即原行政處分。故除具體的行政處分之外，不得以行政機關制頒的法規、宣布的政策、擬定的計畫為標的，此種情形與訴願完全相同。在實例方面，例如稅務機關核定的應納稅額、專利主管機關審定的發明專利、商標主管機關審定的商標、兵役機關核定的申請免役或緩征案件等均構成其標的。至於所謂「行政機關」，自然可將中央及地方行政機關包括在內為原則，惟實際上尚須依據各別法規的規定以認定所涉及行政機關的範圍。

㈤聲明異議須有特別法令依據：前已言之，聲明異議並無統一的法令規定，而是由各種專業行政法規分別加以規定，故僅能就法令有明確規定的專業行政案件以聲明異議方式尋求救濟。反之，若未規定得聲明異議者，即不能採行此種方式，僅得以一般申訴方式或按正規訴願程序尋求救濟。可知聲明異議雖為常見的一種行政救濟途徑，但並非普遍實施的制度。

㈥聲明異議係以對原處分不服為理由：此種情形與提起訴願的理由大致相同，惟提起訴願的理由在訴願法中有更為明確的規定，即指行政處分的「違法不當」而言。至於各種專業行政法規對聲明異議的理由，並未特別指明係因原處分的「違法不當」。不過，就實質方面分析，當事人對原處分「不服」，自仍不外係以原處分的違法不當為導因，故法規是否特別就「違法不當」作明確規定，對聲明異議提出理由的範圍並無影響。

㈦聲明異議的提出及處理均有法定期間的限制：法定期間限制的設定，亦係基於行政效率的要求，俾使有關的法律關係得以早日確定，行政處分的內容得以迅速實現。惟如前所言，聲明異議既無統一法令規定，則各種行政法規所定期間長短不一。例如就提出異議的期間而言，最短者如海關緝私條例第四十七條規定「於收到處分書後十日內，以書面向原處分海關聲明異議」。最長者如專利法第四十一條規定「……得自公告之日起三個月內，備具申請書，

㉒ 張劍寒著，「訴願與聲明異議」，憲政思潮季刊，第十五期，第一三三頁。

附具證件，向專利局提起異議，請求再審查」。再就主管機關進行復查的法定期間而言，亦屬長短不等，例如行政執行法第九條第二項規定「前項聲明異議，執行機關認其有理由者，應即停止執行，並撤銷或更正已為之執行行為；認其無理由者，應於十日內加具意見，送直接上級主管機關於三十日內決定之」。又如稅捐稽徵法第三十五條第二項規定「稅捐稽徵機關對有關復查之申請，應於接到申請書後二個月內，復查決定，並作成決定書，通知納稅義務人」。上述有關聲明異議的提出及復查的兩種法定期間，前者直接與當事人的法定權益有關，後者則比較著重於機關內部行政效率的要求方面，兩者的總合即為有關案件處理的整體時效限制。

㈧聲明異議須採要式行為方式：聲明異議既涉及當事人的權益並足以對行政機關原處分的效力發生影響，自應以慎重的方式行之，故各種行政法規對此種案件的提出及決定，均要求採書面方式。此種文書，在人民方面即為申請書、理由書、或異議書等；在主管機關方面即須作成決定書或審定書，以完成其法定程式。例如專利法第四十一條即規定聲明異議須「備具異議書」；又如關稅法第二十三條第一項規定「……依規定格式，以書面（異議書）向海關聲明異議」；又如免役禁役緩征緩召實施辦法第五十九條規定申請複核須「填具複核申請書」等均是。

㈨聲明異議期間以不停止原處分的執行為原則：聲明異議制度建立的目的，雖在於維護人民的權益，及矯正行政機關違法不當的處分；但為避免聲明異議程序干擾原處分的執行，影響政府機關公權力的行使起見，故在異議提出後，以不停止原處分的執行為原則，此種規定與訴願制度相同，而且更為明確具體。例如免役禁役緩征緩召實施辦法第六十條規定「在免役、禁役、緩征、緩召申請複核期間，除特殊情形者外，不得停止征集或召集之執行……」。又如行政執行法第九條第三項規定「行政執行，除法律另有規定外，不因聲明異議而停止執行。但執行機關因必要情形，得依職權或申請停止之」。此等規定均屬有原則亦有例外，可謂具有適度彈性的法制。

㈩聲明異議案件採「書面審理」方式：聲明異議案件提出後，原處分機關即根據當事人的申請書及證明文件進行復查。且聲明異議既係向原處分機關提出，由其自行復查，程序較為簡便，則更少可能採取「言詞辯論」方式，故各種有關法規對此根本無所規定。惟因各種專業行政案件性質的不同，所以對某些類別案件，在「書面審理」之外，主管機關尚可能採行其他必要的措施，例如專利法第四十四條規定對於異議案件的處理，得令申請人「於六個月內到局面詢或實驗」；此等措施的採行，均在彌補「書面審理」方式的不足，使復查的結果能夠客觀公允。此外，在行政程序法制定施行後，該法有關行政程序上的規定，對聲明異議案件的處理亦應有其適用的必要。

以上十項內容，主要係對聲明異議制度的性質與處理方式所作分析，由此可知此種制度除受理機關及復查次數與訴願不同外，在其他方面兩者已十分接近。因之，聲明異議制度的採行，在實質上使部分專業行政的爭議案件，在行政機關的管轄階段，增加一次人民申訴的機會。至於復查的結果，若認為人民的異議為有理由時，亦可能導致原處分的撤銷或變更，故對維護人民權益與貫澈法治行政原則，均可發揮具體的功效。總之，現代國家在行政權擴張的趨勢下，行政爭訟案件的業務量亦同時增加，且此等案件多具有專業技術性，由原處分機關以「聲明異議」制度加以處理，足以簡化爭訟處理程序，減輕訴願管轄機關的業務負荷，此為「聲明異議」制度漸被普遍採行的原因，亦足以說明此制所具之價值㉓。惟亦有意見認為從簡化行政救濟程序的觀點，應廢除此種先行程序，並改變訴願管轄層級，允許當事人直接向原處分機關提起訴願者。

第四節　訴願的要件

第一項　訴願要件的類別與規定方式

㈠一般要件與特別要件：所謂訴願的要件，乃是訴願案件有效提出所應具備的條件。具體言之，係指就何種事件在何種情形下，始得提起訴願而言；亦即指構成訴願原因的主觀與客觀條件。通常以條件的內容與適用範圍的不同，可區分為一般要件與特別要件兩部分。前者係指一切訴願事件均須具備的共同要件；後者係指各別訴願事件，在一般性共同要件外，尚須單獨具備的特殊要件而言㉔。

㉓ 康炎村著，行政法精義，高雄，自刊，七十年版，第一九一頁。

㈡訴願要件的規定方式：各國法制對訴願要件的規定方式，不盡相同，大致有概括主義與列舉主義之分。我國現行訴願法係採概括主義，其第一條規定「人民對於中央或地方機關之行政處分，認為違法或不當，致損害其權利或利益者，得依本法提起訴願」。惟其他行政法規方面，有採列舉主義，明定何種事件得提起訴願者，例如商標法第四十四條規定「商標註冊申請人對於駁回之審定或……撤銷審定處分有不服時，得……依法提起訴願」。又如全民健康保險法第五條第三項規定「被保險人及投保單位對爭議案件之審議不服時，得依法提起訴願……」等均是；亦有法規對有關事項並無規定，即認為在原則上可依訴願法之規定，提起訴願者；另有法規對具有一般訴願要件的事件，規定提起訴願前，應於特定期間內，履行一定之先行程序者（參閱前述聲明異議部分之說明）；或明定其不得提起訴願，或規定採用其他行政救濟方法者，此種情形以往主要在軍政法規方面具有實例，如舊兵役法施行法、及軍事徵用法均是㉕。對於此種排斥訴願制度適用的規定，國內學者早有違憲的批評，至八十七年六月二十六日大法官會議作成釋字第四五九號解釋，認為兵役案件的裁定（處分），對役男憲法上權利有重大影響，應允許人民提起訴願，此後在軍政法規方面已無排斥訴願制度適用的情形存在。因此，就實際情形而言，各種行政爭議事件雖已具備訴願的一般要件，但究竟是否得以直接提起訴願，仍須取決於各種行政法規有無特別規定的情形，惟在基本上不得排斥訴願及行政訴訟制度的適用。至於兩種規定方式之優劣如何，尚難遽下論斷。茲就兩者的優劣點分析言之：

⑴概括主義的優劣點：可分別列舉如下㉖：

①優點：1.所定條件富有彈性，可適應社會變遷及情況複雜的各種事件。2.可使人民充分利用訴願制度，確

㉔陳鑑波著，前揭書，第四四一、四四六頁。

㉕兵役法施行法第六十九條「採取複核制而不許提起訴願（行政院臺四十七年訴字第二七〇四號），亦無禁止人民提起訴願之明文」。見翁岳生著，行政法與現代法治國家，第三七五頁。另據司法院院字第一八五〇號解釋稱兵役事件應依有關兵役法令處理，不得援引訴願法提起訴願。

㉖成田賴明著，現代行政法，第二九四頁。

保其權益，並有助於擴大行政爭訟制度的實施。

②缺點：1.條件寬泛，與他種行政救濟方法不易區分，將使人民無所適從，或加以濫用。2.條件不夠確定，使同一爭議事件可依訴願或通常申訴方式提出，而法律效果不同，使機關與人民雙方可任意選擇有利的方式，而致訴願制度難以充分發揮其作用，且易生避重就輕或投機取巧等流弊。

⑵列舉主義的優劣點：可分別說明如下[27]：

①優點：即對訴願的各種要件均有明確規定，使人民的請求與機關處理，均不致感到困惑，得以選擇確定的方式，發生確定的效果。

②缺點：即對訴願的各種條件作硬性規定，限制較嚴，缺乏彈性，難以適應日趨繁複之社會情況的需要；而人民對訴願制度，亦將不易充分利用，不足以發揮其功效。

就我國的情形而言，係在普通法（訴願法）中採概括主義規定，在特別法（各種行政法規）中採列舉主義規定，在優劣點方面有互補作用，足以適應一般性與特殊性的需要。

第二項　訴願的一般要件

所謂訴願的一般要件，如前所言，乃是所有訴願案件所應具備的共同要件。自理論方面而言，亦即根據訴願制度的涵義與作用並針對訴願法制的規定所作解釋，對提起訴願所應具備條件的分析說明。就我國制度而言，訴願的一般要件見於前述訴願法第一條的規定（該條第一項稱「人民對於中央或地方機關之行政處分認為違法或不當，致損害其權利或利益者，得依本法提起訴願」），茲就其所定內容，將訴願一般要件的構成分項解釋如下：

㈠得提起訴願的主體為「人民」：訴願制度既係為人民提供的申訴途徑，故依據訴願法規定，訴願之主體為人民，亦稱訴願人或訴願當事人。所謂「人民」，不限於一般自然人個人，即法人或非法人團體或商號，亦均享有訴願

[27] 管歐著，中國行政法總論，第五〇二頁。

權（惟不以處分的相對人為限，尚包含利害關係人在內）。在本國內之外僑及外國法人如其本國與我國有條約關係者，亦得為訴願人。至於公務人員及政府機關原認為不得提起訴願，因以往國內實務界的傳統觀念認為公務人員身分不同，其與國家間具有特別權力關係，且係置身於隸屬系統之下，如其所受行政處分與身分職務有關，即不得提起訴願，僅得以申訴方式，向上級機關請求補救；如所受處分與身分職務無關者，始得以一般人民身分依法訴願，惟目前對此種限制在理論及實務上均有放寬的趨勢。具體言之，大法官會議近年來針對有關問題先後作成十項左右的解釋，其重心即在強調行政爭訟乃憲法賦予一般人民的基本權利，公務人員亦應享有。公務人員於受到政府機關對其所作不利處分後，除屬於機關內部管理關係者外，均應予以申訴並尋求司法保護的機會，故公務人員目前已可依法提起訴願及行政訴訟。就行政機關而言，因其屬國家行政系統的構成單位，亦即等於國家本身，故在一般情形下不得對上級所作行政處分提起訴願，僅得陳述不同意見而已；其得為訴願人的情形，限於為財產權主體或處於與人民相同地位時，就有關爭議事件始得提起訴願[28]。另訴願法在八十七年修正後，對公共團體的訴願權有明確規定，即該法第一條第二項稱「各級地方自治團體或其他公法人對上級監督機關之行政處分，認為違法或不當，致損害其權利或利益者，亦同」。

㈡須以中央或地方機關的行政處分為標的：因行政處分性質的行為，固然主要係由行政機關作成，但政府其他機關在業務上亦有作成行政處分的可能，則此種行政處分如有違法或不當情形，自亦應構成訴願的標的，故訴願法第一條所稱中央或地方機關並不限於行政機關。至於所謂地方行政機關，無論為官治或自治行政機關均包括在內。此外，行政機關構成員之私人行為，並非訴願的標的。現行訴願法對所謂「行政處分」一詞有解釋性的規定，其第

---

[28] 司法院解字第三六一四號解釋（訴願主體不以相對人為限）。司法院院字第二六一九號解釋（人民團體或其職員得為訴願之主體）。行政院二十二年八月廿八日二四五六號解釋（行政官署以財產權主體資格得提起訴願）。惟大法官會議釋字第四〇號解釋，又持不同意見。司法院院字第三二一、三三一、三三九、三四七、及一二八五號解釋（均認為公務員不得提起訴願）。司法院院解字第三六〇三號解釋（外僑得提起訴願）。

三條稱「本法所稱行政處分，係指中央或地方機關就公法上具體事件所為之決定或其他公權力措施而對外直接發生法律效果之單方行政行為。前項決定或措施之相對人雖非特定，而依一般性特徵可得確定其範圍者，亦為行政處分。有關公物之設定、變更、廢止或一般使用者，亦同」。可知訴願法在八十七年修正後，對行政處分的解釋範圍業已擴大，包括各種具有公權力作用的單方行政行為及「一般行政處分」在內。且其效果不以公法效果為限，亦有附帶發生私法效果者。就政府各種機關而言，除考試機關一向視同行政機關，因其為實質意義的行政機關，故有行政處分作成外㉙，其他機關所作具有公權力作用的單方行政行為，自亦應視為行政處分。此外，所謂行政處分不以積極行為為限，從保障人民權益的觀點著眼，消極行為亦應包含在內，同樣構成訴願的標的，故訴願法第二條規定「人民因中央或地方機關對其依法申請之案件，於法定期間內應作為而不作為，認為損害其權利或利益者，亦得提起訴願」。

㈢須其處分有違法或不當情事：茲分析言之。

⑴須為行政處分：行政機關的行政行為有各種類別，其中主要以行政處分得為訴願標的（參閱前述對行政處分的解釋）。如非行政處分，而為雙方行為或合同行為、國家政策、行政法規、無相對人之行政行為、準法律行為、非行政性質之司法事件，及私法契約等均不得提起訴願。同時，即使為行政處分，若法令另有規定者，仍不得訴願，例如單純軍隊（非軍事行政機關）之行為及前述各種專業行政法規所作特殊限制之情形等均是㉚。

⑵須其內容有違法或不當情事：所謂違法係指違反法令之規定而言；所謂不當係指內容雖非違法，但屬不合理不適宜或有害公益而言，此兩種情形的區別與羈束裁量及自由裁量處分的區別有密切的關聯㉛。且以違法或不當為

㉙ 司法院院字第二八一〇號解釋稱「依考試法舉行之考試，對於應考資格、體格檢核，經決定不及格者，自屬行政處分。其處分違法或不當者……應考人得提起訴願」。

㉚ 王潔卿著，前揭書，第八七—八九頁。

㉛ 林紀東著，訴願及行政訴訟，第三二頁。司法院院字第三五四號解釋稱「所謂違法處分，係指行政處分之違反法規者而言；若於行政法規並無違反，而實際上有害公益者，則為不當處分」。

理由提出訴願，僅以訴願人自身的主張（主觀認定）為已足。至於在實質上是否確有違法或不當情事，自須經受理機關審查後始能認定，故非提起訴願的要件。此外，違法或不當的情事，在訴願程序上具有不同的效果，即對不當處分的爭訟，以訴願的決定為終點；而對違法處分的爭訟，於訴願後，尚可提起行政訴訟（參閱訴願法第九十條及本編第三章行政訴訟部分說明）。

㈣須人民權益受到損害：行政機關作成行政處分後，須確已或足以對當事人的權益造成損害，則直接遭受損害的人民，始得提起訴願，其僅間接受到影響者，則不得訴願。惟個人雖無訴願權，若係代表公共意思或團體者，仍得為訴願。至所謂權益，除各種法定權利外，尚包括猶未構成權利之一切物質與精神上的利益在內。至於損害的造成，有無故意或過失，均非所問。惟權利或利益因違法或不當處分所致之損害，若屬無法補救時，則提起訴願既無實益，應不予受理㉜。

㈤須其權益損害的發生與違法或不當處分具有因果關係：若非由於違法或不當處分所致之損害，或其處分雖屬違法或不當，而並不足以造成權益的損害時，均不得提起訴願。惟違法不當處分祗須「足致損害人民之權益，即已構成訴願之要件，而不以實際上已有具體損害之發生者為限」。至於如僅涉及影響人民「反射利益」的事件，即不得提起訴願；但法律亦可能有例外規定，例如專利法及商標法規定關於違反該兩法的事件，異議人或舉發人對於主管機關所為審定不服時，得依法提起訴願，此種規定具有類似「公眾訴願」的效果㉝。

此外，雖具備上述各項訴願的要件，但是否提起，人民有自由決定之權。因訴願乃人民之權利，就其性質而言，

㉜ 王潔卿著，前揭書，第八四頁。司法院院字第三七二號解釋稱「官署違法或不當處分，不問其為積極或消極，祇要其處分足致損害人民之權利或利益者，即得提起訴願」。司法院院字第二八一〇號解釋惟為訴願決定時，已屬無法補救，訴願顯無實益者，應不受理。

㉝ 司法院院字第三七二號解釋。吳庚著，行政爭訟法論，自刊，八十八年版，第二九三頁。蔡志方著，新訴願法與訴願程序解說，自刊，八十八年版，第三三頁。

行使與否政府不必積極干預㉞。至於提起訴願時，訴願書製作之內容及附件等，僅係訴願的法定程式，並不構成提起訴願的實質要件（參閱次項說明）。

第三項　訴願的形式要件

訴願係針對違法不當行政處分所提出之申訴，其結果足以對行政機關的措施及人民的權益發生實質法律效果上的影響。故提起訴願不僅應十分慎重，且須以要式行為為之，此種「方式」即為訴願的「形式要件」。此即訴願人於提起訴願時，依法應具備訴願書，且其製作應依法定程式，載明下列事項，並由訴願人署名。訴願法第五十六條對訴願書的內容有明確規定稱「訴願應具訴願書，載明左列事項，由訴願人或代理人簽名或蓋章：

㈠訴願人之姓名、出生年月日、住、居所、身分證明文件字號。如係法人或其他設有管理人或代表人之團體，其名稱、事務所或營業所及管理人或代表人之姓名、出生年月日、住、居所。

㈡有訴願代理人者，其姓名、出生年月日、住、居所、身分證明文件字號。

㈢原行政處分機關。

㈣訴願請求事項。

㈤訴願之事實及理由。

㈥收受或知悉行政處分之年、月、日。

㈦受理訴願之機關。

㈧證據。其為文書者，應添具繕本或影本。

㈨年、月、日。

訴願應附原行政處分書影本。

㉞ 司法院院字第八七四號解釋。

依第二條第一項規定提起訴願者（即依法申請案件）、第一項第三款（即原行政處分機關）、第六款（即收受或知悉行政處分之年月日）所列事項，載明應為行政處分之機關、提出申請之年、月、日，並附原申請書之影本及受理申請機關收受證明」。

其次，關於二人以上對於同一原因事實之行政處分共同提起訴願時，應由訴願人選出三人以下之代表，並提出文書證明。至於訴願人或參加人委任代理人進行訴願時，則應提出委任書，對此等事項，新舊訴願法的有關規定大致相同㉟。

訴願書僅為形式要件，並非實質要件，故若未具備此種形式要件或其內容不完整，亦即訴願書不合法定程式而其情形可補正者，受理機關不應逕予駁回，僅得發還訴願人令其於一定期間內補正，逾期不補正者即不予受理；未逾期者於補正後，視為自始具備合法程式（見訴願法第六十二及七十七條第一項第一、二款之規定）。前述逾期不為補正，亦未聲明原因者，固應駁回其訴願，「但此之所謂不合法定程式，當指此種法定程式之欠缺，足認其不備訴願要件者而言，如程式上之瑕疵，並不影響訴願之要件，則縱令訴願人怠未補正，亦難遽謂其訴願為不合法，訴願官署自應仍予受理。」此外，發還更正業已逾期，如尚未駁回，訴願人於此時依法更正仍應受理㊱。

第五節　訴願的管轄機關

訴願制度兼具行政監督與行政司法性質類似司法訴訟，其裁決結果將對當事人及各關係機關發生法定拘束力，具有對行政處分合法效力的確認或矯正改廢作用。故對其管轄機關應作符合政府層級體系的適當安排，始能發揮訴願制度的實際功效。具體言之，所謂訴願的管轄機關，係指對訴願案件有受理權限的機關而言。由於訴願屬行政權作用，故此等管轄機關在基本上主要均為行政機關，惟訴願制度因有管轄等級的規定，則其管轄機關亦應按照管轄

㉟ 朱舜訓著，前揭書，第五五頁。參閱訴願法第二十二及三十四條規定。

㊱ 司法院院字第七一〇號解釋。及行政法院五一年判字第四三三號判決。

等級加以決定。茲依據訴願法，將其管轄機關及管轄等級制度分述如下：

第一項　管轄機關的列舉規定

現行訴願法第四條對管轄機關係採取列舉式規定，就管轄機關按管轄等級的劃分列為八項，包括中央及地方政府機關的管轄等級在內，茲分述之：

㈠不服鄉、鎮、市公所之行政處分者，向縣（市）政府提起訴願。

㈡不服縣（市）政府所屬各級機關之行政處分者，向縣（市）政府提起訴願。

㈢不服縣（市）政府之行政處分者，向中央主管部、會、行、處、局、署提起訴願。

㈣不服直轄市政府所屬各級機關之行政處分者，向直轄市政府提起訴願。

㈤不服直轄市政府之行政處分者，向中央主管部、會、行、處、局、署提起訴願。

㈥不服中央各部、會、行、處、局、署所屬各機關之行政處分者，向各部、會、行、處、局、署提起訴願。

㈦不服中央各部、會、行、處、局、署之行政處分者，向主管院提起訴願。

㈧不服中央各院之行政處分者，向原院提起訴願。

第二項　管轄機關認定的補充原則

訴願法對管轄機關除按管轄等級作上述列舉式之基本規定外，為彌補列舉式規定的不足，便於解決有關管轄機關認定問題，並於第五至十三條以概括的規定加以補充，提出下列各項原則：

㈠人民對於前條（第四條）以外之中央或地方機關之行政處分提起訴願時，應按其管轄等級，比照前條之規定為之。訴願管轄，法律另有規定依其業務監督定之者，從其規定。（第五條）

㈡對於二以上不同隸屬或不同層級之機關共為之行政處分，應向其共同之上級機關提起訴願。（第六條）

㈢無隸屬關係之機關辦理受託事件所為之行政處分，視為委託機關之行政處分，其訴願之管轄，比照第四條之規定，向原委託機關，或其直接上級機關提起訴願。（第七條）

㈣有隸屬關係之下級機關依法辦理上級機關委任事件所為之行政處分，為受委任機關之行政處分，其訴願之管轄，比照第四條之規定，向受委任機關或其直接上級機關提起訴願。（第八條）

㈤直轄市政府、縣（市）政府或其所屬機關及鄉（鎮、市）公所依法辦理上級政府或其所屬機關委辦事件所為之行政處分，為受委辦機關之行政處分，其訴願之管轄，比照第四條之規定，向受委辦機關之直接上級機關提起訴願。（第九條）

㈥依法受中央或地方機關委託行使公權力之團體或個人，以其團體或個人名義所為之行政處分，其訴願之管轄，向原委託機關提起訴願。（第十條）

㈦原行政處分機關裁撤或改組，應以承受其業務之機關，視為原行政處分機關，比照前七條之規定，向承受其業務之機關，或其直接上級機關提起訴願。（第十一條）

㈧數機關於管轄權有爭議，或因管轄不明致不能辨明有管轄權之機關者，由其共同之直接上級機關確定之。無管轄權之機關就訴願所為決定，其上級機關應依職權或依申請撤銷之，並命移送於有管轄權之機關。（第十二條）

㈨原行政處分機關之認定，以實施行政處分時之名義為準。但上級機關本於法定職權所為之行政處分，交由下級機關執行者，以該上級機關為原行政處分機關。（第十三條）

㈩訴願人應將訴願書經由原行政處分機關層轉向其直接上級機關提起訴願（第五十八條第一項）。如訴願人誤向其他機關作不服原行政處分之表示者，視為自始向訴願管轄機關提起訴願。前項收受（訴願書）之機關應於十日內將該事件移送於原行政處分機關，並通知訴願人。（第六十一條）

由上述列舉式與補充原則兩部分的規定觀察，可知我國訴願法對管轄機關的認定，係以原處分機關的直屬上級機關為原則。在例外情形，原處分機關無直屬上級機關者，則以原處分機關本身為管轄機關。此即以隸屬關係為管轄機關認定的主要標準。惟在此項基本原則之外，亦兼採主管職權的標準，此種標準適用於以中央部、會、署為管轄機關的情形，因此等機關乃屬國家專業行政的最高主管機關，基於其在專業行政方面的重要性，故列為對地方政府行政處分的訴願管轄機關。總之，前述列舉式規定所顯示之管轄等級，亦不失為有關管轄機關認定的簡便標準，此即按政府機關組織系統，將各級政府機關劃分為五種等級，以鄉鎮公所為第一級、直轄市政府與縣市政府所屬各局處為第二級、直轄市政府與縣市政府為第三級、中央部會署為第四級、中央各院為第五級，而訴願管轄機關的認定，即自第二級機關開始逐級向上推移，至第五級為止，訴願管轄層級於此終止。

第三項　訴願審議機構的組織與作業

由於訴願案件的審議，具有準司法作用的性質，故不宜由獨任制的機關單獨裁決；為期裁決的結果符合客觀公正原則，避免官官相護的流弊，自應設置具有獨立性職權的合議制機構負起審議裁決的職責。因此，目前有不少國家對此種機構均採取「行政委員會」的組織型態，即設置審議委員會掌管訴願審議業務。我國以往訴願法中，對訴願審議委員會的設置即有規定，但僅作原則性的提示，至八十七年修法後，對有關事項較為重視，共有四條條文作基本規定如下：

第五十二條規定「各機關辦理訴願事件，應設訴願審議委員會，組成人員以具有法制專長者為原則。

訴願審議委員會委員，由本機關高級職員及遴聘社會公正人士、學者、專家擔任之；其中社會公正人士、學者、專家人數不得少於二分之一。

訴願審議委員會組織規程及審議規則，由主管院定之」。

第五十三條規定「訴願決定應經訴願審議委員會會議之決議，其決議以委員過半數之出席，出席委員過半數之同意行之」。

第五十四條規定「訴願審議委員會審議訴願事件，應指定人員製作審議紀錄附卷。委員於審議中所持與決議不同之意見，經其請求者，應列入紀錄。

訴願審議經言詞辯論者，應另行製作筆錄，編為前項紀錄之附件，並準用民事訴訟法第二百十二條至第二百十九條之規定」。

第五十五條規定「訴願審議委員會主任委員或委員對於訴願事件有利害關係者，應自行迴避，不得參與審議」。

上列四條規定，自然無法滿足規範各機關訴願審議機構組織及業務的需要；所以，長期以來即在訴願法中（現行法第五十二條第三項）規定授權各主管院訂定子法對所屬各級機關就有關事項作細節性的補充規定，各主管院依據此種授權，遂各自訂頒相關子法，以便對其組織體系的所屬機關統一規範適用。例如行政院、考試院、司法院及監察院約自民國六十年代開始均先後訂頒各該院及所屬各級機關適用的「訴願審議委員會組織規程」及「訴願審議委員會審議規則」兩種法規施行，地方政府方面亦均相繼訂定有關法規以應實際需要，惟各機關所訂頒的此等子法內容可謂大同小異。就行政院方面而言，該院於民國六十一年訂定發布「行政院暨所屬各級行政機關訴願審議委員會組織規程」（以下簡稱組織規程），至八十四年二月共修正五次；另於六十九年訂定「行政院暨所屬各級行政機關訴願審議委員會審議規則」（以下簡稱審議規則），至八十二年二月曾修正一次。訴願法於八十七年修正後，對此兩種子法內容自然有所影響，故目前此兩種子法均已於八十九年五月十九日重新修正。茲暫以上開行政院所頒兩項子法為基準，將訴願審議委員會組織及作業情形提供扼要說明如後：

㈠設置及職權：依據「組織規程」第二條規定「行政院暨所屬各級行政機關為辦理訴願事件，應設訴願審議委員會（以下簡稱訴願會）。前項訴願會兼辦本機關督導所屬機關訴願業務之幕僚作業事項」。按在各級行政機關中，有權（或需要）設置訴願會的機關，均為有訴願管轄權的機關，地方基層單位自無設置的必要。訴願會的職權，以辦理本機關所受理訴願案件的審議為主體，同時兼辦督導所屬機關訴願業務的幕僚作業事項。其職權性質屬行政司法作用，亦即行政裁決權的行使，惟對本機關而言，仍為幕僚單位。

㈡組織編制：訴願會採委員會體制，關於委員會的組成，依「組織規程」第三條規定「各機關應依其業務需要訂定訴願會編組表，列明職稱、職等、員額，報經行政院核定後實施。前項編組所需專責人員，於本機關預算員額內勻用」。第四條規定「訴願會置委員五人至十五人，其中一人為主任委員，由機關首長就本機關副首長或具法制專長之高級職員調派專任或兼任；其餘委員由機關首長就本機關高級職員調派專任或兼任，並遴聘社會公正人士、學者、專家擔任；其中社會公正人士、學者、專家不得少於委員人數二分之一。委員應有二分之一以上具有法制專長。訴願會所需承辦人員，由機關首長就本機關職員中具法制專長者調派之，並得指定一人為執行秘書」。第五條規定「直轄市、縣（市）政府訴願會之組織規程，由直轄市、縣（市）政府另定之」。以上三條規定已使訴願會的組成情形相當具體，至於該會採委員會體制的原因，主要在於配合訴願審議業務所具行政司法職能的性質，以確保對訴願案件處理的客觀公允慎重，而避免主觀專斷的流弊㊲；至於委員人選除規定調派本機關具有法制專長的高級職員充任外，為擴大選任基礎，訴願法已明定應遴聘社會公正人士、學者、專家出任，且其人數不得少於委員人數的二分之一，此種規定乃在使訴願會審議案件時摒棄本位主義觀念及官官相護的不良風氣。委員會的職責主要在於審決案件，為輔佐委員會業務的推動，則會內應有幕僚單位及人員的設置，有關事項見於前引「組織規程」第三及第四條之規定，至於實際人數，則由編組表加以規定，其員額具有適度彈性。可知訴願會的編制係以設置調派或派兼人員為原則，在業務量達到相當標準時，自應有專責人員的設置；而執行秘書則屬單位的幕僚長性質，秉承主任委員的命令指示，主持會內幕僚業務的執行。

㈢開會審議作業：關於訴願會開會審議作業情形，係由「審議規則」作細節性規範，此項規則內容較「組織規程」複雜，多屬程序事項規定，全文約三十條左右，八十九年五月此項規則修訂後，因原有規定事項，部分已納入新訴願法中，現有內容多係配合訴願法本身程序所作補充，故此等事項宜與母法訴願程序部分一併說明。而本項內容除引述「審議規則」中少數重要條文外，另就行政機關訴願審議過程的傳統作業情形提出簡略陳述，俾可增進對訴願審議作業實況的瞭解。首先將「審議規則」的重要條文列舉如下：

㊲ 廣岡隆等編著，行政法學の基礎知識⑴，第二七五—二七六頁。

第六條第二項規定「訴願人向受理訴願機關提起訴願者，對於合於法定程式之訴願事件，受理訴願機關應即函請原行政處分機關於二十日內依本法第五十八條第二項至第四項規定辦理（即重新審查原處分，如不自行撤銷或變更，應儘速附具答辯書並將必要之關係文件，送於訴願管轄機關）；其逾限未陳報或答辯者，應予函催；其答辯欠詳者，得發還補充答辯」。

第八條規定「對於訴願事件，應先為程序上之審查，其無應不受理之情者，再進而為實體上之審查」。

第十條第二項規定「訴願會主任委員得依本法第六十四條規定，指定委員偕同承辦人員，聽取意見之陳述，並作成紀錄附訴願卷宗」。

第十一條規定「訴願事件經答辯完備，並踐行本法規定之審理程序，承辦人員應即擬具處理意見連同卷證，送由訴願會全體委員或三人以上分組委員審查；委員於詳閱卷證、研析事實及應行適用之法規後，核提審查意見，供審議之準備。訴願事件經原行政處分機關依本法第五十八條第三項規定陳報訴願管轄機關者（自行撤銷或變更原處分），準用前項規定辦理」。

第十二條規定「訴願事件經訴願會委員提出審查意見後，應由主任委員指定期日開會審議。前項審議，得通知原行政處分機關或其他有關機關，屆時派員到會列席說明」。

第十三條規定「訴願會會議由主任委員召集，委員應親自出席，不得由他人代理，開會時並以主任委員為主席。主任委員因故不能召集或出席時，指定委員一人代行主席職務」。

第十四條第三項規定「言詞辯論應於訴願會會議中進行」。

第二十六條規定「訴願事件無本法第七十七條規定情形（各種應為不受理決定），經審查結果，其訴願理由雖非可取，而依其他理由認為原行政處分確屬違法或不當者，仍應以訴願為有理由。原行政處分機關答辯欠詳或逾期不答辯，而事實未臻明確者，受理訴願機關得依職權調查事實逕為決定，或認訴願為有理由而逕行撤銷原行政處分，責令另為行政處分，以加重其責任」。

第二十八條規定「訴願會承辦人員，應按訴願會審議訴願事件所為決議，依本法第八十九條第一項規定，製作決定書原本，層送本機關長官依其權責判行作成正本，於決定後十五日內送達訴願人、參加人及原行政處分機關。決定書以本機關名義行之，除載明決定機關及其首長外，並應列入訴願會主任委員及參與決議之委員姓名」。

由上述「審議規則」的各項重要規定，對訴願會審議過程的作業情形，大致已可見其梗概。茲再就一般行政機關訴願會傳統上作業程序分項提出扼要補充說明如後：

(1)人民提起訴願經管轄機關受理後，在訴願會開會審議前，應先經幕僚人員及訴願會委員分組進行程序上審查，如無程序上瑕疵或不應受理情形，再進而為實體上審議。如遇法規變動處在過渡期間時，除法規別有規定外，對法規的適用，應以程序從新實體從舊為審查基準。

(2)訴願案件承辦人員，對合於程式之訴願事件，應即擬稿函請原處分機關針對訴願理由詳為舉證答辯，其逾限未答辯者，應予函催；其答辯欠詳者，得發還補充答辯。訴願事件經答辯完備後，承辦人員應即擬具處理意見連同卷證，送由訴願會全體委員或三人以上分組委員審查，委員於詳閱卷證、研析事實及應行適用之法規後核提審查意見，供審議之準備。訴願事件有調查或實地勘驗之必要時，得簽准後實施調查或勘驗。

(3)訴願會承辦人員處理訴願事件，遇有適用法規或衡酌政策有疑義時，應先簽請會商究明，發現法規或函釋事項有欠完整妥適，或下級機關業務上有缺失，應即擬具意見簽報核辦。

(4)訴願事件經訴願會委員提出審查意見後，應由主任委員指定期日開會審議。審議時得通知原處分或原決定機關，必要時並得通知其他有關機關，屆時派員到會列席說明。訴願會會議由主任委員召集，委員應親自出席，不得指派他人代理，開會時並以主任委員為主席。訴願會會議之決議，以委員過半數出席，出席委員過半數之同意行之，並得將不同意見載入紀錄，以備查考。出席委員之同意與不同意意見人數相等時，取決於主席。

(5)訴願會認為必要時，得依職權或訴願人之聲請，指定期日及處所，通知訴願人或其代表人、代理人及原處分或原決定機關派員到場為言詞辯論，並得通知其他人員或有關機關派員到場備詢。前項辯論未完備者，得再為辯論。

訴願會主席亦得命再行辯論。訴願會會議聽取說明或辯論後，主席應告知列席人員及訴願人等退席，宣布進行審議，並作成決議。訴願會會議審議訴願事件，應指定人員製作審議紀錄附卷。其經為言詞辯論者，應另行製作筆錄，編為審議紀錄之附件，並準用民事訴訟法第二百十二至二百十九條之規定。

(6)訴願會承辦人員，應按訴願會審議訴願事件所為決議，依訴願法規定，製作決定書原本，層送本機關長官依其職權判行後作成正本，送達於訴願人。訴願事件經程序上審查認為不應受理而予駁回者，其決定書除載明主文外，依訴願法規定，僅附理由，不載事實。決定書正本內容與原本不符者，除主文外，得更正之。訴願決定書之製作，應把握審決時限，力求公正適法，在認定事實方面，所據事證須合理充足，在適用法規方面，所持見解須持平允當。訴願決定書以本機關名義行之。查詢催辦之文件，得以訴願會名義行之。訴願文書派員或囑託原處分機關或該管警察機關送達者，應由執行送達人作成送達證書，採用郵務送達者，應使用訴願文書郵務送達證書。訴願文書之送達，除前項規定外，準用民事訴訟法關於送達之規定。

(7)迴避及檢討：訴願會委員或承辦人員對於訴願事件有利害關係者應予迴避。前項情形由主任委員決定之。訴願決定經撤銷者，原承辦人員應即分析檢討簽提意見，供本機關及原處分機關改進業務之參考。對於行政法院所持見解，得供處理同類事件之參考。

經由上述對法規及傳統作業情形兩部分的說明，足以對訴願會處理案件的過程獲致初步的認識，至於詳細情形將在訴願程序部分再作探討。

第六節　訴願的當事人

關於訴願的當事人，亦即訴願的主體，在前述訴願的要件部分業已概略述及，惟八十七年訴願法修正後，有關訴願當事人的規定增加，內容較前複雜涉及各項訴願的法律關係，在訴願要件部分所述事項仍嫌不足，故須依據訴願法再作完整的補充說明。

㈠訴願人的範圍及訴願能力：訴願人乃訴願的主體，為訴願當事人，亦為享有訴願權之人或得提起訴願之人。關於訴願人的範圍，在訴願要件部分除已引述訴願法第一、二兩條的規定加以說明外（亦即解釋該法第一條所稱「人民」的範圍），另在該法第十八條對得提起訴願者的範圍作有簡明扼要的規定，該條稱「自然人、法人、非法人之團體或其他受行政處分之相對人及利害關係人得提起訴願」。另根據在訴願要件部分所引述司法機關的相關解釋，說明公務人員就其個人權益事項，及行政機關立於與人民同等地位受行政處分時，亦均得提起訴願㊳。而且，訴願人不以本國人民為限，外國人民及法人團體亦得提起訴願。此外，訴願人應以具有訴願能力為原則；所謂「訴願能力」，即在訴願法律關係上的行為能力，故訴願法第十九條規定「能獨立以法律行為負義務者，有訴願能力」。此條的涵義，乃認為凡能獨立以法律行為負義務者，即有辨別事理之能力，爰明定為有訴願能力，以利其伸張權利。至於無訴願能力之人則須由其代理人代為訴願行為（參閱訴願法第二十條）。

㈡訴願代理人及代表人：關於訴願的提起，得經由代理人代為，此種代理關係可區分為「法定代理」與「委任代理」兩種情形，前者見於訴願法第二十條之規定，該條稱「無訴願能力人應由其法定代理人代為訴願行為。地方自治團體、法人、非法人之團體應由其代表人或管理人為訴願行為。關於訴願之法定代理，依民法規定」。由此條規定，可知訴願代理人與代表人之設，係為協助無訴願能力或機關團體進行訴願行為，俾使訴願的法律關係能夠透過代理人或代表人獲得合法有效的處理，並使訴願程序能夠順利進行，故代理人與代表人在訴願的法律關係上具有其重要性與必要性。

㈢共同訴願：所謂「共同訴願」，即由多數人就同一事件共同提起的訴願，其基本規定見於訴願法第二十一條，該條稱「二人以上得對於同一原因事實之行政處分，共同提起訴願。前項訴願之提起，以同一機關管轄者為限」。此種制度的採行，乃是基於訴願程序經濟原則與簡化訴願法律關係的考量，使訴願案件得以迅速合併處理，並保證訴願人對同樣的訴求能夠獲致相同的裁決結果，以符合公平正義的理想㊴，故此制的採行確具有其優點。但提起「共

㊳ 參考行政法院七十八年度判字第一四〇九號、第二〇八八號及第二三二二號判決。

同訴願」應具備法定要件，其一即須係針對「同一原因事實之行政處分」，亦即以同一行政處分為標的；其二即須以「同一機關管轄者為限」，亦即其管轄權屬於同一管轄機關；符合此兩項要件始能提起「共同訴願」。此外，共同訴願的特徵，即係由多數人共同提起，但基於程序經濟原則，應予合併處理，不宜由共同訴願人個別提起，因此須由訴願人共同選定代表人提出，其有關規定見於訴願法第二十二至二十七條，茲逐條列舉如下：

第二十二條規定「共同提起訴願，得選定其中一人至三人為代表人。選定代表人應於最初為訴願行為時，向受理訴願機關提出文書證明」。

第二十三條規定「共同提起訴願，未選定代表人者，受理訴願機關得限期通知其選定；逾期不選定者，得依職權指定之」。

第二十四條規定「代表人經選定或指定後，由其代表全體訴願人為訴願行為。但撤回訴願，非經全體訴願人書面同意，不得為之」。

第二十五條規定「代表人經選定或指定後，仍得更換或增減之。前項代表人之更換或增減，非以書面通知受理訴願機關，不生效力」。

第二十六條規定「代表人有二人以上者，均得單獨代表共同訴願人為訴願行為」。

第二十七條規定「代表人之代表權不因其他共同訴願人死亡、喪失行為能力或法定代理變更而消滅」。

根據上列各項條文規定，可知共同訴願之代表人係自共同訴願人中所產生，作為多數人之代表，其人數不以一人為限，最多可選出三人，在其所獲授權範圍內，每一代表人均得單獨代表共同訴願人為訴願行為。而代表人與共同訴願人間之代表關係，乃具有整體性，代表關係一旦有效成立後，不受共同訴願人中任何一人嗣後法律地位變動的影響。

㈣訴願參加人：訴願提起後，與訴願事件有利害關係之第三人得在訴願程序進行中參加訴願，有關事項的基本

㊴ 蔡志方著，新訴願法與訴願程序解說，自刊，八十八年版，第一九頁。

規定見於訴願法第二十八條，該條稱「與訴願人利害關係相同之人，經受理訴願機關允許，得為訴願人之利益參加訴願。受理訴願機關認有必要時，亦得通知其參加訴願。訴願決定因撤銷或變更原處分，足以影響第三人權益者，受理訴願機關應於作訴願決定之前，通知其參加訴願程序，表示意見」。根據此條規定，可知訴願參加人制度共有兩種情形，其一、因參加人與訴願人利害關係相同，為訴願人之利害而參加訴願；其二、第三人因訴願決定撤銷或變更原處分將使其權益受到影響而參加訴願。由此可知前者係為訴願人的利益而參加，是為「輔助參加」；後者則係為第三人自身的利益而參加，是為「必要參加」；故二者參加的目的有所不同。訴願制度因有訴願人與參加人兩種當事人的存在，遂使訴願的種類有所區分，一般由權利被害者直接提起的訴願，為「被害者訴願」；由與訴願人利害相同或相反的利害關係人參加的訴願，為「利害關係者訴願」；此外，尚有所謂「民眾訴願」，係指一般民眾既非「被害者」亦非「利害關係人」，均可藉訴願指控或舉發違法不當行政處分的制度；我國訴願法本身並未採「民眾訴願」，僅在專業行政法律方面（如商標法與專利法），始有有關制度的規定[40]。至於行政爭訟採用參加人制度的原因（理由），除在維護訴願人與利害關係人的權益外，尚具有程序經濟及有利澄清事實真相的目的。訴願法中有關參加人的規定，除前述第二十八條外，另有下列各項規定：

第二十九條規定「申請參加訴願，應以書面向受理訴願機關為之。參加訴願應以書面記載左列事項：一、本訴願及訴願人。二、參加人與訴願之利害關係。三、參加訴願之陳述」。

第三十條規定「通知參加訴願，應記載訴願意旨、通知參加之理由及不參加之法律效果，送達於參加人，並副知訴願人。受理訴願機關為前項之通知前，得通知訴願人或得參加訴願之第三人以書面陳述意見」。

第三十一條規定「訴願決定對於參加人亦有效力。經受理訴願機關通知其參加或允許其參加而未參加者，亦同」。

上列三項條文，前兩條均為涉及主動或被動參加的程式規定，但根據該兩條的內容，可知參加人制度的主要目

---

[40] 蔡志方著，行政救濟法新論，元照出版公司，八十九年版，第三〇—三五頁。林騰鷂著，行政法總論，三民書局，八十八年版，第五九二頁。

的，在使其作成有關訴願事件的陳述。而第三十一條則為有關參加訴願法律效果的規定，即訴願決定對參加人發生效力，無論經通知後其是否參加均應受訴願決定的拘束。

㈤委任代理人：訴願的代理關係，除有前述的法定代理人及代表人外（即直接依據法律規定所形成者），尚有委任代理人制度（亦稱「意定代理」）。所謂委任代理人，係指訴願人或參加人如因顧慮自身對法律或專業知識的不足或因事故無法親自進行訴願行為時，得委任代理人代為從事訴願行為㊶。訴願法對委任代理人制度有多項條文規定，茲列述如後：

⑴委任代理人的基本規定：訴願法第三十二條規定「訴願人或參加人得委任代理人進行訴願。每一訴願人或參加人委任之訴願代理人不得超過三人」。此即認許委任代理人制度，但設定最多人數之限制。

⑵委任代理人的資格：同法第三十三條規定「左列之人得為訴願代理人：一、律師。二、依法令取得與訴願事件有關之代理人資格者。三、具有該訴願事件之專業知識者。四、因業務或職務關係為訴願之代理人者。五、與訴願人有親屬關係者。前項第三款至第五款之訴願代理人，受理訴願機關認為不適當時，得禁止之，並以書面通知訴願人或參加人」。上開第二項規定，在於說明受理機關對代理人之資格擁有審查權；至於第一項第二款所稱「依法令」，係指各種專業法律而言，如商標法（商標代理人）、專利法（專利代理人）、及建築師法（建築師代理委託人辦理建築工程業務事項）等而言，該等法令均就特種之訴願事件，可為代理之人作有明確規定㊷。

⑶提出委任書：同法第三十四條規定「訴願代理人應於最初為訴願行為時，向受理訴願機關提出委任書」。係指委任代理人應以要式行為完成，即簽訂委任契約並作成委任書以資證明。

⑷訴願代理人的權限：關於代理權的事項訴願法有下列四條規定：

第三十五條規定「訴願代理人就其受委任之事件，得為一切訴願行為。但撤回訴願，非受特別委任不得為之」。

㊶ 陳敏著，行政法總論，自刊，八十七年版，第一〇五四頁。

㊷ 立法院議案關係文書，院總第八三〇號，政府提案第四九二九號，「訴願法修正草案」第一〇四頁。

第三十六條規定「訴願代理人有二人以上者，均得單獨代理訴願人。違反前項規定而為委任者，其訴願代理人仍得單獨代理」。

第三十七條規定「訴願代理人事實上之陳述，經到場之訴願人本人即時撤銷或更正者，不生效力」。

第三十八條規定「訴願代理權不因訴願人本人死亡、破產或喪失訴願能力而消滅。法定代理有變更、機關經裁撤、改組或公司、團體經解散、變更組織者，亦同」。

由上開第三十五條規定，可知訴願代理人權限具有完整性，就該訴願事件在原則上可為一切訴願行為，但撤回訴願（形同放棄該事件之訴願權，和解亦同），因對訴願人權益有重大影響，故須有特別委任始得為之。第三十六條規定係指認許採複數代理人制度，俾有利於訴願程序得以迅速順利進行。第三十七條規定乃在說明代理人對事實之陳述如與訴願人本人的認知不符時，應以訴願人的意見為準。第三十八條規定則在避免因訴願人方面有各種事故發生，影響代理關係消滅，導致訴願程序停滯。

(5)委任代理的解除：前已言之，代理關係不因訴願人方面各種事故的發生而消滅，若欲消滅代理關係即應解除委任契約，是故訴願法中對解除代理關係設有明文規定，其第三十九條稱「訴願委任之解除，應由訴願人、參加人或訴願代理人以書面通知受理訴願機關」。第四十條規定「訴願委任之解除，由訴願代理人提出者，自為解除意思表示之日起十五日內，仍應為維護訴願人或參加人權利或利益之必要行為」。上開第三十九條的規定，在要求解除委任亦應採要式行為，以昭慎重。第四十條規定事項則與行政訴訟法第五十四條相同，即規定解除委任如係由代理人方面提出時，則對代理人課以義務要求其在十五日內仍須為維護當事人權益採取必要的行為，俾使當事人有充分的時間準備，以便接續進行訴願行為[43]。

(六)輔佐人：訴願設輔佐人制度，乃是基於維護當事人權益的考量，使輔佐人協助訴願人進行訴願程序。換言之，訴願事件內容常係錯綜複雜，有非訴願人本人所能完全瞭解或承擔者，故設輔佐人制度，以彌補訴願人之不及；至

[43] 陳計男著，行政訴訟法釋論，自刊，八十九年版，第一四二頁。

於何者可為輔佐人，以及其到場陳述是否適當，則授權受理訴願機關得以裁量審查決定㊹。訴願法中對輔佐人事項有兩項條文規定，其第四十一條稱「訴願人、參加人或訴願代理人經受理訴願機關之許可，得於期日偕同輔佐人到場。受理訴願機關認為必要時，亦得命訴願人、參加人或訴願代理人偕同輔佐人到場。前二項之輔佐人，受理訴願機關認為不適當時，得廢止其許可或禁止其續為輔佐」。第四十二條規定「輔佐人到場所為之陳述，訴願人、參加人或訴願代理人不及時撤銷或更正者，視為其所自為」。總之，輔佐人在訴願程序上不具有獨立地位，僅得由當事人或代理人偕同其到場，其所得從事的行為，即在參與陳述及言詞辯論，但當事人及代理人對其陳述有認可之權，如不同意時得予以撤銷或更正。

第七節 訴願的期限

第一項 訴願的法定期限

訴願制度對人民提供改變原行政處分的機會，亦即可能對人民的權益及行政機關的措施發生實質上的影響；既然具有如此的重要性，所以訴願不僅須依法定方式為之，且須在一定期間之內提起。詳言之，所謂訴願的法定期限，係指法律限定人民於原行政處分書到達後，提起訴願的期間，逾越法定期間，即不得提起訴願，故亦稱不變期間。法律之所以對訴願的提起限定期間，主要具有兩種作用，即一方面在促使訴願人注意行使其權利，另一方面則在維護國家法律秩序、社會生活安定、及促進行政權的有效行使，以免行政處分的效力長期處於不確定的狀態㊺。訴願的法定期限，因所依據法令的不同，得概略區分為下列兩種：

㈠一般法定期限：此即依據訴願法第十四條規定「訴願之提起，應自行政處分到達或公告期滿之次日起三十日

㊹ 同㊷，「訴願法修正草案」，第一〇九頁。

㊺ 陳鑑波著，前揭書，第四六〇—四六一頁。

內為之。利害關係人提起訴願者，前項期間自知悉時起算。但自行政處分到達或公告期滿後，已逾三年者，不得提起。訴願之提起，以原行政處分機關或受理訴願機關收受訴願書之日期為準。訴願人誤向原行政處分機關或受理訴願機關以外之機關提起訴願者，以該機關收受之日，視為提起訴願之日」。至於依訴願法第二條規定針對中央或地方機關的消極不作為提起訴願者，則應將該條所規定「法定期間」屆滿之日，視為「行政處分到達之日」，開始計算其提起訴願之法定期間。一般訴願案件，凡法律未另定其特別期限者，均適用上述之法定期限。有關此種法定期間之規定，無論機關及人民均應遵守㊻。

㈡特別法定期限：凡訴願事件，在訴願法以外，由各種行政法規另定不同的訴願期限者，是為特別法定期限。例如商標法原規定，不服商標撤銷註冊之處分，應於六十日內提起訴願（按現行商標法第五十條規定已改為三十日內）；海關緝私條例規定「受處分人於收到前條通知書（聲明異議決定）後，得於十日內向海關總稅務司署提起訴願」等均是。基於特別法優於普通法的原則，凡有特別法定期限之規定者，自不再適用一般法定期限之規定。

第二項　訴願期限的計算

關於提起訴願法定期限的計算方法，依據訴願法第十四、十五、十六、十七條及民法之規定及司法院之有關解釋與行政法院之有關判例，可歸納出下列幾項原則：

㈠以行政處分達到之次日起算：所謂行政處分達到，係指關於行政處分之公文書或口頭通知達到作為行政客體的特定或不特定的當事人而言。至於機關處分之行政客體或原訴願人以外的利害關係人，既未受原處分書之送達，其提起訴願之期間，應自知悉之日起算。究係何時知悉，訴願人應自負舉證之責㊼。

㊻ 行政法院四十二年判字第一號判決。

㊼ 行政法院二十四年判字第七七號及三十一年判字第三號判決。司法院二十五年院字第一四三〇號解釋。同㊷，「訴願法修正草案」，第八九頁。

㈡自公告期滿之日起算：處分書或決定書如無法送達時，應準用民事訴訟法關於公示送達程序之規定辦理，即經二十日發生送達之效力，其提起訴願之期限，應從效力發生之次日起算㊽。

㈢自布告之次日起算：係指行政機關對於不特定人所為之處分，不適用送達程序，一經張貼布告，即應生效。如對該處分有所不服，其訴願期間，應自布告之次日起算（司法院院字第一八二四號解釋）。

㈣在途期間之扣除：此係指訴願人不在受理訴願機關所在地住居者，計算訴願期限，應扣除其在途期間，倘遇期間之末日為星期日、紀念日或其他休假日者，不得算入。如採郵寄方式，則郵程期間，視為在途期間，並以該郵件投遞日期郵戳所載日期即為當事人收到日期㊾。訴願法對有關事項有明確的規定，其第十六條稱「訴願人不在受理訴願機關所在地居住者，計算法定期間，應扣除其在途期間。但有訴願代理人住居受理訴願機關所在地，得為期間內應為之訴願行為者，不在此限。前項扣除在途期間辦法，由行政院定之」。

㈤有理由之逾限：訴願人因不可抗力（事變或故障），致逾期限者，得向受理訴願機關聲明理由，請求許可（舊訴願法第九條第三項）。所謂「事變或故障」，應以天災或其他不應歸責於己之事由為限。且此種逾期聲請，應於訴願決定前提出之㊿。訴願法於八十七年修正後，對有關事項有更為明確的規定，其第十五條稱「訴願人因天災或其他不應歸責於己之事由，致遲誤前條之訴願期間者，於其原因消滅後十日內，得以書面敘明理由向受理訴願機關申請回復原狀。但遲誤訴願期間已逾一年者，不得為之」。

㈥誤提訴願後期限之計算：訴願人在法定期限內，誤向非訴願主管機關提起訴願，應認為訴願已合法提起，以該機關收受之日，視為提起訴願之日（訴願法第十四條第三項）（參考司法院二十年院字第四二三號解釋）。

㈦期限內有不服表示者：訴願人提起訴願時雖已逾法定期限，但在法定期間內曾以申訴方式或聲明異議方式，

㊽ 行政法院五十七年判字第二二五號判決。

㊾ 訴願法第十條第一、二項。行政法院五十五年判字第一三號判決。

㊿ 行政法院三十六年判字第四〇號判決及三十四年判字第二三號判決。

向訴願管轄機關表示不服者，仍應以提起訴願論，予以受理，但應於三十日內補送訴願書（訴願法第五十七條）。此外，當事人在訴願法定期間內曾呈請保留訴願權者，即係聲明不服之表示，可視為已有訴願之提起[51]。

㈧期限末日之除外計算：期限之末日為星期日、紀念日、或其他休假日者，不得算入。若非在期限之末日者，自不得扣算[52]。

訴願法第十六條第二項規定「前項扣除在途期間辦法，由行政院定之」。按行政院曾於民國十九年令頒「訴願案件送達書類辦法」施行，至六十一年七月行政院發動整理法規，以現在實務上關於訴願案件書類之送達已不依該辦法之規定辦理，乃於六十一年七月三十一日以「臺六十一規字第七五七七號令」將該辦法公布廢止。至六十五年該院依據訴願法原第十條第三項之規定，發布「訴願人住居臺灣福建地區扣除在途期間表」及「訴願人住居國外扣除在途期間表」，至八十九年六月二十二日，該院將上開兩種期間表一併納入「訴願扣除在途期間辦法」作統一規定，供政府機關一體適用[53]。

第三項　逾期聲請的效力及限制

訴願案件應在法定期間內提起，始具有合法效力，而為管轄機關受理。但亦有例外情形，可對逾期提起者，予以補救的機會，此即逾期聲請許可辦法，茲就有關事項分述如下：

㈠效力：訴願之提起，如因事變或故障致逾越期限者，得向受理機關聲明理由，請求許可，亦即回復原狀。所謂事變或故障，係指發生不可抗力的情事而言（訴願法第十五條）。例如交通斷絕、戰爭、水火災及其他天然災害，或不應歸責於訴願人本身之事由的影響等均是。惟逾越期限必須與此等事變及故障間，具有因果關係始可。由受理

---

[51] 行政法院二十二年裁字第一號判決及三十年判字第一二號判決，司法院三十六年解字第三六一〇號解釋。

[52] 訴願法第十條第二項，行政法院五十五年判字第二五五號判決（參閱民法總則第一百二十二條）。

[53] 蘇良井編著，最新訴願法令判解大全，臺北，工商教育出版社，六十九年版，第二九四、二九六頁。

機關依據法令，就其所聲明之理由，為許可與否之決定。聲請許可如被駁回時，亦得就該駁回處分提起訴願[54]。

㈡限制：逾越期限之聲請許可回復原狀，並非毫無限制，其所受限制可依據法理及釋例等，分為下列數項言之[55]：

⑴聲請許可回復原狀應於事變或故障原因消滅後十日內提出申請。但遲誤訴願期間已逾一年者，不得為之。

⑵訴願人在法定期限內，不得以事變或故障或其他原因，而預先聲明不能於期間內提起訴願，以請求管轄機關於期限逾越後，准許提起訴願，亦即不得聲明保留不變期間，惟此種情形可以視為於法定期間內已有聲明不服之表示，進而視同已有訴願之提起。至於在法定期限內請求寬限補具事實及理由，管轄機關自得斟酌情形，予以許可。

⑶訴願人逾越期限之聲明，應於訴願決定前為之。既經受理機關認為逾越期限而為不應受理之決定後，始聲明事由，請求受理者，即為法所不許，應予駁回。

⑷訴願人不得向原處分機關聲請逾期訴願之許可。惟訴願人向原處分機關聲明逾期事由，請求轉報訴願管轄機關者，應予許可。

此外，尚有兩點事項值得注意者，其一、即當事人向訴願管轄機關聲明逾期事由請求許可，如未獲准而被駁回時，則當事人若認為該駁回處分違法不當，亦得對該處分提起訴願。其二、「訴願因逾越法定期限決定駁回時，若原行政處分顯屬違法或不當者，原行政處分機關或其上級機關得依職權變更或撤銷之」[56]。

[54] 朱舜訓著，前揭書，第七六頁。

[55] 管歐著，中國行政法總論，第五二三—五二四頁。司法院二十三年院字第一〇五七號解釋，行政法院二十四年判字第二二號及四十四年判字第一六號判決。

[56] 王潔卿著，前揭書，第一五二頁。訴願法第十七條第二項。見訴願法第八十條第一項規定。

第四項　訴願提起的效力

訴願案件經訴願人提出後，如經審查符合各種法定要件，則在法律上對各有關方面所具之效力及影響，可分為下列幾點言之[57]：

㈠管轄機關負有受理、加以審查並作成決定的義務。

㈡訴願經提起後，除法律有特別規定外，原行政處分的執行，於案件未決定前，在原則上並不停止；惟原處分機關或受理機關得依聲請或本於職權，先行停止執行。此即因顧慮執行後將無法回復原狀或回復有困難，或將使當事人蒙受重大損害時，所採取之權宜決定。訴願法第九十三條對此作有明確規定稱「原行政處分之執行，除法律另有規定外，不因提起訴願而停止。原行政處分之合法性顯有異議者，或原行政處分之執行將發生難以回復之損害，且有急迫情事，並非為維護重大公共利益所必要者，受理訴願機關或原行政處分機關得依職權或依申請，就原行政處分之全部或一部停止執行。前項情形，行政法院亦得依聲請，停止執行」。

㈢訴願法第五十八條規定，訴願人應經由原行政處分機關向訴願管轄機關提起訴願。該條第三項規定「原行政處分機關不依訴願人之請求撤銷或變更原行政處分者，應儘速附具答辯書，並將必要之關係文件，送於訴願管轄機關。原行政處分機關檢卷答辯時，應將前項答辯書抄送訴願人」。

㈣訴願經提起後，於決定書送達前，訴願人得自行撤回。但訴願經撤回後，不得再就同一案件提起訴願（訴願法第六十條）。如前所言，訴願的提起與否乃是人民的自由，故提起後於訴願決定前訴願人如欲撤回，自非法所不許，此種情形即表示其自動放棄訴願權，不再對該特定事件提起訴願。

㈤訴願提起後，原處分機關如認為訴願有理由而原處分不合法時，得自行撤銷或變更原處分（即另為處分）。如

---

[57] 陳鑑波著，前揭書，第四五一—四五二頁。司法院院解字第三五三九號解釋（關於停止執行）。司法院院解字第三六八八號解釋（訴願撤回）。王潔卿著，前揭書，第一五六頁。

有上級管轄機關時，並應呈報其上級機關。原處分於呈報撤銷時，即失其效力（訴願法第五十八條第二項）。

㈥訴願事件之審理，如係以其他法律關係的成立與否為前提者，亦即須以該項法律關係的是否成立為訴願決定之依據者，則受理機關自得本於職權或依訴願人之聲請，在他項法律關係確定前，停止訴願程序之進行（訴願法第八十六條）。

㈦訴願案件提起後，受理機關逾越法定期限不為決定者，訴願人得逕向高等行政法院提起行政訴訟（訴願法第八十五條第一項及行政訴訟法第四條第一項）。

第八節　訴願文書的送達

訴願案件的審理具有準司法權作用，文書的製作與提出不僅有其必要，且因文書的內容涉及各有關方面對事實的陳述與意見的表達，故文書的內容應使各有關方面有所瞭解，進而據以作適當的反應並採取必要的行動。為使各有關方面能夠瞭解文書的內容，則文書的送達至關重要；所謂「送達」在基本上乃是一種通知行為，但具有裁判權的命令作用，並構成一種強制性的「訴訟行為」(58)。且送達與否將影響法律行為效果的發生及訴願程序的進行與合法性，從而對當事人有關訴願事件的權益自然具有密切的關聯。因此，訴願法對文書的送達，即必須作明確的規範；訴願法中的有關規定主要涉及送達的執行權、方法、及對不同當事人的送達等事項，茲列述如下：

㈠送達的執行：訴願法第四十三條規定「送達除別有規定外，由受理訴願機關依職權為之」。此即說明送達乃是受理訴願機關依職權所應執行的行為。

㈡對無訴願能力者之送達：同法第四十四條規定「對於無訴願能力人為送達者，應向其法定代理人為之；未經陳明法定代理人者，得向該無訴願能力人為送達。對於法人或非法人之團體為送達者，應向其代表人或管理人為之。法定代理人、代表人或管理人有二人以上者，送達得僅向其中一人為之」。本條規定之涵義，即在說明訴願文書以向

(58) 陳計男著，前揭書，第二五三頁。

本人送達為原則，但本人如無訴願能力，則應向其法定代理人為送達，以保護其本人之利益；至於未陳明法定代理人時，則仍應向其本人送達，以免送達不合法。其次，對法人或團體為送達時，自應以其代表人或管理人為對象[59]。

(三)對外國法人或團體之送達：同法第四十五條規定「對於在中華民國有事務所或營業所之外國法人或團體為送達者，應向其在中華民國之代表人或管理人為之。前項代表人或管理人有二人以上者，送達得僅向其中一人為之」。此即比照本國法人或團體所作規定。

(四)向訴願代理人送達：同法第四十六條規定「訴願代理人除受送達之權限受有限制者外，送達應向該代理人為之。但受理訴願機關認為必要時，得送達於訴願人或參加人本人」。按訴願代理人原應有收受送達之權，但在例外情形，受理訴願機關認為必要時，此即如發現向訴願代理人送達有不利於本人之可能時，仍得逕行送達於訴願人或參加人[60]。

(五)郵務送達、派員或囑託送達：同法第四十七條第一、二兩項規定「訴願文書之送達，應註明訴願人、參加人或其代表人、訴願代理人住、居所、事務所或營業所，交付郵政機關以訴願文書郵務送達證書發送。訴願文書不能為前項送達時，得由受理訴願機關派員或囑託原行政處分機關或該管警察機關送達，並由執行送達人作成送達證書」。按訴願文書的送達，通常均以採郵務送達為原則，不能採郵務送達時，始採用派員或囑託送達之方式，但無論採何種方式，均應作成送達證書以資證明。

(六)準用行政訴訟法之送達規定：同法第四十七條第三項規定「訴願文書之送達，除前二項規定外，準用行政訴訟法第六十七條至第六十九條、第七十一條至第八十三條之規定」。按行政訴訟法此等條文的內容，係規定寄存送達、留置送達、或公示送達等其他送達之方式，以彌補前項規定之不足，俾便達成送達之目的。

---

59 同42，「訴願法修正草案」，第一一〇頁。

60 同前註，第一一二頁。

第九節　訴願的程序

訴願法本身乃屬程序法性質，其規定內容自然是以程序事項為主體，其中重要的部分包括訴願提起的程序與審議的程序，茲分項說明如後：

第一項　訴願的提起

訴願乃是行政爭訟的行為，當事人欲表達對原行政處分的不服並求行政救濟，必須主動提起訴願，使具有正當管轄權限的機關受理並進而予以審查作成決定，始能達成訴願的目的。故訴願的提起，乃是當事人對訴願程序的發動，亦為訴願程序的起點，其在訴願的整體過程上自然具有其重要性。茲將訴願法中有關訴願提起的規定逐條引述如下：

㈠訴願書的提出及其內容：訴願為行政爭訟行為，應具備法定程式，即須提出訴願書，且其內容應載明法定事項，有關規定見於訴願法第五十六條，該條稱：

「訴願應具訴願書，載明左列事項，由訴願人或代理人簽名或蓋章：

一、訴願人之姓名、出生年月日、住、居所、身分證明文件字號。如係法人或其他設有管理人或代表人之團體，其名稱、事務所或營業所及管理人或代表人之姓名、出生年月日、住、居所。

二、有訴願代理人者，其姓名、出生年月日、住、居所、身分證明文件字號。

三、原行政處分機關。

四、訴願請求事項。

五、訴願之事實及理由。

六、收受或知悉行政處分之年、月、日。

七、受理訴願機關。

八、證據。其為文書者，應添具繕本或影本。

九、年、月、日。

訴願應附原行政處分書影本。

依第二條第一項規定提起訴願者，第一項第三款、第六款所列事項，載明應為行政處分之機關、提出申請之年、月、日，並附原申請書之影本及受理申請機關收受證明」。

由本條規定，可知訴願在原則上為要式行為，不僅應提出訴願書，且訴願書的內容應載明法定事項，否則訴願的提起將因不符合程式要件，而致影響訴願提起的合法效力，並使訴願程序不能順利進行。

㈡補送訴願書：訴願人應在提起訴願的當時，即行提出訴願書，但亦有例外情形，而允許補送者。此即在訴願法第五十七條規定「訴願人在第十四條第一項所定期間（自行政處分達到或公告期滿之次日起三十日內）向訴願管轄機關或原行政處分機關作不服原行政處分之表示者，視為已在法定期間內提起訴願。但應於三十日內補送訴願書」。但本條但書所稱「三十日內」，仍應係指第十四條第一項所定之期間；至於所稱「作不服原行政處分之表示」，則應係指僅作口頭表示，如此即難以符合訴願的程式要件，自須補送訴願書始能合法。

㈢訴願書的補正：前已言之，訴願書應符合程式要件，如經受理訴願機關初步審查認為有內容方面的瑕疵，在原則上允許補正後提出，有關事項見於訴願法第六十二條規定，即「受理訴願機關認為訴願書不合法定程式，而其情形可補正者，應通知訴願人於二十日內補正」。若未能補正提出，則訴願的提出自屬無效。

㈣訴願提起的管道及處理程序：訴願法於八十七年修正後，對訴願提起的管道有所改變，舊法規定應直接向訴願管轄機關提起，修正後的規定則為應經由原行政處分機關向受理訴願機關提起，即訴願法第五十八條第一項規定「訴願人應繕具訴願書經由原行政處分機關向訴願管轄機關提起訴願」。訴願提起後的初步處理情形，見於同條第二項以下的規定，即「原行政處分機關對於前項訴願應先行重新審查原處分是否合法妥當，其認訴願為有理由者，得自行撤銷或變更原行政處分，並陳報訴願管轄機關。原行政處分機關不依訴願人之請求撤銷或變更原行政處分者，應儘速附具答辯書，並將必要之關係文件，送於訴願管轄機關。原行政處分機關檢卷答辯時，應將前項答辯書抄送訴願人」。按上述第五十八條的規定，乃是訴願提起的正常管道，其中第二項規定的目的，即在促使原行政處分機關應重新審查原行政處分並賦予主動加以撤銷或變更的機會，以提前結束訴願程序。另「行政院及各級行政機關訴願審議委員會審議規則」（以下簡稱「審議規則」）第六條對有關事項作補充規定稱「原行政處分機關收受之訴願書未具訴願理由者，應於十日內移由訴願管轄機關審理；附具訴願理由者，應於二十日內依本法第五十八條第二項至第四項規定辦理。訴願人向受理訴願機關提起訴願者，對於合於法定程式之訴願事件，受理訴願機關應即函請原行政處分機關於二十日內依本法第五十八條第二項至第四項規定辦理；其逾限未陳報或答辯者，應予函催；其答辯欠詳者，得發還補充答辯」。此項補充規定對處理訴願案件的程序提供細節上的規範，使處理程序及期限更為明確。除上述訴願提起的正常管道外，尚有後述兩種特殊情形：

⑴直接向受理訴願機關提起：訴願法第五十九條規定「訴願向受理訴願機關提起訴願者，受理訴願機關應將訴願書影本或副本送交原行政處分機關依前條第二項至第四項規定辦理」。如此將可使原行政處分機關知悉訴願的提起及訴願人的主張，仍有採取重新審查原行政處分的機會。前引「審議規則」第六條第二項的規定，亦為針對此種情形所作處理程序的規範，自應予以適用。

⑵誤向其他無管轄權機關提起：訴願法第六十一條規定「訴願人誤向訴願管轄機關或原行政處分機關以外之機關作不服原行政處分之表示者，視為自始向訴願管轄機關提起訴願。前項收受之機關應於十日內將該事件移送於原行政處分機關，並通知訴願人」。本條規定係就訴願人因對訴願管轄機關的無知或誤認，而致未能選擇正常管道提起訴願的情形所作補救的導正，同時要求收受訴願書機關直接移轉管轄，具有便民及程序經濟的意義。

㈤訴願的撤回：訴願提起的前提，一方面固然須有原行政處分違法或不當致損害人民權益的事實存在；但另一方面對是否提起訴願，則取決於人民主觀的意圖。因此，若人民於提起訴願後，不欲繼續進行訴願程序而決定撤回訴願時，其主觀意圖仍應被尊重，故訴願法第六十條規定「訴願提起後，於決定書送達前，訴願人得撤回之。訴願經撤回後，不得復提起同一之訴願」。本條規定即明確認許訴願人有撤回訴願的權利，但時間須在決定書送達前；且撤回即表示放棄對此一事件的訴願權，故一經撤回自不允許就同一事件再度提起訴願，以免訴願人出爾反爾，浪費政府行政資源，並使有關事件的法律關係陷於不確定的狀態。此外，撤回訴願有使訴願程序提前結束的效果，撤回後訴願管轄機關即無須對該事件繼續處理；「審議規則」第九條對此即作有規定稱「訴願事件經依本法第六十條規定撤回者，訴願審議委員會無須審決，應即終結，並通知訴願人及參加人」。就事理而言，此條規定可謂是撤回的當然結果。

以上所述均為有關訴願提起的形式、程序及處理事項，至於訴願提起的效力，業已在本章第七節中論及，不再贅述。

第二項　訴願的審議

訴願提起後，在初步階段，經由原行政處分機關重新審查原處分，如認為並無違法或不當情事，即應針對訴願書所述訴願理由，附具答辯書，將訴願案件移送訴願管轄機關，由該機關先作程序審查，審查事項包括當事人資格能力、代理權、管轄機關、法定程式及提起期限等，如均符合規定，即應予受理；並開始第二階段程序，即進行實體審查，是為訴願的審議，包括事實審與法律審在內。此種兩階段的審查程序，在「審議規則」中有明確規定，其第八條稱「對於訴願事件，應先為程序上之審查，其無不應受理之情者，再進而為實體上之審查」。茲將訴願審議程序分為下列各項言之：

㈠正式受理：訴願案件提起後，在經由原行政處分機關移送至訴願管轄機關時，尚不能謂已為管轄機關受理；必須通過程序上審查，認為符合各項規定，始能視為正式受理，自此時開始該訴願案件已繫屬於訴願管轄機關，即將進入審議程序。

㈡卷宗管理：訴願管轄機關於正式受理訴願案件後，首先應注意訴願文件的卷宗管理，因此等文件不僅將在審議程序中供管轄機關參考作為審理及決定的依據，並涉及當事人在審議程序上的權利，故訴願法對有關事項列有一節加以規定，其各項條文內容如下：

⑴編為卷宗：訴願法第四十八條規定「關於訴願事件之文書，受理訴願機關應保存者，應由承辦人員編為卷宗」。

⑵訴願人等請求閱覽卷宗：同法第四十九條規定「訴願人、參加人或訴願代理人得向受理訴願機關請求閱覽、抄錄、影印或攝影卷內文書，或預納費用請求付與繕本、影本或節本。前項之收費標準，由主管院定之」。

⑶第三人得閱覽卷宗：同法第五十條規定「第三人經訴願人同意或釋明有法律上之利害關係，經受理訴願機關許可者，亦得為前條之請求」。

⑷拒絕閱覽請求：同法第五十一條規定「左列文書，受理訴願機關應拒絕前二條之請求：一、訴願決定擬辦之文稿。二、訴願決定之準備或審議文件。三、為第三人正當權益有保密之必要者。四、其他依法律或基於公益，有保密之必要者」。另依據「審議規則」第五條規定「其拒絕者，應敘明拒絕之理由」。

㈢書面審理原則：訴願的審理程序較行政訴訟為簡便，在傳統即採書面審理主義為原則，僅得於管轄機關認為必要時始舉行言詞辯論；且我國以往在舊制時期，事實上極少舉行言詞辯論，此種情形可能與訴願案件的處理注重行政效率有關。至八十七年訴願法修正後，因受行政程序法立法趨勢及訴願程序民主化與司法化要求的影響，對當事人意見陳述及言詞辯論程序始較為重視，但仍係以書面審理為原則，有關規定見於訴願法第六十三條第一項，即規定「訴願就書面審查決定之」。所謂「書面審理」係指訴願管轄機關就訴願事件實體內容的審查，乃以當事人所提各種書面文件與資料為主要依據；因此，此種審理方式自然未盡周延[61]。

㈣當事人意見陳述：為彌補書面審理方式對瞭解案情的不足，並參考行政程序法的立法趨勢，現行訴願法乃對當事人陳述意見及言詞辯論均有較為明確具體的規定。關於意見陳述，見於訴願法第六十三條第二、三兩項的規定，

61 雲五社會科學大辭典，第六冊，法律學，臺灣商務印書館，六十八年版，第一二三頁。

即「受理訴願機關必要時得通知訴願人、參加人或利害關係人到達指定處所陳述意見。訴願人或參加人請求陳述意見而有正當理由者，應予到達指定處所陳述意見之機會」。另據同法第六十四條規定「訴願審議委員會主任委員得指定委員聽取訴願人、參加人或利害關係人到場之陳述」。「審議規則」第十條對有關事項作補充規定「訴願人或參加人依本法第六十三條第三項規定請求陳述意見，而無正當理由者，受理訴願機關得通知拒絕，或於決定理由中指明。訴願會主任委員得依本法第六十四條規定，指定委員偕同承辦人員，聽取意見之陳述，並作成紀錄附訴願卷宗」。根據以上各項條文的規定，可知在現行法制之下，當事人可主動或被動獲得陳述意見的機會，而受理訴願機關亦得指定委員聽取當事人的陳述，俾供審議案件的參考，凡此均為對陳述意見所作合理的規定。此外，前述有關代理人及輔佐人到場陳述意見的規定（見前引訴願法第三十七條及第四十二條），當事人自應予以注意。

(五)言詞辯論：賦予當事人陳述意見的機會，固然有助於釐清案情，但僅由當事人單方面陳述，其效果仍屬有限，且易導致偏聽，故不如舉行言詞辯論更能探求事實真相澄清法律爭議，並足以彌補職權進行主義與職權調查主義的缺失[62]。所謂「言詞辯論」係指在審理方式上由審理機關指定日期通知爭訟雙方當事人等到場，就爭訟案件的事實、證據及己方所主張之法律上理由或要求等事項有所陳述，並對對方的陳述與見解提出辯駁；在進行言詞辯論時，雙方在法定範圍內得採取攻擊與防禦方法從事對己方有利的訴訟行為；言詞辯論的內容應作成紀錄，並構成裁判的基礎，惟訴願所採取的言詞辯論應屬「任意之言詞辯論」性質[63]。舊訴願法第十九條僅規定「得為言詞辯論」，現行訴願法則有具體明確的規定，茲引述其有關條文如下：

(1)言詞辯論的基本規定：訴願法第六十五條規定「受理訴願機關應依訴願人、參加人之申請或於必要時，得依職權通知訴願人、參加人或其代表人、訴願代理人、輔佐人及原行政處分機關派員於指定期日到達指定處所言詞辯論」。

---

[62] 陳清秀著，行政訴訟法，自刊，八十八年版，第三六五頁。

[63] 王甲乙等合著，民事訴訟法新論，自刊，八十二年版，第一七〇－一七六頁。

⑵言詞辯論的程序：同法第六十六條規定「言詞辯論之程序如左：一、受理訴願機關陳述事件要旨。二、訴願人、參加人或訴願代理人就事件為事實上及法律上之陳述。三、原行政處分機關就事件為事實上及法律上之陳述。四、訴願人或原行政處分機關對他方之陳述或答辯，為再答辯。五、受理訴願機關對訴願人及原行政處分機關提出詢問。前項辯論未完備者，得再為辯論」。

除上開訴願法的規定外，「審議規則」尚有下列各項補充規定：

⑴第十四條規定「受理訴願機關應依本法第六十五條規定，依訴願人、參加人之申請或認有必要時，得依職權審酌後，通知訴願人、參加人或其代表人、訴願代理人、輔佐人及原行政處分機關派員於指定期日到達指定處所為言詞辯論，並得通知其他人員或有關機關派員到場備詢。依前項規定通知參加人、輔佐人時，應附具答辯書影本或抄本。言詞辯論應於訴願會會議中進行」。

⑵第十五條規定「訴願人或參加人未受合法通知或因不可抗力事由，致未於指定期日到場參加言詞辯論者，除與其利害關係相同之人已到場為辯論者外，得於受理訴願機關決定前，敘明理由續行申請」。

⑶第十六條規定「本法第五十四條第二項所定言詞辯論筆錄，應記載下列事項：一、辯論之處所及年、月、日。二、出席委員及承辦人員姓名。三、訴願事件。四、到場之訴願人、參加人或其代表人、訴願代理人、輔佐人、原行政處分機關人員及其他經通知到場人員之姓名。五、辯論進行之要領。以錄音機、錄影機等機器記錄言詞辯論之進行者，其錄音帶、錄影帶等，應與言詞辯論筆錄編為審議紀錄之附件」。

根據上開訴願法與審議規則的各項規定，可知雙方當事人、利害關係人、代理人及輔佐人等均得參與言詞辯論，且其程序相當繁複，並須製作筆錄，顯示現行規定對此種制度頗為重視。同時，法規對其所作具體明確的規範，也足以證明訴願法制經過此次大幅度的修正，業已獲致相當重大的進步。

㈥調查、鑑定與勘驗：在職權調查主義的指導下，訴願管轄機關對訴願案件的審理，必須積極調查事實、蒐集證據並澄清疑點；如此，即須在審理過程中從事各種相關活動，而訴願法對此等措施自須加以規範，以利活動的進行，避免違法不當情事發生，俾可維護審理程序與見解的客觀公正。訴願法對有關事項的規定相當繁瑣，且「審議規則」亦有多項補充規定，茲分別引述如下：

(1)調查、檢驗或勘驗的基本規定：訴願法第六十七條規定「受理訴願機關應依職權或囑託有關機關或人員，實施調查、檢驗或勘驗，不受訴願人主張之拘束。受理訴願機關應依訴願人或參加人之申請，調查證據。但就其申請調查之證據中認為不必要者，不在此限。受理訴願機關依職權或依申請調查證據之結果，非經賦予訴願人或參加人表示意見之機會，不得採為對之不利之訴願決定之基礎」。「審議規則」對有關事項亦作成三條補充規定，其第十七條稱「訴願事件依本法第六十七條及第六十九條規定，有調查、檢驗、勘驗或鑑定之必要時，受理訴願機關應依職權或囑託有關機關、學校、團體或人員實施之」。第十八條規定「受理訴願機關依職權或依申請調查證據之結果，對訴願人、參加人不利者，除訴願人、參加人曾到場陳述意見或參加言詞辯論已知悉者外，應以書面載明調查證據之結果，依本法第六十七條第三項規定通知其於一定期限內表示意見」。第十九條規定「受理訴願機關就訴願人或參加人申請調查之證據認為不必要者，應於決定理由中指明」。

由上引各項條文規定，可知關於調查檢驗等措施，除受理訴願機關可依職權主動進行外，當事人亦得提出申請，但是否進行調查，其決定權在於受理訴願機關。按關於調查檢驗等事項，如受理訴願機關無法直接執行或因屬涉及專業技術性者，亦得委囑其他相關機關、學校或團體等代為完成。此外，對調查之結果，如屬對當事人不利者，應先行給予當事人陳述意見或參加言詞辯論之機會後，始能採用作為決定的依據，以免所作決定流於偏頗。

(2)提出證據或證物：訴願法第六十八條規定「訴願人或參加人得提出證據書類或證物。但受理訴願機關限定於一定期間內提出者，應於該期間內提出」。本條規定的用意，即允許當事人主動提出對其有利的證據書類或證物，以供受理訴願機關審酌；惟為免延誤訴願之審議期間，受理訴願機關自得酌定期限命其提出[64]。

(3)交付鑑定：訴願法第六十九條規定「受理訴願機關得依職權或依訴願人、參加人之申請，囑託有關機關、學

---

[64] 同[42]，「訴願法修正草案」，第一三二頁。

校、團體或有專門知識經驗者為鑑定。受理訴願機關認無鑑定之必要，而訴願人或參加人願自行負擔鑑定費用時，得向受理訴願機關請求准予交付鑑定。受理訴願機關非有正當理由不得拒絕。鑑定人由受理訴願機關指定之。鑑定人有數人者，得共同陳述意見。但意見不同者，受理訴願機關應使其分別陳述意見」。同法第七十條規定「鑑定人應具鑑定書陳述意見。必要時，受理訴願機關得請鑑定人到達指定處所說明」。同法第七十一條規定「鑑定所需資料在原行政處分機關或受理訴願機關者，受理訴願機關應告知鑑定人准其利用。但其利用之範圍及方法得限制之。鑑定人因行鑑定得請求受理訴願機關調查證據」。同法第七十二條規定「鑑定所需費用由受理訴願機關負擔，並得依鑑定人之請求預行酌給之。依第六十九條第二項規定交付鑑定所得結果，據為有利於訴願人或參加人之決定或裁判時，訴願人或參加人得於訴願或行政訴訟確定後三十日內，請求受理訴願機關償還必要之鑑定費用」。「審議規則」對鑑定事項有兩條補充規定，其第二十條稱「受理訴願機關囑託鑑定時，應載明下列事項：一、送請鑑定事項。二、完成期限。三、本法第七十條及第七十一條規定之內容。四、鑑定所需費用及支付方式」。第二十一條規定「受理訴願機關對訴願人或參加人依本法第六十九條第二項規定請求自行負擔鑑定費用交付鑑定，而有下列情形之一者，得予拒絕，並於決定理由中指明：一、請求鑑定事項非屬專門性或技術性者。二、相同事項於另案已交付鑑定，訴願人或參加人未提出新事實或新理由者。三、原行政處分機關已交付鑑定，訴願人或參加人未提出新事實或新理由者。四、申請鑑定事項與訴願標的無關或其他類此情形者」。

根據上述各項條文規定，可知需要鑑定的標的，通常均為具有專業技術性的事物；受理訴願機關除可依職權囑託鑑定外，當事人亦得提出鑑定的請求，但決定權在於受理訴願機關；若拒絕當事人的請求，則須有正當理由。鑑定所需費用，原則上受理訴願機關負擔，僅在受理訴願機關認為無鑑定必要，而當事人表明願自付費用請求鑑定時，始由當事人負擔。鑑定事項既涉及專業技術性質，則鑑定人即須具有適當的資格條件，且為避免發生流弊起見，鑑定人自以由受理訴願機關指定為宜。至於鑑定的結果，當有助於澄清案情的爭議或疑點，並可作為決定或裁判的依據。

⑷實施勘驗：所謂「勘驗」係指就與案情有關事物，派員實地進行觀察事實查驗物體的行為，以求直接經由臨場觀感瞭解事實真相並蒐集第一手資料，故此種措施亦屬於調查證據的活動範圍[65]。訴願法修正後對有關事項作有明確規定，其第七十四條稱「受理訴願機關得依職權或依訴願人、參加人之申請，就必要之物件或處所實施勘驗。受理訴願機關依前項規定實施勘驗時，應將日、時、處所通知訴願人、參加人及有關人員到場」。根據此條規定，可知勘驗的標的包含物件及處所在內；賦予當事人及有關人員參與的機會，在使彼等得以到場陳述，以利事實的認定並作現場見證。至於所稱「有關人員」係指物件的保管人、持有人及處所的住管人、看守人或可為其代表之人等均是[66]。

⑸文書、物件及證據資料的調取與提出：有關事項在訴願法中有兩條規定，其中第七十三條稱「受理訴願機關得依職權或依訴願人、參加人之申請，命文書或其他物件之持有人提出該物件，並得留置之。公務員或機關掌管之文書或其他物件，受理訴願機關得調取之。前項情形，除有妨害國家機密者外，不得拒絕」。本條規定在授予受理訴願機關自持有人或政府機關方面獲取與案情有關之文書及物件的權力，相對客體除以妨害國家機密為理由外，不得拒絕。另第七十五條規定「原行政處分機關應將據以處分之證據資料提出於受理訴願機關。對於前項之證據資料，訴願人、參加人或訴願代理人得請求閱覽、抄錄或影印之。受理訴願機關非有正當理由，不得拒絕。第一項證據資料之閱覽、抄錄或影印，受理訴願機關應指定日、時、處所」。本條規定係課予原行政處分機關提出證據資料之義務，同時賦予當事人等請求閱覽、抄錄及影印的權利。

按凡屬與訴願事件案情有關之文書、物件及原處分據以作成的資料等，均屬證據的範圍，受理訴願機關自應充分掌握，因而須有從當事人及原處分機關方面獲取的權力，俾便作為決定的依據，對方非有正當理由自不得任意拒絕。另就當事人方面而言，對於相關證據資料，亦應享有請求閱覽或抄錄等權利，以便針對其內容提出辯駁。其次，

---

[65] 王甲乙等合著，前揭書，第四〇九頁。

[66] 同[42]，「訴願法修正草案」第一三七頁。

上開兩條規定，可以視為係對同法第四十九條至第五十一條及第五十八條第三項的補充規定。

(6)對程序上處置不服之救濟：訴願法第七十六條規定「訴願人或參加人對受理訴願機關於訴願程序進行中所為之程序上處置不服者，應併同訴願決定提起行政訴訟」。按當事人等對程序上處置不服時，原得聲明異議，以供受理訴願機關審酌，惟為恐聲明異議將影響訴願程序的進行，且基於程序經濟原則，不許對程序事項單獨聲明不服，遂規定應併同訴願決定提起行政訴訟[67]。

上述關於訴願審議程序的說明，內容主要可區分為兩部分，一部分為陳述意見與言詞辯論，另一部分為調查證據的各種相關指施；但不可忽視此兩部分實具有相互關聯與互補作用，並共同構成訴願決定作成的依據。

第十節　訴願的決定

第一項　訴願決定的意義

訴願既為行政司法的作用，為提供人民針對不法行政處分申訴途徑的制度；則人民提起訴願之目的，即在請求受理訴願機關就訴願案件的實體內容作成一項判斷是非曲直的決定，而受理訴願機關亦負有此項職責。換言之，訴願案件經訴願人依法提起後，若未經原行政處分機關自動撤銷變更原處分或訴願人自行撤回訴願時，則受理訴願機關即必須予以審查，並作成決定。因此，訴願決定的作成，自應視為訴願提起的當然結果。若作進一步分析，則所謂「訴願決定」，可從形式與實質兩方面加以解釋，前者係指受理訴願機關就訴願案件在完成審理程序後，作成裁斷的行為，在原則上亦為訴願程序的終結；後者係指裁斷的內容而言，亦即受理訴願機關就訴願案件依據其對事實真相的認定、及證據與法理的審酌所作成最後處理的意思表示。訴願經決定後，當事人除基於法定事由得申請再審者外，即不得就同一事件，向原決定機關（即原受理機關）再提起訴願，而該機關自亦不得再行受理；此即顯示訴願

[67] 同[42]，「訴願法修正草案」，第一三九頁。吳庚著，行政爭訟法論，自刊，八十八年版，第三三二頁。

爭訟事件的法律關係陷於不確定的狀態，有違訴願制度建立的目的。

制度在現行法制之下適用一事不再理原則，如再行受理既與訴願制度的規定不合，並足以影響訴願決定的效力，使

第二項　訴願決定的期限及程式

㈠訴願決定的期限：所謂訴願決定的期限，係指受理機關對訴願案件的處理，所受時間限制而言，因訴願的結果既可能對行政處分及人民權益發生重大影響，則為使發生爭議的行政法關係早日確定，並保障人民權益及維持行政效率起見，法令自應就訴願決定作成的期限有合理的規定。就現行制度觀之，依據訴願法第八十五條規定「訴願之決定，自收受訴願書之次日起，應於三個月內為之；必要時，得予延長，並通知訴願人及參加人。延長以一次為限，最長不得逾二個月。前項期間，於依第五十七條但書規定補送訴願書者，自補送之次日起算，未為補送者，自補送期間屆滿之次日起算；其依第六十二條規定通知補正者，自補正之次日起算；未為補正者，自補正期間屆滿之次日起算」。按本條第一項為有關決定期限的基本規定，即在原則上應於三個月內決定，如有延長必要，僅得以一次為限延長兩個月；換言之，即最長應於五個月內作成決定。逾越前條法定期限不為決定者，當事人得就該事件提起行政訴訟（見行政訴訟法第四條第一項）。前述三個月的法定期間限制，在五十九年訴願法修正前，原為訓示規定（亦稱注意規定）性質，至修正後，因有訴願法第二十一條（舊法）的增訂，遂使有關法定期限的規定形成強制規定，將訴願法上的漏洞彌補，使人民在訴願受理機關延不決定時，不致喪失法律救濟的途徑[68]。

㈡訴願決定的程式：訴願決定乃是行政機關代表國家所作的意思表示，足以產生法律上的效果，故應為要式行為，亦即訴願決定書的製作應具備法定程式。依據訴願法第八十九條規定，「訴願決定書，應載明左列事項：

⑴訴願人姓名、出生年月日、住、居所、身分證明文件字號。如係法人或其他設有管理人或代表人之團體，其名稱、事務所或營業所，管理人或代表人之姓名、出生年月日、住、居所、身分證明文件字號。

---

[68] 翁岳生著，行政法與現代法治國家，第三七四頁。

(2)有法定代理人或訴願代理人者，其姓名、出生年月日、住、居所、身分證明文件字號。
(3)主文、事實及理由。其係不受理決定者，得不記載事實。
(4)決定機關之首長（署名、蓋印）。
(5)年、月、日」。

前項決定書，應於決定後十五日內，作成正本，送達訴願人、參加人及原行政處分機關。訴願決定書應附記如不服決定，得於決定書達到之次日起二個月內向高等行政法院提起行政訴訟（訴願法第九十條）。此項規定，乃屬教示制度的採用，對輔導人民充分行使行政爭訟權，及行政救濟制度功效的發揮均有重大裨益(69)。

第三項　訴願決定的範圍

訴願的提起既然是以原行政處分為標的，則訴願決定自應以原行政處分的內容為基礎所作成，且此項決定的作成也涉及到受理機關的權限，故訴願決定在實質內容方面即應有其範圍。具體言之，所謂訴願決定的範圍，係指訴願決定的實質內容得以涉及的事項與可能受到的限制而言。惟訴願案件所涉及的各種事項既然十分複雜，則訴願決定的內容必然極為廣泛，故對其範圍僅能從消極方面加以說明。茲分三點言之：

㈠訴願決定不受訴願人主張的限制：關於訴願決定是否應受訴願人主張拘束的問題，在實質上主要係指是否可作較原處分或決定對訴願人更為不利的決定而言，對此項問題首先應瞭解訴願決定與民事訴訟判決有別，後者係採不告不理原則，其判決乃以當事人聲明應受裁判之事件為限；至於訴願案件，受理訴願機關固應以訴願人所主張之事實及理由作為審理的基礎；惟就訴願的決定，係採職權進行主義，即本於職權依據法規並運用自由裁量作成決定，在原則上可不受訴願人所主張事實、理由及所提證據的拘束；因而就理論言之，裁斷結果對原處分或決定不論加以維持、變更、撤銷、或另作對訴願人更為不利的決定，均無不可。但是，訴願制度的精神與目的既在維護人民的權

(69) 王富茂等著，前揭書，第五九頁。

益，且基於人民既得權益應受尊重的法理；如受理機關就訴願案件作對訴願人更為不利的決定時，自應具有明確的法令依據。此種論點，大致可謂符合法治行政的原則，同時也是以消極說為基礎的理論[70]。行政法院之判例即採此種見解，據稱：「訴願係人民因機關之違法或不當處分，致損害其權利或利益時，請求救濟之方法，受理訴願機關自不得於其所請求之範圍外，予以不利益之變更或決定」（行政法院三十年判字第四八號判決）。按上述所謂不得予以不利益之變更或決定，係指採用法理上「更不利決定之禁止」原則而言，此項原則乃是行政爭訟制度方面普遍採行的共通性原則，適用於訴願與行政訴訟兩種制度上，我國現行訴願法及行政訴訟法對此均已作明確規定[71]，訴願法第八十一條第一項稱「訴願有理由者，受理訴願機關應以決定撤銷原行政處分之全部或一部，並得視事件之情節，逕為變更之決定或發回原行政處分機關另為處分。但於訴願人表示不服之範圍內，不得為更不利益之變更或處分」。

㈡訴願決定不受上級指示及以往命令的拘束：訴願制度既有管轄等級的規定，且其本質屬準司法及行政監督性質；則受理機關的審理權限可視為具有獨立性，自應本於職權依據法令及客觀事實，逕行予以決定，而不必先向上級請示作為裁斷準據。同時，所作決定亦不受以往頒布命令之拘束，即使變更前令亦無不可。司法院對此曾有解釋稱：「下級機關於呈奉上級機關核准後所為之處分，仍應認為下級機關之處分，人民對之不服，向上級主管機關提起訴願時，該機關儘可依法決定，並不因從前曾經核准而受拘束」（司法院院字第六七一號解釋）。

㈢對地方自治事務行政處分僅得審查其合法性：依據現行訴願法第七十九條第三項規定「訴願事件涉及地方自治團體之地方自治事務者，其受理訴願之上級機關僅就原行政處分之合法性進行審查決定」。按對地方自治的監督，當前一般民主國家有僅採法律監督的趨勢，我國地方制度法亦著重於法律監督，該法第七十五條的有關規定，均限於地方政府「辦理自治事項違背憲法、法律或基於法律授權之法規者」。故訴願法的此項條文，其涵義顯然是配合此種趨勢所作規定。

---

[70] 王潔卿著，前揭書，第一八一頁。涂懷瑩著，行政法原理（下冊），第六六二頁。

[71] 蔡志方著，行政救濟法新論，第六六、二一六頁。

㈣訴願決定得附帶追究違法不當責任：原處分或決定經審理後，如確認有違法或不當情事，足證承辦業務之公務員顯有違法失職行為，則於最終決定中，可追究有關人員的違法失職責任，送主管機關採取制裁行動，使其負擔懲戒及刑事責任。現行訴願法對此作有明文規定，其第一百條稱「公務人員因違法或不當處分，涉有刑事或行政責任者，由最終決定之機關於決定後責由該管機關依法辦理」。按本條規定可謂與公務員服務法第二十二條相互呼應，足以發揮行政監督的作用[72]。

第四項　訴願決定的種類

關於訴願決定的種類，可依各種標準作不同的區分，茲分述之：

㈠程序上的決定與實體上的決定：此即以訴願決定是否涉及行政處分或原決定的實質內容或性質為標準區分。

⑴程序上的決定：訴願案件提起後，經收受訴願書之機關，先作程序上之審查，如認為有不合管轄等級、逾越期限無法補救、訴願書不合法定程式無可補正或已逾酌定期間不為補正、訴願人不適格、對於非行政處分或其他不屬訴願救濟範圍之事項提起訴願者、訴願標的已不存在或訴願已無實益者、或對曾經撤回之訴願再度提出者、或為已經決定之同一事件、或屬司法審判範圍之事件等原因，構成程序要件欠缺的情形，而為收受機關依法不應受理者，應逕就程序上決定予以駁回，或移送有管轄權之機關依法受理，是為程序上之決定。由上述說明，可知程序上審查，係指決定是否應予受理的審查而言，亦即主要係針對程序及形式要件所作審查；審查結果若認為訴願人所提起的訴願案件不符合此等要件者，即應決定不予受理，訴願法第七十七條對不應受理的情形作有列舉式的規定，該條稱「訴願事件有左列各款情形之一者，應為不受理之決定：

一、訴願書不合法定程式不能補正或經通知補正逾期不補正者。

二、提起訴願逾法定期間或未於第五十七條但書所定期間內補送訴願書者。

---

[72] 蔡志方著，新訴願法與訴願程序解說，第二五一頁。

三、訴願人不符合第十八條之規定者。
四、訴願人無訴願能力而未由法定代理人代為訴願行為，經通知補正逾期不補正者。
五、地方自治團體、法人、非法人之團體，未由代表人或管理人為訴願行為，經通知補正逾期不補正者。
六、行政處分已不存在者。
七、對已決定或已撤回之訴願事件重行提起訴願者。
八、對於非行政處分或其他依法不屬訴願救濟範圍內之事項提起訴願者」。

訴願案件凡有上列任何一款情形者，即屬不應受理之事件，受理訴願機關經程序上審查後，應即作成不受理之決定。此種案件既經程序上駁回，自不能進入實體審查的階段。

⑵實體上的決定：訴願案經程序上的審查，若認為程序要件完備，並無不應受理之原因時，受理機關應即從事實體審查，即就訴願事件的實質內容，從事實與法律方面，審查訴願有無理由，而作成裁斷，予以駁回、維持、撤銷、或將原處分加以變更，是為實體上的決定。

㈡駁回、維持、撤銷、及變更的決定：即以受理機關就審理結果所表示意見或所生法律效果為標準分類。

⑴駁回與維持原處分：就理論上而言，受理訴願機關無論基於程序上或實體上的理由，均得為駁回的決定。所謂「程序上駁回」，即經過程序上審查後，表示拒絕受理或就該案不得提起訴願之意；在現行訴願法中，即依據前引第七十七條的規定，所作不受理的決定。至於「實體上駁回」，在現行訴願法中，即依據第七十九條第一、二兩項規定「訴願無理由者，受理訴願機關應以決定駁回之。原行政處分所憑理由雖屬不當，但依其他理由認為正當者，應以訴願為無理由」。根據上引兩項規定，可知實體上的駁回，係指訴願案件經過實體上的審查（即審議程序），受理訴願機關認為訴願為無理由（亦即原行政處分並無違法或不當情事），乃作成「維持原行政處分」的決定，而將訴願駁回。故程序上與實體上的駁回，不僅在訴願程序上的階段不同，且實質的意義亦不相同；如依現行規定，將前者稱為「不受理」，後者稱為「駁回」，則二者的區分將更為明確。

其次，關於「不受理」與「駁回」，尚有須注意的事項，可作兩項補充說明如下：

①關於不受理的案件，其不合程序要件的情形，如僅係因管轄機關錯誤，不應受理時，在理論固得作程序上駁回，但既然仍可在法定期限內，向正當權限機關提起訴願，故現行訴願法第六十一條規定將此種情形視為「自始向受理訴願機關提起訴願」。前項收受之機關應於十日內將該事件移送於原行政處分機關，並通知訴願人」。至於如係「訴願書不合法定程式，而其情形可補正者，應通知訴願人於二十日內補正」（同法第六十二條）。凡屬此等規定均能符合便民與程序經濟原則，為具有變通性的制度。

②訴願提起後或在程序上決定不受理時，並不影響行政機關主動矯正原行政處分的缺失，現行訴願法除在第五十八條第二項規定「原行政處分機關對於前項訴願應先行重新審查原處分是否合法妥當，其認訴願為有理由者，得自行撤銷或變更原行政處分，並陳報管轄機關」外，並在同法第八十條第一項規定「提起訴願因逾法定期間而為不受理決定時，原行政處分顯屬違法或不當者，原行政處分機關或其上級機關得依職權撤銷或變更之」。此兩項規定所具意義與功效，均在使行政機關在訴願程序上，把握自我反省的機會（自省救濟），發揮保障人民權益與行政監督的作用，以達維護法治行政的目的，並有助於迅速終結行政爭訟案件，減少行政資源的浪費[73]。

⑵撤銷原處分：受理訴願機關就訴願事件，經作實體審查後，如確認原處分有違法或不當情事，亦即訴願為有理由時，應於訴願人聲明不服之範圍內，作成撤銷原處分的裁斷。其次，訴願人所提訴願理由雖非可取，而依其他理由認為原處分確屬違法或不當者，仍應以訴願為有理由，而為撤銷之決定。惟撤銷決定的內容，又可分為下列兩種情形：

①單純撤銷：受理訴願機關經對原行政處分作實體審查後，如認為確屬違法或不當，即可決定將原處分予以撤銷，但並無其意見，是為無條件撤銷。其法律依據，即訴願法第八十一條第一項前段之規定，其條文稱「訴願有理由者，受理訴願機關應以決定撤銷原行政處分之全部或一部……」。於此種情形，就原則上而言，原行政處分經撤

73 古登美著，行政救濟制度，文馨出版社，六十六年版，第三五、四九頁。

銷後，即不再存續，並可發生溯及既往的效力，因而足以使訴願人的權益恢復原狀。至於僅撤銷原處分的一部分時，因原行政處分如具有「可分性」，則其未被撤銷的部分仍可繼續獨立存在㉔。

②撤銷原處分發回原處分機關另作新處分：此即不僅將原行政處分撤銷，且指示原處分機關另行作成新處分取代。此種情形見於訴願法第八十一條第一項之後段規定，並涉及「更不利益處分之禁止」原則的適用，其條文為「訴願有理由者，受理訴願機關應以決定撤銷原行政處分之全部或一部，並得視事件之情節，……發回原行政處分機關另為處分。但於訴願人表示不服之範圍內，不得為更不利益之……處分」。同條第二項規定「前項訴願決定撤銷原行政處分，發回原行政處分機關另為處分時，應指定相當期間命其為之」。此即由受理訴願機關運用監督權，命原處分機關須於一定期間內作成新處分，以免拖延時日對當事人權益發生不利的影響。其次，尚有須注意者，即就上述規定原行政處分機關不僅應遵循訴願決定的指示於相當期間內作成新行政處分，且此一新處分的內容亦符合訴願決定的意旨作成，有關對新處分內容設定限制的規定，見於訴願法第九十六條，該條稱「原行政處分經撤銷後，原行政處分機關須重為處分者，應依訴願決定意旨為之，並將處理情形以書面告知受理訴願機關」。

⑶變更原處分：此即受理訴願機關認訴願有理由，原行政處分確具有瑕疵，因而逕行就其中部分違法或不當的內容加以變更，俾消除其瑕疵，使該處分得以繼續有效存在，故與前述撤銷的情形有所不同。有關法律依據仍為訴願法第八十一條第一項，即「訴願有理由者，受理訴願機關……並得視事件之情節，逕為變更之決定……。但於訴願人表示不服之範圍內，不得為更不利益之變更……」。可知對原行政處分的變更係由受理訴願機關直接作成，所謂「變更」係指將原行政處分的實質內容加以修正或改變而言，與前述「補正」有所不同。且在作成變更時，亦不得違反「更不利益處分之禁止」原則。

⑷職權撤銷與比例原則及信賴保護原則的適用：所謂「職權撤銷」係指行政機關對違法或不當處分主動行使撤銷權而言，按此種撤銷不僅構成訴願決定的類別，亦可針對業經不受理決定後的違法或不當處分行使，且後者涉及

㉔ 陳清秀著，行政訴訟法，第二二三頁。

比例原則與信賴保護原則的適用，其有關規定見於訴願法第八十條，該條第一項規定「提起訴願因逾法定期間而為不受理決定時，原行政處分顯屬違法或不當者，原行政處分機關或其上級機關得依職權撤銷或變更之。但有左列情形之一者，不得為之：一、其撤銷或變更對公益有重大危害者。二、行政處分受益人之信賴利益顯然較行政處分撤銷或變更所欲維護之公益更值得保護者」。此項規定即在說明，訴願雖經不受理決定後，行政機關對違法或不當之原行政處分仍得依職權加以撤銷或變更，但在採行撤銷或變更措施時，應對案情參酌比例原則作妥適的考量，若此舉對公益將產生重大危害或受益人的信賴利益較公益更值得保護，則寧可放棄撤銷或變更措施，此即對比例原則與信賴保護原則的適用。其次，同條第二項規定「行政處分受益人有左列情形之一者，其信賴不值得保護：一、以詐欺、脅迫或賄賂方法，使原行政處分機關作成行政處分者。二、對重要事項提供不正確資料或為不完整陳述，致使原行政處分機關依該資料或陳述而作成行政處分者。三、明知原行政處分違法或因重大過失而不知者」。按第二項規定的內容，即在解釋何種情形受益人並不具有值得保護的信賴利益，因而不能適用前述兩項法理原則，亦即提供衡量信賴利益的客觀標準，以免對兩項原則的適用流於浮濫。此外，同條第三項規定「行政處分之受益人值得保護之信賴利益，因原行政處分機關或其上級機關依第一項規定撤銷或變更原行政處分而受有損害者，應予補償。但其補償額度不得超過受益人因該處分存續可得之利益」。按第三項規定的涵義係指受益人雖有值得保護之信賴利益，但因其信賴利益的價值小於公益，以致違法或不當之行政處分仍應被撤銷或變更，其結果使受益人的信賴利益受到損失，此時基於信賴保護原則對其所受損失應予補償，但補償額度應以不超過其因該處分存續可得之利益為限，以維公平[75]。

(5)情況裁決制度的採行：與前項所述內容具有相互關聯者，即情況裁決制度在訴願法上的採行，有關事項見於該法第八十三條，該條規定「受理訴願機關發現原行政處分雖屬違法或不當，但其撤銷或變更於公益有重大損害，經斟酌訴願人所受損害、賠償程度、防止方法及其他一切情事，認原行政處分之撤銷或變更顯與公益相違背時，得駁回其訴願。前項情形，應於決定主文中載明原行政處分違法或不當」。本條規定的涵義，即在說明原應撤銷或變更

---

[75] 同[42]，「訴願法修正草案」，第一四五頁。

的違法不當行政處分，因就一切情事斟酌後，認為若將之撤銷或變更，顯然對公益有不利影響，故寧可不予撤銷。但不予撤銷並不能使該處分所具違法不當的瑕疵歸於消失；反之，為澄清事實，貫徹法治行政原則，自應在訴願決定主文中明確表示該處分仍屬違法或不當。且因該處分未被撤銷或變更，以致造成對訴願人權益的損害，於是須進而考慮對訴願人提供賠償，故訴願法第八十四條乃作成有關處理賠償事宜的規定，該條稱「受理訴願機關為前條決定時，得斟酌訴願人因違法或不當處分所受損害，於決定理由中載明由原行政處分機關與訴願人進行協議。前項協議，與國家賠償法之協議有同一效力」。以上兩項條文，合併構成情況裁決制度的整體規定，其目的即在避免因維護訴願人之私益，致使社會公益遭受重大損害，而採取兩害相權取其輕的折衷辦法。此外，就情況裁決制度的實際效果而言，亦可謂是對違法行政處分撤銷權行使的限制，或就撤銷權的行使賦予行政機關以裁量權，使其得以權衡公益與私益的比重，然後作成適當的決定[76]。

⑹命為一定處分的決定：訴願法第二條第一項規定「人民因中央或地方機關對其依法申請之案件，於法定期間內應作為而不作為，認為損害其權利或利益者，亦得提起訴願」。惟此種訴願事件乃是以消極處分（即不作為）為標的，與以積極處分為標的的訴願所具目的不同；通常以積極處分為標的的訴願，其目的多在請求撤銷或變更違法或不當的原處分，而以消極不作為為標的的訴願，因並無原處分的存在，故其訴願的目的自與以積極處分為標的的訴願目的迥異；換言之，以消極不作為為標的的訴願，其目的並非請求撤銷或變更原處分，而是請求原行政處分機關作成應為之一定行政處分；所以，在訴願法上理應作成與針對積極處分訴願決定的不同規定；基於此種認知，故在新訴願法上對消極處分的訴願決定，已出現較為妥適的新規定，即在第八十二條規定稱「對於依第二條第一項提起之訴願，受理訴願機關認為有理由者，應指定相當期間，命應作為之機關速為一定之處分。受理訴願機關未為前項決定前，應作為之機關已為行政處分者，受理訴願機關應認訴願為無理由，以決定駁回之」。此項條文的規定，在訴願制度的演進方面，可以視為一項革新的創舉，學者亦有稱之為「變更消極行政處分之救濟方法」者，有了此種規定

[76] 翁岳生著，法治國家之行政法與司法，第三二、二四四頁。

較有利於人民權利的迅速實現[77]。至於本條後段所稱「應認訴願為無理由」，其涵義實即指訴願程序已無繼續進行的必要，故應作成駁回的決定。

第五項　訴願決定程序的其他相關事項

前四項內容，已就訴願決定的意義、期限與程式、範圍及種類等事項分別加以說明；此外，訴願法中訴願程序一章內尚有部分與訴願決定有關的事項，擬在本項中逐一作補充解說，以維持訴願決定程序的完整性，茲分別引述訴願法的有關規定如下：

㈠合併審議及決定：訴願法第七十八條規定「分別提起之數宗訴願係基於同一或同種類之事實上或法律上之原因者，受理訴願機關得合併審議，並得合併決定」。此種規定可以視為訴願制度上的「訴之合併」，乃是著眼於「訴訟經濟」原則的必然結果，同時亦可避免同類案件分別處理所可能導致的審議決定分歧的流弊[78]。

㈡停止訴願程序進行：訴願法第八十六條規定「訴願之決定以他法律關係是否成立為準據，而該法律關係在訴訟或行政救濟程序進行中者，於該法律關係確定前，受理訴願機關得停止訴願程序之進行，並即通知訴願人及參加人。受理訴願機關依前項規定停止訴願程序之進行者，前條所定訴願決定期間，自該法律關係確定之日起，重行起算」。按本條規定相當於行政訴訟上訴訟程序停止之規定，其涵義係指在訴願提起後，基於職權進行主義，應由受理訴願機關主導訴願程序的進行，在訴願程序進行中，因特殊事故發生，致使程序無從繼續進行，或進行而不適當，或兩造當事人合意不再進行；凡屬此等情形，若繼續進行，即可能導致不正確的審議結果，或有害於當事人的權益，或違背當事人之意思；因此，遂不得不決定停止爭訟程序的進行。停止爭訟程序的進行，在制度上可區分為三種情形，即裁定停止、當然停止、與合意停止是，而行政訴訟法第一百七十七條及訴願法第八十六條之規定均屬當然停

[77] 同前註，第二四二頁。

[78] 蔡志方著，行政救濟法論，第一三七頁。

止的情形，此種規定採行之目的，主要即在避免裁判結果的兩歧或因欠缺前提準據而致產生不正確的裁判結果。此外，如爭訟事件涉及審理機關管轄權爭議、或當事人因戰爭或天災等事故與管轄機關隔絕或管轄機關不能執行職務、或適用法律發生違憲爭議等情事，而有停止爭訟程序進行的必要，均可由管轄機關作成當然停止的決定[79]。

㈢承受訴願：訴願法第八十七條規定「訴願人死亡者，由其繼承人或其他依法得繼受原行政處分所涉權利或利益之人，承受其訴願。法人因合併而消滅者，由因合併而另立或合併後存續之法人，承受其訴願。依前二項規定承受訴願者，應於事實發生之日起三十日內，向受理訴願機關檢送因死亡繼受權利或合併事實之證明文件」。與前條規定情事相關聯者，為涉及原行政處分權益受讓之規定，見於訴願法第八十八條，該條稱「受讓原行政處分所涉權利或利益之人，得檢具受讓證明文件，向受理訴願機關申請許其承受訴願」。按行政爭訟提起後，當事人死亡或法人因合併而消滅，在爭訟程序上原已構成當然停止的事由，惟爭訟事件在實體法上之權利義務，應由其繼承人繼承，而爭訟的法律關係，自亦應由其一般繼承人繼為當事人，或由遺產管理人或其他依法令應續行爭訟之人承受爭訟法律關係。至於法人因合併而消滅，其情形類似於自然人的死亡，法人在一般情形，雖無繼承其權利義務之人，但如係因合併而消滅者，則其權利義務即應包括的移轉於合併後所成立或存續的法人，此種情形與自然人之有繼承人並無不同。其次，就上引第八十八條的規定而言，當事人並非經由繼承而是透過受讓取得原行政處分所涉及的權益，包括行政爭訟法律關係上的權益在內，故亦得承受訴願[80]。總之，上述各種情形，在當事人死亡或法人消滅後，既然均有承受訴願之人存在；如此，則訴願程序的進行自無發生當然停止的可能。

㈣訴願決定書附記錯誤之處理：訴願法第九十一條規定「對於得提起行政訴訟之訴願決定，因訴願決定機關附記錯誤，向非管轄機關提起行政訴訟，該機關應於十日內將行政訴訟書狀連同有關資料移送管轄行政法院，並即通知原提起行政訴訟之人。有前項規定之情形，行政訴訟書狀提出於非管轄機關者，視為自始向有管轄權之行政法院

---

[79] 陳清秀著，前揭書，第四三二—四三三頁。

[80] 王甲乙等合著，前揭書，第一五五—一五七頁。

提起行政訴訟」。同法第九十二條規定「訴願決定機關附記提起行政訴訟期間錯誤時，應由訴願決定機關以通知更正之，並自更正通知送達之日起，計算法定期間。訴願決定機關未依第九十條規定為附記，或附記錯誤而未依前項規定通知更正，致原提起行政訴訟之人遲誤行政訴訟期間者，如自訴願決定書送達之日起一年內提起行政訴訟，視為於法定期間內提起」。上開兩條的內容，均在說明無論有關管轄機關或法定期間的附記錯誤，全屬訴願決定機關的過失，當事人並無任何責任；因此，為保障當事人的權益及維護行政爭訟程序的順暢，自應在訴願法中明定補救措施，而該法第九十一條及第九十二條所規定的補救辦法，足以保證當事人提起行政訴訟的合法權益能夠恢復原狀不受損害，故應屬合理的規定。

㈤原行政處分不停止執行原則：訴願法第九十三條第一項規定「原行政處分之執行，除法律另有規定外，不因提起訴願而停止」。此即原行政處分不停止執行之原則性規定，但亦有例外情形，即該條第二項所稱「行政處分之合法性顯有疑義者，或原行政處分之執行將發生難以回復之損害，且有急迫情事，並非為維護重大公共利益所必要者，受理訴願機關或原行政處分機關得依職權或依申請，就原行政處分之全部或一部，停止執行。前項情形，行政法院亦得依聲請，停止執行」。根據上述第二項規定，可知不停止執行原則，若基於各種法定例外事由，即可由受理訴願機關或原行政處分機關，以主動或被動方式，停止執行其全部或一部，此種規定乃具有類似民事訴訟法第七篇保全程序先行性的意義，並產生「阻止執行之效力」，採取此種措施足以對當事人權益提供較為周延的保護，以免因貫徹不停止執行的結果，造成難以回復的損害；不過，此種「阻止執行之效力」，在訴願一經繫屬後即可能發生，而非至訴願決定後始告發生，故在前述訴願提起的效力部分，即曾對有關事項作有說明[81]。此外，前述停止執行，係指基於法定事由不宜對原處分繼續執行而暫停執行之意，並非終止原處分的執行，故一旦停止執行的原因消失，原處分仍應恢復執行，訴願法第九十四條對此有明文規定，該條稱「停止執行之原因消滅，或有其他情事變更之情形，受理訴願機關或原行政處分機關得依職權或依申請撤銷停止執行。前項情形，原裁定停止執行之行政法院亦得依聲請，

[81] 蔡志方著，行政救濟法新論，第七五－七七頁。

撤銷停止執行之裁定」。本條規定與第九十三條相對應，乃是停止執行之法定原因消滅後應有的結果；否則，將損害相對當事人的權益，並無法貫徹原行政處分的執行效力。

第六項　訴願決定的效力

訴願經受理機關依法完成實體審理並作成決定後，即發生其法律上的效力。關於訴願決定所發生的效力，在訴願法第九十五條雖有明文規定，但該條僅稱「有拘束各關係機關之效力」，其涵義所涉及的範圍似欠完整。因就理論上而言，訴願決定的性質既為行政處分，故其效力與一般有效行政行為相同，即除具有使一般人民確信之公定力外，分別具有確定力、拘束力、與執行力。茲分述之：

㈠訴願決定的確定力：所謂確定力，係指訴願案件決定，就對該項事件的處理而言構成最後的裁斷，嗣後對同一事件即適用「一事不再理」之原則，而使訴願決定發生不再變更的效力而言。其確定力的發生，情形如下：

⑴提起再審或行政訴訟法定期限的經過：一般訴願案件，就再審的提起仍須受法定期間的限制，此即於受理機關作成訴願決定後，如當事人認為訴願決定有訴願法第九十七條所定之法定情事之一者，即應於訴願決定書送達之次日起三十日內提起再審；其次，當事人如對訴願決定不服，則應於訴願決定書送達之次日起二個月內向高等行政法院提起行政訴訟。至於非受送達之利害關係人，其提起再審或行政訴訟之法定期間，應就利害關係人知悉訴願決定時起算。上述各當事人或利害關係人若未在法定期間內提起再審或行政訴訟，則訴願決定即歸於確定。惟此種確定力是為形式確定力，亦稱不可爭力，即當事人等嗣後不得再就同一事件提出爭議㉜。

至於訴願決定本身內容如有違法情形，而應認為無效時，是否當然不發生確定力，應就其違法情形係絕對違法或相對違法分別認定，二者所生法律效果不同。凡屬管轄錯誤或已逾法定期限，不應受理而受理決定時，即構成絕對的違法；此種情形因欠缺訴願提起之要件或具有應予撤銷之原因，故不問提起再審或行政訴訟之法定期限已否經

㉜ 陳清秀著，行政訴訟法，第二二六頁。

過，均應認為其決定當然無效，自不發生確定力。反之，如其決定之違法僅為法律適用的認定問題，則為相對的違法；此種情形既須經過再審之決定或行政訴訟判決後，始得確認其是否違法，故非當然無效；訴願人如未於法定期限內提起再審或行政訴訟者，則於法定期限經過後，此種決定即具有確定力[83]。

⑵再審的決定與行政訴訟的判決：當事人對訴願決定提起再審，經受理機關決定予以駁回時，除得依法提起行政訴訟者外，其原決定已無爭訟的餘地，自即歸於確定。當事人對訴願決定不服，提起行政訴訟，經最高行政法院判決駁回時，除得依法提起再審之訴者外，則訴願之決定，既無改變之可能，亦應認為確定。惟若僅就訴願階段而言，訴願決定作成後，既仍有變更可能，亦即依法得以再行主張行政救濟，故在理論上常被認為不具有實質確定力；即就其形式確定力而言，亦可能因當事人於法定期間內合法提起行政訴訟而被阻斷；此外，依據德國新近的行政法理論，已將確定力改稱為「存續力」，似具有否定「確定力」的涵義[84]。

㈡訴願決定的拘束力：所謂訴願決定的拘束力，係指受理機關所作訴願決定，具有使雙方當事人、關係人、及各有關機關對其加以承認及遵守的效力而言。故訴願法第九十五條規定「訴願之決定確定後，就其事件有拘束各關係機關之效力；就其依第十條提起訴願之事件，對於受委託行使公權力之團體或個人，亦有拘束力」。其拘束力發生的情形，依拘束關係之不同，及拘束對象與程序之不同，可分為下列數點言之[85]：

⑴原處分機關，於受理訴願機關作成決定後，應即服從其決定。

⑵原處分機關對訴願決定之內容，應遵照辦理，而不得違反決定，對原處分任意加以變更或撤銷，亦不得違反其所課予之作為或不作為義務，而任意執行或拒絕執行。

⑶訴願之決定，對一般行政機關亦具有其拘束力，惟行政機關如為財產權之主體或監護人時，對有關其財產權

---

[83] 管歐著，中國行政法總論，第五三三頁。

[84] 蔡志方著，行政救濟法新論，第九八頁。翁岳生著，法治國家之行政法與司法，第二〇頁。

[85] 陳鑑波著，前揭書，第四五六頁。管歐著，前揭書，第五三四—五三五頁。

之決定，得提出異議（但司法院大法官會議第四十號解釋認行政機關不得以財產權主體提起訴願）。

⑷訴願決定機關之上級機關及普通法院，除另有法規依據外，亦應受決定之拘束，不得任意將原決定加以變更或撤銷，或採取與決定內容相反之行政處分。

⑸於訴願決定確定後，如另行發現與原處分原因不同之新事實，則原處分機關得另為處分，不受原決定之拘束。倘僅發現新證據，原處分機關自仍應受其拘束（參閱司法院院字第一四二六號解釋及行政法院二十五年判字第四十四號判決）；惟當事人得據以申請再審。

⑹原處分或訴願管轄機關，於訴願決定後，自行發現決定錯誤，或因有其他種種情形而撤銷原處分，另為新處分，而於訴願人之權利或利益無損害者，自可依其行政權或監督權之作用，另為處置，不在上述訴願法第九十五條規定應受拘束之範圍（參閱司法院院字第一五五七號解釋）。

㈢訴願決定的執行力：所謂訴願決定的執行力，係指訴願經決定後，有關機關應就其內容加以實現，必要時並得付諸強制執行之效力而言。關於此種效力，可分別就三方面言之[86]：

⑴訴願程序中原處分的停止執行：訴願程序中，未決定前，在原則上對原處分的執行並無影響，因其仍為有效之行政處分，僅得於必要時，由受理訴願機關依職權或依訴願人之聲請先行停止其執行（訴願法第九十三條）。

⑵訴願決定的執行：訴願經決定後，應由受理機關或原處分機關依據決定之內容，採取各種有關行動，以實現其法律效果，必要時並得以強制執行方式為之。（參閱訴願法第九十六條）。

⑶違法失職人員責任的追究：原處分或原決定機關人員，就原處分或原決定案件所生違法或不當情形，應負擔懲戒或民刑事責任者，於最終決定確定後，應責由其所屬機關，依法移送主管機關辦理（訴願法第一百條）。關於損害賠償問題，參照訴願法第八十四條之規定，人民自得以訴願決定為依據，另行提出損害賠償的要求，與原處分機關進行協議。

---

[86] 王昌華著，前揭書，第三二六—三二七頁。

第七項　訴願決定書的製作及送達

訴願案件處理程序的最後步驟即為訴願決定書的製作及送達，就此項步驟的實質意義而言，亦即受理機關就訴願案件處理結果對外所作意思表示，因須採要式行為，故應製作訴願決定書，並應將之送達於訴願人及原行政處分或原決定機關。訴願決定書的法定程式已見前述，另依訴願法第八十九條第二項及第九十條之規定訴願決定書應於決定後十五日內，作成正本，送達訴願人、參加人及原行政處分機關。訴願決定書應附記如不服決定，得於決定書達到之次日起二個月內，向高等行政法院提起行政訴訟。此為有關決定書製作的法定期限送達對象及提起行政訴訟的教示規定。

除前述訴願法之有關條文外，審議規則中對此等事項尚有進一步的詳細補充規定，可列為三項言之：

㈠訴願會承辦人員，應按訴願會審議訴願事件所為決議，依本法第八十九條第一項規定，製作決定書原本，層送本機關長官依其權責判行作成正本，於決定後十五日內送達訴願人、參加人及原行政處分機關。決定書以本機關名義行之，除載明決定機關及其首長外，並應列入訴願會主任委員及參與決議之委員姓名。決定書正本內容與原本不符者，除主文外，得更正之（審議規則第二十八條）。

㈡訴願文書交付郵政機關送達者，應使用訴願文書郵務送達證書。訴願文書派員或囑託原行政處分機關或該管警察機關送達者，應由執行送達人作成送達證書（審議規則第二十九條）。

㈢訴願決定經撤銷者，承辦人員應即分析檢討簽提意見，供本機關及原行政處分機關改進業務之參考。對於行政法院裁判所持見解，得供處理同類事件之參考。但其裁判有行政訴訟法第二百七十三條第一項各款情形之一者，被告機關得依法提起再審之訴（審議規則第三十條）。

訴願決定書送達於雙方當事人後，訴願案件之處理程序已告完成，所餘者即為訴願決定內容的執行事宜。決定書送達後所生之法律效果即使訴願決定正式發生其效力；另有附帶效果，則為再審或行政訴訟提起的法定期間計算問題。

第十一節　訴願的再審程序

我國訴願制度原採兩階段程序，即訴願與再訴願；再訴願為訴願的覆審，由原受理訴願機關的上級機關管轄；此種兩階段審理程序，在制度上優劣互見。至八十七年訴願法修正後，基於行政爭訟制度重心司法化的趨勢與「訴訟經濟」原則的考量，乃廢除再訴願制度，仿傚德制規定訴願應向原行政處分機關提起，由其上級機關審理決定；但為彌補訴願一審終結的缺失，遂採行折衷制度，即設定再審程序取代再訴願制度，以求針對訴願決定可能發生的失誤，設法予以補救矯正，故再審與行政訴訟亦被稱為訴願決定的救濟方法[87]。

關於訴願的再審程序，在訴願法中有專章加以規定，但該章僅有一條條文，即第九十七條規定「於有左列各款情形之一者，訴願人、參加人或其他利害關係人得對於確定訴願決定，向原訴願決定機關申請再審。但訴願人、參加人或其他利害關係人已依行政訴訟主張其事由或知其事由而不為主張者，不在此限：

一、適用法規顯有錯誤者。
二、決定理由與主文顯有矛盾者。
三、決定機關之組織不合法者。
四、依法令應迴避之委員參與決定者。
五、參與決定之委員關於該訴願違背職務，犯刑事上之罪者。
六、訴願之代理人，關於該訴願有刑事上應罰之行為，影響於決定者。
七、為決定基礎之證物，係偽造或變造者。
八、證人、鑑定人或通譯就為決定基礎之證言、鑑定為虛偽陳述者。

[87] 翁岳生著，法治國家之行政法與司法，第二六二－二六三頁。

九、為決定基礎之民事、刑事或行政訴訟判決或行政處分已變更者。

十、發見未經斟酌之證物或得使用該證物者。

前項申請再審，應於三十日內提起。

前項期間，自訴願決定確定時起算。但再審之事由發生在後或知悉在後者，自知悉時起算」。

按上述條文的內容，係以申請再審之各種法定事由為主體；此等法定事由不僅與行政訴訟法第一百七十三條所列舉提起再審之訴的法定事由大致相同；而且，亦與公務員懲戒法第三十三條所列舉對懲戒案件議決聲請再審議的法定事由相當接近；此外，若將訴願決定視同行政處分的性質，則可發現此等法定事由的存在，顯示訴願決定具有形式或實質上違法或不當的瑕疵，足以構成一般行政處分無效或得撤銷的原因；因此，自應允許當事人申請再審，以資救濟。

至於再審與再訴願制度的不同，約可分為三點言之：其一、申請再審須有法定事由，而提起再訴願並無法定事由的限制，僅須當事人對訴願決定不服即可提起；其二、再審仍由原受理訴願機關審議，而再訴願則是由原受理訴願機關的上級機關審議；其三、再訴願構成提起行政訴訟的前提(程序)要件，而再審並非提起行政訴訟的前提要件。由以上三方面的比較說明，可知再審雖可視為取代再訴願的補救措施，但二者在制度上的設計頗有差異。

另在「審議規則」中，亦有對再審程序的有關事項所作補充規定，可列為以下四項言之：

㈠「依本法第九十七條規定申請再審，應具再審申請書，載明下列事項，由申請人或代理人簽名或蓋章，向原訴願決定機關為之：一、申請人之姓名、出生年、月、日、住、居所、身分證明文件字號。如係法人或其他設有管理人或代表人之團體，其名稱、事務所或營業所及管理人或代表人之姓名、出生年、月、日、住、居所。二、有代理人者，其姓名、出生年、月、日、住、居所、身分證明文件字號。三、不服之訴願決定及請求事項。四、申請之事實及理由。五、證據：其為文書者，應添具繕本或影本。六、年、月、日」(審議規則第三十一條)。

㈡申請再審不合法者，應為不受理之決定。申請再審，無再審理由或有再審理由而原決定係屬正當者，應以決定駁回之（審議規則第三十二條）。

㈢申請再審為有再審理由，而無前條情形者，應以決定撤銷原決定或（及）原行政處分之全部或一部，並得視其情節，逕為變更之決定或發回原行政處分機關另為處分。但於申請人表示不服之範圍內，不得為更不利益之變更或處分（審議規則第三十三條）。

㈣本規則各條，除於再審已有規定者外，其與再審性質不相牴觸者，於再審準用之（審議規則第三十四條）。

經由審議規則的此等補充規定，不僅使再審程序有較為完備的規範，且亦有助於增進對再審程序實務的瞭解。

第十二節　訴願法的附則規定

訴願法附則的內容，係就不屬於訴願法主體各章節及有關該法施行的事項所作附帶補充性的規定，共有下列四項：

㈠訴願書件應以中文書寫：訴願法第九十八條規定「依本法規定所為之訴願、答辯及應備具之書件，應以中文書寫；其科學名詞之譯名以國立編譯館規定者為原則，並應附註外文原名。前項書件原係外文者，並應檢附原外文資料」。因訴願書件均為在我國境內由政府機關處理公法關係業務上所使用的文件，其內容自應以中文書寫；原係外文之書件，應譯為中文，並應附上原外文資料，以便核對，俾可避免譯文錯誤。至於專用名詞譯名的規定，則為促使譯名的統一所必要。

㈡過渡時期法規的適用：訴願法第九十九條規定「本法修正施行前，尚未終結之訴願事件，其以後之訴願程序，依修正之本法規定終結之。本法修正施行前，尚未終結之再訴願案件，其以後之再訴願程序，準用修正之本法有關訴願程序終結之」。此即針對本法修正施行前，尚未終結之訴願與再訴願案件，規定其以後之處理程序，均按程序從新原則，依修正後之訴願程序處理終結。

㈢追究公務人員責任：訴願法第一百條規定「公務人員因違法或不當處分，涉有刑事或行政責任者，由最終決定之機關於決定後責由該管機關依法辦理」。此即由於訴願制度具有行政監督作用，故可依據訴願決定追究公務人員違法失職的責任。

(四)施行日期：訴願法第一百零一條規定「本法自公布日施行。本法修正條文之施行日期，由行政院以命令定之」。按訴願法修正後公布日期為八十七年十月二十八日（行政訴訟法亦於同日修正公布），其施行日期依法應以當日為準推算。但其修正條文之施行日期，係授權行政院以命令規定，該院依據此項授權，於八十八年七月三十一日發布命令（臺八十八規字第二九六二六號）規定訴願法修正條文，定自八十九年七月一日施行，此項規定乃在配合行政訴訟法修正條文的施行日期（八十九年六月七日），以便使兩法的相關規定能銜接適用。

第二章　重點問題

一、何謂訴願？試分析說明其意義。

二、訴願的法律依據如何？試就我國現行法制言之。

三、試述訴願與申請之區別。

四、訴願與請願有何不同？（54特）

五、試比較說明訴願與聲明異議的異同。

六、試述訴願與行政訴訟之異同。（20、23、28普、20、22高、54特、51檢、51特）

七、我國的訴願制度對訴願管轄機關如何規定？

八、試分析說明訴願所應具備的一般要件。

九、提起訴願在形式上應具備那些要件？不具備時，在法律上有何結果？（60、61、62特）

十、我國現行訴願制度對提起訴願的期限如何規定?
十一、訴願提起的法定期間如何計算?試就我國現制說明之。
十二、訴願提起逾越期限之聲請有何效力及限制?(43高檢、42高、51高檢)
十三、訴願提起的效力如何?試分析言之。
十四、何謂訴願的決定?其程序如何?
十五、訴願決定的範圍如何?試分析言之。
十六、訴願實體上的決定有何種類?試分別言之。
十七、訴願的決定有無確定力?不發生確定力的情形有幾種?(62高)
十八、訴願決定的拘束力如何?(43高檢)
十九、訴願決定的執行力如何?
二十、我國訴願法所定訴願決定的程式如何?

第三章　行政訴訟

第一節　行政訴訟的概念

第一項　行政訴訟的意義

我國的正規行政救濟制度，包含訴願與行政訴訟兩個階段，前者由行政機關管轄，後者由司法機關審理。可知所謂行政訴訟（Administrative Adjudication）乃是行政救濟方法的一種，係指人民因中央或地方機關的違法處分，損害其權利，經訴願不服其決定，或提起訴願逾三個月或延長訴願決定期間逾二個月不為決定時，請求行政法院審查原處分或原決定，而予以裁判的訴訟行為❶。茲將此項定義分析說明如下：

㈠行政訴訟為行政上的訴訟行為：行政訴訟係以行政處分為標的，以行政機關為訴訟對象，亦即以國家行政權為訴訟客體，故雖適用司法程序，由司法機關管轄，但在性質上與民刑訴訟不同，而為行政上的訴訟行為亦稱行政裁判制度。故學者有認為行政訴訟具有「發掘行政本意，規律其法律關係之作用」者❷。

㈡行政訴訟為針對中央或地方機關違法處分的訴訟行為：行政訴訟的提起，係以中央或地方機關所作違法處分為爭訟原因，亦即以違法處分的存在為前提要件。而作為人民提起訴訟對象的中央或地方機關，其範圍應與訴願對象的範圍相同，主要包括中央及地方政府各級行政機關與考試機關在內；所謂違法處分，係指違反法規的行政處分而言，並不包含不當處分在內，顯示其標的的範圍較訴願為小；因純屬法律爭議問題，故更適宜循司法訴訟程序

❶ 管歐著，中國行政法總論，第五三九—五四〇頁。

❷ 涂懷瑩著，行政法原理（下冊），第六二五頁。

解決。

㈢行政訴訟須因人民權利受違法處分的損害而提起：行政訴訟的提起，乃導因於人民權利或法律上之利益受違法處分的損害，如僅有違法處分，而無損害發生，即不能提起訴訟。而提起訴訟者須為權利受損害的人民，惟不以行政處分的相對人為限，凡直接受損害者，均得提起。至於受損害的標的，則不限於權利，而可包括公法私法權利以外的利益在內。其次，尚有應注意者，即行政訴訟制度固以保障人民權利為主要目的，但在另一方面亦具有維護國家法律尊嚴及法治行政原則的意義。故關於行政訴訟性質及目的的解釋，在實質上宜兼採「權利保護說」與「法規維持說」，且兩方面的目的，具有密切的關聯❸。

㈣行政訴訟係由行政法院管轄的訴訟行為：行政法院乃是大陸法系司法二元制國家的產物，因其所受理者為行政訴訟案件，故與普通法院不同，屬特別法院性質；因其為司法機關適用司法訴訟程序，故能較行政機關處理爭訟案件更為公平客觀，符合法治原則（有關行政法院制度參閱本章第三節）。

㈤行政訴訟係因不服訴願決定而提起的訴訟行為：行政業務講求效率，故對爭訟的處理，先行適用較簡易之訴願程序，以求速斷速決，使法律關係早日歸於穩定；如訴願人認為在行政系統之下，未能獲得適法適當解決，則可將違法處分的爭議，移轉於行政機關以外的司法機關審理。就此種過程觀之，訴願可視為行政訴訟的先審程序，而行政訴訟則構成訴願制度的終審程序或稱「覆審訴爭」。行政訴訟必須先經訴願不服其決定，然後始得於法定期限內提起，此種制度上的安排即為「訴願前置主義」❹。

㈥行政訴訟係請求行政法院審查原處分或原決定並予以裁判的行為：行政訴訟既為經訴願不服其決定而提起，則當事人提起行政訴訟的目的，自係請求行政法院就行政機關所作原處分及決定加以審查，確定其有無違法情事，並根據審查結果，作成裁判，使爭議獲得適法之解決，人民權利獲得保障，損害得以排除。惟行政法院既為司法機

❸ 王潔卿著，前揭書，第一九三頁。古登美著，行政救濟制度，第七八頁。

❹ 王富茂等合著，前揭書，第六一頁。

關，其對訴訟案件的處理，僅係本於職權依法獨立裁判；至於裁判的內容，是否確能符合原告當事人的主張或願望（例如將原處分或決定加以撤銷或變更），則非所問，僅不得對原告作較原處分或決定更為不利的判決而已❺。

第二項　行政訴訟與民事訴訟的區別

人民就法律關係上的爭議有提起訴訟請求國家司法機關審理裁決之權，是為人民的司法受益權。我國憲法第十六條亦有關於人民訴訟權之規定。其所謂訴訟包括民事、刑事及行政訴訟三種，其中以民事訴訟與行政訴訟在性質上較為接近。因大體言之，二者均為「正式訴訟」與訴願之為「簡略訴爭」者不同，均在於維護人民權益，且均為由司法機關管轄的訴訟，惟若作詳細比較，則二者仍具有各方面的不同之點。茲分述之❻：

㈠目的不同：行政訴訟係因人民權益受行政機關違法處分損害時，請求國家予以行政救濟的爭訟程序；其目的在維護人民權益，包括公法與私法兩方面的權益在內。民事訴訟是國家確定人民私權的審判程序，其目的雖亦在保障人民權利，惟係以私法上的權利為其標的。

㈡程序不同：行政訴訟的進行係採職權進行主義及職權審理主義的原則，其訴訟程序乃由行政法院本於職權依法推動，並依職權調查審理，不受當事人陳述及證據所拘束。而民事訴訟的程序則大不相同，係採當事人進行主義及當事人陳述主義。其訴訟程序在原則上應依當事人的意思進行或停止，法院不作積極干預；法院在當事人陳述範圍外，僅於必要時始主動積極調查審理，所作裁判均以當事人及證人口頭陳述與所提證據為主要依據。

㈢適用法規不同：行政訴訟因係判斷行政處分是否違法，故須以行政法規為依據，僅在必要時始適用有關私法的規定。民事訴訟因係民事案件的審判，均為私權關係的爭議，故應以私法為審判的主要依據。

㈣管轄法院不同：民事訴訟審判由普通法院管轄。行政訴訟在司法二元制國家，則專設行政法院審理。

---

❺ 林紀東著，訴願及行政訴訟，第一六三頁。

❻ 王潔卿著，前揭書，第一九四—一九五頁。王昌華著，前揭書，第三二三頁。

(五)性質不同：民事訴訟就各種觀點而言，均屬純司法性質。而行政訴訟雖由司法機關管轄，適用司法程序，其所以如此，主要係在求審判的慎重與客觀超然；就其案件的本質而言，則屬行政處分的爭訟，又須適用行政法規裁判，故行政訴訟應視為行政上的訴訟，僅在法制上歸司法機關管轄而已。

(六)判決不同：民事訴訟判決，其結果常係對當事人課予履行債務的義務、損害賠償責任、或確定私法上的權利等。而行政訴訟判決，其結果則常為維持、撤銷、或變更原處分或決定；此外，尚有確認判決、給付判決、及應為行政處分之判決等。

行政訴訟與民事訴訟雖有各方面不同之點，但二者在制度整體方面，仍屬大致相似，故舊行政訴訟法第三十三條明定「本法未規定者，準用民事訴訟法」，即在以民事訴訟法補充行政訴訟法之不足。在民國八十七年行政訴訟法修正後，其內容中雖無類似舊法第三十三條的概括性規定，但在其各章節中，凡屬有關行政法院管轄權（第十八條）、法官之迴避（第二十條）、當事人事項（第二十八及三十六條）、參加訴訟及代理（第四十八及五十六條）、訴狀（第五十九條）、送達（第八十三條）、訴訟費用（第一〇四條）、通常訴訟程序（第一三二條）、言詞辯論（第一三二條）、證據（第一七六條）、訴訟程序之停止（第一八六條）、裁判（第二一八條）、簡易訴訟程序（第二三七條）、抗告程序（第二七二條）、保全程序（第二九七及三〇三條）等各部分，均分別列有得援用民事訴訟法各相關條文之規定。

第二節　行政訴訟的範圍、種類及其要件

第一項　行政訴訟的範圍

所謂行政訴訟的範圍，係指行政訴訟審理事項的範圍，其與人民訴權及行政法院管轄事項的範圍具有密切的關聯；亦即何種事件得為行政訴訟的標的，或行政訴訟審理與裁判所得涉及的內容而言。我國行政訴訟法於八十七年修正後，因明確規定行政訴訟的種類並擴大訴權範圍，致使行政訴訟的範圍較前複雜，在就各種類別的行政訴訟提

出說明之前，僅能依據行政訴訟法的相關規定，先行對行政訴訟的範圍作成概括的分析解釋。茲首先引述該法的相關條文如下：

行政訴訟法第一條規定「行政訴訟以保障人民權益，確保國家行政權之合法行使，增進司法功能為宗旨」。

同法第二條規定「公法上之爭議，除法律有特別規定外，得依本法提起行政訴訟」。

同法第三條規定「前條所稱之行政訴訟，指撤銷訴訟、確認訴訟及給付訴訟」。

同法第五條第一項規定「人民因中央或地方機關對其依法申請之案件，於法令所定期間內應作為而不作為，認為其權利或法律上利益受損害者，經依訴願程序後，得向高等行政法院提起請求該機關應為行政處分或應為特定內容之行政處分之訴訟」。

同法第七條規定「提起行政訴訟，得於同一程序中，合併請求損害賠償，或其他財產上給付」。

同法第十一條規定「前二條訴訟（維護公益訴訟及選舉罷免訴訟）依其性質，準用撤銷、確認或給付訴訟有關之規定」。

就上列各項條文的內容觀察，可知行政訴訟所涉及的範圍甚廣；僅就一般情形而言，對其範圍約可提出下列各項概括的解說：

㈠行政訴訟既以保障人民權益及確保行政權之合法行使為宗旨，則在基本上凡屬因違法行為損害人民權益的事件均應納入行政訴訟審理的範圍。

㈡行政訴訟的對象不以違法行政處分為限，各種公法上爭議，除法律別有規定外，均得提起行政訴訟。

㈢各種不同內容的公法爭議，可分別依其性質，提起不同類別的行政訴訟。

㈣行政訴訟的標的，不以保障人民個人的權益為限，為維護公益或因選舉罷免的爭議，亦得提起行政訴訟。

㈤提起行政訴訟，得於同一程序中，合併請求損害賠償或其他財產上給付。

㈥行政訴訟在基本上係人民因權益遭受違法行政處分的損害，或公法上權利義務關係發生爭議，請求行政法院裁判、除去或保護的救濟程序；但在另一方面，司法審判基於不告不理原則（*Nemo judex sine actiore*），就具體事件是否提起訴訟？請求救濟的範圍如何？以及以何種方式（亦即訴訟種類）尋求救濟？均係取決於當事人的主觀意願。故行政訴訟關於程序的進行與訴訟的範圍兼採處分權主義與職權進行主義。此即對於性質上宜由當事人自行決定的訴訟行為採前者，而不宜由當事人自行決定或涉及公益的行為採後者❼。

㈦公法上的爭議，如屬在性質上不能採法律救濟、或司法機關無管轄權、或在法令上因有特別規定不得提起行政訴訟，或應由普通法院管轄的事件，則即使涉及違法行為侵害人民權益或公益的情形，亦不屬於行政訴訟的範圍，其情形約可包括下列數種❽：

⑴純屬經濟或政治性問題，無法經由行政訴訟審判裁決其爭議者。

⑵國家的統治行為，例如總統對國會行為、府會關係行為、外交行為、政府基本組織行為等，司法機關在原則上對其適法性與有效性不為判斷，故此等統治行為乃是立於裁判權之外。

⑶關於抽象的法律效力之判斷與解釋，應屬大法官的職權，不得作為行政訴訟事件處理。政黨違憲解散事件，依據憲法增修條文第五條第四項及司法院大法官審理案件法第二條之規定，應由憲法法庭作成裁判。

⑷關於選舉罷免訴訟，依據行政訴訟法第十條規定，雖得提起行政訴訟，但在公職人員選舉罷免法修正前，依據該法第一百零一、一百零三、一百零三之一、一百零六、及一百零八條規定，各種選舉罷免訴訟，應向普通法院起訴。

⑸交通違規事件，依據違反道路交通管理處罰條例第八及八十七至八十九條規定，違反道路交通管理處罰條例事件的處理，係由交通或警察行政機關主管，作成行政處分性質的裁決，受處分人不服裁決，得聲明異議，由普通法院所設置的專庭（交通法庭）裁定之。

❼ 陳計男著，行政訴訟法釋論，自刊，八十九年版，第三三七頁。

❽ 同前註，第一五一—一五四頁。林紀東著，行政法原論，下冊，第七六九—七七〇頁。

⑹違反社會秩序維護法事件，依據該法第三十三、五十五、及五十七條規定，對有關事件由普通法院（設簡易庭）或警察機關管轄，被處罰人不服警察機關之處分者，得聲明異議，經由原處分之警察機關向該管簡易庭提起，由該庭裁定。

⑺冤獄賠償事件，依據冤獄賠償法第四條規定，當事人得向原處分或判決無罪之機關或所屬地方法院提出聲請，聲請人不服上開管轄機關之決定，得聲請司法院冤獄賠償覆議委員會覆議。

⑻國家賠償事件，依據國家賠償法第二、三、四、十一條及該法施行細則第三十七條規定，對有關事件，當事人得向賠償義務機關求償；如該機關拒絕賠償、或逾期不開始協議、或逾期協議不成立時，請求權人得向普通法院起訴（但有關案件亦得在行政訴訟中附帶請求賠償）。

⑼特別權力關係懲處案件，在此種性質的事件中，近年來關於公務人員或學生的懲處事件，經由新法的制定或法令的解釋，已有逐漸開放的趨勢，即允許受懲處人提起行政爭訟；但對其他類別的人員，則尚須循職業組織體系內的管道提出申訴，以求保障權益，例如有關律師懲戒事件，依據律師法第四十二條規定，被懲戒律師對於律師懲戒委員會之決議，有不服者，得向律師懲戒覆審委員會請求覆審。

上述九項均屬依據法令的特別規定，另有訴請救濟的管道，而不得提起行政訴訟（或有選擇機會）的情形；將此等特殊途徑列出，具有助於從消極方面釐清行政訴訟範圍的作用。

第二項　行政訴訟的種類及其要件

在八十七年行政訴訟法修正前，就行政訴訟的屬性而言，乃是以撤銷訴訟為主體；所以，行政訴訟的範圍可謂相當狹窄，除以違法處分為對象訴請撤銷或變更外，其他公法上的爭議多難以經由行政訴訟途徑尋求解決。但至八十七年修法後，擴大訴權範圍，增加行政訴訟的類別，除在該法第二條規定「公法上之爭議，除法律別有規定外，得依本法提起行政訴訟」。並在第三條明定「前條所稱之行政訴訟，指撤銷訴訟、確認訴訟及給付訴訟」。另依第五條第一項後段規定，尚有「請求該機關應為行政處分或應為特定內容之行政處分之訴訟」。可知該法修正後，行政訴訟的種類增加，內容較前大為複雜，且該法對各種訴訟均分別作有明確規定，茲引述其有關條文並分析其要件如下：

㈠撤銷訴訟：行政訴訟法第四條規定「人民因中央或地方機關之違法行政處分，認為損害其權利或法律上之利益，經依訴願法提起訴願而不服其決定，或提起訴願逾三個月不為決定，或延長訴願決定期間逾二個月不為決定者，得向高等行政法院提起撤銷訴訟。逾越權限或濫用權力之行政處分，以違法論。訴願人以外之利害關係人，認為第一項訴願決定，損害其權利或法律上之利益者，得向高等行政法院提起撤銷訴訟」。按本條第一項乃是對撤銷訴訟的基本規定，至於第二及第三兩項則為對第一項的解釋或補充規定。根據第一項的規定，大致已可瞭解撤銷訴訟的意義，並可對其要件提出分析說明如下⑨：

⑴須有違法行政處分的存在：此即須有中央或地方機關所作內容違法之行政處分存在；所謂「行政處分」係指有關機關針對具體事件作成單方意思表示的決定，而直接對外發生法律效果的行為或其他公權力措施，並包括「一般處分」在內。至於所謂「違法」則係指違反法規的禁止規定或不適用法規或曲解法規等情事而言；且對法規應採廣義解釋，無論實體法、程序法、解釋、判例及法理原則均屬之；另依據前述行政訴訟法第四條第二項的規定「逾越權限或濫用權力之行政處分，以違法論」。

⑵須違法處分損害原告的權利或法律上之利益：此即原告須主張因違法處分致使其權利或法律上之利益受到損害，並就此種情事提出合理推論或證據，說明其間之因果關係。但此所謂「權利」與「法律上之利益」，並不包括「反射利益」在內。

⑶須經訴願程序而不服其決定或逾期不為決定：因我國行政訴訟制度在原則上採訴願前置主義，故提起撤銷訴訟在程序上須先經訴願，而不服其決定或受理訴願機關逾越法定期間不為決定或於延長決定期間後逾期仍不為決定。在此種情形下，當事人因未獲救濟，自應允許其依法提起行政訴訟。

⑨ 林騰鷂著，前揭書，第六三一—六三二頁。陳清秀著，行政訴訟法，第一〇九—一一〇頁。

⑷須於法定期間內提起：依據訴願法第九十條規定「訴願決定書應附記，如不服決定，得於決定書送達之次日起二個月內向高等行政法院提起行政訴訟」。行政訴訟法第一百零六條規定「撤銷訴訟之提起，應於訴願決定書送達後二個月之不變期間內為之。但訴願人以外之利害關係人知悉在後者，自知悉時起算。撤銷訴訟，自訴願決定書送達後，已逾三年者，不得提起」。所謂提起行政訴訟之法定期間，係指上開兩項條文所定二個月之不變期間，不得延長亦不得縮短；但若當事人遲誤法定期間而有行政訴訟法第九十一條之法定情事者，則得請求回復原狀。至於法定期間設定之目的，一方面在促使當事人注意行使其訴權，而另一方面在使行政上法律關係得以早日確定，以免影響當事人的權益，同時能夠配合行政機關對行政效率的要求。

關於撤銷訴訟的要件已見上述；此外，尚有須作補充說明者，即為撤銷訴訟的性質；因當事人提起撤銷訴訟的目的，在於請求行政法院撤銷或變更原違法行政處分或訴願決定，而撤銷或變更均屬形成權作用，故撤銷訴訟乃具有「形成訴訟」的性質。

㈡課予義務訴訟：行政訴訟法第五條規定「人民因中央或地方機關對其依法申請之案件，於法令所定期間內應作為而不作為，認為其權利或法律上之利益受損害者，經依訴願程序後，得向高等行政法院提起請求該機關應為行政處分或應為特定內容之行政處分之訴訟。人民因中央或地方機關對其依法申請之案件，予以駁回，認為其權利或法律上之利益受違法損害者，經依訴願程序後，得向高等行政法院提起請求該機關應為行政處分或應為特定內容之行政處分之訴訟」。按此種訴訟與前條之撤銷訴訟情形不同；撤銷訴訟係以違法之積極處分為對象，而課予義務訴訟則係以消極處分為對象；惟本法第五條第一、二兩項所規定的情形又有所不同，第一項係針對純粹的不作為提起訴訟，稱為「怠於為行政處分之訴」或「怠為處分之訴訟」；第二項則係針對申請案件之駁回處分所提起的訴訟，稱為「對駁回行政處分之訴」或「拒為處分之訴訟」；但兩項規定的訴訟目的，均為「請求該機關應為行政處分或應為特定內容之行政處分」，以實現申請案件請求的內容，亦即請求行政法院對主管機關以判決課予作成行政處分的義務，故稱為「課予義務訴訟」或「請求應為行政處分之訴訟」。就此種訴訟的性質而言，因係要求主管機關對當事人有所作為，故亦被視為屬於給付訴訟的類別，但亦有認為兼具給付與形成訴訟之性質者。就「課予義務訴訟」之要件分析，約可提出下列五點綜合說明❿：

(1)須有原告依法提出之申請案件：此種申請案件的內容，須係當事人依法得申請之事項，請求主管機關為行政處分或為特定內容之行政處分。就實際情形而言，此種申請案件的內容，多屬請求給付或賦予權利或利益的事項。

(2)須主管機關對申請案件在法定期間內應作為而不作為或予以駁回：所謂法定期間係指主管機關依法令規定對申請案件應作成決定之期間，若逾期怠於作成行政處分，或所作成者係否決該申請案（亦即駁回處分或拒絕處分）之處分，則申請人即得依法提起行政訴訟。

(3)須原告之權利或法律上之利益因主管機關之不作為或駁回處分受到損害：即原告之權利或法律上利益所受損害，與主管機關之怠於行政處分或駁回處分之間具有因果關係，原告對此亦應提出合理解釋或證據；而其「權利或法律上利益」遭受損害的涵義，則與撤銷訴訟並無不同。

(4)須經訴願程序：即原告曾就有關案件，經訴願程序尋求救濟，而不服其駁回決定或受理訴願機關逾法定期間未為決定，遂得依法提起行政訴訟。但另有一種情形，即受理訴願機關依訴願法第八十二條第一項規定，曾作成決定命受理申請機關應於相當期間內，速為一定之處分者，則此種決定既係對訴願人有利，在原則上訴願人自無提起行政訴訟之理由；惟如訴願人之目的，係請求命為特定內容之行政處分，或所定相當期間顯不適當時，因此種情形並未符合訴願人之請求，且有可能對訴願人的權益造成不利影響，故似仍應允許訴願人提起行政訴訟。

(5)須在法定期間內提起：因怠於行政處分之訴，原無行政處分作成，而是以消極不作為為對象；如此，則對提起行政訴訟法定期間的計算，自不能與對積極處分提起行政訴訟的情形相同，以訴願法第九十條所規定的法定期間（即決定書送達之次日起二個月內）為準；但行政訴訟法第五條第一項對起訴的法定期間漏未規定，故在理論上應許其類推適用該法第四條第一項後段所定之法定期間（即提起訴願逾三個月不為決定，或延長訴願決定期間逾二個

❿ 陳計男著，前揭書，第一七四—一七九頁。陳敏著，行政法總論，自刊，九十年版，第一二〇三—一二〇七頁。

月不為決定）提起行政訴訟始為合理。

㈢確認訴訟：行政訴訟法第六條規定「確認行政處分無效及確認公法上法律關係成立或不成立之訴訟，非原告有即受確認判決之法律上利益者，不得提起之。其確認已執行完畢或因其他事由而消滅之行政處分為違法之訴訟，亦同。確認行政處分無效之訴訟，須已向原處分機關請求確認其無效未被允許，或經請求後於三十日內不為確答者，始得提起之。確認公法上法律關係成立或不成立之訴訟，於原告得提起撤銷訴訟者，不得提起之。確認訴訟以高等行政法院為第一審管轄法院。應提起撤銷訴訟，誤為提起確認行政處分無效之訴訟，其未經訴願程序者，高等行政法院應以裁定將該事件移送於訴願管轄機關，並以行政法院收受訴狀之時，視為提起訴願」。根據上開條文規定，可知確認訴訟包括三種情形或類別，即確認行政處分無效、確認公法上法律關係成立或不成立、及確認已執行完畢或因其他事由而消滅之行政處分為違法是。此三種類型的訴訟，均係涉及公法上爭議，須請求行政法院以確認判決加以裁斷，俾解決其爭議澄清法律關係或事實的真相。此等不同種類的確認訴訟，雖具有其共同的特點，但若分析其要件，則未盡一致，宜分別加以解說如下：

⑴確認行政處分無效之訴：此種訴訟的提起，係原告主張特定行政處分應屬自始無效，而訴請行政法院作成裁決加以確認。分析其要件約有下列三項⓫：

①須以確認特定行政處分無效為訴求：雖然個別的行政處分僅為一單純行政決定行為，但其所生法律效果，則將對以該處分為主體的法律關係，產生連帶的影響，進而可能導致當事人權利義務的得喪變更；反之，行政處分的無效，亦同。行政處分效力的認定既具有如此的重要性，故特定行政處分無效的爭議，自可構成確認之訴的對象。但自行政訴訟的觀點而言，僅能允許確認行政處分無效之訴，並無確認其有效之訴，因行政處分一旦作成之後，在原則上即應受適法之推定，若對其合法性發生爭議時，始得請求以確認判決解決之。又所謂行政處分的無效，係指其不具備有效成立的要件，而應歸於自始無效之謂；此種情形的發生，即因該處分可能具有重大明顯的瑕疵，根本

⓫ 陳清秀著，前揭書，第一四六－一四七頁。陳計男著，前揭書，第一八三－一八六頁。

無法有效成立，亦即「絕對無效」。在行政程序法制定施行後，該法第一百十一條對行政處分無效的情形有明文規定，其條文稱「行政處分有下列各款情形之一者，無效：一、不能由書面處分中得知處分機關者。二、應以證書方式作成而未給予證書者。三、內容對任何人均屬不能實現者。四、所要求或許可之行為構成犯罪者。五、內容違背公共秩序、善良風俗者。六、未經授權而違背法規有關專屬管轄之規定或缺乏事務權限者。七、其他具有重大明顯之瑕疵者」。既有法令作明文規定，則行政法院在審理此種案件時，即應以該條所列舉的情事作為認定無效的依據。

②須已向原處分機關請求確認其無效之程序：此項請求確認無效程序，與提起訴願不同，因係向原處分機關提出，且無法定期間的限制；在請求確認無效之後，若未被允許或經請求後於三十日內不為確答，即可提起確認訴訟。

③須有即受確認判決之法律上利益：係指原告因該所主張應屬無效行政處分的存在，致使其權利或法律上利益有遭受侵害的事實或可能性，故請求行政法院以確認判決除去該行政處分。為實現此項請求之目的，原告須以充分理由說明其所處之法律地位，並具有即受確認判決之法律上利益。

⑵確認公法上法律關係成立或不成立之訴：此即原告對特定公法上法律關係是否成立，與被告機關之間發生爭議，對於此種公法上法律關係不明確的情形，若能以確認判決加以澄清，將可使原告獲得法律上的利益，因而提起此種確認之訴。分析其要件約有下列三項⓬：

①須原告與被告機關間對特定公法上法律關係是否成立有爭議存在：所謂公法上法律關係，僅指一般公法上權利義務關係而言，並不包含憲法上的有關爭議；但自傳統實務觀點，則可將法律關係是否存在的爭議包含在內。另就法律關係的當事人而言，亦不限於兩造間的法律關係，第三人就他人間的法律關係，若具有即受確認判決之法律上利益時，亦得提起此種確認之訴。此外，此種訴訟所涉及的法律關係不限於其整體全部，即針對由其所衍生的獨立權利義務，亦得單獨提起確認之訴。

⓬ 吳庚著，行政爭訟法論，自刊，八十八年版，第一一七—一二四頁。陳計男著，前揭書，第一八八—一八九頁。

②須對原告具有即受判決之法律上利益：本項涵義，同前述確認行政處分無效之訴部分的說明。

③須原告對有關事項已不得提起撤銷訴訟：行政訴訟法第六條第三項規定「確認公法上法律關係成立或不成立之訴訟，於原告得提起撤銷訴訟者，不得提起之」。此即依據「確認訴訟補充性原則」，凡在公法關係上因行政處分所引發的爭議，其根本解決之道，應先就該特定行政處分本身的適法性作成裁斷，始能正本清源徹底消除爭議。反之，若允許當事人分別針對違法行政處分所生之權利義務提起確認之訴，其後果即可能導致行政法院對同一行政處分的適法性在不同事件中作成相互牴觸的裁判，且將因先後提起的多數訴訟，形成行政訴訟資源的浪費。故對提起確認之訴應予限制，俾使當事人儘先以撤銷訴訟解決爭議，僅在已不得提起撤銷之訴時，始能提起確認訴訟。但在原告為政府機關時，則可不受此項原則的限制。

⑶確認已解消行政處分為違法之訴：行政訴訟法第六條第一項後段規定「其確認已執行完畢或因其他事由而消滅之行政處分為違法之訴訟」。按此種情形因原行政處分已不存在，若提起撤銷訴訟已失其對象，故須轉換為確認訴訟，以維護原告之權益。且關於該行政處分已不存在的情形，除已執行完畢外，尚包括其他事由等多方面的原因，學者為簡化對有關情形的說明，遂提出「解消」一詞，作為統括的概念。茲將此種確認之訴的要件分析如下⑬：

①須在違法行政處分解消前，曾經訴願程序，但未經行政訴訟判決：就理論觀點而言，因針對違法行政處分所致權益損害的當事人，在尋求行政救濟時，應先經訴願程序，然後提起撤銷訴訟；但若在訴訟程序中，作為訴訟對象的行政處分已解消時，其撤銷之訴將因欠缺要件而被駁回；此時的補救途徑，即參照德國行政法院法第一百十三條第一項的規定，將撤銷之訴轉換為確認之訴，俾使救濟程序得以繼續進行。此即我國行政訴訟法第六條第一項後段的規定，對此種情形直接採行確認之訴以取代撤銷之訴的理由，故此種訴訟亦稱「追加(或續行)的確認訴訟」。

②須原告具有即受判決之法律上利益：其情形與前述兩種確認訴訟相同，不必贅述。

③提起此種確認訴訟應受期間的限制：因提起此種確認訴訟的結果，可能具有使業已解消的違法行政處分被

⑬吳庚著，前揭書，第一一八頁。陳計男著，前揭書，第一九一—一九四頁。

撤銷或宣告無效的意義，而等同於形成判決的性質。對於此種情形若無期間的限制，而允許隨時提起，則足以破壞既存法律關係與公法秩序的安定，故在理論上設定期間限制實有其必要；但現行行政訴訟法對有關事項漏未規定，顯屬立法上的缺失，宜採類推適用本法第二百七十六條有關提起再審的法定期間規定，以資補救。

㈣給付訴訟：行政訴訟法第八條規定「人民與中央或地方機關間，因公法上原因發生財產上給付或請求作成行政處分以外之其他非財產上之給付，得提起給付訴訟。因公法上契約發生之給付，亦同。前項給付訴訟之裁判，以行政處分應否撤銷為據者，應於第四條第一項或第三項提起撤銷訴訟時，併為請求。原告未為請求者，審判長應告以得為請求。除別有規定外，給付訴訟以高等行政法院為第一審管轄法院」。按本條所規定者為一般公法上給付訴訟，與前述第五條所定「課予義務訴訟」及第七條所定合併請求財產上給付訴訟有所不同。根據上開第八條條文的內容，可知一般公法上給付訴訟，乃是人民就其與中央或地方機關間，因公法上原因（含公法上契約關係）所發生財產或非財產上之一定給付（含作為或不作為），所提起請求行政法院判令對方履行之訴訟；但有須注意者，即此種給付訴訟的原告不以人民為限，行政機關亦得以人民為對象提起給付訴訟。分析一般給付訴訟的要件，約可提出下列四項說明⑭：

⑴須為各種公法上原因所生之給付：所謂各種公法上原因，即除私法上原因與請求作成行政處分以外的各種公法上原因均包括在內，此等公法上原因通常可能係基於法令規定、公法上契約、或公法上侵權行為所生損害賠償求償權、或公法上不當得利返還請求權、公法上無因管理費用返還請求權、及對違法行政行為所致損害請求回復原狀之「結果除去請求權」等均是。

⑵須以請求財產上給付或作成行政處分以外之其他非財產上給付為對象：所謂財產上給付係指金錢或雖非金錢但具有金錢價值之物之給付。所謂非財產上給付，則係指除作成行政處分以外，以其他高權行為（含作為與不作為）滿足原告之請求而言；具體言之，即請求行政法院判決被告機關應作成某種事實行為或單純之行政作為，在積極方

⑭ 陳敏著，前揭書，第一二二一—一二二五頁。陳計男著，前揭書，第一九七—二〇一頁。

面例如請求有關機關締結公法上契約、提供資訊、塗消服務紀錄等給付；在消極方面，例如請求有關機關不得再為對原告權益有損害的行為是；但對此種消極性的請求權，學者有認為應以在行政實體法上所承認，且對原告確有訴訟利益者，始能提起給付之訴。

(3)須原告之給付請求權已屆清償期或雖未屆清償期，但有以給付判決保護之必要：此即依據法理解釋，原告之給付請求權應已屆清償期，而於被告不履行時，始得提起給付之訴；或雖未屆清償期，但如被告有到期不履行之虞時，亦得類推適用民事訴訟法第二百四十六條之規定提起給付之訴。又原告所請求之給付，須係直接依行政法院之判決即可實現者，始得提起給付之訴；否則，若原告之給付請求權，尚須經一定之行政程序始能取得適法之資格或證明者，在完成有關行政程序前，即不得提起訴訟。此外，公法上之給付，如依法得逕以強制執行（含約定自願接受強制執行）達到目的者，即不得提起給付訴訟，因其權益欠缺保護之必要。

(4)須不屬於得撤銷訴訟中併為請求之給付：因依行政訴訟法第八條第二項規定「前項給付訴訟之裁判，以行政處分應否撤銷為據者，應於依第四條第一項或第三項提起撤銷訴訟時，併為請求。原告未為請求者，審判長應告以得為請求」。依本項規定，作為原告給付請求權基礎之行政處分，其合法性既須先經行政法院加以裁斷，則其公法上給付之請求自宜與撤銷訴訟合併提起，俾能符合訴訟經濟原則，並可避免因分別起訴所可能發生裁決分歧的流弊。惟如該行政處分撤銷之訴，已先經行政法院判決確定，則原告即可據以獨立提起給付之訴。此外，如係行政機關為原告，對人民提起給付之訴時，則應無本條第二項之適用，因並不發生其行政處分應否撤銷的問題。

(五)公益訴訟：行政訴訟法第九條規定「人民為維護公益，就無關自已權利及法律上利益之事項，對於行政機關之違法行為，得提起行政訴訟。但以法律有特別規定者為限」。按公益訴訟制度的建立，係以確保行政的客觀合法性及維護公共利益為目的，其訴訟標的與原告自身的權益並無直接關聯，故稱客觀訴訟或民眾訴訟，為行政訴訟類別中特別訴訟的一種。分析此種訴訟的要件，約可提出下列四項說明⑮：

⑮ 陳清秀著，前揭書，第一一三—一一四頁。陳計男著，前揭書，第二〇七—二〇九頁。

⑴須係人民為維護公益所提起：此種訴訟所維護者，並非個人私益，而是社會群體的公共利益；因行政機關的違法行為雖不直接侵害私人權益，但對公共利益有不利影響時，一般人民或公益團體為監督行政機關措施，確保法治行政的實現，經法律許可亦得針對此種違法行為提起公益訴訟。

⑵須行政機關的違法行為與原告自身權利及法律上利益並無關聯：行政機關的違法行為如直接侵害人民個人的權利或法律上利益，人民應提起主觀的行政訴訟尋求救濟；反之，如違法行為僅損害公共利益，則人民即可提起客觀的行政訴訟，以維護公益；即使係一般人民的反射利益受到損害，亦可提起此種公益訴訟。

⑶提起公益訴訟依訴訟的性質與內容，可分別準用撤銷、確認或給付訴訟的有關規定：提起各種類別的訴訟，應具備各該種訴訟的要件，並適用其有關規定（參閱本法第十一條）。

⑷提起公益訴訟，須具備法律特別規定的依據：因行政訴訟法本身對提起公益訴訟僅有概括性的規定，條件較為寬泛，雖有鼓勵民眾起訴的作用，但為避免流於濫用，故設定須以法律特別規定為依據的限制，即本法第九條但書所稱「以法律有特別規定者為限」。例如專利法第七十二條、第一百零五條、及第一百二十三條有關撤銷專利權之舉發事項及空氣污染防制法第七十四條有關對主管機關怠於執行職務行為之告發事項之規定等均是。

㈥選舉罷免訴訟：行政訴訟法第十條規定「選舉罷免事件之爭議，除法律別有規定外，得依本法提起行政訴訟」。按選舉罷免事務，在本質上屬行政業務，其爭議在原則上可藉行政訴訟途徑裁決；但在現行法律中，例如公職人員選舉罷免法及總統副總統選舉罷免法均規定有關選舉罷免爭訟，係由普通法院管轄；因此等法律既有特別規定，則在有關法律修正前，對此等選舉罷免爭議，即不得提起行政訴訟；至於其他選舉罷免爭議，無法律作特別規定者，自可提起行政訴訟。按此種訴訟亦屬特別訴訟的類別，日本行政事件訴訟法並將其列為民眾訴訟。依本法提起此種訴訟的要件，約可分析為下列三項說明⑯：

⑴須屬依法舉辦之選舉罷免事件爭議：如為無法律依據之選舉罷免事件，即不能適用本法提起訴訟。

---

⑯ 陳清秀著，前揭書，第二一五頁。古登美等合著，立法理論與實務，空大出版，八十六年版，第一四頁。

(2)須為不涉及主管機關行政處分介入之選舉罷免爭議：如選舉罷免事件之爭議，係因主管機關就選務所為行政處分所引起者，則原告即應針對該違法處分提起撤銷訴訟，而不得依本法第十條提起選舉罷免爭議訴訟。

(3)須不屬於議會自律事項之爭議：因各級議會對其內部事務均擁有自治權或自律權，就此範圍內的爭議事件，應依有關法律或其內規（例如立法院職權行使法、立法委員行為法及立法院議事規則）設法解決，而不應由司法權介入，以免違反權力分立之體制。

以上係就選舉罷免訴訟的概況所作分析說明。此外，尚有值得注意者，即國內一般人民團體，其職員（理、監事）的產生與去職，不僅涉及選舉罷免事務，且主管機關對此等公共團體擁有相當廣泛的監督權，常對此等團體採行各種行政監督措施；如此等團體或其成員對主管機關的裁決或制裁措施不服時，應如何尋求救濟，在現行人民團體法及其他相關法令中（除對政黨違憲解散事項有特別規定外）均乏明確規定；但自八十七年訴願法修正後，其第一條第二項既明定「各級地方自治團體或其他公法人對上級監督機關之行政處分，認為違法或不當，致損害其權利或利益者，亦同」。則各種人民團體對主管機關的監督措施不服時，自得循行政爭訟途徑提起訴願，並進而提起行政訴訟，尋求解決並維護其權益。

第三項　行政訴訟的一般要件

關於行政訴訟的類別及其要件，最後尚須補充說明者，即前項所述各種類別行政訴訟的要件，因係專屬於各該種訴訟的要件，缺乏共通性，故亦稱各該種訴訟的特別成立要件；與特別要件相對應者，即行政訴訟的一般要件，亦稱「一般之訴訟成立要件」，係指行政訴訟得以合法提起的要件而言，因具備此等一般要件訴訟的提起即屬合法，行政法院乃受理本案並作成實體判決，故「一般之訴訟成立要件」實即「一般之本案判決要件」或稱「一般實體判決要件」，此乃一般行政訴訟均須具備的要件。此種一般要件的內涵，包括下列各種事項[17]：

[17] 陳敏著，前揭書，第一一九四—一一九七頁。吳庚著，前揭書，第八三—八七頁。

㈠行政法院對本案具有審判權及管轄權（含事物及土地管轄）。
㈡當事人應具備「當事人能力」及「訴訟能力」。
㈢須具備符合法定程式的訴狀。
㈣本案之訴訟標的（或事件）並未經判決確定或和解或已繫屬於其他行政或普通法院。
㈤本案確有一般之權利保護必要，亦即原告之訴訟利益具有值得保護之價值。
㈥本案之原告與被告對訴訟之進行分別具有積極與消極之訴訟實施權，亦即得以其自身名義實施訴訟。
㈦若有前置程序及法定期間限制者，須先經前置程序並在法定期間內提起。

就以上所列七種事項觀之，可謂已包括傳統理論上所稱一般行政訴訟的實體與程式要件在內。

第三節　行政訴訟的當事人及審判機關

第一項　行政訴訟的當事人

行政訴訟不僅為一種法律關係亦且為爭訟關係，因而必須有當事人的存在，其當事人主要為在行政訴訟程序中，就爭訟處於相對立地位的兩造，並為裁判所生法律效果的歸屬者。亦即在訴訟程序上互為對審之人，或爭訟關係的主體，及互為權利義務的主張者。惟所應注意者，即行政訴訟之當事人，對於訴訟系爭之標的，未必有實質的利害關係，故可能僅為訴訟程序之當事人，並非實質上之當事人，而為形式上之當事人，亦即不以權利主體為限[18]。此外，尚允許第三人參加訴訟。行政訴訟法第三章專門就有關當事人的事項加以規定，其中基本規定共有三條，玆引述如下：

㈠當事人能力：行政訴訟法第二十二條規定「自然人、法人、中央及地方機關、非法人之團體，有當事人能力」。

[18] 王潔卿著，前揭書，第二二七頁。

有當事人能力者，自然可以作為行政訴訟的當事人。

㈡當事人的種類或範圍：行政訴訟法第二十三條規定「訴訟當事人謂原告、被告及依第四十一條與第四十二條參加訴訟之人」。具體言之，當事人因在訴訟關係上所處地位的不同，在基本上區分為原告與被告，此外尚有在訴訟程序中主動或被動參加訴訟之第三人，即參加人。

㈢訴訟能力：行政訴訟法第二十七條規定「能獨立以法律行為負義務者，有訴訟能力。法人、中央及地方機關、非法人之團體，應由其代表人或管理人為訴訟行為。前項規定於依法令得為訴訟上行為之代理人準用之」。按前已言之，訴訟能力亦為當事人進行訴訟行為所應具備的要件之一，若不具備訴訟能力，即不能直接從事訴訟行為，而必須由代理人代為之。

除以上所引三項重要條文外，行政訴訟法第三章的內容對當事人的有關事項尚有各種詳細規定，茲分項說明如下：

㈠原告：係指具有當事人能力，依法有起訴權，而實際提起行政訴訟之人（其範圍可參閱前述行政訴訟一般要件說明），須為具有一般人民身分者，惟不以自然人及本國國民為限，故可包括法人及其他非法人團體；外國人如依據條約及有關法令之許可，亦得為行政訴訟的原告。至於政府機關及公務人員，以往一向認為除為財產權主體、或以準於私人地位、或以私人身分者外，不得為行政訴訟的原告⑲。惟近年來依據新的特別權力關係理論及大法官會議的各項相關解釋，尤其是行政訴訟法八十七年修正後有關當事人的新規定，政府機關及公務人員也和一般人民一樣，被承認應享有行政訴訟權，自然具備原告的資格。具有共同利益之多數人為原告時，應選定其中一人或數人為全體起訴。

㈡被告：係指在行政訴訟上與原告處於對立地位之相對當事人，或稱對造。就一般情形而言，行政訴訟既係因人民不服政府機關的違法處分或針對其不作為而提起，故其被告，自應為政府機關。就提起行政訴訟的要件而言，

⑲ 林紀東著，訴願及行政訴訟，第一〇五—一〇九頁。張鏡影著，前揭書，第二三〇頁。

被告在原則上即為訴願的決定機關，惟並不以此為限。依據行政訴訟法第二十四條規定，經訴願程序之行政訴訟，其被告在基本上包括左列兩種機關：

「1.駁回訴願時之原處分機關。

2.撤銷或變更原處分或決定時，為最後撤銷或變更之機關。」

關於被告機關，除前述第二十四條的基本規定外，尚有下列兩條補充規定，即：

⑴受託團體或個人：行政訴訟法第二十五條規定「人民與受委託行使公權力之團體或個人，因受託事件涉訟者，以受託之團體或個人為被告」。此即在委託關係之下，受託團體或個人以準行政主體的地位成為被告機關。

⑵承受業務機關或直接上級機關：行政訴訟法第二十六條規定「被告機關經裁撤或改組者，以承受其業務之機關為被告機關；無承受其業務之機關者，以其直接上級機關為被告機關」。

以上兩項有關被告機關的補充規定，與訴願法上有關訴願管轄機關的補充規定頗為相似。同時，根據上述有關條文的規定，可知行政訴訟的被告，即為行政機關本身，而非其成員的公務人員。至於機關之首長，在訴訟上亦僅為機關之法定代理人，故首長人事更迭，並不影響機關的被告資格；又其機關如發生改組或裁撤情形時，則以接掌其職權的機關，亦即嗣後對該爭訟事件的業務有管轄權之機關為被告。此外，尚有須注意者，即行政訴訟的被告，僅為在行政訴訟上與原告立於對造地位的形式當事人，並不一定即為就訴訟結果權利義務直接受到影響的實質當事人[20]。換言之，以機關作為形式或程序上之當事人，僅在求法律的正確適用及為解決爭訟之便利，故被告是否具有法律上之人格，則非所問。

㈢選定與指定當事人：法律關係上的爭議，常可能涉及多數當事人，此等多數人對訴訟標的具有必須合一確定之共同利益，若任令彼等分別就同一事件起訴被訴或進行共同訴訟，均可能導致訴訟程序的遲滯與辯論混雜，增加審理的困擾，違反訴訟經濟原則。因此，於訴訟繫屬後，須在多數當事人中選定或指定一人或數人，在訴訟上出名

[20] 范揚著，前揭書，第三一九—三二〇頁。

為當事人，獲得眾人授予訴訟實施權，代為訴訟行為[21]。行政訴訟法第三章第二節對有關事項有詳細規定，茲引述如下：

⑴選定或指定當事人：行政訴訟法第二十九條規定「多數有共同利益之人得由其中選定一人至五人為全體起訴或被訴。訴訟標的對於多數有共同利益之人必須合一確定，而未為前項選定者，行政法院得限期命為選定，逾期未選定者，行政法院得依職權指定之。訴訟繫屬後經選定或指定當事人者，其他當事人脫離訴訟」。本條所稱「脫離訴訟」，係指其他當事人不必再直接參與訴訟行為，但確定判決之效力，仍及於全體當事人。

⑵選定或指定當事人之更換或增減：行政訴訟法第三十條規定「多數有共同利益之人於選定當事人或由行政法院依職權指定當事人後，得經全體當事人之同意更換或增減之。行政法院依前條第二項指定之當事人，如有必要，得依職權更換或增減之。依前項規定更換或增減者，原被選定或指定之當事人喪失其資格」。

依據前述第二十九條及第三十條有關當事人之選定或指定及其更換或增減之事項，均應通知他造當事人（行政訴訟法第三十二條）；且選定當事人及其更換或增減應以文書證明（行政訴訟法第三十四條）。

⑶選定或指定當事人喪失資格之救濟：行政訴訟法第三十一條規定「被選定或被指定之人中有因死亡或其他事由喪失其資格者，他被選定或被指定之人得為全體為訴訟行為」。惟如被選定人因死亡或其他事由喪失其資格（例如被選定人僅有一人或雖有多人而全部喪失資格），致被選定人全體均不存在或喪失資格時，則訴訟程序應即停止；俟有新選定當事人或全體共同利益人能承受訴訟時，其程序始得恢復[22]。

⑷選定或指定當事人為訴訟行為之限制：行政訴訟法第三十三條規定「被選定人非得全體之同意，不得為捨棄、認諾、撤回或和解。但訴訟標的對於多數有共同利益之各人非必須合一確定，經原選定人之同意，就其訴之一部為

---

[21] 楊建華著，民事訴訟法要論，自刊，八十六年版，第五九頁。張進德、郭勳章合著，新行政救濟實務解析，冠恆公司出版，八十九年版，第七〇四頁。

[22] 陳計男著，前揭書，第六九頁。

撤回或和解者，不在此限」。本條但書所稱訴訟標的對於多數有共同利益當事人「必須合一確定」，係指比照必要共同訴訟人的關係方面，法院對於共同訴訟各人所為之裁判，其內容不得歧異而言㉓；反之，如多數共同利益之當事人間僅為普通共同訴訟關係，即不受此種「必須合一確定」之限制，而得經原選定人之同意，就其訴之一部為撤回或和解。

(5)公益社團法人得提起公益訴訟：行政訴訟法第三十五條規定「以公益為目的之社團法人，於其章程所定目的範圍內，由多數有共同利益之社員，就一定之法律關係，授與訴訟實施權者，得為公共利益提起訴訟。前項規定於以公益為目的之非法人之團體準用之。前項訴訟實施權之授與，應以文書證之。第三十三條之規定，於第一項之社團法人或第二項之非法人之團體準用之」。按本條所規定的情形，乃屬「團體訴訟」性質，所謂「團體訴訟」係指一個團體(含法人或非法人團體)，為維護其成員之利益或其成立目的所追求之公益，經其成員授與訴訟實施權後，得以團體名義提起行政訴訟，前者稱為「利己之團體訴訟」，本條之規定則為「利他之團體訴訟」㉔。

㈣共同訴訟：行政訴訟法第三十七條規定「二人以上於左列各款情形，得為共同訴訟人，一同起訴或一同被訴：一、為訴訟標的之行政處分係二以上機關共同為之者。二、為訴訟標的之權利、義務或法律上利益，為其所共同者。三、為訴訟標的之權利、義務或法律上利益，於事實上或法律上有同一或同種類之原因者。依前項第三款同種類之事實上或法律上原因行共同訴訟者，以被告之住居所、公務所、機關、主事務所或主營業所所在地在同一行政法院管轄區域內者為限」。本條為關於「共同訴訟」之基本規定，所謂「共同訴訟」乃是仿傚民事訴訟的制度，係指當事人的一造或兩造為複數的訴訟，亦即原告或被告或原告被告各有二人以上的訴訟。因有二人以上於同一訴訟程序，為共同之請求，或受共同之請求，故稱「共同訴訟」，該二人以上的原告(積極共同訴訟)或被告(消極共同訴訟)，即為「共同訴訟人」。共同訴訟在形式上雖為一訴，但在實質上則係按其當事人之人數而為數訴，就此數訴合併其訴

㉓ 陳清秀著，前揭書，第二七〇頁。

㉔ 蔡志方著，行政救濟法新論，第一八七頁。

訟程序，實即數訴之合併。但其與訴訟標的為複數的情形有所不同，標的為複數的合併，稱為「客觀的訴之合併」，而當事人為複數的合併，則為「主觀的訴之合併」。其在制度上採取合併的理由，均為就訴訟經濟、節省勞費與時間、及避免裁判發生牴觸所作考量；如果不僅當事人為複數，且訴訟標的亦為複數時，則兼具主觀與客觀兩種訴之合併的性質。至於共同訴訟發生的原因，通常係因起訴時即已發生（例如前述第三十七條規定的情形），但亦有於起訴後訴訟程序進行中所發生者（例如因承受訴訟或參加訴訟等情形是）。另為符合訴之合併的目的，共同訴訟須合於一定之要件，可分為主觀與客觀要件兩種，前者係就多數的當事人而言；客觀的要件，不僅以當事人為多數，且須數訴係屬同一法院管轄、適用同種訴訟程序，並須數訴合併非為法律所禁止者；而本法第三十七條所規定的情形，大致均屬主觀要件，符合此等要件者，始能形成共同訴訟。此外，共同訴訟因當事人間關係密切程度的不同，又可區分為普通共同訴訟與必要共同訴訟兩種，前者僅係將多數程序合併作共同的審理與判決，俾符合訴訟經濟的要求；至於必要共同訴訟，則係因爭訟的法律關係對所有共同訴訟人全體，必須合一確定（係指訴訟標的完全同一，即使僅有一人起訴或被訴，其既判力亦可及於所有當事人）；或因其他原因，訴訟行為無論起訴或被訴，均須由共同訴訟人全體為之㉕。關於普通與必要共同訴訟，現行行政訴訟法均有採行，分別在其第三十八條及第三十九條加以規定，茲引述如下：

⑴普通共同訴訟：行政訴訟法第三十八條規定「共同訴訟中，一人之行為或他造對於共同訴訟人中一人之行為及關於其一人所生之事項，除別有規定外，其利害不及於他共同訴訟人」。本條規定的涵義，係指多數當事人雖以同一訴訟程序進行訴訟，但在各共同訴訟人與其相對人間，係主張各別之訴訟標的與訴之聲明，法院針對此等各別標的與聲明所作判決，在多數當事人間互不相涉，在理論上雖應為一致之判決，但在法律上並不要求必須合一確定。換言之，在訴訟關係上，一人之行為或針對其中一人之行為或關於一人所生之事項，除法律別有規定外，其效力不及於他共同訴訟人，此即共同訴訟人獨立之原則㉖。

㉕ 同前註，蔡志方書，第一一四—一一五頁。雲五社會科學大辭典，第六冊，法律學，商務，六十八年版，第八三頁。

⑵必要共同訴訟：行政訴訟法第三十九條規定「訴訟標的對於共同訴訟之各人，必須合一確定者，適用左列各款之規定：一、共同訴訟人中一人之行為有利益於共同訴訟人者，其效力及於全體；不利益者，對於全體不生效力。二、他造對於共同訴訟人中一人之行為，其效力及於全體。三、共同訴訟人中之一人，生有訴訟當然停止或裁定停止之原因者，其當然停止或裁定停止之效力及於全體」。本條規定的涵義，係指就訴訟標的法律關係的性質而言，其存在於多數當事人間的爭議，因在法律上須同時解決，故必須同時起訴或被訴，法院對此種事件所作判決，對所有共同訴訟人亦須一致而不得分歧，此即謂之「合一確定」㉗。

⑶續行訴訟權：行政訴訟法第四十條規定「共同訴訟人各有續行訴訟之權。行政法院指定期日者，應通知各共同訴訟人到場」。所謂「續行訴訟權」，係指為期訴訟程序得以順利進行，應對各個共同訴訟人賦予續行訴訟之權。又如共同訴訟人中雖僅有一人續行訴訟時，行政法院仍應將所指定之期日，通知各共同訴訟人到場，藉以使訴訟程序始終維持合併狀態，如此乃能符合訴訟經濟原則並防止裁判的分歧㉘。

㈤訴訟參加：所謂「訴訟參加」，係指在行政訴訟上原告與被告以外的第三人，於他人訴訟程序繫屬中，基於對訴訟標的與一造當事人的合一確定，或對訴訟結果有利害關係，而主動或被動的參與訴訟，成為當事人之一的「參加人」之謂。採行訴訟參加制度的目的，在於維護參加人的權益，並藉以擴張判決的既判力，促進法之安定性，防止其他訴訟發生的可能，俾符合訴訟經濟的要求，避免裁判分歧矛盾。此外，尚可藉參加人資訊的提供，澄清爭訟事件的真相，導正裁判的可能缺失。行政訴訟法上所規定的參加制度，並不限於為支持原告或被告，而有不同的參加類別，包含「必要參加」、「獨立參加」或「普通參加」、及「輔助參加」等㉙，在現行法中均有明文規定，茲引述

㉖ 楊建華原著，鄭傑夫增訂，民事訴訟法要論，自刊，九十年版，第九五頁。

㉗ 同前註，第九七頁。

㉘ 陳清秀著，前揭書，第四〇八頁。

㉙ 蔡志方著，行政救濟法新論，第一四九—一五三頁。

如下：

(1)必要共同訴訟之獨立參加：行政訴訟法第四十一條規定「行政訴訟標的對於第三人及當事人一造必須合一確定者，行政法院應以裁定命該第三人參加訴訟」。按本條規定係指行政法院應依職權命該第三人參加訴訟，使其取得當事人之地位，並受判決既判力之拘束，學者有認為此種情形係屬「因有必要共同訴訟之獨立參加」㉚。又同法第四十六條規定「第四十一條之參加訴訟，準用第三十九條之規定」。亦即準用有關必要共同訴訟之各項規定。

(2)利害關係人獨立參加訴訟：行政訴訟法第四十二條規定「行政法院認為撤銷訴訟之結果，第三人之權利或法律上利益將受損害者，得依職權命其獨立參加訴訟，並得因該第三人之聲請，裁定允許其參加。前項參加，準用第三十九條第三款之規定。參加人並得提出獨立之攻擊或防禦方法。前二項規定，於其他訴訟準用之。訴願人已向高等行政法院提起撤銷訴訟，利害關係人就同一事件再行起訴者，視為第一項之參加」。按本條係就撤銷訴訟中利害關係人之獨立參加所作規定，第三人係為維護其自身的權益而參加，並非「輔助參加」，具有獨立的地位，故得獨立採行攻擊或防禦的方法。至於第三十九條第三款的規定，係指共同訴訟人中之一人，所生訴訟當然停止或裁定停止之情事，其效力及於參加人而言。

(3)參加訴訟之程序：行政訴訟法第四十三條規定「第三人依前條規定聲請參加訴訟者，應向本訴訟繫屬之行政法院提出參加書狀，表明左列各款事項：一、本訴訟及當事人。二、參加人之權利或法律上利益，因撤銷訴訟之結果將受如何之損害。三、參加訴訟之陳述。行政法院認前項聲請不合前條規定者，應以裁定駁回之。關於前項裁定，得為抗告。駁回參加之裁定未確定前，參加人得為訴訟行為」。本條為聲請參加撤銷訴訟之程序規定，並說明法院對聲請案之審查與裁定權力。

(4)行政機關或第三人之輔助參加：行政訴訟法第四十四條規定「行政法院認其他行政機關有輔助一造之必要者，得命其參加訴訟。前項行政機關或有利害關係之第三人亦得聲請參加」。本條所規定之「輔助參加」，係指就兩造間

㉚ 陳計男著，前揭書，第一〇八頁。

之訴訟，第三人有法律上利害關係者，為輔助一造起見，於該訴訟繫屬中主動或被動參加訴訟之謂。此種訴訟參加，亦稱從參加，其參加人為從當事人，而非主當事人，亦與共同訴訟人有別；換言之，參加人期以輔助一造獲得勝訴之結果，以間接維護自己之利益，並非直接為自己有所請求，故與主參加之性質為共同訴訟者不同。惟因第三人之參加，仍在為保護其自身的利益，故又與訴訟代理人或輔佐人有別㉛。至於本條所稱其他行政機關，係指訴訟當事人以外之其他相關機關而言，亦即允許其他行政機關參加訴訟以輔助被告行政機關進行訴訟。

(5)命參加之裁定及其程序：行政訴訟法第四十五條規定「命參加之裁定應記載訴訟程度及命參加理由，送達於訴訟當事人。行政法院為前項裁定前，應命當事人或第三人以書狀或言詞為陳述。對於命參加訴訟之裁定，不得聲明不服」。本條規定係在補充本法前數條之共通性程序事項之規定，所謂不得聲明不服，乃因參加訴訟對於法院蒐集案情資料將有所助益，且為免拖延訴訟進度，故不得聲明不服，亦即對行政法院之裁定不得聲明異議。

(6)本訴訟判決效力之擴張：行政訴訟法第四十七條規定「判決對於經行政法院依第四十一條及第四十二條規定，裁定命其參加或許其參加而未參加者，亦有效力」。按本法第四十一條及第四十二條所規定者，分別為「必要共同訴訟之獨立參加」與「利害關係人獨立參加訴訟」，因此二者均為獨立參加，第三人參加訴訟後取得參加人之地位，亦為訴訟當事人，故不論其在訴訟程序中是否參與訴訟而為訴訟行為，本訴訟之判決對其均應具有效力，亦即應受判決既判力之拘束㉜。

㈥訴訟代理人及輔佐人：行政訴訟法對於當事人，既規定應具備當事人能力及訴訟能力，同時又採行代理人及輔佐人制度，究其原因實因行政訴訟乃是一種具有專門性與複雜性內涵的法律關係或事務；行政訴訟法基於保護當事人權益、訴訟經濟與程序順利的考量，允許具備一定資格者代理訴訟；若當事人不具有訴訟能力，或雖有訴訟能力而因故不能親自為訴訟行為時，均可由代理人代為之。行政訴訟之代理人制度，兼採法定代理與委任代理兩種，

㉛ 雲五社會科學大辭典，第六冊，法律學，第三二一頁。

㉜ 陳計男著，前揭書，第一〇八及一一五頁。

除在本法中有明文規定外，並準用民事訴訟法之有關規定。至於輔佐人制度，乃是為保護當事人權益、彌補其在訴訟上專業陳述能力的不足、協助當事人澄清事實並蒐集訴訟資料，遂允許輔佐人於訴訟程序中到場，輔佐當事人為訴訟行為㉝。惟輔佐人並非當事人或參加人，在訴訟程序上並不具有獨立地位。行政訴訟法中對代理人及輔佐人有多項條文加以規定，茲分別引述如下：

(1)委任訴訟代理人及其限制：行政訴訟法第四十九條規定「當事人得委任代理人為訴訟行為。但每一當事人委任之訴訟代理人不得逾三人。行政訴訟應以律師為訴訟代理人。非律師具有左列情形之一者，亦得為訴訟代理人：一、依法令取得與訴訟事件有關之代理人資格者。二、具有該訴訟事件之專業知識者。三、因職務關係為訴訟代理人者。四、與當事人有親屬關係者。前項第二款、第四款之訴訟代理人，行政法院認為不適當時，得以裁定禁止之」。本條內容在規定委任代理人人數及資格的限制，有關代理人資格的規定，除設定以律師為原則外，尚開放具備其他條件者亦得為代理人，其中第一款係指依據專業法律取得代理人資格者而言，例如依據會計師法會計師得為稅務案件訴訟之代理人；第二款係指具備該訴訟案件之專業知識者而言(似與第一款之資格有所重疊)，例如大學法學教授、專利代理人、商標代理人或工業技師等是；第三款係指因職務關係可充任所屬機構或團體之代理人而言；第四款則僅要求具親屬關係者即可，惟缺乏具體明確的規定，條件可謂寬泛，學者有認為此係專為針對中國社會情況而設㉞。設定委任代理人資格條件的限制，亦在維護訴訟當事人的權益並確保訴訟程序的順利進行。

(2)提出委任書：行政訴訟法第五十條規定「訴訟代理人應於最初為訴訟行為時提出委任書。但由當事人以言詞委任經行政法院書記官記明筆錄者，不在此限」。按委任代理人在原則上應採要式行為，即提出委任書；至於以言詞委任者應屬例外情形，但仍須由書記官記明筆錄俾資證明；且委任代理人應於每一審級為之。

(3)訴訟代理人之權限：行政訴訟法第五十一條規定「訴訟代理人就其受委任之事件，有為一切訴訟行為之權。

㉝ 蔡志方著，行政救濟法論，第一一六—一一七頁。

㉞ 陳計男著，前揭書，第一三三—一三四頁。

但捨棄、認諾、撤回、和解、提起反訴、上訴或再審之訴及選任代理人，非受特別委任不得為之。關於強制執行之行為或領取所爭物，準用前項但書之規定。如於第一項之代理權加以限制者，應於前條之委任書或筆錄內表明」。本條所規定之委任代理關係，屬「普通委任」，其授權範圍可使訴訟代理人在原則上對一切訴訟行為，除設有特別限制者外，均得為之；至於受特別限制的事項包括訴訟上的捨棄、認諾、撤回、和解、提起反訴、上訴、再審之訴及選定代理人等事項在內，此等事項應屬特別委任的範圍，非經特別授權，代理人不得為之[35]。且對代理權設定限制的事項，應在委任書或筆錄有明確記載。

(4)各別代理權：行政訴訟法第五十二條規定「訴訟代理人有二人以上者，均得單獨代理當事人。違反前項之規定而為委任者，仍得單獨代理之」。在訴訟代理人有二人以上時，究應共同代理或各自單獨代理，原可在委任契約中加以規定；惟行政訴訟法對此係參照民事訴訟法的制度，規定均得單獨代理，以杜紛爭，而維持訴訟進行的順利與安定。所謂均得單獨代理，即各訴訟代理人之行為均直接對各當事人本人發生效力；如數代理人彼此所為意思表示或陳述互不一致時，則各代理人之行為均生法律上之效力，其效果則須視行為之性質定之；就此種情形所生爭議，審判長應先行使闡明權，或命當事人本人到場決定取捨，最後尚可斟酌全辯論意旨，作成裁斷。又在單獨代理的情形，法院或他造當事人之訴訟行為，可向其中任一代理人或全體為之[36]。

(5)訴訟代理權之效力：行政訴訟法第五十三條規定「訴訟代理權不因本人死亡、破產或訴訟能力喪失而消滅。法定代理有變更或機關經裁撤、改組者，亦同」。本條規定的用意，在維持訴訟代理權的賡續，使不受上開當事人各種變動因素的影響，俾使訴訟程序不致中斷。

(6)訴訟委任之終止：行政訴訟法第五十四條規定「訴訟委任之終止，應以書狀提出於行政法院，由行政法院送達於他造。由訴訟代理人終止委任者，自為終止之意思表示之日起十五日內，仍應為防衛本人權利所必要之行為」。

---

[35] 楊建華著，前揭書，九十年版，第七八－七九頁。

[36] 王甲乙等合著，前揭書，第七一頁。

關於訴訟代理人的委任或終止委任，均須採要式行為，作明確的意思表示，即提出書狀於行政法院，並由法院通知他造當事人，始能發生效力。如終止委任契約係由代理人一方提出者，則自其為終止委任之意思表示之日起十五日內，仍課予原代理人應為防衛當事人權利所必要行為之義務，俾使當事人有充分的時間作接替的準備㊲。

⑺法定代理之有關規定：行政訴訟法第二十七條規定「能獨立以法律行為負義務者，有訴訟能力。法人、中央及地方機關、非法人團體，應由其代表人或管理人為訴訟行為。前項規定於依法令得為訴訟上行為之代理人準用之」。同法第二十八條規定「民事訴訟法第四十六條至第四十九條、第五十一條之規定，於本節準用之」。按訴訟行為為法律行為的一種，訴訟能力亦即訴訟上之行為能力；關於行政訴訟上的法定代理在原則上係準用民事訴訟法的有關規定，凡屬無行為能力人、限制行為能力人、法人、非法人團體、與中央及地方機關在行政訴訟上均須由其法定代理人代為訴訟行為，根據前引該法第二十七條規定及學理上見解與司法院第二九三六號解釋已可作此種認定㊳。至於同法第二十八條所稱準用民事訴訟法之各項規定，所涉及之事項如下：

①外國人之訴訟能力：民事訴訟法第四十六條規定「外國人依其本國法律無訴訟能力，而依中華民國法律有訴訟能力者，視為有訴訟能力」。因依據我國涉外民事法律適用法第一條第二項規定「外國人依其本國法無行為能力或僅有限制行為能力，而依中華民國法律有行為能力者，就其在中華民國之法律行為，視為有行為能力」。既然視為有行為能力，則亦應視為有訴訟能力。

②法定代理及為訴訟所必要之允許應適用之法規：民事訴訟法第四十七條規定「關於訴訟之法定代理及為訴訟所必要之允許，依民法及其他法令之規定」。按無行為能力人、限制行為能力人、及機關團體等，因無訴訟能力，故其為訴訟行為或受訴訟行為，均須由法定代理人代為之；至於有關法定代理人之規定，分別見於民法、公司法、及私立學校法等實體法。

㊲ 陳計男著，前揭書，第一四二頁。

㊳ 陳計男著，前揭書，第六〇—六二頁。陳清秀著，前揭書，第二六八頁。

③能力、法定代理權或為訴訟所必要之允許欠缺的追認：民事訴訟法第四十八條規定「於能力、法定代理權、或為訴訟所必要之允許有欠缺之人所為之訴訟行為，經取得能力之本人、取得法定代理權或允許權之人、法定代理人或有允許權人之承認，溯及於行為時，發生效力」。本條的涵義在於說明民法上法律行為的無效與民事訴訟上訴訟行為的無效，其法律效果未盡相同；前者係自始的、確定的、當然的、絕對的無效；而後者，則可因事後合法的追認，使其取得溯及於行為時的合法效力[39]。

④能力、法定代理權或為訴訟所必要之允許欠缺的補正：民事訴訟法第四十九條規定「法院於能力、法定代理權、或為訴訟必要之允許，認為有欠缺而可補正者，應定期間命其補正，如恐久延致當事人受損害時，得許其暫為訴訟行為」。按行政法院與普通法院相同，對當事人有無訴訟能力，應依職權調查，如發現對有關事項有欠缺時，應定期命其補正，於補正後其訴始為合法；反之，如逾期不為補正，法院即可以其訴不合法為理由以裁定駁回之[40]。至於本條所稱如恐久延致當事人受損害時，得許其暫為訴訟行為，乃是基於訴訟經濟及便民考量所作例外規定。

⑤特別代理人之選任及其權限：民事訴訟法第五十一條規定「對於無訴訟能力人為訴訟行為，因其無法定代理人，或其法定代理人不能行代理權，恐致久延而受損害者，得聲請受訴法院之審判長選任特別代理人。無訴訟能力人有為訴訟之必要，而無法定代理人，或法定代理人不能行代理權者，其親屬或利害關係人，得聲請受訴法院之審判長，選任特別代理人。選任特別代理人之裁定，並應送達於特別代理人。特別代理人於法定代理人或本人承當訴訟以前，代理當事人為一切訴訟行為。但不得為捨棄、認諾、撤回或和解。選任特別代理人所需費用及特別代理人代為訴訟所需費用，得命聲請人墊付」。所謂特別代理人，係指無訴訟能力人在事實上無法定代理人或其法定代理人因故不能行使法定代理權，而無訴訟能力人有為訴訟行為的必要或對造當事人須對無訴訟能力人為訴訟行為者，此時為保護無訴訟能力人及相對當事人的權益，不致因法律爭議久延而受損害，故採行由法院選定特別代理人的制

---

[39] 陳計男著，前揭書，第六一頁。

[40] 同前註，第六二頁。

度，以資補救。至於特別代理人的地位與權限，大致與法定代理人相同[41]。

(8)輔佐人：行政訴訟法第五十五條規定「當事人或訴訟代理人經行政法院之許可，得於期日偕同輔佐人到場。行政法院認為必要時亦得命當事人或訴訟代理人偕同輔佐人到場。前二項之輔佐人，行政法院認為不適當時，得撤銷其許可或禁止其續為訴訟行為」。關於輔佐人的意義與性質已見前述，本條係就訴訟程序上有關輔佐人的事項所作規定。輔佐人之訴訟行為僅得於期日為之，所謂期日包括言詞辯論期日、準備程序期日、調查證據期日等在內。輔佐人在訴訟上所得為之行為，法律上並無限制，大致上就訴訟事件提出事實上之聲明、主張、陳述、證據之抗辯、甚至訴訟標的之捨棄、認諾、訴訟之撤回等均得為之。至於輔佐人行為之效力，在原則上視同當事人或訴訟代理人之行為，如當事人或訴訟代理人對輔佐人之行為不同意時，應即時加以撤銷或更之；總之，輔佐人僅屬當事人或訴訟代理人的發言機關，訴訟行為仍應以當事人或訴訟代理人者為準[42]。

第二項　行政訴訟的審判機關

第一款　基本型態的分析

行政訴訟既為裁決行政上爭訟的制度，故與民刑訴訟不同，具有其特性，此種業務應由特殊機關管轄。其管轄機關，亦即行政訴訟的審判機關或受理機關。關於此種機關的設置，各國大致採行兩種不同制度，茲分述之：

(一)一元主義：此種制度亦稱合併主義或司法一元制或英美制，即將行政訴訟的審理，由普通法院掌管，而不另設行政訴訟裁判機關。採此制者，以英美法系國家為主，戰後日本亦倣行之，實際上又有英國制與美國制之分，制度未盡一致。分析言之，此制約具有下列各項優點[43]：

---

[41] 楊建華著，前揭書，九十年版，第七二—七五頁。

[42] 同前註，第八八頁。

(1)行政訴訟與普通訴訟的審判機關與程序統一，更為符合平等法治原則。
(2)普通法院設置普遍，便於受理有關案件。
(3)普通法院具有法律專長的司法人員，足以勝任審理行政訴訟案件。
(4)國家不必另行建立制度設立機構，符合精簡組織及節約經費原則。

(二)二元主義：此種制度亦稱分離主義或司法二元制或「大陸法型」，即就行政訴訟另設裁判機關掌理，而不與普通法院合併。採此制者主要為大陸法系國家，如德、奧、法等國，及戰前之日本均設置行政法院是，其中以德法兩國的制度為典型，因而又有「德國法型」與「法國法型」之分，其制度亦未盡一致。分析言之，此制約具有下列各項優點44：

(1)設立機關專司行政訴訟審判，顯示在行政爭訟方面，重視保障人民權利。
(2)避免司法干涉行政，兼顧客觀及平等原則。
(3)由專門機關辦理，適用簡便程序，符合便民及效率原則。
(4)任用專業司法人員，具備審理行政訴訟案件專長。

由以上就兩種典型制度的分析，可知二者各有所長，其在英美及大陸國家的發展，乃是經過長期的演進，故各有其傳統存在。至於其他國家對兩種不同模式的採擷，主要是取決於所受不同法系影響程度的結果。

第二款　我國行政法院制度的演進

我國在民國以前，並無正規行政爭訟制度的建立。至民國成立後，於元年臨時約法中，即有關於行政爭訟制度的規定，其第八條稱「人民有陳訴於行政官署之權」（指訴願而言）。第十條稱「人民對於官吏違法損害其權利之行

43 朱彝訓著，前揭書，第三一七頁。Foulkes, op. cit., p. 135.

44 翁岳生著，行政法與現代法治國家，第三八三—三八五頁。管歐著，中國行政法總論，第五四七頁。

為，有陳述於平政院之權」（指行政訴訟而言）。第四十九條稱「法院依法審判民刑訴訟，關於行政訴訟及其他特別訴訟，另以法律定之」。以上三項條文，構成整個行政爭訟制度的依據，而後兩條則專指行政訴訟制度而言。民國二年的天壇憲法草案中，亦有行政爭訟制度的規定。民國三年五月一日，北京政府另行頒布袁氏約法，其第八條規定「人民依法律所定，有請願於行政官署及陳訴於平政院之權」。第四十五條規定「法院依法律獨立審判民事訴訟刑事訴訟，但關於行政訴訟及其他特別訴訟，各依其本法之規定行之」。嗣後，如民國十二年憲法、十四年憲法草案，亦均有有關的規定㊺。

有了約法上的基本依據，北京政府乃於民國三年分別制頒行政訴訟法（隨即另行頒布行政訴訟條例取代）、平政院編制令、及平政院裁決執行條例，進而設置行政訴訟管轄機關的平政院，所採體制與當時法日兩國者相近。該院為全國唯一的行政訴訟審判機關，但不屬於司法機關系統，而直隸於大總統。其職權除審判行政訴訟外，尚掌理糾彈官吏整肅政風事宜，具有監察機關與懲戒機關的性質。因而，該院內部組織在院長之下分為兩個部門，其一為肅政廳，設都肅政史一人為主管，肅政史十六人，負責察劾官吏違法濫權情事，對之提出糾彈案件。另一部門為職司審判的三個法庭，設有庭長及評事共十五人，專門審理行政訴訟案件。此外，對邊遠地區省分，平政院尚得囑託當地最高司法官署選派司法官與該院派出之評事組成五人合議庭，就地審理行政訴訟案件；惟此種合議庭屬臨時性質，故不能視為平政院的分院㊻。

平政院受理的行政訴訟案件主要有兩種，其一、為因中央或地方最高行政官署之違法處分致損害人民權利，經人民陳述的案件；其二、為因中央或地方行政官署之違法處分致損害人民權利，經依法提起訴願至最高級行政官署，不服其決定而陳訴的案件。除此以外，該院為配合其肅政廳的功能，尚應受理由肅政史提起訴訟的兩種案件，其一、為肅政史就人民有權提起而未提起之訴願或訴訟案件，於法定期限經過後，六十日內提起訴訟之案件；其二、為肅

㊺ 林紀東著，訴願及行政訴訟，第一二八—一二九頁。

㊻ 古登美著，行政救濟制度，第一四六—一四七頁。

政史對於中央或地方行政官署之命令或處分，得於六十日內，提起訴訟之案件。後兩種案件的提出，實為監察作用的發揮㊼。

由上述平政院受理行政訴訟案件的情形觀之，可知得以提起行政訴訟者，主要乃以違法行政處分損害人民權利的案件為標的，其範圍相當廣泛。該院審理此等案件，採職權進行主義，以言詞辯論為原則，書面審理為例外，訴訟程序一審終結，且在提起行政訴訟時不得附帶請求損害賠償。該院對行政訴訟案件審理結果，所作判決之內容，可對行政官署的違法處分加以撤銷或變更，其判決對有關的各當事人均有拘束效力，由該院呈請大總統批令主管官署執行。此外，尚有值得注意者，即平政院長、都肅政史、庭長、評事、及肅政史等均係由大總統直接間接任命，可知該院的地位與職權均極具重要性。

就國民政府時期而言，最初於民國十三年，國民政府在廣州成立時，曾設置「審政院」，屬行政法院性質。至民國十七年國民政府奠都南京後，採行五院制，在國民政府中設司法院，依據國民政府組織法第三十三條規定「司法院為國民政府最高司法機關，掌理司法審判、司法行政、官吏懲戒、及行政審判之職權……」。同時，頒布司法院組織法，該法規定在司法院下設行政法院。至民國二十一年制頒行政訴訟法及行政法院組織法，並於二十二年九月正式成立行政法院，使行政訴訟制度能夠有效付諸實施。就此項新的行政訴訟制度而言，因行政訴訟法與舊法並無重大差異，故訴訟制度變動不多；但自審理機關方面觀察，則國府所設行政法院與平政院在組織職權上有頗多重大不同之點，玆分別比較說明如下㊽：

㈠平政院直隸於大總統，獨立於司法機關之外，可視為屬於廣義的行政機關系統；行政法院則屬司法機關。

㈡平政院的職權包含糾彈官吏、審理行政訴訟、及裁決官吏懲戒案件；行政法院則專司行政訴訟審判業務。

㈢平政院由肅政廳、行政訴訟法庭、及懲戒委員會三種單位組成；行政法院則僅分設兩庭。

㊼ 同㊺，第一三一頁。

㊽ 同㊺，第一四七頁。翁岳生著，前揭書，第三八七—三八八頁。

㈣平政院對邊遠地區案件有就地審理制度；行政法院無之。

㈤平政院審理行政訴訟案件，以採言詞辯論為原則，書面審理為例外；行政法院則相反。

㈥平政院不受理請求損害賠償案件；行政法院則受理。

行政法院組織法頒布施行後，使我國行政訴訟審判機關的制度具有新的型態。該法嗣後曾於三十五年十一月六日、三十一年七月二十五日、三十四年四月十六日及十月十六日、三十七年三月十三日、六十四年十二月十二日及八十三年十一月十二日先後經七次修正，惟修正內容主要涉及評事資格限制、適應憲政體制、及配合行政訴訟法修正等情事，而行政法院在組織體制方面並無顯著變革。此外，有關行政法院職權及業務程序方面，尚有一重要法令即「行政法院處務規程」，其所具作用亦不容忽視。

根據上述各項有關法令的規定，可將我國在八十七年行政訴訟法修正前行政訴訟審判機關所具之各項特色分述如下㊾：

㈠隸屬司法機關系統：因我國憲法規定行政訴訟的管轄權屬司法院，而行政法院即為司法院的所屬機關，由該院掌理行政訴訟的審判。

㈡為行政爭訟的覆審機關：我國行政爭訟制度採訴願前置主義，須經訴願及再訴願後始能提起行政訴訟，故行政法院實為行政爭訴的覆審機關。若與民刑訴訟相較，則行政法院的地位，相當於普通法院中的最高法院。

㈢兼審法律與事實問題：行政訴訟的提起，固然僅以違法處分為標的，惟行政法院審理案件，除應以法律問題為主體外，對事實問題亦須審查，故於必要時，尚得調查證據並傳喚證人及鑑定人。

㈣判決有拘束各關係機關之效力：行政訴訟法第四條對此有明文規定，所謂各關係機關，包括中央及地方機關與普通法院在內。此等機關應尊重其判決並執行之，普通法院並不得再就同一事件，在民事訴訟上受理之。

㈤適應專業行政案件的審判：行政法院具有特別法院性質，其評事中包含有高級行政官出身者，故較普通法院

㊾王潔卿著，前揭書，第六〇頁。廖與人著，中華民國現行司法制度（上），第二二〇—二二三頁。

更能勝任對專業行政案件的審理。

㈥為國家唯一行政訴訟審判機關：我國僅設置一所行政法院，同時行政訴訟採一審制度，故行政法院亦僅有一級，其下並無所屬機關，亦無地方行政法院設置。

㈦採合議庭以評事掌理審判：行政法院置院長一人，特任，兼任評事並得充庭長；置庭長二人至三人，評事若干人；每庭置評事五人（其中至少應有二人曾充任法官者）。行政訴訟案件之審判，以合議行之，以庭長為審判長。評事的任用資格，包括曾任最高法院推事（法官）、行政法院評事、高等法院推事（法官）四年以上、及地方法院院長等職務者，或在教育部認可之國內外專科以上學校修習政治法律或財經學科三年以上畢業，並曾任簡任公務人員四年以上，確有成績者。評事之保障，準用關於法官之規定。行政法院內設書記廳為幕僚單位，置書記官長一人為幕僚長。

第三款　現行行政法院制度

行政訴訟法於八十七年修正後，行政法院組織法為配合行政訴訟制度的變革，亦隨之於八十八年二月作成重大修正，修正重點主要即將行政法院改採二級制，在行政法院組織法第二條規定「行政法院分下列二級：一、高等行政法院。二、最高行政法院」。茲就兩級行政法院的有關事項分述如後：

㈠高等行政法院

⑴高等行政法院的設置標準

關於高等行政法院設立的標準，依據行政法院組織法第六條規定「省、直轄市及特別區域各設高等行政法院。但其轄區狹小或事務較簡者，得合數省、市或特別區域設一高等行政法院，其轄區遼闊或事務較繁者，得增設之。高等行政法院管轄區域之劃分或變更，由司法院定之」。根據上開條文所定設置標準，司法院乃分別於臺北、臺中、高雄三地，各設一所高等行政法院，惟今後關於高等行政法院數目的增減或轄區的調整，將可由司法院依據前條之授權適時作成決定。

⑵高等行政法院的職權

關於高等行政法院的職權，在行政法院組織法第七條作有基本規定，該條稱「高等行政法院管轄事項如下：一、不服訴願決定或法律規定視同訴願決定，提起之訴訟事件。二、其他依法律規定由高等行政法院管轄之事件」。本條第一款所規定的訴訟事件，係指人民經依訴願程序提起訴願後，不服訴願管轄機關所作決定，而認為原行政處分或不作為違法，致損害其權利或法律上利益，依據行政訴訟法第四條或第五條規定，向高等行政法院所提起的撤銷訴訟而言；至於該條第二款所規定的訴訟事件，則係指人民依行政訴訟法第六條及第八條所提起之確認訴訟與給付訴訟事件而言，因該法第六條第四項及第八條第三項均規定，有關案件乃以高等行政法院為第一審管轄法院，且各級行政法院對此等案件的裁判，又均應以高等行政法院為執行法院（參閱該法第八編強制執行規定），故有關確認訴訟與給付訴訟事件的管轄，亦均屬高等行政法院的職權範圍㊿。

⑶高等行政法院的組織

關於高等行政法院的組織，包含其內部編制的職位、單位及員額等事項，茲分述如下：

①院長：高等行政法院的首長為院長，行政法院組織法第八條規定「高等行政法院置院長一人，由法官兼任，簡任第十三職等至第十四職等，綜理全院行政事務。前項高等行政法院院長，應就具有最高行政法院法官、最高法院法官或最高法院檢察署檢察官資格，並有領導才能者遴任之」。本條已就院長之設置、員額、職等、及資格條件作明確規定，且說明院長具法官身分，其職務為綜理全院行政事務，但在院內僅有行政監督之權，不得干預審判（參閱法院組織法第一百十四條之規定）。

②法庭及庭長：行政法院組織法第三條第一項規定「高等行政法院之審判，以法官三人合議行之。但簡易訴訟程序以法官一人獨任之」。同法第四條規定「合議審判，以庭長充審判長；無庭長或庭長有事故時，以同庭法官中

㊿ 史慶璞著，法院組織法新論，自刊，九十年版，第二八二頁。

資深者充之，資同以年長者充之。獨任審判，即以該法官行審判長之職權」。同法第九條規定「高等行政法院之庭數，視事務之繁簡定之，必要時得設專業法庭。各庭置庭長一人，簡任第十一職等至第十三職等，除由兼任院長之法官兼任者外，餘就法官中遴兼之，監督各該庭事務」。根據上開各項條文規定，可知高等行政法院審判訴訟案件，以採合議制為原則，院內所設法庭數並不固定而有彈性，每庭以法官三人組成，其中一人兼任庭長，庭長除為法庭的審判長外，並負責監督各該庭行政事務。

③法官及其他司法人員的編制：行政法院的職員以法官為主體，依據行政法院組織法第十條規定「高等行政法院每庭置法官三人，簡任第十職等至第十一職等或薦任第九職等。高等行政法院法官繼續服務四年以上者，簡任第十二職等至第十四職等。司法院為因應高等行政法院業務之需要，得調地方法院及其分院法官、試署法官或候補法官至高等行政法院辦事，每庭一人至三人，協助法官辦理訴訟案件程序、實體重點之分析、資料之蒐集分析、裁判書之草擬等事項。高等行政法院必要時，每庭得置法官助理一人至三人，依聘用人員聘用條例聘用專業人員，或調派各級法院或行政法院其他司法人員或借調其他機關適當人員充任之，協助該庭辦理訴訟案件程序之進行、程序重點之分析、資料之蒐集分析等事項」。同法第五條規定「各級行政法院之員額，依本法附表一、二之規定。為應業務需要，在附表一庭長、法官、書記官、通譯、執達員、錄事、庭務員及法警總額額度內，司法院得訂定各高等行政法院員額配置表，為適度之人力調配」。由上述各項條文規定，可知行政法院的成員，雖係以法官為主體，但仍須有其他各種司法人員職位的配置，以協助法院業務的推動，而整個法院的總員額編制，具有適度的彈性，以因應業務的需要。

④法官的資格條件：行政法院以法官審理訴訟案件，發揮其司法功能，故對法官的資格條件應有嚴格標準，藉以提升其審判業務的品質。行政法院組織法對有關事項作有具體明確規定，該法第十七條稱「高等行政法院法官，應就具有下列資格之一，經遴選或甄試審查訓練合格者任用之：一、曾任行政法院評事、最高行政法院法官或高等行政法院法官者。二、曾任薦任或簡任司法官二年以上，或曾任薦任或簡任司法官並任薦任或簡任公務人員合計二

年以上者。三、曾任教育部審定合格之大學或獨立學院之教授、副教授、講授憲法、行政法、租稅法、商標法、專利法、土地法、公平交易法、政府採購法或其他主要行政法課程八年以上，具有薦任或簡任職任用資格者。四、曾任中央研究院研究員、副研究員合計八年以上，有憲法、行政法之專門著作，並具有薦任或簡任職任用資格者。五、曾在公立或經立案之私立大學、獨立學院法律、政治、行政學系或其研究所畢業，任薦任或簡任公務人員，辦理機關之訴願或法制業務八年以上者。六、經律師考試及格，並有執行行政訴訟律師業務經驗八年以上，具有薦任或簡任職任用資格者。具有前項第二款之資格改任者，應由司法院成立遴選委員會遴選之，於任用前，應施以行政法、行政訴訟法、商標法、專利法及租稅法等在職訓練，其遴選辦法及在職訓練辦法，由司法院以命令定之。具有第一項第三款至第六款之資格者，應經司法院成立之甄試審查委員會甄試審查合格，並施以行政法、行政訴訟法、商標法、專利法及租稅法等職前訓練合格後任用之；其甄試審查辦法及職前訓練辦法，由司法院以命令定之」。根據上引行政法院組織法第十七條的規定，足以瞭解高等行政法院對法官資格條件的要求相當嚴格，有助於提高所遴選人員的素質，且人選來源乃以具有法律專長及司法界經歷者為主體，但不以司法人員出身者為限。此等人員經遴選後，部分尚須經過職前訓練，藉以增進新任法官對實務的熟悉；總之，現行規定似較以往對評事的資格條件要求為嚴格，當可羅致較佳的專業人力。

㈡最高行政法院

⑴最高行政法院的設置與職權

行政法院制度改採二級制後，在高等行政法院之上設置最高行政法院（見行政法院組織法第二條）。換言之，行政訴訟改採二級二審制後，乃以高等行政法院為第一審機關，負責事實審兼法律審，而以最高行政法院為上訴審，且在原則上為法律審機關；亦即當事人對高等行政法院的裁判不服時，可以上訴或抗告於最高行政法院，故改採新制之後，有助於加強對當事人審級利益的保障[51]。關於最高行政法院的設置，行政法院組織法第十一條規定「最高

---

[51] 陳清秀著，前揭書，第二〇頁。

行政法院設於中央政府所在地」。因其最高之行政法院，全國僅設一所，故無所謂設置標準的規定。至於該院的職權，依據行政法院組織法第十二條規定「最高行政法院管轄事件如下：一、不服高等行政法院裁判而上訴或抗告之事件。二、其他依法律規定由最高行政法院管轄之事件」。本條第一款規定，乃是最高行政法院以覆審機關的地位所應管轄的基本事項，而第二款所規定的事項，係指另依法律的特別規定應由最高行政法院管轄的事件而言，乃屬對第一款職權的補充規定。

⑵最高行政法院的組織編制

①院長職位及資格條件：行政法院組織法第十三條規定「最高行政法院置院長一人，特任，綜理全院行政事務，並任法官。前項最高行政法院院長應就具有下列資格之一，並有領導才能者遴任之：一、曾任司法院大法官、最高行政法院院長、最高法院院長、最高法院檢察署檢察總長或公務員懲戒委員會委員長。二、曾任行政法院評事、最高行政法院法官、最高法院法官、最高法院檢察署檢察官、高等行政法院院長、高等法院院長或高等法院檢察署檢察長合計五年以上者。三、曾任行政法院簡任評事或法官、簡任司法官十年以上，或任行政法院簡任法官、簡任司法官、並任簡任司法行政人員合計十年以上者」。若以本條所定資格條件與第八條所定高等行政法院院長之資格條件相比較，可知本條所定資格條件顯較第八條者為嚴格，由此足以說明對最高行政法院院長職位的重視。

②最高行政法院的庭數與庭長：最高行政法院審理訴訟案件亦採合議制，依據行政法院組織法第三條第二項規定「最高行政法院之審判，以法官五人合議行之」。此即由法官五人組成合議制法庭審理案件，至於所設置的庭數，依據同法第十四條規定「最高行政法院應分庭審判，其庭數視事務之繁簡定之。最高行政法院各庭置庭長一人，簡任第十四職等，除由院長兼任者外，餘就法官中遴兼之，監督各庭事務」。可知其設庭的情形，除庭長階級較高外，其餘事項均與高等行政法院者概略相同。

③最高行政法院的員額編制：最高行政法院的成員，自然仍係以法官為主體，此外亦需設置輔助性的各種業務人員。依據行政法院組織法第十五條規定「最高行政法院每庭置法官五人，簡任第十三職等至第十四職等。司法

院為因應最高行政法院業務需要，得調高等行政法院或高等法院以下各級法院及其分院法官、試署法官或候補法官至最高行政法院辦事，每庭一人至五人，協助法官辦理訴訟案件程序、實體重點之分析、資料之蒐集分析、裁判書之草擬等事項。最高行政法院必要時，每庭得置法官助理一人至五人，依聘用人員聘用條例聘用專業人員，或調派各級法院或行政法院其他司法人員或借調其他機關適當人員充任之，協助法庭辦理訴訟案件程序之進行、程序重點之分析、資料之蒐集分析等事項」。本條所規定人員編制事項，除法官階級較高、每庭法官人數較多外，其他事項與高等行政法院的情形大致相近。

④最高行政法院判例編纂會議：行政法院組織法第十六條規定「最高行政法院之裁判，其所持之法律見解，認有編為判例之必要者，應經由院長、庭長、法官組成之會議議決後，報請司法院備查。最高行政法院審理事件，關於法律上之見解，認有變更判例之必要時，適用前項規定。最高行政法院之裁判，其所持之法律見解，各庭間見解不一致者，於依第一項規定編為判例之前，應舉行院長、庭長、法官聯席會議，以決議統一其法律見解」。本條規定事項可以視為最高行政法院的一種職權與業務，因該院地位崇高，故應具有作成與審定判例並統一行政法院系統法律見解之功能，該院聯席會議的召開，乃在因應發揮此種功能的需要，俾便集思廣益，促進判決品質的提升與見解的統一。

⑤最高行政法院法官的資格條件：行政法院組織法第十八條規定「最高行政法院法官，應就具有下列資格之一，經遴選或甄試審查訓練合格者任用之：一、曾任行政法院評事或最高行政法院法官者。二、曾任最高法院法官、最高法院檢察署檢察官、高等行政法院法官、高等法院或其分院法官、高等法院或其分院檢察署檢察官四年以上，成績優良，具有簡任職任用資格者。三、曾任高等行政法院法官、高等法院或其分院法官、高等法院或其分院檢察署檢察官，並任地方法院或其分院兼任院長之法官、地方法院或其分院檢察署檢察長合計四年以上，成績優良，具有簡任職任用資格者。四、曾任教育部審定合格之大學或獨立學院之教授講授憲法、行政法、租稅法、商標法、專利法、土地法、公平交易法、政府採購法或其他主要行政法課程五年以上，具有簡任職任用資格者。五、曾任中央

研究院研究員五年以上，有憲法、行政法之專門著作，並具有簡任職任用資格者。六、曾在公立或經立案之私立大學、獨立學院法律、政治、行政學系或其研究所畢業，任簡任公務人員任內辦理機關之訴願或法制業務六年以上者。七、經律師考試及格，並有執行行政訴訟律師業務經驗十二年以上，具有簡任職任用資格者。具有前項第二款、第三款之資格，其由普通法院法官或檢察署檢察官改任者，應由司法院成立遴選委員會遴選之，於任用前，並應施以行政法、行政訴訟法、商標法、專利法及租稅法等在職訓練；其遴選辦法及在職訓練辦法，由司法院以命令定之。具有第一項第四款至第七款之資格者，應經司法院成立之甄試審查委員會甄試審查合格，並施以行政法、行政訴訟法、商標法、專利法及租稅法等職前訓練合格後任用之；其甄試審查辦法與職前訓練辦法，由司法院以命令定之」。本條對最高行政法院法官資格條件所作規定，不僅重視人選所具公法方面的學識基礎，亦且重視實務方面的經驗，所定資格條件共列七種，顯示羅致人才的途徑甚廣，並對部分來源的人選，要求事先須經遴選或甄試，並在審查合格後，尚須經過專業學識的職前訓練，如此足以保證人選的優良素質，使其任職後能夠充分發揮職能。

(三)行政法院的管轄——審判籍

關於行政法院的管轄權，已在前述有關高等及最高行政法院的職權規定部分提出概略的說明，但欲進一步瞭解法院對各種訴訟案件管轄的實際情形，尚須從管轄權分類與審判籍的觀點加以解釋。所謂行政法院的管轄，實即指不同層級以及同一層級各法院間職掌範圍的劃分而言，管轄權劃分的種類（或標準）約有三種，即「事物管轄」、「職務管轄」、及「土地管轄」是，茲分別扼要說明如下[52]：

(1)事物管轄：所謂「事物管轄」，係指各級行政法院間之審級管轄而言，亦即在不同的審級制度之下，對各級法院管轄權的劃分；依據現行法制，行政訴訟法第十三至十五條之規定，均在說明高等行政法院對第一審的事件擁有管轄權；而同法第二百三十八條的規定，則在說明最高行政法院對上訴審事件擁有管轄權。

(2)職務管轄：所謂「職務管轄」又稱「功能管轄」，其對各級行政法院職掌的劃分，著重於不同層級或不同組織

---

52 陳清秀著，前揭書，第二六〇—二六四頁。蔡志方著，行政救濟法新論，第一二三—一三一頁。

法院所負擔的不同功能。換言之，所謂行政訴訟審判權的功能管轄，乃是以行政法院的職務活動（或職務行為）種類為劃分基準，例如在現行法制下，高等行政法院為初審法院，並負責保全法院與執行法院的職務；最高行政法院則為上訴法院、抗告法院及法律審法院；另有獨任制法官負責審理簡易程序案件；凡此均屬以功能劃分管轄權的事實，可知職務管轄與前述事務管轄有相當大程度的重疊，故有學者對行政法院管轄權的分類，未採事務管轄的類別者。

(3)土地管轄：所謂「土地管轄」係指對相同事件均擁有事務管轄權的行政法院之間，所採以行政活動或當事人或不動產的所在地為基準的職權劃分方式；對當事人而言，土地管轄權又稱「審判籍」，我國行政訴訟法第十三至十六條的規定，均為有關審判籍的規定，主要包含普通審判籍與特別審判籍在內，茲分別列舉如下[53]：

①普通審判籍：此即無論提起何種行政訴訟，均以被告係法人或自然人所在地為審判籍之劃分標準，有兩條條文規定：

1.法人、機關及團體之普通審判籍：行政訴訟法第十三條規定「對於公法人之訴訟，由其公務所所在地之行政法院管轄。其以公法人之機關為被告時，由該機關所在地之行政法院管轄。對於私法人或其他得為訴訟當事人之團體之訴訟，由其主事務所或主營業所所在地之行政法院管轄。對於外國法人或其他得為訴訟當事人之團體之訴訟，由其在中華民國之主事務所或主營業所所在地之行政法院管轄」。

2.自然人之普通審判籍：行政訴訟法第四條規定「前條以外之訴訟，由被告住所地之行政法院管轄，其住所地之行政法院不能行使職權者，由其居所地之行政法院管轄。被告在中華民國現無住所或住所不明者，以其在中華民國之居所，視為其住所；無居所或居所不明者，以其在中華民國最後之住所，視為其住所；無最後住所者，以中央政府所在地，視為其最後住所地。訴訟事實發生於被告居所地者，得由其居所地之行政法院管轄」。

②特別審判籍：係指就特種事件（例如涉及不動產之事件）之訴訟所生之審判籍，此種審判籍係為便利當事

---

[53] 陳計男著，前揭書，第一四—一二〇頁。

人及行政法院而設，乃以行政訴訟法第十五條為依據，該條稱「因不動產之公法上權利或法律關係涉訟者，專屬不動產所在地之行政法院管轄」。

③指定審判籍：關於普通審判籍與特別審判籍的情形已見前述；但如有對行政法院的管轄權難以認定，或有管轄權的法院無法行使審判權時，則須另採指定管轄法院的辦法以資補救，是為「指定審判籍」制度，行政訴訟法第十六條規定「有左列各款情形之一者，最高行政法院應依當事人之聲請或受訴行政法院之請求，指定管轄：一、有管轄權之行政法院因法律或事實不能行審判權者。二、因管轄區域境界不明，致不能辨別有管轄權之行政法院者。三、因特別情形由有管轄權之行政法院審判，恐影響公安或難期公平者。前項聲請得向受訴行政法院或最高行政法院為之」。本條內容即為有關指定審判籍之規定，此種制度亦稱「指定管轄」或「裁定管轄」。至於本條第一款所稱「因法律或事實不能行審判權」，其中法律上原因例如法官中有須迴避者，致使合議庭人數不足，甚至全體法官均須迴避時，即構成此種情形；另就事實上原因而言，例如所在地發生重大天災或戰爭，致使法院無法行使審判權等情形均是。

④管轄恆定原則：行政訴訟法第十七條規定「定行政法院之管轄以起訴時為準」。本條規定即為管轄恆定原則，其涵義係指起訴時由何法院管轄，則整個訴訟程序即應在同一法院進行；若起訴後因有情事變更而管轄法院亦隨之變動，勢將影響訴訟程序的安定，進而可能造成程序的重複與延遲，有違訴訟經濟與效率的要求。

㈣法官及其他司法人員之迴避

公務人員行使職權執行職務，均應注意遵守迴避的義務，行政法院法官及其他司法人員除須遵守公務員服務法第十七條的迴避規定外，在行政訴訟法第十九至二十一條對彼等的迴避義務特別作有明確規定，茲引述如下：

⑴行政訴訟法上的迴避規定：行政訴訟法第十九條規定「法官有左列情形之一者，應自行迴避，不得執行職務：一、有民事訴訟法第三十二條第一款至第六款情形之一者。二、曾在中央或地方機關參與該訴訟事件之行政處分或訴願決定者。三、曾參與該訴訟事件相牽涉之民刑事裁判者。四、曾參與該訴訟事件相牽涉之公務員懲戒事件議決

者。五、曾參與該訴訟事件之前審裁判或更審前之原裁判者。六、曾參與該訴訟事件再審前之裁判者，但其迴避以一次為限」。同法第二十條規定「民事訴訟法第三十三條至第三十八條之規定，除第三十六條之抗告期間外，於本節準用之」。同法第二十一條規定「前二條之規定於行政法院之書記官及通譯準用之」。前引本法第十九條的規定，列舉情形相當具體明確，且不僅適用於法官，書記官及通譯亦準用有關規定。

⑵適用及準用民事訴訟法上的迴避規定：前項所引行政訴訟法第十九及二十條，其中規定適用及準用民事訴訟法的有關條文共有七條之多，為瞭解其實際內容，特引述該法各相關條文之規定如下：

①法官之自行迴避及其事由：民事訴訟法第三十二條規定「推事（法官）有左列各款情形之一者，應自行迴避，不得執行職務：一、推事或其配偶，前配偶或未婚配偶，為該訴訟事件當事人者。二、推事為該訴訟事件當事人八親等內之血親或五親等內之姻親或曾有此親屬關係者。三、推事或其配偶、前配偶或未婚配偶，就該訴訟事件與當事人有共同權利人、共同義務人或償還義務人之關係者。四、推事現為或曾為該訴訟當事人之法定代理人或家長、家屬者。五、推事於該訴訟事件，現為或曾為當事人之訴訟代理人或輔佐人者。六、推事於該訴訟事件，曾為證人或鑑定人者。七、推事曾參與該訴訟事件之前審裁判、更審前之裁判或仲裁者」。本條列舉法官應自行迴避之各種情事，所涉及範圍甚廣，可知其限制相當嚴格。

②聲請法官迴避及其事由：民事訴訟法第三十三條規定「遇有左列各款情形，當事人得聲請推事迴避：一、推事有前條所定之情形而不自行迴避者。二、推事有前條以外之情形，足認其執行職務有偏頗之虞者。當事人如已就該訴訟有所聲明或為陳述後，不得依前項第二款聲請推事迴避。但迴避之原因發生在後或知悉在後者，不在此限」。就本條規定內容觀察，可知其為對前條所作補充規定，法官若有應迴避而不迴避，或有前條列舉事項以外之情形，均可由當事人依本條規定聲請其迴避。

③聲請法官迴避之程序：民事訴訟法第三十四條規定「聲請推事迴避，應舉其原因，向推事所屬法院為之。前項原因及前條第二項但書之事實，應自為聲請之日起，於三日內釋明之。被聲請迴避之推事，對於該項聲請得提

出意見書」。

④聲請法官迴避之裁定：民事訴訟法第三十五條規定「推事迴避之聲請，由該推事所屬法院以合議裁定之，其因不足法定人數不能合議者，由院長裁定之；如並不能由院長裁定者，由直接上級法院裁定之。前項裁定，被聲請迴避之推事，不得參與。被聲請迴避之推事，以該聲請為有理由者，毋庸裁定，應即迴避」。

⑤聲請迴避裁定之救濟：民事訴訟法第三十六條規定「聲請推事迴避經裁定駁回者，得於五日內抗告，其以聲請為正當者，不得聲明不服」。

⑥聲請推事迴避之效力：民事訴訟法第三十七條規定「推事被聲請迴避者，在該聲請事件終結前，應停止訴訟程序。但其聲請因違背第三十三條第二項，或第三十四條第一項或第二項之規定，或顯係意圖延滯訴訟而為者，不在此限。依前項規定，停止訴訟程序中，如有急迫情形，仍應為必要處分」。

⑦職權裁定迴避與許可迴避：民事訴訟法第三十八條規定「第三十五條第一項所定為裁定之法院或院長，如認推事有應自行迴避之原因者，應依職權為迴避之裁定。推事有第三十三條第一項第二款之情形者，經院長許可，得迴避之」。

⑧書記官及通譯之迴避：民事訴訟法第三十九條規定「本節之規定，於法院書記官及通譯準用之」。

按以上所列民事訴訟法之各條條文規定，自第三十四條以後，除第三十七條外，大致均屬程序性的規定，使法院對法官迴避事件的處理，具有制度上的依據，便於解決關於迴避事件所可能發生的各種情事。

第四節　行政訴訟程序的一般規定

有關行政訴訟程序的一般事項，在行政訴訟法中列有專章稱「訴訟程序」，但實際上本章內容所規定者，均為訴訟程序上的一般事項（即共通性事項），所涉及的範圍，共有下列五種事項，茲分別言之。

第一項　書狀程式

當事人在行政訴訟上的各種訴訟行為，無論聲明或陳述，原則上均應採要式行為，即當事人須具備法定程式的書狀，提出於行政法院始為有效。關於書狀在行政訴訟法中共有四條規定如下：

㈠當事人書狀之法定程式：行政訴訟法第五十七條規定「當事人書狀，除別有規定外，應記載左列各款事項：一、當事人姓名、性別、年齡、身分證明文件字號、職業及住所或居所；當事人為法人、機關或其他團體者，其名稱及所在地、事務所或營業所。二、有法定代理人、代表或管理人者，其姓名、性別、年齡、身分證明文件字號、職業、住所或居所、及其與法人、機關或團體之關係。三、有訴訟代理人者，其姓名、性別、年齡、身分證明文件字號、職業、住所或居所。四、應為之聲明。五、事實上或法律上之陳述。六、供證明或釋明用之證據。七、附屬文件及其件數。八、行政法院。九、年、月、日」。同法第五十八條規定「當事人、法定代理人、代表人、管理人或訴訟代理人應於書狀內簽名或蓋章；其以指印代簽名者，應由他人代書姓名，記明其事由並簽名」。

㈡準用民事訴訟法之規定：行政訴訟法第五十九條規定「民事訴訟法第一百十八條至第一百二十一條之規定，於本節準用之」。按民事訴訟法中有關書狀的規定，所涉及的事項包括書狀內引用所持之文書者，應添具該文書之原本或繕本或影本；引用其他證物者，應表明其持有人；書狀及附屬文件應按應受送達之他造人數提出繕本；當事人提出於法院之附屬文件原本，他造得請求閱覽（以上見民事訴訟法第一百十八至一百二十條）。另有較重要者為該法第一百二十一條關於書狀欠缺補正之規定，該條稱「書狀不合程式或有其他欠缺者，審判長應定期間命其補正」。經補正後與最初提出同，亦具有合法效力。

㈢以筆錄代替書狀：行政訴訟法第六十條規定「於言詞辯論外，關於訴訟所為之聲明或陳述，除依本法應用書狀者外，得於行政法院書記官前以言詞為之。前項情形，行政法院書記官應作筆錄，並於筆錄內簽名」。本條規定得以筆錄代替書狀的情形，僅係指關於訴訟所為之聲明或陳述而言，但如依本法應用書狀者，即不得以筆錄取代。

第二項　送　達

行政訴訟法中有關文書送達的規定，相當詳細複雜，凡屬送達方式、送達對象（應受送達人）、送達處所、及送達期間等事項均已包括在內；因訴訟文書送達屬通知行為，亦為行政法院的職責所在，而文書送達的目的在使訴訟當事人或關係人獲得知悉訴訟文書或其他特定事項內容的機會，俾便採取適時適當的訴訟行為；訴訟文書經依法定方式送達後，即可發生一定的法律效果，足以影響當事人及關係人的權益，故文書送達在訴訟程序上具有其重要性，未可忽視[54]。茲將有關文書送達的各項規定分述如下：

㈠送達機關之職權與執行：行政訴訟法第六十一條規定「送達除別有規定外，由行政法院書記官依職權為之」。同法第六十二條規定「送達由行政法院書記官交執達員或郵政機關行之。由郵政機關行送達者，以郵務人員為送達人；其實施辦法由司法院會同有關機關定之」。

㈡向送達地法院之囑託送達：行政訴訟法第六十三條規定「行政法院得向送達地高等行政法院為送達之囑託；必要時亦得向送達地之地方法院為送達之囑託」。

㈢對無訴訟能力人之送達：行政訴訟法第六十四條規定「對於無訴訟能力人為送達者，應向其法定代理人為之。對於法人、中央及地方機關或非法人之團體為送達者，應向其代表人或管理人為之。法定代理人、代表人或管理人有二人以上者，送達得僅向其中一人為之。無訴訟能力人為訴訟行為，未向行政法院陳明其法定代理人者，於補正前，行政法院得向該無訴訟能力人為送達」。

㈣對國內之外國法人或團體之送達：行政訴訟法第六十五條規定「對於在中華民國有事務所或營業所之外國法人或團體為送達者，應向其在中華民國之代表人或管理人為之。前項代表人或管理人有二人以上者，送達得僅向其中一人為之」。

---

[54] 陳計男著，前揭書，第二五三頁。

㈤送達應向訴訟代理人為之：行政訴訟法第六十六條規定「訴訟代理人除受送達之權限受有限制者外，送達應向該代理人為之。但審判長認為必要時，得命送達於當事人本人」。因訴訟代理人在原則上有代當事人為訴訟行為之完整授權，除非其受送達權限受有限制，否則即應向代理人為送達。

㈥指定送達代收人：行政訴訟法第六十七條規定「當事人或代理人經指定送達代收人，向受訴行政法院陳明者，應向該代收人為送達。但審判長認為必要時，得命送達於當事人本人。當事人或代理人於受訴行政法院所在地無住、居所、事務所及營業所者，審判長得命於一定期間內，指定送達代收人。」如不於前項期間內指定送達代收人而陳明者，行政法院書記官得報經審判長許可，將應送達之文書，註明該當事人或代理人之住居所、事務所或營業所，交付郵政機關以掛號發送，以交付文書時視為送達之時」。同法第六十八條規定「送達代收人經指定陳明後，其效力及於同地之各級行政法院。但該當事人或代理人別有陳明者，不在此限」。關於設定指定代收人的用意，即針對當事人或代理人在受訴行政法院所在地無作為文書送達之適當處所時，為求訴訟文書送達的便利，故經當事人指定代收人並向法院陳明後，其效力在原則上及於同地之各級行政法院，如此可不受審級變更的影響[55]。

㈦付郵送達：行政訴訟法第七十條規定「當事人或代理人未依前條規定指定送達代收人者，行政法院得將應送達之文書交付郵政機關以掛號發送」。按付郵送達亦稱郵政送達，即將訴訟文書交付郵政機關送達，以郵差（郵務士）為送達人，其送達方法在原則應依法定送達程序辦理；但如當事人或代理人不於審判長所命期間內，陳明指定送達代收人者，得將應送達之文書以一般郵遞方式送達[56]。本條所規定的情形，即屬如此。

㈧送達處所：行政訴訟法第七十一條規定「送達，於應受送達人之住居所、事務所或營業所行之。但在他處會晤應受送達人時，得於會晤處所行之。對於法人、機關、非法人之團體之代表人或管理人為送達者，應向其事務所、營業所或機關所在地行之。但必要時亦得於會晤之處所或其住居所行之。應受送達人有就業處所者，亦得向該處所

---

55 陳清秀著，前揭書，第二九四頁。

56 王甲乙等合著，前揭書，第一三二頁。

為送達」。

(九)補充送達：行政訴訟法第七十二條規定「送達於住居所、事務所、營業所或機關所在地不獲會晤應受送達人者，得將文書付與有辨別事理能力之同居人、受雇人或願代為收受而居住於同一住宅之主人。前條所定送達處所之接收郵件人員，視為前項之同居人或受雇人。如同居人、受雇人、居住於同一住宅之主人或接收郵件人員為他造當事人者，不適用前二項之規定」。

(十)寄存送達：行政訴訟法第七十三條規定「送達不能前二條規定為之者，得將文書寄存於送達地之自治或警察機關，並作送達通知書二份，一份黏貼於應受送達人住居所、事務所或營業所門首，一份交由鄰居轉交或置於應受送達人之信箱或其他適當之處所，以為送達。前項情形，如係以郵務人員為送達人者，得將文書寄存於附近之郵政機關。寄存之文書自寄存之日起，寄存機關應保存三個月」。由上述規定可知所謂「寄存送達」，係指在不能對當事人本人或其代理人為送達，又不能將文書交付其同居人或受雇人時，得將應送達之文書寄存於送達地之自治或警察或郵政機關，並留置通知書黏貼於應受送達人住居所、事務所或營業所門首，以為送達。採此種方式，於將文書寄存並黏貼通知書後，即發生送達之效力；不因應受送達人是否領取或何時領取，而影響其送達生效時間[57]。

(十一)留置送達：行政訴訟法第七十四條規定「應受送達人拒絕收領而無法律上理由者，應將文書置於送達處所，以為送達。前項情形，如有難達留置情事者，準用前條之規定」。由上述規定可知，所謂「留置送達」，必須是應受送達人無法律上理由而拒絕收領，拒絕收領包括送達代收人、同居人及受雇人在內；至於「無法律上理由」，僅指本文書之送達程序有無可拒絕收領之法律上理由而言，例如未經許可於夜間送達、或對並非應受送達人而為送達均是。但有時對有無法律上理由的事實難以判斷，以致發生難達留置之情事者，可準用寄存送達之規定[58]。

(十二)送達期間之限制：行政訴訟法第七十五條規定「送達，除由郵政機關行之者外，非經審判長或受命法官、受

---

[57] 楊建華著，前揭書，九十年版，第一四〇頁。

[58] 同前註，第一四一頁。

託法官或送達地高等行政法院法官或地方法院法官之許可，不得於星期日或其他休息日或日出前、日沒後為之。但應受送達人不拒絕收領者，不在此限。前項許可，行政法院書記官應於送達之文書內記明」。

（十三）院內交付送達及付郵送達之證明：行政訴訟法第七十六條規定「行政法院書記官於法院內將文書付與應受送達人者，應命受送達人提出收據附卷。依第六十七條第三項之規定為送達者，行政法院書記官應作記載該事由及年、月、日、時之證書附卷」。按第六十七條第三項係指交付郵政機關以掛號發送之方式而言。

（十四）於外國或境外之囑託送達：行政訴訟法第七十七條規定「於外國或境外為送達者，應囑託該國管轄機關或駐在該國之中華民國大使、公使、領事或其他駐外人員為之。不能依前項之規定辦理者，行政法院得將應送達之文書，交付郵政機關以掛號發送」。按當事人如不在本國境內，則非本國管轄權所能及，故不能採用在國內送達之一般方法，本條之規定實有其必要，且無論應受送達人係本國人或外國人均適用之。

（十五）對駐外人員之囑託送達：行政訴訟法第七十八條規定「對於駐在外國之中華民國大使、公使、領事或其他駐外人員為送達者，應囑託外交部為之」。

（十六）對服役軍人之囑託送達：行政訴訟法第七十九條規定「對於在軍隊或軍艦服役之軍人為送達者，應囑託該管軍事機關或長官為之」。

（十七）對在監所人之囑託送達：行政訴訟法第八十條規定「對於在監所人為送達者，應囑託該監所長官為之」。

（十八）公示送達：所謂「公示送達」，係指應為送達之處所不明或經依法定方式送達無效，而採取之替代方式，即將應送達之文書以一定程式公告後，經過法定期間，即可發生與實際送達應受送達人同一之效力；此種送達方式亦稱「擬制送達」[59]。其有關規定見於行政訴訟法第八十一條，該條稱「行政法院對於當事人之送達，如有左列情形之一者，得依聲請或依職權為公示送達：一、應為送達之處所不明者。二、於有治外法權人住居所或事務所為送達而無效者。三、於外國為送達，不能依第七十七條之規定（於外國或境外之囑託送達）辦理或預知雖依該條規定辦理

---

[59] 陳清秀著，前揭書，第二九七頁。

而無效者」。同法第八十二條規定「公示送達，自將公告或通知書黏貼牌示處之日起，其登載公報或新聞紙者，自最後登載之日起，經二十日發生效力；於依前條第三款為公示送達者，經六十日發生效力。但對同一當事人仍為公示送達者，自黏貼牌示處之翌日起發生效力」。

㈨送達準用民事訴訟法之規定：行政訴訟法第八十三條規定「民事訴訟法第一百二十六條、第一百三十一條、第一百三十五條、第一百四十一條、第一百四十二條、第一百四十四條、第一百四十八條、第一百五十一條及第一百五十三條之規定，於本節準用之」。此等準用民事訴訟法條文規定之內容，所涉及的事項包括院內自行交付送達、商業訴訟對經理人送達、送達應付與該文書繕本、送達證書製作、不能送達之報告書及繳回應送達文書、對治外法權人之囑託送達、法院對受囑託機關或公務員經通知已為送達或不能送達情形之處理、公示送達方法及證書等事項，均可彌補行政訴訟法有關送達規定之不足。

第三項　期日及期間

在行政訴訟程序上，行政法院、當事人及關係人等，所作訴訟行為，常須受期日與期間的限制；且期日與期間亦常構成訴訟行為或權利義務生效或行使的基準，故在行政訴訟制度上，期日與期間具有極大的重要性，行政訴訟法必須就有關事項作具體明確的規定，其各項條文如下：

㈠關於期日的規定：所謂「期日」係指由行政法院審判長所定從事訴訟行為的特定日期及時間而言，期日決定後應通知各訴訟當事人與關係人到場與行政法院會合，進行訴訟程序。有關期日的規定如下：

⑴期日之指定及其限制：行政訴訟法第八十四條規定「期日，除別有規定外，由審判長依職權定之。期日，除有不得已之情形外，不得於星期日或其他休息日定之」。

⑵期日之告知：行政訴訟法第八十五條規定「審判長定期日後，行政法院書記官應作通知書，送達於訴訟關係人。但經審判長面告以所定之期日命其到場，或訴訟關係人曾以書狀陳明屆期到場者，與送達有同一之效力」。

(3)期日應為行為之處所：行政訴訟法第八十六條規定「期日應為之行為於行政法院內為之。但在行政法院內不能為或為之而不適當者，不在此限」。

(4)期日之開始、變更及延展：行政訴訟法第八十七條規定「期日，以朗讀案由為始。期日，如有重大理由，得變更或延展之。變更或延展期日，除別有規定外，由審判長裁定之」。本條第一項所稱「期日，以朗讀案由為始」，係指應在期日進行的訴訟程序（行為），自朗讀案由時開始而言。

(二)關於期間的規定：所謂「期間」係指當事人及其他訴訟關係人向法院為訴訟行為所應遵守之期限而言，例如起訴的期間與上訴的期間均是。期間的種類可區分裁定期間與法定期間，後者又可區分為不變期間與通常期間[60]。行政訴訟法上有關期間的規定，有下列各項條文，茲分述之：

(1)裁定期間之酌定及起算：行政訴訟法第八十八條規定「期間，除法定者外，由行政法院或審判長酌量情形定之。行政法院或審判長所定期間，自送達定期間之文書時起算，無庸送達者，自宣示定期間之裁判時起算。期間之計算，依民法之規定」。本條第四項所謂依民法之規定，係指民法總則第五章「期日及期間」，第一百十九至一百二十四條等條文之規定而言，此等規定無論對私法或公法關係均可適用。

(2)在途期間之扣除：行政訴訟法第八十九條規定「當事人不在行政法院所在地住居者，計算法定期間，應扣除其在途之期間。但有訴訟代理人住居行政法院所在地，得為期間內應為之訴訟行為者，不在此限。前項應扣除之在途期間，由司法院定之」。司法院依據本條之授權，曾於八十七年六月十九日訂定發布一項「行政法院訴訟當事人在途期間標準」，以供適用。

(3)期間之伸長或縮短：行政訴訟法第九十條規定「期間，如有重大理由得伸長或縮短之。但不變期間不在此限。伸長或縮短期間由行政法院裁定。但期間係審判長所定者，由審判長裁定」。

(4)遲誤期間之聲請回復原狀：行政訴訟法第九十一條規定「因天災或其他不應歸責於己之事由，致遲誤不變期

---

[60] 陳清秀著，前揭書，第三〇〇頁。

間者，於其原因消滅後一個月內，如該不變期間少於一個月者，於相等之日數內，得聲請回復原狀。前項期間不得伸長或縮短之。遲誤不變期間已逾一年者，不得聲請回復原狀，遲誤第一百零六條之起訴期間已逾三年者，亦同。第一項之聲請應以書狀為之，並釋明遲誤期間之原因及其消滅時期」。同法第九十二條規定「因遲誤上訴或抗告期間而聲請回復原狀者，向為裁判之原行政法院為之；遲誤其他期間者，向管轄該期間內應為之訴訟行為之行政法院為之。聲請回復原狀，應同時補行期間內應為之訴訟行為」。同法第九十三條規定「回復原狀之聲請，由受聲請之行政法院與補行之訴訟行為合併裁判之。但原行政法院認其聲請應行許可，而將上訴或抗告事件送交上級行政法院者，應由上級行政法院合併裁判。因回復原狀而變更原裁判者，準用第二百八十二條之規定」。由上述各項條文規定，可知所謂「回復原狀」，係指遲誤法定期間的當事人，以遲誤期間乃是由於不可歸責於己之原因為理由，聲請法院許可回復未遲誤前期間的原狀，俾便行使其訴訟上的權利。此種規定顯然在於合理維護當事人的權益，並兼具便民的意義。至於第九十三條所稱準用本法第二百八十二條的規定，係指準用「再審之訴之判決，對第三人因信賴確定終局判決以善意取得之權利無影響」的規定而言。

(5)裁定期日及期間對受命或受託法官之準用：行政訴訟法第九十四條規定「受命法官或受託法官關於其所為之行為，得定期日及期間。第八十四條至第八十七條、第八十八條第一項、第二項及第九十條之規定，於受命法官或受託法官定期日及期間者，準用之」。本條規定的內容即在說明，因受命或受託法官均在替代受訴法院法官執行職務，故應獲得同樣的授權，期日或期間可由彼等直接裁定，此舉亦符合增進效率的要求。

第四項　訴訟卷宗

所謂「訴訟卷宗」，實即指訴訟文書的保管及處理而言。因訴訟行為多屬要式行為，規定當事人及其他訴訟關係人須提出符合法定程式的書狀，而此等文書的內容，均為當事人及關係人的聲明或陳述，不僅涉及其權益，亦且為法院裁判的參考或依據，故須加以慎重保管及處理，從而在行政訴訟法中須作明確的規定並課予法院書記官以相關的職責。茲將有關規定分述如下：

㈠訴訟文書的保存：行政訴訟法第九十五條規定「當事人書狀、筆錄、裁判書及其他關於訴訟事件之文書，行政法院應保存者，應由行政法院書記官編為卷宗。卷宗滅失事件之處理，準用民刑事訴訟卷宗滅失案件處理法之規定」。

㈡訴訟文書之利用及其限制：行政訴訟法第九十六條規定「當事人得向行政法院書記官請求閱覽、抄錄、影印或攝影卷內文書，或預納費用請求付與繕本、影本或節本。第三人經當事人同意或釋明有法律上之利害關係，經行政法院院長許可者，亦得為前項之請求」。同法第九十七條規定「裁判草案及其準備或評議文件，不得交當事人或第三人閱覽、抄錄、影印或攝影，或付與繕本、影本或節本；裁判書在宣示前，或未經法官簽名者，亦同」。

第五項　訴訟費用

行政訴訟整個過程的進行，無疑需要勞務、物力與時間的投入，自經濟價值的觀點而言，即需要費用的支出，至於此等費用由何方負擔，在行政訴訟與民事訴訟法制兩方面具有未盡相同的規定；因民事訴訟以保護私權為目的，故訴訟費用應由訴訟當事人負擔；而行政訴訟的功能，既在貫徹法治行政的目的，且其訴訟事件又常涉及公益，故行政訴訟在原則上採無償主義，亦即基本上不徵收裁判費；此外，關於訴訟上其他必要費用的支出，則當事人仍有負擔的義務，但若當事人無力負擔時，尚可利用訴訟救助制度，以聲請協助[61]。行政訴訟法對訴訟費用有如下的各條規定：

㈠訴訟費用負擔的原則：行政訴訟法第九十八條規定「行政訴訟不徵收裁判費。裁判費以外其他進行訴訟之必要費用，其徵收辦法由司法院定之。前項費用由敗訴之當事人負擔。但為第一百九十八條之判決時，由被告負擔」。按第一百九十八條之判決係指「情況判決」而言。

---

61 吳庚著，行政爭訟法論，第八一頁。

㈡訴訟參加人之費用負擔：行政訴訟法第九十九條規定「因可歸責於參加人之事由致生無益之費用者，行政法院得命該參加人負擔其全部或一部。依第四十四條參加訴訟所生之費用，由參加人負擔。但他造當事人依第九十八條第三項及準用民事訴訟法第七十九至八十四條規定應負擔之訴訟費用，仍由該當事人負擔」。本條第二項所稱依第四十四條參加訴訟，係指法院命其他行政機關為輔助一造而參加訴訟的情形，訴訟費用由參加人自行負擔。但書所稱他造當事人依第九十八條第三項及準用民事訴訟法第七十九至八十四條規定應負擔之訴訟費用，此即指他造當事人如為敗訴一方或有民事訴訟法有關條文所規定的各種情形者（包括一部勝訴一部敗訴、對訴訟標的有認諾、非為伸張或防禦權利所必要之行為、因延滯訴訟程序所生費用、撤回訴訟、進行和解等），此時因參加所生之訴訟費用，應按他造當事人分擔本案訴訟費用之比率，仍命由該他造當事人負擔，藉以保護參加人之利益[62]。

㈢必要費用之預納及徵收：行政訴訟法第一百條規定「進行訴訟之必要費用，行政法院得定期命當事人預納。逾期未納者，由國庫墊付，並於判決確定後，依職權裁定，向應負擔訴訟費用之人徵收之。前項裁定得為執行名義」。

㈣訴訟救助事項：行政訴訟法第一百零一條規定「當事人無資力支出訴訟費用者，行政法院應依聲請，以裁定准予訴訟救助。但顯無勝訴之望者，不在此限」。本條為有關訴訟救助之基本規定；至於聲請的方法，同法第一百零二條規定「聲請訴訟救助，應向受訴行政法院為之。聲請人無資力支出訴訟費用之事由應釋明之。前項釋明，得由受訴行政法院管轄區域內有資力之人出具保證書代之。前項保證書內，應載明具保證書人於聲請訴訟救助人負擔訴訟費用時，代繳暫免之費用」。關於聲請經核准後之效力，同法第一百零三條規定「准予訴訟救助者，暫行免付進行訴訟必要之費用」。按訴訟救助制度之採行，其目的在維護當事人之合法權利，不致因無資力支付訴訟費用而無法伸張。但訴訟救助之效力，僅在使受救助之當事人可暫緩繳納必要費用而為訴訟行為；訴訟程序終結後，受救助之當事人如受訴訟費用之裁判時，則仍應補繳各項必要費用；且如該當事人敗訴時，經法院裁判應償還他造支出之訴訟費用，自亦須負擔償還之義務[63]。

---

[62] 陳計男著，前揭書，第三一五頁。陳清秀著，前揭書，第二八八—二八九頁。

㈤民事訴訟法有關規定的準用：行政訴訟法第一百零四條規定「民事訴訟法第七十九條至第八十五條、第八十七條至第九十五條、第一百零八條、第一百十一條至第一百十三條之規定，於本節準用之」。此等條文涉及的事項包括一部勝訴一部敗訴者各負擔其支出之費用；共同訴訟人按其人數平均分擔費用；法院為終局裁判時應依職權為訴訟費用之裁判；訴訟費用之裁判非對本案上訴時不得聲明不服；司法人員及代理人因故意或重大過失，致生無益之費用者，有負擔義務；訴訟不經裁判而終結者，應以裁定為費用之裁判；聲請確定訴訟費用額之要件及程序；確定訴訟費用之程序；費用之計算及預納；檢察官為當事人由國庫負擔費用等項規定，均可在行政訴訟方面準用，以彌補行政法規定的不足。

第五節　高等行政法院第一審訴訟程序

第一項　通常訴訟程序

㈠起訴

所謂「起訴」係指當事人提起行政訴訟而言，起訴為行政訴訟程序的開始；換言之，原告提起行政訴訟控訴被告機關，乃是開啟行政訴訟程序的公法上程序行為，起訴後案件如經管轄法院依法受理，則產生繫屬於該法院的效力，從而整個訴訟程序自此即可向前推進，故起訴實為訴訟程序上的重要關鍵[64]。行政訴訟法對起訴的有關事項有下列各條加以規定，茲分述如下：

⑴起訴的程式：行政訴訟法第一百零五條規定「起訴，應以訴狀表明左列各款事項，提出於行政法院為之：一、當事人。二、起訴之聲明。三、訴訟標的及其原因事實。訴狀內宜記載適用程序上有關事項、證據方法及其他準備

---

[63] 同前註，陳計男書，第三二三頁。陳清秀書，第二九二頁。

[64] 蔡志方著，行政救濟法新論，第二二六－二二八頁。

言詞辯論之事項;其經訴願程序者,並附具決定書」。因起訴須採要式行為,當事人起訴時,應以訴狀提出於管轄法院,而訴狀須符合法定程式,內容應記載各種法定事項,同時應一併檢附其他必要文書,送交該管法院審查。

(2)撤銷訴訟的提起期間:行政訴訟法第一百零六條規定「撤銷訴訟之提起,應於訴願決定書送達後二個月之不變期間內為之。但訴願人以外之利害關係人知悉在後者,自知悉時起算。撤銷訴訟,自訴願決定書送達後,已逾三年者,不得提起」。本條僅對提起撤銷訴訟的法定期間加以規定,至於提起其他種類的訴訟是否亦有法定期間的限制,可提出分析說明如下65:

①針對訴願逾期不為決定的撤銷訴訟:按前述本法第一百零六條的規定,乃是針對違法的積極處分所提起的撤銷訴訟;至於針對訴願逾期不為決定所提起的撤銷訴訟,則見於本法第四條第一項後段的規定,即對於「提起訴願逾三個月不為決定,或延長訴願決定期間逾二個月不為決定者,得向高等行政法院提起撤銷訴訟」。另依據行政程序法第一百零九條規定「不服依前條作成之行政處分者(經聽證程序作成),其行政救濟程序,免除訴願及其先行程序」。對上述兩種情形,行政訴訟法均欠缺相關規定予以配合;但自理論上解釋,對本法第四條第一項後段規定的情形,應自該法定之三個月期間或自延長二個月之期間(實為前後共五個月)屆滿之次日起,開始計算二個月之起訴不變期間。至於對免除訴願先行程序之行政處分,則應自該處分通知之次日起,計算二個月之法定期間內起訴。但對於提起撤銷訴訟,仍應注意本法第一百零六條第二項之規定,即「自訴願決定書送達後,已逾三年者,不得提起」的限制。

②課予義務訴訟:此即依據行政訴訟法第五條第一項規定「人民因中央或地方機關對其依法申請之案件,於法令所定期間內應作為而不作為,認為其權利或法律上利益受損害者,經依訴願程序後,得向高等行政法院提起請求該機關應為行政處分或應為特定內容之行政處分之訴訟」。同條第二項係規定人民依法申請案件,被駁回後,提起應為行政處分訴訟的情形。本條兩項規定均屬課予義務訴訟,至於提起此種訴訟的法定期間,行政訴訟法本身並無

---

65 陳敏著,行政法總論,第二版,第一二三三—一二三六頁。

明確規定，惟似應依據訴願法第九十條規定加以解釋認定，該條稱「訴願決定書應附記，如不服決定，得於決定書送達之次日起二個月內向高等行政法院提起行政訴訟」。可知如適用本條規定，因無論就駁回申請案件或應作為而不作為兩種情形，均曾經訴願程序，則提起課予義務訴訟之法定期間，應係自訴願決定書送達之次日起二個月內為之。又如受理訴願機關有逾期不為決定或延期後仍不為決定之情事時，則可參考前項「訴願逾期不為決定」的法定期間提起訴訟。

③確認訴訟與給付訴訟：此兩種訴訟，均無起訴期間的限制；但如拖延時日過久，未提起確認或給付訴訟，即可能因權利失效而無權利保護之必要，致喪失起訴的機會。

(3)訴訟要件之審查與補正：行政訴訟法第一百零七條規定「原告之訴，有左列各款情形之一者，行政法院應以裁定駁回之。但其情形可以補正者，審判長應定期間先命補正：一、訴訟事件不屬行政法院之權限者。二、訴訟事件不屬受訴行政法院管轄而不能請求指定管轄，亦不能為移送訴訟之裁定者。三、原告或被告無當事人能力者。四、原告或被告未由合法之法定代理人、代表人或管理人為訴訟行為者。五、由訴訟代理人起訴，而其代理權有欠缺者。六、起訴逾越法定期限者。七、當事人就已起訴之事件，於訴訟繫屬中更行起訴者。八、本案經終局判決後撤回其訴，復提起同一之訴者。九、訴訟標的為確定判決或和解之效力所及者。十、起訴不合程式或不備其他要件者。撤銷訴訟，原告於訴狀誤列被告機關者，準用第一項之規定。原告之訴，依其所訴之事實，在法律上顯無理由者，行政法院得不經言詞辯論，逕以判決駁回之」。本條所謂「訴訟要件」的審查，雖以程序要件的審查為主體，但部分項目亦涉及實體要件的範圍；又所審查者不以一般要件為限，亦須對各種類別訴訟的特別要件加以審查[66]。就本條所列項目觀察，所涉及的事項包含行政法院審判權及管轄權、當事人訴訟能力、代理人或代表人、代理權、起訴法定期限、重複起訴、標的為判決或和解效力所及、起訴程式、誤列被告機關、原告之訴在法律上無理由等事項在內；由上列各項內容，可知此種決定對起訴案件是否受理的審查，其項目似不限於程序及形式的範圍。

---

66 蔡志方著，行政救濟法新論，第二三九—二四〇頁。

(4)訴狀送達被告並命答辯：行政法院對起訴案件經依前條規定審查後，若認為均能符合起訴要件，而決定予以受理時，即應開始其訴訟程序，首先應依據本法第一百零八條規定辦理，該條稱「行政法院除依前條規定駁回原告之訴或移送者外，應將訴狀送達於被告。並得命被告以答辯狀陳述意見。撤銷訴訟，原處分及訴願機關經行政法院通知後，應於十日內將卷證送交行政法院」。

(5)言詞辯論期日之指定：行政訴訟法於八十七年修正後，在訴訟程序上改採言詞辯論主義，高等行政法院對訴訟案件進行第一審時，除本法別有規定外（例如本法第一百九十四條之規定），必須舉辦言詞辯論程序，行政法院非本於言詞辯論，即不得作成裁判（見本法第一百八十八條第一項）。所謂「言詞辯論」，即在訴訟程序上由法院指定期日，通知兩造當事人、代理人、及其他訴訟關係人、輔佐人等到場，在審判長指揮下從事各種訴訟行為，主要即由當事人等提出聲明、聲請、陳述或主張，並針對對造的陳述或主張採取攻擊或防禦的方法；法院亦得於期日調查證據，或命證人及鑑定人等提出陳述及報告[67]。言詞辯論的舉行，應先指定期日，其規定見於本法第一百零九條，該條稱「審判長認已適於為言詞辯論時，應速定言詞辯論期日。前項言詞辯論期日，距訴狀之送達，至少應有十日為就審期間。但有急迫情形者，不在此限」。

(6)當事人恆定與訴訟繼受主義：行政訴訟法第一百十條規定「訴訟繫屬中，為訴訟標的之法律關係雖移轉於第三人，於訴訟無影響。但第三人如經兩造同意，得代當事人承當訴訟。前項情形，僅他造不同意者，移轉之當事人或第三人得聲請行政法院以裁定許第三人承當訴訟。前項裁定得為抗告。行政法院知悉訴訟標的有移轉者，應即以書面將訴訟繫屬情形通知第三人。訴願決定後，為訴訟標的之法律關係移轉於第三人者，得由受移轉人提起撤銷訴訟」。本條的內容，係以第一項的規定為主體，此項規定即為「當事人恆定原則」，其涵義係指起訴後在訴訟繫屬中，雖不禁止訴訟標的之法律關係移轉於第三人，但此種變動對於訴訟並無影響，亦即訴訟仍維持原有之當事人，俾可避免訴訟程序的進行受到妨礙。惟採取此項原則的結果，在標的移轉後，難免形成訴訟程序當事人與實體上權利歸

---

[67] 吳庚著，行政爭訟法論，第一四九頁。

屬之主體不一致；為矯正此項缺失，遂有但書的規定，即如經兩造當事人同意，第三人得代當事人承當訴訟，此種規定是為「訴訟繼受主義」（亦稱承繼主義）[68]。至於本條第二項以下的規定，均在對第一項但書的內容作補充或變通的規定。

(7)訴之變更及追加：行政訴訟法第一百十一條規定「訴狀送達後，原告不得將原訴變更或追加他訴。但經被告同意，或行政法院認為適當者，不在此限。被告於訴之變更或追加無異議，而為本案之言詞辯論者，視為同意變更或追加。有左列情形之一者，訴之變更或追加，應予准許：一、訴訟標的對於數人必須合一確定者，追加其原非當事人之人為當事人。二、訴訟標的之請求雖有變更，但其請求之基礎不變者。三、因情事變更而以他項聲明代最初之聲明。四、應提起確認訴訟，誤為提起撤銷訴訟者。五、依第一百九十七條（撤銷訴訟之代替判決）或其他法律之規定，應許為訴之變更或追加者。前三項規定，於變更或追加之新訴為撤銷訴訟而未經訴願程序者不適用之。對於行政法院以訴為非變更追加，或許訴之變更追加之裁判，不得聲明不服。但撤銷訴訟，主張其未經訴願程序者，得隨同終局判決聲明不服」。本條第一項的內容，即在說明訴狀送達被告後，原告以不得將原訴變更或追加為原則；所謂「訴之變更」，係指起訴後原告以變更之訴替代原訴，而將原訴撤回的情形，其變更的事項不一，可能為當事人變更、訴訟標的變更、訴之聲明或主張變更，或就多項訴之要素同時變更；至於「訴之追加」係指在原訴之上追加他訴，可能是追加當事人、訴之聲明或主張、或訴訟標的、或就多項要素同時追加等情形。原訴一旦經變更或追加後，可能使訴訟的內容較原訴為複雜，如此將使被告疲於防禦而致延滯訴訟程序；因此，在原則上禁止訴之變更或追加[69]。在例外情形，即本條第一項但書及第二項以下的規定，均為有關准許變更或追加的條件規定，亦即認可在兼顧當事人利益及程序順暢的條件下，始准許訴之變更或追加。

(8)被告得提起反訴：行政訴訟法第一百十二條規定「被告於言詞辯論終結前，得在本訴繫屬之行政法院提起反

---

[68] 陳敏著，前揭書，第一二三七頁。蔡志方著，行政救濟法新論，第二三〇頁。

[69] 陳計男著，民事訴訟法論（上），三民書局，八十八年版，第二二一—二二四頁。

訴。但反訴為撤銷訴訟者，不得提起。原告對於反訴，不得復行提起反訴。反訴之請求如專屬他行政法院管轄，或與本訴之請求或其防禦方法不相牽連者，不得提起。被告意圖延滯訴訟而提起反訴者，行政法院得駁回之」。本條內容均為有關「反訴」事項的規定，所謂「反訴」即被告在原訴訟（本訴）程序中，以本訴之原告為被告提起與本訴具有相牽連關係的訴訟，故並非用以反對原告「本訴」之訴訟。反訴制度之所以被認許，乃因此種具有相牽連關係之訴訟，如能與本訴在同一訴訟程序中合併裁判，將可產生訴訟經濟及防止裁判分歧矛盾的效果；且因在同一訴訟程序中有本訴與反訴兩件訴訟並存，故形成訴之合併。惟提起反訴，除須符合一般起訴程序規定外，並應具備各項反訴的特別要件，包括：一、須本訴在繫屬中；二、須於言詞辯論終結前提起；三、須係本訴被告對原告及就訴訟標的必須合一確定之人提起；四、須非專屬管轄（即本訴繫屬法院對反訴亦有管轄權）；五、須與本訴得行同種訴訟程序；六、須反訴與本訴有相牽連關係。具備上列六項特別要件，始能提起反訴，可知提起反訴頗受限制。此外，尚有須注意者，即撤銷訴訟與課予義務訴訟，因均須先行經過訴願程序，故反訴為此兩種訴訟者，應不許其提起；但如為無須先經訴願程序之撤銷訴訟，則仍可提起[70]。

(9)訴之撤回：行政訴訟法第一百十三條規定「原告於判決確定前得撤回訴之全部或一部。但被告已為本案之言詞辯論者，應得其同意。訴之撤回，應以書狀為之。但在期日得以言詞為之。於期日所為之撤回，應記載於筆錄，如他造不在場，應將筆錄送達。訴之撤回，他造於收受撤回書狀或筆錄之送達後十日內未提出異議者，視為同意撤回。他造於期日到場，自訴之撤回之日起，十日內未提出異議者，亦同」。同法第一百十四條規定「訴之撤回違反公益者，不得為之。行政法院認訴之撤回違反公益，或有其他不合法之情形者，應於四個月內續行訴訟，並依第一百九十三條裁定，或於終局判決中說明之」。上引兩條內容均為有關「訴之撤回」的規定，所謂「訴之撤回」實即撤回訴訟，因對於法律關係的爭議是否提起訴訟，原屬當事人（原告）處分權的範圍，故即使在起訴後，原告如不欲法院對其起訴所請求之事項作成判決，自應允許其撤回訴訟；惟撤回訴訟僅為原告在訴訟程序上的意思表示，即單純

[70] 陳敏著，前揭書，第一二四一頁。楊建華著，前揭書，第二三四—二三五頁。

表示不再請求法院為判決並不等於原告放棄其實體法上的權利，故嗣後仍得基於該實體法上之權利依法重行起訴。至於撤回訴訟的法律效果，如係一般情形在終局判決前撤回者，視同未起訴，其因起訴所已發生之效力，在撤回後將溯及既往消滅；其在終局判決後始撤回者，則具有類似放棄上訴之效力。行政訴訟採行允許撤回訴訟制度之原因，乃是基於當事人處分主義及行政訴訟所具權利保護性質使然；但對撤回訴訟並非毫無限制，除本法第一百十三條所設時間、程式、及被告無異議等條件外，第一百十四條更規定不得違反公益之限制，顯對公益優先的重視。此外，尚有所謂「擬制之撤回訴訟」，實即指兩造當事人合意停止訴訟而言，有關事項見於本法第一百八十四條及第一百八十五條之規定71。

⑽準用民事訴訟法之規定：行政訴訟法第一百十五條規定「民事訴訟法第二百四十五條、第二百四十六條、第二百四十八條、第二百五十二條、第二百五十三條、第二百五十七條、第二百六十一條、第二百六十三條及第二百六十四條之規定，於本節準用之」。此等準用條文所涉及的事項，包括保留關於給付範圍之聲明、請求將來給付之訴之要件、客觀訴之合併、言詞辯論通知書之記載、不得更行起訴、訴之變更或追加之禁止、訴之變更追加及提起反訴之程式、訴之撤回效力、及反訴之撤回等之規定，以彌補行政訴訟法所欠缺之細節性規定。

㈡停止執行

所謂「停止執行」係指停止原處分或原決定之執行而言，有關規定共有四條，茲分述如下：

⑴行政訴訟提起後不停止執行之原則及例外：行政訴訟法第一百十六條規定「原處分或決定之執行，除法律另有規定外，不因提起行政訴訟而停止。行政訴訟繫屬中，行政法院認為原處分或決定之執行，將發生難以回復之損害，且有急迫情事者，得依職權或依聲請裁定停止執行。但於公益有重大影響，或原告之訴在法律上顯無理由者，不得為之。於行政訴訟起訴前，如原處分或決定之執行將發生難於回復之損害，且有急迫情事者，行政法院亦得依受處分人或訴願人之聲請，裁定停止執行。但於公益有重大影響者，不在此限。行政法院為前二項裁定前，應先徵

71 蔡志方著，行政救濟法新論，第三〇〇—三〇一頁。

詢當事人之意見。如原處分或決定機關已依職權或依聲請停止執行者，應為駁回聲請之裁定。停止執行之裁定，得停止原處分或決定之效力、處分或決定之執行或程序之續行之全部或部分」。本條第一項係就不停止執行原則作基本規定，第二項以下則係就例外情形，法院得裁定停止執行之要件、程序及效力等所作補充規定。同法第一百十七條則係規定前條之有關規定得準用於確認行政處分無效之訴訟。按行政訴訟採取對原處分及決定不停止執行之原則，其有關規定大致與訴願法方面相同，至於採行此項原則之原因，乃是基於維護行政效率的目的，並避免當事人濫用聲請「停止執行」藉以阻擾行政執行措施的推動。反之，關於不停止執行原則的例外規定，乃是一種「暫行權利保護」措施，藉以針對例外情形，保護個人私益及公共利益 ⑫；但法院裁定停止執行須符合各項要件（參閱前引本法第一百十六條第二、三兩項規定），此等條件的限制實有其必要，俾能配合不停止執行原則的基本精神。

(2)撤銷停止執行之裁定：行政訴訟法第一百十八條規定「停止執行之原因消滅，或有其他情事變更之情形，行政法院得依職權或依聲請撤銷停止執行之裁定」。如前項所言，在例外情形下，法院裁定停止執行，須有法定原因，符合法定要件；如一旦裁定停止執行的原因消滅或因情事變更已無停止執行之理由或必要時，自不應繼續停止執行；因而，法院應依職權或依聲請將原停止執行之裁定撤銷，使原處分或決定的執行措施得以恢復，以貫徹其執行的行政目的。

(3)抗告：行政訴訟法第一百十九條規定「關於停止執行或撤銷停止執行之裁定，得為抗告」。此即允許當事人或關係人對行政法院所作此等程序性裁定，得以抗告的方式表示不服。

㈢言詞辯論

關於言詞辯論的意義已見前述，行政訴訟法於八十七年修正後，改採言詞辯論主義，使言詞辯論在第一審訴訟程序上成為必要的過程；至於採取此種制度的優點，在於能使法院除書面資料外，可透過兩造的辯論對質，迅速直接深入瞭解訴訟事件的內容真相，易得完全的訴訟資料，而且法院及旁聽人均得同時聆聞當事人的辯論與其他訴訟

⑫ 吳庚著，前揭書，第一四五頁。蔡志方著，行政救濟法新論，第二三一頁。

關係人的陳述；因此，此種制度適於案情複雜、證據力有無不易判定的事件、合議庭制度及公開審理主義[73]。由此可知言詞辯論在訴訟程序上具有其功能與重要性，實有極大的採行價值。惟言詞辯論的舉行，其準備工作及進行程序頗為繁瑣，故行政訴訟法中對有關事項的規定相當詳細，茲引述其各項規定如下：

(1)言詞辯論之準備書狀：行政訴訟法第一百二十條規定「原告準備言詞辯論之書狀，依第一百零五條之規定。被告因準備言詞辯論，宜於未逾就審期間二分之一以前，提出答辯狀」。依據本條規定，可知雖然舉行言詞辯論，但當事人仍須提出各項書面的「準備書狀」，此種要求之目的在使兩造當事人得為適當完全之辯論，法院亦可預先獲悉當事人的主張與抗辯，而為適當之訴訟指揮及闡明。此等書狀的內容主要記載雙方當事人的主張及陳述、所採攻擊與防禦方法及對對造之抗辯，為便利兩造當事人互相交換書狀，當事人應以書狀之繕本或影本通知他造。且為使法院及兩造當事人在言詞辯論前有充分的時間作準備，當事人的準備書狀應提前於適當期間提出，本條第二項規定即具有此種涵義，至於提前提出之期間計算，自應以言詞辯論的指定期日為準，亦可準用民事訴訟法的規定[74]。

(2)法院於辯論前之處置：行政訴訟法第一百二十一條規定「行政法院因使辯論易於終結，認為必要時，得於言詞辯論前，為左列各款之處置：一、命當事人、法定代理人、代表人或管理人本人到場。二、命當事人提出圖案、表冊、外國文文書之譯本或其他文書、物件。三、行勘驗、鑑定或囑託機關、團體為調查。四、通知證人或鑑定人，及調取或命第三人提出文書、物件。五、使受命法官或受託法官調查證據。行政法院因闡明或確定訴訟關係，於言詞辯論時，得為前項第一款至第三款之處置，並得將當事人或第三人提出之文書、物件暫留置之」。按本條所規定之各種事前處置事項，有無採行的必要，行政法院可視實際需要自由決定；且此等處置不限於第一次言詞辯論前採行，在續行言詞辯論前亦得採行，法院為此等處置時，應以裁定為之。在前列各種處置事項中，第一項第一款如當事人有訴訟代理人者，則當事人及其他關係人等若無必要，即可不必到場；另關於第一項第五款，在直接審理主義下，

---

[73] 雲五社會科學大辭典，第六冊、法律學，第一二三頁。蔡志方著，行政救濟法論，第一三三頁。

[74] 楊建華著，前揭書，第二四二頁。陳計男著，前揭書，第三六五頁。

調查證據本應於言詞辯論期日行之，但在不適於庭內調查證據，或於期日調查有可能使證據毀損、滅失或礙難使用之虞等情事者，即可於期日前，先命受命或受託法官調查證據[75]。

⑶言詞辯論開始：行政訴訟法第一百二十二條規定「言詞辯論，以當事人聲明起訴之事項為始。當事人應就訴訟關係為事實上及法律上之陳述。當事人不得引用文件以代言詞陳述。但以舉文件之辭句為必要時，得朗讀其必要部分」。前已言之，言詞辯論期日，以書記官朗讀案由為始（見本法第八十七條第一項規定）。而本條第一項規定，則係指言詞辯論程序之開始。

⑷調查證據之期日：行政訴訟法第一百二十三條規定「行政法院調查證據，除別有規定外，於言詞辯論期日行之。當事人應依第二編第一章第四節之規定，聲明所用之證據」。本條第二項所稱第二編第一章第四節之規定，即指本法第一百三十三至一百七十六條有關證據事項的規定。

⑸審判長對言詞辯論之指揮權：行政訴訟法第一百二十四條規定「審判長開始、指揮及終結言詞辯論，並宣示行政法院之裁判。審判長對於不服從言詞辯論之指揮者，得禁止發言。言詞辯論須續行者，審判長應速定其期日」。本條所規定的事項，為言詞辯論程序開始後，在過程進行中，審判長職權行使的情形。具體言之，審判長對此種程序居於主導的地位，可全程行使指揮權，其職權依本條內容分析，包括的事項如下[76]：

①開始、指揮及終結言詞辯論，並決定程序續行的期日。

②對於不服從其言詞辯論指揮之當事人或關係人，得禁止其發言。

③宣示行政法院的裁判。

⑹行政法院職權調查事實及審判長之闡明權：行政訴訟法第一百二十五條規定「行政法院應依職權調查事實關係，不受當事人主張之拘束。審判長應注意使當事人得為事實上及法律上適當完全之辯論。審判長應向當事人發問

---

[75] 陳計男著，前揭書，第三六七－三六八頁。

[76] 吳庚著，前揭書，第一五一－一五二頁。

或告知，令其陳述事實、聲明證據，或為其他必要之聲明及陳述；其所聲明或陳述有不明瞭或不完足者，應令其敘明或補充之。陪席法官告明審判長後，得向當事人發問或告知」。本條內容為對前條之補充或延續，所涉及之事項如下[77]：

①依本條第一項規定，顯示行政訴訟兼採職權調查主義，故行政法院應依職權調查事實關係，不受當事人主張之拘束。

②依本條第二項規定，審判長應注意使當事人得為適當完全之辯論，即無論在攻擊與防禦方法上均能獲得充分的運用。

③依本條第三及第四項規定，為審判長所具之闡明權，亦稱闡明義務或指示義務，即法院負有維持公平合理的訴訟進行義務，以調和辯論主義的功能。

(7)指定受命法官及囑託調查證據：行政訴訟法第一百二十六條規定「凡依本法使受命法官為行為者，由審判長指定之。行政法院應為之囑託，除別有規定外，由審判長行之」。本條亦為有關審判長職權之補充規定。

(8)同種類訴訟之合併辯論及裁判：行政訴訟法第一百二十七條規定「分別提起之數宗訴訟係基於同一或同種類之事實上或法律上之原因者，行政法院得命合併辯論。命合併辯論之數宗訴訟，得合併裁判之」。此為訴訟經濟原則考量下之當然結果。

(9)言詞辯論筆錄：行政訴訟法第一百二十八條規定「行政法院書記官應作言詞辯論筆錄，記載左列各款事項：一、辯論之處所及年、月、日。二、法官、書記官及通譯姓名。三、訴訟事件。四、到場當事人、法定代理人、代表人、管理人、訴訟代理人、輔佐人及其他經通知到場之人姓名。五、辯論之公開或不公開；如不公開者，其理由」。本條所規定者，為言詞辯論筆錄所應記載之各種事項，至於筆錄記載的實質內容，則規定於第一百二十九條，該條稱「言詞辯論筆錄內，應記載辯論進行之要領，並將左列各款事項記載明確：一、訴訟標的之捨棄、認諾、自認及

[77] 同前註。

訴之撤回。二、證據之聲明或撤回，及對於違背訴訟程序規定之異議。三、當事人所為其他重要聲明或陳述，及經告知而不為聲明或陳述之情形。四、依本法規定應記載筆錄之其他聲明或陳述。五、證人或鑑定人之陳述，及勘驗所得之結果。六、審判長命令記載之事項。七、不作裁判書附卷之裁判。八、裁判之宣示」。此外，本法第一百三十條規定「筆錄或筆錄內所引用附卷或作為附件之文書內所記前條第一款至第六款事項，應依聲請於法庭向關係人朗讀或令其閱覽，並於筆錄內附記其事由。關係人對於筆錄所記有異議者，行政法院書記官得更正或補充之。如以異議為不當，應於筆錄內附記其異議。以機器記錄言詞辯論之進行者，其實施辦法由司法院定之」。以上三條均為本法有關言詞辯論筆錄之規定，按此種筆錄為公證書之一種，具有完全之證據力，對當事人訴訟上之權益及法院之裁判均具有其影響，其重要性自應受到重視，故其內容應務求詳盡真實，因而有此等條文的規範，以維持筆錄的必要品質。筆錄在原則上應當庭製作，但亦可事後整理；當事人如有聲請，即應當庭朗讀，當事人如對記載內容有異議時，書記官得予更正或補充78。

⑽受命法官之權限：行政訴訟法第一百三十一條規定「第一百二十一條第二項、第一百二十四條及民事訴訟法第二百條、第二百零七條、第二百零八條、第二百十三條第二項、第二百十四條、第二百十七條、第二百六十八條關於法院或審判長權限之規定，於受命法官行準備程序時，準用之」。依本法涉及本法及民事訴訟法規定之各種事項，包括言詞辯論前之處置、指揮權、當事人聲請發問權、通譯及鑑定人之使用、對欠缺陳述能力之處置、筆錄實質應記載事項、書狀附於筆錄、筆錄之簽名、言詞辯論準備不充足之處置等事項，凡屬審判長權限範圍應為者，均對受命法官準用之。

⑾準用民事訴訟法之規定：行政訴訟法第一百三十二條規定「民事訴訟法第一百九十五條至第一百九十七條、第二百條、第二百零一條、第二百零四條、第二百零六條至第二百零八條、第二百十條、第二百十一條、第二百十四條、第二百十五條、第二百十七條至第二百十九條、第二百六十五條、第二百六十七條、第二百六十八條、第二

78 王甲乙等合著，前揭書，第一九三－一九五頁。

百七十條、第二百七十一條、第二百七十三條至第二百七十六條之規定，於本節準用之」。有關言詞辯論事項之規定，本法未規定者，得準用民事訴訟法之各項相關規定，其中包括當事人陳述之原則、攻擊或防禦方法提出之時期、當事人之發問權、對審判長指揮權異議之裁定、數項標的分別辯論、對辯論方法之限制、對欠缺陳述能力當事人之處置、再開辯論、更新辯論、以書狀附於筆錄、筆錄內引用附卷文書之效力、筆錄之簽名、筆錄之增刪、筆錄之效力、當事人準備書狀之記載及提出、補充提出之準備書狀、言詞辯論準備未充足之處置、準備程序、準備程序筆錄之記載、當事人一造不到場法院得為之處置、準備程序之終結及再開、言詞辯論應踐行之程序、及準備程序之效果等事項之規定，均可在行政訴訟程序上準用之。

(四)證據

在各種訴訟上，為澄清及判斷事實的真相，對證據的運用一向均極為重視。所謂「證據」在學理上可從不同觀點加以解釋，此即「在有形方面，指法院為取得某事實之認定資料，而作為調查對象之有形物（證據方法）而言。在無形方面，指因調查證據，由證據方法獲得心證形成之資料（證據資料）而言。在結果方面，指就該事項，能使法院確信之原因（證據原因）而言」。其次，關於「證據方法在訴訟上，其意義有二，一為法院為獲得心證，依五官作用得調查之有形物（人或物），如證人、鑑定人、書證、勘驗物是；一為指發見心證原因之手段而言，如訊問證人、鑑定人、察閱證書、勘驗物件是」[79]。如上所言，證據的涵義在理論上可從多方面解釋，而在實務上各種解釋亦具有不同的作用；但自訴訟程序的觀點而言，似較著重於有形方面的涵義及證據方法的運用，故行政訴訟法上有關證據事項的規定，主要均為涉及證據方法及證據資料方面的規定，茲引述其各項規定如下：

(1)職權調查證據：行政訴訟法第一百三十三條規定「行政法院於撤銷訴訟，應依職權調查證據；於其他訴訟，為維護公益者，亦同」。同法第一百三十四條規定「前條訴訟，當事人主張之事實，雖經他造自認，行政法院仍應調查其他必要之證據」。上開兩條規定與本法第一百二十五條及第一百九十四條（參閱前後引述兩項條文）均具有相互

[79] 王甲乙等合著，前揭書，第三三六頁。

關聯，足以顯示行政訴訟法對證據之調查採職權調查主義；此即行政法院對於訴訟事件所涉及的事實，如認為必要即可進行調查，既不必等當事人的主張與舉證，也不受其主張的拘束，而調查證據的範圍不限於當事人間有爭執的事項；如此對事實乃能發現其實質的真實，並能符合依法行政原則的要求。此外，為進行各項證據調查，本法並對當事人及關係人課予協力的義務，以利證據資料的獲得[80]。

(2)法院認他造證據之主張及應證之事實為真實：行政訴訟法第一百三十五條規定「當事人因妨礙他造使用，故意將證據滅失、隱匿或致礙難使用者，行政法院得審酌情形認他造關於該證據之主張或依該證據應證之事實為真實。前項情形，於裁判前應令當事人有辯論之機會」。就本條規定的相對意義而言，即法院使當事人負擔滅失證據的責任，從而保障他造當事人的權益[81]。

(3)當事人之舉證責任：行政訴訟法第一百三十六條規定「除本法有規定者外，民事訴訟法第二百七十七條之規定於本節準用之」。按民事訴訟法第二百七十七條的規定為「當事人主張有利於己之事實者，就其事實有舉證之責任。但法律別有規定，或依其情形顯失公平者，不在此限」。此即有關舉證責任分配原則之規定。同法第一百三十七條規定「習慣及外國之現行法為行政法院所不知者，當事人有舉證之責任。但行政法院得依職權調查之」。本條亦為當事人舉證責任之規定。

(4)囑託調查證據：關於調查證據除本法第一百三十三條之基本規定外，尚有囑託調查證據之規定，即本法第一百三十八條規定「行政法院得囑託普通法院或其他機關、學校、團體調查證據」。另第一百三十九條規定「行政法院認為適當時，得使庭員一人為受命法官或囑託他行政法院指定法官調查證據」。關於調查證據，基於直接審理主義的要求，在原則上應於受訴法院行之。但如受訴法院有不能或不便直接調查證據的情形，則為因應實際需要，即應允許法院於其認為適當之時，得使庭員一人為受命法官、或囑託他法院法官調查證據；此外，亦得囑託機關、學校、

[80] 蔡志方著，行政救濟法新論，第二〇八頁。

[81] 陳清秀著，前揭書，第三四頁。

商會、交易所或其他團體調查證據[82]。

⑸調查證據後之相關處置：法院於完成調查證據後，所應採取的相關措施有二，即製作筆錄與命當事人於言詞辯論時為陳述，其規定見於下列兩項條文，其中行政訴訟法第一百四十條規定「受訴行政法院於言詞辯論前調查證據，或由受命法官、受託法官調查證據者，行政法院書記官應作調查證據筆錄。第一百二十八條至第一百三十條之規定，於前項筆錄準用之。受託法官調查證據筆錄，應送交受訴行政法院」。同法第一百四十一條規定「調查證據之結果，應告知當事人為辯論。於受訴行政法院外調查證據者，當事人應於言詞辯論時陳述其調查之結果。但審判長得令庭員或行政法院書記官朗讀調查證據筆錄代之」。

⑹為證人之義務：所謂「證人」即人民依法院之命，就他人之訴訟事件，對法院陳述其自身之見聞及觀察事實之結果的第三人。證人乃是一種證據方法，即以其陳述之證言供訴訟事件證明之用，是為「人證」。依據行政訴訟法第一百四十二條規定「除法律別有規定外，不問何人，於他人之行政訴訟有為證人之義務」，此為「證人義務」之規定，此種義務乃屬公法上義務之性質，其履行請求權屬於國家，由法院代表國家行使，此種請求權在原則上不受任何限制，但對於以公務員或民意代表，或曾為公務員或民意代表之人為證人時，法院如針對其職務上涉及應遵守機密義務的事項訊問者，應得其監督長官或所屬民意機關之同意。關於證人之義務，分析其內涵，約包括三種事項，即到場之義務、陳述之義務、與具結之義務是[83]。茲將本法有關證人義務之各項規定引述如下：

①對不到場證人裁定罰鍰與拘提：行政訴訟法第一百四十三條規定「證人受合法之通知，無正當理由而不到場者，行政法院得以裁定處新臺幣三千元以下罰鍰。證人已受前項裁定，經再次通知仍不到場者，得再處新臺幣一萬五千元以下罰鍰，並得拘提之。拘提證人準用刑事訴訟法關於拘提被告之規定；證人為現役軍人者，應以拘票囑託該管長官執行。處證人罰鍰之裁定，得為抗告，抗告中應停止執行」。

---

[82] 楊建華著，前揭書，九十年版，第二六五頁。

[83] 陳計男著，行政訴訟法，第四五三－四六〇頁。

②以公務員為證人之特則：行政訴訟法第一百四十四條規定「以公務員、中央民意代表或曾為公務員、中央民意代表之人為證，而就其職務上應守秘密之事項訊問者，應得該監督長官或民意機關之同意。前項同意，除有妨害國家高度機密者外，不得拒絕。以受公務機關委託承辦公務之人為證人者，準用前二項之規定」。

③證人得拒絕證言之事由及不陳明之罰鍰：有關事項見於以下各條規定：

1.得拒絕證言之事由：行政訴訟法第一百四十五條規定「證人恐因陳述致自己或左列之人受刑事訴追或蒙恥辱者，得拒絕證言：一、證人之配偶、前配偶或四親等內之血親、三親等內之姻親或曾有此親屬關係或與證人訂有婚約者。二、證人之監護人或受監護人」。同法第一百四十六條規定「證人有左列各款情形之一者，得拒絕證言：一、證人有第一百四十四條之情形者。二、證人為醫師、藥師、藥商、助產士、宗教師、律師、會計師或其他從事相類業務之人或其業務上佐理人或曾任此等職務之人，就其因業務所知悉有關他人秘密之事項受訊問者。三、關於技術上或職業上之秘密受訊問者。前項規定，於證人秘密之責任已經免除者，不適用之」。

2.得拒絕證言之告知：行政訴訟法第一百四十七條規定「依前二條規定，得拒絕證言者，審判長應於訊問前或知有該項情形時告知之」。

3.不陳明原因而拒絕證言之處罰：行政訴訟法第一百四十八條規定「證人不陳明拒絕之原因事實而拒絕證言，或以拒絕為不當之裁定已確定而仍拒絕證言者，行政法院得以裁定處新臺幣三千元以下罰鍰。前項裁定得為抗告，抗告中應停止執行」。

④關於證人具結事項之規定：有關事項見於以下各條規定：

1.命證人具結：行政訴訟法第一百四十九條規定「審判長於訊問前，應命證人各別具結。但其應否具結有疑義者，於訊問後行之。審判長於證人具結前，應告以具結之義務及偽證之處罰」。

2.不得命具結之情形：行政訴訟法第一百五十條規定「以未滿十六歲或因精神障礙不解具結意義及其效果之人為證人者，不得命其具結」。

3.得不命具結之情形：行政訴訟法第一百五十一條規定「以左列各款之人為證人者，得不令其具結：一、證人為當事人之配偶、前配偶或四親等內之血親、三親等內之姻親或曾有此親屬關係或與當事人訂有婚約者。二、有第一百四十五條情形而不拒絕證言者。三、當事人之受雇人或同居人」。

4.得拒絕具結之事由：行政訴訟法第一百五十二條規定「證人就與自己或第一百四十五條所列之人有直接利害關係之事項受訊問者，得拒絕具結」。

5.拒絕具結準用之規定：行政訴訟法第一百五十三條規定「第一百四十八條之規定，於證人拒絕具結（不陳明原因）者準用之」。

⑤當事人聲請對證人發問事項之規定：行政訴訟法第一百五十四條規定「當事人得聲請審判長對於證人為必要之發問，審判長亦得許可當事人自行對於證人發問。審判長認為當事人聲請之發問，或經許可之自行發問有不當者，得不為發問或禁止之。關於發問之應否許可或禁止有異議者，行政法院應就其異議為裁定」。

⑥發給證人日費及旅費：行政訴訟法第一百五十五條規定「行政法院應發給證人法定之日費及旅費；證人亦得於訊問完畢後請求之。但被拘提或無正當理由拒絕具結或證言者，不在此限。前項關於日費及旅費之裁定，得為抗告。證人所需之旅費，得依其請求預行酌給之」。

(7)關於鑑定事項之規定：所謂「鑑定」係指為輔助法官就訴訟上特別事物之判斷能力，命具有特別學識經驗之第三人，本於其專業知識、技能或經驗，陳述特別法規或特別經驗法則或對特殊事物認知之證據調查，此種證據方法謂之「鑑定」。通常作為鑑定客體的事項約有兩種，其一為法院所不知之法規及經驗（為裁判大前提之鑑定），其二為就具體事實適用經驗法則所得之事實判斷（具體事實判斷之鑑定）。鑑定為證據方法之一種，鑑定人亦被視為法院的輔助機關，兼具證人之性質，但與一般證人又有多方面的不同之點，至少鑑定人須為具備特別知識與經驗之人，亦即須具有專業知能[84]。關於鑑定及鑑定人，在原則上可準用有關人證與證人的各項規定，但亦有其特殊的規定，

[84] 陳計男著，民事訴訟法（上），第四七九頁。

茲引述本法各相關條文如下：

①鑑定準用人證之規定：行政訴訟法第一百五十六條規定「鑑定，除別有規定外，準用本法關於人證之規定」。但有須注意者，即證人與鑑定人有諸多不同之點，對二者的區別亦應加以辨識，茲比較說明如下[85]：

1. 證人係陳述自己觀察事實之結果；鑑定人則係陳述關於特別法規或特別經驗法則之意見。

2. 證人具有不可代替性；鑑定人則不限於特定人。

3. 證人以自然人為限；鑑定人則得由機關團體擔任。

4. 證人應依當事人之聲明定之；鑑定人則由法院選任。

5. 證人陳述之事實，形成於訴訟之前；鑑定人所陳述者則係於訴訟上形成之判斷意見。

6. 證人不得以書面代替陳述；鑑定人則得以書面陳述意見。

②為鑑定人之義務：行政訴訟法第一百五十七條規定「從事於鑑定所需之學術、技藝或職業，或經機關委任有鑑定職務者，於他人之行政訴訟有為鑑定人之義務」。此種義務亦係鑑定人對於國家所負之公法上義務，其所包含的項目亦為到場、陳述與具結義務三種。惟如前所言，鑑定人須為具有專業知能的人士，故負擔鑑定人義務者僅限於本條所列舉的各種具有專業知能或資格職務之人，而與證人的情形有別[86]。

③鑑定人拘提之禁止：行政訴訟法第一百五十八條規定「鑑定人不得拘提」。此亦為其與證人不同之點，因如以拘提方式強制其到場為鑑定陳述，可能無法達到鑑定真實性之目的，故對其不到場的制裁，僅得科以罰鍰；且如前所述，對於鑑定的結果，得以書面代替陳述，如能提出書面報告，似無要求其到場的必要[87]。

④拒絕鑑定：行政訴訟法第一百五十九條規定「鑑定人拒絕鑑定，雖其理由不合於本法關於拒絕證言之規定，

---

[85] 同前註，第四八〇頁。

[86] 王甲乙等合著，前揭書，第三八五頁。

[87] 同前註，第三八六頁。

如行政法院認為正當者，亦得免除其鑑定義務」。

⑤報酬之請求：行政訴訟法第一百六十條規定「鑑定人於法定之日費、旅費外，得請求相當之報酬。鑑定所需費用，得依鑑定人之請求預行酌給之。關於前三項請求之裁定，得為抗告」。

⑥囑託鑑定準用之規定：行政訴訟法第一百六十一條規定「行政法院依第一百三十八條之規定，囑託機關、學校或團體陳述鑑定意見或審查之者，準用第一百六十條及民事訴訟法第三百三十五條至第三百三十七條之規定。其鑑定書之說明，由該機關、學校或團體所指定之人為之」。本條所稱本法第一百三十八條及第一百六十條之規定均已見前述。至於準用民事訴訟法之各條，其所規定之內容，分別涉及「受訴法院、受命法官或受託法官得命鑑定人具鑑定書陳述意見」、「鑑定人有數人者，得命其共同或各別陳述意見」及「法院對鑑定所需資料應准許鑑定人利用、法院得依職權或聲請命當事人或證人提供鑑定所需資料、鑑定人得聲請調取資料並訊問當事人及證人」等事項。

⑦專業法律問題之徵詢意見：行政訴訟法第一百六十二條規定「行政法院認有必要時，得就訴訟事件之專業法律問題徵詢從事該學術研究之人，以書面或於審判期日到場陳述其法律上意見。前項意見，於裁判前應告知當事人使為辯論。第一項陳述意見之人，準用鑑定人之規定。但不得令其具結」。

(8)有關書證的規定：在訴訟上凡要求當事人及第三人等提出之文書，乃屬證據類別中的「書證」，因此等文書與訴訟事件有關，命當事人或第三人提出，有助於發現事實的真相，足以影響裁判的結果，故法律課予當事人及第三人提出文書的義務；即使相關文書為公務員或機關所掌管者，法院亦有權調取，以供查證[88]。行政訴訟法中有關書證的規定甚多，茲分項引述如下：

①當事人提出文書之義務：行政訴訟法第一百六十三條規定「左列各款文書，當事人有提出之義務：一、該當事人於訴訟程序中曾經引用者。二、他造依法律規定，得請求交付或閱覽者。三、為他造之利益而作者。四、就與本件訴訟關係有關之事項所作者。五、商業帳簿」。

---

[88] 陳清秀著，前揭書，第三七四頁。

②法院調取文書：行政訴訟法第一百六十四條規定「公務員或機關掌管之文書，行政法院得調取之。如該機關為當事人時，並有提出之義務。前項情形，除有妨害國家高度機密者外，不得拒絕」。

③當事人不從提出文書之命的效果：行政訴訟法第一百六十五條規定「當事人無正當理由不從提出文書之命者，行政法院得審酌情形認他造關於該文書之主張或依該文書應證之事實為真實。前項情形，於裁判前應令當事人有辯論之機會」。

④聲請命第三人提出文書：行政訴訟法第一百六十六條規定「聲明書證係使用第三人所執之文書者，應聲請行政法院命第三人提出或定由舉證人提出之期間。民事訴訟法第三百四十二條第二項之規定，於前項聲請準用之。文書為第三人所執之事由及第三人有提出義務之原因，應釋明之」。本條準用民事訴訟法第三百四十二條第二項之規定為「前項聲請（即聲請命他造提出文書），應表明下列各款事項：一、應命其提出之文書。二、依該文書應證之事實。三、文書之內容。四、文書為他造所執之事由。五、他造有提出文書義務之原因」。

⑤裁定命第三人提出文書：行政訴訟法第一百六十七條規定「行政法院認應證之事實重要且舉證人之聲請正當者，應以裁定命第三人提出文書或定由舉證人提出文書之期間。行政法院為前項裁定前，應使該第三人有陳述意見之機會」。

⑥第三人提出文書準用之規定：行政訴訟法第一百六十八條規定「關於第三人提出文書之義務，準用第一百四十四條至第一百四十七條及第一百六十三條第二款至第五款之規定」。

⑦第三人不從提出文書命令之制裁：行政訴訟法第一百六十九條規定「第三人無正當理由不從提出文書之命者，行政法院得以裁定處新臺幣三千元以下罰鍰；於必要時，並得為強制處分。前項強制處分之執行，適用第三百零六條之規定。第一項裁定得為抗告，抗告中應停止執行」。

⑧第三人請求提出文書之費用：行政訴訟法第一百七十條規定「第三人得請求提出文書之費用。第一百五十五條之規定，於前項情形準用之」。

⑨文書真偽之辨別：行政訴訟法第一百七十一條規定「文書之真偽，得依核對筆跡或印跡證之。行政法院得命當事人或第三人提出文書，以供核對。核對筆跡或印跡，適用關於勘驗之規定」。

⑩鑑別筆跡之方法：行政訴訟法第一百七十二條規定「無適當之筆跡可供核對者，行政法院得指定文字，命該文書之作成名義人書寫，以供核對。文書之作成名義人無正當理由不從前項之命者，準用第一百六十五條或第一百六十九條之規定。因供核對所書寫之文字應附於筆錄；其他供核對之文件不須發還者，亦同」。

⑪準文書：行政訴訟法第一百七十三條規定「本法關於文書之規定，於文書外之物件，有與文書相同之效用者，準用之。文書或前項物件，須以科技設備始能呈現其內容或提出原件有事實上之困難者，得僅提出呈現其內容之書面並證明其內容與原件相符」。

(9)有關勘驗的規定：所謂「勘驗」係指法院法官藉其自身之五官作用，於訴訟程序中，因觀察訴訟事件之事實而直接檢驗特定物體之行為。勘驗亦為證據方法之一種，因其為法院法官直接查驗特定物體之行為，與由證人陳述其經歷或觀察事實的情形不同，故勘驗結果所具證據力通常被認為優於其他證據。勘驗的客體謂之「勘驗物」，其種類不以物為限，即人體或無體物（如錄音帶之錄音）亦得為勘驗物。實施勘驗之場所，須視不同情形而定，有應於法院內勘驗者，亦有須在院外行之者。此外，關於勘驗的目的，主要在獲得判斷特定系爭事實之基礎，為達此目的，並使勘驗結果確實具有其證據力，則法院於行勘驗時，應注意兩點事項，其一為勘驗物本身的真實性，其二為勘驗物與待證事實之關連性，缺少此兩項前提，則勘驗即難具有實質的意義[89]。由於勘驗亦為證據方法的一種，其所採方式與書證相近，故有關書證之規定，自宜適用於勘驗方面；因此，行政訴訟法第一百七十四條規定「第一百六十四條至第一百七十條之規定，於勘驗準用之」。

⑽聲請保全證據：所謂「保全證據」係指當事人在訴訟上所欲利用的證據方法，為顧慮日後可能發生滅失或礙難使用的情形或經他造同意，乃聲請法院預為調查並加以保全之謂。換言之，法院對證據之調查，通常應於訴訟繫

[89] 陳計男著，民事訴訟法（上），第五〇二—五〇三頁。

屬後，程序進行已達調查之程度，且認為有必要時，始得從事證據調查，此為有關證據調查之原則。但在例外情形，若為恐日後證據滅失或因情事變遷而有礙難使用之可能，則為掌握證據的真實性與有效性，避免影響日後裁判的正確性，訴訟法乃特設證據保全程序，以便事先採行保全措施，俾有助於證據的適當利用[90]。行政訴訟法的有關規定，見於第一百七十五條，該條稱「保全證據之聲請，在起訴後，向受訴行政法院為之；在起訴前，向受訊問人住居地或證物所在地之高等行政法院為之。遇有急迫情形時，於起訴後，亦得向前項高等行政法院聲請保全證據」。本條規定涉及保全證據之管轄法院及聲請程序事項。

(11)民事訴訟法有關證據事項規定的準用：行政訴訟法第一百七十六條規定「民事訴訟法第二百十五條、第二百十七條至第二百十九條、第二百七十八條、第二百八十一條、第二百八十二條、第二百八十四條至第二百八十六條、第二百九十一條至第二百九十三條、第二百九十五條、第二百九十六條、第二百九十八條至第三百零一條、第三百零四條、第三百零五條、第三百零九條、第三百十條、第三百十三條、第三百十六條至第三百十九條、第三百二十一條、第三百二十二條、第三百二十五條至第三百二十七條、第三百三十一條至第三百三十七條、第三百三十九條、第三百四十一條至第三百四十三條、第三百五十二條至第三百五十八條、第三百六十一條、第三百六十四條至第三百六十六條、第三百六十八條、第三百七十條至第三百七十六條之規定，除第三百三十三條之抗告期間外，於本節準用之」。依本條規定準用民事訴訟法的條文共計六十三條，此等條文內容所涉及的事項包括言詞辯論筆錄、舉證責任之例外情形、事實之釋明、證據之聲明、證據調查、人證之有關事項、鑑定之有關事項、書證之有關事項、勘驗之有關事項、及證據保全事項之規定，由此可知在訴訟法上有關證據事項規定之複雜性，經由民事訴訟法中數十條文的準用，自將有助於行政訴訟上證據事項的規定臻於完備。

(五)訴訟程序之停止

關於行政訴訟程序的進行，在原則上兼採處分主義與職權進行主義，因行政訴訟程序的開始，首須由原告向行

[90] 王甲乙等合著，前揭書，第四一二頁。

政法院起訴尋求法律救濟，且其請求法律救濟的範圍及方式（訴訟種類）均取決於當事人的主觀意願；但在另一方面，因訴訟程序的進行，涉及司法資源的運用及分配，且行政訴訟常與公益有關，故不宜單純採處分主義，而應在訴訟程序開始後，以職權進行主義為主體，但仍保留適度空間，允許當事人決定有關程序進行的部分事項，例如撤回、訴訟程序停止、及和解終結訴訟等均是。就訴訟程序停止而言，即在訴訟繫屬中，因有特別事由發生，使訴訟無法繼續進行，或不宜進行，或經兩造合意不再進行時，為維護當事人的權益、使終局裁判獲得正確的結果、及尊重處分主義的精神起見，由法院決定或允許訴訟程序處於靜止狀態。因訴訟程序停止的原因不同，其情形可區分為三種，其一、因某種法定事由發生，使訴訟程序應當然停止者，謂之「當然停止」（亦稱「中斷」）；其二、因某種法定事由發生，經法院裁定應停止程序進行者，謂之「裁定停止」（亦稱「中止」）；其三、因兩造當事人合意或因兩造遲誤言詞辯論期日而停止程序進行者，謂之「合意停止」（亦稱「休止」）[91]。茲將行政訴訟法上有關訴訟程序停止的各項規定分述如下：

(1)裁定停止：因涉及原因的不同，又可分為下列兩種情形：

①本訴裁判須以他訴法律關係之裁判為據者：行政訴訟法第一百七十七條規定「行政訴訟之裁判須以民事法律關係是否成立為準據，而該法律關係已經訴訟繫屬尚未終結者，行政法院應以裁定停止訴訟程序。除前項情形外，有民事、刑事或其他行政爭訟牽涉行政訴訟之裁判者，行政法院在該民事、刑事或其他行政爭訟終結前，得以裁定停止訴訟程序」。

②不同法院對受理訴訟之權限見解有異者：行政訴訟法第一百七十八條規定「行政法院就其受理訴訟之權限，如與普通法院確定裁判之見解有異時，應以裁定停止訴訟程序，並聲請司法院大法官解釋」。

(2)當然停止：有關規定主要見於以下三項條文：

①基本規定：行政訴訟法第一百七十九條規定「本於一定資格，以自己名義為他人任訴訟當事人之人，喪失

[91] 陳計男著，行政訴訟法，第二八七、三三七頁。蔡志方著，行政救濟法新論，第二九六—二九九頁。

其資格或死亡者，訴訟程序在有同一資格之人承受其訴訟以前當然停止。依第二十九條規定，選定或指定為訴訟當事人之人全體喪失其資格者，訴訟程序在該有共同利益人全體或新選定或指定為訴訟當事人之人承受其訴訟以前當然停止」。

②例外規定：行政訴訟法第一百八十條規定「第一百七十九條之規定，於有訴訟代理人時不適用之。但行政法院得酌量情形裁定停止其訴訟程序」。

③承受訴訟之聲明：行政訴訟法第一百八十一條規定「訴訟程序當然停止後，依法律所定之承受訴訟之人，於得為承受時，應即為承受之聲明。他造當事人亦得聲明承受訴訟」。本條第二項所稱他造當事人亦得聲明承受訴訟，其義係指依法律所定應承受訴訟之人，如其延不履行此項義務時，則他造當事人亦得聲明應為承受訴訟之人承受訴訟，以免訴訟程序因無人承受訴訟而致延滯[92]。

(3)當然停止與裁定停止之效力：行政訴訟法第一百八十二條規定「訴訟程序當然或裁定停止間，行政法院及當事人不得為關於本案之訴訟行為。但於言詞辯論終結後當然停止者，本於其辯論之裁判得宣示之。訴訟程序當然或裁定停止者，期間停止進行；自停止終竣時起，其期間更始進行」。

(4)合意停止：有關規定見於下列三項條文：

①基本規定：行政訴訟法第一百八十三條規定「除撤銷訴訟外，當事人得以合意停止訴訟程序。但行政法院認有維護公益之必要者，應於四個月內續行訴訟。前項合意，應由兩造向受訴行政法院陳明。不變期間之進行不因第一項合意停止而受影響」。按依本條規定撤銷訴訟不得以合意停止訴訟程序，乃因此種訴訟事件的內容與公益有關；至於合意停止訴訟程序對不變期間之進行不生影響，則係為避免當事人以合意變更法律規定之故[93]。

②停止之期間及次數之限制：行政訴訟法第一百八十四條規定「除前條第一項但書情形外，合意停止訴訟程

---

[92] 陳清秀著，前揭書，第四三五頁。

[93] 吳庚著，行政爭訟法論，第一五五—一五六頁。

序之當事人，自陳明合意停止時起，如於四個月內不續行訴訟者，視為撤回其訴；續行訴訟而再以合意停止訴訟程序者，以一次為限，如再次陳明合意停止訴訟程序，視為撤回其訴」。

③擬制合意停止：行政訴訟法第一百八十五條規定「當事人兩造無正當理由遲誤言詞辯論期日者，除撤銷訴訟或別有規定外，視為合意停止訴訟程序。如於四個月內不續行訴訟者，視為撤回其訴。前項訴訟程序停止間，行政法院於認為必要時，得依職權續行訴訟。如無正當理由兩造仍遲誤不到者，視為撤回其訴」。

⑸民事訴訟法規定之準用：行政訴訟法第一百八十六條規定「民事訴訟法第一百六十八條至第一百七十一條、第一百七十三條、第一百七十四條、第一百七十六條至第一百八十一條、第一百八十五條至第一百八十七條之規定，於本節準用之」。上開各項準用之條文，其內容所涉及的事項包括當然停止關於當事人的各種法定事由、例外規定與效果；承受訴訟之各種有關事項；特殊障礙事故原因的當然停止；裁定停止的各種處置；裁定停止的撤銷及抗告等事項在內。

㈥裁判

⑴裁判的意義及方式：所謂「裁判」，係指行政法院於受理訴訟案件後，在訴訟程序進行中或已達可為決定時，依法就其程序事項或案件實體內容予以裁定或判決，而發生法律效果的司法行為。亦即裁判機關就特定訴訟案件，對訴訟當事人就程序上或實體上作成決定性意思表示之總稱。廣義的裁判包含裁定及判決二者；狹義的裁判，則僅指後者而言[94]。行政訴訟法第一百八十七條規定「裁判，除依本法應用判決者外，以裁定行之」。本條規定僅在說明裁判所包含的不同種類或方式，並未對二者加以界定，茲再就二者的涵義分別解釋如下：

①裁定：係指法院就訴訟案件在形式審理部分或程序事項對當事人或關係人所作決定的意思表示而言；裁定具有命令或處分的性質，當事人如對法院的裁定不服時，得提出抗告。行政訴訟法上有關裁定的規定甚多，例如該法第一百零七條第一項規定「原告之訴，有左列各款情形之一者，行政法院應以裁定駁回之」。第一百六十條規定「鑑

---

94 雲五社會科學大辭典，第六冊，第三三〇—三三一頁。

定人於法定之日費、旅費外，得請求相當之報酬。鑑定所需費用，得依鑑定人之請求預行酌給之。關於前項請求之裁定，得為抗告」。

②判決：如前所言，係指狹義的裁判，即行政法院對訴訟案件經過實體審理程序後，依法對案件的實體內容所作裁斷。具體言之，即法院對特定訴訟案件，經實體審理的結果，對原告請求法律救濟事項，所作決定性意思表示。訴訟案件經判決後，其所生法律效果，即對該案的兩造當事人與關係人等發生各方面的法律效力，且嗣後當事人等不得就同一事件再行起訴，故判決在原則上乃是訴訟程序的終結。惟在現行二級二審的行政訴訟法制下，當事人對第一審判決不服者，尚得依法提起上訴及再審之訴，以資救濟。行政訴訟法上有關判決的規定亦多，例如第一百零七條第三項規定「原告之訴，依其所訴之事實，在法律上顯無理由者，行政法院得不經言詞辯論，逕以判決駁回之」。第二百九十條規定「行政訴訟達於可為裁判之程度者，行政法院應為終局判決」。

(2)判決與裁定的區別：關於判決與裁定的意義已見前述，若對二者作進一步的比較，可將其區別提出下列各項具體說明如下[95]：

①作成主體不同：判決係由行政法院（乃指合議制法庭或獨任制法官）作成；裁定則除應以行政法院名義作成者外，尚可由審判長、受命法官或受託法官作成。

②審理程序不同：判決的作成，在原則上以須經言詞辯論程序為必要；裁定的作成得採任意的言詞辯論程序；亦即得不經言詞辯論為之。

③程式要件不同：判決應按法定程式作成書面的判決書；裁定則無一定程式要求，不以作成書面為必要。

④客體對象不同：判決乃法院以當事人為主要對象所作意思表示；裁定則為法院以當事人或訴訟關係人、乃至法院職員為對象所作意思表示。

⑤內容事項不同：判決在原則上乃是法院對當事人就實體法律關係爭執所作裁斷的意思表示；裁定則為法院

[95] 陳計男著，行政訴訟法釋論，第五〇六—五〇七頁。

就訴訟程序事項所作決定的意思表示。

⑥救濟方式不同：當事人如對法院判決不服，在基本上可於法定期間（二十日）內提起上訴，若有法定事由尚可提起再審之訴；當事人如對裁定不服，則可於法定期間（十日）內提起抗告。

⑦發動情形不同：判決在原則上應本於當事人之聲明作成；裁定之作成，有本於當事人之聲明或聲請者，亦有由審判長、受命法官或受託法官依職權作成者。

⑧羈束效力的不同：判決經宣示者，作成該判決的行政法院應受其羈束；未經宣示者，則法院於判決主文公告後，應受其羈束。裁定經宣示者，作成該裁定的行政法院、審判長、受命或受託法官均應受其羈束；未經宣示者，則於裁定經公告或送達後，行政法院、審判長、受命或受託法官應受其羈束。

(3)裁判的成立要件：裁判的成立要件，亦稱裁判形成的要素，主要係指判決所應具備的要件或要素而言（以下稱為判決的要件），缺少此等要件，則足以影響判決的合法效力。關於判決成立的要件可分別從形式與實質兩方面分析說明，其情形如下[96]：

①判決成立的形式要件：行政訴訟法第一百八十八條規定「行政訴訟除別有規定外，應於言詞辯論而為裁判。法官非參與裁判基礎之辯論者，不得參與裁判。裁定得不經言詞辯論為之。裁定前不行言詞辯論者，除別有規定外，得命關係人以書狀或言詞為陳述」。根據本條第一與第二項規定及有關理論分析，行政訴訟判決的形式成立要件約有三項，茲列述如下：

1.作成判決的法院須具備合法之組織：在本條第一第二兩項中，雖無有關事項的規定，但自理論方面而言，似應視為當然。至於所謂「合法」，係指應符合法院組織法、行政法院組織法與行政訴訟法之規定而言，因判決乃是法院代表國家針對當事人提起訴訟之聲明所為決定性意思表示，故須由具有合法組織之法院作成，始能產生合法的效力。

---

[96] 陳清秀著，前揭書，第四三九－四四〇頁。陳計男著，民事訴訟法（上），第二五六、三五一－三五四頁。

2.判決應本於兩造當事人間言詞辯論作成：此即須曾經言詞辯論程序，因現行行政訴訟制度，兼採言詞辯論主義與書面審理主義，除法律別有規定外，訴訟程序應經言詞辯論，始能作成判決。

3.參與判決之法官須曾參與為判決基礎之辯論：此項要求乃因現行行政訴訟制度採取直接審理主義的結果；所謂「直接審理主義」係指就法院審理訴訟的方式而言，要求法官須以其自身直接認識所得之訴訟資料作為裁判基礎之主義；換言之，即要求參與作成判決之法官須曾直接參與當事人之辯論與調查證據，否則不得參與判決。此種要求的理由，乃因法官所獲之訴訟資料完全來自其直接體驗，對事實真相，自然較能有明確的瞭解，遂致有助於發現真實，此為直接審理主義的優點，故在民事訴訟及行政訴訟上均已採行。本法第一百八十八條第二項即為直接審理主義的規定。

②判決成立的實質要件：行政訴訟法第一百八十九條規定「行政法院為裁判時，應斟酌全辯論意旨及調查證據之結果，依論理及經驗法則判斷事實之真偽。但別有規定者，不在此限。依前項判斷而得心證之理由，應記明於判決」。根據本條內容分析，判決形成的實質要件約有以下三項[97]：

1.訴訟程序進行須達於可為判決之程度：此即要求訴訟程序須經過言詞辯論及證據調查等步驟，遂漸形成各種心證，使訴訟事件已達可為判斷之程度時，始得作成判決。

2.判決的內容應以當事人聲明之事項為範圍：此即法院在作成判決時，其內容所涉及的事項應本於當事人之聲明，法院不得就當事人未聲明的事項為判決，民事訴訟法第三百八十八條有關「不告不理原則」之規定，在行政訴訟上得予準用，故此項原則亦構成行政訴訟判決範圍的界限。

3.法院所作判決應斟酌全辯論意旨及調查證據結果並依論理及經驗法則判斷事實之真偽：本條第一項對此已作明確規定，所謂「全辯論意旨」，係指在言詞辯論時，凡屬當事人所為陳述之內容、發言態度、對法官發問時是否不為陳述、是否到場、是否提出證物或隱匿毀壞證物等全部情形均包括在內；至於調查證據之結果，應包含調查所

[97] 陳清秀著，前揭書，第四五三—四五六頁。

獲及觀察到的各種陳述、資料、鑑定、勘驗之結果在內；另關於所形成之心證，應以不違反論理及經驗法則為原則。以上兩部分，係就判決形成所應具備的形式與實質要件所作說明；符合此兩方面的要件，且不違反各種法理原則的判決，始為合法有效的判決。

(4)裁判的種類：行政訴訟的裁判，因內容、性質、程序或所具作用與效力的不同，可依各種標準加以區分，茲將依各種標準的分類列述如下：

①以裁判時所達程序階段為標準：可區分為下列五種[98]：

1.終局判決：所謂「終局判決」，係指法院於終結該審級的訴訟程序時，所作成的判決。行政訴訟法第一百九十條規定「行政訴訟達於可為裁判之程度者，行政法院應為終局判決」。本條的涵義，即在說明訴訟程序的各階段均已完成，法院對特定訴訟事件的事實真相與兩造主張及其法律見解均已充分掌握，此時訴訟程序的進行已達於可為裁判的程度時，法院應終結訴訟程序對訴訟標的作成終局判決，使此一訴訟事件的爭議就此一階段歸於確定。

2.一部之終局判決：前項所述之終局判決，在原則上應係就全部整體的訴訟標的所為的終局判決，但如果訴訟標的之一部分，或原告合併請求多項訴訟標的中之一項，其訴訟資料業已齊備，達於可為裁判之程度，而且不宜因其他部分或標的尚未達可為裁判程度，致受拖累延滯時，即可就該已達可為裁判之部分或項目，先行作成一部分之終局判決，使有關爭議早日獲得結果，是為「一部之終局判決」，行政訴訟法第一百九十一條對此已有明定，該條稱「訴訟標的之一部，或以一訴主張之數項標的，其一達於可為裁判之程度者，行政法院得為一部之終局判決。前項規定，於命合併辯論之數宗訴訟，其一達於可為裁判之程度者，準用之」。

3.中間判決：所謂「中間判決」，係指在訴訟程序進行中，法院可對當事人所主張獨立可生法律效果之攻擊或防禦方法或中間爭點，於其達到可為裁判之程度時，為使複雜的訴訟法律關係及程序趨於簡化，法院得在全部訴訟標的尚未達可為裁判之前，先行就一個或數個構成前提性爭點的問題作成判決，亦即先就訴訟程序中的枝節問題提

[98] 陳清秀著，前揭書，第四四三—四五二頁。

前解決，以為終局判決奠定基礎作好準備。行政訴訟法第一百九十二條規定「各種獨立之攻擊或防禦方法，達於可為裁判之程度者，行政法院得為中間判決；請求之原因及數額俱有爭執時，行政法院以其原因為正當者，亦同」。本條即為對「中間判決」之規定。

4.中間裁定：此即就訴訟程序上的爭執問題，在訴訟程序進行中，須提前加以決定者，亦可比照前述「中間判決」的情形，先行作成「中間裁定」。有關規定見於行政訴訟法第一百九十三條，該條稱「行政訴訟進行中所生程序上之爭執，達於可為裁判之程度者，行政法院得先為裁定」。

②以判決是否經過言詞辯論程序為標準：可區分為下列三種情形[99]：

1.經過言詞辯論的判決：現行行政訴訟制度兼採言詞辯論主義與書面審理主義，使言詞辯論在原則上成為訴訟上的必要程序，一般訴訟案件的判決均應以言詞辯論為基礎，始為合法，故行政訴訟法第一百八十八條規定「行政訴訟除別有規定外，應本於言詞辯論而為裁判」。可知經過言詞辯論程序作成判決，乃是一般正常情形，但亦有後述兩種例外情形存在。

2.不經言詞辯論的判決：此即未經言詞辯論程序，由受訴法院經調查證據後，依職權直接作成的判決，有關規定見於行政訴訟法第一百九十四條，該條稱「撤銷訴訟及其他有關維護公益之訴訟，當事人兩造於言詞辯論期日無正當理由均不到場者，行政法院得依職權調查事實，不經言詞辯論，逕為判決」。另此，依前述本法第一百零七條第三項規定「原告之訴，依其所訴之事實，在法律上顯無理由者，行政法院得不經言詞辯論，逕以判決駁回之」。亦屬此種例外情形。

3.一造辯論判決：此種情形與前項情形有部分相似，即於言詞辯論期日，兩造當事人中，僅有一造到場，則法院得依到場當事人之聲請由其一造辯論而為判決；如不到場之當事人，經再傳而仍不到場者，則法院即可依職權命到場者一造辯論而為判決。本法對此雖無明文規定，但依第二百十八條規定得準用民事訴訟法第三百八十五條之

---

[99] 吳庚著，前揭書，第一八六－一八七頁。

規定，該條第一項即為「一造辯論判決」之依據。

③以判決是否涉及訴訟標的為標準：可區分為下列兩種[100]：

1.本案判決：此即針對訴訟標的所為之判決，亦為依據當事人的聲明，就訴訟事件的實體內容或爭點所為的判決，故為實體上判決。行政訴訟法第一百九十五條第一項規定「行政法院認原告之訴為有理由者，除別有規定外，應為勝訴之判決；認為無理由者，應以判決駁回之」。本項規定即指此種實體上之本案判決而言。

2.程序判決：亦稱「非本案判決」，此即訴訟提起後，僅在程序審查的階段，因發現不符合行政訴訟提起的要件，行政法院通常應依本法第一百零七條第一項之規定以裁定駁回之；但本法第二百五十七條第二項規定「因高等行政法院無管轄權而廢棄原判決者，應以判決將該事件移送於管轄行政法院」。則依此項規定所作移送之判決，即無關訴訟標的事項，僅屬程序上判決或稱「訴訟判決」。

④以判決的內容、作用或效果為標準：此為對實體上判決最重要的區分標準，主要可區分為三種類別，即撤銷判決、確認判決、與給付判決是。所謂撤銷判決亦稱形成判決，即原告認為原行政處分或訴願決定違法並損害其權利及法律利益，因而提起撤銷之訴，行政法院認為有理由，而容許原告之請求，作成使原行政處分或決定變更或消滅的判決，即為撤銷判決。所謂確認判決，即行政法院針對原告起訴之訴訟標的（行政處分或法律關係），確認構成該標的之行政處分是否無效或違法、或確認該公法上法律關係成立或不成立、或確認其他必要事項的判決，且無論原告勝訴或敗訴，均為確認判決；此外，在撤銷訴訟，如法院駁回原告之訴，而不以撤銷行政處分為內容者，亦僅為確認判決。總之，確認判決僅具有單純的宣示性質，並不涉及權利的變更。至於給付判決，即行政法院對於原告提起的給付之訴（即請求命被告為一定之給付，包括作為或不作為及忍受等不同方式），認為其請求權存在而容許其請求之判決，是為給付判決；惟有須注意者，即法院對於原告所提給付之訴，如不為容許而作成駁回之判決時，則此項判決既非命被告為給付，自非給付判決，而應視為確認判決[101]。

[100] 陳敏著，前揭書，第一二七四－一二七五頁。陳計男著，行政訴訟法釋論，第五一九頁。

⑤以判決的結果為標準：此種區分標準與前述第④種標準相近，但較為簡略，亦可視為係以判決內容為標準所作分類。其法律依據為舊行政訴訟法第二十六及二十七兩條，依現行法則為第一百九十五條之規定，因該條規定構成判決結果或內容的一般性準則；據此分析，則判決的結果可區分為兩大類別，茲略述如下[102]：

1. 請求駁回的判決：此即行政法院如認為起訴為無理由，亦即認為原告之主張為無理由而原處分或決定並無違法情形，應以判決將原告之訴駁回，在實質上即為維持原處分或決定，此種情形乃屬駁回判決的基本型態。其次，亦有因起訴後訴訟標的業已消滅，故法院對原告之請求予以駁回者；所謂訴訟標的消滅，係指訴訟案件所繫爭之處分或決定，在行政法院判決前，已因期限屆至、目的物消失、或機關自行撤回其處分等情事，而失其效力，致使行政訴訟的標的歸於消滅。就駁回判決所生效力而言，原告之請求被駁回後，即可使所繫爭之處分或決定，取得確定之效力，各有關方面均不得再認該處分或決定為違法。

2. 請求容認的判決：行政法院如認為起訴為有理由，亦即認為原告的請求為有理由而原處分或決定確有違法情事，遂作成對原告的請求予以容認的判決，依其內容又可區分為三種情形：

A. 確認判決：亦稱「宣告判決」，此即對所繫爭之原處分或決定，認為缺乏有效成立要件，而宣告其無效的判決。

B. 撤銷判決：此即認為所繫爭之原處分或決定，具有得撤銷之瑕疵原因，而將其全部撤銷的判決。其與前述宣告判決在理論上雖有所區分，但就實際效果而言，二者大致相當。

C. 變更判決：此即認為起訴一部分有理由一部分無理由，亦即原處分或決定有部分違法情事，因而應將其違法部分予以變更，而維持其適法的部分，亦即宣告違法部分無效並加以匡正。惟依據舊行政訴訟法第二十七條及現行法第一百九十五條第二項之規定，此種變更判決的內容，自不得較原處分或決定對原告

---

[101] 陳計男著，行政訴訟法釋論，第五一八—五一九頁。吳庚著，前揭書，第一八一—一八二頁。

[102] 林紀東著，訴願及行政訴訟，正中書局，六十五年版，第一六一頁。

更為不利，以符合行政救濟制度建立的精神與目的。

按上述第⑤種分類標準，雖與前述第④種相近；但因係以舊法為基礎，其所區分種類不如第④種適當，是故在現行法制下，以採第④種分類較能切合實際。

⑸各種裁判的內容與原則：行政訴訟法中有關裁判內容事項的規定，乃以涉及撤銷與給付判決的事項為主體，同時也涉及一些規範判決內容的重要原則，茲逐一列舉如下：

①撤銷判決及禁止不利益變更原則：行政訴訟法第一百九十五條第二項規定「撤銷訴訟之判決，如係變更原處分或決定者，不得為較原處分或決定不利於原告之判決」。本項所稱「變更」實即指部分撤銷，法院並自為其他內容之決定以取代之；同時亦在明確宣示「禁止不利益變更原則」之適用；按此項法理原則在訴願及行政訴訟兩方面一體適用，採行此項原則的用意，不僅在維護當事人的權益，亦在尊重行政救濟制度的基本目的與精神[103]。

②撤銷判決中命為回復原狀之處置：行政訴訟法第一百九十六條規定「行政處分已執行完畢，行政法院為撤銷行政處分判決時，經原告聲請，並認為適當者，得於判決中命行政機關為回復原狀之必要處置」。本條規定係指原行政處分雖已執行完畢，但如該處分業經撤銷，而致溯及既往失效時，則在撤銷前所執行的結果，即已喪失法律上之原因，構成不當得利情形，應予返還。故原告對於因該行政處分致其權益所受損害，自得提起撤銷之訴請求回復其權益之原狀；而行政法院對此種事件，即應判決允許其回復原狀之請求。此外，尚有一種情形，即原告對回復原狀之聲請，係與撤銷訴訟合併提起者，則法院如認為回復原狀有其可能且此一部分已達可為裁判之程度時，即可作成撤銷原處分之判決同時命被告機關為回復原狀之必要處置[104]。

③撤銷訴訟之代替判決：行政訴訟法第一百九十七條規定「撤銷訴訟，其訴訟標的之行政處分涉及金錢或其他代替物之給付或確認者，行政法院得以確定不同金額之給付或不同之確認代替之」。本條規定之涵義係指原告提起

---

[103] 陳敏著，前揭書，第一二七七頁。

[104] 陳清秀著，前揭書，第四四八頁。

之撤銷訴訟，如其訴訟標的之行政處分涉及金錢或其他代替物之給付或確認者，亦即原行政處分違法情形僅涉及金額或數量者，則行政法院基於訴訟經濟原則的考量，如認為原告之訴有理由，即可在原告聲明之範圍內自行直接作成判決予以矯正，而不必僅判決撤銷原處分並發回原處分機關命其重為處分；如此，不僅在程序上明快便捷，且可避免原處分機關拖延不結消極抗拒，而致減損判決的執行力[105]。

④撤銷訴訟之情況判決：行政訴訟法第一百九十八條規定「行政法院受理撤銷訴訟，發現原處分或決定雖屬違法，但其撤銷或變更於公益有重大損害，經斟酌原告所受損害、賠償程度、防止方法及其他一切情事，認原處分或決定之撤銷或變更顯與公益相違背時，得駁回原告之訴。前項情形，應於判決主文中諭知原處分或決定違法」。本條規定的內容即為「情況判決原則」（亦稱「情況裁決」）在行政訴訟上的適用，此項原則乃是行政程序法上有關違法處分撤銷權行使限制的重要原則，為該法第一百十七條所明定，其涵義係指違法處分雖應撤銷，但基於對公益的考量，如撤銷後對公益有重大損害，且受益人無信賴不值得保護情形，而其信賴利益顯大於公益時，則寧可不予撤銷；但仍應對其違法情形作明確宣示。將有關行政處分撤銷方面的情況裁決原則移用至行政訴訟方面，即為本法第一百九十八條之規定，依據該條內容分析，行政法院作成情況判決應符合三項要件：A.限於撤銷訴訟，並認定原行政處分或決定違法；B.原處分或決定之撤銷或變更，將對公益造成重大損害；C.經斟酌原告所受損害、賠償程度、防止方法及其他一切情事，得駁回原告之訴，以免撤銷或變更原處分，致顯與公益相違背。同時，此項原則通常與信賴保護原則互相配合適用，關係至為密切，故本法在第一百九十八條之後，即有第一百九十九條之規定（參閱本書第三編行政處分的撤銷及行政程序法部分說明）[106]。

⑤情況判決之損害救濟：行政訴訟法第一百九十九條規定「行政法院為前條判決時，應依原告之聲明，將其因違法處分或決定所受之損害，於判決內命被告機關賠償。原告未為前項聲明者，得於前條判決確定後一年內，向

[105] 同前註，第四四七頁。

[106] 吳庚著，前揭書，第一八五頁。羅傳賢著，行政程序法論，五南公司，八十九年版，第一八七頁。

高等行政法院訴請賠償」。本條內容與前條具有密切關聯，亦即行政法院基於維護公益考量，而作成情況判決，對原告提起的撤銷之訴雖予以駁回，但既已諭知原行政處分或決定違法，則為求公平起見，應依原告之聲明對其因該違法處分所受之損害，於判決內命被告機關負擔損害賠償責任。

⑥給付訴訟課予義務之判決：行政訴訟法第二百條規定「行政法院對於人民依第五條規定請求應為行政處分或應為特定內容之行政處分之訴訟，應為左列方式之裁判：一、原告之訴不合法者，應以裁定駁回之。二、原告之訴無理由者，應以判決駁回之。三、原告之訴有理由，且案件事證明確者，應判命行政機關作成原告所申請內容之行政處分。四、原告之訴雖有理由，惟案件事證尚未臻明確或涉及行政機關之行政裁量決定者，應判命行政機關遵照其判決之法律見解對於原告作成決定」。本條第一、第二兩款之規定，均係法院認為原告之訴不合法或無理由，而分別以裁定或判決予以駁回的情形。第三款之規定則為典型的課予義務判決；第四款之規定與第三款略有不同，即法院雖認為原告之訴有理由，惟因案件事證尚未臻明確或涉及行政機關之行政裁量決定，所以行政法院僅應判決命行政機關遵照其判決之法律見解對於原告作成決定，而非命其作成原告所申請內容之行政處分，故第四款之規定被稱為「命為決定判決」[107]。

⑦對違法裁量處分之撤銷：行政訴訟法第二百零一條規定「行政機關依裁量權所為之行政處分，以其作為或不作為逾越權限或濫用權力者為限，行政法院得予撤銷」。本條規定之內容亦被稱為「裁量處分之撤銷限制」，因原告提起撤銷訴訟之目的，在求撤銷違法之行政處分，但行政機關所作裁量處分，僅在有「逾越權限或濫用權力」之情形下，始構成「違法」(見本法第四條第二項及行政程序法第十條之規定)；若有此種情形發生時，行政法院自得對此種違法的行政處分作成撤銷判決；否則，若裁量處分僅屬不當時，則行政法院即不得行使審查權，人民亦僅得對之提起訴願而已[108]。

---

[107] 陳敏著，前揭書，第一二七八頁。

[108] 陳清秀著，前揭書，第四四六頁。

⑧捨棄及認諾判決：行政訴訟法第二百零二條規定「當事人於言詞辯論時為訴訟標的之捨棄或認諾者，以該當事人具有處分權及不涉及公益者為限，行政法院得本於其捨棄或認諾為該當事人敗訴之判決」。本條規定的涵義係指當事人提起訴訟之目的，原在請求法院就其法律上權利的紛爭作成對其有利的裁斷；惟原告在言詞辯論中，如對其為訴訟標的之主張，自為否定之陳述時，即構成所謂「捨棄」的情形；反之，如被告對原告關於訴訟標的之主張逕行承認時，則謂之「認諾」。在訴訟程序中，如分別有上述兩種情形發生，即顯示各該當事人在訴訟上已放棄爭取或維護其自身的權益，或接受對造有關訴訟標的之主張，遂致足以形成使原告實體法上權利消滅或被告因而負擔義務的效果。基於處分主義之原則，則法院即可以原告之捨棄或被告之認諾為依據，不必再調查其所主張法律關係之存否，而得分別直接對該原告或被告作成敗訴之判決，即為捨棄或認諾之判決[109]。

⑨給付判決中情事變更原則之適用：行政訴訟法第二百零三條規定「公法上契約成立後，情事變更，非當時所得預料，而依其原有效果顯失公平者，行政法院得依當事人聲請，為增減給付或變更、消滅其他原有效果之判決。為當事人之行政機關，因防止或免除公益上顯然重大之損害，亦得為前項之聲請。前二項規定，於因公法上其他原因發生之財產上給付，準用之」。按本條第一項所規定之內容，即為「情事變更原則」（亦稱「情事變遷原則」）在行政訴訟判決上的適用。此項原則在行政程序法中行政契約部分第一百四十七條即有明定，而行政訴訟法亦將之適用於涉及公法契約或其他有關財產上的給付訴訟方面；採用此項原則的目的，在於維持契約義務及財產給付的公平性，並避免發生對公益造成重大損害。由此種原則所產生之法律效果，即法院得作成「增、減給付或變更、消滅其他原有效果」之判決，所謂「增、減給付」係指對給付「量」的變更，但不得變更給付的種類；所謂「變更、消滅其他原有效果」，係指得命為延期給付或分次給付，但仍不得變更給付物之種類；僅在因情事變更後如仍強其為特定物之給付有顯失公平之情形時，始得認可義務人（或債務人）有變更給付之權。此外，行政程序法第一百四十六條第一項規定「行政契約當事人之一方為人民者，行政機關為防止或除去對公益之重大危害，得於必要範圍內調整契約內

109 楊建華著，前揭書，九十年版，第三二九頁。

容或終止契約」。第二百四十七條第一項後段規定「當事人之一方得請求他方適當調整契約內容。如不能調整，得終止契約」。依據此兩項規定，則行政法院於必要時尚可作成終止或消滅契約的判決，以消滅原有的效果，對於此種情形，學者有稱為情事變更原則的「第二次效力」者[110]。

(6)裁判的作成、宣示與公告：行政訴訟的裁判，無論判決或裁定均係由行政法院（含審判長及法官）所作成，其中以判決為主體；判決除簡易訴訟程序外，均係由行政法院的合議庭全體參與審判的法官經評議後以過半數之意見作成決定（見法院組織法第一百零五條第一項及行政法院組織法第三條）；關於判決作成的過程，在行政法院組織法中欠缺明確規定，行政法院處務規程第十四條及第十八條亦僅有簡略的規定；而前述行政訴訟法第一百八十八條及第一百八十九條則對判決作成之方法及規範有相當具體明確的規定，可知行政法院對判決的作成必須以各種相關法令、法理原則及實務慣例為依據，可謂相當慎重[111]。判決為法院依職權代表國家對當事人所作意思表示，其內容對訴訟當事人及關係人等的權益具有直接重大的影響，故於作成後應使各當事人知悉，始能發生其效力；而法院將其判決對外表示的方法為宣示或公告，行政訴訟法對裁判的宣示與公告以及其所產生對法院及法官的羈束力有下列各項條文規定：

①判決之宣示與公告：行政訴訟法第二百零四條規定「經言詞辯論之判決，應宣示之；不經言詞辯論之判決，應公告之。宣示判決應於辯論終結之期日或辯論終結時指定之期日為之。前項指定之宣示期日，自辯論終結時起，不得逾七日。判決經公告者，行政法院書記官應作記載該事由及年、月、日、時之證書附卷」。本條所稱「判決之宣示」，即法院將判決內容對外發表之方法，凡經言詞辯論之判決，均應對外宣示。至於判決對外宣示所採方式或程序，即應於公開法庭由審判長朗讀判決主文；判決理由如認為須告知當事人者，應朗讀或口述其要領，並由書記官作成言詞辯論筆錄，以證明之。宣示判決乃法院一方所為訴訟行為，審判長應於言詞辯論終結時，即指定宣示期日，並

---

[110] 陳計男著，行政訴訟法釋論，第五八二頁。陳敏著，前揭書，第一二七九頁。

[111] 蔡志方著，行政救濟法新論，第二八八頁。史慶漢著，法院組織法新論，自刊，九十年版，第三四一—三四二頁。

面告當事人命其到場聆聽判決宣示；但無論當事人兩造是否到場，均應由法院依職權為之，於其判決宣示之效力並無影響（參閱民事訴訟法第二百九十八條、第二百十三條、第二百二十四條、及第二百二十五條）。至於所謂「公告」，其方式與公示送達相同，一般情形即將應由法院書記官保管應送達之文書，於法院牌示處黏貼公告，以曉示應受送達人[112]。

②宣示判決之效力及主文之公告：行政訴訟法第二百零五條規定「宣示判決，不問當事人是否在場，均有效力。判決經宣示後，其主文仍應於當日在行政法院牌示處公告之。判決經宣示或公告後，當事人得不待送達，本於該判決為訴訟行為」。本條第三項的涵義，係指判決既經宣示或公告，即已發生合法效力，當事人不必等待判決書的送達，即可依法採取後續的訴訟行為，例如終局判決宣示後，當事人即可提起上訴；中間判決宣示後，當事人即可續行訴訟程序是[113]。

③判決之羈束力：行政訴訟法第二百零六條規定「判決經宣示後，為該判決之行政法院受其羈束；其不宣示者，經公告主文後，亦同」。本條前段所稱「為該判決之行政法院受其羈束」，其涵義係指判決一經宣示或公告後，法院本身亦應受其判決內容之拘束（無論為終局或中間判決），而不得將已宣示或公告之判決自行撤銷或變更；雖當事人均同意其撤銷或變更，或該判決顯然有違誤者，亦然。承認此種判決所具羈束力之用意，乃在維護法院的威信與判決的效力。但如當事人提起再審之訴或該項判決已經上級審廢棄而發回更審者，則依法律之規定，法院始不受其羈束[114]。

④裁定之宣示及公告：行政訴訟法第二百零七條規定「經言詞辯論之裁定，應宣示之。終結訴訟之裁定，應公告之」。

---

[112] 王甲乙等合著，前揭書，第一三六、二〇六頁。陳清秀著，前揭書，第四五七頁。

[113] 陳計男著，民事訴訟法論（上），第三六〇頁。

[114] 王甲乙等合著，前揭書，第二〇七頁。雲五社會科學大辭典，第六冊，第一一九頁。

⑤裁定之羈束力：行政訴訟法第二百零八條規定「裁定經宣示後，為該裁定之行政法院、審判長、受命法官或受託法官受其羈束；不宣示者，經公告或送達後受其羈束。但關於指揮訴訟或別有規定者，不在此限」。按本條但書規定之涵義，係指因審判長或獨任法官為指揮訴訟所作裁定，常須隨訴訟進行情形而作調整，故應允許作裁定者自行撤銷或變更，俾使訴訟程序得以適當進行；又法律如基於特別理由，亦有允許作裁定者自行撤銷或變更的例外規定[115]。

(7)判決書之制作及送達：行政法院對訴訟事件的裁判，不僅應經宣示或公告，且採要式行為，即須具備法定程式，此種情形除對裁定具有變通彈性外，判決則以制作判決書為必要；關於判決書之程式及送達，行政訴訟法有下列三條規定，茲分為兩項說明之：

①判決書之制作及其應記載事項：行政訴訟法第二百零九條規定「判決應作判決書記載左列各款事項：一、當事人姓名、性別、年齡、身分證文件字號、住所或居所；當事人為法人、機關或其他團體者，其名稱及所在地、事務所或營業所。二、有法定代理人、代表人、管理人者，其姓名、住所或居所及其與法人、機關或團體之關係。三、有訴訟代理人者，其姓名、住所或居所。四、判決經言詞辯論者，其言詞辯論終結日期。五、主文。六、事實。七、理由。八、年、月、日。九、行政法院。事實項下，應記載言詞辯論時當事人之聲明及所提攻擊或防禦方法之要領。必要時，得以書狀、筆錄或其他文書作為附件。理由項下，應記載關於攻擊或防禦方法之意見及法律上之意見」。本條內容中有三項要點須加以解說，即主文、事實、及理由，茲分述如下[116]：

1.主文：判決主文乃是全部訴訟審理過程的結論，亦為判決書內容的最重要部分或核心。換言之，主文乃是行政法院就原告起訴之聲明，依據言詞辯論及其他訴訟資料所為判斷結果的表示，分析其形成的結構約包含三個部分，其一、即關於本案請求部分，亦即針對原告實體請求事項，經過裁斷視原告的請求有無理由所作准駁的表示，

[115] 楊建華著，前揭書，九十年版，第一八六頁。

[116] 陳計男著，行政訴訟法釋論，第五二四—五三〇頁。雲五社會科學大辭典，第六冊，第五一頁。

此一部分乃是主文重心之所在。具體言之，如為原告敗訴之判決，僅須記載原告之訴駁回；如為原告勝訴之判決，在確認之訴，應將確認如何之法律關係存在或不存在，記載明確；在給付之訴，應將給付範圍種類數量全部記載明確；在形成之訴，應將形成何種法律上之效果，記載明確。其二、即關於訴訟費用部分，此種事項對民事訴訟較為重要，對行政訴訟在實質上所具重要性較小，但對當事人所應負擔的各項必要費用仍應依職權作成裁判。其三、即關於履行期間部分，此即在判決中命被告在一定期間內，遵照判決意旨加以履行，以實現判決的內容，其期間應在主文中諭示之。總之，主文宜以簡明詞句，將所為裁判之內容要點全部揭出；且判決書內之主文應與宣示之主文相符。

2.事實：此一部分內容，應記載言詞辯論時，當事人所作聲明、陳述與提出之證據，及其所採攻擊與防禦方法之要領；必要時尚得以書狀、筆錄或其他文書作為附件。

3.理由：此一部分內容，應記載關於對當事人攻擊或防禦方法之意見與對本案法律上之見解，以及得心證之理由。

此外，關於本條第九款「行政法院」一項，除應記載受訴法院之名稱外，並應由負責審判之獨任法官或參與合議庭審判之全體法官簽名。

②判決書之送達教示錯誤之處置：行政訴訟法第二百十條規定「判決，應以正本送達於當事人。前項送達，應自行政法院書記官收領判決原本時起，至遲不得逾十日。對於判決得為上訴者，應於送達當事人之正本內告知其期間及提出上訴狀之行政法院。前項告知期間有錯誤時，告知期間較法定期間為短者，以法定期間為準；告知期間較法定期間為長者，應由行政法院書記官於判決正本送達後二十日內，以通知更正之，並自更正通知送達之日起計算法定期間。行政法院未依第三項規定為告知，或告知錯誤未依前項規定更正，致當事人遲誤上訴期間者，視為不應歸責於己之事由，得自判決送達之日起一年內，適用第九十一條之規定，聲請回復原狀」。關於告知上訴期間錯誤之處置，對於不得上訴之案件，自不必適用上述規定處理，因本法第二百十一條規定「不得上訴之判決，不因告知

錯誤而受影響」。

(8)判決之確定及其效力：行政法院所作判決經宣示或公告後，雖已開始對外發生效力，但如判決尚未確定，則嗣後仍有被廢棄或變更的可能，故其效力仍處於不夠穩定的狀態；必待判決已告確定後，使其處於不能廢棄或變更的狀態時，其效力始臻於確定。故判決的確定與判決的效力具有密切關聯，且判決確定本身即為判決效力的表徵。因此，宜將判決的確定與判決的效力合併作整體性的說明。關於判決的效力，因所作觀察的標準不同，在理論上可將其區分為羈束力、確定力、形成力、及執行力四種，茲分別言之：

①判決的羈束力：所謂判決的羈束力，係指判決經宣示或公告後，對作成判決的法院，在同一審級內，不得自行將原判決加以撤銷或變更的效力而言。換言之，判決的羈束力亦可謂是對法院自身的拘束力，即法院在作成判決後，除有屬於明顯的錯誤（如誤寫、誤算等）、其他在判決內容中所顯示出事實上的不清楚或不正確或遺漏之處，可藉更正或補充加以矯正彌補外，法院對原判決內容不得任意變動。因如法院得任意將其撤銷或變更，則不僅有害於判決的安定性，且影響法院作為國家審判機關的威信，故應承認判決具有此種羈束力。但羈束力與確定力不同，因確定力乃是判決已不能上訴，而處於不能廢棄或變更狀態的效力，必待判決歸於確定時始能發生；而羈束力則於判決宣示時即告發生，不宣示者則於公告或送達時發生，可知二者實有所區別。有關判決發生羈束力的情形，見於前述行政訴訟法第二百零六條的規定。以上所述乃是判決發生羈束力的原則，惟若有各種例外情形發生，包括當事人對原判決提起再審之訴、撤銷之訴，或原判決經上訴審廢棄而發回更審時，則為判決之法院即不再受其所為原判決的羈束[117]。

②判決的確定力：判決的確定力可區分為形式上確定力與實質上確定力兩種，茲分述如下：

1.形式上確定力：係指法院之判決確定後，當事人已無上訴之途，即發生使當事人不得再向上級法院提起上訴，請求將該判決加以廢棄或變更之效力，是為判決之形式確定力；故對當事人而言，亦稱「不可爭力」；然而，

---

[117] 王甲乙等合著，前揭書，第四七〇、四七五－四七六頁。蔡志方著，行政救濟法新論，第二九五頁。

對此法院亦應同受其效力之拘束。由此可知，前述判決之確定，實即指其發生形式確定力而言，二者可謂一體之兩面。判決具有形式確定力後，在訴訟上隨即發生實質確定力（既判力）、形成力與執行力，而當事人間法律上權利之爭執，亦將因判決確定而歸於確定。判決之形式確定力，對終局判決而言，不論其為全部或一部判決，均應發生；至於中間判決，不能獨立發生此種確定力，僅限於經終局判決引為判決之基礎者，始隨同終局判決發生其形式確定力[118]。

關於判決之形式確定力，見於行政訴訟法第二百十二條之規定，該條稱「判決，於上訴期間屆滿時確定。但於上訴期間內有合法之上訴者，阻其確定。不得上訴之判決，於宣示時確定；不宣示者，於公告主文時確定」。本條的內容雖在直接解釋「判決之確定」，但在實質上亦即說明判決發生形式確定力的情形。其中第一項規定涉及判決確定的時期，且係針對得上訴之判決而言；對於此種判決，在上訴之法定期間內，如兩造當事人均合法提起上訴，則其判決即全部為不確定；反之，如所有當事人在上訴法定期間屆滿前，均已拋棄上訴，則判決即歸於確定。若雖僅有一造當事人合法提起上訴，而他造當事人未提起上訴、或已捨棄上訴權、或撤回上訴、或提起上訴因不合法被裁定駁回者，其判決仍應視為全部不確定。總之，凡有合法之上訴，即足以阻止判決之確定，無合法之上訴，則判決於上訴之法定期間屆滿時即歸於確定。另依據行政訴訟法第二百六十二條第一項規定，當事人提起上訴後，於終局判決宣示或公告前撤回其上訴者，既已喪失其上訴權，則原判決亦應具有形式確定力[119]。

2.實質上確定力：所謂判決的「實質上確定力」，亦稱「既判力」，其涵義係指作為訴訟標的之法律關係，亦即當事人訴訟上之請求，經法院於確定之終局判決中作成裁斷者，基於「一事不再理」原則，應排除任何重新審理及裁判，且應認定原判決內容對該事件具有規範性；因而，當事人即不得再就該法律關係事件提起訴訟，且在其他相關訴訟中所用攻擊或防禦之方法，亦不得提出與確定終局判決意旨相反之主張；而法院亦不得就已經裁判的事件

[118] 楊建華著，前揭書，九十年版，第三四四頁。
[119] 楊建華著，前揭書，九十年版，第三四六頁。陳敏著，前揭書，第一二八五頁。

再行審理，且在其他相關訴訟中亦不得作成與該確定終局判決相牴觸的裁判。承認既判力的用意，乃是依據法治國家原則的理念，希望在實務上產生兩方面的作用，其一、在積極方面即為避免發生就同一事件前後兩次裁判相互矛盾的可能；其二、在消極方面則為禁止對同一事件的重行起訴。行政訴訟法第二百十三條規定「訴訟標的於確定之終局判決中經裁判者，有確定力」。本條規定的涵義，即為對判決所具實質確定力的認定。其次，關於實質確定力（既判力）的性質，可自理論觀點提出三項分析說明：

A. 既判力為訴訟法上的效力，此即認為既判力在本質上係由程序法所生的效力，而非實體法上的效力；亦即認為實質確定力的本質，僅在於對嗣後的訴訟案件中，使法院及當事人等均受確定裁判的拘束，但並不能創設權利。

B. 既判力僅在本案的終局判決始克發生，如為因起訴或上訴不合法而被駁回的裁判，則不具有既判力；至於中間判決因其為對前提問題所作裁斷，乃是為準備終局判決所為者，並非對訴訟上請求所作裁判，故在原則上不發生既判力。

C. 既判力的有無為法院應依職權調查的事項；因如前所言，既判力所具作用乃是為防止先後對同一標的之判決發生牴觸，本於公益上之理由所承認的效力，則法院嗣後在另一相關事件判決時，自應依職權調查其判決是否有與既存具有既判力之確定判決相牴觸之可能。

而且，承認既判力既係基於公益上之理由，則當事人自不得加以處分，亦即如其表示拋棄既判力或以合意變更既判力之效力，均應視為無效之舉[120]。

此外，關於既判力之效力所及的範圍，在客觀方面即訴訟標的於確定終局判決中經裁判者，除法律別有規定外，當事人即不得再就該法律關係另行起訴；換言之，判決之既判力所及的客觀範圍（亦稱物的範圍），乃以訴訟標的於確定之終局判決中經裁判者為限，而不及於未構成判決標的之法律關係；前述行政訴訟法第二百十三條之規定，即

[120] 王甲乙等合著，前揭書，第四七八—四七九頁。陳清秀著，前揭書，第四七八—四七九、四八一、四八五頁。

係就行政訴訟上終局判決所具既判力的客觀範圍所作規定。另在主觀範圍方面，亦即終局判決的對人效力（或稱人的範圍），為其既判力所及之人有一定範圍，並非無限制的對任何人均有既判力，此即既判力的主觀範圍。分析言之，判決之既判力對人效力所及的範圍，主要有下列五種[121]：

A.當事人及其他參與訴訟之人：判決之既判力在原則上主要及於受判決之兩造當事人，包括原告、被告或上訴人與被上訴人；至於其他參與訴訟之人，在基本上係指參加人而言，因此等參加人既已參與訴訟，則自應為既判力所及。

B.訴訟繫屬後成為當事人之繼受人者：係指訴訟繫屬後就訴訟標的之法律關係（法律上權益）繼受兩造當事人地位的繼受人，均應同為判決既判力之效力所及。

C.訴訟繫屬後為當事人或其繼受人占有請求之標的物者：所謂「請求之標的物」，係指以給付特定物之請求權為訴訟標的時之該特定物而言，無論其請求之性質屬物權或債權，而該特定物為動產或不動產，均屬之。惟其占有須在訴訟繫屬後開始，包括判決確定後在內；至於所謂為當事人或其繼受人占有該特定物者，係指專為當事人或其繼受人之利益占有而言，此種占有人包括受任人、保管人或受寄人在內；惟亦有將此種占有人包含在前項繼受人之類別中者。

D.為他人而充當原告或被告者：所謂為他人而為原告或被告者，係指以自己之名義為他人之權益從事訴訟行為者而言，此種人基於其訴訟權能為他人進行訴訟程序，則就該事件之終局判決所生既判力，對於該他人亦有效力；此種情形通常見於第三人之訴訟承當或訴訟信託方面，例如被選定之訴訟當事人為全體有共同利益之人實施訴訟、或破產管理人為破產財團之財產所為訴訟行為、或遺產管理人就遺產所為之訴訟行為均屬之。

E.關係機關：所謂「關係機關」，主要係指兩種機關，其一、為當事人因不服訴願被駁回，而以原處分機關

[121] 王甲乙等合著，前揭書，第四七九、四八四—四八六頁。吳庚著，前揭書，第二〇四—二〇五頁。

為被告提起撤銷訴訟時之原訴願決定機關；其二、因不服訴願決定將原處分撤銷或變更，而以訴願決定機關為被告提起訴訟時之原處分機關。上述兩種情形，其關係機關均係指被告機關以外之相關機關，且不問被告機關與關係機關是否屬於同一公法人。此外，如公法人之所屬機關為當事人者，則判決對公法人亦有效力；反之，以公法人為當事人之判決，則對其所屬機關均有拘束力。

以上所述，係從理論上對終局判決既判力所及之人的類別所作說明，其法令依據主要見於行政訴訟法第二百十四條，該條規定「確定判決，除當事人外，對於訴訟繫屬後為當事人之繼受人者及為當事人或其繼受人占有請求之標的物者，亦有效力。對於為他人而為原告或被告者之確定判決，對於該他人亦有效力」。又同法第二百十六條第一項規定「撤銷或變更原處分或決定之判決，就其事件有拘束各關係機關之效力」。上開兩條內容，可謂完全是針對上述確定判決所具既判力之主觀範圍所作規定，而將既判力效力所及各種類別之人均已包括在內。

③判決的形成力：所謂判決的形成力，亦即判決的形成效果，係指於判決宣示後所產生足以使新法律關係（權利義務關係）發生、或原有法律關係變更或消滅之效力，因此種判決的作用具有創設性質，故亦稱「創設力」。具有形成力的判決，主要限於兩種情形，其一、即僅限於形成判決，而不包含給付判決與確認判決；惟形成判決所發生的形成力，不以其內容係形成實體法上之法律關係者為限，即使係形成訴訟法上之法律關係者，亦具有形成力，例如上級法院以判決廢棄下級法院判決時，即屬訴訟法上形成力的表現。其二、形成判決僅在判決確定時始發生形成力，但此種判決亦可能依其內容具有溯及既往的效力，使訴訟標的的法律關係溯及既往而發生、變更或消滅。至於判決的形成力所及的範圍，在一般情形，形成判決於確定時在其裁判範圍所形成一定之法律關係，無論其為發生以前所不存在的新法律關係或係將既存的法律關係加以變更或消滅者，在原則上任何人均不能否認其法律效果，在學理有稱此種效果為「對世效力」者，故此種判決所具形成力的法律效果，通常可及於一般第三人[122]。因而行政訴訟法第二百十五條遂規定「撤銷或變更原處分或決定之判決，對第三人亦有效力」。且在該法第二百十六條中更規定「撤

[122] 王甲乙等合著，前揭書，第四九〇—四九二頁。陳榮宗、林慶苗合著，民事訴訟法，三民書局，八十五年版，第六八〇頁。

銷或變更原處分或決定之判決，就其事件有拘束各關係機關之效力。原處分或決定經判決撤銷後，機關須重為處分或決定者，應依判決意旨為之。前二項之規定於其他訴訟準用之」。由此可知在撤銷訴訟中，此種形成判決所產生之效力，足以使所有其他法院及行政機關均應受其拘束，並以行政法院對該原處分或決定所作撤銷或變更判決為依據，作為對其他有關案件判決或決定的基礎。惟學者亦有將撤銷訴訟判決，對其他法院及行政機關所具之拘束力，另行提出「要件事實效力」與「確認效力」兩項加以說明者；關於「要件事實效力」（亦稱構成要件效力），即認為應以該原處分或決定的撤銷或變更，作為構成要件事實，故此種撤銷訴訟判決的形成力，在學理上又被稱為「要件事實效力」。但自反面而言，如行政法院認為原處分或決定並無違法情事，而對當事人所提撤銷之訴認為無理由，作成駁回判決時，則此種判決對其他當事人在法律關係上並無拘束力可言；在其他行政機關認為該原處分無效時，亦屬如此。至於「確認效力」，係指法律如有特別規定時，則行政法院在判決中所作事實認定或法律判斷，對其他法院（民事）亦具有拘束力，是謂「確認效力」[123]。

此外，關於判決的形成力，尚有值得注意者，即其與判決既判力的區別，主要約可提出四點比較說明如下：其一、判決的既判力其作用屬宣示性質，故判決所發生的既判力僅具有確認的法律效果，而無創設性的法律效果；判決的形成力，則具有創設作用，足以將原有的法律狀態，轉變為另一種新的法律狀態。其二、確認或給付判決的既判力所宣示的法律效果，自宣示時即已存在，亦即法院所作此等判決係對現時之事為確認之行為；而判決形成力的發生，則應自判決確定時起算，亦即形成判決係法院對將來之事所作命令行為，在原則上於判決確定時向將來發生其創設性法律效果。此為判決之形成力與既判力在效果發生時點方面的不同。其三、確認與形成之法律效果不能同時並存，因在概念上確認與形成兩種概念具有相互排斥作用。其四、形成力具有對世效力，其效力可及於第三人，或可謂對一切人均屬有效；而既判力的主觀範圍則係以兩造當事人及其繼受人為主體。上述四點形成力與既判力的區別，乃是就形成判決對確認與給付判決所作比較分析[124]。

---

[123] 陳敏著，前揭書，第一二八八－一二八九頁。

④判決的執行力：所謂「判決的執行力」，有廣義與狹義之分，狹義的執行力係指可將法院判決作為執行名義，並據以強制執行的效力。廣義的執行力，則係指基於確定判決依強制執行以外的方法，所能實現符合判決所命內容的效力而言；廣義的執行力，於確定判決及形成判決均有之，但此種效力並非來自判決本身，而是以判決的存在為要件，依據特定法規的法定事由所發生的效力，故通常所謂判決的執行力，即專指狹義的執行力。一般而言，凡屬確定判決或宣告假執行的判決，均具有此種效力；但就判決的性質而言，具有此種效力者，乃以給付判決為限；因確認判決僅具有確定兩造間法律關係是否存在的作用，而形成判決的效力所創設或改變的法律狀態，在判決確定時即已發生；故此兩種判決均不必藉強制執行手段以實現判決的內容；換言之，此兩種判決因性質與給付判決不同，遂無需具有此種狹義的執行力。反之，給付判決除所命給付內容不適於強制執行或不待強制執行即可實現者外，一般均應具有執行力，以確保判決所命內容的實現[125]。就給付判決執行力發生的實際效果而言，即於給付義務人不依判決內容履行義務時，債權人即可依據判決聲請法院以強制執行方法，命義務人履行義務。具體言之，因給付判決的內容，通常係先行確認原告之請求權存在，並進而命債務人依債務本旨履行給付義務，故如前所言，給付判決除其內容不適於強制執行者外，一般均具有執行力；而適於強制執行的給付判決，不問其應履行義務之期間為現在或將來，其所具強制執行效力並無不同；僅在將來給付之判決，須俟其應給付之期間屆至後，義務人不依判決履行義務時，始得付諸強制執行而已。其次，前已言之，給付判決須為確定判決或經宣告假執行者，始具有執行力，其效力在原則上於判決確定時發生；惟在例外情形，亦有在判決確定前即發生執行力者，此種情形即指宣告假執行的判決而言[126]。以上所述，乃是從理論觀點對判決的執行力所作分析說明，至於在行政訴訟方面有關強制執行的法令規定及實務情形，則將在後述強制執行部分再行論及。

---

[124] 陳榮宗、林慶苗合著，前揭書，第六八一—六八二頁。吳庚著，前揭書，第二〇九頁。

[125] 陳榮宗、林慶苗合著，前揭書，第六八九—六九〇頁。陳計男著，民事訴訟法論（下），第九二頁。

[126] 王甲乙等合著，前揭書，第四九一—四九二頁。

(9)裁定準用之規定：行政訴訟法第三百十七條規定「第二百零四條第二項至第四項、第二百零五條及第二百十條之規定，於裁定準用之」。此即有關判決宣示期日、判決公告後書記官應作記錄附卷、宣示判決及主文公告之效力、及判決正本之送達等事項之規定，均可準用於裁定方面。

⑽準用民事訴訟法之規定：行政訴訟法第二百十八條規定「民事訴訟法第二百二十四條、第二百二十七條、第二百二十八條、第二百三十條、第二百三十二條、第二百三十三條、第二百三十六條、第二百三十七條、第二百四十條、第三百八十五條至第三百八十八條、第三百九十六條第一項第二項及第三百九十九條之規定，於本節準用之」。依據本條規定，有關行政訴訟裁判得準用民事訴訟法之規定甚多，其事項包括宣示判決之程式、判決書之簽名、判決原本之交付（書記官）、判決正本及節本之程式、判決之更正及補充、裁定之送達、應附理由之裁定、書記官處分之送達及異議、一造辯論判決及聲請駁回情形、不到場之擬制、判決之範圍、定履行期間及分次履行之判決、及判決確定證明書等規定，均可準用於行政訴訟方面，藉以補充後者內容之不足。

㈦和解

所謂「和解」，係指在訴訟繫屬中，兩造當事人於法庭上，就彼此對訴訟標的之主張的全部或一部互相讓步，以終結訴訟為目的，所締結的和解契約，即為訴訟上的和解。在民事訴訟方面，基於處分主義的理念，允許兩造當事人得不經終局判決，以雙方的意思合致達成和解，以終結訴訟程序，自無疑問，民事訴訟法第三百七十七條及第三百八十條對此已有明文規定，此種制度的採行在學理上被稱為「私法自治」的表現。惟在行政訴訟上，因訴訟標的常涉及公共利益，故關於是否應允許和解，在理論上原有爭議存在，持否定說者之理由約有四點：其一、認為基於依法行政原則及公權之不可放棄性，公權力之行使應由行政機關依法規規定及職權判斷行之，並無允許當事人以自由意思之合致互相讓步作成行政處分的餘地；其二、由於和解與確定判決具有同等效力，尤其撤銷訴訟除對當事人發生效力外，尚對關係人亦具有效力，故不能由當事人自由處分達成和解；其三、行政訴訟上被告（機關）所指定之代理人，在實體法上並未獲得作成行政處分的授權，故不能與對方進行和解；其四、即使訴訟上的和解契約，對行政機關課予應作成一定行政處分之義務時，如其拒不履行，在現行法上亦難對該機關採取強制執行措施。上述否定說的四點理由，足以顯示行政訴訟與民事訴訟在性質上有所差異，故和解制度在行政訴訟方面的採行不免有所疑問或受到限制。但持肯定說者的理由認為，在行政訴訟上所系爭的法律狀態遇有難以解決的疑義或爭執的事實關係有無法明確澄清的問題時，為避免訴訟程序延宕不決，影響當事人權益，基於訴訟經濟原則的考量，在事實上有採行和解方式的必要；且亦有認為行政訴訟上的和解，具有訴訟行為的性質，至於涉及公法的部分，則屬於公法契約性質，而公法契約在行政訴訟上採行和解的依據，可準用民事訴訟法的有關規定[127]。就我國現行法制上的規定而言，行政訴訟法即有採行和解制度的明文規定，行政程序法第一百三十六條的內容，不僅將和解契約列為行政契約的一種，且對其採行的理由提出明確解說（參閱本書第三編行政契約部分說明），可知和解契約的採行在我國法制上業已確定。根據上述有關和解制度理論的說明及法律方面的規定，學者有認為和解制度實具有雙重性質，即一方面屬行政訴訟上的訴訟行為，同時也是公法契約的一種[128]。茲將行政訴訟法上有關和解的各項規定分述如下：

⑴試行和解及其要件：行政訴訟法第二百十九條規定「當事人就訴訟標的具有處分權並不違反公益者，行政法院不問訴訟程度如何，得隨時試行和解。受命法官或受託法官，亦同。第三人經行政法院之許可，得參加和解。行政法院認為必要時，得通知第三人參加」。本條內容涉及和解成立的要件；分析言之，其所應具備的要件，約可分為下列七項說明[129]：

①須在訴訟繫屬中，於行政法院、受命法官或受託法官前依法定方式進行和解，且不問訴訟程度如何，均得試行和解。如係在訴訟繫屬前或訴訟終結後達成和解者，則應視為訴訟外的和解，即與法院無關。

②須係由訴訟之雙方當事人間進行和解，因和解為訴訟行為，故進行和解之雙方當事人，不僅須具有訴訟能

[127] 陳清秀著，前揭書，第四一三—四一五頁。

[128] 吳庚著，前揭書，第二一三頁。

[129] 同前註，第二一四—二一五頁。陳計男著，行政訴訟法釋論，第五九五—五九七頁。

力，且須就該事件有當事人適格；在必要共同訴訟，更須由全體當事人進行和解，如此在和解成立後，始能對其全體具有拘束力；其次，在和解程序上亦同樣適用有關法定代理人、代表人或管理人設置的規定。

③和解本身雖屬訴訟行為，但和解之標的則應為當事人在訴訟上所主張之權利義務關係的全部或一部，欲以和解方式作成處分。在例外情形，即使和解的內容，涉及與訴訟標的無關的事項，亦可併入和解標的之內。

④和解的成立須係出於雙方當事人就訴訟上主張互相讓步的結果；所謂「讓步」係指雙方當事人各自犧牲相當之利益，在主觀上認為彼此損失相當，達成合意即可。惟若僅係由一方當事人讓步所達成者，則在性質上應視為捨棄或認諾，而非和解。

⑤須雙方當事人對訴訟標的具有處分權；所謂「處分權」係指當事人得自由處分的權利或法律關係而言，如為實體法上不得自由處分之權利或法律關係，即不得以之為標的成立和解。具體言之，就行政機關方面而言，須該機關對訴訟標的能夠作成變更、廢棄之行政處分或不作為，而不違反強行法或公法之一般法律原則，始具有處分權；就對方當事人而言，須其對標的能為有效的拋棄，且其對標的的權利並非同時構成其公法上的義務時，即可視為有處分權。一般而論，行政機關在給付訴訟與確認訴訟方面與相對當事人成立和解的情形較多；至於在撤銷訴訟或課予義務訴訟方面亦非無成立和解的可能，如訴訟標的屬行政機關依法擁有裁量權的事項，或為處於不確定狀態難以解決的事實或法律關係的爭議，依法得作成和解契約者，自為法所允許。

⑥和解內容須不違反公益，所謂不違反公益，包括不得違反強行法之規定、公序良俗、及其他國家社會之利益在內。

⑦和解的成立須係當事人以終止爭執為目的，所謂「爭執」係指雙方當事人對訴訟標的的權利或法律關係主張所發生的爭議而言，其內容常涉及權利或法律關係是否存在或內涵不明確或權利實行不安全等情形在內；而和解的目的，即在互相讓步獲得協議，以解決爭執；否則，若雙方並無爭執或並非為終止爭執所進行的和解，即不符合訴訟上和解的要件。

上述七項要件，若以性質區分，可分別歸類為實體法上要件與訴訟法上要件兩類，其中關於當事人訴訟能力及適格、應於法院及法官前進行和解、訴訟標的及雙方意思合致等事項均屬訴訟法上要件；至於當事人互相讓步、以解決爭執為目的、當事人處分權、及不得違反公益等事項則應歸屬於實體法上之要件。

(2)和解的方式與程序：如前所言，和解須在法院之法官前進行，此種規定的涵義，即在說明和解的成立雖然是基於雙方當事人的意思合致，但法院在和解過程中所扮演的角色亦頗具重要性。具體言之，訴訟繫屬後，法院為考量雙方當事人的利益及訴訟經濟原則，得針對個別訴訟事件的情形，在訴訟程序進行中隨時得對雙方當事人作息訟的勸告，甚至由主持和解的法官，擬定和解方案，勸諭兩造商討接受，如此則法院對和解的推動（試行），似含有以公權力作相當程度介入的意義，但畢竟不得強制命令雙方和解，而和解的成立，最後仍須取決於雙方當事人自由意志的決定。總之，法院及法官在和解過程中，主要係扮演推動、主持、協調及監督的角色，除促成和解的進行外，法官得裁定許可或駁回和解聲請、指定期日、命當事人等到場、撤銷有瑕疵的和解、及監督和解條件的執行等[130]。有關事項在行政訴訟法中雖未能作充分明確的規定，但可準用民事訴訟法的相關規定或依慣例行之。至於行政訴訟法上有關和解程序的規定，主要有下列兩條：

①試行和解得命當事人等到場：行政訴訟法第二百二十條規定「因試行和解，得命當事人、法定代理人、代表人或管理人本人到場」。

②和解筆錄：行政訴訟法第二百二十一條規定「試行和解而成立者，應作成和解筆錄。第一百二十八條至第一百三十條、民事訴訟法第二百十四條、第二百十五條、第二百十七條至第二百十九條之規定，於前項筆錄準用之。和解筆錄應於和解成立之日起十日內，以正本送達於當事人及參加和解之第三人」。本條第二項關於和解筆錄準用本法及民事訴訟法之各條條文，其內容均係涉及言詞辯論筆錄之有關事項，可準用於和解筆錄方面。

(3)和解的效力：行政訴訟法第二百二十二條規定「和解成立者，其效力準用第二百十三條、第二百十四條及第

[130] 陳計男著，民事訴訟法論（下），第一一二—一一三頁。雲五社會科學大辭典，第六冊，第一六三頁。

二百十六條之規定」。按上開各條準用的條文，均為有關行政法院在訴訟上所作確定終局判決效力的規定，故一般在學理上認為和解成立後所具的效力與確定判決相同，即具有羈束力、確定力、形成力、與執行力。有關其各種效力的情形除可參考前述判決效力部分的說明外，茲再扼要分析解說如下[131]：

①羈束力：受訴法院、兩造當事人、第三人（繼受人及參加人等）、及被告機關以外之關係機關均應受和解的拘束，不得任意主張將和解廢棄或變更。

②確定力：包括形式與實質確定力在內，和解成立後，本案訴訟之繫屬即告消滅；除和解具有瑕疵應宣告無效或得撤銷者外，不許當事人對同一事件再行起訴或以上訴或抗告程序聲明不服；而作為和解標的之權利或法律關係，其效果即歸於確定。

③形成力：學者有認為依據和解成立的事項，於和解時可立即發生權利變動之效果者，則此和解與形成判決相同，亦具有形成力。

④執行力：凡和解內容適於強制執行者，即應與確定給付判決有相同之執行力。依據行政訴訟法第三百零五條第四項及第二百二十七條第一項之規定，和解成立後，得為執行名義；和解契約之內容規定當事人或第三人所負之給付義務，如不為履行者，相對當事人（權利主體）得聲請高等行政法院為強制執行。

(4)和解瑕疵的救濟：行政訴訟法第二百二十三條規定「和解有無效或得撤銷之原因者，當事人得請求繼續審判」。本條規定可作為「和解瑕疵的救濟」定義的解釋，所謂「和解的瑕疵」即指其所具應歸於無效或得撤銷的原因而言；至於其救濟方法即允許當事人請求繼續審判。關於和解無效或得撤銷的原因，因行政訴訟上的和解既具有公法契約的性質，自可依據民法、民事訴訟法、行政訴訟法及行政程序法的有關規定認定其具有無效或得撤銷的原因，構成此等瑕疵的事項頗多，可分別列舉如下[132]：

---

131 陳計男著，行政訴訟法釋論，第六〇二頁。吳明軒著，中國民事訴訟法（中冊），自刊，八十九年版，第九八〇—九八二頁。

132 陳計男著，行政訴訟法釋論，第六〇五—六〇七頁。蔡志方著，行政救濟法新論，第三〇四頁。

①無效的原因：可區分為實體法上的原因、行政程序法上的原因、及訴訟法上的原因三部分說明。

1.實體法上的無效原因：包括和解內容違反法律強制或禁止之規定（類推適用民法第七十一條）、違背公序良俗（民法第七十二條）、和解之一方當事人係出於心中保留而為對方當事人所明知者（民法第八十六條但書）、和解係出於雙方當事人之通謀虛偽意思表示者（民法第八十七條）、和解時當事人或其代理人在無意識狀態中者（民法第七十五條）、對和解標的之權利或法律關係當事人未具處分權並違反公益者（不符合和解成立要件）。

2.行政程序法上的無效原因：包括公法上法律關係依其性質或法規規定不得締結契約者（第一百三十五條）、和解契約之締結不符合事實或法律關係不確定之情形者（第一百三十六條）、和解契約（行政契約）準用民法規定之結果為無效者（第一百四十一條）、與和解內容相同之行政處分為無效者（第一百四十二條）。

3.訴訟法上的無效原因：包括和解之當事人不具當事人資格或訴訟能力者、代為和解之法定代理人或訴訟代理人其代理權有欠缺或無和解權限者、被選定當事人所為和解未得多數共同利益人全體之同意者、當事人對和解事項無處分權者、行政法院對和解內容事項無管轄權者（參閱和解成立要件部分說明）。

②得撤銷的原因：可依據民法及行政程序法的規定加以說明，其各種原因包括因被詐欺或被脅迫而為意思表示成立和解者（類推適用民法第九十二條）、和解所依據之文件事後發現為偽造或變造者、和解事件曾經法院確定判決而為當事人雙方或一方於和解當時所不知者、當事人之一方對於他方當事人之資格或對於重要之爭點有錯誤而為和解者（以上三項原因見民法第七百三十八條）、和解與其內容相同之行政處分有得撤銷之原因並為締約雙方所明知者（行政程序法第一百四十二條）。

和解成立後，若被發現有以上所列各種應歸於無效或得撤銷的原因之一時，當事人得向原受訴行政法院請求繼續審判，此即和解瑕疵之救濟方式。此外，關於請求繼續審判，行政訴訟法中尚有下列各種有關事項的規定：

①請求繼續審判之時限：行政訴訟法第二百二十四條規定「請求繼續審判，應於三十日之不變期間內為之。前項期間，自和解成立時起算。但無效或得撤銷之原因知悉在後者，自知悉時起算。和解成立後，經過三年者，不

得請求繼續審判。但當事人主張代理權有欠缺者，不在此限」。

②駁回繼續審判之請求：行政訴訟法第二百二十五條規定「請求繼續審判不合法者，行政法院應以裁定駁回之。請求繼續審判顯無理由者，得不經言詞辯論，以判決駁回之」。本條所稱請求不合法，係指請求的提出已逾法定期間、不備法定程式，或有其他不合法情形而言，乃以對請求案件作形式審查為範圍，故若認為不合法，得以裁定駁回之。至於所稱請求無理由，主要係指和解並無構成無效或得撤銷的原因，乃是對請求案件作實體審理，故若認為無理由，即應以判決駁回之[133]。

③變更和解內容之準用規定：行政訴訟法第二百二十六條規定「因請求繼續審判而變更和解內容者，準用第二百八十二條之規定」。本條涵義係指法院若認為當事人所提請求繼續審判案為合法且有理由，則將回復原有訴訟繫屬，進而對本案訴訟作成確定判決，該判決可能變更和解內容，以致對當事人及第三人權益發生影響。惟因請求繼續審判與提起再審之訴性質相似，故在此種情形下，可準用本法第二百八十二條有關再審判決效力的規定，使和解失效後，請求繼續審判之確定判決效力，不影響第三人在請求案提出前因善意取得之權利[134]。

(5)第三人參加和解：關於第三人參加和解，在前述行政訴訟法第二百十九條第二項中已有規定，該項稱「第三人經行政法院之許可，得參加和解。行政法院認為必要時，得通知第三人參加」。至於第三人參加和解所生法律上之效果，均與當事人大致相同，有關事項見於第二百二十七條之規定，該條稱「第三人參加和解成立者，得為執行名義。當事人與第三人間之和解，有無效或得撤銷之原因者，得向原行政法院提起宣告和解無效或撤銷和解之訴。前項情形，當事人得請求就原訴訟事件合併裁判」。此外，有關請求繼續審判之各條規定，亦可對前條第二項之情形準用（見第二百二十八條）。

[133] 吳明軒著，前揭書（中冊），第九九〇－九九一頁。
[134] 同前註，第九九二－九九三頁。

第二項　簡易訴訟程序

所謂「簡易訴訟程序」乃是第一審程序中的一環，並非與第一審程序對立的程序；設置簡易訴訟程序的目的，在於對情節輕微、內容單純、容易或應速結的訴訟案件，適用簡化的程序加以處理，以求程序進行的便捷，符合訴訟經濟原則，使爭訟早日終結；故此種程序仍為第一審程序，適用於部分訴訟案件；至於簡易訴訟程序所未規定的事項，則仍須適用通常訴訟程序，以資補充。行政訴訟法於八十七年修正後，為配合訴訟範圍擴大與種類增加，並促進訴訟程序的經濟與訴訟資源的有效利用，乃增列簡易訴訟程序一章，其內容的特點包括獨任法官小法庭制、簡化裁判方法、裁判理由簡化或省略、限制上訴或抗告、職權進行主義等措施，不僅以訴訟經濟原則為基礎，亦且反映程序迅速原則的精神，但仍注重確保裁判的正確性[135]。茲就行政訴訟法上有關簡易訴訟程序的各項規定分述如下：

㈠簡易訴訟程序適用的標準與範圍

如前所言，簡易訴訟程序適用於情節輕微、內容單純、且宜迅速終結的案件，但在實務上仍須訂出具體的標準，以便確定其適用事件的種類與範圍。關於其適用事件的種類，通常在民事訴訟方面，係取決於三種標準，其一、為依訴訟標的金額或價額定之者；其二、為依事件之性質定之者；其三、為依當事人之合意定之者[136]。至於行政訴訟法對適用簡易程序的事件，亦作有明確規定，該法第二百二十九條稱「左列各款行政訴訟事件，適用本章所定之簡易程序：一、關於稅捐課徵事件涉訟，所核課之稅額在新臺幣三萬元以下者。二、因不服行政機關所為新臺幣三萬元以下罰鍰處分而涉訟者。三、其他關於公法上財產關係之訴訟，其標的之金額或價額在新臺幣三萬元以下者。四、因不服行政機關所為告誡、警告、記點、記次或其他相類之輕微處分而涉訟者。五、依法律之規定應適用簡易訴訟程序者。前項所定數額，司法院得因情勢需要，以命令減為新臺幣二萬元或增至新臺幣二十萬元」（司法院爰依本條

---

[135] 蔡志方著，行政救濟法論，月旦公司，一九九五年版，第一三七、一三八、一五四頁。

[136] 姚瑞光著，民事訴訟法論，自刊，八十九年版，第五三六—五三八頁。

第二項規定，以九十年十月二十二日(九十)院臺廳行一字第二五七四六號命令，將本條第一項所定適用簡易程序之數額增至十萬元，並定於九十一年一月一日實施)。由本條所列舉之各種事件觀之，可知行政訴訟法僅採前兩項標準，且係以標的之金額或價額為主，而並未採第三種「當事人合意」之標準，由此足以顯示公法關係訴訟與民事訴訟不同之點。

㈡因訴之變更、追加或反訴使標的逾限不適用簡易程序

行政訴訟法第二百三十條規定「前條第一項第一款至第三款之訴，因訴之變更，致訴訟標的之金額或價額逾新臺幣三萬元者，其辯論及裁判不得依簡易程序之規定；追加之新訴或反訴，其訴訟標的之金額或價額逾新臺幣三萬元，而以原訴與之合併辯論及裁判者，亦同」。此即因訴之變更、追加或反訴之結果，使訴訟標的之金額或價額超過前條所定的適用標準時，即不得再行適用簡易程序。

㈢簡易訴訟程序的特別規定

此即簡易程序與通常訴訟程序不同的規定，此等規定均屬簡易程序所具特色的事項，足以顯示其特徵。茲分述如下：

(1)起訴及聲明以言詞為之：行政訴訟法第二百三十一條規定「起訴及其他期日外之聲明或陳述，概得以言詞為之。以言詞起訴者，應將筆錄送達於他造」。

(2)獨任制法官審理：行政訴訟法第二百三十二條規定「簡易訴訟程序在獨任法官前行之」。

(3)裁判得不經言詞辯論：行政訴訟法第二百三十三條規定「簡易訴訟程序之裁判得不經言詞辯論為之。行言詞辯論者，其言詞辯論期日之通知書，應與訴狀或第二百三十一條第二項之筆錄一併送達於他造」。

(4)判決書之簡化：行政訴訟法第二百三十四條規定「判決書內之事實、理由得不分項記載，並得僅記載其要領」。

(5)上訴或抗告須經許可：行政訴訟法第二百三十五條規定「對於適用簡易程序之裁判提起上訴或抗告，須經最高行政法院之許可。前項許可，以訴訟事件所涉及之法律見解具有原則性者為限」。

㈣簡易程序之適用通常程序與準用民事訴訟法之規定

因本法有關簡易訴訟程序的規定共僅九條，內容相當簡略，故在實務上須以本法通常訴訟程序及民事訴訟法之相關規定加以補充；針對此種需要，本法遂有在簡易程序上適用通常程序及準用民事訴訟法有關條文之規定。其中第二百三十六條規定「簡易程序除本章別有規定外，仍適用通常訴訟程序之規定」。第二百三十七條規定「民事訴訟法第四百三十條、第四百三十一條及第四百三十三條之規定，於本章準用之」。本條所定準用民事訴訟法之各條，其內容涉及的事項包括言詞辯論期日通知書應特別表明的事項、當事人於言詞辯論時所應提出之書狀、及證據調查之便宜方法等在內。

第六節　上訴審與抗告程序

第一項　上訴制度的意義與要件

㈠上訴制度的意義

所謂「上訴制度」即指上訴審程序而言，在一般國家司法體系方面，凡有不同層級法院設置者，當事人如對一審法院判決不服時，得依法向上級法院提起上訴，以尋求司法救濟的制度即為上訴制度。依據我國行政法院組織法第二條規定「行政法院分下列二級：一、高等行政法院。二、最高行政法院」。同法第十二條規定「最高行政法院管轄事件如下：一、不服高等行政法院裁判而上訴或抗告之事件。……」。可知我國行政訴訟制度採二級二審制，當事人如不服高等行政法院尚未確定之終局判決者，得向最高行政法院聲明不服提起上訴，請求上訴法院（最高行政法院）廢棄或變更下級法院（高等行政法院）的判決，而上訴法院對上訴案件（實即下級法院判決）的審理過程即為上訴審程序。上訴制度採行的目的或功能有二，其一、即在維持法院裁判的正確性，糾正下級法院法官認事用法的失誤，以保障當事人的權益；其二、即在同一審級有多數法院設置時，可經由上訴法院（最高審級）對下級法院判決的審查，藉以統一對法律的解釋與意見，避免因裁判分歧，損害國家司法威信[137]。總之，以上訴或抗告作為對訴訟裁判聲明不服的救濟方法，實具有其客觀需要與採行的價值。

㈡提起上訴的要件

如前所言，上訴制度雖有客觀需要，且為司法救濟制度進步的表徵，但為避免濫用及浪費訴訟資源，故對當事人提起上訴，即應設定必要的限制，此等限制規定即為上訴的要件。行政訴訟法中對上訴的要件，並未作整體性的規定，而主要是分散規定於第二百三十八條至第二百四十四條，茲上訴要件所涉及的事項分述如下：

⑴須以高等行政法院之終局判決為對象：行政訴訟法第二百三十八條第一項規定「對於高等行政法院之終局判決，除法律別有規定外，得上訴於最高行政法院」。因我國行政訴訟採二級二審制，以高等行政法院為第一審法院，當事人對該院所作終局判決不服者，在一般情形均得向最高行政法院提起上訴。至於所謂「除法律別有規定外」，係指法律有不得上訴或限制其上訴之特別規定者而言，此種情形包括對已經確定之判決（僅能提起再審）、對已捨棄上訴權或已撤回上訴之判決事件及簡易訴訟事件之判決（上訴須經最高行政法院之許可）的各項規定在內[138]。其次，在本條第二項規定「於上訴審程序，不得為訴之變更、追加或提起反訴」。因此等訴訟行為在第一審程序即已受到限制（參閱本法第一百十一條規定），其立法目的在於被告權益及避免訴訟之延滯；若當事人至上訴程序（第二審）時，始為訴之變更、追加或反訴，實際上係在上訴審法院始行第一審之審判，致使當事人之間缺少一次審級利益，為保護兩造當事人之審級利益，在民事訴訟方面對此已作更為嚴格的限制[139]；在行政訴訟方面因考量對公益的影響，故採禁止的規定。此外，本法第二百三十九條規定「前條判決前之裁判，牽涉該判決者，並受最高行政法院之審判。但依本法不得聲明不服或得以抗告聲明不服者，不在此限」。本條的涵義係指高等行政法院在第一審程序中，於判決

[137] 王甲乙等合著，前揭書，第五一五頁。
[138] 蔡志方著，行政救濟法新論，第三一七頁。
[139] 陳榮宗、林慶苗合著，前揭書，第七二三―七二四頁。

前就程序問題所作裁判或中間判決，因牽涉本案之終局判決，而當事人對此兩種裁判又均不能獨立上訴，故在上訴審程序中無須經當事人聲明不服，即可由最高行政法院一併加以審理；但此等裁判如依本法規定不得聲明不服者（例如依本法第一百十一條第五項規定關於行政法院以訴為非變更追加或許訴之變更追加之裁判）即應加以排除；至於得以抗告聲明不服者（例如依本法第一百十九條之規定關於停止執行或撤銷停止執行之裁定），則可提起抗告[140]。

⑵須由有上訴權人提起：所謂有上訴權人在基本上包括原告、被告、及參加人為主體，此等有上訴權人若未喪失其上訴權，而對高等行政法院之終局判決不服時，即可自行決定對本案是否提起上訴；此種要求當事人須有上訴權的規定，是為上訴人的適格。關於有上訴權人的種類，若作進一步分析，約可歸納為三類，茲說明如下[141]：

①受不利益之原判決當事人：此即因高等行政法院原判決受不利益影響之當事人，如對原判決不服，即可向最高行政法院提起上訴，尋求救濟。此等有上訴權人主要包括原告、被告及依本法第四十一條與第四十二條規定參加訴訟之參加人在內。

②輔助參加人：本法第四十四條所規定之輔助參加人，因輔助一造當事人之必要而參加訴訟，依本法第四十八條準用民事訴訟法第六十一條前段之規定，既得按參加時之訴訟程度，輔助當事人為一切訴訟行為，自仍可處於輔助參加人之地位，以當事人為上訴人輔助其提起上訴，但輔助參加人之行為不得與當事人之行為發生牴觸，亦即應尊重當事人上訴的意願。

③有特別代理權之代理人：依本法第五十一條第一項規定「訴訟代理人就其受委任之事件，有為一切訴訟行為之權。但捨棄、認諾、撤回、和解、提起反訴、上訴或再審之訴及選任代理人，非受特別委任不得為之」。反之，若訴訟代理人已受特別委任，即有上訴權，自得代理當事人提起上訴。另依本法第三十九條第一款規定「共同訴訟人中一人之行為有利益於共同訴訟人者，其效力及於全體」；就此項規定推論，必要共同訴訟人中之一人提起上訴

---

[140] 吳庚著，前揭書，第二二六頁。

[141] 陳計男著，行政訴訟法釋論，第六三三－六三四頁。

者，即等於為他共同訴訟人一併提起上訴。又必要共同訴訟之參加人，其提起上訴之效力亦及於同造之他當事人。

⑶須當事人之上訴權並未喪失：本項所謂上訴權並未喪失，主要係指有上訴權人並未捨棄其上訴權或曾對本案提起上訴而又撤回者而言，凡有以上兩種情形，即均已喪失其上訴權，不得再行提起上訴。有關捨棄上訴權，見於本法第二百四十條之規定，該條稱「當事人於高等行政法院判決宣示、公告或送達後，得捨棄上訴權。當事人於宣示判決時，以言詞捨棄上訴權者，應記載於言詞辯論筆錄；如他造不在場，應將筆錄送達」。捨棄上訴權者，即表示在訴訟上自願放棄上訴之權利，其上訴權當然喪失。至於撤回上訴，見於本法第二百六十二條第一、二兩項之規定，即「上訴人於終局判決宣示或公告前得將上訴撤回。撤回上訴者，喪失其上訴權」。可知撤回上訴與捨棄上訴不無相似之處，效果則完全相同。

⑷須於法定期間內提起上訴：行政訴訟法第二百四十一條規定「提起上訴，應於高等行政法院判決送達後二十日之不變期間內為之。但宣示或公告後送達前之上訴，亦有效力」。本條所定「二十日之不變期間」，即為提起上訴之法定期間，關於法定期間之計算，尚須注意扣除在途期間（參閱本法第八十九條之規定）。當事人在逾越法定期間後，不得再提起上訴，否則其上訴即為不合法。惟本法第九十一條有關聲請回復原狀之規定，對上訴事件應同樣可以適用。

⑸須當事人對原判決不服：當事人對法院之判決，若已表示接受，則自無提起上訴之動機；反之，必須當事人對原判決不服，始可能進一步行使其上訴權，向上級法院尋求救濟；故對原判決不服，乃構成提起上訴之前提條件；如同提起撤銷訴訟時，須以主張原處分違法並損害當事人權利，始具備其起訴要件一般。至於所謂對原判決不服的情形，不一而足，舉凡原告之訴被一部或全部駁回；或原判決內容僅對原告之備位（次要）聲明為裁判，而未涉及主要聲明部分；一審法院未採原告之主張，而採被告之法律見解，所作判決不利原告；或在被告方面，如法院對原告之訴以不合法駁回，而非以無理由駁回，因如此將可使原告再行起訴，故被告雖已勝訴，仍可表示不服等情形均屬之。當事人聲明不服，須以未確定之判決為對象，若判決業已確定即不得再提上訴；故提起上訴與再審之訴不同，

因後者係對確定之判決聲明不服；又上訴與抗告有別，因抗告係對未確定之裁定聲明不服[142]。

⑹須以高等行政法院之判決違背法令為理由：依據行政訴訟法第二百四十二條規定「對於高等行政法院判決之上訴，非以其違背法令為理由，不得為之」。關於判決違背法令的實際情形，在本法第二百四十三條有具體明確的列舉式規定，該條稱「判決不適用法規或適用不當者，為違背法令。有左列各款情形之一者，其判決當然違背法令：一、判決法院之組織不合法者。二、依法律或裁判應迴避之法官參與裁判者。三、行政法院於權限之有無辨別不當或違背專屬管轄之規定者。四、當事人於訴訟未經合法代理或代表者。五、違背言詞辯論公開之規定者。六、判決不備理由或理由矛盾者」。對於本條所規定的內容及列舉的各種情事，尚須提供進一步的解說如下[143]：

①本條第一項所稱之「法令」，自然係指本國之各種法規而言，其範圍應包括國家之憲法、法律（實體法與程序法、公法與私法）、各機關依法定職權或法律授權所訂定之法規命令、地方自治法規、法理原則與習慣（以行政先例為主體），甚至在特殊情形尚可包括國際條約與外國法律在內；至於違背判例或解釋者，在實務上亦視同違背法令。此外，有須注意者，即行政法院於審理案件時，對所適用的法規命令與地方自治法規，以及有關對各種命令的釋示，有權加以審查，如認為其內容有違憲違法情形，得拒絕適用；惟地方自治法規若具有憲法上依據，並經地方議會通過者，若對其合法性有疑慮時，則應予慎重處理，尋求進一步的確認（參閱本法第二百五十二條規定）。另對於國際條約及外國法律，在涉外案件方面，亦偶有適用的可能，但仍應參照本國各種專業法律之相關規定加以適用（例如涉外民事適用法、著作權法、民用航空法、商標法及專利法等）。至於所涉及之習慣或外國法律，如為行政法院所不知者，除當事人有舉證之責外，行政法院亦應依職權調查之（見本法第一百三十七條之規定）。

②本條所謂「違背法令」，依第一項之規定係指判決不適用法規或適用不當者而言，對此兩種情形若作進一步的分析，約可包括未適用現行法規、或適用已廢止之法規、不應溯及既往而溯及、或應溯及既往而未溯及、法規有

[142] 吳庚著，前揭書，第二二七頁。王甲乙等合著，前揭書，第五一六頁。

[143] 陳計男著，行政訴訟法釋論，第六四一—六四七頁。

牴觸上位法之情事（違憲、違法）而仍適用、或誤解法令涵義、解釋錯誤、或誤用其他法規等情形在內。

③本法第二項對「判決當然違背法令」（亦稱「絕對的上訴理由」）的各種情況作列舉式規定，茲對其所列六種情形扼要說明如下：

1.法院組織不合法：係指法庭之組織及參與審判之法官而言，凡屬法庭（合議庭）組成之法官人數不合法、或有無法官資格者參與、或有不得參與判決之法官參與判決（未參與判決基礎之辯論者）等情形均屬之。

2.應迴避之法官參與裁判：包括依法律或裁判應迴避者在內，所謂依法律即指依本法第十九條所定法官應自行迴避之情形而言；所謂依裁判係指依本法第二十條準用民事訴訟法第三十五條及第三十八條規定當事人聲請法官迴避，由法院以合議裁定或由院長裁定之情形而言。若有應迴避之法官仍參與判決，即構成判決當然違背法令的理由。

3.法院對無管轄權案件所作判決：包括「行政法院於權限之有無辨別不當」及「違背專屬管轄」兩種情形在內，前者係指行政法院對原無管轄權之事件（例如應由普通法院管轄）誤認有管轄權而作成判決；後者即違反行政法院之間的專屬範圍劃分，應移送該管法院而未移送或應以裁定駁回原告之訴而未駁回，因誤認有管轄權而作成判決。以上兩種情形，因均違反本法第一百零七條第一項第一、二兩款之規定，故構成「判決當然違反法令」之情形。

4.當事人於訴訟未經合法代理或代表：此即當事人如為無訴訟能力人，依法應由其法定代理人或訴訟代理人代為訴訟行為；至於「法人、中央或地方機關、非法人之團體，應由其代表人或管理人為訴訟行為」（見本法第二十七條第二項規定）。反之，如此等當事人於訴訟未經合法代理或代表，亦未有本法第二十八條準用民事訴訟法第四十八條所定嗣後「經取得能力之本人，取得法定代理權或允許權之人，法定代理人或有允許權人之承認，溯及於行為時，發生效力」的情形，即構成其訴訟上合法代理或代表有欠缺之情形，導致「判決當然違背法令」之效果。

5.違反言詞辯論公開之規定：依據行政法院組織法第四十七條準用法院組織法第八十六條規定「訴訟之辯論及裁判之宣示，應公開法庭行之。但有妨害國家安全、公共秩序或善良風俗之虞時，法院得決定不予公開」。因公開辯論及裁判，始能確保司法審判的公正無私，故言詞辯論除有法定事由外，均應公開舉行，否則即屬違背法令。且依本法第一百二十八條第五款規定「辯論之公開或不公開；如不公開者，其理由」均應由書記官記載於言詞辯論筆錄之中，可供查證，作為提起上訴理由的證據。

6.判決不具理由或理由矛盾者：依據本法第二百零九條第一項第七款及第三項之規定，行政訴訟判決書之內容應記載「理由」，且「理由項下，應記載關於攻擊或防禦方法之意見及法律上之意見」。可知此等事項均為判決書必須具備的內容；如判決完全未記載其判決的理由或所記載之理由與判決主文不相符合，甚至所述理由有互相牴觸情形，即足以顯示其裁判有重大缺失，所具正確性難以令人信服，自應予當事人上訴的機會。

(7)須具備符合法定程式的上訴狀：在上訴的要件中，除各種實質的要件外，尚須具備形式的要件，其中主要即須提出符合法定程式的上訴狀；因訴訟行為乃法律行為，其結果將對法律關係產生實質上的影響，故應採要式行為的方式。此種形式要件的要求，見於行政訴訟法第二百四十四條的規定，該條稱「提起上訴，應以上訴狀表明左列各款事項，提出於原高等行政法院為之：一、當事人。二、高等行政法院判決，及對於該判決上訴之陳述。三、對於高等行政法院判決不服之程度，及應如何廢棄或變更之聲明。四、上訴理由。前項上訴狀內並應添具關於上述理由之必要證據。對簡易訴訟事件之判決提起上訴，應於上訴理由中具體表明該訴訟事件所涉及之原則性法律見解」。本條內容除對上訴狀的法定程式有明確規定外，尚有應注意者，即上訴狀應「提出於原高等行政法院」之規定，此項規定與訴願法第五十八條第一項所定「訴願人應繕具訴願書經由原行政處分機關向訴願管轄機關提起訴願」。大致具有相同的意義與作用，即一方面使原高等行政法院瞭解上訴的理由，便於準備答辯或處理，同時該院亦可對上訴案件依法行使上訴要件審查的權力（參閱次項引述本法第二百四十六條之規定）。又如前所述，提起上訴須以判決違背法令為理由；所以，在上訴狀中不僅應陳明上訴理由，且須提出關於上訴理由的必要證據；如屬對簡易訴訟事件之判決上訴者，更須在理由中具體表明該訴訟事件所涉及之原則性法律見解；由此可知在上訴狀內容中理由部分所具之重要性。故上訴狀中如未能表明理由者，應於法定期間內補齊，否則其上訴事件將被以裁定駁回，有關規定見於本法第二百四十五條，該條稱「上訴狀內未表明上訴理由者，上訴人應於提起上訴後二十日內提出理由書於原高等行政法院；未提出者，毋庸命其補正，由原高等行政法院以裁定駁回之。判決宣示或公告後送達前提起上訴者，前項期間應自判決送達後起算」。

以上七大項均為提起上訴的各種要件，其中以實質要件為主體，但形式要件亦屬不可或缺，而任何要件的欠缺或瑕疵，均可能直接影響上訴的合法性，進而導致上訴被駁回的後果。

㈢上訴提起的效力

如前所言，行政訴訟事件於起訴後，將產生一定的法律效果，是為起訴的效力。提起上訴與一審起訴相似亦具有其法律效果，但與一審起訴的效力不盡相同；關於上訴合法提起後的效力，約可分為兩項說明如下[144]：

⑴阻斷判決確定的效力：依據前述本法第二百十二條第一項規定「判決，於上訴期間屆滿時確定。但於上訴期間內有合法之上訴者，阻其確定」。前已言之，所謂「阻其確定」即使其不能成為確定終局判決，亦即不能發生既判力，因而當事人仍可對此種未確定的判決提起上訴。惟上訴人於提起上訴時，如所聲明不服的範圍僅涉及原判決之一部，則是否足以對原判決之全部發生阻斷的效力；在民事訴訟法方面的通說，認為判決確定的阻斷效力及於原判決之全部。至於在行政訴訟方面，因依據本法第二百三十八條第二項之規定「於上訴審程序，不得為訴之變更、追加或提起反訴」，亦無民事訴訟上允許附帶上訴的制度（見民事訴訟法第四百六十條規定），故學者有認為是否對原判決之確定發生全部阻斷之效力，尚有待作進一步研究者。關於此一問題俟將來有判例或解釋形成後，當可獲得確切認定（參閱本法第二百五十二條規定）。

⑵移審的效力：所謂「移審的效力」，係指經當事人對原判決合法提起上訴後，該訴訟事件之全部即應由原高等行政法院移送於最高行政法院審理；但最高行政法院就該事件的審理範圍，仍須受當事人上訴聲明的限制（見本法第二百五十一條規定）。惟關於上訴事件的移審範圍，若遇有訴之合併的情形時，則問題即較為複雜，依德日法學界

---

[144] 陳榮宗、林慶苗合著，前揭書，第七一四－七一六頁。陳計男著，行政訴訟法釋論，第六三二頁。

的傳統見解，採上訴不可分原則，但新的學說有變更或修正此項原則的趨勢，我國法學界意見似亦受其影響。

第二項　上訴事件的審理

本項所探討的內容，主要為上訴事件的審理過程，並涉及上訴審的有關法理原則與問題，以及制度上的各種重要規定。茲就各種事項分述如後：

㈠原審對上訴的處置

如前所言，當事人提起上訴，應以上訴狀提出於原高等行政法院，故所謂「原審」即指作成原判決的高等行政法院而言。上訴狀提出於原高等行政法院後，該院對此一上訴事件應依職權作必要的處置，其情形見於本法第二百四十六條及第二百四十七條之規定如下：

⑴原審對不合法上訴之處置：行政訴訟法第二百四十六條規定「上訴不合法而其情形不能補正者，原高等行政法院應以裁定駁回之。上訴不合法而其情形可以補正者，原高等行政法院應定期間命其補正；如不於期間內補正，原高等行政法院應以裁定駁回之。對簡易訴訟事件之判決提起上訴，未於上訴理由中具體表明該訴訟事件所涉及之原則性法律見解者，適用前項之規定」。根據本條規定的內容，顯示原審法院對上訴案件具有初步的形式要件審查權，其所作審查有對不合法上訴案件的過濾作用，但亦有為最高行政法院對上訴案件的審理作準備的作用。

⑵原審對上訴書狀及卷宗的處理：行政訴訟法第二百四十七條規定「上訴未經依前條規定駁回者，高等行政法院應速將上訴狀送達被上訴人。被上訴人得於上訴狀或第二百四十五條第一項理由書送達後十五日內，提出答辯狀於原高等行政法院。高等行政法院送交訴訟卷宗於最高行政法院，應於收到答辯狀或前項期間已滿，及各當事人之上訴期間已滿後為之。前項應送交之卷宗，如為高等行政法院所需者，應自備繕本、影本或節本」。本條規定內容，純屬高等行政法院在案件移審前，應為最高行政法院上訴審所完成的準備工作。

㈡上訴審的審理

本項內容主要在說明上訴審的審理過程、當事人在此過程中的訴訟行為、最高行政法院的審理範圍與方式、以及上訴審所涉及的法理原則與重要規定等事項，茲分別言之：

⑴兩造當事人補提書狀：當事人對有關上訴審的各種書狀文件，在原則上應於提起上訴時，即一併提出於高等行政法院，然後由該院轉送至最高行政法院；但在最高行政法院受理該事件後未判決前，尚可補提訴訟書狀，其規定見於本法第二百四十八條，該條稱「被上訴人在最高行政法院未判決前得提出答辯狀及其追加書狀於最高行政法院，上訴人亦得提出上訴理由追加書狀。最高行政法院以認為有必要時為限，得將前項書狀送達於他造」。

⑵形式審查對不合法上訴之處置：上訴提起後，原審高等行政法院雖曾作初步的形式審查；但在案件移審後，最高行政法院基於本身職責，仍應對移審的案件進行形式審查，並根據其審查結果加以處置，其規定見於本法第二百四十九條，該條稱「上訴不合法者，最高行政法院應以裁定駁回之。但其情形可以補正者，審判長應定期間先命補正。上訴不合法之情形，已經原高等行政法院命其補正而未補正者，得不行前項但書之程序」。

完成上述兩項程序後，上訴案件始進入最高行政法院實體審理的階段。

⑶上訴事件的審理範圍：最高行政法院對上訴事件的審理範圍，應以上訴人聲明不服的事項為原則，有關規定部分見於本法第二百三十八條第二項規定，即「於上訴審程序，不得為訴之變更、追加或提起反訴」。另有第二百三十九條規定「前條判決前之裁判，牽涉該判決者，並受最高行政法院之審判。但依本法不得聲明不服或得以抗告聲明不服者不在此限」。除上述兩條規定外，第二百五十條規定「上訴之聲明不得變更或擴張之」。第二百五十一條規定「最高行政法院應於上訴聲明之範圍內調查之。最高行政法院調查高等行政法院判決有無違背法令，不受上訴理由之拘束」。後述兩條亦均為涉及上訴事件審理範圍之規定。

⑷裁定停止訴訟程序：訴訟程序開始後，原應賡續進行，期能迅速終結，以消除當事人的訟累，使法律關係早日歸於確定，上訴審程序亦應如此。但在訴訟程序進行中，若發生特殊事故或遇有特別原因，使訴訟程序不能進行或進行不適當時，則在制度上有訴訟程序停止的設計，以資適應；於停止原因消失後，再行恢復程序的進行[145]。有

關事項已在第一審程序部分述及（參閱本法第一百七十七條及第一百七十九條規定），在上訴審程序上亦有程序停止的規定，即本法第二百五十二條規定「最高行政法院就其受理事件，對所適用之法律，確信有牴觸憲法之疑義時，得以裁定停止訴訟程序，聲請大法官解釋」。按本條所規定之程序停止，屬「裁定停止」而非「當然停止」，至於停止的原因也僅限於違憲疑義情事，故實際上適用的機會可能較少。但依據本法第二百六十三條規定，上訴審程序既可準用第一審程序的規定，如此則有關程序停止的各種原因，以及「當然停止」與「裁定停止」兩種方式的規定，自均有可能適用於上訴審程序方面。

⑸書面審理原則：行政訴訟法第二百五十三條規定「最高行政法院之判決不經言詞辯論為之。但有左列情形之一者，得依職權或依聲請行言詞辯論：一、法律關係複雜或法律見解分歧，有以言詞辯明之必要者。二、涉及專門知識或特殊經驗法則，有以言詞說明之必要者。三、涉及公益或影響當事人權利義務重大，有行言詞辯論之必要者。言詞辯論應於上訴聲明之範圍內為之」。由本條規定內容，可知上訴審程序以不行言詞辯論為原則，因我國現行行政訴訟法採二級二審制，高等行政法院為第一審，屬事實審；最高行政法院為終審，屬法律審，故提起上訴須以原判決違背法令為理由，而最高行政法院對上訴事件的審理，亦即專門著重於法律問題的審查，至於訴訟案件所涉及的事實問題，依據高等行政法院所移送的訴訟卷宗資料、當事人提出之訴狀與理由書及答辯狀甚至補提之追加書狀等書面文件，大致已足供最高行政法院瞭解案情的事實；為期節省勞務、時間與費用，故規定上訴審判決以不經言詞辯論為原則。惟在例外情形，如基於第二百五十三條第一項但書所規定的各種特殊事由，認為有行言詞辯論之必要時，亦得由最高行政法院依職權或依聲請決定舉行言詞辯論。此種制度上的設計，乃是考慮我國行政訴訟僅採二級二審，而民事訴訟法制及德國行政訴訟均採三級三審，故我國行政訴訟的上訴審在基本上雖屬法律審，仍不宜純採書面審理原則[146]；在例外情形有必要時，應再行有範圍限制的言詞辯論，以求彌補訴願及第一審程序對事實認知與

[145] 王甲乙等合著，前揭書，第一五五頁。

[146] 陳計男著，行政訴訟法釋論，第六二八、六五二－六五三頁。

查證的不足，使上訴審能夠獲得正確的裁斷。

⑹限制參加訴訟：如前所述，本法第二百三十八條第二項明定「於上訴審程序，不得為訴之變更、追加……」。依據此項規定，既然嚴格限制訴之變更及追加，與此相關者即在上訴審程序中是否允許第三人參加的問題；按允許第三人參加訴訟，旨在使其得以加入他人繫屬中的訴訟，藉以維護其在該事件中的自身權益；但在上訴審如允許其參加訴訟，不僅影響訴訟程序的進行，且因上訴審既須受第一審確定事實之羈束，則第三人參加訴訟將無法獲得實益，故本法並未採取準用民事訴訟法第五十八條第二項「參加，得與上訴、抗告或其他訴訟行為，合併為之」的規定，亦即表示在上訴審禁止參加訴訟之意。惟在例外情形，如為依本法第四十一條所定必要共同訴訟之獨立參加（參閱前述該條規定），則為避免同一訴訟標的之訴訟事件發生判決結果分歧的缺失，則在解釋上仍以允許第三人參加為宜；按針對此種例外情形，德國行政法院法第一百四十二條大致亦採相同的規定[147]。

㈢上訴審的裁判

上訴事件提起後，經過原審處置、移審程序、補提書狀、及最高行政法院的形式審查，而正式受理，至此案件即繫屬於最高行政法院，並開始進入實體審查的階段，審查終結即作成終局裁判。因上訴事件的情形各不相同，而該院所作判決亦有不同類別。茲就上訴審裁判的有關事項分述如下：

⑴上訴審的判決基礎：行政訴訟法第二百五十四條規定「除別有規定外，最高行政法院應以高等行政法院判決確定之事實為判決基礎。以違背訴訟程序之規定為上訴理由時，所舉違背事實，及以違背法令確定事實或遺漏事實為上訴理由時，所舉之該事實，最高行政法院得斟酌之。依前條第一項但書行言詞辯論所得闡明或補充訴訟關係之資料，最高行政法院亦得斟酌之」。依據本條第一項的規定，其涵義係指除因符合前條所定三種法定情事，舉行言詞辯論的事件外，最高行政法院應以高等行政法院判決確定之事實為判決之基礎，實即說明上訴審禁止提出新訴訟資料之原則，而此項原則乃屬各種訴訟程序在法律審階段的共同特徵。本條第二項的規定，亦為對此項原則所提出的

[147] 吳庚著，前揭書，第二四四—二四五頁。

兩種例外情形，其一、即在以違背訴訟程序之規定為上訴理由時，所舉違背之事實，最高行政法院得予斟酌，例如上訴人以原審法官有違反直接審理原則或未依法迴避之情事者，最高行政法院自應查明事實；其二、上訴人以原審判決有違背法令確實事實或遺漏事實為上訴理由時，因第一審法院所確定之事實，有拘束第二審之效力，故對其所舉事實，最高行政法院亦得予以斟酌查證，藉以判斷上訴理由是否確實；至於本項所謂違背法令實即指違反證據法則（包含經驗法則與論理法則）以及解釋意思表示之法則而言。其次，凡屬上訴的合法要件或權利保護要件是否具備等情形，在理論上亦為最高行政法院應依職權調查之事項[148]。

(2)上訴審的各種裁判：如前所言，上訴事件的情形各不相同，以致最高行政法院對之所作裁判亦不相同，茲依據行政訴訟法的有關規定，將其所作各種裁判說明如下：

①上訴不合法以裁定駁回：依據本法第二百四十九條規定「上訴不合法者，最高行政法院應以裁定駁回之」。此即上訴事件在形式審查階段，因不符合上訴之法定要件，被最高行政法院以裁定駁回，故此種事件並未進入實體審查階段，與上訴無理由被以判決駁回的情形有別。

②上訴無理由的駁回判決：依本法第二百五十五條規定「最高行政法院認上訴為無理由者，應為駁回之判決。原判決依其理由雖屬不當，而依其他理由認為正當者，應以上訴為無理由」。本條第一項所稱「上訴為無理由」，主要係指原判決並無本法第二百四十三條所定違背法令之情事，且對上訴人並無不利影響，亦即最高行政法院認可高等行政法院之原判決，遂以終局判決駁回其上訴。至於本條第二項所稱「原判決依其理由雖屬不當」，係指上訴本身為無理由，惟原判決之理由亦有瑕疵，故最高行政法院之終局判決仍應駁回其上訴，並在判決之理由項下對原判決理由不當的情形以其他理由予以糾正[149]。

③上訴有理由的判決：依本法第二百五十六條規定「最高行政法院認上訴為有理由者，就該部分應廢棄原判

[148] 同前註，第二四四頁。

[149] 陳計男著，行政訴訟法釋論，第六五六頁。

決。因違背訴訟程序之規定廢棄原判決者，其違背之訴訟程序部分，視為亦經廢棄」。本條第一項規定的內容，係指最高行政法院認為原判決確有違背法令情事，而上訴為有理由，故判決上訴人勝訴，並將原判決廢棄；如原判決僅有一部分違背法令者，（亦即上訴僅一部分有理由），則應將此違背法令之部分廢棄，對不違背法令之部分應予維持；反之，對上訴無理由之部分，亦應以判決駁回。至於本條第二項所稱「因違背訴訟程序之規定而廢棄原判決者」，其在原審違背訴訟程序之規定部分，不待最高行政法院判決有廢棄之諭示，即應視為當然已被廢棄，非經更新該訴訟程序，不得據為判決之基礎；按對於此種情形在原判決被廢棄後，最高行政法院似應採取發回原審法院或由其自為判決的處置，俾可就違背訴訟程序的部分予以彌補矯正[150]。

④將事件移送於管轄行政法院：本法第二百五十七條規定「最高行政法院不得以高等行政法院無管轄權而廢棄原判決。但違背專屬管轄之規定者，不在此限。因高等行政法院無管轄權而廢棄原判決者，應以判決將該事件移送於管轄行政法院」。按本條第一項所稱之高等行政法院管轄權，係指通常以土地區域為劃分範圍之管轄權而言，如高等行政法院對訴訟事件誤認有管轄權，而加以受理並作成判決，自然構成訴訟程序上的瑕疵，當事人亦可以此為理由提起上訴；惟最高行政法院若因此而將原判決廢棄，並發交有管轄權之行政法院審理，則對法院及當事人兩方面均將徒增無益之勞費，且不符合訴訟經濟原則，故本條第一項乃規定最高行政法院不得因此而廢棄原判決；但在例外情形，高等行政法院若違背專屬管轄之規定時，則最高行政法院即可將其原判決予以廢棄，並以判決將該訴訟事件移送於管轄行政法院，採取此種處置乃因專屬管轄之訴訟事件，涉及公益，其管轄法院不容任意變更之故。移送管轄，始符合建立專屬管轄制度之目的[151]。

⑤對違背法令原判決不得廢棄之例外規定：本法第二百五十八條規定「除第二百四十三條第二項第一款至第五款之情形外，高等行政法院判決違背法令而不影響判決之結果者，不得廢棄原判決」。按本法第二百四十三條第二

---

[150] 陳清秀著，前揭書，第五三六頁。王甲乙等合著，前揭書，第五四四頁。

[151] 陳清秀著，前揭書，第五三七頁。

項第一款至第五款所列舉之當然違背法令事項，均屬嚴重的違法情事，構成「絕對的上訴理由」，故上訴事件凡屬有此等違法情事者，不論對判決結果有無影響，最高行政法院均應以判決將原判決廢棄，俾符合法治國家的理念。至於除此以外的其他輕微違法情事，且不影響裁判結果，亦即與原判決並無因果關係，不構成裁判依據者，則基於訴訟經濟與法安定性原則，最高行政法院即不應將原判決廢棄。

⑥最高行政法院自為判決：本法第二百五十九條規定「經廢棄原判決而有左列各款情形之一者，最高行政法院應就該事件自為判決：一、因其於確定之事實或依法得斟酌之事實，不適用法規或適用不當廢棄原判決，而事件已可依該事實為裁判者。二、因事件不屬行政法院之權限，而廢棄原判決者。三、依第二百五十三條第一項行言詞辯論者」。本條所規定最高行政法院應自為判決的三種情形，均各有其原因或理由，就其中第一款規定而言，因此種事件對事實的認定已無問題，不須重新認定事實亦不影響兩級法院間法律審與事實審功能的劃分，故應由最高行政法院就法律審自為判決；第二款規定，因涉及不屬於行政法院審判權的事項，與違背行政法院系統管轄權的問題不同，最高行政法院既不能將事件發回或發交高等行政法院，亦不能直接移送其他種類法院，該院本身自為判決僅止於廢棄原判決並宣示無審判權的旨意而已；第三款規定，係指該事件既已由最高行政法院依法行言詞辯論，即應由該院自為判決，而不應再於廢棄原判決後發回原審法院審理（「更審」），以符合訴訟經濟原則[152]。

⑦發回或發交高等行政法院之判決：本法第二百六十條規定「除別有規定外，經廢棄原判決者，最高行政法院應將該事件發回原高等行政法院或發交其他高等行政法院。前項發回或發交判決，就高等行政法院應調查之事項，應詳予指示。受發回或發交之高等行政法院，應以最高行政法院所為廢棄理由之法律上判斷為其判決基礎」。本條規定內容，係指最高行政法院將原判決廢棄後，如該事件既不符合自為判決的規定，且涉及須審查之事實問題時，即應發回原審法院再作調查及審理（「更審」）。如原審法院之管轄有誤時，則應發交其他有管轄權之高等行政法院審理。無論屬何種情形，受發回或發交之高等行政法院均應遵照最高行政法院的指示調查事實，並應依據其廢棄原判決理

[152] 吳庚著，前揭書，第二四七頁。

由之法律見解作為判決基礎，藉以發揮上訴審判決的拘束力及司法監督的功能。此外，本法第二百六十一條規定「為發回或發交之判決者，最高行政法院應速將判決正本附入卷宗，送交受發回或發交之高等行政法院」。本條所規定之內容，為關於訴訟資料移送事項，此乃最高行政法院於發回或發交之判決作成後，所應採行的必要措施，俾便利受發回或發交之高等行政法院對該事件更審。

㈣上訴的撤回

就行政訴訟的第一審程序而言，依據本法第一百十三條規定「原告於判決確定前得撤回訴之全部或一部」。關於訴之撤回的意義與理由已見前述（參閱前述第一審程序「訴之撤回」部分說明）。在上訴審方面，亦允許將上訴撤回，其情形與第一審程序訴之撤回大致相同，即在基本上尊重上訴人的選擇，俾可早日結束訴訟，避免司法資源的浪費。有關規定見於本法第二百六十二條，該條稱「上訴人於終局判決宣示或公告前得將上訴撤回。撤回上訴者，喪失其上訴權。上訴之撤回，應以書狀為之。但在言詞辯論時，得以言詞為之。於言詞辯論時所為上訴之撤回，應記載於言詞辯論筆錄，如他造不在場，應將筆錄送達」。惟有須注意者，即本條規定之內容，與前述本法第一百十三條之規定略有差異，亦與民事訴訟法第四百五十九條之規定有別，基本上乃因第一審原告所為訴之撤回與上訴人（通常為原審敗訴之一方）撤回上訴，屬於不同審級之程序，且行政訴訟不採附帶上訴制度，故上訴人撤回上訴無須對造同意；且上訴人一旦撤回上訴後，訴訟程序隨之終結，原判決即歸於確定[153]。

㈤上訴審程序準用之規定

本法第二百六十三條規定「除本編別有規定外，前編第一章之規定，於上訴審程序準用之」。此即本法第一審程序之規定，在原則上（除本編別有規定外）可準用於上訴審程序方面，以彌補上訴審部分規定之不足。

[153] 陳榮宗、林慶苗合著，前揭書，第七三九頁。

第三項　抗告程序

㈠抗告的概念

訴訟制度上對裁判不服的救濟方法，有上訴與抗告兩種，關於上訴制度的情形已見前述；大體言之，上訴乃是訴訟當事人等對法院所作違背法令判決表示不服，向上級審法院尋求救濟的方法；而抗告則為訴訟當事人或其他關係人（如證人、鑑定人等）對法院或審判長就訴訟程序事項所作違法或不當且尚未確定之裁定向上級審法院聲明不服，請求廢棄或變更該裁定的救濟方法[154]。至於「抗告」的用語，如當事人誤用「控告」或「異議」時，法院應就事件之性質加以辨別，以認定其是否為「抗告」，然後再作適當的處置；有關事項見於本法第二百七十一條的規定，該條稱「依本編規定，應為抗告而誤為異議者，視為已提起抗告；應提出異議而誤為抗告者，視為已提出異議」。因抗告是對裁定不服的救濟方法，故亦為當事人在訴訟程序上的一種權利。行政訴訟法對抗告制度亦頗重視，除在其第四編中有整體性的規定外，其他尚有散見於該法各部分條文中的有關規定；此外，亦可準用民事訴訟法的有關規定以資補充。

㈡抗告權的行使及其要件

關於抗告權的行使，在行政訴訟法中作有原則性的規定，即其第二百六十四條稱「對於裁定得為抗告。但別有不許抗告之規定者，不在此限」。由本條規定可知對於一般裁定以得提起抗告為原則，因抗告既為當事人在訴訟程序上的一種權利，對其行使即不應任意限制，如有限制必要時，須作明文規定。惟在訴訟當事人方面，對於抗告權不僅不應濫用，且其行使須符合法定要件，此等要件約可分析為下列各項言之[155]：

⑴提起抗告須為法律所允許：此即依據本法規定訴訟當事人得對一般裁定提起抗告，而別無不許抗告的規定，

---

[154] 蔡志方著，行政救濟法新論，第三一六頁。陳清秀著，前揭書，第五三九頁。

[155] 陳計男著，行政訴訟法釋論，第六六四－六七一頁。吳明軒著，前揭書（下），第一四三五－一四三八頁。

且須符合主觀與客觀（或稱主體與客體）兩方面的要件時，始得提起抗告。茲就此兩方面的要件說明如下：

①主觀要件：即提起抗告者所須具備的要件，包括下列三項：

1.抗告人須有抗告權：如前所言，抗告既為訴訟法上的權利，則提起抗告者（稱「抗告人」）自應享有抗告權，始得合法行使，惟抗告權人的範圍較上訴權人為廣，凡屬在訴訟程序上受裁定之人（亦即因裁定受不利益者），在原則上均得提起抗告，其中可包括訴訟當事人、參加人、關係人（如證人、鑑定人），甚至法院書記官、執達員、法定代理人或訴訟代理人（準用民事訴訟法第八十九條規定因故意或重大過失致生無益之訴訟費用，法院以裁定命其負擔者）等在內。此等人如對所受裁定不服，即可提起抗告。與抗告人處於對立地位之人，謂之相對人，但在抗告事件方面，未必有此種他造相對人存在，因裁定可能僅係針對抗告人本人，而與他造當事人無關。

2.抗告之理由須主張原裁定對其不利且有瑕疵：因提起抗告係因抗告人對原裁定不服，如此自應說明理由，即主張原裁定對其不利且有瑕疵，始得請求上級審法院將其變更或廢棄。

3.須抗告人未喪失其抗告權：抗告人若於提起抗告時已喪失其抗告權，即不得提起抗告，否則其抗告即屬不合法。至於喪失抗告權的情形約有下列兩項：

A.已逾抗告之不變期間：依本法第二百六十八條規定「提起抗告，應於裁定送達後十日之不變期間內為之。但送達前之抗告亦有效力」。

B.捨棄抗告權或撤回抗告：依本法第二百七十條規定「關於捨棄上訴權及撤回上訴之規定，於抗告準用之」。此即說明抗告權亦可捨棄，抗告提起後亦可撤回，而兩者均顯示當事人自動放棄抗告之權利與機會，嗣後不得再對同一裁定提起抗告，故有喪失抗告權之效果。

②客觀要件：係指就作為抗告對象的裁定方面所須具備的要件，可分下列兩項言之：

1.抗告之對象（客體）須為高等行政法院之裁定：本法第二百六十四條所稱「對於裁定得為抗告」，係指高等行政法院或其審判長所為裁定而言，因抗告向原高等行政法院提起後，應由其上級審法院裁定，而行政法院採二級三審制，最高行政法院即為終審法院，該院所作裁定即告確定，在制度上並無提起抗告的機會，故提起抗告僅限於以高等行政法院或其審判長之裁定為對象。

2.須非不許抗告之裁定：依據前述本法第二百六十四條規定對於裁定雖以得為抗告為原則，「但別有不許抗告之規定者，不在此限」。此即說明對於部分裁定，法律若認為有加以限制的必要而作成不許抗告之規定者，即不得提起抗告，此種限制規定在行政訴訟法及準用之民事訴訟法方面的實例為數不少，使當事人的抗告權受到限制，茲僅列舉其主要項目說明如下：

A.依本法第二百六十五條規定「訴訟程序進行中所為之裁定，除別有規定外，不得抗告」。本條所稱「訴訟程序進行中」係指訴訟程序開始後終結前的階段而言，法院或審判長在此階段所作裁定，主要為涉及指揮訴訟程序進行的裁定，其不許抗告的原因，乃在避免當事人或訴訟代理人等濫用抗告阻礙訴訟程序的進行，或避免因程序上的枝節問題導致程序延滯，不能早日終結。至於法院所為終結訴訟程序的裁定或於終結後所為裁定，即不受本條的限制。

B.依本法第二百三十五條第二項規定「對於適用簡易程序之裁判，提起上訴或抗告，須經最高行政法院之許可」。本條涵義已見前述。

C.依本法第二百六十六條規定「受命法官或受託法官之裁定，不得抗告。但其裁定如係受訴行政法院所為而依法得為抗告者，得向受訴行政法院提出異議。前項異議準用對於行政法院同種抗告之規定。受訴行政法院就異議所為之裁定，得依本編之規定抗告。繫屬於最高行政法院之事件，受命法官、受託法官所為之裁定，得向受訴行政法院提出異議。其不得上訴最高行政法院之事件，高等行政法院受命法官、受託法官所為之裁定，亦同」。按本條第一項的涵義，涉及抗告與異議的區別問題，必須首先提出說明，所謂抗告係當事人對於行政法院或其審判長所作裁定聲明不服，向最高行政法院提出，由該院審查後再加以裁定；而異議則係當事人對受命法官或受託法官所作裁定聲明不服，向受訴行政法院所提出，由該院加以審查作成裁定。由上述說明可知兩者的區別涉及作成裁定機關的不同與受理審查機關的不同，二者在基本上原不應混為一談；惟提出異議在學理上亦被稱為「準抗告」。而受命法官與受託法官通常僅能行使受訴法院所賦予的職權，其執行職務須受受訴法院的拘束與監督糾正，故對受命法官與受託法官所作裁定，當事人如有不服，在基本上不許逕向上訴審法院提起抗告；但如此項裁定係受訴法院所為依法得為抗告者，則可向受訴法院提出異議，由受訴法院加以審查。對於受訴法院就異議審查後所作裁定，當事人如有不服時，即可向上級審法院提起抗告（見本條第二項及第三項規定）。至於本條第四項規定所稱「繫屬於最高行政法院之事件」係指上訴案件而言，受命法官與受託法官所為之裁定，得向高等行政法院提出異議（因依據本條第一項規定此種裁定均不得抗告）；而不得提起上訴之事件，高等行政法院之受命法官或受託法官所為之裁定，亦應作同樣處理。

(2)提起抗告須未逾越法定之不變期間：如前所言，依本法第二百六十八條規定「提起抗告，應於裁定送達後十日之不變期間內為之。但送達前之抗告亦有效力」。逾越此不變期間即不得再提抗告；惟計算不變期間時，自應將在途期間扣除（見本法第八十九條規定）。此外，如因各種不可抗力或不應歸責於己之事由而致延誤抗告期間者，應許其聲請回復原狀（見本法第九十一條規定）。

(3)提起抗告應向原高等行政法院提出抗告狀：因抗告亦須採要式行為，故須具備書狀提出，有關事項可分兩點說明：

①抗告人應提出抗告狀：依本法第二百六十九條規定「提起抗告，應向為裁定之原高等行政法院或原審判長所屬高等行政法院提出抗告狀為之。高等行政法院適用簡易訴訟程序之事件或關於訴訟救助提起抗告，及由證人、鑑定人或持有證物之第三人提起抗告者，得以言詞為之」。本條規定即要求抗告人在原則上應提出抗告狀；但在例外情形，如係簡易程序之訴訟事件、或關於訴訟救助事件、或係由證人鑑定人或持有證物之第三人所提起之抗告，則得僅以言詞為之。至於抗告狀之程式，本法並未明定，亦未規定準用上訴狀的程式；但依常理推論其內容應記載抗

告人及其資料、抗告對象之裁定、抗告理由與證據、及提出之法院（或審查之法院）等事項，俾便行政法院據以審理。

②抗告應向原高等行政法院提起：依前述本法第二百六十九條第一項規定，提起抗告應向原高等行政法院提出抗告狀，惟依本法第二百六十七條規定「抗告，由最高行政法院裁定」。按此種設計實即比照本法第二百四十四條有關提起上訴之程序所作規定，其所具意義自可參考上訴程序部分的說明。

關於抗告的要件，已在上述三大項中加以分析說明，經由對各項要件的闡釋，足以對抗告制度的概況獲得基本的瞭解。此外，尚有須作補充說明者，即抗告提起的效力；大體言之，其與上訴提起的效力概略相同，即可從兩方面觀察，包括阻斷裁定確定的效力與移審的效力，有關事項可參考上訴提起效力部分的解說。

㈢抗告的裁定

行政訴訟法本身對有關事項並無明文規定，而依本法第二百七十二條的規定完全準用民事訴訟法第四百八十九條至第四百九十二條及第四百九十四條的規定，此一部分條文均係對抗告的裁定事項所作規範，茲分述如下：

⑴原審法院或審判長的審查及處置：當事人將抗告向作成裁定的原審法院（高等行政法院）或審判長所屬法院提出後，該原審法院應作初步的審查，涉及形式與實體事項兩方面的審查；而抗告人在提起抗告時，依據民事訴訟法第四百八十九條規定「抗告，得提出新事實及證據」。原審法院對抗告事件審查及處置的情形，依同法第四百九十條規定「原法院或審判長認抗告為有理由者，應更正原裁定。提起抗告已逾抗告期間，或係對於不得抗告之裁定而抗告者，原法院或審判長應駁回之。原法院或審判長不為前二項裁定者，應速將抗告事件送交抗告法院；如認為必要時，應送交訴訟卷宗，並得添具意見書。前項送交之卷宗，如為原法院所需用者，應自備繕本或節本」。對於本條規定的內容，可分為三項說明如下：

①按我國現行行政爭訟法制，無論提起訴願或行政訴訟上訴，在程序上均規定應向原行政處分機關或原審法院提起，此種規定乃仿傚德國戰後行政法院法的制度，其用意在使原行政處分機關或原審法院先行瞭解當事人不服

的理由，就原案有自我反省及審查的機會，如認為當事人所提訴願或上訴有理由時，即可直接自行矯正，以縮短爭訟程序，提高效率早日結案，且符合便民原則，而本條第一項的規定亦具有同樣的功效[156]。

②本條第二項係規定對抗告事件的形式要件審查事項，如認為不符合形式要件（不合法）者，即應予以駁回。惟抗告如有其他不符合形式要件而得為補正的情形者，依法理考量仍應定期命其補正；抗告人逾期不為補正時，法律並未規定原法院或審判長得逕行駁回其抗告，故仍應將抗告移送至抗告法院[157]。

③本條第三項及第四項均係規定，對經過形式審查的事件，如不採取前二項的處置，即應進行移審程序，將抗告事件送交抗告法院（上級審法院），且如認為必要時，應移送訴訟卷宗並得添具意見書。

⑵抗告法院的審查及處置：抗告事件經移送至抗告法院後，仍須再經該院作形式及實體審查，然後加以裁定，其審查及處置情形，可分下列三項言之：

①抗告法院的裁定：依民事訴訟法第四百九十二條規定「抗告法院認抗告為不合法或無理由者，應為駁回抗告之裁定。認抗告為有理由者，應廢棄原裁定，自為裁定；必要時得命原法院或審判長更為裁定」。按本條所定有關抗告審查及處置的情形，與前述最高行政法院對上訴事件審查及判決的情形頗為相似，即認為抗告不合法或無理由者，均應作成駁回的裁定；反之，如認為抗告有理由者，即應廢棄原裁定，並由抗告法院自為新裁定；必要時亦可採取發回原法院命其更為裁定的處置。

②抗告無停止執行的效力：此即就抗告提起後對原裁定有無停止執行的效力所作規定，依民事訴訟法第四百九十一條稱「抗告，除別有規定外，無停止執行之效力。原法院或審判長得在抗告法院裁定前，停止原裁定之執行。抗告法院得在裁定前，停止原裁定之執行或為其他必要處分。前二項裁定，不得抗告」。由本條規定，可知抗告提起後，對於原裁定以不停止執行為原則，但在例外情形，亦對原法院及抗告法院均授予在抗告事件裁定前得斟酌停止

[156] 翁岳生著，法治國家之行政法與司法，月旦出版社，一九九四年版，第二六二頁。

[157] 陳清秀著，前揭書，第五四一頁。

原裁定執行的裁量權力。此種規定顯然係遵循無「阻止執行效力」的法理原則158。

③抗告法院裁定後的處置：依民事訴訟法第四百九十四條規定「抗告法院為裁定後，應速將裁定正本附入卷宗，送交原法院或原審判長所屬法院。前項規定，於抗告事件之非因裁定而終結者準用之」。本條規定的內容，其主要用意即在使原法院或審判長對抗告法院所作裁定，能夠儘快知悉並遵照執行，藉以發揮抗告法院裁定的有效拘束力。

以上所述有關抗告裁定的各種事項，雖然均係準用民事訴訟法的各項規定，但此等規定與行政訴訟法制的立法精神及法理原則大致頗能符合，故在適用方面亦不致發生扞格牴觸的問題。

第七節　再審與重新審理

第一項　再審程序

㈠再審的概念

所謂「再審」亦稱「再審程序」或「再審之訴」，係指原確定終局判決在訴訟程序上或判決基礎上具有重大瑕疵，足以動搖確定終局判決的正確性，由該原判決的當事人或其繼受人依據法定事由對原判決聲明不服，請求原審法院以判決撤銷原確定終局判決，並就該本案訴訟再開審判的訴訟程序。就法理方面而言，確定終局判決原應具有實質確定力，且基於「一事不再理」原則，對於此種判決不允許再加以變更或廢棄，藉以維持法律關係的安定，與國家司法機關的威信；準此，則雙方當事人均應接受該項確定終局判決既判力，而不得再對該項判決有所爭執。但自另一方面觀之，若堅持貫徹法律安定性的要求，毫不考慮特殊情事發生的可能性而拒絕對具有瑕疵的確定終局判決賦予再開審判的機會，則勢將難以確保判決的正確性並使其符合法律正義的理想。反之，為兼顧維護確定終局判決的

158 蔡志方著，行政救濟法新論，第七四頁。

安定性與其結果的正確性，對確定終局判決基於法定事由賦予再行審理的機會，實有其客觀需要與法理上的正當性，此為再審制度建立的原因。由此可知，再審制度乃是當事人對原確定終局判決聲明不服尋求法律救濟的特殊訴訟制度，用以彌補上訴制度的不足，其與對未確定判決聲明不服的上訴制度，在立法目的與功能方面大體相近，均可謂構成司法救濟制度的重要環節[159]。

㈡再審的特性及其與上訴的區別

⑴再審之訴與上訴的區別

關於再審的意義已見前述，此種制度與上訴在各方面有其相似之處，且二者的目的均在審查終局判決有無瑕疵，以保障當事人的權益。但若作嚴格區分，二者仍有各種差異存在，且此等不同之點亦有助於顯示出再審制度所具之特性。以下先就其與上訴制度的區別加以比較說明[160]：

①再審之訴係針對已確定終局判決的特別救濟程序；而上訴則為針對未確定終局判決的正常救濟程序。

②再審之訴須基於法定之特別事由始得提起；而提起上訴除法律對「判決當然違法」之事由有列舉式具體規定外，一般以原判決違背法令為理由即符合提起的合法要件；可知提起再審之訴所受限制較為嚴格。

③再審之訴專屬為判決之原行政法院管轄；而上訴則須由最高行政法院審理。

④再審之訴提起後，並不發生移審及阻斷原判決確定之效力，故對原判決之執行力並無影響，如為確定之給付判決，亦不因提起再審之訴而停止強制執行；而提起上訴則具有兩種效力。

⑤再審之訴應於三十日之不變期間內提起；而上訴則應於二十日之不變期間內提起。

⑥上訴審法院在其所為判決宣示或送達後，即應受其自身判決的羈束，不得自行加以廢棄或變更；而當事人提起再審之訴的目的，既在請求廢棄或變更原確定終局判決，則就制度的設計而言，即認為作成原判決之法院得自

---

159 陳榮宗、林慶苗合著，前揭書，第七九八頁。陳計男著，行政訴訟法釋論，第六八一頁。

160 吳明軒著，前揭書（下），第一四六六－一四六八頁。

行廢棄或變更前此所作之確定判決。

⑦當事人所提上訴若已具備合法要件者，則上訴審法院即應進而為上訴有無理由之審判；而再審之訴雖已具備提起之合法要件，仍須待法院認定有提起再審之理由時，始得進而為本案有無理由之審判。

⑧對上訴事件，法院認上訴為有理由時，即應作成廢棄或變更原判決之判決；對再審之訴，法院認再審為有理由時，仍應依本案原告之訴或上訴有無理由，始能決定是否應廢棄或變更原確定判決。

⑵再審之訴的特性及其構造

根據上述各項比較分析，可知再審與上訴之間具有多方面的不同之點；由此等不同之點亦有助於瞭解再審所具之特性。具體言之，再審制度乃是一種為保障當事人權益及維護法律正義的特別救濟途徑，其運用受到嚴格限制；且再審之訴在形式上雖為訴的一種，視同新開始的訴訟程序，而實質上則為前訴訟程序的再開或續行。其管轄權在原則上專屬為判決之原法院，並非如一般訴訟須由第一審法院開始其訴訟程序。又因其訴之標的為訴訟法上得請求除去確定判決之權利，故在性質上被認為是形成之訴；惟提起再審之訴的原告與其對造的被告，與前訴訟程序的兩造無須一致[161]。其次，就再審之訴與上訴理由的關係方面觀察，當事人於上訴審程序中已就符合再審之訴的事由有所主張或已知有再審之訴的事由而不為主張者，即不得提起再審之訴；換言之，當事人知有符合再審之訴的事由時，應於上訴審程序中即先行主張，而僅允許於判決已經確定後始知悉有再審事由者，得就此等事由提起再審之訴；基於此種規定，故學者認為再審之訴對上訴的關係屬補充性與從屬性。此外，就再審之訴的構造而言，學者有提出「再審訴訟之三階段構造」的解說，即第一階段由受訴法院審查提起再審是否合法，實即作形式審查，如發現不符合形式要件即應將再審之訴駁回；第二階段係由法院依職權調查當事人所主張之再審事由是否屬實，及是否在上訴程序時已知有再審事由而未主張；第三階段審查完畢，如法院認為確有再審事由存在，且當事人在上訴程序時並不知有此種事由，則法院應依審查結果，開始進行再審程序的第三階段；在此階段法院應先以判決撤銷原確定終局判決，

[161] 王甲乙等合著，前揭書，第五九八頁。吳明軒著，前揭書（下），第一四六五頁。

並依本案訴訟之原審級程序進行（回復）本案訴訟的審理[162]。

㈢再審之訴的要件

提起再審之訴須具備各種合法要件，包括主觀與客觀兩方面的要件在內，茲分別言之[163]：

⑴主觀要件：係指關於提起再審之訴主體的要件，亦即提起再審之訴的人所應具備的要件；符合此等要件者，即可成為再審之訴的當事人，是為再審之訴的「原告適格」。其要件如下：

①原確定終局判決之當事人、其繼受人及參加人：因再審之訴係對於原確定終局判決不服的特別救濟途徑，故再審之訴自應由受原確定判決不利影響的當事人或其繼受人提起始為合理（通常為前訴訟之敗訴當事人及一般繼受人）。而有權提起再審之訴者即再審權人，亦即再審原告。惟提起再審之訴的當事人，並不限於第一審訴訟之兩造，尚可包括前訴訟程序中之必要共同訴訟人及參加訴訟之第三人在內（見本法第二十三、四十至四十二條規定）。

②前訴訟程序之訴訟代理人：依本法第五十一條第一項但書規定，訴訟代理人經特別委任者，亦得以訴訟代理人之地位為當事人提起再審之訴，惟不能自任為當事人；且前訴訟程序之訴訟代理人，欲為再審程序之代理人時，須另為委任始可。

⑵客觀要件：係指再審之訴訟客體而言，可分兩項言之：

①須為已確定之終局判決：依本法第二百七十三條第一項規定當事人對於具有法定事由的確定終局判決得提起再審之訴。可知提起再審之訴的客體應為已確定之終局判決，不論其為全部判決或一部判決、為本案實體判決或程序判決，均得對之提起再審之訴。若為未確定之終局判決，則應依法提起上訴而非再審。至於中間判決具有再審事由時，僅得在對其後所為終局判決提起再審之訴時一併主張，而不得單獨以中間判決為對象提起再審之訴。惟對於再審之訴的確定判決，如發現有再審事由者，仍得對該再審之確定判決提起再審之訴。其次，提起再審之訴既為

[162] 陳榮宗、林慶苗合著，前揭書，第八〇〇頁。

[163] 同前註，第八〇七―八〇八頁。陳計男著，前揭書，第六八五―六八七頁。

對原確定終局判決聲明不服的救濟方法，則再審原告須主張該確定終局判決對己不利而有再審之利益；反之，如原確定終局判決對其並無不利可言，即無提起再審之理由。

②須有再審事由：依本法第二百七十三條規定「有左列各款情形之一者，得以再審之訴對於確定終局判決聲明不服。但當事人已依上訴主張其事由或知其事由而不為主張者，不在此限：一、適用法規顯有錯誤者。二、判決理由與主文顯有矛盾者。三、判決法院之組織不合法者。四、依法律或裁判應迴避之法官參與裁判者。五、當事人於訴訟未經合法代理或代表者。六、當事人知他造之住居所，指為所在不明而與涉訟者。但他造已承認其訴訟程序者，不在此限。七、參與裁判之法官關於該訴訟違背職務，犯刑事上之罪者。八、當事人之代理人、代表人、管理人或他造或其代理人、代表人、管理人關於該訴訟有刑事上應罰之行為，影響於判決者。九、為判決基礎之證物係偽造或變造者。十、證人、鑑定人或通譯就為判決基礎之證言、鑑定或通譯為虛偽陳述者。十一、為判決基礎之民事或刑事判決及其他裁判或行政處分，依其後之確定裁判或行政處分已變更者。十二、當事人發見就同一訴訟標的在前已有確定判決或和解或得使用該判決或和解者。十三、當事人發見未經斟酌之證物或得使用該證物者。但以如經斟酌可受較有利益之裁判者為限。十四、原判決就足以影響於判決之重要證物漏未斟酌者。確定終局判決所適用之法律或命令，經司法院大法官依當事人之聲請解釋為牴觸憲法者，其聲請人亦得提起再審之訴。第一項第七款至第十款情形，以宣告有罪之判決已確定，或其刑事訴訟不能開始或續行非因證據不足者為限，得提起再審之訴」。本條第一項所列各款中，除第三、四、五款事由與上訴事由相同，第二款事由與上訴事由相近外，其餘各款事由均為上訴事由所無，由此可知再審事由與上訴事由大部分均不相同，且其事由較上訴事由多出一倍有餘，有助於其補充性功能的發揮。在此等列舉之事由中，有部分項目須作解說者，例如第一款所稱「適用法規顯有錯誤者」，其情形係指確定終局判決有積極適用錯誤的（不應適用的或已無效的）法規，或消極不適用現行有效的法規及司法機關之解釋與判例；自反面觀之，亦即其所適用之法規違反現行法律或不合於司法機關之解釋與判例；至於確定終局判決是否確有適用法規的明顯錯誤，必須由法院依職權就該確定判決所確定之事實加以判斷認定；對於法理上有不同學

說或見解並存的爭議問題，則須待經由有權機關作成統一解釋後，始能認定有無適用法規錯誤的情事。第六款事由，其情形即當事人明知他造之住居所，若故意指為所在不明而與涉訟時，則法院對訴訟文書即須依當事人之聲請對他造為公示送達，因此可能使他造無法獲得充分之言詞辯論機會，有違程序權保障之原則，如此則在他造因而敗訴時，自應許其提起再審之訴以資救濟。第八款所稱當事人或他造之代理人、代表人或管理人等關於該訴訟有刑事上應罰之行為，影響於判決者，係指關於該訴訟所發生之犯罪行為而言，例如教唆證人偽證、竊取、搶奪或毀損證物、脅迫他造當事人為不利於己之陳述等均屬之，且此等應罰之行為須以對判決有影響者為限，始構成再審之事由。另第七款至第十款所定之事由，均著重於犯罪事實之有無，故應以宣告有罪之判決已經確定，或其刑事訴訟程序不能開始或續行非因證據不足者為限，始得提起再審之訴。其次，本條第二項所規定情形，亦應視為再審事由。另本法第二百七十四條規定「為判決基礎之裁判，如有前條所定之情形者，得據以對於該判決提起再審之訴」。按再審之訴原為對確定終局判決聲明不服的救濟方法，因而在原則上須針對確定終局判決所具有的法定事由始得提起再審之訴，惟若該確定終局判決自身雖無此等事由，而其據為判決基礎之裁判有此等事由時，因既非確定終局判決之事由，則當事人將無法對其提起再審；但基礎裁判之違法事由，足致影響該確定終局判決使其具有瑕疵，故本條規定得比照前條所定之情形，允許當事人提起再審之訴，以保障其權益，是為例外之規定。

㈣再審之訴的程序及裁判

⑴再審之訴的管轄法院：依本法第二百七十五條規定「再審之訴專屬為判決之原行政法院管轄。對於審級不同之行政法院就同一事件所為之判決提起再審之訴者，由最高行政法院合併管轄之。對於最高行政法院之判決，本於第二百七十三條第一項第九款至第十四款事由聲明不服者，雖有前二項之情形，仍專屬原高等行政法院管轄」。本條第一項乃是就再審之訴的管轄法院作原則性的規定，因再審之訴係對於原確定終局判決聲明不服的救濟方法，而作成該判決之原行政法院對再審理由是否屬實，依常理判斷應最能瞭解，且如需再進行調查亦較為容易，故本法規定再審之訴在基本上應專屬於原行政法院管轄，實為合理的規定，且有程序上的便利。本條第三項所規定之情形，係

指同一事件先經高等行政法院判決後，當事人不服提起上訴（因上訴而阻原判決確定），經最高行政法院判決駁回其上訴，此時高等行政法院之原判決與最高行政法院之上訴判決即可同時歸於確定；如被駁回之當事人（敗訴一方）對該不同審級之兩項判決均表不服且認為有再審事由者，即可提起再審之訴；就此種情形為求符合訴訟經濟原則並避免裁判分歧起見，本法乃規定應由最高行政法院合併管轄之。至於第三項規定之情形，對於最高行政法院之確定判決聲明不服提起再審之訴時，原應由最高行政法院管轄，但若提起再審之訴的事由為本法第二百七十三條第一項第九款至第十四款所規定者，因涉及確定判決所認定之事實，於再審程序中仍須進行調查，其結果可能推翻原高等行政法院據為判決基礎之事實，故不應由負責法律審之最高行政法院管轄，而應專屬原高等行政法院管轄[164]。此外，尚有須作補充說明者，即再審之訴提起後，再審事件應發生繫屬於管轄法院之效力。

(2)提起再審之訴的法定期間：依本法第二百七十六條規定「再審之訴應於三十日之不變期間內提起。前項期間自判決確定時起算。但再審之理由知悉在後者，自知悉時起算。依第二百七十三條第二項提起再審之訴者，第一項期間自解釋公布當日起算。再審之訴自判決確定時起，如已逾五年者，不得提起。但以第二百七十三條第一項第五款、第六款或第十二款情形為再審之理由者，不在此限」。本條為關於提起再審之訴期間限制的規定，因當事人提起再審之訴的目的，既在藉此途徑廢棄或變更對其不利之原確定終局判決，俾可獲得有利之新判決，則為兼顧法律上公平正義的要求並維持確定終局判決及相關法律關係的安定性，即須對提起再審之訴的期間加以限制，而本條第一項對再審期間的基本規定即為三十日之不變期間。第二項為關於再審期間計算基準的規定，以自判決確定時起算為原則，例外情形即自知悉再審事由時起算，以保護當事人的權益。第三項係專門針對確定終局判決所適用之法律或命令經司法院大法官解釋為牴觸憲法的情形，其計算基準即應自解釋公布之日起算。第四項實際上仍係針對當事人對再審事由知悉在後的情形，規定其得以提起再審之訴的最長期限為五年，計算基準為自判決確定時起算，但對此五年期間限制，仍考慮如有特殊事由可再予放寬，其特殊事由有三種，其一、即當事人於訴訟未經合法代理者；其

---

[164] 陳計男著，行政訴訟法釋論，第七〇二頁。陳清秀著，前揭書，第五四六—五四七頁。

二、為當事人知他造之住居所指為所在不明而與涉訟者；其三、為當事人發見就同一訴訟標的在前已有確定判決或和解或得使用該判決或和解者；如屬上開三種事由之一，則當事人即使知悉其事由在五年之後，只須尚在自知悉時起算的三十日內，仍許其合法提起再審之訴[165]。

⑶提起再審之訴的程式：依本法第二百七十七條規定「再審之訴，應以訴狀表明左列各款事項，並添具確定終局判決繕本，提出於管轄行政法院為之：一、當事人。二、聲明不服之判決及提起再審之訴之陳述。三、應於如何程度廢棄原判決及就本案如何判決之聲明。四、再審理由及關於再審理由並遵守不變期間之證據。再審訴狀內，宜記載準備本案言詞辯論之事項」。本條第二項規定之目的，乃便於再審之訴經管轄法院審查認為有理由時，即可開始本案之審理程序並進行言詞辯論；但若以最高行政法院為再審的管轄法院時，因該院僅負責法律審，在原則上不必行言詞辯論，故訴狀中即不必記載準備言詞辯論之事項[166]。

⑷再審的訴訟程序：依本法第二百八十一條規定「除本編別有規定外，再審之訴訟程序準用關於各該審級訴訟程序之規定」。所謂再審的訴訟程序，應包括提起再審之訴及起訴後的一切審理程序在內，再審之訴在形式上雖被視為新開始的訴訟程序，而實質上乃是前訴訟程序的再開或續行，故本條對再審之訴的程序並未作特別規定，僅提出一項原則即應按再審之訴管轄法院的審級，定其應適用的訴訟程序。換言之，再審之訴專屬某一級法院管轄者，即應適用該審級的訴訟程序；如此，則再審的訴訟程序可能為第一審的通常訴訟程序，亦可能為上訴審的訴訟程序[167]。

⑸再審之訴的裁判：此即指管轄法院對再審事件所作裁定及判決而言，可包括下列各種事項在內，茲分別言之：

①駁回再審之訴：依本法第二百七十八條規定「再審之訴不合法者，行政法院應以裁定駁回之。再審之訴顯無再審理由者，得不經言詞辯論，以判決駁回之」。本條第一項規定，係指再審事件經管轄法院作形式審查後，如認

[165] 陳榮宗、林慶苗合著，前揭書，第八〇九頁。陳清秀著，前揭書，第五四五—五四六頁。

[166] 吳庚著，前揭書，第二五五頁。

[167] 吳明軒著，前揭書（下），第一五一五頁。

為不符合形式要件，即應在程序上以裁定直接將其駁回，不必再審查其是否具備再審的理由。本條第二項所稱「顯無再審理由」，係指當事人提起的再審之訴其不備再審理由至為明顯，如此則為節省勞費起見，管轄法院得決定對原則上應舉行之言詞辯論程序予以省略，亦即不必經言詞辯論逕行以判決將其駁回[168]。

②本案審理的範圍：依本法第二百七十九條規定「本案之辯論及裁判，以聲明不服之部分為限」。再審事件在經過形式要件審查及再審理由審查後，即進入本案審理程序的階段。在進行本案審理之前，應先行認知本案審理的範圍，亦即辯論及裁判的範圍。因提起再審之訴係對於原確定終局判決聲明不服尋求救濟，故關於本案審理時其言詞辯論及裁判的範圍亦與上訴審相同，均應以對原判決聲明不服的部分為限，但未必與前訴訟程序的範圍相同。如聲明不服的範圍係對於原確定判決的全部者，應再開全部的本案程序；如僅一部不服者，則只須再開一部之本案程序。原訴訟程序是否可以劃分，應視其訴訟標的是否可分，或是否有數項適合作一部判決的情形，或原訴訟程序是否曾有中間判決一部判決的情形以為斷。原訴訟程序如具有上述可分的界限者，則應視其再審理由所涉及之部分為何，即再開該部分之本案程序。且於再開本案程序時，若原程序曾行言詞辯論者，亦應於許其再開的範圍內續行辯論。其次，於再開本案程序時，當事人是否得提出新的攻擊及防禦方法，或是否得為訴之變更、追加或反訴，應視本案繫屬之審級為事實審或法律審，且可能受到訴訟種類的限制等因素始能決定，而與民事訴訟的再審程序不盡相同[169]。

③再審有理由，但原判決正當之駁回判決：依本法第二百八十條規定「再審之訴雖有再審理由，行政法院如認原判決為正當者，應以判決駁回之」。本條規定的涵義係指再審事件經法院審查後，如認為確有再審理由，惟此種事由可能對判決的正確性尚不致有所影響，故行政法院經本案再開程序審理後，若認為原判決為正當時，即使將原判決廢棄而更為新判決，其內容仍將與原判決並無二致；如此，則再開程序的結果，顯然並無實益可言，故續行再

[168] 楊建華著，前揭書，九十年版，第六一六頁。

[169] 陳清秀著，前揭書，第五四八頁。王甲乙等合著，前揭書，第六一七頁。

審程序已無必要，而應以判決駁回再審之訴，以符合訴訟經濟原則[170]。其次，若原判決理由雖屬不當，但重新判決結果將與原判決相同者，亦應認為原判決正當，將再審事件以判決駁回。

④再審之訴有理由的判決：行政法院對再審事件經形式要件及再審理由審查後，認為再審之訴合法且有理由，而原確定終局判決係屬不當者，即應先以中間判決將原判決廢棄，如此在程序上可追溯既往使訴訟程序回復到未為判決前的狀態，前此進行的程序若未涉及再審事由者，仍應視為有效，俾可接續進行以節省勞費；然後，進而依據再審原告的聲明，就該本案訴訟更為審理及裁判；此時當事人得依法提出新的陳述與主張及新的聲請。若原確定判決僅具有部分瑕疵，則該判決其餘部分之確定力應不受影響。在再審之訴有理由的情形下，法院對再審之訴所作新的判決，其內容通常與原判決不同，亦即將原判決廢棄改判，其結果將使當事人間的法律關係依據新判決重新加以確定，亦有可能回復到未有原判決前的狀態[171]。

⑤再審判決對善意第三人的效力：依本法第二百八十二條規定「再審之訴之判決，對第三人因信賴確定終局判決以善意取得之權利無影響。但顯於公益有重大妨害者，不在此限」。本條規定之涵義，乃說明基於信賴保護原則及為維持既有法律關係的安定，對於第三人因信賴原確定終局判決以善意取得之權利，在再審判決將原判決廢棄或變更後，其權利應不受影響；惟本條但書則強調公益優先原則，即第三人之權利如顯於公益有重大妨害者，自不應受到保護。

⑥準再審：依本法第二百八十三條規定「裁定已經確定，而有第二百七十三條之情形者，得準用本編之規定，聲請再審」。本條規定係指行政法院所作已經確定之裁定，如有第二百七十三條所定再審之事由者，得準用本編有關對確定終局判決提起再審之訴的各條規定聲請再審，故稱為「準再審」。

---

[170] 同前註，陳清秀書，第五四九頁。

[171] 同前註，陳清秀書，第五四九頁。吳庚著，前揭書，第二五六頁。

第二項　重新審理

㈠重新審理的概念

依本法第二百八十四條規定「因撤銷或變更原處分或決定之判決，而權利受損害之第三人，如非可歸責於己之事由，未參加訴訟，致不能提出足以影響判決結果之攻擊或防禦方法者，得對於確定終局判決聲請重新審理。前項聲請，應於知悉確定判決之日起三十日之不變期間內為之。但自判決確定之日起已逾一年者，不得聲請」。本條第一項規定已提供關於「重新審理」意義的說明，至於重新審理制度的立法目的，顯然在於保障第三人訴訟上的權益；但自法理觀點而言，亦為對撤銷判決所具對世效力的例外規定，因公法關係原應注重法律上的安定性與公權力的拘束作用，故依據本法第二百十五條的規定，撤銷或變更原處分或決定的判決在基本上對當事人及第三人均具有其拘束力，並無區別可言；且本法在程序上對有利害關係的第三人已給予其得獨立參加訴訟的機會，以維護其權益（見本法第四十二條第一項）。惟在例外情形，若有利害關係的第三人因非可歸責於己的事由，而未能適時參加訴訟，以致在程序上未能提出足以影響判決結果的攻擊或防禦方法時，則顯然不啻是剝奪其維護自身權益的機會，且與本法第一百二十五條第二項所定審判長應注意使當事人得為事實上及法律上適當完全之辯論的立法精神亦有未合，故為彌補此種程序上的漏洞，本法乃仿照日本行政事件訴訟法的規定，允許該第三人得對確定終局判決聲請重新審理，作為救濟途徑，以保障其訴訟上的權益並維護訴訟程序的正當性。其次，就有關重新審理制度的適用範圍而言，本法第二百八十四條主要是針對撤銷訴訟所作規定，其適用範圍自然是以撤銷訴訟的事件為原則，但依本法第十一條規定凡屬維護公益訴訟及選舉罷免事件之爭議，均可準用有關規定；甚至有認為機關間的權限爭議及有關行政處分無效之確認訴訟，亦可類推適用重新審理的規定者[172]。

㈡重新審理與再審的區別

[172] 同前註，陳清秀書，第五五一頁。

如前所言，重新審理制度係仿照日本行政事件訴訟法的規定所建立，而日本將此種制度列為再審訴訟的一種；但如詳加比較，即可發現重新審理與再審具有多方面的區別，茲分述如下[173]：

(1)聲請人不同：重新審理係由因撤銷或變更原處分或決定的判決，而權利受損害的第三人提出。而再審則係由對確定終局判決聲明不服的當事人提起。

(2)對象不同：重新審理的對象乃是以撤銷訴訟的判決為主體；而再審之訴的提起則不限於撤銷訴訟的確定終局判決。

(3)理由不同：聲請重新審理係由第三人因非可歸責於己之事由，未能參加訴訟，致不能提出足以影響判決結果之攻擊或防禦方法為理由；而提起再審之訴則須具備本法第二百七十三條及第二百七十四條所規定的事由。

(4)聲請人之地位變換不同：法院認聲請重新審理有理由者，應以裁定命為重新審理，即回復原訴訟程序，此時聲請人仍須以參加人身分參加訴訟；法院認再審之訴的提起有理由者，即應再開訴訟程序，此時提起再審之當事人即為再審原告，而他造則為再審被告。

(5)法院處置不同：法院認聲請重新審理為不合法或無理由者，應以裁定駁回聲請；認聲請合法並有理由者，應以裁定命為重新審理，並即回復原訴訟程序。法院認提起再審之訴為不合法或無理由者，應以裁定或判決駁回；認為合法且有理由者，應廢棄原判決並開始本案訴訟程序。

(6)管轄法院審級不同：聲請重新審理，乃以未參加訴訟程序，致不能提出足以影響判決結果之攻擊或防禦方法為理由，而此種訴訟程序在原則上應屬高等行政法院的事實審部分，故其事件應由高等行政法院管轄。而提起再審之訴，無論作為其標的的確定終局判決為事實審或法律審，只須具備再審事由，均可提出，故其管轄法院的審級須視事由的性質而定，可能為高等行政法院亦可能為最高行政法院。

上述六項乃是就重新審理與再審的區別所作比較說明，但另有須注意者，即二者亦有相同之點，因二者均為受

[173] 吳庚著，前揭書，第二五八頁。陳計男著，行政訴訟法釋論，第七一四—七一五頁。

原確定判決效力所及之人，請求廢棄原判決，並就該事件重新審理及判決，故均屬特別的聲明不服之救濟途徑；由此可知日本將重新審理稱為「第三人之再審之訴」並非全無道理。二者在性質上既有相近之處，故本法中關於再審之訴的大部分規定均可準用於重新審理方面[174]。

㈢聲請重新審理的要件

聲請重新審理亦須具備各種法定要件，茲就其所應具備的實質與形式要件一併扼要說明如下[175]：

⑴聲請權人及事由：依本法第二百八十四條第一項規定，聲請權人不僅應為「因撤銷或變更原處分或決定之判決，而權利受損害之第三人」，且該第三人須以「非可歸責於己之事由，未參加訴訟，致不能提出足以影響判決結果之攻擊或防禦方法」為理由，始得「對於確定終局判決聲請重新審理」。按本項規定有兩個關鍵，即「未參加訴訟」與「不能提出足以影響判決結果之攻擊或防禦方法」；若聲請人未參加訴訟係因可歸責於己之事由，或僅屬單純未參加訴訟，則均不得聲請重新審理；必須其未參加訴訟係因不可歸責於己之事由，且未參加訴訟與不能提出足以影響判決結果之攻擊或防禦方法之間具有直接關聯，始得聲請重新審理。至於所謂「足以影響判決結果之攻擊或防禦方法」，係指如此等方法能在其所未參加之前訴訟程序中提出，則足以使法院作成與原判決不同之判決或有利於該第三人的判決者而言；若此等方法即使提出，並不足以影響判決結果，即不得聲請重新審理。又關於此等方法的範圍，不問其為事實上或法律上的主張均包括在內，但須係聲請人如參加前訴訟程序可在原確定判決之最後言詞辯論終結前提出者為限，若屬在最後言詞辯論終結以後始發生的事由，則不得據為聲請的理由。

⑵提出聲請之期間及程式：關於提出聲請重新審理的期間，依本法第二百八十四條第二項規定「前項聲請，應於知悉確定判決之日起三十日之不變期間內為之。但自判決確定之日起已逾一年者，不得聲請」。本項規定對聲請重新審理的期間設定限制，乃在促使聲請權人早日行使其權利，進而有助於維護法院判決及當事人間法律關係的安定；

[174] 陳清秀著，前揭書，第五五二頁。
[175] 陳計男著，行政訴訟法釋論，第七一六—七一九頁。陳清秀著，前揭書，第五五二—五五三頁。

所稱聲請權人「應於知悉確定判決之日起三十日之不變期間內為之」，乃因聲請權人既未參加前訴訟程序，即可能未獲判決書的送達，甚至不知確定判決於何時作成，故對不變期間的計算應以知悉確定判決時起算，至於聲請權人係於何時始知悉有對其權利有損害的判決，則應自負舉證之責。另關於本項但書規定的用意，乃在對聲請權的行使設定最長期間的限制，以免確定判決與當事人間的法律關係長久受到此種不確定因素的影響，故聲請權人自判決確定之日起已逾一年後，如尚不知有確定判決者，則無論持何種理由，均不得再提出聲請。其次，聲請重新審理須採要式行為，具備法定程式的文書，依本法第二百八十六條規定「聲請重新審理，應以聲請狀表明左列各款事項，提出於管轄行政法院為之：一、聲請人及原訴訟之兩造當事人。二、聲請重新審理之事件，及聲請重新審理之陳述。三、就本案應為如何判決之聲明。四、聲請理由及關於聲請理由並遵守不變期間之證據。聲請狀內，宜記載準備本案言詞辯論之事項」。由本條規定的內容，可知聲請狀與再審訴狀大致相似。

(3)重新審理之管轄法院：依本法第二百八十五條規定「重新審理之聲請準用第二百七十五條第一項、第二項管轄之規定」。因重新審理與再審均為第三人或當事人對確定判決聲明不服尋求救濟的途徑，目的可謂大致相同，在管轄法院的認定方面亦有其共同的要求，故關於再審管轄法院的規定自可準用於重新審理方面。因重新審理的事由既然著重於未能提出足以影響判決結果的攻擊或防禦方法，而此等方法可能涉及事實審程序，亦可能涉及法律審程序，故關於重新審理事件的管轄法院，並非僅限於高等行政法院，亦應包括最高行政法院在內；就個別事件而言，其管轄法院須視案情的不同，而定其管轄審級。

(四)重新審理的程序及裁判

(1)重新審理的程序：本法對重新審理的程序，規定相當簡略；惟如前所言，重新審理與再審在性質上頗為接近，故二者的程序大同小異，亦即在基本上重新審理係準用再審程序的規定，而本法第二百八十五條所稱「重新審理之聲請準用第二百七十五條第一項、第二項管轄之規定」，不僅係就管轄法院的認定問題所作規定，同時間接涉及審理的程序事項；另有第二百九十條規定稱「開始重新審理之裁定確定後，應即回復原訴訟程序，依其審級更為審判。

聲請人於回復原訴訟程序後，當然參加訴訟」。則為有關重新審理程序的主要規定。準此，自理論及有關規定作綜合分析，大致認為重新審理程序約可劃分為三個階段，茲分述如下[176]：

①聲請事件合法性審查：此即對聲請事件首先作形式要件審查，其項目包括聲請權人適格、不變期間、聲請狀程式及其他在法律上不應准許的情形在內。

②聲請事件理由的審查：即審查聲請事件的事由是否符合本法第二百八十四條第一項的規定。

③重新審理及裁判：如聲請事件經前兩階段的審查，均已通過而無問題，則應開始重新審理聲請事件的程序，亦即依前述第二百九十條的規定，此時應回復原訴訟程序，進行本案訴訟的審理，而聲請人應以第三人的身分當然參加訴訟，提出其在前訴訟程序中未能運用的攻擊或防禦方法。

關於重新審理的程序事項，尚有兩點須作補充說明者，即：

①撤回聲請：依本法第二百八十九條規定「聲請人於前二條裁定確定前得撤回其聲請。撤回聲請者喪失其聲請權。聲請之撤回得以書狀或言詞為之」。本條規定即說明關於聲請重新審理，與一般行政訴訟相同，於提出後亦允許聲請人自行撤回聲請，即表示其放棄聲請權，但聲請撤回的時限，須在管轄法院對聲請是否合法及有無理由的裁定未確定前，始為有效。

②不停止執行原則：依本法第二百九十一條規定「聲請重新審理無停止原確定判決執行之效力。但行政法院認有必要時，得命停止執行」。本條規定即在說明聲請重新審理，與一般行政訴訟起訴的效力相同，均採不停止執行原則，故不發生停止原確定判決執行的效力；僅在行政法院認為必要時，始得命停止執行。如此當可避免發生聲請人濫用聲請權，阻礙原判決執行的弊端。

2.重新審理的裁判：重新審理程序進行時，在不同階段管轄法院均應依職權作成不同的裁判，其情形如下[177]：

---

[176] 同前註，陳清秀書，第五五三頁。

[177] 陳計男著，行政訴訟法釋論，第七二〇—七二二頁。

①聲請是否合法的裁定：此即在前述審查的第一階段，依本法第二百八十七條規定「聲請重新審理不合法者，行政法院應以裁定駁回之」。反之，如經形式要件審查後，認為聲請合法者，即進行第二階段之審查。

②聲請有無理由的裁定：此即在審查的第二階段，對聲請事件有無理由進行審查，依本法第二百八十八條規定「行政法院認為第二百八十四條第一項之聲請有理由者，應以裁定命為重新審理；認為無理由者，應以裁定駁回之」。如聲請被認為無理由而以裁定駁回後，重新審理程序即告終結。

③重新審理本案的判決：依前述本法第二百八十八條規定，行政法院認聲請為有理由者，應以裁定命為重新審理，亦即回復原訴訟程序言詞辯論終結前的狀態，進行對本案的實體審查；此時原當事人兩造及聲請人（以參加人的身分）均得提出新的攻擊或防禦方法，以求爭取對其有利的判決。然後，由管轄法院就辯論之結果而為判決；所作判決就內容而言，主要可能有三種情形，其一、即作成與原確定判決相同之判決，亦即以判決諭知維持原判決；其二、即以判決諭知廢棄原確定判決，並作成與原判決不同之新判決；其三、如管轄法院為最高行政法院，而該若認為有不能自行判決的情形（涉及事實審程序），亦可能廢棄原判決，發回高等行政法院更審。

⑶重新審理判決的效力：重新審理的結果所作判決，既是對本案訴訟所作判決，則與一般行政訴訟判決所具各方面的效力並無不同。但有應注意者，即依據本法第二百九十二條規定「第二百八十二條之規定，於重新審理準用之」。本條規定的涵義，係指重新審理的結果，如為廢棄原確定判決，而另為新判決時，在此種情形對於第三人因信賴原確定判決以善意取得之權利，除非顯於公益有重大妨害，否則即應予以保障。按本法第二百八十二條乃是對再審之訴的判決所作規定，因重新審理亦可能發生同樣情形，故可準用於重新審理方面。

第八節　保全程序與強制執行

第一項　保全程序

㈠保全程序的概念

首先就私法制度方面而言，民事訴訟制度的建立旨在保護私權，而保護私權的程序可區分為兩個階段，即「確定」與「實現」。欲求實現，必先確定；因確定之後，取得執行名義，實現始有依據；但確定之後必須實現，否則確定即毫無效用和意義。所謂確定私權的程序，係指自起訴至判決的訴訟程序而言；至於實現私權的程序，即為強制執行程序。在私法制度方面，乃是將民事訴訟與強制執行，以不同的法律分別規定，但介於兩者之間，附隨於民事訴訟程序者，尚有保全程序。按保全程序在性質上並非確定私權程序的一部分，將其納入民事訴訟法中，乃是基於實際需要，藉以彌補訴訟制度的缺失。具體言之，在現行訴訟制度之下，當事人（或債權人）若欲經由確定私權程序取得執行名義，常需耗費時日，而在此長期的過程中，卻難保情事不生變化，如若義務人（或債務人）資力減少、或隱匿財產、或移轉財產，甚至逃逸無蹤；如此，迨至債權人循法定程序取得執行名義時，或則債務人已無力償還，或已無財產可供執行，或則執行標的之權利已發生變動，使經由訴訟制度實現保護私權之目的難以達成，以致債權人蒙受不可預料的損害；為彌補此種制度上的漏洞，乃有保全程序的採行，附隨於訴訟制度之內，允許債權人在有顧慮日後不能強制執行或有執行困難的情形發生時，於提起本案訴訟之前或在訴訟繫屬中，即可適時聲請法院禁止債務人採取對其財產處分或變更現狀的行為，亦即暫時將其財產予以凍結，俾保障債權人日後取得執行名義時，尚有實現其權利的機會，此即保全程序採行的目的[178]。按上述情形並非僅為私法制度所有，同時也存在於公法制度方面，故在公法制度上同樣有採行保全程序的必要，尤其是在行政訴訟法於八十七年修正後，在擴大訴訟範圍與種類

[178] 王甲乙等合著，前揭書，第六三四頁。吳明軒著，前揭書（下），第一五六九頁。

的情況之下，本法除於第一百十六條規定起訴是否具有停止原處分或原決定執行的效力外，另以第七編第二百九十三條至第三百零三條專門就保全程序作明確規定，使二者並存於行政訴訟法制中，形成較完備的「暫行權利保護」制度。所謂「暫行權利保護」制度，其涵義係指為確保行政訴訟終局判決作成後足以使其內容得以實現的制度，此種制度構成訴訟制度附隨的部分，乃以保全程序為主體，因其作用僅係將債務人的財產在債權人取得執行名義之前先行凍結，尚未達到強制執行的階段，故稱「暫行權利保護」制度，具有「暫時」或「非正式」之意。在保全程序中，包括兩種措施，即「假扣押」與「假處分」，二者的功效雖未盡相同，但均以保全強制執行的實現為目的[179]。

㈡假扣押程序

⑴假扣押的意義與要件：依本法第二百九十三條規定「為保全公法上金錢給付之強制執行，得聲請假扣押。前項聲請，就未到履行期之給付，亦得為之」。根據本條規定及法理解釋，可對假扣押的意義提出一項具體說明，即「所謂假扣押，乃是保全程序的一種，係債權人就金錢給付或得易為金錢給付之請求，為保全將來之強制執行，得聲請法院以裁定對於債務人之財產予以扣押（查封），禁止其處分之程序」[180]。經由上述意義的說明，大致已可掌握假扣押制度的要點，進而可對其要件提出分析；所謂假扣押的要件，即除一般訴訟的要件外，就聲請假扣押所須具備的特別要件（亦稱有效要件），主要有下列兩項[181]：

①須為保全公法上金錢或得易為金錢給付之強制執行。此種所欲保全之金錢給付，除須係基於公法關係所生者外，且須經由行政訴訟程序加以確定，但事實上尚未判決確定。

②須其債務人有日後不能或難以強制執行之虞（依本法第二百九十七條準用民事訴訟法第五百二十三條規定）。如前所述，此項要件實為假扣押制度採行的基本原因。

---

[179] 蔡志方著，行政救濟法新論，第三〇六—三〇七頁。

[180] 雲五社會科學大辭典，第六冊，第二七二頁。

[181] 蔡志方著，行政救濟法新論，第三〇七頁。

(2)假扣押的管轄法院與裁定：關於本項的內容，可分為管轄法院、聲請程序及法院裁定三部分言之[182]：

①假扣押的管轄法院：依本法第二百九十四條規定「假扣押之聲請，由管轄本案之高等行政法院或假扣押標的所在地之高等行政法院管轄。管轄本案之高等行政法院為訴訟已繫屬或應繫屬之高等行政法院。假扣押之標的如係債權，以債務人住所或擔保之標的所在地，為假扣押標的所在地」。由本條規定的內容，可知關於假扣押事件管轄法院的認定，約有下列三種情形：

1. 如本案訴訟尚未提起者，則由將來管轄本案訴訟之高等行政法院（即應繫屬之法院）為其假扣押聲請事件之管轄法院；本案訴訟之管轄法院如有數所時，得向其中任何一所管轄法院提出聲請（見本法第二百九十四條第二項、及第十八條準用民事訴訟法第二十二條有關「選擇管轄」之規定）。

2. 如本案訴訟已繫屬者，則由訴訟繫屬之高等行政法院管轄，此時即使尚有其他高等行政法院有權管轄本案訴訟，當事人亦不得向其他高等行政法院提出假扣押聲請。若本案訴訟係繫屬最高行政法院者，則當事人就假扣押事件應向本案訴訟曾繫屬之高等行政法院提出聲請（見本法第二百九十四條第一項之基本規定）。

3. 由假扣押標的所在地之高等行政法院管轄，採此種認定標準的優點，即便利假扣押的執行，能夠迅速達成目的。若採取此種選擇管轄者，即不限於本案訴訟是否已經繫屬或應繫屬於何高等行政法院。至於所謂假扣押標的，係指聲請假扣押之物或權利而言，債權人於提出聲請時不僅須指明此等標的，且須說明此等標的係存在於受聲請之高等行政法院所在地（見本法第二百九十七條準用民事訴訟法第五百二十五條第三項之規定）。如假扣押之標的係債權時，因債權係對特定債務人行使之請求權，故應以該債務人住所或擔保之標的所在地，為假扣押標的所在地（見本法第二百九十四條第三項）；而債權人即應向該債務人住所或擔保標的所在地之高等行政法院提出假扣押聲請；如依上述認定標準提出聲請，而同時有數法院有管轄權時，債權人得任向其中一所法院提出聲請。至於法院對假扣押事件有無管轄權，應以聲請時為準（類推適用本法第十七條之規定）。

---

[182] 陳計男著，行政訴訟法釋論，第七四三—七四八頁。

②假扣押的聲請程序：債權人聲請假扣押為訴訟行為的一種，依本法第六十條規定「於言詞辯論外，關於訴訟所為之聲明或陳述，除依本法應用書狀者外，得於行政法院書記官前以言詞為之。前項情形，行政法院書記官應作筆錄，並於筆錄內簽名」。可知聲請假扣押得以書狀或言詞為之，如採言詞方式則為向書記官聲明，由其作成筆錄。至於聲請書狀或言詞聲明的內容，依本法第二百九十七條準用民事訴訟法第五百二十五條及第五百二十六條之規定，所應表明之事項包括「一、當事人及法定代理人。二、請求（釋明原因）。三、假扣押之原因。四、法院（高等行政法院）。請求非關於一定金額者，應記載其價額。依假扣押之標的所在地定法院管轄者，應記載假扣押之標的及其所在地」。債權人提出聲請後，管轄法院應首先依職權調查其是否具備一般訴訟要件，然後再就聲請事件審查其是否具備合法要件，作為對聲請事件裁定的根據。

③法院對假扣押聲請的裁定：管轄法院在對聲請假扣押事件審查後，應依職權針對個別事件的情形作成不同的裁定，其裁定種類如下：

1. 駁回假扣押聲請之裁定：管轄法院如認為聲請事件不合法者，應以裁定駁回之。如認為雖具備形式要件，但屬無理由者（即不符合實質有效要件），亦應予以駁回。此外，依本法第二百九十七條準用民事訴訟法第五百二十六條之規定，如聲請人對請求及假扣押原因所作釋明（提出之證據）不足，或所提供之擔保不足以彌補債務人所可能受到之損害者，管轄法院亦應認其聲請為無理由，而予以駁回。

2. 准許假扣押之裁定：此種裁定又可分為兩種情形，其一、為單純准許之裁定，此即認為聲請事件合法且有理由，管轄法院對該事件作成不附任何條件的准許假扣押裁定。其二、為附條件之准許裁定，此即依本法第二百九十七條準用民事訴訟法第五百二十六條之規定「請求及假扣押之原因，應釋明之。債權人雖未為前項釋明，如就債務人所應受之損害已供法院所定之擔保者，得命為假扣押。請求及假扣押之原因雖經釋明，法院亦得使債權人供擔保後，命為假扣押。債權人供擔保後，命為假扣押者，應將其擔保記載於假扣押裁定內」。根據上述條文的規定，可知無論債權人是否已對請求及假扣押之原因加以釋明，管轄法院均得以債權人須提供擔保為條件，作成准許假扣押的裁定。關於此種命債權人提供擔保之規定，乃是以此種擔保備為因不當假扣押之執行，賠償債務人所受損害之用途。

⑶假扣押裁定之撤銷：管轄法院就假扣押之聲請作准許裁定後，得因下列各種原因予以撤銷，茲分述如下[183]：

①債權人未提起本案訴訟：依本法第二百九十五條規定「假扣押裁定後，尚未提起給付之訴者，應於裁定送達後十日內提起；逾期未起訴者，行政法院應依聲請撤銷假扣押裁定」。本條後段所謂「依聲請撤銷」，係指依債務人的聲請撤銷假扣押之裁定，如此可促使債權人早日起訴，以免兩造間的法律關係久懸不決；同時，由債務人聲請撤銷，可使債務人不致長期陷於不利的地位。

②假扣押之原因消滅或其他命假扣押之情事變更者：依本法第二百九十七條準用民事訴訟法第五百三十條第一項規定「假扣押之原因消滅或其他命假扣押之情事變更者，債務人得聲請撤銷假扣押裁定」。此即在假扣押之原因消滅或發生其他情事變更後，假扣押之聲請既已不符合原先存在的有效要件，或因已無保全強制執行的必要，或因債權人已喪失其聲請之權利，則債務人方面自無繼續容忍其假扣押之義務，故可聲請撤銷假扣押之裁定。

③債務人陳明可供法院所定之擔保或將請求之標的物提存者：依本法第二百九十七條準用民事訴訟法第五百二十七條規定「假扣押裁定內，應記載債務人供所定金額之擔保後，得免為或撤銷假扣押」。同法第五百三十條第二項規定「債務人得陳明可供法院所定之擔保或將請求之標的物提存，聲請撤銷假扣押裁定」。上開兩項條文的涵義雖不盡相同，但如債務人能提供擔保或將標的物提存，則對債權人的權利若足以構成適當的保障，自無使假扣押繼續存在的必要，應允許債務人向管轄法院聲請撤銷假扣押始為合理。

④債權人聲請撤銷：依本法第二百九十七條準用民事訴訟法第五百三十條第三項規定「假扣押之裁定，債權人得聲請撤銷之」。此即債權人如認為假扣押原因消滅，已無繼續維持的必要，或自願放棄假扣押的權利，自應允許其聲請撤銷假扣押。

[183] 吳明軒著，前揭書（下），第一六〇〇－一六〇五頁。陳清秀著，前揭書，第五八五頁。

⑤債務人抗告：管轄法院對假扣押裁定後，如債務人提出抗告，經抗告法院審查結果，若認為假扣押之裁定自始不當者，即應以裁定撤銷之。

⑷假扣押裁定撤銷之效力：依本法第二百九十六條規定「假扣押裁定因自始不當而撤銷，或因前條及民事訴訟法第五百三十條第三項之規定而撤銷者，債權人應賠償債務人因假扣押或供擔保所受之損害。假扣押所保全之本案請求已起訴者，前項賠償，行政法院於言詞辯論終結前，應依債務人之聲明，於本案判決內命債權人為賠償；債務人未聲明者，應告以得為聲明」。本條規定的涵義，係指凡屬假扣押裁定，因債務人抗告、或債權人逾期未起訴、或因債權人聲請而撤銷者，無論債權人有無故意或過失，對於債務人因假扣押或提供擔保所受之損害，均應負賠償責任，俾可防止債權人對聲請假扣押權利的濫用。至於本條第二項規定的用意，乃是基於訴訟經濟原則，使債務人得利用本案訴訟程序請求賠償，而不必另行起訴，以節省勞費[184]。

㈢假處分程序

⑴假處分的意義：依本法第二百九十八條規定「公法上之權利因現狀變更，有不能實現或甚難實現之虞者，為保全強制執行，得聲請假處分。於爭執之公法上法律關係，為防止發生重大之損害或避免急迫之危險而有必要時，得聲請為定暫時狀態之處分。前項處分，得命先為一定之給付。行政法院為假處分裁定前，得詢問當事人、關係人或為其他必要之調查」。本條第一及第二兩項，已對假處分的涵義有相當具體的提示，茲再參考理論上的解釋，對其意義提出較周延的說明。所謂「假處分係指就公法上之權利（其性質為金錢請求以外之請求者），如因現狀變更，以致有不能實現或甚難實現之虞時，為保全強制執行，得於本案繫屬前或繫屬後，聲請管轄法院對於請求標的為一定之處分；或就爭執之法律關係，定其暫時狀態之程序」。所稱「金錢請求以外之請求」，即為非屬金錢性質之請求，而為各個物之給付或其他行為而言。且其請求標的並非以財產法上請求或行為為限，惟須因請求標的之現狀如發生變更，即可能有日後無法強制執行或甚難執行之虞，始得聲請假處分。而其不能強制執行或甚難執行之虞，須係存

[184] 同前註，陳清秀書，第五八五頁。

在於請求之標的或個別的給付，若係存在於債務人一般財產的狀態，則不得作為假處分的理由，此即其與假扣押的不同之點。至於本法第二百九十八條第二項所稱於爭執之法律關係，有定暫時狀態之必要者，準用關於假處分之規定，係指將發生爭執的法律關係，暫時規制其現狀，以防止其有所變動，而有助於保護當事人的權益，俾便於將來作最終的決定[185]。由上述有關假處分的法律規定及意義的解說，可知假處分措施應包括兩種情形，其一、即對公法上權利的請求標的為一定之處分；其二、為就爭執之法律關係定暫時之狀態；二者之中以前者為主體，後者係準用前者之規定。又假處分與假扣押均係為保全將來的強制執行而設，在性質上具有相通之處；而且，如作為假處分標的之非金錢請求之請求，係得易為金錢請求者，則債權人為保全強制執行，既可聲請假處分亦可聲請假扣押，故本法第三百零二條規定「除別有規定外，關於假扣押之規定，於假處分準用之」。此即假處分既可直接準用假扣押之規定，間接亦可準用民事訴訟法的規定[186]。

(2)假處分的要件：聲請假處分所須具備的要件，亦可區分為合法要件與有效要件兩部分，茲分述如下[187]：

①假處分的合法要件：除關於聲請假處分的管轄法院認定事項外，所須具備合法要件的其他項目均與假扣押相同。

②假處分的有效要件：此即聲請假處分除須具備一般訴訟要件之外，所須具備的特別要件，其與聲請假扣押的有效要件並不相同。依據本法第二百九十八條第一項規定分析，其有效要件有下列兩項：

1.須有欲保全之公法上權利：如前所言，此種公法上權利，其請求標的係屬公法上金錢請求以外之請求，無論其為對物之請求或對行為或不行為之請求，均可聲請假處分。且此種公法上權利，須屬聲請人個人的權利，而有請求保全之必要者，始符合權利保護之要件。此外，尚須聲請人與債務人之間，現在或將來有訴訟繫屬之本案請求，

[185] 雲五社會科學大辭典，第六冊，第二七三頁。

[186] 王甲乙等合著，前揭書，第六五六頁。

[187] 陳計男著，行政訴訟法釋論，第七五七—七五八頁。王甲乙等合著，前揭書，第六五七—六五八頁。

為聲請之前提條件。另有須注意者，即依本法第二百九十九條規定行政處分不得作為假處分之標的，以免阻礙行政處分的執行力（參閱後述「假處分聲請的禁止」部分說明）。

2.須因現狀變更，有日後不能強制執行或甚難實現之虞：所謂「現狀變更」，係指請求標的物之狀態，現在或將來有發生變動的可能，以致日後有無法強制執行或難以執行之虞，故有聲請假處分之必要，俾可保持標的物之現狀，以備日後便於強制執行。

(3)假處分的管轄法院：依本法第三百條規定「假處分之聲請，由管轄本案之高等行政法院管轄。但有急迫情形時，得由請求標的所在地之高等行政法院管轄」。由本條規定，可知關於假處分管轄法院的認定較為單純，即在原則上應由管轄本案之高等行政法院管轄；所謂「本案」係指因假處分而保全其強制執行，債權人應對債務人提起之訴訟而言；但在有急迫情形之下，如仍限制由本案管轄法院管轄，恐難達假處分之實際目的，而有誤聲請人之利益時，則應依例外規定由請求標的所在地之高等行政法院管轄[188]。

(4)假處分聲請的審查：關於假處分聲請事件的審查程序，在原則上與假扣押事件的審查程序大致相同，即先對其合法要件加以審查，然後再就有效要件進行審查，亦即對聲請事件有無理由的審查。此等審查程序在本法假處分部分有特別規定者，僅有第二百九十八條第四項稱「行政法院為假處分裁定前，得詢問當事人、關係人或為其他必要之調查」。及第三百零一條所稱「關於假處分之請求及原因，非有特別情事，不得命供擔保以代釋明」。此外，一般程序方面即須準用本法關於假扣押之規定（見本法第三百零三條）及民事訴訟法的有關規定（見本法第三百零三條）。此等準用的規定，在假扣押的規定方面，例如關於提起本訴之時限（見本法第二百九十五條）及關於裁定之撤銷原因、撤銷聲請及撤銷之效力等事項（見本法第二百九十六條）；在民事訴訟法方面，例如關於「假處分之方法由法院酌量定之」（見民訴第五百三十五條）及「非有特別情事，法院不得許債務人供擔保而撤銷假處分」（見民訴第五百三十六條）等均是。

[188] 陳榮宗、林慶苗合著，前揭書，第九〇六頁。

(5)假處分的裁定：關於假處分的裁定，亦須經過形式審查與實體審查兩種程序。形式審查的項目包括一般訴訟合法要件的事項，例如有關當事人、管轄、時限、程式等項目的審查；實體審查的事項主要包括權利人（債權人）所欲保全強制執行之請求是否存在，對此權利人應提出證據釋明、有無假處分的原因（亦即聲請之理由）、以及有無假處分的必要等事項。經過不同階段的審查程序，管轄法院應根據審查結果，判斷聲請事件是否合法及有無理由，然後作成下列的不同裁定[189]：

①聲請為不合法或無理由者：法院應以裁定駁回聲請。

②聲請為合法並有理由者：法院應依聲請以裁定命為假處分；但在此種情形，其裁定可能又有所不同，其一、即單純命為假處分之裁定；其二、即附有條件之准許裁定，亦即命債權人提供擔保後再為假處分裁定。此外，關於准許假處分之裁定，尚有應注意者，即依本法第三百零三條準用民事訴訟法第五百三十五條第一項之規定「假處分所必要之方法，由法院酌量定之」。因此，管轄法院應在裁定書中指示假處分所應採行的方法。法院在酌定方法時，應考慮為達成假處分之目的，在實際上所須採行的一種或多種方法，其中可能包括「命債務人為一定行為」（例如命其將標的物交付）、或「禁止債務人為一定行為」（例如禁止將標的不動產所有權移轉）、或選任管理人，亦即選任第三人管理為請求標的之物或權利（例如合夥清算前之營業管理、或共有物分割前之使用收益管理）、或其他有實際需要之適當方法等均是。

(6)定暫時狀態之處分的意義與要件：依本法第二百九十八條第二項規定「於爭執之公法上法律關係，為防止發生重大之損害或避免急迫之危險而有必要時，得聲請為定暫時狀態之處分」。按此種定暫時狀態之處分，其目的與本條第一項所定保全程序之假處分不盡相同；具體言之，定暫時狀態之處分其目的並非完全為保護當事人權利日後的強制執行，同時也在保護一般的利益，但因其對爭執之法律關係定暫時狀態，乃在防止發生重大之損害或避免急迫之危險，遂對當事人間的權利或法律關係採取暫時性處置的措施，故就其所具此種意義而言，確與前述保全程序的

[189] 吳明軒著，前揭書（下），第一六二三—一六二八頁。

假處分頗為接近，自可視為係假處分的一種類別。惟若從法律效果方面觀察，定暫時狀態與假處分仍有所差別，因假處分之最終目的在於保全將來本案判決內容能夠實現，故債權人於假處分裁定後雖可獲得假處分的執行，但在本案判決執行前，並不能直接從假處分方面獲得任何現實的利益。反之，定暫時狀態的處分，其最終目的雖也在求保全將來本案判決內容的實現，但聲請人在定暫時狀態處分裁定後，本案判決執行前，即可依該裁定暫時實現其權利（或至少可先行獲得部分現實利益），相對人亦應依裁定所命暫時履行其義務，故本法第二百九十八條第三項規定「前項處分（定暫時狀態），得命先為一定之給付」。依據此項規定，聲請人所獲一定之給付，即為在本案判決執行前先行取得之現實利益；不過，此時法院命先為一定給付，亦被視為係假處分方法的一種[190]。關於「定暫時狀態之處分」的涵義及其與假處分的異同，已見前述。根據上述的法律規定與理論解說，可就「定暫時狀態之處分」的特別要件（有效要件）提出兩項分析說明[191]：

①須有公法上法律關係的爭執存在：如前所述，此種公法上法律關係之爭執，以屬於公法上金錢給付以外之請求為原則（惟亦認為是否屬於金錢給付之請求，在所不問者）；且須為有繼續性之公法上法律關係，若無繼續性，即無定暫時狀態之處分的必要。

②須有定暫時狀態之處分的必要：此即為防止爭執中的法律關係發生重大損害或避免急迫之危險，聲請人為保護其法律上的權益，認為有聲請管轄法院以裁定定暫時狀態之處分的必要。管轄法院應就聲請事件斟酌當事人可能遭受損害之嚴重程度及該事件是否確有刻不容緩之急迫性，並依利益衡量之原則，加以客觀判斷，然後作成裁定，使此種爭執中的公法上法律關係暫時處於特定的狀態，以維護當事人的權益。

上述內容已就「定暫時狀態之處分」的涵義及要件分別作扼要的解說，至於對此種處分的審查程序與裁定等事項，與假處分的情形大同小異，故不再贅述。

---

[190] 陳計男著，行政訴訟法釋論，第七六二頁。

[191] 蔡志方著，行政救濟法新論，第三一一頁。同前註，陳計男書，第七六三頁。

(7)假處分聲請的禁止：所謂「假處分聲請的禁止」，係指不得聲請假處分的事項而言，亦稱「假處分的限制」或「除外事項」，約有下列三種情形，茲分別言之[192]：

①依本法第二百九十九條規定「關於行政機關之行政處分，不得為前條之假處分」。此即說明不得針對行政機關之行政處分聲請假處分；所謂「行政處分」，依行政程序法第九十二條第一項規定「本法所稱行政處分，係指行政機關就公法上具體事件所為之決定或其他公權力措施而對外直接發生法律效果之單方行政行為」。此為現行法律對「行政處分」定義的基本規定；但關於行政處分的範圍，除此種公法上具體事件的決定或其他公權力措施外，在解釋上尚可包括「一般處分」及有關公物的設定、變更、廢止或一般使用的措施在內，均不得作為聲請假處分的對象；設定此種限制的原因主要有二，其一、即在避免藉假處分阻礙行政處分的執行與公權力的行使；其二、即本法第一百十六條第二項對聲請行政處分的停止執行已有規定，其作用與假處分大致相同，可以作為假處分的替代制度，故無再允許對行政處分聲請假處分的必要。惟亦有學者認為對本法第二百九十九條之規定，不宜解釋為一切與行政處分有關的訴訟，均不得聲請假處分；而應僅限於對行政處分提起撤銷訴訟及確認處分無效的情形，至於在對公權力行使不構成妨礙、或在對當事人權益無其他更有效之保障途徑的情形等，均仍應允許聲請假處分。

②行政機關若能依法採取行政措施以達保障權益之目的時，亦不應允許聲請假處分；因就一般情形而言，行政程序較司法程序迅速且多樣化，故若行政機關能採取有效的保障權益措施，當事人自無聲請假處分的必要。

③若依案情判斷，認為當事人無法以本案訴訟實現其請求權之目的時，亦不應允許其聲請假處分；就已繫屬的案件而言，對於此種情形法律上雖無明文規定，但依理論推斷，自無准許其聲請假處分的道理。例如依本法第一百零七條第三項規定「原告之訴，依其所訴之事實，在法律上顯無理由者，行政法院得不經言詞辯論，逕以判決駁回之」。既然言詞辯論已不必舉行，則假處分的聲請亦不應准許。此外，對於起訴不合法的案件或對提起本案訴訟已無實益的案件，管轄法院均不應允許其聲請假處分，以免浪費司法資源。

---

[192] 同前註，蔡志方書，第三一一—三一二頁。同前註，陳計男書，第七六四—七六六頁。

第二項　強制執行

㈠強制執行的概念

所謂「強制執行」，若從民事訴訟方面解釋，係指「執行機關依債權人之聲請，或以職權對於應行強制執行之民事確定判決或其他依法得為執行名義之事件，用國家之強制力使義務人履行之者曰強制執行。通常乃由地方法院民事執行處實施之」[193]。至於行政方面的強制執行，即為「行政執行」，其涵義係指「行政機關或受其委託之高權主體，對於不履行行政之具體義務之人民或其他主體，以自己本身力量並遵守法定程序，不必向法院申請，強制地要求其履行公法上義務或實現與履行義務之相同狀態」[194]。另在行政訴訟方面的強制執行，則雖係規定於行政訴訟法中，但其各種事項大部分準用強制執行法的規定，故在性質上極為接近於民事的強制執行，僅略有不盡相同之處。由於行政訴訟法並未對強制執行的意義加以界定，茲參考法令規定及相關理論提出一項定義說明如下：

「所謂強制執行，係指就當事人間的法律上權利義務關係，於權利人（債權人）依法向義務人（債務人）提出實現其權利的請求，如義務人未能自行履行其義務時，權利人得以執行名義向管轄行政法院（執行法院）提出聲請，由該行政法院或囑託普通法院或行政機關依法定程序運用公法上權力強制義務人履行其義務或直接對執行標的物加以處置，以實現權利人請求權內容的措施」。

此項定義雖非十分周延，但大致尚能對強制執行制度的實際情形加以解說，當有助於對此種制度的認識。

就傳統的行政訴訟制度而言，因以往僅有撤銷訴訟一種類別，而撤銷訴訟的判決在性質上屬形成判決，其判決確定後即具有形成力，並無執行問題存在；故我國行政訴訟法在八十七年修正前，依舊法第三十二條規定「行政訴訟判決，由行政法院報請司法院轉有關機關執行之」。此種規定不僅簡略，且實際上此種執行方式並無具體功效可言；

---

[193] 雲五社會科學大辭典，第六冊，第二六四頁。

[194] 蔡震榮著，行政執行法，中央警察大學出版社，八十九年版，第二頁。

因以往行政法院對行政訴訟案件的判決，通常或為駁回原告之訴或為將原處分撤銷交由被告機關另為適法處分，而未曾有行政法院自為判決作為執行名義的情形，故行政訴訟法中有關判決執行的規定形同虛設195。至八十七年修法後，新法對行政訴訟的種類增加，除傳統的撤銷訴訟外，另有公法的給付訴訟與課予義務訴訟，性質均與撤銷訴訟不同，其判決內容的實現，均可能涉及強制執行問題，因而新法對有關強制執行的事項，必須作較為明確具體的規定。於是，在新法中遂增設「強制執行」一編共四條條文，另規定關於執行程序，應視執行機關的不同，可分別準用強制執行法或行政執行法的規定，藉以規範其強制執行業務的整體事項。

㈡強制執行的執行名義

所謂「執行名義」係指法律賦予執行機關採取強制執行行為，以強制義務人履行其義務的合法依據而言；因強制執行措施，係行使國家公權力發揮強制作用，促使當事人間權利義務實現的措施，故須具有法律上的依據，始得合法採行；而執行名義即構成強制執行的前提要件或憑藉。行政訴訟方面的強制執行須依本法取得執行名義，且執行名義必須具有實質及特定的內容，亦即必須足以表明其強制執行標的種類、範圍與執行當事人，如其內容難以確定，則對執行方面即易形成困擾和阻礙。至於依本法規定構成執行名義的類別，約有下列四種，茲分別言之：

⑴確定判決：確定判決為執行名義的主要類別，但在性質上能夠作為執行名義者，限於下列三種判決，茲逐項解說如下：

①給付判決：本法對此種判決的強制執行作有明確規定，其第三百零五條稱「行政訴訟之裁判命債務人為一定之給付，經裁判確定後，債務人不為給付者，債權人得以之為執行名義，聲請高等行政法院強制執行。高等行政法院應先定相當期間通知債務人履行；逾期不履行者，強制執行。債務人為中央或地方機關或其他公法人者，並應通知其上級機關督促其如期履行」。本條第一項乃是關於給付判決強制執行的基本規定，足以顯示強制執行的一般性涵義，亦可謂是在行政訴訟的強制執行方面具有代表性的規定；第二項則係規範強制執行的程序；第三項乃是專就

195 吳庚著，前揭書，第二七五頁。

中央或地方機關或公法人團體為債務人的情形所作規定，其要求通知上級機關，係欲透過行政體系的監督作用，促使其下級機關自動履行義務，俾可早日實現判決的內容，而無採行強制執行的必要，以節省勞費。

②撤銷判決：依本法第三百零四條規定「撤銷判決確定者，關係機關應即為實現判決內容之必要處置」。本條規定的涵義，係指行政法院的判決，乃是司法機關代表國家所作意思表示，依法應具有拘束各關係機關之效力，故於判決確定後，關係機關自應遵照判決的意旨付諸執行，採取必要的處置，以實現判決的內容。本條雖未明定，法院得通知其上級機關督促該關係機關付諸執行，但在理論上第三百零五條的規定，應可準用於撤銷判決方面。此外，學者亦有認為，若關係機關怠於為必要之處置時，債權人應可提起一般給付訴訟，尋求救濟者[196]。

③課予義務訴訟之判決：關於課予義務訴訟判決的強制執行，本法並未作明文規定，在理論上有否定說的見解存在，即認為對課予義務的判決，若被告機關不遵照執行時，因本法欠缺強制執行的規定，故法院既不能直接代為履行，亦不能採間接強制的方式迫使其採取必要的處置，最後可能只有發動監察權彈劾或由受損害之當事人請求國家賠償，作為解決的途徑。惟否定說不僅內容消極，且具有基本的缺失，即忽略課予義務訴訟具有給付訴訟的本質，因此種判決如係命被告機關作成特定內容之行政處分時，實即為「裁判命債務人為一定給付」的一種，故就此種情形，自仍可適用本法第三百零五條之規定採取強制執行，惟所採方法僅能依強制執行法第一百二十八條之規定行間接強制，即以反覆課予怠金方式迫使被告機關履行其義務而已[197]。

⑵裁定：依本法第三百零五條第四項後段規定「……依本法所為之裁定得為強制執行者，或科處罰鍰之裁定，均得為執行名義」。此項規定的涵義，係指凡屬在性質上適合採取強制執行且具有強制執行內容的裁定，或科處罰鍰的裁定，均可作為執行名義，據以採取強制執行的措施；前者例如假扣押及假處分的裁定（見本法第二百九十三條及第二百九十八條之規定）；至於科處罰鍰，實即課予金錢給付義務（例如依本法對證人、鑑定人或第三人科處罰

196 陳清秀著，前揭書，第五八八頁。

197 同前註，第五八九頁。

鍰之裁定，見本法第二百四十三條、第二百四十八條、第二百五十三條、第二百五十六條及第二百六十九條等均是），此種裁定自得為強制執行；惟當事人如對此等裁定提起抗告時，於抗告程序中應停止執行；此外，關於對不同當事人或關係人或法院職員核定應負擔訴訟費用之裁定，亦構成執行名義（見本法第二百零四條準用民事訴訟法之有關規定）[198]。

⑶訴訟上和解：依本法第三百零五條第四項前段規定「依本法成立之和解，……均得為執行名義」。本法所稱「和解」，係指依本法第二百十九條所成立的訴訟上和解而言，因和解合法成立後，具有與確定判決同等之確定力與拘束力，且可比照撤銷或變更原處分或決定之判決，就其事件有拘束各關係機關之效力（見本法第二百二十三條準用第二百十三條、第二百十四條及第二百十六條之規定），如其內容適於強制執行者，並應具有執行力，亦即該項和解可作為執行名義，據以對債務人採取強制執行措施；即使和解內容之全部或一部所規範者為私法上之請求權，亦得為執行名義[199]。

⑷約定接受執行的公法上契約：依行政程序法第一百四十八條規定「行政契約約定自願接受執行者，債務人不為給付時，債權人得以該契約為強制執行之執行名義。前項約定，締約之一方為中央行政機關時，應經主管院、部或同等級機關之認可；締約之一方為地方自治團體之行政機關時，應經該地方自治團體行政首長之認可；契約內容涉及委辦事項者，並應經委辦機關之認可，始生效力。第一項強制執行，準用行政訴訟法有關強制執行之規定」。由本條規定可知，行政契約須事先約定自願接受執行者，始得構成執行名義；且締約之一方為政府機關者，須經其上級機關認可始生效力；至於有關強制執行的事項，則完全準用本法的有關規定。

㈢執行機關與程序

依本法第三百零六條規定「高等行政法院為辦理強制執行事務，得設執行處，或囑託普通法院民事執行處或行

---

[198] 陳計男著，行政訴訟法釋論，第七七〇頁。

[199] 陳清秀著，前揭書，第五八九頁。陳敏著，前揭書，第一二九〇頁。

政機關代為執行。執行程序除本法別有規定外，應視執行機關為法院或行政機關而分別準用強制執行法或行政執行法之規定。債務人對第一項囑託代為執行之執行名義有異議者，由高等行政法院裁定之」。由本條第一項規定，可知行政訴訟的強制執行事務，在基本上應由高等行政法院自行設置執行處負責辦理為原則，因高等行政法院為各級行政法院裁判之執行法院；故此種規定無論從經濟效率及貫徹執行的觀點而言，均可謂合理[200]。惟行政法院組織法中有關高等行政法院組織的部分，並無關於設置執行處的規定，故高等行政法院如需設置執行處，須依據行政法院組織法第四十七條準用法院組織法第十六條有關民事執行處的規定設置其執行處。關於由高等行政法院負責強制執行業務的問題，尚須考慮個別高等行政法院轄區的大小及執行事件的性質；若遇有轄區遼闊，無法全面兼顧，或依事件之性質宜由行政機關執行者，則可囑託普通法院民事執行處或行政機關代為執行，以增進業務上的便利，並有助於維護當事人的權益。

至於強制執行所應遵循的程序，則應視執行機關的不同而定，凡由法院（含行政法院與普通法院）執行者，應適用或準用強制執行法之程序；一般而言，行政訴訟的強制執行，以給付判決的執行為主體，其程序應準用強制執行法第六條的規定，即應由債權人向法院提出聲請並出具執行名義之證明文件，然後由管轄法院就聲請事件先進行形式審查，如有瑕疵或不合法者，應命其補正或逕行駁回；其符合法定要件者，應先定相當期間通知債務人命其自動履行，如逾期仍不履行者，即可強制執行（見本法第三百零五條第二項規定）；債務人如為中央或地方機關或其他公法人者，並應通知其上級機關督促其如期履行（見本法第三百零五條第三項規定）。至於強制執行的方法，則須視標的物的種類與性質的不同而異。其次，如負責執行的機關為行政機關者（即受囑託代為執行），即應依據行政執行法採取適當的強制執行措施，其程序與方法仍須視執行標的的種類與性質而有所不同；如為公法上金錢給付義務的強制執行，則依據行政執行法第四條第一項但書規定「公法上金錢給付義務逾期不履行者，移送法務部行政執行署所屬行政執行處執行之」。按此種義務的強制執行，係「就義務人之財產執行之」（行政執行法第十一條第一項），

[200] 史慶璞著，法院組織法，第二八二頁。

其執行方法依同法第十二條規定為「由行政執行處之行政執行官、執行書記官督同執行員辦理之，不受非法或不當之干涉」。至於後續的處理方法則與民事強制執行相似。如強制執行的標的為「行為或不行為義務」者，則其執行機關即應為行政機關本身，其執行的程序與方法，應依同法第二十七條第一項規定，採取間接或直接強制方法執行之[201]。

㈣強制執行的救濟途徑

債務人若對強制執行的裁定不服，而與管轄法院或執行機關發生爭議時，為維護其權益，法律設有各種救濟途徑，約可提出下列四種，分別予以說明[202]：

⑴債務人聲明異議：依本法第三百零六條第三項規定「債務人對第一項囑託代為執行之執行名義有異議者，由高等行政法院裁定之」。本項規定的涵義，係指如受囑託代為執行之普通法院或行政機關對該事件執行名義是否成立的認定，與行政法院持不同意見時，則債務人即得聲明異議，由高等行政法院加以裁定。其次，如債務人對於法院強制執行的種類、方法及程序或其他侵害利益之情事等事項有所不服時，亦得在執行程序進行中終結前聲明異議，由執行法院裁定之（見本法第三百零六條第二項準用強制執行法第十二條之規定）。此外，若強制執行事件係囑託行政機關執行時，債務人之聲明異議，即應準用行政執行法第九條之規定提出並由執行機關加以處理。

⑵抗告：債務人如對執行法院在執行程序中所為裁定有所不服時，除法律有不得抗告之規定者外，均得針對此等裁定提出抗告（見強制執行法第十二條及第十三條第三項之規定）。惟有須注意者，即本項所稱提出抗告的對象為執行法院的「裁定」，而前項聲明異議的對象則非屬裁定性質，乃為強制執行的各種處置，故二者情形有所不同。

⑶債務人異議之訴：依本法第三百零七條規定「債務人異議之訴，由高等行政法院受理」；本條所稱「債務人異議之訴」，係指債務人對於執行名義所示實體請求權，因與債權人之間具有爭執所提起的訴訟而言，此種訴訟既屬公法上權利義務的爭訟，故應由高等行政法院受理。關於此種異議之訴，主要係準用強制執行法第十四條之規定，

---

[201] 陳計男著，行政訴訟法釋論，第七七一—七七二頁。

[202] 陳清秀著，前揭書，第五九〇—五九二頁。陳計男著，前揭書，第七七二—七七三頁。

該條稱「執行名義成立後，如有消滅或妨礙債權人請求之事由發生，債務人得於強制執行程序終結前，向執行法院對債權人提起異議之訴。如以裁判為執行名義時，其為異議原因之事實發生在前訴訟言詞辯論終結後者，亦得主張之。執行名義無確定判決同一之效力者，於執行名義成立前，如有債權不成立或消滅或妨礙債權人請求之事由發生，債務人亦得於強制執行程序終結前提起異議之訴。依前二項規定起訴，如有多數得主張之異議原因事實，應一併主張之，其未一併主張者，不得再行提起異議之訴」。由本條規定，足以提示異議之訴的涵義、提起的原因、程序及管轄法院等事項；大體言之，此種「異議之訴」顯然與前述之「聲明異議」有所不同；聲明異議係在強制執行程序中提出，所針對者為各種強制執行的處置；而異議之訴則係在執行程序之外，以獨立的訴訟程序提起，所針對者為執行名義所確認的請求權，但其訴訟標的並非在求確認該項請求權不存在或在排除執行名義，而是在除去執行的可能性。至於其提起異議之訴的理由，則著重在主張有消滅或妨礙債權人請求權之事由或於執行名義成立前有債權不成立的事由發生，例如債務已經履行或抵銷、或債權人已同意延期清償、或法律狀態已經變更，凡屬此等情形均足以妨礙債權的行使或滿足等均是。如有上述多數得主張之事由時，應一併主張之，其未能一併主張者，即不得再行提起異議之訴。其次關於提起異議之訴的效力，依強制執行法第十八條第一項規定「強制執行程序開始後，除法律另有規定外，不停止執行」。可知其起訴對強制執行程序在原則上並無影響力，但依同條第二項規定，提起異議之訴後，「法院因必要情形或依聲請定相當並確實之擔保，得為停止強制執行之裁定」，是為例外規定。

⑷其餘有關強制執行之訴訟：依本法第三百零七條後段規定「其餘有關強制執行之訴訟，由普通法院受理」。所謂「其餘有關強制執行之訴訟」，係指除前述異議之訴外，其他涉及強制執行問題的爭訟而言，例如第三人異議之訴、參與分配之訴、分配表異議之訴、關於外國船舶優先權之訴、及債權人對第三人之聲明認為不實之訴等（見強制執行法第十五條、第四十一條、第一百十四條之三、及第一百二十條之規定），均係就執行標的物或執行債權之歸屬等問題所發生之爭執，因在性質上純屬關於私權之爭訟，自以由普通法院管轄為宜。

第三章　重點問題

一、試闡明行政訴訟的意義。（24、36普、44高、62特）
二、行政訴訟與民事訴訟有何不同？（24普）
三、行政訴訟的種類如何？試概略言之。
四、行政訴訟的範圍如何？試分析言之。
五、試分析說明撤銷訴訟的意義及其要件。
六、何謂行政訴訟之當事人？行政訴訟之當事人有幾？其性質各如何？試分述之。（57普）
七、行政訴訟法對代理人制度的規定如何？試分析言之。
八、何謂行政訴訟的審判機關？試就各國流行制度的基本類型說明之，並評其利弊。
九、我國行政訴訟法對第一審通常訴訟程序的規定如何？試扼要言之。
十、試述行政訴訟上訴、再審之訴及重新審理的意義。
十一、行政訴訟提起的效力如何？試分述之。
十二、試分析說明行政訴訟的實質審理範圍。
十三、試說明行政訴訟判決之程序與程式。（36普、52高）
十四、行政訴訟的判決以結果為標準其種類如何？試分述之。
十五、我國行政訴訟法對共同訴訟的規定如何？
十六、行政訴訟中對情況判決原則適用的情形如何？試分析言之。
十七、試分析說明行政訴訟判決之效力。（44高、51特）
十八、我國行政訴訟法對確定判決強制執行的規定如何？

十九、試述我國行政法院對訴訟事件管轄權的認定標準及管轄恆定原則的意義。

二〇、試略述我國行政訴訟法上對簡易訴訟程序的規定及其所具特色。

第四章　行政上的損害救濟

第一節　行政上損害救濟的概念

第一項　行政上損害救濟的意義

在一般民主國家中，於政府職能及行政業務不斷擴張的趨勢下，基於法治與責任政治思想的要求，對於人民的自由權利在法律上予以承認及保障。若人民在未負擔法定義務的情形下，其自由權利因政府機關的行為而受到損害，則無論此種行為為違法或適法，國家均應負起彌補其損害的責任，故有國家責任制度（Liability of the State）的建立。廣義的國家責任制度包括司法與行政兩方面的有關措施，在行政方面即為行政上的損害賠償與損失補償❶。簡言之，所謂行政上的賠償與補償，係指對於因行政機關的違法或適法行政行為，所致之損失或損害，人民在不可歸責於其自身的情形下，得向國家請求賠償或補償，從而使國家負擔賠償或補償責任的制度而言。兩者可統稱為行政上的損害救濟，分之則為行政上的損害賠償與行政上的損失補償。因三者對人民自由權利所受損害具有救濟作用，故亦為行政救濟制度的一環。惟對於有關制度在理論上所採名稱並不一致，包括前述之「國家責任」、「損害救濟」、「國家補償」、「行政補償」、「國家賠償」及「國家損害賠償」等均是❷。

❶ 城仲模著，行政法之基礎理論，臺北，三民書局，八十三年版，第五五一—五五五頁。

❷ 古登美著，前揭書，第一九三、二〇一、二四八頁。成田賴明等著，現代行政法，第二七六—二七八頁。

第二項　行政上損害賠償的意義與要件

如前所言，行政上的國家責任或損害救濟制度，包含行政上損害賠償及行政上損失補償制度兩部分在內，其中以前者具有較大的重要性，茲就其意義與要件分述之：

㈠行政上損害賠償的意義：所謂行政上的損害賠償，係指人民因行政機關的違法行為，致使其權益受到損害，由受害人向國家請求賠償，從而使國家對其負擔損害賠償的責任而言。

㈡行政上損害賠償的要件：依據上述意義的說明，可將其要件分析如下❸：

⑴須為行政機關的違法行為：國家損害賠償責任的發生，須有行政機關的行政行為為前提。此種行政行為亦即公務人員執行職務的行為，而非以其私人身分所作之行為；若屬公務人員私人所作侵權行為，則應由其個人負賠償責任，國家自無責任可言。且須為行政機關所作之違法行為，無論係出於故意或過失均包括在內；若為適法行為，則國家所負者即非損害賠償責任，而應為損失補償責任。

⑵須確有權益之損害發生：即須於機關之行政行為作成後，行政客體方面實際上確有權益的損害發生，否則即無請求賠償之理由。惟所稱權益損害，無論是否屬於財產上之損害，均包括在內。

⑶須損害之發生與違法行為間具有因果關係：即指損害的發生，須係直接由違法行為所引起，若缺少此種因果關係，則國家即不負賠償責任。

第三項　行政上損失補償的意義與要件

損失補償在法律上的重要性雖次於損害賠償，但亦為行政機關經常採行的措施，其在行政救濟制度上的地位不

❸ 何孝元著，損害賠償之研究，臺北，臺灣商務印書館，五十八年版，第二八四—二八六頁。管歐著，中國行政法總論，第五六五—五六六頁。

容忽視。茲就其意義與要件分述之：

㈠行政上損失補償的意義：所謂行政上的損失補償，係指人民因行政機關行使職權所作適法行政行為，致使其權益受到損失，由受害人向國家請求救濟，從而使國家對其所受損失設法予以補償；或由主管機關主動本於職權對其提供補償而言。

㈡行政上損失補償的要件：依據上述意義的說明，可將其要件分析如下❹：

⑴須為行政機關的適法行為：此即構成損失發生原因者，不僅應為行政機關的行政行為，而非公務人員的私人行為；且須為其適法行為，亦即依法行使職權的行為，而非違法行為，否則即應負損害賠償責任，並非僅屬損失補償問題。

⑵損失的發生須為無義務人的特別犧牲：此即須非因人民履行其一般性法定義務所受之損失；而是因國家的行政行為，使並無義務的特定人，所遭受的特別犧牲。若為履行義務所負擔者，則不得請求補償。

⑶須損失的發生與適法行為間具有因果關係：其情形與損害賠償相同。惟亦有由於第三人之行為或事實，所造成的損失，而由國家予以補償者，例如郵政法第二十五條所定郵件遺失之補償是。

第四項　損害賠償與損失補償的區別

損害賠償與損失補償措施同為損害救濟的一環，由於性質相近，故在實際上常被互相混用。惟自理論方面分析，則二者仍有其不同之點，茲區分如下❺：

㈠原因不同：損害賠償責任的發生，乃是由於人民因行政機關的違法行為，致使其權益遭受損害為原因；損失補償則以人民因行政機關的適法行為，致使其權益受到損失為原因。原因的不同，實為二者區分的前提關鍵。

❹ 陳鑑波著，前揭書，第四九四－四九七頁。

❺ 張載宇著，前揭書，第五〇九頁。

㈡條件不同：損害賠償以有故意或過失的情形為條件；損失補償則不以故意或過失為條件。條件的不同，乃與前述原因有關。

㈢範圍不同：損害賠償，除法令或契約有特別規定外，應以填補受害人所受損害及所失利益為範圍；損失補償則僅限於填補人民現實直接所受之損失，故後者範圍較小。

㈣管轄機關不同：損害賠償的本質屬民事範圍，除在行政訴訟中附帶請求賠償應由行政法院判決外，依國家賠償法規定，人民應向賠償義務機關提出賠償請求，雙方協議不成時，始得提起民事訴訟由普通法院管轄；損失補償則全屬行政範圍，在原則上均由行政機關管轄，以雙方協議、行政裁量、或行政爭訟方法處理之。

㈤性質不同：因損害賠償由普通及行政法院管轄，故屬司法性質；損失補償通常係由行政機關與人民間以協議行之，協議不成以裁量行之，或按爭訟程序處理，故屬行政性質。

以上五點區別事項，在內容上相互關聯，足以顯示兩種制度在整體上的不同，故在法令上對兩種名詞的使用，應慎加辨別，避免混淆，以免影響有關措施的法律效果。

第二節　行政上損害賠償制度的演進

第一項　國家賠償制度的發展與法理

公務人員代表國家行使職權，所作職務上的行為如因違法失職，而致人民權益遭受損害，此種情形與一般侵權行為在本質上並無不同；惟此種侵權行為既為代表統治權主體（國家）的公務員於行使公權力時所作成，則統治權主體的國家是否應對此種侵權行為負擔損害賠償責任？關於此一問題，在法學思想上因時代的不同而有不同的論據。就有關理論的演進過程觀之，約可區分為三個主要階段，即國家責任的否定時期、相對肯定時期與完全肯定時期。茲就此種演進過程分別言之：

㈠否定時期：此即不承認國家應對公務員職務上所作違法失職行為負責的階段，其有關思想亦稱國家無責任論或否定說。此種思想盛行於中世紀至十九世紀，由封建制度至君主專制的時期，其基本論點乃以絕對主權主義為主體，並採區分國家與公務員個人責任的原則。基於絕對主權主義的觀念，認為國家與私人之間既屬統治者與被統治者的關係，則雙方在法律上處於不平等的地位，國家（或君主）的意志即代表正義與法律，國家（或君主）以至高無上主權者的地位，在公法關係上擁有絕對的權力，可不受法律的拘束限制，更不容許作為統治工具的法院或法官對其統治行為的正確性加以審判；甚且更進而認為國家的意旨或行為均屬絕對正確完全合法。反之，作為被統治者的人民應服從國家的絕對權力，即使其權益因國家統治行為遭受損害，亦不能要求國家賠償，充其量僅允許其要求執行職務的公務員個人負責。以絕對主權主義觀點，作為國家無責任論依據的學說約有數種，如主權者無拘束論、絕對權力論及主權命令論等均是；另有相關之學說即對國家與公務員的責任加以區分，認為國家的意旨與行為既屬絕對正確完全合法，且在法律上已設定應為政府行為負責之人，故公務員之違法侵權行為，並非出於國家意旨，而應視為公務員之個人行為，由其自行負責，國家不必為此負擔任何責任（是即「個人責任說」或「國家無責說」），英國近代名法學家戴雪（Dicey）即持此種觀點❻。由於上述國家無責任論各種學說鼓吹的結果，即形成為「主權免責」的原則（Sovereign Immunity 或稱主權者的特權），此種思想當時在英國流傳頗廣，其具有歷史傳統的法諺「國王不能為惡」（The King Can do no Wrong.），自法律方面解釋，即與國家無責任論有關。美國司法界方面在十九世紀亦曾對涉及國家賠償責任的訴訟案件，採用「主權免責」原則，但其所作解釋主要係引用「主權者應不受追訴」之觀點，即認為除經由立法機關制定法律明確規定外，國家（或政府）應不受其所設法院的追訴。換言之，人民之訴訟權既係由國家法律所賦予，即不宜運用此種權利，以制定法律的權源機關之國家為對象提起爭訟❼。

此外，在同一時期，大陸法系國家大致亦採此種理論，否定國家賠償責任。如德國學者朗寧（Loening）認為國

---

❻ 劉春堂著，國家賠償法，臺北，三民書局，七十一年版，第三頁。涂懷瑩著，行政法原理（下冊），第七二四—七二五頁。

❼ K. C. Davis, *Administrative Law and Government*, St. Paul, Minn., West Publishing Co., 1960, pp. 385–386.

家之職能既在於保障人民權益、增進人民福利，則國家授權公務員執行職務，自不可能命其作成違法行為；若有違法行為發生造成人民權益損害者，必然係出於公務員個人的故意或過失，與國家意旨無關，自應視為公務員的個人行為，由其個人負責。反之，若公務員所作侵害人民權益之職務行為，係基於國家意旨及授權，則此種行為的作成乃在發揮國家職能，為大多數人民謀福利，因此所致當事人之損害應由受益人民分擔彌補責任，不應由國家負責賠償。日本早期的公法權威學者美濃部達吉氏亦主張國家在公法關係上居於優越的支配地位，人民對於國家行使公權力的行為，負有容忍的義務，如認為有違法不當情事，可經由行政爭訟尋求救濟；至於對私人權益因此所受之損害，如係由公務員之故意或過失所造成者，應由該公務員負責賠償，國家無任何責任可言❽。

總之，國家無責任論的思想，乃是以絕對主權主義為基礎，以「主權免責」原則為核心，以封建及專制時代為背景的理論。惟除此以外，支持國家無責任論者，尚有其他方面的理由，包括①認為不法行政行為，非屬國家意旨，故應由作成侵權行為的公務員個人自行負責；②若國家須負擔賠償責任，勢將使公務員執行職務多所顧慮，足以減損效率，影響施政的推展；③國家職責廣泛，政府業務繁多，不法行政行為的發生勢所難免，若令國家負擔賠償責任，則國庫將不勝負荷，導致財政困難；④國家支付損害賠償之經費，財源來自稅收，如此即不啻使多數人民分擔公務員的過失責任，以填補少數人的損失，自難謂合理。上述各項支持國家無責任論的意見，在當時社會客觀背景與思想觀念襯托下，自亦言之成理，故能在相當長久的期間具有其影響力❾。

㈡相對肯定時期：繼十九世紀國家無責任論的思想盛行之後，至二十世紀初期，由於各國社會經濟與民主政治不斷發展，因而帶動法學思想的進步，使構成國家無責任論基礎的絕對主權主義發生動搖。在另一方面，由於各國民主憲政日益普及發達，在社會思潮方面強調法治行政、責任政治、人民權益的保障、公法上誠信原則的適用、以

---

❽ 曹競輝著，國家賠償法之理論與實務，臺北，六十九年版，第七六頁。

❾ 康炎村著，租稅爭訟之理論與實用，臺北，世華稅務民商法律服務中心，六十六年版，第六二頁。王昌華著，前揭書，第三四七頁。

及行政救濟措施的實施，因而在損害賠償理論上，逐漸接受國家賠償責任的原則。不過，在此一階段中，所採取的乃是「附條件國家責任論」，此即對於人民權益因公務員違法行為所致之損害，僅在公務員有故意或過失的情形下，始由國家負擔損害賠償責任。關於此種理論，學者曾提出各種學說加以解釋，茲略述如下❿：

⑴國庫理論說：此說僅將國家視為私法上的特別法人及國庫財產管理人，而非視為統治權的主體。如此則國家在法律關係上並未具有優越地位，而與私人完全平等，國家對其公務員之不法行為亦應與私人所作侵權行為，同樣在故意與過失的條件下，負擔損害賠償責任，並同受普通法院管轄。

⑵公務過失責任說：此說認為國家的賠償責任係以過失責任為基礎，惟所謂過失並不限於公務員個人主觀的故意過失，即屬國家機關組織及行政作用方面的缺陷或瑕疵，亦可視為客觀的公務過失。由此等公務過失所致人民權益的損害，應按公務種類、性質、場所及情況等因素，決定國家所應負擔的賠償責任。此說亦稱「公負擔平等說」。

⑶法律擬制說：此說為英美法系國家接受國家賠償責任的理論基礎，即將政府機關擬制為法人，與私人企業的地位相同。在積極國家的觀念下，一方面既允許政府機關對社會經濟活動作廣泛干預，另一方面即應使其對公務員之違法越權行為負責，此為其「權利的代價」，亦為將私人或私法人侵權行為的責任對國家類推適用。

除上述三種學說外，尚有國家責任說及特別犧牲說等，惟二者在理論上均不重視以故意與過失為賠償責任的條件。總之，至二十世紀初期，一方面絕對主權主義漸趨沒落，另一方面由於積極國家觀念的盛行與政府職能擴張，行政機關管制與干涉的業務愈廣，行政行為對人民權益的侵害頻繁發生。因而無論大陸法系或英美法系國家在法律思想上除強調法治行政的原則外，並呈現改變其國家無責任論觀點的趨勢，而以相對肯定的態度，有條件的或就非統治權作用的管理行為方面，接受國家賠償責任的見解，使國家賠償制度獲得理論上的支持。

㈢完全肯定時期：自相對肯定時期以來，一般國家對國家責任論的思想，由有條件的接受，進而予以完全肯定。因在法律思想方面，認為國家與人民的關係，雖在國家公權力之下，已不能再以權力服從關係來解釋，而是一種法

❿ 曹競輝著，前揭書，第七八－八三頁。劉春堂著，前揭書，第三－四頁。

律上的權利義務關係，國家在公法關係上擁有各種公權亦應負擔各種責任；且要講求法治，政府亦須守法負責。政府機關與公務員均為國家的代表或工具，其所作不法侵權行為，無論是否出於國家意旨，均應視同國家的行為，故對因此所致人民權益的損害，國家理應負擔賠償責任。詳言之，支持此種理論的理由，約可分析為下列數點⓫：

(1)國家的意旨雖無損害人民權益的可能，但負責執行業務的公務員仍難免有違法失職情事發生；國家對此種情形既無法作完全有效的控制，即應負擔賠償責任。

(2)國家對不法行政行為如可免責，則將使公務員執行職務無所忌憚，違法濫權案件勢將層出不窮，足以敗壞政風，減損政府威信。

(3)如由國家負擔損害賠償責任，將可促使公務員執行職務知所警惕，盡心負責，提高業務品質，增加民間對政府的擁護與信賴。

(4)國家賠償經費來自稅收，既有稅源支持，容易履行賠償義務，且亦符合「取之於民，用之於民」的原則。

(5)國家具有公法人資格，為權利義務主體，且在公法關係上具有行為能力，對於公務員所作違法侵權行為，自應負責賠償。

(6)國家的目的與職能，既在維護與增進人民權益，則對其所屬公務員在職務上所致人民權益的損害，自更應設法彌補。

(7)對於公務員在職務上所作不法侵權行為，若令其自身負責，即可能因損害鉅大，公務員以其個人能力無法承擔，致使受害人民難獲適當的賠償；反之，若由國家賠償，則易使賠償要求實現。且民法方面既有對僱主課予與其受僱人負連帶損害賠償責任並可能令僱主負全部損害賠償責任的規定，則此種情形對國家亦可類推適用。

由上述各項理由，可知國家責任論具有充分的理論依據，故能對各國法制產生廣泛的實際影響力。德國為接受此種理論的先驅，其在一九一〇年即曾制定一項聯邦責任法，確認國家對官吏行使公權力所作不法行為，應代替該

⓫ 管歐著，中國行政法總論，第五六三頁。

官吏負擔損害賠償責任。至一次大戰後，於一九一九年制定的威瑪憲法中，亦就國家賠償責任作明確規定，創下各國憲法規定有關事項的先例。另於一九三七年制定的公務員責任法中，再就國家賠償責任作更為具體的規定。二次大戰後，西德恢復民主政治，因而承襲威瑪憲法的傳統，在其聯邦基本法中採行國家賠償法制。在其他國家方面，對國家賠償責任採取完全肯定態度者，以在二次大戰後有較為顯著的發展。例如日本在戰後徹底實施民主憲政，對戰前舊有法制大力改革，重視人權保障及人民權益的維護，故其一九四六年制定的新憲法亦參照威瑪憲法的先例確認國家賠償責任原則，並於翌年制定國家賠償法，就有關制度作具體規定，針對公務員行使公權力時所作不法侵權行為，直接課予國家損害賠償責任。另在英美法系國家方面，亦同樣受到完全肯定理論的影響，改變其「主權免責」的傳統觀念，建立明確的國家賠償法制。其中美國於一九四六年制定聯邦侵權賠償法（Federal Tort Claim Act），承認聯邦政府的侵權行為，應與私人同樣負擔損害賠償責任。一九四七年英國亦制定國王追訴法（The Crown Proceeding Act 亦有譯為王權追訴法者），規定政府就侵權行為與私人負相同的賠償責任⑫。

以上所述國家責任論完全肯定時期，各國國家賠償制度發展的情形，雖僅限於少數國家的實例，但此等國家均為具有代表性的典型，由此不難窺見一般國家的共同趨勢。至於國家責任論的理論依據，除前述各項具體理由外，尚有各種學說的支持，茲就其中重要者略述如下⑬：

(1)無過失責任主義：此即認為祇須人民權益損害的發生，與政府行政行為之間，具有相當關係時，不問作成此種行為有無過失情事，均應就此種損害的結果負責。因之，國家對於公務員之不法侵權行為，不問有無故意或過失條件，均應負損害賠償責任，亦即採取結果責任主義的觀點。

(2)行政危險責任理論：亦稱國家危險責任論。此即認為現代國家職能日廣，行政權範圍大為擴張，對社會經濟活動的積極干預管制愈多，則由各種行政行為對人民權益所造成個別異常性損害的危險狀態愈益增加；國家雖經常

---

⑫ 曹競輝著，前揭書，第八六頁。乾昭三著，陳彩霞譯，日本國家賠償法，臺北，司法行政部，六十五年版，第二頁。

⑬ 劉春堂著，前揭書，第四一五頁。城仲模著，前揭書，第五七一頁。

注意防止，但仍難完全避免其發生。對於此等損害，國家基於「所有者應負擔危險之原則」，無論行政行為本身是否違法，亦不論人民所受係財物損害或人身損害，均應予以救濟負責賠償，以符合公平及分配的正義原則。

(3)社會保險制度思想：社會保險制度，為由多數人參與共同醵金，以分擔個別被保險人所受危險損失的措施。在現代國家中，各種行政行為既難免因公務員違法失職或意外情事，導致人民權益的損害，需要藉國家賠償制度予以彌補；而國家賠償經費，其財源又來自人民納稅；則此種情形即不啻由眾人集資，以補償個別人民所受損害。亦等於由眾人分擔其損失，故與社會保險制度的精神無殊。

第二項　我國國家賠償制度的建立

我國國家賠償制度的演進，與一般國家的發展趨勢大致相同。我國古代除對冤獄案件，偶有補償措施外，並無行政上損害救濟制度的建立。即使在清末民初階段，政府雖曾致力於法治革新工作，惟尚未注意於國家賠償責任的問題。至國民政府奠都南京後，於民國二十三年公布的憲法草案中，始對此種制度作明文規定，其第二十六條稱「凡公務員違法侵害人民之自由或權利者，除依法律受懲戒外，應負刑事及民事責任，被害人民就其所受損害，並得依法律向國家請求賠償」。嗣後此項草案經修訂為「五五憲草」，有關條文仍予保留。且在二十五年上海律師公會曾建議立法院草擬「國家賠償法」，結果由該院刑法委員會擬定一項「無罪羈押法」草案，惟因抗戰軍興未能進行立法程序。勝利後，國家邁入憲政時期，現行憲法於三十五年底制定，其第二十四條大致係採用前述「五五憲草」的有關條文，規定國家賠償責任。三十六年十一月全國司法行政檢討會議曾建議應依據憲法規定制定國家賠償法，三十九年臺省參議會亦有相同建議。自四十二年開始，立法院各有關委員會已著手研討國家賠償法制問題，至四十八年僅制定一項適用於刑事案件的冤獄賠償法，而未能制定具有統一綜合性內容的國家賠償法。不過，在國家賠償法制定前，除冤獄賠償法外，適用於行政上損害賠償案件者，已有數種法律依據存在，其中民法第一百八十六條係規定公務員的賠償責任；另有四種法律均係規定國家賠償責任，包括行政訴訟法（第二條）、土地法（第六八條）、警械使用條例（第十條）及核子損害賠償法（全部）是。雖有此等法律可供各種專業行政案件方面適用，但各界對綜合性國家賠償法的制定，仍認為有迫切需要，經學者專家不斷鼓吹呼籲的結果，於六十四年立法院第一次會期中，已有立法委員對政府提出有關的建議，政府方面亦決定採納各界建言，開始研擬國家賠償法草案。先後由司法行政部及行政院研考會分別研擬完成兩種該法草案，再經研考會召集各方代表審慎討論後，交由司法行政部作最後整理修訂，於六十八年秋季完成第二次草案，報請行政院審核。翌年三月經行政院會通過，同年四月提交立法院審議，六月經立法院三讀通過，制定為「國家賠償法」，全文共十七條，七月二日由總統明令公布，但延後一年至七十年七月一日始付諸施行，終於使我國建立了較為完備的國家賠償法制[14]。

第三節　我國的國家賠償制度

第一項　國家賠償法的立法原則與特色

前節內容已就各國國家賠償制度的概況提出說明，可知國家賠償制度在各民主國家中，多已普遍實施，對促進法治行政原則的實現及保障人民權益，均具有顯著的貢獻。我國對此種措施相當重視，故自民國七十年開始，已將國家賠償法付諸實施，該法所規範的國家賠償制度，具有相當進步的內容，較外國制度並無遜色，尤其在制度建立的理論基礎方面值得推崇。茲特別就其立法方面的重要原則及制度特色加以介紹，以增進對此種制度理論基礎的瞭解。

就現代一般民主國家的公法理論而言，健全的法制應具備五項共同的立法原則，即民主原則、公道（衡平）原則、服務原則、效能原則，及行政指導原則是。而我國國家賠償法大致已符合此等原則的要求。茲就此等原則表現在該法內容的情形分述如下[15]：

[14] 施茂林著，公共設施與國家賠償責任，臺南，大偉書局，七十一年版，第三—五頁。

㈠民主原則：在民主政治之下，法律的制定，應注重人民自由權利的保障。國家賠償法的制定既以保障人民自由權利為其基本目的，則在內容方面自應充分發揮此種功效，而實際上該法有關保障人民自由權利的重要規定甚多，例如：

「公務員於執行職務行使公權力時，因故意或過失不法侵害人民自由或權利者，國家應負損害賠償責任。公務員怠於執行職務，致人民自由或權利遭受損害者亦同」（第二條第二項）。

「公有公共設施因設置或管理有欠缺，致人民生命、身體或財產受損害者，國家應負損害賠償責任」（第三條第一項）。

「受委託行使公權力之團體，其執行職務之人於行使公權力時，視同委託機關之公務員。受委託行使公權力之個人，於執行職務行使公權力時亦同」（第四條第一項）。（即指如同前兩條所定，可向國家請求損害賠償）。

「國家損害賠償，除依本法規定外，適用民法規定」（第五條）。（即適用民法有關損害賠償範圍之規定，「應以填補債權人所受損害及所失利益為限」民法第二百十六條第一項）。

「賠償義務機關拒絕賠償，或自提出請求之日起逾三十日不開始協議，或自開始協議之日起逾六十日協議不成立時，請求權人得提起損害賠償之訴」（第十一條第一項）。

凡屬上列各項條文，均在積極保障人民之自由權利，而能符合民主政治之基本要求。

㈡公道原則：亦即衡平原則，係指在民主國家中，法律的內容與執行，應首重公平合理；使法律關係及爭訟獲得妥善的處理，藉以維護政府威信，表現法律的崇高價值。國家賠償法的頒行，即顯示政府摒棄「主權免責」原則，接受「國家責任」的法理，故此種制度的採行，其本身已符合衡平原則的精神。而該法內容的各項重要規定，更足以擴大衡平原則的效應，茲列舉如下：

前項所引第二至第四條規定，均在確認國家對公務員或政府機關違法失職行為，負擔損害賠償責任，以示對人

⑮ 翁岳生等合著，國家賠償法之研究，第一〇一—一一二頁。

民負責。「有審判或追訴職務之公務員，因執行職務侵害人民自由或權利，就其參與審判或追訴案件犯職務上之罪，經判決有罪確定者，適用本法規定」（第十三條）。（此項規定有維護審判及追訴權力依法公正行使的作用，進而有助於保障人民自由權利）。「本法於外國人為被害人時，以依條約或其本國法令或慣例，中華民國人得在該國與該國人享受同等權利者為限，適用之」（第十五條）。（此即基於平等互惠之原則，允許外國人在我國享有對我國政府之損害賠償請求權）。

上述各項條文，均可謂具有實現法律關係上公平正義的精神，使國家賠償事件的處理，均能獲得合法合理的解決。

㈢服務原則：現代國家處於服務國家時代，政府應發揮其服務的職能，就各種業務的規範與處理，均應講求便民服務的精神。故國家賠償法在內容方面，頗為注重便民服務的設計，其有關的條文甚多，例如：

關於「賠償義務機關」的認定，「以該公務員所屬機關」或「以該公共設施之設置或管理機關為賠償義務機關」（第九條第一、二兩項）為原則，使人民較易瞭解。即使在不能確定賠償義務機關或有爭議時，亦「得請求其上級機關確定之」（第九條第四項）。

「賠償義務機關對於前項請求，應即與請求權人協議」（第十條第二項）。此即要求賠償義務機關，就人民提出之請求案件，除應拒絕賠償者外，應儘速與人民進行協議，以減少訟累。

「依本法請求損害賠償時，法院得依聲請為假處分，命賠償義務機關暫先支付醫療費或喪葬費」（第十一條第二項）。因醫療費與喪葬費的支出，常有迫切需要，且對一般民眾可能構成沈重負荷，規定由賠償義務機關先行支付，有助於疏解民眾的急難。

上列各項規定，均可謂是基於便民服務的考慮所作規定，也足以增進國家賠償制度推行的功效。

㈣效率原則：政府機關執行公務，均應注重效率，為達到效率的要求，即須使業務程序簡化並規定時間限制，且宜減少公務員執行職務時的各種不必要顧慮。國家賠償法的內容，對此等事項亦曾作適當的考慮，其有關條文例如：

「公務員於執行職務行使公權力時，因故意或過失不法侵害人民自由或權利者，國家應負損害賠償責任」（第二條第二項）。「公務員有故意或重大過失時，賠償義務機關對之有求償權」（第二條第三項）。根據此兩項規定，損害賠償既由國家直接負責，且國家對公務員的求償權的行使，僅以該公務員有故意或重大過失時為限。如此當能激勵公務員勇於任事，袪除不必要的顧慮，對於增進行政效率自有裨益。

「賠償請求權，自請求權人知有損害時起，因二年間不行使而消滅；自損害發生時起，逾五年者亦同」（第八條第一項）。「（國家對公務員）之求償權，自支付賠償金或回復原狀之日起，因二年間不行使而消滅」（第八條第二項）。以上兩項條文，均係關於賠償請求權及求償權採取短期（二年期間）消滅時效之規定，以促使當事人早日行使其權利，進而有助於法律關係的早日穩定。

「國家損害賠償，本法及民法以外其他法律有特別規定者，適用其他法律」（第六條）。此項條文在釐訂有關損害賠償事件特別法對普通法的適用順序，俾可避免發生疑義，有礙程序的進行。

「國家負擔損害賠償責任者，應以金錢為之。但以回復原狀為適當者，得依請求，回復損害發生前原狀。前項賠償所需經費，應由各級政府編列預算支應之」（第七條）。此條規定之賠償方式，以金錢給付為原則，以回復原狀為例外，因如此較為便捷，且由政府預估所需經費編列預算，亦不致有經費困難問題。

此外，凡屬第十條有關「協議」之規定，第十一條有關「協議」程序，與聲請「假處分」之規定，及第十二條損害賠償之訴，準用民訴之規定等，均在使就有關事件的處理，有確定程序可循，對問題的解決，不致拖延時日，而能迅速決定，故此等規定均對增進效率有利。

㈤行政指導原則：現代民主國家的政府，為發揮便民服務的功效，在行政程序方面多採行行政指導措施，以協助人民維護其權益、進行與政府的交涉、或增進與政府間的溝通。國家賠償法既與人民權益有密切的關聯，提供人民維護其自由權利的重要途徑，則在該法內容中，自然不可或缺屬於行政指導性質的規定，茲將其有關條文列舉如下：

例如前述第九條有關賠償義務機關認定的規定；第十條及第十一條有關請求損害賠償之方式、程序之規定；及第八條有關權利行使消滅時效之規定。此外，尚有第十四條規定「本法於其他公法人準用之」，提示請求權人適用範圍與對象。

凡屬此等規定，均在透過行政指導的方式，增進人民對國家賠償法的瞭解及適用，使該法的實施能夠實現其制定的目的，對人民權益提供周全的保障作用。

由上述有關國家賠償法立法原則的介紹，可知該法的制定，確已構成我國在民主法治方面進步的里程碑。該法的內容不僅能順應世界法律思想的潮流，而且也有適合國情的周詳考慮，此種成就乃是由於在制定過程中長期研究廣泛溝通博訪周諮的結果。總之，該法無論在理論基礎及制度方面，均具有頗多的優點。此等優點除蘊含在立法原則之中外，並呈現為該法的特色。故在介紹立法原則之後，尚有就其特色方面略作說明的必要，茲分五點言之⑯：

㈠對「公務員」一詞採最廣義解釋：我國各種現行法令對「公務員」一詞的解釋並不一致，各種法律係各就其本身內容及適用範圍作成解釋。其中以刑法所定公務員的涵義最廣，而國家賠償法可謂係援用刑法的解釋，因國家賠償法的適用範圍甚廣，各種「依法令從事於公務之人員」，均可能於執行職務時發生不法侵害人民自由權利的情事，導致國家的賠償責任，故對「公務員」採最廣義解釋始能適應其需要。

㈡規定國家直接責任：國家賠償法所定的賠償主體為國家（包括地方自治團體），故於損害發生後，由人民直接向代表國家的賠償義務機關請求賠償；而僅在公務員有故意或重大過失時，國家可對其行使求償權。如此，對人民權益較有確切保障，且有行政上的便利，在理論上亦屬貫徹國家責任的措施。

㈢以「協議」方式為主要程序：國家賠償法就人民請求賠償的程序方面，規定應先由請求權人與賠償義務機關進行協議，以求迅速解決損害賠償問題。在協議不成立時，始得由人民向法院起訴，依民事訴訟途徑解決。此種規

⑯ 吳義雄等編著，國家賠償法實用，第一六—一七頁。

定有稱為協議前置主義者，實為有效減少訟累的辦法。

㈣規定先行支付醫療費及喪葬費：此種規定確有實際需要，並且合乎情理，可謂係對請求權人的優惠措施。

㈤以預算編列經費：如此使國家賠償能力，獲得確定的財源支持，而經費集中編列，支用時分別撥付，使賠償義務機關能夠充分負責，制度目的得以實現。

第二項　國家賠償法內容的要點

我國在法制方面為承認國家賠償責任的國家，在國家賠償法制定前，憲法及各種有關法令方面，均具有損害救濟制度的規定。除憲法第二十四條對公務人員及國家所負損害賠償責任作原則上的規定外，在各種有關法律（如民法、土地法、警械使用條例、核子損害賠償法、及冤獄賠償法等）方面對損害賠償的規定並不一致，且限於適用在特定的法律關係方面。自國家賠償法制定施行後，該法構成國家賠償制度的基本法，對各種有關事項有了一般性的原則規定，可供政府各機關共同適用。茲依據該法內容，將國家賠償制度扼要介紹如下：

㈠國家賠償法制定的依據：該法第一條聲明係依據憲法第二十四條所制定，該條規定「凡公務員違法侵害人民之自由或權利者，除依法律受懲戒外，應負刑事及民事責任，被害人民就其所受損害，並得依法律向國家請求賠償」。依據此條規定，人民既然須依法向國家請求賠償，則制定國家賠償法實有其必要。而國家賠償法的內容，乃是將憲法所定的有關事項加以擴充延伸，形成具體化的規定，以便建立周全的制度，實現憲法第二十四條保障人民自由權利的目的。

㈡國家賠償責任發生的原因與要件：關於國家賠償責任發生的原因，國家賠償法規定有各種情形，其要件因而亦不盡相同，茲分述之：

⑴依據該法第二條第二項規定：「公務員於執行職務行使公權力時，因故意或過失不法侵害人民自由或權利者，國家應負損害賠償責任。公務員怠於執行職務，致人民自由或權利遭受損害者亦同」。此條所規定者乃屬一般性之原

因，根據其規定可分析出國家負擔損害賠償責任的要件約有五項：

①須為公務員的行為：該法對「公務員」一詞採最廣義解釋，即「依法令從事於公務之人員」，故範圍甚廣，與刑法之規定相同。

②須為執行職務行為：即非公務員之私人行為，但所謂執行職務，包括積極執行與消極怠於執行兩種情形在內。

③須為行使公權力之行為：此所謂「公權力」，應採廣義說，即指「國家或其他公法人之作用中，除開私經濟作用及營造物之設置或管理以外之作用而言，包括所謂非權力作用在內。例如行政處分及給付行政等公法行為均屬之[17]。

④須有不法侵害情事：無論係出於公務員之故意或過失均包括在內。

⑤須有人民自由權利遭受損害：特別注重公務員行為與損害發生間的直接因果關係。

(2)依據該法第三條第一項規定「公有公共設施因設置或管理有欠缺，致人民生命、身體或財產受損害者，國家應負損害賠償責任」。此條規定亦構成國家賠償責任的重要原因，且發生案件頗多。分析言之，其要件可包括下列數點[18]：

①須為公有公共設施：「公有公共設施」，係指「公有」並供公眾使用之公共設施而言，包括道路、河川、橋樑、公園、機關房舍等均是，但須已設置完成，驗收合格已開始使用者。若於建造中發生損害情事，則須依民法侵權責任事件處理。

②須在設置或管理上有欠缺：例如有設計錯誤、建築施工不良、材料低劣、保管不周或未能注意修繕維護，

---

[17] 同[16]，第五八頁。

[18] 施茂林著，前揭書，第一〇〇—一〇九頁。張孝昭著，國家賠償法逐條論述，臺北，金湯書局，七十二年版，第六二—六四頁。

以致安全或功能發生問題。

③須因而導致人民生命、身體、或財產受損害：須與前述設置或管理上之欠缺具有直接因果關係。

⑶依據該法第十三條規定「有審判或追訴職務之公務員，因執行職務侵害人民自由或權利，就其參與審判或追訴案件犯職務上之罪，經判決有罪確定者，適用本法規定」。此條係專就具有司法性質職務之公務員，所作違法侵權行為，確認國家之損害賠償責任，其適用範圍似較冤獄賠償法為狹窄。其要件共有四點⑲：

①須為有審判職務之公務員：其所指公務員之範圍，主要應以普通法院之推事、檢察官、及行政法院之評事為限，軍事審判官及檢察官在戒嚴地區行使職權時，亦可納入適用範圍。

②須因執行職務侵害人民之自由或權利：其執行之職務係指審判及追訴職務。在「審判」方面，包括各級法院審理之民、刑事及非訟事件，與行政法院之行政訴訟案件；「追訴」則係指就犯罪事實偵查起訴而言。

③須參與審判或追訴案件犯職務上之罪：此即指此等公務員因職務特殊，故其不法侵權行為亦具有特性。所謂「犯職務上之罪」，乃是指其有違背職務之犯罪行為而言。

④有關人員須經判決有罪確定：所謂「判決有罪」，係指經終局判決確定其有罪，並諭知科刑者而言，因如此即可確認其有犯罪行為造成損害，遂使國家負責賠償。

⑷依據該法第四條規定「受委託行使公權力之團體，其執行職務之人於行使公權力時，視同委託機關之公務員。受委託行使公權力之個人，於執行職務行使公權力時亦同」。此項條文乃是專門就「委託行政」關係所作規定，在實質上與公務員行使公權力的情形相同，故所須具備之要件亦大致相同，惟應注意兩點⑳：

①委託者須為各級政府機關。

②受委託者須為基於委託而得合法行使公權力之團體或個人。如未受委託，或雖受委託而非為行使公權力者，

---

⑲ 同⑱，張書，第一二六—一二七頁。

⑳ 曹競輝著，前揭書，第一〇五—一〇六頁。張孝昭著，前揭書，第六七頁。

則不包括在內。

上述四種情形均構成國家負擔損害賠償責任的原因，此等原因涵蓋各種情事的範圍可謂相當廣泛，使人民向國家行使賠償請求權獲得充分的機會，對發揮國家賠償制度的功效大有裨益。

㈢賠償責任主體及其求償權：依據該法第二、三兩條規定「……國家應負損害賠償責任。……」，故賠償責任的主體主要即為國家。此外，地方自治團體及其他公法人亦可依該法成為賠償主體。惟政府機關既為國家及地方自治團體的代表，則直接履行賠償義務者自應為政府各有關機關（中央及地方政府各級機關，不以行政機關為限）。該法第九條對負擔賠償義務機關的認定有明確規定如下：

「依第二條第二項請求損害賠償者，以該公務員所屬機關為賠償義務機關。

依第三條第一項請求損害賠償者，以該公共設施之設置或管理機關為賠償義務機關。

前二項賠償義務機關經裁撤或改組者，以承受其業務之機關為賠償義務機關。無承受其業務之機關者，以其上級機關為賠償義務機關。

不能依前三項確定賠償義務機關，或於賠償義務機關有爭議時，得請求其上級機關確定之。其上級機關自被請求之日起逾二十日不為確定者，得逕以該上級機關為賠償義務機關」。

此種有關賠償義務機關認定標準的規定可謂簡易明確，具有適用上的便利，不易發生管轄不合的問題。

依據上述各項規定，賠償責任的主體固為國家；以不法行為造成損害的公務人員並不直接負擔賠償責任。惟此等公務人員並非可以免責，而應分別負擔行政上及法律上的責任，可能受到行政處分、懲戒處分、甚或刑事制裁。同時，如該公務人員所作不法行為，係出於故意或重大過失時，則賠償義務機關對之有求償權，使其嗣後執行職務能夠知所警惕；對受委託之團體或個人亦同（第二至四條）。此種有關賠償責任的規定，大致上具有國家行政危險責任理論，亦即無過失賠償主義的色彩，但亦有學者認為僅屬過失責任兼採無過失責任主義者。無論如何，我國制度較多數國家所採行者並無遜色[21]。

㈣賠償請求程序：人民對國家的損害賠償請求權，自請求權人知有損害時起，應於二年內行使；或自損害發生時起，應於五年內行使。否則逾越上述兩項法定期間，即不得請求賠償（第八條）。此種規定在於督促請求權人積極行使其權利，以免長久懈怠，影響法律關係的穩定。

國家賠償法在程序方面採取協議前置主義，規定人民請求損害賠償，應以書面向賠償義務機關提出。賠償義務機關對於人民的請求，應即與該請求權人協議。協議成立時，應作成協議書，該項協議書得為執行名義（第十條）。賠償義務機關拒絕賠償，或自提出請求之日起逾三十日不開始協議；或自開始協議之日起逾六十日協議不成立時，請求權人得提出損害賠償之訴。但已依行政訴訟法規定，附帶請求損害賠償者，就同一原因事實，不得更行起訴以免重複。此外，依該法請求損害賠償時，法院得依聲請為假處分，命賠償義務機關暫先支付醫療費或喪葬費（第十一條）。按「假扣押」與「假處分」均為民事訴訟上之保全程序，而上述該法第十一條之規定，學者有認為係依據民事訴訟法第五百三十八條：「關於假處分之規定，於爭執之法律關係有定暫時狀態之必要者準用之」。使賠償義務機關在法律關係尚未定案時，先行支付醫療費或喪葬費，此種措施應屬合乎情理的要求，亦為法制上的一項優點㉒。

另有應注意者，即賠償請求權人不以本國人民為限。依據該法第十五條規定「本法於外國人為被害人時，以依條約或其本國法令或慣例，中華民國人得在該國與該國人享受同等權利者為限，適用之」。此即就該法對人的效力方面，採行平等互惠原則，惟在適用此項規定時應先查明㉓。

㈤損害賠償的方式與範圍：國家履行賠償義務，可採兩種方式，即在原則上為金錢給付，但亦可採回復原狀方式。依該法第七條規定「國家負損害賠償責任者，應以金錢為之。但以回復原狀為適當者，得依請求，回復損害發生前之原狀」。就一般情形而言，自以金錢給付方式較為簡便，且少爭議，惟第七條之規定，可解釋為對賠償方式，

㉑ 翁岳生等合著，國家賠償法之研究，第一二—一三頁。曹競輝著，前揭書，第三九〇頁。

㉒ 吳義雄等編著，前揭書，第三〇五頁。

㉓ 劉春堂著，前揭書，第一〇—一一頁。

可按事件之性質，採取回復原狀。至於支出賠償金額所需經費，則「應由各級政府編列預算支應之」，如此可使其經費來源穩定而充裕，不致因經費缺乏，淪為空談。

關於損害賠償的範圍，該法本身並無明文規定。不過，依該法第五條規定「國家損害賠償，除依本法規定外，適用民法規定」。則有關賠償範圍的認定，自可以民法第二百十六條第一項之規定為依據，即「損害賠償，除法律另有規定或契約另有訂定外，應以填補債權人所受損害及所失利益為限」。至於實際個案方面對於賠償範圍的決定，可由賠償義務機關與賠償請求權人間達成協議。惟大體言之，應較行政訴訟法所定「損害賠償」的範圍為廣，因依行政訴訟法第二條規定解釋，其「損害賠償」，專指權利所受損害，而不包括所失利益在內㉔。

㈥法律適用順序：國家賠償法為建立及施行國家賠償制度的基本法，在原則上應為政府各機關一體適用。惟該法內容僅扼要規定有關國家賠償制度的各項重要原則，雖另有施行細則制頒，仍不足以對各種有關事項包羅周全。故該法第五條明定以民法為補充，第十二條復規定「損害賠償之訴，除依本法規定外，適用民事訴訟法之規定」。此外，前已言之，在國家賠償法制定前，已有多種行政及司法法律規範各種業務方面的損害賠償制度，此等法律因各具專業特性，故在國家賠償法制定後，仍均繼續實施，就彼等與國家賠償法的關係而言，國家賠償法為公法關係上損害賠償制度的基本法與普通法，而此等其他法律則居於特別法的地位，對各種專業性案件，得以特別法的效力優先於國家賠償法適用；但在各種特別法中無規定之事項，仍應以國家賠償法之規定為依據。另就其與民法及民事訴訟法的關係而言，國家賠償法固然需要以前二者為補充，但國家賠償法本身已有規定之事項自應優先適用。此即就損害賠償事件而言，國家賠償法對民法及民事訴訟法居於特別法的地位，具有優越的效力㉕。

㉔ 翁岳生等合著，前揭書，第一四頁。

㉕ 劉春堂著，前揭書，第一六頁。

第四節 行政上的損失補償

第一項 損失補償的理論依據

國家損害賠償責任的理論已見前述，損失補償既與損害賠償在性質上並不相同，故二者的理論亦未盡一致。損失補償的理論乃是以「所有權的保障」為基礎，並以對人民財產權的尊重為前提。但近代以來，團體主義與社會政策思想日漸盛行，且基於社會變遷與發展的影響，對權利的觀念已生重大的轉變，財產權不再被視為絕對權利，承認國家為促進公共利益的必要，可對私人財產權加以限制、使用、及處分，甚至在理論上有將財產權的授予視為個人所負擔的社會職務者。但私人財產若為公益而蒙受特別犧牲，則站在公平的立場，亦應由國家予以適當的補償。分析言之，關於行政上損失補償的理論依據，約有五種學說可供參考，茲列舉如下㉖：

㈠「既得權說」 此說認為人民既得權既係合法取得，自應予以絕對保障，縱因公益上之必要，使其蒙受損失，但基於公平原則，仍應予以補償。此說之缺點，乃是對於既得權以外之權利所受侵害，未能說明其補償依據。

㈡「恩惠說」 此說強調國家統治權與團體利益的優越性，主張絕對的國家權力及法律萬能與公益至上。因此認為個人沒有與國家相對抗的理由，甚至完全否認國家對私人有提供損失補償的必要，國家侵害個人權利倘給予補償，則是出於國家的恩惠。

㈢「公用徵收說」 此說認為國家法律一方面固然保障個人之財產權，而另一方面亦授予國家徵收私人財產的權力，對於因公用目的所為之合法徵收，國家固然不負法律責任，但仍應給予相當補償，以求合乎情理。

㈣「社會職務說」 此說摒棄權利天賦觀念，認為國家欲使各人盡其社會一份子之責任，遂承認其權利；故權利的本質具有義務性，乃為實現社會職務之手段，人民之財產被徵用徵收之後，為恐妨礙其社會職務的履行，故宜

㉖ 涂懷瑩著，行政法原理，第八〇〇頁。

酌予補償，使其社會職務得以繼續。

㈤「特別犧牲說」 此說基於自然法上公平正義的觀念，認為國家的適法行政行為，對人民權益所造成的損失，並非課與一般人民的負擔，而是使無義務之特定人對國家所作之特別犧牲，此種特別犧牲應由全體人民分擔而對之補償，乃能符合公平正義的精神。

在以上各說中，「社會職務說」自威瑪憲法以來漸為各國新憲法普遍採行，其理論與現代權利觀念相符合，但「特別犧牲說」亦具有法制上的說服力，且在實際上易被接受，故為通說，茲再就其涵義補充如下：

「依據自然法公平正義的觀念為基礎，對於特定人所受之特別犧牲，由全體分擔給予補償的理論，為德學者 Otto Mayer 之『公法上損失補償與均衡補償』的理論。依 Mayer 的主張認為，國家行使公權力致使個人受到特別損失時，其損失應由共同的經費來負擔。而以租稅等形式分配給全國人民分擔之。因此，一個人的特別負擔，轉化成全體的分擔，可望謀求特別負擔者與其他人之間的均衡。

公法上之損失補償，若由團體的立場看，是一種「調節損害的補償制度」。蓋作為國家構成成員的人民，應協助國家活動，並依其能力分擔義務。如果某特定人，在『公益需要』的原則下，既無可歸責於其本身的事由而受到特別異常的犧牲時，基於公平正義的原則，應由全體來分擔其犧牲，以調節其個人的損失。因此，補償制度乃是以調節的技術方式，將私有財產所受的特別犧牲分由全體負擔。其目的，在求得國家公益與個人私益的協調，並期待法律生活的安定」。

由上述言論可知，公平正義原則與公用負擔平等的理念，導致現代國家補償制度的建立。因此，所謂「公用負擔前個人平等的原理」，乃各國補償法制的共同依據[27]。

至於「何謂特別犧牲」？亦有三種學說：

⑴為「形式說」：認為「應依侵權行為，為一般的侵害，或個別的侵害而為斷」。必其侵害為個別侵害，即以對

[27] 古登美著，前揭書，第二二〇—二二一頁。

於特定人，或特定之少數人為之者，始為特別犧牲。（依此說，如侵害之範圍，為一般或抽象者，即對於不特定之人或物為之者，不問其侵害客體之多寡，均不予補償。與行政上損失補償之本旨，殊不相合，故贊成者甚少。）

⑵為「實質說」：認為「應依侵害行為之輕重與範圍，即侵害行為之本質與其程度為斷」。必須對於財產權本體之侵害（排他的支配權之侵害），且超過財產權應受社會制約之範圍者，始為特別犧牲，而予以補償。（依此說，如對一般人，同為本體之侵害時，仍應為損失補償，與損失補償之本旨，亦不相合。）

⑶為「折衷說」：認為『應兼顧形式要素與實質要素』，即不僅其侵害須為個別之侵害，且其侵害係對於財產權之本體，為超過應受社會制約之侵害者，始為特別犧牲。（由損失補償制度之本旨言之，以此說為當。）㉘

至於國家提供行政上之損失補償時，「是否須有成文法的依據」？有關之學說亦不一致，茲分述如下：

⑴「須有成文法上之根據」——主張此說之學者最多。認為正義公平之觀念，雖極美好，但不能逕據以為損失補償之根據。至於習慣，並非行政法之法源，自亦不能引為根據，日人美濃部達吉即主張此說。

⑵「縱令法無明文，如為習慣及判例之所許，即應予以補償」——此說為德儒奧托・梅耶（Otto Mayer）所主張。認為基於正義與公平之損失補償，為習慣法所承認之一般原則。

⑶「僅須有合於損失補償之事實，即應酌予補償，不問有無成文法或習慣法上之根據」——德儒 Giese 主張此說。此說不以成文法為行政法之唯一法源，亦不僅承認習慣法為行政法之法源，且重視法理之地位；故根據正義公平之觀念，認為行政上之損失補償制度，具有普遍性，不必成文法或習慣法上之根據。此說，因其尊重正義公平之觀念，合於現代之法律思想，與現代之行政法法源理論㉙，故具有理論上之價值。

㉘ 林紀東著，行政法原論（下冊），第六〇一－六〇二頁。

㉙ 同㉘，第六〇二頁。

第二項　我國現行行政上損失補償制度

我國現行法制上對於行政上損失補償措施，並無一般性統一規定，其有關規定分別散見於各種行政法規中。但就其共同的法源基礎而言，則均可謂係以憲法第十五條「人民之……財產權，應予保障」的規定為依據。故有學者主張：「此即為成文法之一般根據，而不必另俟個別法律之特別規定」㉚。惟憲法上的規定固然構成有關制度的基本原則，而各種法律上的依據，則在實務上具有其重要性，不宜予以忽視。茲就我國之現行制度分為下列三款言之。

第一款　憲法及法律依據

㈠「一般性基本依據」：為憲法第十五條規定：「人民之生存權、工作權，及財產權，應予保障。」

㈡「專業行政法律」：對於各種行政法律上有關損失補償之規定，應注意其法令用語不一，有用「賠償」或「救濟」者，但只要其在實際上為「補償」性質者，均予採錄，列舉如下㉛：

⑴「土地法」關於「土地徵收」（第五篇）之規定：均為國家因舉辦以公共利益為目的之事業或因實施經濟政策之需要，依適法行為侵害人民財產權之依據。其徵收「於不妨礙徵收目的之範圍內，應就損失最少之地方為之，並應儘量避免徵收耕地」（「土地法施行法」第四十九條）。關於「徵收土地之情形」有下列兩項規定：

①第二百零八條第一項規定：國家「因公共事業之需要」，得徵收私有土地。對於公共事業的種類，於第二項有列舉規定，包括：國防設備、交通事業、公用事業、水利事業、公共衛生、政府機關、地方自治機關及其他公共建築、教育學術及慈善事業、國營事業，及其他由政府興辦以公共利益為目的之事業等項，其「徵收範圍」，應以其事業所必要者為限（第一項後段）。

㉚ 同㉘，第六〇三頁。

㉛ 古登美著，前揭書，第二七三－二七五頁。

②第二百零九條規定：政府機關因「實施國家經濟政策」，得徵收私有土地，但應以法律規定者為限。目前依法律之規定，徵收私有土地以實施國家經濟政策者，例如民國四十二年公布之「實施耕者有其田條例」；依該條例，政府得徵收出租耕地，轉放現耕農民承領（第八條之規定）。

關於「徵收之補償」，除應給予補償地價、補償費（土地改良物及農作改良物之補償）及遷移費外（第二百三十六、二百四十一、二百四十二條），第二百十六條並規定，對於徵收之土地，因其使用影響於接連土地致不能為從來之利用，或減低其從來利用之效能時，該接連土地所有權人得要求需用土地人為相當補償。第二百四十三條另規定，因徵收土地之必要，為勘察或測量工作時（第二百三十條），因除去土地障礙物，致被徵收土地以外之土地受損害者，亦應予以相當之補償。

關於徵收土地之「補償方法」，係以金錢（即「補償金」，見土地法施行法第五十八條）為原則，但如有特別規定亦得以實物或有價證券補償之（如「實施耕者有其田條例」第十五條）。至於補償的價值，係依法定地價補償，若未經依法規定地價者，其地價及其他補償額，由該管市縣地政機關估定之（第二三九條、第二四一條、第二四二條）。但對其估定有異議者，該管市縣地政機關應提交地價評議委員會評定之（第二四七條）。

至於「徵收程序」，則依據「土地法」第二百二十二至二百三十五條及「土地法施行法」第四十九條至六十一條之規定為之。

(2)「軍事徵用法」第二十九條規定：「應徵人因徵用所受之損害，除本法另有規定外，應賠償之。」

(3)「國家總動員法」第二十八條規定：「本法實施後，政府對於人民因國家總動員所受之損失，得予以相當之賠償或救濟。」

(4)「戒嚴法」第十一條第十款規定：「因戒嚴上不得已時，得破壞人民之不動產，但應酌量補償之。」

(5)「專利法」第七十二條規定：「政府因軍事上之利用或國營事業之需要，得限制或徵用專利權之一部或全部，但應給專利權人以補償金。」

(6)「電信法」第二十三條：「電信事業之架空、地下、水底線路……但因必須通過私人土地或建築物確有實際損失者，應由電信機構付以相當之補償。」第二十七條：「於修建路線時，……對於田園宅地皆得通行，但因此致損害建築物或所種植物時，應由電信機構查明確實後付以相當之補償。」

(7)原「森林法」第二十二條規定：「土地使用完竣時，應將土地回復原狀交還之。如不能回復原狀，致有損害者，應另給付補償金。」

(8)「礦業法」第六十六條：「租用之土地，使用完畢後，礦業權者……，如因不能回復土地原狀，致有損失時，應按其損失程度，另給予土地所有人以相當之補償。」第六十八條：「因礦業工作，致礦區以外土地有重大損失時，礦業權者應給土地所有人及關係人以相當補償。」

在上述各種專業行政法制下，對於因請求損失補償而發生爭議時，大致多規定採行政爭訟途徑解決，即得依訴願、行政訴訟之程序，尋求行政救濟。如「土地法」第二百三十一條、「郵政法」第三十四條之規定均是。

第二款　補償責任

關於行政上損失補償責任的負擔，在現行制度上約有兩種情形：

㈠由「國家單獨負補償責任」：例如：依郵政法規定郵政機關對於郵件遺失之補償（「郵政法」第二十五條）。又如政府因軍事上之利用或國營事業之需要，得限制或徵用專利權之一部或全部，但應給專利權人以補償金（「專利法」第七十二條）；因戒嚴上不得已時，得破壞人民之不動產，但應酌量補償（「戒嚴法」第十一條第十款）。此外，並見於「警械使用條例」第十條第二項、「軍事徵用法」第二十九條、及「國家總動員法」第二十八條等各種法令之規定。此等法令所作由國家單獨負擔損失補償的規定，乃是由於人民損失的發生，係導因於公務員之適法行政行為，故應由國家設法予以補償㉜。

㉜王潔卿著，前揭書，第三一六—三一七頁。

㈡由「第三人負補償責任」：例如：上述土地徵收之地價，由土地需用人負責補償是（並參閱「森林法」第二十條、「礦業法」第七十三條）。此種情形規定由第三人負擔補償責任，乃因國家所作適法行為的結果，造成受害人的損失，而使第三人受到相對利益之故。

第三款　補償方法

如前所言，行政上損失補償的方法，除以「金錢」支付外，亦有得以「實物或有價證券」補償者；例如「實施耕者有其田條例」第十五條規定「徵收耕地地價之補償，以實物土地債券七成，及公營事業股票三成搭發之。」

至於「補償之程度」，在理論上一般均以「正當之補償」為準據，即就其範圍而言，並非為完全之補償。但此種準據難作具體明確的規定，僅能就①容許為具體侵害之法律目的，②侵害行為之態樣，③被侵害利益之性質與程度等因素判斷決定。且現代民主國家的法律觀念，均認為財產權多少應受社會的內在拘束；因此，「某種程度的損失，在社會公共利益的前提下，應容忍之。故補償僅以超過社會正當拘束所遭受之犧牲為對象。因此，不必為完全的補償；部分的補償，即可認為是已達到相當的補償。其他的損失，乃作為社會中一份子應負擔之社會義務」[33]。故學者尚有認為，如果法律允許，甚至有不給予補償的可能。

關於補償金額之決定方法，一般法令的規定約有四種情形[34]：

㈠「由法律自定其標準或數額」者：例如前述「實施耕者有其田條例」第十五條之規定是。

㈡「由行政官署自行決定」者：例如專利法第七十二條規定「政府因軍事上之利用，或國營事業之需要，得限制或徵用專利權之一部或全部，但應予專利權人以補償金」是。

㈢「由專設機構決定」者：例如國家總動員法第二十八條，有設置賠償委員會之規定是。

---

[33] 林紀東著，行政法原論（下冊），第六〇三—六〇四頁。涂懷瑩著，行政法原理，第八〇七頁。

[34] 同[33]，林書，第六〇四頁。

㈣「由當事人協議決定損失補償金額」者：例如土地徵收之地價，由需用土地人與土地所有人協議決定；於其協議不成時，由行政官署決定之。

不過無論決定的方法如何，當事人如不服行政官署之決定，均有申訴的機會，即可以經由聲明異議或提起訴願的手段，請求變更原決定，以便爭取較多的補償。

第四章　重點問題

一、何謂行政上之損害賠償與損失補償？兩者的區別安在？（59普）

二、國家之行政行為致人民受損害，應否負賠償責任？能就學說說明否？（51特）

三、試略論國家賠償責任理論發展的趨勢。

四、我國國家賠償法的立法原則及特色如何？試申論之。

五、我國公務員行使公權力引起國家賠償責任的成立要件如何？試分析言之。

六、我國公有公共設施因設置及管理上的欠缺引起國家賠償責任的成立要件如何？試分析言之。

七、我國國家賠償法有關賠償主體及其求償權的規定如何？

八、我國國家賠償法所定請求賠償程序如何？

九、何謂行政上損失補償？其成立要件如何？

十、試述行政上損失補償的各種理論學說。

十一、我國行政上損失補償的法令依據如何？

十二、我國行政上損失補償責任歸屬的情形如何？

十三、我國行政上損失補償的方法如何？

參考書目錄

㈠中文部分：

一、王昌華著，中國行政法新論，臺北，中華大典編印會，五十七年版。

二、王潔卿著，行政救濟實用，臺北，正中書局，六十四年版。

三、王甲乙等合著，民事訴訟法新論，臺北，自刊，八十二年版。

四、古登美著，行政救濟制度，臺北，文馨出版社，六十六年版。

五、史慶璞著，法院組織法新論，臺北，自刊，九十年版。

六、行政院法規委員會編撰，建立法規體制之研究，臺北，行政院研考會印行，六十四年版。

七、行政院研考會編印，人民陳情案件之分析研究，臺北，七十年版。

八、何孝元著，損害賠償之研究，臺北，臺灣商務印書館，五十八年版。

九、李華民著，中國考銓制度，臺北，五南圖書公司，七十二年版。

一〇、李震山著，行政法導論，臺北，三民書局，八十八年版。

一一、李惠宗著，行政法要義，臺北，五南圖書公司，八十九年版。

一二、吳經熊等合著，中國法學論著選集，臺北，漢林出版社，六十五年版。

一三、吳義雄等編著，國家賠償法實用，臺北，宏律出版社，七十年版。

一四、吳庚著，行政爭訟法論，臺北，自刊，八十八年版。

一五、吳庚著，行政法之理論與實用，臺北，自刊，八十九年版。

一六、吳明軒著，中國民事訴訟法（上中下三冊），臺北，自刊，八十九年版。

一七、林紀東著，行政法原論，臺北，正中書局，五十五年及六十八年版。
一八、林紀東著，中華民國憲法逐條釋義，臺北，三民書局，五十九年及六十六年版。
一九、林紀東著，訴願與行政訴訟，臺北，正中書局，六十五年版。
二〇、林紀東著，法學緒論，臺北，五南圖書公司，六十七年版。
二一、林紀東等合著，各國行政程序法比較研究，臺北，行政院研考會編印，六十八年版。
二二、林紀東著，比較憲法，臺北，五南圖書公司，六十九年版。
二三、林紀東等合著，我國行政程序法之研究，臺北，行政院研考會編印，七十年版。
二四、林錫堯著，行政法要義，臺北，自刊，八十七年版。
二五、林騰鷂著，行政法總論，臺北，三民書局，八十八年版。
二六、馬君碩著，中國行政法總論，臺北，臺灣商務印書館，四十五年及七十三年版。
二七、胡佛、張劍寒合著，憲法與行政法，臺北，臺灣商務印書館，五十八年版。
二八、城仲模著，行政法之基礎理論，臺北，三民書局，六十九年版。
二九、城仲模主編，行政法之一般法律原則㈠㈡，臺北，三民書局，八十六年版。
三〇、洪慶麟著，委任立法要件之比較研究，臺北，三民書局，七十一年版。
三一、洪家殷著，行政秩序罰論，臺北，五南圖書公司，八十七年版。
三二、施茂林著，公共設施與國家賠償責任，臺南，大偉書局，七十一年版。
三三、范揚著，行政法總論，臺北，臺灣商務印書館，四十二年版。
三四、康炎村著，租稅爭訟之理論與實用，臺北，世華稅務民商法律中心，六十六年版。
三五、翁岳生譯，法治國家之行政手續，臺北，幼獅文化公司，五十九年版。
三六、翁岳生等合著，國家賠償法之研究，臺北，行政院研考會編印，六十七年版。

三七、翁岳生著，行政法與現代法治國家，臺北，臺灣大學法學叢書編輯委員會，一九七九年（六十八年）版。
三八、翁岳生著，法治國家之行政法與司法，臺北，月旦出版社，八十三年版。
三九、翁岳生主編，行政法（上下冊），臺北，自刊，八十九年版。
四〇、涂懷瑩著，行政法原理，臺北，五南圖書公司，六十七年版。
四一、涂懷瑩著，行政法專題研究，臺北，五南圖書公司，八十七年版。
四二、展恆舉著，中國近代法制史，臺北，臺灣商務印書館，六十二年版。
四三、張金鑑著，均權主義與地方制度，臺北，正中書局，五十九年版。
四四、張載宇著，行政法要論，臺北，朝陽大學法律評論社，五十九年版。
四五、張劍寒著，行政立法之研究，臺北，自刊，六十一年版。
四六、張劍寒等合著，行政制裁制度，臺北，行政院研考會編印，六十八年版。
四七、張潤書著，行政學，臺北，三民書局，六十五年版。
四八、張孝昭著，國家賠償法逐條論述，臺北，金湯書局，七十二年版。
四九、黃守高著，現代行政罰之比較研究，臺北，中國學術著作獎助委員會，五十九年版。
五〇、黃異著，行政法總論，臺北，三民書局，八十五年版。
五一、陳鑑波著，行政法學，臺北，三民書局，六十六年版。
五二、陳春生著，行政法之學理與體系㈠，臺北，三民書局，八十五年版。
五三、陳榮宗、林慶苗合著，民事訴訟法，臺北，三民書局，八十五年版。
五四、陳清秀著，行政訴訟法，臺北，自刊，八十八年版。
五五、陳計男著，行政訴訟法釋論，臺北，自刊，八十九年版。
五六、陳新民著，行政法學總論，臺北，自刊，八十九年版。

五七、陳敏著，行政法總論，臺北，自刊，九十年版。
五八、許慶復著，行政裁量監督之研究，臺北，三民書局，六十九年版。
五九、曹競輝著，國家賠償法之理論與實務，臺北，自刊，六十九年版。
六〇、雲五社會科學大辭典，(行政學、政治學、法律學)，臺北，臺灣商務印書館，六十五年版。
六一、鄒文海著，比較憲法，臺北，三民書局，六十六年版。
六二、楊建華著，民事訴訟法要論，臺北，自刊，九十年版。
六三、雷崧生著，國際法原理，臺北，臺灣商務印書館，四十九年版。
六四、董翔飛著，中國憲法與政府，臺北，自刊，七十一年版。
六五、董保城著，行政法講義，臺北，自刊，八十三年版。
六六、廖與人著，中華民國現行司法制度，臺北，黎明文化事業公司，七十一年版。
六七、管歐著，行政法總論，臺北，自刊，七十八年版。
六八、管歐著，行政法精義，臺北，五南圖書公司，八十二年版。
六九、管歐著，行政法論文選輯，臺北，五南圖書公司，八十三年版。
七〇、鄭玉波著，法學緒論，臺北，三民書局，八十八年版。
七一、劉慶瑞著，比較憲法，臺北，大中國圖書公司，六十五年版。
七二、劉春堂著，國家賠償法，臺北，三民書局，七十一年版。
七三、蔡志方著，行政法三十六講，臺北，自刊，八十四年版。
七四、蔡志方著，新訴願法與訴願程序解說，臺南，自刊，八十八年版。
七五、蔡志方著，行政救濟法新論，臺北，元照出版社，八十九年版。
七六、蔡震榮著，行政執行法，臺北，中央警察大學出版社，八十九年版。

七七、羅成典著，立法技術論，臺北，文笙書局，七十二年版。
七八、羅傳賢著，行政程序法論，臺北，五南圖書公司，八十九年版。

(二)日文部分：

一、三浦惠一著，戒嚴令詳論，東京，松山房，昭和七年版。
二、山田準次郎著，自由裁量論，東京，有斐閣，一九六〇年版。
三、田畑　忍著，憲法學原論，東京，有斐閣，昭和三十一年版。
四、田中二郎著，行政法總論，東京，有斐閣，一九五七年版。
五、田中二郎等編，行政法講座，第一—六卷，東京，有斐閣，一九六四—一九六六年版。
六、廣岡　隆等編，行政法學の基礎知識，東京，有斐閣，一九七八年版。
七、成田賴明等著，現代行政法，東京，有斐閣，一九六八年版。
八、佐藤　功著，行政組織法，東京，有斐閣，一九五八年版。
九、杉村章三郎著，行政法要義，東京，有斐閣，一九七〇年版。
一〇、杉村敏正編，行政法概說，東京，有斐閣，一九七九年版。
一一、松坂佐一著，民法提要（I總則），東京，有斐閣，昭和五十一年版。
一二、美濃部達吉著，新憲法概論，東京，有斐閣，昭和三十一年版。
一三、美濃部達吉著，馮明譯，公法與私法，臺北，臺灣商務印書館，民國六十三年版。
一四、柚木　馨著，判例民法總則，東京，有斐閣，昭和四十一年版。
一五、南博方等編，行政法，東京，有斐閣，一九七六年版。
一六、島田信威著，法令の読解法，東京，株式會社ぎようやり，昭和五十八年版。

一七、俵靜夫著，地方自治法，東京，有斐閣，一九七五年版。
一八、乾昭三著，陳彩霞譯，日本國家賠償法，臺北，司法行政部，民國六十五年版。
一九、鵜飼信成著，公務員法，東京，有斐閣，一九五八年版。
二〇、藤木英雄著，行政刑法，東京，學陽書房，昭和五十四年版。

㈢英文部分：

1. Albers, H.H., *Principles of Management*, N.Y., John Wiley and Sons, Inc., 1969.
2. Berman, H. J., *The Nature and Functions of Law*, Brooklyn, The Foundation Press, 1958.
3. Brown and Garner, *French Administrative Law*, London, Butterworths, 1973.
4. Carr, C.T., *Concerning English Administrative Law*, London, Oxford Univ. Press, 1941.
5. Corson and Harris, *Public Administration in Modern Society*, New York, McGraw-Hill, 1963.
6. Corwin, E.S., *Total War and the Constitution*, New York, Alfred A. Knopf, 1967.
7. Davis, K.C., *Administrative Law and Government*, St. Paul, Minn., West Publishing Co., 1960.
8. Dessler, Garry, *Organization and Management*, 1976（臺版）
9. Foulkes, David, *Introduction to Administrative Law*, London, Butterworths, 1976, 1982.
10. Friedman, W., *Law in A Changing Society*, Univ. of California Press, 1959.
11. Friederich, C.J., *Constitutional Government and Democracy*, Waltham, Mass., Baisdell Publishing Co., 1968.
12. Garner, J.F., *Administrative Law*, London, Butterworths, 1970, 1979.
13. Gibson, J.L., *Organizations: Structure, Process, Behavior, Dallas, Texas*, Business Publications, Inc., 1973.
14. Goodnow, F.J., *Comparative Administrative Law*, New York, Burt Franklin, 1970 (Reprinted).

15. Graves, W.B., *American Intergovernmental Relations*, New York, Charles Scribner's Sons, 1964.
16. Hart, J., *An Introduction to Administrative Law*, New York, Appleton-Century-Crofts, Inc., 1940.
17. Heady, F., *Public Administration, A Comparative Perspective*, 2nd Edition, Albuquerque, New Mexico, 1979.
18. Huntington, S.P., *The Common Defense*, New York, Columbia Univ. Press, 1963.
19. Huszar and Stevenson, *Political Science*, Paterson, N.J., Littlefield, Adams & Co., 1959.
20. Johnson and Others, *American State and Local Government*, New York, Thomas Y. Crowell Co., 1972.
21. Koenig, Louis W., *The Chief Executive*, New York, Harcourt, Brace & World, Inc., 1968.
22. Koontz and O'Donnell, *Principles of Management: An Analysis of Managerial Functions*, N.Y., McGraw-Hill, 1968.
23. Marx, F.M., *Elements of Public Administration*, Englewood Cliffs, N.J., Prentice-Hall, Inc., 1963.
24. Nigro and Nigro, *Modern Public Administration*, N.Y., Harper & Row, 1977.
25. Paton, G.W., *Jurisprudence*, London, Oxford Univ. Press, 1955.
26. Paton and Derham, *Jurisprudence*, London, Oxford Univ. Press, 1972.
27. Pfiffner, J.M., *Public Administration*, N.Y., The Ronald Press Co., 1953.
28. Pfiffner and Sherwood, *Administrative Organization*, N.J., Prentice–Hall, 1964.
29. Rodee and Others, *Introduction to Political Science*, New York, McGraw–Hill, 1976.
30. Rossitor, C.L., *Constitutional Dictatorship, Princeton*, Princeton Univ. Press, 1948.
31. Schwartz, Bernard, *Administrative Law*, Boston, Little, Brown and Co., 1976.
32. Schwarzenberger, George, *A Manual of International Law*, Oxon, Professional Books Ltd., 1976.
33. Simon and Others, *Public Administration*, N.Y., Alfred A. Knopf, 1964.

34. Sisk, H.L., *Principles of Management*, Ohio, S–W Publishing Co., 1969.
35. Swift, R.N., *International Law*, New York, John Wiley and Sons, 1969.
36. Terry, G.R., *Principles of Management*, Homewood, Ill., Richard D. Irwin, Inc., 1972.
37. Thompson and Uroom, *Organizational Design and Research*, Pittsburgh, Univ. of Pittsburgh, 1971.
38. Wade and Phillips, *Constitutional and Administrative Law*, London, Longman Group Ltd., 1977.
39. White, L.D., *Introduction to the Study of Public Administration*, N.Y., Macmillan, 1955.
40. Witte, E.E., *Social Security Perspective*, Madison, The Univ. of Wisconsin Press, 1962.

書名	作者		服務單位
民法債編總論（修訂版）	鄭玉波	著	前臺灣大學
民法債編總論	何孝元	著	
民法債編各論	戴修瓚	著	
判解民法債編通則（修訂版）	劉春堂	著	行政院
民法物權	鄭玉波	著	前臺灣大學
判解民法物權	劉春堂	著	行政院
民法親屬新論	陳棋炎 黃宗樂 郭振恭	著	前臺灣大學 臺灣大學 東海大學
民法繼承論	羅鼎	著	
民法繼承新論	陳棋炎 黃宗樂 郭振恭	著	前臺灣大學 臺灣大學 東海大學
商事法	編輯部	編	
商事法	潘維大	編著	東吳大學
商事法	劉渝生	著	東海大學
商事法	潘維大 羅美隆 范建得	合著	東吳大學
商事法論（緒論、商業登記法、公司法、票據法）	張國鍵	著	前臺灣大學
商事法論（保險法）	張國鍵	著	前臺灣大學
商事法要論	梁宇賢	著	臺北大學
商事法新論	王立中	著	臺北大學
商事法概要	張國鍵 著 梁宇賢 修訂		前臺灣大學 中興大學
商事法概要	蔡蔭恩 著 梁宇賢 修訂		前中興大學 臺北大學
公司法	潘維大	著	東吳大學
公司法（增訂版）	鄭玉波	著	前臺灣大學
公司法論（增訂版）	柯芳枝	著	臺灣大學
公司法論（修訂版）	梁宇賢	著	臺北大學
公司法要義（增訂版）	柯芳枝	著	臺灣大學
公司法新論	王泰銓	著	臺灣大學
稅務法規概要	劉代洋 林長友	著	臺灣科技大學 臺北商專
租稅法新論	林進富	著	協和國際法律事務所
證券交易法論	吳光明	著	臺北大學

三民大專用書書目——法律

書名	作者		職稱
最新綜合六法 要旨增編 判解指引 法令援引 事項引得 全書	陶百川 王澤鑑 劉宗榮 葛克昌	編	國策顧問 司法院大法官 臺灣大學 臺灣大學
最新六法全書（最新版）	陶百川	編	國策顧問
基本六法	本局編輯部	編	
憲法、民法、刑法	本局編輯部	編	
中華民國憲法與立國精神	胡佛 沈清松 石之瑜 周陽山	著	臺灣大學 政治大學 臺灣大學 臺灣大學
中國憲法新論	薩孟武	著	前臺灣大學
中國憲法論	傅肅良	著	前中興大學
中華民國憲法論（增訂版）	管歐	著	國策顧問
中華民國憲法概要	曾繁康	著	前臺灣大學
中華民國憲法	林騰鷂	著	東海大學
中華民國憲法	陳志華	著	臺北大學
中華民國憲法逐條釋義(一)～(四)	林紀東	著	前臺灣大學
大法官會議解釋彙編	編輯部	編	
比較憲法	鄒文海	著	前政治大學
比較憲法	曾繁康	著	前臺灣大學
美國憲法與憲政	荊知仁	著	前政治大學
國家賠償法	劉春堂	著	行政院
民法	郭振恭	著	東海大學
民法總整理	曾榮振	著	內政部
民法概要	鄭玉波	著	前臺灣大學
民法概要（修訂版）	劉宗榮	著	臺灣大學
民法概要	何孝元 著 李志鵬 修訂		前中興大學
民法概要（修訂版）	朱鈺洋	著	屏東商業技術學院
民法總則	鄭玉波	著	前臺灣大學
民法總則	何孝元 著 李志鵬 修訂		前中興大學
判解民法總則	劉春堂	著	行政院
民法債編總論	戴修瓚	著	

三民大專用書書目——國父遺教

書名	著者		任職
三民主義	孫文	著	
三民主義要論	周世輔	編著	前政治大學
三民主義要義	涂子麟	著	中山大學
大專聯考三民主義複習指要	涂子麟	著	中山大學
建國方略建國大綱	孫文	著	
民權初步	孫文	著	
國父思想	涂子麟	著	中山大學
國父思想	涂子麟 林金朝	編著	中山大學 臺灣師大
國父思想（修訂新版）	周世輔 周陽山	著	前政治大學 臺灣大學
國父思想新論	周世輔	著	前政治大學
國父思想要義	周世輔	著	前政治大學
國父思想綱要	周世輔	著	前政治大學
國父思想概要	張鐵君	著	
國父遺教概要	張鐵君	著	
中山思想新詮 ——總論與民族主義	周世輔 周陽山	著	前政治大學 臺灣大學
中山思想新詮 ——民權主義與中華民國憲法	周世輔 周陽山	著	前政治大學 臺灣大學